KONTUREN DER HÖFLICHKEIT

Handlung – Haltung – Ethos – Theologie
Versuch einer Rehabilitation

Für Erika Alkofer, meine Mutter

Andreas-Pazifikus Alkofer

KONTUREN DER HÖFLICHKEIT

Handlung – Haltung – Ethos – Theologie
Versuch einer Rehabilitation

Würzburg 2005

Bibliografische Informationen Der Deutschen Bibliothek:
Die Deutsche Bibliothek verzeichnet diese Publikation
in der Deutschen Nationalbibliographie;
detaillierte Bibliografische Daten sind
im Internet über http://dnb.ddb.de abrufbar

Andreas-Pazifikus Alkofer
Konturen der Höflichkeit
Handlung – Haltung – Ethos – Theologie. Versuch einer Rehabilitation
Würzburg 2005
(zugleich Habil.-Schrift Universität Regensburg 2004 unter dem Titel: «Was tut Ihr, wenn Ihr nur die Euren grüßt?» – Höflichkeit: Spuren einer ethisch-theologischen Verortung)

Herstellung und Verlag: Books on Demand GmbH, Norderstedt
ISBN 3-8334-3629-8

Inhaltsverzeichnis

«In casa dell'impiccato non si parla di corde.»

Italienische Version eines «internationalen» Sprichworts zum Thema «Fingerspitzengefühl»

«Lügt man im Deutschen, wenn man höflich ist?»

Johann Wolfgang v. Goethe, Faust II

«Höflichkeit ist der Widerschein der Sittlichkeit.»

Jean Paul Friedrich Richter, Aphorismen

«Wenn von Wetter und Gegend gesprochen wird, ist das Wetter im Conversationszimmer gewöhnlich sehr schlecht und die Gegend sehr steril.»

Friedrich Schleiermacher, Versuch einer Theorie des geselligen Betragens

«Aber es gibt nicht nur eine Ästhetik des Versteckspielens. In ihm liegt tieferer Sinn, bittere Notwendigkeit, wenn Menschen unverbunden, ohne Kontakt der Sache und des Blutes, miteinander auskommen wollen. Ihr geselliger Verkehr vollzieht sich, wenn auch unter Beobachtung der Gesetze des Zeremoniells und des Prestiges, doch nicht unter Zuhilfenahme jener massiven Distanzmittel, welche das geschäftliche Leben braucht. Sucht sich der Mensch doch gerade vom Geschäft und der Last der Irrealisierung und Abstrahiertheit zu erholen, wenn er in Gesellschaft geht. Erholen aber unter Menschen, die er nicht kennt, entspannen in einer Atmosphäre ohne Vertrautheit, wie ist das möglich ohne eine Kunst des Nichtzunahetretens, des Nichtzuoffenseins? Die gordische Knotenlösung: ganz so zu tun als ob man zu Hause wäre, Fach zu simpeln, die Unterhaltung an sich reißen und allein zu reden oder sich auszuschließen und bloß die anderen zu beobachten, ist knotenhaft, aber keine Lösung. Erst wenn man sich in die Gefahr begibt, andere zu verletzen und von andern verletzt zu werden, erst wenn man diese Schwierigkeiten zu meistern versteht, fühlt man die Frage.»

Helmuth Plessner, Grenzen der Gemeinschaft

«... Höflichkeit als die Muse des Mittelwegs ...»

Walter Benjamin, Illuminationen

«Der einzige absolute Wert, den es gibt, ist die Fähigkeit des Menschen, dem Anderen den Vortritt zu lassen. Ich glaube nicht, daß es eine Menschheit geben könnte, die dieses Ideal ablegen könnte. (...) Das ist der Beginn der Philosophie, das ist das Vernünftige, das ist das Verstehen.»

Emmanuel Levinas, Philosophie, Gerechtigkeit und Liebe

«Diese Landstraßen sind mit den großen Fernstraßen überhaupt nicht zu vergleichen. Der Lebensrhythmus der Leute, die an diesen Straßen wohnen, ist anders, ihre ganze Art ist anders. Sie sind nicht ständig irgendwohin unterwegs. Sie sind nicht zu beschäftigt, um höflich zu sein.»

Robert M. Pirsig, Zen und die Kunst, ein Motorrad zu warten

«Ein anderes, diesmal weltliches Modell ist das der Höflichkeit, des höfischen Benehmens. Der Mann ist nicht nur der Krieger, der Heldentaten vollbringt, er ist auch ein gut erzogener Mann, der sich den Frauen gegenüber galant verhält und um sich herum die verfeinerten Manieren des Hofes verbreitet. Das ist das erste Ideal einer Höflichkeit, die, verbunden mit der Urbanität, den in der Stadt geschaffenen guten Sitten, bis heute für die Europäer einen Kodex sozialer Werte und edlen Verhaltens bildet.»

Jacques Le Goff, Das alte Europa und die Welt der Moderne

«Angemessener Umgang mit der Aufmerksamkeit anderer zählt zum Schwierigsten, was uns Menschen aufgegeben ist. Nichts fordert unsere Intelligenz so sehr wie der Umgang mit der Intelligenz anderer, nichts das Feingefühl so sehr wie der Umgang mit anderen Gefühlen, nichts den Takt so sehr wie der Umgang mit der wechselseitigen Abhängigkeit der Selbstwertschätzung. Diese Art Umgang kennt keine Patentlösungen, die ihn vereinfachen könnte, sie kennt kaum Vorteile, die nicht auch Nachteile hätten, sie kennt nur lokale Op-

tima, aber so gut wie nichts, was nur lokale Bedeutung hätte. Alle, die diesen Umgang halbwegs beherrschen, sind Künstler im wahren Sinne des Wortes.»

Georg Franck, Ökonomie der Aufmerksamkeit

«Dirk kam immer wie aus dem Ei gepellt. Anzug, Krawatte, feines Rasierwasser. Aber nicht, weil er snobistisch war oder übermäßig eitel. Umgangsformen, und dazu zählt eben auch Kleidung, sagte er, sind ein Vorschuß an Respekt vor der Würde des Gegenübers. Unabhängig davon, ob ich ihn persönlich schätze oder nicht.»

Christoph Peters, Stadt Land Fluß

«In ihrer Gesellschaft wurde ich gewahr, daß echte Höflichkeit – einzige Möglichkeit menschlichen Zusammenlebens – anders und komplizierter ist, als ich es daheim und in den Erziehungseinrichtungen gelehrt worden war. Die ‹Disziplin›, an die man mich als Kind gewöhnt hatte, war primitiv; die Schauspielerin bemühte sich mit ihren schönen und leichten Händen, den Zwang dieser primitiven Disziplin zu lösen. Sie lehrte mich, wahre Höflichkeit sei es nicht, wenn wir ein Rendezvous, zu dem wir keine Lust haben, auf die Minute einhalten; es sei höflicher, wenn wir die Möglichkeiten zu einem unangenehmen Rendezvous erbarmungslos im Keim ersticken. Sie lehrte mich, daß wir ohne Erbarmungslosigkeit niemals frei sein können und unseren Gefährten ewig zur Last fallen werden. Sie lehrte mich auch, daß man wohl grob, aber niemals unhöflich sein darf; man darf jemanden ins Gesicht schlagen, aber man darf ihn nicht langweilen; und eine Unhöflichkeit ist es, Zuneigung zu mimen, wo man von uns viel weniger erwartet.»

Sándor Márai, Bekenntnisse eines Bürgers

«Die einzige Heimat, die zählt, ist das zivilisierte Benehmen.»

Sir Peter Ustinov (1921-2004)

«Was tut Ihr, wenn Ihr nur die Euren grüßt …?»

Mt 5,47

Vorwort

«*Dio è cortesia.*» – Diesen wenigstens dem ersten Eindruck nach, fach- und sachtheologisch eher ephemeren Titel wählte vor Jahren ein franko-kanadischer Franziskaner für seine Untersuchung, die das Verhältnis des Heiligen aus Assisi zum Islam (auch so ein Beziehungsthema mit aktueller Brisanz) betrachtet. «*Dio è cortesia*» – dies bringt Entscheidendes auf den Punkt. Darum geht es hier – «nachfolgend» ...

Wort, Geste wie Haltung des «Danke(n)s» gehören seit jeher zum Grundbestand der Höflichkeit, der «cortesia». All dies darf am Anfang (genauer also: am Ende) dieser Auseinandersetzung mit einigen der vielen Facetten der Höflichkeit, denen diese Studie nachspüren will, selbstredend nicht fehlen.

Allein die Frage, in welcher Reihenfolge man wem wie warum wie oft (und so weiter ...) sein Danke sagt, hat vielen Autoren quer durch die Zeiten nicht wenig Kopfzerbrechen bereitet. Das hat auch gute Gründe. Man(che) wußte(n) und wissen um die Empfindlichkeiten der Menschen, um die Fragilität der Sphäre, die sich um jeden, jede Einzelne/n legt – Sphären, die so leicht bedroht sind (schon durch unbedachte, unbeabsichtigte Worte, Gesten und Symbole) – und allein deshalb ein Thema der Ethik sein müßten.

In der schlichten Hoffnung ebenso schlicht wie (hoffentlich) ergreifend zu danken, möchte ich Namen nennen – einige nur, diese stellvertretend.

Nicht zum ersten Mal in einem Vorwort, diesmal jedoch in außerordentlicher Bedeutung, darf ich Prof. Dr. Herbert Schlögel OP nennen. Dieser spezielle Dank ist beileibe kein ausschließlich deontologischer Reflex, sondern Andeutung für die vielen Anregungen, für die brüderlich-freundschaftliche Begleitung als «Chef» (keine «contradictio in adiecto»!) am Lehrstuhl, für die Möglichkeit der Arbeit «mit & für», der Nachtrag dafür, daß in den manchmal sehr knapp bemessenen Spiel- und Zeiträumen Platz blieb für eigene Versuche und so manches mehr ...

Dieser Dank ist nicht einmal annäherungsweise abzutragen, zumindest («decet et oportet», dies mit Thomas v. Aquin – *und* mit Franziskus v. Assisi) aber anzudeuten und zu unterstreichen. Stellvertretend für «meine» Fakultät in Regensburg, die die vorliegende Studie – eingereicht im Sommersemester 2004 – im Wintersemester 2004/5 als Habilitationsschrift angenommen hat, darf ich Prof. DDr. Ulrich Leinsle OPraem, erwähnen. Freundlicherweise hat er die Erstellung des Zweitgutachtens übernommen. «Tertium datur»: Das Drittgutachten hat der Germanist Prof. Dr. Georg Braungart, Tübingen, verfaßt. Für die Bereitschaft dazu gilt ihm ebenfalls ganz herzlicher Dank.

Für Zeit und Mühen des Korrekturlesens möchte ich mich ganz herzlich bedanken bei Herrn Martin Stieger, Bibliothekar der Theologischen Hochschule in Chur.

Stellvertretend für meine Brüder und Weggefährten im Franziskaner-Minoriten-Orden darf ich meine – zuerst deutschen, dann polnischen – Mitbrüder im Konvent St. Felix in Neustadt/WN nennen. Sie gaben mir konventuale Heimat – und nicht zuletzt Raum für pastorale und praktische Bodenhaftung (und dies beileibe nicht ohne die Erfahrung meiner Grenzen). Ebenfalls Raum gewährt haben mir die Karmeliten des Regensburger Konventes St. Josef. Für die liebenswürdige Art, mit mir und meinen Ideen umzugehen, mich mitleben zu lassen, ebenfalls ein herzliches «Dankeschön» – ein «Deo gratias»!

Ich danke so mancher/m anderer/n, die auf recht verschiedene Weise zwischen «leisure & play areas» und «pain areas» dazu beigetragen haben, daß aus einem Plan, eine Wirklichkeit, sodann auch noch ein Buch werden konnte.

Danken möchte ich namentlich und herzlich Prof. Dr. Günter Virt, Wien, der sich trotz vieler anderer Verpflichtungen immer wieder als konzentrierter Gastgeber im Ruperti-Gau erwies – *«per cortesia!»* – und zudem Anregungen vermittelte, die in diese Arbeit einfließen konnten (lange nicht alle).

Danken darf ich auch herzlich Prof. Dr. Gisbert Greshake, Freiburg i.Br., und Prof. Dr. Klaus Müller, Münster. Beide haben das Manuskript sehr wohlwollend, aber nicht unkritisch (der Umfang, ich weiß!) gelesen und kommentiert.

Es sei bemerkt: Schon bei der ersten Vorstellung der Idee, über die «Höflichkeit» zu arbeiten, war die Resonanz unter den zuhörenden Theologinnen und Theologen so überrascht wie überraschend. Zwar entwickelte sich das Schlagwort zunächst zum «running gag» einer ersten gemeinsamen Veranstaltung der moraltheologischen Oberseminare Wien und Regensburg, aber dann doch auch zum Ausgang verblüffender Diskussionen. Sie – die Diskussionen und die daran Beteiligten – gaben mir wertvolle Hinweise und trugen bei zu einer sehr guten Atmosphäre und lebhaftem Gedankenaustausch. Damit – so nicht nur die latente Eingangshoffnung – hat das Thema weit mehr als bloß mutmaßliche Altertümlichkeit suggeriert, sondern zu aller (Beteiligten zunächst) Erstaunen auf etwas hingewiesen, was wiederzugewinnen oder zumindest zu rekapitulieren wäre.

Zu meiner Freude (und bisweilen leidlichen Verunsicherung) versteht nämlich jede/r recht unmittelbar etwas von diesem Thema, wie sich im Laufe der Zeit und im Laufe der Fragen, die mir gestellt wurden, verstärkt erwiesen hat. Eine hieß – sie etwas indiskret freilich – immer wieder: «Na? Jetzt selbst höflicher geworden …?» – «Oh?!»

Anzumerken ist des weiteren und zuletzt: Die Studie ist für die Veröffentlichung leicht überarbeitet und gekürzt worden. Literatur, die nach dem Abgabetermin erschienen ist, konnte nicht mehr eingearbeitet werden. Zudem fühlt sich der Text der *«alten»* Rechtschreibung verpflichtet (außer in jüngeren Publikationen und Zitaten).

Ein aufrichtiger und lieber Dank gilt einem «cum-panio», gilt Prof. Dr. Gunter Prüller-Jagenteufel, Wien – ... da wäre vieles zu sagen zu den langen Gesprächen in Regensburg und sonstwo!

Danken möchte ich schließlich auch jenen Nahen, die im Laufe der Zeiten einiges an Fragen, Leben und Theologie mit mir geteilt haben: Br. Andreas Fieback, Frau Barbara Weisenberger, Dr. Christoph Seidl, Frau Emmy Höpfner, PD Dr. Knut Wenzel, PD Dr. Matthias J. Fritsch.

Chur, 20. Juli 2005

A. «AN-GRENZEN»/ÜBER GRENZEN: HÖFLICHKEIT ALS ZWISCHENRAUMGESTALTUNG

1. EINLEITUNG – ODER: «GESTATTEN SIE, DASS ICH VORSTELLE ...?»

«Fu affetuosa, pia, cortese.» Kein geringerer als Romano Guardini ist es, der über diesen Satz, ein Epitaph, nachdenkt. Auf dem Grabstein einer Frau entdeckt er ihn – wohl vor 1929 – auf einem Friedhof über dem Lago Maggiore. Guardini ist sich sicher:

> *«Es würde viele Worte brauchen, um in deutscher Sprache wiederzugeben, was das heißt, sie sei* cortese *gewesen, vornehm und sicher in feiner Freundlichkeit, fähig zu warmer Verbindung und ruhigem Abstand.»*[1]

Um genau diese Übersetzungs- und Vermittlungsprobleme («traduttore – traditore!»), deren Implikationen geht es den folgenden Überlegungen. Ihr Ziel ist dabei nicht zuerst Semantik, sondern Ethik. Jedes einschlägige Wörterbuch verweist für «cortese» auf «höflich», also auf ein Attribut (eine Zuschreibung?) und damit jedenfalls auf Haltungs- und Verhaltenshorizonte, die man alle leicht ebenfalls auf dem Friedhof der Wörter vermuten könnte.[2]

Ein Zeiten-, Orts- und Szenenwechsel – und eine weitere Miniatur:

> *«Die Frau fragt: ‹Wann beginnt das Konzert?› Der Mann antwortet: ‹Du mußt um halb Acht fertig sein.› Hier wird eine einfache Frage, deren Beantwortung Mündigkeit freisetzen würde, nämlich die zur Verfügung stehende Zeit nach eigenen Wünschen einzuteilen, durch die Bevormundung ersetzt, wie die Zeit einzuteilen sei.»* [3]

---

[1] R. *GUARDINI*, Italienische Reisen. Meditationen zu Landschaften, Mainz 2000, 46 (Hervorhebung im Original). – Auf Guardini kommen wir ausführlicher zu sprechen, vgl. unten Abs. 13.5.2.

[2] Daß das Epitheton «pia» in unmittelbarer Nachbarschaft steht (auch nebenan bestattet?), man mag es gleichfalls den damaligen Usancen zuschreiben und damit zur weitaus weniger «frommen» Tages-(un?)ordnung übergehen. Zu hoffen wäre, daß am Ende vorliegender Übersetzungsversuche die Ahnung Kontur bekommt, daß diese Nachbarschaft nicht einfachhin kontingent sei.

[3] *V. LADENTHIN*, Gespräch und Sprache, in: *U. FROST* (Hrsg.), Das Ende der Gesprächskultur? Zur Bedeutung des Gesprächs für den Bildungsprozeß, Münster 1999, 28-72, 38. – Schon an dieser Stelle wird man den Lügenverdacht an die Höflichkeit erheblich relativieren müssen. Es geht in dieser Szene weder um Schadens-, Not-, Dienstlüge, nicht um «white lies» oder Lebenslüge (um die Extreme zu nennen). Die Lügenthematik wird dezidiert keine Hauptrolle in den folgenden Überlegungen spielen. Sie wird vorkommen, aber eben immer als reale Möglichkeit zwischen Ge- und Mißbrauch. Letzterer hebt den ersteren nicht auf. Genau diesen *ethischen* Zusammenhang überspringt verwunderlicherweise (verwunderlich deshalb, weil genau diese Studie eine Reihe von Argumenten liefert, die einen platten Lügenvorwurf an die Höflichkeit entkräften können) H. Weinrich. Er rekurriert darauf in einem «Nachtrag nach 35 Jahren» zu seiner bedeutenden Studie über die Lüge. Er würde «ohne Skrupel», so sagt er, dafür plädieren, daß die Höflichkeit eine «gesellschaftliche Tugend» genannt zu werden verdient, würde sie nicht «in ihrem Bestand an Konventionen und Ritualen der Lügenkunst einen breiten Platz» einräumen, so *H. WEINRICH*, Linguistik der Lüge, München [6]2000, 79-86, 85. Vgl. auch *S. DIETZ*, Die Kunst des Lügens. Eine sprachliche Fähigkeit und ihr moralischer Wert, Reinbek 2003, 51-85. – *O.H. PESCH*, Christliche Le-

Dergleichen spielt sich fortwährend ab und steht als Thema exakt im Aufmerksamkeits- und Vermeidungskatalog der «cortesia»[4], der Höflichkeit. Signifikanterweise begegnet zudem in dieser Szene auch nicht eine Höflichkeitsformel, ein einschlägig markierter Terminus. Aber «Höflichkeit» ist mehr als «Bitte» und «Danke», mehr als nur *vorübergehende* Regulation unter *Vorübergehenden.* Schon Paare sind oft Passanten, ihre Passagen oft genug heikel und fragil in ihren Raum- und Zeitkoordinaten, ihrem «boundary management»[5] vorübergehender Nähe und Distanz.

---

benspraxis hier und heute, Würzburg 1994, 286, dreht hingegen den Spieß explizit um und vermerkt zur Höflichkeit gerade im Kontext der Wahrhaftigkeit: «Wirkliche Wahrhaftigkeit hält es hier eher mit der Tugend der Höflichkeit – dem guten Öl im Getriebe des mitmenschlichen Zusammenlebens. Wer höflich ist, versteht auf die richtige Stunde zu warten und dann die Wahrheit in einer Form zu sagen, daß sie aufbaut und nicht vernichtet, Mut gibt und nicht Hoffnungslosigkeit zurückläßt. Mit Heuchelei hat Höflichkeit nichts zu tun. Der Heuchler verstellt sich – der Höfliche nimmt Rücksicht. Der Heuchler sagt *anderen*, was er wirklich von Dritten hält – höfliche Menschen sagen den Betroffenen selbst die Wahrheit, wenn die Zeit dazu gekommen ist.» Höflichkeit und Höflichkeitssimulation sind also zu unterscheiden ebenso wie Höflichkeitsform (als *sprachlicher Ausdruck*, der von sprachlicher Norm herrührt) und Höflichkeitsstil (als *Kommunikationsstrategie*, die sich von situativen Bewertungen herleitet). Allein das befördert den genaueren Blick, nicht aber das Vorurteil. Von Kontext, Intention und Folge her bleibt die ethische Frage als Verantwortungsfrage für die Akteure (und Akteure sind Sender und Empfänger, auf wieder unterschiedliche Weise) weiterhin gestellt – aber nicht von vornherein beantwortet. Dies gilt auch für die Vorurteile gegenüber der «Höflichkeit». Nun sind diese Vorurteile wiederum ethisch-kritisch relevant. Könnte ein «gutes» Vorurteil «entlasten» wie ein schlechtes «belasten»? Die angefochtene – angefochten ist sie ökonomisch, praktisch, emotional, pragmatisch, sprachlich, zeitlich etc. – Hoffnung bleibt eine, die nicht z.B. in der Zweiseitentheorie der Immanenz der Hoffnung, die tatsächlich eine innerhistorische (vgl. dazu etwa *M. ECKERT*, Transzendieren und immanente Transzendenz, Die Transformation der traditionellen Zweiweltentheorie von Transzendenz und Immanenz in Ernst Blochs Zweiseitentheorie, Wien u.a. 1981), eine des immanent-politischen und -ethischen Zugriffs z.B. E. Blochs aufgeht. Sie ist nicht allein immanentes «Noch-nicht» oder «Vielleicht-aber-bald-doch»: Das «Prinzip Hoffnung» ist praktisch wie theoretisch ein erheblich zu gewichtendes, dies aber auch in Abhebung zu dem davon separiert formulierten «Prinzip der Verantwortung». Letzteres ist ein von Anfang und vom Wort an sozial-dialogisches Prinzip (vgl. *H. JONAS*, Das Prinzip Hoffnung. Versuch einer Ethik für die technologische Zivilisation, Frankfurt/M. 1979, dazu aus theologisch-ethischer Perspektive *J. RÖMELT*, Theologie der Verantwortung, Innsbruck 1991, aus fundamentaltheologischer *T. SCHIEDER*, Weltabenteuer Gottes. Die Gottesfrage bei Hans Jonas, Paderborn u.a. 1998). Bleibt die Frage, wie diese Studie auch Arbeiten zu umkreisenden, hier durchaus mit Bedacht und Gewinn beigezogenen Studien umgeht, die vom Ende der Metaphysik, von Ende der Transzendenz, von Ende des «Supra» wie des «Subjekts». So könnte es sein, daß der Habitus der Transzendenz- oder Metaphysikverweigerung sowohl *gewinnbringend* (ob modern oder nicht) als auch schlicht *unhöflich* (wenigstens) ist. Es ist unhöflich, z.B. metaphysische Angänge wider besseren Unwissens oder öffnenden Wissens aus Diskurs und Dialog auszuschließen. Die Minimalforderung- und -förderung der raum-, diskursermöglichenden und kommunikationsethischen Perspektive wäre: Nicht apriori ausschließen – anhören, erst dann kritisieren, sind Grundformen einer Höflichkeit des Denkens – verbindendes *und* verbindliches Sprechen, Denken und Handeln (zwischen Personen *und* Standpunkten, sei es kooperativ, konstitutiv, durchaus auch konfliktiv); vgl. etwa *J. BRANTL*, Verbindende Moral. Theologische Ethik und kulturenvergleichende Humanethologie (SThE 94), Freiburg i.Ue.-Freiburg i.Br. 2001, bes. 21ff. (ohne daß jedoch das Stichwort fällt, geht es diesen Ausführungen zu einem interdisziplinären Dialog im Kern ja um eine Form «wissenschaftlicher Höflichkeit» – Grenzen und Inkombatibilitäten bleiben zu eruieren). Vgl. *W. LEPENIES*, Benimm und Erkenntnis. Über die notwendige Rückkehr der Werte in die Wissenschaften, in: *ders.*, Benimm und Erkenntnis, Frankfurt/M. 1997, 9-49, bes. 42-49.

[4] Es hat Übersetzungs- wie historische Gründe, warum hier oftmals das italienische Wort verwendet wird. Es ist weit weniger belastet, ruft nicht sogleich die üblichen Verdachtsmomente hervor.

[5] Wie weit gespannt diese Grenzregulierung hinsichtlich der Höflichkeit bedacht werden kann, zeigen die Überlegungen von *T. MACHO*, Höflichkeit als Sprache einer Weltgesellschaft? in: *B. FELDERER/ders.* (Hrsg.), Höflichkeit. Aktualität und Genese von Umgangsformen, München 2002, 9-21 (Lit.). Es geht um

Es geht (nicht nur) um subtile Beziehungen zwischen «Mündlichkeit» und Mündigkeit. Es geht (nicht nur) um Standardsituationen und -regularien, um erstaunlich viele Freiräume, um Schonung, um Druckausübung und -regulierung, um Bevormundung – mithin um Themen mit beziehungs- oder begegnungsethischem Einschlag. Es geht – nicht allein, aber prominent – um das «sittliche Handeln im Medium der Sprache»[6], um Annäherungen an Grundformen und «Fragmente einer Sprache der Liebe» (mit R. Barthes), um die «Sprache von Fragmenten der Liebe», um eine Grammatik der Sensibilität, über die man alltäglich leicht hinweghuschen kann.[7] Es geht um Sozial- und Kommunikationskompetenz, die sich – auf Formen angewiesen – nicht in Formeln erschöpft, sondern Haltung ansetzt und evoziert, die nicht zur Unzeit provoziert. Gelegenheiten zu verbaler, symbolischer, medialer oder ritualisierter Brüskierung anderer, zur Provokation ergeben sich genügend – sei es aus Absicht (mit je mehr oder weniger Recht), sei es aus Unaufmerksamkeit. Dies ist genau die Kehrseite dessen, was hier in den Blick genommen werden soll.

Eine weitere Annäherung, so vorsichtig, so provisorisch wie möglich: «Gestatten Sie ...?!» – So könnte es denn auch beginnen. Mit einer vorsichtig anfragenden Aufforderung, einer vorsichtig auffordernden Anfrage, dies in der Oszillation (G. Deleuze) beider Satzzeichen:[8]

> *«Demjenigen, der über den Sinn der Höflichkeit handeln will, stehen negative und positive Vorurteile im Wege. Negativ wird die Höflichkeit beurteilt, wo man sie mit Unehrlichkeit und Lüge identifiziert. Die Realität, so sagt man, sieht anders aus als die höflichen Worte; diese sind nur eine Tünche, welche die Wahrheit schlecht genug verbirgt. (...) Es gibt auf der Gegenseite eine Lehre der Kultur, in der die Höflichkeit sehr wohl ihren Ort hat, ja sogar einen bevorzugten Rang einnimmt. Sie gilt dort als Hauptmerkmal der Zivilisiertheit, fällt mit Urbanität und höherer Menschlichkeit in eins zusammen. (...) Dem negativen Vorurteil, das unseren Gegenstand bestenfalls als unerhebliche Kuriosität ansieht, steht also ein positives gegenüber, das ihn überbewertet und verallgemeinert.»*[9]

---

nichts weniger als um die Höflichkeit als «Überlebensbedingung kultureller Vielfalt». Dies ist der Horizont einer Anfrage und einer Suchbewegung.

[6] Um es anders zu formulieren: «Reden ist Berührung», erinnert *H. LEMKE*, Freundschaft. Ein philosophischer Essay, Darmstadt 2000, 168f. Berührung nun hat mit Taktilität zu tun, Taktilität mit Takt, Takt mit Höflichkeit. Berührt es, in der Folge, wie die Rede des einen den anderen berührt? Petitio principii? Vgl. zudem *J.J. UHANT*, Zwischenmenschliche Beziehungen. Oder vom Hören- und Redenkönnen, in: LebZeug 51 (1996) 245-256, *B. D'ARMINIO*, Comunicare è un'arte, in: *M. DE ROSA* (Hrsg.), Dives in misericordia (FS G. Pierro), Salerno 1997, 213-226.

[7] Es geht nicht (so sehr) darum, ob und in welcher Reihenfolge welche Hofknickse zu machen wären oder wann welches Besteck verwendet werden darf, welche Garderobe angezeigt erscheint (obwohl das Wissen darum zur passenden Zeit hilfreich sein kann – für das «animal symbolicum», so E. Cassirer). Das sind, bei allen fließenden Übergängen, Fragen der «Etikette», nicht *die* Grundfragen der Höflichkeit. Zu Unterscheidungen und Abgrenzungen von Zeremonial, Etikette, protokollarischer Regel vgl. *C. PERNOT*, La politesse et sa philosophie, Paris 1996, 33ff., *A. MONTANDON* (Hrsg.), Etiquette et politesse, Clermont-Ferrand 1992, *ders.*, (Hrsg.), Convivialité et politesse. Du gigot, des mots et autres savoir-vivre, Clermont-Ferrand 1993.

[8] «Decet ...»/«Es gehört sich» (fast), mit einem ebenso scheinbar «unhöflichen» wie intelligenten Buch die «Fußnote» zu garnieren. Zu Deleuze vgl. also u.a. oder (?) v.a. *A. SOKAL/J. BRICMONT*, Eleganter Unsinn. Wie die Denker der Postmoderne die Wissenschaften mißbrauchen, München 1999, 177-192. Eleganz allerdings ist ein klassisches Höflichkeitsthema, Unsinn hingegen nicht.

[9] *M. RASSEM*, Der Sinn der Höflichkeit, in: *ders.*, Stiftung und Leistung. Essais zur Kultursoziologie, Mittenwald 1979, 115-135, 115f.

Mit dieser nach wie vor gültigen, obzwar modifizierbaren Analyse setzt der Kultursoziologe Mohammed Rassem bei seiner Betrachtung des «Gegenstandes» Höflichkeit ein. Schon hier wird deutlich: Wer sich auf dieses Thema einläßt, gerät aus vielerlei Gründen zwischen Skylla und Charybdis. Die eine Klippe benennt schon der Spätaufklärer J.G. Seume († 1810), wenn er «Europas übertünchte Höflichkeit» heftig kritisiert (natürlich spielt Rassem darauf an ...). Sie ist Tünche und Täuschung, Blendwerk und Etikettenschwindel, Schwindel durch Etikette, Maskerade, Show, Lüge (wie gesagt), ja sogar als Laster selbst oder zumindest als dessen «Larve»[10]. – Vorwürfe, die bleibend Konjunktur und nicht zuletzt zahlreiche populäre, breitenwirksame Protagonisten haben.

Die andere Klippe ist ebenfalls nicht «ohne» – ohne Implikationen nämlich. Sie trifft sich auf merkwürdige Weise mit der ersten. In der Kritik der Höflichkeit als Blendwerk liegt auch die Sehnsucht nach dem Unverstellten, Ungekünstelten, dem Authentischen und Eindeutigen.[11] Hier wird also gemutmaßt, man dürfe von *jeder* Geste, von *jedem* Wort die Probe auf das Exempel ziehen, auf das Ganze gehen, was Sittlichkeit, Humanität, Zivilisiert- oder Kultiviertheit angeht.[12] Wird dabei unvermittelt von den Äußerungsformen auf Haltungen geschlossen, wird aus dem Vorurteil nur allzu leicht ein Urteil. Von der Impression des Kritikers wird dergestalt leicht und leichtfertig über Expression und Expressivität auf eine Haltung geschlossen, die hinter dem liegt, was es zu registrieren gilt. Doch so einfach wird es nicht.

Es könnte sich – und damit kommen wir der Sache schon ein wenig näher, um die es dieser Untersuchung geht – herausstellen, daß der angebliche «ethische Spatz in der Hand» (die Höflichkeit nämlich) nicht so selten aktuell und aktual mehr wert sein könnte als die ideale «Verhaltenstaube auf dem Dach». Damit soll weder der

---

[10] So *J.-J. ROUSSEAU*, Julie oder die neue Héloïse, hrsg. v. *R. WOLFF*, München 1998, 444 (IV. Teil, 6. Brief). Eine Denunziation, hier des «Anstandes», die nicht sonderlich überrascht. Sicherlich gibt es eine Dialektik der Höflichkeit (aber es gibt ja auch eine Dialektik der Aufklärung – gerade Adorno kümmert sich in seinen «Minima moralia» auch um die Dialektik des Taktvollen, des Taktes), eine Nachtseite, die nicht aufzurechnen ist mit dem Gewinn, ohne daß dabei die Kostenseite zu leugnen wäre. Zu überwindende Ausschlußklauseln (analog zur Aufklärung z.B.) oder selektive Blindheiten wären z.B. Geschlechterdifferenzen sowie Kultur- oder Sozialdifferenzen, aber auch eine Unterbewertung des Nicht-Rationalen. Wie die geistesgeschichtlich epochale Aufklärung historisch ein europäisches, männliches und rationalistisches Projekt ist, auf eben auf diesen Ebenen (nicht allein) befreiende Wirkung hatte, so könnte dies gelten für die Höflichkeit – und zwar gerade über die eben angesprochenen Verengungen hinaus als ein offenes kulturell-zivilisatorisches Praxisprojekt ...

[11] Es ist nicht unbedingt nötig, sich in allzu schwindelnde Höhen abstrakten Denkens hinaufzuwagen, um zu durchschauen, daß der Ausdruck des Ureigenen üblicherweise jenseits von Individualität vorgeprägten Rede- und Verhaltensmustern lokalisiert wird. Was sich aber dort schnell zeigt, ist oft gar nicht so authentisch, sondern ein sich rasch verfestigender Code des «Authentischen». Allein, diese Fragestellung enthebt nicht der anderen: der Frage der Unterscheidung nach der *guten* und *richtigen* Authentizität unter den Bedingungen des Menschseins, seiner Geschichtlichkeit, Begrenztheit, seiner Existentialität und Sozialität.

[12] *R. SPAEMANN*, Personen. Versuch über den Unterschied zwischen «etwas» und «jemand», Stuttgart 1996, 139, pointiert diese Sicht von der anderen Seite her, wenn er fordert, daß die Person sich «in ihrer Rede jederzeit als wahrheitsfähiges Wesen darzustellen» habe. Ohne diese starke Ontologie der Wahrheit und den hohen ethischen Anspruch in Zweifel ziehen zu wollen, bleibt nicht nur die Frage nach den je und je begrenzten Möglichkeiten des Menschen, diese Kapazität umzusetzen und zu realisieren, sondern auch die handlungstheoretische Frage nach der Wirkung und der Folge. Moderation der Zwischenbereiche ist auch eine Frage des personalen Ethos wie der sozialen Kompetenz, nicht nur eine von eigentlicher und uneigentlicher Rede. Vgl. dazu *E. SCHOCKENHOFF*, Zur Lüge verdammt? Politik, Medien, Medizin, Justiz, Wissenschaft und die Ethik der Wahrheit, Freiburg i.Br. 2000, 194f.

Kritik noch der anspruchsvollen Forderung nach (gemeinverträglicher?) Echtheit die Berechtigung abgesprochen werden. Aber es könnte sich, so die Mutmaßung, auch herausstellen, daß dieser «ethische Spatz in der Hand» erst selbst wieder «hoffähig» – genauer: ethikfähig – gemacht werden müßte. Radikale Echtheit, Unmittelbarkeit und – um das einschlägig Mode- und Kampfwort zu nennen – «Authentizität»[13] sind ebenso unrealistisch wie an vielen Stellen unerträglich brüskierend.[14]

Was aber bliebe darüber hinaus? *Zwischen* den angedeuteten Extremen und somit Verkürzungen hindurch, aktual (und fundamental?) Gültiges zu sichten, gegebenenfalls zu rehabilitieren – um Gründe und Überlegungen, Einsichten und Erfahrungen hierfür geht es im Sinne einer Entbanalisierung der Höflichkeit.[15]

Höflichkeit zu fordern, ihr das Wort zu reden, bereitet Schwierigkeiten – nicht erst heute, aber heute eher noch verstärkt. Warum? *Eine* Ursache liegt in der Gleichsetzung von Höflichkeit mit einer gewissen Art von «Benimm», von «Etikette», wobei aber genau der entscheidende Unterschied verloren geht. Darunter wird dann gemeinhin ein Katalog von Verhaltensvorschriften verstanden, der nicht erst heute leicht auf Ablehnung stößt, bestenfalls Heiterkeit hervorruft, da er als anachronistisch, übertrieben und merkwürdig restriktiv empfunden wird. Störend wirkt dabei vor allem das Normative, das sich in dem Satz «Das tut man nicht!»[16] zu erkennen gibt.

---

[13] Mit *M. EHLERS/C. MEYRING*, Ich bin so frei. Ein Versuch über die neue Unverschämtheit, in: «DIE ZEIT», Nr. 48 (1997) 58: «Der authentische Mensch: Wir treffen ihn beispielsweise im Kino. Dort sitzt er dann hinter uns und ist dermaßen anwesend, daß wir uns insgeheim den psychopathischen Serienkiller von der Leinwand herunterwünschen, und zwar dem authentischen Menschen an den Hals. Denn er ignoriert offenbar, daß ein Film neben Bildern auch noch eine Tonspur zu bieten hat, die für den einen oder anderen Zuschauer von Interesse sein könnte. Wie selbstverständlich wird ein lautstarkes Gespräch mit dem Sitznachbarn geführt, das nur von geräuschvoller Nahrungsaufnahme und Tütengeraschel unterbrochen wird.» Soviel zu einer Authentizität, die keinen Respekt kennt. Das spricht nicht gegen Echtheit, sondern generiert erst die ethische Frage nach «gut/nicht gut» und «richtig/falsch». Vgl. schon *A.C. ANTON*, Authentizität als Fiktion. Briefkultur im 18. und 19. Jahrhundert, Stuttgart-Weimar 1995, vgl. *U. GEITNER*, Die Sprache der Verstellung. Studien zum rhetorischen und anthropologischen Wissen im 17. und 18. Jahrhundert, Tübingen 1992, vgl. die resümierende Aufnahme bei *S. SCHARNOWSKI*, Rhetorik des Herzens. Zu einem Dilemma der Empfindsamkeit, in: *H. HAFERLAND/I. PAUL* (Hrsg.), Höflichkeit (Osnabrücker Beiträge zur Sprachtheorie 52), Oldenburg 1996, 105-123, 105, zur Verschiebung von jener der Geselligkeitsgestaltung zur Freundschaft und zur Tugend der Innerlichkeit. – Wichtig ist hier auch der Aufsatz von *D. ZILLESSEN*, Ritual oder Theater im Spiel des Lebens, in: International Journal of Practical Theology 3 (1999) 229-250, bes. 229-234, zudem *R. LEMIEUX*, Rite et sécularité: La mise en scène des défis du sens, in: Théologiques 4 (1996) 9-31.

[14] Man sollte dabei aber auch Gegentrends nicht vergessen: die Propagierung der «Coolness» beispielsweise als eines Umgangsmodells, das zweifelsohne auch eine Spitze gegen Betroffenheitskulte in sich trägt. Ebenso als Gegenmodell zur Authentizitätsidealisierung kann gelten der neuerdings von Trend-Scouts (und -Settern?) wie Matthias Horx vertretene und Affektkontrolle insinuierende «Soft-Individualismus». Vgl. das Interview mit *M. HORX*, Megatrend Individualisierung, in: ZdZ/LM 3 (2000) 21-23. Nicht uninteressant – ebenfalls ein Bestseller! – auch die Passagen zu «Höflichkeit und Etikette» bei *F. ILLIES*, Generation Golf. Eine Inspektion, Berlin 2000, 140ff. – Sie offenbaren ein eher (gar vorrangiges?) ironisches und spielerisch-ästhetisches Moment im Zugang zu genannten «Sekundärtugenden».

[15] So fundamental (selbstredend!) fundamentale Themen sind, so alltäglich sind alltägliche, so sehr ist es jedoch auch hybrid die Alltäglichkeit und ihre anspruchsvollen, spannenden und vielfältigen Seiten aus der Reflexion zu verbannen. Also – ein Versuch über die «Höfe» um Menschen, um die Räume und Sphären, wie sie tagtäglich in der Praxis neu abgesteckt und vermessen werden ...

[16] Das Verdikt gegen das «man», der Verdacht der dahinterliegenden Ent- und Verfremdung hat diverse Traditionen. Vgl. z.B. *H.K. BHABA*, Die Verortung der Kultur, Tübingen 2000, 137-150. Er spricht von der «sly politeness», der schlauen Höflichkeit, und ihrer unterdrückerischen Funktion im Kolonalismus.

Ein erstes Differenzmoment ist schon hier zu nennen, das die Fixierung auf eine Kritik des Formalen, des «Normalen», also Normativen an der Höflichkeit durchbricht:

> *«Was ist an der Höflichkeit anders? Zwar ist auch sie auf mehr oder weniger festgelegte, zuweilen durchaus subtile Verhaltenscodes angewiesen, jedoch ist ihr Motiv anders: nicht Herrschaft, sondern ethische Haltung. Vereinfacht gesprochen handelt es sich um Rücksichtnahme, also um die Bereitschaft, die anderen als andere mit eigenen Interessen überhaupt wahrzunehmen und sie nicht, einer Planierraupe gleich, zu überfahren.»*[17]

Diese Einsicht mutet selbstverständlich, fast banal an. Um so bemerkenswerter ist deshalb die Tatsache, daß höfliches Verhalten, das eben *keineswegs* selbstverständlich ist, als anachronistisch gilt, mitunter geradezu Unbehagen zu verursachen scheint. Andere Gründe für Skepsis der Höflichkeit gegenüber liegen in der «Politisierung» und Instrumentalisierung konventioneller sowie konventionalisierter Formen zur Selbst- oder – auch dies Idiosynkrasien erregend – Fremddomestizierung[18] und der mehr als berechtigten Kritik daran, daß inflexibel gewordene Signale und Formen der Etikette kaum mehr anders als adäquat betrachtet werden können (im Sinne dieser Instrumentalisierungen). Aber damit ist das Thema keineswegs erledigt (auch wenn es den Anschein hat). Motive, Funktionen und Intentionen der Höflichkeit können – jenseits historisch konstatierbarer Ausdrucksweisen, ihrer rekonstruierbaren Genese – auf einige Grundfunktionen hinwiesen, die auch dann durchschlagen, wenn man einen tradierten Kanon von Formen verläßt, nach Alternativen sucht – und genau an den Stellen, an denen sich die kritisierten Formen befunden haben, wiederum einen Kanon installiert. So kontrastiv der dann auch sein mag – man denke an die Gegenbewegungen der «68er» und ihre antiautoritären Programme. Doch so emanzipativ einzelne Facetten dabei waren, auch und gerade sie haben immer wieder sogleich «Formen» und Umgangsweisen geschaffen (und Differenz- oder Kohärenzsignale eingefordert). Dieses Grunddatum gibt zu denken. Von hier

---

Es wird wiederum zu unterstreichen sein, daß auch hier der Mißbrauch auf individueller, struktureller, institutioneller und politischer Ebene eben ein *Miß*brauch ist, der den richtigen Gebrauch, den *ethisch* anspruchsvollen, richtigen wie guten, formellen wie intentionalen Gebrauch damit eben *nicht* einfachhin aufhebt.

17 So *EHLERS/MEYRING*, Ich bin so frei 58.

18 Der «dünne Firnis der Zivilisiertheit über der eigentlichen Bestie Mensch» ist ein kulturkritischer Lieblingstopos (aber ganz nebenbei auch Indiz für eine bestimmte Anthropologie). Seriöser, indirekt vor überzogenen Erwartungen an die «cortesia» ebenso warnend wie auf ihre Notwendigkeit deutend, der groß angelegte Versuch von *P. GAY*, Kult der Gewalt. Aggression im bürgerlichen Zeitalter, München 1996. Zur Zivilisation als stets gefährdetes Projekt der Domestizierung des Bösen vgl. auch *M. SCHNEIDER*, Ouups! Über die Entüblung der Welt durch eine neue Höflichkeit, in: «Frankfurter Rundschau» vom 05.01.2001, 21f., der damit durchaus programmatische Hoffnungen mit der Höflichkeit verknüpft. – Noch ein Perspektivenwechsel: Ein weiteres Hindernis steht dem Diskurs über die Höflichkeit nicht selten im Weg: «Brav» und «höflich» werden oft vermischt, sind aber nicht deckungsgleich, gerade wenn mit ersterem bloßes «Kuschen» kritisiert, vom zweiten aber weit mehr als nur Etikette-Erfüllung, sondern Schonung des Anderen (auch und gerade an kritischen Stellen!) gemeint ist. Den Tenor dieser Haltung gibt der Titel eines signifikant erfolgreichen Buches der letzten Jahre wieder: «Brave Mädchen kommen in den Himmel, böse überall hin» – spöttische Implikation einer theologischen Perspektive, ein Alltagswort ironisierend. Der Himmel nicht den Spatzen (Heinrich Heine), sondern den langweiligen Braven! Und die «gratia praeveniens»? – Auf der anderen Seite aber die durchaus berechtigte Frage, ob «Mutter Kirche (nur?) brave Kinder brauche», nur solche brauchen könne (in Anlehnung an A.A. Buchers Monographie formuliert)? Wird da etwa etwas verwechselt?

aus sind die jeweils greifbaren Formen auch zu bewerten. Das Kriterium der Axiologie ist zunächst denkbar einfach: Dienen sie genannten Ursprungsintentionen und -desideraten? Oder befördern sie diese nicht?

Halten wir – sehr vorläufig – «dicta probantia» fest: Der Relevanz entbehren sie nicht, gerade weil sie aus voneinander unabhängigen, ja disparaten Kontexten stammen, andere Einfallswinkel eröffnen. Zunächst ist eine spezifische Anknüpfung als Erinnerung zu vermerken. E. Levinas[19], profilierter Nachspürer der Implikationen der Begegnung mit dem Anderen und des doppeldeutigen, also doppelwertigen, somit zu unterscheidenden, also ethisch relevanten Verrats des «Gesagten» am «Sagen», notiert – zu einer *Geste*:

> *«Der einzige absolute Wert, den es gibt, ist die Fähigkeit des Menschen, dem Anderen den Vortritt zu lassen. Ich glaube nicht, daß es eine Menschheit geben könnte, die dieses Ideal ablegen könnte. (...) Das ist der Beginn der Philosophie, das ist das Vernünftige, das ist das Verstehen.»*[20]

Eine Steilvorlage zweifellos. Sie hat ihre eigenen Gründe, Begründungen. Sie zielt – zunächst einmal – weit über das Thema «Höflichkeit» hinaus[21], rührt fundamentale anthropologisch-ethische Dimensionen an, die in der aktuierten Höflichkeit, in Sequenzen und Zyklen koordinierten (*und* koordinierbaren – das ist ethisch *ein* springender Punkt!) räumlichen Sozialverhaltens verbal und nonverbal nicht alle auf einmal aufgebaut und in dieser Tiefe realisiert werden können. Dennoch besteht die Möglichkeit (wie die Notwendigkeit) einer Transversale: Nicht nur vom theoretischen Umgang mit dem anderen fällt ein Licht auf den praktischen, konkreten und alltäglichen – und umgekehrt. Diese Übergänge sind erheblich, aber dennoch fließend. «Vortrittlassen» ist nun nur *ein* Grundgestus der Höflichkeit (zudem ein nicht zwingend verbal einschlägiger, so doch höchst sprechend!). Zu denken gäbe freilich schon an dieser Stelle eine andere, vermutlich überraschende Feststellung:

> *«Die Einsicht in die unhintergehbare Rollenhaftigkeit menschlicher Kommunikation und die Unverzichtbarkeit von Respekthaltungen gerade in multikulturellen Gesellschaften führen weltweit zu einer wachsenden Beschäftigung mit dem universellen Phänomen der Höflichkeit.»*[22]

---

[19] Levinas deswegen zuerst, weil er sich wie kaum ein anderer der Frage nach dem Anderen gewidmet hat und sich den kleinen Spuren näherte, die sich von diesem aus und in der Begegnung mit ihm ablesen lassen, gefolgt von einem Autor, der mit einer hervorragenden Studie aus dem Bereich der Linguistik hervorgetreten ist, sodann ein zeitgenössischer Franziskus-Biograph.

[20] Vgl. *E. LEVINAS*, Philosophie, Gerechtigkeit und Liebe, in: *ders.*, Zwischen uns. Versuch über das Denken an den Anderen, München 1995, 132-153, 139. Vgl. *A.-P. ALKOFER*, Ethik als Optik und Angesichtssache. E. Levinas und Spuren einer theologischen Fundamentalkasuistik (StdM 3), Münster 1997, zudem *J. BUTLER*, Kritik der ethischen Gewalt, Frankfurt/M. 2003.

[21] Zu alltagssprachlichen (zumeist pejorativen) Konnotationen des Themabegriffs vgl. den Überblick bei *C. EHRHARDT*, Beziehungsgestaltung und Rationalität. Eine linguistische Theorie der Höflichkeit, Triest 2002, 11-31.

[22] Dies stellt fest *M. BEETZ*, Art. Höflichkeit, in: HWR III 1476-1486, 1486. Dieser Hinweis, an sich schon frappierend, ist aber indirekt auch eine Vermißtenanzeige, die nämlich, daß sich theologische Ethik nicht in diesen Diskurs (nicht merklich wenigstens) eingeklinkt und eingelesen hat. Vgl. insgesamt die Beiträge und deren Tenor in: *FELDERER/MACHO*, Höflichkeit, passim.

Eine weitere Beobachtung *erheblich* anderer Provenienz – von nicht *unerheblicher* Bedeutung für unser Unterfangen – deutet an, daß wir uns einer Spur nähern, die längst nicht ausgedeutet und abgeschritten ist:

> *«Franziskus überliefert auch für die Gegenwart notwendige und brauchbare Lebenshaltungen und Werte aus der Welt des Mittelalters, die er selbst in origineller Weise durchdacht und gelebt hat. Es sei nur an seine zeitlebens durchgehaltene ritterliche Vornehmheit (curialitas, courtoisie, Höfischkeit) erinnert.»*[23]

Noch einmal also: «Höflichkeit» – ein störrischer Topos, ein «steifer» zudem? Dem Umgang mit ihr steht eine Reihe von Vorurteilen im Weg. Aber es zeigen sich auch – so nicht alles täuscht – Möglichkeiten einer aktuellen Renaissance, einer Rekonstruktion und Neukonjunktur. Neubegründung zeichnen sich am Horizont nicht nur ab, sondern werden mittlerweile in eigenen Diskursen (etwa im Dienstleistungsbereich, in einer Fülle von Publikationen[24], vorab in der jüngeren Trend- und

---

[23] So *H. Feld*, Franziskus von Assisi und seine Bewegung, Darmstadt 1994, 504, in einer Studie, die alles andere als unumstritten, aber durchaus lesbar ist und einen Originalitätsgrad hat, der sich natürlich ebenfalls verdankt. Feld argumentiert im Schatten von E. Renan und vor allem P. Sabatier und alimentiert seinen Versuch im Gefolge dieser Interpretationsrichtung. Vgl. die Rezensionen von *J.-B. Freyer*, in: WiWei 58 (1995) 330-338, *L. Oviedo*, Un nuevo libro sobre San Francisco y los origines franciscanos, in: Anton. 71 (1996) 349-355. Die hier zitierte Beobachtung jedoch dürfte unstrittig sein. Der Bezug auf Franziskus läge auch deshalb nahe, weil gerade er immer wieder in den letzten Jahrzehnten als Modell und Leitbild gedient hat, sei es in Anliegen der Ökologie- oder der Friedensbewegung (ob dies im einzelnen immer stimmig wird, ist hier nicht die Frage). Das Faszinationspotential bleibt unbestritten. Auf die bleibende Attraktivität wie Faszination dieser Figur weit über den kirchlich-theologischen Raum hinaus weist hin *H. Klüver*, Wiederkehr eines sanftmütigen Rebellen. Dario Fo, Vincenzo Cerami, Jacques Le Goff und warum ein komischer Heiliger wie Franz von Assisi wieder so aktuell geworden ist, in: «Süddeutsche Zeitung» vom 29.01.2000. Nicht zu vergessen ist an dieser Stelle eine Studie, die der narrativen Kraft von Hagiographien in postmodernen Zeitläuften nachspürt. Die US-amerikanische Philosophin *E. Wyschogrod*, Saints and Postmodernism. Revisioning Moral Philosophy, Chicago-London 1990, legt hier markante Spuren aus. Vgl. unten Abs. 14.3.3.

[24] Vgl. z.B. *A. Montandon* (Hrsg.), Dictionnaire raisonné de la politesse et du savoir-vivre, Paris 1995. Diese Publikation gibt in einer Fülle von Übersichtsartikeln hervorragende Informationen, Verweise auf Primär- und Sekundärliteratur. Ein Beispiel nur für das wissenschaftliche Interesse an den Themenfeldern. Leider gibt es im deutschen Sprachraum kein Pendant. Leider sind derartige Vorlagen von der Theologie bislang nicht aufgegriffen worden, ein Desiderat auch deshalb, weil in eben genannter Publikation die Dimensionen des Theologischen (und Religiösen) schon allein *historisch* eine Marginalie bleibt.
Um die Fülle der darüber hinaus einschlägigen Literatur auch nur anzudeuten: *T. Schürmann*, Tisch- und Grußsitten im Zivilisationsprozeß, Münster-New York 1994, 233-247, listet in einem opulenten Anhang die Namen einschlägiger Autor(innen) von Anstands- und Etikettebüchern für den Zeitraum zwischen 1850 und 1990 auf. Auf einer anderen Ebene angesiedelt, dabei unterhaltsam und aufschlußreich: *C.B. Sucher*, Hummer, Handkuß, Höflichkeit, München ²1997, bewährte Dauerbrenner die Veröffentlichungen von *S. Gräfin Schönfeldt*, Gutes Benehmen gefragt. Lebensart von A-Z, München 1997, *dies.*, 1 x 1 des guten Tons. Das neue Benimmbuch, München 1987, dazu *K. Nestle*, Die neue Höflichkeit. Gutes Benehmen ist wieder gefragt, Genf ²1987, *C. Collange*, La politesse du cœur, Paris 1993, *B. Lorenzoni/W. Bernhard*, Professional Politeness. Die Anti-Ellenbogen-Strategie, Regensburg 1999, *E. Bonneau*, Erfolgreich durch gutes Benehmen, München 2000, *G. Weilenmann*, Gutes Benehmen heute, Zürich 2001, *D. Sanders*, Der natürliche Knigge. Die sanfte Revolution der Ellenbogengesellschaft, München 2001, *A. v. Blomberg*, Der Höflichkeitsfaktor: Etikette heute, von der Liebe bis zum Geld, Reinbek 2002, so pfiffig wie informativ die Materialaufbereitung von *N. Wagner*, Höflichkeit und gutes Benehmen, Respekt, Respekt. Eine Lern-, Diskussions- und Arbeitsmappe, Mülheim/Ruhr 2002, um nur einige Titel zu nennen. Die Liste ist beliebig verlängerbar, die Titel aber von äußerst unterschiedlicher Qualität. Vgl. z.B. auch den Überblick in dem ansonsten eher etwas planierenden Kompendium von *D. Schwanitz*, Bildung. Alles, was man wissen muß, Frankfurt/M. ²2000, 443-466. Dazu

«Benimmliteratur», in einschlägigen Kursangeboten, ja sogar schulisch reinstitutionalisiert[25]) unterschiedlichster Kontur, Intention und Formung dem Thema wieder einen (vorerst kaum theologischen) Ort geben. Oft genug bleiben diese Versuche aber in Anfängen stecken: Sei es, daß sie offenkundig kurzatmigen Operationalisierungen, Instrumentalisierungen oder Implementierungen das Wort reden, sei es, daß sie unter der Prämisse eines allgemeinen Kulturpessimismus fast melancholisch nach dem Althergebrachten rufen, sei es, daß sie in eher spielerisch-distanzierten Ästhetisierungen verharren.

Doch es geht – zumindest hier – um mehr: Nämlich um eine bestimmte Korrelation, um das Verhältnis von «guten Sitten» und «sittlich Gutem»[26], um ein Ver-

---

kommen die vielfältigen Veröffentlichungen, die – verkürzend – unter dem Namen «Knigge» segeln – vom «Computer»-, «Ossi-Wessi»-, vom «Sex»- oder «Internet»- zum «Kinder»-Knigge und Karriere-Knigge. Auf dieser Ebene ist so ziemlich alles erschwinglich, was sich denken läßt. Bezug darauf nimmt in seiner Glosse *H. EGGEBRECHT*, Knigge im Nordost-Passat, in: «Süddeutsche Zeitung» vom 23.05.2000, 17. Ganz zu schweigen von restaurativ-revisionistischen «Rollbacks», wie bei *G. V. THURN UND TAXIS/A. BORGHESE*, Unsere Umgangsformen. Die Welt der guten Sitten von A-Z, Gütersloh 2001, die ganz aktuell den Blick auf Tiefendimensionen der Cortesia verstellen und allzuleicht die berechtigten alten Hypertrophievorurteile nähren. Wir lassen diese und vergleichbare Publikationen (z.B. *A. SOMMER*, Die Benimm-Bibel. Ultimatives für moderne Menschen, Berlin 2001, die – vermerkt man allein Implikationen und Ansprüche des Titels – vorab darauf zielen, «Etikette-Einsteigern» Mittel des «Abservierens» anderer, so die Rezensentin V. Roggenkamp, anzubieten. Daß dies Verdachtsmomente nährt und in einer bestimmten Tradition steht, ist außer Frage) bewußt links liegen und verzichten auf Analysen, die zu «yellow press» und Boulevard gehören würden. Immerhin scheint «Adel» nach wie vor zu verpflichten, aber er vernichtet auch und verstellt, die Anliegen, die hier verfolgt werden. Snobistischer Utilitarismus und zugleich elitärer Ökonomismus wären Kritikanzeigen, die auch bei höchstem Wohlwollen hier zu verzeichnen und zu kritisieren wären ... – nehmen wir damit zunächst allein auf weitere Überlegungswege die Problemanzeige mit, die besagt, daß es einen lukrativen Orientierungsmarkt zum Thema gibt. Dies – so verstreut und qualitativ unterschiedlich auch immer – Indikator für Reflexions-, Handlungs-, für Orientierungs- und Haltungsbedarf?

Es gibt auch auf der Ebene der praktischen Vernunft Anzeichen für Neubesinnungsversuche. Veröffentlichungen zur «ars vivendi» mehren sich, nur teils mit Bezug auf unseren Topos. Zu Desideraten der Orientierung und Kompetenz vgl. z.B. die so unterschiedlichen Ansätze von *L. GIESZ*, Philosophische Spaziergänge, Zwölf vorsichtige Antworten auf die Frage, wie man sich denn im Leben einzurichten hätte, Stuttgart 1990, *R. MARTEN*, Lebenskunst, München 1993, *W. SCHMID*, Philosophie der Lebenskunst. Eine Grundlegung. Frankfurt/M. 1998. Historische Einblicke gewähren *H.P. BALMER*, Philosophie der menschlichen Dinge. Die europäische Moralistik, München-Bern 1981, *C. HORN*, Antike Lebenskunst. Glück und Moral von Sokrates bis zu den Neuplatonikern, München 1998, *P. HADOT*, Wege zur Weisheit – oder: Was lehrt uns die antike Philosophie?, Frankfurt/M. 1999, *A. BRENNER/J. ZIRFAS*, Lexikon der Lebenskunst, Leipzig 2002 (mit einer Reihe von Einträgen, die hier diskutierte Themenfelder aufnehmen oder streifen).

Vgl. aus haltungstheologischer Perspektive *J. REITER*, Tugend als Lebenskunst, in: *C. BREUER* (Hrsg.), Ethik der Tugenden: Menschliche Grundhaltungen als unverzichtbarer Bestandteil moralischen Handelns (FS J. Piegsa), St. Ottilien 2000, 383-399.

[25] Norwegen beispielsweise führte vor einiger Zeit das – zensurfreie – Schulfach «Höflichkeitserziehung» ein! In ähnliche Richtung weist die Renaissance der sogenannten «Kopfnoten» in der schulischen Zensurleiste einiger Bundesländer (vgl. die feuilletonistische Diskussion zum «Benimm-Unterricht» im Sommer 2003 – spiegelte die Ambivalenzen, dazu etwa *N. KIRSTEN*, Mit Anstand unterrichten, in: DIE ZEIT (2003) Nr. 37, 39). Dabei geht es um eine Einschätzung des «Betragens». – Ein Blick in Weiter- und Fortbildungsangebote in ganz unterschiedlichen Berufssparten (vor allem Rhetorik- und Präsentationsseminare für die Managementebene) läßt ebenso erkennen, daß die «soft skills» wie Kommunikations- und Diskursregularien, Umgangsformen, Sozialkompetenz hoch im Kurs stehen. Vgl. fundiert *O. HARGIE/C. SAUNDERS/D. DICKSON*, Social skills in interpersonal communication, London [3]1994.

[26] Vgl. das «Streiflicht» in der «Süddeutschen Zeitung» vom 27.08.1998, 1. – Es darf daran erinnert werden, daß in und aus der Spannung dieser Begriffe «Ethos» und «Ethik» etymologisch ihre jeweilige Herkunft beziehen.

hältnis, in dem das eine nie im anderen ganz aufgeht, strikte und einfache Ableitungen schwerlich möglich sind, aber eine fortwährende Relation, wechselseitige Permeabilität und Transparenz besteht, die hier neu in den Blick genommen werden sollen. Dazu reicht eine norm- oder pflichtethische Betrachtungsweise nicht aus, sind es ja gerade in diesem Bereich als überzogen empfundene Detailnormierungen, die nicht unerheblich dazu geführt haben, diesen in Mißkredit zu bringen. Der indirektere, diskretere Weg eines Haltungsangebotes, also der habituelle, tugendethische und – vielleicht überraschend – spirituelle Weg, wäre hier (wieder?) zu entdecken. Das lenkt den Blick auf eine weitere Problematik.

Geht es um Haltungen, um «Tugenden», dann stellt sich nicht selten (neben der oft ventilierten Aktualitätsfrage) die Frage, wie ein spezieller Bereich in das Gesamttableau einzuordnen wäre, wie dem Schatten jenes Mißkredits beizukommen wäre, der hier nur zu leicht mitschwingt.[27] Ist Höflichkeit in diesem Duktus eine jener höchst suspekten Sekundärtugenden? Unter bestimmten Bedingungen sicher kein unbegründeter Verdacht. Ein dahin verkürzt-verkümmerter Begriff wird leicht obsolet. Zudem haben «Sekundärtugenden» keine gute Presse.[28] Ihre Mißbrauchsge-

---

[27] Um es auf den Punkt zu bringen: «Der deutschen Erziehung fehlt es an Skepsis, Distanz, Spott und Hohn. Es gab zu viel Perfektionismus, zu viel wurde von der Vollkommenheit geträumt und entschieden zu wenig Selbstbeschränkung, zu wenig Aufruhr gegen maßlosen, wuchernden Eifer geübt. Als ich mir vor mehr als einem halben Jahrhundert die Deutschen besah, wurde mir klar, dass sie sich für besser hielten als die anderen. Sie besaßen hervorragende Tugenden wie Pünktlichkeit, Fleiß, Sauberkeit, Verantwortlichkeit, Gründlichkeit, Redlichkeit, Ausdauer und vielleicht noch vieles Mehr. Sie meinten, dies würde genügen. Wenn der Mensch so viele Tugenden besitzt, wäre alles in Ordnung. Aber das ist eben nicht so, denn nicht die Tugenden sind wichtig, sondern die Werte, denen sie dienen.» – so gewohnt unverbrämt (unhöflich?) der verstorbene polnische Schriftsteller *A. SZCZYPIORSKI* in seinem Essay «Der bessere Mensch ist der Ursprung allen Übels», veröffentlicht am 02.09.1999 im Feuilleton der «Süddeutschen Zeitung».

Vgl. aber auch *R. SPAEMANN*, Disziplin und das Problem der sekundären Tugenden, in: *ders.*, Grenzen. Zur ethischen Dimension des Handelns, Stuttgart 2001, 249-260. Gerade die «disciplina» kommt im Kontext der Höflichkeit nicht nur unter der Fahne der Selbst- oder Affektkontrolle oder -revision einher. Sie ist eine Form des aktuierten Selbst-Bewußtseins als und des Handelnden. Intention und Wertkonnex gilt es hier im Kontext des Habituellen zu sichern und zu sichten.

[28] Doch nicht nur Sekundärtugenden schlägt Skepsis entgegen. Wenn z.B. *F. V. KUTSCHERA*, Grundlagen der Ethik, Berlin-New York ²1999, 224, im Blick auf aktuelle Tugendethiken schreibt: «Es gibt zwar hie und da Wiederbelebungsversuche, die aber wohl wenig aussichtsreich sind, denn Tugenden können sich nur in relativ wohldefinierten und dauerhaften Sozialstrukturen ausbilden und Vorbildfunktionen haben. Unser Leben wandelt sich jedoch heute so schnell, daß die Ideale von gestern morgen schon wieder antiquiert sind.», dann unterschätzt er erstens eine durchaus massive philosophische und theologische Diskussion des Tugendthemas (in den Varianten und Anschlüssen eines breiten Neoaristotelismus) und, wichtiger noch, verwechselt offenkundig technische Kompetenzen mit Tugenden. Auch wenn sich ihre konkreten Fassungen und Formen mit den veränderten Anforderungen ebenso verändern, wie «veralten» Ideale von Gerechtigkeit, soziale Fähigkeiten eigentlich? Und ist Erfolgsaussicht oder Durchsetzbarkeit gewisser Wert-, Haltungs- und Handlungsvorstellungen ein Argument gegen sie? Natürlich setzt die Moderne neue Herausforderungen, aber sie forciert auch neue Tugenden oder die Neufassung von Traditionen. Zudem ist bei allen Veränderungen, die mit Schlagworten wie Arbeitsmarktdruck, Globalisierung und Beschleunigungsphänomenen etc. bezeichnet werden mag, nicht doch auch für einen Teil des Globus durchaus «wohldefinierte und dauerhafte Sozialstruktur» ein signifikantes Merkmal. Man denke an die langen Friedens- und Demokratiephasen. Hier wirkt sich also der Ausgangspunkt aus. Allerdings bleibt richtig, daß sich individuelle Lebenswelten rasanten Veränderungen gegenübersehen. Könnten hier aber – in aller Fragilität – Haltungen nicht gerade Halt sowie kritisches Relais sein? Das bedeutet aber auch, daß Tugendethiken nach ihren prinzipiellen und aktualen Grenzen befragt werden können – freilich ohne gleichzeitig die spezifischen Leistungen zu unterschlagen. Vgl. für einen Überblick gerade zur philosophischen Diskussion um die Tugendethik seit dem Ende der 50er Jahre – mit dem Aufsatz *E. ANSCOMBE*, Modern Moral Philosophy, wiederveröffentlicht in: *R. CRISP* (Hrsg.), How should one live?

schichte ist zu offenkundig, weniger präsent aber die Einsicht, daß auch Primärtugenden ohne Sekundärtugenden leichthin blaß, bloß theoretisch oder bloß affirmierte Gesinnung bleiben. Festzuhalten, zu erörtern ist allerdings: *Wenn* Höflichkeit eine Tugend ist oder in einer Relation zu fundamentalen Haltungsbildern steht, dann vor dem Hintergrund, daß sie angemessen dem Wert und der Würde des anderen zu entsprechen sucht. Definitorisch ist *das* nun keineswegs auszuschließen. Bei näherem Zusehen könnte sich durchaus anderes herausschälen. Damit soll aber gerade keine Hypertugend, kein heroischer Tugendgrad oder ähnliches installiert werden. Es wird die schlichte wie ergreifende Wahrheit ventiliert, daß jede/r ständig anderen begegnet (dies vermittels sehr verschiedener Medien und zudem mehrkanalig). Wie immer diese Beziehung sich gestaltet, welche Geschichte, Tiefe und Weite, welche existentielle Bedeutung ihr zukommt – immer ist es eine Beziehung zu einem Subjekt, das Träger dieser Würde ist. Dieser Würdedimension, hier genauerhin: je aktuellen Würdigungsdimension, die vor allen Zuschreibungen und Anerkennungsmechanismen liegt, unableitbar und gleichursprünglich mit der Tatsache, daß der Andere da ist, Zeit und Räume beanspruchen muß (wie «ich», aber immer je anders), Rechnung zu tragen, stellt Höflichkeit als Gewähr für *und* Gewährung von Handlungs- und Gestaltungsraum komplexes *und* einfaches, formales *und* freies Inventar zur Verfügung, damit es gelingt, dem Anspruch tagtäglich gerecht*er* zu werden.

Der Ruf nach einem «Ethos des Umgangs» (sollte es ihn geben), das zur «Kunst der Schonung» beiträgt, könnte auch gelesen werden unter dem Stichwort einer «Ökologie der Beziehungen und Interaktionen». Darunter wäre zu verstehen die Analyse verbaler, gestischer, symbolischer Ausdrucksformen mit dem von ihnen transportierten Informations- und Beziehungsdruck, der auf vielfältige Weise «aufreibend», «abnutzend» sein kann.[29] Höflichkeit hat etwas zu tun mit den Schnittstel-

Essays on the Virtues, Oxford 1996, 26-44, beginnend, sodann im Anschluß an *A. MACINTYRE*, After Virtue. A Study in Moral Theory, Notre Dame 1981, vehement weitergeführt – vgl. *K.P. RIPPE/P. SCHABER* (Hrsg.), Tugendethik, Stuttgart 1998. Vgl. insgesamt auch die Überlegungen der Beiträge in: *M. PRISCHING* (Hrsg.), Postmoderne Tugenden? Ihre Verortung im kulturellen Leben der Gegenwart, Wien 2001, kritisieren und perspektivieren die oft verdeckte und implizierte Tugendthematik in aktuellen Diskursen, dort bes. *M. PRISCHING*, Postmoderne Tugenden? Aspekte einer unmodernen Problemstellung, in: *ders.*, Postmoderne Tugenden 15-37 (mit der unvermeidlichen Frage, ob und wie Höflichkeit eine Tugend ist, ebd. 16, vgl. 24; immerhin: in der «Topologie der Tugenden», 29ff., rangieren Höflichkeit, Takt und Freundlichkeit gemeinsam).

Bestände philosophischer Tugendethiken und ihre Modernitätsrelevanz diskutiert *W. KERSTING*, Kritik der Gleichheit. Über Grenzen der Gerechtigkeit und der Moral, Weilerswist 2002, bes. 193-254, vgl. auch *ders.*, Konjunkturen der Tugend. Von Platon und Aristoteles bis zur Postmoderne, in: *PRISCHING*, Postmoderne Tugenden 39-74.

Vgl. auch die informative Wortmeldung von *M. HÜTTENHOFF*, Tugend und Handlung. Ein Beitrag zur ethischen Grundlagendiskussion, in: ZThK 97 (2000) 463-487, die zugleich ein Plädoyer für eine verstärkte Auseinandersetzung mit der Tugendthematik aus evangelischer Sicht ist. Aus katholischer Sicht geben Überblicke *G. PERATHONER*, Gastfreundschaft im Tourismus. Eine Tugendethik aus der Sicht des Gastgebers (StdM 16), Münster 2000, bes. 44-139, *C. BREUER*, Ethik der Tugenden. Eine Untersuchung moraltheologischer und sozialethischer Schriften im deutschsprachigen Raum des 20. Jahrhunderts, in: *ders.*, Ethik der Tugenden 409-433.

[29] Vgl. – für einen spezifischen Zusammenhang zwar – die Habilitationsschrift von *G. MARSCHÜTZ*, Familie humanökologisch. Theologisch-ethische Perspektiven (StdM 13), Münster 2000. Sie versucht diesen lehramtlichen Begriff (vgl. *JOHANNES PAUL II.*, Enzyklika Centesimus Annus, Nr. 39) für die Problematik familialer Relationen und Kontexte zu aktivieren und zu präzisieren. Berührungspunkte gibt es vor allem in der Blickrichtung der Schonung humaner «Ressourcen», aller Verschiebung des Blickwinkels

len der Begegnung und versucht dafür zu sorgen, daß der andere nicht nur als Benutzeroberfläche gesehen wird, sondern sein «Gesicht» gewahrt und geschont wird. Anders gesagt: Es geht um die vielfältigen Begegnungen von mehr oder weniger fremden Menschen – aber nicht nur![30] – auf Bürgersteigen, im Lift, in Warteschlangen, in Büros und Läden (und nicht nur bei Kunden, sondern auch bei «mobbenden» KollegInnen[31]), in U-Bahnen, Flugzeugen und Bussen, vor und hinter Schaltern, in Kneipen und Internet-Cafés, Theatern, Kinos und Gasthäusern und so fort.[32] Mag man dem im Einzelfall als isoliertem Phänomen in der Teichoskopie, der neutralen Beobachterpose, keine allzu hohe Bedeutung beimessen, in der Summe aber prägen sie durchaus das Klima *mit*[33], in dem sich je eigene wie andere Menschwerdungs- und Handlungsversuche wie -bemühungen abspielen. Vor Ort

hierbei zum Trotz. Die Schonung der «Ressource», die der Mensch selbst ist, der sich im alltäglichen Umgang mit anderen nur zu leicht reibt (und aufreibt – und das teils an Stellen und in Situationen, die dies nicht zwingend erfordern). Das Wohl der Person, der anderen und der eigenen, gerät hier – wie fragmentarisch auch immer – in den Blick. Und dies kann wohl als Prinzip des theologisch-ethischen Projekts fungieren, vgl. dazu konzise und hilfreich *H. WEBER*, Allgemeine Moraltheologie. Ruf und Antwort, Graz-Wien-Köln 1991, 148-169.

[30] Diese Überlegungen gelten zuerst, aber beileibe nicht nur, für den Bereich «anonymer», momentan-kurzfristiger, also oft tangentialer Begegnungsfelder. Auch festere Beziehungen oder Partnerschaften können durchaus in den Blick genommen werden hinsichtlich der Höflichkeit, des Taktes, des Respekts, der Zuvorkommenheit und wie dergleichen synonymische Bezeichnungen mehr lauten. Lebendig-kreative Bemühungen darum «erhalten die Freundschaft», tragen zu einem Klima bei, in dem sich der/die andere geschätzt, angenommen und geliebt weiß.

[31] In der BRD werden bis zu 3000 Suizide pro Jahr auf Mobbing zurückgeführt, vgl. *O. NEUBERGER*, Mobbing. Übel mitspielen in Organisationen, München 1998. Verachtung, Verletzung, absichtliche Respektverweigerung müssen nicht immer diese dramatischen Folgen haben, aber allein diese *möglichen* Zusammenhänge geben zu denken. Ein schmaler Grad, eine fragile Grenzlinie zwischen der einfachen und einmaligen Unhöflichkeit in alltäglichen Interaktionskontexten trennt von Katastrophalität. Auch wenn die Folgen von Unhöflichkeit nicht immer unmittelbar derart drastisch sein müssen, ein präventives Ethos der Cortesia und dessen Vorzugsregularien offenbaren gerade hier auch ihren Ernst und ihre ethische Bedeutung – und nehmen in Pflicht. Gegenprogramme melden sich an: vgl. etwa *R. MILLER*, «Du dumme Sau!» Von der Beschimpfung zum fairen Gespräch, Lichtenau 2003.

[32] Exemplarisches für Methodik und Thematik die interaktionellen Sequenzanalysen bei *R. SCHMITT*, Die Schwellensteher. Sprachliche Präsenz und sozialer Austausch in einem Kiosk, Tübingen 1992, die sprechakttheoretischen Beobachtungen im Kontext von Hierarchisierungen bei *P. PSCHAID*, Language and Power in the Office, Tübingen 1992, zudem *J. HOLMES*, Politeness, power and provocation: How humour functions in the workplace, in: Discourse Studies 2 (2000) 159-185.

[33] Ob dies als «Empfindungsverlust» im Sinn einer Signatur der Moderne zu werten ist, bleibt eine berechtigte Frage, die *P. VIRILIO*, Der negative Horizont. Bewegung/Geschwindigkeit/Beschleunigung, München-Wien 1989, 24, mit diesem Begriff verknüpft. Höflichkeit aber hat eine erhebliche sinnliche Komponente. Sie ist auch ein spezifisches «Raumgefühl», «Zwischenraumgefühl», das Grenzen und Zuordnung der Handlung und des Behandelten wahrnimmt. Wahrnehmung ist an Sensitivität, Sensibilität verwiesen, um überhaupt ein pro-soziales Empathiegebilde wie die «cortesia» – rudimentär, robust oder fragil – entwickeln zu können. Vgl. dazu die sensiblen interpretationsästhetischen und «raumgebenden» Überlegungen von *G. STEINER*, Von realer Gegenwart. Hat unser Sprechen Inhalt?, München 1990, 181-302, die gerade den Begriff der «Cortesia» als Raum-, als Zwischenraumgabe erinnert. Auf George Steiner greift zurück (und über ihn hinaus) in seinen Versuchen, den ethischen Wert der Sinne zu rehabilitieren, *J.-P. WILS*, Die Moral der Sinne. Essays, Tübingen 1999. Vgl. auch *J.B. METZ*, Im Eingedenken fremden Leids. Zu einer Brückenkategorie zwischen Theologie und Ethik, zwischen Religion und Moral, in: KatBl 122 (1997) 78-87, *M. RAMMINGER*, Mitleid und Heimatlosigkeit. Zwei Basiskategorien einer Anerkennungshermeneutik (Theologie in Geschichte und Gesellschaft V), Luzern 1998, zudem *H. SCHMITT*, Empathie und Wertkommunikation. Theorie des Einfühlungsvermögens in theologisch-ethischer Perspektive (SThE 93), Freiburg i.Ue-Freiburg i.Br. 2003.

betreffen sie Involvierte – *for better or for worse* (genau damit sollte die ethische Frage als je neu, als je unabgeschlossen «ein-fallen»!).

Grenzen sind anzuzeigen: In der Höflichkeit, wie wir sie zu beschreiben suchen, liegen natürlich nicht die Schlüssel zur Lösung aller Probleme. Jede tugendethische Avance hat ihre mehrfache Fragilität und je bestimmte Reichweiten. Höflichkeit hat ihre Grenzen sowohl in Funktion und Situation als auch – zunächst – in der existentiellen Tiefe.[34] Das leuchtet ein, gerade wenn man sich diesem Thema nicht nur epiphänomenalistisch oder emergenztheoretisch nähert. So ist der Anspruch dieser Untersuchung zunächst bescheiden: Sie will Überlegungen und Argumente sammeln, sortieren, die im weiten Umfeld der «Höflichkeit/cortesia» vorgetragen werden, um daran zu erinnern, daß es Sinn und Wert – schon «en miniature» und «en détail» – hat, schonend mit anderen Menschen umzugehen. Die Suche nach Spuren dieser «Ökologie des Humanen», des verantwortet-schonenden Umgangs mit mehr oder weniger vertrauten Personen steht also leitend am Anfang dieses Unternehmens. Es könnte sich am Ende herausstellen, daß dieser Anspruch, dieses Unterfangen durchaus reichlich ambitioniert ist – und Übung wie Erfahrung (respektive Kontrasterfahrung) braucht!

Bei dieser Vergewisserung wird es um formale und materiale Aspekte eines Umgangsethos gehen: Sichtung von Formen und Situationen, Plausibilisierung ihrer Varianz, Frequenz und Bestimmung eines Werthorizontes und Sinnbereichs, innerhalb derer sich Höflichkeit in Singular und Plural einen Platz sichern könnte.

«Miniatur und Detail» – das heißt auch: der schonende, respekt- und rücksichtsvolle Umgang mit anderen wird hier vom Angang her nicht *zuerst* unter den Blickwinkeln der respektheischenden Themen behandelt: die Frage der Menschenrechte, der Gleichberechtigung der Geschlechter, der Freiheit und anderem mehr. [35]

---

[34] Dies jedoch gilt nicht im Sinne einer Alternative nach dem Motto «Wo es um Essentielles geht, kann ich beruhigt pampig sein!». – Der (nicht nur pastorale) Wert und Nachdruck in der Förderung von Authentizität (das beliebte Motto «Störungen haben Vorrang», unter Umständen ein Protest gegen Unhöflichkeiten anderer, die Gruppen und Gespräche gnadenlos dominieren!) ist ein prägender Faktor für den Standard des Umgangs mit anderen in ekklesial-seelsorgerlichen Kontexten geworden. Dieser Gewinn – so eine mögliche Mutmaßung – hat auch eine andere Seite. Sie läßt sich unschwer ausmalen. Diesem Befund nicht entgegengesetzt, sondern ihn realistisch-ethisch bedenkend: *H. SCHLÖGEL*, Profi und Profil. Zum Ethos pastoraler Berufe, Regensburg 2000, bes. 40-105.

[35] Damit soll das Thema aber nicht kleingeredet werden. Es wird sich herausstellen, daß es durchaus eng mit einem der brisantesten aktuellen gesellschaftspolitischen Themen zu tun hat: dem «zivilen Umgang mit Menschen, die fremd sind oder so scheinen», so *H. PRANTL*, in: «Süddeutsche Zeitung» vom 16.01.2001, 11. Vgl. dazu die Beiträge in: *W. HEITMEYER* (Hrsg.), Deutsche Zustände. Folge 2, Frankfurt/M. 2003. Heitmeyer spricht von Tendenzen «feindseliger Normalität» und «gruppenbezogener Menschenfeindlichkeit», vgl. etwa *W. HEITMEYER*, Feindselige Normalität, in: DIE ZEIT, Nr. 51 (2003) 19. Wie lockern sich «Höflichkeitsbremsen», wenn auch nur ein/e Vertreter/in derart devaluierter Gruppen im Gesichtsfeld präsent werden? Die Frage ist zu stellen. Vgl. paradigmatisch und nicht ohne aktuellen Hintergrund *A. BROUCHARA*, Höflichkeitsformen in der Interaktion zwischen Deutschen und Arabern, Tübingen 2002, zudem *K. AHLHEIM/B. HEGER*, Der unbequeme Fremde. Fremdenfeindlichkeit in Deutschland – empirische Befunde, Schwalbach/Ts. 1999, *M. MAREFKA*, Vorurteile – Minderheiten – Diskriminierung. Ein Beitrag zum Verständnis sozialer Gegensätze, Neuwied-Kriftel-Berlin [7]1995, *K. EHLICH*, Vorurteile, Vor-Urteile, Wissenstypen, mentale und diskursive Strukturen, in: *M. HEINEMANN* (Hrsg.), Sprachliche und soziale Stereotype (Forum Angewandte Linguistik 33), Frankfurt/M.-Berlin-Bern u.a. 1998, 11-24.

In der «hierarchia veritatum ethicarum» sind die Großkrisen und -themen vielfältig besetzt und analyse- wie reflexionsstimulierend. Das medienethisch bezeichnende (und oft kritisierte) Diktum «only bad news are good news» greift hier auf verblüffende Weise eben auch. Die kleinteiligeren Elemente werden dabei

Natürlich hat der Begriff der «Höflichkeit» nicht den steilen Anspruch, das Pathos der «großen» Themen in der ethischen Tradition und der aktuellen Diskussion. Aber möglicherweise verstellen gerade diese hin und wieder in ihrem «spekulativen Schwung» und offenkundiger Kontroversheit den Blick auf das, was unmittelbar umgibt, was nicht wenig ausmacht für das Tagtägliche.[36] Insofern versteht sich diese Studie als Beitrag zu einer «Ethik von unten», genauerhin einer «Ethik des Alltags und der Begegnung». Der induktive Ansatz, den diese Zeilen allenfalls repräsentieren, sucht Alltags- und «Augenhöhe»[37], wird aber darin nicht aufgehen können.

2. *Wege und Umwege der Untersuchung*

Stimulation, Kritik und Integration sind als Funktionen und Grundbewegungen des moraltheologischen Projekts bezeichnet worden.[38] Stimulation, Orientierung und Angebot von Leitbildern und Sinnhorizonten auf der einen, Kritik in und an externen und internen Kontexten auf der andere Seite, darüber hinaus Integration (als Hereinnahme von Modellen, Argumenten, Erfahrungen aus anderen als christlichen Kontexten vor dem theologischen Hintergrund einer Welt als «guter Schöpfung Gottes») bleibt die Grundstruktur eines nach (immer begrenzten) Möglichkeit aufmerksamen, sorgfältigen, aber auch «selbstbewußten» Versuchs, sich lebensweltlichen Phänomenen in ihrer Komplexität zu widmen.

---

oft überblendet von der scheinbaren Alternative: «Mega-Menschheitsfrage» hie, «Menschlichkeitsproblemchen» da. Doch auch hier geht es nicht um artifizielle Oppositionen. Die Praxis der «Minima moralia» ist hier kein despektierender Begriff, sondern zuletzt in einer Theorie der Ganzheitlichkeit integriert, die induktiv ansetzt. Mit Adorno ist daran zu erinnern, daß diese «Minima» Notizen aus und zum «beschädigten», also jederzeit mit Leichtigkeit und Kleinigkeiten beschädigbaren Leben sind. Vgl. die «marginalen» Beobachtungen bei *D. Cameron*, Small incivilities, in: Critical Quarterly 42 (2000) 127-131.

[36] Auch hier geht es natürlich nicht darum, Oppositionen zu konstruieren, nicht darum, das eine gegen das andere zu setzen oder gar auszuspielen, sondern schlicht und bescheiden darum, zu ergänzen und zu sensibilisieren. Zur Relevanz des Alltagsbegriff für ein «Ethos der Cortesia» vgl. unten Abs. 14.2.1.

[37] Damit korrespondiert er – trotz Vorbehalten der Ausschließlichkeitsansprüche des Ansatzes gegenüber und Differenzen im Detail – mit Perspektiven, wie sie *J. Bergmann/T. Luckmann* (Hrsg.), Kommunikative Konstruktion von Moral, 2 Bde., Opladen-Wiesbaden 1999, vorgelegt haben. Neben dem empirischen Material sind dort instruktiv vor allem die einleitenden systematischen Überlegungen, die *Bergmann/Luckmann,* Moral und Kommunikation, in: *dies.*, Kommunikative Konstruktion von Moral I 13-36, vorlegen und das Fazit von *R. Ayass*, Versachlicht oder veraltet: Positive Moralisierungen in alltäglichen und institutionellen Kontexten, in: *Bergmann/Luckmann*, Kommunikative Konstruktion von Moral II 289-327. – Wir kommen darauf zurück (vgl. Abs. 12. und 14.2.4.).

[38] Vgl. *A. Auer*, Autonome Moral und christlicher Glaube, Düsseldorf ²1984, 189-197. Vgl. *E. Gillen,* Wie Christen ethisch handeln und denken. Zur Debatte um die Autonomie der Sittlichkeit im Kontext katholischer Theologie, Würzburg 1989, kritisch *H. Hirschi*, Moralbegründung und christlicher Sinnhorizont. Eine Auseinandersetzung mit Alfons Auers moraltheologischem Konzept (SThE 45) Freiburg i.Br.-Freiburg i.Ue. 1992. An die dabei zugrunde liegende konfliktreiche Debatte um eine «modernisierte» Naturrechtsformulierung im Kontext einer pluralen Welt kann hier nur erinnert werden. Immerhin hatte diese auch die Folge, daß über die Normbegründungsdebatte die unverzichtbare tugendethische Dimension spärlicher beleuchtet wurde. Christliche Lebenskunst als Tugendethik könnte hier ein Korrektiv zur sachlich nicht unbegründeten, aber doch so oft leichtfertigen Rede von der Patchworkidentität sein. Man muß dabei ja die anspruchsvollen und schnellen Veränderungen, die dem einzelnen angeboten und aufgenötigt werden, nicht allein unter ein kurzschlüssiges Substanz-Akzidenz-Schema verbuchen. Es lohnt sich gerade dabei – auch im Sinne der Biographieforschung – nachzudenken, was dann eben doch bleibt am, im und für das Subjekt – z.B. hinsichtlich seiner Fähigkeiten, kommunikativ zu handeln.

Einige Stichworte geben die Struktur von Argumentationen und Intentionen an[39]: Zu nennen sind Deskription[40], Kritik[41], Advokatorik[42], Präskription[43], Konsiliatorik und Adjuvatorik[44], Sinnauslegung[45]. Diesen elementarethischen Absichten sucht die Studie im Blick auf ihr Thema gerecht zu werden, Beiträge zu orten und zu erläutern. Sie unternimmt es zunächst, ein geistesgeschichtliches Panorama zu entfalten, das darauf hindeutet, daß *vor*, dann *mit* den Begriffen «cortesia», «courtoisie» sowie «Höflichkeit» grundlegende Fragen und zu gestaltende Interaktions-, Handlungs- und Bedeutungsphänomene anwesend waren und immer geblieben sind. Der initiale Schwerpunkt liegt dabei auf einem näheren Blick in die Epoche, die den «Begriff» der Höflichkeit hervorbringt. Dieser deskriptive Überblick – das vorweg – läßt einen großen Facettenreichtum, damit verbunden eine gewisse Unübersichtlichkeit erkennen. Deshalb folgt – um der Plastizität willen – eine exemplarisch zu verstehende Konzentration des Blickwinkels auf Phänomene der verbalen Höflichkeit[46], wie sie Linguistik und Soziolinguistik beschrieben haben. Freilich werden sie

---

[39] Notabene: Was K. Demmer mit der Einbeziehung des Ensembles aller relevanten Prämissen meint, was *J.G. ZIEGLER*, Aufgabe und Zielsetzung einer «Geschichte der Moraltheologie», in: *K.-H. KLEBER* (Hrsg.), Prolegomena zu einer Geschichte der Moraltheologie, Passau 1994, 7-22, 20, programmatisch dicht formuliert – das theologisch-ethische Projekt solle nämlich «auf der Basis historischer Vergewisserung humanwissenschaftlich orientiert, exegetisch, fundiert, dogmatisch verifiziert, gegenwartsnah analysiert und spirituell aktualisiert sein» – kann, so reizvoll und spannend dies ist, hier nur in Ansätzen eingelöst werden. An keiner Stelle beansprucht der vorliegende Versuch Vollständigkeiten. Diese ist kaum zu erreichen, will sich ein moraltheologischer Reflexionsversuch auf die Erkenntnisse einlassen, die die verschiedensten Disziplinen in ihrer je eigenen Methodik, ihrem je eigenen Erkenntnisinteresse anbieten. Es ist dies nicht nur der Fülle der möglichen Informationen zu «verdanken», sondern spiegelt auch ein Grunddatum, das aus der theologischen Perspektive an eigene und fremde Adressen gerichtet mit der Gebrochenheit der Erkenntnisfähigkeit zu rechnen ist. Dies trägt der Einsicht Aufmerksamkeit, daß schon in der Versprachlichung diverser Ergebnisse die exakte Abbildung unmöglich bleibt. Nicht zu vergessen ist die schlichte Tatsache, daß angesichts der Pluriformität und Multiplizität in und zwischen einzelnen Phänomenen von gelebtem Leben und seinen Erfahrungen in der Deskription nur Approximativität und Asymptotik zu erreichen sein wird. Versuche in dieser Richtung macht dieses heuristische Eingeständnis aber keineswegs obsolet. Vgl. exemplarisch die Positionierungen für die theologisch-ethische Reflexion unter den Bedingungen und Anfragen der (Post-)Moderne bei *J. RÖMELT*, Ethik für das dritte Jahrtausend? Problemfelder und Methodenfragen einer wissenschaftlichen Disziplin in der Jahrtausendwende, in: Ethica 8 (2000) 5-21, bes. 14-18, *ders.*, Christliche Ethik im pluralistischen Kontext. Eine Diskussion der Methode ethischer Reflexion in der Theologie (StdM Beihefte 4) Münster 2000.

[40] Vgl. *O. HÖFFE*, Art. Ethik, in: *ders.*, Lexikon der Ethik, München [3]1986, 54, *W. KORFF*, Wege empirischer Argumentation, in: HCE I 83-107.

[41] Vgl. *W. SCHULZ*, Grundprobleme der Ethik, Stuttgart [2]1993, 45-48.

[42] Vgl. dazu z.B. die zunächst sozialethisch orientierten Ausführungen und Einmischungen von *M. HEIMBACH-STEINS*, Einmischung und Anwaltschaft. Für eine diakonische und prophetische Kirche, Ostfildern 2001. Daß diese Perspektive individualethisch und ekklesiologisch zu vermitteln ist, bleibt offenkundig. Diakonia, Martyria, Leiturgia und Koinonia als Bezeichnungen des Grundprofils von Kirche haben dabei eine interne und externe Handlungsfläche – damit sind aber zugleich Ansatzorte der kritischen Aufmerksamkeit benannt. Vgl. *M. BRUMLIK*, Advokatorische Ethik. Zur Legitimation pädagogischer Eingriffe, Bielefeld 1992, *K. HILPERT*, Prinzip Anwaltschaft, in: Neue Caritas 100 (1999) 8-15, *ders.*, Art. Anwaltschaft, in: LThK[3] XI 8f.

[43] Vgl. *A. PIEPER*, Einführung in die Ethik, Tübingen [2]1991, 13.

[44] Vgl. *H. KRÄMER*, Integrative Ethik, Frankfurt/M. 1992, 323-325, *D. WITSCHEN*, Konsiliatorische Ethik als spezifische Weise, normativ-ethische Fragen zu behandeln, in: ThPh 76 (2001) 47-62.

[45] Vgl. *G.W. HUNOLD*, Ethik in einer sich verändernden Welt, in: ThQ 166 (1986) 1-7, 6f.

[46] Einen ersten Hinweis auf die ethische Relevanz gibt *J. BERGMANN*, Alltagsmoral. Eine Erkundung, in: Kursbuch Nr. 136 (1999) 105-120, 108, wenn er sagt: «Moralisch eingefärbt ist aber nicht nur die Sprache, sondern auch das, was Akteure mit ihr tun. Das Repertoire an moralischen Aktivitäten im Alltag scheint

nicht ausschließlich in die Analysen einbezogen, vielmehr stehen sie – neben einigen Ausflügen en passant in Nonverbalität und symbolische Interaktion – paradigmatisch für weitere mögliche Untersuchungsfelder.

Sodann gilt es anthropologisch-philosophische Vermittlungsspuren zu sichten, bevor in der theologischen Tradition die Fäden des Themas punktuell gesucht und befragt werden (bei Clemens v. Alexandrien, Thomas v. Aquin und Franz v. Sales, bevor, nach einem Blick auf den Ort der Höflichkeit in den moraltheologischen «Manualen», mit Helmut Thielicke und Romano Guardini vergleichsweise «jüngere» Referenten zu Rate gezogen werden).

Spätestens hier sollte dann deutlich geworden sein, daß die vorrangigen Koordinaten, unter denen die schmale theologische Höflichkeitsdiskussion (aber beileibe nicht nur sie) steht, nämlich die Norm- und die Wahrheitsthematik, die Weite des integrativen, umfassenden Ursprungskontextes als *gesamtkulturelles* Interaktionskonzept[47] aus dem Blick verloren hat und jeweilige historische Folge- und Transformationsphänomene, die für diese Reduktionen allerdings oft genug Anlaß geben, als das Eigentliche der «cortesia» nimmt.

Systematisch verortet sich die Studie zuletzt im Kontext der Tugendethik und zielt auf sie, gerade weil sich distinkte Formen und Normen entbetten, diversifizieren und pluralisieren – damit aber die kreative Verantwortung stärker, aber *keineswegs ausschließlich* auf den mit «vielfältigen» Anderen Umgehenden zurück- oder zufällt.[48] Diese Absicht wird aber keineswegs in Frontstellung zu Momenten des

unerschöpflich. Am auffälligsten ist sicher die Abteilung mit den schweren Waffen, zu der etwa Vorhaltungen, Vorwürfe, Beschuldigungen, Beschimpfungen, Beleidigungen, Beschwerden, Anklagen, Flüche oder Entrüstung gehören.» – Es geht der Untersuchung also auch (nie ganz ausschließlich) unter dieser Prämisse um Facetten des sittlichen Handelns im Medium der Sprache (mithin also nicht nur ethische Reflexion über das Ethos in Sprache, sondern Sprache selbst konstitutiver Part des Ethos, also als Objekt der ethischen Reflexion). Höflichkeitsformen sind *ein* Teil dieser Sprachrealisation, Tugenden insgesamt auf ihre Verwiesenheit auf Medialitäten zu befragen. Höflichkeit, ohne Vorgriff, als «basic soft skill», genauer: als «grundierende Sozialkompetenz»? Man wird sehen. Vgl. dazu z.B. zum neuen Wert der persönlichen Beziehung und des persönlichen Gesprächs *A. GIDDENS,* Konsequenzen der Moderne, Frankfurt/M. 1995, 149, bes. *T. ZELDIN*, Der Rede Wert. Wie ein gutes Gespräch Ihr Leben bereichert. München 1999, zudem die Beiträge in: *FROST*, Das Ende der Gesprächskultur?, darin vor allem: *I. BOCK*, Sprachfähigkeit und Sozialität. Die anthropologische Fundierung des Gesprächs 19-27, *LADENTHIN,* Gespräch und Sprache 28-72 (Lit.), wo relevante Ordnungsversuche vorgestellt werden: a) O.F. Bollnows hermeneutischer Ansatz (monologisch/dialogisch mit jeweiligen Subformen), b) E.W.B. Hess-Lüttichs definitorischer Versuch (Dialog, Gespräch, Konversation, Diskurs), c) H. Geißners pragmatischer Versuch (zwischen den Polen «persönlich» und «sachlich» in Graden der Verbindlichkeit), d) F. Hundsnurschers linguistischer Ansatz bei drei Dialogformen «komplementär», «koordinativ», «kompetitiv» in Kombination mit jeweils möglicher kognitiver, praxisorientierter und emotiver Variante. Vgl. *LADENTHIN*, Gespräch und Sprache 60-62, zu den vier notwendigen Grundunterstellungen bei Gesprächen (als Teilrealisation der Sprache): Gemeinsamkeits-, Gleichwertigkeits-, Angemessenheits- und Gleichgültigkeitsunterstellung und ihren jeweiligen situativen Funktionen. Spurensuche ist auch zu sichten bei *H.-M. SCHÖNHERR-MANN*, Postmoderne Perspektiven des Ethischen. Politische Streitkultur – Gelassenheit – Existentialismus, München 1997, bes. 36ff., 113-125, 145-155. Ob – wie in diesem Angang vermutet – traditionelle Ethik ausschließlich der «Stabilisierung des Seins», der «linguistic turn» ihrer Destabilisierung dient, bleibt eine andere Frage.

[47] Was natürlich nur mit gebotener historischer wie ethischer Vorsicht gesagt werden kann.

[48] Vgl. exemplarisch zu der Fülle der Stimmen und Positionen in dieser Diskussion Einleitung und Textauswahl in: *RIPPE/SCHABER* Tugendethik, in theologischer Perspektive die historisch-systematische Studie von *J. SCHUSTER*, Moralisches Können. Studien zur Tugendethik, Würzburg 1997, *A. PREUSSNER*, Die Komplexität der Tugend. Eine historisch-systematische Untersuchung, Würzburg 1997.

Norm-, Regel- oder Rahmenethischen verfolgt (die ausgiebig geführte Diskussion um das Verhältnis von Tugend- und Normethik wird hier nicht mehr als nötig rekapituliert, aber vorausgesetzt), sondern als hermeutischen Unterfangen angelegt.[49] Ein Katalog von Normierungen, Operationalisierungen oder moralpädagogischen Curricula ist *nicht* angezielt. Es geht vielmehr und vorrangig um die Sensibilisierung für eine Problematik und die Gewinnung einer Haltung für den Alltag, die dann in den Horizont des «bonum utile, delectabile, honestum», schließlich des «summum bonum» rückt. Dabei ist eine gewisse Spielart des Utilitarismus (die sich ethisch zu verantworten hat und einzuordnen ist) nicht einfach den Utilitaristen überlassen. Dazu gibt es eine zu lange, zu ehrwürdige Tradition ethisch-theologischer Reflexion, die das *bonum* und das *utile* koppelt.[50]

Zur Begründung normethischer Ethik – der anderen, korrespondierenden Seite her also – vgl. den präzisen Überblick zu deontologischen, teleologischen und hermeneutischen Modi bei *E. SCHOCKENHOFF*, Normative Ethik. Eine Problemskizze, in: StMor 35 (1997) 445-473.

Der angepeilte Gewinn läge *hier* gerade darin, das Thema «Höflichkeit» aus dem reduzierten Begriffszugriff des rein Normativen (und des willkürlich Normativen!) zu befreien. Dieser Zugriff ist es ja auch, dem sich der abwertende Beigeschmack bloß «norm»-aler, formaler Höflichkeit verdankt. – Die Absicht läßt sich noch einmal präzisieren. Tugendethisch geht es hier nicht darum, über die Fassung «neuer Tugenden» den Tugend- und Haltungsgedanken zu reaktivieren, wie es wegweisend *D. MIETH*, Die neuen Tugenden. Ein ethischer Entwurf, Düsseldorf 1984, getan hat. Es geht schlicht um eine «alte» Tugend, hinter der sich mehr verbirgt, als man ihr landläufig noch zutraut (wobei die Kennzeichnung der Höflichkeit als Tugend selbst eben nicht mehr so geläufig ist, was das Unternehmen erschwert).

[49] Vgl. *J.-P. WILS*, Hermeneutische Ethik. Zur Theorie moralischen Verstehens im kulturellen Kontext, in: *A. HOLDEREGGER/J.-P. WILS* (Hrsg.), Interdisziplinäre Ethik. Grundlagen. Methoden. Bereiche (FS D. Mieth) (SThE 89), Freiburg i.Ue-Freiburg i.Br. 2001, 11-31 (Lit.), *J.-P. WILS*, Handlungen und Bedeutungen. Reflexionen über eine hermeneutische Ethik (SThE 92), Freiburg i.Ue.-Freiburg i.Br. 2001 (Lit. vor allem zur philosophisch-ethischen Provenienz), *J. FISCHER*, Die Begründungsfalle. Plädoyer für eine hermeneutische Ethik, in: ZEE 45 (2001) 163-168. Vgl. die pointierte Definition zum «sittlichen Handeln aus Verstehen» von *K. DEMMER*, Art. Moraltheologie. 2. Systematik, in: TRE XXIII 295-302, 297f.: «Die Moraltheologie *entschlüsselt*, auf der Ebene des Glaubensverständnisses und vermittels des plausiblen theologischen Arguments, die Wirkungsgeschichte des Glaubens auf die jedermann zuhandene Erfahrung des Sittlichen. (...) Der Moraltheologie fällt die Aufgabe zu, den sittlichen Anspruch theoretisch zu begründen und die universale ethische Kommunikation einzubürgern. Auf diese denkerische Verantwortung hin gestaltet sie ihre methodische Autonomie, wiewohl sie in das Ganze der Theologie eingebettet ist.» (Hervorhebung – APA), *ders.*, Deuten und handeln. Grundlagen und Grundfragen der Fundamentalmoral (SThE 15), Freiburg i.Ue.-Freiburg i.Br. 1985, *ders.*, Moraltheologische Methodenlehre (SThE 27), Freiburg i.Ue.-Freiburg i.Br. 1989, bes. *ders.*, Fundamentale Theologie des Ethischen (SThE 82), Freiburg i.Ue.-Freiburg i.Br. 1999.

[50] Vgl. *DEMMER*, Fundamentale Theologie des Ethischen 158. In dieser Fluchtlinie und Dynamik verschränken sich dann tugend- und normethische Seite, gewinnen ihre spezifische Funktion und Berechtigung vor der Perspektive der Eudaimonie, gelingenden, glückenden Lebens, der «Lebenskunst» und den für sie auch nötigen Kompetenzen und Techniken der Kommunikation. Angesichts der Imponderabilien eines «weichen Ethos der Höflichkeit» (H. Weinrich) bleibt auch die Frage nach dem Referenzpunkt eines metafunktionalen Utilitarismus und/oder eines «personalen Utilitarimus»: Was ist nötig, damit etwas oder jemand glückt, gelingt, nützlich ist, etc. Weitere Problematisierungen bei *J.C. WOLF*, Utilitarismus, Pragmatismus und kollektive Verantwortung (SThE 52), Freiburg i.Ue./Freiburg i.Br. 1993, *A. BONDOLFI*, L'utilitarisme dans la tradition catholique. Quelques repères historiques et systématiques, in: RThPh 130 (1998) 413-429, *G. PONTARA*, Breviario per un'etica quotidiana. Bene individuale, utilità colletiva, Mailand 1998 (mit einer breiten Diskussion des philosophischen Utilitarismus, seiner Protagonisten und Positionen), *H. BENZ*, Eudaimonia als implikative und dauerhafte Vollendung ethischen Handelns. Zur aristotelischen Lehre vom Lebensglück, in: FZPhTh 46 (1999) 5-34, *W. WOLBERT*, Art. Eudämonismus, in: LThK³ III 977, *C. HÜBENTHAL*, Art. Eudaimonismus, in: HbEth 82-94 (Lit.).

Übrigens hat schon *B. SCHÜLLER*, Die Begründung sittlicher Urteile. Typen ethischer Argumentation in der Moraltheologie, Düsseldorf ²1980, 278-281, darauf hingewiesen, daß die Debatten um den Utilitaris-

Was hier versucht wird, versteht sich – das sei unterstrichen – *keineswegs* als begriffshistorische Studie. Unschärfen, was die einschlägigen Termini angeht, werden bewußt in Kauf genommen oder stehengelassen, indizieren sie doch immer Überhänge und damit mögliche Übergänge. Damit werden Resonanzhöfe selbst respektiert und offen gehalten. Sie verdanken sich der Vielfalt der historisch auffindbaren Verwendung der Begriffe ebenso wie der Spannbreite der Situationen und Kontexte.[51] Nicht um *Definitionen*, aber auch nicht um letztlich unkontrollierbare *Infinitionen* der Höflichkeit, soll es also gehen, sondern um skalierbare *Füllungen* und *Übergänge* in und zwischen den Phänomenbereichen und sich dabei vernetzende Begriffe.

Leitendes Interesse, sich daraus entwickelnde Thesen und Überlegungen sollen genannt werden. Eine klare Feststellung: Höflichkeit ist kein Spitzenthema im ethischen Diskurs. Aber im Rückgriff auf die hier zu sichtenden Phänomene erscheint eine Rehabilitation des Höflichkeitsbegriffs (eine Neu- oder gar erst eine Aufwertung) möglich und zudem als Desiderat. Funktionen, Intentionen und Wertstellungen der Höflichkeit haben eine tugend- wie alltagsethische Bedeutung[52], die auch und zuweilen gerade in einer spezifischen Abwesenheit erfahrbar wird. Höflichkeit lenkt den Blick auf Haltungen und Gestaltungen, auf Formen und Dispositionen von «Grenzen», Zwischenräumen und Übergängen zwischen Interagierenden. Insinuiert die Etymologie des Begriffe eine Herkunft vom mittelalterlichen Hof und seinem Inventar und Repertoire von Umgangsformen der Annäherung und der Distanz, der Inklusion und Exklusion, der Selbst- und Fremdkontrolle in einem bestimmten historischen Kontext mit Wirkungen und Nebenwirkungen, damit eine starke lokale, soziale, kulturelle und normative Komponente, so ist bei einer Rekonstruktion der Höflichkeit auf einen anderen Referenzpunkt zu zielen, der – ohne das er die traditionellen Momente verabschieden muß – diese neu modelliert. Möglich-

---

mus diesen in «persuasiver Benennung» unterschwellig abwertend bezeichnen und ihn so gerne wie leicht in die Nähe eines berechnend-funktionalistischen Egoismus rücken.

[51] Es wäre schon hier eine eklatante Verkürzung, eine eventuelle Ausklammerung des folgenden Stichworts als «höflich» zu vermerken: Katholische Kirche nennt ihre administrativen Zentren auf lokal- und (vor allem) weltkirchlicher Ebene nach wie vor «Kurien» (auch der «Pfarr*hof*» gehört hierher). Hier ist also ein spezifischer Haftpunkt für die «curialitas/cortesia/Höflichkeit» zu finden, nimmt man das titularisch geäußerte Selbstverständnis zum Ausgang. Verwirklicht (oder eben nicht) wird dies auf vielen Ebenen – in der Art der Anrede, der Mitrede (diverser Mitarbeiter/innen) und der Achtsamkeit auf diverse andere Stimmen in doktrinären, liturgischen, personalen Zusammenhängen. Das «höfische Gepräge» wird gerade dem Vatikan nicht selten kritisch-vorwurfsvoll zur Last gelegt. Man hat dabei die üblichen Vorurteile im Sinn – aber vielleicht ist gerade dieses in seinen Formen und Fehlformen (wer mag dies bestreiten) ein klein wenig ehrlicher als die vorgeblich egalitären Strukturen, die nicht selten erheblich hierarchischer, vor allem aber rücksichtsloser agieren können, als Kirchenkurialkritiker mutmaßen – man denke an Verwaltungs-, an Krankenhaus-, an Universitätsstrukturen. Dies sei beileibe nicht nebenher gesagt. – Vgl. die spannenden Überlegungen bei *G. FRANCK*, Ökonomie der Aufmerksamkeit. Ein Entwurf, München 1998 (u.a. zur Produktion von Aufmerksamkeit, Prominenz und Prestige im Wissenschafts-, Kultur- und Medienbetrieb), zudem *G. MYERS*, The pragmatics of politeness in scientific articles, Duisburg 1988, *O. HUTTER*, Zur Pragmatik der Höflichkeit in wissenschaftlichen Aufsätzen, Erlangen 1990.

[52] Das muß deutlich gesagt werden in Abgrenzung zu einer Studie, die hier immer wieder zu Rate gezogen wird, aber die trotz des vielfältigen Erkenntnisgewinns, der aus ihr zu ziehen ist, in die Ränge zu verwiesen bleibt: *C. PERNOT*, La Politesse et sa philosophie, Paris 1996. Diese luzid-spannende Studie schreckt immer wieder aus nicht hinreichend geklärten Gründen vor der moralischen (und religiösen) Dimension der «Höflichkeit» zurück (zur Kritik an der «Civilité chretienne» z.B. vgl. ebd., 177-185). Der Essay arbeitet dabei nicht einfach antagonistisch oder dialektisch, erwähnt mögliche Übergänge wohl, aber diese Perspektiven bleiben dennoch suspekt. Es gibt gute Gründe dafür, dies ist zu konzedieren. Einwände sind damit nicht erledigt.

erweise aber entlassen schon Äquivokationen des Begriffes «Hof» selbst einen Bedeutungs*hof* im Sinne von Umfeld, Umgebung und Raum, personaler Sphäre, ein Vexierbild von zunächst interaktionstheoretischem und sodann – was zu verfolgen und nach Möglichkeit einzulösen sein wird – ethischem Bestand. Dieser fordert dann zu Stellungnahmen heraus, die zugleich etwas von Brisanz wie Relevanz des Themas aufscheinen lassen.

Nicht der Hof des Adels ist der Referenzpunkt, sondern der «Hof der Person», ihr «Feld», ihr «Bedeutungshof» oder gar «Aura» (ob W. Benjamin dies gemeint hat?) ist angezielt – und dies aktual-aktuell ebenso wie in Repräsentations- und Stellvertretungszusammenhängen (mit A. Schopenhauer im Sinn der Ehre als dem *Anwesendsein* in der Meinung der anderen und darüber hinaus der Tangierung *Abwesender*, deren Raum mit ihrem präsenten Körper nicht endet oder beginnt). Aus dieser Perspektive stellen sich Fragen: Wie berührt, betritt, verläßt, schont, stabilisiert, befördert der eine den «Hof» des anderen mit jenem Druck, der Ein- und Ausdruck gleichermaßen, gleichzeitig höchst unterschiedlich ist? Die Frage stellt sich deskriptiv und dreht sich ethisch – in der Präskription der Norm und deskriptiv in der Bebilderung von Haltung(en).

Der grundlegende, vorlaufende *Regelungs-*, *Gestaltungs-* und *Haltungsbedarf* wird dabei als ethisch offene Stelle und Ansatzpunkt unterhalb der jeweiligen historischen, kulturellen, sozialen, je und je konventionellen oder freien sprachlichen, symbolischen Expressionen betrachtet. Expression und Sprechen werden dabei zudem als Handlung betrachtet. (Mehrkanaliger) *Ausdruck* hinterläßt *Eindruck* performativ, lokutionär und illokutionär. Daran schließt sich an und ist nicht schon vorentschieden angesichts der Vielfalt der Befunde die Grundfrage des Ethischen – als ethischer Sprechhandlungstheorie – nach dem guten und richtigen Handeln in und via Sprech-, Hör- oder Blickakt in Text wie in Kon- und Subtext. Gerade für den Höflichkeitsdiskurs wird die hohe Relevanz und nicht selten Dominanz des Beziehungsaspektes noch vor (aber nicht gegen!) dem Sach- oder Informationsaspekt bedeutungsvoll (eine Relation, die im üblichen Lügenverdacht der Höflichkeit meist signifikant ausgeblendet wird). Es geht also nicht um die Eruierung eines vorgeblich «christlich getönten» Katalogs von Umgangsformen in Einzelkonventionen, -kontrakten, -korridoren, sondern um eine spezifische Fokussierung und Aufmerksamkeitslenkung: um die Aufmerksamkeit für die Aufmerksamkeit, die Wirkung und Wirklichkeit wie Wirksamkeit der Form, der unvermeidlichen Formung, um die Expressivität der Expression als Impression, um die Wahrnehmung der fast höflichkeitssynonymen Wahrnehmung («Wie aufmerksam von Ihnen!»).

Diese personal-relationale, habituelle, kommunikative Stoßrichtung nimmt auf, entfaltet und trägt in sich Momente der Demokratisierung, Pluralisierung und Segmentierung. Diese wiederum machen mit anderen Signaturen der (zweiten) Moderne den Wurzelboden aus, auf dem ein verändertes Nachdenken über Höflichkeit angezeigt scheint: Vervielfachung und Überlagerung neuer Grenzbereiche und Begegnungsräume immer unterschiedlicherer Lebenswelten, Kulturformen, Personkontexten. Dabei wird auch sichtbar, daß die traditionelle Unterscheidung von Privatheit (in ihrer Zuspitzung also sogar Intimsphäre) und Öffentlichkeit methodisch und analytisch sinnvoll, aber unzureichend bleibt. Die Sphäre der Person präsentiert sich, repräsentiert sich wie fragmentarisch auch immer, in allen Kontexten. Eine allein funktionalistische, zweckrationalistische, strukturalistische, dekonstruktivistische Reduktion eben auf Struktur oder Konstruktion – hilfreich und berechtigt an vielen Stellen – übersieht in ihrem Entdeckungspathos (und ihrer Entdeckungspathologie, nebenher gesagt) zu leicht, daß eine Dekonstruktion des Handelnden (analog zu Foucaults Diktum vom «Tod des Autors» etwa)[53] dazu verleitet zu übersehen, daß *Personen* agieren, wie eingebettet, ge- oder verformt sie von Strukturen oder Institutionen auch immer sein mögen. Damit bleibt die Frage nach der Verantwortung *und* der Fragilität der Agierenden offen.[54]

Zudem sucht die Studie, theologisch-ethische «Zwischenrufe» für scheinbar nicht brisante Lebensbereiche zu erheben – und all das im *guten* Glauben daran, daß die theologische Szenerie immer wieder überboten wird durch ein «klassisches» Theologumenon: das der «vorschnellen» Gnade Gottes selbst, der «gratia praeveniens», die nicht nur etymologisch mit der Zuvorkommenheit zu tun hat (als eines der vielen möglichen Synonyme der Höflichkeit, und dies in Korrespondenz zu einem unaufgebbaren «Nachlaufen», das die Säkularisation Gottes, seine Menschwerdung in Jesus Christus selbst ist – und dies selbst auf eine Weise der Theo- oder Christophanie, die dem Adressaten Raum *läßt*, sich dazu zu verhalten!).

Nicht juridisch, nicht bloß dekorativ und ganz und gar nicht zuerst moralisierend, aber doch mit sittlicher Dimension und theologischem Wert – in der Realisierung eines Gut- und Großteils des Täglich-Ethischen[55] (so R. Guardini – wir gehen später noch darauf ein!) dürfen sich auch diese Perspektiven melden – um Aufmerksamkeit für die Aufmerksamkeit, nicht zufällig alltagssprachlich ein Synonym für Höflichkeit, zu heischen.

3. Streiflichter: U-topien, Dys-Topien oder Syn-topien des Höflichkeitsdiskurses

Eine weitere Vorschaltung sei gestattet. Sie bringt in drei pointierten, blitzlichtartigen, aber eben auch repräsentativen Positionen einen noch vorläufigen – und was alle drei Sichtweisen angeht, ergänzungsbedürftigen – Angang zur systematischen Qualität der Frage nach der Höflichkeit heute[56], einer Frage, die dem Begriff nach ja

---

[53] Vgl. den Überblick zu diesem «weiten Feld» bei *M. Zichy*, Neostrukturalismus und Theologie. Zwischenbericht einer Bestandsaufnahme, in: SaThZ 5 (2001) 193-205.

[54] Damit sind Freiheitsmomente und -grenzen angedeutet. Sie aktuieren sich jenseits des bloßen Dualismus oder Antagonismus von *völliger* Freiheit und *völliger* Determination. Hellsichtig dazu *J. Römelt*, Realistische Freiheit. Gedanken zur Theologie der Verantwortung, Frankfurt/M. 1995, unkonventionell und anregend aus philosophischer Sicht *P. Bieri*, Das Handwerk der Freiheit. Über die Entdeckung des eigenen Willens, München 2001.

[55] Auf diese Spur lenkt *Bergmann*, Alltagsmoral 105-120 – und das mit sehr lesenswerten Ausführungen. Vgl. *J. Stehr*, Sagenhafter Alltag. Über die private Aneignung herrschender Moral, Frankfurt/M.-New York 1998 (zur Funktion narrativ tradierender Moralisierungsweisen), *K.H. Hörning*, Experten des Alltags. Die Wiederentdeckung des praktischen Wissens, Weilerswist 2001 (besonders zu den medial veränderten Konditionen der Alltagsbewältigung).

[56] Im Hintergrund deutet sich die Frage an, ob Formen der Höflichkeit als Ethos- oder Mores-Formen dessen, «was man tut», so leicht vom «eigentlichen Bereich der Sittlichkeit und Moralität» getrennt werden können, wie das – als einer von vielen und damit im Trend – *G. Böhme*, Ethik im Kontext, Frankfurt/M. 1997, 28ff., tut. Sicherlich haben die dort vorgebrachten Differenzierungen ihren Wert. Es scheint aber, daß «Höflichkeit» durchaus über den Kontext der «Üblichkeiten» – dort unter diesem Stichwort einsortiert – hinausreicht. Differenzierung ist aus sachlichen Gründen sicher angebracht, strikte

nicht mehr an «aristokratische Höfe» gebunden sein kann.[57] Die drei Positionen, die den Horizont pointiert eröffnen, heißen so knapp wie verknappend:

- Höflichkeitsdiskurse sind allenfalls historisch und/oder «ex negativo» möglich (*M. Schneider*),
- Höflichkeit ist als «genetisch-zeitlicher» Ursprung der Tugenden zu befragen (*A. Comte-Sponville*),
- Höflichkeit wäre als ein Rettungsanker und Prüfstein der Zivilität zu betrachten (*C. Stephan*).

Diese Überlegungen skizzieren markante Rahmendaten und -positionen für die erneute Diskussion und Reflexion. Sie stellen – ein erstes einschlägiges Tableau – eine Fülle von Argumenten auf, die in zahllosen Varianten vorgetragen wurden und werden.[58]

3.1. Höflichkeit als Schein und Betrug – allenfalls ein historischer Diskurs?

Manfred Schneider, Professor für Neue Deutsche Literatur, entwickelt in seinem Beitrag «Der Betrug der guten Sitten»[59] die (häufig wiederkehrende) These, daß der «Diskurs» über Höflichkeit – es geht ihm ebenfalls nicht um Begriffsgeschichte oder -analyse – nur mehr als historischer und retrospektiv möglich sei.

Ausgangspunkt der kulturkritischen Überlegungen Schneiders ist das Phänomen des Authentischen, das in der Mitte des 17. Jahrhunderts die aristokratische Gesell-

---

Trennung aber kaum aufrecht zu erhalten. Vgl. auch die Einordnung der «gesellschaftlichen Handlungsnormen» (wie Höflichkeitsregeln, soziale Klugheitsregeln und Regeln der persönlichen Lebensführung etc.) außerhalb moralischer und rechtlicher Normierungen bei *R. Zimmer*, Die europäischen Moralisten zur Einführung, Hamburg 1999, 8f., ähnlich *B. Waldenfels*, Ordnung im Zwielicht, Frankfurt/M. 1987, 51-83, bes. 75ff., ähnlich die Einordnung in: Katholischer Erwachsenen-Katechismus II, Leben aus dem Glauben, hrsg. v. d. DBK, Freiburg i.Br. u.a. 1995, 94.

[57] Mit *C. Kerbrat-Orecchioni*, Les interactions verbales II, Paris 1992, 163, ist Höflichkeit oder «politesse» ein «archilexème» – für z.B. «tact», «courtoisie», «bienveillance», «civilité», «urbanité», «savoir-vivre», «étiquette», «déférence» u.a.m. – also eine lexematische Prägröße als Orientierungspunkt, der Ref/verenzen und Rekurrenzen ermöglicht und benötigt. Für die Autorin meint dies vorwiegend historisch-analytische Blickrichtungen. Die Begriffsschichtungen und -relationen öffnen und verweisen auf einen lexematischen, semantischen und kommunikationsethischen Kern.

[58] Alle drei Beiträge wurden in einem informativen Sammel- und Überblicksband zum Thema «Höflichkeit» vorgelegt (und sind zudem im Kontext weiterer jeweiliger publizistischer Versuche zu lesen): *R. Stäblein* (Hrsg.), Höflichkeit. Tugend oder schöner Schein, Bühl-Moos 1993. Vgl. den Vorgänger- oder Parallelband der «Série morales» in der einflußreichen «Éditions Autrement»: *R. Dhoquois* (Hrsg.), La politesse. Vertu des apparences, Paris 1991. Vgl. auch *H. Lethen/C. Sommerfeld*, Schein zivilisiert, in: *Felderer/Macho*, Höflichkeit 155-173 (zu M. Schneider, zudem mit Blick auf Gracián, Montaigne, Kant und Plessner). Ein Überblick zur Thematik auch bei *C. Schmölders*, Höflichkeitsforschung, in: Merkur 56 (2002) 534-540, zudem – in lakonischer Distanz, gleichwohl von der Bedeutung überzeugt, geistreich in moralistischer Tradition viele Einzelthemen anschneidend, aber ohne moralisierende Enge – *A.-W. Asserate*, Manieren, Frankfurt/M. 2003, *M. Scherer*, Der Gentleman. Plädoyer für eine Lebenskunst, München 2003.

[59] *M. Schneider*, Der Betrug der guten Sitten, in: *Stäblein*, Höflichkeit 44-65. Nur im Angang ähnlich *F. Ackerman*, A man by nothing is so well betrayed as by his manners? Politeness as a virtue, in: Midwest Studies in Philosophy 13 (1988) 250-258, *J. A. de Oliveira*, Polidez. A virtude do simulacro, in: Uniletras 21 (1999) 85-96.

schaft überzieht. Autoren wie La Rochefoucauld und La Bruyère fragen nach der Unterscheidung von «aufrichtiger» und «trügerischer» Moral, fordern vehement nicht nur ethische Tadel- wie Truglosigkeit ein, sondern auch die ästhetische Dimension und Konvergenz von Tugend und Höflichkeit, da sie der Verdacht beschleicht, daß das höfische Image des Aristokraten ein «Kunstprodukt virtuoser Selbststeuerung»[60] sein könnte. Die Ästhetik der Gesten und Worte gilt ihnen nicht als Strategie des moralischen Anscheins, sondern als Prüfstein der Authentizität. Darum lenken sie ihre Aufmerksamkeit auf die Unscheinbarkeit und die Anmut des Auftretens. Alle Qualitäten sollen vollendet mit der Person verschmolzen werden. Je weniger aufgesetzt Höflichkeit wirkt, desto besser und schöner ist sie. Je weniger aufgesetzt sie ist, desto weniger wird sie aber auch als eigene Kategorie sichtbar. Der Sender höflicher Signale sendet diese zwar aus, aber sie werden als solche nicht mehr von ihm unterscheidbar und kommen, darin liegt ihr authentischer Sinn, nicht mehr an. Schneider nennt dieses Phänomen «Fading»[61] und meint damit ein langsames, allmähliches Wegblenden, somit also ein Verschwinden des Themas aus dem Blickfeld, aus dem Diskurs – und aus dem Sinn. Was folgt oder bleibt, ist ein beständiges Dilemma. Über Höflichkeit ließe sich – so gefaßt – nur noch im Modus der Abwesenheit sprechen. Schneider unterscheidet dabei drei Formen:

- die «*perfekte Abwesenheit*»: als authentische ist sie von der Person in ihren Gesten und Worten nicht mehr zu unterscheiden, also verschwunden als eigenständiges Phänomen;
- die «*Abwesenheit durch Ostentation*»: Bleibt Höflichkeit souverän, also unterscheidbar von der Person und ihrem Habitus, demaskiert sie sich – und zwar als Maske, Betrug oder Schein.[62] Oder als Entfernung von der Natürlichkeit der Natur. Die ostentative Geste ist outriert, bemüht und sie ist künstlich. Vor dem Referenzpunkt der Natürlichkeit[63] verstößt sie dabei gegen die Gesetze der eingeforderten Natür-

---

[60] *SCHNEIDER*, Der Betrug der guten Sitten 45.

[61] *SCHNEIDER*, Der Betrug der guten Sitten 45.

[62] Damit fokussiert Schneider natürlich ein traditionelles höflichkeits- und etikettekritisches Thema. So richtig die hier einschlägige Unterscheidung auch im ethischen Sinne ist, sie läuft immer wieder Gefahr, in eine Dialektikfalle zu tappen. Damit werden dann auch die Formen desavouiert, die – und seien sie nur ethische Miniaturen zeitlich-räumlicher Begrenzung – durchaus ethische Relevanz behalten können. Vgl. *T. HÜBEL*, Der erlaubte und der geforderte Schein. Aporien der Höflichkeitskonzepte bei Immanuel Kant und Rudolph von Jhering, in: *FELDERER/MACHO*, Höflichkeit 143-154.

[63] Vgl. dazu auch die Studie *M. SCHNEIDER*, Der Barbar. Endzeitstimmung und Kulturrecycling, München 1997, in der sich die Personifikationsgeschichte wie die der Mystifikationen in den oszillierenden Übergängen zwischen «Natur» und «Kultur» nachbuchstabieren lassen. Der «gute, unverbildete und unverbogene Wilde» ist natürlich selbst ein klassischer Topos – man denke an Rousseaus «Emile» und all die «guten Wilden» im Gefolge, ihre in der Bezeichnung dabei schon mitgelieferte ethische Bewertung – aber auch chimärisch! *T. TODOROV*, Abenteuer des Zusammenlebens. Versuch einer allgemeinen Anthropologie, Berlin 1996, macht gerade darauf im Blick auf J.-J. Rousseau aufmerksam. Zu Todorovs Anthropologie-Entwurf vgl. u. Abs. 11.4. Zu Schneiders Studie über den Barbaren vgl. die kritischen Bemerkungen von *G.M. HOFF*, Wir Barbaren! Zu einer neuen christentumskritischen Eröffnung, in: ThG 41 (1998) 31-47, vgl. auch die historischen Reminiszenzen und Analysen bei *H. GRÜNBERGER*, Wir und die Anderen oder: Barbaren unter sich. Zur Xenographie im deutschen Humanismus des späten 15. und 16. Jahrhunderts, in: *FELDERER/MACHO*, Höflichkeit 40-69 (Lit.). Auch aus anderer Perspektive ist vor zu einfachen Antagonismen zu warnen. Vgl. dazu die interessante Studie – sie nur auf den ersten Blick ein Kontrast, vielmehr eher eine erhellende Kontrastfolie zu Höflichkeitstheorien – des Soziologen und Kulturwissenschaftlers *R. GIRTLER*, Randkulturen. Theorie der Unanständigkeit, Wien-Köln-Weimar ^{2}1996.

lichkeit und verwirkt damit die Anerkennung ihrer ethisch-ästhetischen Leistung qua betonter Forcierung und Unnatürlichkeit;

- schließlich die «*barbarische Abwesenheit*» als allzu offensichtlich krude Unhöflichkeit jenseits des «Kultivierten», im Abseits der Kultur – das «Ungehobelte», «Ungeschliffene», das nicht anders kann.[64]

Der Zwiespalt des Diskurses über Höflichkeit liegt – so Schneider schließlich – gerade in einer forcierten Auffassung von Authentizität und Natürlichkeit. Diese Sicht leidet notgedrungen unter zwei Komplikationen: Das «Natürliche» läßt sich zum einen nicht befehlen, zum anderen kennen Gesetze und Normen gerade in der Neuzeit keine andere Referenz (sprich: keine andere Autorität) mehr als «Natur» selbst.[65] Diese Sichtweisen verdanken sich einer geistesgeschichtlichen wie allgemein-historischen Entwicklung im 17. Jahrhundert, das durch seine Methode einer psychologischen Kritik dem Phantom der Aufrichtigkeit Spielräume öffnete. Dieses «Gespenst des Authentischen» (Schneider) läßt sich jedoch nur aus seiner Antimaterie formen – aus dem Betrug:

> *«Die Kraft dieser theoretischen Innovation kam aus einem Verlust: Die französische Aristokratie, Trägerin der moralistischen Psychologie, hatte ihre Monopolstellung am Hofe verloren und sah sich plötzlich von lauter Kopien ihrer selbst umstellt, die sich aus dem Amtsadel in den Vordergrund drängten. Die vielfältigen Zeichen der Distinguiertheit wurden nach und nach jedermann zugänglich, und die Embleme der Aristokratie wanderten inflationär in den Habitus aller Klassen.»*[66]

Zum Verschwinden des Diskurses über die Höflichkeit trägt auch ein Moment bei, den Norbert Elias in seinem prägenden Werk «Über den Prozeß der Zivilisation» zu rekonstruieren versucht.[67] Dieser geht von dem allmählichen Heraustreten der «guten Sitten» aus einer Umwelt groben, ungezügelten, triebhaften Verhaltens aus, das hinüberführt zu einer allmählichen Transformation in eine anscheinend natürliche Kultur, die dann wiederum selbst für das Verschwinden der Höflichkeit verantwortlich wird. Höflichkeit erlebt ihre letzte Verflüchtigung durch eine Theo-

---

[64] *SCHNEIDER*, Der Betrug der guten Sitten 46f. Alle drei Einwände sind handlungstheoretisch *sowohl* bedenkenswert als auch *falsch*. Die *perfekte* Abwesenheit z.B. ist ein tugendtheoretisches Optimum, weil die Handlungen und Haltungen, die Äußerungen ununterscheidbar werden vom Handelnden., die *ostentative* Abwesenheit rechnet nicht damit, daß Höflichkeit gerade *auch* durch Abwesenheit von Zeichen und Formen «geäußert» werden kann, der Barbaritätsvorwurf verkennt, daß «Barbaren» für und unter sich Umgangsformen entwickeln. Der Unhöfliche ist nicht zuerst durch seine Herkunft, Genese, Klasse, durch seine Formen gekennzeichnet. Der «Barbar des Barbaren» ist der, dem innerhalb *und* außerhalb seiner Zeichenkontexte jene Übersetzungssensibilität mangelt, die Verletzungen vermeidet – und damit kurzschlüssig rechnet, daß die eigenen Zeichen- oder Verbalhandlungen erkannt werden. Nicht der Barbar (wer immer er sein mag) ist unhöflich, sondern der, der über die Uneindeutigkeit seiner eigenen Zeichensetzungen unsensibel hinweggeht ... Natürlich ist dabei in Betracht zu ziehen, welchen ideologischen Umsatzwert – nicht Wert – die Fiktion des Barbaren, also des *Anderen* in diesen Diskursen hat. Einen allein exkulpatorischen?

[65] Oder von ihr abgeleitete Unter- oder Nebenparadigmen wie die Epithetha «Bio-» oder «Natur-» beispielsweise, womit wir wiederum bei der Authentizitätsdebatte landen. Vgl. *SCHNEIDER*, Der Betrug der guten Sitten 49, 64.

[66] *SCHNEIDER*, Der Betrug der guten Sitten 51.

[67] Zu N. Elias und seinem zivilisationstheoretischen Beitrag, die zwar über den Höflichkeitsdiskurs hinausreichen, ihn aber nachhaltig beeinflussen, vgl. u. Abs. 11.2.

rie der Internalisierung.[68] Das Verschwinden des Diskurses über die Höflichkeit (oder «civilité») hängt auch mit dem Ende ihrer Begründbarkeiten, dem Ausfall von Referenzpunkten zusammen.[69] Zudem ist nicht Evolution allein (wie in den zivilisationshistorischen Rekonstruktionen bei N. Elias) das grundlegende Muster, sondern Ereignisse auch in Ketten und Brüchen, variierten Wiederholungen.[70] In diesem Prozeß wird «Natur» zur letzten, sich aber zunehmend verflüchtigenden Autorität oder Referenz:

> *«Es gibt keine Kraft, keinen Namen, die den Diskurs über die Höflichkeit wiederbeleben könnten – außer dem historischen, der hier zu lesen ist. Das Verschwinden des Diskurses ist vollkommen. Um so klarer und dramatischer tritt in den Blick, was Höflichkeit wohl von Anbeginn an war, bis sie jemand denunzierte: ein notwendiger Betrug.»*[71]

Eine pointierte Sichtweise des Phänomens, zudem der Reflex auf die berüchtigte Furie des – nicht nur historischen – Verschwindens, ebenso wie auf eine Notwendigkeitsattribuierung, die nichts anders reiterieren kann als den Betrugs- oder Lügenvorwurf. Historische Allokation dissoziiert – nicht nur hier. Einzig mögliche Sicht der Dinge? Jedenfalls eine gängige – aber eine höchst unzureichende, wie sich herausstellen soll.[72]

3.2. Höflichkeit als minimal-initiale Tugend – zur «Genealogie der Moral»

André Comte-Sponville, französischer Moralphilosoph, stellt im Kontext einer philosophischen Tugendethik die These auf, Höflichkeit sei genealogisch-genetisch die erste Tugend oder – wenn schon nicht selbst Tugend (und als solche arm, ober-

---

[68] Vgl. *SCHNEIDER*, Der Betrug der guten Sitten 59.

[69] *SCHNEIDER*, Der Betrug der guten Sitten 61: «Vielmehr ist der Diskurs verstummt, weil er das Ende seiner Begründbarkeit erreicht hat, die seit dem Mittelalter erst den Klassen (cour, civis) und anschließend den Phantomen (Natürlichkeit, Menschlichkeit) zufiel. Entweder lebt eine Moral von kulturellen Begründungen oder von der Gewalt der Sanktionen. Jede Moral, das zeigt eine Analyse ihrer Reden, benötigt zur Begründung eine Referenz, die ihre Autorität festlegt. Der Name Höflichkeit (franz. courtoisie) trägt also noch die Spur des Vorgangs, wie die Sitten im Namen des höfischen Modells und seiner unbestrittenen ‹Vorbildlichkeit› erlassen wurde. Dies ist die Autorisierung ‹im Namen von›. Eine rätselhafte, um nicht zu sagen mystische Notwendigkeit läßt Gesetze und Regeln nicht ohne den Namen und ohne die Autorität ihres Ursprungs und ihrer drohenden Sanktionen funktionieren. Auch Höflichkeit ist ein Ensemble von Regeln.»

[70] Ereignisse wie der Entdeckung z.B. von Mikroorganismen oder Krankheitserregern, deren Entdeckung eine Reihe neuer Gesten in das Repertoire der Hygiene oder der Intimitätswahrung einspeist (man denke nur an die im Jahr 2003 von SARS ausgelösten Verhaltens- und Interaktionsänderungen), technische Entwicklungen überhaupt, sodann das Motiv der Wiederholung als Nachahmung oder als (Re-)Institutionalisierung in regenerativer Form. Vgl. dazu auch *G. VIGARELLO,* Le propre et le sale – L' hygiène du corps depuis le Moyen Age, Paris 1985.

[71] *SCHNEIDER*, Der Betrug der guten Sitten 65.

[72] Wobei selbstredend zugestanden sei, daß die hiermit inkriminierten Fehlformen immer im Bereich menschlicher Handlungsmöglichkeiten bleiben. Historische Veränderungen, reale Mißbräuche entkräften und entwerten nicht ***automatisch*** «universalisierbare» Strukturen, Funktionen und Intentionen. Sie evozieren aber die kritische Funktion der ethischen Reflexion.

flächlich und angreifbar) – doch deren Ursprung.[73] Ihre Angreifbarkeit rührt her von einer möglichen, oft kritisierten Oberflächlichkeit. Höflichkeit erschöpft sich – so der häufig vorgetragene Verdacht und Vorwurf – in ihrer Erscheinung. Der Anschein genüge und ist allein wesentlich. Der Gegensatz zwischen Schein und Tugend, der zunächst nur unter ästhetischen Gesichtspunkten aufzufallen vermag, habe aber vor allem in einer bestimmten Konstellation auch eine ethische Komponente – in der des «höflichen Dreckskerls». Dessen Zivilisiertheit, Manieren und Wohlerzogenheit machen seine moralischen Vergehen unentschuldbarer als die eines unzivilisierten, «ungehobelten» Menschen, so Comte-Sponville. Höflichkeit wird dann zum erschwerenden Umstand in der ethischen Beurteilung einer Handlung oder Haltung. Das ist ein nachgerade klassischer Topos im Diskurs über die Höflichkeit.[74]

Über das Schein-Sein-Dilemma hinausführend hingegen sind Comte-Sponvilles Überlegungen hinsichtlich der genealogischen Funktion der Höflichkeit als erster «Tugend». Dies ist sie, insofern sie *keine* Tugend ist – und keine der eigentlichen Tugenden ersetzen kann – und äußerlich oder ästhetisch bleibt. Er befragt ein Paradoxon:

> *«Aber warum soll sie dann die erste und vielleicht Ursprung aller Tugenden sein? Die Frage ist nicht so widersinnig, wie sie scheint. Der Ursprung der Tugenden kann keine Tugend sein (denn dann müßte sie selbst einen Ursprung besitzen und könnte dieser nicht selbst sein), und vielleicht gehört es zum Wesen der Tugenden, das die erste nicht tugendhaft ist.»*[75]

Comte-Sponville unterscheidet hier individuell-entwicklungsgeschichtlich. Er geht von einer «Abwesenheit von Moral» in den ersten Entwicklungsphasen eines Menschen aus. Neugeborener, Säugling und Kleinkind haben keine Moral im

---

[73] *A. COMTE-SPONVILLE*, Die minimale Tugend: Höflichkeit, in: *STÄBLEIN*, Höflichkeit 23-34, auch in: *A. COMTE-SPONVILLE*, Ermutigung zum unzeitgemäßen Leben. Ein kleines Brevier der Tugenden und Werte, Reinbek 1996, 19-27, dazu *ders.*, La petite vertu, in: *DHOQUOIS*, La politesse 20-27 (dies der knappere Vorgängerbeitrag). Dazu die Rezension von *S. PINCKAERS*, Le petit traité des grandes vertus d'André Comte-Sponville, in: NV 72 (1997) 105-115. In dieser Studie legt Comte-Sponville einen beeindruckenden Weg von der Höflichkeit zur Liebe zurück (in ihren klassischen terminologischen Ausfaltungen). Den Rückweg tritt er explizit nicht mehr an. Der Gipfel wird nicht mehr geerdet. Deutlicher wird – mit explizitem Bezug auf Comte-Sponville übrigens – *SUCHER*, Hummer, Handkuß, Höflichkeit 174: «Nehmen wir ihnen [denen, die Etikette halten und Manieren haben – APA] aber Hummer und Handkuß: Wir entdecken hinter der galanten Benutzung von Besteck und Körper kaum eine Tugend. Es gibt kein Wahres im Falschen! Ergo – und das galt es zu beweisen – ist Höflichkeit eben doch weit mehr als Hummer und Handkuß. Sie ist: die größte Tugend, denn sie vereint alles, was gut, wahr und schön ist.» Aus tugendtheoretischer Sicht mag das erheblich zu steil formuliert sein – Höflichkeit ist kein «großes Wort», kein «großes Thema» der Ethik. Aus tugendpraktischer Sicht jedoch sollte dieses Diktum durchaus zu denken geben.

[74] *COMTE-SPONVILLE*, Die minimale Tugend 24f. Zur «Sittlichkeits-*in*-kompatibilität» der Höflichkeit mit dem naheliegenden Verweis auf die desavouierende Figur des «Gentleman cambrioleur» vgl. *C. PERNOT*, La politesse et sa philosophie 173. Argumentativ ist er, der «höfliche Unhold», der «höfliche Dreckskerl» kein Solitär, sondern Standardmunition. Dazu ist schon hier zu bemerken, daß einerseits der Mißbrauch den richtigen Gebrauch nicht aufhebt, daß andererseits die formale Höflichkeit eines ansonsten sittlich kritikablen Menschen an der «spezifischen Stelle» durchaus ethisch nicht wertlos sein muß. So sehr zwischen Situation und Intention wie Haltung Zusammenhänge bestehen, die letztlich systematisch-ethisch nicht auflösbar sind, gänzlich identisch sind sie eben auch nicht. Vgl. die dezidierten Markierungen bei *SUCHER*, Hummer, Handkuß, Höflichkeit 168-174.

[75] *COMTE-SPONVILLE*, Die minimale Tugend 26.

eigentlichen Sinne, entdecken aber (oder werden zu der Entdeckung geführt) Schritt für Schritt, daß etwas schmutzig, häßlich oder gefährlich ist. Das «Das tut man nicht!» ist eine faktische, formale, mithin äußerliche, also höfliche Vorschrift, die sich nicht auf die Unterscheidung von Gut und Böse bezieht, sondern auf eine Konvention, die antrainiert wird und in der praktischen Umsetzung ihre unmittelbare Bestätigung erfährt. Die Verbote des Ästhetischen sind *zunächst* (für das Kind) alle gleichwertig, gleich begründet:

> *«Die Unterscheidung zwischen dem ethischen und dem ästhetischen Aspekt kommt erst später, nach und nach. Die Höflichkeit kommt demnach vor der Moral, oder besser gesagt: die Moral ist zunächst nichts anderes als Höflichkeit: Anpassung an den Gebrauch (...), an die eingeführte Vorschrift, an das geregelte Spiel des schönen Scheins.»*[76]

Moral und Moralität fangen also ganz «unten» und bescheiden an – ausgerechnet mit der Höflichkeit! Ohne diese könnte jene nicht zum Vorschein kommen. Dieser Anfang muß also sein, denn keine Tugend ist natürlich, sondern Aufgabe – der Erziehung.[77] Anders gesagt – und damit eine ebenso latente wie unverzichtbare Funktion der Höflichkeit im Ethischen anzeigend: Die Höflichkeit rettet also die Moral aus einem Teufelskreis: Ohne Höflichkeit müßte man tugendhaft sein, um tugendhaft zu werden. Damit schafft sie die Bedingungen, die für ihr Erscheinen und teilweise sogar für ihre Entfaltung notwendig sind. Höflichkeit als «tugendhafter» Anschein ist ein Anfang – unzureichend für die Erwachsenen, unerläßlich für das Kind. Aber dabei wird der Schlußpunkt zu setzen sein – also Anfangspunkte von Achtung und Dankbarkeit: das real gesagte, ratifizierte «Bitte» und «Danke»:

> *«Höflichkeit ist demnach keine Tugend, sondern so etwas wie ein Trugbild, das sie sich zum Vorbild nimmt (bei den Erwachsenen) oder das ihr den Weg ebnet (bei den Kindern). In dieser Hinsicht verändert sie sich mit zunehmendem Alter, nicht ihrem Wesen nach, aber in ihrer Tragweite. Wesentlich während der Kindheit, unwesentlich im Erwachsenenalter.»*[78]

Der Frage, ob auch diese Bestimmungen der Höflichkeit hinreichend sind, das Spektrum der Phänomene wirklich einholen, wird nachzugehen sein. Der Verdacht liegt nahe, daß trotz des Rekurses auf den *genetisch-genealogischen* Wert, der in dieser re- und dekonstruierenden Rekonstruktion der Höflichkeit im Kontext der Moral-

---

[76] *COMTE-SPONVILLE*, Die minimale Tugend 27.

[77] *COMTE-SPONVILLE*, Die minimale Tugend 28 (mit Verweis auf Aristoteles, Nikomachische Ethik 1103a 33): «Keine Tugend ist natürlich: also müssen wir tugendhaft werden. Aber wie, wenn wir es schon sind? ‹Denn was man lernen muß, um es zu tun, das lernt man, indem man es tut› sagt Aristoteles. Wie aber sollen wir sie tun, ohne sie gelernt zu haben? Ein Teufelskreis, dem wir von vornherein oder durch die Höflichkeit entrinnen können. Das A priori [sic – APA] liegt nicht in unserer Hand; aber die Höflichkeit.»

[78] *COMTE-SPONVILLE*, Die minimale Tugend 32; noch pointierter, ebd. 33: «Die Höflichkeit ist demnach eine kleine Angelegenheit, die große Dinge hervorbringen kann. Sie ist ein Ritual, aber ein gottloses; ein Zeremoniell, aber ohne Messe; eine Etikette, aber ohne Hof.» Dies mündet unmittelbar in die Feststellung: «Die Höflichkeit ist keine Tugend, sondern vielmehr eine Eigenschaft, und zwar eine ausschließlich formale Eigenschaft. Für sich genommen ist sie zweitrangig, lächerlich sogar: neben der Tugend oder der Intelligenz ist sie wie ein Nichts, und genau das muß die Höflichkeit in ihrer feinen Zurückhaltung ebenfalls auszudrücken imstande sein.» – Auch dies keine historisch «einsame» Einschätzung und These.

genese beigemessen wird, die zweifellos wichtige formal-ästhetische Prämisse den *habituellen* Wert unterschätzt.

Schlichter formuliert, aber deswegen keineswegs irrelevant, die Anfrage: Löst die Überwindung der primär-basalen Ästhetik den kontinuierlichen und je «initialen» Wert der Höflichkeit im Stadium des Ethischen damit wirklich auf? Oder eher ab?

3.3. Höflichkeit – Verkehrszeichen im täglichen kleinen Grenzverkehr

Cora Stephan, ob ihrer Beiträge vielfach umstrittene Publizistin und Journalistin, fordert – mit fundamentaler Reichweite für das Ethos des Alltags – in ihrem stellenweise polemisch zugespitzten Essay «Gesinnung und Form»[79] eine Rehabilitation der Höflichkeit gegenüber unterschiedlichen Formen der «Tyrannei der Intimität»[80], wie sie im Gefolge eines Authentizitäts- und Betroffenheitskultes entsteht, der in den späten 60er Jahren Raum greift. Stephan konstatiert:

> *«Bei vielen Zeitgenossen scheint nach tiefer Menschenliebe, und zwar vor allem zu den ganz fernen Völkern, lange gar nichts und dann die weite Wüste zu kommen: Die Formeln für den alltäglichen Verkehr gelten als unwesentlich, ‹bloß formal›, lästig. Ehrlicherweise treten wir einander gegenüber, wie wir sind: Viel Gefühl, kein Benehmen.»*[81]

Im Anschluß an diese Überlegung führt sie eine Reihe von Beobachtungen an, die sie unter dem Rubrum «Kränkungen, die wir uns alltäglich zufügen» sammelt: Der Befund reicht vom Verlust des Grußes über die Feststellung, daß die Worte «Bitte» und «Danke» zu Fremdworten degeneriert wären, bis hin zu dem Phänomen, daß ein Telephonanruf allemal Priorität hat vor einem schon *anwesenden* Gesprächspartner.[82] Höfliches Benehmen als Angebot kommunikativer Gesten und Riten, das

---

[79] *C. Stephan*, Gesinnung und Form. Wider die Dialektik des Herzens, in: *Stäblein*, Höflichkeit 35-43. Vgl. auch *dies.*, Der Betroffenheitskult. Eine politische Sittengeschichte, Reinbek 1994, *dies.*, Neue deutsche Etikette, Reinbek 1996, prägnant und bezeichnend auch *dies.*, Knigges Aktualität, in: Text + Kritik, H. 3 (1996) 91-94. Vgl. dem Tenor und der Terminologie nach *J. Knuf*, Where cultures meet: Ritual code and organizational boundary management, in: Research on Language and Social Interaction 23 (1989/1990) 109-138.

[80] Im Anschluß an das vielzitierte Stichwort des amerikanischen Soziologen R. Sennett und seine These von der Aufgabe der Grunddistanz und gleichzeitigem Bekenntniszwang. Im Hintergrund figurieren nach wie vor häufig *J. Habermas*, Strukturwandel der Öffentlichkeit. Untersuchungen zu einer Kategorie der bürgerlichen Gesellschaft, Neuwied 1962, *R. Koselleck*, Kritik und Krise. Eine Studie zur Pathogenese der bürgerlichen Welt, Freiburg i.Br. 1959. Vgl. dazu *B. Ulrich*, Der moralisierende Egoismus. Oder die Schwachen, das sind die Stummen, in: Kursbuch Nr. 136 (1999) 143-153, 144f. Unterdessen steht aber auch das «persönliche, offene, weiche Selbst» selbst als Maske, als artifizieller Gestus, als ein möglicher Modus des Nicht-Authentischen unter Verdacht. Eine bloße Hermeneutik des Verdachts also führt in fortwährenden Schleifen immer wieder zum Verdacht nächster Ebene. Eine Handlungstheorie läßt sich damit nicht begründen, sondern nur kritisieren – wo notwendig.

[81] *Stephan*, Gesinnung und Form 36. Oder anders gesagt, ebd. 38: «Lichterketten und viel Gefühl, Authentizität und Identität, Engagement und Humanität – all diese schönen Universalien zählen Deutsche zu ihren inneren Werten, von denen man möglichst wenig Aufhebens machen sollte, weshalb man ihnen diese Tugenden im alltäglichen Umgang auch nicht anmerkt.»

[82] Nicht nur entformalisierte, also authentische «Innerlichkeiten» dominieren also die tägliche Gestik wie Mimik der Begegnung, sondern sie desavouieren Muster und Manieren zugleich auch als Äußerlichkeit

jede Kultur kennt, die unterschiedlichste Menschen mit unterschiedlichstem Herkommen integrieren muß, kommt hier nicht in den Blick. Aber genau in dieser Funktion, so Stephan, lag (und liegt) der Sinn jener konventionell-ritualisierten Verkehrsformen. Sie sollten den einzelnen in die Lage setzen, Umgang auch mit Menschen haben zu können, mit denen ihn zunächst nicht das Gefühl verbindet. Umgangsformen als «lingua franca» zwischen einander Fremden als Angebot, das Aggressionsverzicht signalisiert und zugleich Fremdheit nicht durch vorschnelle Vertraulichkeiten überspringt. Manieren als Angebot auch auf Integration dieser je vorläufig bleibenden Fremdheit, Regeln und Rituale, die die Aufprallwucht der Unterschiede abfedern. Diese weiter und letztlich tiefer gefaßte Sinndimension der Höflichkeit skizziert Stephan:

> *«Formen, Sitten, Manieren, die kleinen Rituale der Annäherung bei Distanzwahrung, sind eben keine Fossilien aus längst untergegangenen bürgerlichen Welten, bloße Überbauphänomene des viel wichtigeren ‹Wesens› der Dinge und der Menschen und daher zurecht mit Hilfe der Studentenbewegung und der Gewerkschaft Erziehung und Wissenschaften abgeschafft worden. Nein, Manieren und andere Umgangsformen wären in einer unübersichtlicher werdenden Welt Rettungsanker der Zivilität, wie sie uns derzeit so schmerzhaft fehlt.»*[83]

Gesinnungsethik *dieser* Façon reicht also nicht aus, wenn wir der Autorin Glauben schenken dürfen (was wir im Rahmen angezeigter Grenzen tun), Situationsethik ebenso wenig, wenngleich in unserer Untersuchung «Situation» Maß und Material geben wird – nicht für das Urteil zuerst, sondern für seine Bedingungsmöglichkeiten. Die unmittelbare Abbildung der Emotionen und der Charakter als Oktroy des unmittelbar Eigenen auf den anderen ist nicht fortwährend erträglich. In dieser Hinsicht entlasten Förmlichkeit und Höflichkeit:

> *«(...) wir können nicht jeden Menschen lieben, mit dem wir gleichwohl gewaltfreien Umgang pflegen sollen und müssen. Und sie* (i.e. die Förmlichkeit – APA) *ist ein Integrationsangebot für Fremde, die sich den hier bereits Lebenden hinzugesellen wollen oder müssen. Manieren geben darüber hinaus Auskunft über die Maßstäbe, die in einem Land gelten. Die Kultur der Unmittelbarkeit, der Authentizität, der Identität und wie die Vokabeln alle heißen, kennt indes keinerlei Maßstäbe außer denen, die sich aus Situation und Gefühlslage ergeben, was bekanntlich Unzuverläßigkeit garantiert. Insbesondere lassen Formen und Trennungen die Gefühle frei, nämlich dort, wo sie hingehören: als Privatangelegenheit beim Einzelnen selbst. Wer sich auf Regeln verlassen kann, muß nicht schon bei sich selbst mit der Reglementierung anfangen.*
> *Das ist das Freiheitsversprechen der guten Manieren. Protestantische Innerlichkeit aber kennt keine Gewaltenteilung und zwingt die Menschen, sich vom Unsichersten überhaupt abhängig zu machen: von ihrem guten Charakter.»*[84]

---

und Insignien sozialer Distanz. Gutes Benehmen, so die entsprechenden, hier freilich karikierten Entgegnungen, sei demzufolge, so *STEPHAN*, Gesinnung und Form 38, «(...) irgendwie reaktionär, bis faschistisch, freiheitseinengend, verklemmt, frauen- oder gar ausländerfeindlich oder sonst etwas ganz Schlimmes (...)». Vgl. knapp auch *H. MORS*, Sehen, wo der andere mich braucht. Die Fähigkeit, «Danke» zu sagen, in: Klerusblatt 75 (1995) 241-242.

[83] *STEPHAN*, Gesinnung und Form 41. Jedoch – die Autorin geht noch weiter: «Der Verdacht liegt nahe, daß auch in dieser Hinsicht Formen keine Äußerlichkeiten sind: Denn man muß vom Wert der eigenen Kultur, der eigenen Maßstäbe hinreichend überzeugt sein, um sie anderen anbieten zu können.»

[84] *STEPHAN*, Gesinnung und Form 43. Diese Aussage ist nun selbst nicht wenig unpolemisch. Allerdings bleibt eine reine, keineswegs nur protestantische Innerlichkeit im Sinne einer reinen Gesinnungsethik durchaus kritikabel, gerade dann wenn ihre Expressivität schon den Maßgaben einer *allein* verbalen

Pointiert, streckenweise spitz, teils polemisch vertritt Stephan eine Sichtweise der Höflichkeit, die geradezu als Desiderat des Politisch-Öffentlichen in einer differenzierten und kulturell pluralen Gesellschaft einzufordern und einzuüben wäre.[85]

4. «D/MEIN HOF»: «MINIMA MORALIA» IM INTERIMSFAZIT – «MUTMASSUNGEN GEGEN DAS VERSCHWINDEN» DER HÖFLICHKEIT

Diese Positionsskizzen werfen eine Fülle von Fragen und Themen auf, die gutteils tief in die Traditionen des Höflichkeitsdiskurses zurückreichen. So unterschiedlich die Blickwinkel jeweils auch sind, so eint sie doch eine Mutmaßung über die Höflichkeit: Sie ist verschwunden. Ob zwangsläufig im Verschwinden begriffen und als Verschwundene neu zu postulieren, sei dahingestellt. Dieses Verschwinden gilt in dreifacher Ausfertigung:

- als «historisches Verschwinden»,
- als «genetisches Verschwinden»,
- als «soziofaktisches Verschwinden».[86]

Höflichkeit nicht entspricht. Daß «character» und Tugend eng verbunden sind, macht aber auch darauf aufmerksam, wie schmal die Grenzlinien sind, um die es hier geht, wenn behauptet wird, daß Formalität als Expressivität für eine Höflichkeitsdeskription unumgänglich, aber eben nicht ausreichend ist, zugleich aber auch wie offen die Übergänge sind.

[85] *H. WEINRICH*, Lügt man im Deutschen, wenn man höflich ist?, Mannhein-Wien-Zürich 1986, 28f., nennt dazu passend drei Bereiche, für die das Postulat der Höflichkeit signifikant bleiben müsse: den Behördenverkehr, den Straßenverkehr und den Umgang mit Fremden im eigenen Land. Daß Weinrich – 1986! – gerade für den letzten Bereich eine positive Bilanz zu ziehen versucht ist, gibt zu denken. Vgl. *ders.*, Ehrensache Höflichkeit. Vortrag anläßlich der Verleihung der Ehrendoktorwürde der Philosophischen Fakultät II der Universität Augsburg am 11. Mai 1995, Augsburg 1996.
Doch es gilt, weitere Horizonte zu benennen, vor denen sich die Frage der Unumgänglichkeit von Umgangsweisen (und -formen) abzeichnet: Gerade zunehmende Tendenzen der Individualisierung und Pluralisierung von Lebenswelten, -stilen und -kulturen, die in immer größerer Dichte auseinander treten, macht es nötig, nach Formen, Weisen, nach Methoden und Haltungen zu suchen, die die eben nicht immer vermeidbare Begegnung und Kommunikation mit anderen und ihren Konzepten in Gang bringt, in Bewegung hält, ermöglicht und grundiert. Vgl. insgesamt die Beiträge in den beiden Bänden von *W. HEITMEYER* (Hrsg.), Was treibt die Gesellschaft auseinander? Bundesrepublik Deutschland: Auf dem Weg von der Konsens- zur Konfliktgesellschaft, Frankfurt/M. 1997, *ders.* (Hrsg.), Was hält die Gesellschaft zusammen? Bundesrepublik Deutschland: Auf dem Weg von der Konsens- zur Konfliktgesellschaft, Frankfurt/M. 1997. Die Analysen beziehen sich auf Deutschland, aber sie können durchaus als «pars pro toto» gelesen werden. Im Anschluß an zentrifugale Dynamiken, die ja lokal engstens in ihren Protagonisten verwoben bleiben oder virtualisiert wieder auftauchen, stellt sich die Frage um so mehr, wie in den zu erwartenden Konflikten mediatisierende Umgangsformen zu finden sein werden – auf der Mikro-, der Meso- wie der Makroebene. Unser Blick gilt zunächst der Mikroebene, aber auch hier schlagen die Makrokonflikte durch. Näher am Bereich der Kommunikationskulturen, ihren Chancen und Risiken im Alltag die Beobachtungen bei *O.G. KLEIN*, Ihr könnt uns nicht verstehen! Warum Ost- und Westdeutsche aneinander vorbeireden, Frankfurt/M. 2001.

[86] Nicht genannt ist hier das weitgehende Verschwinden aus dem ethischen Diskurs oder die allenfalls randständige Beachtung, deren sich diese Studie auch «verdankt».

Die Konstatierung des «historischen Verschwindens» nimmt Maß an der Ablösung von Referenzpunkten, die sozialhistorisch zur Ausformung der «cortesia» geführt haben. Die Frage stellt sich, ob mit den Entstehungskontexten das Entstandene selbst notgedrungen verdunsten muß. Diesen makrohistorischen Befund mikrohistorisch gewendet auf die Geschichte des Individuums und seiner Entwicklung markiert das «genetische Verschwinden» der Höflichkeit als Grund- und Vorform der Habitusentwicklung an sich eine ähnliche Sicht. Höflichkeit ist in der Individualentwicklung und -geschichte eine notwendige Phase, ihre Funktion nicht irrelevant. Hier schließt sich die Frage an, ob Höflichkeitsphänomene nicht auch nach dieser Erstlingsfunktion eine präzise und unverzichtbare Aufgabe haben. Davon geht die dritte Position aus, sieht sich aber zugleich zu einer faktischen Defizitanzeige gezwungen, die dann zu einem ethischen Höflichkeitspostulat führt. Sieht man diese Verlustliste, nimmt sie in ihrer Konspiration wie Unverbundenheit (was Einzelaspekte angeht) ernst, so stellen sich weitere Beobachtungen und Fragen ein, die an dieser Stelle der Untersuchungen als Indiz und Indikatoren für eine neuerliche Reflexion genommen werden können.

Zuerst ist festzustellen: Höflichkeit im Sinne ihrer historischen Ablösung von mittelalterlichen oder absolutistischen Höfen nur retrospektiv als vergangen zu betrachten ist legitim und notwendig, aber als kritischer Gedanke zunächst nicht sonderlich weiterführend. Die Kritik läuft auf eine Tautologie hinaus: Historisch ist historisch. Damit sind – die immer mögliche historische Betrachtungsweise von Phänomenen bleiben unangetastet – Fragen nach möglichen Ersatzreferenzen, Ersatzbegriffen, je temporären Formen, aber auch verbleibenden Leerstellen (setzt man Verschwinden voraus!) noch lange nicht geklärt. Bedenkenswert bleibt der Hinweis auf die «perfekte Abwesenheit», also in diesem Fall die vollständige Übereinstimmung des Höflichen in seinen Gesten, Äußerungen und seiner Person – dies rührt an ein Grundthema, das immer wieder begegnen wird. Höflichkeit als Schein, Betrug, Zierrat, Formalie – zuletzt als Vorspiegelung falscher Tatsachen, als Verletzung der Authentizität. Zugleich ist somit die Frage zu bedenken, inwiefern Höflichkeit gerade «ex negativo» auffällt, also Thema wird, gerade weil etwas als fehlend erkannt und gespürt, damit vermißt wird (und zwar jetzt und nicht in irgendeiner Vergangenheits- oder Schwundstufe). Auch wenn Höflichkeit als Klein- oder Vortugend vorrangig ästhetisch für das Ethische gerettet werden soll – mit triftigen Argumenten –, bleibt die Frage, was auf den Folgestufen in der Entwicklung des ethischen Subjekts an die Stelle einer transitorischen Höflichkeit rücken kann. Und das nicht nur dem Begriff nach, sondern habituell! In jedem Augenblick und in jeder denkbaren Interaktion eine perfekte Realisierung der «großen» Tugenden? Die Frage bleibt noch offen, weist aber schon in eine Richtung, nämlich die Gefahr, Um- und Übergangsformen vom einen zum anderen in den Sequenzen des Alltäglichen zu unterschätzen – und zwar hinsichtlich ihrer Frequenz und Seriellität, ihrer Funktionen und Bedeutungsbreiten, die sich nicht allein in der Reproduktion, sondern auch in der Produktion und Sicherung von Standards wie der kreativen Improvisation «über» Standards hinaus erweist.

Ein vorerst letztes Moment schließt sich an – die Frage nach Tauglichkeit und Notwendigkeit von Mindestforderungen (kulturell, dabei so intra- wie transkulturell) angesichts steigender potentieller Erfahrung von Fremdheiten und dem Umgang mit ihnen, vorab aber mit ihren Vertretern. Kulturelle, historische wie soziale Formenpluralität der Höflichkeit vorausgesetzt, bleibt die Frage, wie angemessen von Höflichkeit gehandelt werden kann, damit in ihrem Sinne geurteilt, gehandelt, «verkehrt» werden kann. Sind spezifische Regulierungsbedürftigkeiten – wie vorläufig auch immer – «universalen» zu erkennen, zu benennen, in denen es Erfahrung und Respekt vor dem anderen als geboten erscheinen lassen, sich daran abzuarbeiten – zu beiderseitigem Vorteil, beidseitiger Entlastung?

Diese Streiflichter öffnen weitere Fragehorizonte, weil sie sich jeweils vor Ort als ebenso anregend wie defizitär erweisen werden. In der Komplementarität erschließen sich neue Betrachtungsweisen. Deshalb soll nachfolgend in zwei größeren Anläufen ein diachroner Blick auf geistesgeschichtliche Umkreisungsbewegungen, sodann eine synchron angelegte Typologie und Phänomenologie von höflichkeitsrelevanten «Interaktionsminiaturen» angeboten werden. Die Erhebung letzterer setzt allerdings den Blick auf wissenschaftliche Disziplinen und deren Theorieansätze voraus, die sich aus einem anderen Blickwinkel – und nicht zuletzt mit teils nur sehr marginalem Bewußtsein für die ethischen Implikationen des Analysierten – dem Forschungsgegenstand «Höflichkeit» nähern. Dies hat aber unbestreitbar den Vorteil, daß die Reflexionen und Urteile des Ethikers hier getrost (noch) zurückgestellt werden können. Der Hauptvorteil jedoch – so steht zu hoffen – ist *zunächst* eine Konkretisierung und Konturierung des Gegenstandes selbst – der Aufweis dafür, daß das ursprüngliche, nie und nirgends einfach zu kopierende Konzept erheblich weiter dimensioniert war, als das traditionelle (sich oft kritisch gebende) und gängige Idiosynkrasien vermuten lassen.

Es mag überraschen, gerade hier Friedrich Nietzsche als «punktuellen Verbündeten» für die Höflichkeitsanalyse und die erheblich Wirkung beständiger Höflichkeitsdosis erwähnt zu finden. Die Textbasis, auf die Bezug genommen wird, ist denkbar schmal, aber nicht ohne Gewinn zu lesen. Der «moralistische»[87], nicht der (herden-)moralkritische Nietzsche kommt zu Wort, wie er sich vor allem in der mittleren Phase *auch* präsentieren kann.

Auch F. Nietzsche, hier durchaus im Gefolge seines Lehrers Schopenhauer, sieht den Verlust angenehm-ansprechender Umgangsweisen unter den Zeitgenossen in Zusammenhang und Korrelation zur Verdunstung des aristokratischen Einflusses im ausgehenden 19. Jahrhundert.[88] Weder gründerzeitliche Hast (sprich: die Problematik des Handelns unter akzelerierten Bedingungen!) noch biedermeierlich-spießbürgerlicher Eskapismus geben für Nietzsche einen Nährboden für Formgefühl ab.[89] Dies werde dann durch eine Hochschätzung einer Innerlichkeit kompen-

---

[87] Vgl. *ZIMMER*, Die europäischen Moralisten 138-141. Moralistik ist textlich und thematisch «Moral im Fragment», «Moral der Aufmerksamkeit für das Detail», aber eben nicht Moralismus und Moralisierung.

[88] Vgl. den Duktus bei *A. SCHOPENHAUER*, Parerga und Paralipomena I, in: *ders.*, Werke in fünf Bänden IV, hrsg. v. *L. LÜTKEHAUS*, Zürich 1988, 179. – Die Rückkehr eines spezifischen Elitismus wird bei Nietzsche dann eine eigene Form bekommen. Dies ist hier ebensowenig wie eine vertiefte Nietzsche-Debatte ein Thema, nicht nur weil sich gerade an dieser Figur nach wie vor Polarisierungen entzünden. Zu Schopenhauer vgl. unten knapp Abs. 4.

[89] *F. NIETZSCHE*, Menschliches, Allzumenschliches, in: *ders.*, Werke in drei Bänden I, hrsg. v. *K. SCHLECHTA*, Darmstadt 1997, 599f., beobachtet unter dem Titel «Manieren» einen historischen Verfallsprozeß, eine umgreifende Verhaltensunsicherheit, deren momentaner Tiefpunkt einer Übergangs- und Ablösungsperiode geschuldet ist. Das traditionelle aristokratische («greisenhafte») Modell ist aufgelöst und verbraucht. Erst wenn es wieder Sicherheit über Absichten und Prinzipien innerhalb der Gesellschaft geben wird, «so wird es Manieren des Umgangs, Gebärden und Ausdrücke des Verkehrs geben,

siert, die wiederum einer Moral des Authentischen und seiner Äußerungsformen die Bahn bereitet. Der steht Nietzsche skeptisch gegenüber.[90] Aus seinem spezifischen perspektivischen Relativismus rehabilitiert Nietzsche sogar den Schein und die ästhetische Contenance beherrschter Höflichkeit als «feine und zugleich vornehme Selbstbeherrschung» oder «ungeheure und stolze Gelassenheit»[91].

Allerdings gibt der Befund bei Nietzsche auch andere Spuren preis. Sie sind zwar unter diesen Vorzeichen zu lesen, aber der fragmentarisch-aphoristische Stil läßt durchaus zu, daß in der Dokumentation auch eine gesonderte Einsicht gesondert reflektiert wird, zumal in der Analyse Momente aufscheinen, die der Präzision des Themas dienen und sogar ein Desiderat anmelden. Bemerkenswertes findet sich in einer verdichteten Reminiszenz unter dem Stichwort «Wohlwollen»:

> *«Unter den kleinen, aber zahllos häufigen und deshalb sehr wirkungsvollen Dingen, auf welche die Wissenschaft mehr achtzugeben hat als auf die großen seltenen Dinge, ist auch das Wohlwollen zu rechnen; ich meine jene Äußerungen freundlicher Gesinnung im Verkehr, jenes Lächeln des Auges, jenes Händedrücken, jenes Behagen, von welchem für gewöhnlich fast alles menschliche Tun umsponnen ist. Jeder Lehrer, jeder Beamte bringt diese Zutat zu dem, was für ihn Pflicht ist, hinzu; es ist die fortwährende Betätigung der Menschlichkeit, gleichsam die Wellen des Lichtes, in denen alles wächst; namentlich im engsten Kreise, innerhalb der Familie, grünt und blüht das Leben nur durch jenes Wohlwollen. Die Gutmütigkeit, die Freundlichkeit, die Höflichkeit des Herzens sind immerquellende Ausflüsse des unegoistischen Triebes und haben viel mächtiger an der Kultur gebaut, als jene viel berühmteren Äußerungen desselben, die man Mitleiden, Barmherzigkeit und Aufopferung nennt. Aber man pflegt sie geringzuschätzen, und in der Tat: es ist nicht gerade viel Unegoistisches daran. Die* Summe *dieser geringen Dosen ist trotzdem gewaltig, ihre gesamte Kraft gehört zu den stärksten Kräften. – Ebenso findet man viel mehr Glück in der Welt, als trübe Augen sehen: wenn man nämlich richtig rechnet und nur alle jene Momente des Behagens, an welcher jeder Tag in jedem, auch dem bedrängtesten Menschenleben reich ist, nicht vergißt.»*[92]

---

welche notwendig und schlicht natürlich erscheinen müssen, als es diese Absichten und Prinzipien sind» (vgl. ebd. 600). Die Skepsis gilt also nicht der Höflichkeit, den Manieren an sich, sondern einer bestimmten Kodifizierung. – Zur Fülle der jüngeren Literatur vgl. den Überblick von *M. STRIET*, Nietzsche – und kein Ende! Tendenzen der gegenwärtigen Forschung und Diskussion, in: ThRv 95 (1999) 3-18. Zu Nietzsches «Hammerschlägen» vgl. *P. VALADIER*, Wie aktuell ist Nietzsche?, in: StZ 125 (2000) 841-851, *E. BISER*, Nietzsche – Zerstörer oder Erneuerer des Christentums?, Darmstadt 2002.

[90] *NIETZSCHE*, Unzeitgemäße Betrachtungen, in: *ders.*, Werke I 234, schreibt im Blick auf «uns Deutsche der Gegenwart», die die «Schule der Franzosen verlassen haben», sich aber bei diesem Verlassen der «Schule der Konvention» verirren: «Indem man zum Natürlichen zurückzufliehen glaubte, erwählte man nur das Sichgehenlassen, die Bequemlichkeit und das möglichst kleine Maß von Selbstüberwindung.»

[91] *NIETZSCHE*, Jenseits von Gut und Böse, in: *ders.*, Werke II 749 (Nr. 283f.). Hier – im Kontext des «Neunten Hauptstücks» von «Jenseits von Gut und Böse» unter dem Titel «Was ist vornehm?» (ebd. 727-756) figuriert die Höflichkeit signifikanterweise als «spitzbübisch-heitres Laster». Die Attribute sind keineswegs zufällig, sondern Indizien für die nietzscheanische Lektüre des Höflichkeitsdiskurses vorrangig als «Abgrenzungsdiskurs». Vgl. zu diesem ironisierenden Zug auch *NIETZSCHE*, Aus dem Nachlaß der Achtzigerjahre, in: *ders.*, Werke III 444 («Was ist *vornehm*?»).

[92] *NIETZSCHE*, Menschliches, Allzumenschliches, in: *ders.*, Werke I 485. – Aus der von Kant konstatierten «Liebespflicht gegen andere», die nicht zuerst emotiv, sondern praktisch unterlegt ist, folgt im Sinn der praktisch-ethischen Maxime des Wohlwollens, der «Benevolence» gegenüber allen, die Grundhaltung der «benevolentia» als praktische Nächstenliebe. I. Kant unterstreicht deren Bedeutung und Reichweite, so *I. KANT*, Die Metaphysik der Sitten (Akademie-Ausgabe VI), Berlin 1914, 203-493, 451: «Das Wohlwollen in der allgemeinen Menschenliebe ist nun zwar dem *Umfange* nach das größte, dem *Grade* nach aber das kleinste ...» – Kritisch zu denken gibt in diesem Zusammenhang ein auf die «Nacht vom 28. zum 29. April 1964» datiertes Notat von Hanna Arendt (zunächst im Blick auf Kant formuliert, aber diese Alteritätsvergessenheit reicht weiter): *H. ARENDT*, Denktagebuch 1950 - 1973 II, New York-Mün-

So erstaunlich diese Passage für einen Autor anmuten mag, der leichthin in seiner Konzentration auf die Schopenhauersche Einsamkeit und Muße, aber auch auf vitale Selbstverwirklichung und Entfaltung der geistigen Potenzen des Übermenschen, des damit letztlich Rücksichtslosen, gelesen wird, sie spricht, wenn schon nicht für den ganzen Nietzsche, so doch durchaus für *sich*. Immerhin lenkt sie den Blick auf ein Desiderat oder Postulat, nämlich die Erhöhung der wissenschaftlichen Aufmerksamkeit für Objekte wie etwa der Höflichkeit. Grund für diese Forderung gibt der systematisch und ethisch nicht unerhebliche Zusammenhang von Frequenz, Wirkung und Quantität, die den Blick für die betreffenden Qualitäten nach sich ziehen soll.

Nicht nur Sprachgestus und Metaphorik versuchen dabei einzuholen, wie ubiquitär dieses Fluidum der «benevolentia» oder «benevolence» ist, auch die Detailbeobachtungen und Termini aus dem traditionellen Höflichkeitsrepertoire, die Nietzsche heranzieht, sprechen für die Bedeutung des «Alltäglichen», das gerade vom Außergewöhnlichen unterschieden, aber eben nicht völlig überlagert werden darf, weil es seine Wirkung kontinuierlich «en detail», nicht punktuell und exzeptionell entfaltet. Diese Unterscheidung hat durchaus tugendethische Anklänge.

Das Egoismus-Thema kehrt wieder, aber sehr behutsam formuliert, und zudem gekoppelt mit dem Verweis auf eine allerdings nicht näher beschriebene Triebs- oder Antriebsdynamik, des «Unegoistischen» in ihrer kultur- und zivilisationsgenerierenden Funktion sowohl in privat-familialen als auch öffentlichen Person- und Rollenkonstellationen. Selbstredend ist diesem Text keine ausführliche Höflichkeitstheorie abzuringen, dennoch vermittelt er Elemente, die gerade in der Zuspitzung auf die Wirkungsthematik und die Warnung vor der Unterschätzung der Höflichkeit nicht nur als Fingerzeig mitzunehmen sind.

Eine weitere Rev/ferenz zum so leicht beschädigbaren Leben soll diesen perspektivischen Einstieg beenden, wenn auch keineswegs abrunden. In seinen 1951 erstmals erschienenen «Reflexionen aus dem beschädigten Leben», den «Minima moralia»[93], streift T.W. Adorno in einigen Überlegungen das Terrain, das hier zur

---

chen 2002, 818: «Es ist höchst auffallend, dass in der Kritik der praktischen Vernunft und den anderen moralischen Schriften Kants von dem so genannten Mitmenschen kaum die Rede ist. Es geht wirklich nur um das Selbst und die in der Einsamkeit funktionierende Vernunft.» Fällt philosophisch-ethisch, fällt fundamentalethisch der Andere aus zugunsten des imaginierten und isolierten Selbst, dann verfällt auch die Notwendigkeit, grundlegende Relationalitäten, wie sie «einfache Höflichkeit» anbahnt, zu reflektieren. Vgl. auch *M. KNAPP*, Die Anderen – Der blinde Fleck der Moderne? Überlegungen zum Verhältnis der Theologie zur Theorie des kommunikativen Handelns, in: *E. ARENS* (Hrsg.), Kommunikatives Handeln und christlicher Glaube. Ein theologischer Diskurs mit Jürgen Habermas, Paderborn 1997, 71-96. Kommunikative Sozialtheorien und -philosophien (auch -theologien) stoßen – durchaus nicht anti-kantisch – in diese Lücken, doch bleibt der Eindruck dominant, daß diese Theorien und Analysen die «Komplexheit der Einfachheit» von Standardsituationen beispielsweise (als Haftpunkte analytischer Höflichkeitsdiskussion) unterschätzen oder überspringen.

93 *T.W. ADORNO*, Minima Moralia. Reflexionen aus dem beschädigten Leben, in: *ders.*, Gesammelte Schriften IV, Darmstadt 1998 (Wir beziehen uns auf diese Ausgabe). – Zu den «Minima moralia» allgemein: *R. SCHMÜCKER* (Hrsg.), Zwischen «Minima Moralia» und «Ästhetischer Theorie». Theodor W. Adorno im Kontext von Ethik, Ästhetik und Utopie, Iserlohn 1994.

Zu Adorno vgl. u.a. *W. V. REIJEN*, Adorno zur Einführung, Hamburg [3]1987, *H. BRUNKHORST*, Theodor W. Adorno. Dialektik der Moderne, München 1990, *G. SCHWEPPENHÄUSER*, Adorno zur Einführung, Hamburg 1996, *M. PENSKY* (Hrsg.), The actuality of Adorno. Critical essays on Adorno and the postmodern, Albany (NY) 1997, *S. WENDEL*, Von der Postmoderne zurück zur Moderne. Adornos Kritische

Debatte steht. Allen voran die Passage, die den bezeichnenden Titel «Zur Dialektik des Taktes»[94] trägt, ist von Interesse. Zu lesen sind diese Ausführungen vor einem Befund, der Bedrohungs- wie Beschädigungsphänomene des Alltags zum Ausgang nimmt.

«Es graut uns vor der Verrohung des Lebens, aber die Absenz einer jeden objektiv verbindlichen Sitte zwingt uns auf Schritt und Tritt zu Verhaltenswiesen, Reden und Berechnungen, die nach dem Maß des Humanen barbarisch und selbst nach dem bedenklichen der guten Gesellschaft taktlos sind.»[95]

In einer dergestalt ökonomisch – nicht selten auch zeitökonomisch – und agonal konstruierten Gesellschaft zwingt der «verrohende» Kampf um die Partizipation an den Gütern, der soziale Druck zu allein utilitaristisch-strategischen Verhaltensstrategien. Humanität und Objektivität geben ebensowenig ein vermittelndes, schützendes Maß vor, wie die «bedenklichen» Verhaltenskonventionen der Bürgerlichkeit.[96] Resultat ist der neue Geizige, der in Äquivalenten denkt, das Gegenmodell einer höflichkeitstypischen Freigebigkeit und Großzügigkeit, die zwar durchaus auch in strategischen, utilitaristischen Absichten und Motiven gerechtfertigt und funktional eingesetzt werden kann, aber nicht einfach in diesen Perspektiven aufgehen muß:

«Er denkt in Äquivalenten, und sein ganzes Privatleben steht unter dem Gesetz, weniger zu geben, als man zurückbekommt, aber doch stets genug, daß man etwas zurückbekomme. Jeder Freundlichkeit, die sie gewähren, ist die Überlegung: ‹ist das auch nötig?›, ‹muß man das tun?› anzumerken. Ihr sicherstes Kennzeichen ist die Eile, für empfangene Aufmerksamkeiten sich zu ‹revanchieren›, um nur ja in der Verkettung der Tauschakte, bei denen man auf seine Kosten kommt, keine Lücke entstehen zu lassen.»[97]

Aus Wechsel, Austausch, aus Reziprozität wird unter diesem – interessanterweise – «bemerkbaren» Kalkül der Großzügigkeit aus den verschiedensten Formen

---

Theorie als Anknüpfungspunkt für eine Theologie der späten Moderne, in: Orien. 63 (1999) 151-157, *M. SEEL*, Adornos kontemplative Ethik, in: Merkur 56 (2002) 512-518, *L. JÄGER*, Adorno. Eine politische Biographie, München 2003.

[94] *ADORNO*, Minima Moralia 38-41. Vgl. *PERNOT*, La politesse et sa philosophie 348f., 370-372. Vgl. dazu auch *M. BEETZ*, Die höfliche Antwort in der vormodernen Konversationskultur, in: *FELDERER/MACHO*, Höflichkeit 70-91, 70ff. (Lit.). Beetz referiert das frühe Bewußtsein jenes Umschlages von Takt in Peinlichkeiten. Dies im Blick werden die Signaturen und Konturen des Taktvoll-Rücksichtsvollen als Primärintentionen keineswegs obsolet. Beetz nennt sechs konstitutive Bedingungen: die angemessene Situationsbewertung durch den Taktvollen, die Kenntnis der verwundbaren Stellen des Partners, die Bereitschaft protektiver Rollenübernahme, die Antizipation individueller Interessen des Partners, die Sensibilität für die situationsabhängigen Interessen anderer im Verlauf der Interaktionen, ein Wissen um die Interpretation eigener Handlungen durch andere.

[95] *ADORNO*, Minima Moralia 28.

[96] Vgl. *ADORNO*, Minima Moralia 29: Selbst die in ökonomischer Absicht von oben verordnete Freundlichkeit weicht bei Druck sehr schnell. Adorno benennt den «von oben zur Freundlichkeit angehaltenen Automechaniker, Mädchen im Likörladen». Adornos Optionen, Zeit und Beobachtungen stehen hier sicher Pate. Angeordnete Höflichkeiten stehen hier für ökonomische und politische Domestizierungen, die Unmündigkeiten erhalten. Ambivalenz und Dialektik bleiben jedoch realistischerweise einschlägig. Sobald der Kampf um den Anteil am Sozialprodukt angezeigt ist, verdampfen Höflichkeit und Freundlichkeit leicht zu Luxusgütern. Die ökonomische Grundabsicht bleibt auch in Zeiten der Dienstleistungsgesellschaft und ihrer Kompetenzpostulate erhalten oder kehrt unter gedrehter Sichtweise wieder.

[97] *ADORNO*, Minima Moralia 38.

von Prästationen «Revanche». Damit klingt bereits das Grundproblem an, das Adorno als die «Dialektik des Taktes» bezeichnet.[98] Adornos Argumentation diesbezüglich wählt einen verblüffenden historischen Einsatz. Es ist der Bezug auf Goethe und dessen Gleichsetzung von Takt und Humanität in den «Wanderjahren». Takt wird dabei bezeichnet als die Auskunft zwischen entfremdeten Menschen angesichts der heraufkommenden Industriegesellschaft, wie Adornos sozio-historisches Bewußtsein unterstreicht. Diese «Auskunft» scheint ineins zu gehen mit Entsagung, Verzicht auf ungeschmälerte Nähe, Leidenschaft und ungebrochenes Glück. Das Humane liegt in der Selbsteinschränkung. Adorno sieht nun beide, Takt und Humanität, als Größen in einer negativ-dialektischen Entwicklung, die auf einen Nenner gebracht lautet: Wovor sie bewahren sollen, dazu tragen sie jetzt bei.

Der Takt hat eine bestimmte historische Stunde[99], nämlich die der Befreiung des bürgerlichen Individuums aus absolutistischer Bevormundung. Allerdings bleiben Residuen der absolutistischen Formen als Halt gebende Gruppenstrukturen zunächst weiter wirksam.[100] Eine paradoxe Koinzidenz von Absolutismus und Liberalität ist dabei die Situation, in der sich das befreite und vereinsamte Individuum findet.[101] Mit Adorno heißt dies für das Phänomen des Taktes selbst: «Voraussetzung des Taktes ist die in sich gebrochene und doch noch gegenwärtige Konvention.»[102] Doch diese Konvention verfällt fortwährend, wird zu einer «Parodie der Formen», zu «willkürlich ausgedachter Etikette für Ignoranten», nota bene: «gepredigt von ungebetenen Ratgebern in Zeitungen».[103] Aus Konsens und Einverständnis, das die Konventionen zu ihrem Kairos trug, wird blinde Konformität. Zwar scheint der Verlust des Formalen und Zeremoniellen den Takt zu sich selbst zu befreien im Sinne einer Emanzipation von allem Heteronomen. So würde taktvolles Verhalten kein anderes als eines, «das sich allein nach der spezifischen Beschaffenheit eines jeglichen menschlichen Verhältnisses richtet»[104]. Dieser emanzipierte Takt gerät allerdings unter die Nominalismus-Problematik. Takt meint jedoch ursprünglich nicht die einfache Unterordnung unter die leicht ironisierbare zeremoniale Konvention, sondern zielte im Kern auf eine paradoxe Leistung: die «eigentlich unmögliche Versöhnung zwischen dem unbestätigten Anspruch der Konvention und

---

98 Angesprochen ist dabei eine ethisch stets relevante, für Formen und Intentionen der Höflichkeit immer wieder einschlägige Ambivalenz, die ethisch mit der möglichen Mißbräuchlichkeit konvergiert und rechnet, hier aber systematisch und sozialtheoretisch konspiriert mit der «Doppelwirkung», mit der jegliches Dialektikmodell behaftet ist. Vgl. *M.A. RICARD*, La dialectique de T.W. Adorno, in: LTP 55 (1999) 267-283.

99 Vgl. *ADORNO*, Minima Moralia 39. So richtig dies historisch sein mag, Adorno unterschlägt damit eine Kairologie des Alltäglichen, unterschätzt die «getaktete Interaktion», den Rhythmus eines Dialogs und seinen Off-beat. Aber der Musiker und Musiktheoretiker Adorno hat ja auch keinen Sensus für Jazz.

100 Liegt hier eine implizite, wenn auch kritische Bestätigung von Funktionen des Takts vor? Analog dazu wäre nach einer Höflichkeit zu fragen, die stärker formorientiert ist als die Sensitivität des Taktes, der allerdings selbst wiederum auf dechiffrierbare Ausdrucksmedien und -gestalten angewiesen ist.

101 Der auch sichtbar wird an dem befreiten, relativierenden Umgang mit traditionellen literarischen, musikalischen, aber auch philosophischen Schemata und Konventionen. *ADORNO*, Minima Moralia 39, verweist dabei stichwortartig auf Goethe und Beethoven und ihr Schaffen, aber auch auf Kant als Beispiele für diese transepochale, paradoxe Position.

102 *ADORNO*, Minima Moralia 39.

103 Vgl. *ADORNO*, Minima Moralia 39.

104 *ADORNO*, Minima Moralia 39.

dem ungebärdigen des Individuums».[105] Takt muß sich also an der Konvention messen lassen und ist an sie verwiesen. Erst losgelöst von der Konvention und ohne sie wird der Takt nominalistisch, ein Begriff ohne Form und Ausdrucksreferenz.[106] Folglich zeigt sich Takt als Differenzbestimmung. In seiner möglichen Verabsolutierung sieht Adorno ein praktisches Unrechtspotential, der das Individuum verfehlt und dialektisch umschlägt. Adorno fügt für diesen Umschlag so probate wie tagtägliche Bespiele an: Aus der Frage nach dem Befinden des anderen wird leicht und unversehens indiskretes Aushorchen, wenn nicht mehr über Erziehung, über gewußte Konventionsmechanismen Grenzen vermittelt und bewußt werden, aus dem Schweigen über empfindliche Gegenstände leere Gleichgültigkeit – sobald (man) keine Regel mehr angibt, worüber man reden kann, worüber nicht.[107] Die Folge für diesen präzisen und möglichen Fall: Takt schlägt zur Lüge um. Darauf ist höflichkeitstheoretisch immer wieder hingewiesen worden. Eine bleibende Ambivalenz der Höflichkeitsthematik kehrt wieder, ist gesichtet.[108] Sie liegt aber nicht allein in der Höflichkeit selbst begründet, ist weder die erste Intention rein formaler als auch nicht die einer eher habituellen Höflichkeit. Vielmehr schlägt hier eine anthropologische Konstante durch, die in der Riskiertheit und Offenheit sozialer Interaktion und menschlicher Kommunikation selbst ihre Wurzeln hat. Darauf verweist Adorno bei allem Problembewußtsein an dieser Stelle nicht. Auch wenn Adornos Resümee demzufolge bitter klingen muß, es verweist – neben der augenfälligen Triftigkeit der Beobachtungen – gleichsam «en passant» (selbst wieder dialektisch) auf die unumgängliche Bezüglichkeit zur Konvention, die den Takt aus der von Adorno konstatierten Nominalismusfalle retten müßte:

> *«Der Nominalismus des Taktes verhilft dem Allgemeinsten, der nackten Verfügungsgewalt, zum Triumph noch in den intimsten Konstellationen. Die Abschreibung der Konventionen als überholten, nutzlosen und äußerlichen Zierats* (sic - APA) *bestätigt nur das Alleräußerlichste, ein Leben unmittelbarer Beherrschung. Daß dennoch der Fortfall selbst dieses Zerrbildes von Takt in der Kameraderie der Anrempelei, als Hohn auf Freiheit, die Existenz noch unerträglicher macht, ist bloß ein weiteres Anzeichen dafür, wie unmöglich das Zusammenleben der Menschen unter den gegenwärtigen Verhältnissen geworden ist.»*[109]

---

[105] *ADORNO*, Minima Moralia 39f.

[106] Welche «Konvention», welcher Wert, welches Gut könnte demnach heute die Bezugsgröße bilden? Bei Adorno wird damit auch implizit sichtbar, daß die bloße, formalisierte Konvention ebenso wenig ausreicht, wie allein ein diffuser Takt. Die Relation erst macht beides sichtbar, zeigt Variabilität, Kritikabilität und den jeweiligen Eigenwert. Konvention *und* Wert bleiben in Konspiration zu halten.

[107] Natürlich kann man dies zudem unter den Gesichtspunkten von Motiv, Intention und Chiffrierungs- wie Dechiffrierungskompetenz je auf der Sender- wie Hörerseite beleuchten. Ethisch ist dies bewertungsrelevant. Das adornosche Dialektikmodell weist deskriptiv auf einen «Umschlagplatz» hin, ist problemindikatorisch, aber ethisch nicht ausreichend, weil es die Vielschichtigkeit der Verzahnung von beiderseitiger Intention, von Wirkung und Folgen nicht genügend unterscheidet.

[108] *ADORNO*, Minima Moralia 40: «Die Individuen beginnen denn auch, nicht ohne Grund, auf Takt feindselig zu reagieren: eine gewisse Art der Höflichkeit etwa läßt sie nicht sowohl als Menschen angesprochen sich fühlen, als daß sie in ihnen die Ahnung des unmenschlichen Zustands erweckt, in welchem sie sich befinden und der Höfliche läuft Gefahr, für den Unhöflichen zu gelten, weil er von der Höflichkeit wie von einem überholten Vorrecht noch Gebrauch macht.»

[109] *ADORNO*, Minima Moralia 40f.

Bliebe einstweilen die keineswegs nur rhetorische Frage, was zu ändern wäre: die Konvention, der Takt, die «herrschenden Verhältnisse», gar der «Mensch»? Oder zunächst einmal – etwas bescheidener vielleicht – das Bewußtsein für die Problematik und ihre Risiken.

Aber nicht genug damit. Adorno führt Beobachtungen an, deren Auswirkungen auf das Anziehen oder Lockern von Höflichkeitsbremsen in der sozialen Interaktion nicht zu unterschätzen sind: Technisierungs- wie Akzelerierungsphänomene gehören dabei ebenso dazu[110] wie der Verweis auf eine Direktheit der Zugriffe auf den anderen unter Zeitdruck.[111] Diese Direktheit ersetzt eine «face»-wahrendere, langsamere, druckärmere «spiralenförmige Annäherung» – und legitimiert sich nicht selten demokratisch:

> *«Hinter dem pseudodemokratischen Abbau von Formelwesen, altmodischer Höflichkeit, nutzloser, nicht einmal zu Unrecht als Geschwätz verdächtiger Konversation, hinter der anscheinenden Erhellung und Durchsichtigkeit der menschlichen Beziehungen, die nichts Undefiniertes mehr zuläßt, meldet die nackte Roheit sich an.»*[112]

Unter den gewandelten Prämissen der Demokratisierung und eines emanzipativen Pathos von Freiheit und Gleichheit wird unversehens aus der «Dialektik des Taktes» eine «Dialektik der Authentizität», die an der Seite der ersten zu stehen kommt. Definition der Beziehung ist Begriff des und Zugriff auf das Gesicht des anderen. Dem wohnen Vergröberungseffekte inne, die gleichfalls «minima amoralia» (aber keineswegs ausschließlich «minima») sein können. Auch wenn Adornos Miniaturen aus dem fragilen Leben teils indirekt appellativen Charakter tragen, das ethische Moment bleibt systematisch schwach beleuchtet. Freilich unterstreichen seine Ausführungen die Historizität der Vermittlung und Ablösung von Konvention, die soziale und ökonomische Bedingung der Konstruktion von Höflichkeit und schließlich eine bleibende Ambivalenz, die zwar *nicht ausschließlich* dem Phänomen «Takt» oder «Höflichkeit» zuzulasten ist, aber immer in deren Umfeld anzutreffen sein wird.

Inspirationen und Intuitionen lassen sich auch aus moralphilosophischen und moralpädagogischen Überlegungen beziehen, die O.F. Bollnow vorträgt und die bedenkenswert bleiben. Vorab im ersten dreier Zyklen kleiner philosophischer Essays liefert er Anregungen, die für die Situierung der Höflichkeit in einem Ethos des Alltags, einer «einfachen Sittlichkeit» austragen (auch wenn diese selbst nicht eigens

---

110 Vgl. *ADORNO*, Minima Moralia, 43f. (unter der signifikanten Überschrift «Nicht anklopfen»: «Die Technisierung macht einstweilen die Gesten präzis und roh und damit die Menschen. Sie treibt aus den Gebärden alles Zögern aus, allen Bedacht, alle Gesittung.» (vgl. Guardinis Unterscheidung zwischen Sachgerechtigkeit und Persongerechtigkeit). Vgl. dazu die einschlägigen Passagen bei *K. FISCHER*, «Verwilderte Selbsterhaltung». Zivilisationstheoretische Kulturkritik bei Nietzsche, Freud, Weber und Adorno, Berlin 1999.

111 Vgl. *ADORNO*, Minima Moralia 45: Das «Man ist geradezu.» meint: Aus (zeit-)ökonomischen Gründen wird die direkte, ungebremste und nicht abgefederte Gerade zum Modell der Interaktion: Zeitraubende (also teuere) Formen entfallen («Statt den Hut zu ziehen, das Hallo der vertrauten Gleichgültigkeit», anrede- und unterschriftlose Briefe als «Symptome der Erkrankung des Kontakts»).

112 *ADORNO*, Minima Moralia 46.

thematisiert wird).[113] Absicht wie Anliegen dieser Studien ist es, «schlichte», «einfache» Tugenden in Erinnerung zu rufen, die vor und unter ethischen oder politischen Systemen liegen, aber durchaus als deren Bedingungsmöglichkeit zu betrachten sind.

«Rücksicht auf den Lebensspielraum des anderen»[114], Geduld dessen Eigenheiten und Grenzen gegenüber geben dabei leitmotivisch den Grundduktus einer «einfachen Sittlichkeit» vor, die sich von einem kompromißlosen, übersteigerten Ethos des Heroischen abgrenzt, dessen Mißbrauchbarkeit als historische Erfahrung der Suche Bollnows Anlaß zu seinen Sondierungen gibt.[115] Doch nicht allein diese potentielle Mißbräuchlichkeit eines «heroisch gesteigerten Tugend- und Ethosbegriffs» – der Nietzsche-Reflex schlägt auch bei Bollnow, wie zuvor bei vielen, sehr früh durch! – können hier historisch am Anfang eines Neueinsatzes stehen, sondern – über Bollnow hinaus in einer wiederum veränderten historischen Situation – der Verweis auf Unscheinbarkeit und Unauffälligkeit einschlägiger Grundhaltungen, die deren je eigene Ambition und Komplexität erst auf einen zweiten Blick hin thematisieren und entschlüsseln läßt. Das Besondere und Konturierte auch «in ethicis» zieht die Blicke und Analysen eher an als das Alltägliche. Hierin zuerst liegt die Konspiration für unsere Anschlußüberlegungen.

Bollnows Einsatz ist markant und überrascht aus genannten Gründen nicht. Er beginnt mit einer Erinnerung an die Anthropologie der Güte als sozialer Tugend. Sie ist der Freundlichkeit und dem Entgegenkommen verwandt und schafft spezifische Weisen des Umgangs.[116] In einleitenden Überlegungen zur «einfachen Sittlichkeit»[117] kommen einige Koordinaten zu Sprache, die auch im Blick auf die Höflichkeit von Bedeutung sind. Zunächst die bereits angedeutete Feststellung: Komplex-komplizierte Zusammenhänge des Lebens drängen sich deutlicher in das reflexe Bewußtsein des Menschen und schreiben somit eher eine «Ideen- oder Ethosgeschichte der Sieger». Dies gilt in ethischer Hinsicht für die «hohe Welt der Ideale», für die von Bollnow angeführten «Formen des hohen Ethos», die historisch-epochal leitbildgebend und prägend sind.[118] Diese Formationen des Hochethos haben je

---

[113] *O.F. BOLLNOW*, Einfache Sittlichkeit. Kleine philosophische Aufsätze, Göttingen ³1962 (¹1957). Diese Essays tragen deutlich die Signatur der Nachkriegszeit und sind durchaus als «Suche nach dem verlorenen Ethos» zu lesen: In (ethischen) Trümmerlandschaften wird nach Residuen des Sittlichen gefahndet. – Zu Bollnow insgesamt vgl. *F. KÜMMEL* (Hrsg.), O.F. Bollnow: Hermeneutische Philosophie und Pädagogik, Freiburg i.Br.-München 1997, *W. GANTKE*, Religion, Wissenschaft und Leben. Zur Bedeutung der Hermeneutik O.F. Bollnows für die heutige Religionswissenschaft, Cuxhaven 1998.

[114] Vgl. *BOLLNOW*, Einfache Sittlichkeit 9, 13.

[115] Hier fällt eine Nähe zu den Überlegungen H. Plessners auf. Die Stilisierungen und Heroisierung gewisser Sekundärtugenden, ihre politische und militärische Ausbeutung (und die daher rührenden Traumata) in den Weltkriegen des letzten Jahrhunderts geben auch Anlaß zu einer Neubesinnung auf basale Größen des Humanen und des Sittlichen. Zu Plessner vgl. unten Abs. 11.3.

[116] Vgl. *BOLLNOW*, Einfache Sittlichkeit 12f. Es folgen die für unseren Zusammenhang wichtigen Überlegungen zur «einfachen Sittlichkeit», denen ein eigenes Kapitel dieser ersten Reihe gewidmet ist, sodann zur «Pflichterfüllung», zum «Mitleid», zu «Ehre und gutem Ruf» und zur «Anständigkeit», bevor eine Reflexion auf die «Ideale» diesen Durchgang abschließt. «Höflichkeit» ist expressis verbis kein eigenes Thema, allerdings drängen sich Übergänge dahin häufig wie von selbst auf.

[117] Vgl. *BOLLNOW*, Einfache Sittlichkeit 20-30.

[118] *BOLLNOW*, Einfache Sittlichkeit 20, nennt als Beispiele das asketische Ideal des frühen Christentums, das ritterliche Ideal des Mittelalters (!), das aufklärerisch-bürgerliche Ideal der vernünftigen Lebensgestaltung und das Humanitätsideal der deutschen Klassik.

ihre Zeit und ihre spezifischen Protagonisten. Prägende ethische Formen stehen für Bollnow dabei historisch unter dem Gesetz einer Genese von Auf- und Abblühen. Allerdings besteht – so Bollnow – die Möglichkeit, daß Komponenten rekonstruiert und revitalisiert wieder aufgegriffen werden können. Brüche sind möglich. Es geht nicht um ein einfaches Fließkontinuum, sondern um Konspirationen.[119] Hochformen nehmen für Bollnow nicht die gesamte sittliche Wirklichkeit in den Blick.[120] Von daher sind sie immer wieder verwiesen auf einen breiteren Untergrund eines zunächst weniger auffälligen Alltagsethos, eben einer nicht-komplexen, einfachen Sittlichkeit. In Übergangsphasen zerbröckeln zudem die je spezifischen (weil exponierten) Formen des Hochethos erheblich leichter in und mit der Ablösung ihrer Protagonisten und Leitvorstellungen. Nicht selten sind «Unsicherheiten auf ethischem Gebiet» die konstatierbare Folge.

In dieser «Ontologie der Ethosformen» geht es Bollnow nicht um Denunziationen der einen Ethosform auf Kosten der anderen. Seine Argumentation zielt auf Relativität und Relationalität. Elementare oder einfache Sittlichkeit gehört zur Natur des Menschen wie die Hochformen des Ethos zu seiner Geschichte.[121] Diese Zuordnung bei einem permeablen Wechselverhältnis zwischen der formenden Kraft des Hochethos und dem tragenden Grund elementarer Sittlichkeit ist durchaus von Bedeutung. Elemente der einfachen Sittlichkeit, die freilich auch in ihrer geschichtlichen Formbarkeit gesehen werden können, verweisen auf die grundlegende Tatsache, daß, egal welche z.B. politischen, sozialen Konstituenten zu finden sind, immer Lebensräume und -sphären von einzelnen und Gruppen aneinandertreten und handlungstheoretisch einzuholen sind. Diese minimalen Handlungstheorien als Kontraktionen des Ethischen sind nun selbst nicht einfachhin minimalistisch. Die Forderungen der elementaren Sittlichkeit sind insofern ungeschichtlich, als sie unterhalb der veränderlichen Forderungen des Hochethos die eher unauffälligen, aber unabdingbaren, dem Kern nach schon postulierten und praktizierten Bedingungsmöglichkeiten wie Handlungsnotwendigkeiten des Sittlichen beschreiben. Das gilt für die Forderungen, die jeweiligen Formen selbst haben einen Zeitindex.

> *«Bei der natürlichen Sittlichkeit handelt es sich dagegen nur um besondere Färbungen, die eine im Grunde gleiche Tugend bei den verschiedenen Völkern und zu den verschiedenen Zeiten angenommen hat.»*[122]

Auch wenn hier analytisch wiederum keine Reinformen auszumachen sind, ein Grundbestand bleibt immerhin, der die natürliche Sittlichkeit nicht einfach nur zu

---

[119] Dieser Zusammenhang in und über geschichtliche Brüche hinweg ist auch einschlägig für Komponenten der «höfischen Kultur» und ihrer «curialitas». Trotz Überlagerungen, trotz Verdächtigungen gibt es partielle Renaissancen – und reaktivierte, aber transformierende Erinnerungen. Transformationen und Rezeption von Bestandteilen des hohen Ethos in die natürliche Sittlichkeit im historischen Prozeß erläutert Bollnow am Beispiel des biblischen Ethos und seinen Residuen im Alltagsethos der Christen (vgl. 24). An eine Analogie wäre zu denken im Blick auf die Prägungen der ritterlich-höfischen Kultur und die Spuren der curialitas in späteren Höflichkeitsfassungen. Wechselbeziehungen und Permeabilitäten sind festzuhalten (vgl. auch 28).

[120] *BOLLNOW*, Einfache Sittlichkeit 21.

[121] Vgl. *BOLLNOW*, Einfache Sittlichkeit 22f.

[122] *BOLLNOW*, Einfache Sittlichkeit 24.

einem formalen Begriff macht, sondern materialethische Ansätze bietet – so Bollnow.[123]

Des weiteren verweist Bollnow auf einen wichtigen Anknüpfungs- wie Differenzpunkt, der sich in den diversen Dilemmata der «Innen-Außen-Problematik» der Höflichkeitsdiskussion spiegelt: Die Radikalität des Hochethos ist korreliert mit der Einsamkeit des Gewissens, während die elementare und natürliche Sittlichkeit vorrangig im Feld der Öffentlichkeit (oder des kollektiven Bewußtseins) situiert ist.[124] Hierher gehören auch Überlegungen zu Ehre, gutem Ruf, zu Anstand und Anständigkeit, die Bollnow anfügt, und die den Höflichkeitsbereich tangieren.[125] Er hält fest: «Um jeden einzelnen Menschen bildet sich ein guter oder schlechter Ruf.»[126] Dieser wird er- und vermittelt im Medium der Öffentlichkeit, der öffentlichen Meinung, wobei dieses Moment meint:

> *«Die Forderungen der öffentlichen Meinung behalten ihren Sinn als Ausdruck der einem gewissen Durchschnitt zustrebenden kollektiven Moral, und es ist unbedingt verwerflich, aus purem Übermut daran zu rütteln.»*[127]

Mögen «Gesichtswahrung» und Kollektivität (im Sinne elementarer Sittlichkeit als Kollektivethos, nicht als Gewissensethik[128]) auch zusammengesetzt sein aus vielen Stimmen, aus «durchschnittlichen Anschauungen», zudem eine «Moral des Durchschnitts» oder die «relative Durchschnittlichkeit der einfachen Sittlichkeit» bezeichnen[129], also hier nochmals Differenzmomente der Ethosformen einspielen, auffällig bleibt sowohl der Rekurs auf das Symbolwort «Gesicht» als auch die implizite Fassung dieser Sittlichkeit als «mixtum compositum». Sie hat einen Zwischenbereich der Vermittlung mit im Blick, der Nimbus, Sphäre und der Bedeutung wir Schutzwürdigkeit zumindest als Anschluß nahelegt. Öffentlichkeitswirkungen sind präsent und wirkmächtig. Sie steuern Verhalten und wirken darüber von Fall zu Fall und jenseits prinzipieller formaler ethischer Neutralität wieder zurück auf das Gelin-

---

[123] Vgl. *BOLLNOW*, Einfache Sittlichkeit 24. Eine wichtige Differenz liegt in der Unbedingheit und Radikalität des Anspruchs, der Reinheit und Kompromißlosigkeit des Hochethos. Als bleibende Folge ist der Konflikt zwischen Ideal und Wirklichkeit zu verzeichnen, der auch zu den Signaturen des Hochethos gehört. Die Ambivalenz von motivierender Intention und nicht selten desillusionierender Wirkung ist ein nur zu bekanntes Phänomen mit ethischer Konsequenz. *BOLLNOW*, Einfache Sittlichkeit 25, kritisiert dies hier nicht, sondern macht damit auf strukturelle Unterschiede beider Ethosformen aufmerksam. Daß aber Kompromißlosigkeit weit mehr als nur unhöflich sein kann, ist evident. Hier ist dann ethisch einem Rechtfertigungsanspruch genüge zu leisten.

[124] Vgl. *BOLLNOW*, Einfache Sittlichkeit 26. Dies geschieht aber auch hier ohne Bewertung des einen auf Kosten des anderen oder die Konstruktion eines platten Antagonismus.

[125] Vgl. *BOLLNOW*, Einfache Sittlichkeit 47-61, 61-74.

[126] *BOLLNOW*, Einfache Sittlichkeit 47. Hier der Unterschied zur «Ehre», die als überdurchschnittliches Ansehen gefaßt wird (50f.). Wobei bei aller «Durchschnittlichkeit des guten Rufes» nicht übersehen werden, daß ihre sittliche Bedeutung und ihre «Formungsarbeit» (50) durchaus ambitiös sind, sofern sie ja defensive und aktive Komponenten der Face-Wahrung *zwischen* verschiedenen Interagierenden und in der Interaktion verbal oder symbolisch Repräsentierten einbezieht.

[127] *BOLLNOW*, Einfache Sittlichkeit 57.

[128] Dies allerdings vor allem, solange man nur auf den *eigenen* Ruf, sei es defensiv oder aktiv-kreativ, reflektiert. Alteritätsdenken trüge hier eine elementare und notwendig komplementäre wie alternative Perspektive ein.

[129] Vgl. *BOLLNOW*, Einfache Sittlichkeit 27, 49, 57.

gen von Leben auch in Detail- und Miniaturfeldern des Handelns. Hier postuliert Bollnow den Zusammenhang der Verantwortung für sich und Verantwortung für das sittliche Verhalten der anderen.[130] Hier schlägt die «tägliche ‹Kleinarbeit› des Lebens»[131] zu Buche, manifestiert sich als Basis und Rahmen, aber auch als Einübungsfeld und Wurzelboden hochgeladener sittlicher Akte. Die grundlegende Wechselbeziehung bleibt diejenige zwischen Achtung und Anständigkeit (vor allem bei sozialen Unterschieden, aber nicht notwendigerweise mit emotionalen Komponenten verbunden)[132]:

> *«Mit einem Wort: der Begriff der Anständigkeit verkündet in gewissen einfachen Verhältnissen den Vorrang der einfachen Sittlichkeit gegenüber den Forderungen des hohen Ethos.»*[133]

Dabei ist diese Anständigkeit in der Auffassung Bollnows zwar «einfach», aber nicht im strengen Sinn natürlich, sondern viel eher Restbestand eines hohen Ethos, das sich durch historische Transformationen erhalten hat und den Kernbereichen der elementaren Sittlichkeit zugerechnet werden kann. Sie gehört zu jenem vorläufigen «Tugendkatalog» (einfache Sittlichkeit ist demnach zuerst eine Tugendethik![134]), mit dem Bollnow in seinen Beschreibungen anhebt: geduldige Pflichterfüllung, Offenheit und Ehrlichkeit, natürliche Gutmütigkeit, Mitleid, Respekt vor dem Lebensspielraum anderer in den Grenzen, Anstoßvermeidung, Erhaltung des guten Rufes.[135]

Damit sind einige weitere Eckdaten genannt, die einen systematischen Überstieg und eine strukturelle Einordnung einer Tugendhaltung der Höflichkeit (auch und gerade in Zeiten des Ethoswandels) nahelegen und begründen. Freilich ist damit nicht alles ausgeschöpft. Höflichkeit kann mehr sein als einfaches, formales und strukturales Ethos, hat ihre eigene Komplexität und Pluriformität. So wichtig die Elementarität, Einfachheit, aber auch Formalität und Konventionalität (auf die Bollnow nicht gesondert eingeht) sind, sie verknüpfen eine minimale soziale Tugend und Haltung einer (engen, etikette-nahen) Höflichkeitsauffassung noch immer mit dem Bereich des sittlichen Handelns. Die Frage (wie die These) bleibt, daß und wie anabatische oder katabatische Wechselverhältnisse zwischen einem formal reduzierten Höflichkeitsbegriff und einer weiter gefaßten Haltungshöflichkeit zu eruieren

---

[130] Vgl. *BOLLNOW*, Einfache Sittlichkeit 56. Anerkennung der Anständigkeit des Anderen berührt sich mit einer Form der Achtung, die das Freund-Feind-Schema sprengt (vgl. 62). Die Dimension der Schonung, der Anständigkeit und Duldsamkeit korrespondiert mit der Geduld (vgl. 62).

[131] *BOLLNOW*, Einfache Sittlichkeit 59.

[132] Differenzmoment und Asymmetrie jenseits der Kameradschaft unter Gleichen (vgl. Plessners Grenzüberlegungen zur Differenz von Gemeinschaft und Gesellschaft). Zur spezifischen «Nichtemotionalität» als Signatur der Öffentlichkeit vgl. die Fairneß- und Honnêteté-Überlegungen (69-71).

[133] *BOLLNOW*, Einfache Sittlichkeit 63, 66. Diese Fassung ist neu – so Bollnow im Rückblick auf die Begriffsgeschichte und Beobachtungen der Verengung auf das «decorum» als das «wohl Anstehende», Schickliche und Geziemende (63), der Verengung auf das «höflich-korrekte Verhalten im Umgang mit ‹Standespersonen›» (64), sodann die Fassung als Wertungsbegriff («anständige Arbeit») ohne existentielle Tiefendimension (65f.).

[134] Vgl. *BOLLNOW*, Einfache Sittlichkeit 74-86 mit der notwendigen Blicklenkung über die konzisen Ränder der Pflichtenethik hinaus. Vgl. *BRENNER/ZIRFAS*, Lexikon der Lebenskunst 32-37.

[135] Vgl. *BOLLNOW*, Einfache Sittlichkeit 27. Vieles davon wird auf der Ebene der Höflichkeit – Bollnow erwähnt sie nicht explizit – formal, strukturell und intentional aufgenommen.

und zu verknüpfen sind. Verlust- und Defizienzerfahrungen mögen den Blick leicht nostalgisch färben und je und je gewesene Formen (der Höflichkeit) verklären, aber die Notwendigkeit, Basalsituationen der Kommunikation und Interaktion zu analysieren, zu klären und zu regulieren, verweist auf die Dimension hinter den Formen und Einzelnormen. Sie sind transitorisch. Doch die kollektiven Erfahrungen, die auf den verschiedenen Sozialebenen des Ethos satzhaft geronnen und selbst in den Austauschprozeß sozialer Kommunikation geraten sind, bilden doch auch eine Brücke zu Neuorientierungen gerade in Perioden der Verunsicherung der Normativität oder der Enttäuschung über ihre Tragweite. Dieser Transfer muß sich auf ein Konzentrat verlassen können. Er stützt sich auf die Reduktion als Basisvergewisserung, die eher in den Haltungen derer stattfindet, die dazu beitragen, daß sich in diesen Übergangsprozessen neue Regularien entwickeln lassen. Die Prozesse dabei sind so offen wie riskant.

Doch vor die Fragen der Präskription (direkt-normativ oder indirekt-habituell) ist Anamnese in ihrer Assertorik wie Promissorik zu stellen. Höflichkeit ist ein Versprechen und eine Bestätigung, wechselseitig, asymmetrisch, kommunikativ, sozial, kulturell und interaktionell, «debitum» und «gratia» in der Liturgie des Alltags – und öffnet damit nicht nur transzendentalphilosophisch, sondern auch praktisch den Spalt zum «semper maius» einer «gefährlichen Anamnese»: der Erinnerung an den, der durchaus provokant Handlungsräume («Höfe») öffnet für die, die «normalerweise» nicht einmal ge-/begrüßt werden, geschweige denn be- und schon gar nicht geachtet.

Von hier aus ist der nächste Sprung – obwohl mit partieller Zeitgenossenschaft zu rechnen ist – erheblich und aufschlußreich. Es ist der Sprung in eine präpostmoderne Leere/Lehre – mit Roland Barthes.[136] Der französische Kulturtheoretiker fragt in seinen Japan-Fragmenten «Im Reich der Zeichen»[137] unter dem Titel «Verbeugungen»:

> *«Warum betrachtet man die Höflichkeit im Westen mit Argwohn? Warum gilt höfliches Benehmen als Distanziertheit (wenn nicht gar als Flucht) oder als Heuchelei?»*[138]

Weshalb wird formloses dem codebestimmten Verhältnis vorgezogen? Verantwortlich für den offenbaren Mißkredit der Höflichkeit (und in der Folge für die

[136] Es kann sich hier natürlich nur um eine «kleine Verbeugung» in Richtung von R. Barthes handeln. Weiterführendes, Einleitendes und Irritierendes zu Barthes bei *G. RÖTTGER-DENKER*, Roland Barthes zur Einführung, Hamburg ^{2}1997, vor allem *O. ETTE*, Roland Barthes. Eine intellektuelle Biographie, Frankfurt/M. 1998.

[137] Vgl. dazu *ETTE*, Barthes 270-284. Die Auseinandersetzung mit dem kulturell Anderen ist für Barthes Teil seines Bemühens der Dezentrierung und der Kritik des abendländischen Logozentrismus (vgl. ebd. 272). Es geht in der Auseinandersetzung mit Japan nicht so sehr um eine Deskription und Erklärung des Japanischen, sondern um die kritische Zeichenhaftigkeit anderer Zeichen. – Nebenbei bemerkt: Man mag es als Manko empfinden, aber eine eingehendere Auseinandersetzung mit der sprichwörtlichen Höflichkeit im leicht operettenhaft verzerrten «Land des Lächelns» ist in unserer Untersuchung nicht angestrebt. Dies würde aber schlicht den Rahmen sprengen. Zu Präzisierungen vgl. *Y. FRITZSCHE*, Wie höflich sind Japaner wirklich? Höflichkeitserwartungen in der japanischen Alltagskommunikation, München 1998, *S. FUKUSHIMA*, Requests and culture. Politeness in British English and Japanese, Bern u.a. 2000, bes. 101-166, 209-226.

[138] R. *BARTHES*, Im Reich der Zeichen, Frankfurt/M. 1981, 87. – Es leuchtet ein, daß damit ein Topos der Hof-, der Höflichkeitskritik aufgegriffen und nochmals zugespitzt wird.

«Unhöflichkeit des Westens») macht Barthes eine spezifische Form des Selbstverständnisses, die er als «Mythologie der ‹Person›» begreift: Danach gilt der westliche Mensch topologisch «als ein Doppeltes, das aus einem gesellschaftlichen, künstlichen, falschen ‹Äußeren› und einem persönlichen, echten ‹Inneren› zusammengesetzt ist»[139]. Einen authentischen Kern (von Barthes immerhin als Ort der «Gotteskommunikation» konnotiert), der das Individuelle repräsentiert, umgibt demzufolge eine kulturelle gesellschaftlich konstruierte Hülle, die das überaus wertgeschätzte «Persönliche» verbirgt.[140] Die höfliche Geste ist dabei Zeichen und Ausdruck der zuzeiten verlangten Achtung, die trotz und durch die Grenze der Welt ausgetauscht wird. Aber dies bleibt zweitrangig. Das Interesse gilt vor allem dem Kern der Person. Dieses Interesse wird signalisiert durch eine Negation der Hülle:

> *«Deshalb wird das vorgeblich offene, brutale, nackte, von jeder Personenkennzeichnung (so meint man) befreites, gegen jeden vermittelnden Code gleichgültige Verhältnis den individuellen Wert des anderen am ehesten achten: Unhöflich sein bedeutet wahrhaftig sein, sagt folgerichtig auch die westliche Moral.»*[141]

Dem entspricht für Barthes eine doppelte (Gruß-)Bewegung, die dieser Personmythologie Rechnung trägt. Eine erste Bewegung ist der Gruß (mit Kopf, Lippen oder Körper, wie Barthes notiert), der aber nicht die Fülle der Person zu erkennen gibt, sondern nur bedeutet, daß in den Grenzen der Welt zwei «Personfüllen» anfanghaft vermittelt werden – und in Wettstreit treten. Die zweite Bewegung wird den kodifizierten Gruß (des Westens) reduzieren. Von Codes gereinigt, «spontan», «natürlich» und frei – wird man «kaum noch liebenswürdig sein». Wird infolgedessen jegliches offensichtlich codebestimmte Handeln als distanzierte Steifheit oder gar Heuchelei denunziert, so kann sich umgekehrt noch die gröbste Rücksichtslosigkeit mit dem Gütesiegel der Ehrlichkeit schmücken und mittels dieses merkwürdigen Einsatzes von Moral vor Kritik und drohender Sanktionierung schützen. Ruft das Modell von der *falschen* gesellschaftlichen Hülle und dem *echten* individuellen Kern ein latentes Mißtrauen gegenüber den kulturellen Codes hervor, initiiert es somit zugleich das Mißverstehen jedes Höflich-Formbestimmten als Produkt einer gewaltsamen Verbiegung, so beruht es doch auf einem grundlegenden Mißverständnis.[142] Dieses Mißverständnis betrifft den Status der Kultur und vor allem den der Sprache. Diese wird sozusagen in einem Außen gehalten, wo es doch, spätestens seit dem Auftreten der Psychoanalyse, angeraten ist, das Subjektive nicht als autonome Substanz, sondern vielmehr als von der Sprache Durchdrungenes oder sogar von ihr erst Hervorgebrachtes zu denken.[143]

---

[139] *BARTHES*, Im Reich der Zeichen 87, vgl. 84-86.

[140] Vgl. *BARTHES*, Im Reich der Zeichen 87-93.

[141] *BARTHES*, Im Reich der Zeichen 89.

[142] Damit berührt Barthes kaum zufällig eine Diskussion, die diese Dichotomisierung und ihre Transzendierungsmotive intensiver systematisch analysiert und dekonstruiert, aber nicht vorrangig in einen ethischen Kontext rückt. Vgl. für einen fundierten Einblick die einschlägige Studie von *P. GEHRING*, Innen des Außen – Außen des Innen: Foucault, Derrida, Lyotard, Paderborn 1994.

[143] So stellt sich beispielsweise die Frage, wie sich das kultisch verehrte Unmittelbare und Unvermittelte denn überhaupt mitteilen soll – entzieht es sich doch per definitionem dem Vermittelnden, also der Sprache? Oder anders: Wie kommt es, daß sich der angeblich in uns allen hinter einer Fassade der Zivili-

Daß es so etwas wie Individualität gibt, soll und kann nicht in Abrede gestellt werden, nur darf füglich bezweifelt werden, ob es sich dabei um jenen unteilbaren, ursprünglichen Kern handelt, der vor und diesseits des Symbolischen existieren soll, somit logischerweise undarstellbar bleiben muß.

> *«Die andere Höflichkeit mit ihren präzisen Codes und der graphischen Klarheit ihrer Gesten, die uns übertrieben respektvoll erscheint (und das heißt in unseren Augen ‹unterwürfig›), weil wir sie nach unserer Art im Sinne einer Morphologie der Person lesen, diese Höflichkeit ist gewissermaßen eine Übung im Leeren (wie man es von einem starken Code, der jedoch ‹nichts› besagt, erwarten kann).»*[144]

Man muß die letzten, teils steilen Schlußfolgerungen Barthes' nicht teilen.[145] Mit einem starken Blick auf die Körperlichkeit der Höflichkeit spielt Barthes' Semiologie eine bleibende Verfremdung ein, die traditionelle, oft genug essentialistische Innen-Außen-Debatten einer statischen Anthropologie zumindest irritieren muß und relativiert.[146] Dies hat durchaus Konsequenzen für geformtes Verhalten und seinen Bezug zur Authentizität, die dadurch vorgeblich abgeschnitten wäre. Etabliert hat sich im Zuge der Verehrung des Reinen und Natürlichen ein regelrechter Spontaneitätskult, weil nämlich das aufgrund spontaner Gefühlsregung Geäußerte in dem Ruf steht, geradewegs von innen oder, wie es auch heißt, «aus dem Bauch» zu kommen, also von dort, wo merkwürdigerweise die Wahrheit nisten soll. «Das Spontane des Menschen ist seine Kultur», erkannte hingegen Barthes und erklärt die

---

siertheit hausende gute Wilde so überaus beredsam gibt und demnach offenbar über eine Kompetenz verfügt, die ihn gar nicht mehr so wild erscheinen läßt?

144 *BARTHES*, Im Reich der Zeichen 90. Leer ist der Gruß, weil er niemanden grüßt in der hohen Subtilität der Codes der Verbeugung. Zur Konstellation der Körper als gemeinsame Schriftzeichen ohne präzises Signifikat vgl. *RÖTTGER-DENKER*, Roland Barthes zur Einführung 33f., 60f.

145 Die Konturen der japanischen Höflichkeit sind ein Faszinosum für Barthes, das er allein als ästhetisches Ereignis deutet und zugleich Höflichkeit als semi-religiöse Übung der Leere an die Stelle der Religion rückt, vgl. *BARTHES*, Im Reich der Zeichen 92f.
Vgl. die Überlegungen und Weiterführungen von *P. PÖRTNER*, Pastiche über die Gewalt der Höflichkeit und die Höflichkeit der Gewalt, in: *STÄBLEIN*, Höflichkeit 174-185. Pörtner kann sich der Anihilierung der Bedeutung von Höflichkeit nicht anschließen, sondern erinnert an die Ambivalenzen der Höflichkeit – und ihren Bezug zur Gewalt. Freilich kommt dabei auch zu kurz, daß Höflichkeit von ihrem Entstehungskontext auf Gewaltminimierung zielt. Es wäre nicht realistisch, von ihr das Ende aller Gewalt zu fordern. Vgl. dazu auch im Anschluß *M. MIHO*, Die Ästhetik des Kamikaze, in: *STÄBLEIN*, Höflichkeit 186-197.

146 Schon hier stellt sich angesichts «semipermeabler Selbste» (T. Todorov), angesichts semiperzeptibler und semiperzeptiver Selbste die Frage nach der «Innenseite der Außenseite der Innenseite» oder der «Außenseite der Innenseite der Außenseite» (in Anlehnung an ein Werk des frühen Peter Handke formuliert), die Frage nach der totalen und aktualen Verwirklichung und Verwirklichbarkeit im Sinne der Thematisierung: Der andere ist ja immer ganz da, aber nie ganz wahrnehmbar – wie der Selbe. Das gilt auch in der jeweilig doppelten Perspektive (innen und außen) von Personalität in Selbst- und Fremdwahrnehmung. Nicht Schwundstufen (im Sinne der mangelnden Authentizität), sondern in den Grenzen der subjektiven Verwirklichbarkeit, dessen was ich jetzt bin *und* in den Grenzen der objektiven Wahrnehmbarkeit, was der andere jetzt ist. Was ich bin und wie ich scheine – bleibt entgegen vorschneller Dichotomisierungen unaufgebbar gekoppelt, zugleich aber unverhinderbar auch mißverständlich, ist Augenschein, Vorschein, Anschein, «splendor», apparentia», «illusio» (vgl. knapp als Überblick über die Bandbreite der Implikationen *P. ROHLS/D. LIEBISCH*, Art. Schein, in: HWP VIII 1230-1243). Aber genau damit stellt sich die Frage nach der kritischen ethischen Unterscheidung wieder ein. Vgl. auch *ZILLESSEN*, Ritual oder Theater 243-246, zu diesem unabschließbaren Wechselspiel von Körper und Geist, von Innen und Außen.

angebliche Eruption des Unverfälschten lakonisch zu etwas Grundverschiedenem, nämlich zu einer Einsetzung in die gängigen Denk- und Verhaltensschemata. Die Realisierung des Befreiungswunsches nimmt sich bei näherer Betrachtung ohnehin problematisch aus, weil alles Vorgegebene erst einmal erkannt, benannt, in irgendeiner Weise bewußt durchquert sein muß, bevor man sich davon absetzen kann – ein Vorgang, der notgedrungen mit der Anstrengung intellektueller Reflexion verbunden ist. Infolgedessen schlägt kritischer Nachfrage häufig Aggressivität entgegen, vor allem, wenn Zweifel an dem geäußert werden, was das «Innere» manchmal spontan-unverdaut verläßt und das, so skurril zunächst anmutend, über den Gemeinplatz kaum hinauskommt oder sich dem Geraune esoterischer Rede hingibt, die sich unausgesetzt um die Suche nach der «eigenen Mitte» dreht. Indem die «eigene Meinung» als direkter Ausdruck des Ich begriffen wird, gerät sie zum kostbaren Eigentum, das mit Zähnen und Klauen verteidigt wird, so daß Auseinandersetzungen unvermittelt auf persönlichster Ebene ausgetragen werden.[147] Ironischer-, aber kaum komischerweise wird die *eigene* Verletzlichkeit hier unversehens zur Folie für die Abwehr anderer Authentizitäten. Mimosigkeit ist oft nur die Rückseite der Rücksichtslosigkeit. Wen küßt da noch die Muße der Vermittlung? Wen kümmert sie? Selbst wenn hochberechtigte Aus- und Ansprüche aufeinandertreffen? Übersteigerte Sorge um das Selbst zeitigt Effekte, die ins Theatralische hineinspielen. Kaum noch ein Ort, gleichgültig, ob öffentlich oder privat, der nicht als Bühne für exzessive «personality shows»[148] herhalten könnte. Stilbestimmend für diese Darbietungen wirkt sich dabei ein Hang zum Naturalismus aus. Damit ist gemeint, daß sich die Rollenhaftigkeit des Dargestellten hinter angeblicher Natürlichkeit verschleiert. Die Rolle verfestigt sich paradox gerade in der krampfhaften Zurückweisung alles «Künstlichen» als «Falschem» – zur Pose, die wiederum ist der exakte und vielleicht nur temporale Feind der Höflichkeit.

Aber auch dies unterscheidet nicht genau genug. Unmittelbarkeit und Unverstelltheit dürfen ihre Orte haben, Orte des gewachsenen Vertrauens oder der Intimität, aber selbst dort sind sie auf Darstellungs- und Umgangs*formen* angewiesen (wieder geht es also um Unterscheidung, um Diskretion, um das Sensorium hierfür – um Takt!). Das ist aber keinesfalls mit Verkehrs- oder Umgangsformen zu verwechseln, die in *jeder* Öffentlichkeit an den Tag gelegt werden kann.

Als Vorlage einer steilen strukturalistischen Dekonstruktion unterstreichen ex negativo Barthes' Hinweise auf den Mythos einer hypertrophen und zu starr gedachten Innen-Außen-Spaltung im Sinne einer sich daran anschließenden Abwertung des Formal-Kodifizierten die Notwendigkeit Formalität und Expressivität des «Ineffabile» wieder enger zueinander zu führen und nicht vorab zu verdächtigen.

---

[147] Eine Dynamik, die man gerade in innerkirchlichen Diskussionen oft bemerken muß – und an anderen Orten, die einen unmittelbaren Zugang zur Wahrheitsfrage herstellen.

[148] Hier legt sich ein Seitenblick nahe: der Blick auf die Funktion der Medien, vorab der TV-Talkshows, des Reality-TV und der auch schon wieder passageren «Big-Brotherisierung», die gewisse Interaktions- und (vorgebliche) Authentizitätsstile propagieren. Anregend in dieser Hinsicht die Beiträge in: *R. PARR/M. THIELE* (Hrsg.), Gottschalk, Kerner & Co. Funktion der Telefigur «Spielleiter» zwischen Exzeptionalität und Normalität, Frankfurt/M. 2001, dort bes. *V. SPRENGER*, Despoten auf der Bühne – Regulation und Kontrollverlust in der Inszenierung von Macht 189-208, vgl. *L. V. SON*, Christophe Dechavanne ou la politesse de l'animateur dans le talk show, in: *M. WAUTHION/A.C. SIMON* (Hrsg.), Politesse et idéologie. Rencontres de pragmatique et de rhétorique conversationelles, Leuven 2000, 197-205.

Andersherum gesagt: Kein Handelnder geht in seinen Wirkhandlungen und Ausdruckshandlungen völlig auf[149], dennoch ist es Aufgabe jeweiliger Gestaltungs- und Handlungsfreiheit, die immer begrenzt, aber zugleich aus vielen Quellen individuell, überindividuell, historisch, sozial und kulturell gespeist ist, Expression und Form zu wählen, zu gestalten, zu finden, Umgangsformen- und -sprachen wie -symbole zu er- und vermitteln, die im Kern der Würde und dem Respekt vor dem Selbst und dem Anderen dienlich sind.

[149] Zu diesen Begriffen vgl. knapp *K. DEMMER,* Fundamentale Theologie des Ethischen (SThE 82), Freiburg i.Ue.-Freiburg i.Br. 1999, 264f. (mit Verweis auf *R. GINTERS,* Die Ausdruckshandlung. Eine Untersuchung ihrer sittlichen Bedeutsamkeit, Düsseldorf 1976), dort im Kontext der Analyse der Strukturgefüge der sittlichen Einzelhandlung und der handlungsmetaphysischen Spannungseinheit von Wirkung und Ausdruck, von Handlung und Folge.

B. «WEITE(RE) RÄUME»: HISTORISCHE SPUREN-ELEMENTE UND KONZEPTE DER HÖFLICHKEIT

Nachfolgende Erkundungen bieten – angesichts der Materialfülle diverser Disziplinen[1] – einen nur holzschnittartig-kursorischen, bestenfalls exemplarischen Blick auf historische Wegmarken des Höflichkeitsdiskurses, der den «elaboriert-bewußten Umgang mit anderen» als verantwortlichen Umgang kennzeichnen wird.

Hauptaugenmerk wird der Epoche zukommen, der sich – über vielschichtige Entwicklungen freilich – Tableau und Begriff der «Höflichkeit» verdankt. Dieser *historische* Kontext mit seinen inhaltlichen Bestimmungen und Sachreichweiten bildet deshalb das Kopfstück der Darstellungen. Sie repräsentieren als Erinnerung ein erstes, signifikant weites Panorama von Grundfragen als Folie und Problemindikation für weitere systematische Überlegungen, eine breite Phänomensammlung also (die Rede wird – teils nur en passant – sein von Kleidung, Symbolen, Gesten, privilegiert von Sprache selbst), die in ihrer Vorfindlichkeit und interimistischen «Vorsittlichkeit»[2] dann aber doch in die Räume und Begriffe des sittlichen Handelns einfließen und ihm Konturen geben. Nicht alles ist also *sogleich* und *gleich* sittlich, aber alles bekommt ethische Relevanz. Nicht Moralisierungen jedoch stehen hier im Vordergrund, sondern zuerst die Rückversicherung eines breiten kulturell-zivilisatorischen Phänomenbefundes in seiner Polymorphie zur Rückerinnerung an die originäre wie originelle Weite eines «Ursprungs».

5. RESONANZRÄUME I: «HÖFISCHE KULTUR, HÖFISCHES ETHOS»

Wie verhallt, verweht, entfernt, wie verstellt von trivialisierenden Mittelalter-Revivals und ihren Erscheinungen auch immer, ob «zweiter Frühling» oder «Herbst des Mittelalters» (J. Huizinga) – es geht zunächst um den ersten Resonanzraum der «curialitas», den Hof, seine formenprägende Umgangsstilistik, seine Implikationen als und für ein *umfassendes* Kultur- und Sozialkonzept – und nicht zuletzt um sein Ethos, das die «curialitas» ursprünglich in einen weiten Sinn und Rahmen setzt. Bei allen historischen Differenzen, Diversifizierungen, Brüchen des Nicht-Ableitbaren, Verschiebungen der Protagonisten: die ursprüngliche *Weite* ist die wiederzugewinnende Rahmung und Inspiration, die Verkürzungen und Verdächtigungen relativiert, Gestaltungszonen wiedergewinnen hilft.

---

[1] Zu nennen wären hier Zivilisations-, Mentalitäts- oder Sozialgeschichte, Soziologie, Sozialpsychologie, Linguistik, Rhetorik, Literaturwissenschaft, Anthropologie, Ethnologie wie Ethologie, aber auch Pädagogik und Philosophie. Damit ist der Bogen angedeutet, aber lange nicht abgeschritten.

[2] Die Frage der Unterscheidung von vor- oder nichtsittlichen und sittlichen Phänomenen, humanen Gütern und sittlichen Werten steht hier im Hintergrund. Diese Distinktion hat zweifellos den Vorteil, zu direkter Moralisierung zu wehren. Allerdings löst das Verantwortungs-, Handlungs- und Gestaltungspotential des Menschen diese Grenze auch wieder auf. Vgl. *SCHÜLLER*, Die Begründung sittlicher Urteile 40f. Vgl. insgesamt zum Horizont dieser Diskussion *A.M. WEISS*, Sittlicher Wert und nichtsittliche Werte. Zur Relevanz der Unterscheidung in der moraltheologischen Diskussion um deontologische Normen (SThE 73), Freiburg i.Ue-Freiburg i.Br. 1996.

5.1. BEZEICHNEND: EINE HISTORIKER-REMINISZENZ

In einem – im Zug und als Wiederaufnahme des Verdachts des «historischen Verschwindens der Höflichkeit» – nur als wehmütig zu bezeichnenden Fazit im Anschluß an seinen «enzyklopädischen Überblick» über die ritterlich-höfische Kultur des Mittelalters schreibt W. Paravicini aus der Perspektive des Historikers bezeichnenderweise unter dem Rubrum «Das Ende»:

> *«Wir beobachten heute nicht nur das allgemeine Absinken dieser Formen, sondern das Verschwinden jeglicher Standeskultur vor dem Hintergrund unbegrenzter, professioneller und geographischer Mobilität. Das ‹Ehrenwort› ist spätestens seit Uwe Barschels Auftritt genauso obsolet geworden wie zuvor schon das Duell. Aus Herr und Dame sind definitiv Mann und Frau geworden. Der ‹Kavalier› ist längst kein Leitbild mehr: Folgen weiblicher Emanzipation und der Gleichstellung der Geschlechter. Als auf dem Würzburger Historikertag des Jahres 1980 eine junge Zuhörerin es empört ablehnte, den ihr vom Autor eingeräumten Sitzplatz einzunehmen, da begriff er, daß die ritterlich-höfische Kultur am Ende war. Und doch hat sie Bedeutung gehabt, gesellschaftliche in ihrer Zeit und zivilisatorisch-kulturelle auf Dauer. Sie war eine autonome Laienkultur, individualistisch, altruistisch, und forderte Leistung. Damit hat sie die ‹Europäische Gesittung› (W. Flitner) geprägt bis zum heutigen Tag.»*[3]

Bilanz und Streiflicht vor mehr als 20 Jahren – ambivalent, selbst schon Geschichte oder doch noch aktuell? Verluste und Gewinne dieser Entwicklungen sind noch zu klären, auch wenn über die historische, prägende Kraft des Phänomens kaum Zweifel herrscht. Allerdings mögen Stichworte wie «autonom», «Laienkultur», «individualistisch», «altruistisch», «Leistung fordernd» für den Kontext einer Diskussion der «Höflichkeit» oder «cortesia» zumindest den Effekt einer leichten Irritation haben. Schlecht wäre dies allemal nicht. Paravicini selbst vergißt nicht, auf einige eher disparat anmutende «Relikte»[4] hinzuweisen, die sich aus der Gründerzeit des höfisch-ritterlichen Gesellschaftsideals bis an die Schwelle unserer Tage – wenn auch teils unter heftigen Verwandlungen – gehalten haben.[5]

---

[3] *W. PARAVICINI*, Die ritterlich-höfische Kultur des Mittelalters (Enzyklopädie deutscher Geschichte XXXII), München 1994, 56.

[4] Erheblich optimistischer, was Reichweiten und «Nachwirkungen» des Mittelalters angeht, ist *H. FUHRMANN*, Überall ist Mittelalter. Von der Gegenwart einer vergangenen Zeit. München 1996. Der Titel dieser Aufsatzsammlung ist programmatisch. Vgl. jüngst auch den Zugriff von *R.I. MOORE*, Die erste europäische Revolution. Gesellschaft und Kultur im Hochmittelalter, München 2001, *C. FRUGONI*, Das Mittelalter auf der Nase. Brillen, Bücher, Bankgeschäfte und andere Erfindungen des Mittelalters, München 2003 (^{2}2004), bes. 97ff., 115-125, 129ff. (zur Realienkunde), oder aber den schmalen, aber pointierten Zwischenruf des Mediävisten *J. FRIED*, Die Aktualität des Mittelalters. Gegen die Überheblichkeit unserer Wissensgesellschaft, Stuttgart 2002, Ein- und Überblicke resümierend: *E. SCHUBERT*, Alltag im Mittelalter. Natürliches Lebensumfeld und menschliches Miteinander, Darmstadt 2002, bes. 272-281. Anders akzentuiert erheblich früher *J. HUIZINGA*, Herbst des Mittelalters, Stuttgart ^{11}1975. Läßt man sich vom melancholischen Titel dieser famosen Studie nicht blenden, dann wird aber auch in ihr durchaus noch immer deutlich, wie «spannend» der Umgang mit der Epoche, wie spannend der historische «Umgang mit Umgangsweisen» bleibt, eingespannt nämlich in die Fulminanz des Unmittelbaren von Weltflucht und Weltsucht, aber auch von Mittelbaren und Förmlichen, von Statik und Dynamik menschlicher Seins- und Darstellungsweisen.

[5] Vgl. *PARAVICINI*, Die ritterlich-höfische Kultur 54f. Unter dem, was bleibt, nennt er – erstens – Ritter- und Reiterspiele als höfisches Divertimento in einem Atemzug mit mancherorts noch bis heute geübtem bäuerlichen (!) Ringreiten. Auch zwischen dem höfischen Turnier und städtischen Schützenfesten sieht

Einschlägiger für unsere Zusammenhänge ist das eingangs angedeutete Phänomen der «Ritterlichkeit» oder «Höflichkeit». Nochmals Paravicini:

> *«Wichtiger sind tradierte Verhaltensweisen der ‹Höflichkeit›, die noch immer wirksam sind. Die* ‹curialitas› [hat] *sich als Leitidee des (höfischen) Rittertums durch seine gesamte Geschichte erhalten (...) sie behauptet (...) noch im späten Mittelalter ihre Verbindlichkeit – ja, sie bleibt selbst über die Existenz des Rittertums hinaus ein Kennzeichen ritterlicher Haltung, wenn sie auch ihre höfische Besonderheit allmählich einbüßt, da aus der Antike zurückgewonnene Vorstellungen wie* civilitas *und* urbanitas *sich neben ihr zunehmend Geltung verschaffen und ihr schließlich in einer gewandelten Welt den Rang streitig machen (J. Fleckenstein). Auch die ‹Ritterlichkeit› hat ein langes Nachleben gehabt. ‹Fair play›, ‹Ladies first›, Ehrenwort rühren daher, aber auch das Kriegsrecht und das Duell. Aus dem Ritter ist der Kavalier, ‹honnête homme› und der ‹gentleman› geworden. Adel, Regelhaftigkeit des Verhaltens und Krieg bleiben für immer verbunden.»*[6]

Abgesehen von der Fülle inhaltlicher Fragen, die bereits hier anklingen, abgesehen von derem historischen, zivilisatorischen, kulturellen und ethischen Wert, abgesehen auch von der Frage, ob Emanzipations- und Gleichberechtigungsentwicklungen wirklich alle Differenzen[7] postulatorisch und anspruchstheoretisch abgeschafft oder nur neuen Platz gemacht haben, bleibt für unser Vorhaben der Rückgriff, die Rückfrage auf Entstehungs- und Phänomenkontexte des Höfisch-Ritterlichen auch deshalb unumgänglich, weil aus diesem Kontext ein Modell mit seinem Begriff stammt, das die Weite dieser Topographie und Topologie der «curialitas» erinnert und konturiert.

---

er fließende historische Übergänge. Zu dieser Kategorie zählt auch das Turnen als im letzten Jahrhundert bewußte Anknüpfung an das Turnier des Mittelalters, ebenso wie der behelmte Motorradfahrer als ferner Nachfahre des Ritters selbst. Auch sprachliche Restinseln wie das «in die Schranken weisen/treten» oder «eine Lanze brechen für jemanden» gelten Paravicini als Relikte aus demselben Entstehungskontext. Zudem zählt er – zweitens – das Ordenswesen zu den Ausläufern dieser Kulturform. Ritterorden, aber auch staatliches oder institutionelles Auszeichnungswesen haben ihre Wurzeln im Mittelalter, seinem Hof und dessen Distinktions- wie Gratifikationsgebaren. Drittens bleiben die höfische Literatur und ihr Ritterroman ein kontinuierliches Faszinosum (allerdings mit beträchtlichen Niveauschwankungen und diversen Vermittlungsformen). Nicht zuletzt der High-Tech-Ritter der zeitgenössischen Science-Fiction-Filme und -Romane konfiguriert und formatiert sich als ein Nachhall auf höfisch-ritterliche Phänomene wie Personal.

[6] *PARAVICINI*, Die ritterlich-höfische Kultur 55. – Die Widersprüchlichkeiten und Grenzen, aber auch die Chancen, die dieser Befund zum Ausdruck bringt, sind es ja gerade, die die Spannungen der hier vorgelegten Überlegungen ausmachen. Zivilisatorische wie emanzipative und pazifizierende Elemente, die nicht nur historisch, sondern auch existentiell in einem permanenten Widerstreit liegen, geben Anlaß zu der Vermutung, daß diese Antagonismen lange nicht ausgestanden, abgetragen oder gelöst sind, sondern – wenn auch in anderer terminologischer Verkleidung – zu den grundlegenden Fragestellungen gehören, die sich nach wie vor aufdrängen. Vgl. auch – zwischen historischer Reminiszenz und Aktualisierung – das Gespräch mit *J. KRISTEVA*, Le rituel galant, in: *DHOQUOIS*, La politesse 76-90.

[7] Und in der Folge die dann eventuell nötigen Formen des Umgangs mit ihnen. Hier wird ein Problem sichtbar, das fortwährend begegnet: die beständige Verwechslung von Gleichberechtigung mit Gleichheit. Bleibt die Realisierung ersterer ein kontinuierliches Anliegen juristischer und politischer wie ethischer Bemühung, ist zweite eine bleibende Fiktion angesichts ständiger Ungleichheiten. Nicht selten bezieht Höflichkeitskritik ihre argumentative (und exkulpatorische) Munition aus dieser Verwechslung, aber natürlich auch aus den realethischen Defiziten von jeweiligen Eliten.

5.2. Kennwort(e) – Begriffstableaus: «Curialitas»/«Hövescheit»

Zwischen Begriffs- und Sozialgeschichte eingespannt, eingespannt auch in die Frage- und Antworthorizonte, die den spezifischen Horizont dieses Konzeptes handlungstheoretisch und -praktisch markiert, gibt es als Signal- und Kennwort den Terminus der «hövescheit». Die Spannbreite ist etymologisch, historisch und schließlich axiologisch-ethisch von Belang, ein Blick auf den Terminus «Höflichkeit» und seine Bedeutungsgeschichte aufschlußreich und signifikant.[8] Die «opinio communis» tradiert etymologisch und semantisch die Trias «hübsch», «höflich», «höfisch»[9], die sich aus dem Terminus «hövesch» entwickelt. Aller Ergänzbarkeit zum Trotz behält diese Trias einen systematischen Wert, korreliert man sie – jenseits der Etymologie – mit ästhetischen, soziohistorischen und umgangs- bzw. beziehungsethischen Indizes. Das Spektrum des Begriffs und seiner Ableitungen gibt einen ersten Hinweis auf die praktische (und letztlich) ethische Polyvalenz der Termini. Einige historische Markierungen sind zu setzen. Mit Blick auf die Wortgruppe «curia» hält P. Ganz fest:

> *«Im zehnten und frühen elften Jahrhundert war das Wort* curia *sowohl in Deutschland wie in Frankreich durchaus unüblich, und auch auf die päpstliche Kurie wurde es erst seit Urban II. angewandt. das Adjektiv* curialis *bezieht sich nun zunächst ganz neutral auf die* curia *des Kaisers*

---

[8] *P. Ganz*, curialis/hövesch, in: *G. Kaiser/J.-D. Müller* (Hrsg.), Höfische Literatur, Hofgesellschaft, höfische Lebensformen um 1200, Düsseldorf 1986, 39-56, fragt ergänzend über und hinter diese Position hinaus in Richtung des altfranzösischen «cortois»/«corteis» zum lateinischen Begriffs- und Sachfeld «curia, curialis». Zwischen zwei Polen wird dabei die Bedeutungsbreite verankert. Zum einen wird «curialis» von «curia» abgeleitet, das selbst auf «co-viria» zurückweist. Mit «cura» bezeichnet der Terminus im Altertum das römische Senatsgebäude. Zum anderen suggerieren kirchliche Kreise eine terminologische Nähe zu «cruor». Verbindung *Ganz*, curialis/hövesch 41f. (mit Verweis auf *Plautus*, Aulularia V 562, vgl. dazu die Studie von *E. Lefèvre*, Plautus' Aulularia, Tübingen 2000.).
Vgl. *W. Schrader*, Studien über das Wort «höfisch» in der mittelhochdeutschen Dichtung, Würzburg 1935 (einer der Protagonisten der «opinio communis»). Des weiteren: *H. Dupin*, La courtoisie au moyen âge, Genf 1973, *C.S. Jaeger*, The Origins of Courtliness. Civilizing Trends and the Formation of Courtly Ideals 939-1210, Philadelphia 1985, *U. Mölk*, Curia und curialitas. Wort und Bedeutung im Spiegel der romanischen Dichtung: zu fr. *cortois(ie)*/pr. *cortes(ia)* im 12. Jahrhundert, in: *J. Fleckenstein* (Hrsg.), Curialitas. Studien zu Grundfragen der höfisch-ritterlichen Kultur, Göttingen 1990, 27-38, *P.G. Schmid*, Curia und curialitas. Wort und Bedeutung im Spiegel der lateinischen Quellen, in: *Fleckenstein*, Curialitas 15-26, *C. Roussel*, Art. Courtoisie, in: DRPSV 175-196 (Lit.), *Pernot*, La politesse et sa philosophie 83ff., *J. Procope*, Art. Höflichkeit, in: RAC XV 930-986, bes. 930-934, *Ehrhardt*, Beziehungsgestaltung und Rationalität 33-58, bes. 42ff.

[9] Zu diesen Ausfaltungen vgl. *K. Grubmüller*, höfisch – höflich – hübsch im Spätmittelalter. Beobachtungen an Vokabularien I., in: *H.L. Cox/V.F. Vanacker/E. Verhofstadt* (Hrsg.), Wortes anst Verbi gratia (FS G.A.R. de Smet), Leuven 1986, 169-181, vgl. *O. Ehrismann*, Ehre und Mut, Aventuire und Minne. Höfische Wortgeschichten aus dem Mittelalter, München 1995, 103-114 (zum Kennwort «hövesch»); im Vorwort dieser Handreichung (9) klingen – allen berechtigten etymologischen Bedenken zum Trotz – die drei Dimensionen wiederum an, wenn das soziologische Moment («zum Adelshof gehörend») als durch die «axiologische, ethisch vollkommene» Dimension zusammen mit der ästhetisch-kulturellen Seite in einem Atemzug genannt wird (die Beziehungen sind dynamisch, damit nicht ganz eindeutig) – dieser lexikalisch fundierte Band leistet hervorragende Dienste zur Einkreisung diverser Signaltermini dieser Epoche. Zu den Terminologien, ihrer Herkunft und einem spannenden Versuch der etymologischen Vernetzung, eines Cross-over des «Geschliffenen» («poli») mit dem Politischen (der «πόλις» also), vgl. *P. France*, Politeness and its discontents, Cambridge 1992, 53-73.

oder Königs, eines Bischofs oder eines Magnaten und bedeutet dann ‹zum Hof, zur Hofhaltung gehörend› ...»[10]

Bedeutungsfacetten umfassen dann je länger je mehr über die Markierung der Gruppenzugehörigkeit Handlungsperspektiven: die «curialia negotia», die am Hof abgewickelt werden.[11] «Curialis» nimmt in der Folge die weitere Bedeutung «Adeliger» an, wobei sich auch die semantische Breite des Adjektivs weitet, nunmehr «dem Hof gemäß», «aristokratisch» und «vornehm», «gebildet» oder «weltgewandt» bedeuten kann, also die axiologische Komponente deutlicher zum Vorschein bringt.[12] Belege für eine anders akzentuierte Verwendung der einschlägigen Begriffe lassen sich ebenfalls anführen. Der Satz von Eigenschaften kann erweitert werden um den höfisch-höflichen Sprachstil wie um die damit möglicherweise mitgemeinte Freundlichkeit und Überzeugungskraft.[13] Hinzuweisen ist hier auch auf die keines-

---

10 *GANZ*, curialis/hövesch 42.

11 Hier erscheint der Begriff «curialis» dann als Substantiv im Sinn eines «Mitglieds» der «curia», wobei die «curiales» zunächst ohne interne Rangdifferenzierungen das Gefolge eines Königs bezeichnen – eine Entwicklung, die sich bis zum Ende des 11. Jahrhunderts manifestiert. Belege bei *GANZ*, curialis/hövesch 42f.

12 Die semantische Breite wird paradigmatisch deutlich in folgendem «Tugendkatalog», einer Passage aus Sigebotos «Vita Paulinae», in der der Protagonist folgendermaßen charakterisiert ist als: «vir militaris summae audaciae, corporis elegantiae decorus, statura procerus, iocundus, alacer, liberalis nec avarus nec prodigus, fidus amicus, formidolosus hostibus suis, spiritualium amator nec sectator, bellicis rebus strenuus, nulli fere in eodem studio secundus, quippe qui inter alia praeclarae virtutis, quantum ad seculum, insignia singulari certamine coram imperatore et optimatibus suis civitate Marsinopolis stricto ferro obiectus pugnabat et in hoste suo, qui sui fratris interemptor fuerat, victor extitit. (...) accidit, ut regalis curiae conventus Goslaria fieret, et principes de statu regni collaturi convenirent, inter quos et aderat ipse Werenherus curialibis disciplinis et splendida quadam claritudine mentem adeo informans, ut inter aulicos et viros mundana gloria prefulgidos nihil rusticanae simplicitas admitteret omnibusque gloriosis appareret.» (*VITA PAULINAE*, MGH SS XXX 2, 920, zitiert nach: *GANZ*, curialis/hövesch 44). Der Gegenbegriff fällt damit auch und trägt – ex negativo – zur Klärung bei: «rusticana simplicitas» oder – wie es das Mittelhochdeutsch später fassen wird – die «dörperheit», «dörperîe» oder «vilanîe», also das «Dörfisch-Ungehobelte». Vgl. *D. BERTRAND*, Art. Grossier, in: DRPSV 451-468. Erster Hinweis darauf, daß Differenzmomente «ab ovo» zur Höflichkeitsthematik gehören (wenn auch nicht allein). Damit wird auch eine Strukturproblematik sichtbar, die das Phänomen «Höflichkeit» begleitet. Die Dialektik oder Komplementarität von gruppeninterner Höflichkeit oder Umgangsformen zwischen sozialen Gruppierungen und ihrer (noch nicht) erschwinglichen Simultaneität. Es hat den Anschein, daß in gewissen Phasen der Akzent auf der Distinktion liegt. Zur anderen Seite vgl. z.B. die Studie von *A.J. GURJEWITSCH*, Stumme Zeugen des Mittelalters. Weltbild und Kultur der einfachen Menschen, Wiemar-Köln-Wien 1997, zudem *B. KÖNNEKER*, Der «verkehrte» Mensch. Narren, *dörper*, Schwankhelden in mittelalterlichen Texten, in: *M. NEUMEYER* (Hrsg.), Mittelalterliche Menschenbilder, Regensburg 2000, 147-172. Dies wird uns neben dem Moment der Absicherung und Konfliktminderung, die an diesen Stellen nur sehr bedingt einzutragen sind, noch des öfteren begegnen und von alltagsethischer Bedeutung sein. Was hier zu bemerken ist, gilt für die meisten der folgend angeführten historischen Beobachtungen: Sie können sich nur auf knappe Haftpunkte beziehen, doch diese sind immerhin Ansatzflächen für weiterführende, systematisierende und problematisierende Überlegungen. Vgl. die kritische Absicht bei *SCHUBERT*, Alltag im Mittelalter 156-168, passim, hinter die höfische Etikette zu fragen und nach Maßgabe der Quellen (damit in heuristisch-hermeneutischer Vorsicht) Annäherungen an Bereiche und Phänomene des Alltags zu sondieren.

13 *GANZ*, curialis/hövesch 44f., interpretiert eine Beschreibung des späteren Gegenpapstes Paschalis III. als «vir alti sanguinis valdeque curialis et honestus dulcique eloquio» durch seinen Biographen *BALDERICUS*, Gesta Alberonis Archiepiscopi 23, in: MGH SS VIII 255, in diese Richtung.

wegs nebensächliche Tatsache, daß schon im 12. Jahrhundert auch Frauen als «curialis» bezeichnet werden können.[14]

Einen für unseren Kontext gewichtigen Themenkreis markiert die «curialitas» der Sitten oder die «mores curiales», die allerdings nicht allein bei Hof, sondern unerwarteterweise auch bei fremden Völkern anzutreffen wäre.[15] Unter der «curialis facetia» wiederum, einem Begriff, im 12. Jahrhundert geprägt, läßt sich etwas Vorbildhaft-Ideales verstehen.[16] Die zeitgleich erfolgte Wortprägung «curialitas» (oder «curialitas morum») umschreibt nun jenen Satz von Eigenschaften, den die Angehörigen der diversen Kurien als «Signatur ihres aristokratisch-weltlichen Lebensstils» schätzen.[17] Es ist ein idealtypisches Spezifikum einer Gruppe, die sich darüber definiert und abgrenzt. Ihr zuzuzählen sind Hofgeistliche sowie Adelige und Ministerialen, die sich ständig oder vorübergehend am Hof aufhalten oder dort ein Amt innehaben. Diesem Selbstverständnis und -bewußtsein wird allerdings auch kritisch begegnet.[18] Das vorwiegend asketisch-mönchische Ethos und Ideal der Kirche kann sich nur langsam mit den neuen Entwicklungen eines laikal-weltlichen Kultur- und Ethosgepräges anfreunden, obwohl nicht wenige Kleriker in diese Veränderungen involviert sind. Dennoch stehen «curialitas» und ein Ethos der «sanctitas» schon früh nicht ausschließlich in einem antagonistisch-kritischen Verhältnis.[19] In spezifischen Augenblicken und Kontexten gibt es knappe Überblendungen, die gar von

---

[14] Belege bei *GANZ*, curialis/hövesch 45.

[15] So steht in einem Reisebericht des Burchard von Strassburg, ihm wären bei einem Aufenthalt im Heiligen Land (1175) Menschen folgender Charakteristik begegnet: «utriusque sexus compositi, curiales, abiles, hospitalares, viri militares et bellicosi.» Es ist der «curialitas» zudem mitunter sogar zu danken, daß sie die kritisch-konfliktiven Begegnungen zwischen christlichen Rittern und Mohammedanern (den «Beduinen» oder «Boidewinos» im folgenden Zitat) reguliert. So schildert der Magister Theitmar, der 1217 im Heiligen Land unterwegs ist, daß auf dem Karmel zu Zeiten der Waffenruhe, «(...) milites Christiani Boidewinos iuxta curialitatem saeculi solent honorare, ipsis etiam xenia sua conferentes». Belege bei *GANZ*, curialis/hövesch 45. – Für die zweite Hälfte des 13. Jahrhundert läßt sich bei Burchardus de Monte Sion in seiner «Descriptio Terrae Sanctae» eine ähnliche Äußerung bezüglich der Sarazenen finden. Obzwar «immuni nimis» gelte für sie: «Sunt tamen hospitales multum et curiales et benefici.» (zitiert bei *GANZ*, curialis/hövesch 46). Diese – zumindest im Ideal – transkulturelle, transkonfessionelle, ja politische Dimension der «curialitas» (vgl. *PARAVICINI*, Die ritterlich-höfische Kultur 6) soll hier mit aller Vorsicht angedeutet werden. Immerhin wird damit – ob realiter in der Überzeugung der Mehrheit oder nur hinsichtlich der Terminologie, sei hier dahingestellt – ein Rahmen gesprengt, der «curialitas» ausschließlich in einen engen höfischen, damit soziologisch eindeutigen Zusammenhang stellt. Überlegungen dazu werden noch eine Rolle spielen müssen.

[16] Lambert von Ardre beschreibt um 1194 einen Adeligen folgendermaßen (einmal mehr ein Tugendkatalog): «Licet enim militare nondum recepisset alapam, in armis tamen strennus, moribus et probitate prospicuus, in omni curiali facecia preclarus, servitio promptus, largitate ausim dicere fere prodigus, fultu hilaris, facie super omnes in curia coeros decorus, miti erga omnes et affabilis, per omnia et in omnibus ab omnibus dicebatur et erat gratiosus.» *LAMBERT V. ARDRE*, Historia Comitum Ghisnensium, Kap. 90, in: MHG SS XXIV 603, zitiert bei *GANZ*, curialis/hövesch 46.

[17] So *GANZ*, curialis/hövesch 46.

[18] Vgl. knapp zu Topos und traditionsbildender Funktion der «Hofkritik» unten Abs. 5.5.

[19] So kann Caesarius von Heisterbach um 1225 über eine Nonne sagen, sie wäre «(...) tam curialitate quam sanctitate pectinis delectata» (*CAESARIUS V. HEISTERBACH*, Dialogus Miraculorum, Distinctio VIII 85, zitiert bei *GANZ*, curialis/hövesch 49). In ähnlicher Hinsicht erfährt das Begriffsfeld eine Aufwertung, wenn – neben der Abgrenzung nach unten gegenüber der bäuerischen «rusticana simplicitas» – der irdische Hof nach oben hin von der «curia caelestis» abgegrenzt wird. Vgl. *GANZ*, curialis/hövesch 49, der auch darauf hinweist, daß hier das christliche Mittelalter die antike Vorstellungswelt von der «curia deorum» transformiert wiederbelebt. Diese figuriert dann überbietend als Ort der vollkommenen «curialitas».

«gotes hövescheit» handeln können.[20] Dies, so P. Ganz weiter, meint zwar nicht zuerst *Gottes* ‹höfisches Wesen› als seine Hilfsbereitschaft und den Schutz, den er der sündigen Kreatur zuteil werden läßt. Diese stünde dem Begriff der Gnade nahe, ist aber nicht mit ihr identisch. Eher solle hier die Gerechtigkeit des göttlichen Richters erkannt werden als Ursprung der Gnade, aber nicht die Gnade selbst.[21] Dennoch ist dieser «theologische Befund» (eines Historikers) von erheblicher Bedeutung, eröffnet er doch Ansatzpunkte für eine weiträumigere Diskussion des Phänomens der «Höflichkeit». Immerhin gibt es einen ersten Steg zwischen ihr und der Gnade.[22] P. Ganz resümiert seine Untersuchung zu den Begriffen «curialis/hövesch» mit folgenden Überlegungen:

> *«Wir sehen, das Adjektiv, dessen Gebrauch im klassischen Latein auf Mitglieder derselben Kurie und später auch auf den kaiserlichen Hof beschränkt war, beginnt im 11. und besonders im 12. Jahrhundert in erweiterter Bedeutung häufig zu werden.* curialis *und* curialitas *erscheinen als internationale Modewörter, Zeichen dafür, wie eine ganze Klasse von Menschen sich selbst versteht – und von ihren Gegnern verstanden wird. Die volkssprachlichen Parallelen sind allerdings erst später und dann zuerst in Texten, die anderen Literaturgattungen angehören, bezeugt, und dort werden die Entwicklungen auch durch vulgärsprachliche Entlehnungen, wie zum Beispiel aus dem Altfranzösischen ins Mittelhochdeutsche, kompliziert. Die möglichen Einflüsse des Mittellateinischen werden also nur schwer greifbar, aber die semantischen – wenn auch nicht die grammatischen – Strukturen scheinen einander jedoch so weitgehend zu entsprechen, daß die früheren und dichteren Belege des Mittellateinischen als Ausgangspunkt für die Analyse des vulgärsprachlichen Materials dienen können.»*[23]

---

[20] *GOTTFRIED V. STRASSBURG*, Tristan V. 15556; *HARTMANN V. AUE*, Erec V 3461. *GANZ*, curialis/hövesch 50, weist darauf hin. Vgl. *S.H. KOLB*, Der Hof und die Höfischen. Bemerkungen zu Gottfried von Strassburg, in: ZfdA 106 (1977) 236-252, 251f. Dieser Topos wird für unsere Darstellung noch an Wichtigkeit gewinnen in der Wiederannäherung an die «kleine Tugend» Höflichkeit bei R. Guardini. Siehe unten Abs. 13.5.2. – Vorab muß aber gesagt werden, daß hier keine theologischen Überdehnungen oder kurzschlüssigen Ableitungen hinsichtlich dieser Befunde suggeriert werden sollen. Die theologische Füllung, die diese Inspiration benötigt, kann sich nur vorsichtig und indirekt anlehnen. Überlegungen wie die von *M.G. SCHOLZ*, Der *hövesche got* und der Sælden wec. Zwei «Erec»-Konjekturen und ihre Folgen, in: *C. HUBER/B. WACHINGER/H.-J. ZIEGELER* (Hrsg.), Geistliches in weltlicher und Weltliches in geistlicher Literatur des Mittelalters, Tübingen 2000, 135-151, und *J. THEISEN*, Des Helden bester Freund. Zur Rolle Gottes bei Hartmann, Wolfram und Gottfried, in: ebd. 153-169, zeigen, daß Vermittlungen nötig sind. – Zum «Tristan» und seiner ethischen Inspiration vgl. schon *D. MIETH*, Dichtung, Glaube und Moral. Studien zur Begründung einer narrativen Ethik, Mainz 1976.

[21] Vgl. *GANZ*, curialis/hövesch 50.

[22] P. Ganz weist gerade in diesem Zusammenhang darauf hin, daß eine «theologische» Füllung des Begriffs der «curialitas» sich auch in weiteren und entsprechenden Termini mittelalterlicher Volkssprachen nachweisen läßt. Das mittelenglische «curtesye» wie das altfranzösische «cortois/cortoisie», entsprechende Termini im Italienischen zuerst bei Jacopone da Todi (in den «Laudes»), dann in den «Fioretti» über Franziskus und später bei Dante und Petrarca greifen (auch) in diese Richtung aus. Die Belege dafür bei *GANZ*, curialis/hövesch 50f. In der «Italianità» markieren Dante und Petrarca literarische Höhepunkte der Hochschätzung der «cortesia».

[23] *GANZ*, curialis/hövesch 55. Vgl. *K. VALTL*, Erziehung zur Höflichkeit. Höflichkeit als Wertkonzept der Alltagsinteraktion, als Gegenstand empirischer Forschung in den Humanwissenschaften und als Aufgabe der Erziehung, Regensburg 1986, 22: «Die semantische Entwicklung des Begriffsfeldes von Höflichkeit folgt zwar auch im Deutschen dem Auf- und Absteigen epochaler Gesittungsideale, aber anders als im Französischen und Englischen wird der Begriff nicht gegen einen jeweils unverbrauchten ausgetauscht, sondern mit dem Aufkommen eines neuen Ideals rehabilitiert. Auch im Deutschen kann zwischen den Polen eines Gesittungs- und eines Verhaltensbegriffes von Höflichkeit unterschieden werden, zwischen denen die Konzepte hin- und herpendeln, wobei die Extreme in beiden Richtungen gemäßigt sind gegenüber dem Französischen bzw. Englischen.» – Diesem Hin- und Herpendeln zwischen den

Von diesen Befunden, hier keinesfalls vollständig referiert, bahnt sich also eine Entwicklung für das «weite Feld» von Begriffen wie «humanitas», «urbanitas», «comitas» oder «affabilitas» an. In der «Abfolge» französischer Termini («courtoisie», «civilité»[24], «politesse»[25]), wie sie sich historisch und kontextuell entwickeln und überlagern, spiegeln sich je veränderte Referenzräume und Protagonisten (von der Feudalität zum Bürgertum etwa) ebenso wie in der englischen und italienischen Parallelenreihe («courtesy», «civility», «politeness»[26] hier, dort «cortesia», «civiltà», «gentilezza»). Die Verschiebungen, die damit einhergehen, sind phänomenal durchaus beträchtlich. Dennoch bleibt strukturell und semantisch eine nicht unerhebliche Schnittmenge.

Mit signifikanter Verzögerung erreicht diese Semantik den deutschen Sprachraum, wo das Adjektiv «hövesch» – als ursprüngliches Synonym zu «höfisch» über die spezifische Abstraktbildung «höveschei», einer semantischen Sprachkopie aus dem Französischen – ab dem 15. Jahrhundert den immer allgemeiner verstandenen Sinn von «wohlerzogen» annimmt.[27] Begriffe wie «cour» und «courtoisie» entstehen also im Gefolge zeitgleich, haben eine gemeinsame Wurzel. Sie prägen sich in der Mitte des 12. Jahrhunderts in Frankreich, allen voran in der Provence, wo diese Inbegriffe den verfeinerten, vorbildlich-idealen Lebensstil eines (zumal literarischen) Helden bezeichnen. Im Höhepunkt ihrer Bedeutungsdichte bezeichnet «courtoisie» das ritterliche Lebensparadigma schlechthin selbst und korrespondiert mit Tugenden wie Selbstzucht, Rücksicht, Güte, Großmut, Freigebigkeit, Treue, Hilfsbereitschaft, Aufrichtigkeit und rechtes Maß.[28] Nach dieser Topographie einer Begriffsreichweite ein weiterer Schritt: Sachreichweiten, Prolegomena und Rekonstruktionen hinsichtlich einer Rehabilitation der ethischen Valenz der «Höflichkeit» sind anzudeuten.

Polen Gesittung und Verhalten, zwischen «honestum» und «decorum» gilt ein Gutteil des Interesses dieser vorausgehenden Vorstellungen, die das Phänomen- und Begriffsumfeld der «cortesia», der «Höflichkeit» darzulegen suchen.

[24] Vgl. *R. CHARTIER*, Art. Civilité, in: *R. REICHARDT/E. SCHMITT* (Hrsg.), Handbuch politisch-sozialer Grundbegriffe in Frankreich 1680-1820 IV, München 1986, 7-50. «Civilité» als Nachfolgebegriff (bezogen auf die bürgerlich-rechtliche Konstellation des Individuums im Staatswesen) und «politesse» (ursprünglich ohne politisch-rechtliche, dafür aber mit ästhetisch-ethischer Bedeutungskomponente) als Nachfolgebegriffe unterliegen – vor allem ab dem 18. Jahrhundert – einer analogen Begriffsverengung, wenn schließlich nur mehr der Bedeutungsgehalt der «guten Umgangsformen» übrigbleibt, jedoch das Moment des Integrativ-Sittlichen ausgeblendet wird. Vgl. *A. MONTANDON* (Hrsg.), Les espaces de la civilité, Mont-de-Marsa 1995, *A. PONS*, Art. Civilité – urbanité, in: DRPSV 91-109, bes. 101-104, zu den Vorgängern «decorum», «urbanitas», «courtoisie» vgl. *PERNOT*, La politesse et sa philosophie 15f., 48-62.

[25] Vgl. *A. MONTANDON*, Art. Politesse, in: DRPSV 711-729. Vgl. *M. BADAWI/I. THIREAU-DECOURMONT*, Höflichkeitsbegriffe im Arabischen und Französischen. Ein diachroner Vergleich, in: *H.-H. LÜGER* (Hrsg.), Höflichkeitsstile, Frankfurt/M.-Berlin-Bern 2001, 73-90, 80-86.

[26] Vgl. *S. ELWITZ*, Civil und civility. Eine wortgeschichtliche Untersuchung zweier Höflichkeitsbezeichnungen, Bonn 1973.

[27] Vgl. *M. BEETZ*, Art. Höflichkeit, in: HWR III 1476-1486, 1476.

[28] Um 1250 beginnt eine sich tendenziell verstärkende Aufweichung und Ausweitung des Begriffs – *Aufweichung*, insofern die ethische Komponenten zusehends aus dem Blick verschwinden, *Ausweitung*, insofern der Begriff, jenseits des ritterlichen Ideals, auch auf bürgerliche Verhaltensweise angewandt wird. Diese Begriffsverengung bildet den Ausgangspunkt für so manche spätere Entwicklung und skeptische Betrachtungen dessen, was sich hinter dem Wort «Höflichkeit» verbirgt.

Der epochale Leit- und Orientierungsbegriff «höveschei» verbindet in einer Vielfalt literarischer Genera[29] gesellschaftsethische und moralische Normen. Unter dem Terminus subsumiert sich also neben der Höflichkeit selbst der Sektor der Erziehung und der Sittlichkeit. «Cortesia», «courtoisie» umgreifen analog in ihrem Sprachraum den *Gesamtkomplex* des höfisch-gesellschaftlichen Verhaltens hinsichtlich repräsentativer Auftrittsfiguren und damit verbundener Haltungen. Dieser Katalog reicht bis zur höfischen Minne.[30] Das Feld ist also prinzipiell weit gefaßt und tangiert sowohl sachlich eine Fülle von konkreten Lebensbereichen als auch die ethisch relevante Konspiration von pragmatisch zielorientiertem Verhalten in seiner technischen Erlernbarkeit und ihrer jeweiligen gesinnungsethischen Komponente und Entsprechung. Dennoch steht insgesamt eine Entwicklung stärker im Vordergrund, die auf Verhaltensmodellierungen und -stilisierungen für bestimmte Adressatenkreise und Ziele abhebt.[31] Sind Anstandsregulatur und Höflichkeits-, Eleganz-, Repräsentationscurricula für Kleriker oder Fürsten im höfischen Kontext anfangs auch hochspezialisiert, so gilt doch, daß das Erziehungsarsenal für den (christlichen) Ritter «etwas allgemeineren Charakter» hat.[32] Repräsentativ sind für Dominanz und Einfluß des französischen Sprachraums, für Duktus und Resonanz die Standardwerke des Genus der «Livres de manières»: vor allem Etienne de Fougères' namensprägendes Opus[33] und Garin le Bruns «Enseignement»[34], beide im 12. Jahrhundert entstanden. Im deutschsprachigen Bereich vor allem erwähnenswert für die Darstellung der Ritterpflichten ist Thomasin von Zerklaeres Opus «Der Wälsche Gast».[35]

---

[29] Vgl. *K.-H. GÖTTERT*, Art. Anstandsliteratur, in: HWR I 661ff., *J. BUMKE*, Höfische Kultur. Literatur und Gesellschaft im hohen Mittelalter, München 1986, 425. Dazu gehören Tisch-, Hof-, Frauenzuchten, Ritter-, Adelsspiegel, Schicklichkeitskodizes für Kleriker oder Fürstenspiegel. Letztere, die Spezialliteratur der «Fürstenspiegel», hat eine lange Entwicklung und höchste moralpädagogische Relevanz. Das Genre reicht vom 9. Jahrhundert – beispielsweise mit dem «Liber de rectoribus christianis» von Sedulis Scottus – über einen Höhepunkt im 12. Jahrhundert – mit Johannes von Salisburys «Policraticus» – bis hinein zu Erasmus von Rotterdams «De regimine principum» aus dem Jahr 1515. Vgl. zum Genre der Fürstenspiegel in ihrer Entwicklung *W. BERGES*, Die Fürstenspiegel im hohen und späten Mittelalter, Stuttgart 1952, die verschiedenen Beiträge im Art. Fürstenspiegel, in: LMA IV 1040-1058, *B. SINGER*, Die Fürstenspiegel in Deutschland im Zeitalter des Humanismus und der Reformation, Tübingen 1990, *ders.*, Fürstenspiegel der frühen Neuzeit, Frankfurt/M. 1997. Vgl. zudem *K. STIERLE*, Cortoisie. Die literarische Erfindung eines höfischen Ideals, in: Poetica 26 (1994) 256-283, vgl. die Beiträge in: *W. PARAVICINI/J. WETTLAUFER* (Hrsg.), Erziehung und Bildung bei Hofe, Stuttgart 2002.

[30] Vgl. *H. KRINGS*, Die Geschichte des Wortschatzes der Höflichkeit im Französischen, Bonn 1961, 38f., 55-67.

[31] Markant wird dies beispielsweise an der um 1200 verfaßten und für volkssprachliche Tischzuchten wie für die Formung der höfischen Etikette einflußreichen «Disciplina clericalis» des Spaniers Petrus Alfonsi. Sie umfaßt als Modellierungskatalog für den adligen Geistlichen so weitgespannte Themenbereiche wie die «Sieben freien Künste» als auch Anweisungen und Anstandsregeln bei Tisch, hinsichtlich der Körperpflege und vermittelt schließlich sogar bloße praktische Fertigkeiten (wie Reiten oder Schwimmen). Dies sei hier stellvertretend vermerkt für den wesentlichen Anteil des Hofklerus an der Ausbildung der höfischen Kultur. Aus verschiedenen Bischofsviten schon des 12. Jahrhunderts wird die «elegantia morum» als Topos ersichtlich. Vgl. *BUMKE*, Höfische Kultur 267f., 446ff.

[32] So *GÖTTERT*, Anstandsliteratur 662.

[33] Vgl. *R.A. LODGE*, Etienne de Fougères: Le livre des manières, Genf 1979 (mit der Edition des Textes).

[34] Der Terminus «Ensenhamen», der andere gattungsprägende Begriff, stammt aus dem Provenzalischen und bedeutet «Unterweisung, Erziehung». Vgl. *A. VITALE BROVARONE*, Art. Ensenhamen, in: LMA III 2022-2023.

[35] Entstanden ca. 1215/16. Vgl. die Einleitung von *F. NEUMANN* in der Ausgabe des «Welschen Gastes» v. *H. RÜCKERT*, Berlin 1965, V-LI. Dazu auch *E.J.F. RUFF*, Der wälsche Gast des Thomasin von Zer-

Thomasin entwickelt in diesem Gesamtpanorama der Probleme praktischen Handelns eingangs (im ersten der zehn Bücher) eine Hofzucht («schoene hovezuht» oder «hüfscheit»), die außer Grundfragen des Ethos auch das Verhalten in Wort und Gebärde bespricht – und zwar gerade hinsichtlich der Aufgaben der Frau[36], des Umgangs bei Tisch[37] und in der Minne. Ist der inhaltliche Bogen sachlich weit aufgespannt, bleibt doch der beständig durchgehaltene Versuch ausschlaggebend, bei der «hüfscheit» die stimmige Korrelation von Verhalten und Haltung zu eruieren und als moralpädagogisches Ziel zu postulieren.[38] Ein breites Spektrum zwischen didaktisch-praktischer Anstands- und Erziehungsliteratur und höfischem Epos mündet in einen Traditionsstrom, der sowohl antike als auch christlich-religiöse Wertvorstellungen und Tugenden vertritt.

Ob sich diese hier bibliographisch sehr fragmentarisch dargestellten Fundorte (und die vielen anderen möglichen) je zu Zeiten in ein geschlossenes «ritterliches Tugendsystem» zusammengefügt haben, wie eine Phase der historischen Forschung vermeinte sagen zu dürfen, braucht hier nur am Rande zu interessieren.[39] Ausschlaggebender als die der «conditio humana» geschuldete notorische Kluft zwi-

---

klaere. Untersuchungen zu Gehalt und Bedeutung einer mittelhochdeutschen Morallehre, Erlangen 1982, *K.-H. GÖTTERT*, Thomasin von Zerclaere und die Tradition der Moralität, in: *U. ERNST/B. SOWINSKI* (Hrsg.), Architectura poetica. Köln-Wien 1990, 179-188, *H. WENZEL*, *zuht* und *êre*. Höfische Erziehung im «Welschen Gast des Thomasin von Zerclaere» (1215), in: *A. MONTANDON* (Hrsg.), Über deutsche Höflichkeit, Bern 1991, 21-42.

[36] Hierin spiegelt sich auch ein Sonderbereich höfischer Pädagogik und ein einschlägiges literarisches Genre, das sich auf die Frau bezieht und auch die Minne anspricht. Vgl. *BUMKE*, Höfische Kultur 425ff. In diesen Bereich gehören beispielsweise Vinzenz von Beauvais mit seinem «De eruditione filiorum regalium» aus dem 13. Jahrhundert oder das «Chastoiement des Dames» (ebenfalls 13. Jahrhundert). Hier werden vor allem Keuschheit und zurückhaltendes Verhalten in Rede und Gebärde vorgeführt. Vgl. die weitergefaßten Überblicke bei: *M.-C. BARBAZZA/C. ROUSSEL*, Art. Dame, in: DRPSV 197-222 (zur «dame inspiratrice» 202ff., zur «dame comme icone» 204ff.). – Spätestens an dieser Stelle wird natürlich auch klar, daß das Höflichkeitsthema historisch und systematisch unter der Gender-Perspektive behandelt werden müßte. Vgl. beispielsweise das Vorwort zu ihrer profunden Studie bei *G. HELD*, Verbale Höflichkeit. Studien zur linguistischen Theoriebildung und empirische Untersuchung zum Sprachverhalten französischer und italienischer Jugendlicher in Bitt- und Danksituationen, Tübingen 1995, 13-16, bes. 14.

[37] Die «Tischzuchten» sind ein fester und spezieller Bestandteil im Panorama höfischer Erziehung. Neben Thomasin gilt es zu verweisen auf Reinerius Alemannicus und seinen «Phagifacetus» (13. Jahrhundert) und auf die Hofzucht des Thannhäusers. Einerseits gibt es dabei den Typus der «Praecepta», die positive Sammlung von sehr detaillierten Hinweisen und Begründungen, andererseits tritt die Tischzucht auch als «grobianische» auf, die über die Entwicklung forcierter und abschreckender Gegenbilder das zeitgemäße Ideal zu transportieren versucht. Vgl. dazu *BUMKE*, Höfische Kultur 240ff., *T.P. THORNTON* (Hrsg.), Grobianische Tischzuchten, Berlin 1957, *G. BEBERMEYER*, Art. Hofzucht, in: RDL I 689-691, *A. MASSER*, Art. Tischzucht, in: RDL IV 436-439.

[38] In diese Tradition gehören vom frühen 13. Jahrhundert an zahlreiche weitere Autoren sowohl aus dem Bereich der Anstandsliteratur als auch des höfischen, besonders des hochhöfischen Romans. *GÖTTERT*, Anstandsliteratur 663, nennt für die erste Gruppe: Freidanks «Bescheidenheit», den «Windsbeke», den «Magazone», später (um 1300) Hugo von Trimbergs «Renner» und Johannes Rothes «Ritterspiegel» (ca. 1416); für die Romanliteratur verweist er auf Wolfram von Eschenbachs «Parzival», auf Abschnitte aus Gottfried von Straßburgs «Tristan» und Hartmann von Aues «Gregorius». Vgl. *BUMKE*, Höfische Kultur 425ff.

[39] Vgl. dazu die markanten, vielfach diskutierten Beiträge in: *G. EIFLER* (Hrsg.), Ritterliches Tugendsystem (WdF 56), Darmstadt 1970.

schen (gesellschafts-)ethischem Anspruch und konkreter Wirklichkeit[40], die man je und je konstatieren oder beklagen mag, ist der formende, motivierende und appellierende Charakter dieser Wertstandards, der nicht einfachhin zu unterschlagen sein wird. Leitbilder, Modellvorstellungen haben eine Funktion in der Ausgestaltung menschlicher Interaktionen. Daß sich dabei gerade die höfische Kultur in einer *neuen* Mundanität (gegen eine akzentuierte Diesseitsverachtung), in einer Laikalität (trotz und wegen der Einflußnahme der Hofkleriker), in einer veränderten Sicht der Frau und anderem mehr heftige Kritik[41] einhandelte, deutet darauf hin, daß die Idealvorstellung einer höfisch-höflichen Kultur auch eine gewisse Plastizität hatte.

5.3. NOTIZEN ZUR «HÖFISCHEN KULTUR» – IHR TERRAIN UND STIL

Nach diesen ersten knappen Hinweisen und Annäherungen gilt es nun, die Signatur des «Höfisch-Höflichen» als epochales Datum zu skizzieren, bevor sich die Betrachtung zu Grundlinien «höfischer Ethik» hin verjüngt. Dazu legt es sich nahe, das Tableau höfischer Kultur als das Gehege exerzierter Höflichkeit in einem weiten und weiteren Sinn und Schritt auszumalen. Dies soll im folgenden Abschnitt geschehen, bevor ein Blick auf das höfisch-höflich-ritterliche Tugendsystem geworfen wird.[42]

5.3.1. Entstehung und Ausbreitung der «Höfischen Kultur»

Paravicini kennzeichnet die Spanne von ca. 1100 bis 1300 als die Periode des Aufstiegs und der Dominanz der ritterlich-höfischen Kultur. Den Entwicklungsströmen in diesem Zeitraum gilt unser Augenmerk. Paravicini nennt in seiner Untersuchung sechs Faktoren, die maßgeblich zur Entwicklung des ritterlich-höfischen Kulturphänomens beigetragen haben:

- die Entstehung eines «neuen» Adels,
- demographisch-wirtschaftliche Wachstumsschübe,
- soziale Ausdifferenzierungen zwischen Adel, Bauern und Bürgern,
- neue Bindungs- und Organisationsstrukturen,
- ein verändertes Bild der Frau
- und den Einfluß geistiger und religiöser Voraussetzungen.[43]

Es liegt auf der Hand, daß tiefgreifende Veränderungen «harter» Makrokoordinaten (die Herausbildung präziser konturierter gesellschaftlicher Schichten mit ihren

---

[40] Vgl. in diesem Zusammenhang *BUMKE*, Höfische Kultur 430ff., 446ff. – Es gibt, nebenbei bemerkt, in diversen Forschungszweigen die verbreitete Neigung, ideal-ideologische Leitbilder mit faktischer Lebensführung gleichzusetzen. Dieser Identifikation wird hier nicht das Wort geredet, aber ebenso wenig der Desavouierung von Leitbildern (und ihrer Dynamik) – diese freilich sind selber wiederum Gegenstand der ethischen Reflexion.

[41] Zum Topos der «Hofkritik» vgl. unten Abs. 5.5.

[42] Dies kann natürlich nur in geradezu «unhöflicher» Verknappung geschehen.

[43] Vgl. *PARAVICINI*, Die ritterlich-höfische Kultur 20-28. Strukturell wird sich die folgende Darstellung daran anlehnen.

jeweiligen Insignien und Kulturen, die veränderten Organisations-, Arbeits- und Produktionsstrukturen der Ökonomie angesichts gesteigerten Bedarfs einer größeren Zahl), aber auch Verschiebungen «weicherer» Faktoren wie der orientierenden Leit- und Idealbilder Einfluß nimmt auf die Ausformung von Verhalten und ihren Standards. Die Notwendigkeit der Neuregulation von Interaktionen unter veränderten Bedingungen ist evident, nur das jeweilige Material differiert.

Der Strukturwandel des Adels in den Territorien des ehemaligen Karolingerreiches läßt sich an einigen Merkmalen ablesen. Zur Neukonturierung trägt ein verändertes genealogisches Bewußtsein bei: die Verschiebung der Emphase vom horizontalen («agnatische») zum vertikalen («cognatischen») Familien(selbst)verständnis.[44] Das familial-adelige Selbstbewußtsein wird zunehmend auch lokal fixiert und auf Herrschaftszentren bezogen. Es entstehen «Räume» höherer Begegnungsfrequenz, höherer Aufgabendifferenzierung (mit dem jeweiligen Personal) und Multifunktionalität.[45]

Wachstumsprozesse haben nicht selten Differenzierungsprozesse im Schlepptau. Dies gilt auch im Zusammenhang mit der Genese der ritterlich-höfischen Welt, die

---

[44] Hand in Hand damit geht eine Privilegierung von linearer genealogischer Deszendenz und Aszendenz unter Vorrang der männlichen Linie, insbesondere der Primogenitur. Schon allein dieser Terminus deutet an, daß eine adlige Oberschicht, die durch Erblichkeit, durch geburtlich legitimierte Mitherrschaftsansprüche gekennzeichnet ist, keine völlige Neuentwicklung darstellt. Die Annahme, in der Zeit der Merowinger und Karolinger hätte es diese Gruppe nicht gegeben, sie wäre vielmehr erst unter dem äußeren Druck der Normannen-, Sarazenen- und Ungarnbedrohungen entstanden, hat sich in der Forschung nicht halten können. Vgl. *PARAVICINI*, Die ritterlich-höfische Kultur 20, vgl. *SCHUBERT*, Alltag im Mittelalter 222-247, 248-271, mit einer Fülle von Belegen und Perspektiven, die sich in ihren Realien hinter und unter die explizit höfische Szenerie bewegen. Vgl. auch *SCHUBERT*, Alltag im Mittelalter 225.

[45] Das sind zunächst nur eher «flüchtige», provisorische Verteidigungs- und Befestigungsanlagen, wie sie die Konflikte oft genug nötig machen. Allerdings sind hier die Wurzeln der ritterlichen Burg mit ihren verschiedenen Funktionsgebäuden zu suchen – dem lokalen Inszenierungsrahmen der dann sich entwickelnden und ausdifferenzierenden höfischen Kultur. Signifikant ist dies auch hinsichtlich der familialen Namensgebung. Die Burg gibt nicht nur einen lokalen Fixpunkt, sondern führt auch zur Entwicklung zweigliedriger Namen (zumeist dann mit den Herkunftspartikeln «de» oder «von» versehen, und so des weiteren zur Entstehung von Familiennamen überhaupt. Adeliges Namens- wie Familienbewußtsein gründet in der Erblichkeit allodialen (also unabhängigen) oder feudalen (also verliehenen, aber erblich werdenden) Besitzes. An die Stelle des Amtes rückt das Lehen. Der Adel gliedert sich somit deutlicher und konturierte in einzelne familiale Systeme und nicht mehr wie ehedem in nur diffus abgrenzbare Sippen (vgl. *PARAVICINI*, Die ritterlich-höfische Kultur 20). Die Auflösung des Karolingerreiches in eine Reihe von kleineren «regna» und deren Aufsplitterung in verschiedene Fürstentümer kann als Katalysator dafür betrachtet werden, daß eine stetig wachsende Anzahl von Familien für die Besetzung der öffentlichen, vorrangig der militärischen und politischen Machtfunktionen rekrutiert werden mußte. Dies führte dazu, daß der Adel und seine Gefolgschaften einen Wachstumsschub erlebten, der insgesamt eingebettet war in einen kontinuierlichen demographischen und wirtschaftlichen Aufschwung bis ca. 1300. So wächst die Bevölkerung in Europa von 1150 bis 1250 um 40% von fünfzig auf siebzig Millionen an. Vorher betrug der Bevölkerungszuwachs in hundert Jahren nur jeweils fünf bis zehn Prozent. Entscheidende Veränderungen, die Wirkung zeigen, sind Innovationen in der Wirtschaft, vorab der Landwirtschaft. Neue Techniken und Anbaumethoden, massive Erweiterung der Anbauflächen stellen die Ressourcen zum Erhalt der rapide wachsenden Bevölkerung zur Verfügung. Schon hier wird deutlich: Numerisches Wachstum, gesteigerte Mobilität, neue Arbeits- und damit veränderte Lebensrhythmen erhöhen und steigern auch die Frequenz von Begegnungen, verschieben das soziale Setting und legen somit Grund für innovative Verhaltensformen. Vgl. zu diesem komplexen Thema und seinen Implikationen *M. LIVI BACCI*, Europa und seine Menschen. Eine Bevölkerungsgeschichte, München 1999.
Diese soziale Wachstums-, Aufstiegs- oder Emanzipationswelle umschloß in ihrem weiteren Verlauf auch die Gruppe der unfreien Dienstleute oder Ministerialen des Adels, allen voran die militärischen Führer, die «milites», die für das Panorama der höfisch-ritterlichen Kulturkonzeption von so herausragender Bedeutung sein werden.

im Verlaufe dieser Entwicklung dazu kommt, den Bauernstand als Gegenwelt zu begreifen, der all das nicht zugänglich ist, was den höfischen Adeligen in seiner Lebensführung und Anschauung idealiter auszeichnet. Der Bauer unterliegt einer Fülle von Einschränkungen, hat kein Recht, Waffen zu tragen oder zu jagen und ist von sozialem Aufstieg ausgeschlossen. Im 10. Jahrhundert hat sich dies derart zugespitzt, daß der Adelige über den sprichwörtlichen «Bauerntölpel» spotten kann, da dieser höfische Sitten und höfische Welt nicht kennt.[46] Jenseits des breiten literarischen Niederschlags, den dieses Überlegenheitspathos findet[47], aber von ausschlaggebender Bedeutung ist ein anders Faktum:

> *«Wesentlich ist, daß Dienstmannschaft und Adel sich nun als Kriegerstand definieren können; denn sie besitzen das Monopol der bewaffneten legalen Gewaltanwendung. Hinzu kommt, daß diese Krieger beritten sind: Auch der Dienstmann ist Reiterkrieger. Daher auch der außerordentliche Symbolwert des Pferdes.»*[48]

Ausdifferenzierungen und Abgrenzungen finden aber im Verlaufe des 11. und 12. Jahrhunderts nicht nur in *externer* Ausrichtung (also den Bauern, später den Bürgern der sich entwickelnden Städte gegenüber) ihre Ausformungen, sondern auch innerhalb des Adels selbst. Dies schlägt sich dann ebenso in einem ganzen Arsenal von Ausdrucksgesten, -symbolen und -materialien nieder. Die *Binnen*ausformung des Adels läßt im Zuge des 12. Jahrhunderts die deutlich konturierte Trias von «Rittern, Herren und Fürsten» entstehen. Hier entwickelt sich ein komplexes Geflecht, das auch nach lokalen Gesichtspunkten unterschiedliche Akzentuierungen erfährt:

> *«... aus den Dienstleuten entsteht die ‹Ritterschaft›, der niedere Adel (mit der Reichsministerialität an der Spitze), den der Mangel an ‹Freiheit› von den ‹edelfreien› Grafen und Herren abgrenzte. Über diese erhob sich im Laufe des 12. Jahrhunderts, seit 1180 deutlich erkennbar, der neue Fürstenstand, der den Prinzipat beanspruchte – wie ihn zuerst der römische* princeps *(Kaiser), dann der merowingische und karolingische König ausgeübt hatte – und im Reich bekanntlich auf Dauer durchsetzte, im Unterschied zu Frankreich, wo die* nobilitas *der Prüfstein des Adels blieb, nicht die Freiheit. Dabei gab es bei weitem mehr geistliche als weltliche Fürstentümer im Reich. Die Entwicklung im Reich mußte daher anders verlaufen als im Westen. Die Beziehungen zwischen Fürsten, Edelfreien, Dienstherren und Dienstmannschaften waren weder spannungslos noch eindeutig.»*[49]

---

[46] Allerdings, so *PARAVICINI*, Die ritterlich-höfische Kultur 21, bleibt das Bewußtsein erhalten, daß der freie Großbauer dem niedrigen Adeligen sozial-hierarchisch sehr nahe steht.

[47] Vgl. z.B. Neidhart v. Reuentals und Heinrich Wittenwilers Satiren, zudem den «Meier Helmbrecht». Vgl. *U. GAIER*, Satire. Studien zu Neidhart, Wittenwiler, Brant und zur satirischen Schreibart, Tübingen 1967, *H. BRUNNER* (Hrsg.), Neidhart (WdF 556), Darmstadt 1986.

[48] *PARAVICINI*, Die ritterlich-höfische Kultur 21. Daß – dies keineswegs nur nebenbei bemerkt – der «Chevalier», der «Kavalier», der «Caballero» Abkömmling dieser «Gründerväter» ist, wirft ein bezeichnendes Licht auf die Durchschlagskraft dieser Symbolik und Praxis. Desgleichen spricht eine deutliche Sprache die einschlägige Motivgeschichte in der Heraldik. Wappen und ähnliche Zeichen haben ja eine höflichkeitsrelevante Funktion: die der Markierung und Kommunikation der eigenen Position! Bei allen Diversifizierungen gilt dies nach wie vor. «Symbolische Interaktion» ist praktisch wie theoretisch und analytisch kein verabschiedbares Thema, ganz im Gegenteil.

[49] *PARAVICINI*, Die ritterlich-höfische Kultur 22.

In der Dynamik dieser territorial unterschiedlich verlaufenden Entwicklungen bleiben die Grenzen zunächst noch durchlässig.[50] Als Kompensation und in Korrelation zu dieser Dynamik und Fluktuation innerhalb des Adels entsteht und formt sich als Strukturmodell neuer Bindungen das Lehenswesen. Es fußt auf älteren Elementen wie der Selbsttradierung des Vasallen zu Dienst und Gehorsam gegen Schutz und Unterhalt, des Treueids und der Übergabe eines bald erblich werdenden Gutes, des «Lehens», als Gegenleistung zu Heer- und Hoffahrten wie -diensten.[51] Es prägt in seinen Formen die höfisch-ritterliche Kultur wesentlich mit. Ohne dieses Institut hier en detail vorstellen zu können, sei darauf verwiesen, daß der Lehensdienst, der sich «klimaprägend» auswirkte, kaum je als Knechtsdienst aufgefaßt wurde, da das Verpflichtungsverhältnis reziprok, wenn auch nicht symmetrisch angelegt war.[52] Mit dieser Feststellung wird der Blick auf ein weiteres Phänomen gelenkt, daß für die (Selbst-)Darstellung und Inszenierung der höfisch-ritterlichen Kulturkonzeption von Bedeutung ist: das Bild der Frau. Vor allem die literarische Illustration der Frau als Herrin und ihre Verehrung legen den Schluß nahe, daß sich die Rolle der Frau in der Realität sozial, rechtlich und politisch verändert und verbessert habe. Doch dieses Bild täuscht trotz des massiven Eindrucks, den konvergierende Erscheinungen wie das Phänomen der «höfischen Liebe», der Marienminne und religiöser Frauenbewegungen erzeugen.[53] Festzustellen ist hingegen, daß die Frau im öffentlichen Szenarium von «Politik» und Kirche[54] keine eigenständige Funktion übernahm, sondern immer über den Mann (Vater, Ehemann, Bruder) definiert wurde. Ausschließlich bei Witwen oder Nonnen kann ein erhöhter Grad an Ansehen und konkreter Rechtsfähigkeit konstatiert werden. Allerdings gilt eben-

---

[50] So können beispielsweise noch geraume Zeit Edelfreie in den Ministerialendienst eintreten, so dieser die Aussichten auf materielle oder andere Vorteil eröffnet. Die Konstituierung der Ritterschaft schließt sich dann in zwei markanten Etappen durch Abgrenzung nach unten ab: die eine verlangt (um 1200), daß Ritter nur noch Ritterbürtige werden dürfen («genus militare»), die andere – zeitlich ein Jahrhundert später anzusetzen – zeigt, daß aus dem Geburtstand ein Dienststand geworden ist («ordo militaris»), der von der Funktion her weiteren Kreisen den Eintritt ermöglicht, aber zugleich die Bindung zum eigentliche Hofadel verliert und so einen neuen sozialen Ort und demgemäße Einbindungen braucht, so *PARAVICINI*, Die ritterlich-höfische Kultur 22. Allerdings ist Paravicinis Terminologie nicht ganz schlüssig oder zumindest mißverständlich.

[51] Zum Lehenswesen vgl. *H. JÄGER*, Huben, Lehen, Güter und verwandte Einheiten in Franken, Frankfurt/M. 1974, *B. DIESTELKAMP*, Art. Lehenswesen, in: LMA V 1807-1825 (Lit.).

[52] Festzuhalten ist mit *PARAVICINI*, Die ritterlich-höfische Kultur 23: «Die relativ selbständige, zu keinen *opera servilia* verpflichtende Stellung der Ritterschaft und jedes Lehnsmanns, sein Widerstandsrecht im Falle von Felonie des Herrn, sie haben der ritterlich-höfischen Kultur Europas einen unverwechselbaren Charakter von Freiheit gegeben, so wie die Gesten und Vorstellungen des Herrendienstes zum Grundmuster des Frauendienstes wurden.» – Es sei betont, daß diese Einschätzung auch ihre Grenzen hat und für «Lehensfähige» allein gilt – und für sehr viele «Lehensunfähige» (z.B. Frauen, Kleriker, Uneheliche, Geächtete, Bauern bzw. Kaufleute und andere) eben nicht.

[53] Signifikante Veränderungen bleiben einem schmalen Personen- und Themenkreis verhaftet: Es sind einige wenige – wenn auch herausragende – Frauen von Adel, die in religiösen und caritativen Kontexten zu neuen Rollen finden und sich so von den üblichen Grenzen emanzipieren. Stellvertretend zu nennen wären hier – aus dem franziskanischen Kontext – Elisabeth von Thüringen und Agnes von Prag. Vgl. die differenzierten Vorstellungen bei *SCHUBERT*, Alltag im Mittelalter 222-247.

[54] Die kirchliche Verkündigung trug zu einem misogynen Bild nicht unerheblich bei, wenn an einer physischen und moralischen Unterlegenheit der Frau festgehalten wurde. Vgl. aber auch die relativierende Einschätzung der historischen Prägekraft kirchlicher Verkündigung und Leitbildformulierung bei *SCHUBERT*, Alltag im Mittelalter 184. Sowohl einseitige Über- als auch Unterschätzung und damit einlinige Verantwortung im Sinne einer Monokausalität greifen zu kurz.

so: die vornehme Frau war nie völlig rechtlos, sondern hatte Verfügungsrechte über das eigene oder gemeinsam erworbene Gut, zumal gerade in den zahlreichen und oft lange währenden Zeiten der Abwesenheit des Mannes bei Hof- und Heeresdiensten. Selbstbestimmung allerdings kann dies – wenn überhaupt – nur in sehr beschränktem Maße genannt werden. Trotz dieses Befundes sind Entwicklungen zu verzeichnen, die – ohne sich alleine den Implikationen der «cortesia» zu verdanken – dahin weisen, daß beispielsweise die auch im Adel gängige Anwendung von sexueller Gewalt (in legitimierten wie nicht legitimen Verhältnissen) zunehmend ruchbar und im Gegenzug die «romantische Liebe» erfunden wird.[55]

So rudimentär und partiell diese Entwicklung auch gewesen sein mag, sie gibt einen Trend an, der – zusammen mit einer konkret gesteigerten Lehens- und Rechtsfähigkeit, der Möglichkeit der Siegelführung von Frauen[56] – in eine emanzipative Richtung weist.[57] Wenn Paravicini – allerdings sehr vorsichtig – von der «Erfindung der Gleichberechtigung der Geschlechter»[58], der Erfindung der «Liebe» als Leistung im höfisch-ritterlichen Kontext spricht, dann eröffnet sich auch von hier – und ohne vorschnelle Idealisierungen – ein Zugang zum Gesamtphänomen der «Höflichkeit»[59], der seiner Relevanz nicht entbehrt. Klarere Konturen gewinnt der Phänomenkomplex der ritterlich-höfischen Kultur als zunächst «fast ausschließlich geistig-literarische Bewegung»[60], die sich dann langsam realitätsverändernd auszuwirken beginnt, auch vor dem Hintergrund eines Wandels einiger Denkmuster, deren Tradition historisch weiter zurückreichen. Zu nennen ist hier zunächst eine ethische Komponente: der Tugendkatalog des Ritters. Er speist sich aus alten aristokratischen Wertmustern (Tapferkeit, Freigebigkeit, Maß und Würde) ebenso wie aus christlich-kirchlichen Quellen (Schutz der «homines minus potentes», der Kleriker, Witwen und Waisen).[61] Der kirchlicherseits geforderte Tugendadel wird über die Vermittlung von Klerikern im Adel rezipiert, dort transformiert und okku-

---

[55] Vgl. zu diesem Komplex paradigmatisch *G. DUBY*, Le chevalier, la femme et le prêtre. Le mariage dans la France féodale, Paris 1981, *R.H. BLOCH*, Medieval Misogyny and the Invention of Western Romantic Love, Chicago ²1992.

[56] Und dies trotz ebenso zu konstatierender Gegentendenzen. Gab es unter Ottonen und Saliern noch Krönungen von Königinnen und entsprechende Titulaturen, so verschwinden diese Institute bei den Staufern. Auch die Bildung von abgetrennten Höfen von Königinnen und Fürstinnen ist eher ein Phänomen der Abtrennung und Abschließung von Frauen aus dem allgemeinen Hof. Zudem bleibt die Tatsache, daß in Urkunden Angehörige des weiblichen Hofes nicht als Zeuginnen sichtbar werden, markant. Vgl. *PARAVICINI*, Die ritterlich-höfische Kultur 25.

[57] Für einen – wenn auch vorerst kleinen – Kreis von Frauen gilt, so *PARAVICINI*, Die ritterlich-höfische Kultur 25f. «Aber auch wenn Fürstinnen, Hofdamen und Hoffräulein lediglich als Schmuck und Publikum bei dichterischen und musikalischen Darbietungen und beim Turnier fungierten, so ist dies doch keine gleichgültige Tatsache: Sie hatten die höhere Bildung, und die Kennerschaft lag bei ihnen, wie sie denn auch oft als Gönnerinnen auftraten. Die um die Dreiheit von Tugend, Schönheit und Bildung kreisende literarische Erhöhung, wenn auch der Erhöhung des Mannes dienend, mußte auf Dauer den Status der Frauen verändern.»

[58] Vgl. *PARAVICINI*, Die ritterlich-höfische Kultur 25 – wenngleich diese Erfindung, als kulturelle und literarische Fiktion zunächst, eine Erfindung von Männern ist.

[59] Das Verhältnis der Geschlechter, der angemessen-richtige Umgang ist natürlich ein bleibender Topos dieses Diskurses.

[60] *PARAVICINI*, Die ritterlich-höfische Kultur 26.

[61] Diese Herrschertugenden sind schon mit der Verchristlichung des Prinzipats im 8. Jahrhundert nachweisbar und werden augenscheinlich im Schwertsegen des Pontificale Romanum im 10. Jahrhundert.

piert zur Legitimation eines neuen Selbstverständnisses. Einen den Ritter verchristlichenden, pazifizierenden Schub stellt im Gefolge der Gedanken des «Gottesfriedens» dar, ursprünglich in Südfrankreich beheimatet. In einer Zeit allgemeiner, nur zu oft unkontrollierter Gewaltanwendung und -bereitschaft stellt dieses Institut partieller, lokaler und temporärer Gewalt- und Kampfeinstellung einen zivilisatorischen Gewinn dar, der nicht zu unterschätzen ist. Einerseits werden kriegerische Aktivitäten restringiert: Bestimmte Orte (Kirchen), Sachen (Vieh) und Personengruppen (unbewaffnete Geistliche und Mönche, Pilger und Arme, Bauern, Kaufleute, Jäger und Frauen) genießen «pax» als Schutzrecht, bestimmte Fristen sind gewaltfrei zu halten («treuga Dei»[62]), andererseits wird die Aufstellung von Milizen nur noch als friedenserhaltende Maßnahme legitimierbar. Mit anderen Worten heißt dies, daß in der Idealtypik der «miles christianus» stark von einer Friedens- und Schutzfunktion her legitimiert wird.

Diese Vorstellungen, ab der Mitte des 11. Jahrhunderts manifest, werden fundiert und flankiert von einem gesellschaftlichen Struktur- und Ordnungsmodell, das genuin innovative Züge trägt und sich keineswegs nur aus antiken oder biblischen Vorlagen speist. Dieses reale Ungleichheiten in der sozialen Wirklichkeit harmonisierende Bild entwickelt sich nach 1000 und stellt ein «trifunktionales Schema»[63] der Deutung gesellschaftlicher Aufgaben zur Verfügung. Diese Schema scheidet «oratores», «bellatores» (oder «pugnatores») und «laboratores» (oder «agricultores») in ihren Grundfunktionen voneinander und bezieht sie als notwendig komplementäre wie kompensatorische Größen sogleich neu wieder aufeinander. Zudem hat es nachhaltig legitimatorischen Charakter, insofern es den Vorrang von Klerus und Adel manifestiert und zugleich die Ausdifferenzierungen theoretisch auffängt.[64] Mithin wird dieses Interpretationsmodell selbst zur Wirkursache, denn es trägt zur Konstruktion des «guten Gewissens des Ritterstandes» (O.G. Oexle) bei und umreißt dessen Aufgabe im Einsatz für das Land und im Schutz der Wehrlosen.[65] Das trifunktionale Schema stellt für die neuen ständisch-gesellschaftlichen Veränderungen Interpretationsparameter wie Umdeutung, Sinnerweiterung oder Substitution zur

---

[62] Vgl. *BUMKE*, Höfische Kultur 399f., ausführlicher *H. HOFFMANN*, Gottesfriede und Treuga Dei (Schriften der MGH XX), Stuttgart 1964, zudem *R. KAISER*, Art. Gottesfrieden, in: LMA IV 1587-1592, *O. ENGELS*, Art. Gottesfrieden, in: LThK³ IV 911f.

[63] Vgl. grundlegend *G. DUBY*, Les trois ordres ou l'imaginaire du féodalisme, Paris 1979, *O.G. OEXLE*, Die funktionale Dreiteilung als Deutungsschema der sozialen Wirklichkeit in der ständischen Gesellschaft des Mittelalters, in: *W. SCHULZE* (Hrsg.), Ständische Gesellschaft und soziale Mobilität, München 1988, 19-51.

[64] Vgl. *PARAVICINI*, Die ritterlich-höfische Kultur 27.

[65] Dieses an sich traditionelle Programm steht nun in einem völlig neuen gesamtgesellschaftlichen Kontext, der sich auch aus der Trennung von weltlicher und geistlicher Herrschaft im Gefolge des Investiturstreites ergibt. Diese Aufspaltung beider Bereiche unter Beibehaltung einer letztlich religiösen Legitimation von Macht beschleunigt und ermöglicht die Entwicklung einer Einheit, die sich im Konstrukt des «miles christianus», des «christlichen Ritters» so kunstvoll wie künstlich wieder erhebt. Dies wird noch verstärkt durch die pointierte Inanspruchnahme des Ritters für den Schutz von Kirche und Glauben wie für die Eroberung und Verteidigung des Heiligen Landes. Vgl. *G. ALTHOFF*, «Nunc fiant Christi milites, qui dudum extiterunt raptores». Zur Entstehung von Rittertum und Ritterethos, in: Saec. 32 (1981) 317-333. Vgl. die beiden eher narrativ-illustrativen, sehr instruktiven Versuche von *G. DUBY*, Guillaume le Maréchal oder der beste aller Ritter, Frankfurt/M. 1997, *ders.*, Die Ritter, München-Wien 1999. – Die komplexe und kontroverse Gesamtthematik des Kreuzzugsgedankens und seiner Realisierungen kann hier nur angedeutet werden.

Verfügung.[66] Hier hinein gehört beispielsweise die semantische Neubesetzung der Begriffe «orator» und «clericus». Im 12. Jahrhundert wird der Kleriker zunehmend zum «literatus», der Laie zum «illiteratus». Der Hofklerus gewinnt als Stand von Bildung zunehmend an Bedeutung gerade auch für die Entstehung der höfisch-ritterlichen Kultur.[67] Er steht – mit dem gebildeten «cancellarius» auf der anderen Seite – symbolisch für eine Annäherung von Bildungswelten, die sich in den vorausliegenden Jahrhunderten getrennt entwickelt haben: der aristokratischen Laienbildung und -literatur wie der gelehrten Klerikerbildung und -literatur. Diese Personengruppen und ihre Standards werden zu den wichtigsten Trägerfiguren der ritterlich-höfischen Kultur. Dies spiegelt sich auch in der Renaissance des nun gleichrangigen Paares von «armae et litterae», wie es sich in einer Unzahl überlieferter literarischer Dispute und Streitgespräche manifestiert, die vordem undenkbar gewesen wären.[68] Der postulierte, phasenweise realisierte «Adel der Doktoren» weist in eine ähnliche Richtung:

> *«Die neue Form der scholastischen Wissenschaft, die Parallelisierung von geistigem und praktischem Kampf, Disputation und Turnier, zeigen verwandte Strukturen an. Aus der Renaissance des 12. Jahrhunderts erhält die höfische Liebe ihren kasuistischen, juristischen, scholastischen Charakter. Auch die antike Färbung des Rittertums wäre ohne jene Wiederbelebung der Antike schwächer gewesen. An die Seite der Sieben freien treten die Sieben praktischen Künste.»*[69]

Insgesamt läßt sich in diesen Entwicklungen und Veränderungen eine gesteigerte Pazifizierungs- und Temperierungsneigung erheben.[70] Die neue Kultur der dialogisch-agonalen Diskussion fördert auch und unter anderem eine neue, friedfertigere Weise der Liebe und der Rede von ihr. Diese ist undenkbar ohne die gesteigerte Zivilisierung des Herrscherlebens durch Klerus, Kirche und Hof. Hierbei ist einschlägig auch eine jener erwähnten Umdeutungen. Im Zuge dieser Prozesse wird das kanonisch schon lange postulierte Prinzip der Freiwilligkeit *zur* Ehe umgeprägt in eine idealtypische Freiwilligkeit *in der* Ehe. Dies läuft zusammen mit einer Uminterpretation antiker Gestalten zu Rittern, die diese Verschiebungen als Vorbilder versinnbilden in der Rede der «cortesia».

Entstehungsräume einzelner Ingredienzen ritterlich-höfischer Kultur sind unterscheidbar.[71] So werden höfische Liebesauffassung und höfische Dichtung zuerst in

---

[66] Vgl. *PARAVICINI*, Die ritterlich-höfische Kultur 27.

[67] Vgl. *J. FLECKENSTEIN*, Miles und clericus am Königs- und Fürstenhof. Bemerkungen zu den Voraussetzungen, zur Entstehung und zur Trägerschaft der höfisch-ritterlichen Kultur, in: *FLECKENSTEIN*, Curialitas 302-325, vgl. für das weite Panorama *W. RÖSENER*, Adelsherrschaft als kulturhistorisches Phänomen. Paternalismus, Herrschaftssymbolik und Adelskritik, in: HZ 268 (1999) 1-33. Vgl. exemplarisch für Genese wie Transformationen *U.G. LEINSLE*, «Deo militans clericus» – Rittertum und Krieg im Werk Phillips von Harvengt, in: APraem 77 (2001) 95-120 (Lit.).

[68] Vgl. *A. BUCK*, «Arma et litterae». Waffen und Bildung. Zur Geschichte eines Topos, Stuttgart 1992.

[69] *PARAVICINI*, Die ritterlich-höfische Kultur 28.

[70] Vgl. *SCHUBERT*, Alltag im Mittelalter 193, 194-201, der zwar den Begriff der «Affektregulierung» (vgl. 198) als kontextfremd und das geschichtstheoretischen Modell linearer Fortschritte als reduktionistisch und damit kritisch ansieht (vgl. 149, 199, zu N. Elias), aber die historischen Befunde als Indikatoren einer Modulation «gefährlicher Direktheit» in Interaktionssituationen bewertet, ohne dies zu idealisieren (vgl. z.B. die Dialektik und Koinzidenz von Mitleid und Schadenfreude, 202-208).

[71] Zur geographischen Ausbreitung der Phänomene der «cortesia» und ihrer literarisch-gesellschaftlichen Kontexte ist vorab zu bemerken, daß sie sich von einem Kernraum aus mit unterschiedlicher Ge-

der Provence sichtbar[72], Turniere mit ihrem elaborierten Verhaltenskodex in Nordfrankreich, das Wappenwesen an Loire und Rhein, in den Niederlanden, der Pikardie und Südengland.[73] Zentren der Ausprägung und Rezeption sind weltliche *und* geistliche Fürstenhöfe. Letztere sind hierbei besonders auffällig, da sie in enger Wiese Laien- *und* Klerikerkulturen zueinander in eine Relation bringen.[74] Dieses Mixtum läßt einen besonders fruchtbaren Nährboden für neue kulturelle Stile entstehen, da an diesen Orten hochgradige geistig-geistliche Bildung und Denkschulung beste Voraussetzungen für ein neues Amalgam bietet. Die Ausbreitung der Stände – sozialer Ort dieser Kulturphänomene – läßt sich folgendermaßen beschreiben:

> *«Die lange herrschende Auffassung von einer von unten kommenden Integrationskultur der ministerialischen Aufsteiger hat sich als insgesamt unrichtig herausgestellt und wurde inzwischen vom Kopf auf die Füße gestellt. Sie ist dennoch nicht ganz falsch. Denn die ritterlich-höfische Kultur hat mehrere Wurzeln. Das Turnier dürfte einen sozial niedrigeren Ursprung haben als die höfische Liebe, die mit Sicherheit an den großen Höfen entwickelt wurde, die wiederum den notwendigen materiellen Rahmen für alle höheren Formen abgegeben haben. Ohne die Förderung der Dienstherren und ihrer Höfe hätte es keine ritterlich höfische Kultur gegeben. Die höfischen Romane, stets um einen Hof kreisend, sind ein getreuer Spiegel dieser Situation.»*[75]

Die erste und vornehmste Rolle der ersten und vornehmsten Gruppe, der Könige und Fürsten, ist die des Gönners und Mäzens.[76] Diese Funktionen sind vorrangig zu ebenfalls möglichen und belegten aktiven Partizipationen (bei Turnieren beispielsweise). Hoher und reichsfreier Adel sind lange Zeit prinzipiell auf analoge Weise involviert. Allerdings ist deren Nähe zur ritterlich-höfischen Kultur größer,

---

schwindigkeit und ebenso unterschiedlicher Durchsetzungskraft ausbreiten. In Zentraleuropa stellt sich das Jahrhundert von ca. 1150 bis ca. 1250 als der Zeitraum der dichtesten Rezeption dar, periphere Räume werden später oder gar nicht erreicht. Spät erfaßt wird Osteuropa und der gesamte russisch-byzantinische Raum, gar nicht Irland. Andere Regionen spielen nicht in der Genese, dann aber in Rezeption und Transformation eine Rolle, wie beispielsweise Italien. Allerdings gab es auch innerhalb des Reiches Zonen «unhöfischen und unadeligen Charakters». Vgl. *PARAVICINI*, Die ritterlich-höfische Kultur 29, zu Schwerpunkten im deutschen Sprachraum vgl. 30-32.

[72] Vgl. *R. SCHNELL*, Die ‹höfische› Liebe als ‹höfischer Diskurs› über die Liebe, in: *FLECKENSTEIN*, Curialitas 231-301 (Lit.), vgl. *K. FOSTER*, Courtly Love and Christianity, London 1963.

[73] Zu weiteren Details vgl. *PARAVICINI*, Die ritterlich-höfische Kultur 28ff., *BUMKE*, Höfische Kultur 127-275.

[74] Zur Verbindung höfischer-säkularer und theologisch-spiritueller Traditionen vgl. *F.X. CHERIYAPATTAPARAMBIL*, Francesco d'Assisi e i trovatori, Perugia 1985, 126-133, zu «amor cortese» und Mönchtum mit Bezug auf *J. LECLERCQ*, Monks and Love in Twelfth-Century France. Psycho-historical essays, Oxford 1979 (mit Blick auf Bernhard v. Clairvaux, Wilhelm v. St. Thierry, das favorisierte Genus der Hoheliedkommentare).

[75] *PARAVICINI*, Die ritterlich-höfische Kultur 32.

[76] Zum Mäzenatentum für Literatur und Literaturbetrieb bis ca. 1300 vgl. *J. BUMKE*, Mäzene im Mittelalter. Die Gönner und Auftraggeber der höfischen Literatur in Deutschland 1150 – 1300, München 1979. – Wie sich *strukturell* – und nicht nur auf *einen* besonders freigebigen Gönner beschränkt – dieses Moment der «cortesia» auswirken kann, schildert eindringlich und frappant – allerdings für eine spätere Epoche – *M. BIAGIOLI*, Galilei, der Höfling. Entdeckungen und Etikette: Vom Aufstieg der neuen Wissenschaft, Frankfurt/M. 1999. – Der Gönner ist nun eine leicht karikierbare und heftig kritikable Figur. Doch jenseits von Ironie und Karikatur, vor allem aber jenseits einer bloß sozialen Determination und Deskription des Gönners ist er/sie jemand, der eine Gnade gewährt, freiwillig Möglichkeiten eröffnet und ein*räumt*. Der «fröhliche» Geber ist ein biblisches Ideal und dann Postulat, ein Imperativ der auf einem schöpfungstheologischen Indikativ aufruht.

die Partizipationsfrequenz (in Turniergenossenschaften vorrangig) quasi Standard, wenngleich manche andere Elemente dieses Lebensstils erst mit einer gewissen Phasenverzögerung angenommen werden. Was den niedrigen Adel angeht, so wurde dieser lange Zeit für den Hauptträger der höfisch-ritterlichen Kultur gehalten, dann aber forschungsgeschichtlich in dieser Hinsicht ganz ausgeblendet. Dennoch ist darauf hinzuweisen, daß gerade diese Ministerialen (vorrangig an Reichs- und Fürstenhöfen) eine besondere Rolle gespielt haben. Für sie als soziale Aufsteigerschicht hatte die Annahme eines höfisch-hohen Lebensstils eine besonders integrative Bedeutung.

Als weiteres Zentrum für die «Inszenierung» des ritterlich-höfischen Lebens schält sich die *Stadt*[77] heraus. Sie hat – lange in der Forschung übersehen – in der Frühzeit ausgeprägt aristokratischen Charakter und wird von ministerialen Ritterbürgern regiert. Dies gilt vor allem für die Reichs- und Bischofsstädte, aber keineswegs nur dort. Hier wird demzufolge auch ein aristokratisch-höfischer Lebensstil gepflegt, nicht selten im Verbund mit «Großhandel» und «Großproduktion». Mit dem Adel auf den ländlichen Burgen (oder zeitweise in den Patrizierhäusern und -türmen der Städte) ist dieser städtische Adel vielfach verwandtschaftlich verknüpft. Für den Lebensbereich «Stadt» zeigen sich noch weitere Phänomene. In ihr kündigt sich in den Vergesellschaftungsformen der stadtadeligen (Adels-)Gesellschaften «in geradezu plakativer Weise» (so Paravicini) die höfisch-ritterliche Kultur transformiert an – und dies auch und gerade in Städten, die ja kaufmännisch, nicht ministerial-ritterlich strukturiert sind.[78]

Momente und Segmente wie diese ergeben ein nur fragmentarisches Bild von der Dynamik, die zu dem für die Genese der «cortesia» entscheidend einflußreichen Rahmenbedingungen führt. Ingredienzen, Personal und Inventar gilt es genauer in den Blick zu nehmen, bevor zu Phänomenen der «höfischen Ethik» überzuleiten ist.

5.3.2. «Inventar» und «Repertoire» der «Höfischen Kultur»

Hinsichtlich der Umschreibung des historischen Kontextes der «cortesia», die in einem bestimmten lebensweltlichen Raum, von einem bestimmten Personal und zu

---

[77] *PARAVICINI*, Die ritterlich-höfische Kultur 34: «In jedem Falle ist die Stadt mit ihren vielen Möglichkeiten der Versorgung und der Darstellung stets die Bühne des Adels, der vor den Mauern, dann auf dem Marktplatz seine Turniere abhält, seine Gottesdienste, Bankette und Tänze feiert, nicht ohne Auswirkung auf den Charakter der ritterlich-höfischen Kultur.» Vgl. *A. RANFT*, Adelsgesellschaften. Gruppenbildung und Genossenschaften im spätmittelalterlichen Reich, Sigmaringen 1994, 232-249. Vgl. darüber hinaus *L. BENEVOLO*, Die Stadt in der europäischen Geschichte, München 1993, bes. 47-95, zudem den historischen Überblick von *E. LICHTENBERGER*, Die Stadt. Von der Polis zur Metropolis, Darmstadt 2002.

[78] Vgl. *PARAVICINI*, Die ritterlich-höfische Kultur 35: «Hier gibt sich die städtische Oberschicht, auch wenn sie kein Erbpatriziat geworden ist, einen herrenmäßigen Anstrich, der sie immer noch hinreichend von dem üblichen Volk handarbeitender Leute unterscheidet. Formen und Inhalte höfischer Literatur und Ikonographie werden lediglich zitiert oder mit einem anderen Sinn versehen (...) Adlige oder sich als adlig verstehende Stadtbürger gehören denn auch zu den hauptsächlichen Trägern der ritterlich-höfischen Kultur im späteren Mittelalter (...).»

einer bestimmten Zeit ihr Aufblühen erlebt, ist nunmehr angezeigt, die Grundtermini «Ritter», «Hof» und «höfische Kultur» näher zu beschreiben.[79]

a) «Protagonisten» und «Agenten»

Der Begriff des Ritters ist polyvalent und bekommt je nach Akzentuierung einen eigenen Schwerpunkt. Zu unterscheiden sind Amt, Würde, Stand und Idee des Ritters (jenseits aktueller, leicht popularisierender Verklärungen oder melancholischer Renaissancen).[80]

Von größerer Bedeutung für den höflichkeitstheoretischen Diskurs ist die Fassung des Ritterbegriffs als einer Idee, die mit standestypischen Verhaltensnormen konnotiert wird. Dieses Standesethos speist sich aus verschiedenen Quellen, bildet eine Novität, die aber nicht alle inneren Widersprüche harmonisieren kann.[81] Neben

---

[79] Vgl. *PARAVICINI*, Die ritterlich-höfische Kultur 3-19, *BUMKE*, Höfische Kultur 34-82, 137-275, 382-450, jüngst *J. FLECKENSTEIN*, Rittertum und ritterliche Welt, Berlin 2002.

[80] Historisch bezeichnet «miles» oder «militia» zunächst in der Spätantike ein öffentliches Amt in Armee, Verwaltung oder Kirche. Damit ist verbunden die ebenso öffentliche Verleihung eines Amtszeichens, genauerhin des «cingulum militiae», des Rittergürtels, der seinen Träger als Amtsträger auszeichnet und unterscheidbar macht. Es wird ein betreffender Kandidat also «zum Ritter gegürtet», nicht «zum Ritter geschlagen». Dies gilt vornehmlich vom 11. bis zum 14. Jahrhundert. – Insignien und Abzeichen, dies hier vorab, spielen höflichkeitstheoretisch eine nicht zu unterschätzende Rolle bei der Kommunikation sozialer Agglomerate. Die spätmittelalterlichen Propagandisten des Rittertums, die es auf antike Wurzeln zurückführen möchten, haben also im Kern nicht unrecht. Dennoch steht der mittelalterliche «miles» nicht in direkter Kontinuität zum «miles» in der Ausprägung des römischen Kaiserreiches. Ist dieser ein einfacher Soldat, so bestimmt sich der Ritter als eine neue, aber niederrangige Stufe der öffentlichen Diensthierarchie (vgl. *K.F. WERNER*, Du nouveau sur un vieux thème. Les origines de la «noblesse» et de la «chevalerie», in: Académie des Inscriptions et Belles-Lettres, Comptes rendues des Séances, Paris 1985, 186-200). Die soziale Abgrenzung nach oben läßt sich auf die Formeln bringen: Adeliger ist man, Ritter hingegen wird man – dies ein Indiz dafür, daß es sich bei Rittern um Amtsträger handelt, ihre Aufgabe in einem Amt besteht. Darüber hinaus signalisiert der Miles-Titel im Mittelalter die rituelle Erhebung eines Kandidaten aus seinem bisherigen Sozialstatus heraus, ist also als Würdetitel aufzufassen. Das Ritual selbst speist sich aus verschiedenen Quellen und wandelt sich im Laufe der Zeit. Römische Wurzeln liegen hinter der Übertragung des Rittergürtels als Amtszeichen, germanische hinter der Gürtung mit Waffen («Schwertleite») und Sporen, christliche hinter dem Schwertsegen, der mit Bad, Einkleidung, Fasten und nächtlichem Gebet und Wachen in der Kirche ab dem 10. Jahrhundert zur Zeremonie der «Ritterweihe» ausgebaut wird. Später wird diese ausgefaltete Liturgie durch die Abbreviatur des einfacheren «Ritterschlags» verdrängt. Der zum Ritter Erhobene allein darf die Titulatur «dominus» vor dem Namen führen, der Adelige ohne Ritterwürde bleibt ein «armiger» oder «scutarius» («Edelknecht» oder «Edelknappe»). Allerdings sind Adel und Ritterwürde nicht ursprünglich verquickt. Ritter rekrutieren sich aus einer Vielzahl verschiedener Gesellschaftsstufen. In der Tendenz ist es jedoch so, daß je länger je mehr das Fehlen der Ritterwürde bei einem Fürsten oder König als «indignum» aufgefaßt wird. Was den Stand der «Ritterschaft» angeht, so gehört diese zum niedrigen Adel, eine Trennung, die im deutschen Reich besonders scharf ausgeprägt ist. Die Integration sozialer Aufsteiger hat mit dem Erreichen dieser Stufe zumeist ein Ende. Vgl. die Beiträge in: *O.G. OEXLE/W. PARAVICINI* (Hrsg.), Nobilitas. Funktion und Repräsentation des Adels in Alteuropa, Göttingen 1997, *J. FLECKENSTEIN/F. CARDINI/P. SCHREINER*, Art. Ritter, -tum, -stand, in: LMA VII 865-876, *O. EHRISMANN*, ritter: Der höfische Krieger, in: *ders.*, Ehre und Mut 169-181 (Lit.).

[81] Zu den Grundschichten dieses Ethos bemerkt *PARAVICINI*, Die ritterlich-höfische Kultur 4f.: «Jeder Aristokratie eigen ist die Achtung für den ranggleichen, denselben Normen verpflichteten Standesgenossen, auch wenn es sich um den Gegner auf dem Schlachtfelde handelt oder um einen Andersgläubigen. Aus dem standestypischen Verhalten im Kampf entsteht eine ritterlich-höfische Idealkultur des Kriegshandwerks, durchaus mit literarischem Einschlag.»

diesem allgemein-aristokratischen Impetus finden sich auch Einflußlinien, die aus dem christlich-kirchlichen Raum entstammen. Der Protagonist der ritterlich-höfischen Kultur wird geprägt von Normsätzen, die den Ritter auf den Schutz von Glaubenden und zum (kämpferischen) Einsatz für Glauben verpflichten und so die «Spezialisten des Kriegshandwerkes» in eine bestimmte Richtung «zivilisieren», die Kirchenreform und aufkommender Kreuzzugsgedanke ab dem 11. Jahrhundert vorgeben.[82] Der «miles» hat hier als «miles christianus» aufgefaßt zu werden, der sich zudem der Tradition der Fürsorge für «Arme, Witwen und Waisen» verbunden weiß. Allerdings verschmelzen diese Motivationsketten nicht völlig bruch- und widerspruchslos, auch wenn es zur Gründung von «Ritterorden» kommt[83], die man als den elaboriertesten Ausdruck dieser Idealvorstellungen bezeichnen kann.

Einen Sonderfall der Schutzfunktion des Ritters stellt der «Frauendienst» dar, der aus christlichen Wurzeln nicht abzuleiten ist. In ihm verbinden sich Herrschafts- und Liebesideal mit den Komponenten von Erotik und Bildung, die das Erscheinungsbild des Ritters mitformt. Nicht nur das Spezialistentum des Militärs ist gefragt, sondern ein Bildungslevel, das darüber hinausreicht.[84]

Ein *auch* höflichkeitsethisch relevanter Zentralbegriff der ritterlich-höfischen Kultur – wie jeder aristokratisch und ständisch organisierten Gesellschaft – ist der Begriff der «Ehre». Sie meint allgemein die graduierte Anerkennung prinzipieller Gleichwertigkeit und Normenkonformität des anderen. In der nur schwach institutionalisierten Gesellschaft des Mittelalters kommt der «Ehre»[85] und den spezifischen und vielfältigen Formen des «Ehrerweises» eine stabilisierende und sichernde Funktion zu, die Willkürakte einzudämmen sucht.[86] Der hohe Stellenwert der «Ehre» führt zur Ausprägung eines spezifischen «honor militaris», der sich in Phänomenen des Ehrenerwerbs und der Ehrerhaltung (wie Heidenkampf, Fernwallfahrt, Turnierteilnahme, in pointiert höfischen Liebens- und Umgangsformen, in literarisch-dichterischer Weise, in der Achtung des Ehrenwortes in Kriegs- wie Friedenszeiten und in Formen der Generosität und Freigebigkeit) niederschlägt. So ideal diese Typik erscheint, frei von einem rigorosen Formalismus ist sie nicht und findet schnell ihre Grenzen angesichts nicht ebenbürtiger oder andersgläubiger anderer.

---

82 Aus der immensen Literatur vgl. *J. RILEY-SMITH* (Hrsg.), Die Kreuzzüge. Kriege im Namen Gottes, Freiburg i. Br. 1999, *H.E. MAYER*, Geschichte der Kreuzzüge, Stuttgart ⁹2000. So heikel das Terrain ist, gerade die frühfranziskanische Alternative zu Agonalität und Gewalt gehört als Segment in das Feld der «cortesia». Darum *allein* geht es hier, aber dieser Konnex macht auf politische Implikationen aufmerksam.

83 U.a. Templer, Johanniter, Deutscher Orden. Vgl. *H. FUHRMANN*, Pour le mérite. Über die Sichtbarmachung von Verdiensten, Sigmaringen 1992, *J. FLECKENSTEIN/M. HELLMANN* (Hrsg.), Die geistlichen Ritterorden Europas, Sigmaringen 1980, *Z.H. NOWAK* (Hrsg.), Ordines militares, Thorn 1983ff., *D'A.J.D. BOULTON*, The Knights of the Crown. The monarchical orders of Knighthood in later medieval Europe, Woodbridge 1987, *A. RANFT*, Adelsgesellschaften, passim.

84 Vgl. zu Kontext und literarischen Niederschlägen *A. KABLITZ*, Die Minnedame, in: *NEUMEYER*, Mittelalterliche Menschenbilder 79-118.

85 *O. EHRISMANN*, êre: Die Norm des Adels, in: *ders.*, Ehre und Mut 65-71, die Beiträge in: *K. SCHREINER/G. SCHWERHOFF* (Hrsg.), Verletzte Ehre. Ehrkonflikte in Gesellschaften des Mittelalters und der Frühen Neuzeit, Köln, 1995, exemplifizierend *K. ANDERMANN,* ere – güete – minne: die Burgen des Wimpfener Reichsforstes, in: DA 54 (1998) 97-117.

86 Zu Formen, diesen Mangel an Institutionalisierung zu kompensieren, vgl. *G. ALTHOFF*, Spielregeln der Politik im Mittelalter. Kommunikation in Frieden und Fehde, Darmstadt 1997, *H. KAMP*, Friedensstifter und Vermittler im Mittelalter, Darmstadt 2001.

b) «Gelände» und «Gehäuse» – zum Rahmen des Rahmenethos

Der mit dem Ritterideal verbundene Kodex von Verhaltens- und Bildungsstandards entsteht nicht isoliert in einem luftleeren Raum, sondern gewinnt Vitalität wie Dynamik in einem spezifischen Rahmen von Öffentlichkeit, das dann auch namensprägend wirkt – dem «Hof». Für die Entwicklung dieser schier «unfaßlichen Form von Öffentlichkeit» (so W. Paravicini) kann nur eine grob vereinfachende Linie gezogen werden.

Vorab in Frankreich und den Niederlanden geformt, wandeln sich Haus und Haushaltung eines Herren von der Mobilität zur «stabilitas loci» unter permanenter Erweiterung und Ausdifferenzierung von Aufgabe und Ämtern. Dies spiegelt sich augenfällig auch architektonisch und baugeschichtlich wieder. Die wachsende Ortsgebundenheit der Residenz stellt immer aufwendiger konstruierte und strukturierte Räume zur Verfügung, die das Interaktions- und Repräsentationsgelände «Hof» bilden werden.[87] Der «Hof» und die Haushaltung des Fürsten wie das gesamte Inventar bleiben lange – bis hinein in das 15. Jahrhundert – tendenziell auf Mobilität angelegt, bevor sie zu einer Gruppe deutlicher konturierter Hauptstädte und Residenzen «ex officio» werden. Der Hof ist primär eine soziale Konstellation, nicht in erster Linie eine lokale.[88] Der Wandel läßt sich auch an einer terminologischen Verschiebung ablesen. Im 11. Jahrhundert löst das Wort «curia» die gängigen Bezeichnungen («palatium», «aula», «curtis») ab.[89] Nicht nur die stetige Entfaltung hoftypischer Ämter[90], sondern auch die Funktionen des Hofes geben einen Hinweis auf die Polyvalenz des Phänomens. Der Hof hat:

- das tägliche Leben zu organisieren,
- Zugang und Sicherheit zu gewährleisten,
- Prestige der Fürsten zu erhalten und zu erhöhen,
- Machteliten zu neutralisieren und zu integrieren,
- schließlich Regierungs- und Verwaltungsaufgaben zu erfüllen.[91]

---

[87] Mitzubedenken ist allerdings, daß sich diese Veränderungen erst Schritt für Schritt einstellen. Höfisch (dann höfliches) Handeln ist somit von Beginn an Handeln in Öffentlichkeit, markiert Räume, die es organisiert, strukturiert, besetzt und/oder freigibt. Dies gilt grundsätzlich und wird sich in der Phänomenologie der Höflichkeit als zivilisiertem und humanisierendem Territorialverhalten deutlicher zu erkennen geben. Vgl. auch *H. WENZEL*, Spiegelungen. Zum schönen Schein des öffentlichen Herrschaftshandelns, in: *FELDERER/MACHO*, Höflichkeit 25-39, bes. 29ff.

[88] So *PARAVICINI*, Die ritterlich-höfische Kultur 68f.

[89] Vgl. *PARAVICINI*, Die ritterlich-höfische Kultur 6: «Die Höfe, im Prinzip besondere Friedensbereiche, sind der soziale Ort der ritterlich-höfischen Kultur. ‹Hallenfreude› und ‹Saaljubel› hatte es auch in vorhöfischer Zeit gegeben; gemeinsames Mahl und gemeinsame Unterhaltung, Hochsitz und Vorrang waren nicht neu. Aber sie erhielten jetzt eine neue Qualität.» Vgl. zudem *BUMKE*, Höfische Kultur, passim, *W. PARAVICINI* (Hrsg.), Alltag bei Hofe, Sigmaringen 1994, *J. HIRSCHBIEGEL*, Der Hof als soziales System, in: Mitteilungen der Residenzen-Kommission 3 (1993) 11-25, *J.-D. MÜLLER* (Hrsg.), Wissen für den Hof, München 1993.

[90] Die Mindestausstattung ist gegen Ende des 12. Jahrhunderts in den «vier Ämtern» Schenk, Truchseß, Marschall und Kämmerer grundgelegt. Ein gutes Jahrhundert später kommen Hofnarr und Herold hinzu. Vgl. *W. RÖSENER*, Hofämter an mittelalterlichen Fürstenhöfen, in: DA 45 (1989) 485-550.

[91] *PARAVICINI*, Die ritterlich-höfische Kultur 66. Dabei ist immer auch auf die enge Verknüpfung von Hof und Stadt, von «curialitas» und «urbanitas» zu verweisen, vgl. *SCHUBERT*, Alltag im Mittelalter 156.

Für eine spezifische Gruppe von Menschen ist der Hof noch weit mehr. Seine Facetten sind zahlreicher und vielfarbiger.[92] Selbstverständlich entfaltet der Hof diese Vielfalt von Funktionen nicht Tag für Tag, wenngleich sie potentiell angelegt bleiben.[93] Fluktuation und Oszillation zwischen diesen beiden Polen ist außerordentlich groß und spiegelt hierin eine nicht nur temporäre, sondern strukturelle Unbalanciertheit und Dynamik. Das soziale und politische Gleichgewicht zwischen Haushaltung und Hof ist derart verschoben, daß trotz zahlloser Überschneidungen und Identitäten in Personal und Inventar der Schwerpunkt im Interaktionsgehäuse «Hof» kumuliert. Hier werden Grenzen sichtbar: die «Minores», die «kleinen», minderen Leute, gehören zum «Haushalt» und nicht zum Repräsentationsszenario. Sie können sogar Unfreie sein. Auf der anderen Seite birgt die Dynamik des «Hofes» eine Grundtendenz, die auf Vollständigkeit in der Ausdifferenzierung zielt.[94]

Diese Melange aus Geistlichem und Weltlichem, aus Ernstem und Heiterem, Praktisch-pragmatischem und Ästhetischem erst macht die Attraktivität des Hofes aus und füllt den repräsentativen Rahmen. Dies gilt vorrangig für einen Grundtopos der höfischen Kultur: für das Fest und sein Zeremoniell. Dienen Fest und Festmahl in frühmittelalterlicher Zeit als politische Symbolhandlungen zur Folge und Bekräftigung von Frieden, als vertrauensstiftende und -sichernde Maßnahmen (in einem schwach institutionalisierten Kontext!), als Bündniszeichen[95], so verlagert sich der Impetus je länger je mehr auf die Funktion der Inszenierung und Repräsentation von Herrschaft und ihrer Kultiviertheit, bestätigt zeremoniell sichtbar hierarchische Differenzen wie übergreifende Einheit.[96] Den Hof zeichnet es aus, daß er – auf den

---

[92] Vgl. *PARAVICINI*, Die ritterlich-höfische Kultur 66f.: «Er (der Hof – APA) ist politisches Entscheidungszentrum und Machttheater, Verbrauchs- und Vergnügungszentrum, Verteilerort und Maklersitz von und für Macht, Geld, Güter und soziale Chancen, für Geschmacksformen, Ideen und Moden aller Art, er ist Heiratsmarkt, Erziehungs- und Überwachungsanstalt für Minderjährige und Rivalen, aber auch Bewahranstalt für noch nicht Beerbte und jüngere Söhne zu Lebzeiten der Väter, zuweilen Hohe Schule, stets Schnittpunkt von Geistlichem und Weltlichem.»

[93] Schon der Regensburger Dompropst Konrad von Megenberg bringt im 14. Jahrhundert eine Unterscheidung auf den Weg, die die Differenz zwischen dem kleineren (täglichen) Haushalt und dem großen Hof, zwischen Alltag und Hoftag in den Begriffen «curia minor» und «curia maior», «curia plena» und «curia ordinaria», «servi honesti» und «servi utiles» auffängt. Vgl. *K. SCHREINER*, «Hof» (curia) und «höfische Lebensführung» (vita curialis) als Herausforderung an die christliche Theologie und Frömmigkeit, in: *G. KAISER/J.-D. MÜLLER* (Hrsg.), Höfische Literatur, Hofgesellschaft, Höfische Lebensformen um 1200, Düsseldorf 1986, 67-140, 76f., *W. RÖSENER*, Die höfische Frau im Hochmittelalter, in: *FLECKENSTEIN*, Curialitas 171-230, 197, *C. HUBER/H. LÄHNEMANN* (Hrsg.), Höfische Literatur und Klerikerkultur, Tübingen 2002.

[94] *K. SCHREINER*, «Hof» (curia) und «höfische Lebensführung» (vita curialis) 89f. konstatiert: «Wichtig für das Sozial- und Kulturprestige eines Hofes war der Grad seiner Vollständigkeit. Zum idealen, ‹vollständigen› Hof zählten edelfreie und niederadlige Inhaber der vier klassischen Hofämter, lehensabhängige Räte, studierte und unstudierte *officiales*, welche Recht sprachen und die Kanzlei verwalteten, Dienstleute und Burgmannen (*familia militaris*), die Wach-, Kriegs-, Geleits- und Verwaltungsdienste verrichteten, schließlich Dichter und Spielleute, deren Aufgabe es war, Feste geistreich und unterhaltsam zu gestalten.»

[95] Vgl. *G. ALTHOFF*, Fest und Bündnis, in: *D. ALTENBURG/J. JARNUT/H.-H. STEINHOFF* (Hrsg.), Feste und Feiern im Mittelalter, Sigmaringen 1991, 29-38, 30.

[96] Vgl. die Beiträge in: *H. RAGOTZKY/H. WENZEL* (Hrsg.), Höfische Repräsentation. Das Zeremoniell und die Zeichen, Tübingen 1990, des weiteren zum thematischen Horizont: *J. CARRÉ*, Art. Représentation (lieux de), in: DRPSV 763-779, *M. BLANCO*, Art. Cérémonie, in: DRPSV 47-72.

Substrukturen der alltäglichen Versorgungs-, Transportorganisation etc. basierend[97] – in der Vorstellung und Antizipation des «Ewigen Festes» genau diese Alltäglichkeit aufheben und transzendieren will. Dieser Topos wird literarisch stark propagiert und findet in einer Fülle von epischen Werken seinen Niederschlag und gibt Leitlinien für Regulationen.[98]

Insgesamt sehen wir damit «Hof» als soziales und lokales Amalgam in höchst ambivalenten Spannungen und keineswegs als ein homogenes oder gar statisches Gebilde. Eine Vielzahl von Einzelmomenten, -facetten und -entwicklungen findet hier ihren Ort, eine in allen Einzelheiten näherhin kaum zu beschreibende Personal- wie Sachkultur entfaltet sich. So unfaßlich der Hof als Ganzes bleibt, so deutlich lassen sich aber einzelne Züge in diesem wandernden und dynamischen «Gehäuse» benennen. Sie bilden die Essenzen und Ingredienzen einer höfischen Kultur, der sich nicht zuletzt die Konfiguration – terminologisch wie in Inhalten – der «Höflichkeit» verdankt.

c) Setting: «Höfische Kultur» – zum Kulturmaterial des Rahmenethos

In und mit der «ritterlich-höfischen Kultur» entstehen eine «neue Pädagogik», eine «neue Ästhetik» und eine «neue Ethik».[99] Bevor letztere in einem eigenen Abschnitt beschrieben werden soll, gilt es einige markante Phänomene der «höfischen Kultur» und ihre Ausprägungen und Funktionen darzustellen. Zu denken ist dabei an die folgenden Themenkreise, die alle mehr oder weniger unmittelbar paradigmatische Hinweise für Verständnis und Aktuierung der «cortesia» geben:

- die Bedeutung von Statussymbolen,
- das Phänomen der «höfischen Liebe»,
- das Turnier,
- die Rolle von Ritterorden und Adelsgesellschaften,
- die Heraldik,
- Mobilität und Reise als «Lebensform»
- und schließlich die Rolle des gebildeten Ritters.[100]

Statussymbole sind ein allgemeines Phänomen und als Orientierungsbojen für Gruppenzugehörigkeiten und Status von bleibender Höflichkeitsrelevanz. Sie finden sich in unterschiedlichsten Kulturkreisen und -epochen. Sie hängen eng zusammen mit den leitenden Form- und Normvorstellungen einer Gesellschaft, mit

[97] Vgl. dazu die Studien in *W. PARAVICINI* (Hrsg.), Alltag bei Hofe, Sigmaringen 1994.

[98] Im Anschluß daran entwickelt sich auch eine elaborierte Festforschung. Vgl. nur die Beiträge in: *D. ALTENBURG/J. JARNUT/H.-H. STEINHOFF* (Hrsg.), Feste und Feiern im Mittelalter, Sigmaringen 1991. Auf der anderen Seite gilt für das Klima bei Hof auch – durchaus nachvollziehbar –, was *PARAVICINI*, Die ritterlich-höfische Kultur 70, feststellt: «Der Festcharakter des Lebens bei Hof wird durch seine Veralltäglichung gefährdet. Die Langeweile, mit Zeitvertreib bekämpft (Jagd, Sport, Musik, Literatur, Essen), *longa taedia exspectationis incerta* (Peter von Blois, 12. Jahrhundert), lassen die mit der Todsünde Acaedia verwandte Langeweile als Standesübel der Aristokratie und der höfischen Gesellschaft entstehen.» Vgl. *A. BELLEBAUM*, Langeweile, Überdruß und Lebenssinn, Opladen 1990.

[99] So *FLECKENSTEIN*, Curialitas 13.

[100] Vgl. *PARAVICINI*, Die ritterlich-höfische Kultur 8-19.

technisch-künstlerischen Möglichkeiten und haben somit neben der materialen auch ästhetische und ethische Funktionen und Valenzen.[101]

Ohne Zweifel gehört die Kleidung der Protagonisten in diese Kategorie. Sie war und ist stets ein markantes Statussymbol und hat daher auch Bedeutung für die Interaktion zwischen Partnern, weil sie Nähen oder Distanzen signalisiert und symbolisiert. Augenfällig wird dies bei der Doppelnorm, die für höfische Kleidung gilt: höchstmögliche Kostbarkeit ist ebenso geboten wie ein großer Abstand zu jeglicher Art von Arbeitskleidung.[102] Schon in der Mitte des 12. Jahrhunderts ist es Bauern untersagt, vornehme und bunte Kleidung zu tragen. Sie bleibt sozial Höherrangigen reserviert.[103] Von nicht geringerer Bedeutung ist die Entwicklung hofspezifischer Gesten, Gebärden und einer dazu analogen Sprache.[104]

In alledem manifestiert sich eine bis in die Details verwandelte Lebenskunst und -kultur, die einen deutlichen Verfeinerungsschub signalisiert. In engster Verbindung dazu steht die Ausprägung der «hoverede», eines gruppenadäquaten Sprechens, das sich in vielerlei Formen niederschlägt: von der Auswahl der Themen bis hin zum richtigen Einsatz vor allem französischer und flämischer Fremdwörter und Formulierungen vor allem in den Rezeptionsgebieten höfischer Modelle. Von Bedeutung ist zudem geistreiche Schlagfertigkeit, die ihre Wirkung auch in Verbindung mit einer Binnensprache erreicht, in der «Insider» *ihre* Themen nur knapp anzutippen oder anzuspielen brauchen, was von «Outsidern» nicht mehr verstanden werden kann.

Die Entstehung der literarischen Gattung der «Tischzuchten» als höflichkeitspädagogisches Instrument verweist auf einen der Kulminationspunkte der neuen höfischen Kultur: der Mahlzeit. Dabei spielen alle Ingredienzen und Requisiten eine spezifische Rolle, deren Kenntnis und Einsatz den Betreffenden «auszeichnet». Von Ausschlag ist sowohl *was* als auch *wie* aufgetragen, vorgelegt und gegessen wird.[105] Verdankt sich das Repertoire der Gesten und Instrumente auch teilweise prak-

---

[101] Neben Qualität und der Quantität stehen auch Grade der Novität (der Accessoires) und jeweilige Einsatzorte zur Debatte.

[102] Ausnahmen bilden Kampf-, Turnier-, Jagd- und Reisekleidung, wenngleich auch hier genügend Distinktionssignale zur Verfügung stehen. Es entwickelt sich also eine auch beim Adel von der Alltagskleidung unterschiedene Hoftracht, die den Träger je und je ausweist. Deutlich wird die Distanzfunktion der Kleidung auch darin, daß im 14. Jahrhundert fixierte Kleiderordnungen verstärkt die Abgrenzung zum sozial nachdrängenden Bürgertum einfordern. Vgl. *BUMKE*, Höfische Kultur 172-210.

[103] Grundlegend und inspirierend zum «dress code» oder «vestimentären Code» vgl. *R. BARTHES*, Die Sprache der Mode, Frankfurt/M. 1985, *M.-C. NATTAN*, Art. Mode, in: DRPSV 607-635, *C. ROUSSEL*, Art. Courtoisie, in: DRPSV 175-196, bes. 180ff. (zu Körper und Kleidung). *U. POSCHARDT*, Kleider lügen nicht: Mode ist die Kommunikationsform der Postmoderne, in: EK 31 (1998) 387-390, «aktuellere» und paradigmatische Relevanz und Ref/verenz zum Thema bei: *P. MANN/J. AMESBURY*, Regel und Regelverstoß. Die Kleiderordnung des Herzogs von Windsor. Ein Bildessay, in: *FELDERER/MACHO*, Höflichkeit 92-106.

[104] Höflichkeitstheoretisch betritt man damit ein nach wie vor hochfrequentiertes, reichlich vermintes Feld. *PARAVICINI*, Die ritterlich-höfische Kultur 8, skizziert: «Der Griff an die Tasselschnur des Mantels im 13. Jahrhundert, das rechte Sitzen, Stehen und Gehen, Grüßen und Abschiednehmen, Auftragen und Vorschneiden, Reiten und Tanzen, das erst im 15. Jahrhundert seine Gemessenheit im Moriskentanz verliert und als ‹spezifischer Ausdruck der höfischen Kultur› gelten kann (...).»

[105] Vgl. die interessante, weitgespannte Studie von *M. MONTANARI*, Der Hunger und der Überfluß. Kulturgeschichte der Ernährung in Europa, München 1993, bes. 66-84. Dabei ist nicht zu übersehen, daß hier auch weitere soziale und rechtliche Privilegien einschlägig und distinktiv sind (das Privileg oder Vorrecht der Hochjagd z.B.).

tischen und hygienischen Gründen, so wirft doch die Stilisierung und Überformung des höfischen Festmahls ein bezeichnendes Licht auf soziale Umgangsmuster, die Wirkungen zeigen – und bis heute aus dem Höflichkeitsdiskurs nicht wegzudenken sind. Gleichsam von selbst versteht sich, daß die unmittelbaren Werkzeuge des zum Ritter mutierten Kriegers zu Statussymbolen par excellence werden, ist es ja gerade die Exklusivität seiner Wehrhaftigkeit, die seine soziale Stellung begründet. So definiert sich der Ritter in und über diese Instrumente wie Dolch, Sporen, Schwert, Lanze, Rittergürtel oder Rüstung.[106] Das Schwert wird zudem auch zum Signum von politischer und – mehr noch – richterlicher Gewalt.

Als Ausweis des sozialen Ranges muß auch die Wohnung gelten. Besonders sichtbar wird dies in der Verschiebung von temporären Wehranlagen (Türme auf einem Berg, der manchmal auch künstlich aufgeworfen wird, der «Motte», oder in einem Weiher, die später mit Wall und Gräben ausgestattet werden) hin zu An- oder Edelsitzen, bei denen die militärischen Funktionen immer weiter in den Hintergrund treten oder zu repräsentativen Zitaten und Baufloskeln werden. Zudem schreitet im Inneren auch die Funktionsdifferenzierung der Räume fort.[107]

---

[106] Diese «Insignia» behalten ihre Bedeutung bis in das 20. Jahrhundert hinein. Sie bleiben bis dahin verbunden mit Standesethos und Ehrenkodex der lange vornehmlich aristokratisierten Offizierskaste.

[107] Vgl. zur Baugeschichte *BUMKE*, Höfische Kultur 143-161. Auch mit diesen Entwicklungen gehen Verhaltensänderungen einher. Von Belang darüber hinaus ist für das höfisch-ritterliche Gepräge und Gepränge auch alles, was mit der Jagd zusammenhängt. Die Hochjagd ist im 12. Jahrhundert zum Standesprivileg geworden. Dies schlägt sich auch heraldisch nieder: Jagdhund und – vor allem – Jagdfalke werden zu Symboltieren für adlige Existenz selbst. Ähnlich wie die Hochjagd, die nur mehr sekundär der Substituierung von Lebensmitteln dient, sondern als repräsentativer Zeitvertreib und Inszenierung einzuordnen ist, werden das Spiel und die dafür aufgewendete Zeit – in Opposition zu allem, was nach Arbeit aussehen könnte – zum Aufweis adlig-höfischer Lebensweise. Nicht verwunderlich ist es also, daß auch das Spiel der Spiele – das Schachspiel – Eingang findet in das Repertoire der Wappenmuster.
Chronologisch und inhaltlich läuft das Wappenwesen zur «höfisch-ritterlichen Kultur» in Aufkommen und Blüte parallel. Erkennungszeichen und -farben sind ein weitverbreitetes, kultur- wie epochenübergreifendes Phänomen. Eine Ausdifferenzierung und Bedeutungsdichte wie die in der ersten Hälfte des 12. Jahrhunderts im nordwesteuropäischen Kernraum ist aber selten zu verzeichnen. Sie geht aus dem Schildschmuck und den Bannerbildern des Kriegshandwerks und seinem Wappen- und Siegelwesen hervor. Gleichzeitig mit erblichen Familiennamen entstehen so auch erbliche Familienwappen. Im 13. Jahrhundert bildet sich die Systematik und eine feinmaschige Ausdifferenzierungen (nach Farb-, Material- und Bildprogrammen und -bedeutungen) mit einer Verbreitung in ganz Europa heraus. Die Präsenz von Wappen ist in dieser Zeitspanne sehr groß und mannigfaltig sind die Gelegenheiten und Modi, bei denen sie ausgestellt werden (auf Rüstungen, Schilden, Helmen, als Banner oder Wimpel). Immer mehr gewinnen die Wappen auch Bedeutung als Hoheits- und Besitzzeichen oder gar als Repräsentation des Trägers und zur Erinnerung an ihn. Damit trägt sich ein Zug von Unverwechselbarkeit und Individualität in das Wappenwesen ein und wird dadurch auch noch befördert. Vgl. *M. PASTOUREAU*, Traité d'Héraldique, Paris [2]1992. Vgl. zum veränderten, aber unverminderten Zusammenhang von höfisch-ritterlicher Kultur und «postmoderner Heraldik» *FRANCK*, Ökonomie der Aufmerksamkeit 175: «Wie Helmbusch und Wappen, so werden nun die Embleme der Nobelmarken vorgeführt.» – Auch in diesen nonverbalen Signalen und Zeichen kommen Annäherungs- wie Distanzwahrungsmomente zum Tragen, wie sie die Höflichkeitstheorie untersucht. Ohne hier direkte Ableitungen und Genealogien zu postulieren oder rekonstruieren zu wollen – Aufklebern, Stickern, Badges etc., wie sie auch heute noch getragen werden, kommt eine vergleichbare Funktion zu. Gruppenzugehörigkeiten, aber auch «sichere Gesprächsthemen» (vgl. unten Abs. 9.1. und 9.2.) werden hiermit zur Disposition gestellt und angeboten, andere damit oftmals ausgeschlossen oder als nicht ratsam und heikel gekennzeichnet.
Mit engem Anschluß an das Wappenwesen bildet sich ein Hofamt heraus, das unverzichtbar zum Szenarium der «höfischen Kultur» gehört: der Herold, der zuinnerst «Wappen-, Zeremonial- und Überlieferungsspezialist» ist, also Hermeneut und Interpret, der seine Realienkunde zur Verfügung stellt, gerade wenn es um Nähe und Distanz in der sozial hochbrisanten Interaktion geht. Vgl. *PARAVICINI*, Die ritterlich-höfische Kultur 16, 77-85, *G.A. LESTER*, The literary activity of medieval English heralds, in:

Daß ein Spiel – das Schachspiel – ausgerechnet in dieser Epoche aus dem indischen Raum einwandert, das die originale Figur des «Ratgebers» durch die «Dame» ersetzt, die nicht gewaltsam erobert, sondern «umworben» werden soll, mag zunächst wie eine marginale Anekdote klingen, doch dies fügt sich nahtlos an ein weiteres zentrales Phänomen des höfischen Verhaltenskodex: die «höfische Liebe» oder «Minne».[108] Die «Minne» oder die «höfische Liebe» bringt ein völlig neues Element in die Oberschichtkultur des Mittelalters.[109] Dieses Phänomen schlägt sich vielfach in alltäglichen Stilkonkretionen wie literarischer Propagierung nieder, ist aber nicht in einer eigenen Theorie oder griffigen Definition festgemacht worden.[110]

Zu vermerken ist allerdings, daß es sich hierbei lediglich um Tendenzangaben, nicht aber um zwingende Erscheinungsformen handelt. Hingegen wird eine Abgrenzung deutlich greifbar: die Unterscheidung zwischen «niederer» und «hoher» Minne im ständischen wie im religiösen Sinn. Diese neue Rede von der Liebe markiert einen Zivilisationsschub und nimmt ihren Ausgang im Frankreich des 12. Jahrhunderts. In diesem literarisch-gesellschaftlichen Diskurs macht die neuere Forschung eine Reihe von konstanten, vergleichsweise stabilen Faktoren für die «höfische Liebe» aus, die für den Höflichkeitsdiskurs von Bedeutung sein werden:

- die Ausschließlichkeit der Beziehung (sie ist nicht an das Eheinstitut gebunden),
- ihre Beständigkeit oder «staete» in Kontrast zur Flüchtigkeit der «Schäfer»-Liebe,
- Aufrichtigkeit oder «triuwe»,
- Selbstlosigkeit (in Abgrenzung zur von der ovidischen Tradition forcierten, durch List markierten Liebesauffassung),
- ihre Reziprozität,
- die Freiwilligkeit und der Respekt (inner- wie außerehelich),
- die Betonung des Maßhaltens und der Vernünftigkeit
- und schließlich der Bereitschaft, Leiden auf sich zu nehmen.[111]

Selbstverständlich stellt dieser in sich nicht einfach kohärente Tugendkatalog hohe Anforderungen, die kaum genuin und gleichzeitig umgesetzt werden können. Aber gerade aus den Spannungen und Widersprüchlichkeiten speist sich die zeitge-

English Studies 71 (1990) 222-229, *G. MELVILLE*, Hérauts et héros, in: *H. DUCHHARDT* (Hrsg.), European Monarchy, Stuttgart 1992, 81-97. Ähnlich wie der Hofnarr entwickelt sich auch der Herold aus dem «Fahrenden» zu einem festen Amt bei Hof. Zum «Hofnarren», der Personifikation und Institutionalisierung des höfischen Wertes der «iocunditas», vgl. *PARAVICINI*, Die ritterlich-höfische Kultur 16f., *W. MEZGER*, Hofnarren im Mittelalter, Konstanz 1981, *ders.*, Narrenidee und Fastnachtsbrauch, Konstanz 1991, *M. LEVER*, Zepter und Schellenkappe. Zur Geschichte des Hofnarren, Stuttgart 1992.

108 Vgl. *H.-W. GOETZ*, Leben im Mittelalter, München ⁶1996, 171. Vgl. kritisch zur höfischen Liebe als «Streichbegriff» *SCHUBERT*, Alltag im Mittelalter 248-271, 253.

109 Vgl. *BUMKE*, Höfische Kultur, 503-582. Der Begriff begegnet in mittelalterlichen Textzeugnissen nicht, «cortez'amors» nur selten. Der französische Romanist Gaston Paris prägt den Terminus «amour courtois» 1883. Vgl. *O. EHRISMANN*, minne und liebe: Das Fluidum zur Interaktion, in: *ders.*, Ehre und Mut 136-148 (Lit.), *KABLITZ*, Die Minnedame (Lit.), *C. ROUSSEL*, Art. Courtoisie, in: DRPSV 175-196, bes. 188-190 – einmal mehr ein nicht hier abschreitbares, weites wie faszinierendes Feld für Detaildarstellungen.

110 Immerhin läßt sich soviel sagen: die höfische Liebe ist partiell: nichtehelich, diskret und erotisch, lange andauernder Dienst des Mannes für eine meist höhergestellte Frau, wodurch sich Minne moralisch wie physisch auf die Vollkommenheit des Mannes auswirkt, sie ist schließlich eine Kunstform mit eigenen Regularien und Formen (Brief und Gedicht). Vgl. *PARAVICINI*, Die ritterlich-höfische Kultur 10.

111 Aufgelistet bei *PARAVICINI*, Die ritterlich-höfische Kultur 10f.

nössische Diskussion. Gerade in der Tatsache, daß dieser Diskurs öffentlich (literarisch oder inszenatorisch-narrativ) ausgetragen wird, findet sich ein innovatives Moment.

Im Zuge dieser Entwicklung enthält der weltlich gefaßte «amor» eine Aufwertung und damit eine neue Selbständigkeit gegenüber der geistlichen «caritas», die von der Kirche propagiert wird.[112] Vielmehr wird jetzt die weltlich-höfische Liebe als Quellgrund aller Tugenden verstanden und in eine Laienkultur integriert, die sich nicht zuletzt mit der Hilfe von «Hofklerikern» entwickelt, sich aber von einem strikt christlich-religiösen Hintergrund emanzipiert.[113]

Das Turnier gehört zu den markanten, in der Folge stilprägend signifikanten Institutionen der «höfisch-ritterlichen Kultur» und ist mit seinem Pazifizierungs- und Regulierungsbeitrag von der Intention der «höfischen Liebe» verwandt.[114] An sich sind berittene oder unberittene Kampfspiele nichts Neues, der signifikante Unterschied bei ritterlichen Turnieren liegt hingegen bei der sich ausbildenden Ritualisierung und Regelhaftigkeit wie in der Klassifizierung der Turnierarten.[115] Es geht dabei um Repäsentationsfiguren und ihr Anforderungsprofil. Wichtig ist die Beobachtung, daß das Turnier in seinen verschiedenen Formen nur ganz selten als für sich selbst isolierte Veranstaltung begegnet. Zumeist ist es Teil eines großzügiger

---

[112] Hier liegt auch ein Topos der «Hofkritik» begründet. Vgl. unten Abs. 5.5.

[113] Bleiben schon die hier vorgestellten Werte im Diskurs grundlegend ambivalent in ihren internen und externen Bezügen, so zeichnet sich in der Realität doch ein dunkleres Bild ab. Es ist bis in hochrangige Kreise hinein von alltäglichem Grobianismus, Gewalt und Vergewaltigung gekennzeichnet. Erotische Freizügigkeit oder gar Ehebruch von Frauen werden nicht toleriert und als Vergehen gegen die Familienehre (vorab freilich die des Mannes) auch um der «dynastischen Reinheit» willen hart sanktioniert. Frauen sind wie ehedem Mittel zur Sicherung und Erweiterung des Familienbestandes. Von Freiheiten, wie sie die «höfische Liebe» literarisch-theoretisch vorstellt, kann hier schwerlich die Rede sein. Das erweist diesen Diskurs zunächst als fiktional und utopisch. Dennoch hat er auf Dauer Einfluß, bleibt nicht folgenlos, eröffnet er doch die Denkmöglichkeiten eines gewaltfreieren Umgangs in der Beziehung der Geschlechter. Ethisch gesprochen gibt es eben auch eine «normative Kraft des Fiktionalen» (im Anschluß an D. Mieth), die vor vorläufigen Grenzen und Determinationen des Faktischen eben nicht Halt macht, sondern diese – auch und gerade ohne Aussicht auf kurzatmigen Sittlichkeitsgewinn – überschreitet, entgrenzt und – transzendiert.

[114] Das legen auch sachkundliche Befunde nahe. In der Manessischen Handschrift beispielsweise ist eine Miniatur zu finden, die einen Ritter zeigt, der das Wort «amor» als Wortdevise auf der Schabracke seines Pferdes führt. Zudem sind Frauen literarisch in Frankreich schon ab ca. 1150, real aber erst gut hundert Jahre später Zuschauerinnen bei Turnieren, verleihen die Siegespreise. Noch später entscheiden sie sogar über die Zulassung von Teilnehmern, verteilen Pfänder und Zeichen, die diese dann während des Turniers tragen. Vgl. *PARAVICINI*, Die ritterlich-höfische Kultur 11f. – Hier wie dort darf nicht übersehen werden, daß der Aufbau von Regeln und Ritualen, also von spezifizierten Umgangsformen, den Charakter der zumindest theoretisch antizipierten Befriedung von Gesellschaftsteilen trägt. Mögen auch die Realisierungen in der Initiierungsphase anfanghaft bleiben, so ist dieser Duktus doch von erheblicher (sozial-)ethischer Relevanz.

[115] Das ritterliche Turnier im 11. Jahrhundert in Nordfrankreich und dem dazugehörigen Flandern bringt eine Reihe von neuen Regularien mit sich. Zu nennen wären dabei: die formelle Einladung mit bestimmten Fristen, die Übereinkunft betreffs finanzieller und kampftechnischer Bedingungen, die Aufteilung der Kämpfer in gleich starke Gruppen, das Reiten in geschlossenen Verbänden (Turniere sind zunächst fast ausschließlich als «Mannschaftswettkämpfe» angelegt. Tendenziell spielen Einzelkämpfe erst später eine größere Rolle), der Einsatz scharfer Waffen und schließlich die Bestimmung eines Sicherheitsbezirkes in Abgrenzung zum Kampffeld. Vgl. *PARAVICINI*, Die ritterlich-höfische Kultur 12f. – Dieser Ursprung läßt sich auch erkennen an der Bezeichnung «gallischer Kampf» oder Kampf auf «französische Weise» in Abgrenzung zum waffenlosen Kampfspiel nach «deutscher Weise», dem «Buhurt» (von fränkisch «bihurdan» für «einzäunen»).

angelegten höfischen Festes, in dem Mahlzeiten, Tanz[116] und Gottesdienst die weiteren Elemente bilden. Die Anlässe für derartige Feste divergieren natürlich, aber besonders Fürstenhochzeiten, Friedens- oder Bündnisabschlüsse bieten Grund genug für ausgiebige Inszenierungen.[117]

Mobilität und Reisen ohne strikte wirtschaftliche Notwendigkeit gehört in diversesten Kontexten zum Aufweis herrschaftlicher, sozial hochrangiger Existenz. Die Reisetätigkeit des Adels im Mittelalter, die durchaus als eigenständige Lebensform der «Mobilität in Nobilität» bezeichnet werden kann, trägt besondere Züge, die von unterschiedlichen idealen Vorstellungen wie konkreten Möglichkeiten herrühren.[118] Die Stilisierung des «miles christianus» als Verteidiger der Kirche und des Glaubens in Heidenkampf und Kreuzzug, die so attraktiven wie riskanten Fernwallfahrten nach Rom, Santiago de Compostela oder Jerusalem bestimmen das Klima und motivieren zum Aufbruch ebenso wie die Faszination, die von den immer zahlreicher werdenden Höfen sehr real ausgeht. Auffällig ist, daß – gestützt auf ein dichtes Netz höfischer Hospitalität, das über fast ganz Europa reicht und das Signum der Internationalität trägt – das Reisen als Lebensform (der «fahrende Ritter», der keine bloße Fiktion ist) eine Mutation durchmacht. Aus der ursprünglichen Heidenfahrt wird mehr und mehr die «Kavalierstour»[119], auch wenn die anderen Elemente und Motive aus dem praktischen und praktizierten Arsenal nicht verschwinden (Bildungsreise, Hofbesuch, Pilgerfahrt, Kreuzzug und Heidenkampf). Der Schwerpunkt verlagert sich zusehends weg von kämpferischen Intentionen zu sozialen und schließlich zu dem der fachlichen Qualifikation an den Universitäten – auch das eine bemerkenswerte Entwicklung, die Weitgereistheit mit Bildung konnotiert.[120]

Die «ritterlich-höfische Kultur stattet ihre Protagonisten auch mit einer spezifischen Bildung und Wissenschaft aus. Dieser Bildungshorizont – teils von den Herolden verwaltet und interpretiert – macht die «learned chivalry»[121], den «gebildete Ritter», aus. Das Arsenal von Inhalten und Topoi umschreibt eine ganze imaginäre Welt von Literatur über Ikonographie und Geschichtsdeutungen, die für den einzelnen Ritter ein dichtes Interpretations-, Bezugs-, Handlungs- und Wertesystem zur Verfügung stellt. Der springende Punkt dabei ist die Tatsache, daß sich dieser Fundus nur sehr spärlich mit dem gängigen Bildungsvorrat und -inventar juristisch-

---

[116] Zum Thema Tanz (das metaphorisch in den Höflichkeitsüberlegungen bei Aristoteles implizit, als Metapher bei H. Bergson und H. Plessner explizit vorkommt – «souplesse» und «Geschmeidigkeit» in der Koordination von Bewegung und Raumteilung – sind die Haftpunkte) vgl. die Informationen bei *R. HESS/A. WEILAND*, Art. Danse, in: DRPSV 223-248.

[117] Ritterorden und Adelsgesellschaften sind im Gefolge der Turniertätigkeit nicht selten als Verfestigungen von Turnierparteien gebildet worden. Natürlich hat diese Form der Vergesellschaftung auch ältere Wurzeln, die in verschiedenen Kategorien von Bindungen und Verbindungen zu suchen sind. Vgl. *PARAVICINI*, Die ritterlich-höfische Kultur 14, für die Folgeepochen vgl. *A. RANFT*, Adelsgesellschaften, passim.

[118] Details und Kontexte bei *W. PARAVICINI*, Fahrende Ritter. Literarisches Bild und gelebte Wirklichkeit im Spätmittelalter, in: *NEUMEYER*, Mittelalterliche Menschenbilder 205-254 (mit reichhaltigem Literaturverzeichnis).

[119] Internationalität und Interkulturalität sind damit Markierungen, die bemerkenswert bleiben – und hier erste Haftpunkte auch für die weitere ethische Reflexion haben.

[120] Selbstverständlich trägt diese «Lebensform der Reise» aus sich heraus dazu bei, daß sich die «höfische Kultur» so rasch und so schnell ausbreiten kann in Europa.

[121] Vgl. *M. KEEN*, Chivalry, New Haven-London 1984, 5f.; u.ö.

klerikaler Provenienz deckt.[122] Darüber hinaus gibt es – neben den Amtsherolden – eine Reihe von Einzelpersönlichkeiten aus der Ritterschaft, die als «Gelehrte» oder Literaten historisch faßbar werden[123] – dies um so mehr, als sich Minnedichtung stets signifikant als Adelsdichtung zeigt.

Bevor wir den Blick einem speziellen Feld der «höfischen Kultur», der «höfischen Ethik» nämlich, zuwenden, ist eine knappe Evaluierung von Wesen und Bedeutung dieses kulturhistorischen Phänomens zu entwerfen. Mit W. Paravicini kann man resümieren:

> *«Die ritterliche-höfische Kultur ist der Entwurf einer weltlichen Lebensform und Ethik, der den Versuch macht, das Ansinnen christlicher Nächstenliebe und Entsagung sowohl mit herrenmäßiger Existenz und Gewaltanwendung als auch mit der neuen kämpferischen Intellektualität des 12. und 13. Jahrhunderts zu verbinden. (...) Die ritterlich-höfische Kultur des Mittelalters bringt nicht nur neue Inhalte und Formen, sondern sie zeichnet sich auch durch höheren Aufwand und höhere Frequenz der traditionellen Prachtentfaltung aus: Aus alten Elementen entsteht ein neues Bild. Sozial gesehen bedeutet auch dieses mehr eine Veränderung des Lebensgefühls und zieht schärfere Grenzen zwischen höfisch und nicht-höfisch lebenden Menschen in einem ökonomischen Ausschlußverfahren, das schließlich nur die noch höfische Kultur der Fürstenhöfe übrigläßt und den ritterlichen Bestandteil mit seinem genossenschaftlich-kämpferischen Gehalt in den Hintergrund drängt.»*[124]

Nimmt die letzte Aussage auch zeitlich nachfolgende Entwicklungen in den Blick, so ist doch festzuhalten, daß die «ritterlich-höfische Kultur» als «erste autonome Laienkultur des Abendlandes» (mit O. Brunner oder J. Le Goff[125]) in dem Amalgam aus Tradition, Transformation und Innovation ästhetische wie ethische Kategorien entwickelt, die von weitreichender Bedeutung sind. Dem gilt nun die Aufmerksamkeit in der Zuspitzung auf ein temporär charakteristisches Ethosmodell, das Folgen hat. In einem materialreichen Überblick, in dem Le Goff eine Matrix dominanter kultureller Momente mit ihrem Niederschlag in, ihren Verbindungen zu den franziskanischen Quellen ausbreitet, wird auch auf Verhaltens- und Sensibilitätsmodelle abgehoben. Dazu zählt Le Goff «la courtoisie, la beauté, la joie, la

---

122 *PARAVICINI*, Die ritterlich-höfische Kultur 18, führt zwei Beispiele für diese seltenen Überschneidungen an, die durchaus signifikant sind: zum einen das Bildprogramm um König Artus und der Tafelrunde, wo in prägnanter Weise (und mit weitflächiger Rezeption) christliche Motive mit solchen aus der jüdischen oder griechisch-römischen Antike kombiniert werden, zum anderen verweist er auf die Existenz besonderer «Ritterheiligen», unter ihnen der hl. Georg als der bekannteste, bei dem adelige Existenz mit christlicher Ethik zusammengebunden werden.

123 Zu nennen wären Ulrich von Liechtenstein, Reinhard von Westerburg, Peter Graf von Aarberg, Hadamar von Laber oder der wohl bekannteste aus diesem Kreis, Oswald von Wolkenstein.

124 *PARAVICINI*, Die ritterlich-höfische Kultur 19.

125 *J. LE GOFF*, Das alte Europa und die Welt der Moderne, München 1996, 27: «Ein anderes, diesmal weltliches Modell ist das der Höflichkeit, des höfischen Benehmens. Der Mann ist nicht nur der Krieger, der Heldentaten vollbringt, er ist auch ein gut erzogener Mann, der sich den Frauen gegenüber galant verhält und um sich herum die verfeinerten Manieren des Hofes verbreitet. Das ist das erste Ideal einer Höflichkeit, die, verbunden mit der Urbanität, den in der Stadt geschaffenen guten Sitten, bis heute für die Europäer einen Kodex sozialer Werte und edlen Verhaltens bildet.», vgl. *ders.*, Franciscanisme et modèles culturels du XIIIe siecle, in: *ders.*, Saint François d'Assise, Paris 1999, 159-212, vgl. auch *SCHUBERT*, Alltag im Mittelalter, bes. 149-216 (Lit.).

mort»[126]. Auch weist auch Le Goff darauf hin, daß das laikal-aristokratische Modell der «curialitas» als leitendes Konzept für Franziskus von Beginn an faszinierend ist und es leitend bleibt.[127]

5.4. Von «höfischer Ethik» und «ritterlicher Tugend»

Ohne Zweifel ist der Blick auf das Tableau der höfisch-ritterlichen Kultur nicht annähernd komplett, wird nicht auch das reflektiert, was unter den Begriffen von «höfischer Ethik» oder gar «ritterlichem Tugendsystem»[128] (so Ehrismann) verhandelt

---

[126] Vgl. *LE GOFF*, Francisanisme et modèles culturels 162. Außer auf diese «modèles de comportement et de sensibilité», zu denen auch Analysen zu den Vorstellungen von «pénitence», «pauvreté», «humilité» gehören, lenkt Le Goff den Blick auf folgende für das 13. Jahrhundert neue und kennzeichnende Aspekte: a) topologisch-chronologische Modelle und Konzepte (Stadt, Kirche, Haus, Neuigkeit und Gedächtnis als Konzepte und Haftpunkte der Wahrnehmung, b) Modelle und Konzepte der ökonomischen Entwicklung (Geld und Arbeit), c) Modelle und Konzepte der sozialen Struktur (Rolle; Bild und Funktion der Stände, Laien, Frauen, Kinder, der Caritas als «Institution», nicht nur im Sinne des Almosens), d) religionssoziologisch-ekklesiologische Modelle («prélature», «fraternité»), e) Kulturmodelle im eigentlichen Sinn (Wissenschaft und Intellektualität, «parole», Volkssprache, «calcul»), f) «ethico-religiöse» Vorstellungen (Buße, Armut, Demut, (körperliche) Reinheit, Gebet, Heiligkeit), g) traditionelle Motive des Heiligen (Traum und Vision, Wunder, Zauberei, Exorzismen). Wie gesagt, letzteren gilt nicht das Hauptaugenmerk. Vgl. *M. BARTOLI,* L'ideale medioevale della cortesia in Francesco e Chiara d'Assisi, in: Forma Sororum 37 (2000) 2-14.

[127] So *LE GOFF*, Franciscanisme et modèles culturels 196: «Le plus étonnant, c'est que ce goût, ce style subsistent au mois partiellement après sa conversion. Son amour pour la pauvreté s'exprime à travers le symbolisme et le vocabulaire de l'amour courtois.» Über diesen Befund, der mit den bereits angesprochenen konform geht und den Le Goff mit den einschlägigen Belegstellen (zur «Magnanimitas» vgl. 1Cel 4, 2Cel 3, zur Bezeichnung des Franziskus als «curialissimus» vgl. 1Cel 3), dem Traum vom Palast mit den ritterlichen Ausrüstungen, so 1Cel 5, 2Cel 5, LegMin 1, mit der Selbsttitulatur als «Herold des großen Königs», so 1Cel 16, und der Bezeichnung der Brüder als «Ritter der Tafelrunde», so LegPer 71f., untermauert, geht Le Goff noch hinaus, wenn er davor warnt, die «curialitas» des Franziskus nach seiner Konversion als Anschlußinstrument an die Kultur seiner Mitwelt auf einen pastoral-missionarischen «modus operandi» zu reduzieren. Allerdings schließt Le Goff diese Wirkung nicht aus. Er bezieht sich auf die Studie von *G. MICCOLI*, La storia religiosa, in: Storia d'Italia 2/1 (Dalla caduta dell'impero romano al secolo XVIII), Turin 1974, 735f., vgl. *ders.*, Francesco d'Assisi. Realtà e memoria di un'esperienza cristiana, Turin 1991.
Interessant bleibt die Überlegung auf jeden Fall gerade hinsichtlich einer kirchlich-pastoralen Handlungstheorie, eines Ethos des Umgangs innerhalb der Kirche, aber auch im Blick auf die plurale Umwelt, in der sich kirchliches Handeln heute zu situieren hat. *LE GOFF*, Franciscanisme et modèles culturels 197f., verweist auf eine tiefere Innendimension, die sowohl in einer spirituell-ethischen Tradition steht, als auch diese zeitgemäß transformiert: «Il y a bien là, en effet, un langage qui rapproche François des laïcs. Mais je crois que le vocabulaire courtois de François n'est pas seulement un moyen de participation aux modes culturelles de ses contemporaines laïcs. Il exprime cette intériorisation de l'héroïsme guerrier qui caractérise la religiosité de son temps. Le saint du haut Moyen Âge était l'*athlète* de Dieu, le saint du XIIIe siècle est le *chevalier* de Dieu. Ici comme en d'autres attitudes culturelles, François et les Mendiants apparaissent comme continuateurs de saint Bernard et des cisterciens. Cette sensibilité courtoise, cette attitude chevaleresque, notamment vis-à-vis de la Pauvreté, persistera chez les Mineurs.»

[128] Für unsere Themenstellung ist dies von Bedeutung, weil sich hier ein integrales Bild der «Höflichkeit», fußend auf der «hövescheit» einschreibt. Systematisch relevant ist dabei nicht jedes einzelne materiale Detail, sondern die Erinnerung an einen «weiten» Begriff von Höflichkeit, der sehr viel mehr umschließt als einen reduzierten Formalismus. Signifikant ist dabei (unter vielen anderen Zeugen) zum Beispiel die Chronik des Franziskaners Salimbene da Parma (verfaßt nach 1280). Sie spiegelt (allen kulturpessimistischen Zügen zum Trotz) die ethischen und Tugendpostulate, die hier einschlägig werden. Vgl. die Analysen von *C. VIOLANTE,* Motivi e carattere della Cronica di Salimbene, in: ASNSP 22 (1953) 108-154. *A.J. GURJEWITSCH*, Das Individuum im europäischen Mittelalter, München 1994, 250f., vermerkt, daß

wurde und wird. Nimmt man die facettenreichen, keineswegs widerspruchsfreien historischen Wurzeln zusammen, die zur Ausbildung des Phänomens «Hof» und seines sachlichen, ideellen Inventars sowie seines Personals geführt haben, so darf man mit Recht vermuten, daß auch das höfische Ethik- und Tugendsystem von diesen Widersprüchlichkeiten affiziert ist und sich nicht zu einem geschlossenen Ganzen rundet.[129] Doch auch unter Berücksichtigung dieser Spannungen wie der universellen Dichotomie von Anspruch und Wirklichkeit[130] bleibt das Werte-, Normen- und Tugendset der «curialitas» von mehr als nur historischer Bedeutung. Im Kern umschreibt «cortesia» selbst eine Gruppe von Verhaltens- und Haltungsbildern wie -vorschriften, deren Komponenten in den folgenden Begriffen[131] aufgefangen sind:

- «disciplina» oder «zuht»[132],
- «elegantia morum» oder «schoene site»[133],

---

die Darstellungen bei Salimbene «schablonenhaft» wären, was die Gegenüberstellung von «largitas», «curialitas» auf der einen, «avaritia» und «rusticitas» auf der anderen Seite anlangt. Das trifft zu. Diese Einordnung erklärt sich aber auch daher, daß Gurjewitsch auf der Suche nach der «Geburt des Individuums» ist, daher dem Generellen etwas skeptisch gegenübersteht. Allerdings kann gerade in diesem Verweis auf das Allgemeine ein Hinweis liegen, wie prägend das Modell der «curialitas» schon (oder noch) geworden war.
Zur forschungsgeschichtlichen Einordnung vgl. die Beiträge in: *EIFLER*, Ritterliches Tugendsystem, *R. ROHR*, Zur Skala der ritterlichen Tugenden in der altprovenzalischen und altfranzösischen Dichtung, in: ZRP 78 (1962) 292-326, zudem *BUMKE*, Höfische Kultur 416f., jüngst *T. ZOTZ*, Ritterliche Welt und höfische Lebensformen, in: *FLECKENSTEIN*, Rittertum und ritterliche Welt 173-229, bes. 173-190.

[129] *BUMKE*, Höfische Kultur 416, weist darauf hin, daß allen voran in der poetisch-literarischen Konzeption höfischer Ethik eine Fülle von Tugendprädikationen kumuliert wird, die aus religiösen, moralischen und gesellschaftlichen Kontexten stammen und zudem ohne ersichtliche Ordnung aneinandergereiht werden.

[130] Defizitäre Realisierung eines ethischen Anspruchs heißt ja bekanntermaßen noch lange nicht, daß der Anspruch selbst obsolet wäre und nicht – wenigstens à la longue – doch die intendierten Wirkungen zeitigt.

[131] Vgl. *PARAVICINI*, Die ritterlich-höfische Kultur 7. Weitere Prädikate, die zur Beschreibung der Rittertugenden zur Verfügung stehen, listet auf *BUMKE*, Höfische Kultur 418f.

[132] Gerade die «zuht» wird häufig in der spezifischen Verbindung von Tugendforderungen mit Vorschriften gesellschaftlichen Verhaltens zur Beschreibung des Ritters und seiner «höveschеit» oder «courtoisie» herangezogen. Vgl. *BUMKE*, Höfische Kultur 425.

[133] Hier wird ein ästhetisch-ethisches Feld berührt, das ebenso signifikant wie kritikabel erscheint: «Der höfische Ritter war nicht nur fromm und tugendhaft, er war auch stolz, reich, prachtliebend, voll Ruhmesverlangen und von hoher Abkunft. An der Bewertung dieser Vorzüge schieden sich die Positionen. Die *militia Christi*-Idee beruhte auf der Unterscheidung zwischen weltlicher Ritterschaft, die nicht nur wegen ihrer Gewalttätigkeit, sondern auch wegen ihres höfischen Prunks der Verdammung verfiel, und der religiösen Ritterschaft, die ganz auf Gott gerichtet war. In der höfischen Dichtung ist dieser Gegensatz verschwunden. Was die geistlichen Autoren verdammt hatten, wurde bei den Dichtern zum Bestandteil von Vorbildlichkeit: zwar nicht Unrecht und Gewalt, aber doch die äußere Machtstellung, die körperliche Schönheit, die prächtige Ausstattung und das feine Benehmen. Die positive Bewertung der adeligen Gesellschaftskultur und die ganz unproblematische Verbindung dieser weltlichen Werte mit den Tugendbegriffen des traditionellen Herrscherideals und der religiösen Kreuzzugsethik war kennzeichnend für die poetische Konzeption des höfischen Rittertums», so *BUMKE*, Höfische Kultur 419 (vgl. 422f.). Zur theoretischen Verknüpfung von Schönheit und Werthaftigkeit konnte sowohl auf Ciceros Verbindung des «utile» mit den «bona fortunae» und den «bona corporis» zurückgegriffen werden als auch auf die Überzeugung der scholastischen Ästhetik, daß Schönheit die Veranschaulichung des Wahren und Guten sei, vgl. *BUMKE*, Höfische Kultur 420, 423, vgl. *O. EHRISMANN*, zuht und tugent: Die Höfische Bildung, in: *ders.*, Ehre und Mut 248-253.

- «hilaritas», «jocunditas» oder «fröude»[134],
- «temperantia» oder «mâze»[135],
- «generositas», «largitas», «liberalitas» oder «milte»[136],
- «hoher muot»[137],
- «staete»[138],
- «triuwe»[139].

Es ist darauf zu verweisen, daß die Intention dieses Tugendset auf Dynamik hin angelegt ist. Das bedeutet, daß die jeweiligen Realisierungen immer wieder neu auf die Probe gestellt werden. Ein statisches und statistisches «Ein-für-allemal» in der Erfüllung dieser ethischen Ansprüche ist dem ritterlich-höfischen Denken und Empfinden gerade an dieser Stelle fremd: Abenteuer, Risiko, die stetige Bewährung in und an neuen Aufgaben gehören konstitutiv zu diesem ethischen Arsenal – und zwar bewußt und nicht «via facti» oder «via fati», also aufgrund einer unleugbaren existentiellen Grundstruktur, die besagt, daß Lebensvollzüge mit stetigem Herausgefordert-sein oder Riskiertheit verbindet. Dieser Befund ist auch zu deuten als eine Abkehr von der von prägenden kirchlichen wie monastischen Autoren propagierten Weltflucht oder Weltverachtung (das Motiv des «contemptus mundi»). Bemerkenswert für den ethischen Anspruch der «curialitas» ist ihre soziale Reichweite:

> «*Erstmals findet* eine *Leitvorstellung auf die gesamte Hofgesellschaft Anwendung: auf den Fürsten ebenso wie auf den Adel und die Ritterschaft, die Damen und die Hofgeistlichen.*»[140]

---

134 Vgl. *O. EHRISMANN*, wünne, vröude, hôher mout: Des Hofes Freude, in: *ders.*, Ehre und Mut 245-248.

135 Vgl. *O. EHRISMANN*, mâze: Die höfische Mitte, in: *ders.*, Ehre und Mut 128-136. «Mâze» umgreift dabei sowohl eine ästhetische als auch eine ethische Komponente und hält im mittelalterlichen Tugendsystem eine grundlegende Position. Vgl. auch *SCHUBERT*, Alltag im Mittelalter 156-158, der auf die medizin-diätetische Komponente hinweist.

136 Signifikant für den Kontext der höfisch-ritterlichen Kultur ist das Faktum, daß die «generositas» oder «milte» des Fürsten oder Mäzens die materielle Substruktur oder Substrat für das höfische Leben selbst bildet. Vgl. weiterführend *N.Z. DAVIS*, The Gift in the sixteenth-century France, Wisconsin 2000, bes. 21-36.

137 Mit diesem Haltungsbegriff werden unterschiedliche Inhalte verbunden. Für kirchlich-monastische Autoren ist unter Hochmut abzulehnende Hoffart und gottvergessende menschliche Hybris und Arroganz zu verstehen, während er im höfischen Kontext für Hochherzigkeit und das gesellschaftliche Hochgefühl des Ritters steht. Vgl. *BUMKE*, Höfische Kultur 427, vgl. *O. EHRISMANN*, muot: Von den inneren Kräften, in: *ders.*, Ehre und Mut 148-151.

138 Beide – «staete» und «mâze» – sind für die Dichter und Didaktiker höfischer Ethik mit großem Nachdruck als «Mütter aller Tugenden» stilisiert worden. «staete» steht dabei in Konspiration mit dem christlich-lateinischen Begriff der «constantia», «mâze» mit der christlichen Vorstellung der «temperantia» einerseits, andererseits mit der «medietas» der antiken Tradition, die die ausgewogene Mitte zwischen zwei Extremhaltungen bezeichnet. Vgl. *BUMKE*, Höfische Kultur 418 (dort weitere Belege!), vgl. *O. EHRISMANN*, staete: Der feste Charakter, in: *ders.*, Ehre und Mut 209-211.

139 Auch dieser Begriff ist polyvalent. Er bezeichnet juristische Vertragstreue ebenso wie allgemeiner Aufrichtigkeit und Festigkeit in der Beziehung zu Menschen wie zu Gott. Für den Ritter selbst bestand die «triuwe» zudem im der Einhaltung sittlicher Verpflichtungen, wie sie sich aus diesen Tugendkatalogen und -prädikaten ergeben. Vgl. *BUMKE*, Höfische Kultur 418, vgl. *O. EHRISMANN*, *triuwe*: Zur ethischen Identität, in: *ders.*, Ehre und Mut 211-216.

140 *PARAVICINI*, Die ritterlich-höfische Kultur 8.

Es ist nicht zu leugnen, daß die «curialitas» und ihr Tugendkatalog als die prägende Leitidee selbst wiederum Wurzeln und Vorläufer hat. Neben traditionell aristokratischen Haltungsvorstellungen und Werten wie Maß, Würde, Tapferkeit und Großzügigkeit verweist der dem Ritter im Ritual der Schwertleite und des Schwertsegens besonders aufgetragene Schutz von Armen, Schwachen, Witwen und Waisen ebenso wie von Glauben und Kirche auf christlich-kirchliche Entstehungszusammenhänge.[141] Diese stehen selbst wiederum als markante Herrschertugenden im Kontext der Verchristlichung des Herrschertums, wie es mit der Idee des Gottesgnadentums seit der Karolingerzeit einschlägig ist. Die von Gott abgeleitete Macht verpflichtet zunächst den Fürsten zum Schutz von Kirche und Armen. Dieses ist eines der beiden ethischen Prinzipien, die im 12. Jahrhundert dann die traditionelle Kriegermoral zu überformen beginnt. Unter den religiösen Rittertugenden, die sich von hier aus einfordern lassen, schält sich die Tugend der «Demut» als zentral heraus. Sie offenbarte einerseits die Überzeugung, daß eigene Tüchtigkeit ohne den Segen Gottes aus sich heraus nichts vermag, andererseits erweist sie sich den Mitmenschen gegenüber als praktiziertes Mitleid und tätige Barmherzigkeit, die sich nicht nur auf die genannten Schutzfunktionen bezieht, sondern beispielsweise auch ausgreifen soll auf die Schonung im Kampf besiegter Feinde.[142] Neben der religiös-ethischen Legitimation des Waffengebrauchs gewinnt als zweites ethisches Prinzip der Gedanke zunehmend an Boden, daß sich der adelig-ritterliche Herr nicht nur durch die klassischen Kardinaltugenden auszeichnet, sondern auch durch ein kultiviertes und elegantes Auftreten und Reden sowie durch spezielle Formen des Benehmens. Beide Prinzipien werden dabei durch den (Hof-)Klerus an den Adel vermittelt und von diesem ab dem 12. Jahrhundert verstärkt rezipiert, ja sogar usurpiert.[143] Diesen aristokratischen Tugendadel[144] der «curialitas» bringt Ende des 12. Jahrhunderts der provenzalische Dichter Garin le Brun zum Ausdruck:

> «Cortesia *ist – wenn ihr es wissen wollt – von solcher Art: wer gut zu reden und zu handeln weiß und sich dadurch beliebt macht und wer sich vor Ungehörigkeiten hütet.*»[145]

Mit dieser wie mit vielen anderen Äußerungen läßt sich belegen, daß höfische Vorbildhaftigkeit und Tugend sich durchaus auch in gesellschaftliches Ansehen umsetzen soll. Das Motiv der «êre»[146] steht dabei im Mittelpunkt. Ist geistlich-asketischen Autoren das Streben nach weltlicher Ehre zweifellos suspekt, so umschließt dieser Begriff für die literarischen Propagandisten höfisch-ethischer Ideale durchaus eine Abgeltung der Ansprüche, die sich sowohl aus der höfischen Vollkommenheit

---

[141] Zu Details vgl. *BUMKE*, Höfische Kultur 333ff., 402, *E. ORTH*, Formen und Funktionen der höfischen Rittererhebung, in: *FLECKENSTEIN*, Curialitas 128-170.

[142] Vgl. *BUMKE*, Höfische Kultur 417 (mit Belegen).

[143] Vgl. *J. BUMKE*, Art. Kultur und Gesellschaft, höfische, in: LMA V 1565-1568 – ein Vorgang, der schon im 10. Jahrhundert beginnt, wie literarische Dokumente einer Laienethik beweisen, die in den damaligen Reformklöstern entwickelt werden. Vgl. *BUMKE*, Höfische Kultur 400.

[144] Zu diesem pädagogischen und ethischen «Lehrstück» und seiner Vorstellung der zu postulierenden Verschmelzung von Adel der Geburt und Adel der Gesinnung vgl. *BUMKE*, Höfische Kultur 421f.

[145] Zitiert nach *BUMKE*, Höfische Kultur 425f.

[146] Vgl. *BUMKE*, Höfische Kultur 428f., *EHRISMANN*, êre 65-71, *ANDERMANN*, ere – güete – minne 97-117.

als auch aus den Geboten der christlich-kirchlichen Ethik und den Erwartungen der Gesellschaft ableiten lassen. Der Gedanke, daß es das höchste Ziel des Ritters sei, zugleich Ruhm in der Welt *und* Gnade vor Gott zu gewinnen, zieht sich als roter Faden durch die höfische Dichtung.[147]

Der theoretische und ideale Anspruch stellt den Protagonisten also in die Verantwortung vor «Gott und Welt». Auch wenn diese Konfiguration nicht als das «Ergebnis eines philosophisch ernstzunehmenden Denkprozesses»[148] gekennzeichnet werden kann, so ist dennoch festzuhalten, daß das höfische Ethos als Adels- wie Laienethos eine neue Sicht und Wertschätzung des Weltlichen auf den Weg bringt, nicht ohne sich dabei um eine Integration traditioneller Tugendbegriffe- und -vorstellungen zu bemühen. Darin ist nicht nur – aber sicherlich auch! – eine apologetische Funktion gegen aus kirchlich-asketischen Kreisen vorgetragene Hofkritik zu sehen, sondern der Versuch, den jeweiligen Herkunftskontexten des amalgamierten Hofethos Rechnung zu tragen. Dieses Moment wird auch sichtbar in der Entwicklung der Kritik, die sich gegenüber der höfischen Auffassung von Kultur und Ethik erheben. Da auch sie aufschlußreich ist für die gesellschaftlichen und gesellschaftsethischen Akzentverlagerungen sollen der «Hofkritik» einige Überlegungen gewidmet sein.

5.5. Die «Vita curialis» im Visier der (theologischen) Hofkritik

Markante gesellschaftliche Veränderungen sind stets von kritischem Echo begleitet.[149] Diese an sich banale Feststellung gilt auch für das breite Phänomenspektrum

---

[147] Vgl. *Bumke*, Kultur und Gesellschaft 1567.

[148] *Bumke*, Höfische Kultur 430.

[149] Dieses kritische Phänomen ist ein bleibender Faktor, hat nicht allein deshalb durchaus systematischen Wert als Pendant zu den je und je «herrschenden Verhältnissen». Daß eine – hier nur in Rudimenten dargestellte – gesellschaftsethische Entwicklung immer auch von Kritik begleitet wird, versteht sich von selbst. Frappierend bleibt aber das Faktum, daß Anwürfe ganz unterschiedlicher historischer oder politischer Provenienz, seien sie nun in konservativer oder progressiver Intention vorgebracht, an einem Punkt doch konvergieren. Immer wieder ist es die Radikalität einer Authentizität, die vor den «Verweltlichungstendenzen» (aus geistlicher Sicht) oder – ein weiter Sprung – die der entfremdende Funktion oberklassig-elitärer Leitbilder und Handlungsweisen kritisiert. Formalismus- und Förmlichkeitskritik haben hier historische Haftpunkte, beziehen sich als Hofkritik auf die weiten Handlungs- und Haltungsfelder ähnlich wie eine durchgehende «Höflichkeitskritik». Das heißt nun nicht, daß Kritiken obsolet wären – sie haben ihre Funktion. «Hofkritik» in diesem weiten Sinne reicht von den anschließend angedeuteten «Ursprüngen» der Skepsis gegenüber der «curia» entlang der verschiedenen Hofformen (Stichwort «Versailles») über die Bürgertums- und Bürgerlichkeitskritik bis hin zur Establishmentkritik der 1968er.
Hofkritik bleibt aber selbst ambivalent: Walter Maps Hofkritik in «De nugis curialium» (lat.-engl., hrsg. v. *M.R. James*, Oxford 1983) beispielsweise konnte keine Änderungen herbeiführen, vielmehr bestätigte sie Bestehendes. Patron und Publikum fühlten sich in ihrem Selbstbild bestärkt, Maps Wirkung war im Grunde genommen affirmativ. Seine witzig-kritische, zweideutig-parodistische Selbstinszenierung zielte jedoch auch darauf ab, seinen eigenen Bildungsstand und sein Können vorzuführen. Ohne sich dem Vorwurf der Schmeichelei auszusetzen, ohne den König über das ihm zustehende Maß hinaus zu kritisieren, verhalf er seinen Rezipienten auf elegante Weise zur Selbstvergewisserung. Der fluktuierenden und miteinander konkurrierenden Gruppe der Höflinge versicherte er ihre Selbstwahrnehmung als Elite, die schlecht behandelt wird und darunter leidet. Heinrich II. erscheint in Maps Inszenierung als König, der alle Herrschertugenden in sich vereint. Den größten Ruhm und damit den am stärksten aufgewerte-

des Hofes und seiner «vita curialis» als spezifischem Lebensstil. Aus welchen Überlegungen und Motivationen sich die Kritik auch immer speist, aus welcher internen oder externen Position sie vorgetragen wird – nicht selten trägt sich dadurch auch zu einer schärferen Fassung des Zielobjektes und virulenter Fragen bei. K. Schreiner hat in einem materialreichen Essay[150] Grundlinien einer Hofkritik aus theologischer und spiritueller Sicht zusammengestellt und Tendenzen analysiert, die von einer anfänglich schroffen Ablehnung dieses Lebensstils und seiner ethischen wie theologischen Implikationen hinüberweisen zu ethischen wie theologischen Integrationsbemühungen bei zeitgenössischen Beobachtern der Szenerie. Anlaß zu verstärkter Reflexion gibt es dabei ausreichend. Zunächst handelt es sich um die Notwendigkeit, ein neues, komplexes, zudem multifunktionales Gebilde ethisch und rechtlich zu gestalten, sodann bleibt die beständige Kluft zwischen idealer, literarischer Fiktion und historischer Realität ein thematischer Dauerbrenner.[151] Anders gesagt:

> *«Kirchliche Reformer brachten höfische Lebenskultur und christliches Ethos in einen unversöhnlichen Gegensatz. Vertreter einer weltoffenen Scholastik waren bestrebt, Normen und Wertvorstellungen zu entwickeln, die aus der politischen, gesellschaftlichen und kulturellen Institution ‹Hof› langfristig ein anerkennungswürdiges, wertbesetztes Sozialgebilde machten.»*[152]

Hat man etwa W. Paravicinis und J. Le Goffs Markierungen der ritterlich-höfischen Kultur als dezidiert emanzipativ, autonom und laizistisch im Ohr, vermag der erste Teil dieser Bemerkung nicht zu überraschen, doch der zweite bildet nicht minder eine Grundproblematik ab, die sich angesichts sozialer Differenzierungen und Strukturierungen immer wieder dann einstellt, wenn sich eine dominante Weltinterpretation mit neuen Phänomenen konfrontiert sieht. Die Frage nach Abweisung oder Integration ritterlich-höfischer Kultur und ihrer ethischen Implikationen entscheidet sich in unserem Zusammenhang vor dem Hintergrund und dem Anspruch des christlichen Glaubens und seiner Kirche[153], eine umfassende Interpreta-

---

ten sozialen Status beanspruchte für sich jedoch ein anderer: der Autor Walter Map. Vgl. knapp *MOORE*, Die erste europäische Revolution 208ff.

[150] Vgl. *SCHREINER*, «Hof» (curia) und «höfische Lebensführung» (vita curialis) 67-138 (Diskussion: 139f.). Wir beziehen uns vorrangig darauf. Vgl. schon: *D. SCHMIDTKE*, Mittelalterliche Liebeslyrik in der Kritik mittelalterlicher Moraltheologen, in: ZfdPh 95 (1976) 21-45.

[151] Vgl. *SCHREINER*, «Hof» (curia) und «höfische Lebensführung» (vita curialis) 67f., *BUMKE*, Höfische Kultur 430-432, 583-594, *T. SZABÓ*, Der mittelalterliche Hof zwischen Kritik und Idealisierung, in: *FLECKENSTEIN*, Curialitas 350-391, *C. UHLIG*, Hofkritik im England des Mittelalters und der Renaissance, Berlin 1973, *R. SCHNELL*, Hofkritik in Deutschland, in: *P. MORAW* (Hrsg.), Deutscher Königshof, Hoftag und Reichstag im späteren Mittelalter, Stuttgart 2002, 185-225.

[152] *SCHREINER*, «Hof» (curia) und «höfische Lebensführung» (vita curialis) 68. Aber nicht nur kirchliche Autoren tragen diese Hofkritik vor, sondern auch höfische Dichter. Die Wirkung der letzteren dürfte – qua «Insider» – schärfer getroffen haben, gibt *BUMKE*, Höfische Kultur 589, zu bedenken. Die größte Breitenwirkung geistlicher Hofkritik dürfte der Franziskanerprediger Berthold von Regensburg erreicht haben (anfänglich wurde die Debatte in einer Form gehalten, die das Publikum auf einen kleineren Kreis von Personen mit Lateinkenntnissen beschränkt hat). Als markanten Vertreter der höfischen Hofkritik kann man stellvertretend Walther von der Vogelweide nennen.

[153] Die nun folgenden Skizzen reichen – dem historischen Kontext gemäß, den sie im Blick haben – natürlich schon «hinüber» in das Feld einer theologischen Reflexion; sie sind insofern ein Vorgriff auf die Überlegungen, die dann unter theologisch-ethischer Prämisse gegen Ende dieser Untersuchung in systematischer Absicht betrachtet werden sollen. Vgl. dazu Abs. 14.

tions- und Ordnungsfunktion übergreifend für alle Lebensbereiche verpflichtend aufbieten zu können.[154] Kurz gesagt: Die Entstehung des Hofes stellte deshalb die Kompromißfähigkeit kirchlicher Denker auf eine harte Probe. Eine «novitas» an der Meßlatte von Evangelium und kirchlich-theologischer Tradition zu vermessen, sie entweder auszusortieren oder zu integrieren, führt hinsichtlich des Phänomens der «curia» und der «vita curialis» zur Auffassung, der Hof sei das «vitiorum omnium seminarium»[155]. Diese ethisch relevante Einschätzung verwundert nicht, hat man die Wertungsprämissen der Theologie des 12. und 13. Jahrhunderts vor Augen: In einem Koordinatensystem, dem Kategorien wie die strikte Trennung von «spiritualia» und «saecularia», die Polarität von «regnum» und «sacerdotium», von «amor carnalis» und «amor», von «vita passiva» und «vita activa» zu Gebote standen, konnte die erste Einschätzung und ethische Bewertung kaum anders ausfallen.[156] In dieser Perspektive ist der Hof und sein Lebens- und Interaktionsstil der postulierten «curialitas» ein Teil der sündhaft gefallenen Welt, der vor dem Wertmaßstab monastischen Lebens und dem Ideal der «vita apostolica» keinen Bestand haben kann. Frommes christliches Leben und Leben am Hof stehen in einem strikten Widerspruch. Schreiner macht darauf aufmerksam, daß hofkritische Autoren sich nicht selten auf einen Ausspruch des antiken Dichters Lucan (39 - 65 n. Chr.) berufen, der diesen Widerspruch auf eine Formel bringt, die eine «räumliche» Distanz einzeichnet: «(...) exeat aula qui vult esse pius.»[157]

Neben dieser scharfen Abgrenzung kommt allerdings noch ein anderes Moment zum Tragen: Hofkritik hat eine eigene Tradition, die nicht erst in der Auseinandersetzung mit der ritterlich-höfischen Kultur des Mittelalters entsteht.[158] Ihr gegenüber kann somit ein traditionelles Argumentationsreservoir neu in Stellung gebracht werden. Der «Hof», gemessen an den Kontrastfolien von «monasterium» und «schola» als Orten der Konzentration, der Ruhe und der Besinnung auf das Essentielle und Heilsnotwendige, konnte sich nur konturieren als Terrain der Unruhe, Geschäftigkeiten und Eitelkeiten, als ständige Versuchung, von rasch wechselnden Vergnügungen und Begegnungen, von Verschwendung und anderem mehr in dieser Richtung. All dies lenke von konzentrierter Ausbildung ab, behindere berufliches Fortkommen, verführe zu moralischer Korruption, verstricke in mundane Sorgen und ließe nach vordergründiger Ehre, nach Macht und Reichtum schielen, wobei kostspielige Repräsentation noch dazu der Pflicht zur Armenfürsorge materielle Ressourcen entziehe.[159] So konnte dem Hof als «Veranstaltung der Laien»[160] in der

---

[154] Die Fülle der Implikationen dieses Anspruchs kann hier allenfalls angedeutet werden.

[155] *SCHREINER*, «Hof» (curia) und «höfische Lebensführung» (vita curialis) 91, zitiert *A. DEMANDT*, Zeitkritik und Geschichtsbild im Werk Amminas, Bonn 1965, 45.

[156] *SCHREINER*, «Hof» (curia) und «höfische Lebensführung» (vita curialis) 90, führt diese Termini skizzenartig an. Auch hier gilt: die Fülle der Fragen, die hinter jedem dieser Begriffe, seiner Genese und jeweiligen konkreten Fassung wie Auftrittsfiguren liegen, können in unserem Rahmen nicht eingehender diskutiert werden.

[157] *LUCAN*, Pharsalia, VIII, 393-394, zitiert bei: *SCHREINER*, «Hof» (curia) und «höfische Lebensführung» (vita curialis) 91. – Kurze Reminiszenz: «Fu affetuosa, pia, cortese.» – die Trouvaille Guardinis, eingangs erwähnt, spiegelt eine historische Integrationsleistung!

[158] Vgl. nur die Kritik des kaiserlichen Hofes bei *AUGUSTINUS*, Confessiones VIII, 6.15.

[159] Vgl. *SCHREINER*, «Hof» (curia) und «höfische Lebensführung» (vita curialis) 92ff. (mit signifikanten Belegen). Dies alles gilt zudem auch im Blick auf individuelle wie kollektive Widerfahrnisse und deren geschichtstheologische Deutung.

Sicht der Kritiker (zumeist Kleriker oder Mönche) kein eigenes heilsförderliches Ethos abgewonnen oder zugesprochen werden. Höfisches Leben und «vita apostolica» als Nachfolge des «armen, nackten Christus», der zudem ort- und heimatlos wandert[161], bleiben in dieser Sicht unvereinbar. Der Verhaltens-, Normen- und Sittenkodex der «curialitas» steht diametral gegen das Ideal christlicher Armut[162] – so zumindest eine pointierte Perspektive. Unter diesem Blickwinkel konnten sich für die Hofkritik höfische Minne als «carnalis coniunctio», das Abgabewesen als raub- und ausbeutungsverdächtig, Verlangen nach Heiterkeit und Freude («delectatio») als sündhafte Lust («voluptas»), höfische «repraesentatio» als «luxuria» darstellen – all dies Phänomene, die einer Vermittlung zwischen diesen Lebensformen im Wege stehen mußten. Hinzukommt, daß sich die Kritik nicht nur auf einzelne Verhaltensweisen bezieht, sondern zunächst in eine generelle Ablehnung eines gesellschaftlichen Transformationsprozesses münden muß.[163]

In seinem Beitrag zeichnet Schreiner an drei paradigmatischen Bereichen aus dem höfischen Repertoire nach, wie sich in einem langwierigen Prozeß der Neudeutung aus der ursprünglich schroffen Ablehnung der höfisch-ritterlichen Kultur eine Überzeugung entwickelte, die einsieht, daß das höfische Leben nicht zwangsläufig unter der Perspektive von Sünde und moralischer Verfallenheit zu lesen wäre, sondern sich hier ein spezifisches Feld christlicher Lebensgestaltung im Sinne einer christlichen Weltverantwortung aufzutun beginnt. Als exemplarische Bereiche für diesen Wandel von der Zurückweisung und Verurteilung hin zu Duldung, schließlich Anerkennung und Wertschätzung führt Schreiner die Einschätzungsveränderungen hinsichtlich der Jagd, des Turnieres und schließlich der Dichtung, der Musik und des Schauspiels an.[164]

Ein Sonderproblem, das ebenfalls in diesen Zusammenhang gehört und ebenso den langsamen Einstellungswandel aufscheinen läßt, stellt sich der theologischen

---

160 *SCHREINER*, «Hof» (curia) und «höfische Lebensführung» (vita curialis) 92, 97f.

161 Alle drei Attribute sind bei Hof schwer zu verwirklichen und haben selbstredend symbolische Dimensionen und Bedeutungen. Der arme Wanderprediger ohne festen Wohnsitz und mit bescheidenster Kleidung ist ein scharfer Kontrast zum territorial wie sozial relativ fixierten und wohlbestallten Höfling. Wer sich zu einer Lebensweise entlang des Armutsideals entschließt, für den geht damit eine Absage an höfische Lebensformen einher. *SCHREINER*, «Hof» (curia) und «höfische Lebensführung» (vita curialis) 94-98, verweist in diesem Zusammenhang – als exemplarisch für die Unvereinbarkeit von «vita apostolica» und «vita curialis» – auf die hl. Landgräfin Elisabeth von Thüringen (1200 - 1231), die nicht zufällig im Zusammenhang mit der franziskanischen Bewegung steht.

162 An dieser Stelle wäre es natürlich besonders spannend, auf *den* Protagonisten der biblischen Armut *und* der «cortesia» zu verweisen – auf Franziskus von Assisi. Vgl. knapp unten Abs. 14.3.3.

163 Damit steht natürlich nicht in Frage, daß die Kritik an einzelnen Zügen und ethisch defizitären Verformungen berechtigt gewesen sein mag.

164 Vgl. *SCHREINER*, «Hof» (curia) und «höfische Lebensführung» (vita curialis) 99-103 (zur Jagd), 103-104 (zum Turnier), 104-115 (zu Dichtung, Musik, Schauspiel). Es kann hier nicht der Ort sein, diese Entwicklungen im Detail nachzuzeichnen. Vielmehr geht es hier darum, in systematischer Absicht den Rahmen und die Veränderungen anzuzeigen, in dem sich Lebensstile, ihre Interaktionsformen und -muster entwickeln, *wie* und vielmehr *daß* sich politischer, kultureller und sozialer Wandel ethisch und ästhetisch auswirken und selbst zum Thema werden. Herkunft und Wertung des «Höfisch-höflich-hübschen» zeigen einerseits Breite und Weite der zur Debatte stehenden und zu formenden Lebensweltthematik, andererseits offenbart sich schon hier eine Art «Genealogie der Argumentationsmuster» wie deren Modifikationen. Mögen sich die Felder und Bereiche unterdessen auch gewandelt haben, die Parallelität in der Argumentation gegen säkulare und «populäre» Lebensweltphänomene hinsichtlich ihrer Sitten- oder Frömmigkeits(-non-)konformität heutzutage speist sich unverändert aus diesen Quellen.

Hofkritik in der Figur des Hofklerikers.[165] Mußte man unter den vorherrschenden Wertprämissen zunächst davon ausgehen, daß eine Hoffunktion für den (oftmals gebildeten) Kleriker seiner eigentlichen spirituellen Berufung widerspricht, so zeigen die Bemühungen, für diese Personengruppe ethische und rechtliche Normen zu finden, eine wachsende Akzeptanz, mithin die Überwindung einer rein kritisch-ablehnenden Stellung.[166] Insgesamt läßt sich sagen:

> *«In der Sicht der Theologen bildet der Hof ein moralisches Dilemma. Er diente dem ‹öffentlichen Nutzen› und gefährdete gleichzeitig das Seelenheil des einzelnen. Im Widerstreit zwischen Privat- und Allgemeinwohl setzte sich jedoch auf lange Sicht der Gedanke durch, daß der Hof ein Steuerungsinstrument darstelle, das, richtig gehandhabt, dazu beitragen kann, die politische und soziale Ordnung zu verchristlichen.»*[167]

Unter der Perspektive einer Konzentration auf das Gemeinwohl werden rechtliche, politische, aber auch ethische Momente einer «modernen» Sozialform und ihrer Phänomene, zu denen die «curialitas» gehört, nunmehr argumentativ unterfüttert und zu legitimieren gesucht.[168] Dennoch wird aus diesen Versuchen, Überlegungen und Einzelbeobachtungen (nicht nur, aber auch der Quellenlage wegen) keine elaborierte hofspezifische Herrschaftstheologie und Frömmigkeit. Der Hof, seine politischen wie sozialen und ethischen Implikationen und Funktionen werden kein eigenständiges und zentrales Thema einer «politischen Theologie», obgleich die Fragen gerechter Herrschaft, sozialer Ordnung und ihrer Werthinterlage eingehender debattiert werden. Bezugseinheiten dafür sind in den Erörterungen mittelalterlicher Theologen nicht der Hof selbst, sondern allgemeiner die Angehörigen der adeligen Herrschaftsschicht, seien sie nun an einen Hof gebunden oder nicht.

Nicht unerheblich ist in diesem Kontext eine weitere Beobachtung. Höfische Frömmigkeit – so Schreiner – bleibt eingebunden in einen aristokratischen Wertehorizont.[169] Das insinuiert eine fortwährende Trennung von kurialen und theologischen Ausfassungen. Jedoch gibt es je länger je mehr einen Austausch, genauerhin eine Rezeption von Ausdrucksformen und metaphorischen Elementen auf der Seite geistlicher Autoren, die sich adelig-höfischer Realien und Vorstellungen bedienen, um sie zum Ausdruck christlicher Heilsgeheimnisse zu machen. Und dies hat auch hinsichtlich der Reflexion auf die «cortesia» und die «curialitas» einige Bedeutung. Neben biblischen und liturgischen Texten, religiösen Bildvorstellungen, die in einen

---

[165] Vgl. *SCHREINER*, «Hof» (curia) und «höfische Lebensführung» (vita curialis) 115-123.

[166] Dieses Differenz- und dann Integrationsbewußtsein spiegelt sich auch in den Überlegungen wieder, ob und wie ein Kurialer in den verschiedenen Verwaltungs- und Ausbildungsfunktionen zum «Kleriker» promoviert werden konnte. Vgl. *SCHREINER*, «Hof» (curia) und «höfische Lebensführung» (vita curialis) 116 (mit Belegen). Vgl. die materialen Beiträge und Einblicke in: *C. HUBER/H. LÄHNEMANN* (Hrsg.), Courtly literature and clerical culture, Tübingen 2002.

[167] *SCHREINER*, «Hof» (curia) und «höfische Lebensführung» (vita curialis) 119.

[168] Vgl. *SCHREINER*, «Hof» (curia) und «höfische Lebensführung» (vita curialis) 119ff., verweist hierbei auf Thomas v. Aquin, der sich in dieser Hinsicht stark macht. Im Gegenzug allerdings zeichnet sich je länger je mehr eine «Kurialisierung» der Kirche («curia Romana») selbst ab, die ihrerseits zum Zielpunkt einer folgenschweren Hofkritik werden wird (deren Elemente sind lange noch nicht völlig «unaktuell»). Vgl. *SCHREINER*, «Hof» (curia) und «höfische Lebensführung» (vita curialis) 120ff.

[169] Vgl. *SCHREINER*, «Hof» (curia) und «höfische Lebensführung» (vita curialis) 123f. Allerdings ist diese in ihren spezifischen Konturen nur schwer auszumachen.

Bedeutungs- und Sinnzusammenhang mit Phänomenen des Hofes gerückt werden (vermutlich vor allem für Predigt und Katechese)[170], ist es vor allem die auffallende Tatsache, daß das Spektrum des Wortfeldes «curia» im 13. Jahrhundert immer breiteren Raum einnimmt. Aus der anfänglichen Skepsis wird eine Rezeption, die dazu beiträgt, daß die negativen Konnotationen abgestreift werden oder zu Beginn dieses Prozesses – ihn somit begünstigend – an pejorativen Färbungen verlieren. Ein ausschließlich verteufelter Hof kann schwerlich zur Veranschaulichung der «curia coelestis» oder der «curia Christi» werden![171] Von dort ist es dann nicht mehr so weit – zumindest auf der Ebene der Metaphorik –, «curialitas» und «cortesia» als Epitheton Gottes zu denken.[172] Ähnliche Purifikationen und Transformationen (allerdings ohne eine völlige Ablösung des einen durch das andere) zeigen sich hinsichtlich des Wandels ritterlicher Lebensideale und Leitvorstellungen im Umfeld der Auffassung des «Christus dux»[173] als oberstem Lehnsherrn und des zu ihm gehörenden «miles christianus». Dieses Motiv verleiht dem Dienst des Ritters zweifelsohne eine religiös-ethische Dimension. Es fällt darüber hinaus auf, daß auch die ästhetische Dimension der «curialitas» hineinwirkt in die Vorstellungsspektren, die sich mit dem «Christus dux» verknüpfen lassen.[174] In der Summe dieser erst kritischen, dann integrativen Auseinandersetzung mit dem Phänomen des Hofes und seiner Ingredienzien läßt sich sagen:

> *«Standesethos und Standesfrömmigkeit enthielten Imperative, welche die Fürsten und die adligen Hofgesellschaften zu einem christlichen Leben anleiten sollten. Der moralische und religiöse Anspruch richtete sich an Individuen und Gruppen. Den Hof im ganzen zu rechtfertigen, der eine Herrschafts- und Sozialform mit einer eigenen Wertskala darstellte, sahen sich die Theologen des 12. und 13. Jahrhunderts außerstande.»*[175]

---

[170] Vgl. *SCHREINER*, «Hof» (curia) und «höfische Lebensführung» (vita curialis) 128f., 133f. Er nennt exemplarisch Erzählungen aus den Königsbüchern des AT (Könige als Protagonisten der Geschichte des auserwählten Volkes), den äthiopischen Kämmerer (also: Hofbeamten) der Apg 8, den Decurio aus Mt 8, dessen Knecht Jesus heilt (dieser Soldat wird von mittelalterlichen Exegeten als Angehöriger einer «curia» gesehen), die metaphorische Auslegung der «Burg» beispielsweise als «munitio» der Heiligkeit und Tugend Mariens, das Phänomen der Marien-Minne überhaupt und anderes mehr. Vgl. auch *GANZ*, curialis/hövesch 39-56.

[171] Belege und Fundorte bei *SCHREINER*, «Hof» (curia) und «höfische Lebensführung» (vita curialis) 130f. Dort auch der Hinweis, daß im Zuge dieser Entwicklung vor allem im Kontext von Kreuzzugsvorbereitungen die positive Sicht auf den Hof und die Hoftage politisch-funktionale wie religiöse Aufwertung erfährt.

[172] Vgl. *GANZ*, curialis/hövesch 49ff. (mit Belegen). – Damit wird in vorsichtigen Ansätzen eine Vorstellung erschwinglich, die von der «Höflichkeit Gottes» zu handeln erlaubt, wie das beispielsweise R. Guardini tun wird. Vgl. unten Abs. 13.4.2. Daß damit erste, gleichwohl zaghafte Kristallisations- wie Haftpunkte für eine theologische, ethisch wie spirituell auffüllbare Konzeption von Höflichkeit gewonnen werden, hat systematische Bedeutung – dies nur als Vorgriff auf weitere Überlegungen.

[173] Vgl. *B. BISCHOFF*, Mittelalterliche Studien, Stuttgart 1967, 302f. Diese Vorstellung steht neben der des «Christus pauper», der für die religiösen Armutsbewegungen der Zeit von eminenter Bedeutung ist, aber in einem ritterlich-höfischen Kontext natürlich erheblich weniger Schub- und Motivationskraft entwickeln kann. Überraschend mag die Feststellung sein, daß sich beide Motive – zumindest partiell – auch amalgamieren können.

[174] Vgl. *SCHREINER*, «Hof» (curia) und «höfische Lebensführung» (vita curialis) 136f., der eine Reihe von Belegen anführt, die von der «nobilitas et excellentia corporis» Christi, ihn als «speciossisimus», «delicatissimus», «nobilissimus» herausstreichen.

[175] *SCHREINER*, «Hof» (curia) und «höfische Lebensführung» (vita curialis) 137.

Erst unter dem verstärkten Rekurs auf aristotelische Kategorien[176] wie derjenigen der Sozial- und «Politiknatur» des Menschen ändert sich dieses Bild grundlegend. In der Perspektive dieser Parameter mißt beispielsweise Aegidius Romanus die Lebensformen am Hof und im Adel als Brennpunkte sozialer Kommunikation, als Lern- und Erfahrungsraum für höfische Umgangsformen («curialitas»), adligen Standesethos («nobilitas morum») und ritterlicher Waffenkunst («industria armorum»).[177] Auch der Hinweis, daß sich die Ungeschlachtheit und Ungebildetheit der Bauern deren «Einsamkeit» verdankt, verdient Beachtung.[178] Wer demgegenüber bei Hof zugange ist, sieht sich bemüßigt – hat aber zugleich die Chance –, sich «curialitas» anzueignen, eine Haltung, die Gesinnung, Urteil und Handeln als *Grundtugend* unterfängt, in der sich die «nobilitas morum» mit der «nobilitas generis» verbinden und bedingen. Diese Grundtugend hat einen spezifischen Austragungsort von hoher Komplexität: den Hof. Dieser gibt als Focus einer sozialen und politischen, aber auch kulturellen Genese den Rahmen, in dem sich Interaktionsmuster und -formen entwickeln, die sich freilich ihrerseits sowohl stilprägend-innovativ als auch traditionstransformierend in Reflexion und Praxis auswirken.

Weite und Bedeutung der vielfältigen Erscheinungen des Hofes, seines Personals und Inventars wenigstens in groben Zügen darzustellen, war auch deshalb nötig, weil wir im Verlauf der weiteren Untersuchung einen Protagonisten in modellethischer Absicht einführen wollen, dessen geistes- wie sozialgeschichtlicher Kontext Tragweite *und* Grenzen hinsichtlich einer Neukonturierung des Phänomens des Höflichen markiert. Interpretationsmodelle – das hat der Hinweis auf Aristoteles bereits angedeutet – haben im Wandel der hofkritischen Auseinandersetzungen eine Rolle gespielt. Darüber hinaus gilt es einige Konstanten im Auge zu behalten, die unter den realfaktischen Unterschieden in der Aktualisierung in der jeweiligen Epoche und bleibend in der Gestaltungsverantwortung liegen. Neben Begriff und Sachreichweiten (mit den jeweilig nachfolgenden Wandlungen) ist hier zunächst und deutlich darauf hinzuweisen, daß das «curialitas»-Konzept ein weites und umfassen-

---

[176] Die theologische Rezeption aristotelischer Schriften setzt ja in diesem Zeitraum geistesgeschichtlich ein. Vgl. für einen Überblick zu den in dieser Entwicklung einflußreichen und maßgebenden Mendikanten-Theologen wie Albertus Magnus, Bonaventura, Alexander v. Hales, Thomas von Aquin die informativen Beiträge in: *AAVV* (Hrsg.), Etica e politica. Le teorie dei frati mendicanti nel Due- e Trecento, Spoleto 1999. – Zu Aristoteles vgl. unten den Exkurs in Abs. 13.2.

[177] Vgl. *SCHREINER*, «Hof» (curia) und «höfische Lebensführung» (vita curialis) 137, mit Verweis auf *AEGIDIUS ROMANUS*, De regimine principium libri III, Rom 1556, f. 122^{v}, f. 233^{v}.

[178] Dieser Zusammenhang ist ebenso unverzichtbar wie erhellend für jede Theorie der Höflichkeit, die sich auch einer gesteigerten Interaktionsfrequenz verdankt. Dafür ist das Sozialphänomen als innovatives geradezu paradigmatisch. Zeiten rapiden demographischen Wachstums und sozialer Verschiebungen sind demnach geradezu prädestiniert dafür, die nötigen Umgangsformen zu entwickeln, weil sich schlicht und ergreifend mehr Menschen auf einem immer enger werdenden Raum begegnen. Das fordert spezifische Kompetenzen ein. Damit ist die «anthropologische Konstante» genannt. In ihr entwickelt sich in der «hövescheit» der Strang dessen, was «Höflichkeit» meint. Dies signalisiert zudem eine spezifische Weite des originalen Höflichkeitsbegriffs. Nun wird – auch wenn die konkreten Ausformungen von Epoche zu Epoche erheblich differieren – diese Differenz eben gerade durch diese Konstante wieder vermittelt. Hinter der Vielfalt der Formen steht die Notwendigkeit, Räume und Sphären zu arrangieren, was wiederum selbst Niederschlag findet in einem praktischen Ethos, einem zur Verfügung stehenden Lebenskunstpotential, das selbst immer kritisch begleitet und variiert, aber auch kopiert und transformiert wird. Höflichkeit entsteht an Höfen, verbleibt aber nicht dort! Was allerdings beständig bleibt, ist der fragile «Hof um einen jeden Menschen» – der «Hof» in unserer Arbeitshypothese.

des ist. Soziale, ethische und ästhetische Komponenten sind im Kern greifbar. Hier liegt ein systematisches Moment der Rekapitulation für die Rehabilitation. Es geht darum, die intentionalen Kerne – nicht die jeweiligen Detailformen – als Inspiration zu reaktivieren. – Einige Spuren dieser Metamorphosen der Kultur des Sozialen gilt es zu rekapitulieren, zu erinnern.

6. Resonanzräume II: Archäologien und Transformationen

Der historische Kristallisationspunkt für den Begriff der Höflichkeit ist in seinen Dimensionen angezeigt – als ein komplexer zivilisatorischer Gesamtentwurf. Das thematische Tableau hat dabei Wurzeln und Bezugspunkte, die weiter in die Tradition zurückfragen, aber ebenso die ausgelegten Spuren auf die Gegenwart weiterverfolgen lassen. Der Galopp durch die Epochen ist selbstredend kursorisch, aber auch in dieser Verknappung erhellend, weil Grundanliegen und Grundprobleme quer durch die epochalen Fassungen sichtbar werden. Sie bleiben «bleibend».

6.1. Fundationen: Antike Bedeutungs- und Begriffshöfe

Gesellschaftsethos und -ethik als Selbstinterpretation des gesellschaftlichen Bewußtseins hat spezifische historische Orte, wenn auch nicht notwendig den Begriff (der Höflichkeit beispielsweise). Struktur- und Regulationsmomente von (halb-)öffentlichem Umgang miteinander. Reflexion, Konvention und Konkretionen beziehen von ihrem Sitz im sozialen Leben ihre Kontur. Der soziohistorische Sitz auch für die ethische Reflexion «über den Umgang mit Menschen» (A. v. Knigge) ist die Urbanität der griechischen Polis. So nimmt es nicht Wunder, daß der «Hermeneutiker» dieser Polis, Aristoteles, in der ersten systematischen Ethik der Tradition, in seiner «Nikomachischen Ethik», diese Facette sozialen Verhaltens bedenkt – dies freilich ohne *einen* konkreten integralen Leitbegriff, dafür aber mit einer Fülle konvergierender Termini.[179]

Neben Aristoteles, dann Epiktet und Seneca – als Vertreter der mittleren Stoa – und Tacitus und Plutarch mit ihren moralphilosophischen Reflexionen und Miniaturen ist Cicero ein Referenzpunkt. Für ihn leitet sich, im Anschluß an die Peripatetiker und vor stoischem Hintergrund[180], wie er es in seinem Werk «De finibus»

---

[179] Zur Orientierung vgl. *A. Pons*, Art. Civilité – urbanité, in: DRPSV 91-109, bes. 96-98.

[180] Aber auch in anderen antiken Schulen, bei den Epikuräern und Stoikern, lassen sich Überlegungen zum Thema der rechten Geselligkeit finden, wobei die Akzente unterschiedlich liegen können. Das hängt zusammen mit der je unterschiedlichen Einschätzung der Affekte, die dann für eine variierende anthropologische Sicht der Menschennatur als gesellig oder ungesellig impliziert. Neben der Behandlung der Phänomene in ethischer Sicht schält sich langsam auch eine Typologie oder Typenlehre heraus, wie sie beispielsweise der Aristoteles-Schüler Theophrast entwickelt, wenn er in seinen 30 Typologisierungen, die vom Typen des «Unaufrichtigen», der in der Darstellung am Anfang steht, über den «Schmeichler», «Schwätzer», den «Grobian» bis zum «Geizigen» reichen. Vgl. *Theophrast*, Charaktere, gr.-dt. Ausgabe, hrsg. v. *D. Klose*, Stuttgart 1970. Hier gründet sich eine Tradition, die zu den englischen «charakter writers» des 17. Jahrhunderts, zu La Bruyère bis hin zu Elias Canettis «Der Ohrenzeuge» (1974) im 20. Jahrhundert nie ganz abgerissen ist.

charakterisiert und dort neben den Bereichen der Naturlehre und der Dialektik auch die «ars vivendi» in Abgrenzung und Parallelisierung zur Staatskunst beschreibt,[181] die Mitte ab aus dem Ideal einer harmonisch-vernunftgeleiteten Persönlichkeit, die zum Garanten wird für eine ebenso harmonisch funktionierende soziale Relation und Ordnung.[182] Der Ausgestaltung interpersonaler Beziehungen widmet sich Cicero in der Schrift «De officiis», die ihrer Systematik wegen traditionsbildend wirken wird.[183] Schon im ersten Buch dieser Schrift, die das sittlich Gute, das «honestum» behandelt, geht es um dieses Thema. Nach der Beschreibung einzelner Tugenden wendet sich Cicero dort der Erläuterung des «decorum» als Auftrittsfigur und Ausdrucksgestalt grundlegender Haltungen zu: Takt, gewinnend-zuvorkommendes Auftreten, Selbstkontrolle, ästhetischer Sinn und Orientierung an der eigenen Natur definieren dies für Cicero – und von da an immer wieder als ausschlaggebende Grunddaten im europäischen Höflichkeitsdiskurs und -programm –, wobei der Haltungs- und der Verhaltenspol, also «honestum» und «decorum», nicht oder nur analytisch segregiert betrachtet werden können.[184] Schicklichkeit, ästhetische Lebensgestaltung, Anstands- und Schamgefühl («verecundia»), Rücksicht, die Gunst und Zustimmung erwirbt, sind Kern eines Verhaltens, in dem eine Gerechtigkeitsdimension aufscheint:

> *«Das Gebot der Gerechtigkeit ist es, Mitmenschen nicht zu verletzen, des Taktgefühls, nicht Ärgernis zu erregen. Darin besonders erkennt man die Bedeutung des Schicklichen.»*[185]

«Schicklichkeit» versteht sich dabei als Mäßigung, die Relationen zum anderen allein schon durch dessen Anerkennung erleichtert, damit aber auch auf «freundliche Weise» bezwingend wirkt, insofern Rücksicht und Respekt durch Zuwendung entlohnt werden. Das gesamte Handlungsfeld ist von dieser Intention und Inklination her an der Ausformung eines «guten Lebens» bestimmt, in dem Handeln und Urteilen in der Ausrichtung auf sittliche Vollkommenheit stehen. Der Mensch ist dazu natural disponiert, wobei seinem Redevermögen ein prominenter Platz zukommt.[186] Dieses «gute Leben» – Cicero umreißt es schon in den Eingangsparagraphen von «De officiis» – besteht in der Realisierung einer ausgleichenden Gemeinschaft, deren Glieder sich wechselseitig stützen und damit ausdrücklich das höchste Gut zum Nutzen aller hervorbringen.[187] In welchen Perspektiven dieses

---

181 Vgl. *T.M. CICERO*, De finibus bonorum et malorum, hrsg. v. *H. MERKLIN*, Stuttgart 1996, 5,9ff.

182 Vgl. *T.M. CICERO*, De officiis, hrsg. u. kommentiert v. *H. GUNERMANN*, Stuttgart 1995, 1,28(98-100); 31(111); 36(130). Vgl. *K.-H. GÖTTERT*, Kommunikationsideale, München 1988, 20-2, vgl. insgesamt *A.R. DYCK*, A Commentary on Cicero: De officiis, Ann Arbor ²1999.

183 Vgl. den knappen Überblick bei *GUNERMANN*, Nachwort zu «De officiis» 425-453, 440-445, zudem *O. SEEL*, Cicero. Wort, Staat, Welt, Stuttgart 1953, *P. GRIMAL*, Cicero. Philosoph, Politiker, Rhetor, München 1988, *M. FUHRMANN*, Cicero und die römische Republik, München-Zürich 1989, *A. PONS*, Art. Civilité – urbanité, in: DRPSV 91-109, bes. 96-98.

184 Vgl. *CICERO*, De officiis 1,28(99); 27(93-96); 31(110-114); 35(126).

185 *CICERO*, De officiis 1,28(98f.).

186 Vgl. *CICERO*, De officiis 1,16(50).

187 Vgl. *CICERO*, De officiis 1,7(22), vgl. 1,5(17); 1,7(20). Vgl. dazu die Parallelen in: *CICERO*, De finibus 3,14ff., 3,63ff. Ähnliche Positionen vertritt in seinen «Epistulae morales ad Lucilium» *L.A. SENECA*, An Lucilius, in: *ders.*, Philosophische Schriften, Bde. 3 + 4, hrsg. v. *M. ROSENBACH*, Darmstadt ⁴1999 (Bd. 3: Briefe 1-69), ²1999 (Bd. 4: 70-124), hier bes. ep. 66,5-7, vgl. ep. 27; 66; 74; 76. Zur Gemeinschaftsorien-

«Schickliche» für Cicero dann konturier- und formbar ist, hat er in den sogenannten vier Rollen des Menschen pointiert:

- in der Leitung der Leidenschaften durch die Vernunft,
- im naturgemäßen Handeln,
- im Verhalten gemäß gegebener Umstände
- und als Bestimmung des Verhaltens einer harmonischen Persönlichkeit.[188]

Die Vernunftleitung der Leidenschaften ist dabei eine Forderung, die Cicero sowohl mit Aristoteles als auch mit der Stoa und Epikur gemein hat. Cicero gibt ein Echo darauf, wenn er postuliert, daß nur die Kontrolle der Leidenschaften zu einer überlegenen und stabilen Ruhe der Person führt. Auch im Bereich des «Schicklichen» – und gerade dort – wird dies sichtbar über einen gemessenen Gesichtsausdruck wie über angemessene Worte, Bewegungen und Haltungen, sodann in Bedächtigkeit und Bedachtsamkeit.[189]

Die zweite «Rolle», das Handeln gemäß der eigenen Natur und ihrer Dispositionen, entfaltet sich für Cicero in zwei Richtungen: einerseits in der Kontrolle und Eindämmung naturaler Anteile, andererseits aber ebenso in deren Entfaltung. Was die Situativität angeht, das Handeln unter dem Vorbehalt der je gegebenen Umstände und Kontexte, so wird dies unter dem Aspekt der Klugheit besprochen.

Die abschließende Perspektive hingegen resümiert die äußeren Erscheinungsformen von Handlungen, wie sie ersichtlich werden in verbalen und nonverbalen Signalen und relevant werden für die angezielte Anerkennung durch die anderen. Gilt dies zunächst für die moralpädagogische Absicht einer Erziehung zu Beherrschung und Würde, so wird bei Cicero auch ein Akzent gelegt auf die Gestaltung des Gespräches. Prominenteste Punkte sind dabei die Forderung der Gelassenheit und die Wendung gegen Rechthaberei ebenso wie der Wechsel jeweiliger Thematiken, der es verhindern soll, daß einzelne aus dem Gespräch ausgeschlossen bleiben. Insistiert wird weiterhin auf einer Entsprechung von Thema und Ton, auf die Vermeidung einer Transparenz auf Charakterfehler – z.B. das Schlechtmachen und -reden Abwesender.[190] Themenzentriertheit wird darüber hinaus ebenso angemahnt wie ein zu

---

tierung vgl. *ARISTOTELES*, Politeia 1253a; *M.F. QUINTILIAN*, Institutiones oratoriae libri XII, hrsg. u. übersetzt von *H. RAHN*, Darmstadt 1972, 2,16,12ff. Vgl. *K.-O. APEL*, Idee der Sprache in der Tradition des Humanismus von Dante bis Vico, Bonn 1963, 131ff., *G. BIEN*, Die Grundlegung der politischen Philosophie bei Aristoteles, München ³1985, 73ff.

188 Vgl. *CICERO*, De officiis 1,28(100ff.).

189 Cicero beleuchtet dies an dem Kommunikationsparadigma des falschen Scherzens. Ähnlich *SENECA*, An Lucilius, ep. 66,5.

190 So formuliert eine Ermahnung bei Franziskus von Assisi thematisch – natürlich ohne Verweis auf Cicero, aber durchaus im «cortesia»-Horizont: «Beatus servus, qui tantum diligeret et timeret fratrem suum, cum esset longe ab ipso, sicuti quando esset cum eo, et non diceret aliquid post ipsum, quod cum caritate non posset dicere coram ipso.» (Adm 25, in: *K. ESSER*, Die Opuscula des hl. Franziskus von Assisi. Neue textkritische Edition, zweite, erweiterte und verbesserte Auflage, besorgt von E. Grau, Grottaferrata 1989, 116) «Longe ab ipso – post ipsum – coram ipso»: Mit diesen drei Koordinaten fängt die Beobachtungsgabe des Franziskus einen Topos ein, der in der Alltagskommunikation von nicht unerheblicher Bedeutung ist. Mit Blick auf Höflichkeitstheoreme der Pragmatik und Soziolinguistik ist die Rede über Abwesende ein ebenso beliebtes wie «sicheres Thema» zur Vermeidung von direkt gesichtsbedrohenden Kommunikationen ebenso wie zur entspannten Anbahnung von Konversation (beispielsweise). In der Alltagskommunikation hat der abwesende andere als Thema eine ähnliche Funktion wie das «anwesende Wetter».

erstrebender Abschluß einer Thematik. Schließlich gilt es auf eine Freiheit von Leidenschaften, auf die (wenigstens) äußerliche Achtung des anderen, auf dezente und vorsichtige Formen eventueller Zurechtweisung und auf den Ausschluß von Überheblichkeit und Formen der Prahlerei zu achten. All dies sind für Cicero Formen einer (äußeren) «Höflichkeit», die von einer inneren Disposition sittlicher Güte[191] nicht abzutrennen sind: «Sittliches Handeln kann nur schicklich sein, und Schicklichkeit ohne Sittlichkeit wäre hohl.»[192]

Diese wirkmächtigen Überlegungen werden im zweiten Buch von «De officiis» fortgeführt. Dort allerdings werden sie unter der Perspektive des «utile» stehen. Cicero verhandelt dabei wesentlich die Fragen der Annehmlichkeiten des Lebens.[193] Dazu rechnet er neben Reichtum, Besitz und den lebensnotwendigen Dingen auch die Kooperation und Konversation mit dem anderen. Gestaltung und Harmonisierung der Konditionen zur Wahrung des Nutzens ist das eigentliche Thema.[194] Unverzichtbar dafür ist wiederum Rücksicht und Gewinnung von Sympathie.[195] Zu unterstreichen ist bei Ciceros Sicht, daß wie im Bereich des «decorum» die Güter des «utile» nicht in einen Antagonismus zum «honestum» gebracht werden. Auf die inhärenten Problematiken wird Cicero später durchaus eingehen.[196] Folgerichtig ist Wohlwollen das maßgebliche Fundament reziproker Förderung[197] und das Anzielen einer Wertschätzung, die auf Achtung, nicht aber auf Furcht begründet liegt.[198] In diesen Zusammenhang gehört auch die Ehrlichkeit der Voraussetzungen für die Erlangung positiven Ansehens[199] – und gerade hier unterstreicht Cicero Wichtigkeit und Bedeutung des vertraulichen Gesprächs.[200] Ciceros Fazit in diesem Kontext wird beständige Repetition, aber auch erhebliche Abschwächung erfahren im Verlauf des konversations- wie höflichkeitstheoretischen Diskurses:

> *«Sokrates jedenfalls sagte treffend, es sei dies der nächste und gleichsam abgekürzte Weg zum Ruhm, wenn einer danach handle, daß er so sei, wie er scheinen wolle. Denn wenn irgendwelche Leute glauben, durch Heuchelei, durch wichtigtuerische Prahlerei und Mienenspiel beständigen Ruhm erreichen zu können, so irren sie sich gründlich. Wahrer Ruhm schlägt Wurzeln, ja er pflanzt sich sogar fort, alles Vorgetäuschte fällt rasch ab wie zarte Blüten, und Heuchelei kann nicht auf die Dauer erfolgreich sein.»*[201]

---

191 Diese Sicht vertritt auch Quintilian. Vgl. *O. SEEL*, Quintilian oder die Kunst des Redens und Schweigens, Stuttgart 1977, 14.

192 So das Resümee von *GÖTTERT*, Kommunikationsideale 23.

193 Vgl. *CICERO*, De officiis 2,3(9).

194 Vgl. *CICERO*, De officiis 2,5(17).

195 Vgl. *CICERO*, De officiis 2,6(19).

196 Nämlich im dritten Buch von «De officiis», bes. 3,7-32.

197 Vgl. *CICERO*, De officiis 2,6(21).

198 Vgl. *CICERO*, De officiis 2,7(23).

199 Vgl. *CICERO*, De officiis 2,9(32ff.). Vgl. dazu *U. KNOCHE*, Der römische Ruhmesgedanke, in: Philologus 89 (1934) 102-124.

200 Vgl. *CICERO*, De officiis 2,11(39f.). Dem würde sogar noch in einer Räuberbande Gültigkeit zukommen. Ein immer wieder variierter Topos, so z.B. bei D. Diderot, der in seinem Beitrag zur Enzyklopädie über das «Naturrecht» darauf zu sprechen kommt. Vgl. *D. DIDEROT*, Philosophische Schriften I, hrsg. v. *T. LÜCKE*, Berlin 1984, 382.

201 Vgl. *CICERO*, De officiis 2,12(43).

Die Fragestellung des «decorum» im Verbund mit den Aspekten des «utile», der Gunstgewinnung vor allem, werden bei Cicero bereits klar und erheblich differenziert zu einem Konzept interpersonaler Beziehung zusammengestellt. Es geht, basierend auf der sozialen Natur des Menschen, um die Steigerung und Steigerbarkeit des einzelnen *in* und *mit* der Gemeinschaft. Tugendhaftes Handeln ist dazu vonnöten, das auf den anderen sowohl bezogen ist, als ihn auch nicht überfordert. Hier zeigen sich freilich Ambiguitäten und Ambivalenzen. Gerade kontrolliertes Handeln und gesteuerte Präsentation sind nicht ex sese frei von möglichen, ebenso kontrollierten, aber unlauteren Motivationsketten. Deshalb ist die Korrelation mit dem «honestum» ein unverzichtbares Korrektiv, die Identifikation von Schein und Sein folglich Ziel ebenso wie Garant gelingender, guter sozialer Beziehung. In diesem Zusammenhang bilden Anpassung ebenso wie Entfaltung der Persönlichkeit, liegt der Akzent auf einem beherrschten und würdigen Verhalten, bei dem Rechthaberei verpönt, Abwechslung und Kreativität aber empfohlen sind. Im zweiten Buch von «De officiis», das sich dem «utile» annähert, nachdem das «honestum» bereits vorgestellt ist, und die Kooperation der Menschen im Sinne des Gemeinwohls umreißt, finden sich zusätzliche Informationen und Hinweise zur Thematik. Einschlägig wird hier vor allem die Frage der Sympathiegewinnung als Fundament sinnvoller Beziehung.[202] Problematisiert wird dabei die Gefahr einer Trennung des «decorum» vom «honestum», die sich konkret als Erzeugung eines bloßen Anscheins erweist. Dies verurteilt Cicero scharf, wobei im Anschluß an das sokratische Prinzip der Konvergenz von Sein und Schein[203], letzterer nicht an sich verworfen wird, ist er doch als Außenseite einer jeden Handlung unumgänglich[204], sondern nur insofern er sich im Dienst der Heuchelei korrumpieren läßt.

An dieser Stelle, dem unverzichtbaren, schwer greifbaren Junktim zwischen «Innen» und «Außen», Haltung und Ausdrucksgestaltung, zwischen «decorum» und «honestum» wird sich späterhin eine signifikante Neu- und Umorientierung situieren.[205] Doch der großen Apologie des förmlichen Benehmens durch Cicero gesellen sich schon früher auch kritisch-einschränkende Stimmen zu. Auch bei Seneca findet sich in seiner Verbindung von stoischen und epikureischen Überlegungen eine deutlich akzentuierte Nachordnung des «decorum»-Bereiches.[206] Dieser hat in seinen Komponenten nur Bedeutung im Rahmen einer ethischen Vollkommenheit, die als

---

[202] Vgl. *CICERO*, De officiis 2,6(9).

[203] Vgl. *CICERO*, De officiis 2,12(43).

[204] Hier darf vorweggenommen werden, daß diese Unumgänglichkeit der «Rolle» ein Thema sein wird, dessen sich die Soziologie wieder verstärkt angenommen hat. Feststellungen wie «Wir alle spielen Theater», nehmen alltägliches Rollenverhalten als unumgänglich auf – und bleiben im selben Bildfeld. Man vergleiche nur die Überlegungen von E. Goffman. Vgl. unten Abs. 8.1.

[205] Hier sei nur auf Machiavelli und seinen «Principe» hingewiesen. Dort werden direkte Umdrehungen ciceronianischer Thesen zu verzeichnen sein. So wenn er als Fundament stabiler sozialer Beziehungen Furcht statt Achtung (so im 17. Kapitel) setzt oder zur Erlangung von Ruhm ungeschminkt auf Betrug setzt (so im 18. Kapitel). Die Entwicklung löst den Bereich des Schicklichen oder des «decorum» – im Kontext der Machtüberlegung freilich, die weitergefaßt ist als der privatpolitische Bereich – immer weiter vom sittlichen Guten. Diese Verselbständigung trifft auch die Façon des «utile» – bis hin zu Auffassungen des neuzeitlichen Utilitarismus.

[206] *SENECA*, An Lucilius, ep. 66, vgl. dazu auch ep. 27, 74, 76. Vgl. darüber hinaus *M.M. MITCHELL*, Reading to virtue, in: *A. Y. COLLINS* (Hrsg.), Ancient and modern perspectives on the Bible and culture (FS H. D. Betz), Atlanta 1999, 110-121.

Maßhaltung zu verstehen ist und weitgehend von Außenwirkung absieht.[207] Äußerliches ist für Seneca ausdrücklich ebenso wie das ethisch Neutrale unerheblich.[208] In ähnlicher Tendenz liegt Epiktet, der es nur für schwer möglich hält, neben der inneren Tugend, der das Hauptaugenmerk gilt, auch noch den Bereich des «decorum» adäquat im Blick zu behalten. Er empfiehlt, lieber einfältig und töricht zu erscheinen, denn Gefallen bei anderen zu suchen sei eine Art der Selbstaufgabe.[209] Gerade im Gespräch mit anderen habe Zurückhaltung zu dominieren.[210] Auch bei Marc Aurel finden sich diese Gedanken in etwas abgeschwächter, weniger rigoroser Weise. Auch hier wird das Streben nach Gunst verurteilt, Anerkennung durch die Masse als nicht erstrebenswert und sogar gefährlich bezeichnet.[211]

Festzuhalten gilt als Ziel einer «primären Höflichkeit»: «maximeque curandum est, ut eos, quibuscum sermonem conferemus, et vereri et diligere videamur.»[212], wobei durchscheint, daß Höflichkeit im Unterschied zur Etikette als bloßer Einhaltung von Konventionen auf die positive Bewertung des anderen zielt, Aufmerksamkeit, Anerkennung, Achtung und Respekt Ausdrucksziele sind, die Ausdrucksformen suchen.[213] Die implizierte Vielfalt der Möglichkeiten spiegelt sich in einer Reihe von Begriffen, denen sich überschneidende Bedeutungshöfe und Resonanzräume eigen sind.

Systematisch ist hier zu erinnern an die untergründige Begriffstrias «honestum» – «decorum» – «utile» als Eckdaten praktischer Philosophie, Lebenskunst und Ethik. Schon in der klassischen Graezität macht sich in einem Begriffspaar eine einschlägige Grundspannung fest: jene zwischen δίκη (justitia) und αἰδώς (verecundia). Verbale und nonverbale Ausdrucksweisen der «verecundia» sind früh in der antiken Graezität und Latinität z. B. Formen der Etikette, Gesten der Selbsterniedrigung (Kniebeuge, Verbeugung, prostratio), Gesten «symbolischer Ungelegenheit» (Aufstehen, Ziehen der Kopfbedeckung in Begrüßungssituationen als Markierung gesteigerten Aufwands), Austausch von Geschenken, Besuchen, geprägte (oft aufwendige) Sprachformeln und anderes mehr.[214]

Insgesamt gilt schon für die Antike: Höflichkeit ist ein schwer zu analysierender Begriff. Vielfältige Facetten wie Freundlichkeit, Achtung, Respekt, Takt, Nachsicht, Charme, Witz, Kultiviertheit und andere spielen hinein und eröffnen die sachlich-

---

[207] Vgl. *SENECA*, An Lucilius, ep. 66.5, 46.

[208] *SENECA*, An Lucilius, ep. 66.46.

[209] Vgl. *EPIKTET*, Handbüchlein der Moral, hrsg. v. *K. STEINMANN*, Stuttgart 1994, Nrr. 13, 23.

[210] Vgl. *EPIKTET*, Handbüchlein der Moral, Nr. 23, dazu Nrr. 2, 4, 6, 15, 17, 25, 36, 39, 40, 42, 45, 47.

[211] Vgl. *MARC AUREL*, Selbstbetrachtungen, hrsg. v. *A. WITTSTOCK*, Stuttgart 1988, I.16; III.4 u. 8. Plutarch widmet sich in seinen «Moralischen Schriften» eingehend und detailliert Umgangsfragen und –formen, wobei Konversations- und Gastgebernormen oft im Zentrum seiner Aufmerksamkeit stehen. Einen signifikanten Einblick (reich annotiert und mit weiterführender Literatur) gewährt die Auswahl *PLUTARCH*, Moralphilosophische Schriften, ausgewählt, übersetzt und hrsg. v. *H.-J. KLAUCK*, Stuttgart 1997 (dort bes. 145-189, Passagen aus den ursprünglich neun Büchern mit «Gastmahlgesprächen» Plutarchs, vgl. auch 24ff., 27ff., 36, 39-52, 53-57, 83-122).
Hinzuweisen ist an dieser Stelle auf die ungemein stark (bis in das 17. Jahrhundert in der Übersetzung von M. Opitz) rezipierten «Disticha Catonis», einer spätantiken pseudepigrapischen Schrift, die im Mittelalter zu den meistverbreiteten Vertreterinnen der Anstandsliteratur gehörte.

[212] *CICERO*, De officiis 1,38(136).

[213] Vgl. weiterführend *A. MONTANDON*, Art. Étiquette, in: DRPSV 359-376.

[214] Vgl. zu Konkretionen und Phänomenen der verbalen und nonverbalen Höflichkeit unten Abs. 9.

thematischen Horizonte. Diese phänomenologisch zu erhebende Bandbreite findet adäquat Niederschlag in einer großen Bandbreite von Termini, die wiederum selbst erhebliche Bedeutungshöfe und -geschichten haben. Dieser hier nur an-, nicht ausgedeutete Befund spricht für sich, spiegelt er doch im Kern die Bedeutungsbreite, die sich zur Debatte öffnet.[215]

6.2. PUBLIKATIONEN: HOF ODER NICHT HOF? – BERECHTIGTE FRAGE

Der Beginn der Neuzeit – also nach der Periode, der sich der Begriff der «curialitas»/«cortesia» im ritterlich-höfischen Kontext verdankt – stellt sich auch als eine Blütezeit der Auseinandersetzung mit Anstand und Höflichkeit dar.[216] Ein Beispiel nur: Albrecht von Eybs «Spiegel der Sitten» (1474) eruiert neben einer ausführlichen Tugendlehre wie selbstverständlich auch das weite Spektrum des Alltagsver-

---

[215] Um nur einige signifikante Termini und Gegentermini zu nennen: die «ἀστειότης» des ἀστεῖος (die «urbanitas» des «urbanus») gegen die «ἄγροικος» («rusticitas» des «rusticus»), «ἐλευθέριος» («liberalis» – schon der antike «Gentleman» trägt also die Signatur des «Freigiebigen» und «Großzügigen») gegen den «δουλοπρεπής» (der Unterwürfige), «πεπαιδευμένος» («humanus», gebildet), was sich zeigt durch Eigenschaften wie «κομψός» (kultiviert), «politus» (manierlich), «elegans» (wählerisch, bewußt wählend), «ἐπιδέξιος» (taktvoll), «εὐτράπελος» (witzig), «facetus» (wortgewandt, aber nicht «dicax»), «χαριείς» («lepidus», charmant). In Betragen und Erscheinung gilt für den Höflichen der Antike folgende Charakteristik. Er ist «εὐπρεπής» (anständig), «κόσμιος» (ordentlich), ein Beispiel für Anstand («τὸ πρέπον») und Formvollendung («εὐσχημοσύνη»), «ἐπίχαρις» oder «εὔχαρις» (charmant), voll Anmut («χάρις», gratia, also anmutig und graziös), «bellus» (gewandt), «ἐπαφρόδιτος» (liebenswürdig, lat: «venustus», ein Begriff, der vom weiblichen Tugendgegenstück zur männlichen «dignitas», der «venustas», stammt). Respekt als Haltung wird verbal gefaßt mit «αἰδεῖσθαι» (verecundia/«αἰδώς») oder «σέβειν» und lat. «vereri»/«revereri», sowie im Sprach- und Wortfeld von «τιμή» und «honor». Respekt hat dabei eine doppelte Richtung und Perspektive:

– nach *oben* als «observantia» («die uns anleitet, diejenigen kultiviert zu behandeln, die nach Alter, Wissen, Rang oder Status allgemein über uns stehen» – vgl. *T.M. CICERO*, De Inventione/Über die Auffindung des Stoffes, hrsg. u. übers. v. *T. NÜSSLEIN*, Darmstadt 1998, 2,66.), «kultiviert» von «colere», gr. «θεραπεύειν»,

– nach *unten* als «comitas». Im Kontext von Höflichkeit und Freundlichkeit sind Signaltermini: «φιλοφροσύνη» (älterer Terminus), «φιλανθρωπία» (!) und «humanitas» (!).

Als Facetten der Freundlichkeit gelten: «ὁμιλητικός» (umgänglich), «εὐαπάντητος» (leutselig), «εὐπροσήγορος» oder «affabilis» (leicht ansprechbar, umgänglich, leutselig, entgegenkommend), «commodus», «facilis», «προσηνής» (sanft), «ἐπιεικής» (verständnisvoll), «πραΰς» (mild), «μέτριος» (maßvoll), «φαιδρός», «hilaris», «festivus» (gut gelaunt, heiter, aufgeräumt).

Die Assonanzen zu den einzelnen Begriffen sind mannigfaltig, zu mannigfaltig, als daß sie hier im Detail nachgezeichnet werden können. Es geht uns nicht zuerst um eine Begriffs-, sondern um eine Haltungsstudie. Aber die Fülle erstaunt doch – und zu einem guten Teil sind hier Begriffe genannt, die noch heute synonym für «höflich» stehen können und im Gebrauch sind, aber darüber hinaus auch diesen Rahmen sprengen und damit nicht selten etwas erinnern, was zum Ursprungsbestand der Höflichkeit gehört hat. Vgl. insgesamt (mit weiteren Belegen) *PROCOPÉ*, Höflichkeit 941-977, vgl. zu weiteren philologischen Befunden und einem angedeuteten tugendethischen Brückenschlag schon *A. DIHLE*, Antike Höflichkeit und christliche Demut, in: Studi Italiani di Filologia Classica 26 (1952) 169-190, *G. MARSCHÜTZ*, Die verlorene Ehrfurcht. Über das Wesen der Ehrfurcht und die Bedeutung für unsere Zeit, Würzburg 1992, 5-34 (zum lexikalisch-semantischen Umfeld des αἰδώς-Bereiches).

[216] Hier ist – aus gegebenem Anlaß – auf eine fundamentale Studie zu verweisen, die jenseits geläufiger Dekonstruktionen und Destruktionen eines geschichtlichen «Scheibchen-» oder «Klötzchendenkens» präzis abgetrennter Perioden eine kritisch-genetische Sichtung entwickelt: *A. LEVI*, Renaissance and Reformation. The intellectual genesis, New Haven-London 2002.

haltens.[217] Dies spiegelt sehr exakt die humanistische Tendenz, Anstand als einen zentralen Bereich ihrer pädagogischen Bemühung zu verstehen.[218] Der im Humanismus der Renaissance beständig vorfindbare Rückgriff auf Typenlehre und Idealvorstellungen der Antike wird auch im Zusammenhang mit der Höflichkeit relevant. Im Diskursrahmen der Hausliteratur beispielsweise knüpft der Humanist L.B. Alberti in seinem Werk «Della Famiglia» (1434/41)[219] an diese Grundraster an. Dabei wird jedoch der Differenzpunkt verschoben. Die Demarkationslinie verläuft nun nicht mehr einfach nur zwischen der «bäuerischen» Einfachheit und der höfisch-höflichen Elite, sondern zwischen Ungebildeten und Gebildeten hinsichtlich ihrer «civiltà».[220] Dies entspricht wie selbstverständlich dem gewandelten und sich emanzipierenden Bildungsideal einer zunehmend städtisch und international organisierten Elite.[221]

Johannes Jovianus Pontanus, Hofsekretär und Prinzenerzieher, zielt in seinem Traktat «De Sermone»[222] (1499) vor diesem urbanen Hintergrund auf einen Rednertyp, dessen Alltagsrede von überzeugend-gewinnender Kompetenz sein solle. Dabei trennt Pontanus versuchsweise Gesellschaftsethos und Moral und füllt die Pole mit den Begriffen der «humanitas» und «comitas».[223]

Nach einer Fülle von weiteren Erziehungslehren humanistischer Prägung erscheint mit Erasmus von Rotterdams «De Civilitate morum Puerilium»[224] 1529 eine

---

[217] Jüngste Ausgabe: *ALBRECHT V. EYB*, Spiegel der Sitten, hrsg. v. *G. KLECHA*, Berlin 1989.

[218] Vgl. dazu *A. BÖMER*, Anstand und Etikette nach den Theorien der Humanisten, in: Neues Jahrbuch für Pädagogik 7 (1904) 223-242, 249-285, 330-355, 361-390, 361ff. Zum Renaissance-Humanismus vgl. die informativen Beiträge in: *M. SCHWARZ* (Hrsg.), Der neue Mensch. Perspektiven der Renaissance, Regensburg 2000. Grundlegend *A. BUCK*, Humanismus. Seine europäische Entwicklung in Dokumenten und Darstellungen, Freiburg i.Br.-München 1987. Für einen reichen Überblick vgl. *F.-R. HAUSMANN*, Humanismus und Renaissance in Italien und Frankreich, in: *SCHWARZ*, Der neue Mensch 7-35 (Lit.). Zu den empathisch-bedeutungsnahen Terminologien im Umfeld der «humanitas», vgl. *R. RIEKS*, Art. Humanitas, in: HWP III 1231-1232 (u.a. finden sich dort dann: virtus, integritas, facetia, elegantia, urbanitas, hilaritas, moderatio, sapientia, modestia, magnanimitas, comitas und weitere Begriffe, die in der Umlaufbahn der «curialitas/cortesia» häufig begegnen).

[219] Dt: *L.B. ALBERTI*, Über das Hauswesen, hrsg. v. *W. KRAUS*, Zürich 1962. Zu Alberti die informativen Beiträge in: *K.W. FORSTER/H. LOCHER* (Hrsg.), Theorie der Praxis. L. B. Alberti als Humanist und Theoretiker der bildenden Künste, Berlin 1999.

[220] Vgl. *O. BRUNNER*, Adeliges Landleben und europäischer Geist, Salzburg, 1949, 105.

[221] Dies bedeutet aber noch lange nicht, daß der Hof in seinen historischen Metamorphosen und Entwicklungen völlig obsolet wäre, wie im Anschluß immer wieder sichtbar wird.

[222] *J.J. PONTANUS*, De sermone liber sex, hrsg. v. *S. LUPI/A. RISICATO*, Lucani 1954. Vgl. dazu auch den informativen Quellenband von *C. SCHMÖLDERS* (Hrsg.), Die Kunst des Gesprächs. Texte zur Geschichte der europäischen Konversationstheorie, München 1979, 107-116 (mit Vorbemerkung und signifikanter Textpassage aus Pontanus). Vgl. das konzise Tableau von *A. MONTANDON*, Art. Conversation, in: DRPSV 125-153.

[223] Vgl. *PONTANUS*, De Sermone 44-49.

[224] *ERASMUS V. ROTTERDAM*, Über die Umgangserziehung der Kinder, in: *ders.*, Ausgewählte pädagogische Schriften, hrsg. v. A.J. Gail, Paderborn 1963, 89-106 (bis in das 18. Jahrhundert hinein erlebt dieses Werk über 130 Auflagen!). Vgl. *J. REVEL*, Vom Nutzen der Höflichkeit, in: *P. ARIÈS/R. CHARTIER* (Hrsg.), Geschichte des privaten Lebens III: Von der Renaissance zur Aufklärung. Frankfurt/M. 1991, 173-212, *PERNOT*, La politesse et sa philosophie 63-76. Erasmus reiht in «De civiltate» Beobachtungen zum Verhalten bei Spiel, bei Begegnung, in der Kirche, natürlich bei Tisch aneinander, äußert sich zu Blickverhalten und Körpersteuerung, Themen, die er auch andernorts weniger «grobianisch» einfließen läßt, vgl. *ders.*, Familiarium colloquiorum formulae, hrsg. v. *L. POELCHAU*, Stuttgart 1996, 9f., 47-50, *ders.*, Colloquia familiaria, hrsg. v. *H. RÄDLE*, Stuttgart 1997, 27f., nicht zu vergessen natürlich der 1517 er-

locker skizzierte Benimmlehre in der Tradition der Tischzuchten[225], die sich in ihren Regularien höflichkeitspädadogisch nur nominell an Kinder wendet und von der Leitidee einer Harmonie zwischen Körper, Äußerem und Geist unter den Leitlinien von Vernunft und Natur geprägt ist und sich zudem einer weltzugewandten Frömmigkeit verdankt, die durchaus unter diesem humanistischen Bildungsimpetus liegt. Von Bedeutung ist dabei die Breitenwirkung wegen veränderten Adressatenkreises bei traditionellen Topoi: Für Kinder gedacht entwickelt sich die Wirkung über spezifische Schichten hinaus (trotz der Widmung an einen Fürstensohn). Thematisch einschlägig ist auch *das* Beispiel der «Encomien»-Literatur, das «Encomium moriae» (1508)[226]. Auch hier wird Alltagshandeln durchleuchtet und analysiert. Bestimmte Formen der Torheit – z. B. die der Schmeichelei – erfahren bei Erasmus eine spezifische Aufwertung und Rehabilitation, insofern sie lebensdienliche Aspekte aufweisen können.[227]

Anders hingegen agiert die Tradition, die im Anschluß an die Fürstenspiegel auf die höfische Oberschicht zielt: Kurz zuvor war im Italien des «Cinquecento» ein Opus erschienen, das einer Rearistokratisierungsbemühung dort (nach dem Vordringen bürgerlicher Gelehrter in der Renaissance) entscheidende Impulse verlieh. Die Rede ist von B. Castigliones «Libro del Cortegiano»[228]. Mit ihm verbindet sich ein Neuansatz der Anstandsliteratur als einer Philosophie des Alltagslebens, die sich einerseits von ethisch-theologischen Vorgaben löst, sich andererseits aber nicht in einer reinen Präzeptistik erschöpft. Im «Cortegiano» verbindet sich eine mundane

---

schienene Fürstenspiegel für Karl V. «Institutio principis christiani», dem Gegenstück zu Machiavellis «Il principe». Leitend bleibt für Erasmus immer eine formal und material gefüllte Bildung, die im Alltag unterschiedlichster Protagonisten die Humanisierung des Umgangs zum Ziel christlicher Erziehung erhebt. Vgl. *P. WALTER*, Zum Verhältnis von Rhetorik und Ethik im Humanismus. Die Einschätzung der «vafrities» bei Erasmus von Rotterdam, in: *K. ARNTZ/P. SCHALLENBERG* (Hrsg.), Ethik zwischen Anspruch und Zuspruch. Gottesfrage und Menschenbild in der katholischen Moraltheologie (FS K. Demmer) (SThE 71), Freiburg i.Ue.-Freiburg i.Br. 1996, 301-316.

225 Vgl. weiterführend *A. HOMOLKA*, Die Tischzuchten von Sebastian Brant, Thomas Murner und Hans Sachs und ihr realer Hintergrund in Basel, Straßburg und Nürnberg, München 1983.

226 Dt.: «Das Lob der Torheit», hrsg. v. *A.J. GAIL*, Stuttgart 1999 ([1]1949).

227 Vgl. z.B. *ERASMUS*, Das Lob der Torheit 25f., 31f., bes. 56f. (die Schmeichelei der Protagonistin «Torheit» wurzelt in der Güte; ihre Wirkungen auf andere faßt Erasmus in einen Katalog, der an den der «Werke der Barmherzigkeit» angelehnt ist), passim. Dieser janusköpfige «speculum imperfectionis» entfaltet ein breites Spektrum an pointierten Beobachtungen zu gesellschaftlichen und ständischen Verhaltens- und Umgangsweisen, die im Mantel einer durchaus nicht nur heiteren Kritik keineswegs ohne Tiefenwirkung und Deutlichkeit bleiben. Man kann diese literarische Drehung – die Torheit als Protagonistin – selbst als spezifisches Höflichkeitsphänomen deuten, als Indirektheit und Nichtfrontalität nämlich.

228 *B. CASTIGLIONE*, Das Buch vom Hofmann, hrsg. v. F. Baumgart, Bremen 1960 (vgl. dort auch das informative Vorwort des Herausgebers, VII-LXX). Natürlich läßt sich Castiglione in einen Traditionsstrom einordnen. Zu nennen wäre dabei die Verbindung zu L.B. Alberti und seiner humanistisch-pädagogischen Versuche. Vgl. *C. OSSOLA*, Dal «Cortegiano» all' «Uomo di monde», Turin 1987, *E. LOOS*, Baldassare Castigliones Libro del Cortegiano. Studien zur Tugendauffassung des Cinquecento, Frankfurt/M. 1955, *C.T. RAFFINI*, M. Ficino, P. Bembo, B. Castiglione. Philosophical, aesthetic and political Approaches in Renaissance Platonism, New York 1996, *T. KENNEDY*, Elyot, Castiglione and the Problem of Style, New York 1996. Zur Rezeption vgl. *P. BURKE*, Die Geschichte vom «Hofmann». Zur Wirkung eines Renaissance-Breviers über angemessenes Verhalten, Berlin 1996, *PERNOT*, La politesse et sa philosophie 78ff., *R.A. MÜLLER*, Der Hofmann, in: *SCHWARZ*, Der neue Mensch 181-207 (Lit.), Situierungen im historischen Kontext bei *A. PATERNOSTER*, La politesse positive dans le dialogue de la Renaissance italienne (XVe-XVIe siècle) ou l'art de doser les compliments, in: *WAUTHION/SIMON*, Politesse et idéologie 303-311.

Begründung von Gesellschaftsethos und -ethik im europäischen Abendland, sofern die Rezeption das von Castiglione entworfene Verhaltensprofil des vollkommenen Hofmanns zum *allgemein* gültigen, nicht ständisch restringierten Ideal des gesitteten und gebildeten Menschen stilisiert. Castiglione selbst verschmilzt in seinem Entwurf aristokratische Verhaltensstandards mit humanistischer Rhetorik und antiker Ethik.[229] Die sozialdistinktiven Tugenden der «grazia» (Anmut), der «sprezzatura»[230] (einer diskreten, leichten Lässigkeit und Souveränität zu situationsangemessenem Handeln als Gegenpol der «affettazione», der aufdringlichen Gekünsteltheit in Sozialverhalten, Kleidung oder Sprache), der «temperantia» (Maß oder Mäßigung) und der «mediocrità» (Ausgeglichenheit)[231] gewinnen ausschließlich in sozialer Perspektive und Akzeptanz Beachtung im Sinne einer moralisch neutralen Mechanik und Technik der aktuellen Beziehungsgestaltung, deren Regularien aus der menschlichen Natur bzw. deren Analyse abzuleiten wären. Leitprinzip ist das der Anmut («grazia»)[232]. Diese zeigt sich als Fundament einer Repräsentation des Selbst, die Sympathie entstehen läßt, sofern sie ihren Träger schon im ersten Augenblick und von ihm an liebenswert macht. Dezidiert ist wieder der Hof (von Urbino, neben dem Florenz der Medici) der tonangebende und stilprägende Grundraum der «Höflichkeit». Vom «Cortegione» oder «Cortegiano» führt der Weg weiter zu den Verhaltenskodizes des «honnête homme» des Absolutismus bis hin zum «Gentleman» des bürgerlichen Zeitalters.[233]

Auf einen weiteren wichtigen Punkt ist an dieser Stelle hinzuweisen. Zur wahren Kunst des Hofmanns gehört im Sinn der Ablehnung der «affettazione», der Gekünstelt- oder Affektiertheit, die eigentliche Verbergung seiner Kunst.[234] Sie ist kein «Surplus», kein distinkter oder distinktiver Zusatz, sondern als Anstand geformtes Verhalten, dem man seine Geformtheit nicht mehr ansieht. Daß es der Form bedarf, ergibt sich aus der Tatsache, daß Sein ohne Schein nicht realiter begegnet, nicht in Erscheinung tritt.[235] Die Inszenierung des Selbst um der Anerkennung willen – das erläutert Castiglione – hat ohne Forcierungen stattzufinden.[236] Dabei legitimiert er sogar Mittel der «dissimulatio», der Zuhilfenahme eines Wegblendens oder Verheimlichens gewisser Fakten. Die «simulatio»[237], als die willentliche Vorspiegelung falscher Tatsachen, wird allerdings mit einem Verdikt belegt. Die Verbergung der Mühe, die den Eindruck hervorruft, daß der entsprechend Handelnde alles noch

---

229 So *BEETZ*, Art. Höflichkeit 1480.

230 Vgl. *J.-L. JAM*, Art. Sprezzatura, in: DRPSV 847-854.

231 *CASTIGLIONE*, Das Buch vom Hofmann 34-36, 52-60, 94-99, vgl. dazu *GÖTTERT*, Kommunikationsideale 20-37.

232 Vgl. dazu *GÖTTERT*, Kommunikationsideale 25-37, *ZIMMER*, Die europäischen Moralisten 31-35.

233 Man kann hier eine weitere Demarkationslinie einzeichnen oder herauslesen: das höflich-höfische Verhalten als Distinktion von Gruppen und zugleich als Angemessenheitshorizont innerhalb einer prägenden Gruppe auf der einen (bei Castiglione), auf der anderen (Erasmus) eine diese Grenzen faktisch in Anfängen überschreitende, allgemein-humane Höflichkeitsauffassung. Was sich hier an Protagonisten ablesen läßt, ist ein bleibendes höflichkeitssystematisches Problem, das der Vermittlung bedarf, zumal wenn die prägenden Gruppen sich im Verlauf verändern und schließlich Kollektivierungen immer obsoleter oder kurzfristiger werden.

234 Vgl. *CASTIGLIONE*, Das Buch vom Hofmann 90ff.

235 Vgl. *CASTIGLIONE*, Das Buch vom Hofmann 51ff.

236 Vgl. *CASTIGLIONE*, Das Buch vom Hofmann 52f.

237 Vgl. detaillierter *A. C. FIORATO*, Art. Simulation/Dissimulation, in: DRPSV 801-845.

perfekter darstellen könnte, liegt auf der gleichen Ebene, wie es beim Diamanten der Fall ist, der dank seiner Einfassung noch schöner erscheint.[238] Ausschlaggebend ist also die der Gegebenheit adaptierte Regie oder Inszenierung.[239] Dies wird in einem weiten Spektrum diskutiert und beschrieben. Es geht dabei um das Gespräch und Interaktionen sowohl mit Höher-, Gleich- oder Niedrigerrangigen ebenso wie um die Wahl der Freunde oder sogar der Kleidung. Beetz kommentiert:

> *«Der lässige Umgang des ausgesuchten Gesprächskreises am Hof von Urbino mit der Etikette, die lockere Steuerung der improvisiert wirkenden Konversation vermeiden den pädagogischen Zeigefinger eines Traktates. Einander relativierende Äußerungen fallen in einem kompromißbereiten Gesprächsklima, in dem jeder den anderen respektiert und damit unaufdringlich für Toleranz wirbt.»*[240]

In der Tradition ciceronianischer, sprachhumanistischer Prägung steht Stefano Guazzos «La civile conversazione» aus dem Jahr 1574.[241] Sie sieht das gesellige Gespräch als Fundament und Nährboden humaner Kultur und Sozialität wie Soziabilität an und billigt ihm therapeutische Funktion bei Einsamkeit und Melancholie zu. In Dialogform will dieses Anstandsbuch seinen Kodex einem breiten und nunmehr nicht weiterhin homogenen Leserkreis vermitteln. Es ist ein Plädoyer für Höflichkeit *außerhalb* des eigentlichen Hofes.[242] Hiermit wird ein emanzipatorischer Weg in die Bürgerlichkeit angebahnt, dem erst späterhin – gerade im Umfeld des Höflichkeitsdiskurses und der Kritik am Formal-Äußerlichen – das Odium des Restaurativen und Verkrampften zukommen soll. Sieht man allerdings auf den Entstehungskontext, so lassen sich emanzipative Tendenzen keineswegs leugnen, da die Vorschläge und Konzepte, die Guazzo für die Kommunikation und Interaktion im privaten wie im öffentlichen Raum normativ zu entwickeln sucht, ständeübergreifend konstruiert sind.[243]

Von der Idealfigur des Hofmanns, des «Cortegiano», unterscheidet sich ein weiterer Entwurf bewußt und in doppelter Hinsicht: Giovanni della Casas «Galateo»[244]

---

[238] *CASTIGLIONE*, Das Buch vom Hofmann 164.

[239] Auch der Inszenierung der Hofdame widmet Castiglione ausgiebige Betrachtungen. Vgl. *CASTIGLIONE*, Das Buch vom Hofmann 239-413 (das gesamte dritte Buch). Zur Rolle der Frau vgl. *B. MARX*, Die Frau als Mensch, in: *SCHWARZ*, Der neue Mensch 79-115 (zum Part der Frau in Renaissance-Projekten wie dem «Cortegiano», dort Lit.!). Vgl. *M.-C. BARBAZZA/M.-C. GRASSI/S. LAZARD*, Art. Femme, in: DRPSV 393-415.

[240] *M. BEETZ*, Frühmoderne Höflichkeit. Komplimentierkunst und Gesellschaftsideale im altdeutschen Sprachraum, Stuttgart 1990, 67. Man muß nur die Thematik verschieben – von der umfassenden geselligen Konversation, für deren Vielfalt Castiglione selbst eine Fülle ausbreitet, zur Ethik selbst – und man findet sich in einem Basalbereich der Diskursethik. Dies ist keine polemische Bemerkung!

[241] *S. GUAZZO*, La Civile Conversazione, Brescia 1574. Vgl. *GÖTTERT*, Kommunikationsideale 37-44.

[242] Vgl. *E. BONFATTI*, La «Civil Conversazione» in Germania, Udine 1979, 45, 55ff., und *ders.*, Verhaltenslehrbücher und Verhaltensideale, in: *H.A. GLASER* (Hrsg.), Deutsche Literatur. Eine Sozialgeschichte III, Reinbek 1985, 77-80.

[243] Vgl. *R. AUERNHEIMER*, Gemeinschaft und Gespräch. Stefano Guazzos Begriff der «Civile Conversazione», München 1973 (Untertitel korrigiert – APA), vgl. *A. ASSMANN*, Höflichkeit zwischen Geselligkeit und Gesellschaft, in: *FELDERER/MACHO*, Höflichkeit 194-204, 194-198.

[244] *G. DELLA CASA*, Galateus. Das Büchlein von erbarn/höflichen und holdseligen Sitten. Verdeutscht v. N. Chytraeus, 1597, hrsg. v. *K. LEY*, Tübingen 1984. Vgl. dazu auch *K. LEY*, Die «Scienzia civile» des G. della Casa. Literatur als Gesellschaftskunst in der Gegenreformation, Heidelberg 1984, *ders.*, G. della

– zum einen durch seine Detailversessenheit, zum anderen durch die Tatsache, daß der Autor, selbst katholischer Kirchenfürst, sein auf der zur Vermittlung von moralischer Theorie und konkreter Praxis angelegte Tugend- und Klugheitslehre des Thomas v. Aquin beruhendes Werk ausdrücklich in den Dienst der Gegenreformation gestellt sehen will. Vor diesem Hintergrund geht es also um Einübung und Praxis von «mores» (und nicht nur von «praecepta»!) im Sinn der Stabilisierung einer konkreten gesellschaftlichen Praxis.

In Frankreich erscheinen 1580 die «Essais» des Michel de Montaigne.[245] Sie entfalten neben einer eigenen Lebensphilosophie auch eine eigene Anstandslehre. Montaigne zielt in eine doppelte Richtung. Einerseits kritisiert er vehement förmliches Benehmen als Sklaverei, denunziert Höflichkeit als Speichelleckerei und plädiert konsequent für «Natürlichkeit» im Umgang, andererseits überzieht er diese Forderung auch nicht und sieht Grenzen möglich-erreichbarer Authentizität.[246] Es kommt insgesamt zu einer maßvollen Anerkennung der Kunst sozialen Umgangs vor der Einsicht, daß letztgegründete Orientierungen fehlen. Skeptisch-selbstkritische Akzeptanz der je eigenen Grenzen und Unbeständigkeiten, Toleranz anderen Lebensformen und Kulturen gegenüber sind die Haltungen, die Montaigne für den Umgang mit anderen Menschen empfiehlt. Individuelle Eigenheiten und Differenzen sind anzunehmen, dies aber durchaus bei Wahrung innerer Autonomie. Bei Montaigne ist diese Toleranz bis in ihre konkreten Äußerungen getragen von Distanz und Rückzugsbewegungen aus der Geselligkeit oder Öffentlichkeit. Hier genügt ihm ein gesellschaftlicher Konformismus.

Auf der anderen Seite des Kanals erscheint eine Generation später mit gleichem Titel ein Werk erheblich anderen Zuschnitts. In England zählen die «Essays»[247] (1612) von Francis Bacon zu den herausragenden Vertretern des moralistischen Genres. Sie sind von einer Tradition geprägt, die aus dem Italien des ausgehenden 16. Jahrhunderts stammt und große Wirkung entfalten wird: dem Tacitismus.[248] Dabei handelt es sich um eine Strömung, die ein moralfreies politisches Handeln in den Mittelpunkt des Diskurses stellt und sich dabei an Machiavellis «Il Principe» (1513) orientiert. Signifikant ist dabei der dominierende Erfolgsgesichtspunkt des

---

Casa (1503-1566) in der Kritik. Ein Beitrag zur Erforschung von Manierismus und Gegenreformation, Heidelberg 1984. Wirkungsgeschichtlich ist die Tatsache bedeutsam, daß der «Galateus» in der Übersetzung von N. Chytraeus *das* Erziehungsbuch für das katholische Deutschland wurde, aber auch nicht wenige protestantische Rezipienten fand.

245 *M. DE MONTAIGNE*, Essais, hrsg. v. *M. LÜTHY*, Zürich 1953, vgl. die jüngste Edition der «Essais», übersetzt v. *H. STILETT*, Frankfurt/M. 1998. Vgl. insgesamt *J. STAROBINSKI*, Montaigne en mouvement, Paris 1982, *ders.*, Denken und Existenz, Darmstadt 1986, *H.P. BALMER*, Moralistische Ethik, in: *A. PIEPER* (Hrsg.), Geschichte der neueren Ethik I, Tübingen-Basel 1992, 1-25 (neben Montaigne informiert Balmer über Pascal, La Rochefoucauld, Vauvenargues, Chamfort), *P. BURKE*, Montaigne zur Einführung, Hamburg 1993, *ZIMMER*, Die europäischen Moralisten 36-46. Zu Montaigne und den impliziten theologischen Bezügen seiner Anthropologie vgl. jüngst die Rekonstruktionen von *H.-P. BIPPUS*, In der Theologie nicht bewandert? Montaigne und die Theologie, Tübingen 2000.

246 Vgl. bes. *M. DE MONTAIGNE*, Essais I,13, 17, 39 (zum Einsamkeitstopos), 40 (mit Überlegungen zu Cicero und Plinius, zu Epikur und Seneca, vgl. auch II,32) 43, 51, 54; II,16, 17; III,3, 8, 9 (zitiert nach Buch und Kapitel der «Essais»).

247 *F. BACON*, Essays, hrsg. v. *L.L. SCHÜCKING*, Stuttgart 1970. Vgl. *ZIMMER*, Die europäischen Moralisten 49ff. (dort auch Informationen zu weiteren Protagonisten).

248 Vgl. *J. V. STACKELBERG*, Tacitus in der Romania. Studien zur literarischen Rezeption des Tacitus in Italien und Frankreich, Tübingen 1960.

Handelns in Relation zu anderen. Die Betonung der fundamentalen Verderbtheit der menschlichen Natur wird zum Argument für eine dem gegensteuernde Bewegung als Ausgangspunkt des Handelns selbst. Erst von hier aus wird einsichtig, warum Bacon, wenn auch graduell differenziert, selbst heimtückischste Verstellung oder glatten Betrug empfehlen kann.[249] Statt der aristotelisch-thomistischen klugen Anpassung von moralischer Einsicht an die je und je gegebenen, konkreten Situationen drängt sich hier eine «rücksichtslose» Durchsetzung der Eigeninteressen in den Vordergrund, der alle anwendbaren Mittel zu Gebote stehen können. Pragmatismus, Utilitarismus und eine darauf fußende kalkül-orientierte, taktische Umgangsweise liegen hier im Gefolge und Gefälle. Die hofzentrierten Umgangsweisen zur klugen, lang- und weitsichtigen Durchsetzung eigener Interessen (im Nachhall auf Castiglione und Machiavelli, analog zu B. Gracián) bleiben leitend. Vor diesem Hintergrund verwendet sich Bacon im Abschnitt «Über Höflichkeit und Anstand» für den kalkulierten Mittelweg angemessenen Verhaltens zwischen Negation und Ostentation der Höflichkeitsformen. Natürlichkeit und Variabilität eröffnen dabei die größten Erfolgsaussichten in der Interaktion.[250]

In der Zeitspanne von 1570 bis 1620 setzte eine intensive Übersetzungs- und Vermittlungstätigkeit aus dem italienischen und spanischen Sprachraum in den deutschen ein. Der «Galateus», die «Civil Conversazione» und eine Reihe anderer Anstandsbücher werden in Übertragungen oder neulateinischen Versionen auch in protestantischen und calvinistischen Reichsteilen rezipiert.[251]

6.3. ALLUSIONEN: TAKTIK UND/ODER TAKT

Prominentester Exponent der tacitistischen Tradition wird das «Oráculo manual y arte de prudentia» von Baltasar Gracián (1647)[252], in dem konsequent die Leitidee der politischen Staatsräson Machiavellis auf den Privat- und Semiprivatbereich umgebogen wird. Die Autonomie des «Weisen», beschrieben in der Tradition Senecas, verdankt sich umgangstaktischer Überlegenheit, die sich der Analyse der Logik zwischenmenschlicher Beziehungen verdankt.[253] Dementsprechend gilt das zentrale Interesse der Aufdeckung dieser Logik, allem voran der Logik der Verstellung. Statt Repräsentationsfunktionen zu erfüllen, wird nunmehr die «ars conversationis» zur

---

[249] Vgl. *BACON*, Essays, Nr. 6 (zu Verstellung und Heuchelei), Nr. 22 (zur Verschlagenheit).

[250] Vgl. unter dieser Überschrift *BACON*, Essays, Nr. 52.

[251] Vgl. *BONFATTI*, Verhaltenslehrbücher und Verhaltensideale 77-80.

[252] *B. GRACIÁN*, Handorakel und Kunst der Weltklugheit, übersetzt v. A. Schopenhauer, hrsg. v. *K. VOSSLER*, Stuttgart 1967. Vgl. dazu die luziden Interpretationen von *E. GRAWERT-MAY*, Von der Sucht, mit sich identisch zu sein, Berlin 1992, 112-137, dazu *P. WERLE*, El Héroe. Zur Ethik des Baltasar Gracián, Tübingen 1992, bes. 24-51, 118-144, *G. BRAUNGART*, Rhetorik als Strategie politischer Klugheit: z. B. Baltasar Gracián, in: *J. KOPPERSCHMIDT* (Hrsg.), Politik und Rhetorik. Funktionsmodelle politischer Rede, Opladen 1995, 146-160, *W. LASINGER*, Aphoristischer Stil und intertextueller Verweis bei Baltasar Gracián. Eine Strukturanalyse mit subjektgeschichtlichem Ausblick, Tübingen 2000. Für das «Siglo de Oro» in Spanien wäre auf weitere Autoren zu verweisen (z.B. Lope de Vega, Calderón, besonders Francisco de Quevedo).

[253] Vgl. *G. SCHRÖDER*, Baltasar Graciáns «Criticon». Eine Untersuchung zur Beziehung zwischen Manierismus und Moralistik, München 1966, *GÖTTERT*, Kommunikationsideale 50ff., *ZIMMER*, Die europäischen Moralisten 59-69.

klugen und taktischen Beherrschung des Miteinanders, zu einer taktisch-strategischen Kompetenz einer skeptischen und defensiven Weisheit. Grundlegend ist dabei die Kunst der Überwindung der Täuschung («engaño») durch eine Ent-Täuschung («desengaño»)[254], die letztlich eine Dechiffrierungsarbeit leistet. Dabei liegt das Problem im Umgang mit den Erwartungen des anderen, die planvoll, notfalls sogar mit den Mitteln der Wahrheit als höchster Täuschung, zu durchkreuzen sind.[255] Überlegenheit trägt dabei nicht das Signum von überlegener, integraler Weisheit oder Einsicht, sondern ist vorrangig intellektuelle, taktisch-strategische Flexibilität, das je bessere situative Ausschöpfen von Möglichkeiten auch der Verstellung. Die Idealfigur des klugen Hofmannes oder politischen Kopfes entwickelt sich in diesem Gefälle. Anstand bekommt damit einen bislang kaum so zu konstatierenden radikalen Zug der Distanz und Defensive.[256] Insgesamt entwickelt Gracián in seinen Schriften[257] Strategien des Verhaltens in einer nur pessimistisch-kritisch als tugend- und haltlos angesehenen Umwelt, die den Weltklugen und -gewandten die Mittel der Simulation und des Simulakrums zu eigenen Zwecken dienstbar machen. Zwischenmenschliche Beziehung wird – auch und gerade als Gespräch – zu einer «Kriegssituation»[258], in der taktisches Hören und Reagieren ungleich wichtiger erachtet wird als Selbstrepräsentation. Geleitet wird diese intuitiv-praktische Urteilsfähigkeit («ingenio» als rein taktische Variante der «discretio»[259]) von der Intention, Situationen zu durchschauen und dadurch manipulierbar zu machen.[260] Dies gilt in der Folge auch für die Einschätzungen der Höflichkeit, ihrer Funktionen und Phänomenfelder[261]. Gracián weiß dabei durchaus zu differenzieren. Der Blick auf die Höflichkeit, wenn er sie in einem deutlich agonalen Kontext sieht, wenn er differenzierend von großer, affektierter – oder «zu zeremoniöser», wie er an anderer Stelle sagt – und wahrer Höflichkeit spricht, ist nicht einfach eindimensional. Wir zitieren eine der markantesten Stellen:

---

[254] Vgl. *GRACIÁN*, Handorakel, Nr. 25, 73, 75, 107, 110, 126, 157, zudem die Beiträge in: *H. SCHULTE* (Hrsg.), El Desengaño. Wort und Thema in der spanischen Literatur, München 1969.

[255] *GRACIÁN*, Handorakel, Nr. 17. Vgl. ebd. Nr. 98f.

[256] Vgl. *GRACIÁN*, Handorakel, Nr. 177. Bezeichnenderweise verweist Gracián auf die Verwandtschaft von «großer Leutseligkeit» und «Gemeinheit».

[257] Neben dem «Handorakel» (1647) vor allem im «Klugen Weltmann» (1646) und dem allegorischen Lebensweg-Roman «El Criticón» (1651 - 1657).

[258] Vgl. *GRACIÁN*, Handorakel, Nrr. 1, 13. – Für einen «Jesuiten in Zeiten der Inquisition» spielt dabei natürlich auch der agonal-aggressive Zeitkontext eine Rolle in dieser pessimistischen Weltsicht. Dies schlägt sich bis in die Metaphorik hinein wieder. Einer der markanten Ansätze für den Umgang mit dem anderen lautet: «Die Daumenschrauben eines jeden finden», so Gracián, Handorakel, Nr. 26. Vgl. dazu die radikale Abtrennung der Mundanität vom Bereich des Göttlichen (oder Theologischen): *GRACIÁN*, Handorakel, Nr. 251.

[259] Vgl. *A. PATERNOSTER*, Art. Discrétion, in: DRPSV 249-270 (mit Rekurs und Überblick zu Gracián 263-266).

[260] Dies spiegelt sich auch in der Nicht-Systematik der Aphorismen des Handorakels wieder, kommt aber noch mehr zum Ausdruck in scheinbar widersprüchlichen Ratschlägen wie Distanzsuche und Annäherungssuche. Vgl. *GRACIÁN*, Handorakel, Nrr. 33 und 40, 43.

[261] Vgl. zu den einschlägigen Themen wie Affektkontrolle, Langsicht, Geduld, Abhängigkeit, Dankbarkeit und «Geschuldetheiten», verbale und symbolische Expressivität (um nur einige zu nennen) *GRACIÁN*, Handorakel, Nrr. 3, 4, 8, 17, 40, 45, 52, 59, 66, 86, 123, 235.

«Nicht an der großen Höflichkeit sein Genügen haben; denn sie ist eine Art Betrug. Einige bedürfen, um hexen zu können, nicht der Kräuter Thessaliens, denn mit dem schmeichelhaften Hutabziehen allein bezaubern sie eitle Dummköpfe. Ehrenbezeigungen sind ihre Münze, und sie bezahlen mit dem Hauch schöner Redensarten. Wer alles verspricht, verspricht nichts; aber Versprechungen sind die Falle für die Dummen. Die wahre Höflichkeit ist Schuldigkeit, die affektierte, zumal die ungebräuchliche, Betrug: sie ist nicht Sache des Anstands, sondern Mittel, andere abhängig zu machen. Ihr Bückling gilt nicht der Person, sondern deren Glücksumständen, und ihre Schmeichelei nicht den etwa erkannten Trefflichkeiten, sondern den gehofften Vorteilen.»[262]

Offenkundig schlägt hier die Erfahrung eines historischen Kontextes auf eine pessimistische Anthropologie durch, die dann wiederum das Bild von Höflichkeit beeinflußt. Bei Wahrung eines schmalen Überschusses an moralischer Positivität dominiert eine Skizzierung, die zwar im Moment des Selbstschutzes ein legitimes Interesse aufgreift, aber doch jene Formen pointiert, die nicht unerheblich zum dauernden schlechten Ruf der Höflichkeit beitragen.[263] Dabei darf aber nicht übersehen werden, daß diese Spannungen und Brüche – noch verschärft durch das pointierende Genre der aphoristischen Darstellung – eingebettet sind in eine Grundspannung, die eine hermeneutische Klammer nicht nur für das «Handorakel» darstellt: die Spannung zwischen Situation, Kontext und sittlichem Anspruch.[264]

Auch Entwürfe aus dem französischen Raum (E. du Refuge[265], N. Fâret[266], später A. de Courtin[267]) finden in dieser Epoche zunehmend Beachtung. Allerdings verschiebt sich der Akzent. Weniger im Vordergrund steht nunmehr der Entwurf exemplarischer Rollen und Idealtypen, vielmehr geht es diesen Autoren um die Dar-

---

262 *GRACIÁN*, Handorakel, Nr. 191, zentral sind höflichkeitsdefinitorisch auch die Nrr. 118, 184, 244, 256, 272, 274.

263 An dieser Stelle wird deutlich, warum sich spätere Höflichkeitstheorien von einem derart wertbesetzten Angang bei einer bestimmten historischen Erfahrung und einer bestimmten Anthropologie ab- und zuerst bei Phänomenen der Höflichkeit ansetzen. Vgl. die linguistischen Überlegungen zur Differenz von vorpragmatischer und pragmatischer Höflichkeitstheorie bei G. Held und den höflichkeitsphilosophischen Funktionalismus von C. Pernot. Daß dann der Weg zurück zu den Wert- und Sinndimensionen oft unterbleibt oder dezidiert für einen Höflichkeitsfunktionalismus plädiert wird, steht auf einem anderen Blatt, eröffnet aber gerade die Lücke, in die hinein diese Studie sich zu bewegen sucht.

264 Dies zeichnet sich deutlich ab, liest man Eröffnungs- und Schlußabschnitt des «Handorakels» (Nr. 1 und 300) zusammen. Einerseits vermerkt Gracián einleitend, daß es «heute» eines größeren Aufwandes bedarf, mit einem einzelnen «fertig zu werden», als früher mit einem ganzen Volk (vgl. Nr. 1), andererseits frappiert die «schlichte» Forderung, «ein Heiliger zu sein» (vgl. Nr. 300), die deutlich tugendethisch geladen wird.

265 Dessen «Traité de la Cour ou Instruction des Courtisans» (1618) ebenfalls auf tacitistischer Linie liegt.

266 Sein «L'honnêste Homme ou l'art de plaire à la cour», veröffentlicht 1630, bringt wieder mehr die Linie Castigliones zum Tragen. Vgl. *C. HENN-SCHMÖLDERS*, Ars conversationis, in: Arcadia 10 (1975) 16-23, 16ff., zudem die Beiträge in: *A. MONTANDON* (Hrsg.), L'honnête homme et le dandy, Tübingen 1993. – Fârets «L'honnêste homme» gibt das Thema in Anknüpfung an den «cortegiano» aber mit der Verschiebung von der «Selbstkultivierung» bei Castiglione auf die «Selbstbehauptung». Nicht so sehr der Kodex moralischer Normen ist bestimmend, sondern die «Normen» und Regeln des Geschmacks dominieren. Im Vergleich mit B. Pascals Begriff der «honnêteté» und deren unverzichtbarem Junktim mit dem Sinnhorizont der christlichen Transzendenz (angesichts der Misere der «conditio humana», gespeist von einer deutlichen Vernunftskepsis und Erfahrungen der Langeweile und Unruhe) mag das auf den ersten Blick wie eine erste (und immer wieder erneute) Reduktion auf das Ästhetische scheinen. Vgl. *ZIMMER*, Die europäischen Moralisten 74-76.

267 Vgl. *PERNOT*, La politesse et sa philosophie 12, 47, 50, 71ff., 96, 119ff., 163, 179, 184, 244ff., 303, 322, 329, 342.

stellung von Höflichkeitstechniken sowie -strategien. Der prägend-paradigmatische Hof von Versailles und sein immer elaborierters Netz von Zeremonien, Ritualen und Etiketteformen geben je länger je mehr (und je länger je mehr auch kritisiert!) Plattform, Bühne und Szenario. Dabei hängt der Grad der Reputation *und* der sozialen Existenz nicht unerheblich von den Kompetenzen der Akteure ab, sich in diesen Rahmen zu fügen.[268] Gerade die deutschen Autoren des 17. Jahrhunderts verstehen sich mehr als Protokollanten gesellschaftlicher Umgangs- und Verhaltenskodizes denn als bildungs- und haltungsprägende Pädagogen. Ihre Rolle ist eher die von Katalysatoren sich bereits im Fluß befindlicher gesellschaftsethischer Prozesse.[269] Diese sind auf das engste verknüpft mit sozialen, politischen, ökonomischen und ideologischen Entwicklungen, wie sie vom 16. bis zum 18. Jahrhundert ablaufen. Dabei ist aufschlußreich, daß der Gestus der Selbsterniedrigung und der Partnererhöhung, wie er bezeichnend ist für die Sprache der Höflichkeit in diesem Zeitraum, signifikant unterschiedlich ausgeprägt ist. Dieser Gestus verwirklicht sich im 16. Jahrhundert eher gemäßigt. Nachfolgend schlägt das Pendel im 17. Jahrhundert extremer aus, um daraufhin wieder gedämpft zu werden. Während des höfischen Absolutismus realisiert sich Statusdenken in diesem Zusammenhang erheblich schärfer als in der Renaissance, dessen Humanismus wesentlich weniger stark von Abwehr- und Abgrenzungsdenken geprägt ist, sei es hinsichtlich sozialer Unterschichten, sei es gegenüber sozial Höherstehenden.[270] Das 17. Jahrhundert hingegen trägt die Signatur von Verhaltensmaximen in fundamentalen Statusrelationen, die verwirklicht werden in Verehrung und Demut Ranghöheren gegenüber, in expliziter Bescheidenheit und Freundlichkeit Ranggleichen gegenüber und in einer Leutseligkeit Rangniedrigeren gegenüber, die von asymmetrischen Rechten abgesichert wird. Die forcierte Sozialdistinktion des Absolutismus hat vor dem Hintergrund erhöhter sozialer Mobilität und Diffundierung eine entsprechende ordostabilisierende Funktion und Erklärung. Ehrempfindlichkeit und eine unübersehbare Titelsucht sind zu verstehen vor der Folie einer in Bewegung geratenen Ständehierarchie. Das Moment der Sicherung und der Selbstversicherung wie -vergewisserung findet hier Motive und Nahrung.

Die Grundierung der Gesellschaftsethik in christlich-neustoischen Moralprinzipien gerät nach dem Dreißigjährigen Krieg in den Strudel von Säkularisationstendenzen, die pazifizierend wirken wollen. Die Epoche der Galanterie unterstreicht den fiktionalen Charakter der Höflichkeit und provoziert im Gegenzug in der Frühaufklärung eine erneute Betonung sozialer Tugend in der Abwehr «galanter Veräußerlichungssymptome».[271] Mit Thomasius in Deutschland sowie Locke und Shaftesbury in England gewinnen altruistische Sozialkonzepte im Sinne eines natür-

---

268 Zentrales Thema des Gesellschafts- und Geselligkeitsethos ist das Prinzip des «Plaire» als Prinzip gesellschaftlichen Handels. Damit steht keine Petitesse auf dem Programm, sondern Erhöhung und Sicherung des sozialen Stellenwerts. Das spiegelt sich bei den einschlägigen Autoren vielfältig in der Umkreisung zentraler Themenbereiche wie der Höflichkeit als normativer Rahmen der Selbstdarstellung und -behauptung und der Natur des Menschen, seiner Antriebe und Motivationen in den jeweiligen sozialen Bezugsrahmen. Vgl. *ZIMMER*, Die europäischen Moralisten 70-85, *D. BENSOUSSAN*, Art. Plaire, in: DRPSV 689-710.

269 *BEETZ*, Frühmoderne Höflichkeit 7ff., listet weitere Autoren auf, deren Bemühungen in diese Kategorie fallen.

270 Vgl. *BEETZ*, Frühmoderne Höflichkeit 259-266.

271 Vgl. *BEETZ*, Frühmoderne Höflichkeit 284-290, *E. BURY*, Art. Galanterie, in: DRPSV 417-424.

lichen Wohlwollens Oberhand über egozentrierte Motivationen im Höflichkeitsdiskurs.[272]

Während also die Anstands- und Höflichkeitsliteratur im 16. und besonders im 17. Jahrhundert von einer negativ-pessimistischen Anthropologie geleitet wird und die Formung zwischenmenschlicher Beziehungen in ein vorrangig egoistisches Nutzenkalkül einordnet, bringen frühaufklärerische Forcierungen von Altruistikkonzepten entscheidend neue Impulse. Schon J. Locke thematisiert in seiner Pädagogikschrift 1693 Leitlinien und Prinzipien einer Lebensweise, die zwar Ungeschliffenheit, Barbarismen und Streitsucht in das Visier der Kritik nimmt, aber im gleichen Atemzug sich expressis verbis absetzt von den «kleinen Künsten der Weltklugheit»[273]. Ziel wird nun immer mehr ein offenes, «faires» Verhalten. Anstand und Schicklichkeit werden als Zeichen einer inneren Höflichkeit des Herzen betrachtet, die nichts anderes ist als ein allgemeines Wohlwollen.[274] Menschenliebe und gegenseitiger Respekt erscheinen in dieser Sichtweise jedem bloß pragmatischen Kalkül ethisch überlegen und lassen – für den Höflichkeitsdiskurs ebenso gewichtig – entsprechende Umgangsformen quasi wie von selbst entstehen.

Lockes Schüler Shaftesbury wird es sich in der Folge angelegen sein lassen, diese Ethik des natürlichen Wohlwollens programmatisch gegen Hobbes' Selbstliebekonzept abzugrenzen. Freundschaftlicher Umgang steht dabei diametral gegen die kalkulierte Konversationskunst mit ihrer veräußerlichten Galanterie und nur maskenhafter Höflichkeit.[275] Die Anstands- und Höflichkeitskonzepte der anhebenden Aufklärung werden durch ein liberales und optimistisches Modell interpersonaler Beziehungen geprägt sein, das sich – je länger desto intensiver – vom französischen «honnête homme» entfernt und dem Typus des «Gentleman» nähert.[276] Der «Gentleman» kann so gelten als eine Kompromißfiguration zwischen bürgerlichen und aristokratischen Verhaltensnormen und Umgangsformen, doch insinuiert der Entwurf neben dem sozialen auch ein Persönlichkeitsniveau (vermittels Bildung, Förderung ästhetischen Urteilskompetenz und sozialer wie moralischer Sensibilität).

---

[272] Zu Thomasius vgl. *M. BEETZ*, Ein neuentdeckter Lehrer der Conduite. Thomasius in der Geschichte der Gesellschaftsethik, in: *W. SCHNEIDERS* (Hrsg.), C. Thomasius (1655-1728). Interpretationen zu Werk und Wirkung, Hamburg 1989, 199-222, 208ff., *F.M. BARNARD*, Rightful decorum and rational accountability. A forgotten theory of civil life, ebd., 187-198, *P. SCHRÖDER*, C. Thomasius zur Einführung, Hamburg 1999. Vgl. zu Shaftesbury *L.E. KLEIN*, Shaftesbury and the culture of politeness. Moral discourse and cultural politics in early eighteenth-century England, Cambridge 1994, zudem erhellend das Tableau bei *W.B. PIPER*, Common courtesy in eighteenth century English literature, Newark 1997.

[273] Vgl. *J. LOCKE*, Gedanken über Erziehung, hrsg. v. *H. WOHLERS*, Bad Heilbrunn ²1966, 45-70 (§ 70). – Zu Locke allgemein *W. EUCHNER*, John Locke zur Einführung, Hamburg 1996, 145-157 (zur Pädagogik Lockes).

[274] Vgl. *LOCKE*, Gedanken über Erziehung 111-114 (§ 143). – Absicht der Schrift ist ein Erziehungskonzept für einen Jungen auf dem Weg von der «gentry» zum «Gentleman». Mädchen spielen nur am Rand eine Rolle – auffallender-, nicht überraschenderweise ...

[275] Vgl. vor allem die Schriften (Erstfassungen 1709/1711, später überarbeitet): *A.A. SHAFTESBURY*, The Moralists/The sociable Enthusiast, in: *W. BENDA/G. HEMMERICH/U. SCHÖDELBAUER* (Hrsg.), A.A. Cooper Earl of Shaftesbury. Standard Edition II.1, Stuttgart-Bad Cannstatt 1987. Vgl. insgesamt die Beiträge in: *F. BRUGÈRE* (Hrsg.), Shaftesbury: Philosophie et politesse, Paris 2000, zudem *L. JAFFRO*, Éthiques de la communication et art d'écrire. Shaftesbury et les Lumières anglaises, Paris 1998, *D. LORIES*, Enthousiasme, bonne humeur et sens commun: Lord Shaftesbury, in: *WAUTHION/SIMON*, Politesse et idéologie 293-302.

[276] Vgl. *GÖTTERT*, Kommunikationsideale 101ff., *J. CARRÉ*, Art. Gentleman, in: DRPSV 425-438, *PERNOT*, La politesse et sa philosophie 80.

Signifikant ist das Stichwort der «benevolence» als der Verbindung von bürgerlichen und christlichen Tugendvorstellungen (vorab der Nächstenliebe) mit einem optimistischen Menschenbild aufklärerischer Provenienz. Shaftesbury beeinflußt nicht unwesentlich J. Addison und R. Steele. In ihren Wochenschriften «Tatler» und «Spectator» finden diese Vorgaben und Leitideen eines emanzipativ-bürgerlichen Ethos der Gesellschaft ihr adäquates Medium.[277]

Seit Weise und Thomasius liegen im deutschen Sprachraum auch erstmals Konzepte vor, die den Bereich des Politischen vor allem in Anlehnung an das neuere Naturrecht (Grotius, Hobbes, Pufendorf) eigenständig zu begründen suchen.[278] Der Pädagoge Christian Weise gelangt damit zu Figur des «politischen Redners» als dem Beherrscher der Kunst des Komplimentierens und wird damit stilbildend für die gesamte folgende Komplimentierliteratur des späten 17. und beginnenden 18. Jahrhunderts.[279] Thomasius hingegen unternimmt – vor allem in der «Einleitung in die Hofphilosophie», 1688 veröffentlicht, und wiederum unter Bezug auf Gracián – eine Rehabilitation des Anstands als gleichrangig zu Recht und Moral.[280] In dieser Trias ergibt sich für den Anstand – neben der Moral als der Regulation des «internen» und dem Recht als der Regulation des «externen» Bereiches in Ausnahmesituationen – der Bereich des Alltäglichen als Zuständigkeitsfeld. Allerdings wird sich dieses Konzept, anders als die Trennung von Recht und Moral, für den Anstands-

---

[277] Prominentester Antipode allem voran einer erheblich skeptischeren Anthropologie wegen ist ein Freund Addisons und Steeles, ist Jonathan Swift. Oliver Goldsmiths «The Citizen of the world», 1762 publiziert und in der Tradition Addisons und Steeles, nimmt diese Fäden auf und insistiert auf einem Begriff wirklicher Höflichkeit als Charakteranlage («good sense»), die weithin unabhängig von Zeremonien, Riten und Konventionen bleibt. Haltung selbst ist hier bemerkenswert dominant. Vgl. *FRANCE*, Politeness and its discontents 74-96, *ZIMMER*, Die europäischen Moralisten 99-116, dazu das kenntnisreiche und differenzierte Tableau bei *W. RIEDEL*, «Die unsichtbare Hand». Ökonomie, Sittlichkeit und Kultur der englischen Mittelklasse (1650 - 1850), Tübingen 1990, bes. 77-123.

[278] Die Retardierungen schulden sich natürlich auch den mehr als desolaten Zuständen im deutschen Sprachraum nach dem 30-jährigen Krieg. Zudem bildet sich kein eigenes potentes politisches und gesellschaftliches Zentrum (wie Paris, Versailles oder London) heraus; die untergeordnete Rolle des Bürgertums läßt zusammen mit diesen Fakten Fragen der gesellschaftlichen Verhaltenskultur zunächst sekundär erscheinen. Deshalb auch sind die ersten Bemühungen in einen genuin akademischen Entstehungskontext eingebunden. Über die Akademien hinaus für breitere Leserschichten, zugleich mit wichtigen Stichworten für die Höflichkeitsdebatte, wirken J. G. Zimmermanns «Betrachtungen über die Einsamkeit» (1784). Ein naturalistischer, romantisch-genialer bis «übermenschlicher» (à la Nietzsche) Einsamkeitskult, der in durchaus unterschiedlichen Fassungen, mit unterschiedlichsten Abstoßungen agiert, wird selbstredend von sich aus weniger Wert legen auf differenzierte Überlegungen zum sozialen, humanen Verhalten. In dieser Abgrenzung ist die Spannbreite wiederum weit: Von eher kompromißhafter Rettung von Minimalforderungen bis hin zu rigid-ostentativen Ablehnung jeglicher Spuren von Respekt (und seiner Bezeigung) reicht die Palette.

[279] Neben einer Reihe von weiteren rhetorisch-pädagogischen Lehrbüchern des Verfassers vgl. vor allem *C. WEISE*, Politischer Redner, Leipzig 1679. Vgl. *W. BARNER*, Barockrhetorik. Untersuchungen zu ihren geschichtlichen Grundlagen, Tübingen 1970, auch die Untersuchungen von *G. BRAUNGART*, Hofberedsamkeit. Studien zur Praxis höfisch-politischer Rede im deutschen Territorialabsolutismus, Tübingen 1988, die spezielle höfische Redeanlässe hermeneutisch und funktional analysieren und den Niederschlag bestimmter historisch-politischer Sets und ihre Kompetenzimplikationen beleuchten. Der Focus dort ist konzentriert, aber auch exemplarisch. Vgl. zudem *ders./F. HARZER*, Art. Höfische Rhetorik, in: HWR III 1454-1476.

[280] Vgl. *W. SCHNEIDERS*, Naturrecht und Liebesethik. Zur Geschichte der praktischen Philosophie im Hinblick auf C. Thomasius, Hildesheim 1971, vgl. *G. BRAUNGART*, Sprache und Verhalten. Zur Affektenlehre im Werk von C. Thomasius, in: *F. VOLLHARDT* (Hrsg.), Christian Thomasius (1655-1728). Neue Forschungen im Kontext der Frühaufklärung, Tübingen 1997, 365-375.

diskurs nicht durchsetzen und nur hinsichtlich der Unterscheidung von alltäglicher Konversation und intimerem, freundschaftlicheren Rayon als problemantizipierend und wirkungsvoll erweisen.[281] Elias' Analysen der zivilisatorischen Verfeinerung über ein Vorrücken von Peinlichkeitsschwellen[282] finden an Anweisungen zum verbalen Verhalten wichtige Haftpunkte. Legte sich die antigrobianische Literatur des 16. und 17. Jahrhunderts als Gesellschaftsethik ex negativo bis in die Mitte des Jahrhunderts keine oder kaum Zügel an, wenn es darum ging auch mit Grobheiten zur Höflichkeit und zu notwendigen Sozialdisziplinierungen zu erziehen, so wandelt sich das Bild von diesem Zeitpunkt an entscheidend. In den Vordergrund tritt jetzt via Kulturimport der Rekurs auf die verfeinerte Lebensart Frankreichs, die den Ton und die Mode angibt. Diese in Frankreich vollzogene Wendung verlagert die Akzente von einem Konzept der egozentrierten Klugheit in eine Richtung der Höflichkeit und «Artigkeit» (der «politesse», neben der älteren «civilité», der «klugen» Höflichkeit).[283] Die Betonung liegt hierbei auf einer Austarierung des Umgangs mit dem anderen. Der Erfolg wird nicht mehr allein an der eigenen Person gemessen. Der andere solle gewonnen werden durch eine Disziplinierung des Selbst mit dem Ziel eines «doux commerce», einer Kultivierung des Umgangs im Kreise der «honnêtes gens». Der Ansatz verdankt sich einer verstärkten Analyse des menschlichen Ichs vor dem Hintergrund seiner (erb-)sündlichen Korrumpiertheit. Diese Sicht verdankt sich einer zeitgenössischen Augustinus-Renaissance in Frankreich, wie sie vor allem der Jansenismus in Bewegung gebracht hatte.[284]

Während bei Autoren wie La Rochefoucauld[285] und Pascal vor diesem Hintergrund zunächst eher destruierende Betrachtungen zu finden sind, eröffnet sich bald eine neue Perspektive. Die Einbeziehung der in diesem geistesgeschichtlichen Kontext als destruktiv betrachteten Selbstliebe kann eine stabile Ordnung zur Folge haben. Daß Selbstliebe und -sorge nicht nur verblendet, sondern «erleuchtet» sein und die Augen öffnen kann, daß sich egozentrische Kräfte bändigen und nutzbringend für den Aufbau von Sozialität über einen reziproken Interessenausgleich einbinden

---

281 Vgl. *GÖTTERT*, Kommunikationsideale 65ff.

282 Vgl. zu N. Elias' Zivilisationstheorie, die bis heute ein Referenzpunkt geblieben ist, unten Abs. 11.2.

283 Vgl. *H. KRINGS*, Die Geschichte des Wortschatzes der Höflichkeit im Französischen, Bonn 1961.

284 Vgl. *O. ROTH*, Die Gesellschaft der Honnêtes Gens, Heidelberg 1981.

285 Zu François de Marcillac, Herzog von La Rochefoucauld, vgl. knapp *ZIMMER*, Die europäischen Moralisten 76-81, *O. DE MOURGUES*, Two french Moralists: La Rochefoucauld and La Bruyère, Cambridge 1978. Vorab in seinen «Maximen oder Moralische Sentenzen und Reflexionen» (1665) geht es La Rochefoucauld um Desillusionierung und die Aufdeckung der wahren (nämlich egoistischen, von einem rigiden «amour-propre» geleitete Motive menschlichen Handelns. Was für Tugend gehalten würde, sei oft nur ein Gewebe verschiedener Handlungen und Interessen. Allerdings füllen die berühmten Maximen Nr. 202 und 203 (zur «honnêteté») die Lücken: die falsche Höflichkeit verbirgt Fehler und Schwächen vor sich und anderen, die richtige kennt sie und gesteht sie ein (Nr. 202), der wahre «honnête homme» ist nicht eingebildet und produziert sich nicht (Nr. 203). Vgl. die Ausgabe der Schrift in: *F. SCHALK* (Hrsg.), Französische Moralisten. La Rochefoucauld, Vauvenargues, Montesquieu, Chamfort, Zürich 1995, 85. Vgl. zudem *L. ANSMANN*, Die «Maximen» des La Rochefoucauld, München 1972. – Höflichkeit als Ausläufer der curialitas ist zwar ein artifizielles und diszipliniertes Verhalten, das aber natürlich wirken soll, sich in erworbener Souveränität als Bescheidenheit ausdrückt, aber anders als bei Gracián nicht in der Verstellung, sondern in der heiklen Balance zwischen Offenheit (Schwächen gegenüber) und Diskretion (Stärken gegenüber). Diskretion schützt vor Gespött und wahrt das Gesicht, Offenheit der Höflichkeit ist die Zugangsvoraussetzung für Freundschaft und Liebe, für dauerhafte Beziehungen. Für eine Kombination, ein Amalgam von Aufrichtigkeit und taktischem Geschick wird also plädiert.

lassen können, ist die entscheidende Entdeckung in diesem Zusammenhang. Bei Pierre Nicole beispielsweise führt dies in direkter Referenz zu Hobbes' Naturrechtskonzept zu einer Theorie der Höflichkeit, die – analog zur politischen Pazifizierung aufgrund des vertraglichen Verzichts auf Gewaltausübung – zu einer privaten Befriedung führt.[286] Daß der «amour propre éclairé» ein Korrektiv der fehlerhaften menschlichen Natur sei und höflichkeitsproduktiv, ist der Tenor bei Nicole. Damit schafft die jansenistische Psychologie der Entlarvung doch auch den Übergang zu einem Programm der gesellschaftlichen «bienséance», eines Wohlverhaltens, das der Salonkonversation zugrunde lag. Die bedeutenderen Autoren haben jedoch immer wieder ihren Optimismus in bezug auf diese neue Kunst des Anstands mit Skepsis durchmischt.

Sichtbar wird dies beispielsweise in La Bruyères «Charactères»[287], 1688 veröffentlicht und ausdrücklich in der Nachfolge der Charakterlehre des Theophrast formuliert (die dem Werk in Übersetzung vorangestellt ist). La Bruyère entwirft eine Strategie des guten Tons, die der Herbeiführung der Zufriedenheit anderer mit dem Sprecher dienen soll und von daher die Zufriedenheit des einzelnen mit sich selbst erwartet. In weiträumigen, thematisch breitgestreuten Untersuchungen[288] konturiert sich ein Bild der Problematik zwischenmenschlicher Beziehungen, vor denen Anstand und Höflichkeit dringend notwendig und unverzichtbar werden. Daß die Höflichkeit einen Menschen wenigstens nach außen so erscheinen lasse, wie er innerlich zu sein intendiert[289], revitalisiert eine von Cicero überkommene Erkenntnis. Auch hier schlägt eine Variante des «Plaire»-Ideals durch, die damit rechnet, daß es keine Verwirklichung des Menschen außerhalb der Gesellschaft gibt, soziale Bindungen, demzufolge soziale Bildung, unverzichtbar nötig bleibt. Höflichkeit braucht äußere Formen: Gut sein allein genügt nicht, gut erscheinen ist darüber hinaus ebenfalls nötig, um des Umgangs mit anderen würdig zu sein, «das heißt: Menschen zu sein».[290]

---

286 Vgl. *P. NICOLE*, De la charité et de l'amour propre, Paris 1675, *ders.*, Les moyens de conserver la paix avec les hommes Paris 1675. Vgl. zum Ganzen auch *N. LUHMANN*, Gesellschaftsstruktur und Semantik I, Frankfurt/M., 1980, 72ff., zudem *A. RAFFELT*, Art. Nicole, P., in: LThK^3 VII 816f. (Lit.).

287 *J. DE LA BRUYÈRE*, Charaktere oder die Sitten im Zeitalter Ludwigs XIV., in einem Band hrsg. v. *O. FLAKE*, Wiesbaden 1979 (dort die beiden Bände der Charaktere mit je eigener Paginierung abgedruckt: Band I: 95-340, Band II: 1-303).

288 In diesem Sitten- und Charakterbild werden diverse Themen angeschnitten wie jene der gesellschaftlichen Unterhaltung, der Konventionen der Urbanität, das Hofleben selbst, der Umgang mit Frauen oder Fragen der Mode.

289 Zentral sind hierfür die im Kapitel «Über Gesellschaft und Unterhaltung» versammelten Aussagen. Vgl. *LA BRUYÈRE*, Charaktere I 212-246, hier 228 (Nr. 32), Vgl. insgesamt *D. BENSOUSSAN*, Art. Plaire, in: DRPSV 689-710.

290 So pointiert *LA BRUYÈRE*, Charaktere II 66 (Nr. 9, vgl. ebd., auch Nr. 8 mit einer entsprechend wuchtigen und signifikanten Absage an die Unhöflichkeit: «Unhöflichkeit ist nicht ein Laster der Seele. Sie ist die Wirkung verschiedener Laster: der dummen Eitelkeit, der Unkenntnis seiner Pflichten, der Faulheit, des Stumpfsinns, der Zerstreuung, der Mißachtung anderer, der Eifersucht. Daß sie sich nur auf das Äußere erstreckt, macht sie nicht weniger hassenswert, weil sie immer ein sichtbares und handgreifliches Versehen ist. Es ist allerdings wahr, daß sie mehr oder weniger beleidigt, je nach dem Grunde, dem sie entspringt.» Spiegelbildlich läßt sich natürlich auch ein Tugend- neben diesem Lasterkatalog lesen, der zumal in der Abstufung der Verletzungswirkung keineswegs nur in La Bruyères historischem Kontext einschlägig bleibt).

Auf La Bruyère beruft sich ausdrücklich Morvan de Bellegarde, der das gesamte Feld der Konversation intensiv analysiert und damit gerade in Deutschland eine breite Wirkung erzielt.[291] Hier treten Anständigkeit und Höflichkeit als Phänomene auf, die auf die Erhaltung und Stabilisierung gesellschaftlichen Friedens angelegt sind und sich in Anpassungsfähigkeit und Zuvorkommenheit ausdrücken, die Gemeingut und Glück vor den destruktiven Seiten des Egoismus schützen sollen. Veräußerlichungstendenzen werden durch eine Akzentuierung innerer Tugendhaftigkeit konterkariert und ein bloßes Nützlichkeits- und Erfolgsdenken scharf bekämpft. Ziel ist vielmehr der gemeinsame Nutzen und Vorteil.[292]

6.4. EMANZIPATIONEN: «BÜRGER, SETZT DIE SIGNALE!»

Die von N. Elias diagnostizierte Abnahme von Spontaneität und der gleichzeitige Zuwachs der Selbstkontrolle im Zivilisationsprozeß ist in Gegenrichtung durch einen Informalisierungsprozeß für das 18. Jahrhundert zu ergänzen, der wiederum komplementärerweise «Natur» rehabilitiert und – exemplarisch hierfür ist die Kritik des «Sturm und Drang» – gerade das Archaische, Unverstellte, Unverbildete und Originäre feiert.[293] Das Postulat der Natürlichkeit als Richtschnur und Meßlatte einer überzeugenden und gewinnenden Darstellung kehrt im Höflichkeitsdiskurs zwar refrainhaft und regelmäßig wieder, aber es bleibt als Verbergung des Artifiziellen bis zum Ende des 17. Jahrhunderts ein Wirkungskriterium für Rhetorik, Politik und Ästhetik. Seit Locke und dem Beginn der Aufklärung unterliegt Affektiert- und Gekünsteltheit einem moralischen Verdikt. Offenheit und Transparenz werden hingegen immer stärker zum Leitbild der Geselligkeit, wie sie im deutschen Sprachraum in den «Moralischen Wochenschriften», im englischen in Periodika wie «Tatler» oder «Spectator» im Anschluß an die «decorum»-Tradition ciceronianischer Prägung suggeriert wird.[294] Auch der Topos der Offenheit und Aufrichtigkeit, der als

---

[291] Vgl. vor allem *J.B. MORVAN DE BELLEGARDE*, Réflexions sur le ridicule, Amsterdam 1696 (dt.: Betrachtungen über die Auslachenswürdigkeit und über die Mittel, selbige zu vermeiden, Leipzig 1710), *ders.*, Réflexions sur la politesse des mœurs, Amsterdam 1703. Vgl. dazu insgesamt *G. BRAUNGART*, Le ridicule: Sozialästhetische Normierung und moralische Sanktionierung zwischen höfischer und bürgerlicher Gesellschaft – Kontinuitäten und Umwertungen, in: *L. FIETZ/J.O. FICHTE/H.W. LUDWIG* (Hrsg.), Semiotik, Rhetorik und Soziologie des Lachens. Vergleichende Studien zum Funktionswandel des Lachens vom Mittelalter zur Gegenwart, Tübingen 1996, 228-238.

[292] Vgl. *GÖTTERT*, Kommunikationsideale 75ff.

[293] Vgl. *SCHNEIDER*, Der Betrug der guten Sitten 44, *N. ELIAS*, Zivilisation und Informalisierung, in: *ders.*, Studien über die Deutschen, Frankfurt/M. ³1990, 31-158, 33ff., zum Gesamtkomplex der Evaluierung und der Perhorreszierung des «Barbarischen» vgl. *SCHNEIDER*, Der Barbar, der dem «Unschuldsbarbaren», der Konfiguration und Repräsentation des Naturalen und Ungekünstelten, den quasi apokalyptischen «Endzeitbarbaren» typologisch gegenüberstellt.

[294] Vgl. die Ausgaben des «Tatler» (1709-1711), des «Spectator» (1711-1712). Vgl. *J. WIEGAND/W. KOHLSCHMIDT*, Moralische Wochenschriften, in: RDL II 421-427, *W. MARTENS*, Die Botschaft der Tugend. Die Aufklärung im Spiegel der deutschen Moralischen Wochenschriften, Stuttgart 1971, 350ff., *GÖTTERT*, Kommunikationsideale 101ff., *BEETZ*, Frühmoderne Höflichkeit 304ff, *H. GELOBTER*, «Le Spectateur» von Pierre Marivaux und die englischen Wochenschriften, Limburg 1936, *W. GRAEBER*, Moralistik und Zeitschriftenliteratur im frühen 18. Jahrhundert, Frankfurt/M.-Bern 1986, *H. BRANDES*, Art. Wochenschriften, moralische, in: *W. SCHNEIDERS* (Hrsg.), Lexikon der Aufklärung, München 1995, 443-445. Vgl. insgesamt *P. CARTER*, Men and the emergence of polite society, Britain 1660-1800, Harlow 2001 (Lit.).

Refrain im Postulat der Unmittelbarkeit wiederkehren wird, nimmt in diesem Zusammenhang wieder breiten Raum ein. Allerdings hebt er sich von der älteren Klugheit und Höflichkeit gerade in dieser Hinsicht ab. Berechnung erscheint nun viel stärker als Gefahrenmoment, Ungezwungenheit und Nachlässigkeit, die «sprezzatura» im castiglioneschen Sinn als ebenso natürlich wie erfolgreich. Allerdings wird dies nicht selten abgeschwächt und gemindert durch restriktive Überlegungen, die beispielsweise vor allzu hohen Graden der Offenheit warnen oder den Gebrauch des Witzes heftig verurteilen. Trotzdem wird hier auf der Grundlage einer Ablehnung der herkömmlichen Komplimentierkunst oder einer unterwürfigen Gefälligkeit die Kontur einer neuen Verhaltensstilisierung sichtbar, die zwar noch immer auf den «Kunst»-Begriff zurückgreifen kann, aber nicht mehr ohne ihn zu problematisieren.

Im Zuge der europäischen Nachahmung des englischen Vorbilds hat das neue Bild des Anstands allen voran in Deutschland an Trennschärfe und Konturen verloren. Hierbei erwiesen Absolutismus und die sich ihm verdankende Struktur des Beamtenstaates eine durchschlagende Wirkung, und im Verbund mit den Traditionen der älteren Klugheit und Höflichkeit entwickelte sich eine eigentümliche Melange von Pessimismus und Menschlichkeitspropaganda. C. Wolff, philosophische Leitfigur der ersten Dekaden des Jahrhunderts, konnte so trotz einer prinzipiell altruistischen Fundierung seiner Moralitätsüberlegungen ohne weiteres traditionelle Klugheitskonzepte im Gefüge seiner praktischen Philosophie rehabilitieren und restaurieren.[295] Wolff verknüpft Tugend- und Glückslehre, die sich seiner Auffassung nach wechselseitig ergänzen, und entwirft eine doppelte Pflichtenlehre gegenüber sich selbst wie anderen gegenüber unter dem Stichwort der «Geselligkeit».

Diese Unsicherheit und Doppelpoligkeit in der Einschätzung und Ortung von Phänomenen der Höflichkeit und ihres jeweiligen Wertes wird von einer bestimmten Seite her durchbrochen – und das durch einen Frontalangriff auf die Höflichkeitskultur selbst. Gegen die Gekünsteltheit des (französischen) Hofwesens macht F.G. Klopstock Front im Namen eines natürlichen und nichtartifiziellen Umgangs miteinander.[296] Es kommt zu einer Verschiebung im Raster der Idealität. In diesem Zusammenhang muß auch der Name Rousseaus fallen. Für J.-J. Rousseau werden bekanntlich Natur und Natürlichkeit zum Letztargument und Fundament in ethischer und «pädagogischer» Hinsicht. Er wählt gerade die Höflichkeit, um in

---

[295] Vgl. aus dem umfangreichen Gesamtwerk v.a. *C. WOLFF*, Vernünfftige Gedancken von der Menschen Thun und Lassen zur Beförderung ihrer Glückseeligkeit, 1720 (die sog. «Deutsche Ethik», in: *ders.*, Gesammelte Werke, Abtl. 1, Bd. 4, hrsg. v. *H.W. ARNDT*, Hildesheim-New York 1976), *ders.*, Vernünfftige Gedancken von dem gesellschaftlichen Leben der Menschen und Insonderheit dem gemeinen Wesen, 1721 (die sog. «Deutsche Politik», in: *ders.*, Gesammelte Werk, Abtl. 1, Bd. 5, hrsg. v. *H.W. ARNDT*, Hildesheim-New York 1975). Weitere Wirksamkeit und Verbreitung erlangen dessen Vorstellungen über seine Schüler G.F. Meier und J.C. Gottsched, die sich sowohl in ihren theoretischen als auch in mehr popularisierenden Publikationen in diesen Strom einreihen. So bietet die von Meier zusammen mit S.G. Lange publizierte Schrift «Der Gesellige» (1748-1750) den Typus eines vorsichtigen Taktierens im Bereich von Anstand und Höflichkeit an, das nur in spezifischen Situationen – allen voran im freundschaftlichen Rahmen – Offenheit und Ungezwungenheit konzediert. Gegenläufig dazu ist die «ars vivendi» unter Selbstkontrolle und -disziplinierung ohne Zwang auf andere zu verankern und herauszustreichen (vgl. ebd. 233), weil nach wie vor der zerstörerische Aspekt der Selbstliebe für hochrangig geladen und einflußreich erachtet wird (vgl. ebd. 215).

[296] Vgl. *F.G. KLOPSTOCK*, Moralische und gesellschaftskritische Schriften, in: *ders.*, Ausgewählte Werke II, hrsg. v. *K.A. SCHLEIDEN*, München 1981, 930-967, bes. 934ff.

seinem ersten «Discours» (1750) die kulturkritische These von der Deformation des natürlich guten Menschen durch Gesellschaft und Zivilisation zu entfalten. Von daher kommt es erstmals – aber keineswegs zum letzten Mal! – zur vollständigen Ablehnung der gesamten Tradition von Anstand und Höflichkeit[297]. Die in Schriften wie «Emile» (1761) oder die «Neue Heloïse» (1762) ausgebreitete Überzeugung läßt sich auf den Punkt bringen: Die Herrschaft des «schönen Scheins» versklave die Unmittelbarkeit und Natürlichkeit des Individuums unter dem Regnum einer Unzahl von Regularien, die Suche nach vermehrter Sicherheit in der Interaktion und Kommunikation beschränke und beende schließlich dessen Freiheit. Polemisiert wird gegen «trübselige Wohlanständigkeit» ebenso wie gegen «falsche Schicklichkeit»[298] in der Absicht, hinter die Welt des Scheins und vor die der kulturellen Verformung des Menschen zurückzugreifen und den natürlichen Ausdruck des Kindes oder des Ungebildeten und «guten Wilden» wiederzuerlangen.[299]

Als zeitgenössische Entartung kritisiert Rousseau die denaturierende Entfremdung des Menschen durch sich selbst aufgrund repressiver Konventionen und Prestigedenken.[300] Rousseaus Kulturkritik und sein Eintreten für einen zwanglosen, vertrauensvollen Umgang Gleicher unter Gleichen werden im Frankreich seiner Zeit als Fanal zu den Freiheits- und Gleichheitspostulaten der Revolution gelesen und gewertet – auch wenn im Binnendiskurs über Anstand und Höflichkeit Rousseaus Positionen zunächst kaum Nachfolger findet.[301]

Mit der Aufklärung wächst die Kritik am höfischen Zeremoniell, an ihre Etikette. Die Autonomie des aufgeklärt-vernünftigen Subjekts ist das zentrale Thema und

---

[297] Vgl. *GÖTTERT*, Kommunikationsideale 129ff.

[298] Vgl. *J.-J. ROUSSEAU*, Julie oder die neue Heloïse 237ff.

[299] *J.-J. ROUSSEAU*, Abhandlung über die Frage, ob die Wiederherstellung der Wissenschaften und Künste zur Läuterung der Sitten beigetragen hat?, in: *ders.*, Schriften I, hrsg. v. *H. RITTER*, München 1978, 27-65, 34ff., *ders.*, Emile oder Über die Erziehung, hrsg. v. *L. SCHMIDTS*, Paderborn [13]1998, 71, vgl. *GÖTTERT*, Kommunikationsideale 130f.

[300] *ROUSSEAU*, Abhandlung über den Ursprung und die Grundlagen der Ungleichheit, in: Schriften I 165-302, 264f., *ders.*, Emile 55, 60f., 64, 81, 85f., 151f. – Das Naturalitätspostulat hat vorab kritische Funktion, ist aber selbst nicht ganz frei von Virtualitäts-, Künstlichkeits- oder «Fake»-Verdacht. Vgl. gerade dazu jüngst *M. GEIER*, Fake. Leben in künstlichen Welten. Mythos – Literatur – Wissenschaft, Reinbek 1999, 36-69, vgl. unten Abs. 11.4.

[301] Vgl. zur Höflichkeit z.B. *ROUSSEAU*, Emile 365, 417, aufschlußreich bes. 64: «Hütet euch, eurem Kind leere Höflichkeitsformeln beizubringen, die ihm bei Bedarf als Zauberformel dienen, die ganze Umgebung seinem Willen zu unterwerfen und sofort zu erhalten, was ihm gefällt. Bei der überhöflichen Erziehung der Reichen bleibt es nicht aus, daß sie auf höfliche Weise herrschsüchtig werden; man bringt ihnen die Wendungen bei, denen niemand zu widerstehen wagt. Diese Kinder können weder im Ton noch in den Wendungen bitten; wenn sie bitten, sind sie noch anmaßender als wenn sie befehlen, da sie noch sicherer sind, daß man ihnen gehorcht. Man sieht sofort, daß *s'il vous plaît* in ihrem Mund *il me plaît* bedeutet und *je vous prie* ein *je vous ordonne*. Eine großartige Höflichkeit, die darauf hinausläuft, den Wortsinn zu verdrehen und niemals anders als im Befehlston zu sprechen! Ich persönlich würde weniger Emils Grobheit als seine Anmaßung fürchten und mir wäre es lieber, daß er bittend *faites cela* sagte, als befehlend *je vous prie*. Es kommt nicht auf das Wort an, dessen er sich bedient, sondern auf den Sinn, den er ihm gibt.» – Bemerkenswert hierbei ist neben den höflichkeitskritischen Erwägungen des dialektischen Umschlags von Bitte in Befehl und der prinzipiellen Mißbrauchbarkeit von Höflichkeitsformeln zu taktisch-strategischen Zwecken eine Sensibilität für das Phänomen, daß die Formeln allein auf der lexikalisch-semantischen Ebene noch nicht ausreichend höflichkeitssignifikant sein müssen. Es sind in der Kommunikation weitere Komponenten notwendig, um die Formeln der Bitte oder des Dankes z.B. «wirklich» höflich zu machen. Rousseau nennt hier «Ton» und «Sinn» – das wird sich präzisieren lassen im Blick auf (non-)verbale Codierungen wie im Blick auf ethisch relevante Intentionalitäten.

die zentrale Entdeckung. Konventionen höfischer Moral und Geselligkeitstechnik erscheinen nicht mehr allgemein akzeptiert als leitbildgebend – eher das Gegenteil, gerade die Abstoßung davon liegt in vorrangigem Interesse. Nicht mehr das Durchschauen der Konventionen und Taktiken zur Selbstbehauptung steht im Vordergrund, sondern im Namen des selbstbestimmenden, vernunftgeleiteten Individuums wird auf die Diskrepanzen einer auf falschen Schein reduzierten Gesellschaftsmoral verwiesen. Wahre Innerlichkeit des Individuums steht pointiert gegen falsche Äußerlichkeit der Gesellschaft – nicht selten wird diese Debatte auf dem Rücken von Höflichkeitsfragen ausgetragen.[302]

Anders als in Frankreich unterliegt der Diskurs über die Höflichkeit in Deutschland einer zunehmenden Verbürgerlichung, die das gewachsene gesellschaftliche und ökonomische Potential dieser Gruppe abbildet.[303] G.E. Lessing greift den traditionellen Diskurs der «Hofkritik»[304] wieder auf und attackiert das französische und aus Frankreich importierte Höflingswesen in der gesellschaftspolitischen Absicht, zur Konturierung einer bürgerlich-nationalen Kultur in Deutschland beizutragen.[305] Ein Blick über den Kanal nach England zeigt, daß in dieser Phase die Leitfiguren und -bilder des «gentleman», des Kaufmanns – ja sogar des Biedermanns – je länger je mehr an die Stelle des Hofmanns, des «galante homme» und des «Politicus». Parallel dazu wird in der zweiten Jahrhunderthälfte aus der Literatur zur Privatpolitik vornehmlich Pädagogik.[306]

Überhaupt ist ein Zug zur Reduktion zu beobachten. Im Vergleich zu den ausla denden, hochstilisierten und zeremonial überfrachteten Gesellschaftsritualen barocker Hofszenarien werden die Umgangsformen, wie sie die Komplimentierliteratur im 18. Jahrhundert vorschlägt, immer weiter beschnitten. Zeitökonomische Aspekte werden bei dieser Reduktion auf die Funktion eine maßgebliche Rolle gespielt haben – eine Problematik, die über den hier angesprochenen historischen Rahmen hinausragt. Aus der unter Verwandten und Bekannten im 17. Jahrhundert noch üb-

---

302 Vgl. insgesamt *ZIMMER*, Die europäischen Moralisten 86-98. Rousseaus prononcierter Gegensatz Natur/Zivilisation liefert einen pointierten Ansatz (vgl. ebd. 94ff.), in dessen Tradition Chamfort sich einem Einsamkeitsideal nähert, das in letzter Instanz Umgangsformen obsolet macht. Montesquieu hingegen verbindet Lebensklugheit mit moralischer Integrität, Weisheitslehre mit der Tugendlehre. Vgl. insgesamt den kritischen Überblick für das Frankreich von 1661 – 1789 von *P. FRANCE*, Politeness and its discontents. Problems in French classical culture, Cambridge 1992.
Antoine Rivarolis eher restaurativ anmutende Bemühungen versuchen am Ende des «Ancien régime» die Traditionen gesellschaftlicher Umgangsformen, der Geselligkeit, der Manieren und der Konversation gegen einen rigiden Natürlichkeitskult (in der Spur Graciáns und La Rochefoucaulds) zu retten. Vgl. *E. JÜNGER*, Rivarol, Frankfurt/M. 1962, *J. LESSAY*, Rivarol, Paris 1989. Ähnlich agiert Joseph Joubert, der der Höflichkeitspädagogik (in seinen allerdings erst posthum veröffentlichten Konvoluten) eine Bresche schlägt. Auch wenn die Höflichkeit tendenziell nicht die Tiefe der freundschaftlichen Beziehung erreicht, bleibt sie doch für Joubert wesentlicher Teil einer kultivierten Lebensart. Sie steht in engem Zusammenhang mit der Tugend und ist Propädeutikum dafür. Vgl. *A. BEAUNIER* (Hrsg.), Les Carnets de Joseph Joubert, Paris 1938, *F. SCHALK*, Die Französischen Moralisten, Neue Folge, Wiesbaden 1947, 205ff.

303 *K. EHLICH*, On the historicity of politeness, in: *R.J. WATTS/S. IDE/K. EHLICH* (Hrsg.), Politeness in language. Studies in its history, theory and practice, Berlin-New York 1992, 71-107.

304 Vgl. oben Abs. 5.5.

305 Vgl. *H. KIESEL*, «Bei Hof, bei Höll». Untersuchungen zur literarischen Hofkritik von Sebastian Brant bis Friedrich Schiller, Tübingen 1979, *M. CLAUS*, Lessing und die Franzosen: Höflichkeit – Laster – Witz, Rheinfelden ²1986, *M. BEETZ*, Negative Kontinuität, in: *K. GARBER* (Hrsg.), Europäische Barockrezeption I, Wiesbaden 1991, 281-301.

306 Vgl. *BEETZ*, Frühmoderne Höflichkeit 276f., 288, *GÖTTERT*, Kommunikationsideale 101ff.

lichen offiziösen Konvenienzsprache zum Beispiel wird ein immer privaterer und intimerer Stil der Gefühlskodierung.[307]

Mit der Jahrhundertmitte melden sich eine ganze Reihe von Geselligkeits- und Höflichkeitstheoretikern mit gesellschaftskritischen Entwürfen verstärkt zu Wort. Der wohl prominenteste unter ihnen, der zugleich sprichwörtliche wie mißgedeutetste, ist Adolph Freiherr von Knigge.[308] Er ergreift, biographisch zwischen radikaler Hofkritik und durchaus der Suche nach Karriere an verschiedenen Höfen schwankend, Partei für die Anliegen der Französischen Revolution und äußert in selbstbewußter bürgerlicher Überzeugung eine unverblümte Hofkritik[309], die auch das neureiche Großbürgertum einschließen und treffen soll, kann aber andererseits in seinem literarischen Œuvre durchaus für das «stille Glück im Winkel» plädieren.

Programmatisch zufolge sucht Knigge Anschluß an den «esprit de conduite»[310]. Er lehnt sich im Aufbau mit der Unterteilung in einen Pflichtenkatalog sich selbst und einem anderen gegenüber an das Programm der Ethik C. Wolffs an. Allerdings gewinnt Knigges Projekt eigene und unverwechselbare Konturen gerade in der Tatsache, daß es einen Verhaltensrahmen ausfalten will für praktisch *alle* Lebenssituationen und im Geflecht aller gesellschaftlichen Schichten und ihrer Begegnungsmöglichkeiten. Dieses Grundprogramm zielt auf die Entwicklung einer neuen sozialen Verhaltenskultur in «Deutschland», und ist damit erheblich ambitionierter als die vielen Epigonen, die sich Knigges Namen leihen werden. Die beiden einschlägigen Hauptwerke «Über den Umgang mit Menschen» (1788) und «Über Eigennutz und Undank» (1796) sind umfassende Versuche, kluges und höfliches Sozialverhalten im bürgerlichen Zeitalter unter Anknüpfung an antike Ethiktraditionen ebenso wie an die Kritik des höfischen Lebens (wie z.B. bei La Rochefoucauld) neu zu begründen. Denn zumindest theoretisch bietet der Hof – anders als bei Garve – für Knigge keine Vor- und Leitbilder mehr an.[311] Allerdings bleiben Verhaltenskonventionen unverzichtbar. Sie sind auch Fundament einer aufgeklärten und autonomen Gesellschaft. Nicht mehr allein und vorrangig taktische Selbstbehauptungsfunktionen motivieren dabei, sondern die Intention, Verhalten so zu regulieren und adaptieren, daß man mit sich selbst und mit anderen Menschen in politischer privatpolitischer Praxis[312] verantwortlich und glücklich leben sowie klug

---

307 Vgl. *BEETZ*, Frühmoderne Höflichkeit 280ff., 309ff.

308 Vgl. v.a. *A. V. KNIGGE*, Über den Umgang mit Menschen, hrsg. v. *K.-H. GÖTTERT*, Stuttgart 1991. Zur breitgestreuten Literatur über Knigge und sein Werk «Ueber den Umgang mit Menschen» vgl. *K.-H. GÖTTERT*, Knigge oder von den Illusionen des anständigen Lebens, München 1995, die Beiträge in der Knigge gewidmeten Ausgabe der Zeitschrift Text + Kritik, H. 130 (1996) (dort reichhaltige Lit.). Zur «nicht-banalisierenden» Rezeptionsgeschichte vgl. *W. FENNER*, «Bürgerfreund, Aufklärer, Völkerlehrer». Knigge in Deutschland von 1769-1996, in: Text + Kritik H. 130 (1996) 84-90, *W. ZILLIG*, «Höflichkeit» und «Takt» seit Knigges «Über den Umgang mit Menschen», in: *LÜGER*, Höflichkeitsstile 47-72 (Lit.).

309 Vgl. bes. *KNIGGE*, Umgang 298-319, 325-340. Vgl. *W.D. WILSON*, Vom internalisierten «Despotismus» zur Mündigkeit. Knigge und die Selbstorganisation der aufgeklärten Intelligenz, in: Text + Kritik H. 130 (1996) 35-46, *S. SCHARNOWSKI*, Rhetorik des Herzens. Zu einem Dilemma der Empfindsamkeit, in: *HAFERLAND/PAUL*, Höflichkeit 105-123, 117ff.

310 Vgl. u.a. *KNIGGE*, Umgang 14, 417.

311 Vgl. *KNIGGE*, Umgang 325ff.

312 Vgl. zur Poiesis-Praxis-Unterscheidung *G. BIEN*, Art. Praxis. I. Antike, in: HWP VII 1277-1287, *ders.*, Art. Praxis. I. Philosophisch, in: LThK³ VIII 521. Praxis zielt schon bei Aristoteles auf Formen der Sozialität, die nicht in Machtbarkeits- oder Utilitätskategorien aufgeht.

und weitsichtig interagieren kann. Bezeichnend (auch im Blick auf Höflichkeitstheorie und -situierung) ist dabei Knigges Einsatz, wenn er vermerkt:

> *«Manche Leute glauben, größere Eigenschaften berechtigen sie, die kleinen gesellschaftlichen Schicklichkeiten, die Regeln des Anstandes, der Höflichkeit, oder der Vorsicht zu vernachlässigen – das ist nicht gut getan. Großer Eigenschaften wegen verzeiht man große Fehler, weil Menschen von feinerm Stoffe heftige Leidenschaften zu haben pflegen; wo aber keine Leidenschaft im Spiele ist, da soll der bessere Mann auch weiser handeln, als der alltägliche; und es ist nicht weise gehandelt, die unschuldigen Gebräuche der Gesellschaft zu verachten, wenn man in der Gesellschaft leben und würken will.»*[313]

Vor diesem Hintergrund formuliert Knigge jenseits eines kruden Etikettismus eine breite Palette von Höflichkeits- und Anstandsregeln, die er an genauen Beobachtungen in unterschiedlichsten Feldern gewinnt. Der Schwerpunkt ist – spätestens ab der 3. Auflage des «Umgangs»[314] wird das deutlich – nicht so sehr in den eher allgemein gehaltenen Überlegungen des ersten Teils zu suchen[315], sondern im zweiten und dritten Abschnitt[316], wo eine Fülle von Begegnungssituationen aufgefaltet und analysiert werden. Kennzeichnend ist dabei der Versuch, ein grundsätzlich an Moral und Tugend orientiertes Verhaltensmodell, das seine Wurzeln noch im «vir bonus» der Rhetorik hat, mit den Erfordernissen einer sich verändernden Umwelt in Einklang zu bringen.[317] Knigge setzt im aufklärerischen Impetus auf ein

---

[313] Vgl. *KNIGGE*, Umgang 12. Nimmt man die sprechenden Eingangsbeispiele von «Gesichtsverlusten», die Knigge vorwegschickt, hinzu, dann wird an dieser Stelle deutlich, daß die Klugheits- und Weisheitsdimension im Verbund mit Selbst- und Fremdschutz in komplexeren Kontexten und ausdifferenzierteren Vergesellschaftungsformen eben gerade nicht allein durch detailliertes Etikettewissen begründet und von daher entwickelt werden. Verhaltensminiaturen und -obligationen wie Haltungen werden mit einem deutlichen Realitätssinn beschrieben

[314] Vgl. *KNIGGE*, Umgang 444-447 (dort auch die Originalvorworte zu den ersten drei Auflagen).

[315] Vgl. *KNIGGE*, Umgang 7-129. Neben der Erklärung seiner Absichten und einer Beschreibung der zivilisationsdefizitären Situation in «Teutschland» entwickelt Knigge in drei Kapiteln einen generellen Prospekt über den Umgang mit Menschen, der die klassischen Topoi verdichtet vorstellt (27-80), sodann reflektiert er sehr knapp – aber immerhin! – den bewußten, angemessenen und sinnvollen Umgang «mit sich selbst» (81-85), bevor er abschließend eine Typen- oder Charakterenlehre theophrastischer Tradition und «psychologischer» Absicht in diesem Umgangszusammenhang vorlegt (86-129).

[316] Vgl. *KNIGGE*, Umgang 132-285, 286-415 (das 11. Kapitel, 416-418, des dritten Buches wendet die Perspektive von der Sachdarstellung zum Appell an den Leser). Hier nun differenziert und moduliert Knigge die Betrachtungsweisen nach unterschiedlichen Gruppen und Situationen (nach Generationen, familialen oder persönlichen Bindungen, Geschlecht, sozialen und nachbarschaftlichen Relationen etc.; dies im zweiten Buch); im dritten Buch widmet er sich ausgiebig dem zeitgenössischen höfischen Kontext, dem Verhalten Geistlichen, Gelehrten und Künstlern gegenüber, blickt auf verschiedene bürgerliche Berufsgruppen, bevor drei gesonderte Abschnitte den Umgang mit Geheimbündlern, mit Tieren (!) und das Verhältnis von Autor und Leser angeschnitten wird (letzteres wie ersteres haben natürlich einen spezifischen Sitz im Leben bei Knigge, dem Illuminaten und dem Autor, der just an das Ende eines Werkes gelangt).

[317] Vgl. *G. UEDING*, Rhetorische Konstellationen im Umgang mit Menschen, in: Jahrbuch für internationale Germanistik 9 (1977) 27-52, 27ff., *T. PITTROF*, Knigges Aufklärung über den Umgang mit Menschen, München 1989, *ders.*, Die Entwicklung von Kommunikationsvorstellungen in Knigges Buch «Über den Umgang mit Menschen»: Drei Bemerkungen zum Thema, in: *MONTANDON*, Über die deutsche Höflichkeit 159-174.

umfassendes Wissen zur Bewältigung des alltäglichen Lebens – und das durchaus in Abwendung gegen eine als zu abstrakt empfundene Ethik kantischer Prägung.[318]

Als Adressaten hat Knigge den demokratischen Bürger vor Augen, der «Genuß aus dem Umgange mit allen Klassen von Menschen» schöpft[319]. Mit einer empirisch unterfütterten und demokratisch orientierten Konzeption von Bildung öffnet Knigge im deutschen Sprachraum Tore für eine weitergehende – zunächst emanzipative – Verbürgerlichung der Höflichkeit.[320] Knigge ist geleitet von der Vorstellung, daß allein politische, rechtliche und moralische Normen nicht hinreichen, um eine zivile Alltagskultur[321] zu konstruieren, sieht deren fundamentale Bedeutung und entwirft in emanzipativer Absicht ein eindrucksvolles System von Konventionen und Regeln.

Bleibt Autonomie als Grundlage für Knigge unaufgebbar, so ist sein Entwurf doch auch ein Gegenpol zu mächtigen geistesgeschichtlichen Strömungen, die in romantisierendem Duktus oder unter Berufung auf eine radikale Autonomie jegliches konventionsgebundene Verhalten nur zu leicht und schnell als bloß äußerlich diffamieren, um in einer nebulösen Innerlichkeit, Gemütlichkeit und Gemütstiefe zu gründeln – und nicht selten auch in deren Namen ostentativ un-sozial zu agieren.

In der sich ausdifferenzierenden Gesellschaft des 18. Jahrhunderts wird es zunehmend wichtiger, daß der einzelne sich seine Position und Selbstvergewisserung in der Projektion des eigenen Lebens mit immer weniger flankierenden Koordinaten sucht. Ein Prozeß der funktionalen Differenzierung hebt an, der seither immer mehr an Geschwindigkeit und an sozialen Räumen gewonnen hat. In dieser Anfangsphase[322] verschärft sich damit eine Problematik, die man als Dilemma gleichzeitiger Tugend- und Karriereansprüche bezeichnen kann.[323]

Garves popularphilosophische Untersuchung empirischer Gesellschaftsmoral sichtet in diesem Zusammenhang zwar in soziologisch-deskriptiver Methode und Perspektive Anstandsverhalten als historische Größe, betont aber gleichzeitig angesichts zunehmender gesellschaftlicher Differenzierungen den humanen Bildungsaspekt einer Gesellschaftsethik.[324] Es geht Garve in Auseinandersetzung und Anlehnung an La Rochefoucauld um die Entwicklung einer neuen Kultur des sozialen Umgangs, wobei er jedoch artistokratische Standesnormen und -formen überwinden will. Für Garve ist auch im Kontext des Bürgerlichen ein ziviler Verhaltenskodex unumgänglich. Garve unterscheidet dezidiert zwischen «aristokratischer Etikette» und «wahrer Höflichkeit». Diese ist eben gerade nicht mehr an Hof und einen

---

318 Vgl. *K.-H. GÖTTERT*, Über den Umgang mit Menschen. Kritische Anmerkungen zu Knigge, in: Merkur 42 (1988) 903-906.

319 *KNIGGE*, Umgang 417 (in einer direkt an den Leser gerichteten Schlußadresse).

320 Dabei muß man natürlich den Begriff von «Bürger» in seinen historischen Konnotationen, nicht in seiner polemischen Verkürzung in Anschlag bringen, um der emanzipatorischen Intention Knigges gerecht zu werden.

321 Vgl. *ZIMMER*, Die europäischen Moralisten 128.

322 Natürlich gilt das in der gemeinten Phase nicht für alle Schichten und Gruppen schon gleichermaßen.

323 Vgl. *G. STANITZEK*, Blödigkeit. Beschreibung des Individuums im 18. Jahrhundert, Tübingen 1989, 124, 138.

324 *C. GARVE*, Über die Moden, in: *ders.*, Versuch über verschiedene Gegenstände aus der Moral, der Litteratur und dem gesellschaftlichen Leben, 1. Teil, Breslau 1792, 117-294, *ders.*, Über Gesellschaft und Einsamkeit, in: *ders.*, Versuch über verschiedene Gegenstände 3./4. Teil, Breslau 1797/1800, vgl. *GÖTTERT*, Kommunikationsideale 141, 152.

spezifischen Stand gebunden. Bewahrt wissen möchte er jedoch die Elemente, die respektvoll-zivilen Umgang aller Menschen miteinander ermöglichen. Es handelt sich also um eine Verbindung von aufklärererischer Standes- und Hofkritik mit dem Versuch, dem vorherrschenden Mangel an Umgangsformen durch Begründung von Anstands- und Höflichkeitsnormen entgegenzuwirken. Vorrangiges Paradigma und von elementarer Bedeutung ist dabei der wechselseitige Respekt Gleichberechtigter. Hinzukommen eine Wertschätzung des Zeitfaktors Muße und ein Mindestmaß an materieller Unabhängigkeit. Zivile Umgangsformen zwischen freien Individuen dürfen nicht, so Garve (zu?) optimistisch, von sozialen und materiellen Interessen belastet sein, sind aber in einen Kanon von Regularien des Anstandes und der Höflichkeit einzubetten. Garve versucht dabei einen Mittelweg vorzuschlagen zwischen notwendigen formalen Festlegungen und ihrer «Natürlichkeit»: höflich-respektvoll, in freier Souveränität, auch und gerade jenseits des Hofes.[325]

Kant unternimmt – in der thematischen Sortierung Wolff ähnlich – in seiner «Metaphysik der Sitten» den Begründungsversuch für den unverzichtbaren Anspruch jedes Menschen auf Achtung. Er würdigt dabei den pädagogischen Fiktionswert der Höflichkeit, die ihm zufolge als eine «moralische Tugend» zu bezeichnen ist. Fragen des «decorums» verhandelt Kant in seiner Anthropologie, schon nicht mehr in der Moral. Mit der Verabschiedung der aristotelisch-praktischen Philosophie treten bei Knigge und bei Kant die Felder des Anstands und der Moral im Kontext einer historisch-gesellschaftlichen Sittlichkeit definitiv in einen Hiatus.[326]

Schiller verteidigt im Dialog mit Rousseau die Ästhetik guter Manieren in den «Kalliasbriefen» unter Zuhilfenahme eines Schönheitsbegriffs, der Freiheit und Natürlichkeit impliziert und vorausliegen hat.[327] Im 10. Brief setzt Schiller sich mit Rousseaus Kritik der Verlogenheit und der moralischen Korrumpierbarkeit des gefällig-anmutigen Umgangsstils auseinander und antwortet im 23. Brief mit Erläuterungen zur kultivierenden Funktion von Geschmack und Anstand für die ästhetische Bildung des Menschen.[328]

Höflichkeit ist also auch hier – zwischen Kritik und Wertschätzung, zwischen Natürlichkeit und Zivilisation und forcierter Selbst- (und/oder Fremd-)Steuerung – nicht einfach als anti-emanzipativ oder restaurativ-reaktionär einzuordnen, sondern kritisch in ein vernünftiges und zugleich affektiv-empathisches Konzept von Aufklärung und Zivilität einzubinden.[329]

---

[325] Vgl. *ZIMMER*, Die europäischen Moralisten 122f.

[326] Vgl. die prägnanten Beobachtungen von *W. SCHNEIDERS*, Der Verlust der guten Sitte. Auch ein Beitrag zur Geschichtlichkeit der Moral, in: StPh 44 (1985) 61-77, 71.

[327] *F. SCHILLER*, Kallias oder Über die Schönheit. Briefe an Gottfried Körner, in: *ders.*, Sämtliche Werke V, hrsg. v. *G. FRICKE/H.G. GÖPFERT*, München ⁹1993, 394-432, 424f.

[328] Vgl. *F. SCHILLER*, Über Anmut und Würde, ebd., 433-488, 434, 446f., 450ff., 464f,. *ders.*, Über die ästhetische Erziehung des Menschen in einer Reihe von Briefen, ebd., 570-669, 645, *ders.*, Über den moralischen Nutzen ästhetischer Sitten, ebd., 781-789, 784. Vgl. insgesamt, wenn auch mit schmalem ethischen Ertrag *C. SCHENK*, Muss Literatur moralisch sein? Friedrich Schiller und der Streit um Ethik und Ästhetik heute (Religion und Ästhetik 11) Mainz 2000.

[329] Vgl. z.B. *D. FRANCESCONI*, Politeness. Una parola-chiave del vocabulario di Hume, in: Pensiero politico 30 (1997) 551-559.

6.5. REPRODUKTIONEN: HÖFLICHKEIT – OBSOLET ODER OBLIGAT?

Das 19. Jahrhundert trägt Signaturen einer zunehmend forcierten Trennung von Deskription und Normativität. Im Gefolge einer Historisierung von Denk- und Verhaltensformen treten auch die Beschreibung bürgerlichen Verhaltens auf der einen Seite und deren Regulation in Benimmfibeln, Diätetiken von Umgangs- und Lebenskunst oder philosophische Geselligkeitstheorien immer weiter auseinander. So vertritt W. v. Humboldt die Auffassung, daß ein ausgeprägter Charakter und mit ihm umfassende Menschenkenntnis unverzichtbar seien, um dem gesellschaftlichen Umgang emotionalen und rationalen Gehalt zu geben.[330] Diese Entwicklung hat eine deutliche Richtung: Nicht mehr die Anpassung oder Akkomodation an Konventionen und Partner, nicht mehr der Abschliff von Eigentümlichkeiten werden für konstitutiv und entscheidend gehalten hinsichtlich der Formen des Umgangs, sondern dieser wird – so die dahinterliegende Überzeugung – angereichert durch die Interaktion bewußt gepflegter Unterschiede und Eigenheiten, also ausgeprägter Individualitäten.[331] Das Höflichkeits- und Anstandskonzept der bis dahin vorliegenden Tradition wird um die Wende zum 19. Jahrhundert auf breiter Front kritisiert.

Eine ähnliche Tendenz ist F. Schleiermacher eigen. Er konstruiert als Gegenentwurf zu bürgerlichen Rollenzwängen und in bewußter Abwendung von Knigge mit Mitteln der Transzendentalphilosophie einen Interaktions- und Konversationsraum, der von diesen entbunden ist, und sich als Ort sich reziprok bildender und ergänzender Individuen darstellt, in dem das «Kunstwerk» Leben seine Formen gewinnt.[332] Erst kommunikativer Austausch und freie Aktivität gründen Geselligkeit und Gesellschaft.[333] Dies verlangt nach einer austarierten Balance von Selbsttätigkeit und Selbstbeschränkung.[334]

In die Reihe der Kritiker klassischer Konzepte von Anstand und Höflichkeit gehört auch C. Garve, der schon Ende des 18. Jahrhunderts von der Normen- und Regelvermittlung übergeht zu Analyse und Deskription der Funktionen der Höflichkeit und des Anstands in der Gesellschaft.[335]

Auch die Klassik – Herder, Schiller, Goethe vor allem – erkennen in Anstand und Höflichkeit nur noch ein reduziertes Randphänomen, dessen Bedeutung im Zeichen von Humanität und Ästhetik als abgeschwächt zu betrachten ist.[336]

---

[330] *W. v. HUMBOLDT*, Über das Studium des Altertums, in: *ders.*, Werke in fünf Bänden I, hrsg. v. *A. FLITNER/K. GIEL*, Stuttgart ³1980, 2f.

[331] *HUMBOLDT*, Über die männliche und weibliche Form, in: *ders.*, Werke in fünf Bänden I, 313, 315, *ders.*, Plan einer vergleichenden Anthropologie, in: ebd. 343f.

[332] *F. SCHLEIERMACHER*, Versuch einer Theorie des geselligen Betragens, in: *ders.*, Werke. Auswahl in 4 Bänden II, hrsg. v. *O. BRAUN/J. BAUER*, Aalen 1967, 1-31, bes. 2ff., 21-31. Vgl. *GÖTTERT*, Kommunikationsideale 171-179, *M. FAUSER*, Das Gespräch im 18. Jahrhundert. Rhetorik und Geselligkeit in Deutschland, Stuttgart 1991, 424ff.

[333] *SCHLEIERMACHER*, Versuch einer Theorie des geselligen Betragens 8f.

[334] *SCHLEIERMACHER*, Versuch einer Theorie des geselligen Betragens 10, 13f. Allerdings bricht Schleiermacher seinen Versuch frühzeitig wieder ab. *SCHMÖLDERS*, Die Kunst des Gesprächs 55f., *N. LUHMANN*, Gesellschaftsstruktur und Semantik I, Frankfurt/M. 1980.

[335] Vgl. *L. GELDSETZER*, Zur Frage des Beginns der deutschen Soziologie, in: KZSS 15 (1963) 529-541.

[336] Vgl. *GÖTTERT*, Kommunikationsideale 157ff.

F. Schlegel vollzieht eine theoretische Wende vom Decorum der bloßen Konvention zum Anstand der Natur, verspottet und karikiert die Geschliffenheit der «Gesellschaft»[337]. W. v. Humboldt kritisiert eine philosophische Nutzlosigkeit der vorliegenden Anstands- und Höflichkeitskonzepte, die dazu geführt hätten, die unsichtbaren inneren Kräfte des Charakters zu verdecken.[338] Der Tenor dieses Chors kritischer Stimmen ist so einhellig wie eindeutig. Anstand und Rituale der Höflichkeit sind als Summenkonzepte einer Normativität des Betragens in der zwischenmenschlichen Kommunikation letztlich unbegründbar, verdecken das «Eigentliche» des Menschen, behindern seine Kräfte und Entfaltungsmöglichkeiten und haben noch dazu eine gefährliche Neigung zu Hohlheit und Artifizialität.

Diese Linie findet weitere wirkmächtige Protagonisten, die wenig überzeugt davon sind, daß es Sinn in sich trüge, sich «gesellschaftsfähig»[339] zu machen, also zumindest die «basic soft skills» einer sozialen Kompetenz zu erwerben, zu üben oder gar sie theoretisch zu unterfangen. Gleich ob diese Inspiration aus einem in sich solipsistischen romantischen Geniebild stammt, sich der verstärkten Reflexion auf Individualität oder autonomer Subjektivität verpflichtet fühlt oder schlicht einer auf Sozialskepsis basierenden gegenläufigen Propagierung einer «splendid isolation» aufruht – im Ergebnis konvergieren diese unterschiedlichen Kritiken in der Ausblendung, Unterbelichtung oder Abwertung auch der Höflichkeitsthematik. Für diese Zivilisations- und Höflichkeitskritik, sozusagen aus dem «Off», bildet das Exzeptionelle das Maß der Dinge, nicht die komplexe Alltäglichkeit.[340]

Jenseits dieser pointierten Positionen[341] und trotz aller vorgetragenen Skepsis und Kritik versucht eine breite Welle von populärphilosophischen Autoren (Pädagogen, Ärzte, Sachbuchautoren) in einer Fülle von Lebenshilfebüchern eine konkret-praktische Lebensphilosophie zu entfalten, die für das wegen vielfältiger Ausdifferenzierungen immer komplexer und unübersichtlicher werdende Leben und seinen Alltag Orientierungspunkte liefern soll.[342] Es verbirgt sich eine Problematik hinter diesem Phänomen, die durchaus nicht nur auf das vorletzte Jahrhundert zutrifft. Angesichts wachsender Komplexität der Organisation von Gesellschaft blüht ein «weites Feld» von Ratgeber- und Lebenshilfeliteratur.[343] Offensichtlich muß gerade in Zeiten der beschleunigten Veränderung von Lebenswelten für das zu kurz

---

[337] Vgl. *F. SCHLEGEL*, Athenäums-Fragmente, in: *ders.*, Kritische Ausgabe II, hrsg. v. *H. EICHNER*, Darmstadt 1967, 165-255, 166, vgl. 170, 205, 222f., 223ff., 239f.

[338] Vgl. die «Bilanzschrift» von *W. V. HUMBOLDT*, Das Achtzehnte Jahrhundert, in: *ders.*, Werke in fünf Bänden I, bes. 456ff.

[339] Dabei meint je länger je mehr «gesellschaftsfähig» nicht einfach nur die jeweilige «feine» Gesellschaft, die herrschende Schicht und die damit vorherrschenden Sets sozialer Umgangsnormen, sondern ist weiter zu fassen im Sinne einer anthropologischen Konstante, der sozialen Verfaßtheit des Menschen, die die durchaus freie Gestaltung von Relationalitätsformen in die Verantwortung nimmt.

[340] Vgl. dazu knapp und treffend *ZIMMER*, Die europäischen Moralisten 129-141.

[341] Hier wäre zudem zu nennen als Vertreter eines antirationalistischen, metaphysischen Pessimismus der Italiener Giacomo Leopardi (1798-1837). Zu Leopardi vgl. noch immer *K. VOSSLER*, Leopardi, München 1923, zudem *R.-R. WUTHENOW*, Der Wahn und die Würde: Giacomo Leopardi, Nachwort in: *G. LEOPARDI*, Gedichte und Prosa, Frankfurt/M. 1979, 275-299.

[342] *G. KÜHNE-BERTRAM*, Aus dem Leben – zum Leben. Entstehung, Wesen und Bedeutung populärer Lebensphilosophien im 19. Jahrhundert, Frankfurt/M. 1987, untersucht genau dieses Feld.

[343] Jeder auch noch so kurze Blick in Buchhandlungen oder Verzeichnisse lieferbarer Bücher unter den einschlägigen Stichworten bestätigt, daß dieser Trend ungebrochen ist.

greifende Lebenswissen der Tradition ein Surrogat geschaffen werden. Ein Indiz für dieses Phänomen ist eine je und je gesteigerte (literarische) Produktivität in diesem Bereich.[344]

Die Unübersichtlichkeit der gesellschaftlichen Konstruktion und die partielle Irrationalität dieser weltanschaulich befrachteten Diätetiken hatten im Gefolge einen resignativen Rückzug in die Privatheit des Häuslichen, das dadurch eine Aufwertung auf Kosten des öffentlichen und privatpolitischen Raums erfuhr. Innigkeit und gemütsselige Biederkeit kennzeichnen diese Formen des retiriert-eskapistischen Lebensvollzuges.[345]

Von einem Medium gesellschaftlicher Selbstvermittlung (so noch im 18. Jahrhundert) verschob sich die kulturelle Stellung der Umgangsliteratur signifikant auf die Selbstverleugnung der sozialen Existenz hin.[346] In einschlägigen und typischen Anstandsbüchern des 19. Jahrhunderts findet man selten einen Reflex auf die Tatsache, wie gruppen- oder schichtspezifisch die von ihnen propagierten Interaktionsstile und -themen sind. Argumentiert wird meist für soziale Aufsteiger aus dem Mittelstand, denen die selbst bürgerlichen Verfasser adeliger Formen gesellige Muse und ideale Strategien einer «vermeidenden Konversation» nahebringen wollen.[347]

Die fast schon chronische Verspätung, mit der sich gesellschaftliche, politische und ökonomische Veränderungen im deutschen Sprachraum auszuwirken beginnen, ist auch in diesem Zusammenhang greifbar. Noch im 19. Jahrhundert – zum Teil herrührend von der verspätet einsetzenden Industrialisierung – wird schlechtes Benehmen, sprich also Unhöflichkeit, mit «bäurischem» Benehmen ineins gesetzt.[348] Was die Geschlechterspezifik angeht, so muß vermerkt werden, daß der strengere ästhetische und moralische Maßstab traditionellerweise bei der Erziehung der Mädchen angelegt wird.[349] Tendenziell zeichnet sich bei der Vermittlung psychologischen Interaktionswissens eine Verschiebung von der Fremd- auf die Selbstbeobachtung ab.[350] Für all diese Differenzierungs- und Spezialisierungsmoment in thematisch-sachlicher, aber auch in weltanschaulicher Perspektive lassen sich eine Fülle von Belegen und Autoren finden. Einige können an dieser Stelle genannt werden. So unterscheidet man im Anschluß J.H. Campe beispielsweise geschlechtsspezifisch und entwickelt Curricula der Höflichkeits- und Anstandserziehung getrennt für Mädchen und Jungen.[351] Der englische Kardinal J.H. Newman hingegen sucht eine

---

[344] Ein Phänomen übrigens, das sich heute durchaus ähnlich präsentiert. Die eingangs erwähnten Höflichkeits-, Umgangs-, Rhetorikratgeber, selbst nur ausschnitthaft benannt, bilden ja wiederum nur ein Segment auf einem schier unüberschaubaren Ratgebermarkt mit Publikationen, Kurs- und Internetangeboten. Die Rahmenbedingungen sind durchaus strukturanalog.

[345] Vgl. *KÜHNE-BERTRAM*, Aus dem Leben – zum Leben 94, 130, 141ff., *T. PITTROF*, Umgangsliteratur in neuerer Sicht, in: IASL 3. Sonderheft (1993) 63-112, 94f.

[346] Vgl. *PITTROF*, Umgangsliteratur in neuerer Sicht 77.

[347] Vgl. *A. LINKE*, Die Kunst der «guten Unterhaltung»: Bürgertum und Gesprächskultur im 19. Jahrhundert, in: ZGL 16 (1988) 123-144, 139, 141.

[348] Vgl. die konzisen Beobachtungen von *H.-V. KRUMREY*, Entwicklungsstrukturen von Verhaltensstandarden. Eine soziologische Prozeßanalyse auf der Grundlage deutscher Anstands- und Manierenbücher von 1870-1970, Frankfurt/M. 1984, 316.

[349] Vgl. *KRUMREY*, Entwicklungsstrukturen 376, 383, 394, 399ff.

[350] Vgl. *N. LUHMANN*, Soziale Systeme, Frankfurt/M., ^{2}1985, 335.

[351] Vgl. *J.H. CAMPE*, Theophron, München 1786, *ders.* Väterlicher Rat für meine Tochter. Ein Gegenstück zum Theophron, Braunschweig 1796 (Nachdruck: Paderborn 1988). Damit klingt natürlich eine

Wiederbelebung des «Gentleman»-Ideals aus christlicher Perspektive.[352] Aus ärztlich-naturwissenschaftlichem Blickwinkel argumentiert H. Klencke in einer Vielzahl von Schriften zum gesellschaftlichen Leben.[353]

Festzuhalten ist, daß trotz aller internen Problematik und Fragestellungen bei der Gewichtung einzelner Facetten der diversen Höflichkeitskonzepte die Anstandsliteratur – und mit ihr die darin angezielten Höflichkeits- und Umgangsideale – gerade in der Gründerzeit, der Zeit akzelerierter gesellschaftlicher Veränderungen (und damit der Möglichkeit des gesellschaftlichen Aufstiegs auf der Plusseite) das gesamte Genre und seine Thematik eine Blüte erlebt. Der Bedarf an Benimmbüchern und generell an Unterweisung und Handreichung erreicht in dieser Phase einen Höhepunkt und korreliert mit den möglichen Veränderungen in der Biographie bei gesellschaftlichen Standortwechseln. So gesehen ist das weite Feld der Anstandsliteratur, der Literatur zum guten Ton und richtigen Benehmen in einzelnen Phasen auch ein Indikator für gesellschaftliche, soziale und industrielle Veränderungen, die ja immer wieder auch neue soziologisch beschreibbare Gruppen und Übergänge schaffen.[354] In der jeweiligen Neuheit ist ein Sub- und Residuum gefragt, daß die parallelen Unsicherheiten und Informations- wie Formationsdefizite kompensieren hilft. Diese Bild bietet sich in bestimmten Phasen des 20. Jahrhunderts, das die einschlägigen Entwicklungen aufnimmt und fortschreibt.

---

lange (und noch) unabgegoltene Frage an, nämlich die der geschlechtsspezifischen Rollendifferenzierung gerade im Kontext der sich verändernden Rolle der Frau in der Gesellschaft. Vgl. insgesamt *G. HÄNTZSCHEL* (Hrsg.), Bildung und Kultur bürgerlicher Frauen 1850-1918, Tübingen 1986. Gerade hinsichtlich der Frauenbildung werden dabei starr-konservative Grundkonzepte sichtbar, die auf der einen Seite die Aufgaben und Verhaltensweisen von Frauen fast sachbuchartig auflisten und beschreiben, sie zum anderen ohne kritische Grundlagenreflexion auf herkömmliche Schemata und Klischees festlegen, die nicht selten zu einer Desavouierung des gesamten Höflichkeitsdiskurses beigetragen haben. Mit der emanzipativen Auflösung geschlechtsspezifischer Fixierungen geht eine Verdunstung des als restaurativ betrachteten Höflichkeitsdiskurses einher. Die Frage nach einem Zusammenhang von Rollenunsicherheit und Begegnungsunsicherheit (und deren Kompensationsformen) bleibt. Allerdings sind zu platte Einschätzungen der Geschlechterrollen im Zuge eines häufigen, so oft nur latenten «Gegenwartismus» mit Fragezeichen zu versehen. Vgl. genau dazu die informative und anregende Studie von *R. HABERMAS*, Frauen und Männer des Bürgertums. Eine Familiengeschichte (1750 - 1850), Göttingen 2000, vgl. auch den Focus bei *M. CURTIN*, A question of manners: Status and gender in etiquette and courtesy, in: Journal of Modern History 75 (1985) 395-423. Neben einem literaturreichen historischen Überblick zur Genese der Thematik, ihrer Protagonisten (vor allem die Bedeutung Chesterfields «Letter to his Son» von 1774) und dem Genre der «courtesy books» reflektiert die Studie auch auf die «aktive», wenn auch ambivalente Rolle und Mitgestaltungsmöglichkeiten der «victorian lady» (vgl. ebd, bes. 418-423).

352 Vgl. z.B. *J.H. NEWMAN*, On the Scope and Nature of university education (Everman's Library Bd. 723), London-Toronto-New York 1915 (Original: 1852/3). In diesem weltanschaulich-religiösen Rahmen situiert ist z.B. auch das Handbuch des Fürstbischofs von Brixen *B. GALURA*, Lehrbuch der christlichen Wohlerzogenheit, Wien 1824.

353 Vgl. *H. KLENCKE*, Die Naturwissenschaft der letzten 50 Jahre und ihr Einfluß auf das Menschenleben (1864), *ders.*, Physische Lebenskunst (1864), *ders.*, Die menschlichen Leidenschaften, Leipzig 1862 (1873 überarbeitet wiederaufgelegt unter dem symptomatischen Titel «Diätetik der Seele»), vgl. *H. HIRSCH*, H.P.F. Klencke, Zwischen Romantik und Experimentalpathologie, Zürich 1964.

354 In der einschlägigen Literatur finden sich dann oft Anpreisungen des «guten Tons», gekoppelt mit der Versprechung, daß korrektes Benehmen und gewandter oder gar imponierender Auftritt von beruflichem und gesellschaftlichem Erfolg begleitet sein werden. Ein Junktim, das sich – so suggerieren zumindest die vollmundigen Titel und die Bewerbung einzelner Publikationen – bis heute nicht aufgelöst hat. Nicht selten – auch das bis heute – wird Knigge um Patenschaft bemüht, nicht selten aber auch bleibt es – wie schon erwähnt – bei der Stichwortgabe ohne weiterreichende moralische und anthropologische Reflexionen.

6.6. Destruktionen: von bürgerlichen Restriktionen zu postmodernen (Auf?)Lösungen

In den pluralistischen Massengesellschaften des 20. Jahrhunderts und ihren Milieus gewinnen Entwicklung der Aufweichung sozialer Normen und sie überlagernde Tendenzen der Individualisierung enorm Fahrt. Diese Entwicklung bleibt aber doppelbödig. Einerseits nämlich fordert die Ausbildung der bürgerlichen Gesellschaft die sogenannte freie Entfaltung der Persönlichkeit – schon, um auf dem Markt als Konkurrent fungieren zu können –, andererseits aber nötigt sie zur Unterwerfung unter die Botmäßigkeit institutionalisierter Normen. Solcherart ist dem in der Nachfolge der Philosophie der Aufklärung zum autonomen, sich selbst regelnden Subjekt ausgebildeten Individuum zwar das Versprechen seiner Verwirklichung gegeben, zugleich damit jedoch ein schier unlösbarer Konflikt aufgetragen. Umgangen wird dieser Konflikt nun, indem Individualität, sieht man genauer zu, nicht als Differenz auftritt, sondern, indem sie innerhalb eines festumrissenen Systems erfordert und förderlich ist, ihr also eine ganz bestimmte Funktion zukommt, als ausgesprochen Genormtes zum Vorschein kommt. Dieser Befund ist so neu nicht. Und doch gibt es etwas Neues, eben die «neue Unverschämtheit». So kommt es zu unbestreitbar gegenwärtigen Phänomenen, die unter Stichworten wie «gesellschaftliche Kälte», «Egoismus», «Brutalisierung», «Entsolidarisierung» oder auch als «strukturelle Rücksichtslosigkeit» diskutiert werden. Die schon 1986 von Ulrich Beck beschriebene Individualisierung spielt innerhalb dieser Diskussion, zumindest als häufig herbeizitierter Begriff, keine geringe Rolle.[355] Beck wies allerdings auch darauf hin, daß Individualisierung als ein «historisch widersprüchlicher Prozeß der Vergesellschaftung» verstanden werden muß: Neben einer weitgehenden Stabilität der traditionel-

---

[355] Vgl. *U. Beck*, Risikogesellschaft. Auf dem Weg in eine andere Moderne, Frankfurt/M. 1986. War im Zusammenhang der Höflichkeit bereits von einem ethischen Prinzip die Rede, so macht Beck innerhalb des Wertesystems der Individualisierung «Ansätze einer neuen Ethik» aus, einer Ethik, die auf dem Prinzip der «‹Pflichten gegenüber sich selbst› beruht» und die deshalb diesen Namen vielleicht nicht verdiene. Denn dies stellt, so Beck weiter, für die traditionelle Ethik einen Widerspruch dar, da Pflichten notwendig Sozialcharakter haben und das Tun des einzelnen mit dem Ganzen abstimmen und in es einbinden. Diese neuen Wertorientierungen werden daher auch leicht als Ausdruck von Egoismus und Narzißmus (miß-)verstanden. Damit wird jedoch der Kern des Neuen, der hier hervorbricht, verkannt. Dieser richtet sich auf Selbstaufklärung und Selbstbefreiung als eigentätigen, lebenspraktischen Prozeß; dies schließt die Suche nach neuen Sozialbindungen in Familie, Arbeit und Politik mit ein – und letztlich auch nach sozialen Umgangsformen, also um Figurationen von Relationalität und Sozialität in Zeiten riskanter Fragmentierung und riskierter Individualität.

Zur «Brutalisierung», «Militarisierung» und parallel dazu «Privatisierung» des öffentlichen urbanen Raums am paradigmatisch beobachteten Los Angeles vgl. die Überlegungen von *M. Davis*, City of Quartz. Ausgrabungen der Zukunft in Los Angeles, Berlin ³1999. Strukturelle Ausgrenzungen, Raumbesetzungen und -verteidigungen werden eruiert. Ein Beispiel sei genannt: *Davis*, City of Quartz 271, bezieht sich (mit einer Abbildung) auf die «pennersichere Busbank». Bei dieser ist die Sitzfläche halbkreisförmig nach oben gebogen. Längeres Verweilen (jenseits des Wartens auf den nächsten Bus in ein paar Minuten) wird damit zumindest unbequem, wenn nicht unmöglich. Das ist symbolische Interaktion (für An- wie Abwesende, nonverbal, raumabgrenzend und despektierend, also achtungsverweigernd. Zumindest eine Spielart der Höflichkeit als möglicher Raumgewährung und -überlassung werden hier tangiert. Über diese und weitere Beobachtungen hinaus wird hier greifbar, was *A. Margalit*, Politik der Würde. Über Achtung und Verachtung, Frankfurt/M. 1999, achtungs-, sozial- und institutionenethisch als Minimal- und Initialpostulat bedenkt. Eine «decent society» (so der Originaltitel) ist diejenige Gesellschaft, deren institutionsgebundene Akteure nicht demütigen und despektieren.

len Ungleichheitsrelationen[356], über die eine fortschreitende Freisetzung der einzelnen aus hergebrachten Sozialformen und Klassenzusammenhängen lediglich hinwegtäuscht, treten innerhalb der «durchgesetzten Marktgesellschaft» auch neue Formen gesellschaftlicher Regulierung und Normierung auf. Diese sind schwer zu durchschauen; es kommt zu Irrtümern und Fehleinschätzungen – namentlich zur Illusion völliger Unabhängigkeit gegenüber gesellschaftlicher Determination.

Gründe dafür sind vielfältig, die Prozesse angesichts weiterer Ökonomisierungs- und Globalisierungsschübe keineswegs abgeschlossen. Auflösung tradierter Formen und Rollen durch rasante industrielle Fortschritte, durch Verstädterung, neue Verkehrs- und Kommunikationssysteme transformiert auch Umgangsformen. Andererseits nährt gerade der Umstand zweier barbarischer Weltkriege in Deutschland in und nach der Wirtschaftswunderzeit konservativ-restaurative Rettungs- oder Wiederbelebungsversuche eines Höflichkeitsideals, dem eine gewisse Patina von Hause aus anhaftete.[357] Tanzschul- und Benimmliteratur können angesichts der zivilisatorischen wie politischen Einbrüche nach Holocaust und Weltkrieg nur unangemessen bemüht und verkrampft wirken.[358] Diese Überspielungsversuche zeichnen sich aus durch Fassadenhaftigkeiten.

So symptomatisch wie paradigmatisch für das restriktiv-biedere, aber gleichwohl verbreitete Klima wie für die durch sie herbeizitierten Höflichkeitsideale können Veröffentlichungen wie die von H.O. Meissner[359] oder von K. Graudenz und E. Papritz[360] gelten. Sie mögen ihren praktischen Wert an Ort und Stelle gehabt haben, aber diese und andere Publikationen sind *auch* dafür verantwortlich (gegen ihre Intention, aber vermittels der Rezeption in veränderten «klimatischen» Bedingungen), daß das gesamte Bemühen um Umgangsformen in ein schiefes Licht geraten ist.[361]

Der Hochkonjunktur für Anstandsfibeln in den 50er Jahren, die vor allem wieder auf soziale Aufsteiger zielt[362], folgt ein vehementer Gegenschlag in den Jahren der Studentenrevolte, für die jegliche Form des tradierten «guten Benehmens» unter das Verdikt «reaktionär» und «verklemmt» fällt.[363] Dabei kommen verschiedene Einflüsse zum Tragen. Sowohl (vorgeblich) sozialistische Solidarisierungsriten als

---

356 Gerade angesichts dieses Befundes setzt eine moderne Höflichkeitstheorie unterhalb eines antagonistischen Elitismus und einer eskapistischen Egalitätsfiktion, jenseits von Theorien sozialer Ungleichheit der Klassentheorie (Karl Marx), der Klassen und Stände (Max Weber), der Schichtkonzepte (Theodor Geiger, Helmut Schelsky, Ralf Dahrendorf u.a.), der riskanten Individualisierung und Ungleichheit (Ulrich Beck), die pluralisierte Schichtungsgesellschaft (Rainer Geißler), Klassenhabitus (Pierre Bourdieu), Erlebnisgesellschaft (Gerhard Schulze), des Konzeptes des gesellschaftlichen Milieus (Michael Vester) lenkt eine renovierte Höflichkeitstheorie als Handlungs- und Kommunikationstheorie den Blick auf humanisierenden Gestaltungsmöglichkeiten von Differenz. Dies darf als ein Spitzenthema der Postmoderne angesehen werden. Es verweist auf ein Problem der praktischen Vernunft, das nicht sogleich mit ethischem Relativismusverdacht belegt werden sollte. Vgl. knapp *A. BONDOLFI*, Art. Gleichheit, in: NLChM 295-300.

357 Vgl. *KRUMREY*, Entwicklungsstrukturen 376ff., 400f., 494f., 500ff.

358 Vgl. *STÄBLEIN*, Vorwort, in: *ders.*, Höflichkeit 7-11, 7.

359 *H.O. MEISSNER*, Man benimmt sich wieder, Gießen [1]1952 ([10]1954).

360 *K. GRAUDENZ/E. PAPRITZ*, Etikette neu, München [12]1971.

361 Hier sei nur an die Skizzen gedacht, die C. Stephan – wir haben sie eingangs vorgestellt – exemplarisch anfertigt.

362 Vgl. *LINKE*, Die Kunst der «guten Unterhaltung» 127.

363 Vgl. die von dieser Zeit und Erfahrung geprägten Beiträge in: *D. KERBS/C.W. MÜLLER* (Hrsg.), Das Ende der Höflichkeit. Für eine Revision der Anstandserziehung, München 1970 ([2]1972).

auch aus der US-amerikanischen Subkultur übernommene «Lockerheitsübungen» promulgieren «kumpelhafte», betont formlose Umgangsformen und verlagern die Grenzen von privat und öffentlich.[364] Experimente mit unkonventionellen Lebensformen (Kommunen[365], Wohngemeinschaften etc.) in diversen Spontaneitätsszenen betonen zudem einen deregulierten Umgang.

In diese Entwicklungen ist einzublenden der Part, den eine medial vermarktete sexuelle Tabulosigkeit, ein indiskret-investigativer Sensationsjournalismus[366] und ebenso ein nicht uneinträglicher Exhibitionismus diverser Talkshows spielen.[367] So unterschiedlich die transportierenden Formen wie transportierten Inhalte sein mögen, gemeinsam ist ihnen die Ver-«öffentlich»-ung des ehedem Privaten und Intimen.[368] Ganz klar, daß dies nur in Komplizenschaft mit dem Markt geschehen konnte. Dennoch gelang es den sich notorisch und naiv «antikommerziell» gerierenden Werten der Gegenkultur immer wieder, sich auch gegen den Markt zu erneuern, den Markt als Problem zu thematisieren und darüber hinaus ihre Attraktivität für neue Generationen aufrecht zu erhalten. Gegenkultur brach erst zusammen, als ihre politischen Rahmenbedingungen zusammenbrachen. Ein mehr oder weniger intaktes bürgerliches Wertemilieu, auf das man von außen Druck ausüben konnte, dem man die – wiederum bürgertumsinternen – Klassiker von Doppelmoral und Unterdrückung individueller Entwicklung vorhalten konnte, und das generell gesprochen bereit war, Reformen zu dulden, die – ohne daß es das wissen konnte – auch seiner

---

[364] Dabei ist festzuhalten, daß *betonte* Formlosigkeit und Lässigkeit auch selbst wieder Funktionen und Motive mit sich ziehen, die von höflichkeitstheoretischem Belang sind. Gruppenzugehörigkeiten und Abgrenzungen spielen natürlich auch hier ihre Rolle. Ausdrucksformen wandeln sich, ihre fundamentale Bedeutung jedoch nicht in gleichem Maß – schon die historische Omnipräsenz der Thematik verweist darauf. Vergessen wir nicht: Die übersteigerte Sorge um das Selbst zeitigt Effekte, die ins Theatralische hineinspielen. Kaum noch ein Ort, gleichgültig, ob öffentlich oder privat, der nicht als Bühne für exzessive «personality shows» dienen könnte. Stilbestimmend für diese Darbietungen wirkt sich ein Hang zum Naturalismus aus, was besagt, daß sich die Rollenhaftigkeit des Dargestellten mit vorgeblicher Natürlichkeit kaschiert. Darüber gerät aber der Anteil der Rollenhaftigkeit jeglichen Verhaltens leicht aus dem Blick. «Rolle» verfestigt sich paradoxerweise gerade in der krampfhaften Zurückweisung alles «Künstlichen» und «Falschen» zur – Pose. Die konservativ gefärbte Rede vom Werteverlust verfehlt also leicht das Problem. Die Unbehaglichkeit der gegenwärtigen Situation ist ganz im Gegenteil der Virulenz einer höchst traditionellen Wertvorstellung geschuldet. Denn das authentische, kulturell unvermittelte («unverfälschte, unverbogene») Selbst gibt zwar vor, etwas Natürliches zu sein, stellt aber eben auch den Effekt eines gesellschaftlichen Normierungsprozesses dar und somit einen Wert. Die Kollision dieses Wertes mit traditionellen ethischen Prinzipien ist nicht neu, sie fällt nur in Zeiten des Aufschwungs der Wirtschaftskonkurrenz zur Ersatzreligion bedeutend gewaltsamer aus. Das konservative Dogma der ursprünglichen Autonomie des Subjektes, die Verleugnung seines gesellschaftlich-kulturellen Wesens, führt sodann – und folgerichtig – zu dem mittlerweile ermüdenden Befund, daß es durch immer mehr Normen, Werte und Pflichten eingeschränkt und gebändigt werden muß. Politisch ist dies eine höchst bequeme Haltung, denn Probleme des Gesellschaftlichen werden postwendend an den einzelnen returniert.

[365] Vgl. dazu die kritische Revision von *P. Stoeckel*, Kommune und Ritual, Frankfurt-New York 1994.

[366] Vgl. die informative und nachdenkliche – wenn auch nicht direkt auf unseren Fragehorizont zielende – Studie von *M. Müller*, Investigativer Journalismus. Seine Begründung und Begrenzung aus der Sicht der christlichen Ethik (StdM 6), Münster 1997.

[367] Vgl. nur die Überlegungen von *U. Greiner*, Versuch über die Intimität. Vom Ballermann bis zu «Big Brother», vom Internet bis zur Talkshow: Der neue Exhibitionismus grassiert, in: DIE ZEIT, Nr. 18/2000.

[368] Vgl. *C. Leggewie*, Regelwerk für einen zivilisierten Umgang, in: *Stäblein*, Höflichkeit, 12-22, 12ff., vgl. auch die Überlegungen von *A. Zielcke*, Die Explosion des Privaten in: «Süddeutsche Zeitung» vom 22.04.2000.

Ökonomie zugute kamen. Nein – die Dialektik aus antikonsumistischer Befreiung (mit ihrer Schattenseite des bürgerlichen Elitismus) und massenhafter, warenförmiger und effizienter Verbreitung revolutionären Gedankengutes (mit diversen Schattenseiten: Verflachung, Entschärfung, Konsumismus) war solange intakt, wie die westlichen Gesellschaften insgesamt reformierbar waren oder sich reformierbar gaben. Erst seit die «individuelle Entwicklung» ganz in eine fitmachende Freizeit einerseits und gnadenlos individualisierte Konkurrenz von flexiblen Karrieristen andererseits aufgeteilt worden ist und das politisch-ökonomische Ganze von einer Politik der Kultur nicht mehr adressierbar ist, ist das Konzept Gegenkultur gebrochen. Der Markt alleine, solange er nicht totalitär war und andere Institutionen noch etwas zu melden hatten, konnte zumindest in Grenzen noch als Instrument verstanden werden. Das Böse war dagegen von Anfang an ein zentrales Element des Konzepts Gegenkultur. Dies war die eigentliche Rache von Adornos Diktum, es gebe kein richtiges Leben im falschen. Denn wer Überschreitung predigte, wer die individuelle Entwicklung und Verwirklichung als einen Weg aus den Entfremdungen predigte, durfte, solange er im Falschen lebte, nicht vergessen, daß diese Schritte sich immer auch gegen die Moral der Gemeinschaft, auch der neuen Gemeinschaft richten mußten, um nicht beim bloßen wirkungslosen und leblosen Predigen des Guten stehen zu bleiben. Die Tat um ihrer selbst willen, der Übertritt um seiner selbst willen – ein entscheidendes Element des Konzepts Gegenkultur: jetzt hier anders zu leben und dies ohne Geduld zu realisieren – lappte immer auch ins Böse und Bestialische. Gleichwohl war dieses Risiko unabdingbar für die Idee der Gegenkultur: die Aktualisierung der Ideen, der Primat des Erlebens machte ihre Erotik aus, unterschied sie von der trockenen politischen Idee, um die herum sich brav überzeugte «Gewissenstiere» (à la C. Stephan) sammeln dürfen. Riskant und politisch korrekt, lebendig und fortschrittlich zugleich waren Gegenkulturen immer nur dann, wenn sie intakte, die Paradoxe ausbalancierende «communities» bildeten, die aber an Gesellschaft als Ganzes noch angeschlossen waren – und sei es in pointierter, gerichteter Negation.

7. Zwischenbilanz: von (Ver-/Um-)Formungs- statt Schwundstufen

Halten wir hier zunächst einige Grunddaten als Problemindikatoren fest. Das Phänomenfeld der «Höflichkeit» bezeichnet einen gesellschaftsethischen Maßstab für je und je geformte und genormte Verhaltensdispositionen und -modalitäten interpersonaler Handlungen. Dabei offenbart der diachrone Blick auch eine mutmaßliche synchrone Variabilität, die jenseits des einmal fixierten Konsenses Kreativität und Flexiblität als höflich auffaßbare Verhaltensweisen systematisch ermöglicht, ohne jedoch die Markanz der Stilisierung je ganz hinter sich zu lassen.

Im Begriff der «Höflichkeit» und seinen parallelen wie verwandten Bezeichnungen spiegelt sich ein Katalog kultur- und geschichtsspezifischer Standards, mit denen der Handelnde gegenüber einem Interaktionspartner im Rückgriff auf teils ritualisierte und konventionalisierte Formen anzeigt, daß er sich um die Interessenintegration des Partners bemüht. Höfliches Verhalten hat dabei in der Tradition des Abendlandes neben den rituellen auch strategische und utilitaristische Aspekte: Mit einem bestimmten Repertoire historisch gewachsener Interaktionskonventionen ist eben auch der Gewinn von Kommunikationspartnern angezielt – nicht zuletzt auch persönlicher Vorteil, der aus gelingender Kommunikation zu ziehen ist.

In diesem Zusammenhang lassen sich in der Deskription zwei – noch zu verdeutlichende – Grundmuster «höflichen Agierens» benennen: die «positive Höflichkeit», die Formen, Handlungen, Gesten und Äußerungen umfaßt, die über einen Impetus der Zuvorkommenheit gelingende Kommunikation initiieren und prolongieren möchte, und die «negative Höflichkeit», deren Anliegen es ja ist, Gesichts-, Image- oder Rollenverluste der Beteiligten zu vermeiden oder auszugleichen.[369]

Bei Sichtung genereller Strukturen und Wesenszüge des weiten Feldes der Höflichkeit wird hinreichend deutlich, daß jeweilige prototypische Konsens- und Realisierungsformen, die auf grundlegenden Regulationsbedürftigkeiten aufruhen, eingebunden sind in den historischen und sozialen Wandel einer Kulturgemeinschaft. Diese Einsicht ist selbst einem Wandel unterworfen. Erwächst mit der Frühmoderne ein wachsendes Bewußtsein von der Geschichtlichkeit der Phänomene des «decorums», so verstärkt sich diese Sicht im Laufe der folgenden Jahrhunderte noch. Transformationen und Transfigurationen von Auftritts- wie Realisierungsformen schälen sich in den jeweiligen epochalen Ablösungsprozessen immer deutlicher heraus.[370] Einen wesentlichen Angelpunkt haben Ausdrucksformen und Darstellungen der Höflichkeit gefunden in den Kontexten eines sozial gebundenen Hof- und Herrschaftszeremoniells, das seine Stilisierungen vorrangig in einem Gefälle der sozialen Abgrenzung nach unten entwickelt und einsetzt.[371] Dieser Ansatzpunkt, der freilich auf Traditionen zurückgreifen kann, wird im Zuge der historischen und symbolischen Entwicklung immer weiter aufgesprengt, historisch im Sinne einer Demokratisierung und Egalisierung, die einseitig besetzte Servilitätsstrukturen ablöst und – so ist zu beobachten – auch weiterhin auf der Suche nach adäquaten Ausdrucks- und Umgangsformen bleiben wird, symbolisch immer wieder dadurch, daß ursprüngliche Sinngehalte von Höflichkeitsdarstellungen, die mit der Zeit an Signifikanz verlieren, jeweils neu metaphorisch geladen und gestaltet oder durch innovatorische Gesten ersetzt werden. Dieser Wandel ist auch – grosso modo – ein Wandel von der institutionellen Formalität zur individuellen Soziabilität. Dies verläuft in signifikanten Etappen:

1. Im Rückgriff auf antike Humanitätsideale der «urbanitas» und der «civilitas» und in deren Amalgamierung mit einem übergreifend christlichen Verhaltenskodex, der Nächstenliebe und Demut als wesentliche ethische Ansprüche tradiert[372], entfaltet die höfisch-ritterliche Kultur des Mittelalters in einer umgrenzten Herrschaftsschicht Mittel konfliktregulierender Kommunikation und ein gehobenes zivilisatorisches Verhalten. «Curialitas», «courtoisie», «cortesia», dem nachgebildet «hövescheit» und dann «Höflichkeit», sind in dieser Hinsicht die konzeptionellen Inbegriffe für das sittlich-moralische Fundament der sozialen Elite.

---

[369] Vgl. *BEETZ*, Höflichkeit 1477. Varianten werden in ihren Ausprägungen und Funktionen noch eingehender dargestellt, vgl. Abs. 8. u. 9.

[370] Vgl. *BEETZ*, Frühmoderne Höflichkeit 244f.

[371] Vgl. *H. TYRELL*, Vergesellschaftung und Subjektivität. Studien zum subjektiven Erfahrungszusammenhang, Münster 1972, 474-494 (dort der «Exkurs zur Höflichkeit»).

[372] Vgl. die pointierte Zusammenfassung bei *É. MENSION-RIGAU*, Distinction chez les élites, in: *DHOQUOIS*, La politesse 171-180, bes. 172.

2. In Renaissance und Humanismus wird unter verstärkter Rückbindung an Graezität und Latinität eine Synthese zwischen den Stilisierungen des Hofes und der entstehenden bürgerlichen Urbanität entwickelt. Geburtsprivileg und Rangzugehörigkeit sind nicht mehr allein die ausschlaggebenden Faktoren, Raum greift eine zunehmende Pädagogisierung, die schichtübergreifend (Erasmus!) verstärkt Wert legt auf Bildung und gezielte Höflichkeitserziehung. Dies findet Niederschlag in einer stetig anschwellenden Flut von Lehrliteratur.
3. Mit dem Aufstieg des französischen Absolutismus und seiner distinktiven Zeremonialität, die sich in einer Fülle von «polierten» Umgangsformen («politesse») ergeht, aber auch Mondänität, Galanterie und «gespielten» Charme pointiert, und zudem sittliche Dimensionen einzufassen wußte, hebt eine weitere Epoche an, die allerdings nicht selten und zufällig die Folie für eine massive Kritik an höflichen Exaltiertheiten bildet.
4. Mit der Aufklärung, die mit dieser Kritik am Gebaren des absolutistischen Hofes eng verknüpft ist, und dann mit der Führungsübernahme des Bürgertums verschiebt sich die Trägerrolle der Gesellschaftskultur, die dann wiederum auf- und abgelöst wird durch die demokratisch-liberale Welt, die vor diesem Hintergrund Höflichkeits- und Umgangsszenarien entwickelt, die zur Rationalität des höflich-taktvollen Alltags weniger in rangdistinktivem als in strategischem Sinne beitragen.

Sichtbar wird dieser Prozeß – den man sich allerdings weder als einfach, geradlinig, bruchlos oder gar irreversibel vorstellen darf – auch in den sich verändernden Begründungskontexten der «Höflichkeit». Wird zunächst an der Tradition der europäischen Antike angeknüpft, so bezieht sich das Mittelalter in diesem «Prozeß der Zivilisation» (N. Elias) auch auf christlich-religiöse Kategorien zu deren Begründung und Verankerung. Von der (italienischen) Renaissance an leistet die zukunftsorientierte, weltlich-humanistische Sicht die Begründung der Höflichkeit, wobei die (direkte oder indirekte) etymologische Ableitung von «curia», «cours» und «Hof» auch bleibend den vorrangigen sozialen Raum der «Höflichkeit» benennt. In diesem Bereich greift Raum eine zunehmende Distinktion des Verhaltens sozialer Rollenträger und eine fortschreitende, reich differenzierte Theatralisierung der Kommunikation, die dann selbst zum Gegenstand aufklärerischer Kritik wird. Hier ergibt sich historisch eine Verschiebung. Mit dem 18. Jahrhundert wird eine Zeitspanne eingeläutet, die nach der Internalisierung von Verhaltensstandards gemäß bürgerlicher Wertkodizes sucht. Dies markiert auch eine Verschiebung von der Fremdkontrolle zur Selbstkontrolle (gleichwohl nicht in rigoristischer Ablösung des einen durch das andere).[373] Bis in jüngste Zeit stehen die Zeichen verstärkt auf Informalisierungs- und Deregulierungstendenzen sowie -prozessen der schubweisen Lockerung zwischenmenschlicher Umgangsregeln.[374] Allerdings sind – quasi im Gegenzug – auch wieder Bemühungen zu verzeichnen, die sich eine zeitgemäße Rehabilitation und Ausformung der «Höflichkeit» zum Programm gemacht haben. Dies gilt in der nach wie vor beobachtbaren Fortschreibung der präwissenschaftlichen Tradition von Anstands- und Etiketteliteratur, aber auch in der verstärkten wissenschaftlichen Hinwendung zu Phänomenen und Funktionen höflicher Interaktion.

---

[373] Vgl. insgesamt und v.a. *N. ELIAS*, Der Prozeß der Zivilisation. Soziogenetische und psychogenetische Untersuchungen, 2 Bde., Frankfurt/M. [20]1997, I 135, 155, 162f., 173f., II 312ff., 397ff. Vgl. *EHRHARDT*, Beziehungsgestaltung und Rationalität 42-58 (mit Rekursen auf Elias, Bourdieu und Luhmann).

[374] Vgl. *H.P. DREITZEL*, Peinliche Situationen, in: *M. BAETHGE/W. ESSBACH* (Hrsg.), Soziologie. Entdeckungen im Alltäglichen, Frankfurt-New York 1983, 148-173, 153f.

In diesen grob skizzierten historischen Linien zeichnen sich immer wieder auch Hinweise auf eine Reihe von Grundfunktionen der Höflichkeit ab, die – mal deutlicher, mal verschleierter – dargestellt und reflektiert, hier nochmals stichwortartig gebündelt werden sollen. Zu nennen sind Funktionen der Ordnung, der Segregierung, der Vermittlung, ebenso wie der Pazifizierung, Entlastung und des Schutzes, nicht selten – aber immer seltener – auch verbunden mit Aspekten des Ästhetischen. Diesen Funktionen und ihrem alltagsethischen Wert wird noch gesondert nachgegangen.[375] Eines jedenfalls dürfte schon an dieser Stelle sichtbar geworden sein: Hinter den scheinbar banalen und einfachen Fragen nach dem Umgang mit dem anderen steckt ein komplexes Gewebe aus formalen und transformalen Überlegungen, die nicht selbst vermittelt werden mit Dimensionen des gelingenden Lebens – und dem, was dazu beiträgt.

Die massenmedial-vernetzte Gesellschaft[376] erfordert hinsichtlich der Umgangsformen, die zu Gebote stehen, eine neue Aufmerksamkeit der Forschung. Hier liegen Perspektiven, die weitere Fragen zulassen, nicht zuletzt eine, die bislang nur marginal im Blick gehalten wurde: die theologische Motivation und der theologisch-ethische Beitrag zu einer Sichtung, dessen, was «Höflichkeit» meinen könnte. Dazu freilich erst später mehr.[377]

Daß die «politesse» nicht einfach eine «petitesse» darstellt, sondern eine Fülle von Ausdrucks-, damit Eindrucksgestalten annehmen kann, sichten die folgenden Passagen einer kleinen Phänomenologie der Höflichkeit in Kommunikation und Interaktion.

---

[375] Vgl. unten Abs. 10. u. 14.

[376] In diesen Zusammenhang gehören aber auch Phänomene, die sich im Anschluß an technische Entwicklungen ergeben. Natürlich erfordern neue Kommunikationsmedien ebenso «neue» Umgangsformen (und Zeit, bis sich diese entwickelt und durchgesetzt haben) wie all das, was sich mit dem Bereich des Massentourismus verbindet und sich aus ihm ergibt (vom signifikanten Umgang in verstellten Räumen wie Flughäfen und Flugzeugen, die Kontaktgestaltung im Dienstleistungsgewerbe und der Touristikbranche). Vgl. knapp *J. JESSEN*, Deutsche Lebenslügen. Erkundungen in einer bewußtlosen Gesellschaft, Stuttgart-Leizig 2000, bes. 255-272. Nicht zu vergessen sind all die Möglichkeiten einer «akustischen Besetzung» von Räumen durch leistungsstarke und portable Wiedergabegeräte. Diese Liste ließe sich ohne Probleme verlängern.
Es zeigt sich hier aber, daß diverse Medien und Accessoires eben auch dazu beitragen, daß das Desiderat eines bekömmlichen Umgangs miteinander sich (manchmal schmerzhaft) anmeldet. Vgl. *M. MAROCCIA*, La politesse et le «savoir communiquer» sur l'internet, in: *WAUTHION/SIMON*, Politesse et idéologie 157-167 (Lit.). Face-to-face-Situationen bleiben auch weiterhin «unvermeidlich», auch wenn man sich dem virtuellen «Interface» hinsichtlich der davon umgeprägten Umgangsformen wird stellen müssen. Der reale oder vermittelte Andere ist «beileibe» nicht nur eine «Benutzeroberfläche»!

[377] Vgl. dazu die folgenden Abschnitte dieser Untersuchung. – Immerhin ist anzumerken, daß parallel zu den faktischen Entwicklungen auf dem Feld der Höflichkeit ein gesteigertes Interesse in Soziologie, Linguistik und dem Symbolischen Interaktionismus festgestellt werden darf, das sich – neben den konkreten historischen Erfahrungen – nicht zuletzt auch der Ritenforschung, der Kulturanthropologie und Religionssoziologie verdankt. Vgl. *BEETZ*, Frühmoderne Höflichkeit 146.

C. Diskret, vorläufig: Kleine Typik und Topik «cortesialer» Phänomene

War der Blick bislang retrospektiv auf eine kursorische geistesgeschichtliche Bestandsaufnahme dessen gerichtet, was «avant» wie «à la lettre» für Höflichkeit bedacht worden war, so ist nunmehr in aktuellere Debatten einzutreten. Absicht ist die Anbahnung eines zunächst funktionalen, dann ethisch offenen Verständnisses von Höflichkeit, die – aktual wie habituell – nach wie vor humanisierenden Wert besitzt (so unsere These gerade und exakt angesichts des «Hofes» des und der Anderen). In genau dieser Hinsicht sind nun Annäherungen an Phänotypisches angezeigt. Damit wird deutlicher, daß Höflichkeit keineswegs allein aus dem Abruf gewisser konversationeller Textbausteine besteht. Der Gruß, die Bitte beispielsweise lenken mit ihren Vokabularien, aber eben auch mit ihrer Gestik, Grammatik und Symbolik auf besonders einschlägige, immer wieder untersuchte Felder – aber damit ist der Horizont lange nicht abgeschritten.

In den folgenden Abschnitten wird eine Reihe von verbalen (hier vorrangig in exemplarischer Mikrologie betrachteten) und nonverbalen Ausdrucksweisen wie Gesten, Bewegungen, entsprechende Accessoires, Strategien und Handlungssequenzen vorgestellt. Sie sind ebenso von höflichkeitstheoretischer wie -praktischer Relevanz und ergeben eine Handlungstheorie der Sprechakte als Stütze und Korrektiv für die explizite Reflexion auf das personal-intersubjektive, interaktionelle[1], sittliche Handeln im Medium der Sprache(n).[2] Diese vorläufige, sicherlich unvollständige Inventarisierung erinnert – vorerst implizit – an einen zunächst alltagsethischen Stellenwert «höflichen» Verhaltens.

8. «À la recherche ...» – Soziolinguistische Spuren der Höflichkeit

Die folgenden Überlegungen dienen dazu, einen knappen Überblick zu gewinnen über Ansätze, mit denen die Linguistik sich dem Thema der Höflichkeit nähert, dem Phänomenfeld dabei schärfere Konturen verleiht. Diese systematische Absicht bezüglich des Forschungsgegenstandes verbindet sich auch für uns mit den Rekapitulationen, die hier abgerufen werden können.[3] Aus dem zunächst in der präprag-

---

[1] Transaktionales Handeln im Medium Sprache, also die Korrelation von Zeichen und Bezeichnetem, bleibt hier natürlich ebenso relevant wie letztlich marginal in unserer Darstellung.

[2] Es geht also um *intentionales* Handeln, nicht um bloßes Verhalten, entlang der Trennlinie von «actus humanus» und «actus hominis», dabei um *kommunikatives* Handeln, wobei nicht alle kommunikativen Handlungen Sprechhandlungen («Sprechakte») sein müssen, manche sogar ohne Verbalität auskommen (z.B. wenn ein Autofahrer den Blinker setzt). Sprache ist das prominent ohrenfällige Medium. Augenfällige treten in komplexen Weisen hinzu. Vgl. knapp R. *HECKMANN*, Intentionalität, Kommunikation, Sprache – in welcher Reihenfolge?, in: PhJ 107 (2000) 482-497.

[3] Dies geschieht vor allem in Anlehnung an den konzisen Überblick bei *G. HELD*, Verbale Höflichkeit. Studien zur linguistischen Theoriebildung und empirische Untersuchung zum Sprachverhalten französischer und italienischer Jugendlicher in Bitt- und Dankessituationen, Tübingen 1995, 33-66. Vgl. auch die Zusammenfassungen, Überblicke, Problematisierungen und Proben bei *C. CHRISTIE*, Gender and

matischen Sprachwissenschaft[4] marginal und ohne elaboriertes Problembewußtsein verhandelten Thema der sprachlichen Höflichkeit wird mit der Wende zur Sprachpragmatik ein Forschungsfeld von vorrangiger Bedeutung, aus der vormals eher implizit-intuitiven Behandlung – so Held – eine explizite. Die markantesten Interpretationsmodelle und -achsen, die sich hier entwickeln, geben auch Aufschluß über eine notwendige weitere Diskussion und Explikation der ethischen Relevanz einer «Theorie der Höflichkeit». Konvertierbare Ansätze für diese Analysen sind entwickelt worden. Anzutippen wären z.B.:

- der *soziolinguistische Ansatz:* Bestimmte linguistische Variablen werden auf ihren sozialen Kontext hin untersucht (Korrelationen mit sozialer Schicht, geographischer Herkunft, Geschlecht, Alter u.a.),
- der *konversationsanalytische Ansatz:* Es geht hier um bestimmte Text- bzw. Redestrategien und um ihre Institutionalisierung,
- der *semiotische Ansatz:* der sich mit semiotischen Kodes und Konventionen auseinandersetzt, die sowohl linguistischen als auch visuellen Aspekten zugrunde liegen,
- die *kritische Linguistik* und *soziale Semiotik:* Der Text wird als multifunktionale Einheit betrachtet, die die Weltsicht, soziale Beziehungen, Identitäten und Optionen linguistischer Ausdrucksmittel in sich vereint. Welche linguistische Form gewählt wird, sagt etwas über den ideologischen Hintergrund und die Absicht der Sprechenden/der Schreibenden aus,
- der *sozial-kognitive Ansatz:* Es wird von kognitiven Prozessen der Produktion und des Verstehens von Meldungen ausgegangen (Makrostruktur, Schemata), die sich im realen Text linguistisch widerspiegeln (Mikrostruktur),
- der *kulturell-generische Ansatz:* Soziale Relationen werden in Texten aufgebaut und verstärkt. Genres werden definiert.[5]

Diese Hinweise geben ein erstes Panorama. *All* diesen diskurskritischen Ansätzen kann nicht detailliert nachgegangen werden, zumal sie auch nicht alle gleich intensiv in die Höflichkeitsthematik hineinragen. Es geht vorrangig um Sensibilisie-

---

language. Towards a feminist pragmatics, Edinburgh 2000, bes. 152-187 (zu nach-griceschen Höflichkeitstheorien), *A. REICHENBACH*, «Mit süßer Zunge». Höflichkeit und Nachbarschaft im Damaszener Christenviertel Bâb Tûmâ, Gehren 2001, 18-25, 123-202, *G. EELEN*, A critique of politeness theories (Encounters 1), Manchester 2001, 1-29, 48-86, der die gängigen Höflichkeitstheorien sichtet u.a. im Blick auf normative Anteile und zudem einen doppelten Höflichkeitsbegriff unterscheidet («Politeness 1» als alltagssprachlicher, «politeness 2» als wissenschaftlich-heuristischer Begriff, vgl. u.a. 30ff.), vgl. sodann die Beiträge in: *M. WAUTHION/A.C. SIMON* (Hrsg.), Politesse et idéologie. Rencontres de pragmatique et de rhétorique conversationelles, Leuven 2000 (Lit.), *H.-H. LÜGER* (Hrsg.), Höflichkeitsstile, Frankfurt/M.-Berlin-Bern 2001 (Lit.), *A. BAYRAKTAROGLU/M. SIFIANOU* (Hrsg.), Lingustic politeness across boundaries. The case of Greek and Turkish, Amsterdam-Philadelphia 2001 (die Beiträge spiegeln eine politische Linguistik an einer markant-prekären Grenze, ihre methodisch-systematischen Referenzen und paradigmatischen Topoi sind dabei die gängigen), *EHRHARDT*, Beziehungsgestaltung und Rationalität 58-76, 77-114.

[4] Vgl. *HELD*, Verbale Höflichkeit 33-44.

[5] Zu diesen Ansätzen vgl. *R.T. BELL*, Sociolinguistics. Goals, approaches and problems, London 1976, *J. FISKE/J. HARTLEY*, Reading television, London 1978, *M. ATKINSON/J. HERITAGE* (Hrsg.), Structures of social actions. Studies in conversation analysis, Cambridge 1984, *J. FISKE*, Introduction to communication studies, London 1990, *R. FOWLER*, Linguistic criticism, Oxford ²1990, *F. HUNDSNURSCHER/E. WEIGAND* (Hrsg.), Future perspectives of dialogue analysis, Tübingen 1995 (darin bes. der Beitrag von *K. ADAMZIK*, Dialoganalyse: eine Disziplin auf der Suche nach ihrer Identität 35-77), *T.A. V. DIJK*, Macrostructures, An interdisciplinary study of global structures in discourse, interaction and cognition, Hillsdale 1980, zu Garfinkel und – vor allem – Goffman und dessen Rezeption.

rung und Problementfaltung für ethisch relevante Anschlußfragen, die sich vor allem an die Beobachtungen zur Text- und Sprachpragmatik anschließen, wenngleich sie in diesen Theorien dann – je jünger die Theorien sind, desto weniger – kaum mehr als stichwortartig bearbeitet und behandelt werden.

8.1. Pragma- und soziolinguistische Annäherungen an den Höflichkeitsdiskurs

Eine forschungshistorische Reminiszenz vorab: Schon die vorlinguistische Höflichkeitsdebatte und ihre Derivate sind erstaunlich vielfältig und erschweren Orientierungen. Für die vorpragmatische linguistische Höflichkeitsdiskussion gilt Analoges. Konzeptionelle Mängel, pluriforme theoretische Ausgangspunkte, die zudem eher als subjektiv und intuitiv zu kennzeichnen sind, veranschaulichen Teilbereiche. Doch lassen sich einige gemeinsame Fluchtlinien erkennen, die Held in ein Schema faßt, das hier deshalb leicht modifiziert wiedergegeben wird, weil es einen «ethischen Ausgangspunkt» nicht verkennt. Den in vielerlei Hinsicht divergierenden Ansätzen, die sich sprachphilosophischen, stilistisch-ästhetischen wie sprachpsychologischen Überlegungen, Prämissen und Beobachtungen verdanken, kann eine deduktiv-lineare Struktur unterlegt werden.[6] Das Schema der «Höflichkeit in der vorpragmatischen Sprachwissenschaft» geht aus von der «ethischen Tatsache» (Respekt), bezieht sodann psychologische Grundmuster (wie Abschwächung, Milderung, Vermeidung versus Ehrerbietung, Servilitätshyperbolik) ein. Von da aus werden in der Folge auf zwei Ebenen sprachliche Strategien analysiert: zunächst universale Strategien, sodann «langue»-spezifische Kristallisationsformen und Konkretionen, die unter den je singulären Anwendungen auf der Ebene der «parole» liegen. Dieses strukturalistische Modell hat einerseits den Vorteil, daß es – anders als spätere Modelle, die diesen Aspekt wertfreien und eher utilitaristischen Überlegungen und Postulaten opfern – dezidiert von einem ethischen Ausgangspunkt herkommt und die Phänomene von Respekt und Anerkennung in den Blick nimmt, aber andererseits die realen Höflichkeitsperformanzen erst durch dieses Vorverständnis in die Analyse rücken. Die tatsächlichen Äußerungen sind nicht der empirische Ausgang der Untersuchungen, ebensowenig die Rückbindung von Verbalisierungsformen von Höflichkeit an Interaktanden wie Situation und Kontext. Mit dem Einsatz der linguistischen Pragmatik, die sich in den siebziger Jahren dem Phänomenfeld des «kommunikativen Handelns» zuzuwenden beginnt, ändert sich die Forschungslage.[7]

---

[6] Vgl. *Held*, Verbale Höflichkeit 44.

[7] Hier gilt es wenigstens an den Grundkanon der Linguistik zu erinnern. Die Ansätze selbst sind dann durchaus in ihrer forschungshistorischen Diachronie zu synchronisieren. Neben den klassischen Feldern von Phonetik, Phonologie, Morphologie und Grammatik, sind es vor allem die vergleichsweise jüngeren Bereiche der Semantik, der «kontrastiven Linguistik» (sie spielt vor allem in der linguistischen Reflexion auf die «Second language politeness» eine Rolle, vgl. *R. Erndl*, Höflichkeit im Deutschen. Konzeption zur Integration einer zentralen Gesprächskompetenz im Deutsch als Fremdsprache-Unterricht, Regensburg 1998. Cross-cultural und cross-language communication stehen als Thema im Hintergrund zahlreicher vergleichbarer Studien) und hier wiederum vor allem der Pragmatik und Soziolinguistik, die einschlägig werden, weil zunehmend der Textkontext, aber auch soziale und regionale Kontexte auf ihre linguistische Bedeutung hin befragt werden. Vgl. die Überblicke und Einführungen wie *B. Kortmann*, Linguistik: Essentials, Berlin 1999, zudem Standardwerke wie *J. Lyons*, Einführung in die moderne Linguistik, München [8]1995, *A. Linke/M. Nussbaumer/P.R. Portmann*, Studienbuch Linguistik, Tübingen

In der verstärkten Rezeption soziologischer Gesellschaftstheorien beginnt auch in der Sprachwissenschaft ein Paradigmenwechsel, der zu einem symbiotischen Verhältnis der Disziplinen führt, was auch die Parameter für eine Vermessung von Sprachhandlungen berührt. Deren weiterführende Betrachtung als sozial, interaktiv, die Funktionen als reziprok und subjektiv sinngebend im Rahmen kompakter Ordnungsmechanismen und als beziehungskonstitutiv wie zweckrational gewinnen zunehmend an Bedeutung. In ihrem Überblick benennt Held soziologische Forschungsstränge, die wesentlich zu einem operationalisierbaren linguistischen Konzept von Höflichkeit beigetragen haben: den «Symbolischen Interaktionismus»[8] und die Ethnomethodologie[9]. Soweit diese Ansätze für die Diskussion der Höflichkeit relevant sind, sollen Optionen und Erkenntnisse referiert werden.

8.1.1. Symbolischer Interaktionismus und Höflichkeit

Das Theoriestück des Symbolischen Interaktionismus («SIA»), das die Höflichkeitsdiskussion am nachhaltigsten beeinflußt, ist das Theorem des «generalized other»[10], mit dem in der Konzeption des SIA die wechselseitige Konturierung und Rezeption der Identität des Interaktionspartners zum basalen Element von Interaktion überhaupt gemacht wird. Dies bedeutet die Forderung an ein sozialisiertes Individuum, sich – wie vorläufig und asymptotisch auch immer – in die Partnerperspektive zu begeben und damit eigenes Handeln auf diesen abzustimmen und sich selbst aus dessen Perspektive zu «erleben». Interaktionen bestehen demnach aus einem Wech-

---

³1996, *N. DITTMAR*, Grundlagen der Soziolinguistik, Tübingen 1997, *H. PELZ*, Linguistik. Eine Einführung, Hamburg ⁵2000, *W.H. VEITH*, Soziolinguistik, Tübingen 2002.

[8] Im Anschluß an *G.H. MEAD*, Mind, Self and Society. From the Standpoint of a Social Behaviorist, Chicago 1934, und vor allem E. Goffman.

[9] Sie beruft sich auf *H. GARFINKEL*, Studies of the Routine Grounds of Everyday Activities, in: Social Problems 11 (1964) 225-250, *ders.*, Studies in Ethnomethodology, Englewood Cliffs 1967, *ders.*, Das Alltagswissen über soziale und innerhalb sozialer Strukturen, in: *AG BIELEFELDER SOZIOLOGEN* (Hrsg.), Alltagswissen, Interaktion und gesellschaftliche Wirklichkeit I (Symbolischer Interaktionismus und Ethnomethodologie), Reinbek, 1973, 189-262, *A.V. CICOUREL*, Sprache in der sozialen Interaktion, München ²1975, *ders.*, Basisregeln und normative Regeln im Prozeß des Aushandelns von Status und Rolle, in: *AG BIELEFELDER SOZIOLOGEN*, Alltagswissen, Interaktion und gesellschaftliche Wirklichkeit 147-188, *W.J. PATZELT*, Ein alltagsanalytisches Paradigma? Bericht über das ethnomethodologische Schrifttum und den Forschungsstand, in: Neue politische Literatur 9 (1984) 3-71, 187-204, *ders.*, Grundlagen der Ethnomethodologie. Theorie, Empirie und politikwissenschaftlicher Nutzen einer Soziologie des Alltags, München 1987, *A. COULON*, L'Ethnométhodologie, Paris ⁴1996, *H. D'LUZE*, Ethnométhodologie morale et grammaires génératives des mœurs. Itinéraire d'une réflexion, Paris 1996.

[10] Vgl. *MEAD*, Mind, Self and Society, passim. Vgl. *H. JOAS*, Praktische Intersubjektivität. Die Entwicklung des Werkes von George Herbert Mead, Frankfurt/M. ²2000. Zum SIA insgesamt vgl. *S. STRYKER*, Die Theorie des Symbolischen Interaktionismus, in: *M. AUWÄRTER/E. KIRSCH/K. SCHRÖTER* (Hrsg.), Seminar: Kommunikation, Interaktion, Identität, Frankfurt/M. 1976, 257-275, *H. STEINERT*, Das Handlungsmodell des Symbolischen Interaktionismus, in: *H. LENK* (Hrsg.), Handlungstheorien – interdisziplinär IV, München 1981, 79-101, *W. MERTENS*, Symbolischer Interaktionismus, in: *D. FREY/S. GREIF* (Hrsg.), Sozialpsychologie. Ein Handbuch in Schlüsselbegriffen, München-Wien-Baltimore 1983, 81-88, *H.J. HELLE*, Verstehende Soziologie und Theorie der Symbolischen Interaktion, Stuttgart 1977, *H. BLUMER*, Symbolic interactionism. Perspective and method, Berkeley 1986, *P. BOURDIEU*, Was heißt sprechen? Die Ökonomie des sprachlichen Tausches, Wien 1990, *N.J. MACKINNON*, Symbolic interactionism as affect control, Albany 1994, *T.-W. KIM*, G. Simmel, G.H. Mead und der symbolische Interaktionismus. Geistesgeschichtliche Zusammenhänge, soziologische Systematik, Würzburg 1999.

sel von Selbst- und Partnerdefinitionen, die im jeweiligen Kontext entworfen werden. Daß dieser Ansatz auch für die sprachliche Pragmatik und die Analyse verbaler Interaktion von Bedeutung ist, liegt auf der Hand, wobei nicht zu vergessen ist, daß Interaktion sich nicht auf Verbalität beschränken läßt. Für eine Höflichkeitstheorie jenseits einer präpragmatischen Konzeption[11] rücken einige Thesen in den Blick, die die Fixierung auf die traditionellen «Rücksichtnahmeaspekte» der Höflichkeit relativieren und deren interaktive Bedeutung breiter fassen. Zu nennen sind:

- die Perspektive der Kooperation, in der nach dem SIA ausschließlich eine sinnvolle Strukturierung von Handlungen zu maximalem Gewinn der Beteiligten möglich ist;
- die Intention des Kooperationsaufbaus auf der Grundlage eines positiven Bildes des anderen, das Positivität auf das Selbst zurückspiegelt;
- die Realisation von Handlungen als Strategien, die planmäßig eingesetzt zum Erreichen glückender Zielvorstellungen verhelfen;
- dabei hat das Konzept der «Antizipation» als «Entgegenkommen» und «Zuvorkommen» im Perspektivenwechsel zwischen «Ego» und «Alter» herausragende Bedeutung;
- die Beobachtung reiterierter Verhaltensweisen in diesem Wechselspiel der Interaktanden.[12]

Mit diesem Katalog, der auf Grundthesen des SIA aufruht, sind hinreichend Anknüpfungspunkte erfaßt, die auch Topoi der klassischen Benimmliteratur wie der präpragmatischen Linguistik aufnehmen, aber das Spektrum signifikant erweitern, weil das Reziprozität-Paradigma in Abtausch und Sequenz materialiter deutlicher für die Analyse zubereitet wird.

8.1.2. Ethnomethodologie und Höflichkeit

Mit der Forschungsabsicht der Ethnomethodologie[13] gewinnt der Rekurs auf den Alltag, auf Alltagswelt und -wissen an systematischer und heuristischer Bedeutung. Hierbei geht es – vereinfacht gesagt – um die Analyse und Beschreibung von wiederkehrenden Mustern und (vorwissenschaftlichen) Methoden, die in bestimmten Situationen und unter bestimmten Bedingungen von den Mitgliedern einer Sozietät benutzt werden. Ohne die Genese dieser Muster, aber auch ohne deren normative Rücklage in Anschlag zu bringen, «geht es den Ethnomethodologen ausschließlich um das WIE der alltäglichen Sinnerzeugung, also um die unmittelbare Rekonstruktion bestimmter Handlungsstrukturen und den damit verbundenen sozialen ‹Aufga-

---

[11] *HELD*, Verbale Höflichkeit 47, spricht von einer «wertbelasteten» Konzeption. Dies bedeutet vorab aber nicht völlige Wertferne oder -freiheit, sondern zielt in der Absetzung von moralistischen Konzepten auf eine analytische Postponierung dieser Thematik. Vgl. dazu auch *dies.*, Submission strategies as an expression of the ideology of politeness: Reflections on verbalisation of social power relations, in: Pragmatics 9 (1999) 21-36.

[12] Vgl. *HELD*, Verbale Höflichkeit 47.

[13] Zur kritischen Diskussion des Ansatzes vgl. *E. GÜLICH*, Pour une ethnométhodologie linguistique: Description de séquences conversationnelles explicatives, in: *U. DAUSENDSCHÖN-GAY/E. GÜLICH/U. KRAFFT* (Hrsg.), Linguistische Interaktionsanalysen. Beiträge zum 20. Romanistentag 1987, Tübingen 1991, 325-365, vgl. *G. HELD*, Sprechen als Ethnomethode, in: *DAUSENDSCHÖN-GAY/GÜLICH/KRAFFT*, Linguistische Interaktionsanalysen 155-169.

ben»».[14] Von Bedeutung ist dabei der jeweilige Moment der Realisierung hinsichtlich «Indexikalität» und «Reflexivität», worin sich die Kontingenz von Handlungsstrukturen als auch -symbolen mit Momenten des sozialen Kontextes verbindet und sich darin spiegelt in Form von Hinweisen und Bezügen, die wiederum selbst als Momente der Rechtfertigung der Handlung im Moment der Aktuierung dienen.[15]

Held stellt fest, daß zwei Basismomente dieses Forschungszweiges auch die Diskussion und Analyse der Höflichkeit als sprachliches Handeln beeinflussen: zum einen die methodische Mentalität, sich zunächst auf authentisches Material «in actu» zu beziehen, und zum anderen den zentralen Interpretationsaspekt, der davon ausgeht, daß Handlungen nicht apriori zu deuten sind, sondern Teile eines kontinuierlichen Problemlösungsprozesses, der dennoch strukturiert verläuft und somit interpretative Basisregeln nahelegt.[16] Zu den bedeutsamsten Konzeptualisierungen zählen hierbei für die Ethnomethodologie:

- die «aktive Rolle des Hörers», der nicht nur ein hypothetisch-theoretischer Reflex ist wie im Perspektivenwechsel des SIA,
- die Funktion des Bedeutungsspielraums, d.h. die (auch semantische) Vagheit von Handlungsmustern und -symbolen, die ihren Höflichkeits- und Unhöflichkeitskoeffizienten erst aus der Situation und ihrer Interpretation gewinnen[17],
- die Offenheit für die Mehrschichtigkeit des Phänomens der Höflichkeit als «kontextfrei» oder «kontextsensitiv» in der Spannung zwischen Universalität und Spezifität einerseits, andererseits zwischen «Sprachbesitz» und «Sprachverwendung».[18]

Mit Held läßt sich zusammenfassend zu SIA und Ethnomethodologie hinsichtlich der Höflichkeit als (verbales) Phänomen sagen, daß beide Forschungsrichtungen eine Verschiebung interpretativer Paradigmen verursachen. Der zentrale Begriff der Interpretation wird definiert als die Bündelung der Methoden, die einerseits den Mitgliedern einer Gesellschaft die Realisierung von Handlungszielen in der Alltagskommunikation ermöglicht, und die andererseits konstitutiv sind für deren wissenschaftliche Sinnerschließung.[19] Unter diesem integrativ-interpretativen Blick auf

---

[14] *HELD*, Verbale Höflichkeit 48 (Hervorhebung im Original), vgl. dazu auch *U. DAUSENDSCHÖN-GAY/U. KRAFFT*, Tâche conversationnelle et organisation du discours, in: *DAUSENDSCHÖN-GAY/GÜLICH/KRAFFT*, Linguistische Interaktionsanalysen 131-154.

[15] Vgl. *GARFINKEL*, Studies in Ethnomethodology, passim, zudem *M.B. SCOTT/S. LYMAN*, Praktische Erklärungen, in: *AUWÄRTER/KIRSCH/SCHRÖTER*, Seminar: Kommunikation 73-115.

[16] Vgl. *HELD*, Verbale Höflichkeit 48f., *J.R. BERGMANN*, Ethnomethodologische Konversationsanalyse, in: *P. SCHRÖDER/H. STEGER* (Hrsg.), Dialogforschung, Düsseldorf 1982, 9-51, 12, *CICOUREL*, Basisregeln und normative Regeln, passim.

[17] Diese Ambivalenzoffenheit legt es grundsätzlich nahe, daran zu denken, daß Höflichkeitsformen nicht im Sinne strikter Automatismen gedacht werden können. Bei aller Formverhaftung öffnet sich neben dem Spielraum der formalen Kreativität auch ein Spielraum der situativen Interpretation. Dies sprengt strikt formalistische Höflichkeitskonzepte, die natürlich den Vorzug einer eindeutigen Handhabbarkeit haben.

[18] Vgl. *HELD*, Verbale Höflichkeit 49f.

[19] Vgl. *P. MASSON*, Anthropologische Dimensionen interkultureller Verstehensbemühungen, in: *R. WEILAND* (Hrsg.), Philosophische Anthropologie der Moderne, Weinheim 1995, 234-245, bes. 240f. – Zu verweisen ist in diesem Zusammenhang aber nicht nur auf das Moment der Interkulturalität mit ihren Implikationen, Problemen und Ansprüchen, sondern auch auf jenes der Interlingualität (und den Übertragungen von Höflichkeitsvorstellungen und -artikulationen von Mutter- auf erworbene Fremdsprache). Vgl. dazu *N. NIXDORF*, Höflichkeit im Englischen, Deutschen, Russischen. Ein interkultureller Vergleich

Objekt und Methode ist Höflichkeit nicht mehr ausschließlich an spezifischen, normativ determinierten Mustern der Interaktion festzumachen und mit Routineformen hinreichend beschrieben, die vorab internalisiert sind. Höflichkeit bezeichnet vielmehr eine generelle Realisation interaktionaler Beziehung, die für die Partizipanden eine konfliktfreiere Verwirklichung abgestimmter, situativer Handlungsziele ermöglicht. Zu diesem Ziel steht ein weitaus größeres Repertoire an Verhaltensweisen zur Disposition als das die traditionelle Höflichkeitslehre annimmt. Der Höflichkeitsindex erweist sich erst in der jeweiligen Situation. Die Konzeption von Höflichkeit wird damit erheblich offener und erzielt Wirkung in der linguistischen Rezeption dieser soziologischen Handlungstheorien.

8.1.3. Signifikante Reaktionen und Positionen der Linguistik

Die vorrangig für den Höflichkeitsdiskurs relevanten linguistischen Konzepte und Strömungen können hier nur in gebotener Kürze vorgestellt werden. Zwei fundamentale Konzepte sind zu nennen: die Sprechakttheorie, die von normativ feststehenden, apriorischen Strukturen der Kommunikation ausgeht, deren Realisierungsformen an Handlungskategorien mißt, und die Konversationsanalyse, die interpretativ von punktuellen Handlungssequenzen ausgehend aposteriorisch auf generellere Strukturen und Mechanismen schließt.

a) Sprechakttheorie und Höflichkeit

Die Theorie des «speech act»[20], im Anschluß an sprachphilosophische Überlegungen[21] entwickelt, stellt den Handlungscharakter sprechsprachlicher Äußerungen in den Mittelpunkt der Betrachtung. Es geht um die semantische Bedeutung des «Was» und «Wie» von Sprachhandlungen, die typologisiert und deren formale Beschreibung versucht werden. Das zentrale Konzept der «Illokution»[22], das die sprecher-

---

am Beispiel von Ablehnungen und Komplimentiererwiderungen, Marburg 2002. Vgl. schon *W.J. EDMONDSON/J. HOUSE*, Höflichkeit als Lernziel im Englischunterricht, in: Neusprachliche Mitteilungen 35 (1982) 218-227.

20 So der Schlüsselbegriff bei *J.L. AUSTIN*, How do Things with Words, Oxford-London 1962. Die Literatur zu diesem Ansatz ist kaum mehr überschaubar, manifestiert ihn aber zugleich als einen linguistischen Standard. Vgl. den Überblick von *S. KRÄMER*, Sprache, Sprechakt, Kommunikation. Sprachtheoretische Positionen des 20. Jahrhunderts, Frankfurt/M. 2001 (mit Blick auf F. de Saussure, N. Chomsky, J.R. Searle, J. Habermas, L. Wittgenstein, J.L. Austin, N. Luhmann, D. Davidson, J. Lacan, J. Derrida und zuletzt J. Butler), *EHRHARDT*, Beziehungsgestaltung und Rationalität 78-114, bes. 78-86.

21 Vgl. – um nur die «Klassiker» der «Philosophie der Alltagssprache» oder «ordinary language philosophy» zu nennen – *L. WITTGENSTEIN*, Philosophische Untersuchungen, Frankfurt/M. 1967, *AUSTIN*, How do Things with Words, *J. SEARLE*, Speech Acts. An Essay in the Philosophy of Language, Cambridge 1969, zudem *P. GRICE*, Studies in the way of words, Cambridge (Mass.) 1989.

22 Zur fundamentalen Unterscheidung von Lokution (als physischem Sagen), Perlokution (als realer Wirkung einer Äußerung) und Illokution (als zentraler Kommunikationsabsicht) vgl. *AUSTIN*, How do Things with Words, passim, bes. 99-131, zusammenfassend *G. GREWENDORF*, Art. Sprechakttheorie, in: LGL² 287-293, 289f., zu weiteren Differenzierungen vgl. auch *KORTMANN*, Linguistik 197ff., zudem die Überlegungen bei *N. FRANKEN*, La politesse, un phénomène pragmatique entre locution, illocution, perlocution et communication?, in: *WAUTHION/SIMON*, Politesse et idéologie 37-44.

seitige Mitintention eines Handlungspotentials der Äußerung bezeichnet, also die Differenz und Diskrepanz von Form und Intention einer Aussage, hat höflichkeitsrelevanten Charakter. Zur glückenden Entschlüsselung einer Aussage gehören demnach neben dem Prinzip einer realiter selten gänzlich vorfindbaren Kongruenz[23] von Form und Aussageabsicht auch Momente, die Austin als «felicity conditions»[24] bezeichnet. Dazu sind kognitive Wissensstrukturen und der Rekurs auf situative Kontexte zu rechnen, die die Inkongruenzen zu überbrücken helfen, insofern sie heuristische und hermeneutische Hinweise liefern.

Vor diesem Theoriehintergrund bilden sich Interpretationsmomente aus, die auch der Höflichkeitsanalyse Impulse geben. Zu nennen sind die Identifikation von «Performativa» zur Bezeichnung und Klassifikation einzelner Sprechakte, ihrer illokutiven Kraft, wodurch die analytische Sensibilisierung für bestimmte (höflichkeitsrelevante) Handlungstypen wie Bitten, Grüßen oder Danken gesteigert wird, die Erstellung generalisierender Taxonomien von Illokutionstypen, die zur semantischen und formalen Definition von Handlungstypen unter Berücksichtigung des Interaktionscharakters führen.[25] Zentral für eine Präzisierung der Höflichkeitsanalyse sind hierbei die Beobachtungen zu «illokutiven Indikatoren» und zum «indirekten Sprechakt». Zu erstem gehören u.a. Partikel, Gesprächswörter, Interjektionen, Modalverben, metakommunikative Syntagmen, die von der traditionellen wie generativen Grammatik wenig beachtet worden waren, aber in ihren Variationspotentialen, ihren möglichen Nicht-Explizitheit und Indirektheit (die allerdings meist problemlos durch den Kontext aufgelöst werden kann) ausgezeichnet sind.[26] Gerade die Untersuchung der vielfältigen Varianten der Indirektheit eines Sprechaktes führt dann zu und rührt an Kernphänomene höflicher Handlungen, die in traditionellen Zusammenhängen mit Begriffen wie Anstand, Rücksicht und Distanzverhalten stehen. Dabei kommen formale und konventionelle Ausdrucksformen ebenso in Betracht wie solche, die vorrangig oder gar ausschließlich über Kontext und Situation zu erschließen sind.[27]

Die Vorzüge einer sprechakttheoretischen Analyse der Höflichkeit liegen in Formorientierung und Deskription vorrangig direktiver Handlungstypen. Dabei gilt wachsendes Interesse illokutionsmodifizierenden Mitteln, die abschwächend, mildernd, mithin «rücksichtsvoll» funktionieren. Dieses Forschungsinteresse verleitet

---

[23] Dem «principle of expressibility» bei *SEARLE*, Speech Acts 19f.

[24] Zu den «infelicities» vgl. *AUSTIN*, How do Things with Words 14-45, 135-161, vgl. flankierend *E. GOFFMAN*, Felicity's condition, in: American Journal of Sociology 89 (1983) 1-53, *J.T. HERINGER*, Some grammatical correlates of felicity conditions and presuppositions, in: Ohio State University Working Papers in Linguistics 11 (1972) 1-110, *M. ROMERO*, Reduced conditionals and focus, in: Proceedings from Semantics and Linguistic Theory 10 (2000) 149-166.

[25] Vgl. *HELD*, Verbale Höflichkeit 52f.

[26] Vgl. die Beiträge in: *D. WUNDERLICH* (Hrsg.), Linguistische Pragmatik, Frankfurt/M. 1972, *KORTMANN*, Linguistik 189-219.

[27] Das gängige Beispiel hierfür erläutert *D. WUNDERLICH*, Sprechakte, in: Funkkolleg Sprache, Frankfurt/M. 1973, 113-124. – «Könnten Sie bitte die Türe schließen!» als Aufforderung oder «directive», die sich natürlich erheblich direkter, knapper und forcierter formulieren ließe, auf der einen Seite als konventionelle Formel, auf der anderen die Variante des «Es zieht!», die in einem bestimmten Kontext trotz ihrer Indirektheit auf die gleiche Antworthandlung zielend entschlüsselt werden kann. Die eigentliche Höflichkeitsmarkierung hängt dabei noch von einer Fülle weiterer Faktoren ab.

aber dazu, Höflichkeit vorschnell mit Indirektheit zu identifizieren. Auf der anderen Seite ist festzuhalten:

> *«Trotz aller Kritik kann damit ein sicherer deskriptiver Einblick gegeben werden, wie und warum bestimmte Formen eines Sprachsystems in bestimmten funktionalen Einheiten den Eindruck von Höflichkeit erwecken und welche interaktiven Konventionen daraus abzuleiten sind.»*[28]

Darauf konzentriert sich wesentlich die Leistung der Sprechakttheorie hinsichtlich der Höflichkeitsforschung, wiewohl sie – wenn auch bisweilen zu forciert – Anschluß an traditionelle Paradigmen wie Achtung, Rücksicht und Distanzwahrung ermöglicht. Freilich bleibt der Blick synchron, kultur- wie soziohistorische Perspektive außen vor. Die «Aktzentrierung» ist zudem stark fokussiert auf die Interaktion unter Anwesenden; Implikationen und Repräsentationen Abwesender verlieren die eigene Kontur, die selbst höflichkeitsrelevant ist. Diese Defizite versucht ein weiterer Forschungszweig der Linguistik mit konversationsanalytischen Ansätzen aufzufangen.[29]

b) Konversationsanalyse und Höflichkeit

Gespeist von Überlegungen aus dem Bereich der Ethnomethodologie und der Ethnographie entwickeln sich zwei Forschungsrichtungen, die ohne die Sprechakttheorie als ganze zu verdrängen, deren partielle Blindheit komplementär aufzufangen suchen. Die ethnographische Linie entnimmt wesentliche Überlegungen aus Ethnotheorie und Anthropologie. Sie versucht kulturelle, soziale und sprachsituative Elemente in die Sprachanalyse einzuführen.[30] Im Zentrum des Interesses stehen dabei die Untersuchungen des gesprochenen Codes, der als Teil der Ethnographie gesehen wird. In einem breiten Kulturkonzept, das wertfrei gesetzt wird[31], entwickelt sich das Konzept einer «kommunikativen Kompetenz», die – anders als die «grammatische Kompetenz» N. Chomskys[32] – nicht situationslos und homogen gefaßt werden kann, sondern sich auf kulturelle, soziale und kontextuell-situative Variablen bezieht. Der Sprecher ist Vertreter einer bestimmten Gemeinschaft, die das «setting» der Sprechsituation vermittels vielerlei Faktoren synchron wie diachron präfiguriert. Hier werden spezifische Kulturmerkmale wie Formeln, Redege-

---

[28] *HELD*, Verbale Höflichkeit 54.

[29] Vgl. *HELD*, Verbale Höflichkeit 54-59, zu den verschiedenen Schulen dieser Richtung.

[30] Den theoretischen Vorbau liefern vor allem *J.J. GUMPERZ/D. HYMES* (Hrsg.), Directions in Sociolinguistics. The Ethnography of communications, New York 1972, *D. HYMES*, Die Ethnographie des Sprechens, in: *AG BIELEFELDER SOZIOLOGEN* (Hrsg.), Alltagswissen, Interaktion und gesellschaftliche Wirklichkeit II (Ethnotheorie und Ethnographie des Sprechens), Reinbek 1973, 338-432, *ders.*, Soziolinguistik. Zur Ethnographie der Kommunikation, Frankfurt/M. 1979, *R. BAUMAN/J. SHERZER* (Hrsg.), Explorations in the Ethnography of Speaking, Cambridge 1974, vgl. *F. COULMAS*, Einleitung. Sprache und Kultur, in: *HYMES*, Soziolinguistik 7-29, zudem die Beiträge in dem von *F. COULMAS* unter dem Titel «New perspectives on linguistic etiquette» edierten Themenheft des International Journal of the Sociology of Language 92 (1991) 5-138 (dort bes. der Beitrag von *A. BAYRAKTAROGLU*, Politeness and interactional imbalance 5-34).

[31] Also in Absetzung zu einer «zwangszentrierten» Kulturkonzeption als Zivilisationstheorie etwa im Sinne von N. Elias. Vgl. unten Abs. 11.2.

[32] *HELD*, Verbale Höflichkeit 56.

wohnheiten und Verhaltensroutinen sichtbar, deren Züge weniger universal sind. Höflichkeitstheoretisch wird hier der *eine* Eckpunkt einer Dialektik zwischen differenzierenden lokalen, sozialen etc. Besonderheiten auf der einen und interkulturellen «Gemeinsamkeiten» auf der anderen angebahnt.[33]

Ethnomethodologische Ansätze[34] lenken im Zusammenhang der Gesprächs- oder Konversationsanalyse die Aufmerksamkeit konzentrierter auf die Erhellung von Abläufen, von Organisations- und Strukturierungsweisen verbaler Handlungsgefüge und -sequenzen. Im Unterschied zur Sprechakttheorie stehen im Mittelpunkt des Interesses dieser Forschungsrichtung die Art und Weise, wie Kommunikationsarbeit von den Partnern strukturiert wird, ist also weniger zielorientiert denn verlaufs- und prozeßorientiert. Wichtig wird dabei die Beobachtung der sequenzierenden «turns», die jedes Handlungsgefüge als oft reziprok-asymmetrische, immer reaktive Abfolge sehen lernen.[35] Nicht zu unterschätzen sind hinsichtlich der Analyse von Höflichkeitsformen folgende Hinweise, die über die ethnomethodologische Konversationsforschung hierzu generalisierbare Facetten beisteuern:

- die Unumgänglichkeit der Organisation von Sprecherwechseln («turns») und deren sprachliche Ratifikation und Markierung;
- die Regulierung und Strukturierung eines Gesprächs vermittels Eröffnungs- und Schlußphasen;
- der «geziemende» (so Held) Umgang mit dem Gesprächsthema, was zunächst heißt, daß es nicht ohne Signal abgebrochen, gewechselt oder markant verändert werden darf;
- die gebotene Einhaltung dieser Sequenzierungsmechanismen.[36]

Nimmt man diese Befunde zusammen, so erscheint Höflichkeit deutlich auf die Ebene der Interaktion gehoben. Alle Beteiligten erbringen hierfür spezifische Leistungen. Die «turns» als «power display» können dabei als besondere, nicht selten aufschlußreiche Marker einer höflichen, Interaktionsraum und Sprechzeit gewährenden oder verstellenden Modulation und Moderation interpersonaler Handlungen gesehen werden. Diese allerdings werden in der Konversationsanalyse vornehmlich

---

[33] *K. Vorderwülbecke*, Höflichkeit und Höflichkeitsformen, in: *G. Zifonun* (Hrsg.), Vor-Sätze zu einer neuen deutschen Grammatik, Düsseldorf 1986, 247-279, 248, weist darauf hin, daß gerade in der Begegnung mit Höflichkeitsphänomenen anderer Kulturen ein Impuls lag, der die deutschsprachige Soziolinguistik – neben der Rezeption anglo-amerikanischer Theorien – zur verstärkten Auseinandersetzung mit der Höflichkeit als Forschungsobjekt führte.

[34] Grundlegend rezipiert sind hierbei die Untersuchungen der amerikanischen Soziologengruppe um H. Sacks, E. Schegloff und G. Jefferson. Vgl. *H. Sacks/E.A. Schegloff/G. Jefferson*, A Simplest Systematics for the Organization of Turn-Taking in Conversation, in: Language 50 (1974) 696-735, dazu auch *Bergmann*, Ethnomethodologische Konversationsanalyse, passim, *J. Streeck*, Konversationsanalyse. Ein Reparaturversuch, in: Zeitschrift für Sprachwissenschaft 2 (1983) 72-104, *E. Gülich*, «Soûl c'est pas un mot très français». Procédés d'évaluation et de commentaires métadiscursifs dans un corpus de conversation en situation de contact, in: Cahiers de Linguistique Français 7 (1986) 231-258, *ders.*, Pour une ethnométhodologie linguistique 325-365. Zum «turn-taking» als «power display», als Ort und Funktion real existierender Asymmetrien und Machtkonstellationen im täglichen Detail, vgl. *Pschaid*, Language and Power 56-81.

[35] Vgl. dazu *K. Zimmermann*, Bemerkungen zur Beschreibung der interaktiven Funktion höflichkeitsmarkierender Elemente, in: *E. Gülich/T. Kotschi* (Hrsg.), Grammatik, Konversation, Interaktion. Beiträge zum Romanistentag 1983, Tübingen 1985, 67-81, 76f., *Held*, Verbale Höflichkeit 58f.

[36] Nach *Held*, Verbale Höflichkeit 58, vgl. *Pschaid*, Language and Power 32-48.

unter dem Gesichtspunkt von Vermeidungsstrategien gelesen. Der Bezugspunkt sind *korrektive* Leistungen der Sprecher.[37] Damit wird Höflichkeit im Zuge der Konversationsanalyse «ex negativo» beschreibbar – genau als Defizit- oder Verletzungsphänomen hinsichtlich erwartbarer Verhaltensroutinen und -strukturen oder als Respektmangel.

Seinen Leistungen zum Trotz bleibt auch der konversationstheoretische Ansatz defizitär. Einerseits fehlt eine Taxonomie der sprachlichen Indikatoren von Höflichkeit, Un- oder Nichthöflichkeit, zum anderen überschattet die «turn»-Fokussierung als Blick auf die Binnenstrukturen verbaler Interaktion wiederum die Frage nach außersprachlich-kontextuellen Bedingungs- und Realisierungsmöglichkeiten von Höflichkeit, die eben nicht in verbaler Fassung aufgeht.

Von daher können und müßten Sprechakttheorie und Konversationsanalyse als komplementäre Untersuchungsansätze verstanden und eingesetzt werden, die innerhalb einer Theorie der Höflichkeit zu vermitteln sind und des weiteren ergänzungsbedürftig bleiben.[38] Bevor also einige explizite soziolinguistische Höflichkeitsmodelle erläutert werden, noch ein weiterer Schritt: der Blick auf zwei Interaktionsmodelle, die sich als relevant für die Interaktionstheorie hinsichtlich der Höflichkeit erwiesen haben.

c) Interaktionskonzepte und Kommunikation: Stichwort und Chiffre «face» im Kontext der Höflichkeit

Bei den beiden sozialpsychologisch determinierten Modellen, die in Verbindung mit traditionellen Reverenz- oder Ehrerweisungsmodellen der Höflichkeit gebracht werden können, handelt es sich um die Modelle der «Kooperation» und der «Beziehung».[39] Hier werden einige forschungsgeschichtlich prägende Momente in die Diskussion gerückt.

Zunächst ist festzuhalten, daß Kommunikation als Prozeß wechselseitiger Verständigung unausweichlich auf einem Grunddatum aufruht: der zumindest minimal unterstellbaren Kooperationsbereitschaft der Involvierten. Kooperation vollzieht sich im ständigen Bezug auf eine gemeinsame Basis von Normen und Werten, die die Einhaltung dieses Grundpostulates überhaupt realisierbar erscheinen lassen und so das Gelingen jedweder Art von Kommunikation und Interaktion überhaupt

---

[37] Im metakommunikativen Bereich bei *R. Meyer-Hermann*, Vers une définition (non-fonctionelle) de la métacommunication, in: Langage et Société 24 (1983) 4-35, Techniken der Paraphrasierung und reiterierter Erklärungen bei *E. Gülich*, «Soûl c'est pas un mot très français» 231-258, *ders.*, Pour une ethnométhodologie linguistique, passim, der Antizipation oder Formen des «repair», so *Sacks/Schegloff/Jefferson*, A Simplest Systematics 722f., *L. Cesanelli/A. Marciano*, L'interazione conversazionale, Urbino 1984, 145-180.

[38] Vgl. *Held*, Verbale Höflichkeit 58f. Das gilt methodisch in doppelter Hinsicht. Zum einen muß im «soziolinguistischen Binnenbereich» die partielle Blindheit der Theorieansätze überwunden werden, ohne die durch die Fragezentrierung gewonnene Analyseleistung wieder zu verlieren, zum anderen ist über diesen Rahmen hinaus – dem hier unsere Aufmerksamkeit gilt – auch der geistes-, gesellschaftshistorische Strang nicht zu vergessen, dem dann über anthropologische und philosophische Vermittlung eine theologisch-ethische Interpretation folgen kann.

[39] Referiert bei *Held*, Verbale Höflichkeit 58-66. Vgl. die Überblicke bei *Pschaid*, Language and Power 18-31, *S. Fukushima*, Requests and culture. Politeness in Britisch English and Japanese, Bern u.a. 2000, bes. 25-47.

strukturieren können.[40] Insofern Höflichkeit mit Kooperation konspiriert, wie bereits sichtbar wurde, hat sie eine ethische Basis und ist teilkongruent mit Kooperation. Diese allgemeine Feststellung benötigt jedoch Präzisierungen, denn der Begriff der Kooperation umfaßt eine Reihe von Dimensionen und Aspekten, die jenseits der Höflichkeitsthematik liegen, aber immer wieder mit ihr korreliert werden können. Neben den sprachlichen Bedingungsmöglichkeiten für Kooperation und Kommunikation gilt es hier darauf zu verweisen, daß eine zweite Dimension als «conditio sine qua non» für «höfliche Kooperation» zu benennen unumgänglich ist: Sie umfaßt die ethischen Prinzipien, denen zufolge ein Sprecher seinen Partner überhaupt erst als solchen akzeptiert und behandelt. Vor diesem Hintergrund einer ausgesprochenen Mehrdimensionalität des Kooperations- und Relationsphänomens übernimmt die linguistische Pragmatik Konzepte aus der Sozialpsychologie, die diesen Differenzierungen Rechnung tragen. Zu nennen sind hierbei hinsichtlich des Kooperationsaspektes und dessen Analyse des Informationsaustauschs neben den ethnomethodologisch untersuchten «Basisregeln der Interaktion»[41] die Konversationsmaximen von P. Grice, hinsichtlich des Relationsaspektes und seiner ethisch-sozialen Bedeutung die pragmatischen Theoreme von Watzlawick/Beavin/Jackson und die «face»-bezogenen Interaktionsrituale im Anschluß an E. Goffman.

Die vier Konversationsmaximen von Grice[42] haben hierbei auf die Höflichkeitsforschung nachhaltig Eindruck gemacht. Diese Maximen postulieren als Konstitutiva kooperativer Gesprächsführung eine hinsichtlich Quantität, Qualität, Relevanz wie Art und Weise bewertbare Angemessenheit, die ein Zuviel oder Zuwenig jeweils vermeidet. Damit markieren sie einen evidenten Widerspruch zu alltäglichen Kommunikationsphänomenen, die sich oft geradezu durch ein bewußtes Mehr oder Weniger (an Qualität, Quantität, Informativität etc.) auszeichnet – und für dieses Mehr oder Weniger eben gerade Höflichkeitsgründe anzuführen sind, die von der Rücksichtnahme auf andere (und nicht zuletzt auch auf sich selbst) herrühren und bestimmt sind. Frappant ist dabei gerade, daß entgegen der Griceschen Axiomatik oftmals *keine* Verständigungsprobleme auftauchen, sondern Konflikte häufig durch

---

[40] So dezidiert *HELD*, Verbale Höflichkeit 59.

[41] Vgl. zusammenfassend *W. KALLMEYER/F. SCHÜTZE*, Konversationsanalyse, in: Studium Linguistik 1 (1976) 1-28, konkretisierend *C. THOMSEN*, Stratégies d'argumentation et de politesse dans les conversations d'affaires. La séquence de requête, Bern 2000. – Diese Basisregeln konstituieren sich in alltäglicher Interaktion zum einen als Reaktionen des Interaktionsgefüges auf defizitäres oder störendes Verhalten, zum anderen als eine offene Liste von Regeln zur Konversationsorganisation. Hierbei spielen Aspekte wie die Klarheit der Informationsgabe, die Einhaltung von «turns» und ihre Markierungen zur Vermeidung von Störungen oder Verfehlen des Interaktionsziels eine Rolle. Zu den einschlägigen Basisregeln gehört die Unterlassung oder notfalls Korrektur von Störungen, Unterbrechungen, das Ausreden-lassen, die Signalisierung von Aufmerksamkeit und Zuhören und dergleichen mehr. Diese Ansprüche sind transkulturell antreffbar. Vgl. v.a. *CICOUREL*, Basisregeln und normative Regeln, passim, zur Bedeutung des Konflikts vgl. die Beiträge in: *G. SCHANK/A.J. SCHWITALLA* (Hrsg.), Konflikte in Gesprächen, Tübingen 1987, *G. LAKOFF*, Women, fire, and dangerous things. What categories reveal about the mind, Chicago 1987, zum Wahrheitsgehalt von Äußerungen, zu den Griceschen Maximen, zu Präsuppositionen, Hintergrundwissen über Gesprächskonventionen und Schemata, Konversationsstile, Sprechakte. Zu rhetorischen Figuren wie z.B. Ironie, Humor, Metapher, vgl. z.B. *J. HOLMES*, Politeness, power and provocation: How humour functions in the workplace, in: Discourse Studies 2 (2000) 159-185.

[42] Vgl. *P. GRICE*, Logic and Conversation, in: *P. COLE/J.L. MORGAN* (Hrsg.), Syntax and Semantics III, New York 1975, 41-58, vgl. dazu auch *M. KINGWELL*, Is it rational to be polite?, in: JPh 90 (1993) 387-404, eine knappe und prägnante Darstellung auch bei *KORTMANN*, Linguistik 197-213. Vgl. *EHRHARDT*, Beziehungsgestaltung und Rationalität 91-113.

die Nichtberücksichtigung dieser Maximen vermieden, beschwichtigt oder gelöst werden. Der Beobachtung dieser Spannung oder Dialektik verdankt die Höflichkeit nicht zuletzt die wachsende Aufmerksamkeit der Linguistik. Es zeigt sich also, daß im Zusammenspiel von Indirektheit und Phänomenen konversationeller wie konventioneller Implikationen eine Maxime nötig wird, die nicht nur auf den klaren und distinkten Wort- und Informationslaut achtet. Grice selbst formuliert modifizierend diese Metamaxime als das «be polite». Allerdings gilt sie nur in seltenen Ausnahmefällen, womit er die Bedeutung der Indirektheit in Interaktionsgefügen frequentiell deutlich unterschätzt. Diese Maxime wird hingegen im Modell von G.N. Leech[43] stark aufgenommen und – neben dem «cooperative principle» in Anlehnung an die Axiomatik von Grice – zum «politeness principle» erhoben.

Mit den sozialpsychologischen Impulsen, die Watzlawick, Beavin und Jackson in die pragmalinguistische Forschung einspeisen[44], tritt die Bedeutung des Beziehungsaspektes auch hinsichtlich der Höflichkeitsforschung klarer zutage. In ihren Untersuchungen pathologischer Kommunikationsstörungen machen diese Forscher deutlich, daß Fehlverhalten und Übertretungen in Interaktionen sehr rasch registriert und im Falle der Unterlassung der erwartbaren Korrektur entsprechend geahndet werden. Hierbei erweist sich, daß jeder Kommunikationsvorgang unter normativen und regulativen Prämissen steht und via Verpflichtungen und Erwartungen die Interaktionspartner determiniert. Die Prämissen werden in fünf pragmatischen Axiomen[45] formuliert, von denen das zweite von erheblicher Bedeutung ist:

> *«Jede Kommunikation hat einen Inhalts- und einen Beziehungsaspekt, derart, daß letzterer den ersteren bestimmt und daher eine Metakommunikation ist.»*[46]

Damit wird deutlich die Präferenz des Beziehungsaspektes vor der Informationsseite in (verbaler) Kommunikation markiert[47] – und dieses Phänomen als ubiquitär bezeichnet. Linguistisch bedeutet dies, daß formal heterogene Sprachmittel durchaus als «Beziehungssignale» eine gemeinsame Funktion ausüben können.[48] Damit wird aber auch eine Bedeutungsvariante von Kommunikation neuerlich argumentativ unterfüttert, die davon ausgeht – dafür votieren auch der Symbolische Interaktionismus und die Ethnomethodologie –, daß Kommunikation nicht nur von Beziehungen ausgeht, sondern sie auch je neu generiert und definiert.[49]

Beziehung ist also nicht einfach eine starre, quasi kategoriale Größe, sondern in dieser Hinsicht eine Aufgabe, die ihre Risiken wie Chancen birgt. Wie diese Auf-

---

[43] Vgl. *FRANCK*, Ökonomie der Aufmerksamkeit 249. Analog zu Grices «co-operation principle» das «charity principle» bei *D. DAVIDSON*, Inquiries into truth and interpretation, Oxford 1984. Vgl. zu Leech unten Abs. 8.2.2.

[44] Vgl. *P. WATZLAWICK/J. BEAVIN/D.D. JACKSON* (Hrsg.), Pragmatics of Human Communication. A Study of Interactional Patterns, Pathologies and Paradoxes. New York 1967 (dt.: Menschliche Kommunikation. Formen, Störungen, Paradoxien, Stuttgart-Wien ⁹1996), dazu *K. ADAMZIK*, Sprachliches Handeln und sozialer Kontakt, Tübingen 1984.

[45] Vgl. zusammenfassend und bewertend *ADAMZIK*, Sprachliches Handeln und sozialer Kontakt 27-63.

[46] *WATZLAWICK/BEAVIN/JACKSON*, Menschliche Kommunikation 56.

[47] Vgl. unten Abs. 11.1. zu einem prägnanten Modell der differentiellen Kommunikationspsychologie.

[48] Ein Faktum, das sich an vielerlei Höflichkeitsphänomenen wird erhärten lassen.

[49] Vgl. *D. FRANCK*, Grammatik und Konversation, Kronberg 1980, 118.

gabe bewältigt wird, wie diese Arbeit sich konturiert, wird in der Linguistik unter Zuhilfenahme von Ergebnissen der Forschung E. Goffmans[50] beleuchtet. Der – auch über die Fachgrenzen der Soziologie hinaus – stark rezipierte, soziologische Klassiker E. Goffman hat in allen seinen Schriften klar gemacht, daß jede Interaktion schon zwischen zwei Menschen – notwendigerweise – eine Maskierung und damit *ein* Element der Vertuschung, Verschleierung, der strategischen Verzerrung, wenn nicht gar der Lüge, beinhalten *kann*.[51] Der Grund ist der, daß das «heilige Selbst» so verletzlich ist, daß es der ständigen Schutzzonen bedarf. Man kann sich nicht «offen» jeglicher Situation – und schon gar nicht der unbekannten und überraschenden Begegnung – stellen. Vielmehr muß man zur Wahrung der eigenen Fassade und auch des Identitätskerns vorsichtig-strategisch vorgehen. Wer unbekümmert in eine Situation hineinstolpert, kann leicht blamiert, enttäuscht, lächerlich gemacht werden. Damit ist er für die und in der Situation verloren. Goffman hat das an den Beispielen von Rahmenbrüchen, Rahmenirrtum, Rahmenfälschung illustriert. Daraus läßt sich umgekehrt ablesen, daß eine gelungene, risikominimierende Kommunikation eine geplante Vorstellung ist, die notwendigerweise mit bestimmten Maskierungen arbeitet. Das gilt nicht nur für denjenigen, der den anderen hereinlegen will, sondern auch für den, der eine Kommunikation zum Erfolg bringen will. Mit Goffman lassen sich verschiedene Typen von Maskierungen unterscheiden:

- *Masken des Engagements*, die dem anderen verletzende, momentane Unaufmerksamkeiten verbergen;
- *Masken des Wissens*, die den anderen nicht sofort Einblick nehmen lassen in den Stand der eigenen Kompetenz;
- *Masken des Verbergens*, die Situationen euphemisieren oder dysphemisieren und zerstörerische Emotionen neutralisieren (Wut, Ärger, Enttäuschung).

---

[50] Dazu v.a. *E. GOFFMAN,* The presentation of Self in Everyday Life, New York 1959 (dt.: Wir alle spielen Theater. Die Selbstdarstellung im Alltag, München 1969), *ders.*, Interaction Rituals. Essays on Face-to-Face Behavior, New York 1967 (dt.: Interaktionsrituale. Über Verhalten in direkter Kommunikation, Frankfurt/M. 1971), *ders.*, Behavior in public places. Notes on the social organisation of gatherings, New York 1963 (dt.: Verhalten in sozialen Situationen. Strukturen und Regeln im öffentlichen Raum, Gütersloh 1971), *ders.*, Relations in Public. Microstudies of the Public Order, New York 1971 (dt.: Das Individuum im öffentlichen Austausch, Frankfurt/M. 1974, *ders.*, Frame Analysis. An Essay on the Organisation of Experience, New York 1974 (dt.: Rahmen-Analyse. Ein Versuch über die Organisation von Alltagserfahrungen, Frankfurt/M. 1977). Allein die Titel dieser Studien sind schon markante Stichwortgeber (auffällig dabei auch der Umgang mit dem Wort «Behavior» der deutschen Ausgaben!). – Vgl. zu einem Einblick über Rezeption und die Fülle der Sekundärliteratur *R. HETTLAGE/K. LENZ*, Erving Goffman – ein soziologischer Klassiker der zweiten Generation, Bern-Stuttgart 1991, zudem vertiefend *H. WILLEMS*, Rahmen und Habitus. Zum theoretischen und methodischen Ansatz E. Goffmans. Vergleiche, Anschlüsse und Anwendungen, Frankfurt/M. 1997 (Lit.).

[51] Mit diesen Markierungen der Maske kann sehr schnell eine (gerade ethische) Abwertung einhergehen. Diesem Mißverständnis ist zu begegnen. Goffmans Deskriptionen und Fallbeispiele erhellen zunächst einen Sachverhalt der Interaktion. Sie sind damit ethisch für die unterschiedliche Deutung und Bewertung durchaus offen. Die Maskenhaftigkeit der humanen Expressivität nimmt die Kontexte wahr, nimmt wahr das ethisch relevante Moment des Schutzes, die sprachlich-expressive Dialektik von Verbergen und Entbergen. Dies ist jedoch so intensiv in das Humanum eingeschrieben, daß der Verweis auf den Personbegriff als Per-sonal-ität angebracht erscheint. Grenze der Ausdrucksfähigkeit und Beschreibung des Menschseins kommen dabei zum Ausdruck. Vgl. die Beiträge in: *E. FISCHER-LICHTE/C. HORN/S. UMATHUM/M. WARSTAT* (Hrsg.), Performativität und Ereignis, Tübingen 2002.

Allen voran sind hier zu erwähnen das «face»-Konzept und das darauf bezogene Konzept der «Interaktionsrituale». Masken retten das Gesicht («face»): Sie beziehen sich symbolisch und funktional auf «Gesicht», Körperausdruck, aber eben auch Gesinnung. Sie können implizit wirken oder als explizite Geschichten und Erzählungen auftreten.[52] Unter «face» ist hierbei sehr allgemein das öffentliche Selbstbild («public self image») eines jeden Mitglieds einer Gemeinschaft zu verstehen, das es sich im Verlauf seiner Sozialisation erworben hat:

> *«The term* face *may be defined as the positive social value a person claims for himself by the line others assume he has taken during a particular contact.»*[53]

Dieses Selbstbild ist auch in nicht abreißender, alltäglicher Kommunikation entstanden und hat beständig Rekurrenz. Dabei ist es unvermeidlich, daß in einer sozialen Welt mit hohen Begegnungsfrequenzen bei jeder Begegnung diese Bilder in Kontakt, Konkurrenz und Konflikt zu anderen geraten. Ist «face» schon aus sich heraus nicht statisch, so verstärkt diese Kontakt- und Konkurrenzsituation den Modifikations- und Bedrohungsdruck noch einmal erheblich. Daß damit (unbewußte) Verlust- und Isolationsängste einhergehen, liegt auf der Hand. Ebenso einleuchtend sind im Gegenzug dazu Bemühungen, die Selbstbilder reziprok zu wahren, zu schonen, zu pflegen und Möglichkeiten einer grundlegenden Anerkennung zu schaffen.[54] Diese Auffassung bezeichnet das «face»-Konzept als grundlegend und inhärent interpersonal, interaktiv und damit sozial, da der andere durch sein Verstehen und Reagieren eine konstitutive Rolle für die Entstehung von Fremd- wie Selbstbild spielt.[55] Zur Debatte stehen Größen wie die der sozialen Identität[56], der

---

[52] Zu ergründen bleibt dann «vor Ort», wie weit sie strategisch explizit sind oder implizit in die Situation eingebaut sind, wie weit sie von der Situation diktiert oder inwieweit sie vermeidbar sind.

[53] *E. GOFFMAN*, On face-work. An analysis of ritual elements in social interaction, in: *J. LAVER/S. HUTCHESON* (Hrsg.), Communication in face to face interaction, Harmondsworth 1972, 319-346, 319 (zuerst in: Psychiatry 18 [1955] 213-231). Vgl. zu Varianten *I. STRECKER*, Cultural variations in the concept of «face», in: Multilingua 12 (1993) 119-141, *FRANCK*, Ökonomie der Aufmerksamkeit 97-100, *S.M. LEE-WONG*, Politeness and face in Chinese culture, Frankfurt/M. 2000. – Vgl. auch *BRENNER/ZIRFAS*, Lexikon der Lebenskunst 158-163, 213-218.

[54] Vgl. *D. DUHM*, Angst im Kapitalismus, Lampertheim 1972, *ders.*, Warenstruktur und zerstörte Zwischenmenschlichkeit, Lampertheim ³1975. Diese frühen – letztlich auch sozialethisch relevanten – Warnmeldungen sind seither vielfach zu ergänzen. Diese sozialpsychologische Dimension, die sich einer rasanten Ökonomisierung vieler Lebensbereiche «verdankt», gehört in den Zusammenhang von «strukturellen Rücksichtslosigkeiten», die auch noch andere Namen tragen und zu denen die Kompressionen von Raum- und Zeitdimensionen gehören, die – oft kommunikationstechnologisch gestützt – zu den Signaturen der Gegenwart zählen und den Umgang von Menschen mit Menschen mitkonditionieren. – *FRANCK*, Ökonomie der Aufmerksamkeit 49ff., verweist darauf, daß Aufmerksamkeit ein «knappes Gut» ist. Nicht nur diese Knappheit, sondern auch und gerade deren Verarbeitung führen an Belastungsgrenzen zu Streß- und Angstphänomenen. Vgl. die Beiträge in: *U.H.J. KÖRTNER* (Hrsg.), Angst. Theologische Zugänge zu einem ambivalenten Thema, Neukirchen-Vluyn 2001.

[55] Vgl. *W. SUCHAROWSKI*, «Ich wollte dich noch etwas fragen, aber du wirst es bestimmt nicht wissen» (Sohn zum Vater). Formen und Funktionen sog. Imagepflege im Gespräch und ihre Behandlung im Unterricht, in: Diskussion Deutsch 13 (1982), 213-232, 217.

[56] Vgl. *L. KRAPPMANN*, Identität, in: *U. AMMON/N. DITTMAR/K. MATTHEIER* (Hrsg.), Sociolinguistics/Soziolinguistik I, Berlin-New York 1987, 132-140.

sozialen Rolle[57], des Prestiges[58] und ebenso der sozialen Situation[59]. «Face» wird bei Goffman mit Kommunikation gleichgesetzt, ist immer implizit in den zum Einsatz kommenden Äußerungsformen ablesbar, häufig aber auch explizit auf Imageregulation abgestellt.[60] Diese implizite wie explizite Ausrichtung auf den anderen, der damit verbundene und stimulierte Einsatz von dafür bereitstehenden Sicherungs- und Stabilisierungsstrategien in ihrer Situationseinpassung nennt Goffman nun «face-work». Intention es ist, in bewußter gemeinsamer Anstrengung von «Ego» und «Alter» zu einer gelingend-guten kommunikativen Relation zu führen. Die Orientierung am Nutzen des anderen gibt dabei den Leitfaden.

Universalität und alltägliche Rekurrenz von «face» führen dazu, daß sich Beziehungsarbeit, «face-work» oder «face-management» in immer wiederkehrenden Mustern und Strukturen verfestigen. Diese tragen bei Goffman die Bezeichnung «Interaktionsrituale» und sind definiert als konventionalisierte Handlungen gegenseitiger Wertschätzung.[61] Sie sind Ausdruck von generellen Ordnungsstrukturen der sozialen Interaktion, die sich eine Sozietät als Grundregeln zu Schutz und Kontrolle auferlegt. Fundamental ist dabei die Unterscheidung der Verhaltensweisen hinsichtlich ihrer Relation zu «Ego» oder «Alter» im Anschluß an Durckheims Differenzierung von «positiven» und «negativen» Riten.[62] Defensiver Strategien («demeanor») bedient sich «Ego» zur Wahrung der eigenen «face»-Ansprüche, protektiver Strategien («deference») zur Wahrung des «face» von «Alter».[63] Da diese Strategien immer

---

[57] Vgl. *H.P. DREITZEL*, Rollentheorie, in: *AMMON/DITTMAR/MATTHEIER*, Sociolinguistics/Soziolinguistik II, 114-119. Vgl. *H. HAFERLAND/I. PAUL*, Eine Theorie der Höflichkeit, in: *dies.* (Hrsg.), Höflichkeit (Osnabrücker Beiträge zur Sprachtheorie 52), Oldenburg 1996, 7-69, bes. 15-18 zu «face» und «face-management», *G.H. LERNER*, Finding «face» in the preference structures of talk-in-interaction, in: Social Psychology Quarterly 59 (1996) 303-321, *K. TRACY/S.J. TRACY*, Rudeness at 911: Reconceptualizing face and face attack, in: Human Communication Research 25 (1998) 225-251.

[58] Vgl. *H. STRASSNER*, Prestige – Stigma, in: *AMMON/DITTMAR/MATTHEIER*, Sociolinguistics/Soziolinguistik I 140-145, *W. HOLLY*, Imagearbeit in Gesprächen. Zur linguistischen Beschreibung des Beziehungsaspektes, Tübingen 1979, exerziert diesen Ansatz.

[59] Vgl. *E. SCHÜTZE*, Situation, in: *AMMON/DITTMAR/MATTHEIER*, Sociolinguistics/Soziolinguistik I 157-164.

[60] Vgl. *HELD*, Verbale Höflichkeit 65. Vgl. *EHRHARDT*, Beziehungsgestaltung und Rationalität 58-76.

[61] Vgl. *GOFFMAN*, Interaktionsrituale 91. Vgl. *R. SCHULZE*, Persuasive strategies and face-work in impromptu speech, Duisburg 1987, weiteren Implikationen gehen nach *S.R. WILSON/A.W. KUNKEL*, Identity Implications of Influence Goals: Similarities in perceived face threats and facework across sex and close Relationships, in: Journal of Language and Social Psychology 19 (2000) 195-221, *D.J. GOLDSMITH*, Soliciting advice: The role of sequential placement in mitigating face threat, in: Communication Monographs 67 (2000) 1-19, *D.A. CAI/S.R. WILSON*, Identity implications of influence goals. A cross-cultural comparison of interaction goals and facework, in: Communication Studies 51 (2000) 307-328.

[62] Im Anschluß an die theorie- und traditionsbildende Studie *E. DURCKHEIM*, Les formes élémentaires de la vie religieuse, Paris 1912.

[63] Vgl. ursprünglich *E. GOFFMAN*, The Nature of deference and demeanor, in: AmA 58 (1956) 473-502, *ders.*, Verhalten in sozialen Situationen passim, *ders.*, Interaktionsrituale 97-255. Vgl. *L.M. MAO*, Beyond politeness theory: «Face» revisited and renewed, in: Journal of Pragmatics 21 (1994) 451-486, wo die Entwicklungslinie von Durkheim zu Goffman nachgezeichnet und präzisiert wird. Mao plädiert für eine «relative face orientation» (471), die deutlicher die kulturellen Kontexte und Konditionen einbezieht, die Rahmen und «frames» konstituieren. Vgl. auch zu linguistischen und extralinguistischen Rahmenkonzepten von Höflichkeit *M. TERKOURAFI*, Frames for politeness. A case study, in: Pragmatics 9 (1999) 97-117, *H. GRUBER*, Questions and strategic orientation in verbal conflict sequences, in: Journal of Pragmatics 33 (2001) 1815-1857, den Abriß bei *K. VORDERWÜLBECKE*, Höflichkeit in Linguistik, Grammatik und DaF-Lehrwerk, in: *LÜGER*, Höflichkeitsstile 27-45.

in eine Reziprozität eingespannt sind, verdoppeln sich die Bezüge zu komplexen interaktiven Kontexten.

8.2. Explizite soziolinguistische Modelle im Höflichkeitsdiskurs

Als elaborierteste soziolinguistische Theorien der Höflichkeit können für unseren Zusammenhang der *generativ-semantische* Ansatz von Robin T. Lakoff, der *pragmalinguistische* von Geoffrey N. Leech und – vor allem – die *ethnolinguistische* Taxonomie Penelope Browns und Stephen Levinsons genannt werden.[64] Diesen Ansätzen gilt nun in gebotener Kürze unser Augenmerk.

8.2.1. R.T. Lakoff und die semantische Regel: «Be polite!»

Die Beiträge von *Robin T. Lakoff* können zu den Vorreitern einer pragmalinguistischen Auseinandersetzung mit dem Phänomen der Höflichkeit gezählt werden. In ihren Arbeiten[65] analysiert sie die Indirektheit, also die für sprachliches Handeln typische Diskrepanz zwischen semantischer und pragmatischer Bedeutung, von «requests». Unter dem Druck des Imperativs, der hier fokussiert wird, treten in Gegensatz zur Klarheits- und Distinktheitsmaxime – wie sie Grice, oft aber auch die präwissenschaftliche Anstandsliteratur einfordert – Phänomene auf, die dem entgegenwirken und die Lakoff unter der semantischen Regel «be polite» zusammenfaßt. Drei Teilaspekte der pragmatischen Druckminderung bei Aufforderungen benennt Lakoff:

- «Don't impose!»,
- «Give options!»,
- «Make A. feel good – be friendly!»[66]

Lakoff eruiert diese drei Teilregeln, die für sie wert- und normbesetzt sind, im Rahmen einer generativen Semantik. Die Forderung nach Druckminderung, Gewährung von Optionen und der Kreation eines angenehmen Gefühls (letzteres selbst ist eine Form der Druckausübung, da sie den Adressaten «gestaltet»!) vor dem Hintergrund von Aufforderungen ist in diesem altrozentrischen Modell unmittelbar korreliert mit den Ausdrucksformen, die gewählt werden. Innerhalb generativer Semantiken ist Höflichkeit allein die semantische Bedeutung des Ausdrucks. Dabei erscheinen für den Höflichkeitskontext von Aufforderungen Ausdruck und Sprechakt

---

[64] Vgl. den Überblick bei *EHRHARDT*, Beziehungsgestaltung und Rationalität 171-197.

[65] Vgl. *R.T. LAKOFF*, The Logic of politeness or minding your P's and Q's, in: CLS 9 (1973) 292-304, *dies.*, What You can do with words. Politeness, Pragmatics and Performance, in: *P. ROGERS* (Hrsg.), Proceedings of the Texas Conference on performatives, Arlington 1977, 79-105. Vgl. zu diesem Ansatz *FRANCK*, Grammatik und Konversation 158ff., *R. SCHULZE*, Höflichkeit im Englischen, Tübingen 1985, 66ff.

[66] Vgl. *LAKOFF*, The Logic of politeness 298.

verwechselt oder vertauscht[67], während Höflichkeitskonventionen und Ausdrucksformen identisch gesetzt werden. Die kontextabhängigen und -sensitiven Varianten bleiben dagegen unberücksichtigt. Diese in den Blick zu nehmen suchen – auf je unterschiedliche Weise – die beiden pragmatisch orientierten Höflichkeitskonzepte von Leech und Brown/Levinson.

8.2.2. G.N. Leech und die Pragmatheorie der Höflichkeit

Geoffrey N. Leechs Ansatz entwickelt sich im Kontext einer Auseinandersetzung mit Searls Sprechakttheorie innerhalb einer allgemeinen Theorie der Sprachpragmatik.[68] Leech stößt dabei ebenso wie Lakoff auf Phänomene, die dem Griceschen Kooperations- und Klarheitsprinzip zuwiderlaufen. Indirektheiten im Sprachverhalten bei Aufforderungssituationen führen Leech dazu, ebenso eine konkurrierende Gegenmaxime zu postulieren: das «politeness principle»[69]. Leech räumt diesem Prinzip für das alltägliche Kommunikationsverhalten eine vorrangige Bedeutung ein. Höflichkeit wird hier als ein pragmatisches Prinzip aufgefaßt, das notwendig ist zu En- oder Dekodierung der pragmatischen Bedeutung sprechsprachlicher Akte. Grundlegend ist dabei die Unterscheidung (und dann Vermittlung) zwischen semantischer Bedeutung («sense») und pragmatischer Bedeutung («force»).[70] Während erstere über die Konventionen und Regeln der Grammatik z.B. leicht zu erschließen sind, besteht im Regelfall bei pragmatischem Druck einer Aussage ein Bündel von zusätzlichen Faktoren, die Uneindeutigkeit und Unschärfe hervorrufen oder begünstigen. Eines der berühmtesten Beispiele hierfür: die als Aufforderung, Türen und Fenster zu schließen, gemeinte Aussage «Hier zieht es!». An Stellen wie dieser greift das von Leech erhobene Höflichkeitsprinzip zur Dekodierung einer pragmatisch uneindeutigen, aber eben nicht unbeliebigen Äußerung.

Dies wird deutlicher, hält man sich vor Augen, daß neben den Maximen des Kooperationsprinzips auf der Hörerseite sich auch der Sender kooperativ verhalten muß, weil er an der richtigen Dekodierung seiner Aussage interessiert sein muß. Auf der Senderseite enthält das Höflichkeitsprinzip für Leech folgende quasi *normativ-formative* Komponenten und Submaximen:

- «*tact maxim*»: Minimiere die Kosten für den anderen, maximiere seinen Nutzen!
- «*generosity maxim*»: Minimiere den Nutzen für dich selbst, maximiere deine Kosten!
- «*approbation maxim*»: Minimiere die Geringschätzung des anderen, maximiere seine Hochschätzung!
- «*modesty maxim*»: Minimiere die Wertschätzung deiner selbst, maximiere die Geringschätzung deiner selbst!

---

[67] Vgl. *B. LAVANDERA*, The social pragmatics of politeness forms, in: *AMMON/DITTMAR/MATTHEIER*, Sociolinguistics/Soziolinguistik II 1196-1205, 1198.

[68] *G.N. LEECH*, Language and tact, Trier 1977, *ders.*, Explorations in semantics and pragmatics, Amsterdam 1980, *ders.*, Principles of pragmatics, London 1983. In diesen Beiträgen spiegelt sich Leechs veränderte Sichtweise wider – eine fortschreitende Entwicklung und Verschiebung des Blicks von der Textsemantik zur Textpragmatik hin.

[69] Vgl. *LEECH*, Principles of pragmatics 79-84.

[70] Vgl. *LEECH*, Principles of pragmatics 17.

- *«agreement maxim»*: Minimiere Unstimmigkeiten zwischen dir und dem anderen, maximiere die Übereinstimmung zwischen dir selbst und dem anderen!
- *«sympathy maxim»*: Minimiere die Antipathie zwischen dir selbst und dem anderen, maximiere Sympathie zwischen dir und dem anderen!

In dieser sanft bipolaren Sichtweise der Höflichkeit als «a scale or rather a set of scales having a negative and a positive pole»[71] wird somit eine Skalierung einzelner Sprechhandlungen zwischen zwei extremen Polen (maximale Höflichkeit/minimale Höflichkeit)[72] möglich. Allerdings bleibt die Graduierung selbst eher eine Angelegenheit der Intuition. Innovativ ist Leechs interaktive Konzeption von Höflichkeit im Rahmen einer «interpersonal rhetoric»[73], die aus dem reziproken Abtausch von «goods», also Waren, besteht. Dieses «ökonomische» Höflichkeitsmodell hat bei Leech auch taxonomischen Wert und wird hinsichtlich des Nutzen- und Schuldfaktors bei Hörer und Sprecher weiter expliziert. Hierbei sieht Leech bei diesem Austausch von Höflichkeitsgütern eine grundlegende Asymmetrie, sprich konstitutiv unterschiedliche Positionen und Funktionen im Verhältnis von «hearer» und «speaker» gegeben.[74] Somit wird das Höflichkeitsmodell bei Leech eine Strategie, die zur Reduktion dieser Asymmetrie führen soll, die dann entsteht, wenn «unhöfliche», also vorrangig für den Hörer kostenstarke Interventionen intendiert sind. Höflichkeit, vorab verbale, ist also eine Strategie zur Konfliktvermeidung oder -minimierung. Dabei verfällt er der verfänglichen (?) Tautologie, daß Höflichkeit nur mit Höflichkeit zu erreichen wäre.[75] Nun ist dies keineswegs immer nur tautologisch, macht hier aber zumindest auf eine weitere Frage aufmerksam. Die vermittels der Höflichkeitspragmatik erzielte Höflichkeit geht selbst wiederum nicht nur in verbalen Formen und ihrem Druck auf. Meßbare, beschreibbare Höflichkeit mündet dann in eine Dimension, die nicht mehr ausschließlich mit Verbalisierungen diverser Direktheitsgrade zu tun hat, sondern reicht hinüber in Felder allgemeinerer sozialer Umgangsnormen und schließlich in einer Verkörperung und Figurierung des interpersonalen Wertes der Achtung. Leech selbst verweist auf diese Dimensionen, wenn er zwischen «courteous goals» und «polite goals» unterscheidet und den Achtungsaspekt mit dem traditionellen Terminus der «comity» (von lat. «comitas») belegt.[76]

In diesem primären, bipolaren Kosten-Nutzen-System ergibt sich dann: Je größer die Kosten der verlangten Handlung für einen Hörer sind, umso unhöflicher wird eine Aufforderung in der Form eines reinen Imperativs. Die Takt-Maxime –

---

[71] *LEECH*, Principles of pragmatics 83. – Ohne hier sogleich auf den systematisch-ethischen Ort von «Maximen» zusteuern zu müssen, sei hier unterstrichen, daß die einzelnen Benennungen ein Echo haben in der traditionellen Höflichkeitsanalyse moralistisch-didaktischer und tugendethischer Provenienz: Takt, Generosität, Bescheidenheit flankieren – wie bereits gesehen – kontinuierlich den Höflichkeitsdiskurs bis hin zu punktuellen Überschneidungen und Synonymisierungen.

[72] Vgl. *B. FRASER/W. NOLEN*, The association of deference with linguistic form, in: International Journal of the Sociology of Language 27 (1981) 93-111, *LAVANDERA,* The social pragmatics of politeness forms 1196.

[73] *LEECH*, Principles of pragmatics 131ff.

[74] Vgl. *LEECH*, Principles of pragmatics 107.

[75] Vgl. *HELD*, Verbale Höflichkeit 71.

[76] Vgl. *LEECH*, Principles of pragmatics 104ff.

das Zentrum von Leechs Theorie der Höflichkeit[77] – wird also fordern, diese Imperative und ihren Druck abzufedern durch eine größere Indirektheit der Formulierung. Im Hintergrund steht die Auffassung, zu einer idealen Gleichverteilung von Kosten und Nutzen der Interaktion zu gelangen. Dies wird durch weitere Überlegungen abgestützt. Die Erhebung einer «cost-benefit-scale» macht Höflichkeit meßbar in einem Skalierungsbereich zwischen Gut und Böse. Zudem versteht Leech die «comity»-Höflichkeit als ein Set von Verhaltensformen, die im Sinne einer Abgleichung sozialer (altrozentrischer) Erwartungen und egozentrischer Ziele fungiert, eine Intention, die vermittels einer Erhöhung von Variablen und Optionen des anderen zu Kostensenkung und Gewinnsteigerung erreicht werden soll.

Leechs Theorie – so läßt sich vorläufig bilanzieren – trägt einiges zur Klärung des Phänomens der Höflichkeit bei, hat aber Schwächen. So hat die bipolar-interaktive Kosten-Nutzen-Konzeption den Nachteil, daß sie eben schwerlich beispielsweise die Situation einfassen kann, in der ein direkter Imperativ bei größtem Druck dennoch den größten Nutzen für den Hörer haben kann – und dies, weil in diesem strikten Schema Prosodik, Para- und Nonverbalität nicht eingefangen werden.

Wichtig hingegen ist die Beobachtung, daß die Grundsätze der Höflichkeit nicht unbedingt geltende Regeln sind, sondern (situations-)bedingte Maximen. Eine ideale Einhaltung aller Maximen gleichzeitig ist undenkbar. Die Maximen gelten also in mittlerer Reichweite. Wichtig ist zudem die Feststellung, daß Höflichkeit zielorientiert ist. Entscheidend ist das von der Höflichkeit angepeilte Ziel, nicht die vollständige Einhaltung aller Konventionen und Regularien, die zuhanden wären. Höflichkeit ist ausschließlich funktional. Hier aber stellt sich die Frage, was das Ziel der Höflichkeit ist. Leech umschreibt es nur schwach und letztlich defizitär mit Begriffen wie der «Erhaltung des sozialen Gleichgewichts», der «freundlichen Beziehungen» oder der «strategischen Konfliktvermeidung». Dies wird umso fraglicher, als im Kontext eines merkantilen Kosten-Nutzen-Schemas für Leech Kosten immer mit der Störung des Gleichgewichts, immer mit konfligierenden Zielen zu tun haben. Hier wäre über Leech hinaus nach einer Höflichkeit der Ziele, nicht nur mit ihm nach einer Höflichkeit der Ausdrucksformen zu fragen. Das «Wie» der Höflichkeit wird bei also Leech unter weitgehender Ausklammerung des «Wozu» analysiert, die Reflexion auf tragendere als die genannten Motive bricht früh ab.

8.2.3. P. Brown/S. Levinson und das Modell der Zweckrationalität

Penelope Brown und *Stephen Levinson*[78] gehen in ihrem ethnolinguistischen Ansatz im Unterschied zu Leech und Lakoff einen empirischen Weg und entwickeln von diesem Angang her ein Modell, das mittlerweile weithin rezipiert und kritisiert worden

---

[77] *LEECH*, Language and tact, passim, *ders.*, Explorations 79-117, *ders.*, Principles of pragmatics 14-131.

[78] *P. BROWN/S. LEVINSON*, A theory of prosodic semantics, Berkeley 1974, *dies.*, Universals in language usage: Politeness phenomena, in: *E.N. GOODY* (Hrsg.), Questions and politeness. Strategies in social interaction, Cambridge 1978, 56-289, wiederveröffentlicht als Monographie mit einem Literaturbericht zur Rezeption unter *dies.*, Politeness. Some universals in language usage, Cambridge 1987 (nach dieser Ausgabe wird nachfolgend zitiert).

ist.[79] Hauptanliegen ihrer komparatistischen Erhebungen und Überlegungen, die sie auf weitgefächerte Analysen höflichen Handelns in unterschiedlichen Kultur- und Sprachräumen stützen, ist es zu zeigen, daß Formen der Höflichkeit in unterschiedlichen ethnologischen Kontexten eine unterschiedliche sprachliche Realisierung finden, aber mit einer Reihe von interkulturell konspirierenden Grundstrategien in Verbindung stehen.

Brown/Levinson versuchen, den Einsatz von Höflichkeitpattern auf universale Prinzipien zurückzuführen und zudem von einer möglichst geringen Anzahl logischer Prämissen auszugehen. Kombiniert werden dabei theoretische Ansätze der Anthropologie und Ethnographie[80] mit sozialpsychologischen Erkenntnissen[81] und pragmatischen Sprachtheorien[82]. Dabei rekonstruieren sie eine Modellperson, die – das sind die beiden relevanten Grundbegriffe – über ein «face» und über Rationalität verfügt. «Face» meint dabei im Anschluß das «public self image», das alle Mitglieder einer Sozialität gegeneinander und interaktiv zu wahren suchen. Hierbei ist erklärend festzuhalten, daß die Kategorie «face»[83] nicht apriorisch oder ontologisch gezeichnet wird, sondern sich in der Dynamik der Interaktion vollzieht und konstituiert. Dieses «public self image» steht in einer bipolaren Bedürfnisstruktur, deren beide Pole im Anschluß an Goffmans Vorschläge und Überlegungen zum konstitutiv-konturierenden Besitzstand des Individuums gehören und nach Anerkenntnis heischen. Die beiden Pole sind das «positive face» und das «negative face». In

---

79 Zur Rezeption vgl. *BROWN/LEVINSON*, Politeness 1-54, wo die Autoren selbst das Echo auf ihre Theorie sichten, weitere Stimmen werden genannt bei *HELD*, Verbale Höflichkeit 73, *G. KASPER*, Linguistic politeness. Current research issues, in: Journal of Pragmatics 14 (1990) 193-218, kritisch auch *HAFERLAND/PAUL*, Theorie der Höflichkeit 15-18: Die Autoren vermerken, daß «Face» als kategorialer Zugriff zum einen zu stark als Theorieträger belastet wird, zum anderen die Metaphorik zu undeutlich bleibt, somit ein «Face»-Konzept ein Personkonzept nicht allein halten kann. Diese Erinnerung ist natürlich richtig, warnt sie doch vor methodischen Monismen, aber die meisten einschlägigen Begriffe behalten Unschärfen an den Rändern. Ernster ist der Einwand, daß hinsichtlich der «negative politeness» im Duktus von Goffman und Brown/Levinson zwei Dimensionen zusammengenommen werden, die sachlich zu trennen seien, nämlich die absichtliche oder unabsichtliche Gesichtsbedrohung. Dieser Hinweis trägt nur solange – und behält auch ethische Relevanz im Sinne der Intention als *eine* der Quellen der Moralität einer Handlung –, insofern ausschließlich die Senderseite im Blick bleibt. Für den Adressaten ist die Unterscheidung «intendiert/nicht-intendiert» nicht immer so klar zu treffen. Vgl. *T.-S. LIM/J.W. BOWERS*, Facework: Solidarity, approbation and tact, in: Human Communication Research 17 (1991) 415-450, *A.J. MEIER*, Defining politeness: Universality in appropriateness, in: Language Sciences 17 (1995) 345-356, summarisch und applikativ *REICHENBACH*, «Mit süßer Zunge» 123-202, *D.J. GOLDSMITH*, Soliciting advice: The role of sequential placement in mitigating face threat, in: Communication Monographs (67) 2000 1-19. Kritik und Weiterführung der Überlegungen von Brown/Levinson entzünden sich immer wieder an der Frage, ob und was als «universalisiert» oder «universalisierbar» betrachtet oder postuliert werden kann: die Standardsituation, die Regulation oder der Regulationsbedarf selbst. Vgl. u.a. *H.H LÜGER*, Höflichkeit und Höflichkeitsstile, in: *ders.*, Höflichkeitsstile 3-23.

80 Vgl. schon *J.J. GUMPERZ/D. HYMES*, Directions in sociolinguistics. The ethnography of communication, New York 1972.

81 Vgl. *MEAD*, Mind, Self and Society, und vor allem *GOFFMAN*, The nature of deference and demeanor, *ders.*, Interaction Rituals, bes. *ders.*, Verhalten in sozialen Situationen 10-53.

82 Hier sind die Hauptreferenten Grice und die Sprechakttheorie (vgl. oben). Zum Grice-Paradigma vgl. auch *REICHENBACH*, «Mit süßer Zunge» 18-25, *EELEN*, A Critique of Politeness Theories 1-29, 48-86.

83 In der nicht-englischen Sekundärliteratur wird der Terminus verschieden übersetzt. Manche dieser Vorschläge – z.B. die Wiedergabe mit «Image» im Deutschen – zeitigen Assoziationen, die dem Angezielten eher abträglich sind. Wir verwenden deshalb nur den Originalbegriff oder wählen die Übersetzung «Gesicht», gerade weil Ausdrücke wie «Gesichtswahrung» und «Gesichtsverlust» und damit einhergehende sprachliche Wendungen und Metaphern höflichkeitstheoretisch Relevantes signalisieren.

zweckrationaler Interpretation reüssiert Interaktion dann am wahrscheinlichsten, wenn dem *positiven* wie dem *negativen* Gesicht reziprok Rechnung getragen wird. Ersteres meint diesbezüglich die positive Abgeltung von Anerkennungs- und Wertschätzungserwartung durch die Kommunikationspartner, zweiteres hingegen das beiderseitige Bedürfnis und Interesse des Individuums nach Nicht-Beeinträchtigung seiner Handlungen und Respektierung seiner Handlungsfreiheit durch den jeweils anderen Kommunikationspartner. Die Rationalität der Modellperson besteht in deren logischen Schlußverfahren von Zielen auf Mittel, dieses Ziel zu erreichen. In der Aufgabe, positive und negative Bedürfnisse situativ – als Grundbedürfnisse nach Zuwendung und Distanzwahrung – abzugleichen und zu gestalten, wird die Grundvoraussetzung für verantwortliches Handeln gesehen. Diese Aufgabe wird von den Interaktanten durch zweckentsprechenden Einsatz von antagonistischen Verhaltensstrategien gelöst, die zu den Bedürfnissen des *face* komplementär sind: Diese stellen das mittlerweile klassisch gewordene, dichotomische Korrelat, welches bei Brown und Levinson grob gefaßt so aussieht: Dem *positive face*, also dem Bedürfnis nach Anerkennung und Wertschätzung, entsprechen Strategien der *positive politeness*, dem *negative face*, also dem Bedürfnis nach Schutz persönlicher Territorialrechte und nach Wahrung des damit verbundenen Handlungs- und Entscheidungsfreiraums, entsprechen Strategien der *negative politeness*.[84]

Eng verknüpft mit Vorgaben Goffmans wird hier ein bedürfnisorientiertes Konzept der Höflichkeit entwickelt, das auf Verbindungen von onomasiologischen und zweckrationalen Fragestellungen ruht und davon ausgeht, daß die Erfüllung kommunikativer Intentionen vermittels eines funktional abgrenzbaren Instrumentariums erfolgt.[85] Hierin liegt auch das Ziel von Brown und Levinsons Modell: Es geht primär um die Deskription einer Mittel-Zweck-Relation der Höflichkeit als Vermeidungsstrategie von und bei unvermeidlichen Alltagshandlungen, die als «FTA», als «face threatening acts», aufzufassen wären. Hierin kulminiert für Brown und Levinson Sinn und Zweck von Höflichkeit.[86]

Da «face» eine Bedürfnisstruktur offenbart, die durch Handlungen anderer befriedigt werden kann, ist es das Bestreben aller, ihr Gesicht reziprok zu wahren.

---

[84] Vgl. *HELD*, Verbale Höflichkeit 74. – Weitestgehend im Anschluß daran werden wir eine Reihe von (verbalen) Phänomenen der Höflichkeit gruppieren und verstellen. Auch *T. HOLTGRAVES*, «Yes, but ...» – Positive politeness in conversation arguments, in: Journal of Language and Social-Psychology 16 (1997) 222-239. Vgl. unten Abs. 9.1.-3. Dazu auch *WEINRICH*, Ehrensache Höflichkeit 17, der (mit Verweis auf die «sagenhafte» Protagonistin Madame G. de Staël) positive und negative Höflichkeit als Gleichheit in der Ungleichheit und Ungleichheit in der Gleichheit bezeichnet. Immer wieder die Frage der Verwechslung von Gleichberechtigung und Gleichheit: Höflichkeit zweifelt nicht Gleichberechtigung an, sondern versucht die faktischen Ungleichheiten verträglich (wenigstens temporär und intermediär) zu gestalten. Der distinktive Charakter ist nicht der letzte und einzige Orientierungswert, vgl. allerdings *M.-C. NATTAN,* Art. Distinction, in: DRPSV 271-303, *J.R. MEYER*, Effect of Request. Type and Situational Features on Negative Politeness in Requests, in: Communication Research Reports 18 (2001) 158-165.

[85] Vgl. *HELD*, Verbale Höflichkeit 74. – Darin liegt natürlich eine Grenze dieses instrumentellen Modells.

[86] Kerbrat-Orecchioni moduliert und variiert diesen Topos durch «FFAs» (Face-flattering-acts als «acts that are used to enhance face», auch als «Face-supporting-acts» oder «Face-giving-acts» bezeichenbar, was die Richtung verdeutlicht). Dies macht unter anderem darauf aufmerksam, daß bei aller (auch ethischen) Einschlägigkeit von Bedrohung, Konkurrenz, Invasivität und Rivalität hier durchaus noch weitere Muster und Motive schon auf der analytisch-deskriptiven Ebene in Betracht gezogen werden können. Vgl. *C. KERBRAT-ORECCHIONI*, Les interactions verbales, 3 Bde., Paris 1990-1994, knapp resümierend *dies.*, Est il bon, est il méchant: quelle représentation de l'homme-en-société dans les théories contemporaines de la politesse linguistique?, in: *WAUTHION/SIMON*, Politesse et idéologie 21-35.

Dennoch gibt es unvermeidlich Handlungen, die als «face threatening act» («gesichtsbedrohender Akt»/GBA) zu bewerten sind. Diese können ohne Rücksicht auf das «public self image» des anderen durchgeführt oder eben abgefedert und strategisch bearbeitet oder kalkuliert werden. Genau zu diesem Zweck werden rationale Strategien der Höflichkeit eingesetzt[87], die in unterschiedlichem Maß den gesichtsbedrohenden Akt schwächen, der soziale Identitäten, «faces» und damit die kommunikative Beziehung beeinträchtigen und stören könnte. Höflichkeitsformen sind also vorrangig symbolische kommunikative Konfliktentschärfungen aus subjektiver Kalkulation. Hierbei ergibt sich nach Brown/Levinson eine Art Stufenleiter von mehr oder weniger höflichen Strategien:

- Strategien der «direkten Unverblümtheit»[88] («on record»): GBA ohne Rücksicht auf das «public self image» von Sender oder Empfänger;
- Strategien der «positive politeness» (Variante der «redressive action»): der GBA wird ausgeführt, aber durch Formen der Zuwendung an das positive Gesicht des Hörers auszugleichen gesucht;
- Strategien der «negative politeness» (als weitere Variante der «redressive action»): der GBA wird ausgeführt, aber durch Formen der Zuwendung an das negative Gesicht des Hörers auszugleichen gesucht;
- Strategien des «off-record»: der GBA wird nur angedeutet;[89]
- Unterlassung des GBA.[90]

Wesentlich ist also die Intensität und der Druck des FTA/GBA, was sich für Brown/Levinson in einem Koordinatennetz und der Relation von moralischem Gewicht der Handlung («rank») und den sozialen Parametern Machtgefälle («power») und «distance» annähernd kalkulieren läßt. Je größer der jeweilige Druck einer Handlung ist, die das «public self image» des Hörers betrifft, desto größer muß die abschwächende Wirkung der jeweils rationalen und kalkulierten, also eigenzwecklichen Höflichkeitsstrategie des Sprechers sein. Da dieser Zusammenhang – hochrangige Strategie gleichbedeutend mit möglichst hochrangigem Gesichtsverlust – auch auf der Adressatenseite bekannt ist, kann sich die Wahl einer derartigen Strategie aber gerade kontraproduktiv auswirken, was wiederum die Folge hat, daß der Sender um so vorsichtiger kalkulieren muß bei der Wahl seiner Strategien. Aus diesem Grund gilt das Hauptaugenmerk von Brown/Levinson nicht den «on/off-record-Strategien», sondern den Performanzvarianten der «redressive action». Dieses zweckrationale und logische Kalkül besteht also in der Abwägung der Schwere des GBA, der situativen horizontalen wie vertikalen Distanz der Partner und der erforderlichen Schwere der Strategie selbst.[91]

---

[87] Vgl. *BROWN/LEVINSON*, Politeness 60-63.

[88] So übersetzt *VALTL*, Höflichkeit 231. Vgl. *B. KLEINER*, Class Ethos and Politeness, in: Journal of Language and Social Psychology 15 (1996) 155-175.

[89] Vgl. *M. SIFIANOU*, Politeness and off-record indirectness, in: International Journal of the Sociology of Language 126 (1997) 163-179. Zur Konkretisierung *L. ALBA-JUEZ*, Irony and other off record strategies within politeness theory, in: Miscellanea. A Journal of English and American Studies 16 (1995) 13-23.

[90] Zu dieser Klassifizierung vgl. *BROWN/LEVINSON*, Politeness 63-66.

[91] *HELD*, Verbale Höflichkeit 75, umreißt: «Für B/L (i.e. Brown/Levinson – APA) ist Höflichkeit damit als ein System von Verhaltensstrategien zu verstehen, die sich aufgrund der direkten Proportionalität von

Wichtig zu vermerken bleibt: Der Ansatz von Brown/Levinson ist zweckrational und wertfrei konzipiert. Bestimmend ist das sachlich-instrumentelle Handlungsziel. Eine Hierarchie oder Taxonomie der Höflichkeitsstrategien entläßt so eine Taxonomie von Höflichkeitsformen, die ein analoges Modell bilden. Die Leistungen des von Brown/Levinson derart re-konstruierten Modells von Höflichkeitsstrategien und -formen bestehen zweifellos in der Tatsache, daß sie Korrespondenzen und logisch verbundene Kategorien erstellen für einen Diskurs über scheinbar disparate Phänome hinweg. Sie weisen zudem eine spezifische Universalität von Höflichkeitsstrategien nach und haben in der Reflexion auf die Bedeutung des GBA einen hermeneutischen Ansatzpunkt, der trägt, auch wenn die Theorie insgesamt vorrangig strategisch, zweckrational und wertfrei konzipiert ist.[92]

Der Begriff und das Theoriestück des «Gesichtes», von «face» oder auch «image» bleibt ambivalent: *Theoretisch* postulierte Eigenschaften der Modellperson, als Platzhalter für die logisch nötige Unterscheidung von negativ und positiv stehen auf der einen Seite, *empirisch* hingegen tritt das Gesicht von zwei Seiten her in den Blick – in der Situation des konkreten Verlustes und indirekt über die gewählten Strategien, die Aufschluß auf das implizierte Konzept geben. «Gesicht» wird damit zum Sammelbegriff für alle Erwartungen und Ansprüche des Kommunikationspartners – Chiffre für alle Formen des die Höflichkeit und ihre Formen grundierenden Wertkonzeptes, in das alle Wertimplikationen ausgelagert werden. Diese Auslagerung aus dem taxonomischen Diskurs erscheint fragwürdig, weil die Höflichkeit wiederum auf die Handlungsziele des Sprechers reduziert, aber eine Wertigkeit des Zieles selbst (oder eines Habitus dahinter) nicht explizit thematisiert wird.[93]

Als Kernproblem in der Analyse von Höflichkeit ist damit offensichtlich der normative Aspekt anzusehen und dessen Begründung wie dessen Reichweite angesichts der Polyvalenz und Polyfunktionalität «höflicher Phänomene». Werte, die Höflichkeit repräsentieren, kommen in beiden genannten Theorien nur schwach zum Ausdruck.

8.3. Bilanz und Weiterführung

Mit einigen abschließenden Bewertungen und Systematisierungen der vorgestellten linguistischen Modelle und Überlegungen soll der Blick auf deren analytische Leistungen wie Defizite hinsichtlich des Zugriffs auf das Phänomen der Höflichkeit den Boden bereiten für das Referat einiger markanter Einsatzorte (verbaler) Höflichkeit und ihrer Operationen und Performanzdaten. Im Anschluß an die drei Modelle von Lakoff, Leech und Brown/Levinson und deren Beitrag zur linguistischen Höflichkeitstheorie sind auf drei Ebenen Anmerkungen vorzutragen. Sie betreffen

---

Konfliktminderung und Indirektheit in hierarchischer Ordnung klassifizieren lassen.» Vgl. mit Bezug auf Brown/Levinson *GRUBER*, Questions and strategic orientation in verbal conflict sequences 1815-1857.

92 Diese Feststellungen eröffnen weitere Fragen – z.B. die nach der Expression von Wert, Respekt, Achtung und Anerkennung und der Einbettung und Ausfaltung in übergreifende, nämlich anthropologische und ethische Sinnhorizonte.

93 Kritisch zu Grice und Brown/Levinson auch *R.B. ARUNDALE,* An alternative model and ideology of communication for an alternative politeness theory, in: Pragmatics 9 (1999) 119-153. Ihm geht es um die Encoding/Decoding-Modellierung, die Rahmentheorien zu ergänzen hat. Hier liegt eine Konvergenz zur Kritik einer möglichen formalistisch-strukturalistischen Engführung dieser Konzepte vor.

zunächst die Ebene der theoretischen Struktur und ihrer Optionen, sodann die Ebene der jeweiligen Operationalisierbarkeit und schließlich die Ebene der Einordnung und Evaluation empirisch erhobener Einzeldaten.[94] Was Theoriestrukturen und -optionen betrifft, so macht Held darauf aufmerksam[95], daß die Modelle vom Postulat der Wertfreiheit[96] oder -neutralität ausgehen, also unter vorlaufender Ausblendung eines wie auch immer gearteten Werte-, Normen- und Konventionenkomplexes agieren, diese Option dann aber tatsächlich nicht durchhalten können, weil die Überlegungen sich dann bezüglich der einzelnen Untersuchungsfelder immer wieder auf eine sprachlich performierte Dichotomie zwischen einer (und sei es nur sprachlichen) Basisnorm und deren praktischer Umsetzung beziehen müssen. Einmal abgesehen von der konkreten Darstellung schwingt also immer ein – im weitesten Sinn normativer Bezugspunkt in die Diskussion hinein. Dieses Faktum (und damit das theoretische Defizit) wird noch greifbarer hinsichtlich des kontinuierlichen Bezuges auf die Normgröße der Konfliktvermeidung oder -minimierung, die sich ihren sprachlichen oder gestischen Ausdruck sucht, aber massiv auf eine interpersonale, relationale Grundhaltung hinweist, die eben nicht allein in Verbalisierung und Grammatikalisierung aufgeht, sondern in eine Richtung weist, die auf einen inneren Konnex von Höflichkeit und Sittlichkeit schließen läßt.[97] In dieser Hinsicht ist auch das Konzept des «face» als eine normative und somit latent in die Sphäre der Moralität weisende Größe zu lesen, die im Zentrum sei es einer Kosten-Nutzen-Struktur (Leech), sei es in der Spannung von Bedrohung oder Bestätigung (Brown/Levinson) steht. Mit anderen Worten heißt dies, daß bei der Theoriebildung folgende Überlegungen eine Rolle spielen: Höflichkeit als Konfliktfreiheit stellt einen «Wert», ein «Gut» dar. Damit tritt das Problem der Skalierung und Bewertung auf: Gut, neutral, schlecht sind zumindest analog zu höflich, höflichkeitsneutral und unhöflich. In der Konfliktfokussierung wird Höflichkeit vorrangig ex negativo beschreibbar, d.h., dort wo in der verbalen Interaktion Störungen vermieden oder minimiert werden, deutet dies auf den Einsatz von Höflichkeitsmitteln. Diese Annahme wird in der theoretischen Konzeption universalisiert auf Kosten von Kontextualität und Relativität.

Neben eben der Frage der ethischen Motivation, die nicht genügend reflektiert wird, ist es vor allem die Frage, ob Höflichkeit ausschließlich oder vorrangig konfliktzentriert behandelt werden kann, die zu weiteren Überlegungen führen muß, weil an dieser Stelle die Höflichkeitstheorie eine Schlagseite bekommt, sei es durch die antithetische Simplifizierung, die Mischformen, Paradoxien, Metakorrespondenzen oder «doublebinds» ausblendet, sei es dadurch, daß die «negative politeness»

---

[94] Vgl. ausführlicher *HELD*, Verbale Höflichkeit 75-79. Hier wird nochmals – paradigmatisch – deutlich, auf welche Problemstellungen Höflichkeitsforschung stößt – und das nicht nur, wenn sie einen sozio- oder pragmalinguistischen Ansatz wählt, um sich ihres Objekts zu versichern und es greifbarer zu machen. Vgl. auch *H. HAVERKATE*, La cortesía verbal. Estudio pragmalinguístico, Madrid 1994.

[95] Vgl. *HELD*, Verbale Höflichkeit 75f.

[96] Deutlich bei *BROWN/LEVINSON*, Politeness 61f., bei Leech eher im Sinne einer Unterlassung, das näher zu bestimmen, was er des öfteren als «values» bezeichnet, auf die er Bezug nimmt. Vgl. *LEECH*, Principles of pragmatics 5-9.

[97] Vgl. *K.-H. ILTING*, Sittlichkeit und Höflichkeit oder: von der Würde der Persönlichkeit und der Verletzlichkeit des *amour propre*, in: *J. STAGL* (Hrsg.), Aspekte der Kultursoziologie (FS M. Rassem), Berlin 1982, 99-123 (wiederveröffentlicht in: *K.-H. ILTING*, Grundfragen der praktischen Philosophie, Frankfurt/M. 1994, 103-137; auf diese Ausgabe beziehen wir uns).

zwangsläufig überbetont wird, ein hypothetischer anderer in der Antizipation übermächtig wird und sowohl das reale Ego wie das konkrete Alter unterbelichtet erscheint.

Auf der Ebene der Operationalisierung schlagen die skizzierten Modelle den Weg der Strategiebildung ein. Sprachliche Pertinenz und Kontinuität von Höflichkeitsstrategien[98] führen dabei zu einer Konzeption von Höflichkeit, die durch Instrumentalität und Zweckrationalität gekennzeichnet ist, d.h., von Ziel und Zweck der Handlung her ergeben sich offen die Mittel. Die korrelative Dichotomie der «face»-Bedürfnisse und der Verhaltensstruktur zwischen Zuwendungs- und Vermeidungshöflichkeit zeichnet sich hierin ein. Handeln definiert sich in der Folge als Prozeß der Austarierung beider Interaktanden hinsichtlich ihrer Rechte, Pflichten und Erwartungen als «face-work» oder «face-management». Wichtig festzuhalten bleibt: Im Zentrum einer strategischen Konzeption steht die Erkenntnis, daß regulative Verfahren von Höflichkeit keine absolute Größen sind, sondern immer relative Geltung haben, welche sowohl *kontextuell* als auch *kotextuell*, also von der jeweiligen Sprechsituation und den individuellen Ansprüchen und Entscheidungen, abhängen.[99]

Nimmt man zu dieser Feststellung, die sich zuerst im Rahmen der Pragmatik bewegt, noch die Beobachtungen hinzu, daß auf der Ebene der Erhebung der Performanzdaten sich einige markante und selektive Verfahrens- und Untersuchungswiesen einstellen, dann läßt sich folgern, daß Höflichkeit von der Linguistik nicht umfassend formal wie funktional beschrieben werden kann, aber für die Bildung einer Höflichkeitstheorie unverzichtbar ist, gerade weil der Anteil der verbalen Realisierung von Höflichkeit erheblich ist. Wird die Aktuierungsseite der Höflichkeit im Zuge dieser theoretischen Zugriffe zumindest hinsichtlich der Konfliktvermeidung klarer faßbar, so bleibt der Ausgriff auf und die Einholung von motivationalen und habituellen Dispositionen vage und unzureichend.[100] Nimmt man allerdings die grundlegenden Orientierungen linguistischer Forschungsansätze wahr, so offenbart ihr Horizont ein Panorama, das über sprachwissenschaftliche Ausgangspunkte hinausweist. In einer systematischen Synopse geordnet, lassen sich zusammenfassend folgende Richtungen erheben, die jeweils über ihren linguistischen Kontext hinaus auch Anhalts- und Haftpunkte einer weitergehenden ethischen Reflexion bilden können. Held unterscheidet diese Grundmodelle von heuristischem Wert für die Höflichkeitsdiskussion. In diesen Modellen zeigen sich grundlegende Facetten, die von Bedeutung sind:

---

[98] Vgl. *HELD*, Verbale Höflichkeit 77f., zudem *G. SCHANK*, Linguistische Konfliktanalyse. Ein Beitrag zur Gesprächsanalyse, in: *G. SCHANK/A.J. SCHWITTALLA* (Hrsg.), Konflikte in Gesprächen, Tübingen 1987, 18-99, 68.

[99] Vgl. *HELD*, Verbale Höflichkeit 78. Sie nennt u.a. die Gleichsetzung von Illokution und singulär-satzwertigem Sprechakt, die zentrale Bindung an Einzelformen, die kontextenthoben und generalisierend beschrieben werden, die Gleichsetzung von konfliktminimalisierender Funktion mit minimalisierenden Sprachmitteln, Kontextindifferenzen, ethnographischen Generalisierungen.

[100] Allerdings muß man dazu sagen, daß dieses «Defizit» hier nicht zuerst negativ aufgefaßt wird, sondern eben gerade vor dem Panorama der Operationalisierungsleistungen der Modelle und ihrer Einsichten, die Chance eröffnet, auf einem größeren, wenngleich nicht allumfassenden Daten- und Theoriehintergrund die betreffenden Anschlußfragen weiter zu erörtern, ohne sich ausschließlich auf eher assoziative Verfahren stützen zu müssen.

- das klassische, vorpragmatische Kausalmodell,
- das Indirektheitsmodell,
- Modelle supportiver Relationen (Ausgleichs-, Antizipations-, Takt- oder Emotivmodell)
- das Routinemodell (als Routine- und/oder Ritualkonzeption).[101]

Das klassische «Modell der Kausalität»[102] impliziert und appliziert einen unkritischen, alltagsweltlichen Höflichkeitsbegriff, der sich geistes-, sozialgeschichtlich und ethisch rückbindet an die Entwicklung markierter Umgangsformen, die dem Ausdruck von Ehrerbietung, Respekt und Achtung dem anderen, vorrangig dem sozial höher Stehenden, dienen sollen. Moralische Gesittung, standesgemäßes Benehmen und eine nicht zu übersehende Formalität bestimmen. Vor dem Hintergrund eines christlich-humanistischen Standes- wie Alltagsethos ist zentral das Moment der Anerkennung des anderen als sozialer Persönlichkeit. Dieses Konzept kann man auch als «anonymes face-Konzept» bezeichnen. Es zielt auf Konfliktregulierung und Optimierung des kommunikativen Umgangs.[103]

Hauptziel höflichen Handelns ist generell, sich über Reflex und Echo des anderen in sozialer, meist bürgerlicher Hinsicht nach entsprechenden sittlichen Maßstäben und Konventionen zu konsolidieren. Höflichkeit stellt dabei ein Mittel klassenabhängiger Ideologie und Axiologie dar, die zur Stabilisierung von herrschenden Verhältnissen ebenso wie dem persönlichen Aufstieg in klar fixierten Rahmenverhältnissen dient und somit die Macht- oder Ohnmachtrolle des einzelnen entscheidend mitbestimmt.[104] Ideologische Instrumentalisierung von Höflichkeit im Sinne eines «social ranking» erscheint zwar in egalitären Systemen und Gesellschaftsformen zwar als obsolet und überholt, aber man wird nicht umhinkönnen, diese Aspekte – gleichwohl verändert und adaptiert – nach wie vor auffinden zu können. Gleiches gilt für ausgeprägte zeremonielle Inszenierungen.[105] Sprachwissenschaftlich wird Höflichkeit dabei als «soziale» oder «psychologische» Modalität[106] und ein notwendiges kausales Junktim zur Sprache hin eruiert (dies vor allem im Anschluß

---

[101] Vgl. ausführlicher *HELD*, Verbale Höflichkeit 79-97. Vgl. knapp *D. SANDU*, Höflichkeit versus Routine? Gesprächsverhalten in deutsch- und rumänischsprachigen Kommunikationsräumen, in: *LÜGER*, Höflichkeitsstile 263-276.

[102] Vgl. *HELD*, Verbale Höflichkeit 80-82. Vgl. zudem *T.W. ELWERT*, Höflichkeitsformeln im Italienischen, in: *G. HOLTUS/E. RADTKE* (Hrsg.), Umgangssprache in der Iberoromania (FS H. Kröll), Tübingen 1984, 405-415, *H. WEINRICH*, Lügt man im Deutschen, wenn man höflich ist?, Mannheim 1986.

[103] *HELD*, Verbale Höflichkeit 80, hält fest: «(...) so geht es um die Abschwächung und Euphemisierung von sozial negativen Inhalten, um ein gezieltes Maß an Ehrerbietung und Komplementierung und vor allem um das nötige Bewußtsein EGOs an Bescheidenheit und Unterwürfigkeit. Durch geschickte Handhabung der Herr-Knecht-Dialektik vermittelt Höflichkeit dem ANDEREN den Schein von Macht und höherer Position.» Vgl. *W. RAIBLE*, Sprachliche Höflichkeit – Realisierungsformen im Deutschen und Französischen, in: ZFSL 97 (1987) 145-168.

[104] Daß damit eine Auffassung von Höflichkeit vertreten wird, die an der Wurzel massiver Höflichkeitskritik steht, wird einleuchten. Überträgt man aber die Idee der Stabilisierungs- und Identifizierungsfunktion nicht allein in den Kontext der Konservierung von Verhältnissen, sondern betrachtet sie im Rahmen der Identitätsfindung und -vergewisserung, dann liegt der Ideologieverdacht, der in diesem Zusammenhang – oft nicht zu Unrecht – geäußert wird, nicht mehr automatisch auf der Hand.

[105] Man denke an das «grand siècle» in Frankreich, an das Ideal des «plaire» und seine ästhetischen Dimensionen (und Grenzen). Vgl. *BENSOUSSAN*, Plaire 689-710.

[106] Vgl. schon *G. V. GABELENTZ*, Die Sprachwissenschaft, ihre Aufgabe, Methoden und bisherigen Ergebnisse, Tübingen 1969 (Nachdruck der 2. Auflage 1901), 472-474.

an die «linguistique externe»[107] oder im Sinne «ethischer Sekundärfunktionen»). Hier wird von einem normativen Hintergrund und Stellenwert aus die Höflichkeitsrealisierung überprüft – kollektive, oft national gefärbte Konventionskategorien bilden dabei die Folie.

Modelle der Indirektheit sind ebenfalls einer kausal-deterministischen Sicht von Höflichkeit verpflichtet. Sie führen die Verletzung der Klarheits- und Distinktheitsmaxime des Grice-Paradigma, Vagheiten und Mehrdeutigkeiten[108] und kontextbezogene Implikationen kausal zurück auf die Bedürfnisse des «face». Indirektheitsmodelle haben allerdings genau deshalb eine größere analytische Spannweite als die formal-behaviouristischen klassischen Modelle der Kausalität zwischen Sprache und Höflichkeit, weil sie individuelle und kontextuelle Variablen stärker zu verdeutlichen und einzubeziehen vermögen und dabei eine Auswahl von Höflichkeitsmaßnahmen in Abhängigkeit von dem Adressaten im Sinne eines durchaus utilitaristischen Kosten-Nutzen-Schemas beobachten. Mehrdeutigkeit ist dabei die Bedingungsmöglichkeit für strategische Dispositionen. Dabei gilt – die allerdings einseitige und wegen Phänomendefiziten zu Theoriedefiziten führende – Gleichsetzung von Höflichkeit mit Rücksicht und dieser mit Indirektheit im Verfahren. Bei aller Gefahr dieser Schlußfolgerung gilt doch:

> *«Indirektheit stellt damit für die Pragmatik den entscheidenden Zugriff dar, um Höflichkeit im Spannungsfeld zwischen konventionellem Rahmen und spontaner Sprachgestaltung, i.e. zwischen konstitutiven, regulativen und individuellen Regelungen zu beschreiben und modelltheoretisch zu abstrahieren.»*[109]

Ausgehend von der «Unvollständigkeitsannahme»[110], die die Unabgeschlossenheit der Kommunikation in zeitlicher, sachlicher etc. Hinsicht generell meint, eröffnet sich dabei ein Blick auf Grundfunktionen und -momente, die gerade hinsichtlich der Höflichkeit von Relevanz sind. Unvollständig thematisiert und ausgesprochen ist die wechselseitige Unterstellung eines Alltagswissens, das das Funktionieren abstrakter (sprachlicher) Symbolik überhaupt erst ermöglicht und kontextsensitiv in soziokulturelle wie situative Varianten einbettet.[111] Annahme und Faktum der Unvollständigkeit eröffnet zudem die Möglichkeit aktiver, kreativer Auffüllarbeit auch durch den Kommunikationspartner in einem interaktiven Prozeß der Präzisierung und Ausarbeitung der Partnerpräferenzen.[112] Mindern und entschärfen Vagheit und Indirektheit Konfliktpotentiale, so erschließt sich an dieser Stelle auch die Möglichkeit positiver Beziehungsarbeit und kommt den Normen der Höflichkeit in Form von Takt entgegen. Handlungsobligationen werden herabgesetzt und

---

[107] In der Tradition von *F. DE SAUSSURE*, Cours de linguistique générale, Paris ³1965 (urspr. Lausanne 1916), und *C. BALLY*, Le langage et la vie, Genf-Heidelberg 1913.

[108] Vgl. *H. GARFINKEL*, Studies in Ethnomethodology, Englewood Cliffs 1967, 18ff., *WITTGENSTEIN*, Philosophische Untersuchungen 335f., *A. SCHAFF*, Sprache und Erkenntnis und Essays über die Philosophie der Sprache, Reinbek 1974, 321f., *M. SIFIANOU*, Off-record indirectness and the notion of imposition, in: Multilingua 12 (1993) 69-79.

[109] *HELD*, Verbale Höflichkeit 83.

[110] Vgl. *K. MÜLLER*, Interaktionssemantik, in: Deutsche Sprache 9 (1980) 289-305.

[111] Vgl. *D. FRANCK*, Stil und Interaktion, in: *B. SPILLNER* (Hrsg.), Methoden der Stilanalyse, Tübingen 1984, 121-135, 131.

[112] Vgl. *CESANELLI/MARCARINO*, L'interazione conversationale 189-205.

damit sowohl für den Sprecher als auch für den Adressaten Räume geöffnet für weitere Spezifizierungen und Präzisierungen des «tâter le terrain», womit sich einmal mehr der Hinweis darauf ergibt, daß Höflichkeit mit der Gabe und Eröffnung von Handlungsräumen und -feldern zu tun hat. Mit der Eröffnung von Antwortspielräumen wachsen natürlich auch die Verantwortungsspielräume – dies zunächst auf der unmittelbaren sprachlichen, sodann auch auf der gestisch-prosodischen Ebene.

Die Modelle der «supportiven Beziehungskonzeption» überwinden in ihren Varianten des Ausgleichs-, Antizipations- und Taktmodells die einseitige Indirektheitsfixierung durch ihre Öffnung des Untersuchungsspektrums von Sprechakt über Sprechhandlung[113] zu interaktiven Sequenzen. Hierbei ist derjenige höflich – so das vorgetragene Ergebnis –, der jenseits der bloßen isolierten und dann abstrahiert-generalisierten «sentence-units» in einem interaktiven Kontext die Bedürfnisse des anderen in situationsadäquater Weise mit den Eigenintentionen in Einklang bringt. Diese Sichtweise der verbalen Höflichkeit ist erheblich offener, weiter gespannt und führt in die Konspiration mit «face»-Konzepten, wie sie über Goffman in verschiedene Untersuchungen eingeflossen sind.

Als Ausgleichskonzepte sind im Sinne supportiver Akte jene Versuche zu bezeichnen, die vor der Antithetik der Bedürfnisstruktur situationsadaptiert die ego- und alterbezogenen Ansprüche der «negative politeness» und der «positive politeness» abzugleichen suchen.[114]

Die Antizipationskonzepte der Pragmatik[115] gehen ebenfalls über das Indirektheitsmodell in ihren Funktions-, Form- und Strukturanalysen hinaus und speisen psychologische Aspekte in die Diskussion ein, wenn sie davon ausgehen, daß die Institution Höflichkeit in Verbindung steht mit Angstphänomenen.[116] Mit der teilweise sehr pointierten Aufdeckung des Zusammenhangs von Höflichkeit und Angst im Sinne einer zwanghaften Konfliktvermeidung gelingt ein Sprung über die Sprechakttheorie und die Fixierung auf Einzelformen hinaus. Damit werden im Zusammenhang mit der Höflichkeitstheorie Perspektiven eröffnet, die weit über Linguistik und Pragmatik hinausreichen.[117] Festzuhalten ist hier einstweilen, daß Zimmermann drei unterschiedliche Antizipationsverfahren ausmacht, vermittels derer Rezipientenreaktionen aufgefangen und abgemildert werden.[118]

---

[113] Vgl. v.a. *WUNDERLICH*, Linguistische Pragmatik, *ders.*, Grundlagen der Linguistik, Reinbek 1974, *ders.* (Hrsg.), Studien zur Sprechakttheorie, Frankfurt/M. 1976, *I. ROSENGREN* (Hrsg.), Sprache und Pragmatik, Lund 1983, *S.L. TSOHATZIDIS* (Hrsg.), Foundation of speech act theory, London 1994, darin bes. *M. DASCAL*, Speech acts theory and the analysis of conversation: differences in detail that make a difference 323-334.

[114] Vgl. *HELD*, Verbale Höflichkeit 85ff.

[115] Vertreten v.a. von *K. ZIMMERMANN*, Die Antizipation möglicher Rezipientenreaktionen als Prinzip der Kommunikation, in: *I. ROSENGREN* (Hrsg.), Sprache und Pragmatik, Lund 1984, 131-159, *ders.*, Bemerkungen zur Beschreibung der interaktiven Funktion höflichkeitsmarkierender grammatikalischer Elemente, in: *GÜLICH/KOTSCHI*, Grammatik, Konversation, Interaktion 67-81.

[116] Dies im Rückgriff auf Überlegungen von *DUHM*, Angst im Kapitalismus, und *ders.*, Warenstruktur, die das Phänomen der Realangst mit Aspekten des Symbolischen Interaktionismus verbinden.

[117] Daß die einseitige Betrachtung der Höflichkeit in einer psychopathologischen Perspektive nicht ausreichen, sondern auch noch eine andere Seite dieser Medaille zu entdecken sein wird, sei hier nur vorläufig vermerkt.

[118] Vgl. *ZIMMERMANN*, Die Antizipation möglicher Rezipientenreaktionen 140. Die drei Verfahren werden als «Auswahlhandlung», «Auslassungshandlung» und «subsidiäre Handlung» benannt.

Noch einen Schritt weiter geht das «emotive Konzept» oder Taktkonzept.[119] Höflichkeit wird hier innerhalb der «emotive dimensions of speech»[120] nicht mehr allein unter verbalen Gesichtspunkten beschrieben, sondern auch unter Berücksichtigung prosodisch-kinetischer und symbolischer Aspekte. Bei der interpersonalen Vermittlung von Höflichkeit ist dementsprechend eine Multimodalität und -kanalität zu beobachten, die für diesen Ansatz in einem Rahmen dreier entscheidender bio-psychischer («emotiver») Parameter steht:

- confidence,
- involvement[121],
- positive-negative affect[122].

Die vorrangige Aufgabe ist es diesem Zusammenhang, interpersonelle, dann auch interkulturelle Mißverständnisse und Spannungen zu vermeiden. Dies geschieht in diesem Taktmodell nicht vorrangig über ein- und abgeschliffene Mechanismen der «social politeness», sondern in einem stark diversifizierten Netz reziproker Handlungen, das als «interpersonal supportiveness» bezeichnet wird.[123] In späteren Arbeiten verwenden die Autoren dafür den klassischen Begriff «tact»[124], der für sie die partnerorientierte Form der «emotive communication» darstellt. Dabei bleibt das Modell weiterhin konfliktzentriert.[125]

---

[119] Vgl. *H. ARNDT/R.W. JANNEY*, Politeness revisited. Cross-modal supportive strategies, in: International Review of Applied Linguistics 23 (1985) 281-300.

[120] *ARNDT/JANNEY*, Politeness revisited 286. Vgl. *E. WEIGAND*, Emotions in dialogue, in: *S. CMEJRKOVÁ* (Hrsg.), Dialoganalyse VI.1, Tübingen 1998, 35-48, *dies.*, The vocabulary of emotion. A contrastive analysis of ANGER in German, Italian, English, in: *dies.* (Hrsg.), Contrastive lexical semantics, Amsterdam-Philadelphia 1998, 45-66, *SANDU*, Höflichkeit versus Routine 264ff.

[121] Vgl. *ARNDT/JANNEY*, Politeness revisited 281ff.

[122] *ARNDT/JANNEY*, Politeness revisited 294ff., differenzieren hier die «Botschaften» in «supportive positive message», «nonsupportive positive message» und die jeweilige Negativvariante.

[123] *ARNDT/JANNEY*, Politeness revisited 294.

[124] Vgl. *H. ARNDT/R.W. JANNEY*, InterGrammar. Towards an integrative model of verbal, prosodic and kinesic choices in Speech, Berlin-New York 1987, *dies.*, Intracultural tact versus intercultural tact, in: *R.J. WATTS/S. IDE/K. EHLICH* (Hrsg.), Politeness in Language. Studies in its History, Theory and Practice, Berlin-New York 1992, 21-43.

[125] Abschließend seien zwei verschiedene Routinekonzeptionen der linguistischen Höflichkeitsforschung benannt: die anthropologisch-ethologische Konzeption des Ritualkonzepts und die alltagsweltlich gefaßte Routinekonzeption. Hier werden traditionelle Fäden aufgenommen, dort das Bewußtsein eines Zusammenhangs von Höflichkeit und sprachspezifischen Formen und einem elaborierten, konventionalisierten Formelinventar markiert. Präfigurierte, idiomatisierte Formeln gehören zu einem wesentlichen Bereich sprachlicher Kompetenz und helfen rekurrierende Alltagssituationen zu bewältigen und haben insofern eine Entlastungsfunktion. Aber weder «Rituale» (im Sinn einer fixierten verbal-symbolischen, prosodisch-gestischen Einheit) noch sprachliche «Routinen» (also phraseologisch-lexikalisch Einheitsmuster) stecken das Feld der Höflichkeit ganz ab, die Identifizierung kann nur partiell sein – wenngleich die Übergänge fließend bleiben. Vgl. *HELD*, Verbale Höflichkeit 91-97. Hier ist die Abgrenzung zu den Begriffen wie «Ritual» oder «Verhaltensstandard» gerade über den fehlenden oder teils ausgeschlossenen «Wertbezug» zu bedenken. Formale Präzision (als Kern der Etikette, als ***nur ein*** Kern von Ritual und Ritus) gibt hier den Ausschlag. Engführungen sind in beiden Fällen zu vermeiden, obwohl und gerade die breite Riten- und Ritualforschungen vielfältige Hinweise geben, auch wenn sie sich zuletzt ethisch sehr oder zuwenig asketisch zeigen. Vgl. *H.H. LÜGER*, Sprachliche Routinen und Rituale, Frankfurt/M. 1992, *H.H. LÜGER*, Routinen und Rituale in der Alltagskommunikation, Berlin 1993, *D. SANDU*, Routine, Ritual, Höflichkeit, in: Zeitschrift für Angewandte Linguistik. GAL Bulletin 25 (1996) 19-29, *dies.*, Höflichkeit versus Routine?

Vor diesem theoretischen Hintergrund stehen die nun folgenden Einzelbeobachtungen, die einerseits zur Verifikation und Explikation dieser komplementären Forschungsansätze zu lesen sind, andererseits die Aufgabe haben, die alltägliche Spannbreite, Virulenz und Frequenz des Höflichkeitsthemas zu präzisieren. Natürlich ist weder das Quantitäts- noch das Frequenzargument ausreichend für eine ethische Theorie der Höflichkeit, aber gleichwohl als Anhaltspunkte zu lesen dafür, daß sich – in Anlehnung an und Vorgriff auf R. Guardini gesprochen – sittliches Leben unter diesen Koordinaten zu einem bedeutenden Teil realisiert.

9. Figurationen und Funktionen (non)verbaler «Cortesia»

Zu einem Begriff von Höflichkeit, der über spontane Assoziationen (diese dann zumeist formalistische und normalistische Reduktionen) hinausgeht, gehört im Anschluß an erste historische und systematische Überlegungen eine exaktere Phänomenologie, die Verhaltenskonzepte präzisiert sowie Einzelphänomene konkretisiert. Damit ist die Frage nach der tagtäglichen Aktualisierung von Höflichkeit(en) angesprochen. Deren Spuren werden wir folgen, dabei einschlägige Handlungsintentionen und -kontexte sowie deren Wertigkeit eruieren. Es wird ein umfänglicher Phänomenbestand sichtbar, weit mehr als nur ein reduktiver «Minimalkatalog».[126] Deskriptionen wie Analysen haben hier die Funktion, einen für die alltags- wie tugendethische Reflexion prägnanteren Inhaltsraum als Sprungbrett weiterer Perspektiven zu liefern.[127] Vorteilhaft ist dabei, daß ein zunächst typisierender Zugriff auf die Höflichkeit «urteilsfrei» agiert, sie nicht schon in weltanschauliche Konzeptionen eingebunden funktionalisiert.[128] Es sind «offene Muster»[129] – freilich auch ethisch

---

Gesprächsverhalten in deutsch- und rumänischsprachigen Kommunikationsräumen, in: *Lüger*, Höflichkeitsstile 263-276. Vgl. zur Fülle der Literatur und der Ansätze den Überblick von *E. Arens*, Religion und Ritual, in: ThRev 91 (1995) 105-114, *G. Baudler*, Riten und Rituale. Religionspädagogisch-pastorale Überlegungen, in: Lebendige Katechese 17 (1995) 77-81, *R. Lemieux*, Rite et sécularité: La mise en scène des défis du sens, in: Théologiques 4 (1996) 9-31, *Zillessen*, Ritual oder Theater 229-250. Im Hintergrund als Referenzpunkte natürlich immer *A. v. Gennep*, Les rites des passages. Études systématiques des rites, Paris 1909, und *V. Turner*, Das Ritual: Struktur und Anti-Struktur, Frankfurt/M. u.a. 2000 (Studienausgabe; urspr. London 1969). – Zu Horizonten und Kategorien (wie Übergangsriten, kalendarische Riten, Krisen- oder Interaktionsriten) vgl. knapp die entsprechenden Einträge und Literaturverweise bei *B. Kranemann/A. Paus/R. Berger/S. Lederhilger/K. Gabriel*, Art. Ritus, Ritual, I. Begriff, II. Religionsgeschichtlich, III. Liturgisch, IV. Kirchenrechtlich, V. Praktisch-theologisch, in: LThK³ VIII 1210-1214. Nicht jeder dieser Horizonte ist für den Höflichkeitsdiskurs gleichermaßen einschlägig, aber alle lassen Verbindungen und «Passagen» zu.

126 Vgl. die Forderung von *D. Kerbs*, Erziehung zum Anstand in einer unanständigen Gesellschaft, in: *ders./C.W. Müller* (Hrsg.), Das Ende der Höflichkeit. Für eine Revision der Anstandserziehung, München 1970, 11-34, 30. – Der betonte Hinweis auf das Erscheinungsjahr scheint gerade hier angebracht. Vgl. auch den feuilletonistisch-erhellenden Beitrag von *C. Nürnberger*, Verdammte Scheisse, ... wer hat unseren Kindern eigentlich das Fluchen beigebracht? in: Süddeutsche Zeitung. Magazin Nr. 28, vom 12.7.2002, 5-6.

127 Gewisse Unschärfen an den Rändern ebenso wie eine gewisse Unvollständigkeit der reflektierten Phänomene sind dabei notgedrungen in Kauf genommen, dies sei zugestanden.

128 Zur Verdeutlichung sei auf ein jüngeres Ideologumenon hingewiesen: die «political correctness» und die Gefahr einer gewissen «dangerous liason» zwischen einer *rein* formal und verbal betrachteten Höflichkeit. Doch gerade in der raschen Moralisierung der Ausdrucksform und Wortwahl durch die «PC» liegt

offene Muster, was sowohl ethische Kompatibilität wie ethische Qualifizierung berührt, aber eben nicht vorentscheidet.

In den folgenden Abschnitten wird vor der Grundunterscheidung zwischen Zuwendungs- und Distanzhöflichkeit der Blick zunächst auf eine Palette verbaler Ausdrucksformen gelegt, die einen Schwerpunkt in der Sequenzierung höflicher Interaktionsmuster darstellen.[130] Die fundamentale Frage, die *unter* diesen Einzelbetrachtungen und -phänomenen liegt, ist die Frage nach der positiven oder negativen Gesichtsbeeinträchtigung des jeweiligen Kommunikationspartners, die Frage nach dem jeweiligen pragmatischen Druck einer gerichteten Aussage und der Wirkung, die sie auf den anderen hat. Daß in der sprachlichen Ausdrucksweise (aber nicht allein in ihr) ein breiter Spielraum und diverse Wahlmöglichkeiten bestehen, inhaltlich Identisches mit und vom Gegenüber zu erreichen, steht hier – unterschwellig zunächst – auch für die ethische Reflexion Einschlägiges zur Debatte. Vor der Wahl der Ziele – sie selbst ethisch relevant – steht die Wahl der Mittel im Blickpunkt. Weil es sich vielfach um «alltägliche Begegnungsminiaturen» handelt, die oft genug «en passant» (aber beileibe nicht nur) gesetzt werden, tragen die folgenden Beobachtungen auch den Index einer Aufmerksamkeitsweckung und Sensibilisierung für anschließende ethische Fragestellungen.

9.1. Grundbewegung der Höflichkeit I: Zuwendung und Raumüberbrückung

Im Höflichkeitsdiskurs werden seit der Aufklärung zwei fundamentale Kategorien unterschieden, die sich auf zwei unterschiedliche, teils gegensätzliche Prinzipien, Motive und Dynamiken berufen und zurückführen lassen: auf Phänomene der Höflichkeit in der Zuwendung, unterfangen vom Ausdruck der Wertschätzung, der Aufmerksamkeit, positiver Verbundenheit und ähnlichen sozialen und interpersonalen Haltungs- und Handlungsbildern im Gegenüber und «angesichts» des Kommunikationspartners. Davon abzugrenzen, jedoch ebenso von erheblichem höflichkeitstheoretischen Gewicht sind die Formen und Phänomene der Abgrenzung und Distanzgewinnung wie -wahrung.[131] Beide Formen und Kategorien dienen, wie sich

der Unterschied zu einer Höflichkeitstheorie, die mehrdimensional verfährt, Grenzen einräumt und schließlich einzelne Vokabeln nicht automatisch mit dem Urteil «intrinsece malum» versieht. Vgl. *D. CAMERON*, Verbal hygiene, London ²1996, pointiert *SUCHER*, Hummer, Handkuß, Höflichkeit 239-243, jüngst die Reflexionen von *H.P. KAINZ*, Politically incorrect dialogues. Topics not discussed in polite circles, Amsterdam 1999, *G. HELD*, Submission strategies as an expression of the ideology of politeness. Reflections on the verbalisation of social power relations, in: Pragmatics 9 (1999) 21-36, *P. KLOTZ*, Politeness and political correctness. Ideological implications, in: Pragmatics 9 (1999) 155-161.

[129] *WEIGAND*, Emotions in dialogue 35-48, spricht auf der dialoganalytischen Ebene von einem «open endedness system».

[130] Weder sprachliche noch non- und paraverbale Pattern können hierbei erschöpfend behandelt werden. Dieses Eingeständnis ist so unumgänglich wie selbstredend. Dennoch wird sichtbar werden müssen, wie weitgespannt der gesamte Komplex der Höflichkeit (mitunter in frappierenden Zusammenhängen und Ausdrucksformen) ist, der hier zur Debatte steht. Vgl. den Überblick bei *PSCHAID*, Language and Power 112-139.

[131] Vgl. als Hintergrund auch die systematischen Überlegungen von *W. RAIBLE*, Alterität und Identität, in: Zeitschrift für Literaturwissenschaft und Linguistik 110 (1998) 7-22.

noch deutlicher herausstellen wird, dem kommunikativen Ausdruck von Achtung dem Kommunikationspartner gegenüber.

Die nachfolgend zunächst zu analysierenden Ausdrucksgestalten der Höflichkeit der Zuwendung stehen in einer engen Beziehung zu freundschaftlichen Umgangsformen zwischen Partnern mit einem höheren Vertrautheitsgrad zueinander. Allerdings gehen sie darin nicht auf. Ausdruck von Vertrauen ist eine Dimension, eine andere entbirgt sich in der interaktiven Funktion im Einsatz zu bestimmten Zwecken wie dem Ausgleich von konfliktiv geladenen Begegnungssituationen und der Absicht, Kommunikationen angenehm für die Beteiligten zu gestalten. Dabei ist persönliche Vertrautheit keineswegs Voraussetzung. Formen der Zuwendungshöflichkeit können mithin gerade dann auch zum Einsatz kommen, wenn ein derartiges Verhältnis nicht besteht oder auch gar nicht angezielt ist.[132]

Zuwendungshöflichkeit zeigt sich damit – zumindest partiell – als kommunikativer Ausdruck der Nähe oder Annäherung vor einer prinzipiellen Distanz. Je größer diese Distanz ist, desto akzentuierter auch ein markierter, pointierter Höflichkeitserweis. In den folgenden Beobachtungen sollen nun drei zentrale Bereiche der Zuwendungshöflichkeit eingehender vorgestellt werden: Aufmerksamkeitserweise, Einbeziehungserweise und Erweise der Markierung einer gemeinsamen Basis der Interaktanden.[133]

9.1.1. «Being aware ...!» – Markierungen der Aufmerksamkeit

Eine erste grundlegende Form der Höflichkeit in der Zuwendung zum Kommunikationspartner besteht im Ausdruck der Aufmerksamkeit ihm gegenüber. Es geht hierbei um die verschiedenen Phänomene, wie dem Partner verbal (und auch nonverbal) signalisiert wird, daß Interesse an ihm und seinen Anliegen wie Themen besteht sowie ein Wissen darum. Signalisiert wird weiterhin die Bereitschaft, in den Grenzen der Kommunikationssituation auf diese Vorgaben angemessen und positiv einzugehen und zu reagieren. Schon in der voranalytischen Diskussion ist der Topos «Aufmerksamkeit» in einen prinzipiellen Kontext gerückt.[134] Zu verzeichnen ist dabei auch ein wachsendes Bewußtsein für Zeichenhaftigkeit und Symbolcharak-

---

[132] Schon Hegel sieht dies, wenn er formuliert: «Höflichkeit ist die Bezeugung von wohlwollenden Gesinnungen, auch von Dienstleistungen, vornehmlich gegen solche, mit denen wir noch nicht in einem näheren Verhältnis der Bekanntschaft oder Freundschaft stehen.», so *G.F.W. HEGEL*, Rechts-, Pflichten- und Religionslehre, in: *ders.*, Werke IV, hrsg. v. *E. MOLDENHAUER/K. M. MICHEL*, Frankfurt/M. 1970, 204-274, 271f.

[133] Die Systematik lehnt sich an die Überlegungen von *VALTL*, Höflichkeit 55-203 (dort die immer noch kompakteste Inventardarstellung), zudem *BROWN/LEVINSON*, Politeness 55-284, *HELD*, Verbale Höflichkeit 33-113, *PSCHAID*, Language and Power 140-197. Vgl. auch *J. HOLMES*, Women, men and politeness, New York-London [2]1996, *dies.*, Politeness, power and provocation: How humour functions in the workplace, in: Discourse Studies 2 (2000) 159-185, umfassend die Studie von *J. SVENNEVIG*, Getting acquainted in conversation. A study of initial interactions, Amsterdam-Philadelphia 1999. Eher essayistisch-feuilletonistisch die Umkreisungen bei *ASSERATE*, Manieren.

[134] Feder, Knigge, Della Casa und Garve beispielsweise betonen diese prinzipielle Achtung der Anliegen anderer und die daraus folgende Reaktion entgegenkommender, zuvorkommender oder gefälliger Unterstützung bei der Erfüllung dieser Anliegen. Belege bei *E. MACHWIRTH*, Höflichkeit. Geschichte, Inhalt, Bedeutung, Saarbrücken 1970, 44, *VALTL*, Höflichkeit 61. Die Akzente bei den einzelnen Autoren variieren natürlich.

ter dieser Zuwendungsform. Garve beispielsweise spricht von den «Zeichen der Aufmerksamkeit»[135], die dem Gegenüber bezüglich dessen widrigen wie auch angenehmen Situationen ausgesandt werden. Dabei geht es vorrangig um den kommunizierten Ausdruck, weniger allerdings um innere Haltungen und Qualitäten. So wichtig den frühen Theorien der Höflichkeit die Aufmerksamkeit für das Gegenüber auch ist, so stark sie mit einem parallelen Zurücktreten, einer Subordination und *situativen* Hintanstellung der je eigenen Intentionen und Person gekoppelt ist, sie hat ihre Grenzen. Überzogene Aufmerksamkeit (dis- oder misplaced attention) für den anderen wirkt invasiv, sie führt dazu, daß der andere sich zu stark beobachtet (und kontrolliert) fühlen kann.[136] Dies gilt vornehmlich bei tangentialen Begegnungen (beispielsweise bei Aufnahme von Blickkontakt ohne weitere Interaktionsmuster, bei Passanten etwa oder in Warteräumen, in durch Öffentlichkeit definierten Räumen also). Zu deutlich erkennbare und zur Schau gestellte Aufmerksamkeit unterliegt hier einem Verdikt.[137] Zum Bereich der Zuwendungshöflichkeit lassen sich die nachfolgend vorgestellten Phänomene zählen.

Zuhören – Aufmerksamkeit im Gespräch: (Aktives) Zuhören kann als Grundform der Aufmerksamkeit gelten. Sie bedient sich einer Reihe konventioneller Zeichen zur Signalisierung (Blickkontakt, Nicken, Stellen von Zwischenfragen etc.), diese können aber letztlich nicht alleine für sich stehen. Aufmerksamkeit im Gespräch erschöpft sich nicht in ihnen, sondern ist zuinnerst ein tatsächliches Verfolgen des Gesprächsfadens. Demgegenüber wird gefordert, daß ein Interessensdefizit sich nicht zu schnell und zu augenfällig manifestieren solle. Ähnlich negativ fällt die höflichkeitstheoretische Bewertung anderer Zeichen der Unaufmerksamkeit aus. Gähnen, während der andere redet, Ins-Wort-fallen, Zerstreutheiten, Nicht-eingehen auf Fragen und so manches andere mehr.[138]

Aufmerksamkeit im Gespräch wird zudem in hohem Maß nonverbal, häufig auch unbewußt signalisiert. Erst manifestere «Normdevianzen» verfallen einer Verurteilung als unhöflich. In die nonverbale Semiotik der Aufmerksamkeit gehört das Stehenbleiben des Adressaten ebenso wie seine Zuwendung im Sinne einer körperlichen Positionierung (Zuwendung des Körpers, des Gesichtes, sanftes Vorneigen des Oberkörpers, Konzentration signalisierende Mimik etwa), sodann eine Ruhig-

---

[135] *C. GARVE*, Popularphilosophische Schriften über literarische, ästhetische und gesellschaftliche Gegenstände, im Faksimile hrsg. v. *K. WÖLFEL*, Stuttgart 1974, 394.

[136] Vgl. schon die auch ansonsten prägnanten Beobachtungen bei *R.W. EMERSON,* Manners, in: *ders.*, Works. I: Essays, London-New York-Toronto 1906, 279-301.

[137] *E. GOFFMAN*, Verhalten in sozialen Situationen 84ff., nennt dieses Phänomen «höfliche Gleichgültigkeit». Hier ist zudem grundsätzlich darauf aufmerksam zu machen, daß Phänomene und Ausdrucksgestaltungen der Zuwendungshöflichkeit ihr Limit finden an dem entgegengesetzten, aber eben auch auf Achtung des anderen zielenden Prinzip der Distanzwahrung und ihren Höflichkeitsmustern. Daran schließt an *Z. BAUMAN*, Vom Nutzen der Soziologie, Frankfurt/M. 2000, 96-101. Er verweist auf die subtile Nähe von höflicher Nichtbeachtung zu möglicher moralischer Gleichgültigkeit.

[138] Dies wird schon früh von Höflichkeitstheoretikern erkannt. Vgl. z.B. *J.G. BÜSCH*, Erfahrungen I, Hamburg 1790, 63f., *F.A. DE MONCRIF,* Essais sur la necessité et sur le moyens de plaire, Paris 1738 (Nachdruck: St. Etienne 1998, zu Moncrif vgl. *G. HAROCHE-BOUZINAC*, Plaire par sa conversation. La pratique d'un moraliste: François Paradis de Moncrif dans ses *Essais sur la necessité et sur le moyens de plaire*, in: *WAUTHION/SIMON*, Politesse et idéologie 279-291), vgl. *DE BELLEGARDE*, Betrachtungen über die Auslachenswürdigkeit 20, *DELLA CASA*, Galateus 19, der – wie De Bellegarde – weitere (körperliche) Gesten ähnlich rubriziert: Einschlafen, Auf- und Abgehen, ständige Körperbewegungen.

stellung des Körpers und eine intensivierte Fokussierung des Blicks.[139] Nicht alle diese Phänomene müssen gleichzeitig realisiert werden, Abweichungen, die etwa von der Situation gefordert werden (etwa wenn eine Wegbewegung des Adressaten notwendig wird), können durch gesteigerte Intensität anderer Aufmerksamkeitssignale kompensiert werden.[140] Das Repertoire der Zeichen von Aufmerksamkeit und Unaufmerksamkeit unterliegt natürlich ebenso wie ihre Bewertung historischen Veränderungen, kultur-, schicht- und situationsspezifischen Ausdifferenzierungen und Variationen – und bleibt vor einer gewissen Ambivalenz oder Deutungs- wie Effektunsicherheit nicht gefeit.

Ausdruck des Wissens um die Bedürfnisse des Kommunikationspartners: Eine wichtige Variante der Aufmerksamkeit in der Interaktion stellt höflichkeitstheoretisch auch der Signalvorrat dar, der das Wissen um die Bedürfnisse des anderen Partizipanden ausdrückt und die Bereitschaft zeigt, darauf einzugehen und deren Realisierung zu befördern. Dieser Aspekt ist in der jüngeren Auseinandersetzung mit der Thematik deutlich stärker akzentuiert worden als Kompensation bei leichteren «face threatening acts»[141] und zur Versicherung weitergehender Kooperationsbereitschaft.

Allerdings ist die Funktion des Wissens und Eingehens auf die Bedürfnisse und Dispositionen des anderen damit noch nicht hinlänglich beschrieben. Auch über die Abwehr oder den Ausgleich gesichtsbedrohender Akte hinaus kann dieses Phänomen auftreten und dann allgemeineren Intentionen der Schaffung einer höflichen Atmosphäre, der Stimulierung der Kommunikation dienen.[142] Dabei ist es allerdings von tragender Bedeutung, daß die Fragerichtung auf die tatsächlichen Interessen des anderen zielt. Rein konventionell oder nur standardisiert erwecken derartige Zuwendungsformen eher den gegenteiligen Eindruck der Aufdringlichkeit oder sogar der Achtlosigkeit. Festzuhalten bleibt hingegen, daß diese Formen des «acknowledgements» vergleichsweise hohe alltägliche Frequenzen haben.[143] Von besonderer Signifikanz sind Strategien, die das Wissen um die Bedürfnisse des anderen zum Ausdruck bringen, in all jenen Kommunikationssituationen, in denen eine Lösung oder Bedürfnisbefriedigung nur auf dem Weg der Kooperation entwickelt werden kann, über die eine Verständigung noch aussteht und damit zu erzielen ist. Wird Verständnis und Wissen signalisiert, so erspart man dem Gegenüber die Mühe (oder

---

[139] Dies im Unterschied zum Sprecher, der nur hin und wieder den Zuhörer in den Blick nimmt, ansonsten aber an Augen und Gesicht des Adressaten vorbeiblickt. Vgl. *D.E. ALLEN/R. GUY*, Conversation analysis. The sociology of talk, Den Haag-Paris 1974, 156f. Vgl. flankierend in blickakttheoretischer Perspektive die Vorstellungen bei *K. ATZWANGER*, Verhaltensbiologische Aspekte der Aufmerksamkeit, in: *A. ASSMANN/J. ASSMANN* (Hrsg.), Aufmerksamkeiten. Archäologie der literarischen Kommunikation VII, München 2001, 57-67 (zum «Augengruß» 63f., Lit.).

[140] Vgl. *A. SCHEFLEN*, Körpersprache und Kommunikation. Kommunikation als Verhaltenskontrolle, Stuttgart 1976, 63, *M. ARGYLE*, Körpersprache und Kommunikation, Paderborn 1979, 159, *ders./P. TROWER*, Signale von Mensch zu Mensch. Die Wege der Verständigung, Weinheim 1981, *D. PICARD*, Art. Corps, in: DRPSV 155-174, *M. EGIDI* u.a. (Hrsg.), Gestik. Figuren des Körpers in Text und Bild, Tübingen 2000, zudem die Sensibilisierungen bei *S. MOLCHO*, Körpersprache, München 1998.

[141] Vgl. *BROWN/LEVINSON*, Politeness 103ff. Als Beispiel für diese Figur – in Anlehnung an die zitierten Autoren formuliert – könnte man folgendes anführen: «Ich weiß, du magst Parties nicht, aber diesmal wird es bestimmt schön. Komm doch mit!»

[142] Hier kann man auf die Rolle und Aufgabe von Gastgebern verweisen, die sich nach den Bedürfnissen der Gäste erkundigen.

[143] Vgl. *S.B. SHIMANOFF*, Investigating politeness, in: *E.O. KEENAN/T.L. BENNETT* (Hrsg.), Discourses across time and space, Los Angeles 1977, 213-241, 223.

gar die Peinlichkeit), selbst bitten zu müssen. Gesichtswahrende Kooperation, die den Partizipanden entgegen- und zuvorkommend entlastet, eröffnet somit weitere Perspektiven gelingender und produktiver Kooperation in der Interaktion. Zu den Bedürfnissen, die alltäglich und kooperativ zur Lösung anstehen, gehören viele, die zum Teil kaum bewußt wahrgenommen werden – so zum Beispiel räumliche Lokalisation und Positionierung.[144]

Direkte Erfüllung von Bedürfnissen und Wünschen: Aufmerksamkeit für den Interaktionspartner erschöpft sich keineswegs in der bloßen Wahrnehmung oder Erwähnung der Bedürfnisse und Interessen des anderen. Die faktische Erfüllung, die auf das Angebot im Rahmen der Möglichkeiten, die die Situation bietet, folgt, gehört ohne Zweifel in die innere Logik dieses Phänomens.[145]

Die hierfür einschlägigen Formen von Leistungen («Prästationen»[146]) sind natürlich sehr vielfältig und variabel. Sie umfassen das weite Spektrum klassischer Themen der Manierenbücher (wie Türaufhalten, In-den-Mantel-helfen, Sich-Zeit-nehmen etc.) bis hin zu abstrakteren und komplexeren Formen wie Kooperation, Einräumen von gewissen Vorrechten. Das klassische, vielfach diskutierte Musterbeispiel ist in diesem Kontext die Frage nach dem Überlassen eines Sitzplatzes in öffentlichen Verkehrsmitteln. Verhandelt wird diese Frage meist unter der Hinsicht, inwieweit diese spezifische Prästation (und andere) unter den Bedingungen von Situation und Zeit konventionell erwartet werden kann oder Unterlassung als Mißachtung gedeutet werden muß.

Insgesamt ist allerdings einschränkend zu sagen, daß nicht Art und Umfang der erbrachten Leistung zuerst ausschlaggebend sind, sondern ihre Zeichenfunktion in höflichkeitstheoretischer Hinsicht, die eben als Aufmerksamkeitssignal und Wissen um Wünsche wie Bedürfnisse des anderen zu sehen ist. Der symbolische Wert ist in dieser Perspektive höher einzustufen und unabhängig vom materiellen Wert der

---

[144] Vgl. *SCHEFLEN*, Kommunikation und Körpersprache 73f. So bedarf beispielsweise das Sich-setzen selten direkter Hilfestellung. Doch diese Bewegung ist ebenso unter dem Vorzeichen des Territorialverhaltens zu betrachten. Kooperation äußert sich dann – zumeist subtil und nonverbal – im Verzicht auf konkurrierende Territorialansprüche. Ähnliches geht in dem Augenblick vor sich, in dem sich ein «Neuling» zu einer schon bestehenden Gruppe, mag sie noch so episodal sein, gesellt. Kommunikationsangebote, die scheinbar sachlich nicht hoch geladen sind, haben in diesem Fall gerade auch in ihrer Verbalisierung eine nicht unbedeutende Signalwirkung für Anerkennung und Aufmerksamkeit. Sätze wie «Möchten Sie sich nicht setzen?», «Darf ich Ihnen einen Stuhl anbieten?» sind in ihren Funktionen in einschlägigen Schwellensituationen nicht zu unterschätzen, sind sie doch «Raumangebote».

[145] Vgl. *BROWN/LEVINSON*, Politeness 103ff., 139ff., *MACHWIRTH*, Höflichkeit 221ff., *R. V. JHERING*, Der Zweck im Recht II, Leipzig 1883, 635f. Vgl. insgesamt die Passagen zur «Theorie der Umgangsformen», zu Anstand, Höflichkeit und Takt bei *JHERING*, Der Zweck im Recht II 327-716. Dazu detaillierter *V. MÜLLER*, Rudolf v. Jherings Untersuchung der Umgangsformen. Saarbrücken 1985, *A. LINKE*, Höflichkeit und soziale Selbstdarstellung. Höflichkeitskonzepte in Anstandsbüchern des 18. und 19. Jahrhunderts, in: *HAFERLAND/PAUL*, Höflichkeit 70-104, bes. 96ff. zu Jherings Quartett sozialer Imperative.

[146] Den Begriff verwendet in diesem Zusammenhang *JHERING*, Der Zweck im Recht II (im Abschnitt «Der Prästationszwang – Die sozialen Verpflichtungen»). Vgl. aber auch *GOFFMAN*, Das Individuum im öffentlichen Austausch 98ff., der von der «prestation» spricht und sich anlehnt an *M. MAUSS*, Die Gabe. Form und Funktion des Austauschs in archaischen Gesellschaften, Frankfurt/M. 1968. Vgl. dazu die Auf- und Übernahmen in den Beiträgen in: *M. WETZEL* (Hrsg.), Ethik der Gabe. Denken nach Jacques Derrida, Berlin 1993, *J. STAROBINSKI*, Gute Gaben, schlimme Gaben. Die Ambivalenz sozialer Gesten, Frankfurt/M. 1994, *M. GODELIER*, L'enigme du don, Paris 1996, bes. die theoretischen Weiterführungen und historischen Reflexionen bei *DAVIS*, The Gift in the sixteenth-century France, passim.

Gabe. Von daher ist es auch bedenkenswert, daß nicht alle möglichen sachlichen Leistungen im Kontext der Zuwendungshöflichkeit automatisch eingesetzt werden können.[147] Es versteht sich, daß Formen der Erfüllung von Wünschen und Bedürfnissen auch mit Zeit-, Kultur-, Situationskoeffizienten versehen sind. Nicht alle Formen gelten überall gleich, ja sie können sogar in ihr Gegenteil umschlagen.[148] Von daher ist es wenig überraschend, daß in einer Reihe von Anstandsbüchern ein sehr differenziertes Raster für diese Prästationen entwickelt wird. Aufschlüsselungen nach Ländern, Berufsgruppen, Situationen sind keine Seltenheit.[149]

Man muß an dieser Stelle darauf hinweisen, daß gewisse Formen der Prästation rollendefinitiven Charakter annehmen können, gerade dann wenn sie allgemein seltener geworden sind. Gerade im öffentlichen Raum dient beispielsweise das Überlassen eines Sitzplatzes in öffentlichen Verkehrsmitteln – um den Klassiker zu bemühen – bewußt oder unbewußt der Selbstcharakterisierung beider Involvierter: der eine markiert seine überschießende, statusfördernde Zuvorkommenheit, während der andere als «hilfsbedürftig», «alt», «bedauernswert» gekennzeichnet und bewertet wird.

Ist das Erbringen von Prästationen vornehmlich durch den signifikanten Sozialstatus des Adressaten bedingt, so handelt es sich eher um Formen der Ehrerbietung als um solchen der Aufmerksamkeit. Gerade bei Phänomenen der Aufmerksamkeit hat gerade das Überspielen von sozialen Statusdifferenzen den Rang eines Ausdrucks allgemeiner menschlicher Achtung, der aber selbst in die Schranken gewiesen wird durch die Distanzansprüche des Partizipanden.

Aufmerksamkeit durch Angebot und Versprechung: Nicht alle Wünsche und Erwartungen eines Kommunikationspartners sind ad hoc zu erfüllen. Der Spannung und dem Konfliktpotential, das sich in dieser Konstellation in einer Interaktionssituation aufbaut, kann durch die Artikulation von Angeboten und Versprechungen begegnet werden.[150] Die Postponierung dient dabei der Gesichtswahrung des Bedürfenden und signalisiert zugleich, daß seine Interessenlage anerkannt ist. Die Kooperationsbereitschaft wird betont und bleibt bestehen. Bis zu einem gewissen Grad ist dabei momentan wie situativ unerheblich, ob und inwieweit diese Angebote dann auch nachfolgend realisiert werden. Die Wirkung beruht hier vorrangig auf dem Moment positiver Voranahmen. Allerdings verfehlen Angebot oder Versprechung ihre

---

[147] Hier stößt man an gewisse konventionelle Rahmen und Grenzen. Bei einer Einladung zum Abendessen ein weiteres Glas Wein anzubieten, bewegt sich sicher im Rahmen der Erwartbarkeit wie Wahrscheinlichkeit, den Gast aber – so man seine Müdigkeit erkennt – sogleich zu einer Übernachtung einzuladen, dürfte den Rahmen sprengen. Das Ausbleiben der entsprechenden Einladung wird daher kaum als Mißachtung oder als unhöflich eingestuft werden. Dies kann soweit gehen, daß die Achtungsbezeugung sich ganz löst von der Sachleistung und allein der markierte und notierte «gute Wille» hinreichender Ausdruck der Zuwendung und Aufmerksamkeit wird. Angedeutetes Bücken, um einen gefallenen Gegenstand eher zu erreichen als der andere, leichtes Zur-Seite-treten, um die Intention des Raum-gebens anzudeuten, wären hierfür signifikante Beispiele.

[148] So gilt die Leistung «Pünktlichkeit» offenkundig weit häufiger und in verschiedensten Kontexten. Vgl. *J. WACHTEL*, Gutes Benehmen – kein Problem! Moderne Umgangsformen heute – von A bis Z, München 1981, 227f. Die Gabe eines Trinkgeldes hingegen kann mitunter als Ausdruck der Geringschätzung gedeutet werden. Vgl. dazu *H. NICOLSON*, Vom Mandarin zum Gentleman. Formen der Lebensart in drei Jahrtausenden, München 1957, 339, *E. SPRANGER*, Menschenleben und Menschheitsfragen, München 1963.

[149] Vgl. *WACHTEL*, Gutes Benehmen 280ff.

[150] Vgl. dazu *BROWN/LEVINSON*, Politeness 125ff.

Höflichkeits- und Zuwendungswirkung, wenn sie vom Adressaten als unglaubwürdig aufgefaßt werden müssen.[151] Dennoch sind hypertrophierte Angebote[152] nicht automatisch irrelevant oder kontraproduktiv im Höflichkeits- und Zuwendungskontext, sofern sie konventionell formuliert und aufgefaßt werden können. Sachlicher Leerlauf auf der Inhaltsebene kann durchaus noch und zugleich Funktionen der Aufmerksamkeitsrepräsentation übernehmen.

Zuwendung und *Aufmerksamkeit durch Komplimente*: Komplimente stellen eine Form der Höflichkeit in der Zuwendung dar, die sich nicht primär auf Wünsche und Bedürfnisse des Kommunikationspartners beziehen, sondern vielmehr seine Qualitäten und Güter anzielen.[153] Im Kontext der Umgangsformen haben sie eine lange Tradition und eine zentrale Funktion. Der Reichtum der Ausdrucksgestaltung ist enorm. Der Grad der Elaboration bemißt oft den Grad der Vornehmheit und reicht von einfacheren Floskeln verbaler Huldigung über ganze präfigurierte Redesequenzen bis hin zu gestaltreichen Ritualen des Vortrittgewährens und Platznehmens. Historisch entwickelt sich eine ausgefeilte «Complimentierkunst» nach der Wende zum 17. Jahrhundert und findet ihren Niederschlag in einem eigenen literarischen Genre («Complimentierbücher»).[154] Bis weit in das 18. Jahrhundert hinein wird gerade in Deutschland Höflichkeit geradezu synonym verstanden mit der Fähigkeit, ein «gewandter Complimentarius» zu sein, die nicht selten ihr Material aus eigens dafür konzipierten Romanen bezog.[155] Die Kritik und ihre wiederkehrenden Topoi sind fast ebenso alt. Immer wieder wird die Gefahr betont, daß Komplimente nur allzu leicht liebedienerisch, anbiedernd, kriecherisch oder banal schmeichlerisch wirken können.[156]

---

[151] Dann entsteht nicht selten der Eindruck, man werde nur «abgewimmelt».

[152] Beispielsweise Angebote wie «Ich stehe Ihnen *jederzeit* zur Verfügung!», «Sie können mich *immer* anrufen!» – Aussagen, die offenkundig sachlich nicht wörtlich genommen werden müssen, aber eben *doch* Zuwendung markieren.

[153] Vgl. *BROWN/LEVINSON*, Politeness 103ff., vgl. zum historischen Kontext *M.-C. GRASSI*, Art. Compliment, in: DRPSV 111-123, *PERNOT*, La politesse et sa philosophie 313-322, *A. POMERANTZ,* Compliment responses. Notes on the co-operation of multiple constraints, in: *J. SCHENKEIN* (Hrsg.), Studies in the organisation of conversational interaction, New York 1978, 79-112, 95f. (unterschiedlos Kompliment, Lob, Begeisterung), *C. KERBRAT-ORECCHIONI*, La description des échanges en analyse conversationelle: L'exemple du compliment, in: DRLAV 36/37 (1987) 1-53, *J. MANES/N. WOLFSON*, The compliment formula, in: *F. COULMAS* (Hrsg.), Conversational routine. Explorations in standardized communication situations and prepatterned speech, Den Haag-Paris-New York 1981, 115-132, *H. SACKS*, Lectures on conversation II, hrsg. v. *G. JEFFERSON*, Oxford-Cambridge 1992, 461ff., 597ff. (formelhafte Komplimente sind sichere Komplimente, «safe compliments»), *R. CHEN,* Responding to compliments. A contrastive study of politeness strategies between American english and Chinese speakers, in: Journal of Pragmatics 20 (1993) 49-75. Zudem, allerdings eher feuilletonistisch *A. SCHWARZE*, Die Magie der schönen Worte. Alles über Komplimente, Frankfurt/M. 1994.

[154] Vgl. *H. HECKENDORN*, Wandel des Anstands im französischen und im deutschen Sprachraum, Bern 1970, 68.

[155] Vgl. *HECKENDORN*, Wandel des Anstands 78, 86.

[156] Vgl. *HECKENDORN*, Wandel des Anstands 65f., zitiert die einschlägige Kritik, die schon *DE REFUGE* 1616 in seinem «Traicté de la cour» in diesem Sinne vorgebracht hat. Dieser geistesgeschichtliche Strom wird auch in Deutschland nicht abreißen, vgl. z.B. die Markierungen bei *HECKENDORN*, Wandel des Anstands 72ff.

Jenseits derartiger phasenspezifischer Hypertrophierungen bleibt das Kompliment weiterhin fester Bestandteil alltäglicher Interaktion.[157] Komplimente bedienen sich normalerweise einer vergleichsweise geringen Anzahl reiterierter syntaktischer Pattern und positiv wertender Begriffe und sind daher stark formelhaft geprägt, was allerdings weder dem Sender noch dem Empfänger zumeist bewußt wird. Aber gerade unter Ausschluß des Wissens um diese Formelhaftigkeit (und nur so) «funktionieren» Komplimente, deren Intention vor allem darin liegt, Gemeinsamkeiten des Geschmacks zu signalisieren, Solidarität herzustellen oder zu unterstreichen und Interaktionen zu eröffnen.[158] Die Konventionalität des Komplimentes wirkt dabei möglichen Mißverständnissen und Zweideutigkeiten (wie Ironisierungen) entgegen und läßt Komplimente unmittelbar als solche selbstreferentiell erkennbar werden.[159]

Zu unterstreichen ist in diesem Zusammenhang auch die Funktion von Komplimenten, mögliche «face threatening acts» – und diese gerade zu Beginn einer Interaktion – abzumildern. Was abgeschwächt werden soll, ist der Druck einer Bitte oder Frage, die immer zumindest invasiv wirken. Allerdings bleibt hierbei die Problematik, daß die Kombination von Kompliment und Frage oder Bitte in Mißverhältnis zu Situation, zu Fragedruck oder zur Relation der Partner geraten kann und von daher unpassend oder überzogen wirken. Dann verliert sich die Höflichkeitswirkung durch Ostentation. Massives Kompliment und nachfolgend geringfügige Bitte beispielsweise bedrohen in unbalancierter Kombination das fragile Gleichgewicht.

Aufmerksamkeit und *«höfliches Staunen»*: Komplimenten verwandt sind Ausdrucksformen, die weniger von ihrer Verbalstruktur geprägt sind, sondern denen wegen ihrer hohen Intonation und ihrer prägnanten Rhythmisierung die besondere Höflichkeitsfunktion der Wertschätzung zukommt.[160] Die Rede ist vom «höflichen Staunen» oder «Entzücken»[161], dessen Encodierung als «höflich» nicht zuletzt durch die Offenheit der Übertreibung möglich wird.

Aufmerksamkeit und *Dank*: Ein weiteres zentrales Phänomen der Zuwendungshöflichkeit verbindet sich mit den Ausdrucksformen des Dankens und des Dan-

---

[157] Vgl. dazu nur das Material bei *MANES/WOLFSON*, The compliment formula 115-132, *M.-C. GRASSI*, Art. Compliment, in: DRPSV 111-123.

[158] Vgl. *MANES/WOLFSON*, The compliment formula 115ff.

[159] Selbstreferenz ist dabei ein Charakteristikum vieler Höflichkeitserweise. Im Anschluß an *N. LUHMANN*, Gesellschaftsstruktur und Semantik. Studien zur Wissenssoziologie der modernen Gesellschaft, 2 Bde., Frankfurt/M. 1980, I 301ff., II 9-104, versteht man darunter ein Zeichen, das zunächst nur sein eigenes Vorhandensein anmeldet. Im Kontext der Höflichkeitszeichen kann man sagen, daß in ihrem Repertoire eine Reihe von Ausdrucksformen zu finden sind, die zunächst nichts weiter semantisieren als die Absicht, höflich sein zu wollen. Selbstreferenz markiert dann die pragmatische Motivation und Intention von Anerkennung oder Distanzwahrung, ohne in einem direkten Zusammenhang zu Motiv und möglicher Umsetzung stehen zu müssen. Auf Komplimente gewendet heißt dies, daß sie Interaktionsfunktionen erfüllen, solange sie als sie selbst erkennbar sind, unabhängig von konkret geäußerten Inhalten.

[160] Vgl. *BROWN/LEVINSON*, Politeness 104ff. Äußerungen wie «Sie haben da ja eine *phantastische* Wohnung!», «Das Essen ist *vorzüglich*!» (wobei die Kursivsetzung die Emphase der Intonation anzeigen soll) haben für gewöhnlich einen hohen Intonationstonus. In ihm, nicht zuerst in der sachlichen Feststellung liegt das höflichkeitstheoretisch relevante Gewicht, ein Phänomen übrigens, das sich in verschiedenen Sprachen parallel wiederfinden läßt. Vgl. dazu *BROWN/LEVINSON*, A theory of prosodic semantics, passim.

[161] Vgl. *RASSEM*, Der Sinn der Höflichkeit 131f.

kes.[162] Von der Intention her gilt die Expression hier der Achtung und Wertschätzung den Eigenschaften oder Gütern des Adressaten gegenüber. Wechselseitige Gesichtswahrung ist in diesem Zusammenhang die zentrale Stoßrichtung. Zum einen bestätigt der Dank den Empfang wie den Wert einer vom Adressaten erbrachten Leistung. Würde diese Anerkennung ausbleiben, müßte dies als gesichtsbedrohende Geringschätzung aufgefaßt werden. Zum anderen schützt der Dank das Gesicht des Senders, indem er seine Reaktionsverpflichtung abgilt: Ein Defizit in dieser Hinsicht fiele gesichtsschädigend auf ihn zurück. Untersuchungen dieser Phänomene stellen dabei fest, daß es Strukturparallelen zwischen dem Danken und dem Entschuldigen gibt. In beiden Fällen wird eine Schuldigkeit («indebtedness») ausgeglichen oder kompensiert.[163] Dankexpressionen sind allermeist verbal und in einem hohen Grad diversifiziert (nach Umfang der Schuldigkeit, Relation der Interaktionspartner und Situation). Sprachlich reichen die Fassungen vom einfachen «Danke» (auch in verschiedenen Dialekt- und Soziolektformen anzutreffen) bis hin zu elaborierten und ausgedehnten Danksagungen.

Neben verbalen Ausdrücken steht ein großes und variables Repertoire an schriftlichen, nonverbalen oder auch instrumentellen Formen zur Verfügung. Gerade bei schriftlichen Danksagungen reicht die Spannweite von sehr individuellen und einmaligen Formulierungen (die damit oft genug auch den Nähegrad der Partizipanden aufscheinen lassen) bis hin zu stark stereotypisierten Formen (Zeitungsanzeigen, vorgedruckte Dankkarten etc.). Ausschlaggebend ist in einer Vielzahl von Fällen allerdings die Selbstreferenzialität, d.h. die Tatsache, daß ein Dankausdruck überhaupt vorliegt, der in vertretbarer zeitlicher Nähe zum dankevozierenden Ereignis steht. Nonverbale Formen hingegen sind vor allen Dingen angemessene Dankbarkeit ausdrückende Körperhaltungen, Gestik und Mimik.[164] Instrumentelle Dankleistungen wären beispielsweise die sichtbare und hervorgehobene Positionierung eines erhaltenen Geschenkes oder die in vielen Kulturen institutionalisierte und ritualisierte Gabe eines Gegengeschenkes. Anlässe, Formen und Umfang des abzuleistenden Dankes unterliegen variablen sozio-historischen Konventionen, die ihren Niederschlag im jeweils kontextuell als gültig betrachteten Kanon finden, wie

---

162 Sehr knapp referiert bei *MACHWIRTH*, Höflichkeit 172ff., ausführlicher zuvor *JHERING*, Der Zweck im Recht II 541-557, *BROWN/LEVINSON*, Politeness, verzichten auf diesen Topos völlig, *HELD*, Verbale Höflichkeit, eruiert Dank- wie Bittsituationen eingehend (allerdings für den italienischen und französischen Sprachraum). Vgl. die Beiträge in: *T. SLAMA-CAZACU* (Hrsg.), «Grazie» – «Prego». Le formule di cortesia in alcune regioni d'Italia, Bari 1989, *E. HINKEL*, Pragmatics of Interaction: Expressing Thanks in a Second Language, in: Applied Language Learning 5 (1994) 73-91, *H. HAVERKATE*, Estrategias de cortesia. Analisis intercultural, in: Forma y Funcion, 13 (2000) 17-30, *G. MANNO*, Le rémerciement rélève-t-il de la politesse positive? Pour une conception plus séquentielle de la théorie de la politesse, in: Studi italiani di linguistica teoretica e applicata 29 (2000) 451-469, *BRENNER/ZIRFAS*, Lexikon der Lebenskunst 56-60.

163 Vgl. vor allem die interkulturell angelegte Studie von *F. COULMAS*, Poison to your soul. Thanks and apologies contrastively viewed, in: *ders.*, Conversational routine 69-92, ähnlich *LEECH*, Principles of pragmatics 125, der in dieser Hinsicht von einem «merkantilen» Prinzip zum Ausgleich einer störenden Asymmetrie der Interaktion spricht. Kosten und Nutzen einer Interaktion sollen vermittels des Dankes in ein wenigstens kurzfristiges Gleichgewicht gerückt werden.

164 Die Formen sind ob ihrer Subtilität und Beiläufigkeit nicht so leicht zu beschreiben und vielfältig. Ein leichtes Anheben der Hände, des Kopfes, ein Nicken, ein Zwinkern mit den Augen können alltäglich und gerade bei geringen dank-evozierenden Vorleistungen die Bringschuld leichter abtragen als komplexe verbale Formen.

er sich in der einschlägigen Anstandsliteratur niederschlägt. Dabei bleibt aber unerläßlich ein kreativer Spielraum, der in Relation steht zum je individuellen Einschätzungsvermögen. Gerade nicht-konventionalisierte Situationen verlangen vom Dankenden eine hohe Sozial- und Sprachkompetenz.

Strukturparallel zu Entschuldigungen werden Dankesformeln mehr oder weniger konventionell gespiegelt und beantwortet. Dies variiert wiederum je nach Grad der Schuldigkeit, der Beziehung der Partizipanden. Diese Antwort und Reaktion des Empfängers einer Dankformel bestätigt den Empfang und signalisiert Annahme.[165] Zudem bestätigt oder korrigiert sie. Sprecher und Hörer kooperieren hierbei in der wechselseitigen Würdigung der fremden und zugleich der Herabsetzung der eigenen Leistung – im Höflichkeitsfall. Ansonsten bleibt die kommunikative Balance unausgeglichen und gestört. Von der Parallelität zwischen Dank und Entschuldigung rührt auch eine Reihe von Grenzfällen zwischen beiden Höflichkeitsphänomenen her. Ein Sender kann sich dabei entweder dafür bedanken, eine Leistung erhalten zu haben, oder aber sich dafür entschuldigen, diese in Anspruch genommen haben zu müssen. Auch hinsichtlich des Grußes fällt die evozierte Antwort in den Bereich des Dankens, da viele Grußformeln als Wunsch gefaßt sind und die im Gruß geborgene Achtungssignalisierung als Vorleistung gewertet werden kann, die Ausgleich erheischt.

Aufmerksamkeit und *Überspielen eines Fehlers*: Als spezielle Form der Aufmerksamkeit einem Kommunikationspartner gegenüber kann das «Überspielen eines faux-pas» gelten.[166] Begeht ein Teilnehmer einer öffentlichen Kommunikation einen gesichtsschädigenden Akt sich selbst gegenüber, fällt also der Verstoß gegen eine Anstandsregel unmittelbar auf und auf den Auslöser zurück, so kann ein Sprecher den Fehler thematisieren und zugleich bagatellisieren.[167] Bemerkenswert hierbei ist der Umstand, daß Regelverstöße (gegen Anstand und Höflichkeit) eben nicht automatisch und zwangsläufig mit Negativsanktionen geahndet werden, sondern positive Kooperationsbereitschaft hervorrufen können. In diese Kategorie einzuordnen ist auch das «geflissentliche Übersehen» eines Regelübertritts als kooperative Gesichtswahrung (wobei hier eine Form der Distanzwahrung in Anschlag gebracht wird).

Nonverbale Phänomene der Aufmerksamkeit: Neben den bislang angeführten verbalen, teils durch analoge nonverbale Zeichen unterstützten Formen der Aufmerksamkeit gibt es eine Reihe von rein nonverbalen Ausdrucksmöglichkeiten.[168] Hierbei kann Aufmerksamkeit nicht nur gegenüber einem bestimmten Partner signalisiert, sondern auch eine generelle Bereitschaft und Offenheit sichtbar werden. Dies wird sichtbar in einem «Interaktionstonus», der sich nach Goffman aus einer Reihe

---

165 Vgl. *J. KNUF/H.W. SCHMITZ*, Ritualisierte Kommunikation und Sozialstruktur, Hamburg 1980, 72. Annahme oder Akzeptation ist ein eigener und unverzichtbarer Teil des Geschehensdreischritts von «Verstehen – Annehmen – Erwidern». Vgl. knapp *SANDU*, Höflichkeit versus Routine 267ff.

166 Vgl. *BROWN/LEVINSON*, Politeness 104f.

167 Beispiele (nach *VALTL*, Höflichkeit 78) hierfür wären Bemerkungen wie «Na, du hast ja heute einen gewaltigen Hunger!», womit allzu hastiges und als störend gieriges Essen abgefedert werden soll, oder «Was ist Ihnen denn zugestoßen? Darf ich Ihnen das Badezimmer zeigen?», womit beim Empfang eines Gastes markiert wird, daß man seine verschmutzte Kleidung wahrnimmt und zugleich eine Lösungsstrategie anbietet.

168 Beschrieben bei *E. GOFFMAN*, Verhalten in sozialen Situationen 35ff., 104ff. Keine Erwähnung finden diese Phänomene hingegen bei *BROWN/LEVINSON*, Politeness, *MACHWIRTH*, Höflichkeit.

von Signifikanten zusammensetzt. Hierzu zählen Körperhaltungen, markierte Reaktionsbereitschaft und eine Mimik, die (partielle) Offenheit ausdrücken. Selbst im öffentlichen Raum, der einen Schutz dieser prinzipiellen Interaktionsbereitschaft erfordert (um unerwünschten Kontaktnahmen zu begegnen), bleibt der Betreffende zumindest für Blickkontakt disponibel. Von erhöhter Bedeutung ist diese Form in einer thematisch zentrierten Interaktion. Hier wird von allen Beteiligten erwartet, daß sie über einen angemessenen Interaktionstonus ihre potentielle wie aktuale Partizipationsbereitschaft zu verstehen geben. Lässige (anstelle konzentrierter) Sitz- oder Körperhaltung, abweisende oder reglose Mimik, dominante situations- und sachfremde Beschäftigungen (Zeitung lesen, während ein anderer spricht oder referiert) sind hier einschlägig und negativ interpretierbar.[169]

9.1.2. Markierungen der Einbeziehung

In einer zweiten Gruppe von Formen der Zuwendungshöflichkeit rücken Phänomene der Einbeziehung eines Partners in die Interaktion in den Mittelpunkt des Interesses. Ausschlaggebend sind dabei drei Ebenen, Perspektiven und Bereiche:

- die Ebene der Initiierung einer sozialen Interaktion bzw. der Einbeziehung neuer Partizipanden in einen anhaltenden Interaktionsprozeß;
- die Ebene der Einbeziehung aller Partizipanden in ein Kommunikationsgeschehen durch adäquate Wahl von Thema und Sprache;
- die Ebene der Ausrichtung eines Gesprächs auf den Kommunikationspartner durch spezifische Sprachstrukturen.

Über die Deskription der Funktionsweisen hinaus ist an dieser Naheinstellung bemerkenswert, daß jeweils Handelnde ihre Handlungsräume und -höfe, ihre «Initialen», analog die «Finalen», aber auch Inklusionsgelände markieren und austarieren. Interaktionsaufstellungen gewinnen hier Kontur in einer phänomenalen Breite, die der Kombination und Rekombination aller möglichen Rahmen, Kommunikationskanäle und -repertoires, ihre Indikatoren und Implikaturen gemäß pluriform und schon allein deshalb «unsicher» bleiben. Präsuppositionen und reziprokes Wissen um sie (als Kompetenz zweiter Ebene: Präsupposition der Präsuppositionen) wirken handlungserleichternd und von Fall zu Fall nicht zuletzt auch ermöglichend.

Begrüßung: Eines der einschlägigen und zugleich komplexesten Phänomene im Kontext der Höflichkeit stellt das des Grüßens und Begrüßens[170] dar, wozu parallel

---

[169] Vgl. *A.E. SCHEFLEN*, Körpersprache und Kommunikation 80f.

[170] Vgl. dazu R. *FIRTH*, Verbal and bodily rituals of greeting and parting, in: *J.S. LA FONTAINE* (Hrsg.), The interpretation of ritual, London 1972, 1-38, *GOFFMAN*, Das Individuum im öffentlichen Austausch, R. *SCHULZE*, Strategische Unbestimmtheit. Linguistische Beschreibung der Höflichkeit im gesprochenen Englisch, Essen 1983, *I. WERLEN*, Ritual und Sprache. Zum Verhältnis von Sprechen und Handeln in Ritualen, Tübingen 1984, *KNUF/SCHMITZ*, Ritualisierte Kommunikation und Sozialstruktur, passim, zur Verbindung des Grüßens mit Konzepten von Höflichkeit vgl. *J.D. LAVER*, Linguistic routines, in: *COULMAS*, Conversational routine, 289-304, *C.A. FERGUSON*, The structure and use of politeness formulas, in: Language in Society 5 (1976) 137-151, aufschlußreich und sensibel für lokale wie historische Schwingungen *A. HAUSER*, Grüezi und Adieu. Gruss- und Umgangsformen vom 17. Jahrhundert bis zur Gegenwart, Zürich 1998. – Zu unterscheiden ist in diesem Zusammenhang zwischen «Grüßen» («passing greeting») als Austausch von Grußsignalen ohne nachfolgende Interaktion, «Begrüßen» («greeting») als

die komplementären Erscheinungen am «anderen Ende des Grüßens», dem Abschied, hinzukommen.[171] Begrüßung im höflichkeitstheoretischen Diskurs meint mit der Definition von Firth:

«Greeting is the recognition of an encounter with another person as socially acceptable.»[172]

«Encounter» bezeichnet in diesem Kontext das *deutliche* wechselseitige Erkennen und Anerkennen zweier Personen bzw. Personengruppen. Unerheblich hingegen ist dabei das jeweilige emotionale Engagement. Die zentrale Bedeutung und Höflichkeitsmoment liegt bei der Begrüßung im wechselseitigen Ausdruck von Achtung und Anerkennung, was vorrangig durch drei Faktoren vermittelt wird:

- Begrüßungen als geschlossene, teils konventionelle, teils anthropologische grundierte Handlungseinheiten verweisen unabhängig von ihrer jeweiligen Verlaufs- und Verlautbarungsform auf die soziale Akzeptabilität einer Begegnung bzw. der restringierte Gruß bei einander Bekannten auf die Intaktheit der Beziehung.
- Begrüßung als Eröffnung einer bzw. Neueinbeziehung in eine bestehende Kommunikationssituation erweist sich als Akzeptanz der sozialen Bedürfnisse eines Partners. Damit ist *die* Grundfunktion beschrieben.[173]
- Elemente der Begrüßung und ihre Variationen können als markierte Betonungsträger im Sinne des Höflichkeitserweises fungieren.[174]

Die jeweilige Realisation gelingenden Grüßens hängt demzufolge von einer Reihe von komplexen Faktoren ab. Ausschlaggebend ist die dazu nötige soziale Akzeptanz der betreffenden Formen. Diese wiederum läßt sich phänomenologisch für eine Deskription in folgende Perspektiven aufschlüsseln:

- die Beschreibung tatsächlich vorfindlichen Grußverhaltens,
- die Beschreibung der Bedingungen situativer Angemessenheit und

---

Austausch von Grußsignalen zu Beginn einer Interaktion und «Gruß» («salutation») als die dabei ausgeführte Grußhandlung.

171 Zu den Differenzen zwischen beiden Polen vgl. *GOFFMAN*, Das Individuum im öffentlichen Austausch 128-133. Vgl. *C. OTTERSTEDT*, Abschied im Alltag. Grußformen und Abschiedsgestaltung im interkulturellen Vergleich, München 1993.

172 *FIRTH*, Verbal and bodily rituals 1. Grußverweigerung und -ausfall ist demnach ein soziales *Urteil* – ebenso wie die verbale Infantilisierungsgeste des «Infinitiv-Sprech» («Du *sprechen* doitsch?») anstelle einer *nur* formalen Anrede, die man Gleicheingeschätzten vorbehält. Sollte der Angesprochene die fremdsprachliche Kompetenz nicht haben, diese Anfrage von grammatikalisch korrektem Deutsch zu unterscheiden, fällt die Wortwahl allein in die Hybris des Sprechers zurück (in der *Nicht*wirkung sind korrekte und infantilisierende Version gleich) sollte der Empfänger aber über diese Kompetenz verfügen, dann ist diese Äußerung sogleich sehr leicht – im Gefälle der Overprotection verschärft – und schlicht, das was sie von Hause aus meint: Beleidigung und Bevormundung als nicht voll*wertig*. Miniatur des Ethischen?

173 Vgl. u.a. *GOFFMAN*, Das Individuum im öffentlichen Austausch 111ff., *I.A. YOUSSOUF/A.D. GRIMSHAW/C.S. BIRD*, Greetings in the desert, in: American Ethnologist 3 (1976) 797-824, zu naturalen Analogien vgl. schon *I. EIBL-EIBESFELDT*, Die Biologie des menschlichen Verhaltens. Grundriß der Humanethologie, München-Zürich 1984, zudem die soziobiologischen Beobachtungen bei *M. RIDLEY*, The Origins of virtue, Harmondsworth 1996.

174 Grußformeln, die sich auf den sozialen Rang des Begrüßten beziehen, markieren eine betonte Beachtung, wie rituelle Grußgespräche eine gemeinsame Basis forcieren, die Verwendung gleicher sprachlicher etc. Codes versichert gemeinsame Gruppenzugehörigkeit und Solidarität – dies nur um einige Beispiele in dieser Hinsicht zu nennen.

– die Einbeziehung der ausgeübten Funktionen der Begrüßung.

Bei der Beschreibung des *Grußverhaltens* ist große Variabilität zu vermerken, die hier nur andeutungsweise nachgezeichnet werden kann.[175] Das Repertoire umfaßt verbale Zeichen[176], prosodische Akzentsetzungen[177], proxemisch-kinetische Momente[178], gestisch-mimische Momente (wie Kopfbewegungen des Zuwendens, des Nickens, des kurzen Anhebens, Arm- und Handbewegungen wie Winken, Händedruck, Umarmen, Mundstellungen wie Lächeln, Bewegungen der Augen, um Blickkontakt aufzunehmen, Heben von Lidern oder Augenbrauen und schließlich Formen des Kusses auf Hand oder Wange). Nicht unerheblich ist in diesem Geschehen auch der Einsatz von Gegenständen und Mittelspersonen. Letztere spielen vor

---

[175] Vgl. *YOUSSOUF/GRIMSHAW/BIRD*, Greetings in the desert 814, *E.N. GOODY*, «Greeting», «begging» and the presentation of respect, in: *LA FONTAINE*, The interpretation of ritual 39-72, *M. ALINEI*, Il sistema allocutivo dei saluti in italiano, inglese e olandese, in: Lingua e Stile 12 (1977) 199-213, *D.B. GIVENS*, Greeting a Stranger: Some Commonly Used Nonverbal Signals of Aversiveness, in: Semiotica 22 (1978) 351-367, *J. ASTROM*, Introductory greeting behaviour: A laboratory investigation of approaching and closing salutation phases, in: Perceptual and Motor Skills 79 (1994) 863-897, *E. JAKUBOWSKA*, Greetings and farewells contrastively viewed, in: Linguistica Silesiana 19 (1998) 87-98, *P. HEISCH*, Mit einem fröhlichen Gruss auf den Lippen: Über das Grüssen, in: Sprachspiegel 55 (1999) 232-234, *M.-G. DE BOER*, Riflessioni intorno a un saluto: la storia di «ciao», in: Lingua e Stile 34 (1999) 431-448, *SVENNEVIG*, Getting acquainted in conversation 91-162, *A. LINKE*, Informalisierung? Ent-Distanzierung? Familiarisierung? Sprach(gebrauchs)wandel als Indikator soziokultureller Entwicklungen, in: Der Deutschunterricht 52 (2000) 66-77, vgl. den Überblick bei *J. KNUF*, Greeting and leave-talking: A bibliography of resources for the study of ritualized communication, in: Research on Language and Social Interaction 24 (1990/1991) 405-448.

Vgl. die historischen Notizen zu Gruß und Abschied bei *SCHUBERT*, Alltag im Mittelalter 158-166, die mittelalterlich sehr viel stärker von existentiellen Erfahrungen (der Unsicherheit und Verunsicherung) als von zeremoniellen Notwendigkeiten geprägt und gespeist werden und mit realem Ansehen und Wahrnehmen als Einschätzung, Kenntnisnahme des anderen verbunden sind (vgl. 159), zum Zusammenhang von Gruß und Segen vgl. knapp die Reminiszenzen bei *BRENNER/ZIRFAS*, Lexikon der Lebenskunst 190-195.

[176] Zu nennen wären Grußformeln, die je nach Situation allgemein konventionell gehalten sein können («Guten Tag!»), nach Tageszeiten («Guten Morgen!»), Themen (als «topical salutations», so *GOODY*, «Greeting», «begging» and the presentation of respect 43) oder Tätigkeiten («Mahlzeit!») variieren oder sich auf einen bestimmten Anlaß beziehen («Frohe Weihnachten!»). Formen der Titelanrede fallen ebenso in diese Kategorie (allgemeine Titel wie bei «Auf Wiedersehen, der Herr!»), Amtstitel («Guten Tag, Herr Direktor!»), Verwandtschafts- oder Ehrentitel. Dazu gehören ebenfalls die Formen der nominalen oder pronominalen T/V-Differenzierung, dazu auch *T. FINKENSTAEDT*, «I like kissing people», in: *J. STAGL* (Hrsg.), Aspekte der Kultursoziologie. Aufsätze zur Soziologie, Philosophie, Anthropologie und Geschichte der Kultur (FS M. Rassem), Berlin 1982, 31-38, das Grußgespräch (mit allgemeinen Erkundigungen oder Small-talk-Charakter und standardisierte («Sehr erfreut!») wie variable Formulierungen emotionalen Interesses.

[177] Hierunter sind zu verstehen Variablen der Intonation und Betonung, der Stimmhöhe- und -führung, Sprechstärke, -geschwindigkeit und -deutlichkeit. Vgl. *J. IRVINE*, Strategies of status manipulation in the Wolof greeting, in: *R. BAUMAN/J. SHERZER* (Hrsg.), Explorations in the ethnography of speaking, Cambridge (Mass.) 1974, 167-191. Diese Phänomene sind in der Alltagsinteraktion in der Regel nur schwer als Grußsignale identifizierbar. Sie werden meist dem Sprecher als Artikulation von Eigenschaften und Stimmungen zugeschrieben bzw. als Ausdruck des sozialen Status aufgefaßt.

[178] Darunter fallen räumliche Distanzmomente und ihre Variationen, Körperhaltungen wie Verneigung, der etwas altertümelnde Knicks, Ausrichtung der Körperachse und die Signale der Lokomotion (wie Entgegengehen oder Ausweichen). Vgl. *FIRTH*, Verbal and bodily rituals 18, *A. KENDON/A. FERBER*, A description of some human greetings, in: *P. MICHAEL/J.H. CROOK* (Hrsg.), Comparative ecology and behaviour of primates, London-New York 1973, 591-668, *SCHEFLEN*, Kommunikation und Körpersprache 38ff.

allem bei der Vorstellung eine vermittelnd-hilfreiche Rolle. Erstere zeigen ihre Bedeutung im Interaktionsalltag beispielsweise im Abnehmen des Hutes, der Überreichung einer Visitenkarte und ähnlichem mehr. Nicht zu unterschätzen ist die Verwendung von Prästationen, seien es nun Geschenke, kleine Dienstleistungen oder Zeichen der Ehrerbietung und Unterordnung.

In die Phänomenologie des faktischen Grußverhaltens gehören aber auch strukturelle und situative Merkmale. Auch diese sind vielfältig und variantenreich. Unter die Strukturmerkmale gehören die Frage nach der jeweiligen Initiierung der Begrüßung[179], der Rhythmus des Sprecherwechsels, die Phasen der Begrüßung und ihre jeweilige Zeitdauer.[180] Situationsbezogen von nachhaltiger Bedeutung auf die Konturierung einer Grußhandlung ist das generelle Setting (also die Anzahl der Beteiligten, die Distanz Dritter dazu in akustischer oder optischer Reichweite), der Sozialstatus der Beteiligten, ihr Alter und Geschlecht, die Dichte der bisherigen Beziehung zueinander, der Ort selbst als neutraler oder nicht-neutraler, als öffentlicher oder nicht-öffentlicher, der Abstand zu einer letzten Begegnung und zu einer erwarteten nächsten, ebenso wie der Anlaß der Begrüßung bei zufälliger oder verabredeter Begegnung.

Für die *Situativität des Grußverhaltens* als zweiter interpretativer Ebene für das Phänomenfeld der Begrüßung stellt sich die Frage nach den Konditionen, unter denen ein Begrüßungsvorgang für die Beteiligten sich als akzeptierbar erweisen kann. Goffman eruiert in diesem Kontext ein «Zeit-Person-Erwartungsschema»[181], das sich zu jenem Zeitpunkt konfiguriert, in dem von einem Partizipanden eine Begrüßung erwartet wird. Der Grad der Höflichkeit bemißt sich dann nach der Übereinstimmung des Auftretens von Phänomenen des Begrüßungsrepertoires mit den Erwartungshaltungen der Kommunikationsteilnehmer. Begründete Erwartungen ruhen dabei vorrangig auf zwei Momenten auf: dem personen- und dem situationsbezogenen. Begrüßung wird also in all den Fällen erwartet, über die konventionell Übereinstimmung besteht innerhalb einer Kommunikationsgemeinschaft und somit die Wahrscheinlichkeit, zu grüßen und gegrüßt zu werden hoch ist. Diese Wahrscheinlichkeitsrate ist variabel und hängt ab von Faktoren wie der Populationsdichte[182], der Zahl der Anwesenden, Begegnungswahrscheinlichkeit[183], Abstand zur

---

[179] Signifikant ist dabei die Frage nach dem Einfluß von Status und Rolle auf die Initiativübernahme und die Formung der Begrüßung selbst, also ob Ältere oder Jüngere, ob Ankommende oder schon Anwesende, Ranghöhere oder -niedrigere, schließlich ob eine Frau oder ein Mann die Trägerschaft übernimmt.

[180] *WERLEN*, Ritual und Sprache 235ff., unterscheidet vier Phasen oder Sequenzen der Begrüßung, deren Abfolge aber variabel ist: 1. Weckung bzw. Signalisierung von Aufmerksamkeit, 2. Identifikation – Gegenidentifikation, 3. Begrüßung – Gegenbegrüßung, 4. Themaeinführung – Themaratifikation. Vgl. auch *SCHEFLEN*, Kommunikation und Körpersprache 49. *KENDON/FERBER*, A description of some human greetings, passim, entwickeln ein dreistufiges Modell und unterscheiden den initialen «Distanzgruß», die räumliche Annäherung und den «Nahgruß» als Phasen und sortieren die Diversifikationen der Dauer, der Frequenz und der Kovarianz der Variablen.

[181] Vgl. *GOFFMAN*, Das Individuum im öffentlichen Austausch 120-133.

[182] Es liegt auf der Hand, hier nach wie vor ein Stadt-Land-Gefälle einzuzeichnen. Die Erwartung, in ländlichen oder dörflichen Milieus begrüßt zu werden (trotz möglicher persönlicher Distanz und einem geringen Vertrautheitsgrad), ist erheblich größer als in (groß-)städtischen Aggregaten.

[183] Vgl. *GOFFMAN*, Das Individuum im öffentlichen Austausch 114.

vorhergehenden Begegnung[184], situativen Hindernissen[185] oder institutionellen Rahmenbedingungen[186]. Begrüßungswahrscheinlichkeit wächst ebenso mit dem Grad der Vertrautheit der Partner wie mit den Determinanden einer sozialen Rolle, die konventionellerweise Begrüßungsformen suggeriert. Die Erwartungen betreffen dabei nicht nur das Faktum der Begrüßung selbst, sondern auch je spezifische Formen, die mit den Situationsvarianten flexibel sein können. Unter dem Druck dieser Erwartungsdispositionen hat sich eine reichhaltige, nuancierte und elaborierte Verhaltenspalette entwickelt, die wiederum eine nicht geringe Sozialkompetenz einfordert. Für diese lassen sich einige grundlegende Faustregeln benennen:

- formellere Grußformen sind adäquater in Kontexten größerer Sozialdistanz;[187]
- emotionales Engagement wächst mit dem Abstand zur letzten Begegnung;[188]
- thematische Grußformen bedürfen sachlicher Angemessenheit;[189]
- die Du-Sie-Differenz muß spezifisch angepaßt sein.[190]

Ebenso kann als Faustregel gelten, daß nicht eingelöste Erwartungen in diesem Komplex zu Irritationen oder gar irreversiblen Spannungen führen können, Einschätzungen des (Nicht)-Senders von höflichen Begrüßungssignalen in erheblichem Maße beeinflussen. Im Defizitfall kann dann nur durch Entschuldigungspattern korrigierend eingegriffen werden, die selbst wieder einen eigenen Bereich der Höflichkeitsaktivität ausmachen.

Zu *Funktionalitäten des Grußverhaltens* läßt sich in der Synopse verschiedener Theorieansätze dreierlei festhalten, was teils schon angeklungen ist:[191]

- Begrüßung als Steuerungssignal markiert Anfang (analog dazu Verabschiedung Ende) einer Interaktionssequenz durch Weckung und Konzentration von Aufmerksamkeit;
- Begrüßung manifestiert positiven Sozialkontakt und reduziert Unsicherheit, Ängste und Aggressionen;

---

[184] Vgl. *FERGUSON*, The structure and use of politeness formulas 145, *GOFFMAN*, Verhalten in sozialen Situationen 103.

[185] Die diese Variablen begründenden Faktoren können sein Lärm, Helligkeit oder Dunkelheit, Gedränge oder Beschäftigungen, die partiell oder ganz Aufmerksamkeit absorbieren.

[186] Paradebeispiel wäre hier die Grußpflicht im Militär.

[187] Vgl. *FIRTH*, Verbal and bodily rituals 19.

[188] Vgl. *GOFFMAN*, Das Individuum im öffentlichen Austausch 124f.

[189] Vgl. *W. LEPENIES*, Probleme einer historischen Anthropologie, in: *R. RÜRUP* (Hrsg.), Historische Sozialwissenschaft. Beiträge zur Einführung in die Forschungspraxis, Göttingen 1977, 126-159, *FERGUSON*, The structure and use of politeness formulas 141f., *HECKENDORN*, Wandel des Anstands 1970, 141, *FIRTH*, Verbal and bodily rituals 11, 13ff.

[190] Vgl. *K. BAYER*, Die Anredepronomina Du und Sie, in: Deutsche Sprache 7 (1979) 212-219, *U. AMMON*, Zur sozialen Funktion der pronominalen Anrede im Deutschen, in: Zeitschrift für Literaturwissenschaft und Linguistik 2 (1972) 72-88, *H. TRÜMPY*, Das Duzen im Vormarsch, in: Schweizer Volkskunde 67 (1977) 18-21, 61-62, *M. WILL*, Höflichkeit und Anrede im Deutschen (unveröffentlichte Magisterarbeit), Erlangen 1991.

[191] Vgl. v.a. *FIRTH*, Verbal and bodily rituals, *GOODY*, «Greeting», «begging» and the presentation of respect, passim, *VALTL*, Höflichkeit 89. – *I. EIBL-EIBESFELDT*, Zur Ethologie des menschlichen Grußverhaltens, in: Zeitschrift für Tierpsychologie 25 (1968) 727-744, 29 (1971) 196-213, *ders.*, Die Biologie menschlichen Verhaltens, mit Bezug dazu *BRANTL*, Verbindende Moral 17-56, 57-104 (Lit.).

- Begrüßung dient der wechselseitigen Identifikation und Bestätigung der Partner in einem sozialen System und lokalisiert sie in ihm.

Abschließend gilt es in diesem Feld auf einige anthropologisch markierbare Grunddaten hinzuweisen. Begrüßungen sind nicht allein arbiträre Zeichenagglomerate, sondern stehen teils auch auf anthropologischen Invarianten. Eibl-Eibesfeldt hat in einer Reihe von Untersuchungen darauf hingewiesen, daß Teile des humanen Grußverhaltens wie Lächeln, Kopfhochwerfen, Augengruß etc. in signifikanter Streuung in diversen Kulturkreisen anzutreffen sind.[192]

Kontaktaufnahmen: Soweit nicht rein sachliche Gründe vorliegen, die eine Interaktion erforderlich machen, beschränkt sich in unserer Gesellschaft die Initiierung einer Begegnung wesentlich auf einander schon bekannte Personen.[193] Kontaktaufnahmen ohne diese sachliche oder personale Vorgeschichte stellen hingegen in der Regel ein sozial durchaus heikles, fragiles, somit problematisches Geschehen dar. Dieser Brisanz wird – ebenso «in der Regel» – durch Strategien begegnet, die in den Komplex der Höflichkeit fallen. Als probateste Lösung bietet sich dabei das Einander-vorgestellt-werden durch eine beiden Neulingsparteien bekannte Mittelsperson an, die über formelhafte und konventionalisierte Ausdrucksmittel eine erste vorsichtige Nähe schafft. Beide neu in Kontakt gebrachte Parteien bedienen sich in der nachfolgenden Frühphase der Fremderkennung ähnlicher Höflichkeitsmuster in den «turns» oder Sprecherwechseln. Dies hält so lange an, bis eine suffiziente Basis für freiere Gesprächsführung erreicht ist oder die Interaktion wieder beendet wird.[194]

Höflichkeitstheoretisch liegt die Emphase auf der Verminderung des «face threatening»-Potentiales für die Partizipanden in dieser exponierten und unge-

---

[192] Verhaltensanalogien sind in dieser Hinsicht auch in «subhumanen» Feldern auffindbar und stellen hier eine Art Wahrnehmungsreaktion auf das Eintreten in den Blickraum dar. Je höher die Entwicklungsstufe desto «ähnlicher» werden – vor allem bei den Primaten – Verhaltensformen. Dieser Befund legt die Annahme nahe, daß Begrüßungszeichen und -rituale eine tief verwurzelte und lange Genese haben. Einzelne Phänomene dürften nach erheblichen Transformationen auch mit Brutpflege- oder Schutzverhalten korrelierbar sein. Vgl. *EIBL-EIBESFELDT*, Zur Ethologie des menschlichen Grußverhaltens, passim, *ders.*, Der vorprogrammierte Mensch. Das Ererbte als bestimmender Faktor im menschlichen Verhalten, Wien 1973. – Dies hat durchaus Konsequenzen für den Freiheitsspielraum und für die ethisch Betrachtung der Phänomene, sieht man auf die anthropologischen Grunddimensionen im Übergang von Erkennen und Anerkennen. Dennoch ist gerade hier im Blick auf den ethischen Übertrag vor einem kruden Naturalismus zu warnen. Vgl. *BRANTL*, Verbindende Moral, passim (dort auch das Geleitwort von *EIBL-EIBESFELDT* 9-11), zudem 71ff. (zu Kritik und Präzisierungen nicht nur des Buchtitels vom «vorprogammierten Menschen» – Prädispositionen und Dispositionen haben ein Referenzverhältnis, Freiheitsverhältnisse eine naturale, soziale etc. Bedingungsmöglichkeit und Fundierung. Verhalten transformiert sich nicht automatisch in Haltungsmöglichkeiten. Haltungsmöglichkeiten bestehen auch gegenüber Prädispositionen und Determinationen. Hier gewinnt das Humanum Konturen. *Sittliche* Freiheit besteht weder in völliger Unabhängigkeit von Vorgaben noch in einem von Vorgaben freien Raum, sondern in «der Fähigkeit des Menschen, sich zu seinen Determinationen zu verhalten, auf die Prägung prägend einwirken zu können», so *D. MIETH*, Die neuen Tugenden. Ein ethischer Entwurf, Düsseldorf 1984, 31.

[193] Vgl. *VALTL*, Höflichkeit 91.

[194] In der älteren Anstands- und Höflichkeitsliteratur wird dieses Szenario bis in den Wortlaut hinein präfiguriert. Vgl. z.B. *W. V. KAMPTZ-BORKEN*, Der gute Ton in allen Lebenslagen, Wien-Hadersdorf [3]1953, 135. Dies hat sich unterdessen im Trend einer generelleren Skepsis gegenüber allzu gestanzten Formen hin zu einer größeren Beiläufigkeit und Dereguliertheit verschoben. Nennung des Namens (eventuell mit einer kurzen Überleitungsfloskel wie «Kennen Sie sich schon?») genügt oft schon.

sicherten Situation. Höflichkeit entlastet an dieser Stelle. Diese ist notwendig, da ein Sich-Bekanntmachen ohne Mittelsperson ein erhebliches interpersonelles Engagement, eine beträchtliche soziale Leistung einfordert. Gerade in der Steigerung der Bemühung liegt aber eine signifikante Belastung und ein Moment der Auslieferung dessen, der sich «selbst anbietet». Zudem kann unvermitteltes Ansprechen die berechtigten Distanzansprüche des Angesprochenen erheblich beeinträchtigen und als Bedrohung von dessen «negativem Gesicht» wahrgenommen werden. Noch stärker und gravierender – dies als weiteres Moment – fällt ins Gewicht eine a priori nie ganz auszuschließende Ablehnung durch den Adressaten als Maximalbedrohung des «positiven Gesichtes» des Sprechers. Einschalten eines Vermittelnden verringert dieses Risiko erheblich. Nicht zu unterschlagen ist das Faktum, daß in der Vorstellung über einen Mittler der Ausdruck von Achtung beider Parteien mitschwingt – und im Fall einer begründeten Erwartung des Vorstellens dessen Unterlassung als Mißachtung gedeutet werden kann.

Neue Kontaktaufnahmen erfordern allerdings auch nicht immer eine Mittelsperson, zumal in manchen Fällen das situative «setting» zu Phasen «gesteigerter Kontaktierbarkeit» führen kann, d.h., die Hemmschwellen, in neue, noch unübersichtliche Kontakte zu treten und den dafür nötigen Aufwand zu betreiben, ist signifikant reduziert.[195] Vor diesem Hintergrund zeichnen sich mögliche Kontaktaufnahmen ohne Mittelsperson und jenseits einer Phase der gesteigerten Kontaktierbarkeit als spezielles Problem ab. Diese Kontakte sind natürlich möglich, teils sogar erwünscht[196], aber nur unter bestimmten Bedingungen aufzubauen.[197] Zu diesen Bedingungen oder «tickets» (so H. Sacks) zählen:

- von der Situation vergebene Legitimationen zur Aufnahme eines Kontakts, etwa das Ansprechen von eigenen Landsleuten im Ausland oder themenzentrierte Interaktionen;
- innerhalb des «Settings» auszuhandelnde Legitimationen. Die Spannbreite hierbei ist relativ groß. Spontane Warnungen vor Unannehmlichkeiten, die hörerrelevant sind, gehören dazu ebenso wie offenkundig geteiltes Interesse an oder gemeinsame Ablehnungen von gleichzeitig beobachteten, thematisierbaren, kommunikationsfähigen Ereignissen. Auch die zutreffende oder – nicht so selten – fiktive Behauptung früherer Zusammentreffen kann einschlägig werden.[198]

---

[195] Diese «gesteigerte Kontaktierbarkeit» – ein Terminus, den *GOFFMAN*, Das Individuum im öffentlichen Austausch 117, verwendet – ergibt sich beispielsweise bei Antritt einer neuen Arbeitsstelle bezüglich der neuen Arbeitskollegen oder gegenüber neuen Nachbarn. Ein ungenutztes Verstreichen einer derartigen Phase kann als problematisch angesehen werden für die eventuell dann doch unausweichliche spätere Kontaktaufnahme.

[196] Hier gilt es zu vermerken, daß Höflichkeitsstrategien eben nicht nur der Distanzwahrung dienen, ostentative «Distanziertheit» geradezu das Gegenteil dazu ist, sondern eben «geselligkeitsförderliche» Intentionen in sich trägt. Dies gilt für Kontaktfindung zwischen einzelnen, zwischen Gruppen oder der Integration oder Aktivierung einzelner in schon bestehende Gruppierungszusammenhänge. Vgl. *SCHULZE*, Strategische Unbestimmtheit 103.

[197] Vgl. *GOFFMAN*, Verhalten in sozialen Situationen 121-143. In diese Kategorie fällt die Kontaktaufnahme mit Personen, die zufällig im gleichen Raum (Wartezimmer, Eisenbahnabteil, Flugzeug etc.) anwesend sind. Nicht zuletzt die Kontaktaufnahme zwischen einander noch nicht bekannten Frauen und Männern – in der Höflichkeitstheorie nicht zufällig unter dem Stichwort der «Galanterie» verhandelt – gehört in diesen Bereich.

[198] So *H. SACKS*, Lecture notes. Summer Institute of Linguistics, Ann Arbor 1973, 345.

Chancen zu einer gesteigerten Integrations- und Aktivierungsfrequenz bieten auch die Phänomene, die im nachfolgenden Abschnitt knapp vorzustellen sind.

Wort- und Themenbereitstellung: Hinsichtlich der Einbeziehung möglicher Partner in ein Kommunikationsgeschehen ist von hoher Relevanz auch die Selektion von Themen und Sprachspielen.[199] Anerkennung und Rücksicht drückt sich darin aus, daß die Auswahl den Beteiligten genehme und zur aktiven Partizipation einladende Sachbereiche und Sprachmodulationen bereitstellt. Damit wird den kommunikativen Bedürfnissen des Partners entsprochen. Er erfährt Achtung und Aufmerksamkeit.[200] Besonderes Augenmerk gilt dabei der Vermeidung von ostentativ unnötiger «unbeantwortbaren Fragen», die den Angesprochenen in gesichtsverletzender Weise aus dem «Mitwisserkreis» ausschließen, während die beantwortbare Frage ihm die Chance gewährt, aktiv in die Interaktionssequenz einzutreten.

Von ähnlicher Struktur und Bedeutung ist die Wahl zu Gebote stehender Worte. Vermeidung von Fremdwörtern, Fachausdrücken, Insiderbemerkungen und -bezeichnungen, Soziolekte, Dialekte etc., die dem anderen nicht zur Verfügung stehen bzw. ihm unverständlich sind, haben exkludierende Funktion und widersprechen damit einer Einbeziehung in die laufende Interaktion.[201] Auch bei der Wortwahl geht es also um die beiderseitige Achtung und Wahrung des Gesichtes. Ist das Verwendung findende Vokabular für alle verständlich und handhabbar, vermeidet der Sender nicht nur den Ausschluß einzelner aus dem Diskurs[202], sondern auch daß er selbst auf Ablehnung stößt und ihm ein elaborierter sprachlicher Code zur Last gelegt, er dadurch negativ bewertet wird.

Phänomene der Sprachstruktur: Darüber hinaus gilt es einige sprachstrukturelle Momente zu vermerken, die ebenfalls einen höflichkeitssystematischen Index tragen.[203] Hier wären vorrangig zu nennen die Redebeiträgen von Sendern, die Attraktivität und Lebhaftigkeit verleihen und vermittels dieser Aufmerksamkeit und Interesse heischen: der Wechsel der Erzählzeit vergangener Ereignisse in das «historische Präsens», offensichtliche, also leicht zu entschlüsselnde Übertreibungen, «inklusives Wir», die Ausrichtung sprachlich-deiktischer Perspektiven auf die Position des Hörers und die – vor allem im Englischen – gebräuchlichen «tag questions».[204]

---

[199] Vgl. *J.V. Neustupny*, Politeness patterns in the system of communication, in: Proceedings of the eighth International Congress of Anthropological and Ethnological Sciences, Tokio-Kyoto 1968, 412-419, *Svennevig*, Getting acquainted in conversation 163-256.

[200] Vgl. *Valtl*, Höflichkeit 95, der darauf verweist, daß dieser Sachverhalt schon in der älteren Höflichkeitsliteratur belichtet wurde. Er bezieht sich u.a. auf Menates (1710), Knigge (1788), Schleiermacher (1799), G.A. Jhering (1800).

[201] Der deplazierte Gebrauch von Fremdwörtern ist dabei schon sehr früh ein kritisiertes Moment, vgl. z.B. *Valtl*, Höflichkeit, 96. Die jeweils inkriminierte Herkunftssprache variiert. Ist es bei *Della Casa*, Galateus 91f., das Lateinische, so lassen sich entsprechende Auslassungen zum Französischen und – vor allem in jüngster Zeit – zu Anglizismen und Amerikanismen finden. Dies gilt grosso modo natürlich auch von der Verwendung von Fachsprachen.

[202] «... der Discurs muß so beschaffen seyn / daß ein ieder darzu beitragen kann», fordert schon *C. Thomasius*, Kurtzer Entwurff der Politischen Klugheit / sich selbst und andern in allen menschlichen Gesellschafften wohl zu rathen und zu einer gescheiden Conduite zu gelangen, Frankfurt/M.-Leipzig ²1710, 16 (nach dem Reprint: Frankfurt/M. 1971).

[203] Vgl. *Brown/Levinson*, Politeness 107f., 118f., 127ff.

[204] Ein Beispiel, das einige derartige Momente vereint: «Ich ging ganz friedlich spazieren. Plötzlich, weißt du, kommt dir ein riesengroßer Hund entgegen...». Der Tempuswechsel (ging/kommt) hat hier ebenso eine involvierend-integrierende Struktur und Funktion wie die Einfügung «weißt du» als Analogon zur

So unverzichtbar wie charakteristisch für diese sprachlichen Strukturmomente und ausschlaggebend für den transportierten Höflichkeitswert ist die höhere soziale Position des Sprechers. Andernfalls läge eine Deutung dieser Strukturen als distanzverletzend nahe. Insgesamt geht es dabei um die Ausrichtung von verbalen Äußerungen auf den Hörer und der Durchbrechung der Gefahr des Monologisierens, das höflichkeitssystematisch negativ zu Buche schlagen würde.

Nonverbale Phänomene: Zur Inklusion oder Exklusion von Kommunikationspartnern kommen neben diesen verbalen auch nonverbale Pattern zum Einsatz. Sie zeigen sich vor allem in der Einnahme bestimmter Körperhaltungen in der Kleingruppenkommunikation.[205] Körperorientierung steckt Aktions- und Aufmerksamkeitsbereiche ab, räumliche Anordnung signalisiert (Nicht-)Zugehörigkeit zur aktuellen Interaktionssequenz. Körperachsen, die deutlich und wechselseitig auf einen bestimmten Partner orientiert sind, signalisieren dritten, daß ein Eindringen in diesen Raum unerwünscht ist.

Die Deutung dieser und ähnlicher Haltungen und Gesten ist natürlich situationsabhängig und ambivalent. Notwendige Ansprüche der Distanzwahrung und potentielle Verletzung von Nähebedürfnissen liegen hier sehr nahe beieinander. Zudem zu ist darauf verweisen, daß Signale der Gestik und Proxemik verbal nur schwer kompensiert werden können. Ihr Eindruck ist elementar mit der Grunddimension Einbeziehung/Ausschließung gekoppelt und somit massiv.[206]

9.1.3. Markierungen einer gemeinsamen Basis

Eine weitere Gruppe von Pattern der Zuwendungshöflichkeit ist in Sequenzen der Betonung einer gemeinsamen Gruppenzugehörigkeit und einer gemeinsamen Basis zu sehen. Sie bezieht sich entweder auf eine bereits bestehende (von Fall zu Fall auch behauptete) Gemeinsamkeit zweier Partner (oder Gruppen) durch den Einsatz gruppenspezifischer Zeichen oder versucht im Verlauf der Aktionssequenz eine

---

englischen «tag question» («..., isn't it» oder ähnliches). Vgl. *J.-O. ÖSTMANN*, «You know». A discourse functional approach, Amsterdam 1981. Daß der Hund kaum groß wie ein Riese ist, braucht nicht betont zu werden, daß aber diese expressive Gestaltung distanzmindernd auf den Hörer wirkt, hingegen schon. Von Interesse ist freilich auch die deiktische Verschiebung in dieser Hinsicht und Absicht. Der erwähnte Hund kommt nicht dem Erzähler entgegen, wie in der beschriebenen Situation tatsächlich, sondern dem Hörer, der so unmittelbar temporal wie lokal einbezogen wird. Vgl. dazu *C.J. FILLMORE*, Pragmatics and the description of discourse, in: Berkeley Studies in Syntax and Semantics 1 (1974) 1-21, *ders.*, Santa Cruz lectures on deixis. Bloomington 1975, *ders.*, Lectures on deixis, Cambridge 1996, *K.D. KELLY*, Proximal and Distal Deixis in Negotiation Talk, in: Journal of Pragmatics 32 (2000) 915-926.
Das «inklusive Wir» wirkt ähnlich. Beispiel: «*Wir* haben *uns* doch schon früher getroffen.» anstelle von «*Ich* habe *Sie* schon früher getroffen.» Vgl. schon *JHERING*, Der Zweck im Recht II 701, der diese Sprachfigur zu den häufigsten im Höflichkeitskontext zählt. Dazu auch *G. PSATHAS*, Ethnotheorie. Ethnomethodologie und Phänomenologie, in: *ARBEITSGRUPPE BIELEFELDER SOZIOLOGEN* (Hrsg.), Alltagswissen. Interaktion und gesellschaftliche Wirklichkeit, Opladen ³1981, 263-284, 267, zudem *BROWN/LEVINSON*, Politeness 107, 127, und schon *L. V. WIESE*, Die Philosophie der persönlichen Fürwörter, Tübingen 1965.

205 Vgl. *A.E. SCHEFLEN*, The significance of posture in communication systems, in: Psychiatry 27 (1964) 346-380, *ders.*, Körpersprache und Kommunikation 38-45.

206 *VALTL*, Höflichkeit 100. Wegen der Unbewußtheit des Einsatzes dieser Zeichen zählen nicht alle Autoren sie zum Feld der Höflichkeits*strategien*. Höflichkeitstaktisch ist allerdings gerade wegen der Massivität des erzielten Eindrucks hier eine Sensibilisierung angezeigt.

gemeinsame Plattform herzustellen oder zu stärken durch die Signalisierung von Übereinstimmung und Verbundenheit.

Einsatz von Zeichen gleicher Gruppenzugehörigkeit: Der Gebrauch gruppensignifikanter Zeichen appelliert faktisch an oder suggeriert kontrafaktisch Gleichheit und reziproke Solidarität der Kommunikationspartner.[207] Anerkennung von Gleichheit stellt einen Ausdruck von Wertschätzung und Respekt dar, solange der Sprecher in einer sozial relevanten Gruppe von gewissem Prestige verortet ist, das nicht deutlich unter dem der Gruppe des Angesprochenen liegt. Die einschlägigen Strategien kommen vor allem zur Abfederung temporärer Konflikte bei ansonsten intakten Beziehungen vor, z.B. wenn der Sprecher vom Hörer Entgegenkommen fordert.

Zu diesen Strategien gehören die T/V-Differenzierung[208], die pronominale Anrede[209], die eine große Bandbreite von Beziehungsdefinitionen erlauben. Liegt soziale Asymmetrie vor, so tendiert die pointierte Anrede mit «Du» zur Suggestion von Gleichheit, Gruppenzugehörigkeit oder Solidarität. Es ist also nicht nur der konventionelle Gebrauch von «Höflichkeitsform» im strikt grammatikalischen Sinn höflich. Das «Sie» kann nicht für sich beanspruchen, automatisch ein Signal für Höflichkeit zu sein, angesichts der Tatsache, daß das «Du» in adäquaten Situationen ähnliche Höflichkeitsvalenz besitzt. Mithin muß die gesamte T/V-Differenzierung im Höflichkeitskontext gesehen werden, nicht nur ein Teil von ihr.[210]

Als ein zweites Moment kann in diesem Bereich die Titelanrede gelten.[211] Auch hier lassen sich horizontale (wie Vertrautheit, Solidarität) und vertikale Grade (Rang- und Machtgefälle) eruieren. Dabei können Titel, die eine kurze vertikale und horizontale Distanz ausdrücken, appellativen Charakter haben und – insofern sie dem situativen Rahmen entsprechen – im Kontext der Abschwächung gesichtsbedrohender Akte eingesetzt werden.[212] Innerhalb der Variationsbreite der Titelanreden trägt natürlich die konventionelle Anrede mit «Herr» bzw. «Frau» einen verbreiteten Achtungserweis dar. Die Referenzgruppe ist dabei zunächst die größtmögliche (die Männer oder die Frauen), die noch Antizipation von Gleichheit erlaubt. Diese Anredeformen implizieren auf diese Weise aber auch, wenngleich ver-

---

[207] Vgl. *BROWN/LEVINSON*, Politeness 107ff.

[208] Die Abkürzung leitet sich von den lateinischen Pronomina «tu»/«vos» her.

[209] Charakteristisch hierfür ist die Abschwächung gesichtsbedrohender Akte. Die mögliche Aufdringlichkeit (als Übertretung von Distanzansprüchen) des «Schnorrens» wird durch ein pointiertes «Du» gemildert: «*Du*, hast du vielleicht eine Zigarette für mich!». In einem Milieu, in dem das Duzen problemlos ist, wird durch den markierten Einsatz des Pronomens dieser Effekt angezielt.

[210] Vgl. schon *NEUSTUPNY*, Politeness patterns in the system of communication, passim.

[211] Vgl. *D. HARTMANN*, Thesen zum Gebrauch von Anredeformen und Bezeichnungen dritter Personen in der direkten Kommunikation, in: Zeitschrift für Linguistik und Literaturwissenschaft 3 (1975) 111-142, historische Informationen bei *H. ZILLIACUS*, Art. Anredeformen, in: RAC Supl. I 465-496, *ders.*, Art. Grußformen, in: RAC XII 1204-1232, weitere Einordnungen auch bei *BRENNER/ZIRFAS*, Lexikon der Lebenskunst 190-195.

[212] Als Solidaritätsappell kann zum Beispiel die Anrede «Kumpel» fungieren: «Hey, *Kumpel*, haste ma ne Mark ...» «funktioniert» nur in einem eingegrenzten Rahmen (ein Punk, der einen Gleichaltrigen angeht); als Schutz vor Gesichtsbedrohung eingesetzt, kann der Titel «Schatz» im vertrauten Rahmen verwendet sein: «Du, *Schatz*, leider kann ich nicht, wie ich dir versprochen habe, mitkommen...!» Hierbei ist insgesamt zu beachten, daß Titelanreden, die Vertraulichkeit semantisieren, im deutschen Sprachraum erheblich sparsamer eingesetzt werden als im Englischen, wo man durchaus auch von Fremden im öffentlichen Raum als «Sweetheart» oder gar «Darling» tituliert werden kann. Vgl. *BROWN/LEVINSON*, Politeness 108. – Die pointierte Anrede mit dem Eigennamen *kann* in die gleiche Kategorie gehören.

deckt, die gemeinsame Zugehörigkeit zur Gruppe «vollwertiger» und «akzeptabler» Mitglieder einer *Kultur-* oder *Überzeugungs*gemeinschaft.[213]

Soziolekte, Dialekte, Slang und Jargon bilden eine Gruppe von differenzierten, Vertrautheit ausdrückenden Sprachcodes. Der Wechsel von der Hochsprache in eine dieser Sprachformen («code switching») steigert diese erheblich.[214] Dazu gehören Formen von In-group-Codes oder In-group-Terminologien wie Fachsprachen oder gar Zweitsprachen, die den Kommunikationspartnern in der gegebenen Situation zur Verfügung stehen.

Ein weiteres Phänomen ist diesen Gruppen zuzurechnen: die Kontraktion oder Ellipse[215] als reduzierte und verknappte Ausdrucksweisen, die durch Zusammenziehungen oder Auslassungen entstehen. Sie signalisieren in nicht geringem Maß Zuwendung und Zusammengehörigkeit vermittels eines abgerufenen Wissens, das ausschließlich (und damit ausschließend) den Kommunikationspartnern zur Disposition steht.[216]

Ausdruck von Übereinstimmung und Verbundenheit: Stellt der Einsatz von Zeichen der Gruppenhomogenität eine faktische oder fiktive Behauptung von Gemeinsamkeit auf, auf die sie zurückgreifen wollen, intendiert die folgende Gruppe zunächst einmal, diese Gemeinsamkeit herzustellen. Zu diesem Zentralbereich von «Strategien der Bandbekräftigung»[217] gehören der «small talk», die Anwahl «sicherer Themen», Formen der Zustimmung, das Vermeiden direkten Widerspruchs, entgegenkommende Antizipationen, der Rekurs auf Kooperationsbereitschaft unter Angabe von Gründen, Scherzwort und spielerische Provokationen und schließlich die breite Palette von Wünschen, Erkundigungen und Äußerungen der Anteilnahme. «Einigkeitsbezeugung» und «wechselseitige Betreuung» im Sinne einer Förderung der Kohärenz sozialer Gruppen ist hierbei als Funktionsabsicht zu benennen. Die Höflichkeitsemphase trägt zunächst unmittelbar die Stärkung der Beziehung und der Interaktion, was elementaren Bedürfnissen nach positiven sozialen Kontakten und einem angenehmen Umgang entgegenkommt. In Verbindung mit konfliktiven Situationsladungen kommt Übereinstimmungs- und Verbundenheitsausdruck kompensatorische Wirkung zu (in aktueller wie futurischer Fassung).

---

[213] Bei Titulaturen kann in dieser Hinsicht auch ein ganzes weltanschauliches Gebäude transportiert werden. «Bürger X.» oder «Genosse Z.» spiegeln diesen Sachverhalt ebenso wie die vor revolutionärem Hintergrund ausgetragene Auseinandersetzung um die Titel der republikanische Gesinnung ausstrahlenden «Citoyen» oder «Bourgeois» in Frankreich.

[214] Vgl. *J.J. GUMPERZ*, Verbal strategies in multilingual communication, Washington 1970, *ders.*, Codeswitching in conversation, Cambridge 1975, *J.J. GUMPERZ/J.-P. BLOM*, Social meaning in linguistic structures, in: *J.J. GUMPERZ/D. HYMES* (Hrsg.), Directions in sociolinguistics. The ethnography of communication, New York 1972, 407-437, auch *C. MYERS-SCOTTON*, Social motivations for codeswitching, Oxford 1993, *S. GROSS*, Intentionality and the markedness model in literary codeswitching in: Journal of Pragmatics 32 (2000) 1283-1303.

[215] Vgl. *BROWN/LEVINSON*, Politeness 111f.

[216] *VALTL*, Höflichkeit, 104, demonstriert dies augenfällig an einem Beispiel: Der Stammgast in einem Restaurant sagt zur Bedienung: «Nummer eins und d'Süddeutsche!», was – für Außenseiter kaum oder nur schwer dechiffrierbar – schlicht bedeutet: Menü Nr. 1 von der Karte und die «Süddeutsche Zeitung». Valtl weist allerdings darauf hin, daß Aussagen wie diese in gewissen Höflichkeitskonzepten wegen des Fehlens jeglichen verbalen Höflichkeitszeichens als extrem unhöflich eingestuft werden. Vgl. *P.-L. CARRELL/B.H. KONNEKKER*, Politeness. Comparing native and nonnative judgements, in: Language Learning 3 (1981) 17-30, 21.

[217] So *EIBL-EIBESFELDT*, Die Biologie des menschlichen Verhaltens 643.

Ein erster Bereich, der in dieser Hinsicht Erwähnung verdient, ist der des «small talk»[218], einer Gesprächs- und Konversationsform, bei der weniger Information von Belang ausgetauscht wird, sondern die Manifestation und Bekräftigung der Beziehung im Vordergrund steht.[219] Das Phänomen «small talk» tritt zumeist in den Initiations- und Abschlußphasen einer Kommunikationssequenz auf im Sinne der Eröffnung eines «Grußgespräches» und der Exploration möglicher gemeinsamer Basiselemente für die weitere Interaktion. In der Abschlußphase wird «small talk» dann relevant für das «fading» einer Gesprächssituation unter beiderseitiger Anerkennung dieses Vorgangs und einer Beziehungsbekräftigung über das aktuelle Stadium hinaus. Daneben dient «small talk» auch als Vermeidungsstrategie – Schweigen, insbesondere sich dehnendes Schweigen, wird als bedrohlich aufgefaßt. Genau dieser Belastung der Beziehung gilt eine Abwehr. Zudem kann «small talk» auch als Achtungsversicherung dem Gesprächspartner gegenüber dienen. Es ist zwar momentan kein akuter Informationsaustausch nötig, aber dennoch wird Beziehungsbereitschaft semantisiert.[220]

Dem Feld des gesellschaftlichen «small talk» eng verwandt und von der Intention in eine ähnliche Richtung zielend ist die Wahl «sicherer Themen» als Gesprächsgegenstand.[221] Sie setzen keine große Vertrautheit der Partner voraus, da die Informationen, die – im Gegensatz zum «small talk» hat diese Gesprächsvariante eine größere Themenzentriertheit – für alle frei zugänglich sind und die Intim- oder Persönlichkeitssphäre so gut wie nicht berühren. Das klassische «sichere Thema» ist das «unsichere» Wetter. Gemeinsames Interesse stärkt gemeinsame Basis – dies auch im Sinne der «tickets» für eine Gesprächseröffnung. «Small talk» wie Gespräch über ein sicheres Thema sind allerdings ambivalent, denn der Übergang zu einer Gesprächsatmosphäre, die nur als banal und leer aufgefaßt werden kann, wird leicht kontraproduktiv.

Eine der nachhaltigsten Formen der Zuwendungshöflichkeit ist die der Zustimmung und der Suche nach Konvergenzen.[222] Bei diesem «agreement seeking» handelt es sich in der alltäglichen Interaktion um eine der am meisten eingesetzten Höflichkeitsstrategien.[223] In das laufende Gespräch eingestreute Partikel wie «Ah!», «Hmm!» oder «Ja, ja!» etc. werden ebenso häufig wie oft unbewußt verwendet. Allerdings können auch non- oder paraverbale Zeichen diesen Platz besetzen (Mimik

---

[218] Aus der Fülle der zumeist pragmatisch-praktisch orientierten Ratgeberliteratur zu diesem Bereich vgl. *D. MÄRTIN/K. BOECK*, Small talk. Die hohe Kunst des kleinen Gesprächs, München ²1999.

[219] Vgl. *BROWN/LEVINSON*, Politeness 117f., *J.D. LAVER*, Communicative functions of phatic communion, in: *A. KENDON/R.M. HARRIS/M.R. KEY* (Hrsg.), Organisation of behaviour in face-to-face interaction, Den Haag-Paris 1975, 215-238, *LAVER*, Linguistic routines 301ff.

[220] Für *EIBL-EIBESFELDT*, Die Biologie des menschlichen Verhaltens 616, ist der «small talk» die Fortentwicklung streng institutionalisierter und ritualisierter Formen des «grooming talk» primitiverer Stammeskulturen.

[221] Vgl. *BROWN/LEVINSON*, Politeness 112.

[222] Vgl. *BROWN/LEVINSON*, Politeness 112f. Daß und wie das Thema der Nicht-Zustimmung einschlägig wird, untersuchen *J. REES-MILLER*, Power, Severity and Context in Disagreement, in: Journal of Pragmatics 32 (2000) 1087-1111. Hier wie an allen anderen Stellen und Feldern gilt auch: Das Gegenteil fällt eben aus dem Fahndungsraster der Höflichkeit selbst. Formung, Expressivität und Modulation von Distanz, Distinktion bleiben zwischen negativer und positiver Höflichkeit, zwischen Abstand und Annäherung einschreibbar in die Betrachtung

[223] Vgl. *SHIMANOFF*, Investigating politeness, passim.

und Gestik). Zu achten ist dabei allerdings darauf, daß diese Zeichen nicht zu monoton-repetitiv geformt sind, weil sich ansonsten der Eindruck einer gewissen «Beschränktheit» oder expressiven Unbeweglichkeit des Senders aufdrängen könnte. Hochgradig konventionalisiert ist eine Gesprächsweise, die in gleicher Absicht ganze Textteile der Partneräußerung ad verbum wiederholt und spiegelt.[224] Dies gilt insbesondere für ungewöhnliche und eigenwillige Ausdrucksweisen, die unkorrigiert übernommen werden – und somit Respekt vor den Eigenartigkeiten des anderen bekunden. Dabei muß die Dimension der Nicht-Korrektur gar nicht vorrangig und auffällig werden – schon in der Vermeidung der «Rechthaberei» besteht ein Höflichkeitsfaktor im Sinne der Wahrung des «Taktes». Allgemeiner gesagt, besteht bei Initiierung und Strukturierung eines Gespräches die Tendenz, Übereinstimmung eher durch Selbstkorrektur zu sichern als durch Korrektur des Partners.

Zustimmung und Übereinstimmung werden auch flankiert über eine spezifische Angleichung des Stils von Interaktionsmustern und Umgangsformen. Das kann unter Umständen sogar heißen, daß ein Umschalten auf weniger elaborierte Höflichkeitscodes gerade eine Höflichkeitswirkung erzielt, die ein Insistieren nicht erreichen würde. Anpassung und Angemessenheit (natürlich nur im Fall, daß verschiedene Codes zur Verfügung stehen und die Kompetenz der Variation zuhanden ist) an «ungeschliffenere Manieren» steht nicht automatisch im Gegensatz zu Höflichkeitsintentionen, sondern wehrt allzu formalen, kruden Ostentationen, die dadurch entstehen, daß dem Hörer seine (vermeintlichen oder faktischen) Höflichkeitsdefizite – orientiert man sich nur an formal-expressiven Kriterien – gesichtsverletzend vorgehalten werden.[225] Natürlich braucht nicht betont zu werden, daß die Anpassung auch ihre Grenzen kennt.

Wichtig für den Kontext der Basislegung und -bekräftigung ist auch ein Feld, das unter dem Stichwort «Vermeidung des direkten Widerspruchs» zu rubrizieren wäre.[226] Dies kann je nach Umständen ein Beitrag zur Distanz- wie zur Zuwendungshöflichkeit sein, befriedigt das Phänomen doch einerseits das Bedürfnis nach Anerkennung der Meinung des anderen wie auch das der Vermeidung von Gesichtsverletzungen durch den frontal vorgetragenen Angriff auf dessen Positionen. So versteht es sich, daß der Topos der Widerspruchsvermeidung früh reflektiert und empfohlen wird.[227] Jüngere empirische Untersuchungen bestätigen die Relevanz dieser Strategie in der Alltagsinteraktion.[228] Dabei fällt allerdings auch auf, daß der Widerspruch zu vorgetragenen Ansichten und Meinungen nicht völlig aus dem Diskurs verschwindet, sondern abgemildert wird. Verbal wie nonverbal bleibt ein Überhang, der Distanzen aufscheinen läßt, ohne zu schroff zu wirken.[229]

---

224 Vgl. *IRVINE*, Strategies of status manipulation, *BROWN/LEVINSON*, Politeness 113.

225 Dies ist eine Beobachtung von nicht unerheblichem Wert für eine ethische Einschätzung des Höflichkeitsdiskurses vor der platten und allzu flachen Antagonisierung und Dichotomisierung von «honestum» und «decorum». Vgl. schon die harsche Kritik an einer «kaltschnäuzigen Unhöflichkeit» durch Höflichkeitsostentation bei *H. NICOLSON*, Good behaviour. Being a study of certain types of civility, London 1955, 340ff.

226 Vgl. *BROWN/LEVINSON*, Politeness 113f.

227 Vgl. schon *DELLA CASA*, Galateus 69, 97f., *MONCRIF*, Kunst zu gefallen 67.

228 Vgl. *SACKS*, Lecture notes, passim.

229 *VALTL*, Höflichkeit 110, nennt drei signifikante Beispieldialoge: «Fährst du nicht einen Golf? – Ja, ich hatte mal einen.», «Verstehen Sie mich? – Nicht ganz.», «Kannst du mir heute mal dein Auto leihen? –

«Präsuppositionen», also Übereinstimmungserzielung durch die Voranname gleichen Wissens und gleicher Bewertungsskalen, dienen neben Implikaturen gleichfalls der Schaffung und Verifikation einer gemeinsamen Basis.[230] Hierbei gibt der eine Partner dem anderen zu erkennen, daß er über ein gemeinsames Wissen über einen Sachverhalt verfügt oder etwas ähnlich einschätzt, ohne daß genau die dazu nötigen Informationen und Wertungsskalierungen expressis verbis in das laufende Gespräch schon eingeflossen wären.[231] Deutlicher noch werden Präsuppositionen greifbar in Fragen, die bereits die zu erwartenden Antworten des Adressaten durch Wortwahl oder Intonation insinuieren.[232] Als Sonderform der Präsupposition kann die Vorannahme einer Kooperationsbereitschaft wirken.[233] Hierbei wird vorausgesetzt, daß einem Anliegen oder einer Bitte des Sprechers entsprochen werden wird. Als höflich kann diese Strategie aber nur in solchen Kontexten angesehen werden, in denen die Erwartung einen hohen Grad an Wahrscheinlichkeit aufweist.[234] Der gesichtsbedrohende Akt, den eine Bitte für den Bittenden immer darstellt, wird dann vermindert, andernfalls – also bei düpierender Zurückweisung – sogar verstärkt.[235] Eine weitere Möglichkeit, sich der Kooperationsbereitschaft des Hörers zu versichern oder sich auf sie zu berufen, ist die Rekapitulation möglicher Ablehnungsgründe bei Aufforderungen oder Bitten. Hier wird sowohl ein positives Eingehen auf die Dispositionen des Hörers sichtbar als auch die Möglichkeit eröffnet, bei Ablehnung Ausweichstrategien zu entwickeln. Reziprok gilt dies auch für den Sprecher, der seinerseits neben der supponierten Kooperationsbereitschaft des Hörers die eigene band- wie basisfördernd ins Spiel bringen kann.

Generell kann gelten, daß die Angabe von Gründen eine hochfrequente Strategie zur Vermeidung von Interaktionskonflikten und Höflichkeitsverletzungen im Alltag ist. Verstöße in diesem Bereich behindern Kommunikation und die Verwirklichung von Intentionen ebenso wie sie zu massiven Konflikteskalationen führen können in der wechselseitigen Beurteilung von Interaktionspartnern. Nicht zu unterschätzen ist auch die Wirkung von Scherzen oder spielerischen Provokationen im Sinne der Basisbekräftigung.[236] Offenkundig ist die Wirkung eines richtig plazierten

Du, ich muß jetzt jeden Tag damit in die Arbeit fahren.» In allen drei Fällen wird ein schlichtes «Nein» vermieden, das als zu abrupt – damit zu unhöflich – empfunden werden würde. Hochstilisiert werden diese Phänomene im gesamten Bereich der Diplomatie.

230 Vgl. *BROWN/LEVINSON*, Politeness 122, *SCHULZE*, Strategische Unbestimmtheit 97ff., *PSCHAID*, Language and Power 26-28, *KORTMANN*, Linguistik 202-214.

231 Vgl. *MANES/WOLFSON*, The compliment formula 124.

232 Auch hier ist natürlich zu beachten, daß Vorwegnahmen oder Vorannahmen für eine Bandbekräftigung nur dienlich sind, wenn sie nicht als distanzverletzend erfahren werden. Die «stillschweigende Übereinkunft» darf nicht oktroyiert wirken. Vgl. zu weiteren Facetten *A. BELLEBAUM*, Schweigen und Verschweigen. Bedeutungen und Erscheinungsvielfalt einer Kommunikationsform, Opladen 1992, *M. SIFIANOU,* Do we need to be silent to be extremely polite? Silence and FTAs, in: International Journal of Applied Linguistics 5 (1995) 95-110, *R.G. BOGNER*, Die Bezähmung der Zunge. Literatur und Disziplinierung der Alltagskommunikation in der frühen Neuzeit, Tübingen 1997.

233 Vgl. *BROWN/LEVINSON*, Politeness 126f., 130f.

234 Das Unterlaufen einer möglichen Ablehnung wird sonst leicht sowohl distanzverletzend für den Adressaten als auch gesichtsverletzend für den Sender.

235 Eine sprachliche Einkleidung dieser Annahme von Kooperationsbereitschaft wäre die Auftaktformel «Du hast doch nichts dagegen, daß ...», wobei eben erwartet wird, daß der Angesprochene zustimmt.

236 Vgl. *BROWN/LEVINSON*, Politeness 124f., *EIBL-EIBESFELDT,* Der vorprogrammierte Mensch 131, 136f.

Scherzes konfliktmindernd oder ausgleichend im Falle einer Gesichtsbedrohung. Scherze spielen aber auch jenseits konfliktiver Situationen höflichkeitspraktisch eine Rolle. Auflockerung des Gesprächs und Aufblitzen von «Esprit» sind spätestens seit Castigliones' «Cortegiano» hoch im Kurs.[237] Von erheblicher Bedeutung ist in diesem Bereich, daß der Sender nicht den Rahmen überschreitet. Die Gemeinsamkeit, die betont werden soll, kann dann bedroht werden, wenn der Scherz Konfliktpotential übermittelt oder gar selbst dazu wird. Scherz und spielerische Provokation lassen sich in das Genre des «Als-ob-Streites»[238] verrechnen, wobei beispielsweise verbale Äußerungen, die ein einschlägiges Potential beinhalten, durch nonverbale Zeichen (wie Lächeln) als nicht-aggressiv gemeint, markiert werden und sie daher in ein neues semantisches Setting heben. Die variablen Figuren des Scherzes signalisieren in ihrem offenen und demonstrativen Mangel an Höflichkeit faktisch eine respektvolle, also höfliche Beziehung zwischen den Partnern. Dies ist nur dann paradox, wenn man nicht zwischen einer «Zeichenhöflichkeit» und einer «Strategiehöflichkeit» unterscheidet. Ersteres kann diese Formen nicht einholen und reflektieren, da allein die Expressivität und ihre Daten im Blickpunkt stehen.

Eine weitere Variante der Basisbekräftigung stellen die Formen der Wünsche, der Erkundigungen und der Anteilnahme dar.[239] Die jeweilige Intention zielt hier wieder auf die Bekundung von Verbundenheit. Gute Wünsche treten dabei vorrangig am Schluß von Kommunikationssequenzen auf und erleichtern deren Beendigung unter gleichzeitiger Versicherung einer über den Augenblick hinausreichenden positiven Beziehung.[240] Der Grad der Standardisierung ist sehr unterschiedlich und steckt eine Bandbreite von konventionellen bis völlig frei formulierten Wünschen ab. Ebenso können die Anlässe sehr unterschiedlich sein und unter einem variablen Erwartungsdruck stehen.[241] Im Kontext von Übergangsriten und sozialen Standortwechseln[242] werden diese Formen besonders relevant.[243] Phänomene der Erkundi-

---

[237] Vgl. dort die Kapitel XLII-LXXXV, vgl. *SCHLEIERMACHER*, Versuch einer Theorie des geselligen Betragens, passim.

[238] Vgl. *SCHEFLEN*, Kommunikation und Körpersprache 34ff., 80. *G.N. LEECH*, Principles of pragmatics, London 1983, 144f., unterscheidet hier zwischen Ironisierung und Formen des Neckens (englisch: «banter», als Pseudo-Unhöflichkeit oder «mock-politeness»). Hierbei ist es von Bedeutung, daß um der Solidarität mit dem Hörer willen eine *offenkundig* unwahre und unhöfliche Behauptung hörerseitig als eben dies dechriffriert werden kann im Sinne des eigentlich gemeinten Gegenteils. *VALTL*, Höflichkeit 117, gibt hierfür ein signifikantes Beispiel: Der Satz «So ein hundsgemeiner, feiger Trick!» kann bei einem Schachspiel unter Freunden durchaus als Kompliment und Hochachtung für einen besonders gelungenen Spielzug verstanden werden.

[239] Vgl. *MACHWIRTH*, Höflichkeit 177ff., *JHERING*, Der Zweck im Recht II 691. Zu schriftlichen Formen vgl. *S. ETTL*, Anleitung zu schriftlicher Kommunikation. Briefsteller von 1880 bis 1980, Tübingen 1984, 69ff., 219ff. – Nach *EIBL-EIBESFELDT*, Biologie des menschlichen Verhaltens 643, handelt es sich dabei um die markantesten Zeichen «wechselseitiger Betreuung».

[240] Abschlüsse sind – analog zur Phase der Initialisierung – Übergangsphasen und damit so heikel wie gefährdet und gefährdend.

[241] Gratulationen (an besonderen allgemeinen oder persönlichen Festen) beispielsweise stehen immer auch unter dem Vorbehalt der schon erzielten persönlichen Nähe und Vertrautheit wie allgemeiner Gepflogenheiten. Im Falle der Abwesenheit des Gratulanten substituieren hier schriftliche Formen in analoger Formenvielfalt den direkten Ausdruck. Ausfälle und Unterbleiben beider Formen – gerade bei hoher Erwartung – haben erhebliche gesichtsbedrohende Wirkung.

[242] Zu denken wäre an Anlässe wie Hochzeit, beruflicher Aufstieg etc.

[243] Vgl. *KNUF/SCHMITZ*, Ritualisierte Kommunikation und Sozialstruktur 26ff., *WERLEN*, Rituale und Sprache 230f.

gung finden ihren vorrangigen Ort in den Initialphasen einer kommunikativen Interaktion als Teil eines Grußgesprächs.[244] Unter dem Vorzeichen negativer Ereignisse und Erlebnisse des Angesprochenen stehen die Ausdrucksweisen der Anteilnahme, besonders bei Todesfällen. Der Formalisierungsgrad ist hierbei besonders groß.[245] Im Anschluß an diese Überlegungen, die schon hineinweisen in den folgenden Bereich und seine Phänotypik, gilt es nun, Formen der Distanzhöflichkeit vorzustellen.

9.2. Grundbewegung der Höflichkeit II: Distanz- und Raumwahrung

Die zweite Grundkategorie der Höflichkeit besteht in Formen und Phänomenen der Wahrung von Distanz und beruht wesentlich auf dem Ausdruck von Respekt einer je kulturell, historisch und situativ variablen, aber dennoch umschreibbaren Person- und Persönlichkeitssphäre des oder der Kommunikationspartner. Was in diesem Segment traditionellerweise mit Begriffen wie «Ehre»[246] oder «Ruf» oder den Pendantformulierungen des hierzu defizitären oder dies verletzenden Gegenteils beschrieben wird, tritt in der neueren Höflichkeitstheorie und -forschung oft unter den Termini des «negativen Gesichts» und des «gesichtsbedrohenden Aktes» auf. Das durch Formen der Distanzwahrung zu schützende «negative Gesicht» meint hierbei einen dreifachen Anspruch: den Anspruch auf unbehinderte Handlungsfreiheit, den Anspruch auf selbstbestimmte Lenkung der Aufmerksamkeit und schließlich den Anspruch auf Verschonung von spezifischen durch die jeweilige Kommunikationssituation hervorgerufenen oder in ihr möglichen Beeinträchtigungen des Wohlbefindens.[247]

Den Akzent trägt in dieser Analyse der Aspekt der Gewährung unverstellter Freiheits- und Handlungsspielräume wie auch die Möglichkeit, sich gesichert und unbehindert aus ihnen zurückzuziehen. Dieses «Give options!» faßt eine der Grundmaximen von Höflichkeit zusammen.[248]

---

[244] Musterbeispiel ist die Erkundigung nach dem Befinden des Partners oder seiner Angehörigen oder nach den sprichwörtlich gestanzten «Gängen der Geschäfte» zu Beginn eines Gespräches. Vgl. *GOODY*, «Greeting», «begging» and the presentation of respect, *IRVINE*, Strategies of status manipulation.

[245] Dies hat nicht selten – gerade in der Reflexion auf Beileidsbekundungen (von denen deshalb nicht umsonst so häufig Abstand zu nehmen, gefordert wird) – zur Diskussion über Sinn und Unsinn, Echt- oder Falschheit geführt. Halten wir nur fest, daß gerade an diesen Stellen höchster emotionaler Tangiertheit und existentieller Ungesichertheit der Ansprechpartner ritualisierte und standardisierte Formeln auch einen Entlastungseffekt haben können, ohne daß damit der Grad heikler Brisanz geleugnet werden soll.

[246] Vgl. den soziologischen Klassiker *G. SIMMEL*, Soziologie, Berlin 1968 (^{1}1908), 265, weitere Perspektiven bei *H.J. BUCHKREMER*, Ehrgeiz, Stuttgart 1972, *F. HAIDER*, Die Ehre als menschliches Problem. Versuch einer pädagogischen Orientierung, München 1972, schon früher *W. KORFF*, Ehre, Prestige, Gewissen, Köln 1966, *H. REINER*, Die Ehre. Kritische Sicht einer abendländischen Lebensform, Dortmund 1956. Vgl. die Übersicht bei *T. HAUSMANNINGER*, Art. Ehre. I. Theologisch-ethisch, in: $LThK^3$ III 505f., *J. ISENSEE*, Grundrecht auf Ehre, in: *B. ZIEMSKE* (Hrsg.), Staatsphilosophie und Rechtspolitik (FS M. Kriele), München 1997, 5-48.

[247] Vgl. *VALTL*, Höflichkeit 120.

[248] Vgl. *R. LAKOFF*, The logic of politeness 298. *BROWN/LEVINSON*, Politeness 129, definieren das «negative Gesicht» vorrangig über den Wunsch des Individuums, in seiner Handlungsfreiheit und Aufmerksamkeitslenkung nicht beeinträchtigt zu werden. Statt auf der Optionsgewährung liegt der Nachdruck

Für die soziolinguistische Betrachtung der Phänomene steht also das zentrale Prinzip der Distanzhöflichkeit in der Gewährung und Öffnung von Handlungsspielräumen. Für außerlinguistische Phänomene hingegen muß zudem noch das Prinzip der Vermeidung von unangenehmen Interaktionssituationen einbezogen werden, da kaum alle Phänomene von Anstand und Takt allein unter dem Rubrum der Vermeidungsstrategien verbucht werden können.[249]

Distanzhöflichkeit zeichnet ähnlich wie Formen der Zuwendungshöflichkeit der Moment der Anerkennung des anderen und seiner speziellen Ansprüche aus. Im Unterschied zur Höflichkeitsform der Zuwendung hingegen wird hier diesen Ansprüchen nicht Rechnung getragen durch eine positive Hinwendung und ihre Ausdrucksformen, sondern durch Wahrung graduell unterschiedlicher Distanzen und durch Unterlassung von Ausdruckshandlungen, die den anderen beeinträchtigen könnten. Es sind (konventionalisierte) Formen der Vermeidung negativer Handlungen und ihrer Folgen.[250] Distanzhöflichkeit signalisiert also eher Respekt und Rücksichtnahme in konkreten Situationen[251] als artikulierte Freundlichkeit (wie dies bei der Zuwendungshöflichkeit symptomatisch ist).

Kernmoment bei der Betrachtung der Distanzsymbole ist zunächst nicht der materiale Wert, der durch die Vermeidung bestimmter Verhaltensweisen erzielt wird, sondern die kommunikative Bedeutung und Funktion dieser Vermeidungsleistungen. Sie werden nicht um ihrer selbst willen expliziert, sondern immer in Relation und Bezug zum anderen als prinzipielle Anerkennung seiner Distanzansprüche. In dieser Perspektive ist zunächst nicht die generelle Haltung, der Habitus oder die tugendethisch relevante Disposition des Senders im Blick, sondern vorrangig die Wahrung des «negativen Gesichts» des anderen. Es ist ja gerade auffallend, daß Distanzformen der Höflichkeit geradezu komplementär und gehäuft auftreten, wenn der Anspruch des Senders an den Hörer *faktisch* besonders groß ist – also jenseits einschlägiger Respektsdispositionen in Kraft tritt.[252]

9.2.1. «Taking care ...!» – Figurationen faktischer Vermeidung

Unter den Formen faktischer Vermeidung sind also im folgenden Phänomene zusammengestellt, die in einer direkt-unmittelbaren Unterlassung gesichtsbedrohender

---

hier auf der Zwangsvermeidung. *LEECH*, Language and tact 4, spricht in diesem Zusammenhang von einer «optionality scale» der Höflichkeit und korreliert die Faktoren: Je mehr eine Handlung auf Kosten des Hörers geht, desto größer ist die Reichweite und der Umfang der Mittel der Distanzhöflichkeit und desto mehr wird dem Hörer dadurch die Aktuierung zur Disposition gestellt.

249 *HAFERLAND/PAUL*, Eine Theorie der Höflichkeit 17, weisen darüber hinaus darauf hin, daß interaktives Face-Management und Höflichkeit u.U. auch in so feingestrickter Antizipation zur Vermeidung prekärer Situationen auf eine Weise funktionieren kann, bevor und ohne daß Höflichkeitsmarker überhaupt bemerkbar werden müssen. Authentizitäts- und Ostentationskonzepte von Höflichkeit erfassen diesen Sachverhalt nicht. Dimensionen einer «vorlaufenden», einer «nachlaufend-reparierenden» Höflichkeit sind dabei nicht erfaßt.

250 In diesem Sinn spricht *I. WERLEN*, Vermeidungsrituale und Höflichkeit. Zu einigen Formen konventionalisierter indirekter Sprechakte im Deutschen, in: Deutsche Sprache 11 (1983) 193-218, von «Vermeidungsritualen».

251 Vgl. *E. SPRANGER*, Über die Höflichkeit in: *ders.*, Menschenleben und Menschheitsfragen. Gesammelte Rundfunkreden, München 1963, 124-139, 137.

252 So *VALTL*, Höflichkeit 122.

Akte bestehen, aber zudem als außerlinguistische zu bezeichnen sind, die im Unterschied zu sprachlichen Vermeidungsleistungen, die meist den «gesichtsbedrohenden», also distanzüberschreitenden Akt kompensatorisch begleiten, auf diesen apriorisch schon verzichtet haben. Hier gibt es also einen «materialen» Vermeidungswert zu verzeichnen, der zudem eine Symbolfunktion hat. Die konkrete Unterlassung signalisiert Anerkennung von Distanzansprüchen. Formen von «Anstand» und «Takt» erweisen sich als einschlägig.

Anstand als Vermeidung des «unbedingt» Unpassenden: Anstand im spezifischen Sinn meint eine Form faktischer Vermeidung von Distanzverletzungen und nicht die eher allgemeine für Höflichkeit fast synonyme alltagssprachliche Konzeption. Im hier einschlägigen Konzept zielt es im Anschluß an eine ältere Definition auf das «Fernhalten des unbedingt Anstößigen»[253] und wird so eingrenzbar als Element der Distanzhöflichkeit. Mit Valtl wäre festzuhalten:

> *«Anstand in diesem Sinne ist das Vermeiden oder vermindern aller Reize, von denen ein Sprecher erwarten kann, daß sie im gegebenen Kulturraum von jedem durchschnittlichen Kommunikationspartner als unangenehm empfunden werden, unabhängig von der jeweiligen Situation, in der sie sich befinden. Die Erwartung des Sprechers ist dabei bedingt durch die Erfahrung von der durchschnittlichen Empfindlichkeit der Mitmenschen gegenüber unangenehmen Reizen und durch die jeweilige kulturspezifische Definition unangenehmer Reize.»*[254]

Die Deskription der «Peinlichkeitsschwelle» (N. Elias) ist hierbei natürlich sehr dehnbar und unterschiedlichen Inkonstanten ausgesetzt. Dennoch gibt es Konvergenzpunkte und einen Katalog von Bereichen, in denen der Grad der Peinlichkeit und der der Vermeidung stark korrespondieren.[255] Auch wenn es hierbei nicht um eine exakte Fixierung gehen kann und muß, so haben doch die Verweise auf signifikante Situationen und Felder eine indikatorische Funktion. Vergleichsweise hohe unangenehme Reizdichte haben elementar-körperliche Verhaltensbereiche. Sie wurden und werden demzufolge auch häufiger zu Objekten von Reglementierungen und Konventionen.[256] Zu nennen sind:

- die Befriedigung körperlicher Bedürfnisse[257],
- die Präsentation von Körperlichkeit selbst[258],

---

[253] Vgl. *JHERING*, Der Zweck im Recht II 381.

[254] *VALTL*, Höflichkeit 123.

[255] Zur empirischen Analyse der Peinlichkeit vgl. *M. HALLEMANN*, Peinlichkeit. Ein Ansatz zur Operationalisierung von Isolationsfurcht im sozialpsychologischen Konzept öffentlicher Meinung, Hamburg 1990, zum Konnex und Kontext von Norm, Internalisierung, Normübertritt und Scham vgl. *H. LANDWEER*, Scham und Macht. Phänomenologische Untersuchungen zur Sozialität eines Gefühls, Tübingen 1999, wichtig auch *B. WILLIAMS*, Scham, Schuld und Notwendigkeit. Eine Wiederbelebung antiker Begriffe der Moral, Berlin 2000.

[256] Vgl. z.B. *JHERING*, Der Zweck im Recht II 381-459, *MACHWIRTH*, Höflichkeit 231ff., *H.V. KRUMREY*, Entwicklungsstrukturen 198-325, *GOFFMAN*, Verhalten in sozialen Situationen 85ff.

[257] Hier ist zu denken an die weiten Bereiche der Nahrungsaufnahme und ihrer Gestaltung und Stilisierung sowie die Bereiche der Defäkation. Ein weiteres, sehr spezielles, ebenso körpergebundenes Feld stellt die Sexualität dar. Schon der Terminus des «Intimbereichs» markiert topologisch eine Grenze, mithin Distanznotwendig- wie Distanzfähigkeiten.

[258] Dies reicht von der Erscheinungsform des Körpers über Fragen der Kleidung (was sich keineswegs nur beschränkt auf die Alternative «Smoking oder nicht», sondern eine Vielfalt von Funktionen in sich

- die mit beiden genannten Bereichen einhergehenden Themen, das betreffende Vokabular und einschlägige Gesten, sowie
- Reizformen, die durch die Amplitude des Ausdrucks massiv wirken[259].

Die Zahl hier einschlägiger negativer Verhaltensformen ist Legion.[260] Tendenziell sind hier Deregulationsentwicklungen zu erkennen, die aber nicht für alle Bereiche gleich und gleich stark gelten.[261] Vor diesem Hintergrund und der Tatsache, daß sich im Laufe der historischen Entwicklung einzelne Verhaltensstrukturen und -sequenzen aus dem Entstehungskontext lösen, sich habitualisieren und so nicht mehr automatisch Höflichkeitswert tragen, sondern sich dieser kontextuell und situativ an der Gesichtsbedrohung des anderen bemißt[262], kann sich daher das Interesse vorrangig auf diesen Interaktionswert konzentrieren. Einzelne Verhaltenssequenzen können und brauchen deshalb nicht in ihrer ganzen Vielfalt hier verhandelt werden. Ihr Stellenwert korreliert mit der jeweiligen «unbedingten» Erwartbarkeit der Ansprüche auf Schonung und Respekt. Allerdings wird gerade an den (an sich variablen) «Selbstverständlichkeiten» ein weiterer Punkt deutlich. Betonte oder «markierte Formen» steigern ihre Sichtbarkeit als entweder ostentativ korrekt oder als ostentativ verletzend.[263]

---

bergen) bis hin zur Vermeidung von Körpergeräuschen oder -gerüchen und die Vermeidung von Berührungen tabuisierter Körperzonen.

[259] Hierzu gehören im gegebenen Fall übertriebene Lautstärke des Redens oder Lachens, Affektausbrüche, unangemessene (heftige) Gestikulation und ähnliches mehr. Hier wie in allen erwähnten Phänomenzonen sind natürlich kulturell wie historisch bedingte Variationsbreiten einzugestehen. Die Schwellen der Dechiffrierung als «aufdringlich» sind veränderlich, aber immerhin gibt ihr Vorhandensein einen Hinweis auf eine Problemzone. – Eines sei an dieser Stelle auch vermerkt: Es geht nicht darum, hier in großen historischen Bögen zu denken. Man erinnere sich an die Überlegungen von *N. ELIAS*, Über den Prozeß der Zivilisation. Soziogenetische und psychogenetische Untersuchungen, 2 Bde., Frankfurt/M. [20]1997, die als zu zivilisationsoptimistisch beispielsweise von *H.P. DUERR*, Der Mythos vom Zivilisationsprozeß, 5 Bde., Frankfurt/M. 1988-2002, kritisiert worden sind. Es geht vielmehr um die Pointierung «höflichkeitsrelevanter» Felder und Phänomene, die sich eben auch ungleichzeitig, aber alltäglich auffindbar gebärden können. Von daher werden sie Gegenstand weiterer Überlegungen.

[260] Vgl. das einschlägige Repertoire (mitsamt der Sanktionsformen), das *KRUMREY*, Entwicklungsstrukturen 198-325, nach der Durchsicht repräsentativer Manierenbücher des deutschen Sprachraums versammelt hat. *VALTL*, Höflichkeit 124, gibt ein knappes Exzerpt.

[261] Konventionen, was richtiges Sitzen oder Gehen anlangt, sind dabei eher aufweichbar und aufgeweicht als die, die Körperfunktionen und elementare körperliche Bedürfnisse angeht. Vgl. *KRUMREY*, Entwicklungsstrukturen, passim.

[262] Vgl. *VALTL*, Höflichkeit 124.

[263] Auch hier gibt es die kompensatorische Variante. Ein Arzt beispielsweise, der in den Intimraum eines Patienten vordringen muß, kann durch Ostentation anderer begleitender Distanzwahrungsformen den fundamentalen Anspruch auf Unverletzlichkeit dieser Sphäre verbal wie nichtverbal abzugelten versuchen und als prinzipiell unangetastet kennzeichnen. Eine betonte Verletzung des Distanzraumes ist demgemäß ebenfalls nicht ohne Bedeutung für den Interaktionsraum und sein Klima. Neben situativ generierten gibt es auch hier konventionelle Zeichen – man denke nur an das demonstrative Ausspucken vor einem anderen, an das Herausstrecken der Zunge oder anderes als Zeichen von Spott und Mißachtung. Nicht zu unterschlagen ist hierbei eine Traditionslinie, die ostentative Anstandsverletzungen als politische Geste gegen herrschende Gesellschaftsverhältnisse wertet. Vgl. *R. MUCHEMBLED*, Kultur des Volkes – Kultur der Eliten. Die Geschichte einer erfolgreichen Verdrängung, Stuttgart 1982, 138ff. Nicht nur hierin und in verwandten Provokationsgesten (bis zu einem gewissen Grad tolerierbarer im Bereich der bildenden und darstellenden Kunst) wird ein weiteres Fragefeld sichtbar. Die Frage nach der öffentlichen Kontrolle des Körpers und der Körperlichkeit, die durch ihre Normativität und Reglementie-

Takt als Vermeidung des «bedingt» Unpassenden: Verwandt mit dem Phänomen des Anstands hinsichtlich einer möglichen ähnlich weiten und komplexen Begriffsfassung, die alltagssprachlich an ein Synonym für Höflichkeit heranreicht, aber auch in einem engeren Sinn als Vermeidungsstrategie des Anstößigen, kann das mit dem Terminus «Takt» belegte Feld gesehen werden. Der Unterschied besteht zunächst in der akzentuierten Situationsangemessenheit, des Einfühlungsvermögens in Konstellationen und Personen und darin in der Vermeidung des nur bedingt Anstoßerregenden, des Unpassenden.[264]

Takt zielt in dieser Perspektive auf die Vermeidung von Verhaltensformen, von denen Partner A als «Sender» annehmen kann und muß, daß sie von seinem Kommunikationspartner unangenehm empfunden und gewertet werden, insofern diese Verhaltensweisen konventionell begründeten *situativen* Erwartungen zuwiderlaufen. Vorrangig drei Momente sind es, in denen «unpassendes Auftreten und Handeln» beschrieben und verortet werden kann. Hinsichtlich der Vermeidung des Unpassenden oder Unangemessenen sind von ausschlaggebender Bedeutung:

- der thematische Kontext oder Anlaß einer Interaktion,
- der persönliche Bezug zur jeweiligen Lage des Kommunikationspartners und
- die Relation zum Kommunikationspartner selbst.

Einsichtig ist, daß der *thematische Anlaß*[265] einer Interaktionssequenz (per Konvention oder auch in der Interaktion ausgehandelt) Einfluß nimmt auf die Bandbreite von Verhaltensformen, die als passend oder unpassend verifiziert werden, also zur Disposition stehen oder nicht. Dabei ist folgerichtig die Bandbreite ebenso groß wie die der Anlässe und thematischen Vorgaben, die zu einer Interaktion geführt haben. Themenwahl, Dauer der Redebeiträge, sprachlicher Code, Modulation von Stimmen, Gestik, Mimik, Kleidung, Bewegung oder Gesamtmotorik und Proxemik, aber noch vieles andere mehr können in Betracht gezogen werden und haben einen (Un-)Höflichkeitsindex im Sinne der Gesichtsbedrohung oder -verletzung durch Distanzübergriffe.[266]

---

rungsmechanismen den einzelnen in der Verfügung über seinen Körper partiell expropriiert. Vgl. *R. ZUR LIPPE*, Naturbeherrschung am Menschen, Frankfurt/M. 1974.
Zur Frage der Leiblichkeit als Referenzraum für Code-Systeme vgl. *N. LUHMANN*, Liebe als Passion. Zur Codierung von Intimität, Frankfurt/M. ⁴1984, *M. DOUGLAS*, Ritual, Tabu und Körpersymbolik. Sozialanthropologische Studien in Industriegesellschaft und Stammeskultur, Frankfurt/M. 1974, 2f., *FRANCK*, Ökonomie der Aufmerksamkeit, 168ff. (zur Kultur der Attraktivität und Phänomenen der Selbststilisierung wie dem Bodymanagement analog zum Dress code!), *H. SCHWAETZER/H. STAHL-SCHWAETZER* (Hrsg.), L'homme machine. Anthropologie im Umbruch, Hildesheim-Zürich-New York 1998, *W. POSCH*, Körper machen Leute. Der Kult um die Schönheit, Frankfurt 1999, *E. KLINGER/S. BÖHM/T. SEIDL* (Hrsg.), Der Körper und die Religion. Das Problem der Konstruktion von Geschlechterrollen, Würzburg 2000.

264 Vgl. *VALTL*, Höflichkeit 127. Vgl. *T.-S. LIM/J. W. BOWERS*, Facework: Solidarity, approbation and tact, in: Human Communication Research 17 (1991) 415-450, *ZILLIG*, «Höflichkeit» und «Takt» 47-72.

265 Zu denken wäre an eine Variationsvielfalt von geselligen Treffen über spezifische Feierlichkeiten, formal gebundene Kommunikationsformen bis hin zu genau thematisch festgelegten Aktionen (ein wissenschaftlicher Kongreß z.B.). Vgl. *A. BERGERON*, Transmettre des consignes à l'oral. L'influence du contenu sur la gestion de l'interaction, in: Langues et Linguistique 27 (2001) 1-28.

266 Die Fülle der Beispiele wäre demgemäß ebenso zahlreich: Der Witz, der bei einem Begräbnis erzählt wird, ist (meist – er kann durchaus auch situationsgerecht entlastend und schützend sein) ebenso deplaziert wie hoch-formalisierte Sprachcodes in einer gemütlichen Freundesrunde; erhöhte Lautstärke bei

Der Konventionsgrad des Zwecks einer Zusammenkunft ist differenziert. Dementsprechend wird auch der Grad der daran ausgerichteten (un)passenden Auftrittsfiguren hochvariabel. Beide sind in den wenigsten Fällen strikt festgelegt. Dies eröffnet einen weiteren Handlungs- und Bemessungsspielraum für alle Partizipanden.[267] Dieser ist einer Fülle von weiteren Einflußfaktoren ausgesetzt und Phänomen des Wandels lassen sich folglich auch historisch greifen. Ist festzustellen, daß sich der Spielraum in dieser Hinsicht weiter geöffnet hat gerade bei gesellschaftlichen Anlässen, so darf dies doch keineswegs zur Annahme verleiten, Grenzen zwischen passend und unpassend wären schlechthin geschliffen. Schon die faktische Sanktionierung spontan oder über die Begründungszusammenhänge hinaus spricht da nach wie vor eine andere Sprache.[268] Dies wird nicht zuletzt deutlich an Phänomenen von eingeforderter Gruppenkonformität, die interne Störungen durch perzeptive oder kognitive Dissonanzen vermeiden will. Freilich öffnet sich der Höflichkeitsbegriff auch gerade darin nochmals. Gruppeninterne Höflichkeitsembleme, -gesten und -codes können in dieses Rubrum fallen, ohne gleich mit klassischen (nicht selten desavouierten) Höflichkeitskonzepten konnotiert zu werden.[269] Wird diese Problematik auch oft unter negativen Vorzeichen eingeführt – unter dem Stichwort der «Anpassung» an Gruppenzwänge etwa –, so darf dabei nicht übersehen werden, daß hierin Distanz- wie Zuwendungsmomente eingefangen werden, die ihren Teil dazu beitragen, daß sich Gruppen überhaupt konstituieren können und dann in ihrem Fortbestand auch «funktionieren».[270] Zu unterstreichen bleibt jedenfalls systematisch, daß es eine Reihe von Höflichkeitsformen der Distanz gibt, die

---

einer Unterhaltung in einer Bibliothek wird genauso als Übergriff empfunden, wie das unvermittelte Eindringen eines Dritten in eine deutlich als Privatgespräch gekennzeichnete Konstellation. Das Rascheln der Chips-Tüte im Kino, das Fiepen des Handies im Konzertsaal, der Trainingsanzug – immerhin «Anzug» möchte man mittlerweile sagen – bei der Promotionsfeier, Umherlaufen bei einer Dichterlesung oder einem Gottesdienst – all dies und vieles mehr ist eingehend erlebt und nicht weniger eingehend beschrieben und bekrittelt worden. Vgl. nur *K. POKATZKY*, Rumms, klirr, schlürf. Tonkunst der neuen Art: In Konzertsälen machen sich lockere Fernsehkonsumsitten breit, in: DIE ZEIT, Nr. 40, 27.9.1985, 73.

267 Hierbei können natürlich in der Gruppe ganz unterschiedliche Wertmaßstäbe aufeinandertreffen und Akzeptanzschwellen divergieren. In den Konfliktlösungsmustern und -strategien zeigen sich dann auch in unterschiedlicher Dichte Phänomene sozialer Kontrolle und das jeweilige Machtgefüge.

268 Natürlich soll hier nicht ein einfacher Kulturpessimismus verlautet werden, vielmehr geht es ja gerade darum, daß in den Verunsicherungen, die derartige Grenzverschiebungen und Akzeptanzbereitschaften, die ja nochmals in sich sehr unterschiedlich ausfallen können, eine Reflexion auf die Grundzusammenhänge auch ethisch gefordert ist – um wieder wachsender Sicherheit auch in gewachsenen Gestaltungsfeldern des Alltags und seiner Interaktionsszenarien zu dienen. Nicht achselzuckende – und oft larmoyante – Kapitulation vor Sitten-, Anstands- und ähnlichen Verfällen ist hier die Grundtonart, sondern eine adäquate, partner- wie situationsbezogene Rekapitulation und Reflexion auf die Bedingungen der Möglichkeit gelingender Alltagsinteraktion angesichts veränderter Eckdaten. Die bloß formale Perpetuierung einstmaliger Höflichkeitsidyllen ist so obsolet wie redundant – und wohl auch wenig aussichtsreich, es sei denn als nostalgischer Eskapismus.

269 So spricht *STÄBLEIN*, in: *ders.*, Höflichkeit 9, provozierend (?) von der «Höflichkeit der Punks» – vor den Pattern der Zuwendungs- und Distanzhöflichkeit und ihrer Ausdrucksformen ist dies gruppen- wie interaktionstheoretisch vertretbar *und* nicht hinreichend, da an dieser Stelle die Frage nach der Begegnung *zwischen* Gruppen und ganzen Kulturen, die Frage nach Aggression und ihrer Vermeidung, nach der Terrorwirkung der Gruppenintimität auf Externe, die Frage von Macht, aber auch Entlastungsfunktionen von Höflichkeit in der Begegnung mit dem/den anderen zur Debatte stehen. Vgl. *K. FARIN/E. SEIDEL-PIELEN*, Skinheads. «Lieber mal eine Prügelei als ständig Schleimerei», in: *STÄBLEIN,* Höflichkeit 124-142.

270 Freilich sind damit nicht alle Mechanismen *und* Kreativitätsfaktoren zur Genüge beschrieben.

einen Kreativitäts- und Originalitätsspielraum nicht nur haben, sondern gar fordern – und gerade da nicht nur über die Parameter von Gruppendruck beschrieben werden können.[271]

Die Vermeidung von *unpassendem Verhalten hinsichtlich der Lage des Partners* eröffnet ein weiteres Blickfeld, das hochgradig differenziert ist. Zur Beobachtung stehen hier die Fülle der Faktoren und Umstände, die in Bezug zu den Raum-Zeit-Koordinaten einer Interaktion stehen und zur persönlichen Verfassung des Partners.[272] Die Umgehung von unpassendem Verhalten in Bezug auf Zeiten und Tagesstrukturen setzt dabei ein Mindestmaß an Kenntnis kultur- und sozialspezifischer Gepflogenheiten voraus wie die Gliederung kollektiver und individueller Tagesabläufe, die Grundunterscheidung von Arbeits- oder Dienstzeiten und Ruhephasen sowie einschlägige Konventionen über die aufwendbare Zeit hinsichtlich einer spezifischen Interaktion.[273] Die Strukturierung des Raumes und seiner Implikationen für die Evaluation von Handlungsformen ist ein komplexes Phänomen.[274] Hier kann – eher summarisch – auf das Phänomen verwiesen werden, daß auch hinsichtlich räumlicher Koordinaten und Daten für passendes oder unpassendes Verhalten ein spezifisches Vorwissen um kulturspezifische Raumstrukturen und Territorialverhältnisse unerläßlich ist. Eine fundamentale Rolle spielt dabei – trotz aller Grauzonen – die Differenz von Privatheit und Öffentlichkeit, die jeweils qualifizierend einschlägig wird für (nicht-)akzeptable Verhaltensweisen.[275] Es macht also einen Unterschied, ob ich mich auf Straßen und Plätzen bewege – Grundorten der Öffentlichkeit – oder in einem Privathaus, einer Privatwohnung oder anderen Lokalen der Privatheit.[276]

---

[271] Vgl. *VALTL*, Höflichkeit 127.

[272] Beispiel bei *MACHWIRTH*, Höflichkeit 216f., 234f.

[273] Schlaglichtartig könnte man hier verweisen auf den nächtlichen Telefonanruf ohne gewichtigen Grund, auf unangemeldeten Privatbesuch zu Zeiten, in denen konventionellerweise Ruhephasen plaziert sind, zeitliche Überdehnung eines Gespräches oder das Aufhalten eines Gesprächspartners, der sichtlich in Eile ist.
Zur historischen Dimension der Zeitstrukturierung vgl. *W. LEPENIES*, Probleme einer historischen Anthropologie, in: *R. RÜRUP* (Hrsg.), Historische Sozialwissenschaft. Beiträge zur Einführung in die Forschungspraxis, Göttingen 1977, 126-159.

[274] Ihm wird an gesonderter Stelle im Lauf dieser Untersuchung nachzugehen sein, da sich hier soziologische und sozialphilosophische Einsichten und Überlegungen kreuzen. Vgl. *GOFFMAN*, Das Individuum im öffentlichen Austausch, 54-96, die Arbeiten von *R. SENNETT*, Verfall und Ende des öffentlichen Lebens. Die Tyrannei der Intimität, Frankfurt/M. 1983, *ders.*, Civitas. Die Großstadt und die Kultur des Unterschieds, Frankfurt/M. 1991, *ders.*, Fleisch und Stein. Der Körper und die Stadt in der westlichen Zivilisation, Frankfurt/M. 1997, zudem *T. TODOROV*, Das Abenteuer des Zusammenlebens. Versuch einer allgemeinen Anthropologie, Berlin 1996 (vgl. unten Abs. 11.4.).

[275] Deplaziert im eigentlichen wie im übertragenen Sinne des Wortes ist beispielsweise die Konsultation eines Arztes bei einem zufälligen Treffen außerhalb der Praxisräume, das Austragen eines heftigen Streites auf «offener Straße», Eintreten in Privaträume ohne vorheriges Anklopfen und ähnliches mehr. Daneben gibt es eine Reihe von Territorien, die zu einer großen Grauzone zählen. Bahnhofshallen, Hotelrezeptionen, Restaurants etc. lassen räumlich-körperlich große Bewegungsfreiheiten, sind deshalb eher in den Bereich der Öffentlichkeit zu zählen, aber die thematische Nähe der möglichen Interaktionspartner ist groß. Weniger eindeutig ist die Lage in Treppenaufgängen in Mietshäusern, Wartezimmern, Zugabteilen – oder in Aufzügen, die einen sehr heiklen Raum darstellen mit einer Vielzahl von Implikationen für das Sozialverhalten. Vgl. *VALTL*, Höflichkeit 131f.

[276] Dieser Unterschied markiert sich – nur um ein Beispiel zu geben – in der Erwartung des Grußes. In der Öffentlichkeit vorrangig städtischer Plätze und Straßen gibt es keine generelle Grußpflicht, es sei denn beim Zusammentreffen mit Bekannten oder zur Eröffnung eines thematisch motivierten Ge-

Allerdings ist darauf hinzuweisen, daß der historische Strukturwandel öffentlicher Räume wie Straßen und Plätzen, die durch verkehrstechnische, architektonische[277] und städtebauliche Veränderungen erzwungen ist, keinen unerheblichen Einfluß auf die möglichen Verhaltensweisen der Passanten ausübt.[278] Systematisch ist an dieser Stelle die Beobachtung von Bedeutung, daß sich die räumlichen Koordinaten und ihre Strukturen häufig schneller ändern als die dafür adaptierbaren Verhaltensweisen zur Verfügung stehen.[279]

Hinsichtlich der Vermeidung von unpassendem Verhalten in Relation zur Verfassung des Partners ist zu achten vor allem auf dessen mögliche (Über-)Empfindlichkeiten und «wunde Punkte», die ein taktvoller Gesprächsgang nicht thematisiert oder in assoziierbare Nähe trägt.[280] Ebenso gehört hierher das «geflissentliche Übergehen» von Fehlern oder kleineren Unhöflichkeitsvergehen des anderen. Voraussetzung ist auf der Seite des Sprechers und Senders ein Maß an Einfühlungsvermögen und ein Verständnis für bestimmte erwartbare Reaktionsmuster.[281] Diesem Befund

---

spräches. In Privaträumen sind alle grußpflichtig, wobei die Formen in vielerlei Hinsicht variieren, nach Tageszeiten, Anlässen, Grad der Nähe etc.

277 Vgl. *G. BÖHME*, Urbanität. Ein Essay über die Bildung des Menschen und die Stadt, Frankfurt/M.-Bern 1982.

278 Hier kann man ein Beispiel beiziehen, das nicht nur normativ als Grundregel der Straßenverkehrsordnung als «Doppelgebot von Rücksicht und Vorsicht» einschlägig ist, da es sich «beileibe» nicht nur auf dem Trottoir abspielt: Es ist der sog. «Rechen»: Eine Gruppe nebeneinander Laufender (der sogenannte «Rechen», der die gesamte zur Verfügung stehende Spur abgrast) besetzt die ganzen Breite des Gehwegs und zwingt andere Passanten zum Ausweichen auf die Straße: eine nonverbale, körperliche Interaktion der Raumsortierung unter Unbekannten, die Intention muß keine ausdrückliche Absicht («böser Wille») sein, der Grund kann in einfacher Abgelenktheit oder sogar Partnerzentriertheit innerhalb der Gruppe liegen. Mit Sicherheit ist dieses Verhalten unaufmerksam, als unhöflich (in formalem wie raumtheoretischem Sinn) rezipierbar, aber – das ist der springende Punkt – die Trennlinie zu Gefahr und Gefährdung ist hauchdünn. Und um die Wahrnehmung dieser Grenze ist es zuerst zu tun.

279 Vgl. *VALTL*, Höflichkeit 133.

280 Die wissentlich-bewußte Thematisierung von Fragen und Problemen, die den Partner unangenehm berühren – seine Negativerfahrungen und Ängste – gehören in diese Kategorie ebenso wie Tabuthemen (wie Einkommen – ein Thema, das den Eindruck erweckt, mittlerweile stärker tabuisiert zu sein als manche «klassischen» Tabuzonen –, wie unterschiedliche Themen wie Krankheit, Familien- oder Gewichtsfragen). Historisch gibt es dabei durchaus inhaltliche Verschiebungen von tabuisierten Themen: Mag – privat oder halböffentlich – Sexualität weitgehend enttabuisiert sein, so wirkt die Frage nach der finanziellen Situation immer stärker auf- und eindringlich. – Das Thema «Tod» wäre hier ein eigenes weites Feld. Vgl. *N. ELIAS*, Über die Einsamkeit der Sterbenden in unseren Tagen, Frankfurt/M. 1982, die Überblicksbeiträge von *G. SCHERER/H. BÜRKLE/E. HAAG/J. MAIER/G. GRESHAKE/J. SCHUSTER/P. WIRTH/P. FONK/L. KOCH*, Art. Tod, in: LThK[3] X 66-80, *P. ARIES*, Geschichte des Todes, München [9]1999.

Zu verweisen wäre auf die Vermeidung von Neid durch die Überbetonung eigener Vorzüge, Güter, glücklicher Umstände und – sozusagen die andere Seite der Medaille – das Antippen oder Anspielen auf Schwachpunkte etc. des anderen.

Als spezifische – und schon von den älteren Autoren betrachtete – Frage kann der Umgang mit Personen mit körperlichem Gebrechen oder Behinderung gesehen werden. Verwehren sich neben Castiglione und Della Casa (vgl. Galateus 75) noch vehement nur gegen das Auslachen, so votiert z.B. *DE BELLEGARDE*, Betrachtungen über die Auslachenswürdigkeit 38, ausdrücklich schon gegen die Thematisierung als höchste Form der Unhöflichkeit. Vgl. dazu *GOFFMAN*, Verhalten in sozialen Situationen 87, *KRUMREY*, Entwicklungsstrukturen 515-562, *K. EHLICH/J. REHBEIN*, Augenkommunikation. Methodenreflexion und Beispielanalyse, Amsterdam 1982, *BRENNER/ZIRFAS*, Lexikon der Lebenskunst 48-55.

281 In dieser Hinsicht – darauf verweist *VALTL*, Höflichkeit 133, mit Nachdruck und Recht – sind die Manierenschriften v.a. des 18. Jahrhunderts ob ihres Versuchs der Vermittlung von «Menschenkenntnis» eher als Vorfahren der modernen Psychologie zu betrachten denn als Ahnen kontemporärer Anstandsli-

widerspricht nicht die Tatsache, daß Takt nicht nur «Taktgefühl» ist, sondern sich neben emotionaler und kognitiver Komponenten auch konventioneller Formen und Regelungen bedient.[282] Allerdings kann man im Anschluß daran eine doppelte Konventionsgebundenheit von Takt eruieren. Einerseits setzt er Wissen um die Konventionen des je erwarteten Verhaltens voraus, wie andererseits die Konventionen um je nach Lage möglicher bedeutungstragender wie tolerierbarer Abweichungen von ihnen.

Deplaziert ist – dies die dritte Problemzone – jedes Verhalten gegenüber anderen im Sinne einer unpassenden Distanzüberschreitung, das nicht mit dem *Grad der Vertrautheit oder der sozialen Nähe* zum Partner korreliert. Dieser ist stark abhängig von Faktoren wie der sozialen Statusdifferenz, der relativen Altersrolle, der Geschlechterrolle und dem Umfang einer gemeinsamen sozialen Geschichte als Individuen oder in Gruppenkontexten.[283] Was diesen letzten Bereich, also die Auswirkungen der sozialen Nähe der Partner ausmacht, läßt sich nochmals unter zwei gesonderten Blickrichtungen entfalten. Zum einen geht es dabei um die Vermeidung von Themen, die nicht dem jeweiligen Vertrautheitskoeffizienten entsprechen, zum anderen um die Vermeidung zu direkter Aufmerksamkeit Fremden gegenüber.

Die Wählbarkeit eines Themas, analog dazu seine Vermeidung, ist verknüpft mit einem traditionsgeleiteten, kultur- oder teils schichtspezifischen Vorstellungsrahmen darüber, welches Maß an Vertrautheit und Umgang je mindestens gegeben sein muß, damit das Thema angeschnitten werden kann. Auf einer «Vertraulichkeitsskala»[284] ließe sich jedes mögliche Thema annähernd situieren. Die Bandbreite reicht hierbei von Inhalten, die überhaupt keine Vertrautheit voraussetzen («sichere Themen», wie bereits vorgestellt)[285] zu Stoffen, die wenigstens eine partielle Vertrautheit oder Zugehörigkeit zu einer gemeinsamen Gruppe erfordern bis hin zu Problematiken, deren Intimitätsgrad hoch ist.

Die tradierten Vorstellungen über die Vertraulichkeitsstufe eines Sachverhalts sind teils der Niederschlag kollektiver Erfahrungen in bezug auf die *durchschnittliche* hörerseitige Wirkung und in bezug auf die lebenspraktische Notwendigkeit der Beschränkung von Mitteilungen je nach dem Grad des Vertrauens.[286] Dieses Phänomen kann als «Diskretion» bezeichnet werden.[287] Sie bezeichnet die Zurückhaltung von Informationen zur Wahrung eines bestehenden Vertrauensverhältnisses (hin-

---

teraturen. Unter dieser Perspektive gesehen gewinnt das Thema der Höflichkeit – in einen allgemeinen anthropologischen Rahmen gestellt – eine neue Gewichtung.

282 Vgl. u.a. *T.W. ADORNO*, Minima Moralia. Reflexionen aus dem beschädigten Leben, Frankfurt/M. 1983, 38ff. (wiederveröffentlicht in: *ders.*, Gesammelte Schriften IV, Darmstadt 1998, dort: 38-41). Sein Aperçu, ebd., GS IV 54: «Es ist die Höflichkeit Prousts, dem Leser die Beschämung zu ersparen, sich für gescheiter zu halten als den Autor» ist mehr als nur eine Trouvaille.

283 *KRUMREY*, Entwicklungsstrukturen 356-562, bietet einen weit ausholenden Katalog von Fehlformen des Unpassenden in bezug auf diese Faktoren. Ein Teil der Phänomene wird weiter unten, vgl. Abs. 9.1.-3., behandelt.

284 So *VALTL*, Höflichkeit 136.

285 Vgl. *BERGERON*, Transmettre des consignes à l'oral 1-28.

286 In den Manierenschriften (stark akzentuiert bei Gracián oder Chesterfield) wird dieser zweite Aspekt besonders betont im Kontext einer «lebensklugen» Beschränkung der Veröffentlichung von Informationen über sich selbst – das Motiv des Selbstschutzes steht hinter diesen Überlegungen.

287 Vgl. *SIMMEL*, Soziologie 266, *R. V. JHERING*, Der Takt, hrsg. v. *C. HELFER*, in: Nachrichten der Akademie der Wissenschaften in Göttingen 1 (1968) Nr. 4, 75-97.

sichtlich Außenstehender) ebenso wie die Vermeidung eines Vordringens in Informationsbereiche, für die eine aktuell nicht ausreichende Vertrauensbasis besteht. Negative Effekte können zudem eintreten sowohl bei zu großer Zurückhaltung als auch bei zu großer Vertraulichkeit – also bei signifikantem Unter- oder Überschreiten des Grades der Nähe. Hier ist eine Wandel der kommunikativen Balance zu bemerken, der einher geht mit wachsender Vertrautheit. Je größer diese ist, desto größer wird auch die Erwartung eines adäquaten Austausches.

Der Aspekt der Vermeidung zu frontaler Aufmerksamkeit holt ein Phänomen der Höflichkeit der Gleichgültigkeit ein.[288] *Zu* signifikantes Notiznehmen eines bislang Unbekannten (intensiver Blickkontakt beispielsweise[289]) wird als unangenehm – weil auf- wie eindringlich – registriert werden. Grund dafür ist offenkundig der, daß die Blickrichtung extrem starke Rückschlüsse auf die jeweilige Aufmerksamkeitslenkung zuläßt, deutlicher jedenfalls als andere Verhaltensmuster.[290]

9.2.2. Figurationen der Abschwächung

Abschwächungsformen sind – anders als die vorher betrachteten Erscheinungen – nicht außerlinguistisch, sondern vornehmlich sprachlich verfaßt und für das Feld der Distanzhöflichkeit einschlägig. Abschwächung oder «mitigation»[291] bedient sich einer Gruppe von Mitteln, die im folgenden verhandelt werden sollen. Gemeinsam ist ihnen, daß sie den pragmatischen Druck abschwächen helfen, den eine Äußerung auf den Hörer ausübt.

Indirektheit: Grundlegendste Form der Abschwächung ist die Indirektheit.[292] Sie wird eingesetzt zur Umgehung und Abmilderung von Imperativen und Direktiven. Diese *indirekten Sprechakte* bedienen sich unterschiedlichster sprachlicher Mittel[293],

---

[288] Vgl. *GOFFMAN*, Interaktionsrituale 84ff.

[289] Sich unbekannte Passanten können sich zwar in den Blick nehmen, aber im Augenblick der Passage wird direkter Blickkontakt zumeist vermieden. Mehr als nur ein Indiz für die Wucht des Blickes und des Angesichts des «Anderen» – nicht zuletzt E. Levinas hat dies in fundamentalen Zusammenhängen ausführlich bedacht. Vgl. *ALKOFER*, Ethik als Optik und Angesichtssache, passim.

[290] Nicht umsonst ist das Blickverhalten ein Reglementierungsfall von transkultureller Bedeutung und Konstatierbarkeit.

[291] Vgl. *B. FRASER*, Conversational mitigation, in: Journal of Pragmatics 4 (1980) 341-350, vgl. insgesamt *M. LANGER*, Zur kommunikativen Funktion von Abschwächungen. Pragma- und soziolinguistische Untersuchungen (SSB 32), Münster 1994.

[292] Vgl. dazu *BROWN/LEVINSON*, Universals in language usage 137ff., *W. SÖKELAND*, Indirektheit von Sprechhandlungen. Eine linguistische Untersuchung. Tübingen 1980, *PSCHAID*, Language and Power 28f., auch *HAFERLAND/PAUL*, Eine Theorie der Höflichkeit 18-25, die im Sinne ihres integrativen Konzeptes darauf hinweisen, daß die Indirektheit von Sprechakten nur *einen* Part der Indirektheit in der Kommunikation abdeckt, zudem aber auch nur einen Teil höflicher Phänomene umgreift.
Vgl. die historischen Befunde bei *SCHUBERT*, Alltag im Mittelalter 169-176, 177-185.

[293] Eine direktive Aussage muß keineswegs nur als Imperativ formuliert sein, sondern kann beispielsweise auch in der Form der Frage oder der Aussage auftreten. Der Direktiv «Gib mir XYZ!» wandelt sich dann formal in «Kannst du mir bitte XYZ geben?» (wörtlich nur eine Frage nach der «technischen» oder sonstigen Möglichkeit, etwas weiterzureichen) oder «Ich brauche mal das XYZ.» (wörtlich genommen nicht als die Konstatierung der Bedürftigkeit). Hier wird zuzeiten und je nach Situation der eine illokutionäre Akt durch die sprachlichen Mittel eines anderen ersetzt. Die semantische Ebene bleibt unverändert. Die Sprechakttheorie, die diese Beobachtungen systematisiert, versteht dabei unter einem illokutionären Akt die Handlung, die in einer Interaktionssequenz durch Verlautbarung ausgeführt wird im Unterschied

die allerdings den Aufforderungscharakter nicht ganz überdecken sollen, also für den Hörer in diesem Sinne decodierbar bleiben müssen. Dies gelingt in den meisten Fällen durch den hohen Grad der Konventionalisierung derartiger Umformungen der Direktive, was hörerseitig aber ein Mindestmaß an Kenntnis für Konversationsstrukturen verlangt.[294]

Die Interpretationsprozesse, die dabei der Wahrung des negativen Gesichts des Hörers dienen (also der Abgeltung seiner Distanzansprüche), werden in zwei sich ergänzenden Ansätzen erklärt. Zum einen steigt der Grad des registrierbaren Höflichkeitsindexes einer Direktive je größer die Distanz zwischen der lexematisch-morphologischen Performanz und der Aussageintention ist[295], zum anderen – und komplementär zu ersterem – ist auf die Abschwächung der «pragmatic force», des Aussagedrucks, unter Beibehaltung desselben «sense» vermittels indirekter Aussagen zu verweisen.[296] Signifikanterweise dient Indirektheit nicht nur der Wahrung des negativen Gesichts des Hörers, sondern umgedreht auch dem Sender. Eine Aufforderung verminderten Nachdrucks ist im Falle eines ablehnenden Bescheides auch für ihn weniger bedrohlich.[297] Insgesamt läßt sich zu diesem Phänomenfeld also sagen:

> *«(...) daß die Strategie der Indirektheit zur Formulierung von Handlungsaufforderungen eine Form der Reduzierung des pragmatischen Drucks darstellt. Während die Bedeutung einer Äußerung weitgehend unverändert bleibt, wird der Nachdruck einer darin enthaltenen Handlungsaufforderung abgeschwächt. Indirektheit ist dabei in zweifacher Weise höflich: Sie läßt dem Hörer einerseits Rückzugsmöglichkeiten offen und sie nötigt ihn andererseits nicht, selbst die Prinzipien der Höflichkeit zu verletzen. Damit schützt sie sowohl das Gesicht des Hörers wie das des Sprechers.»*[298]

---

zum rein sprachlichen Akt des Etwas-Sagens (dem lokutionären Akt). Vgl. *G. GREWENDORF*, Art. Sprechakttheorie, in: LGL² 287-293, 288f., *G. HINDELANG*, Einführung in die Sprechakttheorie, Tübingen 1983, *PSCHAID*, Language and Power 29-31.
Für den Kontext der Höflichkeits- und Sprechakttheorie sei verwiesen auf *LEECH*, Language and tact, *BROWN/LEVINSON*, Politeness 132-142, *SCHULZE*, Strategische Unbestimmtheit 84ff., 106ff., *WERLEN*, Vermeidungsritual und Höflichkeit.

294 Vgl. dazu einen der Väter der Sprechakttheorie: *J.R. SEARLE*, Sprechakte, Frankfurt/M. 1982, *ders.*, Ausdruck und Bedeutung. Untersuchungen zur Sprechakttheorie, Frankfurt/M. 1982. *SEARLE*, Ausdruck und Bedeutung 57, verweist darauf, daß die Höflichkeit untrennbar zur Leitmotivik sprachlicher Indirektheit gehört. Allerdings sind hier auch auf Ambivalenzen anzunehmen. Indirektheit allein reicht nicht hin, um Höflichkeit zu beschreiben, vgl. nur *F. WAGNER*, Implizite sprachliche Diskriminierung als Sprechakt. Lexikalische Indikatoren impliziter Diskriminierung in Medientexten, Tübingen 2001. Die einzelnen Parameter und Phänomene müssen sprachlich, funktional und schließlich habituell eingebettet werden. Für sich genommen und isoliert lassen sich höflichkeitsmarkierende und -markierte Instrumente in ganz anderer Intention einsetzen.

295 Vgl. *H.H. CLARK/D.H. SCHUNK*, Polite responses to polite requests, in: Cognition 8 (1980) 111-143, *D. HELLER*, Art. Idiomatik, in: LGL² 180-186.

296 Hinter dem Aussagedruck steckt natürlich das gesichtsbedrohende Potential. Deutlich wird dieser Sachverhalt, wenn man zwei Direktiven nebeneinanderhält, die sich in ihrem «sense» nicht unterscheiden: «Hol mir XYZ!» ist dabei vom ausgeübten Druck auf den Hörer deutlich stärker als die Formulierung «Ich brauche mal eben XYZ.» Vgl. hierzu *BROWN/LEVINSON*, Politeness 134.

297 In diesem Zusammenhang kann man auch darauf verweisen, daß eine höfliche, oft eben indirekt formulierte Anfrage im Falle einer Ablehnung eine Doppelstrategie sichtbar werden läßt. Module der Zuwendungshöflichkeit werden eingebaut, meist in der Form der Angabe von Gründen. Vgl. *SHIMANOFF*, Investigating politeness 224f., *MEYER*, Effect of Request Type 158-165, *A. BERRIER*, Refus et politesse, in: *WAUTHION/SIMON*, Politesse et idéologie 145-155.

298 So *VALTL*, Höflichkeit 143.

Ähnliches gilt für das verwandte Phänomen der «*Andeutungen*»: Indirekten Sprechakten verwandt sind sowohl in ihrer Struktur als auch in ihrer Höflichkeitsfunktion die Formen der «Andeutung».[299] Direktiven werden ebenfalls umgeformt. Allerdings eröffnen sich bei Andeutungen, die weniger standardisiert und konventionalisiert, daher eindeutiger dechiffrierbar sind, mehrere Interpretationsmöglichkeiten. Andeutungen sind also ambivalenter, da sich ihre Intention in der sprachlichen Verlautbarung und der Verbalstruktur kaum mehr ausmachen läßt. Es sind hingegen die gängigen, mittleren Konventionen der Konversation, die das Implizierte durchaus so nahelegen, daß der Sender damit rechnen kann, die eigentliche Absicht nicht bis zur völligen Unkenntlichkeit getarnt zu haben. Hochgradig abhängig ist dieser interpretative Prozeß von Kontext und Vorwissen.[300]

Das höflichkeitsrelevante Moment liegt hier in der im Vergleich zur Indirektheit noch größeren Abminderung des pragmatischen Drucks der Aufforderung und – gegebenenfalls – in der Ablösung bedrohlicher Aussagen vom Hörer.[301] Auch in diesen Fällen wird für den Hörer der Radius seiner Reaktionsmöglichkeiten größer, das Implikat leichter «überhörbar». Werden Andeutungen also eingesetzt, um dieser Distanz zu dienen, so stehen sie doch auch in der Nähe zur Ironie, wenn sie gegen den Hörer eingesetzt oder von ihm als derart eingesetzt entschlüsselt werden. Hier gilt es also abzugrenzen. Andeutungen gehören nur dann in den Bereich der Höflichkeit, wenn sie dem Gesichtsschutz des Hörers zu dienen beabsichtigen.[302]

Heckenausdrücke: Nicht selten begegnen im Kontext der gesichtswahrenden Distanzhöflichkeit «Heckenausdrücke» («hedges»). Unter ihnen versteht man sachlich überflüssige sprachliche Einfügungen.[303] Gerade in der Redundanz liegt das Charakteristikum dieser so vielfältigen wie zahlreichen Formen. Einfügung von Partikeln[304], Modaloperatoren[305], ganzen «hedge performatives» und Konditionalsätzen[306], von Klammerabschwächungen[307] oder Zusatzfragen («tag questions»)[308],

---

[299] Vgl. *BROWN/LEVINSON*, Politeness 211-227.

[300] Das vielstrapazierte Beispiel in diesem Zusammenhang ist die – unter bestimmten Umständen – in der Aussage «Hier zieht es!» implizierte Aufforderung, ein Fenster zu schließen, wobei dieses Beispiel schon hart an der Grenze des Standardisierten liegt. Zu den Spielarten vgl. *G. HINDELANG*, Auffordern. Die Untertypen des Aufforderns und ihre sprachlichen Realisierungsformen, Göppingen 1978.

[301] «Irgendwas ist da verkehrt gelaufen.» kann im «passenden» Moment bedeuten: «Du hast alles falsch gemacht!» Der Unterschied in Druck und Wirkung dürfte nicht unbeträchtlich sein.

[302] Um diese Absicht zu transparent zu halten, werden Begleitumstände und Modalitäten der Äußerung wichtig wie beispielsweise die adäquate Intonation (aber eben nicht «bissig»).

[303] So analysierte *JHERING*, Der Zweck im Recht II 446, unter dem Stichwort der «sprachlichen Glacéhandschuhe» dieses Phänomen. Vgl. *BROWN/LEVINSON*, Politeness 145-72, *W. BUBLITZ*, Höflichkeit im Englischen, in: Linguistik und Didaktik 11 (1980) 46-70, *H. WEYDT* (Hrsg.), Die Partikeln der deutschen Sprache, Berlin-New York 1979, *ders.* (Hrsg.), Partikeln und Interaktion, Tübingen 1983, *I. WERLEN*, Eine interaktive Funktion der schweizerdeutschen Partikeln *jetzt, gerade, denn/dann*, in: *WEYDT*, Partikeln und Interaktion 132-147, vgl. zum Kontext *KORTMANN*, Linguistik 204-214, 248f.

[304] Vgl. *BROWN/LEVINSON*, Politeness 145-162. Dort eine Liste einschlägiger Beispiele. Wörter wie «ziemlich», «irgendwo», «mal», «also», die in die Aussagen eingestreut werden und nicht als semantische Träger funktionieren.

[305] Vgl. *BUBLITZ*, Höflichkeit im Englischen 58. Dazu wären zu zählen z.B.: «vielleicht», «wahrscheinlich», «meiner Meinung nach», «Ich glaube, ...» , «Soweit ich weiß ...»

[306] Vgl. *BROWN/LEVINSON*, Politeness 164-177, *WERLEN*, Vermeidungsritual und Höflichkeit. – Hier sind ganze Satzteile in der einschlägigen Funktion gemeint.

konjunktivische Redeweisen, prosodische oder kinetische Hecken[309] in die gesprochene Sprache vor allem sind hier zu nennen. Reduktion des pragmatischen Drucks ist auch hier das höflichkeitsrelevante Ziel.

Minimalisierungen: Erwähnt werden müssen in dieser Reihe auch verbale Konstruktionen, die der Abschwächung des Umfangs einer Bitte oder einer möglichen Beeinträchtigung des Hörers dienen sollen.[310] Auch wird hier keine Veränderung von Proposition und Intention vorgenommen, sondern wiederum der Druck reduziert. Die pragmatische Funktion bleibt auch bei diesen Minimalisierungsformen gleich.[311]

9.2.3. Figurationen der Entschuldigung und Versachlichung

Mit den Strategien der Entschuldigung wie der Versachlichung drückt der Sprecher im Sinne der Distanzhöflichkeit aus, daß er um sein aktuelles Eindringen in den Bereich des Hörers weiß und signalisiert damit, daß dieses Eindringen nicht leichtfertig geschieht.

Entschuldigung: Entschuldigungen strukturieren sich nach einem Einheitsmuster in einem Doppelschritt.[312] Wird zunächst die Tatsache anerkannt, daß eine falsche Handlung gesetzt wurde, schränken sie in einem zweiten Anlauf die je eigene Verantwortung dafür unter dem Verweis auf einen sachlichen Grund ein. Gehandelt wurde demnach rein zufällig so, unter Zwang, nicht absichtlich oder aufgrund einer Fehlkalkulation etc.[313] Die Marge der Möglichkeiten ist ebenso weit. Sie reicht von der markanten Großform einer Entschuldigung im Sinne einer Vergebungsbitte bis

---

307 Vgl. *WERLEN*, Vermeidungsritual und Höflichkeit 211-213, *BUBLITZ*, Höflichkeit im Englischen 59f. (z. B. «ehrlich gesagt», «sagen wir», «entschuldigen Sie bitte» und dies eingefügt in eine diese Ausdrücke umklammernde Satzperiode).

308 Vgl. *BROWN/LEVINSON*, Politeness 145ff.

309 Prosodische oder nonverbale Signale wären in dieser Richtung z.B. eine skeptische Mimik oder Gestik, leichtes Kopfschütteln, spezifische Intonationen, allgemein Phänomene des Zögerns, die eine gewisse druckmindernde Distanz zwischen dem Ausgesagten und dem Sprecher nahelegen. Ähnliches gilt bei zeitlich strukturierenden Vorgängen, die beispielsweise durch verbale Anfüllungen den Abstand zwischen einer Anrede und einem Wunsch wachsen lassen, um sprichwörtlich nicht «mit der Tür ins Haus zu fallen» Zur konjunktivischen Redeweise und der Expression negativer Erwartungen als «hedge» im weiteren Sinne vgl. *BROWN/LEVINSON*, Politeness 172-176.

310 Vgl. *BROWN/LEVINSON*, Politeness 176-178, *H. WEYDT*, Überlegungen zum Bitten, in: *I. ROSENGREN* (Hrsg.), Sprache und Pragmatik, Stockholm 1983, 269-281; «Könnten Sie mir vielleicht *ein wenig* Salz geben?» oder «Ich möchte Sie ja wirklich *nicht lange* aufhalten, aber ...» können als Beispiele für das hier Gemeinte dienen. Vgl. auch die komparatistischen Überlegungen bei *FUKUSHIMA*, Requests and culture 140-166, 179-208.

311 Dies gilt auch für das analoge Modell der Maximalisierung, wie sie im Deutschen öfter anzutreffen ist. «Könntest du mir einem *Riesen*gefallen tun ...?» erfüllt bei einer Bitte denselben Zweck. Zu den Differenzen bei der Applikation vgl. *WEYDT*, Überlegungen zum Bitten, passim.

312 Vgl. *J.L. AUSTIN*, Ein Plädoyer für Entschuldigungen, in: *ders.*, Wort und Bedeutung. Philosophische Aufsätze, München 1975, 177-212, 177ff., dazu *BROWN/LEVINSON*, Politeness 187ff., *W. LANGE*, Aspekte der Höflichkeit. Überlegungen am Beispiel der Entschuldigungen im Deutschen, Frankfurt/M. 1984, *EHRHARDT*, Beziehungsgestaltung und Rationalität 155-170.

313 Vgl. *J. REHBEIN*, Entschuldigungen und Rechtfertigungen. Zur Sequenzierung von kommunikativen Handlungen, in: *D. WUNDERLICH* (Hrsg.), Linguistische Pragmatik, Frankfurt/M. 1972, 288-317.

hin zu den Entschuldigungsminiaturen in der alltäglichen Interaktion, zur «Reparatur» oder «Korrektur» kleinerer Vergehen und Versehen.

Als Komplementärform ist die der Rechtfertigung anzusehen, die unter Übernahme der Verantwortung bestreitet, daß die zu rechtfertigende Handlung falsch war.[314] Entschuldigungen wie Rechtfertigungen können selbstverständlich unter einer Vielzahl von sprachlichen Gewandungen auftreten. Der sprachliche Aufwand, der für eine Entschuldigung zu betreiben ist, hängt dabei nicht selten direkt ab von der zu kompensierenden Schuldigkeit, ebenso wie eventuell wählbare Substrategien (offenes Zugeben der Schuld, Ausdruck des Bedauerns, Verweis auf Sachzwänge etc.[315]). Die sprachliche Realisierung von Entschuldigungen ist dabei nicht ausschließlich an explizite Entschuldigungssignale und -formeln gebunden. Sie kann sich aber ebenso in routinierten und gestanzten Pattern erschöpfen. Die hörerseitige Erwartung einer Entschuldigungskreativität ist natürlich – neben dem Tatbestand – auch abhängig vom Vertrauensverhältnis der involvierten Personen und dem Formalisierungsgrad der Interaktion selbst.

Analog zur Situation des Dankes zielt Entschuldigung auf die Restituierung einer wieder ausgeglichenen kommunikativen Balance. Der sprachliche Aufwand ist dabei ein nicht zu unterschätzender Faktor der Kompensationsleistung im Interesse des Hörers. Sie deutet auch auf eine zumindest partielle und temporäre Unterordnung des Sprechers hin.

In einer Reihe von Fällen hat die Entschuldigung auch die Funktion, einen gemeinsamen normativen Rahmen verbal zu bestätigen und zu bekräftigen, obwohl die augenblickliche Situation eine Verletzung dieser gemeinsam akzeptierten Standards erkennen läßt.[316] Angesicht der Variabilität «entschuldigungspflichtiger» Interaktionssequenzen ist es von höchster Bedeutung, daß über die Standards gerade hinsichtlich der Distanz und ihrer Verletzung eine mehr als nur rudimentäre Einigkeit zustande kommt. Dies geschieht auch über die Vielzahl der oft genug nur semi-

---

[314] Vgl. *AUSTIN*, Ein Plädoyer für Entschuldigungen, *REHBEIN*, Entschuldigungen und Rechtfertigungen. – Nebenbei sei hier vermerkt, daß in den einschlägigen Abhandlungen zu diesem Themenkreis häufig eine Terminologie anzutreffen ist, die – wohl kaum rein zufällig – theologische und theologisch-ethische Assoziationen wachruft. Vgl. aber auch die kritisch-essayistische Nachfrage von *R. LEICHT*, Pardon, Sorry, 'tschuldigung ... das sagt sich so leicht. Aber lassen sich Lügen, Fehler, Kränkungen ohne Buße aus der Welt schaffen? Mit einem Wort?, in: DIE ZEIT vom 02.03.2000 (Beilage LEBEN, 7). Diese Frage ist in doppeltem Sinn rhetorisch, zumal sie auch die Rhetorik (der Entschuldigung) selbst anrührt – und über diese hinausweist in einen Bereich, der nicht mehr allein rhetorisch abgedeckt werden kann, sondern nach verifizierenden Handlungen und Haltung verlangt. Vgl. auch *M. SCHNEIDER*, Ouups! Über die Entüblung der Welt durch eine neue Höflichkeit, in: Frankfurter Rundschau vom 05.01.2001, 21f., zu folgenlosen Entschuldigungsritualen. Den Blick auf politische und zivilreligiöse Implikationen lenkt *H. LÜBBE*, «Ich entschuldige mich.» Das neue politische Bußritual, Berlin 2001, in aller Herbheit komplementär und kritisch gegenzulesen *V. JANKÉLÉVITCH*, Das Verzeihen. Essays zur Moral und Kulturphilosophie, Frankfurt/M. 2003.

[315] Vgl. *BROWN/LEVINSON*, Politeness 188ff., *VALTL*, Höflichkeit 155ff.

[316] *VALTL*, Höflichkeit 157, führt ein signifikantes Beispiel für diese Gemengelage an: «Entschuldige, daß es bei mir heute so aussieht. Wenn ich gewußt hätte, daß du kommst, hätte ich aufgeräumt.» – Unabhängig von den sehr unterschiedlichen anführbaren Gründen für den desolaten Zustand der Wohnung wird darauf verwiesen, daß der Sender dieser Entschuldigung sowohl um den erwartbaren Standard als auch um die momentanen Defizite weiß. Damit bestätigt er genau den normativen Kontext, der beim Hörer voraussetzbar ist. Problematischer wird es allerdings dann, wenn diese Vorstellungsrahmen nicht übereinstimmen oder gar nicht kompatibel sind. Die Entschuldigung für etwas, was der Hörer gar nicht erwartet oder will, wirkt eher irritierend.

bewußten Interaktionsminiaturen, in denen zunächst nichts als die pure Tatsache des Vorliegens einer Entschuldigung in die Richtung deutet, daß sich Konventionalisierungs- sowie Internalisierungsprozesse auf eine je und je angedeutete Anerkennung von Distanzsphären bezieht, die schützenswert sind und bleiben.[317] Aufschluß über diesen Zusammenhang der Akzeptanz gibt auch die Reaktion des Empfängers einer Entschuldigung. Die Antwortsequenz gehört – wie in Situationen des Dankes – als Quittierung durch Annahme zu diesem Komplex hinzu, was einen nicht unerheblichen Bestandteil des Geschehens ausmacht.[318]

Ausreden und Notlügen: In ein ethisch nicht ganz ungefährliches, gleichwohl aber von der Höflichkeitsphänomenologie bestelltes Feld führen die Phänomene der «Ausrede» und der «Notlüge» als Strategien der Distanzwahrung und -höflichkeit.[319] Auch hier funktioniert ein Mechanismus der Exkulpation durch Umlenken von Begründungen für ein Fehlverhalten. Der entscheidende und springende Differenzpunkt bei gleicher Intention und Struktur liegt allerdings im Wahrheitsgehalt der zur Entschuldigung herangezogenen Aussagen. Im Sinne der phänomenologisch-linguistischen Höflichkeitstheorie sind die angeführten Phänomene jedoch genau dann einschlägig, wenn sie dem Zweck dienen, einer akuten Distanzverletzung kompensierend Rechnung zu tragen. Nicht so selten ist es dabei für den Hörer situativ leichter, vorgeschobene statt wirklicher Gründe aufgelegt zu bekommen. Mögen Gründe und Ursachen für den akuten Rückgriff auf derlei Strategien auch sehr unterschiedlich sein, sie sind – so stellt es sich zunächst ohne Wertung betrachtet – bis zu einem gewissen Grad tolerabel, geht dem doch eine zumeist intuitiv-vorbewußte, subreflexive Abwägung von Gütern voraus, die – im Höflichkeitsfall – einer Schonung des anderen dient, also in dessen Interesse ist und eine mögliche nachträgliche Enttarnung nicht noch gesichtsschädigender (für den Hörer) wäre.[320] Hier wären Aspekte einer positiven Wertung gefunden, die noch gestützt wird durch den Befund, daß manche Formen von Ausreden mittlerer Reichweite so hochgradig

---

317 *VALTL*, Höflichkeit 157, argumentiert in diese Richtung im Sinne einer kontinuierlichen Verständigung, die oft genug vorreflexiv bleibt, sich aber aus einer Vielzahl von Entschuldigungssequenzen speist. Freilich steht systematisch hier eine weitere Durchdringung unter der Perspektive der Begründung von Norm- und Wertkontexten (und seien sie nur «en miniature» aktualisiert), aber auch von Motivationszusammenhängen noch aus. Vgl. aber *VALTL*, Höflichkeit 205-215, wo zumindest auf Motivationsbereiche verwiesen wird, allerdings im Blick auf «vorwissenschaftliche Theorien».

318 Vgl. *KNUF/SCHMITZ*, Ritualisierte Kommunikation und Sozialstruktur 69ff., *LANGE*, Aspekte der Höflichkeit 98ff.

319 Die höflichkeitstheoretische Einordnung ist nicht eindeutig. *BROWN/LEVINSON*, Politeness 113ff., rechnen Ausrede und Notlüge zur Zuwendungshöflichkeit (!), *VALTL*, Höflichkeit, 159ff., zur Distanzhöflichkeit.

320 Hier ist natürlich auch als Kriterium die Frage nach der Zeit und der Situationsbedingtheit wie -bezogenheit (und der Reichweite der Handlung über die Situation hinaus) zu bedenken. In Miniaturen des Alltags ist die auch über diese Strategien der Höflichkeit erreichte Kompensation oder Meidung von Gesichtsverlusten anders einzuordnen als mit dem Blick darüber hinaus in der längerfristigen Folgeabschätzung. Ein prinzipielles Plädoyer für die Notlüge ist hier natürlich ebensowenig angebracht wie andersherum ein drastischer Wahrheitsrigorismus auch «en détail», der den Schonungsaspekt einfachhin beiseite schiebt. Vgl. *MACHWIRTH*, Höflichkeit 235, *VALTL*, Höflichkeit 159ff., der in diesem Zusammenhang neben sachlichen Überlegungen auch ein bezeichnendes Diktum von *MAX FRISCH*, Manieren, in: *ders.*, Stichworte. Ausgesucht von *U. JOHNSON*, Frankfurt/M. 1975, 224-227, 226, anführt: «Wenn die Ehrlichkeit darin bestünde, einfach alles zu sagen, es wäre sehr leicht, ehrlich zu sein, aber wertlos, nicht lebbar, alles zerstörend. Tugend auf Kosten anderer.» – *F. FURGER*, Art. Wahrhaftigkeit, in: NLChM 846-852, 849, spricht von «feinfühlig empfundener Wahrhaftigkeit».

standardisiert und konventionalisiert sind, daß sich das Moment der Ausrede und ihrer Unwahrhaftigkeit so deutlich ausdrückt, daß es nicht mehr ins Gewicht fällt.

Impersonalisierung von Sprecher und Hörer, Nominalisierung der Proposition: Unter der «Impersonalisierung» oder «Neutralisierung» von Sprecher und Hörer ist die Meidung der Pronomina «ich», «du» bzw. «Sie» im Kontext verbaler Distanzhöflichkeit zu verstehen.[321] Diese sprachlichen Ersetzungsvorgänge dienen wiederum der Distanzwahrung und der Verminderung des pragmatischen Drucks einer Aussage auf den Hörer.[322] Dieser Effekt wird dadurch erreicht, daß sich ein Abstand zwischen den Sprecher und seine Aussage bzw. die Proposition und den Hörer legt. In Form, Struktur und Intention der Impersonalisierung von Aussagen analog ist auch die Form der Nominalisierung. Hierbei wird der pragmatische Druck entschärft durch einen Wechsel von einem Verbal- auf den Nominalstil bei der Verlautbarung der gesichtsbedrohenden Handlung. In manchen Fällen verstärkt sich Wirkung durch die nötige sprachliche Redundanz.[323]

Ausweichen auf die «allgemeine Regel»: Einen weiteren Weg, Distanz zu erhalten, Gesichtsbedrohung zu meiden und Druck aus einer Aussage zu nehmen, stellt der Rekurs auf allgemeine Regeln und Grundsätze dar[324], der grammatikalische Formulierung ad personam als zu harsch und eindringlich empfinden würde. Ein Hinweis wie «Nach Beginn der Vorstellung kein Einlaß!» entpersonalisiert, neutralisiert und verallgemeinert einen Satz, der in etwa lauten müßte: «Nach Beginn der Vorstellung lassen *wir Sie* nicht mehr hinein.»[325] Abgesehen von der eigenartigen Tönung und signifikanten Ungewöhnlichkeit der zweiten Satzperiode wird hier nochmals augenfällig, daß die personalisierte Fassung deutlich schärfer – also distanzverletzender – wirkt als die neutral-allgemeine, die sich auf ein weiteres Publikum zu beziehen scheint und von daher zwar propositional unverändert, aber im Druck abgefederter erscheint.

9.2.4. Figurationen der Ehrerweisung

Mit der Behandlung der Formen der Reverenzerweisung oder «deference»[326] wird abschließend ein Bereich vorgestellt, der in vielen Aspekten auf schon Gesagtes rückverweisen kann, sich aber dennoch für eine eingehende eigene Betrachtung anbietet, weil hier vorrangig manifestere vertikal-asymmetrische Beziehungskonstel-

---

[321] Vgl. *VALTL*, Höflichkeit 161f.

[322] Die Paradevokabeln sind das «man» und das «es», zudem ist auf Satzkonstruktionen zu verweisen, die die Partizipanden des Dialogs ganz ausblenden, oder auch die Pluralisierung des «ich» in ein «wir» (was aber – und das gilt nicht nur hier – auch drucksteigernde Gegeneffekte haben kann). Zu erinnern ist dabei auch an die eigentümlich desavouierende Karriere, die das «Man» bei *M. HEIDEGGER*, Sein und Zeit, Tübingen [9]1960, 114ff., macht. Vgl. *P. PROBST*, Art. Man, in: HWP V 706f.

[323] Vgl. *VALTL*, Höflichkeit 163. Als Muster sind dort genannt: «Wir wenden uns an Sie mit der *Bitte* um baldige *Erledigung*.» (statt: Wir *bitten* Sie, dies zu *erledigen*.») und «Es handelt sich um ein *Versäumnis* Ihrerseits.» (anstelle von: «Sie haben *versäumt*, ...»).

[324] Vgl. *VALTL*, Höflichkeit 163f., *BROWN/LEVINSON*, Politeness 207.

[325] Beispiel nach *VALTL*, Höflichkeit 163f.

[326] Vgl. *BROWN/LEVINSON*, Politeness 178-187, *MACHWIRTH*, Höflichkeit 205-214, Vgl. *VALTL*, Höflichkeit 164ff., dazu schon *JHERING*, Der Zweck im Recht II 652-664, 676-685.

lationen in den Blick zu rücken sind.[327] Reverenzerweise erfolgen gegenüber Personen, die entweder in Relation zum Sprecher einen höheren sozialen Rang einnehmen, denen ein vermeintlich höherer Rang zugeschrieben oder fiktiverweise eingeräumt wird.[328] Im Anschluß wird diesen Phänomenen in ihrer verbalhöflichen Ausdrucksgestalt nachgegangen, sachkulturelle und nonverbale Zeichen werden am Schluß dieser Abschnitte gestreift.

Pronominale Anrede: Die Differenzierung der pronominalen Anrede in die Versionen «du» und «Sie» – die sogenannte T/V-Differenzierung – gehört zu den auffälligsten (demgemäß meisterforschten) Erscheinungen der Ehrerbietung und kommt in diversen Höflichkeitsstrategien zum Einsatz. Für unseren Zusammenhang ist weniger die Genese[329], sondern die Höflichkeitsfunktion von Ausschlag. Angesichts der Materialfülle, die von der Forschung bislang ausgebreitet worden ist, kann man von einem detailliert vermessenen Gelände sprechen.[330] Hier können einige Grundfragen referiert werden.

Bei der Wahl der Anredeform in nicht-markierter, standardisierter Weise sind einige kombinierte Faktoren von Bedeutung. Ganz verknappt läßt sich feststellen. Beiderseits wird das «Sie» verwendet unter Erwachsenen, deren Verhältnis sich nicht durch besondere Vertrautheit auszeichnet, beiderseitiges «du» tritt in der Regel unter Kindern, Verwandten, Vertrauten, unter Angehörigen einer gemeinsamen Solidargruppe und unter Erwachsenen auf, die eine in der Regel irreversible Entscheidung für die persönlichere Anrede getroffen haben. Neben diesem reziproken

---

[327] Vgl. *NEUSTUPNY*, Politeness patterns 412.

[328] Zu den einzelnen anthropologischen, soziologischen oder politischen und kulturellen Komponenten, die diese vertikale Diversifikation beeinflussen, zu deren jeweiligen Insignien (von der Kleidung über materielle Güter, Beruf, stattgehabte Reisen zu einschlägig konnotierten Automarken, Sprachcodes, Gesten und viele andere Accessoires, die Gruppenzugehörigkeiten und damit auch ein «social ranking» transportieren) kann hier nicht in aller Ausführlichkeit Stellung bezogen werden. Ausgegangen wird zunächst von der einfachen Tatsache, daß auch nach der Ablösung strikter hierarchischer Gesellschaftsordnungen noch immer ein breiter Fundus von Signalen existiert, der faktische Asymmetrien bezeugt. Der Unterschied liegt vornehmlich darin, daß die Zeichen in akzelerierten Zeiten öfter und schneller wechseln (manche dabei aber durchaus große Zählebigkeit an den Tag legen) und neu «ausgehandelt» oder oktroyiert werden. Vgl. *VALTL*, Höflichkeit 164-167. Man denke zudem an die empirischen Materialien, die P. Bourdieus Studien zu den «feinen Unterschieden» bereithält. Bei allen Verdiensten – ethisch bleibt diese Studie eher vage.

[329] Zur Geschichte vgl. *VALTL*, Höflichkeit 168-171, *P. LISTEN*, The emergence of german polite «Sie». Cognitive and sociolinguistic parameters, New York 1999.

[330] Vgl. *R. BROWN/A. GILMAN*, The pronouns of power and solidarity, in: *T.A. SEBEOK* (Hrsg.), Style in language, Cambridge (Mass.) 1960, 253-276, *U. AMMON*, Zur sozialen Funktion der pronominalen Anrede im Deutschen, in: Zeitschrift für Literaturwissenschaft und Linguistik 2 (1972) 73-88, *G. AUGST*, Zur Syntax der Höflichkeit. Duzen – Ihrzen – Siezen als sozio- und pragmalinguistisches Phänomen, in: *ders.* (Hrsg.), Sprachnorm und Sprachwandel. Vier Projekte zu diachroner Sprachbetrachtung, Wiesbaden 1977, 13-60, *K. BAYER*, Die Anredepronomina Du und Sie, in: Deutsche Sprache 7 (1979) 212-219, *T. FINKENSTAEDT*, Duzen ohne Du. Zur Anrede, vornehmlich im Deutschen, in: Zeitschrift für Volkskunde NF 4 (1981) 7-30, *A. KONZ*, Linguistische Aspekte des Anredeverhaltens. Untersuchungen am Deutschen und Schwedischen, Tübingen 1982, *H.L. KRETZENBACHER/W. SEGEBRECHT*, Vom Sie zum Du – mehr als eine neue Konvention?, Hamburg 1991, *W. BESCH*, Duzen, Siezen, Titulieren im Deutschen, Göttingen 1995, *G. AMENDT*, Du oder Sie. 1945 – 1968 – 1995, Bremen 1995, *L. KREMER*, Duzen und Siezen: Zur Verwendung der Anredepronomina im Deutschen und Niederländischen, in: Germanistische Mitteilungen 52 (2000) 13-31. Vgl. *EHRHARDT*, Beziehungsgestaltung und Rationalität 141-155. – Vgl. zu historischen Markierungen *SCHUBERT*, Alltag im Mittelalter 166-168.

Gebrauch gibt es signifikante Fälle von Nicht-Reziprozität, bei der eine «Du»-Anrede mit einem «Sie» erwidert wird.[331]

Die Standardformen der Anrede – also nicht besonders markierte und pointierte Situationen – lassen Rückschlüsse zu auf die sozialen Parameter, die in die eine oder die andere Richtung wirken. Zu nennen ist das Alter, der Sozialstatus, Gruppenzugehörigkeiten und Verwandtschaftsverhältnisse, Berufsprestige und das Geschlecht. Dabei ist höchst selten ein Faktor isoliert von Ausschlag, sondern zumeist die Kombination und die Einschätzungssicherheit bezüglich des Gegenüber.[332]

Grundlegend hat sich in diesem Kontext die Unterscheidung von zwei Dimensionen erwiesen, die die Vielzahl der Variablen einem Bereich von Macht oder Autorität und einem anderen von Vertrautheit und Solidarität zuordnen.[333] Der erste Bereich bildet sich dabei idealtypisch in nicht-reziproken Anredeformen ab, die allerdings nur in beschränktem Maße in einzelnen Gesprächssituationen anzutreffen sind. Signifikanter bleibt jedoch die Feststellung, daß die Anredeformen immer weniger schichtspezifisch organisiert sind, wenngleich tendenziell der Gebrauch des «Sie» ein Mittelschichtsignal bleibt in Abgrenzung zur größeren Bereitschaft unterer Schichten, unvermittelter die Anrede «Du» zu wählen. Dies hängt auch mit der je unterschiedlichen Distanz zwischen Privat- und Berufssphäre zusammen, die die Anredeweisen mitprägen.[334]

Deutlicher als die macht- oder autoritätsgebundene Semantisierung tritt nunmehr die Semantik der Solidarität in den Vordergrund. «Du» oder «Sie» signalisieren dabei nicht mehr in erster Linie ein Autoritätsgefälle und die (soziale) Unterschiedlichkeit zwischen Individuen, sondern explizieren Vertrautheits- und Solidaritätsgrade. Drückt sich im förmlicheren «Sie» höflichkeitstheoretisch die Wahrung von Distanzansprüchen und die Akzeptanz von Handlungsspielräumen des anderen aus, so setzt das «Du» wenigstens ein Mindestmaß an faktischer oder postulierter Vertrautheit und Gleichgesinntheit voraus. Hier lassen sich zwei Aspekte herausfiltern, die in der Forschung unter den Begriffen «Solidaritäts-Du» und «Intimitäts-Du» rubriziert werden.[335] Trotz gleicher Verbalisierungsformen drücken sich hier ganz unterschiedliche Beziehungsstrukturen aus, deren Schwerpunkte im ersten Fall auf der eher sachlichen Interessen- oder Gruppenkoinzidenz liegen[336], während beim zweiten Fall die Nähe nicht nur postuliert, sondern expliziert wird, auch wenn momentan keine akuten Interessenüberschneidungen festgestellt werden müssen.

Für den Kontext von Höflichkeitstheorie und -praxis gilt es festzuhalten, daß die Verwendung des «Du» strategisch zur Betonung von Gleichheit, Nähe und Soli-

---

[331] Zu denken ist hier an Konstellationen wie Erwachsene – fremde Kinder, Meister – Lehrling, Inländer – Ausländer, wobei allerdings das Berufs- oder Nationalprestige des Angesprochenen von nicht unerheblichem Einfluß ist. Vgl. *AUGST*, Zur Syntax der Höflichkeit 22.

[332] Gerade die Sondierungsphase ist demgemäß unsicher und mit Peinlichkeitsfallen belastet. Kooperatives und prozessuales Aushandeln einer reziproken Anredeform ist gerade bei Einschätzungsunsicherheiten nicht einfach problemfrei. Vgl. *VALTL*, Höflichkeit 173.

[333] So *BROWN/GILLMAN*, The pronouns of power and solidarity, *BAYER*, Die Anredepronomina Du und Sie 213ff., unterscheidet hier noch weitergehend zwischen Solidarität und Intimität.

[334] Vgl. *AUGST*, Zur Syntax der Höflichkeit 21ff., *FINKENSTAEDT*, Duzen ohne Du 15, 21, *KREMER*, Duzen und Siezen 13-31.

[335] Vgl. *BAYER*, Die Anredepronomina Du und Sie, passim.

[336] Beispielsweise ist unter sich fremden Studenten das «Du» auch ohne nähere Vertrautheit kaum eine Distanzverletzung.

darität eingesetzt wird, während das «Sie» trotz aller Asymmetrieimplikate eine Form der Distanzhöflichkeit via Impersonalisierung zur Wahrung des Gesichts, also der Freiheitsräume des anderen, dient.[337] Hinzu kommt die Beobachtung, daß gerade das reziproke «Sie» eine Sicherungsfunktion hat ähnlich der Anrede mit «Herr» oder «Frau». Die Titulatur weist den Titulierten als vollwertiges Mitglied der (bürgerlichen) Gesellschaft aus.[338]

Bewegen sich die bislang eruierten Anredephänomene im Rahmen der Standardisiertheit, so gilt es nunmehr auf markierte und pointierte Formen einzugehen. Ein betontes Abweichen von erwartbaren Anredeformen erweist sich als besonderer Bedeutungsträger. So wird ein pointiertes «Sie» eben gerade nicht die Akzeptanz des anderen als vollwertiges Glied der Gesellschaft signalisieren, sondern distanzierend wirken und Nicht-Solidarität unterstreichen.[339] Diese Botschaft ist verknüpft mit einer starken Kontrastwirkung, die verschärfend durchschlägt.

Titelanrede: Die schier unüberschaubare Zahl möglicher Titelanreden[340] kann hier keineswegs vollständig rekapituliert und rekonstruiert werden. Das Augenmerk gilt deshalb der höflichkeitstheoretischen Funktion in der Interaktivität. Hervorzuheben sind zwei Grundrichtungen: Titulaturen, die den faktischen Rang des Angesprochenen einholen und solche, die kontrafaktisch auf eine Höherstellung zielen.[341] Die Strategie der Erhebung des anderen erfüllt dabei die Aufgabe einer Abschwächung kommunikationsbedingter Konflikte, vor allem im Kontext von Verlautbarungen, die eine potentielle Gesichtsbedrohung des Hörers darstellen.[342] Die Verwendung von Titeln ist hierbei zwar meist sachlich überflüssig, erreicht aber eine Minderung von Distanzverletzungen. Trotz oder gerade wegen ihrer möglichen Nebenwirkungen und Risiken[343] gilt es festzustellen, daß sowohl faktisch korrekte Titulaturen (Amtstitel, die in bestimmten Interaktionssequenzen erwartet werden) als auch die markierte Verwendung gegenwärtig eher in ihrer Häufigkeit abgedrängt werden,

---

337 Zur Reverenzfunktion der Ehrerweisung gerade an den heiklen Übergangsstellen vom «Sie» zum «Du», vgl. *VALTL*, Höflichkeit 175f.

338 Vgl. *AMMON*, Zur sozialen Funktion der pronominalen Anrede 78. Klingt diese Feststellung an sich vergleichsweise harmlos, so erweist sich das Gegenteil, nämlich die deutlich markierte Weigerung, jemanden zu siezen, als höchst prekär. Gastarbeitern oder Menschen, deren Nationalität von geringem Prestige ist, aber auch Insassen psychiatrischer Kliniken, denen das «Sie» verweigert wird, wird damit auch der Status der Vollwertigkeit vorenthalten. Vgl. *BROWN/GILLMAN*, The pronouns of power and solidarity 267, *FINKENSTAEDT*, Duzen ohne Du 21f., *AUGST*, Zur Syntax der Höflichkeit 22. Die Wertexpression der Höflichkeit wird hier besonders stark konturiert! Nicht zufällig verweist deshalb *VALTL*, Höflichkeit 176, auf den Zusammenhang einer gesellschaftlich-demokratischen Stabilisierung mit Formen der Höflichkeit. Natürlich kann hier keinesfalls von einem exklusiven Mechanismus geredet werden – so als hinge alles von der Höflichkeit ab –, aber eben doch von einem signifikanten Beitrag der Höflichkeit zur Demokratie.

339 Vgl. *BAYER*, Die Anredepronomina Du und Sie, passim. Analoges gilt in spezifischen Situationen bei der markierten Verwendung des «Du» als Ausdruck der Mißachtung des anderen und seiner Distanzansprüche.

340 Zu Grunddaten der historischen Genese vgl. *VALTL*, Höflichkeit 177-180.

341 Vgl. zu diesem Topos schon *GARVE*, Popularphilosophische Schriften 426, *JHERING*, Der Zweck im Recht II 676, *BROWN/LEVINSON*, Politeness 181.

342 Vgl. *BROWN/LEVINSON*, Politeness 181, 183ff.

343 Zu den möglichen Ambivalenzen der Titelanrede vgl. *VALTL*, Höflichkeit 181ff. Gerade die markiert-pointierte Verwendung von Titeln, die damit ihr Gewicht aus der situationsspezifischen Diskrepanz beziehen, kann geradezu das Gegenteil von höflich sein und im Sinne von Sekundärstrategien ironisieren, despektierend und abwertend wirken.

wenngleich es Einsatzbereiche gibt, die sich einen hohen Grad von Obligation bewahrt haben.[344]

Indirekt-sekundäre Ehrerbietung: Im zunehmend seltenen Fall indirekter Ehrerbietung verwendet der Sprecher Sprachcodes, die durch ihr hohes soziales Prestige und ihre Distinguiertheit aufmerken lassen. Über die Wahl des Codes verlautbart sich auch die soziale Einstufung des Angesprochenen.[345] Meist werden diese Formen gewählt im Hinblick auf die Abschwächung gesichtsbedrohender Akte. Mit Valtl kann man folgende Einschätzung treffen:

> *«Gegenwärtig genießen alle diese Formen indirekter Ehrerbietung im Deutschen nur mehr bedingt hochsprachliche Akzeptanz. Ihre hörerseitige Wirkung kann daher sehr stark negativ sein (Interpretation als Ironie, Beurteilung des Sprechers als steif, altmodisch u.a.). Häufiger als die Aufwertung des Hörers durch einen ehrerbietigen Euphemismus kann heute die Vermeidung der Abwertung eines sozial höherstehenden Hörers durch Vermeidung von zu saloppen, der Umgangssprache entnommenen Begriffen beobachtet werden. Dies stellt eine Form der sekundären Ehrerbietung dar.»*[346]

Diese Diagnose verweist die Reflexion auf ein Feld der Sekundarität, das sich durch *Nicht*wahl eines theoretisch zur Verfügung stehenden Sprachcodes kennzeichnet, Ansprüche abzugelten, die sich aus Person und Position des anderen ableiten ließen. Wichtig dabei ist festzuhalten, daß Höflichkeit in der Zuwendung, vor allem aber in der Distanzwahrung nicht nur durch besonders chiffrierte Formen zu erreichen ist, sondern auch in «Verzichtsleistungen» bestehen kann. Höflichkeit ist gerade nicht ausschließlich ostentativ, sondern auch diskret, was nicht heißt, sie wäre nur im Verschwinden erkennbar, sondern vielmehr sehr wohl in Strategien der Vermeidung zu eruieren. Freilich sind hier die Beobachtungen erheblich schwieriger anzustellen, da ihnen der unmittelbare Referenzpunkt konstatierbarer Formen gerade fehlt, nichtsdestotrotz sind diese spezifischen «Fehlformen» bedenkenswert.

Nonverbale Phänomene: Neben den verbal-skripturalen Formen, aber auch neben den zuletzt angedeuteten Abwesenheitsformen gibt es eine große Reihe weiterer Erweise gesichtswahrender oder -schonender Höflichkeitsgesten. In knappen Grundlinien sollen diese hier referiert werden, allen voran unter den Gesichtspunkten der räumlichen Über- und Unterordnung, deren Analogien in der Zeitdimension und schließlich Verhaltensmuster, die körperliche Mühe oder Verzicht implizieren.

Schon der unwillkürliche, aber weit verbreitete Rekurs auf Sprachbilder, die den Sozialstatus hoch oder niedrig einstufen und nicht selten die räumliche Analogie des Oben und Unten zur Repräsentation dieser Asymmetrien verwenden, macht deutlich, daß hier ein Deutemuster auch der Alltagsinteraktion zu beobachten ist. Der soziale Status und die aus ihm folgenden Handlungssequenzen werden dabei oft in

---

[344] Hier braucht nur auf die verschriftlichte Form bei Briefanfängen etc. verwiesen zu werden. Vgl. *S. ETTL*, Anleitung zu schriftlicher Kommunikation. Briefsteller von 1880-1980, Tübingen 1984, 230ff. Vgl. *M.-C. GRASSI*, Art. Lettre, in: DRPSV 543-566. Ähnliches gilt von institutionalisierten Gruß- und Titulaturpflichten (wie beispielsweise im Militär). Vgl. auch *K. BÜCHLE*, Probleme sprachlicher Höflichkeit in der Briefkommunikation (deutsch-spanisch), in: *LÜGER*, Höflichkeitsstile 249-262.

[345] Vgl. *VALTL*, Höflichkeit 188f. Zu denken ist dabei an Substitutionen des Alltagscodes durch Wechsel in honorativ gemeinte Sprachspiele und -stile. Der Einsatz von «Er schreitet» anstelle von «Er geht» u.a.m.

[346] *VALTL*, Höflichkeit 189.

Ausdrucksformen der vertikalen Raumdimension übersetzt.[347] Die vertikale Strukturierung kann gegebenenfalls übersetzt werden in eine horizontale Dimension, die zwischen vorne und hinten unterscheidet und hier eventuell auch zeitliche Reihenfolgen impliziert. Hier wird nach wie vor eine Reihe von Distanzansprüchen als allgemein üblich und erwartet repräsentiert.[348]

Eine weitere Gruppe eröffnet einen eigenen Analogiehorizont, der weniger räumlich und zeitlich strukturiert ist, sondern die Anerkennung von Privilegien des Hörers repräsentiert und zugleich beim Sender die Auf-sich-Nahme besonderer Mühen und Haltungen fordert. Den Aufmerksamkeit bezeigenden Prästationen ähnlich kumuliert hierbei der höflichkeitstheoretische Wert weniger in der tatsächlichen Sachleistung, sondern in der Wahrung der Ansprüche des anderen. In diesen Bereich gehören beispielsweise das Aufstehen vom Sitzplatz angesichts eines Hinzutretenden, das Abnehmen der Kopfbedeckung und ähnliches mehr.[349] Die kommunikative Funktion dieser Verhaltensformen ist dabei analog zu Verbalformen. Immer geht es darum, entweder den faktisch höheren Rang des anderen zu illustrieren und mithin zu kommunizieren oder um dem Partner eine besondere (auch kontrafaktische) Stellung zuzubilligen.

Wichtig ist in diesem Zusammenhang allerdings auch, daß bei der Ausübung derartiger Verhaltensformen immer zugleich auch darauf geachtet wurde, daß der Gesichtsverlust des Sprechers nicht zu erheblich wird. Dessen Würde bleibt ein Thema. Schon von daher ist eine Differenz einzuziehen zwischen nonverbalem Reverenzerweis und unstrukturierten, maßlosen Unterwürfigkeiten.[350]

---

[347] Unabhängig von sich wandelnden historischen Plausibilitäten einzelner Ausdrucksweisen ist hier zu denken an Verbeugung oder Verneigung (bis hin zum sprichwörtlich desavouierten «Kotau»; dieser weist allerdings auf außereuropäische Formen hin, die an dieser Stelle nicht weiter vorzustellen sind, da sie im Prinzip ähnlich funktionieren, sich nur in anderen Kontexten anders formalisiert haben), Knicks oder Kniefall, Erhöhungen des zu Ehrenden durch besondere Sitz- oder Stehplätze (Throne, Podeste etc.). Auch der Handkuß (oder seine verbale Repräsentation) gehören in diesen Zusammenhang. Vgl. dazu *VALTL*, Höflichkeit 191f., *SUCHER*, Hummer, Handkuß, Höflichkeit 155ff.

[348] Ehrenplätze bei Tisch an der Stirnseite, bei Verhandlungen, festlichen Mählern, Theaterpremieren. Die meist unbewußt eingenommenen Distanzen stehen in einem Proportionalitätsverhältnis zu sozialen Unterschieden. Vgl. *VALTL*, Höflichkeit 193. Ähnliches gilt für die zeitliche Reihung: Vortritt gewähren, Abfolge der Begrüßungen (wobei hier natürlich wieder verbale Momente eine Rolle spielen, die allerdings von einem Zeitfaktor geordnet werden.

[349] Vgl. *BROWN/LEVINSON*, Politeness 186, *BROWN/GILMAN*, The pronouns of power and solidarity 269.

[350] Dieses Tableau verbaler wie nonverbaler Höflichkeitsformen in ihren Grundfunktionen wie in ihren Austrittsweisen abschließend, muß nun ein Wort gesagt werden zu Sekundärstrategien der Höflichkeit, wobei deren gesichtswahrende Funktion de facto um anderer Intentionen willen aufgegeben wird. Es kann hier nicht darum gehen, die gesamte Doppeldeutigkeit aller Phänomene gleichsam in einem zweiten Durchgang nochmals zu beleuchten auf ihren möglichen Einsatz zur Manipulation von Rang, Distanz, Situationsdefinitionen und Schwere der Gesichtsbedrohung. Ausschlaggebender ist allein das erwähnte Faktum der Ambivalenz und der Verwendung phänomenologisch gleicher Signale in dieser Hinsicht. Oder – wiederum mit *VALTL*, Höflichkeit 199, formuliert: «Rangmanipulationen, Distanzierung, Herunterspielen der Gesichtsbedrohung und Beeinflussung der Situationsdefinition begleiten die Strategien der Höflichkeit relativ oft. Sie beeinträchtigen diese in ihrer Funktion der Gesichtswahrung in der Regel nicht und können daher als parallel laufende Sekundärfunktionen der Höflichkeit angesehen werden, die in der Höflichkeitserziehung ebenso berücksichtigt werden sollten. Wenn die primäre Intention der Gesichtswahrung allerdings nicht mehr zu erkennen ist und die jeweiligen Verhaltensformen hauptsächlich den sekundären Zielen der Rangmanipulation, Distanzierung usw. dienen, kann nicht mehr von Strategien der Höflichkeit gesprochen werden, da diese nicht allein durch die Verwendung konventioneller

9.3. Bilanz – zwischen Miniaturen und Konturen

In diesen Miniaturen und dem Theorieinstrumentarium, das sie bestimmen hilft, wird in Ansätzen die Vielfalt der Konturen sichtbar, die die Spannbreite und Spannung eines jeden Höflichkeitsbegriffes ausmacht, auch wenn die Analyse den Ausgang bei einer Fülle von Detailansichten und Teilaspekten auf sprachlicher wie nicht-sprachlicher Ebene nimmt. Neben dieser Pluriformität der theoretischen Annäherungen ist die sachliche Bandbreite «höflichkeitsverdächtigen» Interaktionsmaterials selbst von Bedeutung. Diese wird noch unterstrichen von der Frequenz, mit der es begegnet. Hier liegt auch ein deutlicher Hinweis auf die nicht mehr nur zu vermutende Alltagsvalenz und -tauglichkeit eines Höflichkeitskonzeptes, das trotz der ebenso vielfältigen historischen und geistesgeschichtlichen Resonanzräume kontextuelle Veränderungen aufnimmt und Grundideen wie Grundrealisationen als höflich zu bezeichnenden Verhaltens adaptiert.

Der Blick auf die Einzelphänomene und ihre Alltagsvalenz und -tauglichkeit durch traditionelle, latente oder offenkundige Vorurteile hindurch sollte dafür sensibilisieren, wie intensiv «Höflichkeit» mit einer Vielzahl täglicher Interaktionssequenzen und Handlungsminiaturen verbunden ist. Dabei dürfte deutlich geworden sein, daß bei aller unvermeidlichen Formalisierung, die an bestimmten Signalmustern und Standardsituationen besonders augenfällig und deshalb leichter Gegenstand *paradigmatischer* Untersuchung wird, der Formbefund wie Regelbestand verschiedener historischer, aber eben auch sprachlich-gestischer, instrumenteller Höflichkeiten damit nicht hinreichend beschrieben sind. *Sagt der historische Befund, daß Höflichkeit nicht ausschließlich an Höfe gebunden ist, so der linguistische, daß die Höflichkeit über einzelne (sprachliche) Formen und Gesten in der Interaktion mit anderen über Formen und Regeln hinausreicht.*

Erste «Maximen» – noch nicht in der systematisch-ethischen Aufladung «mittlerer Maximen» – sind angeklungen. Sie eröffnen auf einer grundsätzlichen Ebene die Perspektive auf ein freies, selbständiges Interaktionsverhalten, das von einem Formen-, Formeln- und Regelset nicht völlig determiniert ist. Dies in Grundzügen zu leisten, war die Absicht der in diesem Kapitel vorgelegten Überlegungen. Sie bilden den Ausgang für eine erste Systematisierung, die hinter den Befund zurückfragt und nach organisierenden Prinzipien, Funktionen und Motiven sucht.

Hier steht weiteres zur Debatte, gerade was den alltags- und tugendethischen Wert der Höflichkeit auszeichnet. Mit C.B. Sucher formuliert, darf man mutmaßen,

> *«daß das kommende Jahrhundert weder die alten Regeln im forschen Ton der neunziger Jahre braucht noch eine neue Etikette. Vielmehr bedarf es einer Besinnung auf Tugenden, ohne die das*

Zeichen der Höflichkeit, sondern vor allem durch das Ziel der Wahrung des Gesichts des Partners gekennzeichnet wird.» – Man vergleiche nur die knappen Überlegungen zum Thema der «Ironie» und des «Leimens» bei *VALTL*, Höflichkeit 199-201, 201-203, dazu auch, wenn auch mit sehr eigenen Akzenten, *A. SILBERMANN*, Von der Kunst der Arschkriecherei, Berlin 1997, *BRENNER/ZIRFAS*, Lexikon der Lebenskunst 205-212. Wichtig an diesen Feststellungen ist zweierlei: Zum einen geht Höflichkeit (gerade in ihrer gesichtswahrenden Funktion!) nicht auf in einem bestimmten Repertoire von Zeichen, Gesten und Verbalhandlungen, sondern hat einen kreativen Überschuß, der nicht einfachhin terminologisch schon besetzt und elaboriert ist. Hier bestehen und entstehen Handlungs- und Gestaltungsmöglichkeiten von ethischer Bedeutung. Zum anderen wird die Ambivalenz mancher fester Formelbestandteile der Höflichkeit zugegeben. Diese sind einsetzbar hinsichtlich anderer Ziele als jenem der ursprünglichen Höflichkeitsintention.

> *richtige Benehmen nur Maske ist. Das gute Benehmen aber hat ein Gesicht, eine Seele und ein Herz. Und deshalb ist das gute manchmal das falsche Benehmen. Aber das schlechte immer schlecht.»*[351]

Nicht um (Re-)Formalisierungen (zwischen alter oder neuer Etikette) geht es also zuerst, sondern um Humanisierungen, die Raum schaffen und Raum lassen für die Kreativität der Interaktion – um Humanisierungen, die nicht zuletzt auch in Kommunikation geschaffen werden. «Gesichter», Ansichten, Auftrittsfiguren und Epiphänomene der Höflichkeit sind «gesichtet». Bleibt die Suche nach ihrem «Herz», ihrer «Seele», der Innenseite der Außenseiten. Diese stehen in Konspiration, geben aber Interpretationsräume, dafür Anlaß für Verständnisse wie Mißverständnisse. Grundlinien einer ersten systematischen Orientierung sind hier deshalb als nächster Schritt angezeigt.

---

351 *SUCHER*, Hummer, Handkuß, Höflichkeit 15.

D. Handlungstheoretische Konturen der «Cortesia» – systematische Spuren

In den bisherigen Darstellungen ist – in Umrissen zumindest – deutlich geworden, wie komplex sich das «Cortesia»-Phänomen zeigt. Auf dem Hintergrund und vor der Weite historischer wie phänotypischer Befunde bildet sich eine Folie für eine Reihe von systematisierenden Überlegungen zu Genese, Formen, Funktionen, Motiven und Sinndimension der Höflichkeit. Dies soll hier gebündelt werden, um dann die Übergänge zu einer Betrachtung der Cortesia-Phänomene unter ethischen Perspektiven vorzubereiten.

Höflichkeit erweist sich als interpretativ-integrativer Begriff in der Sicht unterschiedlicher Instanzen wie der Aktanden- oder Analytikerperspektiven. In der Verschränkung dieser Angänge mit der Begriffs-, Geistes- und Sozialgeschichte, der Vermessung verbaler und nonverbaler Parameter ergibt sich ein vielfältiges, teils aber doch konturscharfes Bild.

Der hier zu skizzierende Theorierahmen dient der Konturgewinnung. Er konvergiert *funktional* mit Grunddaten einer allgemeinen Normtheorie, die hier Adaptionen findet, und *motivational* mit denen der Handlungstheorie – beides im Konflux eines weichen, flexiblen Rahmenethos der «Cortesia».

10. «Face»-tten und Bausteine einer Handlungstheorie der Höflichkeit

Ubiquitär-prinzipielle Elemente angesichts der Universalität von Interaktionssituationen wie Begrüßung, Anrede, Dank etc., aber auch kulturspezifische Formen sind zu sichten. Polysemie, Polymorphie und Polykausalität in der Verschränkung lassen einen reduktionistisch-eindimensionalen Höflichkeitsbegriff letztlich nicht zu, selbst wenn in verschiedenen Analysevorhaben sogar singuläre «principles of politeness» eruiert und in Anschlag gebracht werden. Versuche in dieser Richtung haben den Vorteil, das vorliegende disparate Material griffiger zu machen, andererseits vereinfachen sie den Phänomenbefund vom systematischen Ansatz (oder Ziel) her. Diese Vereinfachung zu vermeiden, hilft immer wieder der Blick über den als Einstieg gewählten Ansatz hinaus. So sind soziolinguistische Erhebungen zu flankieren und zu vermitteln mit sozial-, begriffs- wie geistesgeschichtlichen Motiven und Momenten, darüber hinaus aber auch mit anthropologischen, philosophischen und zuletzt – in unseren Fall abschließend angezielt – mit theologisch-ethischen Einsichten.

10.1. Zur Generierung von Höflichkeit

In ihrer dichten Beschreibung einer konzisen wie hilfreichen «Theorie der Höflichkeit» entwickeln Haferland/Paul ein evolutiv-genetisches Schichtenmodell, das der historischen wie phänomenologischen Pluriformität des Gegenstands Rechnung zu tragen sucht.[1] Die Autoren koppeln dabei das Phänomen Höflichkeit an soziale Evolution und Innovation.[2] Soziale Evolution führt zu neuen, bislang so nicht gekannten, somit nicht vorregulierten Sozialsituationen. An sie gebundene Verhaltensweisen führen zur Genese neuer Kultur- und Sozialtechniken, die dann im Rahmen vergleichbarer Kontexte reiteriert werden. Haferland/Paul unterscheiden drei Formen von Höflichkeiten, die in Konspiration mit den prägenden Situationen bleiben und zudem «in wachsenden Ringen» den Rayon des Ursprungs erweitern, ihn dabei signifikant verändern. Anzuführen und zu differenzieren sind demnach:

- die «*elementare* Höflichkeit» als situationsbezogene Höflichkeit;
- die «*kodifizierte* Höflichkeit» als situations- und statusbezogene Höflichkeit;
- die «*reflektierte* Höflichkeit» als situations-, status-, vorrangig aber personbezogene Höflichkeit.[3]

Die Autoren unterstreichen, daß alle drei Formen vor allem in differenzierten Gesellschaften koexistent sind und jeweils einem unterschiedlichen Grad an Interaktionswissen oder dessen Aktivierung entsprechen.[4] Zu den einzelnen Formen gilt es nähere Bestimmungen festzuhalten.

Die «*elementare* Höflichkeit» kodifiziert und habitualisiert über Brauch und Sitten Verhaltensformen, deren Einhaltung kollektiv eingefordert und gegebenenfalls sanktioniert werden (z.B. durch Verlachen, konkrete Strafen oder Ausgrenzung). Ein Defizit an elementarer Höflichkeit weist den Betreffenden entweder als Fremden aus oder zeiht ihn mangelhafter sozialer Kompetenz. Hier zeigt sicht, daß diese Form von Höflichkeit vor allem *ex negativo* konstatiert wird. Das Fehlen elementarer Sozialroutinen erregt Aufsehen als Unhöflichkeit, wohingegen die situationsgerechte Erfüllung der Höflichkeitserwartungen noch nicht automatisch als höflich markiert sein muß, da der Grad an Selbstverständlichkeit sehr hoch ist. Dies korrespondiert mit der Beobachtung, daß in Brauch und Sitte habitualisierte Verhaltensformen und Kommunikationstechniken seltener (vor allem im Unhöflichkeitsfall) in der Alltagskommunikation reflektiert und interpretiert werden. Insgesamt geht es hier also verstärkt um Basalformen der Interaktion als elaborierte Höflichkeitsformen.

---

[1] Vgl. *HAFERLAND/PAUL*, Theorie der Höflichkeit 7-69, bes. 26ff.

[2] Dabei kann man durchaus fragen, ob diese Evolutionsthese nicht auch deutlicher historisch beobachtbare Sprünge und Brüche benennen und berücksichtigen müßte. Entdeckungen und Entwicklungen im Gesundheitsbereich, veränderte technische Vorgaben (gerade im Zusammenhang mit Kommunikationstechnologien), können gängige Verhaltensweisen ansatzlos umprägen oder neue entstehen lassen! Technische Entwicklungen im Kommunikations- oder Transport- und Verkehrsbereich ebenso wie Veränderungen im Berufs- und Freizeitbereich, gerade in «akzelerierten», pluriformen, strukturell rücksichtslosen Zeiten, die Entwicklungsstränge ja verknäueln, abbrechen, wiedereinsetzen und nicht einfach linear fortschreiten und fortschreiben lassen.

[3] Vgl. *HAFERLAND/PAUL*, Theorie der Höflichkeit 26-34. *ERNDL*, Höflichkeit im Deutschen 36ff., schlägt eine zweiteilige Höflichkeitskonzeption vor. Sie umfaßt – als «Typ 1» – konventionelle, normorientierte, sprachlich weitgehend standardisierte Höflichkeit und hebt davon ab – als «Typ 2» – individuelle, situationsabhängige und sprachlich in der Kreativität des einzelnen gelagerte Höflichkeit. Wichtig zu vermerken ist aber die Tatsache, daß beide Konzepte nicht bei der Formalisierung stehenbleiben können.

[4] Also der implizite, explizite oder der reflektiert-selbständige Umgang mit impliziten wie expliziten Umgangsrepertoires.

Bei der «*kodifizierten* Höflichkeit» ist der Grad der Elaboriert- und Expliziertheit eines Regelsystems erheblich größer. In bestimmten Situationen und angesichts bestimmter Personenkreise greift man auf ein Set von Regeln zurück, die explizit diesen Konstellationen vorbehalten sind und signalisiert somit ein Interaktionswissen um geprägte Kulturtechniken, die in sekundärer Sozialisation erworben worden sind. Auch hier bleibt regelgerechtes Verhalten zumeist unauffällig, wird erst der Regelverstoß als Unhöflichkeit konstatiert. Das prägende Moment der kodifizierten Höflichkeit liegt neben ihrer Formalität und Situativität in der Bezogenheit auf den Status des Interaktionspartners (Sozial-, Alters-, Geschlechts-, Öffentlichkeits- oder Bekanntheitsstatus).[5] Kodifikation der Höflichkeit findet sich hauptsächlich in ausdifferenzierten Gesellschaften[6], wobei zwischen sozialer Ausdifferenzierung und Kodifikation von Sozialtechniken eine Wechselwirkung besteht. Werden auf der einen Seite gruppen- oder schichtspezifische Verhaltensformen als für die Absonderungen stabilisierend und orientierend wahrgenommen, so gilt doch auch, daß in Genese und Evolution derartiger Muster und Pattern auf lange Sicht eine Diffusionsdynamik festzuhalten bleibt. Die formal markierten Grenzen sind permeabel. Die durch – zumeist – dominante Gesellschaftsschichten exerzierten Formen wirken leitbildgebend und aus naheliegenden Gründen attraktiv – sie werden übernommen, kopiert und im Verlauf einer Rezeptionsgeschichte nicht selten damit auch variiert, wobei die gesellschaftlichen Protagonisten wechseln können.[7] Anders gesagt: Nicht nur am Hof kann und wird man höflich sein.[8] In der Konsequenz und im Gefälle dieser Genese kommt ein weiteres Moment in den Blick, das sich gerade von der Tatsache herleiten läßt, daß es bei Formen kodifizierter Höflichkeit (Etikette, Protokoll und ähnliche prägnante Verhaltenskodizes[9]) sich nicht mehr um basale Ritualisierungs-, sondern vielmehr um Kodifizierungs- und Konventionierungsvorgänge handelt. Im geschichtlichen Verlauf kommt es dabei zum Phänomen der Abnutzung.[10] Aus markierten Formen werden Standardformen, aus Standardformen werden dann mit dem Anwachsen der Distanz zu Ursprungssituation und Entstehungskontext Formen, deren Höflichkeitspotential nur mehr schwerlich oder gar nicht aktuell zu rekonstruieren und einzusetzen ist. Die permanente Notwendigkeit, sich explizit dieser Konventionen kodifizierter Höflichkeit zu erinnern, sich ihrer zu

---

[5] *FRANCK*, Ökonomie der Aufmerksamkeit, München 1998, 94-97 (zu Differenz und Zusammenhang von persönlicher Wertschätzung und sozialer Geltung), 115-120 (zu Ruhm, Prominenz, Reputation, Prestige). Vgl. zu Franck die Kritik bei *G. THOMAS*, Umkämpfte Aufmerksamkeit. Medienethische Erwägungen zu einer knappen Ressource, in: ZEE 47 (2003) 89-104 (allerdings – wie der Untertitel signalisiert – medienethisch konzentriert).

[6] Dabei ist zu unterstreichen, daß dies für unterschiedliche Kultur- und Zeiträume gilt. Paradigmatisch verweisen die Autoren auf so unterschiedliche Aufarbeitungen wie die von *C. GEERTZ*, The Religion of Java, Chicago-London 1960, 227-260, *H. BRUNNER*, Art. Höflichkeit und Etikette, in: Lexikon der Ägyptologie I 1229-1230, die Beiträge in: *A. MONTANDON* (Hrsg.), Über die deutsche Höflichkeit. Entwicklung der Kommunikationsvorstellungen in den Schriften über Umgangsformen in den deutschsprachigen Ländern, Berlin-Frankfurt/M.-New York 1991.

[7] Vgl. *HAFERLAND/PAUL*, Theorie der Höflichkeit 33.

[8] Auf der Deskription dieses sozio- und psychogenetischen Diffundierungsprozesses liegt ja ein Akzent der Untersuchungen von N. Elias.

[9] Vgl. die Beiträge in: *S. BERTELLI/G. GRIFO* (Hrsg.), Rituale, ceremoniale, etichetta, Mailand 1985, *A. MONTANDON*, Art. Étiquette, in: DRPSV 359-376, knapp, doch präzise *W. WINGER*, Art. Etikette, in: LThK³ III 940.

[10] Vgl. *HAFERLAND/PAUL*, Theorie der Höflichkeit 29f.

versichern, gerade weil sie in Abnutzungs- und Demarkierungsverläufen stehen, schlägt sich auch nieder in der Fülle von Etikette-, Anstands- und Manierenbüchern, die es zu verzeichnen gilt.[11]

«*Reflektierte* Höflichkeit» kann in ihrer Grammatikalisation und Gestikulation sowohl auf ritualisiertes als auch auf konventionales Material zurückgreifen, ist damit bezogen auf die Formen situations- wie statusbezogener Höflichkeit.[12] Aber gerade in der Transzendierung beider Bezogenheiten durch ihre personale Ausrichtung und Modifikation erweist sich reflektierte Höflichkeit als eine abhebbare Stufe im Zusammenhang dieser Phänomenfelder. Personale Ausrichtung bezeichnet in diesem Fall die auf den Partner als Person, nicht vorrangig als Statusträger abgestimmte Form der Begegnung mit ihm. Sie muß von Fall zu Fall gesucht[13] und mit den Faktoren von Situation und Kontext abgestimmt werden. Festzuhalten ist von der reflektierten Höflichkeit:

> *«Sie wird aber immer nur in Bezug auf eine bestimmte Person gefunden, der sie gilt. Sie geht merklich über das hinaus, was erwartet werden kann, und ist deshalb freiwillig und bedarf einer positiven Initiative. Sie wird nicht ex negativo erkennbar, sondern fällt positiv auf. Wo sie nicht vorliegt, wird kein Mangel erkennbar. In diesem Sinn enthält sie einen Surplus, der nicht von Verhaltenskodizes gefordert und stattdessen von einem Partner auf sich selbst bezogen und als Beziehungsindex verbucht wird.»*[14]

Hier wird in der ansteigenden Tendenz des Modells ein über das Formel- und Etikettehafte hinausweisender Teil markiert, der den personalen – und nur von der personalen Bindung herrührenden – Aspekt einspielt. In diesem Kontext kommt es zum kreativen Einsatz vertrauter Formen, Mittel und Gesten der Höflichkeit wie zur Neukreation dieser selbst. Die Momente der Personalität, der Freiwilligkeit und der positiven Intention schaffen die Grundlage für *bemerkbare* Konturen des Umgangs in person- und partnerzentrierter Weise. Festzuhalten ist dabei, daß diese Formen und Varianten der Höflichkeit beziehungsfördernd wirken. Dies gilt sowohl initial als auch kontinuierlich. Damit hat die kreativ-neue Positionierung bewährter oder gängiger Höflichkeitsformen als Bezug auch Anteil an in diesem reflektierten Sinne entwickelten Formen der Kommunikation, damit auch am Gestaltungspotential der Wert- und Wertschätzungsexpression.

Reflektierte Höflichkeit ist dabei Kommunikation und Demonstration von Wissen um die einschlägigen Bestände an Formen, Formeln und Gesten. Ambivalenz bleibt jedoch im Bereich des Möglichen, insofern die Mittel nicht nur zur *Distanzwahrung*, sondern zu expliziter *Distanzierung* eingesetzt werden können. Der reflektierte Einsatz von Höflichkeitsmitteln dient dabei der Signalisierung von Verachtung, zielt aber gleichwohl auf eine «bestimmte» Person oder bestimmte Gruppe.

---

[11] Allein deren Titel und Schwerpunkte lassen – neben der allgemeinen Funktion dieses Genres einschlägige Regularien als Kodex und Textur selbst neben der Höflichkeitspraxis und sie flankierend – einen Schluß zu auf sich wandelnde Felder und Bedürfnisse einer Kodifizierung von Verhalten zu. Signifikantes Beispiel für die jüngste Zeit ist sicherlich auch das Phänomen der «Net(t)ikette», also von Regularien der Kommunikation im Internet. Gewandelte, völlig neue Kommunikationsmodi haben also *auch* ein Desiderat im Schlepptau!

[12] Vgl. *HAFERLAND/PAUL*, Theorie der Höflichkeit 31ff.

[13] Weshalb sie auch als «gesuchte» oder gar «ausgesuchte» Höflichkeit erscheinen kann.

[14] *HAFERLAND/PAUL*, Theorie der Höflichkeit 31, *MACHWIRTH*, Höflichkeit 78, 221.

Allerdings ist hier ein Wechsel der Intentionen auszumachen, der einerseits darauf verweist, daß Höflichkeit allein nicht unter Rückgriff auf die Analyse der Formen erfaßt werden kann, der es andererseits ermöglicht, Höflichkeit eben genau über Intention, Anerkennung oder Respekt als habituelle Größe zu zeigen, die – wenngleich notwendig auf Formalia zu Ausdruck und Kommunikation verwiesen – in der aktuellen Sequenz von einer kommunizierten Intention lebt, die als Angeld, Vorschuß auf oder Stabilisierung einer gelingenden, möglichst bedrohungsfreien Kommunikation zu verbuchen sind. In dieser Hinsicht vermerken Haferland/Paul eine notwendige, letztlich aber unzureichende Unterscheidung:

> *«Mit Liebenswürdigkeit oder Freundlichkeit fällt reflektierte Höflichkeit deshalb nicht zusammen, weil sie auf ritualisierte und konventionale Verhaltensformen verwiesen bleibt. Diese werden aus ihren herkömmlichen Gebrauchskontexten in neue Kontexte transferiert, durch Modulation ihrer Form neu markiert oder durch Metakinese intentional vereindeutigt.»*[15]

Es ist sicher nicht abwegig, diesen Unterschied hervorzuheben. Aber es bleibt doch festzuhalten, daß es ebenso eine Verwiesenheit von Freundlichkeit und Liebenswürdigkeit auf Ausdrucksformen oder zumindest Indizien dafür gibt, die von Fall zu Fall darauf überhaupt erst plädieren lassen. Es müssen dabei keineswegs nur identische Formen sein, aber schon die Umgangssprache legt eine Nähe zwischen Liebenswürdigkeit/Freundlichkeit und Höflichkeit nahe. Dies indizieren schon Sätze wie: «Das ist freundlich, liebenswürdig von Ihnen!» als Replik auf eine höfliche Geste. Hier ist eher an eine Konspiration zu denken oder an eine Schnittmenge, wenn auch sicherlich keine blanke Deckungsgleichheit der Begriffe höflich, freundlich, liebenswürdig zu postulieren nötig ist. Der graduelle Unterschied liegt in der *anders* ausgeprägten Formgebundenheit.

Auf einen weiteren Punkt ist mit Nachdruck hinzuweisen: Reflektierte Höflichkeit ist nicht immer unmittelbar wahrzunehmen, ja sie kann sogar im Weglassen bestehen: die Selbstinterpretation des anderen *nicht* in Zweifel zu ziehen, heikle Themen *bewußt* auszuklammern, *nicht* zu unterbrechen als Verhinderung der Inferiorisierung des anderen, wären derartige Momente.

Hiermit bewegen wir uns wiederum im Umfeld der Indirektheitsthematik. Allerdings besteht dabei auch die Gefahr «unterlassener Hilfeleistung». Über die Nicht-Intervention im Sinne einer Warnung oder Bewahrung vor kontinuierlicher Fehleinschätzung des anderen durch sich selbst kann es gerade dazu kommen, daß er diese offenkundig verstärkt.

---

[15] *HAFERLAND/PAUL*, Theorie der Höflichkeit 32. Zum Begriff der «Metakinese» in diesem Kontext vgl. *SCHEFLEN*, Körpersprache und soziale Ordnung 104f. Zur Evolution höflicher Gebärden vgl. *HAFERLAND/PAUL*, Theorie der Höflichkeit 34ff., Haferland/Paul: Aufstehen und Platzanbieten ersetzt als Höflichkeitsgestus das «Steigbügelhalten» – historische Ersetzungsprozesse nonverbaler Gesten, die – hier und heute aus akutem Mangel an Steigbügeln – anderen Formen Platz machen. Die Autoren verweisen aber auch auf die Interpretationsproblematik bei dieser Geste, die als «geschuldete Höflichkeit» (ein «debitum» angesichts des sozial Höherrangigen) oder als «freiwillige Höflichkeit» (im Sinne der «benevolentia») aufgefaßt werden konnte. Nonverbale Gesten der Höflichkeit – so unterstreichen sie – sind vergleichsweise weniger festgestellt, können leichter von formellen oder offiziösen in informelle Kontexte oder umgekehrt gesetzt werden. Vgl. zudem die Einblicke in der weiterführenden historischen Skizze von *P. BURKE*, Die Sprache der Gestik im Italien der frühen Neuzeit, in: *ders.*, Eleganz und Haltung, Berlin 1998, 85-106, und die Präzisierungen bei *C. MÜLLER*, Zur Unhöflichkeit von Zeigegesten, in: *HAFERLAND/PAUL*, Höflichkeit 196-222.

Selbstredend (und schon traditionell vielfältig vermerkt) wächst die Anfälligkeit besonders der reflektierten Höflichkeitsformen für Strategien der Selbstprofilierung. Ethisch wird der Intentionenwechsel wieder das maßgebliche Argument dafür, wenn nicht oder nur im Sinne der Phänomenanalyse von «Höflichkeit» gesprochen werden kann. Haferland/Paul fordern in diesem Zusammenhang:

> *«(...) die Formulierung von Maximen, um die bloße Wahrung oder strategische Verwendung höflicher Formen von intendierter Höflichkeit unterscheidbar zu machen. Die Formulierung von der ‹Höflichkeit des Herzens› hat diese Unterscheidung offenkundig im Auge.»*[16]

Habituelle, wertbezogene Höflichkeit oder «Höflichkeit des Herzens» zielt dabei auf einen bekannten Topos: das traditionell postulierte Junktim von «decorum» und «honestum»[17], das hier wieder aufscheint, aber systematisch deutlicher zu differenzieren ist. An enge und weite Höflichkeitskonzepte (formale und habituelle), quantitative und qualitative Höflichkeit, an Höflichkeit als «geschuldete Höflichkeit» (als ein «debitum» angesichts des sozial Höherrangigen) oder als «freiwillige Höflichkeit» (im Sinne der «benevolentia») ist zu denken. Hier wird deutlich, daß die Perspektivenöffnung der Höflichkeitsstufen vom formalen auf ein personales Verständnis hin natürlich nicht im Sinne eine strikten Trennung gedacht, sondern nur analytisch erhoben werden kann. In der Realität werden sich die Formen mehr als oft genug mischen und verweben. Zu denken ist des weiteren in diesem «mixtum compositum» an die «manifeste» oder «latente Höflichkeit», wobei die Latenz nicht mit einer Schwund- oder gar Verschwundstufe zu verwechseln ist. Andererseits darf Manifestation ebensowenig automatisch mit Ostentation ineinsgesetzt werden.[18] Manifestation hat es mit Formen zu tun, d.h. mit Ausdrucksformen. Ostentation hingegen treibt leicht (auch nicht notgedrungen und automatisch) einen Keil zwischen das Innen («honestum») und das Außen («decorum») und ist anfälliger für strategische Verwendungen im Sinne eines «Zur-Schau-Stellens».

Für die Analyse der Höflichkeit ist somit die Latent-/Manifest-Differenzierung auch deshalb wichtig, weil in akzelerierten Zeiten mit ihrer hohen Frequenz von neuen Sozial- und Relationssituationen und -medien der formale Aspekt und der Rekurs auf geprägte Mustervorräte der Höflichkeit weniger der Sicherungs- und Stabilisierungsfunktion dienen kann als den Eindruck der Retardierung vermittelt. Es gibt nicht nur den bewußten und tendenziellen Abschied von Formen, sondern auch eine schnellere Unzeitgemäßheit. Dies gilt allerdings – schon des geringeren Augenscheins wegen – kaum in gleichem Maß von der latenten und habituellen Höflichkeit, die sich freilich gezwungen sieht, ständig neue Möglichkeiten zu eruieren und zu prägen, um nicht einem (kulturpessimistischen?) Verdikt des Verschwindensbefundes anheimzufallen. In systematischer Hinsicht ist mit Haferland und

---

[16] *HAFERLAND/PAUL*, Theorie der Höflichkeit 33. Diese Unterscheidung ist bedeutsam in beide Richtungen: Sie relativiert sowohl einen eindimensionalen Höflichkeitsformalismus als auch eine die Formen und Modalitäten leicht verabschiedende Zuflucht in die Felder einer reinen Gesinnungsethik.

[17] Vgl. zu den Koordinaten auch *SCHNEIDERS*, Der Verlust der guten Sitte, passim, der an zwei weitere Faktoren erinnert, das «iustum» und das «pium». Letzteres ist in dieser Korrelation ebenso ein «weiches» Thema wie das «decorum». Moralische und rechtliche Sanktionen und Verdikte haben es, was Wirk- und Durchsetzungsmöglichkeiten angeht – auf den ersten Blick – erheblich leichter.

[18] Vgl. die differenzierten, wenn auch schließlich skeptischen Beobachtungen von *SCHNEIDER*, Der Betrug der guten Sitten (siehe oben Abs. 3.1.).

Paul eine Reihe von Emergenzgründen höflichen Verhaltens zu benennen. Die Autoren sichten wesentlich fünf:

- die wechselseitige Kontingenz und ihre Bewältigung;
- Koordinierung kommunikativen Handelns;
- Reziprozität;
- Identität via Anerkennung;
- Herstellung von Gemeinschaft.[19]

Diese Beobachtungen sind kommentarbedürftig. Zunächst bleibt zu unterstreichen, daß diese Bestimmungen zu einem allgemeinen anthropologischen Grundbestand und -fundus gehören und im Blick auf Höflichkeitsphänomene eine Präzisierung unverzichtbar ist.[20] Muß man prinzipiell von einer konkreten Unausrechen- und Unvorhersagbarkeit des Verhaltens eines anderen ausgehen, dann liegt der soziale Effekt von Konventionen und Ritualisierungen[21] in einer zumindest partiellen Neutralisierung dieser Kontingenz[22] und der aus ihr herrührenden Unsicherheit darüber, was der Interaktionspartner jetzt gleich tun oder sagen wird. Mag man auch mit Recht Vergleiche mit nicht-humanem Territorialverhalten anstellen, so halten die Autoren doch an einer Differenz zu tierischem Beschwichtigungs- oder Unterwerfungsverhalten (bei allen phänomenalen Parallelen) fest: an Differenz der Freiheit zur Initiative.[23] Koordination des kommunikativen Handelns ist hier im Sinne einer Abstimmung von territorialen Bewegungsabläufen vor der Grundlage des sequentiellen Charakters von Kommunikation zu denken.[24] Einschlägige Regeln, Prinzipien und Konzepte können dabei – das fällt auf – auch als ein-*klag*-bare (im Sinne des Beklagens) «Norm» reiteriert werden. Aus dem Höflichkeitsprinzip des «Ausreden-lassens» oder der Absicht, weiche und sanfte, also nicht-beschädigende Turns im Gespräch zu ermöglichen, kann bei Gelegenheit die akute Forderung werden: «Lassen Sie mich ausreden!», die auch einen deutlichen wie situationsgebundenen Gebotscharakter hat.

Das Moment der Reziprozität spiegelt sich beispielsweise im Dank für erhöhten Handlungsaufwand des anderen. Dies ist durchaus im Sinn einer Normgröße oder

---

[19] Vgl. *HAFERLAND/PAUL*, Theorie der Höflichkeit 41-66.

[20] Allerdings ergeben sich aus diesen Bestimmungen auch wiederum Anschlußpunkte für eine Lokalisierung und Situierung des Höflichkeitsbereichs insgesamt.

[21] Vgl. *HAFERLAND/PAUL*, Theorie der Höflichkeit 38-41.

[22] Vgl. *HAFERLAND/PAUL*, Theorie der Höflichkeit 43. Daß dies Höflichkeitsanstrengungen nicht immer gelingen kann, liegt auf der Hand. Aber schon in sich – also im Feld der «angewandten Höflichkeit» – gibt es Blockade- oder Neutralisierungsphänomen, die ein Problem auf höherer Ebene wiederkehren lassen. Das berühmteste Beispiel hierfür bleibt wohl die Konstellation zweier Personen vor einer Tür, die sich gegenseitig den Vorrang, das «Nach Ihnen!», einräumen. Zunächst ist damit nichts gelöst, wenn beide für den Augenblick in dieser Geste verharren.

[23] Vgl. *HAFERLAND/PAUL*, Theorie der Höflichkeit 43. – Hier ist natürlich ein Feld berührt, das sehr weit ausgebreitet werden könnte: die letztlich auf das Ethische zuspitzbare Frage nach der Relevanz von subhumanen Verhaltensformen und ihren Zusammenhängen mit der Naturalität des Menschen selbst. Dies nur als Problemnotiz. Den einschlägigen und breit geführten Diskussionen kann hier keine weitergehendere Vertiefung geschenkt werden.

[24] Vgl. *HAFERLAND/PAUL*, Theorie der Höflichkeit 47.

als Ausdruck eines unwillkürlichen Gefühls der Verpflichtung zu verstehen.[25] Mit den Autoren ist auch festzuhalten, daß die Reziprozität nicht ausschließlich eine unmittelbare sein muß. Sequenzen und Zyklen können sich durchaus in abgetrennte, aber über Dauer vermittelte Phasen auseinanderziehen. Hier wird namentlich eine Perspektive eröffnet, die über die evidente Struktur der Höflichkeitsminiaturen hinausreicht und die Beziehungsebene tangiert.[26] Daß primäre wie reziproke Anerkennung – in der Verlängerung des vorhergehenden Gedankens – grundlegende identitätsstiftende Bedeutung haben und in lebenslanger Interaktion gewonnen werden, ist eine fundamentale Einsicht[27] und gehört mit den Bemühungen um die Herstellung von humaner Gemeinschaft auf den vielen möglichen Ebenen zu den Fundamentalbedürfnissen des Menschen. Vor diesem Horizont für die Begründungen der «Emergenz höflichen Verhaltens» ist es nun naheliegend, konspirierende *Motive* der Höflichkeit zu bündeln.

10.2. Zu Motivationen der Höflichkeit

Für jede ethische Diskussion eines Phänomenbereichs menschlichen Handelns und Urteilens ist die Frage nach der zugrunde liegenden Motivation und Intention von erheblicher Bedeutung. Dies vorausgeschickt sind hier Motivationskomponenten gebündelt, die im Verlauf der Diskussion um die Höflichkeit wie ihrer Kritik historisch und systematisch vorgebracht worden sind. Im Anschluß an Valtls Untersuchung lassen sich vorrangig vier Motivkreise benennen, die aus der Perspektive des Individuums einschlägig sind und in der Debatte um die Höflichkeit in Stellung gebracht werden: das *praktische*, das *hedonistische*, das *ästhetische* und das *narzißtische* Motiv.[28] Auffällig dabei ist die Tatsache, daß sich die Gewichtung der Motive in der jüngeren, vorab der pragmalinguistischen Diskussion immer stärker auf das praktische Motiv der Höflichkeit verschiebt, während ältere Autoren einen breiteren – nicht immer ohne Verlust der Exaktheit – Horizont abstecken. Diese Verschiebung geht Hand in Hand mit der Grenzlinie und Unterscheidung von vorpragmatischer zu pragmatischer Höflichkeitsforschung, von Anthropologien und Haltungsbildern

---

[25] Zur normativen Seite vgl. *A.W. Gouldner*, Die Norm der Reziprozität. Eine vorläufige Formulierung, in: *ders.*, Reziprozität und Autonomie. Ausgewählte Aufsätze, Frankfurt/M. 1984, 79-117. Allerdings ist hier zu unterstreichen, daß Reziprozität nicht mit Symmetrie verwechselt werden darf. Die ausgelösten Bewegungen, Gesten und Vokabeln sind nicht identisch, allenfalls kann ein ausgeglichener Zustand erreicht werden. *Haferland/Paul*, Theorie der Höflichkeit 50, neigen der erstgenannten Auffassung zu.

[26] Selbstredend kann dann – beispielsweise – ein «spät nachgetragener» Dank für ein Geschenk selbst wieder als in sich geschlossene Höflichkeitshandlung analysiert werden, obwohl der Auslöser für die reziproke Handlung eben schon weiter zurückliegt. Distanz und Dauer haben dabei durchaus auch Einfluß auf die Modulationen der Höflichkeit selbst.

[27] Vgl. *G. McCall/J.L. Simmons*, Identität und Interaktion. Untersuchungen über zwischenmenschliche Beziehungen im Alltagsleben, Düsseldorf 1974. Die kontinuierliche Verweigerung von Anerkennung und Aufmerksamkeit ist in der Summe eben nicht mehr nur lokal oder temporär face-, sondern leicht auch identitätsbedrohend. Nicht erst hier, aber hier besonders, gewinnt die Höflichkeitsthematik ethisch erheblich an Fahrt. Vgl. zudem die anthropologischen Grundierungen von T. Todorov (unten Abs. 11.4.).

[28] Vgl. *Valtl*, Höflichkeit 204-211. Valtl nennt zudem das altruistische Motiv, scheidet es aber als von den irreduziblen anderen abgeleitetes Motiv aus.

ausgehend ersteres (deduktiv-appellativ), zweiteres induktiv von statistischen, empirischen Detailanalysen kommend (offener, teils zu forcierter Wert- und Sinnbezug bei ersterem, zweiteres zunächst wertfrei oder -skeptisch agierend) – dies gilt wiederum in doppelter Hinsicht sowohl für den Hintergrund, aus dem die Postulate und Erwägungen kommen, wie auch für ihre Akzentuierung und Aktuierung selbst.

Handlungsmotive sind individualethisch und leitbildethisch relevant und nur in personaler Vermittlung zu bedenken. Inwiefern sie sich fundamentalethisch verbinden lassen mit generellen oder gar universellen Handlungsprinzipien ist zu klären. Dies gilt auch im hier zu diskutierenden Themenspektrum.[29]

10.2.1. Utilitaristisch-pragmatische Erwägungen – «So nützlich wie möglich!»

Ohne Zweifel – so suggerieren zumindest jüngere wissenschaftliche Ansätze – ist das naheliegende und vorrangige Motiv der Höflichkeit in ihrem unmittelbar pragmatischen Effekt, in ihrer Nützlichkeit zu sehen. Verhaltensmuster der Höflichkeit werden in der Interaktion und Kommunikation genau dann gezielt eingesetzt, wenn sie konfliktmindernd oder -vermeidend wirken können, die Kooperation des Partners absichern und schützen, also letztlich dem sachlich-instrumentellen Erfolg der Interaktion dienen. So evident und legitim diese Zusammenhänge sind, so evident ist auch die Frage, ob eine Höflichkeitsanalyse, die sich allein auf dieses Motiv stützt[30], nicht einer «Verzweckung der Höflichkeit»[31] Vorschub leistet und so Motivationen und Inspirationen des Höflichen außer acht läßt, die sich nicht

---

[29] Weder Hedonismus noch Utilitarismus erfassen die ethische Problematik allein oder ganz, sind in ihrer ethischen Valenz aber eben auch nicht zu unterschlagen oder aufeinander zurückzuführen, aber auch nicht zu unterschätzen, deshalb *kritisch* anzuführen. Die Austarierungen von Fremdnutz und Eigennutz und Eigen- und Fremdannehmlichkeit in Spannung und Verschränkung, Kooperation und Kommunikation, Langsicht und Investition brauchen selbst wieder eine Kriteriologie. Vorrangig ist dabei Alltagsbezug nicht Prinzipialität; Handlungs- und Deutungsregularien zielen auf «Win-Win-Situationen» und um «Enablement», also Handlungsermächtigung, die bloße interaktionstechnische und pragmatisierte «Kompetenz» überschreitet. Transparenz auf das Angenehme und Nützliche als relative und sinnvolle Größen einer Ethik der Interaktion und Kooperation zeichnen sich ein. Über eine bloße Kosten-Nutzen-Umverteilung hinaus, die immer nur (und dann einseitig) Verlierer, Ab- und «Nachgeber» wie «Vortritt- und Raumlassende» kennt, sind Zugewinne und Gelingen möglich auf vermischten, unterschiedlichen Ebenen im Sinn einer Ökonomik und Ökologik der Begegnung und Interaktion. Vgl. die Überlegungen bei *T. SCHRAMM*, Was für ein Mensch will ich sein? Zu einer Ethik für den Alltag, in: *S. ABELDT/W. BAUER* u.a. (Hrsg.), «... was es bedeutet, verletzbarer Mensch zu sein» Erziehungswissenschaft im Gespräch mit Theologie, Philosophie und Gesellschaftstheorie (FS H. Peukert), Mainz 2000, 298-310, mit Bezug auf *S.R. COVEY*, The 7 habits of highly effective people, New York 1989. Dieser vielfach aufgelegte und übersetzte Bestseller stellt eine Rarität in der Springflut dieses Genres dar, allein schon dadurch, daß er kein Hehl aus seiner Offenheit auf religiöse Dimensionen macht, ohne sie zu oktroyieren. Es geht allerdings zunächst um eine «Down-to-earth-Ethik» für den Führungsalltag. Covey pointiert den Vorrang von «character ethic» vor bloßer «image ethic». Die ersten drei «habits» intendieren und fokussieren Autonomie und Unabhängigkeit als Voraussetzung für gelingende Identität und/in Interaktion, dann formuliert er (in 4-6) Maximen: «think win/win», «seek first to understand, then to be understood» und «synergize». Vgl. auch die Perspektivenöffnungen in den Beiträge von *R. STURN*, Tugend und moderne Ökonomie. Vom Nützlichen und Anständigen, in: *PRISCHING*, Postmoderne Tugenden 75-107, *M. BAURMANN*, Freiheit und Tugend. Moralische Bedarfsdeckung durch die unsichtbare Hand?, in: ebd. 109-141, *P. KOLLER*, Die Tugenden, die Moral und das Recht, in: ebd. 163-191.

[30] Vgl. oben die Modelle der Pragmalinguistik (Abs. 8.1.ff.).

[31] *MACHWIRTH*, Höflichkeit, passim, vertritt diese Auffassung vor allem für die jüngste Zeit. Ein Blick in die umfangreiche Ratgeberliteratur bestätigt diese Sicht an vielen Stellen.

aus dem alleinigen Impuls des Erfolgs- und Nutzenkalküls ableiten lassen. Das Gewicht des pragmatischen Arguments soll dabei keineswegs unterschätzt werden, aber es rückt Höflichkeit auch in die Nähe zu manipulativen Strategien, die es mit sich bringen, daß andere Motive als sinnlos, veraltet oder gar repressiv aufgefaßt werden. Theoretische Reduktion der praktizierten Höflichkeit auf praktisch-pragmatische Intentionen läßt außer Betracht, daß sich die Phänomene komplexer, vielschichtiger und mehrkanalig darstellen.[32]

Kommunikationshandlungen sind zweck- und verständigungsorientiert. Dafür werden kommunikative Mittel veranschlagt. Somit beruht höfliches Verhalten auf einem klaren Rationalitätsprinzip.[33]

10.2.2. Ästhetisch-«hedonistische» Motive – «So angenehm und ‹lustbringend› wie möglich!»

Unangemessen nicht berücksichtigt bei der Betrachtung der Höflichkeit unter der Motivprämisse der Pragmatik wird das in der Tradition immer wieder vorgebrachte «hedonistische»[34] Motiv. In ihm liegt die Absicht, Umgang, Interaktion und Kommunikation für alle Beteiligten so angenehm zu gestalten wie nur möglich – ein heute eher selten diskutiertes Motiv, das in der früheren Benimmliteratur eine große Rolle spielte, teils sogar als das tragende Moment eingeschätzt wurde.[35] In dieser Sicht ist der alltägliche Umgang mit anderen das herausragende Feld kultivierter Ge-

[32] Ein Großteil der Ratgeberliteratur zum Topos «Höflichkeit» hebt natürlich genau (und vorrangig) auf diese Aspekte ab. Zumeist steckt dahinter – ob ausgesprochen oder nicht – ein Menschenbild, das eher funktionalistisch oder gar technizistisch orientiert ist. D.h. letztlich genüge die «technische» Kompetenz, um die angezielte Wirkung zu erreichen (vgl. etwa *H. EBERT*, Höflichkeit und Respekt in der Unternehmenskommunikation. Wege zu einem professionellen Beziehungsmanagement, München-Unterschleißheim 2003). Weder der Adressat als Subjekt, noch die Frage der Haltung spielen dabei eine signifikante Rolle. Dabei ist aber darauf hinzuweisen, daß eine utilitaristische Variante des Ethischen nicht einfach nur zu verdächtigen ist. Das gilt *auch* für die Höflichkeit. Das «bonum utile» hat eine reiche ethische Tradition hinter sich – aber immer in Korrespondenz mit weiteren Vorstellungen des «utile».

[33] So etwa *WEIGAND*, Emotions in dialogue 39ff. Zur Grundierung der anthropologischen, sozialen, ethischen und politischen Dimensionen der Affektivität vgl. die Beiträge in: *H. FINK-EITEL/G. LOHMANN* (Hrsg.), Zur Philosophie der Gefühle, Frankfurt/M. 1993, ein Überblick bei *H. LANDWEER*, Art. Gefühl/moral sense, in: HbEth 360-365.

[34] Dem Terminus sollte an dieser Stelle keine pejorative Bedeutung beigemengt werden. Hedonismus, höflichkeitstheoretisch zutreffender «pleasure» – ist nicht als ethisches Letztkriterium gemeint, unterliegt sie ja in ihrer Polysemie selbst der Bewertung. Doch eine handlungstheoretische, intentionale wie motivationale Bedeutung ist ihr im Konnex mit weiteren ethischen Kriterien nicht einfachhin abzustreiten. Die seit Platon und Aristoteles (vgl. NE VII 12-16, X 1-5) vorgetragene Kritik am ethischen Hedonismus *relativiert* sich in dem Moment, in dem eine Alteritätsebene praktisch und reflexiv deutlich wird (hier also der angenehme, erfreuende Umgang *mit* und *für* andere) greifbar wird. Zur «ἡδονή» vgl. *J.C.B. GOSLING*, Pleasure and desire. The case for hedonism reviewed, Oxford 1969, *ders./C.C.W. TAYLOR*, The Greeks on pleasure, Oxford 1982. Lust ist ethisch kein Letztkriterium, sondern ein keineswegs zu unterschlagendes Teilkriterium, das selbst der Einordnung bedarf, so knapp und zutreffend *F. RICKEN*, Art. Hedonismus, in: LThK³ IV 1236f., vgl. knapp *J. RUHNAU*, Art. Hedonismus, in: HWP III 1023-1026, *W. JANKE*, Das Glück der Sterblichen. Eudämonie und Ethos, Liebe und Tod, Darmstadt 2002, 83-115, bes. 110-115. Kommunikation und Interaktion kann durchaus auch eine spielerisch-angenehme, ästhetisch-freudvolle Komponente, Absicht oder Folge im Sinne der «Quellen der Moralität» als «finis operantis» und «finis operis» haben.

[35] Allen voran ist hier an B. Castiglione zu erinnern.

selligkeit. Verhaltensformen der Höflichkeit haben dementsprechend die Aufgabe, diese zu formen und zu stützen.

Zu Beginn der Moderne – an der Schwelle des 19. Jahrhunderts – bringt G.A. Jhering die Dimension des «hedonistischen Motivs der Höflichkeit» noch einmal forciert – und gegen die schon damals aufbrechende Tendenz einer vorrangig praktisch-pragmatistischen Orientierung der Höflichkeit – in Stellung, wenn er unterstreicht,

> *«(...) daß der Zweck des geselligen Umganges der Menschen darin bestehe, sich ihr Leben zu versüßen, d.h. sich einander so froh, vergnügt und glücklich zu machen, als sie nur können.»*[36]

Wie immer man die Realisierung dieser motivationalen und letztlich ethischen Vorgaben auch einschätzen mag, eines wird auf jeden Fall deutlich: In der eudämonischen, auf Glück *für alle* ausgerichteten Perspektive kommen Elemente in den Blick, die aus sich heraus eine Betrachtung der Höflichkeit unter dem Verdacht pur oberflächlicher Konvention, starrer Verhaltensregulierung und -standardisierung nicht allein entgegenlaufen, sondern sie auch aufbrechen könnten.

Es leuchtet unmittelbar ein, daß sich diese Überzeugungen zunächst einmal der Kritik stellen müssen, weil die Realisierungen derart gestalteter Umgangsformen und -intentionen soziologisch sich als Charakteristikum von oberschichtigem Verhalten darstellen, andere weder die finanziellen noch sprachlichen Ressourcen und materiellen Accessoires zu Gebote haben, die hier augenfällig notwendig werden. Zudem spräche aus diesen Absichtsbeschreibungen ein irrationales Harmoniebedürfnis, das sich zwar einer Vielzahl von konträren Alltagserfahrungen eben des Kontrastes wegen verdankt, diesem aber letztlich nicht standzuhalten vermag.[37] Trotz des Gewichtes und der relativierenden Wirkung dieser Feststellungen bleibt der «Wert» der Höflichkeit auch in dieser Perspektive festzuhalten:

> *«Der Wert einer kultivierten Geselligkeit als Form sinnvoller Lebensgestaltung und guter Umgangsformen als Mittel zur Förderung der Freude am menschlichen Zusammenleben sollte nicht zu gering eingeschätzt werden.»*[38]

Auch hier gilt: Das Hedonismusmotiv der Höflichkeit birgt breitere Möglichkeiten als die exklusive Zentrierung des Blicks auf bestimmte historische Oberschichtkonstellationen zu eröffnen vermag. Unter und in dieser Variabilität und Relativität zeigt sich eine Motivstruktur, die funktional und systematisch von hoher ethischer

---

36 *G.A. JHERING,* Zum Begriffe der Höflichkeit, hrsg. v. *C. HELFER*, in: Jahrbuch der Gesellschaft für bildende Kunst und vaterländische Altertümer zu Emden 48 (1968) 82-101, 91. Ähnlich *C.F. POCKELS*, Ueber Gesellschaft, Geselligkeit und Umgang I, Hannover 1813, 156, der vom «gemeinschaftlichen Lustsuchen» spricht, oder *K.L.M. MÜLLER*, Anleitung zur Bildung für Gesellschaft und Umgang, Leipzig 1812, 20ff. (zitiert bei *MACHWIRTH*, Höflichkeit 86), der von der Aufgabe der Höflichkeit handelt, in «Genuß» und «Freude» an kultiviertem Umgang miteinander zur gemeinsamen «Glückseligkeit» beizutragen.

37 Ethisch ist dieser Zusammenhang in hohem Maße heikel und wird nur zu leicht eine Art «realistischer Fehlschluß» zwischen der normativen Kraft des Faktischen und der dies generierenden normativen Kraft des Taktischen. Verkürzte Höflichkeitsdiskurse (also nicht Höflichkeit *selbst*, sondern die Reden über sie) sind hier anfällig.

38 *VALTL*, Höflichkeit 207. Vgl. die Überlegungen in höflichkeitspädagogischer Absicht bei *K. MOLLENHAUER*, Vergessene Zusammenhänge. Über Kultur und Erziehung, München 1983.

Relevanz sein kann – und trotz beschränkter Reichweiten einen spezifischen und «erschwinglichen» Beitrag zur Gestaltung gelingenderen Lebens leisten kann.

Nicht unähnlich und dem vorgenannten Motiv verwandt ist die ästhetische Motivation des Höflichen, das Moment des «Schönen» und «Dekorativen»[39]. Unter Hinweis darauf werden bestimmte Verhaltensweisen in der älteren Manierenliteratur als Präferenzverhalten vorgeschlagen und empfohlen.[40] Offenkundig ist der Rekurs auf die Schönheit der Geste, des Klanges, der Formulierung in vielerlei Kontexten sogar die einzige Begründung, die herangezogen werden kann. Dies gilt sowohl für Einzelphänomene wie auch für komplexere Interaktionen und zuletzt den Gesamtstil des Verhaltens. Schon allein die Tatsache, daß der Einsatz (zumeist) ziselierter Sprachformen und Gesten einen relativ hohen Aufwand erfordert, deutet darauf hin, daß nicht einfach nur auf den Nützlichkeitsfaktor und den Gesichtspunkt des unmittelbaren Erfolgs als Motivation zurückgegriffen werden kann. Freilich sind Einschätzung und Bewertung dessen, was als zuzeiten schön angesehen und registriert werden kann, offenkundig mit je unterschiedlichen ästhetischen Leitvorstellungen korreliert. Diese Feststellung entwertet aber das Motiv keineswegs.

Unter verschiedenen Begriffen wird auf die motivierende Kraft der Schönheit für die Höflichkeit Bezug genommen. Thomasius spricht von «decorum» und «Zierrat der Tugend»[41], Knigge korreliert das ästhetische Moment mit wertbesetzten Ausdrücken wie «Gewandtheit», «Geschicklichkeit» und «Leichtigkeit»[42] im Umgang von Menschen miteinander. Für Hegel ist hier der Begriff des «Poetischen» als ästhetischem Abgleich zwischen Individuellem und Allgemeinem einschlägig.[43] Die offenkundige Konspiration von hedonistischem und ästhetischem Moment wie Motiv der Höflichkeit konstatiert Garve als «höheres Vergnügen an Schönheit»[44]. Bei Jhering wird dies mit pädagogischem Impetus versehen, wenn Höflichkeit als Handlung bezeichnet wird, «wodurch wir das Gefühl des Schönen in unserem Nebenmenschen erwecken»[45].

Höflichkeit trägt also – in diesem Zusammenhang generell gesprochen – auch zu einer «Verschönerung» menschlichen Umgangs bei. Die je größere Schönheit von zur Wahl stehenden Verhaltensmustern nimmt teil an einem grundsätzlicheren menschlichen Streben, diese zu erreichen. Dies kann wiederum als Motiv für Höflichkeit gelten. Wenngleich mit dieser Perspektive ein zusätzlicher Faktor in den Blick kommt, so ist doch festzuhalten, daß dies aber nicht für eine Alleinerklärung hinreicht und zudem ein Moment markiert, das lange nicht mehr sehr stark im Vordergrund der Analysen steht.

---

[39] Damit klingt natürlich wieder die «Decorum»-Debatte in ihrer ganzen anthropologischen und ethischen Ambivalenz und Weite an. Vgl. *BENSOUSSAN*, Plaire 689-710.

[40] Vgl. z.B. *DELLA CASA*, Galateus, passim.

[41] Vgl. schon *E. COHN*, Gesellschaftsideale und Gesellschaftsroman des 17. Jahrhunderts. Studien zur deutschen Bildungsgeschichte, Berlin 1921, 30. Vgl. *W. KERSTING*, Art. Sitte, in: HWP IX 897-907, *H. SCHLÖGEL*, Art. Sitte II. Theologisch-ethisch, in: LThK³ IX 637.

[42] Vgl. *MACHWIRTH*, Höflichkeit 47, 50. Bestimmungen wie diesen wohnt eine gewisse Affinität zur Tugendlehre beispielsweise eines Thomas v. Aquin inne, die tiefer reicht als es der Begriff vom «Zierrat» suggeriert.

[43] Vgl. *MACHWIRTH*, Höflichkeit 109.

[44] Vgl. *GARVE*, Popularphilosophische Schriften 442.

[45] *JHERING*, Takt 93. Vgl. *HÜBEL*, Der erlaubte und der geforderte Schein 143-154.

Nahe bei den beiden letztgenannten Motiven der Höflichkeit angesiedelt ist ein weiteres, das als «narzißtisches» bezeichnet werden kann. Ihm haftet ein deutlich negativer Zug an, was unter anderem dazu führt, daß es als eigenständiges Motiv nicht überall in der Höflichkeitstheorie eine eigene Betrachtung oder gar nur Benennung findet. Dieses komplexe Motiv trägt Züge sowohl des hedonistischen als auch des ästhetischen Moments.[46] Es ist gewissermaßen deren egozentrierte Seite im Sinne des Selbstgenusses an einem eigenen, pointiert-gewandten Umgangsrepertoire und an der Selbststilisierung.

Mildern neuere Ansätze die negativ besetzten Züge, indem sie sie – wie es beispielsweise Brown/Levinson tun – in das Konzept der eigenen Gesichtswahrung integrieren, so steht das Narzißmus-Motiv im Verbund mit der Höflichkeit in der älteren Literatur meist unter dem Verdacht von Eitelkeit oder Gefallsucht.[47] Konzediert Valtl auch das ethische Defizit des Narzißmus-Motivs, so plädiert er doch dafür, es keineswegs zu unterschätzen.[48]

Neben diesen subjektiven Dimensionen und Intentionen für «höfliches Verhalten» sind nun aber auch trans- bzw. interpersonale Sachverhalte zu sichten, die der Höflichkeit handlungstheoretische wie im Kern normative Funktionalität und Bedeutung zuweisen.

10.3. Zu Funktionen der Höflichkeit

Neben den eher am einzelnen Individuum orientierten Momenten und Motiven der Höflichkeit gibt es auch eine Reihe von Funktionen, die damit auf das engste verwoben sind, sich aber dennoch hinsichtlich ihrer transpersonalen, gesellschaftlich-sozialen Funktionen abheben und systematisch präzisieren lassen. Sie sollen nun

---

46 Vgl. *VALTL*, Höflichkeit 209f.

47 Vgl. dazu nur *BELLEGARDE*, Betrachtungen über die Auslachenswürdigkeit 7, *POCKELS*, Ueber Gesellschaft 155ff. – Von dieser Einschätzung zur ethischen Beurteilung ist dann kein weiter Weg.

48 Hier spiegelt sich die traditionelle Diskussion um «amour de soi» und «amour propre». Vgl. *VALTL*, Höflichkeit 201. Mögliche altruistische Motive ordnet *VALTL*, Höflichkeit 211, dem gegenüber nicht in eine eigenständige Kategorie ein, sondern entweder als von hedonistischen oder praktischen abgeleitet oder als Subordinationsstrategie und -haltung in Relation zu einem anderen. Ob diese Einordnung haltbar, richtig, vor allem ausreichend ist oder dahinter eine gewisse «Altruismus-Scheu» steht, bleibt eine Frage. Sie korrespondiert mit ethischen Überlegungen zu Handlungs- und Haltungsintentionen, -objekten und Finalitäten und der Möglichkeit, diese hermeneutisch anzuschließen und zu explizieren. Von diesen möglichen expliziten ethischen Motiven und theologisch-anthropologischen Deutungen und Begründungen wird dann erst wiederum eine Kritik der Motive, Funktionen und Intentionen der Höflichkeit nach Richtigkeit und Güte, nach Situativität, Kontextualität und Folgen- wie Güterabschätzungen möglich. So sehr pragmatisch-funktionale als auch ästhetisch-eudämonistische Komponenten in der (Re-)Präsentation des Selbst einschlägig sind und bleiben, reichen sie schon in diesem Sachbereich aus? Oder muß nicht gerade aus theologischer Perspektive nicht nur das ethische Alteritätsmoment, das Würdemotiv, das Transparenz- und Transzendierungsmoment offengehalten bleiben in Angang und Optik wie Option für die, die aus sozialen oder politisch dominierenden Interaktionskreisen exkludiert werden, nicht nur, weil sie über die Dechiffrierungskompetenz gewisser Interaktionsstile und ihrer «feinen Unterschiede» nach Personal, Situation und «Lokale» nicht verfügen. Eine biblisch gespeiste Kritik an diesen Machtmechanismen – «von unten» – im Sinne der Momente der Advokatorik und Adjuvatorik, der kritischen wie konsiliatorisch-konsilianten Momente hat hier Differenzmomente einzuschreiben.
Vgl. für die ethischen Dimensionen dieser Frage die Untersuchungen von *J.C. WOLF*, Zur moralischen Bedeutung von Selbstachtung, in: FZPhTh 44 (1997) 368-395, zudem zur Ökonomie der Selbstwertschätzung *FRANCK*, Ökonomie der Aufmerksamkeit 75-112, 237ff.

summarisch benannt werden, denn auch diesen Sozialfunktionen der Höflichkeit kommt im Sinne einer ethischen Feldtheorie der Wertimpression und Wertexpression Bedeutung zu, was wiederum beiträgt zur Komplettierung des Gesamtbildes. Hierbei bleiben als norm- und handlungstheoretisch relevant vorrangig zu nennen

- die Entlastungs-, Stabilisierungs-, Orientierungsfunktionen;
- die Kontakt-, Kommunikations-, Schutzfunktionen;
- die Abgrenzungs- und Integrationsfunktionen.[49]

Höflichkeit dient also nicht nur dem einzelnen, sondern kommt auch der jeweiligen Gesellschaft zugute – und das nicht nur auf der Mikroebene der je konkreten Begegnung von Kommunikationspartnern, sondern auch in größerer Reichweite als zur Verfügung gestellter Code im Meso- und Makroraum der Gesellschaft.[50]

10.3.1. Entlastungs-, Stabilisierungs- und Orientierungsfunktionen

Die Funktion der Höflichkeit, die von höchster Relevanz und Frequenz ist, läßt sich unter den Begriffen von Entlastung, Stabilisierung und Orientierung fassen. Höfliche Interaktionsformen stellen als akzeptierte Konsensformen und -formeln dem Individuum für die ständig geforderte Neueinstellung auf wechselnde Interaktionspartner und -situationen ein Repertoire von Ausdrucksformen zur Verfügung, bei denen Interaktanden damit rechnen können, daß deren spezifischer Einsatz in vergleichbaren Kontexten sich der Pflicht zur Innovation oder zu permanenter Eruierung neuer, individueller Lösungen und Strategien enthebt, also spürbar entlastet. Das gilt aber nicht nur für den Sender vorgestanzter oder mäßig variierter Zeichen, sondern auch für den Empfänger, der sich bei bekannteren Formen auch von der Mühe der ständigen Neuinterpretationen entbunden sieht. Gerade die selten völlig «unproblematische» Situation der Erstbegegnung von Fremden gibt davon beredt Zeugnis. Aber nicht nur hier lauert eine Fülle von möglichen Irritationsquellen. Verbale, gestische oder prosodische Zeichen der Wahrung des Gesichts des anderen, des Respekts vor ihm initiieren auch erwartbare und «ausrechenbare», also vertraute Reaktionen, was dann in der Sequenz und Konsequenz zur Stabilisation der Kommunikation beiträgt. Dies greift sicherlich nicht für alle Fälle immer und überall gleich, aber ein Grundstock von häufig wiederkehrenden Alltagssituationen, die potentiell zu Gesichtsbedrohungen führen können, werden dadurch via Standardisierung in der Regel entschärft. Schon 1792 weist – allerdings mit einer gewissen Schlagseite zur Unterschätzung höflichen Handelns als nebensächlich – Garve auf diesen Sachverhalt hin, wenn er sagt:

> *«(...) da es dem Menschen nicht möglich ist, auf viele Dinge zugleich seine Aufmerksamkeit zu richten: so ist es eine Erleichterung für den denkenden Mann, und den, welcher mit wichtigen Din-*

---

[49] Vgl. *VALTL*, Höflichkeit 211-216.

[50] Hierin liegt natürlich auch eine Reihe von sehr problematischen Implikationen. Nicht nur die Machtfrage stellt sich, sondern auch die nach der kultur- und gesellschaftskritisch relevanten Größe von Exklusion und Inklusion, die auch über Face-Beschädigungen des/der anderen generiert werden. Rigide Moralisierungs- und Pädagogisierungsphänomene als Abweichungen geben ebenso zu denken und verdecken in möglichen Extremformen leicht ethisch legitime Formen.

> *gen zu thun hat, wenn die unwichtigen schon zum voraus bestimmt sind, oder von der Gewohnheit regulirt werden. Er überläßt sich also gerne in gewissen Stücken einer blinden Nachahmung, um in andern desto ungetheilter seinen Verstand und seine Urtheilskraft anwenden zu können.»*[51]

In eine ähnliche Stoßrichtung weist die Orientierungsfunktion.[52] Gerade unter den Bedingungen einer komplexen, heterogenen Gesellschaft und ihrer Verhaltenserwartungen die Folgen eigenen Handelns einzuschätzen, erweist sich als außerordentlich schwieriges Unterfangen. Konventionalisierte Formen der Interaktion tragen zu einer «Komplexitätsreduktion» (N. Luhmann) bei, die Individuen Orientierung im Dickicht der Möglichkeiten erleichtert, diese eröffnet über die Zielrichtung nachahmbaren Verhaltens.[53] Die Bedeutung der Orientierungsfunktion kann kaum unterschätzt werden. Angesichts verschiedenerer Nichtkonsense in der Gesellschaft oder immer sektoral-partiellerer Gruppenkonsense ist eine derartige Funktion, die allein an Formen Maß nimmt, sicher weniger generell leitfähig, ihr Bedeutungsgehalt unsicherer zu bestimmen oder gar abnehmend.[54] Nimmt man aber die höflichkeitsrelevanten Situationen und Markierungen zum Ausgang, so ist gerade hier eine größere Notwendigkeit der Organisation der Differenz festzuhalten. Das Aufeinanderprallen diverser Gesellschaftssegmente, Lebensstile, die Interaktionsstile mitprägen, ergibt hier die Notwendigkeit zur weiteren Reflexion, nimmt man gerade die Überlegungen ernst, die in pointierter Form C. Stephan aufgeworfen hat, wenn sie Höflichkeit und Umgangsformen in einen Zivilisations- und Zivilitätshorizont ordnet. Bloßes Pochen auf Umgangsformen reicht hier eben nicht aus, weil dies die Situation komplexer Gesellschaft unzulässig reduziert und simplifiziert, allerdings wäre ein Rekurs auf Höflichkeitshaltungen hier immerhin eine (minimale) Richtung, um den mutmaßlichen «clash of civilisations» (S.P. Huntington[55]) schon face-to-face zu mildern und Hybridbildungen (H.K. Bhabha) zu ermöglichen, Begegnungs- und Interaktionsräume, die Unterschiede moderieren und integrieren.[56]

---

[51] *GARVE*, Popularphilosophische Schriften 479.

[52] Vgl. *D. HARTMANN*, Begrüßung und Begrüßungsrituale. Überlegungen zur Verwendungsweise sprachlicher Symbole in kommunikativen Handlungsmustern, in: Zeitschrift für germanistische Linguistik 1 (1973) 133-162, 142.

[53] Das wird gerade auch an den gelingenden *und* mißlingenden «Gehversuchen» in der Adaption einzelner Reisender (im Sinne von vereinzelt unter Fremden!) in fremden Ländern und Kulturen sichtbar. Mögen Versuche des Mimikry bei Begrüßungsritualen manchmal auch lächerliche und leicht karikierbare Formen annehmen, das Mißlingen geradezu in eine Eigengesichtsbedrohung umschlagen – der nicht so selten anzutreffende Versuch der Nachahmung deutet aber auch darauf hin, daß um eine Standard- und Gestenlücke gewußt wird und der Versuch einer vielleicht auch nur ungelenken Anpassung eine Suchbewegung ausdrückt, die allein erfolgversprechend zu sein scheint. Immerhin kann man auch erleben, daß auch der an sich scheiternde Versuch der Angleichung schon als Geste der Höflichkeit registriert wird – und das Scheitern entweder gesichtsschonend übergangen oder gesichtsaufwertend als positive Bemühung markiert wird.

[54] Vgl. *VALTL*, Höflichkeit 213.

[55] Vgl. kritisch dazu *H. MÜLLER*, Das Zusammenleben der Kulturen. Ein Gegenentwurf zu Huntington, Frankfurt/M. 1998.

[56] Dies hat vielfältige Dimensionen und Perspektiven, die hier nicht alle behandelt werden können. In die «Kommunikation unter Anwesenden» mischen sich individuelle, soziale Komponenten, mischen sich die Einflüsse der Faktoren, die die Forschungen zur «cross cultural communication» untersuchen, aber auch institutionelle Momente. Hier wäre zu verweisen auf die differenzierten Überlegungen und Problematisierungen, die z.B. die Studie von *A. MARGALIT*, The Decent Society, Cambridge (Mass.) 1996, bedenkt. Eine «anständig-dezente» Gesellschaft trägt demzufolge in ihren Institutionen und Regularien der

Im Blick ist zu behalten: Höflichkeit zeigt sich vielschichtig und vielgestaltig. Sie geht nicht in Standardformen auf, auch wenn sie sich immer auf sie und auf korrespondierende Standard- und Grundsituationen bezieht.

10.3.2. Kontakt-, Kommunikations- und Schutzfunktionen

In sachlicher Nähe zu den oben beschriebenen Funktionsmerkmalen der Höflichkeit liegen die hier aufzuführenden Charakteristika der Höflichkeit im Sinne der Kontakt- und Kommunikationserleichterung, -entlastung und (zu einem nicht vernachläßigbaren Teil) -ermöglichung durch die strategische Vermeidung oder Minimierung von Konfliktpotentialen. Diese «Moderations-» oder «Brückenschlagsfunktion» der Höflichkeit liegt in der Bereitstellung von gangbaren Lösungen auch und sogar zur Aufrechterhaltung von sozialen Beziehungen und Kontakten zwischen Menschen mit einem ambivalenten oder gar gespannten Verhältnis. Insofern Höflichkeit der Konfliktvermeidung und -abschwächung dient, eignet ihr auch eine spezifische Schutzfunktion. In ihrem Appellcharakter steckt die Forderung zur Aufrechterhaltung von Kommunikation und Kooperation über die in alltägliche Kommunikationssequenzen oft auftretenden Reibungsverluste hinaus, dämpft Höflichkeit Interessendivergenzen und kommunikationsrelevante Empfindlichkeiten der Beteiligten als eine Art «Luftkissen». In der Vermeidung von aufdringlichen Verletzungen der personalen Schutz- und Intimsphäre, in der Respektierung berechtigter Erwartungen und Achtungsansprüchen liegt damit im Sinne der Abwehr wechselseitiger Gesichtsbedrohungen ein Schutzpotential für die vielfältigen alltäglichen Interaktionssequenzen.

Als ein den Beteiligten gemeinsamer Verhaltenscode erlaubt es Höflichkeit zudem, Kommunikationen flexibler und subtiler zu steuern und zu variieren. Damit ist gesagt, daß über den variablen Einsatz von Höflichkeitsmitteln und ihrer Improvisation hinsichtlich der Zeichen und Symbole selbst über Bedeutungsnuancen und Beziehungsdifferenzierungen eine aktuelle Momentaufnahme von Istzuständen – dies im Spiel von Nähe und Distanz, Achtung, Einbeziehung oder Ausschließung – Einzug halten können. Damit sind Botschaften gemeint, die die aktuelle Realität einer Beziehung auf eine Weise zum Ausdruck bringen, die zwar verstanden und encodiert, aber nur schwer in eine lineare und direkte Aussageform eingegossen werden können. Auch hierbei steht das leitende Interesse der Gesichtswahrung im Hintergrund, wenn beispielsweise das – auch nur momentane – Nicht-erwünschtsein einer Person verdeutlicht werden soll, *ohne* diese zu verletzen. Genau das ist die hohe kommunikativ-ethische Kunst dieser Formation.

«Face-Schonung» Rechnung. Sie demütigt nicht und sucht strukturell-personale Asymmetrien in ihrem Bedrohungspotential zu entschärfen (z.B. in ihren Behörden zwischen «Antragstellern» und Beamten). Vgl. auch die sensiblen Problemanzeigen bei R. *SENNETT*, Respekt im Zeitalter der Ungleichheit, Berlin 2002, bes. 189ff., 299ff.

10.3.3. Begrenzungs- und Integrationsfunktionen

Mit diesen Überlegungen berühren wir bereits eine weitere Dimension, die nicht selten dafür gesorgt hat, Höflichkeitsformen insgesamt zu diskreditieren. Die schmalen und abschüssigen Grade der Einbeziehung oder Ausgrenzung, also der Integrations- oder Desintegrationsfunktion der Höflichkeit, erscheinen vor einem manifesten Pathos der Gleichheit und Unterschiedslosigkeit als schwerlich halt- und begründbar. Ob man dieser Kritik kritiklos zustimmen muß, sei im Moment dahingestellt, sicher ist jedenfalls, daß spezifische Formen der Höflichkeit in ähnlicher Weise wie alle Symbolisierungen des sozialen Status ein Zeichensystem markieren, das soziale Zuordnungen und «rankings» kodiert, strukturiert und repräsentiert. Damit gilt für die Höflichkeit genau das, was P. Bourdieu für die gesellschaftliche Funktion symbolischer Systeme überhaupt feststellt. Sie sind zu kennzeichnen als Unterscheidungsmerkmale,

> *«(...) dazu geschaffen, eine gesellschaftliche Funktion von Trennung und Verbindung zu erfüllen, genauer gesagt: die Unterscheidungsmerkmale auszudrücken, die für die Struktur einer Gesellschaft jeweils kennzeichnend sind, indem sie die konstitutiven Elemente dieser Struktur, Gruppen oder Individuen der Bedeutungslosigkeit entreißen. Daher führen Sprache und Kleidung, genauer gesagt bestimmte Arten ihrer Verwendung, Unterscheidungsmerkmale in die Gesellschaft ein und verleihen diesen als Zeichen oder Insignien der Lage oder Funktion innerhalb der Gesellschaft Ausdruck.»*[57]

Das heißt nichts anderes, als daß Höflichkeitsformen eingesetzt (und so erfahren) werden können als Signale oder «Zugehörigkeitsausweise» für Gruppenzusammenhänge, die sich über sie vermelden und so zum Instrument von Einschluß oder Ausschluß werden. Da diese Funktionen am augenfälligsten oberschichtzentriert sind, geht damit natürlich auch eine soziale Wertung einher.[58] Der damit verbundene Eindruck, daß besonders «distinguierter» und prätentiöser Einsatz von Höflichkeitsmitteln oberschichtspezifisch gelesen werden kann, drängt sich auf. Aber – das sei den positiven Aspekten der erleichterten Eigenorientierung und der Identifizierbarkeit zugesetzt – gerade «betonte» Höflichkeit ist an dieser Stelle eben allzu leicht unhöflich. Affektiertheit, Blasiertheit, Gespreiztheit (bis hin zum derart gespreizt abgestellten kleinen Finger) erfüllen nicht selten die Orientierungsaufgabe der Höflichkeit als Moment der Raumstrukturierung unter Achtung verschiedener Interessen und Wahrung des Gesichtes nicht, weil sie zum einen den Sender lächer-

---

[57] *P. BOURDIEU*, Zur Soziologie der symbolischen Formen, Frankfurt/M. 1974, 62f., vgl. auch die ausladenden Feldstudien in: *ders.*, Die feinen Unterschiede. Kritik der gesellschaftlichen Urteilskraft, Frankfurt/M. 1983. Vgl. den hinführenden Überblick von *G. GAMM*, Pierre Bourdieu: Sozialer Sinn. Kritik der theoretischen Vernunft, in: *ders./A. HETZEL/M. LILIENTHAL*, Hauptwerke der Sozialphilosophie, Stuttgart 2001, 225-248 (Lit.), *HÖRNING*, Experten des Alltags, bes. 161-171, 182f., 222f.

[58] In Grenzen ist dies zweifelsohne eine richtige Beobachtung, allerdings lassen sich derartige Mechanismen auch in anderen sozialen Kontexten antreffen. Das Inventar der Einschluß- oder Ausschlußsymbole ändert sich dann zwar beträchtlich, aber die Grundmuster sind die gleichen. Zudem darf man nicht vergessen, daß diese Markierungen auch eine andere Seite haben: die der schon erwähnten Orientierung, mithin die der Entlastung. Ethisch stellt sich dabei immer die Anschlußfrage, inwiefern sich Ein- oder Ausschlußmechanismen und -formen über ein notwendiges und zulässiges Maß strukturell diskriminatorisch verfestigen und damit umschlagen und welche Partizipationen damit vorenthalten werden.

lich aussehen lassen, zum anderen aber potentielle Empfänger verletzen können – und gerade hier die Respektdimension der Höflichkeit verloren gegangen ist.[59]

Zudem ist immer auch eine gewisse Nachahmungsdynamik zu konstatieren, die von nicht zu unterschätzender Bedeutung ist: schlichte Kopie oder Übernahme jeweiliger Oberschichtformen, die den «Ton angeben» und innerhalb allgemeinerer historischer Veränderung der Standards (die Gründe sind vielschichtig) allgemein unter anderem auch in der Intention des individuellen sozialen Aufstiegs und seiner Sicherung in Anschlag gebracht werden.

Generell ergibt sich hier ein wichtiger Ertrag, der sich als formales Analogon zu fundamentalen normtheoretischen Einsichten bezeichnen läßt: Funktionale Nähe zu allgemeinen ethischen Normentheorien (analog zu normtheoretischen Befundstücken!). Allen materialen Unterschieden zum Trotz (der sich zuerst aus dem unmittelbar zu sichernden Werte- und Güterfundus ergibt) haben Höflichkeitsformen analoge Funktionen wie das in Normen, Geboten und Verboten aus Erfahrung geronnene Ethos allgemein. Komplexitätsreduktion, Stabilisierung und Orientierung des Urteilens, des Entscheidens und des Handelns sind hier auf essentiellerer und existentieller Ebene im Blickpunkt. Ihre innere Stoßrichtung selbst beziehen Normen der Ethik und Formen der Höflichkeit – auf ihrer jeweiligen Stufe – von einem leitenden Werthorizont, deshalb nachfolgend ein knapper zusammenfassender Überblick dessen, was den «Wert der Höflichkeit» in dieser Hinsicht ausmacht.

In eine ähnliche Richtung deuten Martin und Stent in einem kleinen, aber informativen Essay, der weitere Differenzierungen und Analysen beisteuert.[60] Sie unterscheiden zunächst «natural etiquette» und «positive etiquette». Beide stehen für sie in einem analogen Verhältnis wie Naturrecht und positives Recht. Zudem benennen sie drei Funktionen der «etiquette»:

- regulative;
- symbolic;
- sacred.[61]

Erstes meint die einschlägigen Mittel der Raumordnung in der Interaktion, zweites die symbolisch greifbar verkörperte Zuordnung zu Gruppen, letzteres deutet hin auf Ereignisse, die in ihrer Tiefendimension die Kraft entwickeln, das Verhalten von Menschen zu prägen. Sie nennen als Beispiele Hochzeit und Todesfall, deren Bedeutungstiefe und -weite immer wieder auch geprägte Formen auf den Plan ruft.

In gewissem Sinne hat geprägte Form, haben Ritual und «etiquette» – Martin/Stent benutzen diesen Terminus durchgängig – gerade auch hier Stabilisierungsfunktion angesichts des «Geheimnisses» existentieller Erfahrungen vorab anderer, dies aber durchaus nicht allein. In diesen Überlegungen steckt der Kern und Anlaß

---

[59] Vgl. die Beiträge in: *S. ABELDT/W. BAUER* u.a. (Hrsg.), «... was es bedeutet, verletzbarer Mensch zu sein» Erziehungswissenschaft im Gespräch mit Theologie, Philosophie und Gesellschaftstheorie (FS H. Peukert), Mainz 2000. In unterschiedlichen und doch konzentrischen Versuchen werden hier theologische, philosophische, soziologische und pädagogische Anschlüsse an Peukerts handlungs- und kommunikationstheoretischen Vorgaben und Folgerungen gesucht.

[60] *J. MARTIN/G.S. STENT*, I think; therefore I thank. A Philosophy of Etiquette, in: The American Scholar 59 (1990) 237-254.

[61] Vgl. *MARTIN/STENT*, I think; therefore I thank 253.

dafür, nach den eigentlichen Sinndimensionen zu fragen, die sich mit der Höflichkeit verbinden.

10.4. Zu Sinndimensionen der Höflichkeit

Eine erste Sinnspitze der Höflichkeit erkennt Rassem schon in der faktischen Geltung geltender Regeln.[62] Ohne diesen Befund in eine konventionalistische Theorie zu wenden und ohne eine Analyse der Inhalte verschiedenster Höflichkeitssysteme und -regularien wird hierbei deutlich, daß trotz der vielfachen Unklarheit der Einzelbedeutung der generelle Sinn und die generelle Funktion von Höflichkeit einsehbar gemacht werden kann. Die Spannung zwischen historisch gewordenen Formen, Symbolen, Symbolhandlungen und Gesten und der grundlegenden Funktion ist konstatierbar, legt aber den Eindruck nahe, daß auch jenseits der unmittelbaren Rückkopplung einzelner Formen an ihren Entstehungskontext diese ihren ersten Sinn als Konvention aus der Geltung beziehen. Dies korreliert mit der Funktion bereitliegender Höflichkeitsformen, menschlichen Empfindlichkeiten zu begegnen, die, woher sie sich auch immer anthropologisch ableiten und erklären lassen, kanalisiert und geordnet werden können, ohne daß sie damit automatisch ausgelöscht würden.

Das Einhalten von Formen, Formeln und Regeln, in dem sich Höflichkeit nicht erschöpft, bedeutet zunächst eine Anerkennung des gesellschaftlichen Systems durch den einzelnen, eine Anerkennung, die keineswegs sehr tief reichen muß, aber die durch die hohe Frequenz ihrer Wiederholung nicht unerheblich zur Selbstsicherheit und -achtung der Interaktionspartner deutlich beiträgt.[63] In der reglementierten Äußerung von Respekt, Rücksicht und Achtung in reziproker Weise (in der Relation der einzelnen Interaktanden wie in der Relation des einzelnen zum «vorherrschenden» gesellschaftlichen System und seinen Weisen der Repräsentation wird die *ständig* lauernde Frage nach Sinn und Berechtigung einzelner Kundgebungen vermieden, nicht in dem Sinn, daß diese Frage nicht gestellt werden dürfte, sondern in dem Sinn, daß sie nicht fortwährend bearbeit- und beantwortbar ist. Auch hier schimmert eine Entlastungsfunktion der Höflichkeit durch, die an der richtigen Stelle sinnvoll einzusetzen ist. Freilich kann nicht übersehen werden, daß eine einseitige Dämpfung und Unterdrückung an sich berechtigter Fragen, eine einseitige Unterdrückung und Dämpfung von Gefühlen hier ein Extrem markiert, das als Grundhaltung selbst den Bogen überspannen würde:

> *«Nicht das Auslöschen, sondern ein Zügeln der Empfindlichkeit soll bewirkt werden. Diese tritt vor allem im Konnex mit* Konflikten *und mit* Ansprüchen *auf.»*[64]

---

[62] Vgl. *RASSEM*, Der Sinn der Höflichkeit 119. Hier scheint der Topos «Alltag» auf. Auch er erfährt unterschiedlichste Akzentuierung, die im Grunde genau diese Vorwürfe spiegeln, die der Höflichkeit gemacht werden: Entfremdung, Banalität, Heteronomie und ähnliches mehr. Umgekehrt wird aber gerade für einen positiven Alltagsbegriff geworben, der Konkretheit, Faßbarkeit und vor allem Erfahrungsmöglichkeit und -dichte unterstreicht. Im Zuge dieser Wendung läge es auch nahe, den Wert der Höflichkeit nicht zu unterschlagen – auch wenn sie sich per se nicht auf- oder vordrängt – und ihre Motivationen, Funktionen und ihre Werttransparenz zu betonen.

[63] Vgl. *RASSEM*, Der Sinn der Höflichkeit 118f.

[64] *RASSEM*, Der Sinn der Höflichkeit 122.

In der Unvermeidlichkeit wie Unausweichlichkeit von Konflikten fremder Anerkennungs- und Sicherheitsansprüchen, in der fortwährend lauernden Bedrohung fremder und eigener Sphären vermag Höflichkeit nicht so sehr als Lösungspotential denn als «Anästhetikum» und «Luftkissen» sinnvoll zu wirken – und das mit vergleichsweise «einfachen» Mitteln.[65] Diese spezifische Einfachheit rührt her von der Standardisierung der Formen, der Symbole und ihrer Bedeutung, die gesellschaftlich gespeichert und abrufbar sind. Das enthebt einerseits vom Zwang zum beständig Originären und Originalen und läßt bequemer auf diese Repertoire zurückgreifen in der Sicherheit, daß die gewählten Formen und Symbole ihrer Ambivalenz und Mehrdeutigkeit enthoben sind. Andererseits eröffnet gerade der Raum der Standards die Möglichkeit zu Improvisation und Unkonventionalität.[66] In einer vorläufigen Minimalfeststellung läßt sich ein erstes Sinnpotential der Höflichkeit erheben:

> *«Trotz mancher historischer Bizarrerie, die es mitschleppt, ist das festgelegte und sich nur langsam verschiebende Symbolsystem doch den jeweiligen sozialen Grundverhältnissen einigermaßen adäquat.*
> *Obwohl wir sagen müssen, daß seine Gestalt unvollkommen und im Einzelnen zufällig ist – so leistet es doch mehr als das Individuum von sich aus leisten könnte. Wer vermag eine neue Geste für das Erheben des Glases zu erfinden und mit ihr mehr auszudrücken? Wer vermag es, die Unterschiede im Betragen gegen Männer und Frauen neu zu gestalten, ohne Verwirrung zu erzielen? Das geniale und das momentan inspirierte Individuum vermag es, auch der Revolutionär. Sehen wir aber auf den durchschnittlichen Fall, in dem die Sitte virtuell konstant ist, so müssen wir einsehen, daß Konventionen überlegen sind und den Einzelnen von einer unmöglichen Aufgabe befreien.»*[67]

Liegt der erste Sinn der Höflichkeit in der Geltung der Regeln, so stellt sich die Frage, wie es um die (un)absichtliche Nichteinhaltung und deren Folgen steht. In seiner Studie betont Rassem, daß Höflichkeit nicht direkt – wohl aber indirekt – «eingefordert», ihre Unterlassung gleichermaßen nicht direkt sanktioniert werden darf, gilt Höflichkeit gemeinhin doch als eine freiwillige Leistung. Jedoch beruht diese Freiwilligkeit auf präsumptiver Gegenseitigkeit. Höflichkeiten sind so weithin Freundlichkeiten, auf die kein Anspruch besteht, erwiesen in der Annahme, auch selbst freundlich behandelt zu werden, wo man rechtlich wie sittlich nichts zu fordern hat. Dennoch bedarf es eines – manchmal nur kleinen – Schrittes und die eine wie die andere Grenzmarkierung ist überschritten.

---

[65] Nimmt man die zu Gebote stehenden Mittel genauer in den Blick, wird deutlich, daß sie keineswegs so einfach ist. In concreto muß weder die gesamte Geschichte, die Fülle der Implikationen etc. beim höflich Handelnden bewußt präsent sein. Zunächst «genügt» die Anwendung und der Einsatz der Mittel. Gleiches gilt für die Beziehungen selbst: *A. MARTIN/V. DREES*, Vertrackte Beziehungen. Die versteckte Logik sozialen Verhaltens, Darmstadt 1999. Die Autoren gehen einer Fülle von Paradoxa, Dilemmata, Zirkeln und Fallen der Interaktion nach. Interaktion ist so gesehen oft genug auch «Management von Widersprüchen».

[66] *RASSEM*, Der Sinn der Höflichkeit 123, führt Beispiele an. Blumen als «sicheres» Gastgeschenk, oder den «Toast», der mit einem Glas Wein auf jemanden ausgebracht wird, und eben nicht mit einem Stück Brot (obwohl Brot natürlich ebenfalls außerordentlich symbolträchtig ist). Historische und sozialpsychologische Genesefaktoren benennt *KRUMREY*, Entwicklungsstrukturen, passim, in seiner Entwicklungsanalyse von Manieren- und Anstandsbüchern.

[67] *RASSEM*, Der Sinn der Höflichkeit 124, vgl. dort auch die Anschlußüberlegungen.

Ein Verstoß gegen Höflichkeitsregeln ist zu unterscheiden von einem Verstoß gegen ein Gesetz oder einen Vertrag. Der Unterschied zu Recht, Handel, Dienstverpflichtung ähneln dem zwischen Höflichkeit und Zeremoniell und Ritus, deren exakte Ausführung strenger überwacht wird und nicht in dem Maß als freiwillig zu betrachten ist. Der geringere Grad der formalen Strenge und der höhere der Freiwilligkeit ist also ein Indiz für vorliegende Höflichkeit, wobei die Differenzen aber letztlich nicht so einfach zu bestimmen sind, da viele Höflichkeitsbräuche einen Entstehungshintergrund im Rechts-, Pflichten-, aber auch im Zeremonial- und Ritualbereich haben. Aus dem Ursprungskontext gelöst, verdoppeln sie sich mithin. Als Beispiel sei nur das höfliche Bitten anstelle einer direkten und druckvollen Forderung genannt, die sich aus der rechtlichen oder sozialen Position legitimieren könnte. «Höflichkeit vermenschlicht Bezüge, die ohne sie abstrakt bleiben und psychisch nicht wirklich angenommen werden», unterstreicht Rassem.[68] Das humanisierende Moment der Höflichkeit – mit Rassem ihr «Glanz», ihre «Wärme» – liegt demzufolge nicht zuerst und ausschließlich in der Einhaltung von formalen Regeln, sondern in spezifischen Bezugsmodulationen (vor ab der Freiwilligkeit). Dies offenbart sich auch in der Tatsache, daß in konkreten Interaktionskonstellationen nicht alle möglichen Situationen eindeutig geregelt sind, wohl aber ein genereller Regulierungsbedarf besteht. Eine primäre Höflichkeitsleistung besteht darin, zu erkennen und zu unterscheiden, welche der möglichen Regeln und Formalien für einen aktuellen Bedarf einschlägig werden können[69] und die dann im Sinn einer Kunst der «dechiffrierbaren Verhüllung» als Schonungs- und Indirektheitsmoment auch die dazu nötige Erfindungsgabe und einen gewissen Einfallsreichtum erheischen.[70] Die Verhüllung markiert als das Angenehme ein neues Moment der Humanisierung auf «höheren» Ebene, allerdings auch bei höherer Anforderung und Aufwand an Geistesgegenwart. Mithin kann auch in dieser Perspektive gesagt werden, daß die Erfüllung von Höflichkeitsschemata und Vorschriftenkodizes allenfalls die Grundstufe der Höflichkeit darstellt, deren Ansprüche aber keineswegs ableistet. Auf einer höheren Ebene gilt es, eine freiere Wahl der Mittel zu treffen und kreativ zu werden.[71] Leistungen höherer Höflichkeit haben desgleichen bestimmte Momente und Bedingungen, die sich wie folgt benennen lassen:

– Aufmerksamkeit für den Kairos und die Person, wobei es kaum ein Zufall ist, daß das Wort Aufmerksamkeit synonymisch für Höflichkeit verwendbar ist,

---

[68] *RASSEM*, Der Sinn der Höflichkeit 126.

[69] *RASSEM*, Der Sinn der Höflichkeit 126, weist darauf hin, daß eine Vielzahl von «Unterweisungsbüchern der Courtoisie» darauf verzichtet, ihrer Kasuistik die größtmögliche Spann- und Fallbreite zu geben, sondern statt des «casus» betont ein «exemplum» gibt. Das hat ohne Zweifel tugendethische Implikationen.

[70] Vgl. *RASSEM*, Der Sinn der Höflichkeit 127f. In diesen Momenten der Verhüllung liegt neben der ethischen und kommunikativen Bedeutung auch eine ästhetische und «angenehme». Als literarisches Exemplum wie Exerzitium sei hier – pars pro toto – verwiesen auf das Erzählwerk von *F. MÜHLENWEG*, Kleine mongolische Heimlichkeiten, Lengwil 1992. Hier wird in der Kunst des Fabulierens, des Scherzes, aber auch der Pointe deutlich, wie ein Begegnungs- und Erzählklima geprägt und geformt wird durch den Einsatz von Höflichkeitsmitteln. Nebenbei bemerkt – *RASSEM*, Der Sinn der Höflichkeit 129, verweist gerade in diesem Kontext darauf, daß sprachliche Pointierungen und Zuspitzungen dem Vorurteil widersprechen, in der Höflichkeit liege nur «blumige Sanftmut und feierliche Prüderie» vor.

[71] *RASSEM*, Der Sinn der Höflichkeit 129f.

- Geistesgegenwart (konnotiert «schnell»), Einfühlungsvermögen (oder «imaginative Sympathie»[72]),
- Bedächtigkeit und Zeitaufwand (konnotiert «langsam»)[73],
- Selbstkontrolle[74],
- Zuvorkommenheit als Zurückhaltung des Urteils.

Die letztgenannte Markierung weist noch einen praktischen Schritt weiter, wenn Rassem im Anschluß daran festhält:

> *«Indem Höflichkeit Urteilskraft erfordert, regt sie diese auch an und bildet sie durch. Darin liegt mit ihre wichtigste soziale Funktion.»*[75]

Gesellschaftliche Ordnung als «Interaktionsraumordnung» schärft und sensibilisiert selbst das Koordinations-, Kombinations- und Kodierungsvermögen. In der Ausbildung und Aktuierung der praktischen Vernunft in nicht-abstrakten Handlungsfeldern generiert selbst ein Moment von ethischer Relevanz. Höflichkeitshandlungen haben dabei als «Freiwilligkeitshandlungen» unter einer spezifischen Perspektive den Vorteil, daß sie Handlungsfelder als Übungsfelder bereitstellen, die in bestimmten Entwicklungsphasen nicht sogleich hochkritisch geladen sind. Es geht sozusagen nicht unmittelbar «um Leben und Tod».[76]

Über diese Momente hinaus reicht eine weitere Beobachtung, die hier ebenfalls in den Zusammenhang der Höflichkeit gehört: das Moment des «Charmes»[77]. Es ist weit entfernt von einem rein formalen Begriff von Höflichkeit. Das «enchantement» der moralistischen Höflichkeitsbücher sprengt diesen Rahmen und ist zudem übertragbar in soziologische wie soziolinguistische Konzepte von Höflichkeit. Ausdrücke der Freude und des «Entzückens» begegnen in Höflichkeitsformulierungen nicht selten. Auch wenn Freude und Entzücken momentan «fingiert» sein mögen, so entspricht der Wunsch, diesen Zustand auch herzustellen, einem tieferen sozialen Bedürfnis von Abgleich und Harmonie wie Attraktivität. Höflichkeit und ihre Formen dienen der Erzeugung und Darstellung dieses «enchantements». Der klassische

---

[72] Vgl. *A. GARDNER*, Art. Civilty, Courtesy, in: Encyclopaedia of Religion and Ethics III 683. Neben der «quick and imaginative sympathy» zählt Gardner «self control» und «patience» zu den «primary elements» der Höflichkeit.

[73] Vgl. zu dieser Spannung zwischen «schneller Geistesgegenwart» und «nicht zu schnellem Urteil» das Diktum von *EMERSON,* Manners 292: «Accuracy is essential to beauty, and quick perceptions to politeness, but not too quick perceptions. One may be too punctual and too precise.». Höflichkeit hat es immer auch mit dem richtigen «timing» zu tun! Vgl. *RASSEM*, Der Sinn der Höflichkeit 130, *M. BLANCO*, Art. Esprit, in: DRPSV 329-358.

[74] Dies meint die andere Seite der sozialen Folgenabschätzung in der doppelten Perspektive von Wirkung und Rückwirkung. Analog dazu gilt, daß der soziale «Zwang» zur freien Handlungsgestaltung der Kommunikation und Interaktion – zur Höflichkeit – im Individuum bestimmte Haltungen und Haltungsbilder zu generieren vermag. Vgl. *P. HADOT*, Art. Selbstbeherrschung, in: HWP IX 324-330.

[75] *RASSEM*, Der Sinn der Höflichkeit 130f.

[76] Dies sollte aber keineswegs als ethische Depotenzierung der Thematik aufgefaßt werden. Zum einen sind mögliche Sanktionen bei Verstößen gegen die Höflichkeit kurz- oder langfristig durchaus nicht immer unerheblich, zum anderen verkürzt eine Konzentration des Blicks auf Kapitalkrisen und -konflikte das Feld des ethischen Relevanten selbst.

[77] Vgl. *RASSEM*, Der Sinn der Höflichkeit 131f., der auf den «natürlichen» Charme als quasi «angeboren» wie den erlernt und geprägten abhebt.

Verlogenheitseinwand taucht an dieser Stelle auf: Entzücken, Freude, Begeisterung – als konstitutive Elemente sozialer Beziehungen – haben authentisch, spontan und ungekünstelt zu sein, nicht fingiert oder simuliert. Rassem bemerkt dazu weiterführend und ergänzend – es geht ja nicht *gegen* Authentizität, Freude und deren Spontaneität und Echtheit zu argumentieren, wohl aber die realistischen Möglichkeiten einer alltäglichen Verwirklichung im Auge zu behalten:

> *«Dagegen muß nun eine allgemeine soziologische Erfahrung ins Feld geführt werden: Die Menschen sind nicht immer fähig, die Gefühle aufzubringen, die der Situation angemessen sind. Die Sitte, die ihnen ein schickliches Verhalten vorgeformt anbietet, erleichtert es ihnen, diesen momentanen Mangel zu überbrücken – und damit auch zu verhindern, daß er andere Beteiligte befällt. Der Mangel kann ein dauernder sein und muß dann dauernd überbrückt werden. Im günstigeren Fall aber führt die formelhafte Darstellung zu einem echten Erfolg. Es gelingt den zunächst verschlossenen Beteiligten, die Situation einzuholen, sich der Situation psychisch zu öffnen. Auch das echte, spontane Gefühl benötigt eben Stimulantien.»*[78]

Hierin liegt eine doppelte Sinnspitze für die Höflichkeit. Sie ist einerseits Ersatz in Relationen, die nicht auf die postulier- und imaginierbare Höchstform und Tiefendimension hinzuentwickeln sind. Dies für alle möglichen alltäglichen Beziehungen einzufordern, wäre vermessen, überfordert leicht die Kapazitäten des Menschen. So pauschal wird dies gesagt werden dürfen – auch und gerade hinsichtlich eines ethischen Realismus, der dabei keine resignativen Züge tragen muß. Zudem weist Rassems Überlegung auch darauf hin, daß Höflichkeit katalysatorische Wirkung hat. Sie wäre dabei zu verstehen als Angeld oder Antizipation für eine immerhin mögliche, aber akut noch nicht einlösbare Vertiefung der Beziehung ermöglicht und anbahnt. Die prinzipielle Offenheit dieser Sinnfunktion von Höflichkeit muß nicht zwangsläufig auch an den dann tatsächlich eintretenden oder ausbleibenden Entwicklungen gemessen werden. Tendenz und Intention genügen zunächst. In der Reziprozität dieser doppelten Sinnspitze treten Möglichkeiten zutage, die im Unhöflichkeitsfall sehr schnell und leicht verschüttet werden können.

«Höflichkeit» und all die Begriffe wie Umschreibungen (Takt, Respekt, Zuvorkommenheit, Aufmerksamkeit, um einige zu nennen), die in den verschiedenen Sprachräumen (mit je eigenen Akzentuierungen und Entwicklungen) einschlägig sind, tragen in ihren Motivationen und Funktionen Sinnspitzen *in* sich. Mit einer an raumtheoretische wie personal-ethische Kategorien erinnernde Pointierung stellt R. W. Emerson fest:

> *«Manners aim to faciliate life, to get rid of impediments, and bring man pure to energise. They aid our dealing and conversation, as a railway aids travelling, by getting rid of all avoidable obstructions of the road, and leaving nothing to be conquered but pure space.»*[79]

Nicht Manierismen also, nicht vorweg Manipulationen und auch nicht formalistische Versteifungen verleihen «feinen Manieren» ihre Bedeutung. Sie liegt vielmehr

---

[78] *RASSEM*, Der Sinn der Höflichkeit 132.

[79] *EMERSON*, Manners 284. Emerson kennt zudem die sozialdistinktive Funktion, die Bourdieu analytisch und empirisch sondieren wird. Zu sozialen und lokalen Unterscheidungen und Sortierungen vgl. *PERNOT*, La politesse et sa philosophie 270-277, zum Begriff des «aménagement» als «Raumaufteilung» und basaler Höflichkeitsfunktion.

in der Gestaltung von Interaktionsräumen (hier betont die Höflichkeitsfunktionen der Annäherung) und in der Entlastungsfunktion, die Ressourcen freiläßt für essentiellere Fragen, in dem vermeidbare Hindernisse auch wirklich vermieden werden. So zugespitzt und von Relevanz allein dieser Befund ist, er beleuchtet nicht das gesamte Szenario. Von grundlegendem Zuschnitt – und an der Palette der Beispiele und ihrer Analyse ablesbar – ist hingegen folgende Feststellung, die nun ihrerseits sehr deutlich in einen fundamentalen ethischen Bereich hineinweist:

> *«Höflichkeit beruht auf dem kommunikativen* Ausdruck von Achtung *und* Anerkennung *der Ansprüche und des Wertes der Person des anderen.»*[80]

Achtung ist, im Anschluß an F.F. Brezina[81] formuliert, eben nicht allein in Förmlichkeiten ohne Gespür und – andersherum – nicht als bloßes moralisches Gefühl ohne Ausdrucksform zu lesen, sondern vielmehr «bridging the gap between individuals» und ihrer (oft) divergierenden Lebensführungskonzepte, Lebens- und Sprachstile. Achtung und Aufmerksamkeit für Wert und Würde des anderen ist zugleich ein «vernünftiges Gefühl», das eigene Freiheit empfinden läßt, sie aber auch begrenzt. Hiermit unterscheidet sie sich fundamental von ängstlichem Gehorsam, rigider Disziplin und numinosen Ehrfurchtsgebärden und -gebaren (dies gesagt als kleiner Auszug aus dem Vorwurfskatalog an die Adresse diverser Höflichkeiten).

In genau diesem Tenor ist auch die folgende Bestimmung zu lesen, die den Nützlichkeitsaspekt wie den transformalen Aspekt der Höflichkeit beschreibt:

> *«Höflichkeit besteht nicht nur in von außen auferlegten Verpflichtungen, in starren Konventionen und in einengenden Erwartungen anderer, sondern nützt auch dem Individuum und wird von diesem zur Erreichung seiner persönlichen Ziele mehr oder weniger bewußt eingesetzt.»*[82]

Bei dieser Ausführung ist letztlich ein doppeltes zu gewärtigen: einerseits die Implikation der Möglichkeit und Notwendigkeit einer Höflichkeit, die sich nicht allein in der Produktion und Reproduktion von gestanzten, konventionellen Mustern erschöpft (ihnen gelten ja – so verkürzend wie selbst standardisiert – Vorwürfe und Verdächtigungen), andererseits die Utilitaritätsdimension, die ethisch in be-

---

80 *VALTL*, Höflichkeit 242.

81 Vgl. *F.F. BREZINA*, Die Achtung. Ethik und Moral der Achtung und Unterwerfung bei I. Kant, E. Tugendhat, U. Wolf und P. Singer, Frankfurt/M.-Berlin-Bern 1999, einschlägig schon *A. GUREWITSCH*, Zur Geschichte des Achtungsbegriffs und zur Theorie der sittlichen Gefühle, Würzburg 1897. Vgl. zum Grundgebot der Achtung vor dem Interaktionspartner als Gebot christlicher Nächstenliebe in der theologischen Ethik, als Wirkung der praktischen Vernunft zur Verbindung des Gefühls mit der Allgemeinheit des sittlichen Wollens (Kant), als oberstes Moralprinzip der gegenseitigen Anerkennung (Fichte, Hegel, Diskursethiken), Grundentscheidung, Grundwillen zur Kommunikation (Existenzphilosophie) summarisch *E. SCHOCKENHOFF*, Wozu gut sein? Eine historisch-systematische Studie zum Ursprung des moralischen Sollens (I. Thomas und Kant, II. Fichte und die gegenwärtige Ethik), in: StMor 33 (1995) 87-120 (I.), 265-287 (II.), zudem *MARGALIT*, Politik der Würde 77-141, jüngst diese Perspektiven herausstreichend *T. HONSAK*, Ethik der Achtsamkeit. Der Abschied vom Anthropozentrismus und vom normativen Sollen, Frankfurt/M.-Berlin-Bern 2000 (allerdings mit eher thetischem Blick auf I. Kant und A. Schweitzer), die Gender-Perspektive stärkend *E. CONRADI*, Take care. Grundlagen einer Ethik der Achtsamkeit, Frankfurt/M. 2001. Zu einem moralsoziologischen Modell einer Rekonstruktion der Moral als «Achtungskommunikation» vgl. unten Abs. 12.1.2.

82 *VALTL*, Höflichkeit 204.

stimmtem Sinn ebenso unter Verdacht steht, wie sie auf der anderen Seite forciert wird. Doch dies sind im Moment Fragen, deren Anriß, nicht deren Klärung ansteht.

Noch davor, aber eben nicht nur kommunikationstheoretisch, sondern in der Folge und deren Gefolge auch kommunikationsethisch relevant, lassen sich unsere Überlegungen und Darstellung wie folgt bündeln:

> «Höflichkeit *ist ein System empirisch beobachtbarer Strategien des menschlichen Sozial- und Kommunikationsverhaltens. Diese Strategien dienen*
> *(a)* Erfordernissen der Kommunikation *(nach Vermeidung bzw. Abschwächung kommunikationsbedingter Konflikte sowie nach Erleichterung und Steuerung des Kommunikationsablaufs) und der*
> *(b)* Befriedigung kommunikationsrelevanter Bedürfnisse *der beteiligten Individuen (Bedürfnis nach Achtung und Anerkennung der Person und ihrer Stellung im Sozialsystem, nach Wahrung eines persönlichen Distanz- und Freiraums, nach Abwesenheit von Bedrohung, nach positiven sozialen Beziehungen und angenehmer Geselligkeit sowie nach Formung der Kommunikation entsprechend ästhetischer Werte).*
> *Die Strategien der Höflichkeit bedienen sich bevorzugter Folgen von Handlungsschritten und basieren daher zum Teil auf konventionalisierten* Zeichen, Symbolen und Interaktionsmustern, *die einem interindividuellen, durch Tradition vermittelten Bedeutungs- und Regelsystem angehören. Neben dem konventionellen Anteil beinhaltet Höflichkeit auch Leistungen individueller Kreativität. Entscheidend für das Vorliegen von Höflichkeit ist nicht das Auftreten bestimmter konventioneller Verhaltensmuster, sondern deren Einsatz zu dem Ziel, die Anerkennung der oben aufgeführten Ansprüche des Kommunikationspartners zu kommunizieren. In Grenzfällen ist das Kriterium für das Vorliegen einer Strategie der Höflichkeit daher die (durchschnittliche oder aktuelle) hörerseitige Akzeptanz des jeweiligen Verhaltens als Zeichen der Achtung.»*[83]

Hält man sich vor Augen, daß diese Beobachtungen für eine Fülle von alltäglichen und (auf eine spezifische und transformierte Weise) für exzeptioneller Interaktionssituationen zutreffen, dann wird auch einsichtig, daß die Fragestellung des «sittlichen Handelns im Medium der Sprache» prominent berührt ist. Zunächst ist allein schon diese Einschätzung von erheblicher Bedeutung. In diesem Zusammenhang wird es auch wichtig, wenn Haferland/Paul in ihrer Untersuchung schließlich für eine weite und differenzierte Sicht der Höflichkeit plädieren, die nicht bei einem reinen Formalismus und «Normalismus» stehenbleibt:

> *«Höflichkeit erschöpft sich nicht in einem Set höflicher Verhaltensformen, sondern ist letztlich in einer Person verankert, die es gelernt hat, sich im vollendeten Gleichgewicht mit ihrer Umgebung zu halten, in der sie keinen Mißklang und allenfalls die Spur ihrer Generosität, Loyalität, Liebenswürdigkeit, Hilfsbereitschaft, Diskretion, ihres Taktes – und was der Eigenschaften mehr sind, die zur Höflichkeit beizutragen vermögen – hinterläßt.»*[84]

Es ist nicht zu übersehen: Hier wie oft wird in der Definition der Höflichkeit ein Begriffstableau angeführt, das schlicht einen veritablen Tugendkatalog darstellt (mit nicht zu unterschlagendem ethischem Anspruch). Er kann gelesen werden – Stichwort für Stichwort, Spur für Spur – als *Spur* zu jenen Haltungen, Tugenden und Werthorizonten, die zuletzt angesteuert werden, also als Indiz dafür, die «cortesia»

---

[83] *VALTL*, Höflichkeit 48.

[84] *HAFERLAND/PAUL*, Theorie der Höflichkeit 65.

ethisch nicht zu unterschätzen, auch wenn sie nicht selten unspektakulär einherkommt. Aber auf der anderen, damit konspirierenden Ebene, liegen gerade auch in den beschriebenen Funktionsmomenten der Höflichkeit Elemente bereit, die im Kern zur normtheoretischen Reflexion gehören, wobei analog zu jeweiliger Wert- und Tugendhöhe auch die «Normhöhe» nach Graden der Angemessenheit, Unverzichtbarkeit und der Verpflichtung zu sichten bleibt.

Damit sind aber auch jene Brückenköpfe und Haftpunkte benannt, an die sich im Fortgang weitere Überlegungen ankristallisieren können, und über die der Weg zu weiterer ethischer Reflexion führen kann angesichts der «Infinität und Diversität von Gesprächspartnerwelten»[85].

11. «Muse des Mittelwegs»: Höflichkeit im Kontext anthropologischer Perspektiven

Den folgenden Anschluß- und Scharnierüberlegungen geht es darum, unter Einspielung markanter, durchaus divergierender systematischer Ansätze und Fragmente die Vermittlung sprach-empirischer wie phänomenologischer und historischer Daten der Höflichkeitsbeobachtung über anthropologisch-philosophische Reflexionen an den ethischen Diskurs zu vermitteln. Der Bogen reicht dabei von einer Kommunikationspsychologie über Facetten des soziologischen und philosophischen Diskurses in zunächst regional-begrenzter anthropologischer Perspektive zum Modell einer generell-integralen Anthropologie, das sich für unseren Kontext als kompatibel und bereichernd herausschält. Unter den Stichworten «Ubiquität» und «Sekundarität» wird nach der spezifischen ethischen Quantität und Qualität der Höflichkeit gefahndet.

Als einschlägiges Aufmerksamkeitssignal eine Erinnerung vorab: In einer seiner konzentrierten Prosaminiaturen zielt auch W. Benjamin auf das Thema «Höflichkeit».[86] Er setzt ein mit der Beobachtung, daß die hohen («beglaubigten») Forderungen der Ethik (wie Aufrichtigkeit, Demut, Nächstenliebe und Mitleid) in den Interessenskonflikten und Kontroversen des Alltags leicht aus dem Blick geraten. Angesichts dieses thetisch-knappen Befundes sei es um so überraschender, wie wenig auf die mögliche Ebene und die Mittel der Vermittlung reflektiert worden wäre, die de facto geschichtlich immer wieder entwickelt und angewandt worden sind.

> *«Das wahrhaft Mittlere, die Resultante zwischen den widerstreitenden Komponenten der Sittlichkeit und des Kampfes ums Dasein ist Höflichkeit. Die Höflichkeit ist keines von beidem: weder sittliche Forderung noch Waffe im Kampf und ist dennoch beides.»*[87]

Benjamin radikalisiert die Mitte- und Mittlerfunktion der Höflichkeit: «Sie ist ein Nichts und sie ist alles, je nachdem, von welcher Seite man sie betrachtet.»[88] *Nichts*

---

[85] Formuliert im Anschluß an *DASCAL*, Speech acts theory and the analysis of conversation 323-334.

[86] *W. BENJAMIN*, Höflichkeit, in: *ders.*, Illuminationen, Frankfurt/M. 1977, 317f.

[87] *BENJAMIN*, Höflichkeit 317.

ist Höflichkeit, betrachtet man sie allein unter dem Blickwinkel der Form, die unter Umständen über die Realitäten des Daseinskampfes hinwegtäuschen, ihn verschleiern kann. Dabei ist sie nur Fiktion und Fake einer rigorosen Sittenvorschrift, die, an sich außer Kraft gesetzt, zudem nur noch formal repräsentiert wird, ihr Wert für den «Daseinskampf»[89] als Repräsentation seiner Unentschiedenheit somit fiktiv. *Alles* andererseits ist Höflichkeit, wo sie sich von der Konvention freimacht und damit auch die Vorgänge zwischen Interaktanden offenlegt.[90] Hierbei geht es Benjamin um die Konkretheit der betreffenden Situation, die erst als genau beschriebene Vermittlungsmöglichkeiten ein- und zuläßt.

> *«Wer sich vom abstrakten Bild der Lage, in welcher er mit seinem Partner sich befindet, beherrschen läßt, wird immer nur gewalttätige Versuche, den Sieg im Kampf an sich zu reißen, unternehmen können. Er hat die Chance, der Unhöfliche zu bleiben.»*[91]

Neben der Ironisierung der «tendenziellen Unhöflichkeit des Siegers im Daseinskampf» bemerkt man die implizite Anknüpfung an das ritterliche Duell: Erst der je und je abgesteckte Rahmen der Kampf- und Konfliktbahn erlaubt überhaupt Regeln, die ansonsten nicht anwendbar sind. Disposition und Zuordnungen (räumlicher wie ethischer Art) repräsentieren einen Bezugsrahmen, der eine konkrete Taxonomie erlaubt. Höflichkeit wendet sich also gegen Abstraktion und Gewalttätigkeit in der konkreten Situation mit einem Gegenüber. Sie lenkt und übt Aufmerksamkeit: «Ein wacher Sinn dagegen für das Extreme, Komische, Private oder Über-

---

88 *BENJAMIN*, Höflichkeit 317. Hier ist im Grunde an eine Mesotes-Kategorie zu denken. Nicht allein zwischen zwei extremen Handlungspositionen und Haltungsdispositionen im handelnden Subjekt selbst, sondern zwischen den Subjekten einer Handlung.

89 Wieder ist festzuhalten, daß die «Agonalität» und Konfliktivität des Daseins *eine* Folie der Höflichkeitsbetrachtung bildet, vor der es um Überwindung und Transformation in beschädigungsminimierende und ertragsoptimierende Handlungsoptionen und -regularien geht. In der Höflichkeit ist bei allem Risiko der Überstieg aus einem starren und reduktionistischen Freund-Feind-Schema (mit C. Schmitt etwa) angelegt. Plessners Gesellschaftskonstruktion wie Adornos Taktdeskription heben ebenfalls darauf ab. Konkurrenz, «Duell», Zu- und Verteilung von Rollen und Aktions- wie Interaktionsräumen stehen dafür Pate und haben historische Haftpunkte in der höfisch-höflichen Ordnung und Pazifizierung. Sicherungs-, Schutz wie Stabilisierungsfunktionen und -motive sind hier zu lesen vor einem Hintergrund unterschiedlich dichter Konfliktfelder. Daß dieses anthropologische Konkurrenzmodell ergänzungsbedürftig ist, wird an den Überlegungen von T. Todorov hinsichtlich der Anerkennung wie – eher implizit – der Höflichkeit greifbar. Vgl. unten Abs. 11.4.

90 Adorno wird hier genau die entgegengesetzte Überlegung forcieren. Allerdings zielt er auf den «Takt», der ohne einen, wenn auch kritischen Bezug zur Konvention, zum bloßen Begriff zu degenerieren drohe. Hier gilt es zu vermitteln. Beide Positionen haben Richtiges im Blick, werden aber in ohnehin knappen Überlegungen vorgebracht, die nicht alle möglichen Differenzierungen leisten können. Zum einen öffnet die Zurückweisung der Konvention (bei Benjamin) eine transformale Sicht auf die Höflichkeit, zum anderen pointiert Adorno Bezug und Verwiesenheit auf Ausdrucksformen und -gestalten. Der Bezug ist kritisch und selbst an einer dialektischen Kippe angeordnet.

91 *BENJAMIN*, Höflichkeit 317. Hier ließe sich auch an Überlegungen zur «Emanzipation des Abstrakten» anknüpfen, wie *D. CLAESSENS*, Das Konkrete und das Abstrakte. Soziologische Skizzen zur Anthropologie, Frankfurt/M 1980 (der Begriff: 310), anstellt. Der Tendenz zur Metaebene als Emanzipation des Abstrakten wohnt eine Struktur inne, die durch eine Emanzipation des Konkreten auch für diesen Diskurs kritisch korreliert werden muß. Gerade im Gefälle benjaminschen Denkens zeichnet sich ja eine konkrete und kritische solidarische Anamnese der *Opfer* ein, die noch über die Unhöflichkeit des Siegers hinaus «abstrahiert» werden können – in Megatheorien des Politischen oder Historischen etwa.

raschende ist die hohe Schule der Höflichkeit.»[92] Bemerkenswert auch Benjamins Abschlußüberlegungen. Sie verweisen auf eine Dimension, die sowohl höflichkeits- wie tugendtheoretisch relevant ist und ein zentrales Thema in den Blick rückt:

> *«Geduld ist ohnehin das Kernstück der Höflichkeit und von allen Tugenden vielleicht die einzige, welche sie unverwandelt übernimmt. Was aber die übrigen betrifft, von denen die gottverlassene Konvention vermeint, es könne ihnen nur in einem ‹Konflikt der Pflichten› ihr Recht werden, so hat die Höflichkeit als die Muse des Mittelwegs ihnen längst gegeben, was ihnen zukommt: nämlich dem Unterliegenden die nächste Chance.»*[93]

Die Trias «Geduld – Höflichkeit – Tugend» zielt auf einen Zusammenhang, den ein bloß formaler Begriff von Höflichkeit kaum einholen kann. Im Kern geht es Benjamin um eine «Solidarität der Tugenden». Jenseits eines bloßen Konflikts konventioneller Pflichten, in den sie sich verstricken, rettet Höflichkeit über ihre Kontinuierung der Geduld diese namentlich nicht aufgezählten Tugenden. Damit kommt ihr tugendethisch eine nicht unerhebliche Bedeutung zu.[94] Diese wird noch verstärkt durch die Charakterisierung der Höflichkeit als «Muse des Mittelwegs». Diese Assonanz an eine klassische Lokalisierung der Tugendethik stellt eine bedeutungsvolle Wendung dar – und rekurriert zudem auf eine nicht minder klassische Signatur der Höflichkeit, auf ihr «Surplus», auf die freie und freiwillige Gabe von Raum und neuer Chance. Mit dem Hinweis Benjamins gilt diese zunächst den «unterliegenden Tugenden». Nichts steht jedoch im Wege, diesen Ausweis der Höflichkeit je und je personal zu wenden: Sie gewährt Unterlegenen eine neue Chance.[95]

Setzen wir ein mit Hinweisen, die ein Modell der Kommunikationspsychologie bereithält, das auch auf Höflichkeitsphänomene zu sprechen kommt.[96] Psychologie, Soziologie und Philosophie der Höflichkeit können hier in den spärlichen Spuren zur Höflichkeit selbst nur spärlich zum Zuge kommen. Deskriptionsebenen allein

---

[92] *BENJAMIN*, Höflichkeit 317.

[93] *BENJAMIN*, Höflichkeit 317f. Vgl. paradigmatisch gewendet *SCHÖNHERR-MANN*, Postmoderne Perspektiven des Ethischen 113ff. (zur «politischen Streitkultur»).

[94] Man kann hier mit Recht an die tugend- und haltungsgenerierende Rolle der Höflichkeit denken, die Comte-Sponville, eingangs ja skizziert (vgl. oben Abs. 3.2.), unterstreicht. Nur beschreibt Benjamin die Anschlußetappe dieses Weges. Sie ist «katabatisch». Generiert eine erste Höflichkeit der Ästhetik ein primäres Ethos («anabatische» Bewegung), so sichert Höflichkeit das je und je geforderte Ethos und seine Haltung in der Konkretion über die Geduld.

[95] Das Motiv der Großzügigkeit kehrt hier implizit wider. Sie ist *eine* Markierung der Höflichkeit. Ihre Konspiration mit anderen dämmt den Paternalismusverdacht erheblich ein.

[96] Dies geschieht teils im Rückgriff und in Wiederaufnahme (vgl. z.B. Präzisierungen der Soziolinguistik), teils flankierend und indirekt in Angänge, die aber transponierbar bleiben. Hier gilt, was – in anderem Kontext wohl – *B. FRALING*, Methoden im Vergleich. Theologische Ethik in Deutschland und Lateinamerika, in: *G. MERTENS* (Hrsg.), Markierungen der Humanität. Sozialethische Herausforderungen auf dem Weg in ein neues Jahrtausend, Paderborn 1992, 59-78, 71, sagt: «Je näher humanwissenschaftliche Erkenntnis der empirisch festgestellten Faktizität ist, um so unabhängiger sind ihre Ergebnisse von der Anthropologie des Forschers; je mehr sie selbst durch hermeneutische Methoden gekennzeichnet sind, umso mehr sind die anthropologischen Implikationen zu berücksichtigen.» Vgl. die hermeneutisch-methodischen Reflexionen bei *U. ZELINKA*, Moraltheologie im interdisziplinären Dialog. Zur Rezeption natur- und humanwissenschaftlicher Ergebnisse, in: *ders./M. SCHRAMM* (Hrsg,), Um des Menschen Willen. Moral und Spiritualität, Würzburg 1994, 81-101, *ders.*, Normativität der Natur – Natur der Normativität (SThE 57), Freiburg i.Ue./Freiburg i.Br. 1994, *BRANTL*, Verbindende Moral 17-56, 57-104 (zu einem so exemplarischen wie grundlegenden Dialogfeld).

reichen nicht hin, um zu ethischen Aussagen zu kommen. Präskriptionen, Handlungsmaximen mittlerer Reichweite, Prinzipien des Handelns und Interagierens sind immer auch auf eine hermeneutische Dimension der Auslegung und Deutung der Fakten und Funktionen verwiesen, die selbst ethisch zu denken geben. Daten einer ganzheitlichen Anthropologie entzünden erst die Frage nach der Richtigkeit und Gutheit des Handelns. Sozialität und Kommunikativität verweisen erst auf Prosozialität, Achtung, Anerkennung, Respekt, auf Modalitäten, die der Würde des einzelnen je konkret zu entsprechen suchen und damit selbst einen ethischen Anspruch wahrnehmen.

11.1. Feinere Unterschiede: eine «differentielle Psychologie der Kommunikation»

Höflichkeit – nicht nur «verbale» – verfügt über Ausdruck, bringt zum Ausdruck. Sie ist komplex, fragil, riskant, unterliegt zudem einer Reihe von Mikro- wie Makroprozessen – historischen, sozialen und psychologischen.

Der Hamburger Psychologe und Kommunikationstrainer F. Schulz v. Thun hat einen breiten, integrativen Versuch vorgelegt, der hier angesprochen werden soll, weil er das soziolinguistisch untersuchte Höflichkeitsmaterial personal (also psychologisch) und interpersonal (also sozialpsychologisch, vorab für den Bereich der Face-to-face-Kommunikation) unterlegt und so entscheidend anreichert um die Dimension der polyperspektivischen Personalität wie Persönlichkeit. Dabei verbindet Schulz v. Thun – freilich über die spezifischen Kontexte einer engeren Höflichkeitsthematik hinaus – in einer «differentiellen Psychologie der Kommunikation» ausgehend von Störungserfahrungen[97] Analyse- und Entwicklungsmodelle für eine situations- und persongerechte Kommunikation. Diese Entwürfe zeichnen sich zugleich durch Wert-, Deutungs- wie Entwicklungsoffenheit aus.[98] Besonders sichtbar wird dabei in den Typologisierungen die Komplexität des Kommunikations- und Höflichkeitspersonals selbst, das sich und seine Dispositionen immer mit zum Ausdruck bringt.

---

[97] In nicht seltenen Fällen sind dies Phänomene der Face-Bedrohung und die davon ausgelösten Reaktionen. Vgl. dazu auch den differenzierten Ansatz bei *MARTIN/DREES*, Vertrackte Beziehungen, passim, die Funktionsweisen von kommunikativen Paradoxa, Dilemmata, Fallen und Zirkeln beleuchten. – Anders als es der Titel nahelegt, bietet die an sich informative Studie von *M. P. SCHMELZ*, Psychologie der Höflichkeit, Frankfurt/M.-Berlin-Bern 1994, gerade keine psychologisch ergiebige Annäherung, sondern analysiert funktionalistisch betrieblich-organisatorische Aufforderungssituationen im Arbeitsprozeß.

[98] Es handelt sich um die in erheblichem Abstand erschienenen (sich so selbst modifizierenden) Bände: *F. SCHULZ V. THUN*, Miteinander reden I (Störungen und Klärungen: Allgemeine Psychologie der Kommunikation), Reinbek 1981, *ders.*, Miteinander reden II (Stile, Werte und Persönlichkeitsentwicklungen: Differentielle Psychologie der Kommunikation), Reinbek 1989, *ders.*, Miteinander reden III (Das «innere Team» und die situationsgerechte Kommunikation: Kommunikation, Person, Situation), Reinbek 1998, dazu als knappe Zusammenfassung und Fokussierung *ders./J. RUPPEL/R. STRATMANN*, Miteinander reden. Kommunikationspsychologie für Führungskräfte, Reinbek 2000, vgl. zudem *F. SCHULZ V. THUN*, Psychologische Vorgänge in der zwischenmenschlichen Kommunikation, in: *B. FITTKAU/H.M. MÜLLER-WOLF/ders.*, Kommunizieren lernen (und umlernen), Braunschweig 1977, 9-100. – Dieses Projekt bietet sich aus drei Gründen an: Es sucht selbst Alltags- und Erfahrungsnähe, integriert eine Reihe von psychologischen Modellen (die hier nicht alle einzeln vorgestellt werden können) und operiert in seinen Typologien mit einer offenen Anthropologie. – Vgl. auch *BRENNER/ZIRFAS*, Lexikon der Lebenskunst 260-265.

Einige Theorieelemente dieser «kommunikativen Tugendlehre»[99] werden hier im Blick auf die Höflichkeitsthematik aufgegriffen, wobei der Weg von einer *allgemeinen* Kommunikationspsychologie[100] zu einer *differentiellen* verläuft, die zugleich Kommunikationsmodelle *zwischen* Partnern – und pointiert *in* ihnen selbst – aufschlüsselt. Dies geschieht vor dem Horizont einer «dualen Ethik», die humanistisches und systemisches Denken zu vermitteln sucht. Die Vorstellungen von Autonomie und Authentizität der Persönlichkeit werden dabei nicht als antagonistisch zur sozial-systemischen Situiertheit verstanden.[101] Kompromisse, Komplementarität und Korrespondenz sowie wechselseitige Bedingungs- und Förderungsmöglichkeiten kommen damit in den Blick.

Veranschaulichungen dieses Ansatzes schlagen sich nieder in drei Modellen: dem Nachrichtenquadrat, dem Werte- und Entwicklungsquadrat. In diese Schemata werden Typen dominanter Kommunikationsstile eingetragen und systemisch vermittelt. Ausgang bildet eine erste Überlegung zu Mehrdimensionalität und Komplexität jeglicher Form von Kommunikation. Das Nachrichtenquadrat pointiert zunächst die einschlägigen senderseitigen Ebenen:[102]

Sachinhalt

Selbstkundgabe NACHRICHT Appell

Beziehungsebene

Nun überrascht dieses Modell spätestens seit Wittgensteins Analysen nicht mehr, wirft aber ein bezeichnendes Licht auf eine Frage, die auch die Theorie der Höflichkeit betrifft. Selbst formelhafte (verbale) Kommunikation erschöpft sich nicht auf

[99] Vgl. *SCHULZ V. THUN*, Miteinander reden III 12. Ein Ansatz, der sich selbst so beschreibt, kommt natürlich einem Deutungsversuch der Höflichkeit in theologisch-ethischem Rahmen entgegen. Zu anderen – gerade theologisch – breit rezipierten Modellen einer «Theorie der Anrede» *F. OSER/W. ALTHOF* (Hrsg.), Moralische Selbstbestimmung. Modelle der Entwicklung und Erziehung im Wertebereich. Stuttgart 1992, *L. KOHLBERG*, Die Psychologie der Moralentwicklung, Frankfurt/M. 1995. Kritisch dazu *M. WALLROTH*, Moral ohne Reife? Ein Plädoyer für ein tugendethisches Moralverständnis, Freiburg i.Br.-München 2000, bes. 29-69, *ders.*, Psychologie der Tugend, in: *PRISCHING*, Postmoderne Tugenden 143-161 (mit Bezug auf Schulz v. Thun). Vgl. im Blick auf die Höflichkeitsthematik *VALTL*, Höflichkeit 285ff. Vgl. in theologischer Perspektive *E. SCHOCKENHOFF*, Naturrecht und Menschenwürde, Mainz 1996, 90-92.

[100] Entwickelt und dargelegt in: *SCHULZ V. THUN*, Miteinander reden I, vor allem unter Bezug auf Konzepte der «Humanistischen Psychologie» und der Kommunikationsforschung. Vgl. dazu den frühen Versuch, diese Forschungslinien mit einer theologischen Kommunikationsethik in Dialog zu bringen *H. STICH*, Kernstrukturen menschlicher Begegnung. Ethische Implikationen der Kommunikationspsychologie, München 1977.

[101] Vgl. *SCHULZ V. THUN*, Miteinander reden III 16. Zum methodischen Hintergrund, seinem «theoretischen Eklektizismus», zu den Aspektseiten des Aktuellen wie Habituellen vgl. *SCHULZ V. THUN*, Miteinander reden II 58f., vgl. zu diesen Implikationen auch *B. KLEINER*, Class Ethos and Politeness, in: Journal of Language and Social Psychology 15 (1996) 155-175.

[102] Zu Erläuterungen und theoretischer Herkunft vgl. *SCHULZ V. THUN*, Miteinander reden I 23-96, II 19-27.

der formalen und keineswegs auf der verbalen Ebene allein, mag sie auch durch Höflichkeitsformeln prägnant akzentuiert, konturiert und standardisiert sein.[103] Die Analyse des Höflichkeitsaspektes einer Äußerung kann also schon deshalb hier nicht stehenbleiben. Jenseits eines Höflichkeitsformalismus, der gerade die riskante Beziehungsebene stabilisieren will[104] (ohne daß der Wortlaut der Äußerung die Letztentscheidung über Gelingen oder Mißlingen einer Kommunikationssituation haben muß), geraten also Bereiche in den Blick, die sowohl nach ganzpersonaler als auch interpersonaler Wahrnehmung verlangen. Psycho- wie sozialdynamische Komponenten höflichkeitsrelevanter Kommunikationen sind folglich einzubeziehen.[105]

Dies läßt sich mit einer Modifizierung des Nachrichtenquadrates verdeutlichen. Die vier senderseitigen Komponenten und Ebenen der Nachricht treffen auf die vier entsprechenden «Ohren»[106] des Empfängers. Das heißt nichts anderes, als daß die vier Facetten der gesendeten Nachricht auf entsprechenden Ebenen registriert werden und graduell Reaktionen auslösen. Der (sprach-)pragmatische Druck der Annäherung oder der Distanzierung ist so in ein redupliziertes, fragiles und komplexes Netzwerk an Überschneidungen und Gewichtungen eingewoben. Dabei fließen situativ eine Vielzahl von Faktoren ein, die als «Vor-» und «Zielgeschichte» um thematische Struktur wie Beziehungsebene der jeweiligen Kommunikationspartner herum angelagert sind, somit diese Größen unter variabler Betrachtung als Platzhalter für systemische Rahmendaten dienen können, die Kommunikationen situativ oder prä- und transsituativ mitprägen.[107]

---

[103] Eine knappe Dankes-, Bitt- oder Grußformel kann zudem durchaus formal und funktional wahrgenommen werden als Höflichkeitsmarkierung – und ohne daß dabei der verbal-semantischen Verlautbarung, der «parole», große Beachtung geschenkt werden müßte. Selbst das Wort «Danke» ist allein nicht automatisch Höflichkeitsträger. Eine ironisch-zynische Aufladung (unterstützt von der «passenden» Prosodie, Proxemik, Gestik und Mimik) hat alle anderen Wirkungen als die der Gesichtsschonung. Diese Mehrkanaligkeit trägt in komplexeren Dankes-, Bitt- oder Grußsituationen auch wieder über die Formalität hinaus. Ohne daß die einschlägigen Lexeme und Sememe auftauchen müssen kann via Sachebene und/oder Beziehungsebene und der Fülle der für sie zur Verfügung stehenden Symbole, Gesten und Grammatikalisierung die entsprechende Intention kommuniziert und decodiert werden. Dies heißt aber auch, daß der gerne vorgetragene Vorwurf der Verlogenheit (an die Adresse der Höflichkeit) zumindest immer durch den Filter der Reflexion auf die Beziehungsebene gehen muß. Das mit Höflichkeitsformeln gelogen werden kann, ist einleuchtend – aber auch mit wahren Sachaussagen kann gelogen werden – nur, und darum geht es, daß Höflichkeit mit Verlogenheit leichtfertig gleichgesetzt wird, läßt sich nur dann (und schon dann nicht immer) halten, wenn man diese Zweikanaligkeit von Inhalts- und Beziehungsebene unterschlägt. Daß dabei noch erheblich mehr Raum für eine materiale und ethisch positive Handlungsgestaltung liegt, folgt eben genau daraus.

[104] Hier greifen wieder die schon erwähnten multiplen Kombinationsmöglichkeiten der einschlägigen Höflichkeitsfunktionen, -motive und -dimensionen.

[105] Hier kann es natürlich nicht um den Fehlschluß gehen, daß jede «Äußerung» die absolut exakte Abbildung einer «Innerung» sein kann (um in der Terminologie zu bleiben, vgl. *SCHULZ V. THUN*, Miteinander reden II 15f.).

[106] Vgl. *SCHULZ V. THUN*, Miteinander reden I 44-68, II 21. Es handelt sich um die Analogbildungen: «Sach-Ohr», «Selbstkundgabe-Ohr», «Beziehungsohr» und «Appell-Ohr», also um die empfängerseitigen Rezeptionskanäle und -sensorien, die ihrerseits «Ausgangspunkte» für ein komplexes Feedback werden. Es gibt «no innocent eye», so der berühmte Kunsthistoriker *E.H. GOMBRICH*, Art and Illusion. A study in the psychology of pictoral representation, London 1960. Ähnliches gilt für ein nur mutmaßliches «innocent ear». Interesse involviert – und kon-konstruiert. Rezeption ist eine Handlung.

[107] Vgl. *SCHULZ V. THUN*, Miteinander reden III 280-285. Einfließen können hier als systemische Größen (neben der je individuellen Biographie) wie die verschiedenen Formen von Öffentlichkeit und Intimität (und ihren strukturellen Forderungen), soziale Organisationsformen und -rahmen. Einen be-

Damit ergibt sich ein modifiziertes Modell[108], das man – über Schulz v. Thun hinausgehend – noch mit den Indizes der jeweiligen Zeitachsen für Vor- und Zielgeschichte im beschriebenen Sinn erweitern dürfte:

Sender → NQ-Sender//NQ-Empfänger→ Empfänger

↑ ↓

↑ ↓

←←←←NQ-Feedback (S) ← NQ-Feedback (E) ←←←←

An diesem Kommunikationsmodell wird nun deutlich, daß das Nachrichtenquadrat des Senders (NQ-Sender) nahe, aber nie identisch mit dem von ihm evozierten Nachrichtenquadrat des Empfängers (NQ-Empfänger) ist. Auf dessen Seite schlagen bei der Rezeption die einzelnen Schichten und Ebenen der Äußerung in *aktive* Reaktionen und Rezeptionen um. Der Empfänger ist in dieser letztlich immer druckasymmetrischen Situation nicht einfach nur passiv. Da Reaktionen aber nur partiell ausrechenbar sind, entstehen mitunter erhebliche Unsicherheiten. Auf *einer* Ebene versucht das Höflichkeitsrepertoire gerade diesen Unsicherheiten «en miniature» gegenzusteuern und Erwartbarkeiten oder Stabilisationen abzurufen. Aber auch hier gilt: Die Verläufe, wenn auch teils komprimiert und gestanzt[109], sind durch den psycho- wie sozialdynamischen Anteil, den der Empfänger beisteuert, nie ganz aufzufangen. Wachsamkeit, Aufmerksamkeit für die angestoßenen Reaktionen sind dann ein weiteres notwendiges Höflichkeitspostulat, das sich nicht auf der formalen, aber auch nicht auf der appellativen Ebene allein situieren und kreativ gestalten läßt.[110]

---

merkenswerten Versuch in der Applikation der Luhmannschen Theorie sozialer Makrosysteme auf die Mikrokommunikation hat vorgelegt *A. KIESERLING*, Kommunikation unter Anwesenden. Studien über Interaktionssysteme, Frankfurt/M. 1999.

[108] Nach dem Modell von *SCHULZ V. THUN*, Miteinander reden I 18.

[109] Hier greift dann das «Teufelskreisschema». Es meint die Tatsache, daß Kommunikationseigenheiten eines jeden nicht nur der Ausdruck seiner Person und Situation sind, sondern in eine Beziehungsdynamik verflochten sind, wobei «überschießende» Reaktionen nicht selten zu konstatieren sind. Die Auslöser dafür können auf den unterschiedlichsten Ebenen und ihren Rekombinationen liegen. Vgl. *SCHULZ V. THUN*, Miteinander reden I 64, 193ff., II 17, 29, 179ff. (Beispiele), zum «Teufelskreis» von Distanz und Nähe II 201 (hier aber für eine enge Beziehung ausgelegt), zudem III 246. Vgl. zur psychologischen Legitimität und spezifischen kommunikativen Sicherungsweisen von Distanzbedürfnissen *I. TARR KRÜGER*, Von der Unmöglichkeit ohne Lüge zu leben, Zürich 1997, bes. 71-76, dazu – gleichsam zum anderen Pol der Anerkennung – *dies.*, Die magischen Kraft der Beachtung. Sehen und gesehen werden, Freiburg i.Br. 2001.

[110] Und dies in der Kombination – vom Sender über die beiden Nachrichtenquadrate derselben Nachricht, über den Empfänger zum Feedback. Schon bei der minimalsten Nachrichteninhalt/knappster Sachebene (Dank oder Bitte) stellt sich dies ein. Je differenzierter die Bitte (auf der Sach-, Sprach- und Beziehungsebene) desto komplexer das Geschehen, dies ein weiteres Indiz dafür, daß – angereichert durch diese Faktoren – eine absolute Identität der Nachrichtenquadrate von S und E nicht erreichbar sein wird. Dies hat Bedeutung für eine allzu leicht mechanistische Sicht von Höflichkeitspädagogiken, Kommunikationstrainings und anderen Formen der Kompetenzerwerbung. Auch tugendethisch drängt sich hier die Frage nach der Grenze der Leistungsfähigkeit von Tugend, Haltung, «Habitus» auf. Ohne sündenzentriert denken zu müssen (eine Vereinfachung trotz ihres Ernstes), bleibt die lapsarische, vor allem aber die eschatologische Vorhaltung zu eruieren. Sie begründet einen Realismus, der kein Fatalismus ist.

Der je zu praktizierende Versuch einer Korrespondenz und höchstmöglicher Kongruenz zwischen «Innerung» und «Äußerung» als Übung des vierkanaligen Sendens und Zuhörens (mit allen einschlägigen psychischen, personalen, sozialen und systemische Faktoren) steht für Schulz v. Thun unter dem Leit- und Zielwert der Empathie und zudem unter der essentiellen Spannung von Authentizität und Wirkungskalkül. Initialphasen, beobachtbare Turns verdienen dabei (neben den Verlaufsphasen) besondere Beachtung. Sie sind einbegriffen und dynamisieren damit die freilegbaren Grundstrukturen *innerhalb* der und *über* die analysierte Situation hinaus.[111] Dies findet in einem weiteren Schritt systematischen Niederschlag.

Es handelt sich dabei um das Werte- und das Entwicklungsquadrat, die die grundlegende Einsicht spiegeln, daß Persönlichkeitswerte und kommunikative Tugenden in einem spannungsreichen Verhältnis stehen und dialektisch strukturiert sind.[112] Schulz v. Thun spielt diese Auffassung an verschiedenen, leitthematisch variierten Modellen des Wertequadrates thematisch durch, wobei er auffallend analog zu klassischen Tugendtheorien verfährt.[113] An Skizze wird dessen Grundstruktur anschaulich, die zudem konzentriert auf die Höflichkeitsdimension ist[114]:

A) Liebe <>----------- Schwesterwerte in positiver Spannung ------------<> B) Kampf

Akzeptierung<> — *<> Konfrontaton*
Gelten lassen<> — *<> Konflikt*
Versöhnung<> — *<>Streit*
Friedlichkeit<> — *<> Kampfgeist*
Höflichkeit<> — *<> Unerbittlichkeit*

↓ ↖↘ ↙↗ ↓

«Entwertung qua Übertreibung» ↖↘ konträre Gegensätze ↙↗ *«Entwertung qua Übertreibung»*

↑ ↙↗ ↖↘ ↑

C) «Friedhöflichkeit» <> Entartungsformen/Deoptimierungen in Spannung <> D) Feindseligkeit

In diesem Modell korrespondieren komplementär und dialektisch die «Schwesterwerte» oder «Schwestertugenden» A und B (mit ihren thematisch nahen Varianten) auf einer Ebene. Ihnen entsprechen in analoger Spannung C und D als «Entartungsformen», die entstehen, sobald eine der Tugenden unterdrückt und nicht ge-

---

[111] Vgl. *SCHULZ V. THUN*, Miteinander reden II 23f., III 276. Dabei sind eine Reihe von anthropologischen Konstanten im Auge zu behalten, wie z.B. innere Konfliktpotentiale (bei hochdifferenzierter kognitiver und motivationaler Ausstattung, bei weit gefaßten Erwartungs- und Planungshorizonten, «animalisches Erbe und humane Sittlichkeit») oder soziologische Dimensionen von Rollenkonflikte (Intra- *und* Interrollenkonflikte). Vgl. *SCHULZ V. THUN*, Miteinander reden III 156, 163-170. Hier kommt ein dynamisches Persönlichkeitsmodell zum Ausdruck.

[112] Vgl. *SCHULZ V. THUN*, Miteinander reden II 17, 38-55.

[113] Nach *SCHULZ V. THUN*, Miteinander reden II 39, bezeichnenderweise mit Bezug auf *O.F. BOLLNOW*, Wesen und Wandel der Tugenden, Frankfurt/M. 1958, *P. HELWIG*, Charakterologie, Freiburg i. Br. 1967. Nebenbei: «Largitas» ist ein Topos der Höflichkeitstheorie. Bei Aristoteles, Thomas, aber auch bei Kant kommt sie (mit anderen Haltungen oder «Pflichten gegen andere») im Umfeld der einschlägigen Debatte zu stehen. Vgl. insgesamt *J. STAROBINSKI*, Largesse, Paris 1994.

[114] Nach *SCHULZ V. THUN*, Miteinander reden II 47. Hier ist natürlich der explizite Anknüpfungspunkt für unser Unterfangen benannt. Vgl. die analoge Binnendimension bei *SCHULZ V. THUN*, Miteinander reden III 117 (hinsichtlich der Aufgabe einer inneren Streitkultur versus einer «inneren Friedhöflichkeit»).

lebt oder entwickelt wird.[115] Zudem lassen sich diagonale Beziehungen hinsichtlich der Werthöhe als Kontraste festhalten. Dabei ist – für unseren Zusammenhang natürlich einschlägig –, die neologistische «Friedhöflichkeit» als die extreme, ständig durchgehaltene Kombination von Friedfertigkeit und Höflichkeit von Bedeutung. Dieses Modell ist zunächst einmal statisch-vergewissernd. Es eruiert mögliche Korrelationen der möglichen Größen. Allein dadurch gibt es einen ersten Hinweis, daß Höflichkeit und ihre Ausdrucksformen wiederum selbst nicht losgelöst zu betrachten sind von einem weiteren Netz von Werten und diese realisierende und konkretisierende Haltungen. Höflichkeit ist damit zwar relativiert, aber eben nicht selbst entwertet oder auszuschließen.[116] Sie kann sich weder auf formaler noch auf situativer Ebene (man denke hierbei wiederum an die Mehrdimensionalität eines «höflichen Nachrichtenquadrates») verabsolutieren. Es bleiben Fließzusammenhänge.[117]

Von diesem Wertequadrat aus entfalten sich dann Entwicklungsquadrate, die mehr als nur die Zeitdimension einholen.[118] Deskriptiv lassen sich damit Entwicklungsprozesse einblenden und kennzeichnen. Gerade hier wird die Frage nach einer ethischen Bewertung der jeweiligen Entwicklungslinien und in der Folge ihrer Prämissen und Präferenzen in (moral-)pädagogischer Hinsicht virulent. Zwischen der Kompetenz der Akzeptierung und der Kompetenz der Konfrontation, zwischen der «Friedhöflichkeit» und der «aggressiven Entwertung» des anderen (und des «Ich») besteht ein Zusammenhang, der sensitive Entwicklungspotenzen anzeigt.

Hier gilt es, mögliche Prämissen und Postulate der Person- wie der Situationsgemäßheit differenzierend in Anschlag zu bringen[119] – die jeweils entgegengesetzte Diagonale wäre unter Umständen ja ebenso denk- und forcierbar. Die Entwicklungen auf die komplementären Haltungsbilder zu haben nun auch mit Dispositionen und Situationen zu tun, die geprägt und vorgeformt sind von einigen Grundtypen von Kommunikationsstilen. Schulz v. Thun unterscheidet acht Modi, die aber nicht starr und strikt verstanden werden.[120] Die Modalitäten heißen nun in seiner Terminologie:

- bedürftig-abhängiger Stil,
- helfender Stil,
- selbstloser Stil,
- aggressiv-entwertender Stil,

---

[115] Nach *SCHULZ V. THUN*, Miteinander reden III 118, läßt sich analog ein Schema der «Wertebalance einer konstruktiven internen wie externen Streitkultur» erstellen.

[116] Nun ist allerdings festzuhalten, daß der Höflichkeitsbegriff in diesen Erläuterungen nicht selbst einer kritischen Sichtung unterworfen wird. Er bleibt eher umgangssprachlich, wenngleich er implizit positiv besetzt ist in diesem Modell. Für die unbestreitbar mögliche Devianzform wird ein eher intuitiver Neologismus auf den Plan gebracht.

[117] Dieses wird sich auch auf der Haltungsebene zeigen.

[118] Vgl. *SCHULZ V. THUN*, Miteinander reden II 47ff. (das Modell: II 48).

[119] Zur Auslegung kontextspezifischer Konfigurationen der Pluralität und der multiplen Herkunft der Stimmen und den selbst pluralen Rahmen und Themen auf der Mikro-, Meso-, Makroebene vgl. *SCHULZ V. THUN*, Miteinander reden III 39-49.

[120] Acht Kommunikationsstile und ihre interpersonalen Implikationen als Modi der Interaktion. Mit jedem Stil verknüpft sind bestimmte innere Verfassungen («Ich-Zustände», so *SCHULZ V. THUN*, Miteinander reden II 57), die mehrkanalig (also nicht nur verbal) Sendeformen finden und fortwährend Amalgamierungen bilden (alle Typen sind in den anderen graduell anwesend, so *SCHULZ V. THUN*, Miteinander reden II 57, vgl. II 244-248).

- sich beweisender Stil,
- bestimmend-kontrollierender Stil,
- sich distanzierender Stil,
- mitteilungsfreudig-dramatisierender Stil.[121]

Diese acht Kommunikationsstile variieren. Sie sind abhängig von einer Vielzahl von Faktoren in der Kommunikation *zwischen* Personen. Die Pointe, die dann aber weiterhin entfaltet wird, siedelt diese Modalitäten auch also Varianten einer Binnenpsyche (im Modell des «inneren Teams» als «intrapersonaler Stimmen- und Figurenmix»[122]) an. Parallel zur Duplizierung der nie exakt deckungsgleichen Nachrichtenquadrate treffen damit dann auch jeweils zwei «innere Teams» in jeglicher Kommunikationssituation aufeinander. Das Ideal einer stimmigen Kommunikation liegt dabei in der doppelten Übereinstimmung mit sich selbst und dem systemisch geprägten Gehalt der Situation und bleibt dabei erhalten und leitend.[123] Aber die Bauelemente des «inneren Teams»[124] erhellen selbst in einer weiteren Steigerung die Komplexität, die jeder Interaktionspartner in sein «verbales» Handeln einbringt. Schulz v. Thun benennt Elemente und Variablen:

- innere Pluralität (multiple Stimmen und Stimmungen);
- innere Koordination dieser Pluralität (dominierende Stimme zur Generierung von Synergien);
- inneres Konfliktmanagement angesichts unvermeidbarer innerer Konflikte von unterschiedlichster Schwere und Bedrohung;
- Grundstrukturen der Relation innerhalb der inneren Pluralität (nach Graden der Dominanz, der Kooperation oder des «Widerstreits»);
- Variabilität und Entwicklungsfähigkeit dieser inneren Relationen;
- situationsgerechte Varianz dieser Struktur und ihrer Variabilität.[125]

Die Möglichkeiten der Kombinationen und Rekombinationen «ad intra» und «ad extra» wachsen damit noch einmal erheblich. Auch wenn die Modelle diese Komplexität greifbar machen und schematisieren, so ist es nirgends Schulz v. Thuns Intention, hier in säuberlich sezierten Kategorien zu denken. Analyse und Beschreibung legen die maßgeblichen Komponenten auf eine Weise frei, mit der auf Entwicklungen, nicht auf Determinismen gezielt werden kann. Es geht dabei nicht nur

---

121 *SCHULZ V. THUN*, Miteinander reden II 57-244, entfaltet die jeweiligen Details und Spezifika. Hier genügt die rasterhafte Orientierung. Hier ist kurz darauf verweisen, daß es sich bei dem Begriff «Stil» eben gerade nicht allein um einen subjektiv und (vorgeblich völlig autonom) gewählten Kommunikations- als Lebensstil handelt. Die Qualifizierung hängt jeweils *auch* an der Rezeption und Rezipient.

122 *SCHULZ V. THUN*, Miteinander reden III 267-272, exemplifiziert Notwendigkeit und Risiko in der Dynamik jeglicher Umgruppierung des «inneren Teams» im Blick auf fundamentale Lebensthemen wie Tod, Sexualität, Macht. Vgl. *SCHULZ V. THUN*, Miteinander reden III 246, 273-328 und II 137 (zum «emotionalem Schichtenwesen» Mensch und zur interimistisch variablen Präponderanz des Aus*drucks*). Vgl. R. *CHEN*, Self-Politeness. A Proposal, in: Journal of Pragmatics 33 (2001) 87-106.

123 Vgl. *SCHULZ V. THUN*, Miteinander reden I 18, 121ff., III 13, 15ff.

124 Dieses Modell hat Vorläufer und integriert sie. *SCHULZ V. THUN*, Miteinander reden III 49-63, referiert maßgebliche wie die Gestalttherapie, die «frühe» Kommunikationspsychologie, aber auch literarische Reflexionen zum Leitmotiv der «zwei Seelen in einer Brust».

125 Vgl. *SCHULZ V. THUN*, Miteinander reden III 18-22. Was hier summarisch und thetisch referiert wird, ist das grundlegende Darstellungsprogramm von *SCHULZ V. THUN*, Miteinander reden III.

um Techniken und soziale Kompetenzen in einer mechanistischen Sicht, sondern auch um die Eröffnung von Lern- und Gestaltungsräumen (wiederum «ad intra» und «ad extra»), die Möglichkeit, die Aufstellung der «inneren Teams» vor einem Werte- und Entwicklungskontext person- und situationsgerecht zu variieren zu erproben. Dabei ist eine Komponente der Selbstwahrnehmung und Persönlichkeitsformung (also eine Komponente der «inneren Höflichkeit» in der Disposition eigenpsychischer Anteile) unübersehbar. Angesichts der Vielfalt und Vielzahl möglicher Dispositionen ist freilich nur an eine asymptotisch angelegte Idealvorstellung zu denken, an Verwirklichungsformen der Annäherung.

Die Postulate für eine balancierte «innere Teamführung»[126] sind nun selbst wieder analogisier- und transferierbar auf interpersonale Kommunikationen. Auffällig dabei sind kaum zu übersehende Nähen zu einer Reihe von Höflichkeitspostulaten. Nimmt man die diversen Kommunikationsstile, die differenzierten Kommunikationsebenen und die psychischen Binnenkonstellationen zusammen, dann ergeben sie – für einen Ausschnitt aus der von Schulz v. Thun verhandelten Palette und im Zuschnitt auf die hier zur Verhandlung stehende Thematik – ein konzises Postulat, das sowohl in einen Wertekontext eingebunden als auch – von je unterschiedlichen personalen und situativen Bedingungen ausgehend und ihnen gemäß zu differenzieren – auf eine Haltungsentwicklung hinzielt.

Auf Höflichkeitskontexte gewendet formuliert Schulz v. Thun die von den unterschiedlichen Seiten des Werte- und Entwicklungsquadrates anzugehende Frage nach der Entwicklung einer «Kunst der taktvollen Direktheit», wobei er mit den beiden Begriffen «Direktheit» und «Takt» zentrale Themen der Höflichkeitsdiskussion aufgreift. Anders formuliert ergibt sich daraus eine der Kardinalfragen der Kommunikation überhaupt:

> «*Wie kann ich jemandem gegenüber ‹offen und ehrlich› sein,* ohne ihn *übermäßig zu verletzen und zu verprellen,* ohne mir *selbst unnötige Blößen zu geben?*»[127]

---

[126] Vgl. *SCHULZ V. THUN*, Miteinander reden III 70. Gerade die letzten beiden Punkte geben natürlich die Terminologie Schulz v. Thuns wider. Sie meinen die unterschiedlichen psychischen Anteile in *einer* Person. Diese Postulate heißen: Selbstkontrolle, Moderation, Integration, Konfliktmanagement, Personal- und Teamentwicklung, Personalauswahl und Einsatzleitung. Vgl. *SCHULZ V. THUN*, Miteinander reden II 139 (zur korrespondierenden Relation von Respekt als Fremdachtung und Respekt als Selbstachtung im Bezug zur inneren Höflichkeit und «Raumkoordination» im binnenpsychischen Bereich der Persönlichkeitsanteile). Vgl. *J.P. FORGAS*, Feeling and speaking: Mood effects on verbal communication strategies, in: Personality and Social Psychology Bulletin 25 (1999) 850-863, *ders.*, On feeling good and being rude: Affective influences on language use and request formulations, in: Journal of Personality and Social Psychology 76 (1999) 928-939.

[127] Vgl. *SCHULZ V. THUN*, Miteinander reden III 87 (Hervorhebung – APA), vgl. II 45f., 145-148. Notwendigerweise ist hier auch auf die Funktion der Aggression hinzuweisen. Sie ist zu unterscheiden von dem, was hier im alteritätssensitiven Blick als «verletzen» und «verprellen» genannt wird. Das «aggredi» ist ein spezifisch-dynamischer Modus des «Herangehens» an jemand (als solcher höflichkeitsrelevant und – sensibel, nicht nur weil dies *Ausdrucks*formen impliziert) und an etwas. Aggression ist ego-konstitutiv und alter-relevant, selbstredend interaktionsbezogen. Aggressionsunterdrückung ist nur *eine* notwendige und mögliche Funktion der Höflichkeit. Aggressionsgestaltung wäre eine andere (nach Ort, Zeit, Maß und Gegenüber). Höflichkeit auf bloße Aggressionsunterdrückung zu reduzieren, widerspräche ihrer Vielgestaltigkeit und Polysemie schon auf einer formal-funktionalen Ebene. Zum Wert der Aggression und ihren nötigen Grenzen vgl. «pars pro toto»: *K. FRIELINGSDORF*, Aggression stiftet Beziehung, Mainz 1999.

Das Theorie- und Analyserepertoire, das hier aufgearbeitet wird, dient zunächst dazu, den personalen und psychischen Bedingungsmöglichkeiten den angemessenen Platz einzuräumen. Diese Dimensionen können in der Praxis nicht übersprungen, wohl aber mitgeformt werden. Die Höflichkeitstheorie ist in ihrer Abstraktionsfähigkeit gehalten zu systematisieren. Aber pädagogische, didaktische und schließlich ethische Vermessungen des Terrains sind dann wieder in Korrelation zu bringen, zu dem was Teilnehmer (vorab) alltäglicher Kommunikationen und Interaktionsminiaturen an personalen Dispositionen einbringen. In einem letzten analytischen Schritt kann dann ein postulatorisches Werte- und Entwicklungsquadrat in ethisch relevanter Konstellation eingeblendet werden:[128]

A) Direktheit <>--<> *B) Takt*
↓ ↖↘ ↙↗ ↓
↗
Entwicklungsrichtung
↗
↑ ↙↗ ↖↘ ↑
C) Herabsetzung «rüder Ton» <>------------<> *D) diplomatische Schnörkelhaftigkeit*

Bevor nun eine bestimmte Entwicklungsrichtung eingeschlagen oder empfohlen werden kann, ist es also nötig, die inneren Voraussetzungen des Dialogs zu sichten. Die Ausgangskonstellationen sind hochvariant. Dennoch bleibt eine grundlegende Intention dieses differentiellen Modells klar und unumstritten. Es geht nicht um Verhaltenskosmetik, sondern um personale Entwicklung. Hier hat eine Integration von Direktheit und Takt oder Höflichkeit einen festen Ort. Diese Integration hat auch eine Tiefendimension, die unter die mehr oder weniger flexiblen Formalia einer eng ausgelegten Höflichkeit fragt und an die Perspektive von Haltung und Gestaltung, von Sinn- und Werthorizonten an die personalen Gegebenheiten anknüpft. So gesehen sind Höflichkeit, Takt, die Variation indirekter wie direkter Kommunikationsmodi zum Fundus einer regionalen Anthropologie zu zählen. Höflichkeit ist in dieser Sicht nicht *alles* und *einziges*, aber ebensowenig zu trennen von Person und Situation, wie es zu isolieren ist vom möglichen Hiatus zwischen idealer Stimmigkeit, Selbstkongruenz, Verwirklichungskompetenz und – der realen Brüchigkeit, den Grenzen, mit denen menschliches Handeln behaftet bleibt.[129]

Komplexität und Vielschichtigkeit, wie sie in diesen Typologien aufscheinen, ziehen nicht selten regulativ-normative Reduktionen und Entlastungen nach sich. Diese Notwendigkeit wird hier augenscheinlich, auch wenn die primäre Intention gerade nicht in der Stabilisierung von Formen liegt, sondern in der Entdeckung und Gestaltung der dynamischen, spannungsreichen Beziehungen der Dimensionen. Einübung und Ausbildung sind selbst haltungsethisch relevante Prozesse, die nicht

---

[128] Nach *SCHULZ V. THUN*, Miteinander reden II 145.

[129] Vgl. *SCHULZ V. THUN*, Miteinander reden III 70ff., bringt damit auch die Alltagsdimension des «Kontaktmanagements» und seiner Modi ins Spiel. Eine gelingende Integration dieser Spuren ist im Sinne gelingenden Lebens und Kommunizierens zu postulieren. Konzentrieren sich klassische Höflichkeitstopoi in ihren Funktionen und Motiven (wie beschrieben) besonders auf die kommunikativen Schwellensituationen (Annäherung und Distanzierung) oder auf spezielle Turns (Sprecher- und Themenwechsel beispielsweise), so partizipieren sie an den weiter ausgespannten Modellen dieser differentiellen Kommunikationspsychologie. Freilich ist sie damit fokussiert, aber nicht gänzlich erschöpft.

zufällig in den theoretischen Polen von komplementären und dialektischen Kommunikationstugenden verankert werden können. Gerade weil auf den facettenreichen, psychologisch differenzierten Mutterboden gezielt wird, kommt hier ein Moment zu tragen, der Ausdrucksformen (auch und gerade der Höflichkeit) personal korreliert. Die mehrdimensionalen Prozesse der Kommunikation, die der Situation abgelauscht werden[130], weisen über die bloße Situation und die Kommunikationsminiatur hinaus und gewinnen so sowohl personale Tiefe als auch lebensgeschichtliche Weite. Komplexe Situation und komplexes Personal potenzieren sich, verlangen – um zu gelingender Kommunikation zu gelangen – erhöhte Aufmerksamkeit für den Gegenüber wie für sich selbst, denn die Situation ist nie ganz eindeutig determiniert.

Damit wird ein weiterer Punkt für den Diskurs über die Höflichkeit deutlich: Was als höflich im strikt formalen Sinn, wie in erweiterten Fassungen bezeichnet werden kann, hängt nicht allein am Sender, hängt nicht allein an der gewählten Standardform und ihren Varianten, sondern ebenso am Empfänger.[131] Ein differenzierter Blick auf Kommunikationssituationen befördert und fordert einen differenzierten Blick auf Phänomene der Höflichkeit.

Psychologisch unterfüttert, jedoch deutlich deterministischer sind die nun vorzustellenden Beobachtungen von Norbert Elias. Insofern schließt sich dessen soziohistorische Großtheorie durchaus an. Dies aber keineswegs problemlos, wie zu zeigen sein wird, denn die Differenzierungskapazität und personale Integrationsintention der differentiellen Kommunikationspsychologie geht hier weitgehend verloren. Komplementäre und supplementäre Momente, die aus der soziologischen und historischen Analysedimension kommend individual- wie sozialpsychologische Überlegungen in einen größeren Kontext und Rahmen stellen, werden dennoch in einigen Grundzügen sichtbar.

11.2. Sozialzwang Höflichkeit: Die Zivilisationstheorie von N. Elias

Es besteht kein Zweifel an der wissenschaftshistorischen Tatsache, daß Norbert Elias' Zivilisationstheorie[132] eine entscheidend katalysatorische Funktion in der

---

[130] Vgl. *SCHULZ V. THUN*, Miteinander reden III 306, 312ff. zum «Vier-Felder-Schema der Stimmigkeit» personaler und situativer Komponenten. Konventionen, konventionsneutrale Forderungen, aber auch das «Situationsgerechte» sind nicht eindeutig definierbar. Schon auf dieser Ebene ergeben sich Überschüsse.

[131] Im Gefälle dieser Einsicht ist dann zu unterstreichen, daß ein «Ethos der Höflichkeit» immer eine fundamentale dialogisch-responsorische Komponente haben wird, also auch hier eine Reduktion im Sinne der Verkürzung (nicht des Rückgriffs auf die Essentials) des Blicks auf Höflichkeitsnormen und -formen nicht ausreicht.

[132] Vgl. v.a. *N. ELIAS*, Über den Prozeß der Zivilisation. Soziogenetische und psychogenetische Untersuchungen, 2 Bde., Frankfurt/M. [20]1997, *ders.*, Die höfische Gesellschaft, Untersuchungen zur Soziologie des Königtums und der höfischen Aristokratie. Frankfurt/M. [8]1997. Vgl. *K.-S. REHBERG* (Hrsg.), Norbert Elias und die Menschenwissenschaft. Studien zur Entstehung und Wirkungsgeschichte seines Werkes, Frankfurt/M. 1996, *M. SCHRÖTER*, Erfahrungen mit N. Elias, Frankfurt/M. 1997, *A. BOGNER*, Zivilisation und Rationalisierung. Die Zivilisationstheorien M. Webers, N. Elias' und der Frankfurter Schule im Vergleich, Opladen 1989, *M. LILIENTHAL*, Norbert Elias: Über den Prozeß der Zivilisation (1937-39), in: *GAMM/HETZEL/ders.*, Hauptwerke der Sozialphilosophie 134-147. Vgl. auch *PERNOT*, La politesse et sa philosophie 289-310.

Auseinandersetzung mit den Phänomenen zukommt, die auch in diesem Versuch zur Debatte stehen. Für seine entscheidende These der langsamen und komplexen Entwicklung der Moderne findet Elias in den von ihm analysierten Genre der «Anstandsbücher» die Argumente für eine Transformation mittelalterlich-ritterlicher Gepflogenheiten zu Regeln der Höflichkeit und der Etikette.[133] Grundzüge dieser Zivilisationstheorie sind hier knapp anzureißen und einige Äußerungen in Erwägung zu ziehen, die für den Themenbereich der «Höflichkeit» Bedeutung haben.[134]

Für Elias markiert die Schrift «De civilitate morum puerilium» des Erasmus von Rotterdam, ihr Erfolg und ihre nachhaltige Rezeption einen historischen Angel- und Wendepunkt im Prozeß der Zivilisation.[135] Der Umschlag von der spätmittelalterlichen «cortesia/courtoisie» zur «civilité» der Renaissance im Sinne eines zivilisatorischen Fortschritts verbindet und verkörpert sich für Elias mit genau dieser Schrift.[136] Paradigmatisch ist sie für eine ganze Gattung von pädagogischer Literatur, der Anstands-, Manieren- und Zuchtbücher, die sich mit dem Verhalten von Menschen hinsichtlich ihres Körpers und seiner Funktionen, ihrer Kleidung, in Privat- und Intimsphäre, aber auch bei Tisch befassen. Die Exegese dieser Gattung, die in ihr sichtbare Wandlung von einschlägigen Verhaltensnormen führt Elias zur These und zum System des Zivilisationsprozesses in dem von ihm untersuchten Zeitraum vom 12. bis zum 18. Jahrhundert. In den von Elias analysierten Beispielen zeigt sich – so der Autor – ein fundamentaler Trend vom Fremdzwang- zum Selbstzwang im Sinne einer zunehmenden Internalisierung differenzierter und immer höherer Scham- und Peinlichkeitsschwellen.[137] Hier zeigt sich ein wachsendes Bedürfnis nach Intimität und Wahrung eines persönlichen Schutzraums. Für Elias ist diese

Eine direkte Fortführung findet sich z.B. in: *KRUMREY*, Entwicklungsstrukturen (vgl. dort auch das Vorwort von N. Elias selbst, 11-15). Vgl. die Aufnahmen und Reexaminationen von Elias bei *M.B. BECKER*, Civility and society in Western Europe, Bloomington 1988, *A. BRYSON*, From courtesy to civility. Changing codes of conduct in early modern England, Oxford 1998. Vgl. auch *A. MCCLELLAN*, Beyond courtesy: redefining civility, in: *L.R. ROUNER* (Hrsg.), Civility, Notre Dame/Ind. 2000, 78-93, der jedoch stärker den *Gegensatz* zwischen Hof und Stadt als Referenz der Genese betont als die *Verzahnung* von «curia» und «urbanitas».

133 Vgl. *P. ARIÈS*, Einleitung: Zur Geschichte des privaten Lebens, in: *ders./R. CHARTIER* (Hrsg.), Geschichte des privaten Lebens, Bd. 3: Von der Renaissance zur Aufklärung, Frankfurt/M. 1991, 7-19, 10.

134 Nachfragen erheben sich – trotz faktischer Anregungskraft – hinsichtlich dieses Forschungsparadigmas allerdings ob der Konsistenz des Umgangs mit den historischen Quellen (hinsichtlich Stichhaltigkeit und Verallgemeinerbarkeit), ob der Ideologie- und Klischeebefrachtung gerade von Phänomenen wie «Rittertum» und «Hof», schließlich ob der systematischen Kohärenz der Theoriebausteine. Vgl. die kritischen Überlegungen von *G. SCHWERHOFF*, Zivilisationsprozeß und Geschichtswissenschaft. Norbert Elias' Forschungsparadigma in historischer Sicht, in: HZ 266 (1998) 561-605 (dort auch zahlreiche Verweise auf neuere Sekundärliteratur zu Elias und seiner Theorie).

135 Vgl. v.a. *ELIAS*, Über den Prozeß der Zivilisation I 157-172, 181ff.

136 Die Renaissance-Humanisten sind in ihren Manierenschriften Brücke zwischen dem Mittelalter und der neueren Zeit, so *ELIAS*, Über den Prozeß der Zivilisation I 181. Die Angelpunkte des Prozesses von der mittelalterlichen «cortesia/courtoisie» über die humanistische «civilité» zur «civilisation» beschreibt Elias in einzelnen «Scharnierabschnitten». Vgl. z.B. *ELIAS*, Über den Prozeß der Zivilisation I 228-231.

137 Das gemeinsame Essen mit den Fingern aus gemeinsamen Töpfen wird abgelöst durch den Gebrauch von Besteck, das Schneuzen in die Hände durch den Gebrauch von Tüchern, das Ausspucken wird immer stärkeren Restriktionen unterworfen, die Hemmschwelle, unbefangen Privat- oder Schlafräume anderer zu betreten, immer höher gezogen. Vgl. *ELIAS*, Über den Prozeß der Zivilisation I 160ff. – Diese nicht unbegründete Sichtweisen haben auch ihren Preis, vgl. etwa *F. UHL*, Das Verschwinden der Lust im Prozeß der Zivilisation. Kulturkritische Prolegomena zum Diskurs über «Lust und Religion», in: ThPQ 146 (1998) 3-15.

Entwicklung nicht im Sinne eines individuellen Autonomiegewinns zu lesen, sondern als Verinnerlichung eines außengesteuerten Zwangs, der sich zunehmend in den einzelnen verlagert, also internalisiert. Verbunden ist diese Entwicklung zum einen mit der gesteigerten gesellschaftlichen Differenzierung und der damit verbundenen Zunahme sozialer Dependenz- und Interdependenzketten, zum anderen mit der Tendenz zur Integration kleinerer Sozialeinheiten in größere im Zuge einer Monopolisierung von Macht.[138] Historisch ist es also die Entwicklung des staatlichen Gewaltmonopols[139], das den gesellschaftlichen Zwang zum Selbstzwang auslöst und begründet. Diese Zivilisationstheorie ist also wesentlich Machttheorie – Theorie einer Macht der Oktroyierung von Affektregulierung.[140]

Die allmählichen Transformationsprozesse von der Natural- zur Geldwirtschaft, die Monopolisierungsmechanismen, die die zersplitterte Feudalgesellschaft in größer Einheiten umformt, bei denen gewisse Gruppen in Abhängigkeiten von anderen geraten, transformiert auch die Verhaltenskodizes. Elias analysiert diesen «Königsmechanismus» am Beispiel des Absolutismus in Frankreich. Zentralorgan dieses Mechanismus ist der Hof und sein Zeremoniell als Machtinstrument des Herrschers, einen depravierten Adel in Abhängigkeit und unter Kontrolle zu halten, dabei aber gleichzeitig eine Bühne zu bieten für die Austragung von Macht- und Prestigekämpfen. Zugleich wird der Hof der Ort, an dem sich vor diesem Hintergrund die Transformationen des Verhaltens entwickeln, einüben und präfigurieren lassen:

> *«Mit der ‹Verhöflichung› der Krieger sei die Rationalisierung des individuellen Verhaltens und das vorausschauende Abwägen von Folgen und Nebenfolgen der eigenen Pläne, sei die Selbstbeobachtung und der Selbstzwang, die Triebdämpfung und die Affektregulierung ebenso wie die Erhöhung der Scham- und Peinlichkeitsschwellen einhergegangen. In der modernen, bürgerlichen Gesellschaft wird dann die soziale Universalisierung und die endgültige Verinnerlichung dieser Verhaltensweisen erfolgen – aus der* civilité *wird die* civilisation ...»[141]

Damit ist der theoretische Schwerpunkt der Eliasschen Zivilisationstheorie genannt: das Zusammenspiel von *Fremdzwang* und *Selbstzwang*. Unbestreitbar sind hier Momente wie Motive eingefangen, die in den Kontext der Höflichkeitsanalyse ge-

---

138 Vgl. *SCHWERHOFF*, Zivilisationsprozeß und Geschichtswissenschaft 569.

139 Vgl. *ELIAS*, Über den Prozeß der Zivilisation I 80, passim.

140 Vgl. *SCHWERHOFF*, Zivilisationsprozeß und Geschichtswissenschaft 569, 593. Vgl. *C. WOUTERS*, Duerr und Elias. Scham und Gewalt in Zivilisationsprozessen, in: Zeitschrift für Sexualforschung 7 (1994) 203-216, *S. BREUER*, Die Gesellschaft des Verschwindens. Von der Selbstzerstörung der technischen Zivilisation, Berlin 1995, 15-46, *C. MARX*, Staat und Zivilisation. Zu Hans Peter Duerrs Kritik an Norbert Elias, in: Saec. 47 (1996) 282-299, zudem *K.-S. REHBERG*, Positionalität und Figuration gegen jede Gemeinschafts-Verschmelzung. Soziologisch-anthropologische Theorieverschränkungen bei Helmuth Plessner und Norbert Elias, in: *ESSBACH/FISCHER/LETHEN*, Plessners «Grenzen der Gemeinschaft» 213-247, bes. 224-228.

141 *SCHWERHOFF*, Zivilisationsprozeß und Geschichtswissenschaft 570. *ELIAS*, Prozeß der Zivilisation I 265, formuliert den Sachverhalt selbst folgendermaßen: «Der gesellschaftliche Standard, in den der Einzelne zunächst von außen, durch Fremdzwang, eingepaßt worden ist, reproduziert sich schließlich in ihm mehr oder weniger reibungslos durch Selbstzwang, der bis zu einem gewissen Grade arbeitet, auch wenn er es in seinem Bewußtsein nicht wünscht. Auf diese Weise vollzieht sich also der geschichtlich-gesellschaftliche Prozeß von Jahrhunderten, in dessen Verlauf der Standard der Scham- und Peinlichkeitsgrenzen langsam vorrückt, in dem einzelnen Menschen in abgekürzter Form von neuem. Wenn man darauf aus wäre, wiederkehrende Prozesse als Gesetz auszudrücken, könnte man in Parallele zu dem biogenetischen von einem soziogenetischen und psychogenetischen Grundgesetz sprechen.»

hören, aber sowohl als Erklärungsmodell der Höflichkeit (selbst als Partikularphänomen) wie als Erklärungsmodell des Zivilisationsprozesses in seiner ganzen Breite muß der pointiert-exklusive Ansatz als zu *eng* und zu monokausal-genetisch bezeichnet werden. Zugleich spannt dieser Erklärungsversuch seine Ambitionen aber auch sehr *weit* aus, da er den gesamten Zivilisationsmechanismus in der Vielgestalt seiner Formen und Phänomene zu vermessen meint, aber die Präzisierungen auf Funktionen und Notwendigkeiten höflichen Interagierens in dem von uns vorgestellten Sinn unterbleibt. Das Thema «Zwang als zum Selbstzwang umgemünzter Fremdzwang» durchzieht Elias' Ausführungen wie ein roter Faden, Moralität ist allein Konditionierung und Automatismus, Autonomie hingegen chimärisch.[142]

Der Zivilisationsprozeß wird zwar bei Elias nicht einfachhin linear aufgefaßt. Doch letztlich wird in den Verschiebungen der Zivilisations- und Peinlichkeitsschwellen, die gerade anhand der sich wandelnden gesellschaftlichen Protagonisten und Eliten (wie der Trias «Ritter – Höfling – Berufsbürger») als Standards setzende Schichten nachgezeichnet werden, der «Trend» unter der Hand und entgegen anderslautenden Beteuerungen doch vergleichsweise gradlinig und stringent gezeichnet, zumal das soziogenetische Modell sozusagen «ex post» von einer grundlegenden Zivilisationsmechanik ausgeht, die steigende Abhängigkeitsgrade und wechselseitige Verwiesenheit ausmacht, die dann zum Motor für die Internalisierung von Verhaltensmodellen in einer gesteigerten Selbstzucht, die zu «self control» und immer rigideren «Bewirtschaftung des Affektlebens» führen.[143]

Diese kritikablen Beobachtungen, die ohne Zweifel ihren Wert haben, aber angesichts der Vielfalt von Funktionen wie Motivationen im Tableau zivilisatorischer, mithin auch höflicher Verhaltensweisen führen bei Elias aber nicht dazu, daß er eine Reihe von höchst höflichkeitsrelevanten Interaktionssituationen in den Blick nimmt, die – wie wir gesehen haben – von größter Bedeutung sind. Korrespondierend zur Steigerung der Interaktionsfrequenz und zur Angewiesenheit[144] auf andere innerhalb einer sich ausdifferenzierenden Gesellschaft, die dazu führt, daß einzelne immer mehr basale Defiziterfahrungen machen (immer weniger haben das Nötige für die je eigene Subsistenz selbst in der Hand[145]), verwundert das Fehlen von Analysen beispielsweise von Dank- und Bittsituationen, von Kontaktaufnahme und Abschied als fundamentale Höflichkeitssituationen. Überhaupt tritt bei Elias die ver-

---

[142] Vgl. summarisch z.B. *ELIAS*, Prozeß der Zivilisation II 323-347 (Kap. «Der gesellschaftliche Zwang zum Selbstzwang»), II 347-352 (Kap. «Ausbreitung des Zwangs zur Langsicht und des Selbstzwangs»). Vgl. nur *ELIAS*, Über den Prozeß der Zivilisation I 296: «Die Modellierung (...) ist darauf abgestellt, das gesellschaftlich erwünschte Verhalten zu einem Automatismus, einem Selbstzwang zu machen und es im Bewußtsein des Einzelnen als von ihm selbst aus eigenem Antrieb, nämlich um seiner eigenen Gesundheit oder seiner eigenen menschlichen Würde willen, so gewolltes Verhalten in Erscheinung treten zu lassen.» – Hier wird natürlich die Frage von Genese und Geltung in normativer Hinsicht einschlägig. Die Ebenen sind jedoch voneinander abzuheben. Die historische Fakten- und Entwicklungslage ist – bei aller Verwobenheit – mit der ethischen nicht deckungsgleich. Faktizität (auch weitgespannter historischer Prozesse) gibt zu denken. Die Deskription gehört zum ethischen Projekt, schöpft ihn aber nicht aus.

[143] Vgl. *ELIAS*, Über den Prozeß der Zivilisation I 349.

[144] Vgl. *ELIAS*, Über den Prozeß der Zivilisation II 104f.

[145] Vgl. *ELIAS*, Über den Prozeß der Zivilisation II 347.

bale Dimension von Höflichkeit zurück hinter peinlichkeits- und schamrelevanten Dimensionen in Situationen körperlicher Ausfuhr oder Zufuhr von «Materialien».[146]

Abgesehen von dem konkreten Problem und seinen tatsächlich konstatierbaren Veränderungen in der Belegung mit (Nicht-)Akzeptanz ist auch hier wiederum – wie durchgängig – festzustellen, daß bestimmte Verhaltensverschiebungen sehr stark und unmittelbar an Sanktionierung und Angst gebunden werden. Dies wird auch deutlich sichtbar in dem Abschlußkapitel, kurz «Überblick»[147] betitelt. Hier zieht Elias eine systematische Bilanz seiner Untersuchung, wobei besonders deutlich wird, daß sein sozio- *und* psychogenetischer Entwurf in erheblichem Maße um die Antriebskräfte von Angst, Macht und Zwang kreist. Hinter den strukturell-historischen Verschiebungen von der feudalen Desintegration über beginnende größere Verflechtungsmechanismen[148] zur Monopolisierung von Staatsgewalt findet sich ein Zusammenhang von Verflechtungsentwicklungen und -differenzierungen mit der dabei einhergehenden Veränderung von Institutionen und zwischenmenschlichen Beziehungsformen. Aus der Verzahnung von ökonomischen wie politischen Zwängen und Zwecken, die je für sich genommen nicht hinreichend erklärungsfähig sind, bauen sich Interdependenzen auf, die ihre psychische Entsprechung im Gefüge der psychischen Funktionen der Menschen finden.[149]

Elias sieht leitmotivisch also Angst und Zwang hinter den je geltenden Vorschriften, Geboten und Verboten liegen. Verhalten ist generell geprägt vom durchlaufenden pädagogischem Zwang in aller Moralvermittlung. Die auf der «unwandelbaren Mitgift»[150] der Menschennatur, Lust und Angst zu empfinden, ist in der durchaus komplexen, ungleichzeitigen, prozessual unabgeschlossenen, ohne fixierbare Teleologie verlaufenden, teils sogar als reversibel angesehen Verschiebungen wirksam. Ist die europäische Entwicklung, die Elias von der «courtoisie» des Mittelalters beginnend bis hin zur «civilisation» der frühen Neuzeit, vor allem aber mit Blick auf die Mechanismen der «civilité» des höfischen Absolutismus in Frankreich nachzeichnet, auch einzigartig wegen des Ausmaßes der Bewegung, die in anderen

---

[146] So sagt *ELIAS*, Über den Prozeß der Zivilisation I 307, beispielsweise summarisch zur Verschiebung der Peinlichkeitsschwellen bei Sputum-Aussonderung: «Tabus und Restriktionen verschiedener Art umgeben die Aussonderung des Speichels, wie andere natürliche Verrichtungen, in sehr vielen Gesellschaften, primitiven wie zivilisierten. Was die Verbote in diesen von den Verboten in jenen unterscheidet, ist die Tatsache, daß sie in jenen, sei es auch nur in der Vorstellung, immer durch die Angst vor andern Wesen, also durch Fremdzwang aufrechterhalten werden, während sich in diesen die Fremdzwänge mehr oder weniger vollkommen in Selbstzwänge verwandeln.»

[147] Vgl. *ELIAS*, Über den Prozeß der Zivilisation II 444-465.

[148] Vgl. *ELIAS*, Über den Prozeß der Zivilisation II 445. Vgl. hier besonders die weiterführenden Überlegungen von *S. NECKEL*, Achtungsverlust und Scham. Die soziale Gestalt eines existentiellen Gefühls, in: *FINK-EITEL/LOHMANN*, Zur Philosophie der Gefühle 244-265, *H. LANDWEER*, Scham und Macht. Phänomenologische Untersuchungen zur Sozialität eines Gefühls, Tübingen 1999, *dies.*, Mikrophysik der Scham? Elias und Foucault im Vergleich, in: *G. KLEIN/K. LIEBSCH* (Hrsg.), Zivilisierung des weiblichen Ich, Frankfurt/M. 1997, 35-49, zudem *R. VALTIN/S. WALPER*, Ehrlich oder rücksichtsvoll? Höflichkeitslügen aus der Sicht von Kindern, in: ZEPP 27 (1995) 354-373, *BRENNER/ZIRFAS*, Lexikon der Lebenskunst 79-85, *S. BOVENSCHEN*, Über-Empfindlichkeiten. Spielformen der Idiosynkrasie, Frankfurt/M. 2000, *A. SCHÄFER*, Scham: Das Problem moralischer Subjektivierung, in: *ABELDT/BAUER*, «... was es bedeutet, verletzbarer Mensch zu sein» 221-233.

[149] Vgl. *ELIAS*, Über den Prozeß der Zivilisation II 446-452.

[150] Vgl. *ELIAS*, Über den Prozeß der Zivilisation II 457, vgl. 452ff., bes. 456f., II 104f.

Kultur- und Geschichtskreisen nicht derart wirkmächtig durchschlägt[151], so bleibt der grundlegende Trend der Zivilisationsbewegung bei allen wahrnehmbaren Differenzen überall der gleiche:

> *«Immer drängt die Veränderung zu einer mehr oder weniger automatischen Selbstüberwachung, zur Unterordnung kurzfristiger Regungen unter das Gebot einer gewohnheitsmäßigen Langsicht, zur Ausbildung einer differenzierteren und festeren ‹Über-ich›-Apparatur.»*[152]

Damit sind andere Motivationen und Werthorizonte weitgehend ausgeschlossen (Respekt, Rücksicht und Anerkennung beispielsweise – die «benevolence») oder werden letztlich wiederum in die Ausschließlichkeit dieses Erklärungsmodells zurückgebogen. Respekt und Anerkennung sind dann nur mehr Vollzugsformen einer Sanktionsvermeidungsstrategie.

Es geht hier nicht darum, dies als Möglichkeiten in konkreten Situationen für unmöglich oder für nicht rechtfertigbar zu erklären, sondern darum zu fragen, ob Verhaltensweisen (oder deren Vermeidung) ausschließlich unter diesem Blickwinkel gesehen werden müssen. Nochmals anders gefragt: Dient ein streckenweise sicher erhellendes Klärungsmodell in seiner pointierten Sicht der Fremdzwanginternalisierung nicht dann doch – ob bewußt oder unbewußt, sei hier dahingestellt – den Positionen, die Verhaltensregularien überhaupt (und selbst wenn sie nur den «Höflichkeitsbereich» treffen, aber da besonders) als autonomie- und authentizitätshemmend verdächtigen.

Daß diese Beobachtungen – wie im angeführten Beispiel – in das Gesamtbild gehören, ist unbezweifelt, daß hier auch hinsichtlich des linearen Erklärungsmodells eben stattgehabte Verschiebungsprozesse konstatiert werden dürfen, kann problemlos zugestanden werden. Es bleibt allerdings die Frage, ob diese Veränderungen so monokausal sind, wie das Modell suggeriert. Jedenfalls stellt die Fixierung auf die je einschlägigen Tischmanieren unter Verzicht auf die auch in ihnen antreffbaren und differenziert analysierbaren Höflichkeitssignale eine Verkürzung der Perspektive dar.[153] Gerade diese Strukturen unterliegen einer historischen Veränderung von primitiveren, affektgeladeneren Versionen zu kontrollierten.[154] Affekt- und Gewaltre-

---

[151] Vgl. *ELIAS*, Über den Prozeß der Zivilisation II 347. Behauptungen wie diese legen natürlich in der Elias-Kritik neben dem vereinfachten Fortschrittsoptimismus auch einen Eurozentrismus-Vorwurf nahe. Und das keinesfalls ohne Gründe, vgl. nur die immer wieder anzutreffenden Aussagen, die zwischen barbarischen und zivilisierten (so I 149), zwischen jung-kindlichen und älter-erwachsenen Völkern unterscheiden und durchaus werten! (vgl. I 78 u.ö.).

[152] *ELIAS*, Über den Prozeß der Zivilisation II 349.

[153] Gleichwohl gilt durchaus, was *ELIAS*, Über den Prozeß der Zivilisation I 179, bemerkt: «Aber die Verhaltensformen beim Essen sind nichts Isolierbares. Sie sind ein Ausschnitt – ein sehr charakteristischer Ausschnitt – aus dem Ganzen der gesellschaftlich gezüchteten Verhaltensformen. Ihr Standard entspricht einer ganz bestimmten Gesellschaftsstruktur.».

[154] Extrempole skizziert *ELIAS*, Über den Prozeß der Zivilisation I 370: «Wo immer man die Urkunden dieser Zeit aufschlägt, findet man ähnliches: Ein Leben von einer anderen Affektgeladenheit als das unsere, ein Dasein ohne Sicherheit, ohne allzulange Berechnung für die Zukunft. Wer in dieser Gesellschaft nicht aus voller Kraft liebte oder haßte, wer im Spiel der Leidenschaften nicht seinen Mann stand, der mochte ins Kloster gehen, im weltlichen Leben war er ebenso verloren, wie in der späteren Gesellschaft und besonders am Hofe derjenige, der seine Leidenschaften nicht zu zügeln, seine Affekte nicht zu verdecken und zu ‹zivilisieren› vermochte.» In späteren Gesellschaftsformen hingegen ergeben sich veränderte Konstellationen, so *ELIAS*, Über den Prozeß der Zivilisation I 371f.: «Nicht jeder beliebige Starke

gulierung bilden also die Kontrastfolie für zivilisatorischen Fortschritt. Aus den räumlich entflochtenen Lebens- und Handlungswelten des Mittelalters werden immer differenziert-verflochtenere Welten, die sich durch eine zunehmende Machtmonopolisierung auszeichnen. Diese Entwicklung findet ihren privilegierten Ort im Hof, dessen mittelalterliche Vorformen schon rudimentär das sichtbare werden lassen, was später immer deutlicher wird: Monopole führen zu Verfestigungen von Machtstrukturen, diese wiederum machen es notwendig, daß die Betroffenen sich durch die Bildung von wirtschaftlich-politischer – und nicht zuletzt aus Prestigenotwendigkeiten, zu kalkulierter Langsicht ihrer Verhaltensweisen genötigt sehen.

> *«Die Angst vor dem Verlust oder auch nur vor der Minderung des gesellschaftlichen Prestiges ist einer der stärksten Motoren zur Umwandlung von Fremdzwängen in Selbstzwänge.»*[155]

Was vor den beiden genannten Polen ebenfalls auffällt: Zum einen ist Elias' Mittelalterbild – abgesehen von den Fragen einzelner Quelleninterpretationen – deutlich zu dunkel und einseitig negativ geprägt. Zwar räumt Elias durchaus ein, daß das Mittelalter nicht einfach nur die Schwundstufe jeglicher Zivilisation ist, weder reine Barbarei noch Primitivität, ebensowenig der absolute Anfang einer cortesialen Zivilisationsentwicklung, aber im Vergleich mit späteren Phasen, deren Hauptinteresse Elias natürlich gilt, durch Einfalt, Naivität, jähe und unmittelbare Affektäußerungen gekennzeichnet, was sich auch in der Elementarität der Vorschriften in den Tischzuchten spiegelte.[156]

Elias' krude Einschätzungen[157] im Kapitel «Der Wandel der Angriffslust», aber auch der für ihn typische paradigmatische «Blick auf das Leben eines Ritters»[158] zeigen «Ideologisierungseinschläge» in der Zeichnung eines dunkel-gewalttätigen Mittelalters – um der schärferen Konturierung des zivilisierten Höflings willen[159] in einer letztlich globalen Abwertung des Mittelalters und seiner zivilisatorischen Leistungen.

Nun gilt es nicht in das Gegenteil einer Mittelalter-Euphorie zu verfallen, sondern festzuhalten, daß ein einfacher, stringenter Entwicklungsweg nicht nachgezeichnet werden kann – gerade wenn dies auf Kosten bestimmter Epochen geht. Gewaltphänomene sind nie *einfach* und einfach *nie* überwunden!

Auf der anderen Seite wird der Fortschrittsoptimismus auch dort hinsichtlich überlegener späterer Phasen des Zivilisationsprozesses an den legitim eingrenzbaren Orten der Gewaltaffekte in der «verfeinerten» Gesellschaft deutlich, so beispielsweise im Sport oder in den Medien.[160] Gewaltmonopolisierung delegitimiert Über-

---

kann sich, wenn das Monopol der körperlichen Überwältigung an Zentralgewalten übergegangen ist, die Lust des körperlichen Angriffs verschaffen, sondern nur wenige, von der Zentralgewalt legitimierte, etwa der Polizist gegenüber dem Verbrecher, und größere Massen nur in den Ausnahmezeiten des kriegerischen oder revolutionären Zusammenstoßes, im gesellschaftlich legitimierten Kampf gegen innere oder äußere Feinde.»

155 *ELIAS*, Über den Prozeß der Zivilisation II 377, vgl. insgesamt 362-380.

156 Vgl. *ELIAS*, Über den Prozeß der Zivilisation I 170f., 174ff., 359ff.

157 Vgl. *SCHWERHOFF*, Zivilisationsprozeß und Geschichtswissenschaft 576.

158 Vgl. *ELIAS*, Über den Prozeß der Zivilisation I 376-394.

159 Vgl. *SCHWERHOFF*, Zivilisationsprozeß und Geschichtswissenschaft 581ff.

160 Vgl. *ELIAS*, Über den Prozeß der Zivilisation I 372f.

griffe, schafft sie aber nicht ab. Zivilisatorischer Fortschritt macht sich sicher auch in seinen Postulaten bemerkbar – und dies oft genug bevor diese Ansprüche genereller und auch faktisch-praktisch durchgesetzt werden können oder rezipiert sind. Hier ist vor einer Blauäugigkeit hinsichtlich eines zivilisatorischen Optimismus mit Recht zu warnen, der in hohem Maße harmonistisch ausläuft.[161]

Eine gewichtige Beobachtung jedoch bleibt mit Elias festzuhalten: Ein Merkmal des okzidentalen Zivilisationsprozesses liegt in der Verminderung der Kontraste zwischen den Schichten und Gruppen und der Erweiterung von Spiel-, Verhaltens- und Beurteilungsräumen, die damit einhergehen.[162] Bestimmte soziale Grenzlinien, die auch zur Ausbildung bestimmter Verhaltens- und Kommunikationsformen beitragen, verschwinden im Laufe der Zeit. Deregulierungen auf der einen Seite, sodann das Phänomen schichtübergreifender Ausbreitung und Nichtstatik dieser Entwicklungen sind ein unterscheidendes und Überlegenheit gebendes Zeichen der okzidentalen Zivilisation[163], die bis in jüngere Zeit mit einem immer stärkeren Gleichheitspathos zumindest theoretisch behaftet ist. Aber – auch das ist bereits bemerkt worden – der Wegfall bestimmter sozialer Grenzen, Geschlechtergrenzen z.B. oder zwischen Adel und Bürgertum, lassen Grenzen und Gruppensonderungen nicht schlechthin verschwinden. Innerhalb der Koordinaten eines zivilisationsprozeduralen Denkens mag man von der Notwendigkeit sprechen, gerade an den Übergängen zwischen neu sich gestaltenden oder neu und vermehrt aufeinandertreffenden Sozialsegmenten und ihren Protagonisten zivilisationskreative Momente zu suchen oder zu entwickeln. Dies gilt natürlich auch im Sinne der Höflichkeitstheorie als offener Feldtheorie der Gestaltung von Nähe und Distanz in den Interaktionsminiaturen des Alltags. Dabei läßt sich eine weitere summarische Überlegung von Elias aufgreifen:

> *«Keine Gesellschaft kann bestehen ohne eine Kanalisierung der individuellen Triebe und Affekte, ohne eine ganz bestimmte Regelung des individuellen Verhaltens. Keine solche Regelung ist möglich, ohne daß die Menschen aufeinander Zwang ausüben und jeder Zwang setzt sich bei dem Gezwungenen in Angst der einen oder anderen Art um.»*[164]

Neben der bleibenden Frage, ob Interaktion und Kommunikation, ob Regulierung und Steuerung von Verhalten ausschließlich in der Weise und der Kategorie des Zwangs und der Angst gelesen werden können – und dem ist kaum zuzustimmen –, steckt in dieser die Beobachtung, daß diese Mechanismen und Entwicklungen einen ubiquitären Charakter haben. Allerdings wird hier wiederum sichtbar, daß Elias dazu neigt, globale Makroperspektiven einzunehmen und unter Bezugnahme auf anonyme soziale Basisprozesse zu vertrauen.[165] Die Tatsache des Einflusses soziohistorischer Fakten ist unbestritten, aber die Art, *wie* die vielfältig feststellbaren

---

[161] *ELIAS*, Über den Prozeß der Zivilisation II 456: «Die Furcht, die unmittelbaren Ängste des einen Menschen vor dem anderen nehmen bis zu einem gewissen Grade ab; die vermittelten oder verinnerlichten Ängste nehmen im Verhältnis zu ihnen zu ...»

[162] Vgl. *ELIAS*, Über den Prozeß der Zivilisation II 353-362.

[163] Vgl. *ELIAS*, Über den Prozeß der Zivilisation II 358.

[164] *ELIAS*, Über den Prozeß der Zivilisation II 458.

[165] Vgl. *ELIAS*, Über den Prozeß der Zivilisation II 362, 445, sowie sein eher «utopisch» getöntes Schlußplädoyer II 465.

Verhaltensänderungen gerade hinsichtlich der Gestaltung von Annäherungs- und Distanzprozessen in der Mikroebene auch von *Subjekten* gestaltet und geprägt wird, kommt dabei nur schwerlich in den Blick. Dieser Einwand gilt aber auch auf der Mesoebene: Die Rolle der Bürger, der Stadt, des Hofes (und dieser nicht mehr als bloße Domestizierungsinstanz, sondern als Kommunikationsort der Führungseliten und Patronagenbörse etc.[166]), die sozial-positiven Funktionen der Wirkung des Ausbaus von Bürokratie und Verwaltung, ökonomische Wandlungen, religiöse Motive bleiben bei Elias unterbelichtet.

Unser Blickwinkel gilt «subtileren Welten», die nicht einfach in der Transponierung der Globalperspektive des «soziogenetischen Grundgesetzes» auf den einzelnen verstanden werden können, in der Weise wie Elias dies als Zusammenhang der «Psychogenese des Erwachsenenhabitus»[167] mit der Soziogenese der Zivilisation bezeichnet: Das Individuum durchläuft in seiner «kleinen» Geschichte nochmals die großen zivilisatorischen Prozesse.[168] Dies bliebe in der Konsequenz *ethisch defizient*, da die Freiheitsmöglichkeiten der humanen Gestaltung alltäglicher Interaktion deutlich unterschätzt werden. Zwar wird sich diese Freiheitsmöglichkeit immer wieder entlastend auf Konventionen stützen, sich aber dieser eben auch der Situation angemessen kreativ bedienen. Dieses Modell greift auch in anderer Hinsicht zu kurz:

> *«Methodisch unhaltbar jedoch erscheint, wie bereits angedeutet, die unterschwellige Entgegensetzung von triebgesteuertem, naturnahen Verhalten im Mittelalter einerseits, und zunehmend kulturell überformtem Verhalten in der Neuzeit andererseits. Ebenso unzureichend präsentiert sich Elias' Sicht von der ‹Ganzheit› aller Triebe, aus der notwendigerweise die Ganzheitlichkeit des Zivilisationsprozesses folgte. Tischsitten, Peinlichkeit und Scham oder die Verbannung der Sexualität hinter die Kulissen werden ebenso als verschiedene Seiten des einen Phänomens ‹Zivilisation› gesehen.»*[169]

Die genetisch-funktionale Theorie der Höflichkeits- und Zivilisationsentwicklung läßt in ihrer kausalistischen Sicht nicht nur den Freiheitsraum unterbelichtet, sondern auch die Sprünge außer acht, die sich nicht auf soziale Determinaten gründen, sondern anderen Auslösern – etwa technischen – zuzuschreiben sind. Auch werden die Funktionen weit über die Maßen denen der Distinktion und Prestigewahrung in Langsicht zugerechnet.

Unser systematisches Interesse an der Kritik der Zivilisationstheorie im Zusammenhang mit einer Rehabilitierung der Höflichkeit gilt der Zurückweisung eines Monismus, der sich als latent totalitär erweist und sich den unterschiedlichsten historischen, sozialen, semiologischen wie grammatologischen Auftrittsfiguren eines Phänomens unter dem leitenden Interesse einer metahistorischen Reduktion nähert. Dies hat bei Elias einen bestimmten Namen: Der beständige Rekurs auf den Zwangsmechanismus wirft ein schiefes Licht auf die zivilisatorischen Bedeutungen von Verhaltensstandards, ist – bei aller Betonung von Komplexitäten in der Genese – doch latent monokausal und in der Wirkung zu negativ, da diverse Bereiche ausgeblendet oder unterrepräsentiert werden. Dies gilt – neben aller Einzelkritik am

---

[166] Vgl. *SCHWERHOFF*, Zivilisationsprozeß und Geschichtswissenschaft 584ff.

[167] *ELIAS*, Über den Prozeß der Zivilisation I 78.

[168] Vgl. *ELIAS*, Über den Prozeß der Zivilisation I 78, vgl. 80.

[169] *SCHWERHOFF*, Zivilisationsprozeß und Geschichtswissenschaft 599.

Umgang mit den Quellen, die den systematischen Ertrag schmälern – auch hinsichtlich des Ansatzes selbst, dem neben dem Ethnozentrismus (also dem eingeengten Blick auf die *überlegene* westlich-europäische Höflichkeitsgeschichte und ihrer Standards) auch ein Fortschrittsoptimismus vorzuwerfen ist, der in seiner Apotheose des Westens und seiner Zivilisationsgeschichte einerseits zu einer Desavouierung anderer Höflichkeitskodierungen führt, andererseits dabei übersieht, daß selbst im behandelten Objektbereich ziviler und raumschaffender und -lassender Umgang mit anderen nicht einfach postulatorisch als Status quo angesetzt werden kann. Gerade darin, daß es sich in den wandelnden Formen immer wieder um Gestaltungsnotwendigkeit, um Versicherung der Werthorizonte und die reale Diskrepanz zwischen Anspruch und Realisierung – also um geöffnete Fragen handelt – stellt sich ja eine ethische Aufgabe. Allein die Deskription der Genese, die Feststellung von Wandlungen und ihrer jeweiligen Bedingungen befreit nicht von der Aufgabe der Gestaltung *in actu*. Dies bleibt aber eben auch in dem weitreichenderen und ethisch relevanten Sinn einer – jeweilige Einzelhandlungen übergreifende – Begründung einschlägig. In der Feststellung der Wandelbarkeit der Formen und der Offenheit eines Prozesses ziviler Formen des Umgangs steckt allerdings der Gewinn, daß Geschichtlichkeit, sozialhistorische Formbarkeit und Veränderung Argumente für eine erweiterte Sicht der Höflichkeit liefern. Sie war immer und ist auf Formen, Symbole und Material bezogen, aber sie ist weit mehr als nur festgezurrte formalistische Etikette und Beiwerk. Selbst wenn man, wie Elias, dem Ethischen letztlich überhaupt skeptisch gegenübersteht, Freiheit niedrig veranschlagt, Konditionierungsphänomene forciert, Fakt ist historische Form- und Verformbarkeit. Retrospektiv verleitet das zu Zwangstheorien, prospektiv müßte das lange nicht so sein. Gegen einen derartigen «historisierenden Fatalismus» (und die auch daher rührende, «despektierende» Schieflage in der Einschätzung von Höflichkeit) gilt es auch einige Stimmen anzuführen, die sich aus anderen Blickwinkeln und Erfahrungslagen dem Phänomenfeld genähert haben.

11.3. Höflichkeit in philosophischen Fragmenten

Fehlanzeigen für die Beschäftigung mit Themenkreisen wie Anstand, Etikette, Höflichkeit und Umgangsformen sind nicht nur in der zeitgenössischen Theologie, sondern – anders als in der Tradition, wie teils bereits vorgestellt – auch in der Philosophie festzuhalten, so ein begründetes Fazit vor zehn Jahren.[170] Mittlerweile ist dieser Befund durchaus zu korrigieren.[171]

---

[170] Vgl. *Martin/Stent*, I think; therefore I thank 237.

[171] Jüngere Bemühungen – nicht zuletzt im Zuge der Lebenskunstdebatte, aber auch einer deutlicheren Konturierung der Alteritätsthematik – sind zu verzeichnen, die auf eine wachsende Sensibilität für die «kleinteiligen», vorgeblich «kleinwertigen», nicht selten unscheinbaren Alltagsphänomene schließen lassen. Vgl. die Schlußüberlegungen bei *Zimmer*, Die europäischen Moralisten 154f., zudem *Schmied*, Philosophie der Lebenskunst, aber auch den bereits erwähnten Beitrag von *Comte-Sponville*, Anregungen zum unzeitgemäßen Leben, *G. Franck*, Ökonomie der Aufmerksamkeit, München 1998, *A. Kieserling*, Kommunikation unter Anwesenden. Studien über Interaktionssysteme, Frankfurt/M 1999. Provenienz und Angang sind dabei höchst unterschiedlich, nicht immer strikt fachphilosophisch. Die historische Reminiszenz veranlaßt ebenso ein Plädoyer für eine Reflexion auf die Höflichkeit wie der Rekurs auf die tugendethischen Traditionen der praktischen Philosophie oder systemtheoretische Überlegungen

Nachfolgend werden einige wenige ausgewählte Stimmen zu unserem Phänomenbereich knapp und kursorisch eingeblendet. Sie machen auf (teils latente) Kontinuitäten ebenso aufmerksam wie auf Akzentverschiebungen. Mit der Würdigung einer expliziten «Philosophie der Höflichkeit» jüngsten Datums, der Studie von Camille Pernot, schließt diese Rückfrage, die anthropologische Wegmarken in praktisch- wie systematisch-ethischer Absicht einbringt. Damit wird auch ein Weg beschritten, in dessen Verlauf eine erste und fraglose Situierung der Höflichkeit in den Kontext der Charakter- oder Tugendlehre zunehmend verunsichert und schließlich vorab als notwendiger, aber «leerer» Funktionalismus behauptet werden kann. Diese Leerheit jedoch ist weder prinzipienlos noch ethisch irrelevant. Sie signalisiert vorab eine nicht starre Offenheit für dann konkret-expressive Handlungsperspektiven und Gestaltungsmöglichkeiten. – I. Kant, A. Schopenhauer und H. Plessner geben den Takt vor in den folgenden Überlegungen. Gründe dafür werden schnell einsichtig.

Den «virtutes homileticae», den Umgangstugenden also, widmet *I. Kant*[172] in seiner Schrift «Die Metaphysik der Sitten in zwey Theilen» (1797)[173] einen schmalen Absatz, der auch die Höflichkeit erwähnt.[174] Er ist ausdrücklich als «Zusatz» über die «Umgangstugenden» gekennzeichnet und beendet innerhalb der Tugendlehre die «ethische Elementarlehre», nachdem Kant die Konspiration von Liebe, Achtung und Freundschaft[175] in Abhebung zur «moralischen Freundschaft» untersucht und beschrieben hat. Interessant ist diese Feststellung auch deshalb, weil sie korreliert

---

im Anschluß an N. Luhmann. Erstaunlich blaß bleibt die Thematik im diskursethischen Kontext bei J. Habermas und K.-O. Apel. Gerade eine Theorie des kommunikativen Handelns bräuchte um ihrer selbst willen die Substruktur einer Theorie der Höflichkeit alltäglicher Interaktionen Vgl. dazu kritisch *KINGWELL*, Is it rational to be polite? 399-404. Philosophische Versuche zu einer Ethik der Gabe und Annahme, sozialphilosophische Theorien des öffentlichen Raumes und der Differenz und Alterität (Sennett, Bourdieu, Derrida, Lyotard, vor allem aber Levinas), Überlegungen zur «Lebensstilsemantik» (Michailow) böten hier – meist indirekte – Anknüpfungspunkte. Vgl. zudem *S. VOLK*, Cortesia – Ethik der Rezeption (unveröffentlichte Magisterarbeit), Würzburg 1995. – Kommunikations- und Sozialtheorien implizieren in sehr unterschiedlichen Angängen und Theoriestücken Kommunikation und Distinktion, bleiben aber weitgenhend blaß hinsichtlich der aktualen, komplexen Praxis wie Poiesis interaktiven Handelns (im Sinne einer Verbalität und Symbolik also auch der Höflichkeit als integrativem Kulturkonzept und Handlungskomplexes, als Desiderat). Eine «Theorie des kommunikativen Handelns» (Habermas), eine Theorie der sozialen Habitus- und Rahmendistinktionen (Bourdieu), eine reduktive Binärität der Systemtheorie (Luhmann) beispielsweise, kommen der Höflichkeit immer wieder nahe, setzen sie aber eigentlich schon voraus (ob man sich nun kultur- oder zivilisationstheoretisch annähert).

Zu Aufschlüssen hinsichtlich dieser wichtigen und einflußreichen Sozialtheorien (zu benennen wären des weiteren N. Elias, Horkheimer/Adorno, C. Castoriadis, M. Foucault, Z. Bauman) vgl. die Vorstellungsskizzen von: *G. GAMM/A. HETZEL/M. LILIENTHAL*, Interpretationen. Hauptwerke der Sozialphilosophie, Stuttgart 2001.

172 Vgl. *PERNOT*, La politesse et sa philosophie 132ff., 145, 156-170, 282, 347.

173 Wir beziehen uns auf die Ausgabe in: *I. KANT*, Die Metaphysik der Sitten (Akademie-Ausgabe VI), Berlin 1914, 203-493 (nachfolgend: MS). Vgl. dazu auch *R. PFALLER*, Das Undenkbare, die Höflichkeit und das Glück. Über die symbolische Wirksamkeit höflicher Gesten in den Philosophien von Kant und Alain, in: *FELDERER/MACHO*, Höflichkeit 119-141 (Lit.), *HÜBEL*, Der erlaubte und der geforderte Schein 143-154.

174 MS 473f. (§ 48).

175 MS 469-471 (§ 46), zur «moralischen Freundschaft» MS 471-473 (§ 47). – Vgl. zur systematischen Grundierung bei Kant *F. KALTENBACH*, I. Kants «Grundlegung zur Metaphysik der Sitten», Darmstadt 1988, 25-31, 175-183. *F.F. BREZINA*, Die Achtung. Ethik und Moral der Achtung und Unterwerfung bei I. Kant, E. Tugendhat, U. Wolf und P. Singer, Frankfurt/M.-Berlin-Bern 1999, speziell im Blick auf die Höflichkeit vgl. *M. LUCCHESI-BELZANE*, Un vide essentiel, in: *DHOQUOIS*, La politesse 28-44 (mit Referenzen auf Alain, Rousseau, Schopenhauer und G. Simmel).

mit einem Rahmen, der die Höflichkeit selbst im Sinne einer ethisch relevanten Frequenz- und Quantitätsargumentation stützt. Dies spielt ein Minimum der Nicht-Gleichgültigkeit ein mit einer Markierung zur Umgangspflicht in Frontstellung und Ablehnungen eines personalen Isolationismus oder Solispismus.[176]

> *«Es ist Pflicht sowohl gegen sich selbst, als auch gegen Andere, mit seinen sittlichen Vollkommenheiten unter einander Verkehr zu treiben* (officium commercii, sociabilitas), *sich nicht zu* isolieren (separatistam agere); *zwar sich einen unbeweglichen Mittelpunkt seiner Grundsätze zu machen, aber diesen um sich gezogenen Kreis doch auch als einen, der den Theil von einem allbefassenden der weltbürgerlichen Gesinnung ausmacht, anzusehen; nicht eben um das Weltbeste als Zweck zu befördern, sondern nur die wechselseitige, die indirect dahin führt, die Annehmlichkeit in derselben, die Verträglichkeit, die wechselseitige Liebe und Achtung (Leutseligkeit und Wohlanständigkeit,* humanitas aesthetica et decorum*) zu cultivieren und so der Tugend die Grazien beizugesellen; welches zu bewerkstelligen selbst Tugendpflicht ist.*
> *Dies sind zwar nur Außenwerke oder Beiwerke* (parerga), *welche einen schönen, tugendähnlichen Schein geben, der auch nicht betrügt, weil ein jeder weiß, wofür er ihn annehmen muß. Es ist zwar nur Scheidemünze, befördert aber doch das Tugendgefühl selbst durch die Bestrebung, diesen Schein der Wahrheit so nahe wie möglich zu bringen, in der Zugänglichkeit, der Gesprächigkeit, der Höflichkeit, der Gastfreiheit, Gelindigkeit (im Widersprechen, ohne zu zanken), insgesamt als bloßen Manieren des Verkehres mit geäußerten Verbindlichkeiten, dadurch man zugleich Andere verbindet, die also doch zur Tugendgesinnung hinwirken, indem sie die Tugend wenigstens beliebt machen.»*[177]

Konstellation und Aufstellung sind eindeutig: Um einen zentralen und grundsätzlichen Pflichtenkern herum, lagert sich ein notgedrungener und wiederum verpflichtender Ring von «tugendähnlichen» Haltungen. Der eigene Prinzipienschwerpunkt wird vermittelt als Teil einer weitreichenderen «weltbürgerlichen Gesinnung». Nicht das sittliche Optimum (das «Weltbeste») als Ziel dieser Interaktion und Partizipation ist hier angezielt, sondern in der verbleibenden moralischen Substanz in Indirektheit und Reziprozität eine bloße Annehmlichkeit des Umgangs. Unter dem strikten Pflichtvorbehalt nimmt Kant einige Größen in diesen umgangsethischen Minimalkatalog auf, die je für sich sehr viel mehr zu bergen in der Lage wären als ohne diesen scharfen Zuschnitt. Trotz dieses Impetus der Verträglichkeit, Annehmlichkeit, der Achtung und Liebe bleibt die Zweitrangigkeit des Konkreten vor den idealen und idealisierten Leitgrößen abstrakt, somit aber deutlich dürr. Dimensionen und Funktionen sind begriffen als «Außenwerke» oder sekundäre «Beiwerke».

---

[176] Liebespflichten anderen gegenüber sind: Wohltätigkeit, Dankbarkeit, «Teilnehmung», deren Gegenhaltungen Neid, Undankbarkeit, Unerkenntlichkeit, Schadenfreude, Tugendpflichten anderen gegenüber stammen aus der ihnen gebührenden Achtung, deren Gegenhaltungen Hochmut, «Afterreden», «Verhöhnung», vgl. MS 452-473. Die Anordnung der Stoffe und Themen ist durchaus konventionell, inhaltlich aber zudem reichlich blaß. Vgl. demgegenüber die gleichermaßen knappen Fassungen z.B. bei Aristoteles und Thomas.
Präzisierungen und Weiterführungen bei *R.C.S. WALKER*, Achtung in the Grundlegung, in: *O. HÖFFE* (Hrsg.), Grundlegung zur Metaphysik der Sitten. Ein kooperativer Kommentar, Frankfurt/M. ²1993, 97-116. Die Höflichkeit selbst wird dabei nicht mehr thematisiert, Achtung ist zunächst apersonal: Sie gilt dem sittlichen Gesetz.

[177] MS 473f. – Bezeichnenderweise schließt Kant den Gedankengang an der Stelle mit einer kurzen Bemerkung zum Umgang mit Lasterhaften. Dieser ist evident unumgänglich. Bei Umschlag des Lasters in ein Skandalon (auch in ein nicht justiziables!) als «Verachtung strenger Pflichtgesetze» ist Abbruch oder Meidung der Beziehung angezeigt. Die eigene Tugend darf nicht gefährdet werden, so Kant.

Wichtig allerdings bleibt, daß Kant zumindest die Wahrheitsproblematik oder Lügenthematik durchbricht: Auf dieser Ebene (oder an dieser Oberfläche) ist der «schöne tugendähnliche Schein» hinsichtlich der Wahrheit unproblematisch, «weil ein jeder weiß, wofür er ihn annehmen muß»[178]. Höflichkeit ist eine kleinteilige Vortugend. Der eigentlich unerlaubte moralische Schein[179] behält eine legitimierbare Funktion nur insofern sein Lügenpotential entschärft, der ethisch-propädeutische Charakter gewährleistet ist: «Scheidemünze», Kleingeld, das aber das Tugendgefühl fördert. Metaphorik und Thematik (und damit seine Grundsorge) nimmt Kant an anderer Stelle wieder auf:

> *«Alle menschliche Tugend im Verkehr ist Scheidemünze; ein Kind ist der, welcher sie für ächtes Gold nimmt. – Es ist doch aber besser, Scheidemünze, als gar kein solches Mittel in Umlauf zu haben und endlich kann es doch, wenn gleich mit ansehnlichem Verlust in baares Geld umgesetzt werden.»*[180]

Diese Sicht ist kant-immanent nachvollziehbar, aber erstaunlich kommunikations- und alteritätslos und defensiv.[181] Mag man den genetischen, pädagogischen, praktischen Wert der Vortugend Höflichkeit als knapp bemessen bezeigen, doch frappiert diese globale Sicht auf die Tugenden im Umgang mit anderen. Geht diese Beurteilung auf das Konto des historischen Kontextes, im Sinn einer Idiosynkrasie der Hyperregulation des allein Etikettiven? Wie – so wäre nachzufragen – müßte dies in Zeiten der Deregulation erneut und verändert bedacht werden? Oder liegt, wie W. Schneiders mutmaßt, gerade bei Kant exemplarisch eine, en détail selbst nicht ertraglose Argumentation hinsichtlich der «Sitte» als *guter* Sitte vor. Sie zieht weit weniger Aufmerksamkeit auf sich. Diese konzentriert sich gerade auf den denkerischen Wurf Kants in seiner der *Meta*physik als der radikalen Abstraktion von und Reduktion des gängig gelebten, immer provisorischen, sich modifizierenden Ethos.[182] Dieser Befund legt sich ja nicht nur im Blick auf die praktische Philosophie nahe.

Halten wir fest: Die bleibende und vorrangige Bedeutung der Höflichkeit bei Kant liegt in ihrer Funktion der Förderung der Tugendgesinnung: durch – so Kant – «Zugänglichkeit, Gesprächigkeit, Höflichkeit, Gastfreiheit, Gelindigkeit (im Widersprechen, ohne zu zanken)» manifestiert sich ein vor dem Pflichtenhorizont gelesener Anspruch auf Reziprozität der Achtung. Sie hat einen Klugheitsaspekt

---

[178] MS 473, vgl. 431. Zum Kantischen Wahrheitsrigorismus vgl. *SCHOCKENHOFF*, Zur Lüge verdammt? 96-105.

[179] *KANT*, Anthropologie in pragmatischer Absicht 151f., vgl. dort auch 207 (zur «distractio» als unhöflicher Zerstreuung in der Gesellschaft, wo «abstractio» als Aufmerksamkeitslenkung angezeigt wäre), 252 (zur potentiellen Konfliktminimierung durch den Höflichen).

[180] *KANT*, Anthropologie in pragmatischer Absicht 152.

[181] Auf den Punkt gebracht vgl. *I. KANT*, Kritik der Urtheilskraft (Akademie-Ausgabe V), Berlin 1913, 165-485, 210: «Ebenso giebt es Sitten (Conduite) ohne Tugend, Höflichkeit ohne Wohlwollen, Anständigkeit ohne Ehrbarkeit u.s.w. Denn wo das sittliche Gesetz spricht, da giebt es objectiv weiter keine freie Wahl in Ansehung dessen, was zu thun sei; und Geschmack in seiner Ausführung (oder in Beurtheilung anderer) zeigen ist etwas ganz anderes, als seine moralische Denkungsart äußern: denn diese enthält ein Gebot und bringt Bedürfnis hervor, da hingegen der sittliche Geschmack mit den Gegenständen des Wohlgefallens nur spielt, ohne sich an einen zu hängen.»

[182] Vgl. gerade mit Blick auf Kant *SCHNEIDERS*, Der Verlust der guten Sitte 61-77.

und einen «Glückseligkeitsaspekt» gelingenden Lebens als «consilium der Vernunft», nicht als «praeceptum», einen Rat, der von der Erfahrung gestützt wird, daß Höflichkeit «das Wohlbefinden im Durchschnitt am meisten befördert».[183] Dennoch bleibt insgesamt die Darstellung formal und abstrakt.[184] Eine eigene kommunikative Struktur und Valenz im Sinn eines konstitutiven Alltagsethos wird der Höflichkeit nicht zugebilligt.[185] Dies gilt letztlich sowohl normativ – das Praktisch-Regulative ist ausgewandert in die Ratgeberliteratur und dort weitgehend verblieben – als auch tugendethisch, was einmal mehr zusammenhängt.

Wie kaum an anderer Stelle artikuliert sich Höflichkeitskritik im weltanschaulichen Pessimismus *A. Schopenhauers.* Neben seinem Bemühen um eine Willensmetaphysik wird er immer wieder auch «moralistisch» tätig[186], zielt dort höflichkeitskritisch besonders auf die treibenden Kräfte Eitelkeit und Selbstsucht. Diese sind es, die den Urgrund der Geselligkeit und ihrer Umgangsformen abgeben. Für Schopenhauer gewinnt der einzelne seine gesellschaftliche «Attraktivität» in geistiger und physischer Inferiorität.[187] Von daher erschöpft sich Höflichkeit in latenter, stillschweigender Konvention, die jeweiligen Defizite und Defekte wechselseitig zu ignorieren.[188] Die berühmte Fabel von den Stachelschweinen ist ihrer Intention nach eine Desavouierung, Desillusionierung und Ironisierung des mediokren Diskurses über die Höflichkeit.[189] Diese Mediokrität verdeutlicht dabei die Akzentverschiebung, in die gängige Theorieteilstücke des Höflichkeitsdiskurses bei Schopenhauer gerückt werden. Aus der Dimension der Vermittlung, des «Zwischen», der Mitte, wird im Kontext Mittelmäßigkeit:

> *«So treibt das Bedürfniß der Gesellschaft, aus der Leere und Monotonie des eigenen Innern entsprungen, die Menschen zu einander; aber ihre vielen widerwärtigen Eigenschaften und unerträglichen Fehler stoßen wieder von einander ab. Die mittlere Entfernung, die sie endlich herausfinden, und bei welcher ein Beisammenseyn bestehn kann, ist die Höflichkeit und feine Sitte. Dem, der sich nicht in dieser Entfernung hält, ruft man in England zu:* keep your distance! – *Vermöge derselben wird zwar das Bedürfniß gegenseitiger Erwärmung nur unvollkommen befriedigt, dafür aber der Stich der Stacheln nicht empfunden.»*[190]

---

[183] So *I. KANT*, Grundlegung zur Metaphysik der Sitten (Akademie-Ausgabe IV), Berlin 1911, 385-463, 418. Vgl. zur «Grundlegung» insgesamt *HÖFFE*, Grundlegung.

[184] Vgl. auch die knappen, eher konventionellen nationaltypischen oder temperamentstypischen Höflichkeitseinlassungen in: *KANT*, Beobachtungen über das Gefühl des Schönen und Erhabenen 222f., 246-252, *ders.*, Anthropologie in pragmatischer Absicht 289, 311-315, *ders.*, Physische Geographie (Akademie-Ausgabe IX), Berlin 1923, 151-436, 379ff., 394, 400, 416.

[185] Auch wenn Kant zuweilen Sprachphänomene von Höflichkeitsbedeutung antippt. Vgl. z.B. *KANT*, Anthropologie in pragmatischer Absicht 130f. (zur Förmlichkeit egoistischer Sprache).

[186] Das schlägt sich z.B. nieder in seiner maßgebenden Übersetzung des Handorakels von Gracián, aber vor allem in den «Parerga und Paralipomena» (1851, dort wiederum in den «Aphorismen zur Lebensweisheit»).

[187] *A. SCHOPENHAUER*, Parerga und Paralipomena I, in: *ders.*, Werke in fünf Bänden IV, hrsg. v. *L. LÜTKEHAUS*, Zürich 1988, 451-457, 451f., 453. (Auf diese Ausgabe beziehen wir uns.)

[188] *SCHOPENHAUER*, Parerga und Paralipomena I 453, *ders.*, Die beiden Grundprobleme der Ethik, in: *ders.*, Werke in fünf Bänden III 519f., 554.

[189] *SCHOPENHAUER*, Parerga und Paralipomena II, in: *ders.*, Werke in fünf Bänden V 559f. – Damit steht sie natürlich in einer bestimmten Tradition – in der der graciánschen Ent-Täuschung.

[190] *SCHOPENHAUER*, Parerga und Paralipomena II 560.

Annäherungen, «versuchte Nähe» führen also unumgänglich zu einer Erhöhung der Verletzungsgefahr. Bei dieser nachvollziehbaren Konstatierung bleibt die Betrachtung aber letztlich stehen und unterschlägt – unter Pointierung genau *einer* der grundlegend systematisch relevanten Höflichkeitsmotive und -funktionen, nämlich der Schadensminimierung oder -vermeidung – alle anderen.[191] Diese skeptisch distanzierte Weltsicht wird relevant und zur Ausgangsbasis der Frage nach der pragmatischen, schadensbegrenzenden Selbsteinrichtung in einer irrationalen Welt, deren je gegenläufige Sozialerfahrung sich in jener «Fabel» eindrucksvoll verdichtet. Sie faßt im Grunde die Sphären- und Raumthematik des Sozialwesens Mensch in eine pessimistische Sichtweise. Dieser Tenor schlägt sich auch nieder in weiteren Überlegungen, die Schopenhauer im Blick auf die Höflichkeit anstellt. Elemente aus traditionellen, teils selbst schon kritischen Höflichkeitsdiskursen, die Schopenhauer aufgreift, die aber in seinem Kontext gelesen werden müssen: Rückhalt von Egoismus und Bestialität[192], Höflichkeit als Verschleierung der Tatsache, daß der Mensch jeden anderen zunächst als Mittel für eigene Zwecke taxieren werde (der «rote Faden» aller Egoismus- und Utilitarismus-Vorwürfe, immer dann stramm gespannt, wenn deren Sicht hypertrophiert und deren Motivation als einzig reale gemutmaßt wird)[193], als «Abrichtung»[194], als «grinzende [sic – APA] Maske».[195] Prägnant und präzise findet dies seinen Ausdruck, wenn Schopenhauer unterstreicht:

> «*Es ist sehr glücklich für uns, daß Klugheit und Höflichkeit ihren Mantel darüber decken und uns nicht sehen lassen, wie allgemein das gegenseitige Uebelwollen ist und wie das* bellum omnium contra omnes *wenigstens in Gedanken fortgesetzt wird. Aber gelegentlich kommt es doch zum Vorschein, z.B. bei der so häufigen und so schonungslosen üblen Nachrede: ganz sichtbar aber wird es bei den Ausbrüchen des Zorns, welche meistens ihren Anlaß um ein Vielfaches übersteigen und so stark nicht ausfallen könnten, wenn sie nicht, wie das Schießpulver in der Flinte, komprimiert gewesen wären, als lange gehegter im Innern brütender Haß.*»[196]

Hauptstück der Höflichkeitstheorie bleibt die Klugheitsthematik der Konfliktminimierung. Unhöflichkeit muß in dieser Perspektive unklug erscheinen.[197] Die höflichkeitsrelevante Langsicht – die eben nicht nur berechnender, sondern auch empathischer Natur sein kann, kehrt hier als taktisches Kalkül in Graciánscher Prä-

---

[191] Daß dies nur *eine* der Höflichkeitsdimensionen ist, wird später noch deutlicher. Höflichkeit in ihrem «Realitäts- und Alltagsprinzip» optiert hier nicht für praktischen wie theoretischen Eskapismus, sondern stellt sich genau dieser Problematik und versucht hier einen orientierenden Fundus an Verhaltensmöglichkeiten zu eruieren und bereitzustellen.

[192] So in *SCHOPENHAUER*, Die Welt als Wille und Vorstellung, in: *ders.*, Werke in fünf Bänden I 100. Dies steht im Zusammenhang mit der Unterscheidung zwischen Anschauung und Begriff, wobei das «Anziehende, Gratiose, Einnehmende des Betragens, das Liebevolle und Freundliche» nicht aus dem Begriff, sondern aus der Anschauung hervorgegangen sein darf, aber eben das Höfliche genau auf der Seite des Begriffs, der Technik angesiedelt wird. Absicht erkannt, Verstimmung die Folge (ebd.).

[193] Vgl. *SCHOPENHAUER*, Die beiden Grundprobleme der Ethik 554f.

[194] Vgl. *SCHOPENHAUER*, Parerga und Paralipomena II 520.

[195] Vgl. *SCHOPENHAUER*, Parerga und Paralipomena I 454, wobei natürlich gerade die Masken-Metaphorik auffällt.

[196] *SCHOPENHAUER*, Die beiden Grundprobleme der Ethik 555.

[197] Vgl. *SCHOPENHAUER*, Parerga und Paralipomena I 452-454.

gung wieder, die via Simulation die gröbsten Unfälle in einer agonalen, latent immer konfliktiven Sozialität vermeiden hilft. Daß in diesem Klima der Kampf aller gegen aller gemildert wird, bei dem kleinste Auslöser vehementeste Folgen zeitigen können, steht außer Debatte, läßt sich höflichkeitstheoretisch auch umdrehen und positivieren, findet aber in einer Weltsicht wie der Schopenhauers keine Resonanz.[198] Ähnliches ließe sich hinsichtlich der Achtungsthematik sagen. Achtung ist an Verdienst gebunden, nicht vorgängig. So verlangt Höflichkeit dann auch einen Kraftakt, der neben dem Aspekt der antizipativen, «unverdienten» Achtung auch weitere positive Aspekte ausblendet:

> *«Eine schwere Aufgabe ist freilich die Höflichkeit insofern, als sie verlangt, daß wir allen Leuten die größte Achtung bezeugen, während die allermeisten keine verdienen; sodann, daß wir den lebhaftesten Antheil an ihnen simulieren, während wir froh seyn müssen, keinen an ihnen zu haben. – Höflichkeit mit Stolz zu vereinigen ist ein Meisterstück.»*[199]

Letztlich bleibt die leitende, sich in diesem Blickwinkel konsequent anbietende Maxime: So viel Privatheit (als dem alleinigen Bereich des individuellen Glücks) wie möglich, so wenig gesellschaftlicher Kontakt wie nötig.[200] Dieser zwingt nur zum Paradox der «offenkundigen Verschleierung» des Egoismus. Schopenhauer koppelt somit eigenwillig das Ideal des bürgerlichen Privatiers mit einer traditionellen Vorstellung der Ataraxie. Höflichkeitsvermeidung ist dabei allerdings kein Votum für Unhöflichkeit, sondern entspringt der – einseitigen, aber nicht erfahrungslosen – Ansicht, daß vorrangig schon die Umgangsvermeidung anzuzielen sei – um nicht in die Verlegenheit zu kommen, Umgang mit anderen zu formen.

Wechseln wir die Perspektive. Der Anthropologe H. Plessner formuliert Einsichten, die Relevanz behalten, auch wenn der Höflichkeitsbegriff selbst keine prominente Rolle spielt. Uneindeutigkeit oder, mit Plessner, «ontologische Zweideutigkeit»[201] ist in Verbindung zu lesen mit zwei Grundbewegungen: der Dynamik nach

---

[198] Deutlich wird einmal mehr, daß die Motive und Funktionen, die sich für die Höflichkeitstheorie herausschälen, noch einmal einen weiteren Index bekommen, der sich der generellen Anthropologie verdankt, die jeweils vertreten wird. Das gleiche Theoriestück kann dann als fortschreitend kultivierende Pazifizierung gelesen werden oder als notwendiges Übel zur Vermeidung des an sich Unvermeidlichen. Die Funktion «an sich» bleibt ebenso wie die Frage, wie sie vor den Interpretationsrahmen und -intentionen eingeordnet, eingefordert und angeboten werden kann.

[199] *SCHOPENHAUER*, Parerga und Paralipomena I 453.

[200] So der Tenor, der Schlußsatz der Deutung der Stachelschweinfabel, *SCHOPENHAUER*, Parerga und Paralipomena II 560: «Wer jedoch viel eigene, innere Wärme hat, bleibt lieber aus der Gesellschaft weg, um keine Beschwerde zu geben, noch zu empfangen.»

[201] *H. PLESSNER*, Grenzen der Gemeinschaft. Eine Kritik des sozialen Radikalismus, in: *ders.*, Gesammelte Schriften V, hrsg. v. *G. DUX/O. MARQUARD/E. STRÖKER*, Frankfurt/M. 1981 (Bonn ¹1924), 7-133, 63. Vgl. insgesamt auch *K. HAUKE*, Plessner zur Einführung, Hamburg 2000, *W. ESSBACH/J. FISCHER/H. LETHEN* (Hrsg.), Plessners «Grenzen der Gemeinschaft». Eine Debatte, Frankfurt/M. 2002, zur Einordnung der Grenzschrift vgl. auch das Nachwort von *J. FISCHER* in der Neuedition (Frankfurt/M. 2002, 135-145.).
Zu Plessner allgemein vgl. *S. PIETROWICZ*, Helmuth Plessner. Genese und System seines philosophisch-anthropologischen Denkens, Freiburg i.Br.-München 1992, *H. BIELEFELDT*, Kampf und Entscheidung. Politischer Existentialismus bei Carl Schmitt, Helmuth Plessner und Karl Jaspers, Würzburg 1994, *F. SCHIRRMACHER*, Der natürlichere Mensch. Die religionsanthropologische Systematik Helmuth Plessners in ihrer Bedeutung für die theologisch-anthropologische Urteilsbildung, Tübingen 1997, *I. WENZLER-STÖCKEL*, Spalten und Abwehren. Grundmuster der Gemeinschaftsentwürfe bei Ferdinand Tönnies und

Offenbarung und Geltungsbedarf auf der einen, der Dynamik nach «Verhaltung» und Schamhaftigkeit auf der anderen Seite. In dieser Spannung wird Vorausschau, Langsicht (so Elias[202]) nötig. Sie dient der Wahrung des Gesichts und der Meidung der Lächerlichkeit.[203] Ohne Form, Maske, Rolle, Rüstung in der Öffentlichkeit auftauchen ist riskant. Öffentlichkeit als offenes System, das zur Physiognomie («face»!) zwingt, was wieder auf die Öffentlichkeit zurückwirkt. Die Unauslotbarkeit der Person wie die «Offenheit der Öffentlichkeit» ergeben dabei ein Amalgam, in dem Form und Rolle mit kompensatorischer Wirkung unverzichtbar sind. Benötigt wird stellvertretende Bedeutung im Blick auf die Anerkennung durch andere.[204] Die Techniken des Verhüllens andererseits sind Techniken des Gesichtsschutzes, aber im «Nimbus des Verhüllten» als Modus des Indirekten[205], als «eigentliche Kraft der Gesellschaftssphäre»[206] offenbart sich eine bleibende Ambivalenz entgegengesetzter Bewegungen, das anthropologisch gewendete doppelte «mysterium tremendum et fascinosum», so verlockend und attraktiv wie distanziert: Abstoßung, die anzieht, «Luft eines wahrhaften Milieus», Medium, ohne daß das Humane verkümmert.[207] Es geht Plessner um die bleibende Oszillation zwischen Zeige- und Offenbarungstendenz auf der einen und Scham- und Verhüllungstendenz auf der anderen Seite, beides anthropologische (und soziale) Grunddaten, und das Paradox der Leiblichkeit und der Physiognomie[208]: Was das Bewußtsein verdecken, nicht erinnern soll, verleiblicht sich in den Gesichtszügen, was willentlich offengelegt werden soll, muß sich mühsam «hervorkämpfen und die Gefahren der Wirkung auf andere bestehen»[209]. In diese Spannung eingewoben ist Plessners Grundanliegen: die Wahrung

---

Helmuth Plessner, Frankfurt/M. 1998, *K. SCHÜSSLER*, H. Plessner. Eine intellektuelle Biographie, Berlin-Wien 2000 (gerade die letzten beiden empfehlenswert im Blick auf die Einordnung der «Grenzschrift»).

[202] Weitere Verbindungen und Querlinien bei *REHBERG*, Positionalität und Figuration 213-247.

[203] Vgl. *PLESSNER*, Grenzen der Gemeinschaft 58-77. Hiermit trifft Plessner exakt die Kernpunkte späterer soziologischer wie soziolinguistischer Höflichkeitsdebatten der Theorie der Maske (so Goffman und andere später), des Zeremoniells und des Prestiges als Wege zur «Unangreifbarkeit» (78, vgl. das Kapitel unter dieser Überschrift 78-94). Hier scheint also das Sicherheits-, Sicherungs- und Entlastungsmoment auf, das norm- wie höflichkeitstheoretisch zu verorten ist – mit einer je spezifischen Reichweite und Legitimation. Es ist bekanntlich – und eben nicht zufällig – ein Plessner-Schüler, der Goffmans Überlegungen in Deutschland bekannt macht: *H.P. DREITZEL*, Die gesellschaftlichen Leiden und das Leiden an der Gesellschaft. Vorstudien zur Pathologie des Rollenverhaltens, Stuttgart 1968.

[204] Vgl. *PLESSNER*, Grenzen der Gemeinschaft 82, 95, dazu auch 84: «Unangreifbarkeit der Individualität wird mit stellvertretender Bedeutung erkauft. Stellvertretende Bedeutung setzt gleichbleibende Abstände zwischen die Individuen und wirkt als Form kompensatorisch einer Entwertung des Menschen in der Erscheinung entgegen.»

[205] Vgl. *PLESSNER*, Grenzen der Gemeinschaft 67. Hier kreuzen sich die Ausführungen mit möglichen feld-, umfeldtheoretischen Überlegungen. Sphäre, Ehre, Felder, die sich um die Person, um das Individuum in seiner Verletzbarkeit legen, die je und je markiert werden.

[206] Vgl. *PLESSNER*, Grenzen der Gemeinschaft 84.

[207] Vgl. *PLESSNER*, Grenzen der Gemeinschaft 68. Keineswegs zufällig blendet Plessner von hier auf die «abgründige» Thematik der Keuschheit über.

[208] Vgl. weiterführend *C. SCHMÖLDERS*, Das Gesicht der Würde, Helmuth Plessners Physiognomik zweiten Grades, in: *ESSBACH/FISCHER/LETHEN*, Plessners «Grenzen der Gemeinschaft» 195-212, pointiert *BRENNER/ZIRFAS*, Lexikon der Lebenskunst 158-163, 234-240.

[209] Vgl. *PLESSNER*, Grenzen der Gemeinschaft 75, vgl. 84. *PLESSNER*, Grenzen der Gemeinschaft 79, pointiert: «Aus den radikalen Nöten, den er durch seine Innerlichkeit verfallen ist, sucht der sich selbst behauptende Mensch einen Ausweg. Den Antagonismen von Scham und Eitelkeit, Naivität und Reflexion, Realität und Illusion, die ihm keine Ruhe des Lebens, keine eindeutige Richtung lassen, weil

der Würde (des einen wie des anderen) als schützenswertes Gut. Der Anspruch des Schutzes individueller Menschenwürde grundiert für ihn die «Logik der Öffentlichkeit»[210], auch wenn die jeweiligen Schutzvorrichtungen selbst ambivalent bleiben. Sie engen ein und schützen *und* wirken doch nach außen als sie selbst. Die Ordnung des sozialen Verkehrs verläuft dabei aufgrund von Werten, die allerdings *nicht selbst* in den Gesichtskreis der Relationen und Interaktionen treten. Damit nicht anders als *keine* Wertfreiheit anvisiert, sondern die Spannung zwischen Norm und Leben, die bleibende, doppelte Gebrochenheit, eine letzte Unauflöslichkeit in der Spannung zwischen Situation und Norm.[211]

Es gilt genau hier die Kompetenz zu entwickeln, damit umzugehen.[212] H. Plessner führt in seinen Überlegungen zu Gemeinschaft und Gesellschaft mit dem Ziel der notwendigen Bestimmung von Öffentlichkeit und Alltäglichkeit an:

> *«Öffentlichkeit beginnt da, wo Liebe und blutsmäßige Verbundenheit aufhören. Sie ist der Inbegriff von Möglichkeitsbeziehungen zwischen einer unbestimmten Zahl und Art von Personen als ewig unausschreitbarer, offener Horizont, der die Gemeinschaft umgibt. Sie ist gerade in dieser Negativität eine sozialformende Macht ersten Ranges.»*[213]

Festzuhalten ist zunächst im Sinne des Frequenz- und Quantitätsargumentes der Höflichkeit: Die Sphäre des Gesellschaftlichen umfängt «quantitativ» die des Gemeinschaftlichen. Sie bildet ein «Zwischenreich zwischen Familiarität und Objektivität, ein Reich zwar nicht wertloser, wohl aber moralisch wertäquivalenter»[214], also auch nicht einfach beliebiger, ethisch irrelevanter Situationen. Sie haben einen Hall und Rückstoß, sind in ihrer nicht bestimmbaren Fülle prägend. Damit kommt das Ethische thematisch in den Blick. Es ist gekoppelt mit der Alltäglichkeit der Öffentlichkeit und einer «Alltäglichkeit als Inbegriff»[215] dieser Vielfältig- und Vielfälligkeit. Dies umrahmt die Perspektiven. Nicht jede Situation ist standardisiert. Instabilitäten und Unbestimmtheiten sind zu meistern.[216] Plessner umreißt dies:

> *«Dieses Reich der Alltäglichkeit, der wertäquivalenten Situationen kennen wir alle: es ist die Gesellschaft im Sinne der Einheit des Verkehrs unbestimmt vieler einander unbekannter und durch Mangel an Gelegenheit, Zeit und gegenseitigem Interesse höchstens zur Bekanntschaft gelangender Menschen.»*[217]

---

sie nicht in seine Gewalt gegeben sind, muß er entfliehen, um eine Position vor anderen wie vor sich zu gewinnen.»

[210] Vgl. *PLESSNER*, Grenzen der Gemeinschaft 104.

[211] Vgl. *PLESSNER*, Grenzen der Gemeinschaft 95ff.

[212] Vgl. *PLESSNER*, Grenzen der Gemeinschaft 47f.

[213] *PLESSNER*, Grenzen der Gemeinschaft 55.

[214] So *PLESSNER*, Grenzen der Gemeinschaft 79f.

[215] *PLESSNER*, Grenzen der Gemeinschaft 80.

[216] Flexibilität und das Motiv des tänzerischen Geistes als Part eines Ethos der Grazie scheinen wiederum wie bei Bergson und seiner Metaphorik des Tanzes auf.

[217] *PLESSNER*, Grenzen der Gemeinschaft 80. Signifikanterweise fällt gerade im Anschluß daran zum ersten und einzigen Mal das Wort «Höflichkeit»: «Die erzwungene Ferne von Mensch zu Mensch wird zur Distanz geadelt, die beleidigende Indifferenz, Kälte und Rohheit des Aneinandervorbeilebens durch die Formen der Höflichkeit, Ehrerbietung und Aufmerksamkeit unwirksam gemacht und einer zu großen Nähe durch Reserviertheit entgegengewirkt.» Sie ist ein Moment jenes tänzerischen, weichen «Ethos der

Es schließt sich Abgrenzung und Situierung eines Ethos in diesem Kontext von Alltäglichkeit und einer je und je näher zu bestimmenden Öffentlichkeit an. Die ethische Ladung liegt in der Riskiertheit der Würde und der Verantwortung für sie:

> *«Zwischen den Polen der Gemeinschaft, Blut und Sache, spannt sich das ungeheuere Gebiet einer noch nicht politisch oder ökonomisch faßbaren, gewissermaßen unbestimmten Öffentlichkeit, mit der das ganze Risiko der Erniedrigung menschlicher Würde gegeben ist.»*[218]

Mit der Würde und ihrer (Nicht-)Achtung steht hier eine zentrale sittliche Größe auf dem Spiel und ist riskiert. Damit kommt aber auch eine Tiefendimension der Überlegungen Plessners zu tragen, die er von der radikalen Offenheitsforderung des Gemeinschaftsethos gegen die konkrete Unauslotbarkeit der Person – allen dortigen Beteuerungen der Wahrung des Ineffabile zum Trotz – stellt. In dieser Anthropologie ist der Mensch nicht «festgestellt», ist Potentialität. Das hat Konsequenzen: Jedes Zusammenleben trägt den Keim des «Aneinandervorbeilebens»[219]. Das aber ist in der Sicht Plessners keineswegs eine Schwäche, sondern Indiz für die Tiefenqualität des Menschen als «Geistseele», zuletzt Signal seiner Würde *und* Bedrohbarkeit.

Es geht Plessner in seiner historischen Sichtung durchaus um eine Ontologie der Differenz zwischen den unterschiedlichen Ansprüchen der Vergemeinschaftungs- und Vergesellschaftungsformen. Diese werden angereichert durch und eingerückt in zeitgeschichtliche Hintergrundbeobachtungen: Technisierungs-, Akzelerierungs-, Differenzierungs- und Dissozierungsphänome der Moderne.[220] Die sozialutopische Idolatrie der Gemeinschaft versteht er als Gegenentwurf zur Versachlichung, Fragmentierung und Dislozierung menschlicher Beziehungen. Eine simplifizierende «Brüderlichkeit der Gemeinschaft» gibt im Zuge ihrer vorgeblichen Komplexitätsreduktion (dies freilich kein Plessnerscher Begriff) die Würde des einzelnen preis und negiert die Pluriformität von Gesellschaft.[221] Nach Plessner ist nun aber gerade derjenige «stark», der sich mit der Komplexität vertraut macht, mit ihr konkret umgehen kann[222], ohne der Dialektik der simplifizierenden Gemeinschaftsutopie und ihrem hohen Brüderlichkeitsideal aufzusitzen – ein Ideal, das ja nur in Grenzen verwirklichbar ist, aber eben auch nicht auf *alle* Beziehungsformen und –

Grazie», für das Plessner – freilich knapp – weitere Elemente anführt wie das «gesellschaftliche Benehmen», die Beherrschung der Konventionen, die Virtuosität in der Handhabung spielerischer Formen, mit denen Nähe ohne Verletzung gewonnen, zugleich aber Entfernung ohne Gleichgültigkeit ermöglicht wird (im Sinn der Grundbewegungen der Höflichkeit, Distanz und Annäherung?), eine atmosphärische Liebenswürdigkeit (ohne Eindringlichkeit). Nicht der Ernst, sondern das Spiel ist hier das Sittengesetz.

218 *PLESSNER*, Grenzen der Gemeinschaft 80f., vgl. 95.

219 *PLESSNER*, Grenzen der Gemeinschaft 59.

220 Vgl. *PLESSNER*, Grenzen der Gemeinschaft 18, 28. Die Palette (z.B. Stadt-Land-Gefälle, striktere Trennung von Berufs- und Privatsphäre, Stände und soziales Ranking, Pluralisierung von Gruppen, technische, gesellschaftliche Veränderungen und deren Tempo) hat von ihrer Gültigkeit nichts verloren, ließe sich aber auf einen heutigen Stand hin präzisieren.

221 Vgl. *PLESSNER*, Grenzen der Gemeinschaft 32.

222 Hier schwingt durchaus eine pädagogische Intention mit, die auf eine Grundhaltung zielt.

gestalten einer komplexen modernen Gesellschaft zu applizieren oder für sie zu fordern ist.[223]

Im Gegenzug zu sozialen Friedensutopien innewohnenden Tendenzen und ihrer latenten Bedrohung, den Pazifizierungsanspruch praktisch-dialektisch selbst in Schroffheit zu verwandeln, gilt es jenseits der Grenzen der Gemeinschaft nach «ausgleichenden und beruhigenden Elementen» zu fahnden.[224] Plessner pointiert seine kritische Grundfrage nach der möglichen Gewaltfreiheit idealer Koexistenz: Sind Schroffheit, Gewalt und Aufrichtigkeit einzige probate Lösungen oder gibt es die Alternative der *Indirektheit*.[225] Sie unterscheidet sich von dem radikalen, authentischen, dualistischen, zugreifenden Begreifen und Strukturieren der begegnenden Welt. Dabei liegt das Paradox eben darin, daß Gemeinschaftsideologien der Aufrichtigkeit und radikalen Echtheit in ihrem politisch-pazifistischen Auftreten oft aggressiv umschlagen, während Gesellschaftskonzepten wie Plessner sie freilegen will, nicht einer Gewaltfreiheitsutopie anhängen, sondern mit privaten, öffentlichen und politischen Gewaltphänomenen rechnen[226], sie also anders angehen, in realistischen Maßen pazifizieren und kanalisieren können, weil ihnen der theoretische und praktische Zugang zu Ausgleichs- und Kompromißstrategien nicht systematisch verstellt ist. Dies gilt in dem weiten Bogen von einer gesellschaftlichen Kultur in den engen Grenzen persönlichen Lebensstils ebenso wie in den weitesten politisch-diplomatischen «Verkehrsformen der Völker», also im Bogen zwischen Takt und Diplomatie.[227] Von Bedeutung ist vor diesem Hintergrund eine weiterführende Überlegung, die Plessner festhält:

> *«Gesellschaft ohne Technik und Zivilisation ist nicht möglich, Technik im weitesten Sinne genommen. Jeder Verkehr zwischen Menschen, welcher des Werkzeugs, des künstlichen Mittels bedarf, hebt sich aus der Gemeinschaftssphäre heraus und wirkt gesellschaftlich. Er wirkt so freilich noch*

---

[223]Dabei geht es auch um die mögliche emotionale Überladung und Überfrachtung. Bei aller Berechtigung (und positiver Kraft täuscht z.B. ein allgemein und unterschiedslos verwendeter Brüdertitel (Thema der Anrede!) eine «Genialität des Herzens» oft nur vor, die das Ekzeptionelle, das Große, die Ausnahme zum Alltagsanspruch konvertiert. Dies ist verlogener als gebremstere Formen (und Anreden), vgl. *PLESSNER*, Grenzen der Gemeinschaft 46f.

[224] *PLESSNER*, Grenzen der Gemeinschaft 19f., führt als gelungenes – historisches – Beispiel die Ordo-Theorie des Thomas von Aquin als Höhepunkt einer Respektierungstheorie an, die nach dem Verlassen der radikalen Gemeinschaft urchristlicher Katakomben der Kirche ein Maß und Bezugsrahmen gibt.

[225] *PLESSNER*, Grenzen der Gemeinschaft 26, betont die *Wert*haftigkeit der Indirektheit, formuliert zudem pointiert, 106: «Im Indirekten zeigt sich das Unnachahmliche des Menschen.» Variabilität, Intentionalitäten, Folgenabschätzung und Langsicht, Gestaltungsoffenheit des «actus humanus» sind hier anknüpfbar – Grundperspektiven des Sittlichen also.

[226] Es sei – nicht nur en passant – daran erinnert, daß eine Fülle von Ingredienzen der höfisch-ritterlichen Kultur auch und gerade der Minimierung und Regulierung von Gewalttendenzen der Interaktion gilt. Mit der nötigen historischen Verschiebung der jeweiligen Formen, gegen die die Schutz- und Stabilisationsfunktionen der Höflichkeit (in ihren jeweils überschaubaren, aber eben sehr konkreten Handlungsfeldern) in Anschlag gebracht werden können, gilt dies auch im Kontext der nicht so offensichtlich gewalttätigen, aber hoch sensiblen Bereiche der «face»-Bedrohung weiter.

[227] Vgl. *PLESSNER*, Grenzen der Gemeinschaft 27, bes. 95-112, zu Differenz wie Konspiration von Takt und Diplomatie im Rayon der Gesellschaft. Unterschiedliche Reichweiten bleiben festzuhalten, aber Konspirationen ebenso. Der Höflichkeit im Sinne eines Alltagsethos geht es augenscheinlich *zunächst* um ersteres, um den Takt. Dieser, ohne festen Zweck und dezidiertes politisches Kalkül, und Diplomatie («Geschäfte») greifen ineinander, disponieren zur je richtigen Haltung in der Öffentlichkeit. Takt ist für Plessner dabei mehr als die Etikette des Salons, die nur sehr bedingte Funktionsreichweiten hat, wiederum anders als Diplomatie des Politischen (vgl. 109f.).

nicht durch dieses äußere Merkmal, sondern erst in dem geistigen Moment, da die Künstlichkeit als solche Wertschätzung genießt.»[228]

Diese Differenzierungen sind von nicht unerheblicher Bedeutung. Der Künstlichkeits- oder Artifizialitätsvorwurf hinsichtlich der Umgangsformen hat vor dem Postulat der Natürlichkeit oder Authentizität jenseits der Kontrolle der Affekte und ihrer unmittelbaren Äußerungsformen immer wieder Konjunktur. Hält man sich jedoch die Grunddifferenz zwischen Bereichen der Intimität (Gemeinschaft) und der Öffentlichkeit (Gesellschaft) vor Augen, dann wird auch der Anspruch und die Kritik (als Unterscheidungsprozeß und -moment) nicht allein darauf abheben können, sondern sieht sich in die Lage gesetzt, Umgangs- oder Zivilisationstechniken im Sinne einer unverzichtbaren Kompetenz für gesellschaftliches Handeln zu bewerten.[229]

Plessner liefert also kein antagonistisches Benimm-Modell, sondern verweist auf einen Zusammenhang von Umgangsformen, Zivilität und der Kultur eines öffentlichen Umgangs, der sich verschieden dimensionierte Mittel dafür geschaffen hat, weniger ideologieanfällig zu werden.[230] In Spannung gehalten werden Plessners differenzierte Überlegungen durch die explizite Urbanitäts-, vor allem aber Modernitätsthematik, die in ihren Alltagswirklichkeiten gefaßt wird und dem Individuum Sicherheitsmaßnahmen abverlangt, einen gewissen «Schematismus des Verkehrs»[231]. Zwar bleibt die Anfrage, ob der Antagonismus Gemeinschaft – Gesellschaft so rigide und radikal durchgehalten werden kann[232], aber der deutliche Zugewinn bleibt: Momente der gesellschaftlichen Distanzübung, der Indirektheit, der Diplomatie, des Taktes und der bewußten Rollenübernahme als Korrektiv – alles höflichkeitssignifikante Markierungen – treiben die Betrachtung der Höflichkeit im Ansatz über das bloß «Privatpolitische» hinaus.

Zwei weitere Stimmen, die nicht nur nebenbei, wenn auch knapp die eine, auf die Höflichkeit zu sprechen kommen – sie mit dem einen gesagt politisch «füllen», mit dem anderen signifikant «entleeren», müssen zu Wort kommen: Henri Bergson und Camille Pernot.

---

228 *PLESSNER*, Grenzen der Gemeinschaft 40.

229 Dabei lassen sich dann natürlich die unterschiedlichsten Kontexte und Situationen und ihre jeweiligen Erfordernisse differenzieren.

230 Plessner greift diese Thematik in einer seiner bekanntesten Publikationen wieder auf. In *H. PLESSNER*, Die verspätete Nation. Über die Verführbarkeit bürgerlichen Geistes, Stuttgart 1959, vertritt er die These, daß Deutschland deshalb so ideologieanfällig geworden sei, weil es statt – wie die anderen europäischen Nationen – eine adelige, dann bürgerliche Zivilkultur der Umgangsformen zu entwickeln, diese Leerstelle mit Philosophemen oder Ideologmenen besetzt habe. Bemerkenswert ist die Tatsache, daß diese Schrift in ihrer Erstausgabe schon 1935 (!) im Exil erscheint.

231 Vgl. *PLESSNER*, Grenzen der Gemeinschaft 80f.

232 *PLESSNER*, Grenzen der Gemeinschaft 116, plädiert auf radikale Trennung: Einsicht und Liebe hier, spielgerechter Kampf und Takt dort. Dies bleibt letztlich unvermittelbar für ihn.

11.3.1. «Politesse» – mehr als die «élégance de la vertu»: Erinnerung an H. Bergson

Eine zunächst 1885 vor Schülern gehaltene, dann Jahre später überarbeitete Rede stellt der junge H. Bergson (1859-1941) unter das Thema der «politesse»[233]. Er verfolgt dabei in seinen Auslegungen die Absicht, ihrem Charakter als «science», «art» oder eben «vertu» auf die Spur zu kommen.[234] Eine reine Bestimmung als Erfüllung formal-konventioneller «codes de la civilité» erscheint Bergson dabei als zu kurz gegriffen. Jenseits und unter der teils kalkulierten Firnis distanzwahrender Formen, jenseits und unter der Mißdeutbarkeit eben dieser Formen und Formeln liegt für Bergson die «vrai politesse» als ein spezielles Gefühl, eine Intuition, die er «amour de l'égalité» nennt. Hierbei geht es um eine bestimmte Egalität, die nicht im Überspringen von Differenzen einzelner besteht, sondern auf eine «égalité de rapports» zielt, um eine spezifische «proportion» zwischen Verdienst, Lohn und Anerkennung, die als «estime» und «considération» (im Sinne von Wertschätzung und Achtung) einem jeden geschuldet ist.[235] Von dieser Kunst der angemessenen Relation und Proportion gegenüber einer Person in ihren sozialen Bezügen hebt Bergson begrifflich eine zweite Dimension der Höflichkeit ab, die er «politesse de l'esprit» nennt. Sie ist verknüpft mit je individuell-naturalen Vorgaben, der je einmaligen Individualität der Person, wie sie diachron geworden ist. Diese personspezifische Höflichkeit ergibt und unterstreicht «forme et couleur» der einzelnen Persönlichkeit.[236] Daraus wiederum erwächst für Bergson eine «diversité infinie des habitudes et des dispositions» als Resultat langwährender, differenzierter, individueller wie gesellschaftlicher Prozesse. So positiv diese Vielfalt ist, sie hat für Bergson ebenso eine andere Seite. Vielfalt mündet nicht selten in Nichtverstehen des anderen oder den Eindruck der Dissoziation, das Gefühl entheimatet («dépaysé»), dem Vertrauten entzogen zu sein.[237] Um hierbei Orientierung zu schaffen wird es nötig, eine spezifische Fähigkeit auszubilden.[238] In einer prononcierten Kompetenz zu Emphase und Empathie liegt für Bergson die Quintessenz der «politesse de l'esprit». Sie ist eine angesichts diverser Pluralitäten zur Orientierung notwendige «souplesse intellec-

---

[233] *H. BERGSON*, La Politesse, in: *ders.*, Mélanges, Paris 1972, 318-332 (dort sind beide Versionen aus den Jahren 1892 und 1885 – letztere im Apparat – abgedruckt, ebenso in: *DHOQUOIS*, La politesse 152-158). – Zu Bergson allgemein: *L. KOLAKOWSKI*, Henri Bergson. Ein Dichterphilosoph, München 1985, *V. JANKÉLÉVITCH*, Henri Bergson, Paris ²1989, *H. HUDE*, Bergson, 2 Bde., Paris 1989f., *G. BROTTI*, Bergson. La coscienza e il tempo, Padua 1994, *R. KATHER*, Gelebte Zeit und schöpferisches Werden. Henri Bergson (1859-1941), in: GuL 69 (1996) 20-36, eigenwillig wie oft *G. DELEUZE*, Henri Bergson zur Einführung, Hamburg ²1997.

[234] Vgl. *BERGSON*, La Politesse 318f.

[235] *BERGSON*, La Politesse 320, wörtlich: «Appelons politesse des manières, si vous voulez, un certain art de témoigner à chacun par son attitude et ses paroles, l'estime et la considération auxquelles il a droit.». Nicht weiter ausgeführt und erläutert werden dabei die Grade und Funktionsweisen dieser relationalen Wertschätzung.

[236] Trägt die erste Form der Höflichkeit eher Spuren des Normativen an sich (sie ist geschuldet, der andere hat ein Recht darauf), so fällt hier eine eher haltungsethische Komponente auf. Es geht um das Werden, die multifaktorell mitbedingte Ausbildung der einen, der vielen Personalitäten, die einander begegnen werden.

[237] Vgl. *BERGSON*, La Politesse 321.

[238] *BERGSON*, La Politesse 322: «... la faculté de se mettre à la place des autres, de s'interésser à leurs occupations, de penser de leurs pensées, de revivre leur vie en un mot, et de s'oublier soi-même.»

tuelle», eine geistige Geschmeidigkeit und Flexibilität, die die Adaption verschiedenster Situationen ermöglicht. Via Adaption dieser Fremdansichten (ohne diese zwanghaft zu übernehmen) im Verständnis für andere Positionen und Personen (ohne alles zu entschuldigen). Auch wenn Bergson hier die Problematik der Aufrichtigkeit nicht ausklammert, so verweist er doch auf folgenden wichtigen Zusammenhang:

> *«Ne vous y trompez pas cependant; il y aura toujours entre cette politesse raffinée et hypocrisie obsequieuse le même distance qu'entre le désir de servir les gens et l'art de se servir d'eux.»*[239]

Die raffinierte – und das heißt eben nicht die taktisch-strategische, sondern die elastisch-flexible und differenzierende Haltung eines Geistes, der anderer Zusammenhänge gewahr wird als der stets eigenen – und die unterwürfige Heuchelei sind äquidistant wie das Verhältnis, anderen zu dienen oder sich anderer zu bedienen. Die Trennung ist von ebenso fundamentaler Bedeutung wie von Fall zu Fall schwer zu eruieren.[240]

Unterhalb dieser Höflichkeit und Elastizität des Geistes wiederum entdeckt Bergson eine dritte und letzte Dimension, die nahe an den Charakter der Tugend heranreicht («presque une vertu»). Um diese – «fast» – ethische Dimension zu erhellen, wird diese individuelle mit einer sozial-empathischen Komponente verknüpft. Bergson wählt dazu ein extremes Beispiel. Er geht von leicht zu verunsichernden Menschen aus, bei denen schon kleinste Gesten und Worte der Kränkungen oder Nichtachtung erheblich Wirkungen auslösen, ebenso wie deren positiven Pendants nicht unerheblich zu deren Selbstachtung und -sicherheit beitragen können. Zwar räumt Bergson selbst ein, daß es – der Plastizität wegen, darf man im rhetorischen Zusammenhang vermuten – sich hier um eine extremes Beispiel handelt, aber dennoch ist über dieses Junktim von kleiner Ursache und großer Wirkung eine Wertvorstellung in den Blick gerückt, die «grande bonté naturelle»[241], die sich in der «politesse» spiegelt oder ausdrückt, gerade insofern und weil sie sich ihrer Wirkungen auf andere bewußt bleibt. Diese Überlegungen gipfeln in der Frage, die Bergson anschließt:

> *«Ne serait-ce point là, jeunes élèves, la politesse la plus haute, la politesse du cœur, celle que nous appelions une vertu? C'est la charité s'exerçant dans la région des amours-propres, là où il est aussi difficile parfois de connaître le mal que de le vouloir guérir.»*[242]

Die elaborierteste, werthaltigste Höflichkeit verweist als Tugend auf die Liebe. Sie wird gerade in den Bereichen einschlägig, wo die Probleme der Unterscheidung zwischen dem Übel und seiner Überwindung zunehmen: in denen der Selbstliebe.

---

239 *BERGSON*, La Politesse 322.

240 Diese Unterscheidung legt einen gesinnungsethischen Haftpunkt nahe, der freilich bei Bergson so an der Stelle nicht gesetzt wird. Dafür aber füllt er ein mögliches elastisches Ethos der «politesse» auch ästhetisch: Dem traditionell moralistischen «désir de plaire» (322) entspricht der Zusammenhang der «politesse» mit der Grazilität. Am Beispiel des Tanzes verweist Bergson auf «souplesse» (Geschmeidigkeit), «grâce» (Grazie) und eine «légéreté» gegen die Schwere der reinen Materialität: Diese Elemente sind in der «politesse» zu finden, die diese «grâce de l'esprit» (323) ausmacht.

241 *BERGSON*, La Politesse 326.

242 *BERGSON*, La Politesse 326.

In den Schlußpassagen seiner dichten Rede eröffnet Bergson damit einen weiten Horizont. Politesse ist keineswegs mehr nur ein Luxus, nicht einmal mehr ausschließlich «une élégance de la vertu»[243], sondern manifestiert im Zusammenwirken der drei Dimensionen einen nicht unerheblichen Beitrag für die ethische Gestaltung des Alltags.

Mit einigem Pathos und nicht ohne Sinn für Idealität formuliert Bergson summarisch:

> *«Il semble donc que la politesse sous toutes ses formes: politesse de l'esprit, politesse des manières et politesse du cœur, nous introduise dans une république ideal, véritable cité des esprits, où la liberté serait l'affranchissement des intelligences, l'égalité un partage équitable de la considération, et la fraternité une sympathie délicate pour les souffrances de la sensibilité. Elle prolongerait la justice et la charité au-delà du monde tangible; elle ajouterait à la vie de tous les jours, où des relations utiles s'etablissent entre les hommes, l'attrait subtil d'une œuvre d'art. La politesse ainsi entendue réclame le concours de l'esprit et du cœur.»* [244]

Achtung, Empathie, Elastizität, personal wie interpersonal, affektiv wie kognitiv – mit dieser an sich knappen Intuition und Illustration entwirft Bergson ein erstaunlich komplexes Bild der «politesse» in republikanischen Zeiten – nicht ohne hohen zivilen und damit ethischen Anspruch.

11.3.2. C. Pernot und eine elaborierte «Philosophie de la politesse»

Einen markanten, eleganten (und eigenwilligen) systematischen Zugriff auf die paradoxalen Phänomene der Höflichkeit bietet die 1996 veröffentlichte Studie «La politesse et sa philosophie» von Camille Pernot.[245] Angesichts der – so Pernot – schwer zu decodierenden, «kryptischen» Natur der Höflichkeit[246] versucht dieser Entwurf die Ambivalenzen eines Spiels leerer Formen, das dennoch zur Sinnstiftung beiträgt, zu ventilieren. Auffällig dabei ist das durchgängige Bemühen einer Abstoßung von traditionellen Begründungsversuchen praktisch-philosophischer, ethischer und religiöser Provenienz.[247] An deren Stelle rücken funktionale, formale

---

243 *BERGSON*, La Politesse 333.

244 *BERGSON*, La Politesse 326ff. Vgl. auch *PERNOT*, La politesse et sa philosophie 148, 326.

245 In diese Arbeit fließen eine Fülle von traditionellen Überlegungen aus der klassischen Moralistik und der Philosophie ein, werden kritisch gesichtet und auf ihre Tragfähigkeit befragt. – Vgl. *H. JACOBS*, Rez. zu: C. Pernot, La politesse et sa philosophie, Paris 1996, in: NRTh 121 (1999) 677-678.

246 *PERNOT*, La politesse et sa philosophie 18: «La nature de la politesse est très cachée. (...) Ses conduites qui semblent si familières sont, en réalité, difficiles à décrypter.», vgl. 235.

247 Ein solcher moralischer Maßstab wäre die «sincérité». Angesichts übertriebenen oder gar fälschlichen Lobs und mit der Figur des «Gentleman cambrioleur» versucht Pernot (vgl. 207) die Nichtdeckungsgleichheit von Sittlichkeit und Höflichkeit zu beweisen. Eine Deckungsgleichkeit soll auch hier nicht im Gegenzug schlicht behauptet werden. Doch über die Kompatibilität der Höflichkeit mit dem Unsittlichen das ethische Thema zu erledigen, macht es sich zu leicht. Höflichkeit ist hier nicht nur nicht einmal «vertu minuscule», sondern in Kombinationen wie dieser geradezu eine Untugend. Als dezidiert ethische ist diese Argumentation schwerlich vertretbar. – Es zählt nicht der «miel des paroles» (208), sondern allein die indirekte Bedeutung für die jeweilige Relation. So richtig diese Einschätzung ist, sofern sie nicht einen substantialistischen Wahrheits- oder Wahrhaftigkeitsanspruch als Exklusionsargument figuriert, so bleibt doch die Frage nach der Decodierungskompentenz, nach den Folgen der Handlung und nach den weiteren ethischen Implikationen. Dies gilt für die analysierte augenblickliche Praxis ebenso wie

und strukturalistische Betrachtungsweisen von vergleichsweise geringer Durchlässigkeit zu jenen zurückgewiesenen Phänomen- und Motivationsfeldern.[248] In dieser Begrenzung[249] liegt eine Stärke dieser Untersuchung. Zugleich bleiben die Fragen offen, die im Gefolge von Reduktionen zwingend immer wieder aufkommen.[250]

Nähern wir uns genannter Konzeption, wie sie sich vor allem in den theoretisch-systematischen Abschnitten präsentiert. Hier präzisiert die Studie Pernots die Reichweite des Begriffs der «politesse»: Es geht um die «échanges ordinaires, rapide et fréquemment sans lendemain»[251], also um «normal-alltäglichen, schnell-kurzfristigen Austausch ohne Zukunftsdimension», um tangentiale und punktuelle Interaktionen. Mit dieser Fassung ist *ein* höflichkeitsanalytischer Ansatzpunkt genannt, der triftig bleibt. Er grenzt zunächst ein. Politesse oder Höflichkeit hat ihren ersten Platz im Alltagsethos und wird dort erforderlich als Kompetenz der räumlichen und sozialen Korrelation und der Dechiffrierung komplexer, wenngleich

---

für eine diese überschreitende weitere Dimension von Höflichkeit, wie sie andere Überlegungen und Differenzierungen einzuholen versuchen.

248 Man kann vorab die Einleitungsüberlegungen und das erste Kapitel dieser Studie in diesem Sinne lesen (PERNOT, La politesse et sa philosophie 33-104, 105-197). Zum einen werden präzise Differenzierungen der Höflichkeit in Abgrenzung zu Etikette, Ritual, Protokollarischem wie Zeremoniellem, aber auch zum Begriff des «savoir-vivre» geliefert, zum anderen werden historische Begriffsentwicklungen, also von der «courtoisie» zur «civilité» und zur «politesse» (vgl. 14f., 33f., 48ff., 63ff.) in striktem Sinne an ihre historischen Kontexte gebunden. Dieses Verfahren ist natürlich vertretbar, läßt aber zugunsten der Differenzen die verbindenden Elemente etwas zu stark in den Hintergrund treten. Man erinnere sich nur an die Überlegungen Bollnows hinsichtlich der historischen Permeabilitäten zwischen den Registern des Hochethos und der elementaren Sittlichkeit. Zwar zielt Pernot nicht auf die Frage des Ethos, aber Vergleichbares läßt sich auch für die Geschichte von Formen und Funktionen erheben. Neben diesen Vorentscheidungen bleibt die Frage nach dem Moralbegriff der Studie bemerkenswert. Vgl. PERNOT, La politesse et sa philosophie 15, 21-25, 96, 143-185 und passim, vgl. zudem 111-117: Auch die Zurückweisung der «Herzenshöflichkeit» als bloßes Konstrukt in kritischer Absicht – und somit ohne eigene habituelle Bedeutung – unterstreicht diese Tendenz.

249 Vgl. die systematischen Intentionen, die PERNOT, La politesse et sa philosophie 97f., selbst nennt: «1. il doit permettre d'édifier un code de conduite répondant aux diverses occurrences du commerce social ordinaire et, surtout, en assurer l'application effective ainsi que la légitimité; 2. il faut ensuite qu'il soit assez spécifique pour distinguer les practiques de politesse de tous les autres aspects de la sociabilité; 3. il est indispensable, enfin, qu'il offre la possibilité d'expliquer la diversité des figures prises historiquement par la politesse ...» – Zunächst historisch gemeint, wird dies auch systematisch angegangen, wie nachfolgend noch deutlicher wird.

250 Vgl. PERNOT, La politesse et sa philosophie 100-197, analysiert und kritisiert traditionelle Motivfelder der Politesse-Begründung: das psychologisierende Motiv, das Motiv einer natürlichen Sozialität, das Distinktionsmotiv und schließlich die moralisch-religiöse Motivierung (vgl. bes. 103f., 186-197, 333), vgl. 96: die Kritik an A. de Courtins doppeltem Rückgriff auf Cicero *und* Christus als Begründung der Höflichkeitsforderung unzulässig, weil inhomogen, synkretistisch? Wie weit ist das ein Idealismus der Purität, der realiter auf die Vielfalt der «mixta composita» nicht eingeht, zu begründen? Wie sieht dies gerade angesichts der Begegnung von Angehörigen verschiedener Kulturen aus? – Der Umgang damit ist bezeichnend. PERNOT, La politesse et sa philosophie 204, konzediert deshalb auch den Charakter der «thèse aussi réductrice».

251 Vgl. PERNOT, La politesse et sa philosophie 201. Damit ist ein wichtiger Teil des Höflichkeitsszenarios angesprochen, aber andere – ebenso einschlägige – bleiben außen vor. Man denke an den Bereich ethischer Dimensionen selbst, aber schon – man mag dabei durchaus auf der Ebene Pernots selbst bleiben – die Frage nach der Funktionalität und Formalität der Höflichkeit *in* stabileren, längerfristigen Beziehungen ist von dieser Engführung betroffen. Zu denken ist auch an die Frage nach der Höflichkeit «gegenüber» Abwesenden, zu denken wäre auch an Beziehungen, die keineswegs ohne «lendemain» sind, aber eben auch nicht emotional-existentiell hochgeladen: Beziehungen am Arbeitsplatz wären hier das passende Beispiel. Damit liegt z.B. das Thema «Mobbing» in Reichweite.

vielschichtiger Codes.[252] In diesem Gefälle wird für einen formal-funktionalen Betrachtungsstandpunkt votiert, weil Haltungen («attitudes») *an sich* nicht beobachtbar seien. Funktionsweisen von Höflichkeitscodes sind unter dieser Prämisse ohne moralischen oder emotiven Einschlag zu analysieren, «bonnes manières» als «manifestations blanches» in ethisch zumindest neutralisiertem Sinn ohne habituellen Unter- oder Hintergrund zu bezeichnen.[253] Diese Abgrenzung des Ethischen verläuft parallel zur zunächst «praktischen» Absicht:

> «... *la politesse, telle qu'elle est comprise par le formalisme, n'est pas une attitude théorique (...), mais uniquement une pratique qui détermine son objet par la manière dont elle s'y rapporte.*»[254]

Diese Orientierung geht also in eins mit einer an sich schwerlich von der Hand zu weisenden Differenz der Nicht-Identität von Moral und «politesse».[255] Politesse oder Höflichkeit transzendieren sich nicht auf etwas Dahinter- oder Darüberliegendes. Ihre Komplexität ist eine «interne», immanente. Unter Rückgriff auf semiologische Überlegungen von R. Barthes[256] wird dieser «modus operandi» der Höflichkeit betrachtet, der seine Spannung aus der Polarität einer doppelten semiologischen Operation der Höflichkeitscodes gewinnt: Verschleierung des konventionellen oder natürlichen Sinnes von Zeichen, Worten, Gesten (Bedeutung erster Ordnung) zum einen und Rekombination der Zeichen mit der Schaffung eines neuen Sinngehalts auf der Ebene der formalen Interaktion zum anderen (als Bedeutung zweiter Ordnung) machen einen Bezug auf hintergründige Horizonte unnötig, schaffen aber zu-

---

252 Insofern liegt eine Konspiration zu dem Ansatz vor, der hier unter ethisch-theologischer Prämisse vertreten wird. Gleichwohl trennen sich dann die Wege auch wieder, erstens – so die Mutmaßung und letztlich die These hier –, weil der formal-funktionale Ansatz schon auf der Ebene, die auch Pernot anzielt, Implikationen für weitere Perspektiven zuläßt, zweitens, weil kaum (und bei Pernot symptomatisch und paradigmatisch gar nicht) darüber nachgedacht wird, inwieweit die Facetten der Höflichkeit *auch* repräsentative Ausdrucksminiaturen in und für nicht-alltägliche, dauernde Beziehungen (in Freundschaft, in Partnerschaft, in der Ehe z.B.) *im* Alltag sind oder sein können.

253 Vgl. *PERNOT*, La politesse et sa philosophie 202f., 327 (dort die signifikante Vorordnung der «politesse de conviction» vor eine «politesse d'habitude»). Im analytischen Procedere ist eine derartige Option natürlich zulässig, aber Rechenschaft ist darüber einzufordern, welche Komponenten damit vorläufig oder endgültig aus der Diskussion ausgeschlossen werden. Geht es um eine Retardierung vorschneller Moralisierung, ist dem Verfahren zuzustimmen, aber schon die pragmatheoretischen Hinweise auf die Effekte einzelner Höflichkeitsformen auf ein Ich *und* auf einen anderen deutet in eine Richtung, die eine vollständige Ausblendung der ethischen Dimension nicht zulässig erscheinen läßt. Zu einer Handlungstheorie gehört auch die Folgenabschätzung und -reflexion.

254 *PERNOT*, La politesse et sa philosophie 203f.

255 *PERNOT*, La politesse et sa philosophie 213, unterstreicht dies um der Pointierung dieser Sichtweise willen. So wird der Hintergrund der «apparences» vorsorglich definitorisch auch darüber hinausgehend gesäubert: «La politesse n'est pas la morale. Elle n'en imite même pas les apparences. En réalité, elle n'est apparence de rien.» Im Hintergrund steht ein Topos, den *P. LASCOUMES*, Le protocole, ou comment s'épargner la politesse, in: *DHOQUOIS*, La politesse 118-129, in das Zentrum der Betrachtung stellt. Strikte Dialektik, ein Alles-oder-nichts-Denken, eine Frage von «Schein oder Nicht-Schein»? Vgl. aber W. Benjamin, der beide Perspektiven «ausprobiert», während Pernot die eine schlicht ausschließt. Eine Anschlußfrage erhebt sich: Was erscheint dann, wenn auf «Erscheinung von Nichts» plädiert wird? Bei dieser Reduktion um der Präzisierung willen wird man dann plötzlich keinem der Phänomene mehr gerecht – weil «nichts» erscheint.

256 *PERNOT*, La politesse et sa philosophie 218-220, 254, 267, bezieht sich auf *BARTHES*, Im Reich der Zeichen, und *ders.*, Mythologies, Paris 1970, 202f. (nicht ohne Hinweis auf die Fragmentarität dieser Zeichentheorie hinsichtlich der Höflichkeit). Zu Barthes vgl. oben Abs. 4.

gleich die nötige Elastizität, die wiederum eine Chiffrierungs- wie Dechiffrierungskompetenz sozial-alltäglicher Interaktion erforderlich erscheinen läßt. So wird die «politesse» ein semiologisches «système double», in dem den Funktionen die Hauptlast, den je und je konkreten Äußerungsformen und -zeichen eine Sekundärrolle zukommt.[257] Pointiert formuliert Pernot diese Grundzüge der Höflichkeit.[258] Sinndimension und Hauptfunktion der «politesse» ergeben also als ein Ausdrucksgeschehen, dessen Charakteristik in der Indirektheit einfacher Formen zu finden ist, die in einem offenen Spiel mit Bedeutungen und im anschließenden Bedeutungshof nicht einfach «leer» bleiben, sondern indirekt wiederum in der Rekombination sinnstiftend wirken. Dies gilt in einer Sozialitäts- und Öffentlichkeitsdimension («d'existence en commun»), also in der Relation zwischen «individues», nicht zwischen «subjectivités», eine Unterscheidung, die nur dann Sinn macht, wenn man im Sinn einer reduzierten Höflichkeitstheorie (als Praxistheorie) nichts anderes im Auge hat als fest umrissene Organisationsformen des Sozialen, eine «relation toute formelle»[259]. Zentral sind im Höflichkeitskonzept Pernots fünf Elemente, die resümierend angeführt werden und Höflichkeit als eine «art spécifique de la communication» signieren:

- Höflichkeitsverhalten ist größtenteils formalistisch; es wird ausgeführt, ohne sich Rechenschaft zu geben über ihre «signification première ou habituelle»;
- der Höflichkeitscode ist als «langage second» organisiert, in der die verwendeten Zeichen einen anderen Sinn annehmen als den, der ihnen ursprünglich innewohnt;
- dieser neue Sinn ist exklusiv sozial: «Il représente le minimum requis pour que s'établisse entre ceux qui sont appelés à se rencontrer une relation d'union et courante.» Historisch sind dabei Variablen möglich. Diese wiederum gehören aber selbst offen oder verdeckt zu einem konstanten Höflichkeitsfundament in exklusiv sozialem Sinn;
- die Vielfalt der Formen widerspricht nicht der Grundausrichtung und ihrer sozialen Sinndimension;
- der Höflichkeitscode hat eine fest umrissene Sinnfunktion als «formalisme createur appliqué aux rencontres sociales qui les aménage à un certain niveau».[260]

Damit ist im Kern eine differenzierte Auslegung der Höflichkeit geboten, die, auch wenn sie sich auf einen ersten Formalismus kapriziert und andere Dimensionen zurückzustellen sucht, dann doch auf das Gelände einer wenigstens angedeuteten Axiologie zubewegt. Die Frage scheint berechtigt: Kann oder muß das «certain niveau» der Begegnung nur in formale Kategorien gefaßt werden. Oder muß – teilt

---

257 Vgl. *PERNOT*, La politesse et sa philosophie 219, 238. Die Wandelbarkeit demonstriert Pernot an zwei signifikanten Beispielen für historische Verschiebungen in Deutung und Reaktion auf das (unwillentliche) Nießen («d'éternuement», vgl. 239-247) und die willentliche Konstruktion des «d'air du visage» (vgl. 247-253). Der (hier) implizite Bezug und Anschluß an Konzepte des «Face-Managements» sind unübersehbar.

258 *PERNOT*, La politesse et sa philosophie 237: «Avant de poursuivre rappelons-en le trait principal: *la politesse est à considerer comme un langage; elle ne constitue pas, cependant, un langage au premier degré, expression directe de sentiments et d'intentions, mais son fonctionnement l'apparente à ces sortes de langage qui ne disent pas ce qu'ils paraissent exprimer et signifient, en fait, ce qu'ils ne disent pas explicitement. Les éléments qui la composent sont à prendre comme de simples formes, mais leur combinaison n'est pas une gesticulation vide: le jeu du signifiant selon une certaine procédure, celle de la connotation, ouvre un nouvel horizon de sens.*» (Hervorhebung im Original – APA.)

259 Vgl. *PERNOT*, La politesse et sa philosophie 253-258.

260 Vgl. *PERNOT*, La politesse et sa philosophie 260ff. (wörtliche Zitate dort).

man Pernots Vorsicht auch weitgehend – nicht doch eine umfassendere Dimension mitbedacht werden? Eine ähnliche Frage läßt sich bei folgender Feststellung anschließen, wenn Pernot Höflichkeit als eine Kunst der Kommunikation bestimmt, die frei von utilitaristischen und moralischen Motiven darauf zielt, die «äußeren Relationen» harmonisch zu formen.[261] Auf diesen Überlegungen entwickeln sich dann bei Pernot Hinweise auf den Sinngehalt, den eine formale Konzeption von Höflichkeit trägt. Und hier wird nun gänzlich unverständlich, warum sich Moralabweisung wie ein «roter Faden» durch die Studie zieht.[262] Hier nunmehr sind es drei Momente, die Pernot hinsichtlich der «politesse» als «création culturelle» hervorhebt:

- Höflichkeit verleiht menschlichem Leben eine neue Dimension;
- Höflichkeit beeinflußt Wahrnehmung und Koordination des sozialen Lebens;
- Höflichkeit trägt bei zur Ausfaltung eines spezifischen Menschenbildes.[263]

Die Sinndimension liegt für Pernot zunächst in der als «valeur autonome» bezeichnete aus sich selbst verständlichen Stiftung einer sozialen Ordnung oder Orientierung als Formalismus. Jenseits eines moralisierenden und verengenden Blickes auf Existenz und Gesellschaft bietet die Höflichkeit eine praktische *und* eigenständige Perspektive auf das geformte «l'être-avec».[264] Jenseits von Solipsismus und Isolationismus wird der Blick frei auf eine Art «kategorischen Imperativs» der Höflichkeit, der bei Pernot als Postulat der Kommunikationsermöglichung lesen läßt: «*Handle so, daß du die Kommunikation mit anderen ermöglichst.*»[265] Hier wird der Moment der Öffnung auf andere – «ouverture», «accueil»[266] sind die Stichworte – in höchstem Maße als formal-humane, als *initiale* Disposition herausgestellt. Damit erweitert Höflichkeit zum einen den «horizon humaine» und gestaltet alltägliche Beziehungen.[267] Diese Funktion übernimmt die Höflichkeit als elementare Form – als «noyau essentiel», der als Kern Sozialität erst möglich macht.[268] Dabei erschöpft

---

[261] *PERNOT*, La politesse et sa philosophie 263: «Ainsi la politesse est, à tout égards, un art de communiquer qui, indépendamment de tout motif utilitaire ou morale, rapproche les hommes et donnes à leurs relations exterieurs la forme d'un commerce harmonieux.»

[262] Es sein denn, man unterstellt einen restriktiv-moralistischen Sinn von Moral, der zu schnell in Bewertungskategorien von «richtig/falsch», «gut/böse» verfällt, ohne auch ethische «Adiaphora» (so die Höflichkeit denn dazu gehört) in ihrer ethischen Relevanz vor und jenseits von Einzelbewertungen wahrzunehmen! Eine flexiblere Ethik, die dem «weichen Ethos» der Höflichkeit (H. Weinrich) eher Rechnung trüge, manövriert sich nicht in diese reduktionistische Klemme.

[263] Vgl. *PERNOT*, La politesse et sa philosophie 265-279. Das nun sind allesamt Bestimmungen, die ihre ethische Bedeutung kaum verbergen können!

[264] Vgl. *PERNOT*, La politesse et sa philosophie 266f.

[265] *PERNOT*, La politesse et sa philosophie 269, wörtlich: «Agis de telle sorte que tu rendes possible la communication avec autrui.»

[266] Vgl. die einschlägige Passage bei *PERNOT*, La politesse et sa philosophie 343-355, vgl. zudem *J. CARRÉ*, Art. Réception (lieux de), in: DRPSV 751-762, *D. PICARD*, Les «Rituels d'accès» dans le savoir-vivre, in: Ethnologie française 26 (1996) 239-247.

[267] Mit einem – durchaus anspruchsvollen – Wort, so *PERNOT*, La politesse et sa philosophie 269: «A sa façon, la politesse contribue à développer et perfectionner la réalité humaine.»

[268] Dies steht auf den ersten Blick in einer leichten Spannung zu einer anderen Feststellung. Wenn *PERNOT*, La politesse et sa philosophie 21, sagt, Höflichkeit sei nicht die «Conditio sine qua non» des Lebens in Gemeinschaft, gleichwohl aber ein Aspekt des guten sozialen Lebens, dann zielt dies eher auf eine Abwehr von Überfrachtungen der Höflichkeit oder der «politesse». Natürlich ist Gemeinschaft

sich Höflichkeit nicht in der Funktion der Kontaktermöglichung im sozialen Beziehungsgeflecht, sondern bezieht sich genau auf diese Kontaktflächen selbst,

> *«(...) à garder ses distances pour diminuer les tensions et préserver ainsi l'alliance entre des individualités toujours très susceptibles et rebelles aux d'approches et d'échanges. Les autres ont pour objet de faciliter le commerce social en le différenciant.»*[269]

Es sind die fortwährend riskanten, heiklen (auch tangentialen und morgenlosen), sperrigen Begegnungen, Distinktionen und Differenzen («feine oder weniger feine Unterschiede»), deren Spannungsgehalt – hier insgesamt eher kurz behandelt und angedeutet –, also durchaus auch traditionelle Elemente, die hier auf der Ebene eines formalen Strukturalismus der Höflichkeit situiert werden. Dabei geht es nicht um Formalphänomene (die historisch, konventionell, variabel etc. sind), sondern um eine Grundstruktur[270] unter dem Stichwort des «aménagement», einem Verweis auf die fundamentale Bedeutung der Raumsortierung, die in den unterschiedlichen Modi der Distinktion oder Inklusion von der Höflichkeit mitgeleistet wird.

Hier schließt Pernot einen weiteren Gedanken an.[271] So verstanden trägt Höflichkeit nämlich nicht nur zur formal-medialen Gestaltung sozialer Relationen bei, sondern hat darüber hinaus auch einen Rückstoß auf die Generierung eines spezifischen Menschenbildes. Dabei stützt sich die Höflichkeit nicht auf ein vorgängiges oder zu bevorzugendes Menschenbild psychologischer, sittlicher oder anderer Provenienz, sondern repräsentiert Selbst- und Fremdbilder unter dem Vorzeichen des jeweiligen Augenblicks, wobei dies über konstante und variable Faktoren und Formen gewährleistet werden kann. Die anthropologische Bestimmung des «homo homini socius» – sogar mit ästhetischen Dimensionen und Bezügen – spricht hier Bände.[272] Dies führt Pernot zu einem Resümee:

> *«Humaine par son origine la politesse l'est donc également par son sens et par ses résultats: le lein social qu'elle élabore et la manière dont elle forme ceux qu'elle y engage sont, pour l'essentiel, une libre création: celle d'une figure nouvelle de l'homme. Elle se range ainsi parmi les pratiques pour lesquelles celui-ci n'est pas une essence donnée mais se fait lui-même et se perfectionne. Si limité et si fragile que soit son apport, cet art humaniste est une forme authentique de culture.»*[273]

Eine formalistisch-strukturalistische Höflichkeitskonzeption hat über diesen Bestand hinaus den Vorzug, die Einheit der variantenreichen, mehrkanaligen Codes in Bezug auf einschlägige Regeln, Inhalte und Intentionen – sozusagen in einer *Außen-*

(oder, mit Plessner, gerade «Gemeinschaft», aber Pernot bezieht sich darauf nicht!) ohne einen bestimmten Formenkodex der Höflichkeit möglich. Freilich stellt sich hier die Frage, ob auf jedweden verzichtet werden kann – und wird ...?

269 *PERNOT*, La politesse et sa philosophie 275f.

270 Vgl. *PERNOT*, La politesse et sa philosophie 271f. (dort die ausführliche Anmerkung «*»). Zum Terminus vgl. *KERBRAT-ORECCHIONI*, Les interactions verbales II 242

271 Vgl. *PERNOT*, La politesse et sa philosophie 277-278.

272 Vgl. *PERNOT*, La politesse et sa philosophie 279 (mit Verweis auf Schiller und Hegel und mit der Feststellung: «... bonnes manières sont belles ...»). Vgl. auch *A. MONTANDON*, Art. Manières, in: DRPSV 567-586.

273 *PERNOT*, La politesse et sa philosophie 277.

perspektive – zu er- und zu vermitteln.[274] Diese Polymorphie läßt auf den ersten Blick exakte Bedeutungsbestimmungen unmöglich erscheinen. Nimmt man aber Maß an der formalen Beschreibung der Höflichkeit als prätheoretische Praxis der Kommunikationsoffenheit, so werden die unterschiedlichen Formen ihrer zugleich variablen Kontexte auf dieses Maß an «Accueil-Disposition» und «tact» befragbar.[275] Dahinter werden mögliche Devianzen sichtbar, wenn z.B. Distinktionsmittel statisch verwendet werden, um bestehende Asymmetrien z.B. politisch zu zementieren statt sie als Demarkationslinien fungieren zu lassen, die eine – interimistische – Sicherheit für wählbare Formen und Gesten der kommunikativen Annäherung nahelegen.[276] Der Formalismus, den Pernot vorschlägt, hat hier also weniger die konkreten Formen im Blick als die strukturell-praktische Ermöglichung von Interaktionssequenzen.[277]

In der ursprünglichen Beschränkung auf eine formalen und elementaren Kern liegt – so Pernot – zwar ein reduktiver Minimalismus des Ausgangs, aber angesichts überdeterminierender philosophisch-moralischer Versuche der Tradition, Höflichkeit zugleich «complet, effectif et légitime» zu konstruieren – Versuche, die in dieser Sicht allesamt scheitern – gewährt das Formalismuskonzept zumindest gelegentliche Konspirationsmöglichkeiten mit diesen Bedeutungsebenen. «Motivations supplementaires»[278] sind nur zulässig, sofern sie die fundamentale Ebene des Formalismus nicht verdrängen. Die unabdingbare Notwendigkeit eines Kernbestandes schließt ja die mögliche Suche nach einer weiteren Entfaltung hinsichtlich Codierung, Inhalt und Finalität der Höflichkeit nicht aus, so konzediert Pernot trotz aller durchgängigen Abgrenzung gegen diese Interpretationsmodelle.[279] Der Rekurs oder Überstieg auf Moralphänomene bleibt begrenzt, reduziert und sparsam, wird aber stellenweise zulässig – dies jedoch immer im Bewußtsein der Tatsache, daß hinsichtlich Höflichkeit und Moralität nicht vorschnelle Verwechslungen (zwischen «accessoire» und

---

[274] Vgl. *PERNOT*, La politesse et sa philosophie 283-323 (in Abgrenzung zu eher deterministischen Modellen, die Pernot hierbei reflektiert, wie zu einem 1854 erschienen Essay von *H. SPENCER*, Manners and fashions, in: The Works of Herbert Spencer XV, Osnabrück 1966 [Reprint], 1-51, oder dessen weitgefächerte Überlegungen zu «Ceremonial institutions» in den «Principles of Sociology II, in: Works XII 3-225, und zur Zivilisationstheorie von N. Elias hergestellt), bes. 301-313. Für eine *Binnenperspektive* ergeben sich dann Differenzierungsgrade, nach dem erreichbaren Maximum, dem unabdingbaren Minimum und dem Optimum in der Verwirklichung dieser Stufen des Formalismus. Vgl. dazu *PERNOT*, La politesse et sa philosophie 324-330.

[275] Vgl. *PERNOT*, La politesse et sa philosophie 343ff.

[276] Vgl. *PERNOT*, La politesse et sa philosophie 302.

[277] *PERNOT*, La politesse et sa philosophie 312f., faßt zusammen: «En résumé, l'interprétation, on le voit, est parfaitement compatible avec la diversité des codes de politesse et même la seule à pouvoir l'expliquer. Elle l'impute, soit à l'intervention de finalités variées qui s'ajoutent à sa finalité essentielle et constante en n'accordant à celle-ci qu'un rôle subordonné, soit à une multiplicité de déterminations particulières de ce sens fondamental plus général. Ce sens principal reste implicite aussi longtemps qu'il se trouve ainsi subsumé sous un autre ou exprimé sous une forme particulière surdeterminée. Mais il ne saurait le demeurer continuellement et il affleure à nouveau dès que l'on rencontre et admet, comme il est inévitable, le conformisme. On pourrait donc comparer la politesse en sa pureté à ces corps simples qui n'existent pas, dans la nature, à l'état libre, mais uniquement en combinasion avec d'autres et que seuls les artifices de l'analyse chimique permettent d'isoler.»

[278] Vgl. *PERNOT*, La politesse et sa philosophie 325.

[279] Vgl. *PERNOT*, La politesse et sa philosophie 333: «Même si la politesse a toujours une autre realité que la morale, elle est donc parfois susceptible d'en reprendre les formes extérieures.» (unter dem Titel «Sur la fréquence du recours aux apparences morales»).

«essentiel», zwischen Bedingungen und Ideal oder Ziel beispielsweise) Raum greifen und eine «subsidiäre Relation» überspringen.[280] Diese Warnung vor Überinterpretationen formaler Höflichkeitsphänomene bleibt berechtigt ebenso wie die Herausstellung ihrer Leistungen, die Pernot ja durchaus herausstreicht. Dennoch bleiben Fließzusammenhänge, Überhänge und Konspirationen, wobei eben nicht Totalidentifizierungen von Moral und Höflichkeit angezielt sind, aber eben in der Perspektive der Handlungsintention, der Handlungswirkung auch der Nucleus eines Übergangs besteht. Höflichkeitshandlungen sind ja nie losgelöst von (Körper-)Haltungen. Ein enger formaler und funktionaler Begriff der Politesse, wie er hier in großer Eleganz und Präzision aufgezeichnet wird, kommt dann in Schwierigkeit, wenn die Bindungen an transformale Bezüge zu rigide gekappt werden – und man vor dem historisch konstatierbaren Fluß der Formen- und Zeichenreservoirs in und zwischen Kulturräumen, Epochen und Generationen wenigstens interimistisch (aber faktisch immer wieder neu) danach fragen muß, welche Konventionen sinnstiftend bleiben (und welchen Sinn sie stiften, gerade wenn analytisch so strikt auf die Partizipantenrolle der Beteiligten abgehoben wird und nicht auf das, was sie als Personen und Subjekte symbolisieren und repräsentieren). Schon allein aus diesem partikulären (aber letztlich wieder funktionalistischen) Grund ist der Fragehorizont zu öffnen auf Haltungsperspektiven. Freilich ist diesen damit nicht Genüge getan. Konventionelles ist nicht einfach Beliebiges: So frei und spontan sich Formen der Höflichkeit entwickeln können, hinter ihnen liegt ein Regulationsbedarf ebenso wie ein Bedarf an Sicherheit.[281] Sichtbar wird der «paradoxale» Charakter der Höflichkeit als Spiel leerer Formen mit verschiedenen Bedeutungsebenen und zugleich sinn- und beziehungskreative «langage», wie Pernot letztlich herausstreicht. Dies ist in sich spannend, bleibt aber ergänzungsbedürftig.

Hier ist ein Unterschied zu konstatieren zwischen eindimensional analysierten Begegnungsfeldern und dem, was wir «ethische Miniatur» zu nennen bevorzugen, die in ihren Tiefendimensionen entfaltet werden – ohne Moralisierungsabsicht, wohl aber in der Absicht, ethisch relevante Implikate zu erheben. Ein, mutmaßlich *das* Stichwort dazu ist das der Anerkennung, der Achtung. Dazu ist ein anderer Beitrag zu hören.

11.4. Vom «Wesen der Anerkennung» – T. Todorovs allgemeine Anthropologie

Der Kulturanthropologe T. Todorov setzt in seiner 1995 im Original veröffentlichten Studie «Abenteuer des Zusammenlebens»[282] wesentlich andere Akzente als Elias' Zivilisations- und Pernots Höflichkeitstheorie. Todorov, der an die Stelle der

---

[280] Vgl. *PERNOT*, La politesse et sa philosophie 333, unterstreicht: «C'est donc pour avoir confondue l'accessoire avec l'essentiel, les conditions avec les fins et l'idéal avec le réel qu'on a si souvent donné aux préceptes de politesse la forme de conduites morales sans s'apercevoir que celles-ci ne pouvaint constituer, en l'occurrence, que de simples apparences ou des déterminations subsidiaires.»

[281] Vgl. die motivationalen und sinndimensionalen Bezüge, die nicht allein in den schnellen, zukunftslosen, oberflächlichen Sozialbegegnungen aufgehen, die Pernot in den Blick nimmt.

[282] *T. TODOROV*, La vie commune, Paris 1995 (dt.: Abenteuer des Zusammenlebens, Versuch einer allgemeinen Anthropologie, Berlin 1996).

Klage über den Gegensatz zwischen Individuum und Gesellschaft den Entwurf eines gemeinsamen Lebens rücken will, in dem Sorge um den anderen keineswegs bedeutet, sich seiner selbst zu berauben, versucht in seiner vermittelnden Konzeption (schon von daher «allgemein»[283]) die Unumgänglichkeit der vielfältigen Formen von «*Anerkennung*» für das Mängelwesen Mensch (A. Gehlen) herauszuarbeiten.[284] Auch und gerade weil hierbei nirgends explizit von Höflichkeitsformen und -standards gehandelt wird, erlauben diese Überlegungen eine Verbindung zu einem der grundlegenden Motivationskreise der Höflichkeit. Da die Studie zudem weder simplifizierend dialektisch oder monokausal arbeitet, ermöglicht sie in ihrer thematischen Weite Perspektiven einer Vermittlung von Höflichkeitsphänomenen in einen fundamentaleren Reflexionskontext. Die breit angelegte, geistesgeschichtliche, philosophische, literarische Reflexionen ebenso wie psychologische und psychoanalytische Erkenntnisse aufarbeitende und vermittelnde Studie bietet sich hier als Referenzplattform für eine Synthese an, wie provisorisch-vorläufig sie auch immer sein mag. In einigen signifikanten Zügen soll skizziert werden, was für den bescheideneren Kontext der Höflichkeit fruchtbar zu machen bleibt.

Todorov setzt mit der Beobachtung ein, daß in den maßgeblichen anthropologischen und philosophischen Denktraditionen Europas die «soziale Dimension» des Menschen wiewohl anerkannt, so doch nur spärlich als «notwendig-unumgänglich» betrachtet und auf ihre Konsequenzen bedacht wird. Im Anschluß an Überlegungen J.-J. Rousseaus – für Todorov markante Wendepunkte dieser Reflexionsgeschichte, die aber seiner Auffassung nach schon durch den Autor in gewisser Weise selbst verundeutlicht, dann auch in Rezeption und Tradition reduziert werden oder nicht reüssieren – bemüht sich Todorov um die Leitfrage nach der Stellung der Gesellschaft im Menschen in Umdrehung zur gewohnt dichotomisierten Fragestellung, die Sozialität und Individualität gesondert betrachtet und primär von der Stellung des einzelnen in der Gesellschaft handelt.[285] Dominierende Denkrichtungen zeichnen den Menschen als «solitär» und «a-sozial».[286] Das Modell der «Autarkie», der Selbstgenügsamkeit also, geben seit der griechischen Antike das leitende wie prä-

---

[283] Vgl. *TODOROV*, Abenteuer des Zusammenlebens 7f. – Allerdings bleibt die kritische Rückfrage, wie umfassend eine Anthropologie sein kann, wenn sie sich dem religiösen Moment weitestgehend verschließt oder dafür wenig Sensibilität zeigt.

[284] Zu sozial- und rechtsphilosophischen, anthropologischen wie pädagogischen Perspektiven und Dimensionen des Themas «Anerkennung» vgl. u.a. *A. HONNETH*, Kampf um Anerkennung. Zur Grammatik sozialer Konflikte, Frankfurt/M. ²1998 (dort u.a. Analysen zu Hegel, Marx und Sartre, aber kein expliziter Höflichkeitsrekurs), *C. TAYLOR*, Multiculturalism and the «politics of recognition», Princeton 1992, *W. RÖSLER*, Bilden und Anerkennen. Kritik einer Konstruktion. Studien zur praktischen Philosophie Fichtes, Herbarts und Schleiermachers, Essen 1988, vgl. *J. BENJAMIN*, Ein Entwurf zur Intersubjektivität: Anerkennung und Zerstörung, in: *dies.*, Phantasie und Geschlecht, Frankfurt/M. 1996, 39-58, *SCHÖNHERR-MANN*, Postmoderne Perspektiven des Ethischen 121-125 (zur Tugend als Haltung der Achtung), *M. JUNKER-KENNY*, Das Risiko der Vorgabe. Zur Verletzbarkeit innovatorisch und advokatorisch handelnder Subjekte, in: *ABELDT/BAUER*, «... was es bedeutet, verletzbarer Mensch zu sein» 60-72, *S. ABELDT*, Ökonomische und sozialpolitische Kontexte der Anerkennung, in: *ders./BAUER*, «... was es bedeutet, verletzbarer Mensch zu sein» 246-255, mit weiteren Differenzierungen. Vgl. auch *THOMAS*, Umkämpfte Aufmerksamkeit 89-104 (Lit.)

[285] Vgl. *TODOROV*, Abenteuer des Zusammenlebens 8.

[286] Vgl. *TODOROV*, Abenteuer des Zusammenlebens 13-21. «Asozial» impliziert hier keine Wertung, sondern ist deskriptiv – «dissozial» wäre wohl angebrachter.

gende Bild.[287] Mit der selbstverständlich nicht übersehenen, aber unterbewerteten Welt des Sozialen (seit den partiell reflektierten Verflechtungen der Polis) wird dieses Grundbild vom Menschsein verflochten über den Entwurf einer Hierarchie von Lebensweisen.[288] Die anderen sind, weil sich ideale Autarkie spärlich und partiell verwirklicht, dann notwendig, um den Mangel an Autarkie zu kompensieren, sind nötig, damit sich breitgefächert Tugend, Eudämonie, Freundschaft, ja sogar sexuelle Attraktivität[289] verwirklichen kann. Pluralität ist gleichzeitige Präsenz von Individuen – und nicht einfach die «Komplementarität des Betrachtenden und des Betrachteten».[290] Dies wird für Todorov zu einem maßgebenden Blickwinkel. Der springende Punkt liegt in der Entdeckung, daß das Mängelwesen Mensch den anderen nicht zuerst um *etwas* willen bedarf, sondern daß völlige Autarkie *kein* real mögliches Durativideal ist, sondern selbst kontrafaktischer Mythos. Der «Andere» ist unumgänglich und Bedingung für das Ich oder das Selbst – biologisch, ontologisch, ethisch (dies sei ohne Reduktionismus des «Ich» auf den Anderen gesagt). Die berechtigte Suche nach der Emanzipation als Einsetzung und Berechtigung des «Ich» hat die philosophisch-ethische Tradition dies nicht nur latent vergessen lassen. Die Wahl zwischen Autarkie und Nicht-Autarkie ist also letztlich nicht realistisch. Es geht um realistische, also grenzbewußte, praktische und theoretische Balance.[291] Todorov nun verbindet diese Wendung mit Rousseau und dessen «Abhandlung über den Ursprung und die Grundlagen der Ungleichheit»[292].

In Rousseaus Gesellschaftskritik und Schätzung des solitären Lebens spielt eine Unterscheidung eine grundlegende Rolle[293]: die zwischen der unabdingbar notwendigen «Selbstliebe» (*amour de soi*), die positiv bewertet wird, weil sie zwar der Moralität vorausgeht, aber als nicht zum Egoismus zu zählen ist, sondern auf die Seite der Tugenden gehört, insofern sie deren (naturales) Fundament bildet (unumgängliche Selbsterhaltung), und der «Eigenliebe» (*amour-propre*). Sie ist bei Rousseau mit negativem Vorzeichen versehen, insoweit er damit eine Haltung bezeichnet, die in der Gesellschaft besteht und darauf zielt, sich im Vergleich mit anderen als überlegen

---

[287] Vgl. *TODOROV*, Abenteuer des Zusammenlebens 22f.

[288] Vereinfacht gesagt: auf der einen Seite das praktische, aktive und soziale Leben des «gemeinen Mannes», auf der anderen die «solitär-kontemplative» Lebensform, die letztlich von den anderen absehen kann und sich im Idealfall selbst genügt. Auch wenn realiter die Pluralität des gesellschaftlichen Wesens anerkannt wird, so spielt doch die Differenz keine theoretisch reflektierte Rolle. Sympathie zwischen seinesgleichen – Gemeinschaft vor Gesellschaft – ist dann das vorrangige Thema.

[289] Vgl. *ARISTOTELES*, EE 1245b, *CICERO*, Laelius. De amicitia, dt.-lat. hrsg. v. *M. FALTNER*, München ²1993, 81.

[290] *TODOROV*, Abenteuer des Zusammenlebens 23.

[291] Vgl. hierzu z.B. die Überlegungen von *S. GOSEPATH*, Aufgeklärtes Eigeninteresse. Eine Theorie theoretischer und praktischer Rationalität, Frankfurt/M. 1992.

[292] Vgl. *TODOROV*, Abenteuer des Zusammenlebens 23ff. – Dies aber nicht, ohne zugleich darauf hinzuweisen, daß diese Entdeckung von Rousseau selbst in ihrer Wirkung gemindert wird. Erstens theoretisch durch die Spekulation über einen autark-naturalen Urzustand des Menschen, der eben nicht als Ideal des Menschseins ventiliert wird, sondern als irreal-hypothetische Kontrastfolie für den real existierenden Menschen und seine Gesellschaft argumentativ eingeführt wird, zweites – praktisch – durch die eher «solitär» geformte Biographie Rousseaus selbst.

[293] Zur Rezeption vgl. *TODOROV*, Abenteuer des Zusammenlebens 28-33 (zu Adam Smith), 33-41 (zu Hegel und dessen Reduktion auf das dialektische Herr-Knecht-Verhältnis).

einzustufen, die anderen zu erniedrigen oder zu verdrängen.[294] Vergleich, Konkurrenz und gesellschaftliche Rivalität gehören zur Kategorie der Ähnlichkeit und Gleichartigkeit, die den non-sozialen Auffassungen der Anthropologie zuzurechnen sind. Die entscheidende Frage, mit der Rousseau, so Todorov, einen Schritt weitergeht, ist die, ob diese Beschreibungen, oft mit dem Eitelkeitsetikett[295] behaftet, soziale Relationen *ausschließlich* und *ganz* beschreiben. Die Überlegungen führen Rousseau zu einem Begriff, der zwischen Selbst- und Eigenliebe steht und den er als «Vorstellung der Achtung»[296] klassifiziert. Solange der Mensch in Gesellschaft lebt – also immer –, keimt das Bedürfnis, von anderen angesehen, angeblickt, be- und geachtet zu werden und selbst zu beachten. Todorov folgert resümierend:

> *«Der Andere hat nun nicht mehr eine mit mir vergleichbare Position inne, sondern eine benachbarte und komplementäre; er ist zu meiner eigenen vollen Erfüllung notwendig. Die Auswirkungen dieses Bedürfnisses ähneln denen der Eitelkeit: man will beachtet werden, sucht öffentliches Ansehen, versucht, die anderen für sein Schicksal zu interessieren. Der Unterschied liegt darin, daß es sich um ein konstitutives Bedürfnis der menschlichen Gattung (wie sie für uns erkennbar ist) handelt und nicht um eine verderbte Neigung.»*[297]

Spätestens mit dieser Überlegung betreten wir ein Terrain, das auch für die Höflichkeitsdiskussion von Bedeutung ist. Bei aller phänomenalen Nähe einzelner Auftrittsfiguren von Höflichkeit im Sinne der Zuwendung und der Distanzwahrung zu Haltungen wie Eitelkeit, Ruhm- oder Ehrsucht (um die Terminologie der kritischeren unter den Moralisten zu verwenden), die in beiden Richtungen – sei es auch nur in miniaturisierter oder antizipierender, aber stetig hochfrequenter Weise – Respekt und Anerkennung vor den Ansprüchen eines anderen markieren. Dies geschieht allein schon durch die Tatsache, daß er durch seine tatsächliche oder symbolische Anwesenheit eine Sphäre um sich schichtet, die be- oder mißachtet werden kann. Hier wird auf eine Grundkomponente der «conditio humana» verwiesen, die – als Grundstruktur zumal – eben einem spezifischen moralischen Verdikt vorausliegt, aber nicht ohne ethische Bedeutung ist. Kurz gesagt: Ansehen, Respekt, Achtung

---

[294] Vgl. *TODOROV*, Abenteuer des Zusammenlebens 25, der darauf hinweist, daß diese Unterscheidung sich von der Position der «Moralisten» wie La Rochefoucauld unterscheidet. Bei diesem fallen beide Begriffe ineins. Vgl. *SENNETT*, Respekt 114-120, vgl. *A. FINKIELKRAUT*, Die Undankbarkeit. Gedanken über unsere Zeit, Berlin 1999, 115-148, der diesen Zuschnitt in einen generationellen und historischen Zusammenhang rückt. Kaum ein Zufall, daß Finkielkraut G.K. Chesterton zitiert: «Die Tradition ist die Demokratie der Toten.»

Amnesien oder Anamnesen? Zur Solidarität der Lebenden und der Toten, zu Respekt und Kritik, zu Achtung und Anerkennung, befrage man W. Benjamin und J.-B. Metz. Risiken und Neben- wie Gegenwirkungen sind dabei nicht zu unterschlagen.

[295] Hier natürlich daran zu erinnern, daß Eitelkeit, Ehrsucht und dergleichen mehr in der Höflichkeitskritik – wie gesehen – eine große Rolle spielen.

[296] Vgl. *TODOROV*, Abenteuer des Zusammenlebens 26 (mit Verweis auf Rousseau).

[297] *TODOROV*, Abenteuer des Zusammenlebens 26, vgl. *TARR KRÜGER*, Die magische Kraft der Beachtung, passim. Vgl. das Tableau der Beiträge in: *A. ASSMANN/J. ASSMANN* (Hrsg.), Aufmerksamkeiten. Archäologie der literarischen Kommunikation IV, München 2001 (dort besonders *A. HAHN*, Aufmerksamkeit 25-56, *J. ASSMANN*, Die Aufmerksamkeit Gottes. Die religiöse Dimension der Aufmerksamkeit in Israel und Ägypten 69-89, der den Topos der Allwissenheit Gottes geradezu durch den der Aufmerksamkeit ersetzt wissen will, vgl. 79, zudem *P. V. MATT*, Attentio est quaedam sollicitudo. Die religiöse, ethische und politische Aufmerksamkeit im Mittelalter 91-127). Vgl. auch die Ausführungen von *H. BLUMENBERG*, Auffallen und Aufmerken, in: *ders.*, Zu den Sachen und zurück, Frankfurt/M. 2002, 182-206.

und Beachtung erheischen, kann unter dieser Hinsicht zunächst einmal transitorisch als moralisch neutral betrachtet werden. Dies wiederum heißt, es ist legitim, sich auf einer grundlegenden Ebene den Phänomenen und Formen (auch den standardisierten) ohne den Verdacht zu nähern, sie wären nur äußerlich, nur konventionell, nur Vorspiegelung mit den Intentionen eines eitlen Egoismus. Vielmehr sind sie konstitutiv und auf Komplementarität[298] hin angelegt, bei einem sozialen Wesen, das als Mängelwesen sich nicht genügt und sich auch die Achtung und den Respekt nicht selbstgenügsam verschaffen kann. Die Achtung, die andere mir entgegenbringen, läßt sich nie ganz auf das Ich reduzieren.

Berücksichtigt man diese Zusammenhänge, kann man sich auch aus der klassischen «Dialektik-Falle» der Honestum-decorum-Diskussion befreien. Es wird möglich, die ethisch negative Beurteilung des bloß Dekorativ-Expressiven auf der einen Seite für einen grundlegenden Moment zu dispensieren, und von neuem den Zusammenhang zu bedenken. Natürlich können alle verbalen wie nonverbalen Gesten und Formen der Wahrung von Distanz und der vorsichtigen Annäherung an einen anderen auch in ethisch defizitären Intentionen geschehen. Begründet liegt dies in der grundlegenden möglichen Ambivalenz menschlichen Handelns.[299] Werden Sozialität und Komplementarität als basale, freier Wahl entzogene Elemente betrachtet, dann gewinnen die Höflichkeitsformen im Sinne einer kommunikativen Feldtheorie nicht allein den Charakter eines «Surplus», eines Zusatzes, sondern sind in all ihrer Freiheit und Unerzwingbarkeit doch auch Ausläufer eines humanen Grundbedürfnisses, einer Grundanlage des Menschen, die freilich nicht in jedem Augenblick und angesichts jeder interpersonalen Konstellation in Vollform verwirklicht werden kann, sondern auf bereitliegende, unter mannigfaltigen Bedingungen gewachsene und letztlich deshalb auch veränderbare Formen und Gesten zurückgreifen kann und muß. Die Tatsache der Ubiquität von Formen überhaupt (nicht von *bestimmten* Formen und Gesten) stützt diesen Zusammenhang als Markierung des Humanen, der Humanität selbst:

> *«Rousseaus Innovation besteht nicht in der Aussage, die Menschen würden vom Verlangen nach Ruhm oder Prestige bewegt – das wußten alle Moralisten –, sondern darin, dieses Begehren zu der Schwelle erklärt zu haben, jenseits derer man von Humanität sprechen könne.»*[300]

Nicht Befriedigung einer Eitelkeit ist das *erste* Thema, sondern Verwiesenheit auf andere wegen der ursprünglichen menschlichen Ungenügsamkeit.[301] Aus diesem Mangel, dieser Handlungsspielräume eröffnenden «Unterdetermination», mit der jeder ursprünglich behaftet ist, kommt das Bedürfnis, beachtet zu werden. Diese Be-

---

298 Nicht nur hier erweist sich der etymologische, semantische, vor allem aber sachliche Konnex von «complere», Komplementarität und – Kompliment. Vgl. *PERNOT*, La politesse et sa philosophie 313ff., *M.-C. GRASSI*, Art. Compliment, in: DRPSV 111-123.

299 Dies aber ist nicht zwingend. Sie müssen nicht ausschließlich vor einem Koordinatensystem gelesen werden, das die Formen sofort unter die Inhalte stellt und das Solitäre (das ja selbst nicht zu Begegnungen und deren Gestaltung zwingt) als Ideal über das Soziale zu stellen.

300 *TODOROV*, Abenteuer des Zusammenlebens 26, vgl. *TARR KRÜGER*, Die magische Kraft der Beachtung 29ff., 37ff., 52ff., 73ff.

301 Komplementär dazu gibt sich der Topos der «verdankten Existenz» frei – und damit das Thema «Dank/Danken» und die dem innewohnende Gratuität und Gradualität mit der Möglichkeit fließender Übergänge zwischen den Grundbestimmungen und entstandenen Formen, darauf tagtäglich zu reagieren!

ziehung zu anderen erweitert das Selbst, macht es eben *nicht* geringer – darin liegt ein «specificum humanum». So ist nicht Kampf das eigentliche, wenn auch oft genug dominante Motiv der Ätiologie des Menschen, sondern das weniger heroische, aber dafür humanere Erheischen des Blicks der Mutter durch das Kind.[302] Hier liegt ein gewichtiger Ausgangspunkt für weitere Überlegungen. Wir zitieren ungekürzt:

> *«Aggressions- und Haßtrieb unterscheiden sich nicht qualitativ von den Antrieben, die Freud den Lebens-, Sexual- und Selbsterhaltungstrieb nannte, den Antrieb der ‹Liebe› und des ‹Hungers›. Doch stellt sich aus dem Blickwinkel des Strebens nach Anerkennung die Frage, ob diese verschiedenen Begriffe die gleichen Wirklichkeitsbereiche abdecken. Mit Sicherheit gibt es in uns einen Instinkt zur Fortpflanzung und zum Erhalt der Gattung. Zu seiner Befriedigung ist es nicht nötig, den Blick des Anderen zu erheischen, wie auch großteils nicht in der physischen Lust – die man ebensogut im Sexualleben eines Hundes beobachten könnte. Selbstverständlich läßt sich aber das weite Gebiet der Liebe und Erotik nicht auf diese Art der Befriedigung reduzieren; für die Liebe und Erotik spielt die Existenz des Anderen eine konstitutive Rolle. Anders gesagt, drängen uns Hunger und Durst zweifellos, zu essen und zu trinken, aber sie erklären nur sehr lücken- und mangelhaft den Inhalt unserer Schüsseln, Teller und Gläser: wir essen und trinken gemäß unseren ethischen, sozialen und familialen Traditionen, entsprechend dem gesellschaftlichen Wert der verschiedenen Nahrungsmittel und je nachdem, mit wem wir gerade zusammen sind.»*[303]

Vitale Grundbedingungen markieren das Humane gerade in seiner Weise der Gestaltung, wobei Todorov drei Grunddimensionen voneinander abhebt: «Sein, Leben, Dasein»; erster rekonstruiert als Seinstrieb das gemeinsame Merkmal der Materie, der Lebenstrieb ist gemeinsam allen Lebewesen zugeordnet, der Daseinstrieb hingegen bleibt als das spezifisch Menschliche zu konstatieren.[304]

Für unseren Kontext ist in diesem «ordo»-Modell letzteres von ausschlaggebender Bedeutung, wenngleich Todorov diese drei Bereiche des Kosmischen, Animalischen und des Sozialen als irreduzible, nicht völlig aufeinander rückführbare Bestimmungen sieht. Die für uns wesentliche Grenze markiert Leben und Existieren, eine Grenze, die in den mannigfaltigen Spielarten biologistischer Reduktionen geleugnet wird.[305] «Leben in der eigenen Haut», also in den naturalen Konditionen – ist eine Bestimmung, die angeht, aber «existieren» hat noch eine andere Qualität, die mit den anderen verknüpft ist. Todorov verweist mit dem Begriff der «doppelten Geburt» auf diesen Zusammenhang:

---

[302] Vgl. *TODOROV*, Abenteuer des Zusammenlebens 38f., 58ff., wo über die Gründe für die Dominanz dieser antagonistischen Erzählungen nachgedacht wird. Todorov benennt für diese Vorschaltung der Phylogenese vor die Ontogenese als die größere Wirkmächtigkeit der Ursprungsmythen der Gattung vor die Erzählung über die «Gründung» des Individuums einige Gründe: Männer sind die dominierenden Erzähler, erzählen die größere Komplexitätsreduktion, die die Konzentration auf das Solitäre anzubieten scheint im Vergleich zur Ursprungskomplexität des Sozialen, zudem, drittens, die kurzschlüssige gegenseitige Durchdringung psychologischer und moralischer Auffassungen: Gleichsetzungen wie Vereinzelung mit Egoismus, Interpersonalität mit Generosität.

[303] *TODOROV*, Abenteuer des Zusammenlebens 67f.

[304] Vgl. *TODOROV*, Abenteuer des Zusammenlebens 68.

[305] *TODOROV*, Abenteuer des Zusammenlebens 70, verweist hier nicht zufällig auf Schopenhauers Diktum, daß die Basis von Wesen und Glück die animalische Natur sei, und «daß Jeder zunächst und wirklich in seiner eigenen Haut lebt, nicht aber in der Meinung Anderer» (vgl. *SCHOPENHAUER*, Parerga und Paralipomena I 351f.).

«Jeder von uns wird zweimal geboren: in der Natur und in der Gesellschaft, zum Leben und zum Dasein; beide sind zerbrechlich, aber die Gefahren, die sie bedrohen, sind nicht dieselben. Der Mensch ist sicherlich ein animalisches Wesen, aber nicht nur das.»[306]

Die soziale Geburt vollzieht sich als fortwährender Prozeß *angesichts* des anderen, vor, für und mit ihm. Angeblickt-werden und Anblicken sind also anthropologisch Fundamentaldaten. Ausläufer hin zu Funktionen der Höflichkeit können gerade hier anknüpfen, das «Face-Konzept» bietet hier den höflichkeitstheoretischen Haftpunkt für vorsichtige Analogiebildungen. Interpretative Assimilierung sozialer an biologische Bedürfnisse (wie Hunger oder Durst) sind hingegen in dieser Perspektive biologistische Verkürzungen,[307] wobei Fundament und Finalität verwechselt werden. Darüber hinaus wird dann – faktisch natürlich immer wieder anzutreffen – aus der Person des anderen ein Mittel, ein Objekt, dem man aus Sachgerechtigkeit entspricht, aber letztlich nicht persongerecht mit ihm umgeht.

«Die Anerkennung unserer Existenz, die Vorbedingung jeder Koexistenz, ist der Sauerstoff der Seele: ebenso wenig wie die Tatsache, daß ich heute atme, mich von der Atemluft des folgenden Tages unabhängig macht, genügt mir heute die gestern erhaltene Anerkennung. Nur aus Naivität oder Gehässigkeit können wir versuchen, denjenigen, der über mangelnde Anerkennung klagt, damit zu trösten, daß wir ihm seine vergangenen Erfolge in Erinnerung rufen. Diese Erinnerung läßt ihn im Gegenteil um so bitterer ermessen, was ihm heute fehlt. Die Lorbeeren des vergangenen Jahres klagen eher an, statt das Ausbleiben frischgeschnittenen Lorbeers zu kompensieren. Ich kann meine Ansprüche herunterschrauben, mir ein System sekundärer (oder gar tertiärer) Kompensationen schaffen, aber wieviel Anerkennung ich auch bereits erhalten haben mag, auf eine neue Anerkennung kann ich nicht völlig verzichten.»[308]

Koexistenz und Kompensation hängen somit eng zusammen.[309] Sie sind in eine durativ-kontinuierliche Dynamik eingelassen: Die beständige Re-Novation von Anerkennung ist eine iterative, keine redundante Erfordernis, die eben auch Höflichkeitsrelevanz in einem weiten und fundamentalen Sinn besitzt.[310] Anerkennung kann ja auch über andere Formen geschehen, als die, die höflich wären, aber die grundlegende Tatsache, daß die Abwesenheit von Zeichen und Reaktionen auf das «Ich» Folgen hat, sollte und darf als Subtext zu denken geben. Seine These, daß nicht Kampf- und Konkurrenzverhalten, sondern die Suche nach primärer Anerkennung ausschlaggebend für das Mängelwesen Mensch sind, versucht Todorov mit einer Reihe von ontogenetischen Beobachtungen zum Ursprung des Individuums

---

306 *TODOROV*, Abenteuer des Zusammenlebens 71.

307 Vgl. *TODOROV*, Abenteuer des Zusammenlebens 72.

308 *TODOROV*, Abenteuer des Zusammenlebens 74.

309 Zu den kompensatorischen, «palliativen» Strategien wie Neuversuch (bei gleichem Ziel), Ersatzanerkennung (bei Verschiebung des Ziels) oder Verzicht und Anspruchsreduktion vgl. *TODOROV*, Abenteuer des Zusammenlebens 107-129.

310 Ebenfalls als höflichkeitsrelevant zu bezeichnen ist folgende Überlegung bei *TODOROV*, Abenteuer des Zusammenlebens 75: «Die physische Bedingung fehlender Anerkennung ist die Einsamkeit: sind die anderen abwesend, können wir per Definition nicht ihren Blick auf uns ziehen. Wahrscheinlich noch schmerzhafter als die physische Einsamkeit, die durch verschiedene Arrangements verhüllt und ausgeschmückt werden kann, ist es jedoch, unter anderen zu leben, ohne jegliches Zeichen von ihnen zu empfangen.»

zu stützen und plausibel zu machen.[311] In Abgrenzung und Überwindung erwachsenenzentrierterter Positionen, Projektionen und Perspektiven[312] und in Anlehnung an Überlegungen von H.R. Schaffer benennt Todorov fünf grundlegende Stufen der postnatalen Individualentwicklung:

- Stufe 1: Kontakt (Alter: bis zwei Monate),
- Stufe 2: Blick (Alter: zwei bis fünf Monate),
- Stufe 3: Manipulation (Alter: fünf bis neun Monate),
- Stufe 4: Gedächtnis und Erinnerung (Alter: neun bis 18 Monate),
- Stufe 5: Sprache (Alter: ab 18 Monaten).[313]

Ohne hier die spezifischen Momente der einzelnen Stufen ganz nachzeichnen zu wollen, ist es doch gerade die Erkenntnis, daß in den initialen Phasen, nach der grundlegenden Adaption biologischer Rhythmen (auch diese im Keim interpersonal, kommunikativ und dialogisch angelegt) schon mit der zweiten Stufe die Adjustierung des Blicks auf nähere oder fernere «Gegenstände» beginnt. Dem Kind genügt es nicht mehr, seine Eltern anzuschauen, es versucht verstärkt, deren Blick auf sich zu ziehen (oder seinen eigenen Blick anzuwenden oder aber mit Lächeln «kontrolliert» zu antworten. Erst innerhalb der vierten Stufe taucht – unter anderem – das in der erweiterten Wahrnehmungs-, Vergleichs- und Handlungsmöglichkeit liegende Potential für eine Bekämpfung oder Verdrängung eines Rivalen (nicht der Eltern, sondern wahrnehmbarer anderer!) auf.

Vorrangig wichtig für unseren Zusammenhang ist die Feststellung, daß in der phylogenetischen Mythologie des Ursprungs des Menschen, die philosophisch dann in einer Linie von Hobbes über Hegel bis Nietzsche (nur um prominenteste, ernsthafteste zu nennen) zur Theorie vom «ursprünglichen Kampf» aller gegen alle als Merkmal des Menschlichen ausgebaut und behauptet wird, dieser Ansatz zunächst keine Entsprechung in der Vorrangigkeit hinsichtlich der ontogenetischen Entwick-

---

311 *TODOROV*, Abenteuer des Zusammenlebens 76-94.

312 *TODOROV*, Abenteuer des Zusammenlebens 77, nennt hier stellvertretend die Theorie des «ursprünglichen Egoismus» des Kleinkindes (im Anschluß an *J. PIAGET*, Nachahmung, Spiel und Traum. Die Entwicklung der Symbolfunktion beim Kinde, Stuttgart 1969), des «infantilen Autismus» (mit *M.S. MAHLER/F. PINE/A. BERGMAN*, Die psychische Geburt des Menschen. Symbiose und Individuation, Frankfurt/M. 1978), der kindlichen Kompensationsbemühung von Unvermögen und Schwächen (*W.R.D. FAIRBAIRN*, An Object-Relations Theory of the Personality, New York 1952) und das Streben nach Unabhängigkeit (*D.W. WINNICOTT*, Reifungsprozesse und fördernde Umwelt, Frankfurt/M. ³1993).

313 Vgl. *H.R. SCHAFFER*, The child's entry in the social world, London 1984. Vgl. dazu *TODOROV*, Abenteuer des Zusammenlebens 80-88. Nebenbei sei erwähnt: Spracherwerbsprozesse (im Modell auf der fünften Stufe situiert) ergänzen die vorher möglichen Handlungen um neue Dimensionen, insofern man nun mit Worten, nicht mehr nur mit Gesten oder Blicken getröstet oder anerkannt werden kann. Die fünfte Stufe ist mit Balint gesprochen a) triangulär, nicht mehr ausschließlich dual, b) eher konfliktiv als komplementär und c) vorrangig verbal denn physisch. Konzepte von Moralentwicklungen bei L. Kohlberg (kritisch dazu *WALLROTH*, Moral ohne Reife?, bes. 29-69, *ders.*, Psychologie der Tugend 143-161) oder knapp referierend *M. KREIDLER-KOS*, Individuelle Handlungsorientierungen. Zum subjektiven Moralbewußtsein, in: *G.W. HUNOLD/T. LAUBACH/A. GREIS* (Hrsg.), Theologische Ethik. Ein Werkbuch, Tübingen-Basel 2000, 111-128 (u.a. zu Kohlberg und Piaget). Vor allem zu J. Piagets «Theorie der Anrede» im Kontext des Übergangs vom moralischen Realismus zur moralischen Autonomie vgl. schon *I. DALFERTH/E. JÜNGEL*, Sprache als Träger der Sittlichkeit, in: HCE II 454-473, bes. 466ff, vgl. *VALTL*, Höflichkeit 285-289, zudem die Beiträge in: *M. KILLEN/D. HART* (Hrsg.), Morality in everday life. Developmental perspectives, Cambridge ²1999, *M. BOBBERT*, Art. Moralpsychologie/Moralentwicklung, in: HbEth 428-431 (Lit.).

lung hat. Von angeborener Aggressivität oder gar einem primordialen Sadismus zu reden, ist nicht phänomengetreu.[314]

Zweierlei wird hierbei wichtig: *erstens* der Vorrang der Anerkennungssuche, sodann *zweitens* die Einsicht, daß, sobald die Handlungsräume sich erweitern, diese «Felder» des manipulierbaren Bereichs immer deutlicheren Gestaltungsbedarf mit sich ziehen. Wobei das «*Daß*» von erster Bedeutung ist für die beschreibbaren Varianten des «*Wie*». Natürlich vergröbert auch dieses Stufenmodell, aber dennoch sind ihm Hinweise zu entnehmen, die weiterweisen auf grundierende Momente dessen, was wir unter der «cortesia» zu erheben suchen. Man wird nicht jede Einzeläußerung der Höflichkeit unvermittelt an diesen Untergrund binden müssen, wohl aber darauf verweisen dürfen, daß hier Zusammenhänge angedeutet sind und bestehen, die ein neues Licht und tiefere, auch vorurteilsfreiere Analysen ermöglichen. Nicht zuletzt die Frage nach einem Gelingen des Lebens hat auch immer wieder mit den Grundbedingungen desselben zu tun und ist in den größeren und kleineren Vollzügen auf die eigenen Grundlagen verwiesen und an sie gekoppelt. Wenn Anerkennung, die «ich mir» selbst letztlich nicht ausreichend verschaffen kann, zu den basalen Desideraten eines jeden in der Koexistenz mit anderen (schon die Existenz ist «verdankt» – und damit das Höflichkeitsthema des Dankes zumindest im gemeinsamen Horizont lokalisierbar) gehört, dann haben hierzu alle freien oder festen, verbalen wie nonverbalen Formen, Gesten und Realisierungsmomente einen inneren Konnex. Diesen zu thematisieren gehört dann in die Analyse des Phänomenfeldes. Auf dieser Ebene wird auch deutlich, daß fortwährendes Ausbleiben oder Fehlformen von Anerkennung nicht nur als ein Moment des Defizites zu verrechnen sind, sondern sogar pathogene Wirkungen haben können.[315] Intention bleibt es – zunächst in der Argumentation Todorovs – herauszustreichen, wie früh die Suche nach Anerkennung ontogentisch einsetzt und daß dieses Phänomen *vor* dem Konkurrenz- und Kampfhabitus liegt.

«Anerkennung» (Hegel), «attention» (Smith) «considération» (Rousseau), Achtung (Kant) sind von derartigem Gewicht, weil sie inhaltlich und strukturell hohe Bedeutung tragen: Inhaltlich kommt hier ein elementares menschliches Bedürfnis zum Vorschein, ein Desiderat, das im Sinne der Stufung Sein, Leben und Dasein eine Markierung des Humanen selbst ist, strukturell, weil ein Anerkennungskoeffizient «in allen anderen Handlungen mitenthalten scheint».[316] Damit ist aber auch

---

314 Vgl. den Klassiker *M. BALINT*, Die Urformen der Liebe und die Technik der Psychoanalyse, Bern-Stuttgart 1966, 58ff.

315 Hier sei nochmals auf die «Palliativa», auf Ersatz- und Kompensationsstrategien hingewiesen, die letztlich das Selbstwertgefühl, Handlungs-, Entscheidungs- und Urteilsstrukturen eines Menschen kurz- oder langfristig mindestens *mit*prägen und -formen.

316 Vgl. *TODOROV*, Abenteuer des Zusammenlebens 95f. Die Formenvielfalt der Anerkennung ist dann nur logisch und binär: materiell/immateriell; Macht; bewußt/unbewußt, rationale oder irrationale Methoden und: äußere Erscheinung. Auch die Rolle symbolischer Codes (beispielsweise der Kleidung) wird nicht übersehen. Todorov verweist auf das scherzhafte Diktum, der Mensch bestehe aus Seele, Körper und Kleidern.
Die Formenvielfalt beschreibt *TODOROV*, Abenteuer des Zusammenlebens 96, in sehr dichten Passagen und großem Ernst: «Die Anerkennung betrifft alle Bereiche unseres Daseins. Ihre verschiedenen Formen können einander nicht ersetzen, die eine bietet höchstens einen gewissen Trost für eine andere, die fehlt. Ich habe das Bedürfnis, im Beruf und in meinen persönlichen Beziehungen anerkannt zu werden, in der Liebe und in der Freundschaft. Die Treue meiner Freunde kompensiert nicht wirklich den Verlust der Liebe, ein erfülltes Privatleben kann das Scheitern im politischen Leben nicht vergessen machen. Wer

eine besondere Reichweite angezeigt, die auf die Phänomene, Funktionen und Sinngehalte der Höflichkeit hindeutet, sie einschließt. Die Anerkennungsfrage wird omnipräsent, zumal sie immer auf die heikle, fragile wie fragible Balance von Symmetrie und Asymmetrie der Relationen trifft.[317] Anerkennung spielt sich so konkret in hierarchischen *und* egalitären Situationen ab, wobei Sanktionierung – nicht zunächst im juridischen Sinn – bei erster, Konkurrenz eher bei zweiter Konstellation anzutreffen sind:

> *«Bei Hegel konnte wie gesehen das Verlangen nach Anerkennung Teil des Kampfes um die Macht sein. Aber es kann auch in Beziehungen auftreten, in denen eine bestehende Rangordnung Konflikte vermeiden hilft. Die höhere oder untergeordnete Position der Partner ist häufig von vornherein gegeben, dennoch streben beide nach der Billigung durch den Blick des anderen. Die erste Anerkennung, die das Kind erhält, kommt von Ranghöheren, seinen Eltern oder Personen, die sie vertreten. Danach wird die Rolle von anderen Instanzen wahrgenommen, die von der Gesellschaft beauftragt sind, diese Sanktionsgewalt auszuüben: vom Lehrer oder Meister; vom Arbeitgeber, Direktor oder Vorgesetzten. Die Kritiker haben häufig für Künstler und Schriftsteller, die am Anfang ihrer Karriere stehen oder denen es an innerer Selbstsicherheit mangelt, eine Schlüsselgewalt über die Anerkennung inne. Alle diese ranghöheren Personen sind von der Gesellschaft mit einer wesentlichen Funktion versehen, der Gewalt, eine öffentliche Sanktion auszusprechen.»*[318]

Es zeigt sich hier die Gestaltungsvarianz faktischer Ungleichheiten mit Rücksicht auf der einen, Vorsicht auf der anderen Seite – vermittelt in der Dimension der Öffentlichkeit. Aber auch aus der umgedrehten Perspektive ist Anerkennung nicht obsolet: Die Anerkennung, die der Ranghöhere von den Rangniedrigeren empfängt, ist nicht zu unterschlagen. Hier darf man durchaus mit der traditionellen Doppelrichtung der Höflichkeitsbemühungen «nach oben» und «nach unten» vergleichen. Nimmt man diesen Befund ernst, dann muß der Vorwurf der Katzbuckelei und Kriecherei an diese Bemühungen zumindest neu bedacht und eingeordnet werden – und zwar als zu einseitig und zu wenig existentiell. Wenngleich natürlich auch genau

---

sein Verlangen nach Anerkennung wesentlich im öffentlichen Bereich gesucht und sie dort nicht gefunden hat, fühlt sich plötzlich der Existenz beraubt. Ein solcher Mensch hat sein Leben damit verbracht, der Gesellschaft und dem Staat zu dienen und hat daraus sein grundlegendes Lebensgefühl gewonnen.» Vgl. *FRANCK*, Ökonomie der Aufmerksamkeit 28-35. Vgl. auch die Überlegungen von *J.-P. WILS*, Autonomie und Anerkennung, in: FZPhTh 47 (2000) 27-51. Wils zieht die Linien noch einmal aus und fragt angesichts der Konflikte im Umfeld der Medizin und Gentechnik, was Achtung und Anerkennung ohne ihre sinnliche Voraussetzung der Sichtbarkeit, ihrer Zersplitterung oder indiskreten Kompensation durch Daten oder Bildartefakte (von der Photographie bis zum Röntgen- oder U-Schallbild) noch zu leisten vermag, wenn wir zu «Zeugen einer technologisch erschlossenen biologischen Intimität», so *WILS*, ebd., 35, werden – also *indiskret*, also in einen Raum *eindringen*, der keine eigenen – außer «geliehene» – Schutz- und Distanzmittel hat. Diese Invasivität kann durchaus in Güterabwägungen und Folgeabschätzungen legitimiert werden. Aber ein Grundproblem bleibt, das sich auch für die begrenztere und scheinbar weniger brisante Debatte der Höflichkeit herausgeschält hat.

Aus anderer Perspektive auch *W. DESMOND*, On the betrayals of reverence, in: ITQ 65 (2000) 211-230: Der Ausfall von Reverentialkategorien gerade in einer naturwissenschaftlichen Hermeneutik «betrügt» den Menschen um eine essentielle und ganzheitliche Sichtweise.

317 *TODOROV*, Abenteuer des Zusammenlebens 88ff. Vgl. darüber hinaus die Überlegungen von *P. TIJMES*, Asymmetrie als erstes Wort in der Ethik, in: *R. FORNET-BETANCOURT* (Hrsg.), Für Enrique Dussel, Aachen 1995, 195-201, *ALKOFER*, Ethik als Optik und Angesichtssache, passim.

318 *TODOROV*, Abenteuer des Zusammenlebens 97, vgl. *WILS*, Autonomie und Anerkennung 40-44. Von hier aus drängen sich Überlegungen auf, die analog zur Sprechakttheorie eine Blickakttheorie postulieren. Vgl. dazu *B. WALDENFELS*, Das leibliche Selbst. Vorlesungen zur Phänomenologie des Leibes, Frankfurt/M. 2000, 384-386.

dies – das sei betont und wiederholt – anzutreffen sein wird, aber auch hier gilt: «Abusus non tollit usum».

Todorov unterscheidet sodann zwei prinzipielle Formen der Anerkennung, die in unterschiedlichen Proportionen gesucht werden: «*Distinktionsanerkennung*» und «*Konformitätsanerkennung*».[319] Eine unterschiedliche Intention spiegelt sich darin: Man kann das Ziel verfolgen, entweder durch *Übereinstimmung* oder durch *Unterscheidung* Anerkennung bei einer gewissen Gruppe zu finden.[320] Einig gehen beide in der Absicht, Anerkennung und Aufmerksamkeit überhaupt zu gewinnen. Auch der auf den ersten Blick bescheidener oder weniger augenfällige Konformist braucht die Anerkennung anderer, auch wenn sie mit anderen Mitteln generiert wird. Auch diese Beobachtungen lassen Brücken zu, die in den Bereich der Funktionen und Motive der Höflichkeit weisen, wie sie beschrieben wurde. Todorov geht jedoch noch einen analytischen Schritt weiter, wenn er neben der oben angeführten *formalen* Differenzierung auch eine grundlegend *modale* einführt:

> «*Eine andere Unterscheidung betrifft nicht mehr die Formen der Anerkennung, sondern die Art und Weise, wie sie geschieht. Tatsächlich findet die Anerkennung in zwei Stufen statt. Von den anderen verlangen wir erstens, unsere Existenz anzuerkennen (die* Anerkennung *im engeren Sinn), und zweitens, unseren Wert zu bestätigen (diesen Teil des Prozesses bezeichnen wir als* Bestätigung*). Die beiden angestrebten Handlungen liegen nicht auf der gleichen Ebene: zur zweiten kann es erst kommen, wenn die erste bereits vollzogen worden ist. Sagt man uns, es ist gut, was wir tun, so impliziert dies, daß man zuvor unsere Existenz anerkannt hat. (...) Die Unterscheidung dieser beiden Stufen der Anerkennung ist von zentraler Bedeutung, denn sie sind häufig voneinander getrennt und bewirken so je eigene Reaktionen: man kann gleichgültig sein gegenüber der Meinung, die andere von uns haben; aber man kann nicht unempfindlich bleiben gegenüber einer fehlenden Anerkennung unserer bloßen Existenz.*»[321]

Übersehen werden oder Mißbilligung erfahren, Bewunderung oder positive Zuwendung erfahren sind die thematisch zusammengefaßten Grundmöglichkeiten. Höflichkeitstheoretisch in einem engen-formalen wie in einem offenen Sinn ist die

---

[319] Vgl. *TODOROV*, Abenteuer des Zusammenlebens 98f. – eine Unterscheidung, die nahtlos in die Höflichkeitsgrundlegung eingefugt werden kann. Vgl. Bourdieus «feine Unterschiede» sowohl im Sinne der Sozialimplikation von Feinheit als auch der schmalen Schwelle zwischen diversen Distinktionsmedien und ihrer Resonanz.

[320] Zu den Hauptwegen der Respekt- oder Anerkennungsheischung in gesellschaftlicher Charakterformung vgl. *SENNETT*, Respekt 83-85. Sennett nennt drei: die Entwicklung je eigener Fähigkeiten als Quelle gesellschaftlicher Wertschätzung, sodann eine bestimmte Form der Selbstsorge und -begrenzung, die sich Umgang mit eigenen Defiziten und Grenzen (gerade hier manifestiert sich Doppeldeutigkeit: Wer nicht für sich sorgen kann, verliert gesellschaftliche Achtung, wer – machiavellistisch, so Sennett – Selbstschutz hoch bewertet, sucht Mittel der Distanz, «flößt Abstand» ein.). Schließlich – drittens – der Weg der Gabe oder Rückgabe, von dem her – in aller sachlichen Weite möglicher Mittel – Achtung in anderen generiert wird. Dem ist auf der Ebene der Deskription schwerlich zu widersprechen, dennoch bleiben Fragen.

[321] *TODOROV*, Abenteuer des Zusammenlebens 100. Massive Anerkennungsstörungen führen zu pathologisch konstatierbaren Krisen. Auch dies hebt Todorov hervor. Einmal mehr wird die Durchschlagskraft dieser Phänomene sichtbar. Natürlich muß und kann hier erheblich differenziert werden. Anamnese, Genese und Therapie verschiedenster Krankheitsbilder und psychischer Störungen stehen hier nicht zur Debatte, aber der Hinweis auf deren Möglichkeiten sollte zumindest den «Ernst der Sache» anleuchten. Handlungen und Haltungen, die hier vermeidend oder ausgleichend, gar heilend wirken können, stehen in einem unleugbaren sittlichen Zusammenhang mit gelingendem Leben. Ausschlaggebend ist die Konstatierung des Zusammenhangs, (noch) nicht die ethische Bewertung einzelner Züge.

Frage, wie diese Grundmöglichkeiten sich in der Tat konkret «zusammensetzen» aus einschlägigen Achtungs- und Anerkennungsminiaturen, Anerkennungsbeziehungen und -szenen. Natürlich walten hier keine Automatismen. Aber es legt sich nahe und liegt auch nahe, daß die Quersumme aller Mißachtungen, kommunikativ erfahren und transportiert in einer Fülle von Texten und Kontexten, keineswegs spurlos bleibt. Dies gilt auch noch in der Kontrasterfahrung oder kompensierenden Verarbeitung, die in der Lage ist, Mißachtungen in Reverenzerweise umzumünzen nach dem Motto «Viel Feind', viel Ehr'». Aber auch dazu sind Anerkennungserfahrungen und Identitätsmotive vorläufig nötig. Festzuhalten bleibt auch an dieser Stelle: Die Anerkennung ist eine asymmetrische Beziehung zwischen dem Handelnden, der die Anerkennung gibt, und dem passiven Empfänger, der sie erhält. Beide Rollen sind nicht austauschbar.[322] Dies gilt ganz besonders für die von uns so genannten «ethischen Miniaturen», in denen sich bestimmte Höflichkeitsformen verwirklichen. Innerhalb dieser Sequenzen können die Rollen nicht vertauscht werden, werden sie es, dann beginnt eine neue Sequenz. Der Rollentausch ist über die einzelnen Segmente dann aber durchaus möglich. Um einfache Reziprozität kann es hier also nicht gehen, wenn auch innerhalb der Einzelszenen eine Wechselbeziehung entsteht, die noch weiter zu markieren ist: Der Spender von Anerkennung freilich erhält indirekte Anerkennung dadurch, daß er vom Empfänger in einer Position gesehen wird, die die Gabe relevanter Anerkennung auszeichnet. Dies ist bleibend sozial, kulturell und historisch vermittelt[323] und ruht zudem auf Konstanten der Universalität auf.[324] In diese Dimensionen von Weite *und* Grenze ist eine zusätzliche «Grenzenlosigkeit» eingezeichnet. Das Verlangen nach Anerkennung ist nie abgeschlossen und zudem wesentlich unabschließbar, solange das Mängelwesen Mensch als solches zu beschreiben ist; also bis auf den mutmaßlich utopischen Erweis des Gegenteils: immer.[325] Dies gilt auch hinsichtlich der Komplexität wie Zerbrechlichkeit des fortdauernden Wechselspiels um Anerkennung, die nicht als

---

[322] Vgl. *TODOROV*, Abenteuer des Zusammenlebens 102, vgl. schon *MAUSS*, Gabe, passim, zu Macht und Ohnmacht.

[323] *TODOROV*, Abenteuer des Zusammenlebens 103, unterstreicht: «Die Wahl zwischen den verschiedenen Modalitäten der Anerkennung hängt nicht allein von der Verfassung des einzelnen ab. Bestimmte Gesellschaften, bestimmte Epochen privilegieren die eine Form und schließen die andere aus.» – Vgl. *FRANCK*, Ökonomie der Aufmerksamkeit 178, der pointiert zitiert: «Esse est percipi.»

[324] *TODOROV*, Abenteuer des Zusammenlebens 104, unterstreicht: «Universell und konstitutiv für die Menschheit ist, daß wir in ein Geflecht zwischenmenschlicher Beziehungen, also in eine soziale Welt hineingeboren werden; universell ist, daß wir alle nach einem Lebensgefühl, einem Gefühl unseres Daseins streben. Die Wege dorthin unterscheiden sich dagegen nach den Kulturen, den sozialen Gruppen und den Individuen. So wie die Sprachfähigkeit universell und konstitutiv für die Menschheit ist, die Sprachen sich hingegen unterscheiden, so ist die Sozialität universell, ihre Ausprägungen aber sind vielgestaltig. Das Lebensgefühl kann sich aus dem ergeben, was ich Erfüllung nenne, dem unvermittelten Kontakt mit dem Universum, sowie aus dem Zusammenleben mit den anderen. Die Koexistenz kann die Form der Anerkennung oder der Kooperation, des Kampfes oder der innigen Verbundenheit annehmen. Die Anerkennung schließlich hat unterschiedliche Bedeutung, je nachdem, ob sie direkt oder indirekt ist, durch Unterscheidung oder Übereinstimmung erlangt wird, innere oder äußere Anerkennung ist. Das Verlangen nach Reputation, Ehren und Auszeichnungen ist zwar allgegenwärtig, regiert aber nicht unser gesamtes Leben. Es illustriert die Eigenliebe, nicht die Vorstellung der Achtung. Es war eben dieses Phänomen, das Rousseau begreifen ließ, daß es kein menschliches Dasein gibt ohne den Blick, den wir aufeinander richten.»

[325] Vgl. *TODOROV*, Abenteuer des Zusammenlebens 106f.

schlicht mechanistisch reziprok faßbar bezeichnet werden kann.[326] Dies führt zu einer weiteren Überlegung, die hinsichtlich der Unabgeschlossenheit ein Moment der Entlastung einführt: die Bedeutung der Entlastung durch gewisse Formenrepertoires angesichts dieser ständigen Novität vor der (begrenzenden) Zeitlichkeit des Menschen.

Diese Komplexität schlägt noch an weiteren Stellen bei Todorov zu Buche: In Abgrenzung zu C.G. Jung und seiner Sicht, daß jeder nur eine einzige «persona» (also ursprünglich: Maske/Rolle) habe, insistiert Todorov auf dem Plural von Bildern als «komplexe Stückwerke»: positive, negative und ideale Bilder von sich selbst.[327] Zudem werden kaum alle Bilder zugleich aktiviert:

> *«Es ist wichtig, sich klar zu werden, daß dieses vorgestellte Selbst nicht weniger unvermeidlich ist als die anderen. Die menschliche Interaktion mobilisiert immer nur einen Teil der Person, ich spiele also eine Rolle, und sei es nur dadurch, daß ich bestimmte Züge von mir gegenüber anderen in den Vordergrund rücke. Unsere berufliche und öffentliche Identität ist notwendigerweise ein vorgestelltes Selbst.»*[328]

Partialität, Notwendigkeit, Rolle, Identität, Frequenz und Serialitäten – all das Stichworte, die auch für den Höflichkeitsdiskurs einschlägig bleiben. Dort haben sie nicht selten zu einer negativen Einschätzung der Höflichkeit aus Authentizitäts- oder Naturalitätsgründen beigetragen. Nimmt man aber die Beobachtung der partiell aktivierten Bilder ernst und korreliert sie mit Formen des Umgangs, so wird deutlich, daß es eine ethische Überforderung sein dürfte, immer und ständig die vollständige und «echte» oder authentische Darstellung der «großen Gefühle», Tugenden und Haltungen einzufordern.[329]

Schließlich trägt zur Komplexität der beschriebenen Sach- und Personenverhalte auch der Rahmen bei, in dem sich die vielen Instanzen des Ich im Kontakt mit den vielen Instanzen eines anderen treffen. Die Multiplikationen des Du, der Konflux tangibler und fragiler Personalitäten, die unter der Kompression von Zeit und Raum aneinander geraten, ist ja gerade die Herausforderung, die nach den Bedingungsmöglichkeiten der schonenden, humanökologischen, aber eben nicht nur

---

[326] So *TODOROV*, Abenteuer des Zusammenlebens 129-133, bes. 133: «Aber damit ist nichts geregelt. Das Wechselspiel muß in jedem Augenblick neu erfunden und von neuem begonnen werden.» So sehr dies im Kern zutrifft, so sehr reagiert norm- und haltungstheoretische Überlegung im Zusammenspiel mit einer differenzierten Analyse der Situation (z.B. der Strukturanthropologie) gerade darauf: Weil es eine enorme Überlastung der Handelnden darstellt, versuchen Norm und Haltung als spezifischen Grundkommunikationen des Ethischen Zulastung und Entlastung als ethischen Anspruch und Zuspruch zu formulieren, der Überlastungen wehrt, Unterlastungen anfragt und normative wie habituelle Referenzgrößen und -erfahrungen bereitstellen und vermitteln will.

[327] So gibt es internalisierte Bilder *von* anderen, ebenso Bilder der anderen *von* mir, Bilder von mir *für* die anderen, etc., vgl. *TODOROV*, Abenteuer des Zusammenlebens 150f., 158, wo Todorov unterscheidet zwischen «Imago», interiorisierten Bildern *der* anderen und der «persona» als dem Bild *für* andere. Dies im Anschluß an *C.G. JUNG*, Die Beziehung zwischen dem Ich und dem Unbewußten, in: *ders.*, Gesammelte Werke VII, hrsg. v. *M. NIEHUS-JUNG* u.a., Olten-Freiburg i. Br. 1971, 131-264, 172f. Die Masken- und Rollenthematik kehrt einmal mehr wieder. Sie hat ihre innerpsychischen wie sozialen Komponenten.

[328] *TODOROV*, Abenteuer des Zusammenlebens 159.

[329] Selbst im günstigsten Fall, also wenn Verhältnisse des Dankes, der Freundlichkeit, der Zuwendung etc. «an sich» gegeben sind, nicht erst antizipiert oder *prä*pariert werden müssen, darf man davon ausgehen, daß eine vollständige Repräsentation und Expression dieser nicht ununterbrochen in Hochformen erschwinglich ist.

schonend-defensiven, sondern auch fördernden Faktoren in den diversen konkreten Konstellationen jenseits einer theoretisch analysierten Minimalbesetzung fragen.[330] Dabei spielt die Situation, ihre Rahmen, spielen Dimensionen der Öffentlichkeit zwischen Privat- und Gesellschaftspolitik eine konturierende Rolle. Hier ist das «heilige Selbst» als «fragiles Selbst»[331] auf der «Bühne» als «umfassendem Selbst» (so mit Goffmans Theorieansatz) in seiner «exzentrischen Positionalität» als Koordinator der eigenen Rollenvielfalt (so im Anschluß an Plessner) herausgefordert.

Egoismus und Altruismus bilden eine ebenso klassische Polarität[332] wie die Gegenstücke von Einsamkeit und «Geselligkeit»[333], aber *vor* und *unter* ihnen liegt als Möglichkeitsbedingung die Sozialität primärer Anerkennung, die durch diese Unterscheidung selbst nicht getroffen wird (wohl durch die Folgen der jeweiligen habituellen Disposition). Der Erkenntnisfortschritt hinter dieser Entscheidung ist eher gering. Selbst moralisch geforderte Selbstlosigkeit ist nie *einfach* uneigennützig. Umgekehrt gilt dieses Verhältnis freilich ebenso. Ein einfaches, also simplifizierendes Dialektikmodell ist an dieser basalen Stelle von allenfalls heuristischer Bedeutung im Sinn der Zuspitzung partieller Erkenntnis und der Dynamik, die ihr Gegenteil argumentativ hervorruft. Phänomenal bleibt diese Reduktion hinter der Komplexität der prolongierten Interaktionsformen, -normen und -möglichkeiten zurück.[334]

Halten wir für die unterschiedlichen Perspektiven, Analyseformen und Interpretationsweisen fest: Geselligkeit gilt es zu gestalten. Dieser Anspruch hat ethische,

---

[330] *TODOROV*, Abenteuer des Zusammenlebens 160f., formuliert: «Die hier vorgestellten Figuren sind nur eine Minimalbesetzung: jede (außer dem umfassenden Selbst) kann sich weiter unterteilen. Noch komplizierter wird es, weil jede Person mit ihrer inneren Vielfalt anderen Personen begegnet, die ebenso komplex sind wie sie: das *Du* enthält die gleichen Instanzen wie das *Ich*. Jedes *Du* (und wir begegnen täglich vielen) erfordert eine Neuregulierung oder zumindest Anpassung unseres Apparates sozialer Kontaktaufnahme und -pflege.»

[331] Vgl. knapp wie treffend *FRANCK*, Ökonomie der Aufmerksamkeit 80: «Die Selbstwertschätzung der Person knickt ein, sobald der Entzug von Beachtung eine bestimmte Schwelle überschreitet.» Daß dann «jemand» aufkreuzen könnte, der das «geknickte Rohr» (Jes 42,3) nicht abbricht, steht auf einem anderen, nämlich theologischen Blatt und hat nicht nur metaphorische Bedeutung.

[332] Vgl. *TODOROV*, Abenteuer des Zusammenlebens 172: «Die gesellschaftlichen Verhaltensweisen des Menschen sind der Grund, auf dem sich die Moral errichtet; um so wichtiger ist es, die Darstellung der moralischen Entscheidungen von der Beschreibung des psychischen Apparats zu trennen. Nichts hat der Erkenntnis des spezifisch menschlichen Daseins mehr geschadet als seine Wahrnehmung in ausschließlich moralischen Begriffen wie ‹Eitelkeit› oder ‹Ruhmsucht›. Unseren vorgeblich ursprünglichen Egoismus moralisch zu rechtfertigen, bringt uns auch nicht weiter. Man darf in der Sozialität weder eine zu entwickelnde Qualität noch einen zu tilgenden Makel sehen, sie weder auf den Edelmut noch auf die Eitelkeit reduzieren. Ein jeder hat das Recht zu existieren, und er erheischt dazu den Blick des anderen.»

[333] Die Bälle werden immer wieder hin- und hergespielt. Einsamkeitspostulate (wie die Maxime «Lebe im Verborgenen!» werden seit Epikurs und Plutarchs kontrastiven Positionierungen immer wieder in hof-, bürgerlichkeits- oder gesellschaftskritischer Absicht – wir haben Protagonisten vorgestellt – eingeführt. Der Gegenpol – Menschsein, Menschlichkeit, also Humanität – realisiert sich in sozialen Kontexten (und braucht damit Formen, Normen und Haltungen) ist schon allein deshalb in sich komplexer (und so nicht einfach antagonistisch), weil die Konstellationen erheblich pluriformer sind als die der «splendid isolation».

[334] Das gilt auch für ein spezifisches Antagonismusmodell. Vgl. *TODOROV*, Abenteuer des Zusammenlebens 172: «Die Psychologie kann nicht an die Stelle der Moral treten, im Gegensatz zu dem, was manchmal gesagt wird. Nur eine neue Moral kann die zusammengebrochene alte Moral ersetzen. Ein kooperatives und solidarisches Verhalten ist seinem Gegenteil vorzuziehen, andererseits ist die Autonomie jedes einzelnen ein hochzuhaltender Wert. Aber noch einmal: die menschliche Geselligkeit hat einfach kein Gegenteil.»

hat handlungstheoretische Implikationen. Diesen Implikationen trägt die Formung der Höflichkeit in ihrer ganzen Komplexität Rechnung – freilich ohne sie ganz und gar zu erfassen. Koexistenz ist verwiesen auf und braucht den Faktor und den Vektor der Anerkennung, einer Anerkennung, die ein von sich selbst letztlich nicht ganz ableitbarer, aber eben unvermeidlich von anderen ableitbarer Beweis meines Daseins und Existierens ist und wird.[335] Diesen Implikationen gilt das weitere Interesse – und zwar ohne kurzatmig moralisierenden Impetus (der ist meist antinormativen Vorurteilen zuzurechnen), aber durchaus in dem Bewußtsein, daß hier immer *auch* ethisch Relevantes auf dem Spiel steht.

12. Kommunikation von/über Moral: Die Sittlichkeit der Höflichkeit

Diverse, teils divergente Mitnahmen sind aus den hier vorgelegten Ansätzen und Denkfacetten zu verzeichnen und vermittelnd zusammenzuführen. Der Bogen war weitgespannt und dennoch höchst fragmentarisch. Die kommunikationspsychologische Grundkomplexität, die in jeder Miniatur des alltäglichen Umgangs einzurechnen wäre, die großräumige und weitzeitige Zivilisationsanalyse stehen in Konspiration mit philosophisch-anthropologischen Fragmenten zu einem prekären Thema. Die Sammlung hat zunächst als *Sammlung* ihre Bedeutung, dient aber weiterhin der Sensibilisierung für ein nur scheinbar bescheidenes Thema (ohne Moralisierungsabsicht, auch ohne Anspruch auf Vollständigkeit, das muß im Respekt vor den herbeigezogenen Referenzen betont werden). Aber: so partiell diese Mitnahmen sind – sie sind auch nach wie vor paradigmatisch. Die erwähnten Beiträge, ihre diversen Begriffe und Perspektiven nehmen Grundmuster auf, seien sie formaler, funktionaler oder personal-anthropologischer Absicht.

Das folgende Summarium hat die Funktion einer Brücke. Es konzentriert die vorgestellten Perspektiven, sucht in einem zweiten Schritt die sich daraus ergebenden Überhänge in zweifacher Hinsicht auf eine ethisch relevante Reintegration des Höflichkeitsdiskurses in einen theologischen Zusammenhang.

O.F. Bollnows eingangs zitierte Überlegungen zu Differenz und Relation von hohem Ethos und elementar-einfacher Sittlichkeit als Modellformen, die die schon von ihm kritisierte Blickverengung auf eine kantianisch, somit *elitäre* Pflichtenethik aufbricht, überspringt begründeterweise die sekundärtugendethische Disposition und die ebenfalls ethisch-historische Ablösung der Tugendethik von der Pflichtenethik. Letztere ist so formal wie «norm»-al, legitim wie kurzatmig. Die diversen Verhaltens- wie Haltungsmöglichkeitsgestaltungen in diversen in-, out- und peer-groups geben zu denken. Bollnow verweist auf die historisch-prägende und -formierende Dimension, daß tradierte Eliteverhaltensformen in ein kommunes Verständnis integriert werden können. Bei aller hermeneutischen Anstrengung, die dies bedeutet, ist nicht zu vergessen, daß die adlig-aristokratischen-bürgerlich-demokratischen, medial-egalitären Verhaltensformalisierungen ein unverrechenbarer Grund inhäriert. Bollnow setzt dabei auf die Korrespondenz von adaptierter Umgangsformalität und -qualität zu den Residuen des Attraktiven, das seine Krisen handlungs- und hal-

[335] Vgl. *TODOROV*, Abenteuer des Zusammenlebens 95.

tungstheoretisch übersteht ... – und zwar wiederum formend! Dies ist schon für eine neuere Bollnow-Rezeption eigentlich überraschend – weil es nämlich für nichts anders plädiert als für die mögliche Rettung der alltagsblinden Primärtugenden durch die diskreditierten Sekundärtugenden.

Das Phänomenfeld der «Höflichkeit» bleibt den klassischen Spannungsfeldern der praktischen Philosophie verhaftet: «honestum» und «decorum», Ethik und (Privat-)Politik, (innere) Haltung und (geäußerte) Handlung geben dabei nur die Spannungsbreite der Koordinaten an. Diese Polaritäten mit unscharfen (begrifflichen) Grenzen eröffnen aber gleichermaßen Gestaltungsspielräume, wie sie zugleich adäquat darauf verweisen, wie weiträumig begegnende Interaktionswirklichkeiten, ihre gestischen und sprachlichen Accessoires, Mittel und Medien unter der Perspektive der Höflichkeit gelesen und gedeutet werden können. Hierbei ist von ausschlaggebender Bedeutung, daß diese Begegnungen nicht ausschließlich und zunächst vor dem Raster einer idealtypischen Symmetrie und Statik von Beziehungen[336] zu entschlüsseln sind. Dynamik und Asymmetrien in den alltäglichen Beziehungsgeflechten sind es hingegen, die diese auszeichnen und zudem ein Repertoire an Verhaltensstandards auf den Weg bringen, die – teils konventionalisiert, teils ad hoc kreiert, sowohl bewußt intendiert strategisch als auch einem naturalen Sicherheitsbedürfnis entsprechend (also nicht in einem ausschließlich *kalkulierten* Maße bewußt) – hier eine Ausrichtung an Partner und Situation im beiderseitigen Interesse ermöglichen.

Die Qualitäten und Dimensionen changieren polyperspektivisch und -dimensional: Die innerpersonale bleibt zu beachten. Sie tangiert Eigenraumgestaltungen in Personalität und Identität. Kern, Focus und Schwerpunkt liegen aber in allen weiteren Beobachtungen bei intrapersonalen Relationen und Handlungen. Hier reichen die Dimensionen von einer situativen, status-adäquaten und – von entscheidender Bedeutung in der Abwehr konventionalistischer, formalistischer oder gar moralistischer Engführungen – person-angemessenen Ausdrücklichkeit und Expressivität unter der Prämisse wechselseitiger, aber asymmetrischer (auch konfliktiver) Face-, also Würde-Schonung, -Respektierung oder -Aufbau, in der Dynamik von Angang und Abgang, von balancierter Nähe, balancierter Distanz.

Das System der Höflichkeiten in ihren Dimensionen, nicht zuerst Konventionen situiert sich in aller möglichen Dialektik (Adorno) in einer primären Öffentlichkeit, die die Anwesenheit eines Gegenübers (sei sie real oder repräsentiert, aber auch virtuell) je neu und prinzipiell *initial* markiert. Von daher rührt eine Alltäglichkeit, die schon mit Aristoteles «politische» Dimension trägt, nicht zuerst mit Intimität oder Vertrautheit zu tun hat, sondern den *angemessenen*, aber nicht bloß *angepaßten*, sondern mit Bergson geschmeidig-flexiblen oder respektierenden Umgang prägt. Hier sind intellektuelle und emotionale Habitualisierungen eingeschlossen, die durch Annäherungsbegriffe wie jene der «Höflichkeit des Herzens» oder einer «Höflichkeit des Geistes» markiert bleiben. Auf propädeutische Bedeutungen (oder ästhetisch-initiale, so mit Comte-Sponville), auf demokratisch-republikanische Haltungsperspek-

[336] Hier gilt es einem idealistischen Fehlschluß, einer Verwechslung von Gleichberechtigung auf Gleichheit zu wehren. Theoretisch ist diese Verwechslung eigentlich seit Aristoteles bewußt und «gelöst». Distributive Gerechtigkeit (ob diese primär oder sekundär ist im Gegenüber zur Tauschgerechtigkeit – nicht nur von Höflichkeiten – ist tatsächlich bis heute in unterschiedlichsten Handlungs- und Sachfeldern offen oder umstritten) umschließt einen Ungleichheitsfaktor (so NE 1131a 15 - 1131a 29). Gleiches ist gleich, Ungleiches ungleich zu behandeln. Aber auch damit heben die ethischen Probleme wieder an – nicht nur höflichkeitstheoretisch, sondern -praktisch, denn auch hierfür sind die Kriterien zu eruieren.

tiven machen Kant und Bergson aufmerksam. Umgangs-, Vermittlungs-, vor allem aber Pazifizierungstendenzen werden unterstrichen (bei Benjamin, Plessner, Bollnow und Pernot). «Einfacher Sittlichkeit» (mit O.F. Bollnow), nicht aber konservierender oder formal- oder strukturkonservativer Intention verpflichtet, bleibt das Thema Höflichkeit in seinen Spektren und Sektoren deshalb verbunden, weil – sollte sittlich, moralisch und ethisch nichts sicher bleiben – immerhin der Impetus, Indikativ und Imperativ des unvermeidlichen Umgangs und der Begegnung bleibt. Der Subtext der Frage nach der Höflichkeit ist die – schon anachronistische – Frage, Gabe und Aufgabe, die die *Begegnung*, aber auch schon die bloße Passage von Begegnenden, Vorübergehenden stellt. Moralistisch, konventionalistisch bleiben dabei die schnellen Antworten, nicht aber die Anfragen, die sich dabei schon in der ephemersten Begegnungsminiatur stellen.

Als extreme kommunikations- und umgangsethische Spitze bleibt der «kategorische Höflichkeitsimperativ» Pernots in der Bestimmung des «homo homini socius» (statt, trotz und gegen den «lupus» der eindimensionalen anthropologischen Reduktion) auf der argumentativ-formalen Ebene ein beständiger Impuls, der weiterdrängt zu der Frage, wie dieses Postulat eines kommunikationsermöglichenden Verhaltens in den grundlegenden ethischen Koordinaten des Richtigen oder Falschen, der sachlich-situativen, vor allem aber personalen Angemessenheit zu verankern wäre. Dahinter wiederum scheint auf die Grundfrage nach Wohl und Würde der Person selbst, wie sie – wie augenblickhaft und vorläufig auch immer – kommunikativ und interaktiv zur Handlung und Verhandlung steht. Wie prekär und fragil diese Zusammenhänge sind, erweist sich immer gerade dann, wenn «unversehens» (gerade auch durch scheinbar kleine Auslöser) aus Konkurrenz Agonalität und Konfliktivität hervorschießen, primäre oder auch nur rudimentäre Anerkennung und Respektformen als verletzt und verletzend markiert werden müssen. Kritische Kontrasterfahrungen sind es ja dann immer auch gewesen, die das Nachdenken über Module der Vermittlung, Pazifizierung und Abfederung der Unmittelbarkeiten in Bewegung halten. Dieser Bewegung dienlich sein können exemplarisch zwei Angänge, der eine eher einer traditionellen normethischen Stufenordnung verpflichtet, der andere der Analyse alltäglicher Moralisierungen in Text und Kontext (verbaler) Kommunikation, der eine direkt enggeführt auf die Höflichkeitsfrage, der zweite geöffnet auf eine spezifische Rekonstruktion von Moralität selbst.

12.1. Weichenstellung: Höflichkeit – ethisch sekundär oder/und ubiquitär?

Die beiden Modi der «Sekundärnormativität» hier und dort der «Ubiquitärform» als kommunikative Konstruktion von Moral soll hier nicht als Gegensätze, sondern als Vermittlungsansätze selbst mit jeweils unterschiedlichen Unterscheidungsintentionen im Blick auf eine Sinndimension zwischen Cortesia und Ethos gelesen werden. Von hier aus ergibt sich auch die Möglichkeit, die Bereiche von Höflichkeit und Sittlichkeit systematisch voneinander abzuheben und sie dann in ein Verhältnis zu bringen, das auch einer theologisch-ethischen Reflexion und Begründung der Höflichkeit Platz einräumt. Dies ist das leitende Interesse, wenn im Folgenden der Zusammenhang von Höflichkeit und Sittlichkeit betrachtet wird, um von da aus die

Reflexionsstrecke zu erweitern und nach historischen, phänomenologischen und systematischen Überlegungen einen Betrachtungskontext einzuführen, der nur (mehr) selten in den Diskurs über die Höflichkeit eingeschaltet wird.

12.1.1. «Sekundärnorm»: Zu einer geläufigen Taxierung der Höflichkeit

Wenden wir uns also der Auskunft halber nochmals zurück auf die – insgesamt eher spärlichen – Überlegungen aus dem Bereich der jüngeren praktischen Philosophie, die sich dem Höflichkeitsphänomen widmen. Einen markanten Beitrag hat K.-J. Ilting entwickelt. Er legt den Versuch einer Differenzierung von Sittlichkeit und Höflichkeit sowie den einer Verbindung von höherstufigen Normen der Höflichkeit als «Teilbereich höherstufiger moralischer Normen» vor.[337]

In seiner Untersuchung entwickelt Ilting ein Stufenmodell des Sittlichen, das schließlich zurückzuführen ist auf die Achtung von Personalität und Persönlichkeit, während Normen der Höflichkeit von der Anerkennung des Anspruchs eines jeden menschlichen Individuums auf Wahrung seines «amour-propre» herrühren. Er definiert:

> *«Sittlichkeit kann insoweit als die Bereitschaft definiert werden, verantwortlich zu handeln, d.h. sich gegenüber Betroffenen im gegebenen Falle zur Rechtfertigung verpflichtet zu wissen und sie so als Persönlichkeiten anzuerkennen und zu achten. Als Beurteilungskriterien dienen dabei für alle im gleichen Maße verbindliche Normen, welche jedem Handelnden Ansprüche einräumen, die alle anderen zu respektieren haben.»*[338]

Von *dieser* Sittlichkeit ist Höflichkeit zunächst zu unterscheiden, aber letztlich nicht völlig abzulösen.[339] Das Differenzmoment liegt evidenterweise in der Er-

---

[337] Vgl. *ILTING,* Grundfragen der praktischen Philosophie 103, 122-133. Damit gibt sich dieser Ansatz als normtheoretischer in deontologischer Tradition zu erkennen. Er wird auch so durchgeführt. Einigen seiner Ausführungen ist nachzugehen, auch wenn uns die Überzeugung leitet, daß in aller Konspiration und Analogie zu Funktionsweisen der normativen Ethik, wie sie hier anklingen werden, der Rekurs allein darauf nicht ausreicht, Höflichkeit ethisch zu «rekonstruieren» und zu rehabilitieren.

[338] *ILTING,* Grundfragen der praktischen Philosophie 133, argumentiert dabei kantisch (mit Rekurs auf den kategorischen Imperativ) und ohne «theologischen» Freiraum zuzulassen. Kritisch zu dieser massiv pflichtenethischen Verengung, die es bis heute Argumentationen eines eudaimonistischen Ethos und ihrer Ethik im Rahmen des Sittlichen und Moralischen schwer macht, sind die sehr knappen Überlegungen zur Höflichkeit von Benjamin, zum Ethos der Grazie, der Flexibilität und der – letztlich implizierten – Alterität (bei Bergson und Plessner etwa). Diese sind nicht diametral entgegengesetzt, sondern komplementär nicht nur hinsichtlich der Höflichkeitsthematik. Zum – sehr un-kantischen – «Drama» der Normen, zu wilden und gezähmten Bedürfnissen vgl. knapp *ZILLESSEN*, Ritual oder Theater 234-243.
Die Reverenz auf und der Respekt vor Kant bleiben auch in dieser Konstellation. Aber auch entschiedene Abstoßung von seinen Überlegungen ist nötig. Seine Pflichtenethik und Deontologie sind historisch nicht unmaßgeblich dafür verantwortlich, daß Ethos und Ethik «hart» werden. Dem «weichen Ethos der Höflichkeit» (H. Weinrich) macht das natürlich zu schaffen. Die klare und distinkte Ethik kantischer Prägung bietet wenig Raum für die komplexen Phänomene des «Zwischen» – und gerade in diesem Bereich bewegt sich ein Begriff der Höflichkeit, der eben nicht allein normativ-deontologisch ist (und gerade durch die deviante Emphase auf diesen Aspekt desavouiert worden ist!).

[339] Die Grenzmarkierungen sind nicht allein deshalb unscharf, weil die Übergänge fließend wären. Die Übergänge als Übertritte sind «akut», der Umschlag von einer «Unhöflichkeit» zum justiziablen Tatbestand der Beleidigung oder üblen Nachrede beispielsweise oder zur sittlichen Verfehlung der Ehrabschneidung etwa.

zwingbarkeit gewisser moralischer Normen und Sanktionierung bei Verletzung.[340] Die doppelte Unterscheidungslinie verläuft, erstens, zwischen moralischem Anspruch und subjektivem Recht (im juridischen Sinn) und, zweitens, der nur beschränkt möglichen oder unmöglichen Verallgemeinerbarkeit der Formen.

Formen der Höflichkeit sind weder historisch noch sozial unvermittelt verallgemeinerbar.[341] Sie differieren darüber hinaus entlang diverser Kulturkreise. Wichtig ist aber festzuhalten, *daß* ein Regulierungs-, Formierungs- wie Normierungsbedarf besteht. Dieser wiederum weist auf eine grundlegende ethische Relevanz hin. Hierbei hält Ilting an einer Unterscheidung moralischer Normen erster und zweiter

---

[340] Vgl. *ILTING,* Grundfragen der praktischen Philosophie 111.

[341] Vgl. die Unterscheidung bei *MARTIN/STENT*, I think; therefore I thank 251ff., in der Analogie, Beziehung und Differenzierung von «Naturrecht»/«positivem Recht» und «natural etiquette»/«positive etiquette». In diesem Differenzierungsversuch wird noch einmal etwas deutlich, was immer wieder von Bedeutung ist. Auch hier wird eine Zweistufigkeit eruiert, die aber mehr von der Frage nach den Funktionen und Formen geleitet wird. Unter der natürlich-wesentlichen Seite der Höflichkeit – auch wenn Martin/Stent von «Etikette» reden – wird eine Grundlegung und -haltung (!) gemeint, die der Schonung und der Rücksicht auf den einen und den anderen, das Selbst und sein Gegenüber abzielt. Der «positive» Aspekt konzentriert sich dann auf den normativen Teil, d.h. auf die je und je gewordenen, historisch, sozial und kulturell vermittelten Normen und Vorschriften, die konventionalisiert und gesetzt werden – letztlich um der Grundhaltung und ihrem Ausdruck Verwirklichungsmöglichkeiten zu schaffen. Für sich betrachtet können diese Formen unterschiedlich, ja sogar widersprüchlich sein. Martin/Stent machen das an einem sprechenden Beispiel fest. Sie ziehen zwei konventionelle Normen heran, die beide gleichzeitig nicht erfüllt werden können: «Uncover your head when in a place of worship!» und «Cover your head when in a place of worship!» Die konkrete Verhaltensweise, die gefordert wird, hängt – in diesem Beispiel – dann von der betreffenden Kultgemeinschaft ab (Kirche hier, Synagoge dort), hat aber unterliegend die gleiche Intention der Reverenzerweisung an einem sakralen Ort. Hier wird also der Unterschied zwischen positiven Höflichkeitsformen und -normen einerseits und der haltungsanalogen Höflichkeitssubstanz deutlich. Vgl. *MARTIN/STENT*, I think; therefore I thank 251.
Der Ausdruck wird letztlich von der Absicht getragen und von ihr gehalten. Deshalb bleibt, egal, ob man Höflichkeit und ihre Expression als kleine, minimale oder, stricte dictu, selbst gar nicht als Tugend bezeichnen mag, immer ein Überhang, der Referenz- wie Reverenzcharakter hat. Der Zusammenhang mit der Tugend selbst. Doppelte Richtung – das eine trägt das andere, verkörpert das andere, und kann es antizipieren. Das Verhältnis von Tugend und Norm ist komplex. also auch das Verhältnis von positiver Höflichkeit und substantieller Höflichkeit. Nur insofern man Höflichkeit, wie gerade in den letzten Jahrzehnten geschehen, nur unter dem Aspekt des Formalen, damit Inflexiblen, des sozial Determinierenden kritisiert, werden diese Bedeutungsebenen unterschätzt oder übersehen. Das ist freilich ein Schicksal, das dem Ethiker bekannt vorkommt, wenn er an die allergischen Reaktionen denkt, die dem Wort «Norm» nur zu oft folgen. Es könnte aber sein, daß dies alles andere als ein Zufall ist. Deshalb ist ein weiteres Postulat zu erwähnen, das *MARTIN/STENT*, I think; therefore I thank 242, in die Diskussion einbringen. Es hat mit den jeweiligen sozialen und politischen Kontexten zu tun, in denen sich Höflichkeitssets entwickeln. Ihrer Vermutung nach ist es noch kaum gelungen, ein «demokratisches Ethos der Höflichkeit» zu entwickeln und dafür eingängige Formen, Rituale und Gesten zu prägen. Ein politisch und geistesgeschichtlich folgenreiches Pathos der Autonomie und Gleichberechtigung kann die Tatsache ja nicht verdecken, daß im alltäglichen Umgang Ungleichheiten zu bewältigen sind, ja die Unsicherheit diesbezüglich noch zunimmt, weil die traditionellen Sicherungen stabiler Rollen-, Standes- oder Geschlechterzuschreibungen sich auflösen. Sie verändern und vervielfältigen sich, blieben lokal wie temporär begrenzt, sind schon innerhalb einer Biographie changierend. Diese Vielfalt generiert aber schlicht Unterschiede (ob «fein» oder nicht, sei hier dahingestellt). Hier gilt es also den geistesgeschichtlichen Kontext heute mit den Grundfunktionen und -motiven des Höflichen zu korrelieren – und wenn schon nicht gleich bestimmte Formen zu schaffen, so doch immerhin die Notwendigkeit der Organisation dieser – auch zunehmend interkulturellen – Begegnungen im Bewußtsein zu halten. Vgl. zu dieser Konstellation von fundamentaler, «voraus-gesetzter» Gleichwürdigkeit und markierten Ungleichheiten *A. ANZENBACHER*, Kooperation, Konflikt und Anerkennung. Zur Systematik des Gerechtigkeitsbegriffs, in: ZEE 45 (2001) 168-180.

Stufe fest.[342] Die erste Ordnung zielt auf die Bedingungsmöglichkeiten von verantwortlichem Handeln überhaupt, die zweite Stufe auf eine Unterscheidung von moralisch verdienstlichen und moralisch freigestellten Handlungen. Ilting empfiehlt – immer im Blick auf die Höflichkeit –, zwischen zwei Arten moralischer Pflichten zu unterscheiden: zwischen Pflichten, die man nicht verletzen kann, ohne die Bedingungen verantwortlichen Handelns überhaupt aufzuheben, und Pflichten, anderen u. U. mehr zu geben, als sie fordern könnten.[343] Diese Unterscheidung ist wichtig für eine Koppelung von Höflichkeitsnormen und -formen und deren spezifischem «Surplus» an die Dimension des Sittlichen im Sinn der zweiten Stufe. Einforderbar als «conditio sine qua non» ist das Höfliche in dieser Perspektive nur schwerlich, sanktionierbar ebenso nur an Rändern, wenngleich diese überall «lauern» und Sanktionen faktisch und auch in vielerlei nichtjuridischen Bereichen anzutreffen sein werden. Zweitstufigkeit meint zudem noch nicht automatisch qualitative und quantitative Vernachläßigbarkeit oder Nachrangigkeit, sondern zielt auf die Notwendigkeit, sittliche Normen der zweiten Stufe zu konkretisieren. Jedoch gibt es moralische Normen, deren Anerkennung a priori nicht an die Überzeugung gebunden ist, sie seien allgemein verbindlich, und mit denen dieser Anspruch deshalb auch gar nicht sinnvoll verbunden werden könnte, weil ihre Anerkennung nicht universal zumutbar ist. Inwieweit sie Teil einer allein rationalen Ethik sein können, bleibt eine Frage. Gleichwohl ist ihre Anerkennung weder unmoralisch noch einfach unvernünftig. Gemeint sind Normen, welche von denjenigen, die sich ihnen unterwerfen, mehr verlangen als sie selbst anderen zumuten dürften.[344]

Daß die Implikationen der Rationalität und Universalität eine fundamentale Bedeutung für Ethos und Ethik haben, muß hier nicht diskutiert werden. Die Betonung liegt dabei auf gleicher Geltung einer objektiven Norm für alle, die gesichert und gegebenenfalls per Androhung von Sanktionen ihrer fundamentalen Bedeutung wegen eingefordert werden können und müssen. Zu diesem rationalen, universalen, mithin auf Reziprozität und Symmetrie angelegten Diskurs tritt hier im Sinne des flexibleren und weicheren Ethos eine subjektive Seite, die von ethischer Bedeutung ist und sowohl mit der Haltungssphäre korrespondiert als auch – darauf liegt das

---

342 Hier wird also normtheoretisch, nicht ethosgenetisch argumentiert. Vgl. den Überblick *S. KAGAN*, Normativ Ethics, Boulder-Oxford 1998, die Beiträge in: *J. DANCY* (Hrsg.), Normativity, Oxford 2000, zudem *K. OTT*, Art. Prinzip/Norm/Maxime/Regel, in: HbEth 457-463, *K. STEIGLEDER*, Art. Sollen, in: HbEth 496-500 (Lit.).

343 Vgl. *ILTING*, Grundfragen der praktischen Philosophie 116.

344 Vgl. *ILTING*, Grundfragen der praktischen Philosophie 119. Ilting bemüht als Beispiele für dieses «Sonderethos» die Opferbereitschaft des Helden oder Heiligen oder das Ethos der Selbstlosigkeit (119f.). Rational nicht schlüssig erklär- und einforderbar, aber vereinbar mit rationaler und universaler Ethik, solange dieses «Sonderethos» die Fundamente des Universalethos nicht in Frage stellt. Hier stellt sich natürlich die Frage nach der Unterscheidung und Konspiration eines «heroischen Ethos» und einer mutmaßlichen Einfachheit eines Alltagsethos, respektive die Frage nach der Unterscheidung von Heiligkeit und sittlicher Richtig- und Gutheit und ihrer jeweiligen Verwendung in ethischer Argumentation. Vgl. *SCHRAMM*, Was für ein Mensch will ich sein?, passim, und die dortigen kritischen Bezüge und Abgrenzungen zu Levinas' «hohem Ethos der Alterität» und zu Habermas kontrafaktischer Utopie des herrschaftsfreien Diskurses (beide knappen Kritiken wären zu befragen). In unserem Zusammenhang wird durch diese Relationsbestimmung auch ein systematischer Ort für das «weniger heroische» Ethos der Cortesia eröffnet, zumal Ilting stark auf rationale Normbegründung abhebt und letztlich in den gewählten Beispielen immer wieder vorrangig normative Ethik im Blick hat. Deren Grenzen werden nicht in gleichem Maße reflektiert. Genau hierher gehört korrespondierend und komplementär die Tugendethik, ein Ethos der Haltung in der Verhaltens- und Handlungsweise.

Augenmerk – in eine asymmetrische Selbstverpflichtung münden kann. Die ausschließliche Orientierung an objektiven Reduktionsformen (im Sinn einer Rückführung auf das Essentielle) bleibt aber defizitär. Der asymmetrische Überschuß einer ethisch relevanten Selbstverpflichtung auf Formen, Normen und Haltungen der Höflichkeit wird an einem signifikanten Beispiel verdeutlicht. Ilting fragt, ob es eine Lüge ist oder «nur» eine unzutreffende Behauptung darstellt, wenn man einem nicht erwünschten Besucher einen Willkommensgruß entbietet? Keines von beiden trifft den Sachverhalt. Dieser liegt in einem Höflichkeitsspezifikum selbst, der Zuvorkommenheit im Sinne einer *Antizipation*[345] der Zerstreuung der Sorge des Gastes, er wäre als Störenfried aufgefaßt, was dessen «amour-propre»[346], Selbstachtung und Gesicht bedrohen würde. Diese Antizipation ist zunächst einseitig und situativ faßbar im Sinn einer ethischen Miniatur.[347] Die situativ-angemessene, asymmetrische

---

[345] Vgl. *ILTING*, Grundfragen der praktischen Philosophie 124. Vgl. auch im Kontext seiner Institutionenlehre und den Überlegungen zur «stabilisierten Spannung» *A. GEHLEN*, Urmensch und Spätkultur. Philosophische Ergebnisse und Aussagen, Frankfurt/M.-Bonn ²1964, 81: «Daher sei gleich bemerkt, daß nicht nur die erwähnten imposanten Fälle die stabilisierte Spannung belegen, sondern daß diese in unendlicher Verästelung das gesellschaftliche Leben durchzieht. Anders gesagt: jede sozial herstellbare und dauerfähige, in Gegenseitigkeit zumutbare Affektatmosphäre stützt sich auf solche normierte Verhaltensformen; ohne den Begriff der ‹stabilisierten Spannung› kann man nicht verstehen, wie es zu sprachähnlichen Verständigungen kommt. Um ein Beispiel zu geben: soziale ‹Gesinnungen› dieser Art sind etwa die zwischen Höflichkeit und Kühle variablen. Die dabei vorausgesetzte stabilisierte Spannung ist die von Einverständnis und Streit. Die Höflichkeit führt diese Spannung von der ersten Seite vor, sie ist ein im Verhalten stilisiertes *vorweggenommenes Einverständnis*. Die *Kühle* entwickelt denselben Komplex von der anderen Seite her, sie markiert die Chancen des Abbruchs, läßt aber das Einverständnis nicht als unerreichbar erscheinen. Dies tut die ‹*Kälte*›. Zugeordnet sind konventionelle, öffentlich-normierte, auch kulturell sehr wechselnde Ausdrucksformen.» (Hervorhebungen – APA) – Vgl. *REHBERG*, Positionalität und Figuration 232f., zu Gehlens Institutionenlehre *P. FONK*, Transformation der Dialektik. Grundzüge der Philosophie Arnold Gehlens, Würzburg 1983, 122-152.

[346] Unbestreitbar ist dies richtig, aber auch zu kurz gesprungen. Vgl. oben Abs. 9. und 10.3. (zu den Funktionen der Höflichkeit). Laut Ilting ist der «amour-propre» *eine* Säule für Höflichkeitsverhalten. Dieser ist nicht mit starken oder schwachem Selbstbewußtsein zu verwechseln oder mit Stolz und Ehrgefühl oder Geltungssucht – vor allem, weil letztere vorrangig an den Sozialstatus oder an ein Überlegenheitsgefühl gebunden sind, während hier der Respekt vor der Selbstachtung anderer personal gefaßt ist. Dennoch bleiben auch die faktisch-sozialen Differenzen situativ einschlägig, vgl. *ILTING*, Grundfragen der praktischen Philosophie 127. Daß Höflichkeitssystemen ein «konservativer» Zug innewohnt, ist keineswegs zu bestreiten. Dies hat ja auch maßgeblich dazu beigetragen, daß Etikettesysteme und formale Höflichkeiten leicht in den Ruch des Revisionistischen, Restaurativen und Restriktiven geraten. Der historische Überblick hat auch deutlich gemacht, daß ursprünglich emanzipative und pazifizierende Züge aus ihrem Kontext gelöst zu Zwangs- und Unterdrückungsmechanismen geführt haben. Daß Höflichkeitsformen in diesem Sinne zutiefst «unhöflich» sein können, ist evident. Allerdings gilt durchaus auch hier der Grundsatz, daß Mißbrauch den richtigen Gebrauch nicht aufhebt. Freilich ist die Intention der Achtung und Schonung des anderen und seiner Sphäre damit grundlegend tangiert. Entlastungs- wie Stabilisierungsfunktionen sprechen demgegenüber eine schonend-bewahrende Sprache und haben eine Absicht, die bei aller notwendigen Unterscheidung von struktur- und wertkonservativ im Sinn einer Kommunikationsökologie gelesen werden muß, dienen gewissen Höflichkeitsfunktionen und -mechanismen auch dazu, die strukturellen Härten wenigstens vor Ort zu mindern.

[347] Diese Antizipation läßt sich normen- und pflichtenethisch kaum angemessen einholen. Selbstverpflichtung hingegen trägt, zumal und erst wenn sie güterethisch verortet ist, der tugendethischen Ausrichtung eher Rechnung. Es läßt sich fragen, inwieweit diese Antizipation des Höflichen eingeholt werden kann mit einem weiteren Gedanken: jenem der «opera supererogativa». Auch diese tragen die Problematik mit sich, Inspiration und Motivation durch «Außensteuerung», «Fremdnormierung» oder durch hypertrophierte Ansprüche an sich selbst zu verlieren. Dies ist als Problemanzeige gesagt, kann auf die Überlegungen zu den «Supererogativa» bei *M. KONRAD*, Werte versus Normen als Handlungsgründe, Bern u.a. 2000, hingewiesen werden, der die Frage neubelebt (im Ausgang von F. Brentanos Unterschei-

Selbstverpflichtung[348], der gratiöse Vorschuß *angesichts* der Verletzlichkeit des anderen stehen nun nicht nur in sich, sondern bleiben offen auf eine Generalisierung, mit der die Zusammenhänge der Ebenen wieder hergestellt werden:

> *«Indem man einander höflich behandelt, hat man mithin als Grundnorm anerkannt, daß ein jeder Anspruch darauf hat, in seiner Lebenssphäre und seinem Selbstgefühl nach Möglichkeit nicht gestört oder verletzt zu werden. (...) Eine Unhöflichkeit gleicht insofern eher einem Angriff auf die Integrität von Leib und Leben eines anderen, nur daß das Objekt in diesem Falle nicht unsere physische Existenz als solche ist. Wer einen anderen – absichtlich oder nicht – anrempelt oder gar ohrfeigt, verletzt nicht nur seinen moralischen Anspruch auf Integrität seiner physischen Existenz, sondern zugleich und erst recht auch seinen durch Höflichkeitsnormen geschützten Anspruch auf Integrität seines Selbstgefühls.»*[349]

Ist Höflichkeit also nur ein Inbegriff negativer Normen, also von Forderungen, einem bestimmten Anspruch nachzukommen, andere *nicht* zu verletzen?[350] Oder gibt es in Analogie zu moralischen Normen darüber hinaus – bislang bewegt sich Ilting in den Bahnen der ersten Ordnung und Stufe – auch Höflichkeitsnormen, die positiv formuliert werden können, also nicht allein den Respekt vor fremder Selbstachtung im Blick haben, sondern diesen auch ausdrücklich fördern und bestätigen. Soziokulturelle Zufälligkeiten von Höflichkeit und Anstand aus der prägenden Kraft des Kontextes in ihren höchst unterschiedlichen Epiphänomenen verstellen allerdings leicht den Blick auf das, was der generelle Regelungsbedarf in vergleichbaren Alltagssituationen andeutet, selbst wenn Regelungen konsensuell gefunden und tradiert werden.

Der Sinn von «gesatzten» Höflichkeitsregeln ist so häufig nicht mehr unmittelbar verständlich, weil sie zu einer bloßen Förmlichkeit geworden sind, die man gewohnheitsmäßig beachtet. Der Anschein kann sogar entstehen, Höflichkeit sei überhaupt nichts anderes als die Beachtung solcher Förmlichkeiten, ihr Sinn erschöpfe sich in der Reduktion von Verhaltenskontingenzen:

> *«Diese Auffassung liegt dort besonders nahe, wo Höflichkeit entweder noch ganz in eine alle Lebensbereiche regelnde Sitte eingebettet oder aber zur Etikette, zu einem Zeremoniell oder zum*

---

dung zwischen Werten und Normen), vgl. zudem *U. WESSELS*, Die gute Samariterin. Zur Struktur der Supererogation, Berlin-New York 2002.

[348] Vgl. *FRANCK*, Ökonomie der Aufmerksamkeit 251: «Moralische Eleganz ist die bestimmte Negation von Herzlosigkeit. Sie verlangt Großzügigkeit im Vorschießen wohlwollender Beachtung nicht nur im Sinne fehlenden Geizes, sondern im Sinne spürbarer Generosität. Sie ist eine Form praktizierter Nächstenliebe – allerdings keine, die sich aufopfert, sondern eine, die sich gefällt im Entfalten von Liebenswürdigkeiten.» eine Form nur, aber die alltäglichere, die exzeptionelle hat ihren Ort und Kairos, aber eine Ethos des Alltags würde schon in der Realisierung der Grundform einen erheblichen Gewinn verbuchen dürfen. In dieser antizipatorischen Dimension klingt etwas an, das in theologischen Analogaten wiederkehrt: Überschuß und Vorschuß sind in der «gratia praeveniens» verkoppelt. Vgl. unten Abs. 13.5.2. (zu R. Guardini) und Abs. 14. (im systematischen Schlußteil dieser Untersuchung).

[349] *ILTING*, Grundfragen der praktischen Philosophie 125f. An gleicher Stelle weist Ilting darauf hin, daß im militärischen und ärztlichen Dienst unter Umständen als unerlaubt gilt, ein Gegenüber ohne dessen Einwilligung auch nur zu berühren. Vgl. die Beiträge und das Panorama in: *ABELDT/ BAUER*, «... was es bedeutet, verletzbarer Mensch zu sein.»

[350] Hierbei versteht sich «negativ» als prohibitiv und wäre an die davon unterscheidbare positive oder negative Höflichkeit zu vermitteln.

‹Protokoll› hochstilisiert ist. Zwischen diesen beiden erstarrten Extremen liegt indes jene Mitte, wo Höflichkeit als Takt erst eigentlich lebendig ist.»[351]

Mit diesem Rückgriff auf die klassische Mesotes, die hier die Höflichkeit in den Takt wendet, verknüpft sich eine weitere historische Reminiszenz, die die Verhältnisbestimmung von Sittlichkeit und Höflichkeit in Iltings Ansatz verknüpft. Die ursprüngliche «σωφροσύνη» (Besonnenheit) umfaßt sowohl moralische Komponenten wie Ehrfurcht und Achtung als auch prosozial-höfliche Perspektiven. Bis hin in die «moral-sense»-Philosophie des 18. Jahrhunderts ist Höflichkeit vorrangig als moralische und soziale Tugend gefaßt denn als Normensystem.[352] Dennoch ist Höflichkeit nicht streng identisch mit sittlicher Pflicht, was durchaus einsichtig gemacht werden kann, wenn man an die Unterscheidung moralischer Normen erster und zweiter Stufe (oder Ordnung) denkt. Zu den Bedingungsmöglichkeiten verantwortlichen Handelns und Urteilens ist Höflichkeit nicht zu zählen, nicht nur, wenn man – wie Ilting[353] – ausgeht von einer kantischen Pflichtenethik.

Allerdings wird im Blick auf Normen zweiter Ordnung auch klar, daß eine radikale Trennung von Höflichkeit und Sittlichkeit höchst problematisch wäre. Ilting hebt bei der nötigen Vermittlung auf die Bedeutung des «complere/complir» ab. Das «Kompliment» ist auch in übertragenem Sinn als Ergänzung die Form der Mediatisierung,[354] Der Zusammenklang des «complere» ist sodann das Optimum, in dem die Aspekte, Perspektiven und Ebenen sich ergänzen, ohne sich aufzuheben oder völlig ineinander übergeführt zu werden. Iltings Fazit lautet denn auch:

«Moralisch verdienstliches Handeln muß indes keineswegs von Freundlichkeit begleitet sein: Man kann Notleidende ja unterstützen, ohne ihnen persönlich überhaupt zu begegnen; und selbst wo

---

351 *ILTING*, Grundfragen der praktischen Philosophie 130f., fährt fort: «Hier wird erwartet, daß man selbst eine Art ‹Fingerspitzengefühl› dafür habe, wie die allgemeine Norm der Rücksichtnahme auf den *amour-propre* anderer je nach ihren besonderen Empfindlichkeiten und je nach der Situation angewendet werden sollte. (...) Man muß die Empfindlichkeit und Verletzlichkeit des *amour-propre* kennen und sich das Situationsverständnis anderer zu eigen machen können, wenn man andere und sich selbst vor Taktlosigkeiten bewahren möchte. Weder die Empfindlichkeit für eine Verletzung des *amour-propre* noch die Fähigkeit, eine Situation aus der Perspektive des anderen richtig zu deuten, sind jedoch unabhängig vom Entwicklungsstand einer Gesellschaft und von dem in ihr vorauszusetzenden Bildungsniveau.» Individuell gewendet deutet dies auf den Zusammenhang von Bildung und Haltungsbildung hin.

352 Und eben nicht zuerst als Etikette! Sprachspiel, -habitus vor allem der Moralistik (von Gracián, Castiglione, La Bruyère bis Schopenhauer agieren in ihren einschlägigen Werkausschnitten in dieser Weise) argumentiert und pointiert in verdichteten, oft aphoristischen Redeweisen, die Aufmerksamkeiten wecken wollen in der Zuspitzung einer situativ gewendeten Tugend-Laster-Oszillation. Freilich bildet dies nur einen Strang. Regulierungen in Fürstenspiegeln etwa können durchaus sehr präzise werden. Die Ausbildung des höfisch-höflichen Zeremoniells und seiner Curricula mündet durchaus in Präzision.

353 Wobei Ilting dort durchaus nicht verharrt. – Allerdings bleibt dabei die ethosgenetische Perspektive, wie sie z.B. Comte-Sponville bedenkt, ebenso außer acht wie die integrativ-anthropologischen bei Todorov.

354 *ILTING*, Grundfragen der praktischen Philosophie 133, führt dafür ein signifikantes Beispiel an: Das «ergänzende» Lob zu einer dilettierenden Musikaufführung, wobei die Reaktion nicht nur möglichst schonend und zurückhaltend formuliert wird, um das Gesicht des anderen zu wahren, sondern diese Reaktion auch im Urteil auf die positive Intention des Ausführenden abzustellen und diesen Anteil würdigend herauszustreichen. Freundlichkeiten dieser Art transzendieren das Feld formaler Höflichkeiten, sind jedoch mit ihm untrennbar verbunden. Auch hier wird Sympathie erzeugt und antizipiert, nicht allein vorausgesetzt, so Ilting an betreffender Stelle. Zu einem ähnlichen Rekurs auf Komplementarität und Kompliment vgl. oben Abs. 11.4. (zu Todorov)

man ihnen persönlich begegnet, ist aus moralischen Gründen offenbar nur gefordert, daß man sich nicht hochmütig gegen sie beträgt. Andererseits ist aber nicht einzusehen, warum man anderen im hier erörterten Sinne begegnen und sich zugleich weigern könnte, ihnen in der Verwirklichung ihrer durch moralische Normen geschützten Ansprüche zur Seite zu stehen, soweit dies nach der Lage der Dinge möglich erscheint. So wie elementare Höflichkeit ohne die Anerkennung elementarer moralischer Pflichten sinnlos wäre, so wäre offenbar auch ‹Freundlichkeit› ohne Hilfsbereitschaft in moralischer Bedeutung sinnlos. Man könnte daher denken, die so verstandene Freundlichkeit als Inbegriff moralischer Normen dritter Stufe zu definieren, so daß sich in ihr die Idee der Sittlichkeit allererst vollendet.

Dieses Ergebnis – wenn es ein Ergebnis ist – stimmt gut zusammen mit der (...) Feststellung, daß die Grundlage der Verbindlichkeit moralischer Normen in einem unbedingten Willen zur (moralischen) Integrität der Person zu suchen ist. Was die Betrachtungen über Höflichkeit und Freundlichkeit darüber hinaus beitragen, ist die Einsicht, daß der in jenem Willen sich artikulierende Sinn für Selbstachtung sich nicht in der Anerkennung und Wahrnehmung moralischer Pflichten gegen andere erschöpfen kann, sondern sich zu einem Sinn für den Anspruch anderer auf Selbstachtung erweitern muß, der die Grenzen dessen, was sinnvoll als moralische Pflicht definiert werden kann, hinter sich läßt und wahrhaft menschliche Kommunikation überhaupt erst ermöglicht.»[355]

So überzeugend die abschließende Feststellung dieser Bilanz bleibt, so deutlich wird auch, daß eine an sich sinnvolle Unterscheidung der Normebenen im Blick auf die Höflichkeit unter den Prämissen eines ethischen Voluntarismus der Selbstverpflichtung dann doch unbefriedigend bleibt. Zwar pointiert Ilting durchaus die humanisierende Dimension der Höflichkeit, nimmt ihre kategorienübersteigende Perspektive der Freundlichkeit wahr, doch die Überlegungen, eine dritte Ebene oder Stufe anzudenken, weisen andererseits auch auf die Not hin, das Phänomen wirklich in seiner ethischen Relevanz zu fassen. Ein Schematisierungs- oder Skalierungsversuch, der vorrangig an der Normvalenz als Reichweitenbestimmung interessiert ist[356], verkennt die eigentümliche Flexibilität und Pluriformität, die aus einer Sphäre des «Zwischen» stammt, wobei zu unterscheiden bleibt zwischen den Extremen zweier Personen in der Kommunikation und den Extremen zweier Haltungsmöglichkeiten (durchaus beobachtbar an einer Person). Gewichtig bleibt indes das Phänomen der Antizipation, die in Vor- und Überschuß eine Dimension und Perspektive eröffnet, die normtheoretisch allein nicht aufzufangen ist.

Daß – um es an einem Beispiel zu erläutern – das Höflichkeitsgebot der Dankabstattung nicht gleichrangig mit dem Tötungsverbot zu behandeln ist, leuchtet unmittelbar ein, bleibt als Feststellung leitend, sagt aber als negative Abgrenzung noch nicht viel aus über die positive Funktion eines Höflichkeitsgebotes und noch weniger über eine Höflichkeitshaltung aus. Das Stufenmodell und das Modell des «complere» bleibt einschlägig, wesentlich präziser hingegen, aber in seinen Folgerungen selbst wieder kritikabel, stellt sich ein weiteres Modell dar, daß die Brücke zwischen Sittlichkeit und speziell Höflichkeit eher implizit schlägt, dafür aber um so massiver auf die protomoralische und ubiquitäre Dimension einer kommunikativen Kon-

---

[355] *ILTING,* Grundfragen der praktischen Philosophie 137.

[356] Genau an der Stelle wird man an Pernots radikale Skepsis hinsichtlich des Zusammenhangs von Sittlichkeit und Höflichkeit erinnern müssen. Vgl. dabei *PERNOT,* La politesse et sa philosophie 143-185, bes. 146, und die dortige Kritik der Applikationsmodelle des moralisch Prinzipiellen, Expressiven und Situativen.

struktion von Moral abhebt – mithin dann doch eine noch *engere* Verquickung von Höflichkeit ermöglicht, wenn auch in einem spezifischen Sinn.

12.1.2. «Ubiquitärform»: Kommunikative Konstruktion von Moral und die Höflichkeit

Realisation von Höflichkeitsverhalten geschieht über eine Fülle verbaler wie nonverbaler, schriftlicher wie mündlicher, aber auch materialer Zeichen, Symbole und Gesten. Von daher ist der Höflichkeitsdiskurs schon traditionell untrennbar in die Kunst der Rhetorik verwoben, geht aber nicht in ihr auf. Fundamentale Sozialitätskonzepte der Rhetorik sowie Praktiken und Techniken sprachlicher Insinuation sind Teil dieser Korrelation.[357] Dabei ist aber zu bemerken, daß traditionellerweise die Rhetorik in ihrer zivilisationsstiftenden Funktion betrachtet wird oder gar – und das ist bemerkenswert – als Quellkunst des «gesitteten Umgangs»[358], der Humanität und der Zivilität. Von diesem Ansatz, der einen spezifischen, aber klaren Werte-, Normen- und Sinnhorizont für sich verbucht, unterscheidet sich der folgende fundamental, auch wenn das leitende Verhältnis von Verbalität und Moralität als konstitutiv betrachtet wird.

Prägnant und auf interaktive, kommunikative Beobachtungen konzentriert und an einer Fülle von Beobachtungen angeknüpft, die analytisch parallel zu sozio- und pragmalinguistischen Methoden erhoben werden, dann aber in weitaus radikalere moralsoziologische Folgerungen münden, stellen J. Bergmann und Th. Luckmann das Verhältnis von Höflichkeit und Sittlichkeit dar, wenn sie in moralsoziologischer Sicht von einer «kommunikativen Konstruktion der Moral» sprechen.[359] Vorab ihr systematisierender Einleitungsaufsatz[360] und teils das Resümee[361] von R. Ayaß als Konzentrate einer Reihe von dichten Einzeluntersuchungen[362], lenken das Augen-

---

[357] Vgl. *M. BEETZ*, Soziale Kontaktaufnahme, in: Rhetorik 10 (1991) 30-44, 30ff.

[358] So *CICERO*, De Oratore 1,33, geht in diesem Sinn so weit, der Rhetorik zuzuschreiben, sie führe «a fera agrestique vita ad hunc humanum cultum civileque». Vgl. *G. UEDING*, Schillers Rhetorik, Tübingen 1971, 55f.

[359] Wir beziehen uns auf die Beiträge in: *J. BERGMANN/T. LUCKMANN* (Hrsg.), Kommunikative Konstruktion von Moral, 2 Bde., Opladen-Wiesbaden 1999. Vgl. auch die Beiträge in: *T. LUCKMANN* (Hrsg.), Moral im Alltag: Sinnvermittlung und moralische Kommunikation in intermediären Institutionen, Gütersloh 1998.

[360] *J. BERGMANN/T. LUCKMANN*, Moral und Kommunikation, in: *dies.*, Kommunikative Konstruktion von Moral I, 13-36.

[361] *R. AYASS*, Versachlicht oder veraltet: Positive Moralisierungen in alltäglichen und institutionellen Kontexten, in: *BERGMANN/LUCKMANN*, Kommunikative Konstruktion von Moral II, 289-327.

[362] Der Zusammenhang von Verbalität und Moralität/Moralisierung wird in so disparaten Feldern empirisch-analytisch untersucht wie dem «Sich-beklagen in Ökologiegruppen», bei «Beschwerdeerzählungen», hinsichtlich der «Vorwürfe in der Alltagskommunikation», der «Entrüstung als Moral mit Affekt», der «Frotzelaktivitäten in Alltagsinteraktion», aber auch in medialen oder institutionellen Verortungen («Wort zum Sonntag», Mahlzeiten mit Moral, Beratungssituationen, etc.). Vgl. *BERGMANN*, Alltagsmoral 108f.: «In einer anderen Abteilung befinden sich die Moralisierungsformen, die eher defensive Funktionen erfüllen wie z.B. Entschuldigungen, Rechtfertigungen oder Gejammer.» Zudem gibt es eigene Gattungen wie Komplimente, Ehrungen, Lob, Loyalitätsbezeugungen, Anteilnahme und zahlreiche andere Aktivitätstypen, die im täglichen Kommunikationsgeschehen einen positiven moralischen Impuls setzen. Moralisierungen gibt es allenthalben bei «Klagevirtuosen, Mitgefühlsartisten, Jammergemeinschaften, Indignationszirkeln, Betroffenheitsrhetorikern, Appellationskaskadeuren», vgl. *BERGMANN/LUCKMANN*, Moral und Kommunikation 34. Im öffentlichen Raum bleibt dies vorsichtiger und formaler, doch wenn

merk auf die Allgegenwart von Moralisierungen und Wertungen im Sprechen *über* und *mit* anderen in den unterschiedlichsten Redegattungen und -situationen. Die moralische Qualität liegt nicht einfach in der einzelnen Äußerung und Verbalisierungsform[363], sondern wird, weil der Moralindex nicht der Sprache als solcher nicht inhärent ist, über den Kontext erhebbar. Der Kontext färbt die Äußerung moralisch und generiert Wertungen, die als solche im Kommunikationsvorgang hergestellt oder mitgeliefert werden.[364] Dabei stellen Bergmann/Luckmann eine Art Omnipräsenz der Moral(isierungen) in der Alltagskommunikation fest. Diese Beobachtungen schließen an bisher Gesagtes nahtlos an, wenngleich man doch die Verblüffung der Autoren über diesen «Permanenz- und Ubiquitätsbefund» deutlich registrieren kann.

Zugespitzt im Sinne der kommunikativen Konstruktion von Moral werden diese Befunde allerdings durch spezielle Prämissen, die den Gegensatz zu traditionellen Moralkonzepten oder der ethischen Bedeutung von Verbalität markieren. Vorab werden drei Einwände angeführt, um in der Moraldeskription auf ein kommunikativ fundiertes Modell umzuleiten: die Kritik der Dekontextualisierung, die Kritik der Vorstellung von Moral als bloß innerer Realität, und die Kritik durch die Darstellung der Entinstitutionalisierung der Moral. Diese Daten und Annahmen zwingen den moralsoziologischen Blick in eine *alleinige* Kommunikationstheorie von Moralgenese, Moralisierung und Moralität:

> *«Für eine derart auf Kommunikation umgestellte Konzeption von Moral gilt: Es gibt gar keine moralischen Phänomene, sondern nur eine moralische Kommunikation über Phänomene. Damit soll gesagt werden: Es geht nicht darum, eine wie auch immer substanzhaft gedachte Moral nun nach der Seite ihrer kommunikativen Realisierungsweisen zu untersuchen. Moral wird vielmehr restlos in kommunikative Vorgänge aufgelöst, sie wird zu einem fortlaufenden Resultat der kommunikativen Konstruktionsleistungen der an einem sozialen Geschehen Beteiligten.»*[365]

Ein dekontextualisierter Moralbegriff wäre in dieser Auffassung jener, der, in Anlehnung an Modelle und Vorgehensweise philosophischer Ethik[366], Moral als ein

---

eine «gemeinsame Gesinnungsethik» eine Gruppe homogenisiert, fallen schnell die Grenzen und «hemmungslose Moralisierungsorgien» brechen sich Bahn. Vgl. *K. NAZARKIEWICZ*, Moralisieren über Ethnien. Die Reflexivität der Stereotypenkommunikation, in: Zeitschrift für Soziologie 12 (1997) 181-201, zu Mechanismen und Formen der «Entwertung» vgl. *V. CIROUL/A.-C. SIMON*, L'«ex-communication» interactionelle comme stratégie de dévalorisation de l'idéologie, in: *WAUTHION/SIMON*, Politesse et idéologie 185-196.

363 Wie Beleidigung, Beschuldigung, Entschuldigung, Entrüstung, Vorhaltung, Beschwerde und viele andere Aktivitäten gehören dazu, dies zudem mit einem erstaunlichen Übergewicht der negativen, gesichtsbedrohenden Moralisierung, wie *AYASS*, Versachlicht oder veraltet 289-327, vermerkt. Die meisten dieser Phänomene sind ja mittlerweile als nicht nur marginal höflichkeitsrelevant eingeführt.

364 Vgl. *H. WHITE*, The value of narrativity in the representation of reality, in: Critical Inquiry 7 (1980) 5-27, 26.

365 *BERGMANN/LUCKMANN*, Moral und Kommunikation 22. Vgl. die gerade rezeptionskritischen Überlegungen bei *J. STEHR*, Sagenhafter Alltag. Über die private Aneignung herrschender Moral, Frankfurt/New York 1998.

366 Und der theologischen – wäre wohl zu ergänzen. Nur dieser Vorwurf träfe sein Ziel keineswegs – und zwar schon traditionell nicht, nimmt man das Lehrstück von den «Quellen der Moralität» ernst, die dem Kontext eine unverzichtbare Rolle zuweist, und auch heuristisch-hermeneutisch nicht. Zur moraltheologischen Methode gehört unverzichtbar ihre interdisziplinäre Bemühung. Vgl. grundlegend *K. DEMMER*, Moraltheologische Methodenlehre (SThE 27), Freiburg i.Ue-Freiburg i.Br. 1989, *ders.*, Fundamentale Theologie des Ethischen, bes. 77-138 (Lit.!).

System von Werten und Normen konzipiert, die aufeinander bezogen werden und isoliert für sich korrespondieren können. In dieser Abstraktion und der damit erreichbaren hohen argumentative Konsistenz verflüchtigen sich die Kontexte, die alltagsweltlich und -sprachlich Moralisierungen oder Wertungen aufbauen. Deutlich wird somit, daß sich dieser Ansatz einen Konkretionsvorschub erhalten will, der unserem Ausgang nicht unähnlich ist, aber dann unvermittelt den Preis der Preisgabe des Diskurses und seiner Perspektiven und Dimensionen in Kauf nimmt. Daß es zunächst nicht um rationalen wissenschaftlichen Diskurs und strenge Argumentation als Materialobjekt geht, leuchtet ein, aber es ist – abgesehen von der nicht zwangsläufigen Ausblendung dieser Perspektiven – ja auch keineswegs ausgemacht, daß Diskurs und Argument so moralisierungs- und wertungsfrei wären, daß sie nicht schon aus diesem Grunde nicht ausgeschlossen werden können. Die Reflexionsebene wird zu stark unterbewertet, auch wenn unterschiedliche Systeme parallel zu stehen kommen können.

Ein nicht dekontextualisierter Begriff von Moral erst als nicht-neutraler, nicht von Kontexten gereinigter ist angemessen, der Sprechen im Alltag als sittlichen Grundakt zu beschreiben sucht. Moral und Alltag, Moral und Kommunikation, sittliches Handeln im Medium der Sprache sind dabei weniger «rein», aber dafür konkreter:

> *«Obwohl also Moral, Werte und Wissen einen eng miteinander verschlungenen Komplex bilden, (...), wäre es verfehlt, Moral auf ihre kognitive Qualität zu reduzieren und ihr einen theorieähnlichen Status zuzuweisen. Moral ist wesentlich gelebte Moral, die in den Handlungen und Entscheidungen der Menschen, eben in ihren kommunikativen Akten existiert. (...) Deshalb erscheint die Vorstellung von Moral als einem unabhängigen, hierarchisch aufgebauten System ethischer Maximen und Gesetze unter dem Gesichtspunkt der kommunikativen Realisierung von Moral als eine unhaltbare, weil dekontextualisierende Verkürzung. Individuen, die als sozial Handelnde moralische Urteile fällen, sind keine neutralen, distanzierten Beobachter, die ständig die Argumentationslogik und Kohärenz ihrer Entscheidungen und Stellungnahmen im Auge haben. Es sind Individuen, die die zu bewertende Angelegenheit emotional, d.h. situativ modifizieren und auf die von ihren Handlungspartnern angezeigten Bewertungen abstimmen können.»*[367]

Für das Modell von Luckmann/Bergmann ist Moral also *nicht wesentlich innerlich* (wie es z.B. die Rede vom Gewissen insinuieren könnte), sondern überhangslos und übergangslos sozial deteminiert oder zumindest mitgeformt (Gefühle oder Sentiments, Dispositionen). Moralität hält sich so in einem spezifischen «Außen» oder «Zwischen», von dem aus das Subjekt das Erlebnis in der Verbalisierung zuallererst organisiert und diese Gestaltung wieder äußert: «Nicht das Erlebnis organisiert den Ausdruck, sondern umgekehrt, der Ausdruck organisiert das Erlebnis, gibt ihm zum ersten Mal Form und bestimmt seine Richtung.»[368] Aber genau in diese Gestaltung hat sich – so Bergmann/Luckmann – Moral zurückgezogen. Nicht mehr Institutionen, gesellschaftliche und historische Traditionen bürgen für sie und bleiben rele-

---

[367] *BERGMANN/LUCKMANN*, Moral und Kommunikation 18.

[368] So *BERGMANN/LUCKMANN*, Moral und Kommunikation 19 (mit N. Vološinov). Auch hier wird man nicht frontal widersprechen wollen, doch den Einspruch anmelden müssen, ob nicht für die positive Diskussion der Alltäglichkeit, ihrer Bewertungskommunikation und Nicht-Neutralität letztlich nur für die Deskriptionsschärfe dann der zu hohe Preis einer Unbewertbarkeit und Nicht-Integrierbarkeit in Interaktions- und situationsübergreifende Horizonte gezahlt wird.

vant (die dritte Kritikebene, nebenbei gesagt), sondern das Private oder Halböffentliche der impliziten oder expliziten moralischen Bewertungen, wie sie an Ort und Stelle interagierend und sehr vielfältig entstehen. Daß all dies auch dort zu finden ist, soll hier durchaus unterstrichen bleiben. Die Emphase darauf ist auch lesbar als die andere Seite einer Unterbelichtung dieser Stellen im ethischen Diskurs, den die Beobachtungen aber schwerlich ersetzen können, sondern viel eher – nach unserem Dafürhalten – in Gang bringen müssen. Das macht einen flexibleren und mobileren Moralbegriff notwendig.[369]

Dieser trägt dann auch – bei aller Skepsis angesichts der hier knapp vorgestellten Schlüsse – hinsichtlich einer konzentrierten ethischen Fassung des Höflichkeitsbegriffs aus, wie nachfolgend deutlich wird. Auf Kontext, Nicht-Verinnerlichung und Kommunikationsbezug abgestellt und im Blick auf einschlägige Gewährsleute wie Jhering, Luhmann und Goffman sprechen Bergmann/Luckmann von moralischer Kommunikation,

> *«(...) wenn in der Kommunikation einzelne Momente der Achtung oder Mißachtung, also der sozialen Wertschätzung einer Person, mittransportiert werden und dazu ein situativer Bezug auf übersituative Vorstellungen von ‹gut› und ‹böse›, bzw. vom ‹guten Leben› stattfindet.»*[370]

Höflichkeitsrelevante Phänomene Achtung und Mißachtung in ihren schillernden, perspektivenreichen Formen stehen also im Zentrum der Beobachtung. Es sind wie gesagt, die Phänomene und ihre Wirkungen wie Wirkweisen, ihre Funktion, allerdings keineswegs eine Präzisierung nach einer Taxonomie oder die Regulierung nach einem ab- wie angemessenen Moralprinzip (etwa: «Achtung suchen, Mißachtung meiden!», in der höflichkeitsprinzipiellen Drehung eines klassischen, bei Bergmann/Luckmann *mutmaßlich* unter Verdikt stehenden, weil abstrakten Moralprinzips[371]). Der Zusammenschluß mit der Höflichkeitsthematik wird ebenso noch deutlicher, wie das Manko, das sich aus dem Verbleib in der Ebene der Deskription ergibt. Entscheidendes Kriterium für moralische Kommunikation ist für Bergmann/Luckmann somit, daß es zu einer Moralisierungshandlung kommt, zu sozial wertenden Stellungnahmen also, die sich auf Handlungen oder Personen beziehen und dabei geeignet sind, das Ansehen, das Image, die Ehre oder den Ruf der benannten oder identifizierbaren Personen zu beeinträchtigen oder zu steigern.[372]

Einerseits wird der Objektbereich damit erheblich ausgeweitet: Gegenstand der Betrachtung von alltäglichen Moralisierungen wird das Implizite (oder Indirekte) ebenso wie das Explizite, werden An- wie Abwesende und somit alle (Sprech-)

---

[369] Natürlich wirkt dies auf alle integrativen Systeme zurück. Sie sind dabei aber nicht abzuschreiben, aber religiöse, rechtliche und moralische Systeme werden nicht mehr so einfach durch einen Hypertext, durch eine Institution vermittelt und zusammengehalten.

[370] *BERGMANN/LUCKMANN*, Moral und Kommunikation 22 (im Original hervorgehoben). Obwohl hier Transsituativität anklingt – gemeint ist sie als situativ-immanente Komponente, die – immerhin – in die Deskription gehört.

[371] Hier wird ja durchaus deutlich, daß das «bonum faciendum, malum vitendum» natürlich einen formal-abstrakten Verlautungscharakter hat, aber das schließt ja keineswegs aus, daß es sich hier um eine stimmige und handlungstheoretisch relevante sittliche Intuition *und* Erfahrung handelt. Das Prinzip ist keineswegs nur abstrakt oder dekontextualisiert!

[372] Vgl. *BERGMANN/LUCKMANN*, Moral und Kommunikation 23. Dabei ist wichtig zu beachten, daß das Face-to-face-Muster direkter Kommunikation (von Moralisierer und Moralisiertem) überstiegen ist.

Handlungen der Kommunikation, die offen oder verschlüsselt, ein- oder mehrkanalig Wertungen transportieren, die Achtung oder Mißachtung vermelden oder bewirken. Andererseits bleibt selbst wiederum eine Leerstelle an dem diskursiven Ort, der dann zur ethisch-prinzipiellen Frage Anlaß geben würde: Gibt es Kriterien, nach denen das Faktum der Moralisierung selbst bewertet und dann neu eingestellt werden kann.

Erinnert man sich an den Befund, daß negative Moralisierung schon quantitativ dominieren, dann stellt sich diese Anschlußüberlegung um so dringlicher ein. Signifikant wird dies aber auch an einem Beispiel, das Bergmann/Luckmann selbst anführen, den «Klatsch» als eine Form moralischer Kommunikation:

> *«Im Klatsch geht es um die Ehre, verstanden im Sinn Schopenhauers als ‹Dasein in der Meinung anderer›, d.h., im Klatsch steht die Integrität dessen, über den geklatscht wird, auf dem Spiel: Sein Verhalten wird beurteilt, seine Motive und Absichten werden geprüft, seine Privatangelegenheiten werden ans Licht der Öffentlichkeit gezerrt, seine Biographie wird zergliedert, seine Ansprüche werden mit seinen Taten verglichen, aus seinem beobachtbaren Verhalten werden Rückschlüsse auf seinen ‹wahren› Charakter gezogen. Klatschkommunikation ist kein abwägend-bedächtiges Räsonnieren, sondern ein informelles Scherbengericht.»*[373]

Mag Klatsch im Kontext der Face-to-face-Interaktion im Höflichkeitskatalog der sicheren Themen firmieren (die Anwesenden werden geschont, die verbalen Projektile richten sich auf andere!), so wird in dieser Sicht deutlich, daß eine derartige Verortung zu kurz greift. In ein schlüssiges Höflichkeitskonzept, das dieser Art von Gesichtsbedrohung und ihren Folgen Rechnung trägt, weil die «Sphäre der Ehre», sein personales «Feld» berührt und betroffen wird, gehören also Momente, die nicht nur der strategisch-funktionalen Adaption der Situation Anwesender Aufmerksamkeit einräumt. Nimmt man an einer kommunikativen Konstruktion von Urteil und Bewertung selbst Maß, konkretisiert und erweitert sich das «sprechhandlungstheoretische» Aufgabenterrain, ohne daß das Höflichkeitsinstrumentarium umgebaut werden müßte.

Bergmann/Luckmann versuchen die grundlegende Bedeutung dieses Zusammenhangs mit dem Begriff der «Protomoral» herauszustreichen[374] und treffen dabei eine Feststellung, die allerdings auch nach Regularien weiterfragen läßt: Protomoral ist für diese Autoren jenes universale Strukturelement der Lebenswelt, das in der historischen gesellschaftlichen Konstruktion, Aufrechterhaltung und Vermittlung jeweiliger moralischer Kodes vorauszusetzen wäre. Dabei ist zu berücksichtigen, daß durch die Ausprägung dieser protomoralischen Komponenten gewissermaßen die Grenzen der Gesellschaft festgelegt werden können. Diejenigen, auf welche diese protomoralischen Eigenschaften nicht angewandt werden können, werden damit zu außerhalb der Gesellschaft Stehenden gemacht und ausgeschlossen. Während die Zuerkennung protomoralischer Qualitäten zur «Achtung» führt, führt deren Verweigerung oder Entzug also zur «Ächtung». In dieser Nähe der Begriffe Ach-

---

[373] *BERGMANN/LUCKMANN*, Moral und Kommunikation 23, *KIESERLING*, Kommunikation unter Anwesenden (systemisch), *FRANK*, Ökonomie der Aufmerksamkeit (achtungsökonomisch), die Ausfaltungen der Beiträge in: *A. ASSMANN/J. ASSMANN* (Hrsg.), Aufmerksamkeiten. Archäologie der literarischen Kommunikation VII, München 2001, vgl. darüber hinaus die Studie des amerikanischen Kunst- und Kulturtheoretiker *J. CRARY*, Aufmerksamkeit. Wahrnehmung und moderne Kultur, Frankfurt/M. 2002.

[374] Vgl. *BERGMANN/LUCKMANN*, Moral und Kommunikation 24-28.

tung/Ächtung reproduziert sich in der deutschen Sprache symbolisch verdichtet das gewaltige Potential der Protomoral als einer Kernstruktur menschlicher Sozialität.[375]

Angesichts eines historischen Moralrelativismus sowie heutiger (privat-)moralischer Multiformität[376] ergibt die schwierige Suche nach einer Protomoral mit invarianten Kernstrukturen hier einen eher formalen Begriff, also etwa den der Suche nach der kommunikativen Konstruktionen von Moral. Die Konstitutionsanalyse gibt den Blick frei auf konstitutive Elemente wie: Bewertungsleistungen sowie Werte als deren Sediment, Akteursbezüge (direkt oder indirekt, personal als Junktim von moralischer Bewertung und Wert-Schätzung, als Akteurs- und Wertbezug) und Wahlmöglichkeit (wertende Urteile werden zu moralischen Urteilen, weil dem Bewertenden Wahlmöglichkeit und -freiheit zugeschrieben bleibt).[377] Reziproke, wenn auch asymmetrische Verantwortungszuschreibung als Proto-Verantwortung, die erst kulturell geformt und vermittelt zur Verantwortung wird, ergibt über den Achtungs-/Ächtungs-Komplex und -Konnex die Verbindungslinie zum Höflichkeitsbereich und seiner ethischen Bedeutung vor Ort unter An- wie Abwesenden und dann transsituativ.[378] Hier liegt dann auch die innere Logik wenn nicht einer vollständigen Umstellung auf eine Kommunikationskonstruktion von Moral, so doch einer erhöhten Konzentration auf Interaktionsphänomene im Sinne einer Ethik der Achtung wie der Achtungskommunikation. Der Hinweis auf den semantischen Zusammenhang von Antwort und Ver-Antwortung, Rede und redlich, «response» and «responsibility» ist dabei keineswegs eine Marginalie.

> *«Wird Moral als Achtungskommunikation konzipiert, dann ist damit ja gemeint, daß in der Kommunikation Fragen der wechselseitigen Anerkennung der Handlungspartner angesprochen und verhandelt werden. (...) Weil der Achtungsbegriff sowohl die moralische wie die protomoralische Sinndimension einschließt, eignet er sich in besonderer Weise als Denominator eines auf Kommunikation umgestellten Moralkonzepts.»*[379]

Dem ist alltagsmoralisch jedenfalls zuzustimmen. Es holt materialiter in der deskriptiven wie reflexiven Achtung und Beachtung ein, was ansonsten nur zu leicht außerhalb des ethischen Blickwinkels bleibt. Tendenziell ist dieser Ansatz in seiner

---

[375] Vgl. *BERGMANN/LUCKMANN*, Moral und Kommunikation 27.

[376] Vgl. exemplarisch die Beobachtungen von *G. SCHULZE*, Die Erlebnisgesellschaft. Kultursoziologie der Gegenwart, Frankfurt/M. ⁸2000. Auf empirischen Studien beruhend teilt Schulze die (west-)bundesdeutsche Gesellschaft nach kultursoziologischen Kriterien ein und findet dabei fünf wesentliche Milieus: Niveaumilieu, Harmoniemilieu, Integrationsmilieu, Unterhaltungsmilieu und Selbstverwirklichungsmilieu. Schon diese Hinweise lassen es wiederum angezeigt erscheinen (ohne sie im Detail zu kritisieren), daß die Fahndung nach Umgangsformen in einer differenzierten Gesellschaft nicht entdifferenziert vorgehen kann. Die Milieus generieren eigene Gestaltungen allein schon von Standardsituationen. Vgl. auch *I. KEIM/J. SCHWITALLA*, Formen der Höflichkeit – Merkmale sozialen Stils, in: *J. JANOTA* (Hrsg.), Vielfalt der kulturellen Systeme und Stile, Tübingen 1992, 129-145.

[377] Vgl. *BERGMANN/LUCKMANN*, Moral und Kommunikation 25ff.

[378] Hier läßt sich dann eine Fülle von Differenzierungen einbringen. Grade von Einschluß und Ausschluß (situativ, durativ, starr oder flexibel, institutionell oder informell) haben je eigene Grade ethischer Bedeutung. Kurzfristiger Ausschluß und seine Kommunizierung (ein Freund, der ungelegen kommt, ein Fremder/Ausländer, der permanent und institutionell außen vor gehalten wird) das macht ethisch ebenso einen Unterschied wie die Formen und Weisen, auf denen Achtung kommuniziert wird, unterschiedlich sein werden. Binäre Codes auch hier ...

[379] *BERGMANN/LUCKMANN*, Moral und Kommunikation 28.

Allgemeinheit auch weiter dimensioniert als eine Debatte um die Höflichkeit, die aber selbst wiederum einen konturierten, prägnanten Testfall für diesen Ansatz bildet und umgekehrt in einen weiteren Bedeutungszusammenhang gestellt wird, der dem historischen Befund eines weiten, trans-formalen Höflichkeitskonzeptes sich sozusagen «von unten» annähert.[380] Allerdings bleibt die Frage, wie die Bedingungsmöglichkeiten dieser Moralkommunikation gesichtet und gesichert werden, also die Frage nach einem nicht dekontextualisierten, aber eben auch nicht nur deskriptiven Moralbegriff?[381] Gewiß kann man die Auffassung teilen, daß via facti Moral nicht mehr integrierend wirkt, weil keine gemeinsame Kodierung erschwinglich scheint. Aber nicht zuletzt die Untersuchungen, die Bergmann/Luckmann initiieren und kommentieren, bestärken die Vermutung, daß von einem Verschwinden der Moral keineswegs zu handeln ist. Vielmehr bestätigen ihre Erkenntnisse, daß das Urteil und seine verbale, symbolische, systemische, vorab aber aktuale Fällung ein Territorium des Materialethischen kennzeichnet, das zu denken gibt.

Man hat dies «en passant» dem adiaphorischen Bereich zugerechnet (dies nicht einmal ohne Begründung). Doch gerade weil der Achtungs- und Ächtungskomplex an sich ein grundlegend handlungstheoretisch einschlägiger, aber zudem vorzüglich sprechakttheoretischer und verbal- wie symbolisch-faktischer ist, sollte er nicht unterschätzt werden. Er kommt isoliert («dekontextualisiert») nie aus – und vor. Aber gerade weil die Abgrenzungen so fragil sind, gehört ihnen und ihren Regularisierungsversuchen eine besondere reflexive Zuwendung. Solange man alltagskommunikativ Wertung als Abwertung beschreiben muß, eröffnet sich wieder einmal ein weites Feld. Daß Bergman/Luckmann den Unterschied von lokaler Gelegenheitsmoral («U-Moral») und Überzeugungsmoral («E-Moral»)[382] an dieser Stelle (aber nur an dieser) überwunden sehen wollen, trägt genau dieser fragilen Grenzziehung Rechnung. Nur – genau, wo diese Grenzen verletzt werden, wird deutlich, wie erheblich der Einsatz *vor* einer möglichen Grenz- und Gesichtsverletzung hätte sein können.

Bei aller Leistung der Blicklenkung auf alltägliche Interaktionsmomente und Kommunikationen in der Perspektive der Achtung oder Ächtung, bei aller handlungstheoretischen Relevanz – es bleibt zu klären, aus welchen Motiven, Phänomene und vor allem Sinnhorizonten der Achtung der hier kommunikationstheoretisch eruierte Moralbegriff zu beleuchten bleibt. Die Deskription rückt das «Daß» der alltäglichen Moralisierung, die als freie, heißt der Form und dem Inhalt nach nicht unumgängliche, also modifizier- wie verantwortbare deutlicher in den Focus. Dies wahrzunehmen ist selbst ein Verdienst. Es schließt sich aber die Frage an, ob gerade weil die auch deskriptiv angedeuteten Wirkungen auf andere zeitigen, der Status der Deskription genügt. Einmal mehr meldet sich ein Überhang an, der das

---

[380] Fundamentalrecht auf Leben und Unversehrheit wird nicht alltäglich neu ausgehandelt, sondern darauf wird Bezug genommen (unterschiedliche Ebenen zweifelsohne) ... Damit soll die Leistung dieses Ansatzes nicht geschmälert werden: Es bleibt aber die Frage, ob eine kommunikative Konstruktion von Moral je und je neu das alles leistet, oder ob sie einen historischen Aspekt hat. Zweifelsohne werden Werte, Haltungen, Ge- und Verbote auch immer kommunikativ vermittelt bleiben.

[381] Vgl. *BERGMANN/LUCKMANN*, Moral und Kommunikation 28-32.

[382] Auch wenn die Grenzen hier anders gezogen werden: Hier spiegelt sich die *scheinbare* Konkurrenz von Gesinnungs- wie Verantwortungsethik, von Teleologie und Deontologie nur in populärerer Form (U- und E-Musik lassen grüßen!). Die eine wie die andere Unterscheidung bleibt fragwürdig.

«richtig/falsch» (*diese* Frage könnte sogar noch strategisch «durchgehen»), aber eben auch «gut und böse» dieser Alltäglichkeiten sondiert.[383] Bewertungssprachhandlungen als Achtungs- oder Mißachtungskommunikationen *betreffen* und haben Wirkungen. Darin liegen deutlicher konturierte Anknüpfungspunkte. Moralisierung und Sprechhandeln bringen dergestalt eine induktive und konvergente Sicht in Bewegung. Dennoch geht Moralität nicht restlos in einer kommunikativen Rekonstruktion auf: Ethos, Ethik *wie* Metaethik als aufeinander bezogene Größen bleiben auf Kommunikationsweisen verwiesen. Die Frage nach Höflichkeit und Sittlichkeit kehrt sogar auf jeder dieser Ebenen wieder, aber sie sind hier wieder variabler und weiträumiger zu fassen, vor allem zielen sie auf eine Handlungstheorie, einen Interpretationshorizont, der selbst aussprechbar und formbar ist, aber eben auch «ineffabile». Die kommunikative Konzeption gilt auf allen drei Ebenen.

Verdienstvoll bleibt bei diesem Ansatz, daß er auf der Ebene des Ethos das etwas schärfer für die ethische Reflexion ins Bewußtsein hebt, was sonst sehr leicht unter die Räder der Dekontextualisierung im Sinne von Operationen mit hochabstrakten Termini kommt. Hier liegt die Konvergenz mit unserer Absicht. Kleine Urteile, kleine Handlungen, aber eben immer konkrete Miniaturen des Ethischen im Bewerten und Urteilen, die selbst Handlungsvorgänge darstellen.

12.2. Brückenstellung: Fazit und Übergänge

Traditionelle Sekundär- und Protosituierungen der Höflichkeit und der Kommunikativität sind ernstzunehmen. Diesen Konstellationen oder Aufstellungen des Ethischen, dem Sekundaritäts- wie dem Ubiquitätsargument verdanken sich Einsichten, die die Übergänge aus der Höflichkeitsdeskription in die ethische Analyse und Situierung präzisieren. Von hier aus ist dann die Vermittlung an den theologisch-ethischen Horizont erschwinglich. Daß Überhänge bleiben, wird auch aus dem Verhältnis dieser beiden Ansätze deutlich. Das traditionelle Argument der Sekundarität, das häufiger im Blick auf eine Ordnung von Tugenden und Haltungen verwendet wird, übersieht leicht eine spezifische Primarität (z.B. des ethosgenetischen und moralpädagogischen) und Ubiquitarität, die auch als Alltäglichkeit gefaßt werden kann. Andererseits wird eine *völlige* Umstellung der Ethoskonstruktion auf Parameter der Kommunikation diskursverhaftet bleiben, auch wenn sie den alltäglichen Moralisierungsimpetus der Sprechakte und Sprechhandlungen deutlicher hervortreten läßt, also Aufmerksamkeiten weckt, die aber aus dem Kommunikationsgeschehen empirisch-analytisch erhoben, dann aber doch in einen anderen Dis-

---

[383] Und hier ist auf die analytisch-reflexive Abfolge der Schritte zu achten. Es geht nicht um die Moralisierung dieser Moralisierungen, sondern um die Frage wie Sprechakte als sittliche Handlungen unter der Eruierung aller Prämissen, Formen und Folgen selbst zu ethischen Thema werden. Zunächst wird genau auf dem Rücken dieser Erkenntnisse ein Warnschild zu installieren sein, das zunächst einfach bedeuten könnte, das langsames vor dem (vor-)-schnellen Verfertigen von Urteilen im Sprechen einen Vorzug genießt. Damit wäre noch nicht ausgemacht, wie das Urteil ausfällt (und welche Begründungen es anführen kann), sondern zunächst einmal nur, *daß* der Urteiler *als* Sprecher vielfältig und vielschichtig urteilt, bewertet und dabei sprachlich handelt – und dies einzubeziehen hat.
Einer Spiritualisierung und Privatisierung (auch diese als Verflüchtigungen aus dem Konkreten gedacht) kann damit auch nicht das Wort geredet werden. Daß Spiritualität hier anders einschlägig wird. Achtung und Anerkennung nicht mehr und allein kommunikativ hergestellt, sondern ist kommunikativ einzuholen. Dies braucht einen anderen «Rahmen» – eine Grundhaltung nämlich ...

kurs vermittelte werden müssen. Die Grenzlinie ist deshalb schon mühsam zu ziehen, weil hier Kommunikationsphänomene in die reflexive Kommunikation über die Kommunikation und ihre Handlungsfolgen gehoben werden müssen. Und es ist keineswegs gesichert, daß eben diese Moralisierungsphänomene auf dieser Ebene nicht wiederkehren. Objekt- und Faktenseite greifen hier mühelos in die Seite des Reflexionsinventars und -instrumentariums. Deutung- und Interpretation geschehen mit den gleichen Mitteln. Dennoch muß gerade an dieser Stelle darauf hingewiesen werden, daß Fakten erst zu denken geben – zumal auch in ethischer Hinsicht. Sie begründen das sittliche Sollen und Können im Blick auf das sittliche Handel, das Kommunikation und Sprechakt selbst nicht wiederum aus sich selbst.[384] Eine komplette Umstellung auf die kommunikative Rekonstruktion reduziert also Komplexität, wie sie allein an dieser Stelle aufscheint. Deshalb müssen Sekundaritäts- und Ubiquitätsargumente in kritischer Beziehung gehalten werden – was durch weitere Überlegungen gestützt wird. Daß wir nicht «nicht kommunizieren» können, heißt ja noch lange nicht, wie die Kommunikation ausfällt – hier setzt das ethische Argument ja erst an –, heißt zudem nicht, das Kommunikation über das Inkommunikable ausgeschlossen ist – hierhin reicht zuletzt die theologische Argumentation –, und heißt nicht, daß Kommunikation infallibel wäre – im Sinne einer Gebrochenheit der «conditio humana» wie der Lapsarität allen menschlichen Handelns. Nimmt man diese Anfragen zusammen und die Ansätze zugleich in ihren Erträgen ernst, dann kann die Diskussion um die Höflichkeit als Ernst- und Einzelfall der Kommunikation an dieser Stelle keineswegs enden.

Der Überhang auf die ethischen Implikationen ist normtheoretisch, tugend- und haltungstheoretisch freigelegt. Das Vorurteil, Höflichkeit habe ausschließlich mit Form- und Normerfüllung zu tun, muß zurückgewiesen werden. Schon das *historische* Argument zeigte, hier steht ein umfassenderes Lebens-, Umgangs- und Kulturkonzept zur Debatte. Das *materiale* Argument der Pragmatik und Linguistik machte darauf aufmerksam, daß «Höflichkeit» nicht allein an den offenkundig klassischen Stellen von Gruß und Abschied, von Bitte und Dank mit den entsprechenden Text-, Symbol- oder Gestikbausteinen hinreichend beschrieben ist, sondern Wirkung zeitigt jenseits bestimmter Codes, aber eben in allen. Dies bringt das *personale* Argument in Stellung: Die Wirkung beeinträchtigt den einen *und* den anderen. Achtung und/oder Ächtung geben dann den Anlaß, das *ethische* Argument näher in den Blick zu nehmen. Funktion, Leistung und Sinn der Höflichkeit ergeben dann selbst die Anregung, aus theologisch-ethischer Perspektive über diese Dimensionen nachzudenken.

Die Ebene der Vermittlung von Achtung, Anerkennung, Respekt, letztlich von Wert und Würde aller Beteiligten, in die Kategorie des Alltäglichen steht damit auf dem Plan. Hier spielen dann Perspektiven eine Rolle, die im weiten Koordinatennetz von Norm- und Tugendethik, von Gesinnungs- und Verantwortungsethik, die sich aus einer Reihe von Prinzipien, mittleren Maximen und konkreteren Detailnormen wie freieren Gestaltungsfelder speist. Die Formulierung vom Zusammenhang von «guten Sitten und sittlichem Guten» mag in der Formulierung etwas verstaubt klingen, in der Präzisierung spiegelt sie genau den Konnex von Höflichkeit und Sitt-

[384] Bei vergleichbaren Problemaufbauten der Interdisziplinarität im Ethischen unterscheiden sich die Sprachspiele deutlicher, so daß die jeweilige Eigenständigkeit und Vermittlungsnotwendigkeit augenfälliger wird.

lichkeit, ohne beide ineinander aufzulösen. Ähnliches gilt höflichkeitstheoretisch vom Zusammenhang zwischen gesinnungsethischen Momenten und der Höflichkeitsnorm, einer Norm- und Formethik des Umgangs, gilt für Höflichkeitsteleologie und -deontologie, vom Bezug zwischen Verantwortungsethik und Situationsethik. En détail und en miniature lebt die Höflichkeitsanalyse ja gerade von den Analysen der Situation, doch der Anspruch, der hier vertreten wird, immer wieder und in aller Vorsicht auf das Transsituative gerichtet.

Ein Vorteil bleibt zumal: die primäre Überschaubarkeit der Handlungsfelder trotz ihrer Vielfalt und latenten Komplexität in Register, Inventar und Kontext. Der Ansatz gewährt auch eine nicht überfordernde Praktikabilität und Übbarkeit, die in den haltungsethischen Komplex gehört. Höflichkeit als «Muße des Mittelwegs» (um die Formulierung von W. Benjamin aufzunehmen) vermittelt die unverzichtbare Expressivität des Ethischen (als Ausdrucksgestalt, Handlungsgestaltung), den «Widerschein des Sittlichen» (J.P.F. Richter) mit der Sittlichkeit, den Kontext von Halt und Haltung, Handlung und Haltung, Form und Haltung nicht eindimensional, direkt, sondern eben selbst vermittelt-vermittelnd zwischen «Ego» und «Alter».

In die Überschaubarkeit der Handlungsfelder ethischer Miniaturen tritt aber eine deskriptive Komponente, die ohne ihren personalen Resonanz- und Varianzraum nicht gedacht werden kann. Matrix und Ausgang für bisherige und weitere Überlegungen vor dem Hintergrund historischer, anthropologischer und performativer Einsichten – wie den bisher dargestellten – bleibt ein «Grundraster von zentralen Realtypen sozialer Beziehungen», wie sie etwa Krumrey systematisch aufführt:

- die Beziehung von Individuen zu sich selbst;
- zwischen Älteren und Jüngeren;
- zwischen Frauen und Männern;
- zwischen Höher- und Niedrigerrangigen;
- zwischen mehr oder weniger Vertrauten
- und zwischen mehr oder weniger Stigmatisierten.[385]

Natürlich sind diese Realtypen zudem rekombinierbar. Schon für die Deskription stellen sich somit Differenzierungsmöglichkeiten ein. Doch schwingen hier immer schon auch ethische Implikationen mit (ganz offenkundig für Skalierungen wie höher und niedriger, für Vertrautheitsgrade oder Stigmatisation im soziologischen Sinn).[386]

---

385 Vgl. *KRUMREY*, Entwicklungsstrukturen 666f. So implikativ dies ist, signifikanterweise fehlt der Rekurs auf Relationen wie Kunde und Dienstleister, Ausländer und Inländer. Vgl. die kritischen Überlegungen bei *C. WULF/M. GÖHLICH/J. ZIRFAS* (Hrsg.), Grundlagen des Performativen. Eine Einführung in die Zusammenhänge von Sprache, Macht und Handeln, Weinheim 2001.

386 Und ebenso wenig überraschend erscheint natürlich, daß Krumrey hier die anabatische und katabatische Realtypik einer Gottesrelation abblendet. Hier sind *theologische* Diskretion, Takt und Indirektheit angefordert. Analogie und Anthropomorphismen im unumgänglichen Medium der Sprache, der Rede «über» oder «unter» dem Thema klingen an und wären zu problematisieren. Annäherungen werden später folgen. Trotzdem ist schon vorab festzuhalten, daß diese Realtypik offen ist und über sich hinausweist in eine höflichkeitskritische Perspektive – jene der Optik und Option für eine Höflichkeit als Raum- und Zeitgabe gerade für die, die ab- oder ausgewertet werden. Zur Stigmatisierung im soziologischen Sinn vgl. z.B. *W. LIPP*, Stigma und Charisma. Über soziales Grenzverhalten, Berlin 1985, zudem das Panorama der Beiträge in: *O. FUCHS* (Hrsg.), Im Brennpunkt: Stigma. Gezeichnete brauchen Beistand, Frankfurt/M. 1993.

Der summarische Blick auf Genese, Funktions- und Motivebene der Höflichkeit läßt ohne Zweifel auch den Blick auf eine Sinndimension zu, implizieren diese Momente doch einen intentionalen Wertaspekt, der dem «Austausch von Höflichkeiten» als «sozialem Phänomen» zukommt.[387]

Ein letztes wichtiges Moment für den Bestand von Höflichkeit liegt in den Dimensionen von Anmut und Grazie. Vor dem Hintergrund der notwendigen Konkretheit der Höflichkeit, die die Probe auf das Exempel für die Prinzipien von Invention, Einbildungskraft, bedachtsamer Disposition, des spielerischen Geistes, ja der Geistesgegenwart, der «ver- und bezaubernden» Kraft und Macht der Höflichkeit (im obigen Sinne) beachten, gilt es die Bedeutung von Anmut und Grazie zu benennen:

> *«Ohne sie wäre die korrekteste und überlegteste Höflichkeit wie tot. Die Grazie ist der Gegenpol zur bloßen Regel, die aber ihrerseits nicht fehlen darf.»*[388]

Hier ist also eine signifikante Einheit von Regularem («lex») und Graziösem («gratia») zu finden. Zerfällt diese Spannungseinheit, zerfällt Höflichkeit selbst, denn das Element der Obligation und Verpflichtung («lex») einer anderen Person gegenüber ist unumgänglich, um Höflichkeit nicht in bloßer Grazilität und Virtuosität, in leerer Schmeichelei und täuschender Anmut verdunsten zu lassen. Höflichkeit spielt zwar *auch* mit der Dienstbarkeit dem anderen gegenüber, aber sie spielt *nicht nur* damit, sondern hat diese als realen Hintergrund.[389] Von der anderen Seite her betrachtet, ergibt sich – im Falle des Auseinandertretens beider Pole – ein ebenso getrübtes Bild: die pure Obligation, die keinen Bezug zur lebendigen Grazilität hat, wird leicht ein Klima der Kälte entstehen lassen. Höflichkeit ist in dieser Hinsicht wertvoll, weil und wenn sie sich mit einer Obligation verbindet, aber freiwillig bleibt. Genau dann erschließt sie ein «Surplus», eine Kunst, eine Gunst oder «Gnade».[390]

Dieser Zusammenhang kehrt in den von Höflichkeit und Güte nicht nur klimatisch, sondern ethisch wieder: Höflichkeit ohne Güte ist leer, kalt oder übersüß. Zwar ist es evident, daß sich die Güte nicht immer und ausschließlich der Höflichkeitsformen bedienen muß und in ihnen aufgehen kann und darf. Aber gibt sie diese Konspiration nicht preis, dann wird es um so verständlicher, warum es in der Tradition Stimmen gibt, die unterstreichen, Höflichkeit sei schmackhaft oder anmutig gemachte Güte.[391] Von dieser Sinnbestimmung und Ausrichtung auf die Güte oder das Gute gewinnt Rassem den Zugang zu einer systematischen Verortung von Höflichkeit. Soziologisch gesehen gehört Höflichkeit zu jener Sphäre, auf die sich heute – so Rassem – besondere Aufmerksamkeit richten muß: zur Sphäre der freien

---

387 Vgl. *RASSEM*, Der Sinn der Höflichkeit 116.

388 *RASSEM*, Der Sinn der Höflichkeit 133.

389 Vgl. *RASSEM*, Der Sinn der Höflichkeit 133. Mit dem Begriffspaar «lex» und «gratia» klingen natürlich Dimensionen an, die ihren festen Platz im theologischen Diskurs haben. Anschlüsse sind durchaus möglich und sollen noch eingehender erläutert werden. Hier genügt es vorerst, die Spannungseinheit der Mehrdimensionalität von Höflichkeit im Auge zu behalten.

390 Das freilich sind wiederum Begriffe und Haltungen, deren Patina angesichts des Pathos des Egalitären erst abgetragen werden muß, um das mit ihnen Gemeinte aufscheinen zu lassen.

391 *RASSEM*, Der Sinn der Höflichkeit 133, verweist auf *M. BLANCHARD*, École des mœurs ou réflexion morales et historiques sur les maximes de la sagesse III, Lyon 1828, 188.

Leistungen, die nicht erzwungen sind – und der Tugenden, die sich nicht mechanisieren, automatisieren, so wohl prospektiv üben, aber nie für alle denkbaren Einsatzfälle punktgenau «dressieren» lassen.[392]

Diese doppelte Charakterisierung und Einordnung gilt es zu vermerken, bildet sie doch die Grundkoordinaten hinsichtlich weiterer Überlegungen für die ethischen Konspirationen der Höflichkeit. Er hält weiter fest:

> *«Die Höflichkeit nun ist eine Tugend, die dazu* [zur Aufrechterhaltung des Guten im sozialen Leben – APA] *folgendes leistet: Sie fügt sich in die Sprache der Konventionen, versucht aber deren latenten Sinn evident zu machen. Sie verlangt Aufmerksamkeit gegen den Mitmenschen und Beurteilung sozialer Situationen, sie ist ein differenzierendes, ordnendes Element. (...) Die Höflichkeit reguliert also die Intensität sozialer Bezüge.»*[393]

Neben diesen regulativ-koordinativen Potenzen der Höflichkeit tritt ein weiteres Element zutage: das sinnlich-künstlerische Element. Fördert Höflichkeit die Neigung und die Fähigkeit zu moralischem Handeln, so liegen in Takt und Taktilität auch die Konnotationen des Ertastens und Erspürens. Insofern wird Höflichkeit auch immer als Medium, als «Organ für das Konkrete», den konkreten Gegenüber, aufscheinen. Aller Konventionalität zum Trotz, in und wegen ihr gibt es ein spielerisch-vermittelndes Element zu entdecken.[394] Aus diesen Beobachtungen wird deutlich: Höflichkeit ist unter dieser Perspektive betrachtet nicht auf bestimmte Schichten beschränkt, wenngleich nicht überall die gleichen Codes und eine gleiche Verteilung von «formaler» Grundhöflichkeit und «höheren» Höflichkeitsleistungen aufzufinden sein werden.[395]

Allerdings bleibt die Gegenanzeige immer neu anzusehen: «Das Über-Ich schießt aus dem eigenen Mund» – nimmt man N. Elias[396] und ein Bild wie dieses stellvertretend zum Maß der ethischen Beurteilung von Zivilisiertheit oder – präziser – Höflichkeit, dann ergeben sich hinsichtlich des «actus humanus» erhebliche Probleme. Ob der Zwang zu gewissen Formen des Umhangs, zu cortesialem Verhalten und Haltung nun extern oder intern forciert ist, spielt zwar eine faktisch nicht unerhebliche Rolle[397], wird den Phänomenen aber in dieser Verkürzung und

---

[392] Vgl. *RASSEM*, Der Sinn der Höflichkeit 134. Dabei setzt Rassem anders als letztlich Elias ein Soziologieverständnis an, daß sich nicht ausschließlich auf die Analyse gesellschaftlicher Zwangsmechanismen stützt, sondern diese sieht als «eine Lehre von den Kräften, die aufgebracht werden müssen, um im sozialen Leben das Gute aufrecht zu erhalten».

[393] *RASSEM*, Der Sinn der Höflichkeit 133.

[394] Vgl. *RASSEM*, Der Sinn der Höflichkeit 134.

[395] Vgl. *RASSEM*, Der Sinn der Höflichkeit 134, *R. GIRTLER*, Die feinen Leute. Von der vornehmen Art, durchs Leben zu gehen, Berlin 1994. Girtler beobachtet in dieser Studie (vgl. auch *ders.*, Randkulturen, passim) standes- und schichtübergreifend Tendenzen, je eigene Codes, Symbole und Strategien der Selbstdarstellung zu entwickeln.

[396] *ELIAS*, Über den Prozeß der Zivilisation I 341, vgl. 355 (zu Zucht und Sanktion). Zur problematischen Verwendung psychologischer Begriffe vgl. *R. BLOMERT*, Psyche und Zivilisation. Zur theoretischen Konstruktion bei N. Elias, Münster 1989.

[397] Und wäre dann sozial- oder institutionenethisch ein Problem. Wer übt mit welchem Recht, welchen Rechtfertigungen, Begründungen welchen Zwang aus? Verrechnet man zudem – eine freilich extreme Position – jede pädagogische Bemühung unter das Stichwort «Zwang», enthebt man sich der Fragestellung nach der Freiheit. Aber gleichzeitig – und bei allen konzedierbaren Fragen die sittliche Intuitionen

Pointierung kaum gerecht. Allerdings geben diese und ähnliche Verdikte dem Verdacht immer wieder Nahrung, Höflichkeit – zumal in ihren etiketten-, ritualnahen, formdominierten Spielarten, ähnle nicht wenig einer Dressur, die nicht Sittlichkeit zum Ziel hat, jedoch selbst einem ethischen Negativ-Urteil verfallen müsse. Dabei muß man das individual- wie sozialpsychologische Moment keineswegs aus dem Blick lassen. Todorov hat in dieser Richtung Phänomenspuren gesichtet. Anerkennung, Respekt, Blickerheischung und die damit verknüpfte «soziale Geburt des Individuums» als Chance *und* Aufgabe geben eine Richtung an, die in aller Konfliktivität zunächst mit einer unabweisbaren Offenheit des Ich auf den anderen zu gekoppelt ist. Diese gilt es zu gestalten – in und durch eine Reihe von Grenzen hindurch, die in einer ganzheitlichen, vielspurigen Anthropologie gesichtet werden können, ohne sogleich Gestaltungsfreiräume zu negieren und zu verabschieden.[398]

Die an sich positive und kreative Pluralität[399] ist individuell wie sozial die Vorderseite der eben auch lauernden Unklarkeit, welche Konventionen und Formen zu restriktiv, aber auch welche individuellen Ausgestaltungen *zu* gesichtsverletztend werden (können) in der doppel- oder mehrkanaligen inter- oder transaktionellen Handlungsebene, die sich nochmals doppelt vor der Unterscheidung von Sach- und Beziehungsebene *Kommunizierender.* Genau hier setzt die ethische Frage immer wieder neu an – auf all den korrespondierenden Ebenen, die sie auszeichnet. Sie setzt als handlungstheoretische nicht bei Urteilen und Wertungen an, sondern bei einer Deskription der Komplexität und damit der handlungspraktischen Leistungen der Interakteure – um genau bei der Deskription nicht stehenzubleiben, sondern eine ethische Dimension des (Individual-)Geschichtlichen, eine historische und damit zukunftshaltige Dimension des Ethischen einzuholen: Wie werden Handlungsniveaus des Gelingenden stabilisiert, wie kritische Momente aufgegriffen, «reflektiert» und in Vermeidungs- wie Verbesserungsüberlegungen einbezogen? Wie dem «in concreto» auch entsprochen: Der andere ist keine «Benutzeroberfläche», Höflichkeit

---

nun selbst wieder aufwerfen – agiert man theoretisch kontraintuitiv und phänomenologisch erheblich reduktiv.

398 Urgiert werden leicht und vorrangig technische, praktische und mediale Kommunikationskompetenzen in Zeiten von Kommunikationsmedien (und -anforderungen) als Tool-Kompetenz. So wichtig dies ist und bleibt hinsichtlich der Fülle der Fragen an Produzenten- Vermittler- und Rezipientenethiken, sie bleiben auch verwiesen an Mehrkanaligkeiten, an Sach- und Beziehungsrelationen, die in der Face-to-face-Kommunikation eruiert werden, auch wenn das Medium selbst eine Botschaft ist, als Rahmen Kommunikationen formiert und transformiert. Höflichkeit in und der Medien bliebe ein eigenes Thema, nicht nur angesichts der diversen Erregungsarbeiten. Diese blieben aufmerksamkeitsthematisch relevant.

399 Auch hier ist ein historischer Prozeß anzuzeigen: Aus den relativ homogenen, stabilen, abgestuften Verhaltens-, damit auch Kommunikationskonventionen und -codes bei geordneten und ordnenden Interpretations- und Dekretionsmonopolen (Staat und Kirche) wird unter Beibehaltung der Konventionierung und Codierung ein breites, weit instabileres (sozial wie temporal) Set von Sub- oder Parallelcodes. Gerade hier entstehen ja Verwischung und Verunsicherungen darüber, was prinzipiell und übergreifend ein Minimal- oder Fundamentalcode des zivilisierten und schonenden Umgangs miteinander ausmacht, wie er begründet, entfaltet und schließlich auch implementiert werden kann. Aber gerade wenn der «common sense» plural zersplittert und eben nicht *allein* kommunitaristisch rekonstruiert werden kann, wird eine Höflichkeit dringlich, die an den Grenzen von Personen, Kommunitäten, kulturellen Entitäten in Kontexten der Pluralität als Begegnung mit dem Fremden und fremden Konventionen eine Haltung entwickelt, die humane Begegnung ermöglicht und spurt. Vgl. die Reminiszenzen zum «common sense» bei *WILS*, Handlungen und Bedeutungen 126-165 (mit Blick auf J. Rawls) und *BRANTL*, Verbindende Moral 177-226.

kein Sortiment von «Textbausteinen», Begegnung nicht virtuell. Noch in der Abwesenheit ist der andere so tangier- wie unauslotbar wie der eine:

> *«Die Membran, die das Selbst vom anderen trennt, ist nicht dicht. Die anderen sind nicht nur von vornherein um uns herum: in unseren ersten Lebensmonaten bereits verinnerlichen wir sie, und ihre Bilder beginnen Teil von uns zu werden.»*[400]

Aussagen wie diese sind auf die Vermittlungsebene hin, die sich systematisch zwischen Deskription und Präskription[401] schieben muß, erheblich offener und zugleich vorsichtiger. Sie lassen Raum für das sittliche Subjekt im Werden, in der Relation, in nicht selten beengten Freiheits- und Zeiträumen – und ebenso für die ethische Reflexion darüber.

---

[400] TODOROV, Abenteuer des Zusammenlebens 145.

[401] Damit ist natürlich nicht insinuiert, daß die präskriptive Rede der einzig ethisch einschlägige Gestus und Modus wäre.

E. Rekurse: Theologische Inspirationen eines «Ethos der Cortesia»

Vor eine systematisch-ethische Erörterung der Höflichkeit im theologischen Kontext wird hier in einem Durchgang eine wenngleich selektive theologische Bestandsaufnahme als gezielte Rückfrage an die Traditionsstrecke geschaltet. Dies dient sowohl der Verknüpfung mit genannter Tradition[1] wie der Verbreiterung der Ausgangsbasis einer systematischen Evaluation der Höflichkeit in alltagsethischer *und* theologischer[2] Hinsicht. Es braucht nicht betont zu werden, daß «Höflichkeit» begrifflich wie thematisch nicht zu den vorrangigen «loci theologici» gehört. Allerdings sind Grundlinien konspirierender Reflexionen zu entdecken, schon bevor Thema und Terminus dann historisch Eingang finden und zumeist «an den Rändern» in den theologischen Kontext eingeordnet werden, wenngleich dieser Bezug an den einschlägigen Stellen nicht immer expressis verbis referiert, sondern vorausgesetzt wird. Markante, exemplarische Elemente werden hier skizziert, bevor im Rückgriff auf hier bereits vorgelegte Theoriestücke und Überlegungen den ethischen Koordi-

---

[1] Im Sinne dessen, was einmal mehr *DEMMER*, Fundamentale Theologie des Ethischen, passim, auf bestechende Weise unterstreicht *und* exerziert. Tradition *und* Situation ergeben ethisch reflektiert vor dem Hintergrund des Glaubens in sorgfältiger Rekombination und wechselseitiger Kritik den Haftpunkt für neue Aufmerksamkeiten und Handlungsweisen. Der vorrangige theologische Bezug der nachfolgend befragten Autoren steht nicht zur Debatte, auch wenn er sich an Ort und Stelle nicht immer gleichmäßig durchzeichnet. Vgl. jüngst *M. WOLFERS*, Theologische Ethik als handlungsleitende Sinnwissenschaft. Der fundamentalethische Entwurf von Klaus Demmer (SThE 99), Freiburg i.Ue.-Freiburg i.Br. 2003.

[2] Und damit auch in letztlich spiritueller Hinsicht. Dies heißt zunächst einmal, daß neben dem *systematisch-grundlegungsorientierten* und *kasuistisch-anwendungsorientierten* Interesse und Selbstverständnis der theologischen Ethik die *spirituell-erfahrungsorientierte* Dimension die Konkretion der Jesus-Nachfolge in einer authentisch-christlichen Lebenspraxis meint. Zu dieser Dreiteilung einer theologischen Ethik im Prozeß und im Plural vgl. *W. KORFF*, Art. Ethik, C. Theologisch II. Geschichte, in: LThK[3] III 911-923. Maß zu nehmen wäre an der Präzision von Spiritualität, wie sie *J. SUDBRACK*, Gottes Geist ist konkret. Spiritualität im christlichen Kontext, Würzburg 1999, in seinem hilfreichen Überblick sichtet. Sie ist unverzichtbar für den genuin christlichen Blick auf jedes Phänomen begegnenden, zu gestaltenden, gestaltbaren Lebens und Handelns. Das schließt andere Perspektiven nicht aus, sondern schärft die eigene. Ansicht, Angesicht oder «face» des/der «Anderen» wird nochmals anders, nämlich transzendentalpraktisch, belichtet. Zum genuinen Beitrag einer biblisch-christlichen Spiritualität für ein Ethos des Alltags und den ihr innewohnenden Perspektiven vgl. *A. BETTINGER*, Leben im Alltag der Gegenwart: Herausforderungen an die christliche Spiritualität. Grundlegungen und Kriterien gegenwartsbezogener Alltags-Spiritualität, Würzburg 1994, mit anderem Focus *H. TREML*, Spiritualität und Rockmusik. Spurensuche nach einer Spiritualität der Subjekte, Ostfildern 1997 (zur Grundlegung vgl. dort 30-72), die Beiträge in: *H. SCHMIDINGER* (Hrsg.), Geist – Erfahrung – Leben. Spiritualität heute, Innsbruck-Wien 2002, *H. SCHLÖGEL*, Kirche – Moral – Spiritualität (StdM 18), Münster 2001. – Spiritualität meint eben nicht einfach ein gewisses Set von persönlichen oder gemeinschaftlichen Übungen und Ritualen (des Gebets, der Meditation, der Liturgie etwa), sondern sucht auch eine Grundhaltung und *Geistes*haltung zu bezeichnen, die aus der Perspektive der biblischen Offenbarung heraus nicht bei den Phänomenen stehenbleibt, sondern sie radikal ernst nimmt und zugleich die Spuren des «Anderen» wahrzunehmen sucht. Und dies nicht auf Kosten der Phänomene, nicht in einer klassischen Dialektik, die sich zu einer metaphysischen Synthese aufschwingt, sondern im Sinn der Gaben und Aufgaben, der Frage und Anfrage, die Begegnende und Begegnendes im Horizont des Glaubens an das «Mehr-als» zu stellen wagen und diese Frage auszuhalten und zu gestalten suchen. Damit ist aber auch das handlungstheoretische wie haltungsethische Moment berührt. Vgl. unten Abs. 14.3.3. mit knappen und abschließenden Reflexionen auf «Aneignung» (sie ist keine Expropriation) *und* Transformation der sozio-historisch bereitliegenden Phänomene der zunächst säkularen «curialitas» in der «cortesia» des Franziskus v. Assisi.

naten eines Ethos der Höflichkeit aus theologischer Perspektive mit ihrem besonderen Augenmerk nachgegangen wird, also systematische Überlegungen zu Norm- und Tugendtheorie, wie sie sich auf scheinbar «kleiner Flamme» in der Höflichkeit treffen, bedacht und mit biblischen, systematischen und spiritualitätstheologischen Anfängen und Anklängen verbunden werden.[3]

13. Rückfragen und Spurenelemente: Höflichkeit kursorisch im theologischen Diskurs

Ein expliziter Höflichkeitsdiskurs ist für die frühe Kirche und ihre theologisch-spirituelle wie ethische Reflexion schon aus terminologischen Gründen unmöglich. Der Versuch einer Rekonstruktion, der hier einen Ausgang sucht und auf ein ethisch-kulturelles Deutungsmodell abhebt, das der «curialitas»-Konzeption entspräche, wäre anachronistisch. Wie wir gesehen haben, entwickeln sich Konzept und vor allem Begriff erst im Mittelalter – allerdings durchaus *auch* im Rekurs auf die antike Graezität und Latinität. Dort – im Mittelalter – haben Begriff und Konzept von Höflichkeit spezifische, genuine Bedingungen und Bedeutungen, ihren «Sitz in der Geschichte».[4] Freilich ist bei aller historischen Differenz ein spezifischer Regulierungsbedarf für Standard- oder Alltagssituationen keineswegs unbekannt – und auch nicht die Aufmerksamkeit dafür und Reflexion darauf.

Trotz schon biblischer Anklänge, die zumindest eine sachliche Anwesenheit des Themas «avant la lettre» nahelegen[5], gilt das Hauptaugenmerk der frühen Kirche nicht der Diskussion von Anstand, Etikette, Takt sowie Formen der Ehr- und Reverenzerbietung.[6] So folgen – wenn man so pauschal sagen darf – Christen dieser Zeit (in der Multikulturalität der damaligen «Oikumene», dem Römischen Reich, zumal) in Anstands- und Höflichkeitsfragen den jeweiligen Gepflogenheiten.[7] Vor diesem Hintergrund beginnt die Auseinandersetzung zögerlich und bleibt – angesichts der eigentlichen theologischen Fragestellungen – marginal. Dennoch gibt es eine Reihe von Spuren, die Schlüsse zulassen und in einem neu zu eruierenden Konzept der Höflichkeit als Wertfigur einzubetten sind. Zu nennen wäre hier beispielsweise Ambrosius v. Mailand. Er stellt sich explizit in die Tradition, genauerhin in jene, die

---

[3] All dies wird in nur sträflicher Verkürzung geschehen können, jedoch in der Überzeugung, daß die hier vorliegenden Avancen an-, aber an keiner Stelle ausgedeutet sind.

[4] Dieses elaborierte, umfassende säkulare Konzept ist es dann, daß – darauf weist *Procopé*, Höflichkeit 984f., hin – von einem Protagonisten wie Franziskus von Assisi unter Verschiebung von einzelnen Elementen (vor allem der «largitas» und der «caritas») paradoxal und egalitär «umgewertet» (so Procopé) und in einen theologisch-spirituellen Kontext eingerückt werden kann.

[5] Vgl. dazu unten Abs. 14.3.1.

[6] Dazu mag – allen voran in den frühesten Perioden – eine verbreitete, «stark eschatologische Grundstimmung», so *Procopé*, Höflichkeit 978, beigetragen haben. So nötig und unverzichtbar Eschatologie als ultimative Horizont- und Paradigmenverschiebung ist, so unlegitimierbar wird ihre Grenzverschiebung in eine konkrete, praktische Verschiebung (die eine Kategorienverwechslung wäre) in einen interaktionellen Endzeitauftrag der Delegitimierung von Gewalt und Invasivität, die nicht mehr nur «face-», sondern auch «Face-and-body»-Ausschaltungen und Exkommunikationen zu erlauben vermeint.

[7] Vgl. *Procopé*, Höflichkeit 977 (mit einer Reihe signifikanter Belege). Im Grund bringt schon der anonyme christliche Verfasser des Briefes an Diognet (5,6) diese Situation zum Ausdruck, wenn er von der gesellschaftlichen Einpassung *und* Differenz der Christen spricht.

Cicero mit seinem Werk «De officiis» markiert.[8] Auch bei Augustinus ist ein Gespür für Fragen des Anstandes, des Lebensstils zu finden, was sich an einigen Stellen seines Werkes niederschlägt.[9]

Weitere Namen wären zu nennen: Hugo v. St. Victor beispielsweise und dessen «De novitiata institutorum»[10], eine Reihe von Autoren mit «theologischem Einschlag», die sich um Abfassungen von Fürstenspiegeln und später von pädagogischen Leitfäden im Kontext ihrer Zeit bemühen (Erasmus, Grácian und andere Autoren, die teils schon genannt worden sind, deren Bemühungen aber vorrangig pädagogischer Art, weniger theologischer Herkunft sind[11]). Der Bogen ließe sich spannen bis hin zu John H. Newman[12] und seiner Vorstellung des «christlichen

---

[8] Vgl. *PROCOPÉ*, Höflichkeit 980f. Ambrosius verarbeitet diese Schrift und beleuchtet so auf dem Hintergrund des Glaubens (und vorrangig mit Klerikern als Adressaten) das Phänomen der «verecundia» als dem tugendhaften Antrieb, sich anständig zu verhalten (Off. 1.65, 89, 98, 104). Ambrosius schreitet die ihm von Cicero vorgegebene sachlich-thematische Palette ab, schließt sich mit wenigen Ausnahmen dessen Bewertungen an, forciert aber ausdrücklich seine These, daß gute Formen der «Spiegel des Geistes» seien (Off. 1.67, 72, 89). Diese Überzeugung illustriert er am Beispiel zweier Kleriker, deren leichtfertiges Verhalten ein Vorausbild ihrer späteren – *deshalb* auch nicht mehr verwunderlichen – moralischen Verdorbenheit sei (Off. 1.72). Der Konnex von Ausdrucksgestalt und Haltung wird hier also unter einem positiven Zusammenhang gelesen (wenn auch mit einem negativen Beispiel belegt) – eine Feststellung, die Beachtung verdient, gibt sie doch den Blick frei auf eine schon bei Ambrosius selbst leitende moralpädagogische Idee. Zu Ambrosius von Mailand und dessen Adaption und Transformation stoisch-ciceronianischen Gedankengutes vgl. *M. BECKER*, Die Kardinaltugenden bei Cicero und Ambrosius: De officiis (CHRÊSIS 4), Basel 1994.

[9] Daß auch er sich hierbei in der Tradition maßgeblicher Autoren wie Cicero findet, ist schon von seinem Bildungsweg und -niveau erklärlich. Dabei weiß Augustinus, der ansonsten auf einem angemessenen Lebensstil besteht, der weder über Gebühr elegant noch über Gebühr asketisch ist, auch um die Grenzen der «verecundia» und ordnet sich ein als hilfreich in konfliktiven Alltagssituationen (Ep. 154,1: «(...) quae maxima difficilium inter bonos efficacia est.»). In existentielleren Anliegen hingegen ist die «verecundia» eindeutig nach dem gewichtigeren Motiv der Gottesfurcht einzuordnen (Ep. 155,11). Hier wird eine theologische und ethische Rangordnung auf motivationaler Ebene angesprochen, die eine teils latente Tradition hat bis hin zu der Auffassung der Höflichkeit als «kleiner Tugend» bei R. Guardini. Systematisch und materialiter freilich ist diese Vorstellung zwar kaum entfaltet, aber immerhin spiegeln sich einige ethische Grundfragen von Höflichkeitsphänomenen schon an diesen Stellen. Augustinus sieht die Rücksicht auf den Mitmenschen sogar als Hauptmotiv des Strebens nach dem guten Ruf an (Conf. X 37,62, PL 32,805) und sagt, man handle unklug, gefühllos, wenn man sich nur um das Gutsein, nicht auch um den guten Ruf kümmere, vgl. De bono vid. 27, PL 40,448. Vgl. *PROCOPÉ*, Höflichkeit 981. Vgl. insgesamt *E. VAUBEL*, Pudor, verecundia, reverentia. Untersuchungen zur Psychologie von Scham und Ehrfurcht bei den Römern bis Augustin, Münster 1969.

[10] In: PL 176, 925-952. Monastische, klösterliche Gemeinschaften, ihre Idee der «vita communis» und die verschiedenen Regularien, die sich von der Benediktsregel über mendikantische Traditionen (einem Beispiel wird später genaueres Augenmerk gelten!) bis hin zu kongregationalen Formen haben immer wieder eine Sensibilität für die Notwendigkeit eines spezifisch regulierten Umgangs miteinander entwickelt. Nicht wenige Ordensregeln spiegeln dies. Klöster sind – in aller getrennten Ungetrenntheit von «Welt» – immer auch Laboratorien und Versuchsfelder des Umgangs mit anderen (und das ist keineswegs idealisierend gesagt). Unser Streifzug kann das nur andeuten. Um nur ein Beispiel zu nennen, auf das wir nicht näher eingehen: Ignatius von Loyola. Vgl. genau dazu *M. SIEVERNICH*, Homo jesuiticus, in: *SCHWARZ*, Der neue Mensch 53-78 (im Kontext des höfisch-höflichen Doppelideals «arma et litterae» – und dem, was daraus biographisch-spirituell entspringen kann).

[11] Diese Bestimmung kann hier nicht mehr sein als eine Tendenzangabe.

[12] Zu J.H. Newman siehe *M.A. TESTA*, John Henry Newman on the Human Person and the Gift of Faith, in: The Churchman 109 (1995) 361-373, *G. MAGILL*, Newman on liberal education and moral pluralism, in: SJTh 45 (1992) 45-64, *V.F. BLEHL*, John Henry Newman and Orestes A. Brownson as educational philosophers, in: ReH 23 (1997) 408-417, *S.L. JAKI*, A Gentleman and Original Sin, in: DR 114 (1996) 192-215, *K. TILLMAN*, La idea de una Universidad segun Newman, in: DiEc 27 (1992) 125-

Gentleman»[13] oder – jenseits einer Grenze und von erheblich anderem Zuschnitt – zu Simone Weil und ihrer Aufmerksamkeit für die Aufmerksamkeit und die fundamentaltheologische und -ethische Relevanz des «Zwischen» und der «Schwelle» als Modalitäten der personalen, transzendentalen und schließlich theologischen Begegnungsmodalität[14]. Die moraltheologische Manualistik hat – mit all der ihr inhärierenden Problematik, aber teils zu Unrecht unter Verdacht – durchaus Anstrengung verwendet auf die Beleuchtung von Begriffen wie Ehre und Anstand (und natürlich der damit anhängigen Verfehlungen). Auch ihr gilt ein Seitenblick, handelt es sich doch auch bei diesem Genre um einen Antwortversuch der Tradition zur Orientierung in den Kon- und Subtexten der betreffenden Zeit.

Unsere Auswahl – sie allen- und bestenfalls eine kursorisch-punktuelle Lektüre – hat Gründe. Clemens v. Alexandrien soll am Anfang stehen. Dies zunächst, weil er einer der ersten Protagonisten ist, die sich jenseits der neutestamentlichen Strecke der christlichen Gründungsdokumente in einem kulturellen Kontext bewegt, der besondere Ansprüche aufwirft. «Etikette»[15] – genauer Umgangsweisen im Kontext antiker Modernität, früher Pluralität wie Multikulturalität – steht bei ihm zur Debatte und in der Kritik. Er hat sich diesen Phänomenen gestellt – und kontextgebunden Antwort zu geben versucht aus dem Horizont des Glaubens. Thomas v. Aquin als Ref/verenzpunkt braucht wohl kaum eigens begründet zu werden. Dennoch ein Wort: Thomas greift mit Aristoteles auf einen «Primärtexteur» systematischer Ethik, praktischer Philosophie und Lebenskunst zurück, der seinen Sitz in einer (wenngleich überschaubaren) Öffentlichkeit hat. Thomas steht nahe an und in der Zeit, in der sich ein Kulturkonzept entwickelt, das zu unserem zentralen Terminus führt. Jenseits formalistischer Etikette gibt es im Schwung der thomasischen Entwürfe Grundorientierungen zu sichten, die unserer Auffassung einer weiten, habituellen und theologischen Größe «Höflichkeit» Nachdruck verleihen – und das erstaunlicherweise, ohne den Begriff der Höflichkeit selbst zu verwenden. Franz v. Sales schließlich tritt als Zeuge der Vermittlung an der Schwelle zur pluralen Moderne auf. Bei ihm ist es nicht der Höhenflug der theologischen Spekulation, der interessiert, auch nicht zuerst eine mögliche «Avantgarderolle» (wie bei Clemens), sondern schlichtweg der ethische, letztlich spirituell getragene Impuls und Impetus, die Alltagsorientierung, die seinen Ausführungen nicht den «diskreten Charme der Bourgoisie», sondern die Attraktivität eines schonenden Umgangs mit anderen verleiht, der steile ethische Forderungen oft und oft in die Buchstabierungsversuche des Naheliegenden und Täglichen, des Be- und Ergreifbaren wandelt. Mit zwei durchaus (nicht nur konfessionell) unterschiedlichen Ansätzen, mit H. Thielickes und R. Guardinis Überlegungen zum Thema, betreten wir dann ein Terrain, das den

---

136, *I. KER*, The idea of a Catholic university, in: LouvSt 21 (1996) 203-215, *A. MONZON I ARAZO*, Universidad i teologia segons John Henry Newman, in: *J. BUSQUETS* (Hrsg.), Fe i teologia en la història. Montserrat 1997, 355-359.

[13] Vgl. nur *J.H. NEWMAN*, Vom Wesen der Universität. Ihr Bildungsziel in Gehalt und Gestalt, in *ders.*, Ausgewählte Werke V, hrsg. v. *M. LAROS/W. BECKER*, Mainz 1960, 2.

[14] Näheres dazu bei *S.B. KARWATH*, Jüdin von Geburt – Christin aus Überzeugung. Eine Grundkategorie der Religion bei Simone Weil: Die Schwelle, Frankfurt/M.-Berlin-Bern 2001, bes. 233-320 (zur Aufmerksamkeit), wenn auch «en passant» wird das Thema «Höflichkeit» eingereiht (vgl. 238), und der Zusammenhang von Aufmerksamkeit und Gerechtigkeit bei S. Weil thematisiert (vgl. 253ff.).

[15] Der Begriff ist für Clemens natürlich anachronistisch und hier in einem unspezifischen Sinne gebraucht.

Rückblick in die Tradition an die jüngere Vergangenheit heranruft. Nach diesen – in den jeweiligen Werken – nicht prominenten oder aufdringlichen Positionen reißt der Faden ab, an den hier Anschluß gesucht wird.

13.1. Clemens v. Alexandrien und die «Pädagogisch-christologische ‹Etikette›»

Mit dem Kirchenvater Clemens v. Alexandrien (140/150 - ca. 220)[16], vorab im zweiten und dritten Buch seines «Paidagogos»[17], knüpft ein christlicher Schriftsteller – wohl erstmals und deutlich vor Ambrosius' Cicero-Rezeption z.B. – in aller Klarheit und mit erheblichem Selbstbewußtsein an antike popularphilosophische Anstandslehren[18] an – Grund genug dafür, Clemens an den Anfang unserer kursorischen theologischen Spurensuche hinsichtlich der Höflichkeit, der Umgangswiesen von Menschen miteinander zu stellen.

13.1.1. Skizze: Aufmerksamkeit für alltägliche Details und der «Logos-Paidagogos»

Vor dem Hintergrund eines großstädtischen, städtisch-bürgerlichen Milieus in der Metropole Alexandria[19] sieht er sich veranlaßt, die Fragen aufzunehmen, denen das Christentum begegnet, sobald es Eingang gefunden hat in «höhere Gesellschaftsschichten der Wohlhabenden und Gebildeten»[20]. Es ist kein Zufall, daß sich Clemens dabei gegen einen rigorosen Asketismus wendet, wie ihn – außerhalb des städtischen Milieus von Alexandria, aber eben nicht außerhalb der Sichtweise – ein stadtfernes, einsiedlerisches Mönchtum als binnenchristliche Elite vertritt.[21] Enge

---

[16] Für grundlegende Informationen vgl. *A. Méhat*, Art. Clemens v. Alexandrien, in: TRE VIII 101-113, *E. Früchtel*, Art. Klemens v. Alexandrien, in: LThK³ VI 126f., *D. Wyrwa*, Art. Clemens v. Alexandrien, in: LACL 128-131 (Lit.), zum spezifischen Höflichkeitskontext auch knapp *Procopé*, Höflichkeit 979f., *F.J. Procopé*, Morality and manners in Clemens's Paidagogos, in: StP 26 (1993) 313-317.

[17] Zitiert nach: *Clemens v. Alexandrien*, Ausgewählte Schriften, hrsg. v. *O. Stählin* (BKV, 2. Reihe, Bde. 7,1 + 2), München 1934 (die Zitierweise richtet sich nach der dortigen Zählung).

[18] Zu den theoretischen Ansatzpolen bei Clemens vgl. *U. Schneider*, Theologie als christliche Philosophie. Zur Bedeutung der biblischen Botschaft im Denken des Clemens von Alexandrien, Berlin-New York 1999, vgl. auch *A. v.d. Hoek*, The «Catechetical» School of early Christian Alexandria and its Philonic heritage, in: HThR 90 (1997) 59-87 (zu Philo und Clemens).

[19] Vgl. zum weiteren historischen Kontext und seiner Problematik die Beiträge in: *R. v. Haehling* (Hrsg.), Rom und das himmlische Jerusalem. Die frühen Christen zwischen Anpassung und Ablehnung (FS P. Mikat), Darmstadt 2000, speziell zu Clemens nach wie vor auch das sympathisch-kritische Portrait von *H. v. Campenhausen*, Griechische Kirchenväter, Stuttgart-Berlin-Köln-Mainz ⁷1986, 32-42, bes. 33f.

[20] Vgl. *Wyrwa*, Clemens 129. Beides – städtisches Milieu, also enge Räume und hohe Begegnungsfrequenzen, aber auch die Auseinandersetzung mit den Leitbildern und -vorstellungen gesellschaftlicher Eliten – sind ja immer wieder Katalysatoren und Motoren im Höflichkeitsdiskurs. Die Auseinandersetzung mit Pluralität und Differenz gibt einmal mehr zu denken.

[21] Clemens benennt diese «Enkratiten» nur einmal in Paid. II.33,1 (zudem in: Strom. I.71,5; VII.108,2, zum Hintergrund vgl. *H. Chadwick*, Art. Enkrateia, in: RAC V 343-365). Aber viele seiner Überlegungen richten sich ebenso *indirekt* wie deutlich gegen deren Auffassung. In dieser weitgehenden Indirektheit steckt ein Höflichkeitsmoment, das ähnlich im Umgang z. B. des Franziskus v. Assisi mit Katharern und anderen Gruppierungen und dann in dem des Franz v. Sales mit Nicht-Katholiken zu entdecken sein

«Diasporamentalität und Observanzfrömmigkeit»[22] ist nicht Clemens' Anliegen, sondern eine theologisch wie ethisch verantwortete Auseinandersetzung mit der umgebenden Kultur und ihren geprägten Lebensstilen, die vorzufinden sind.[23] Diese Weltzugewandtheit und -offenheit ist in ihrem schöpfungstheologischen Optimismus[24] allerdings nicht mit ethischer Blauäugigkeit zu verwechseln. Clemens sieht sehr wohl, daß das Heil nicht in einfacher Anpassung und Übernahme jener Formen und Intentionen liegt, sondern diese vermittelt werden müssen. Wenn er – als Theologe vorrangig Exeget – sich in seinem nicht strikt systematisierten Amalgam aus Rückgriffen auf biblisches Ethos (vor allem Dekalog, Weisheitstraditionen – teils in der allegorisierenden Auslegung Philos – und paulinisches Gedankengut), auf Plutarchs moralische Schriften und die Ethik der Stoa um die Alltagsgestaltung der Christen «in Welt» bemüht[25], dann geht es genau darum – und nicht um einen Auszug oder Rückzug in ein Sonderethos einer sich ghettoisierenden Gruppe, die sich den sittlichen Anforderungen (und damit auch den Gefahren) ihrer Zeit und Umwelt stellt, ohne in ihr rest- und konturlos zu verschwinden.[26]

In seinen detaillierten Hinweisen – «a crash course on basic social interaction»[27] – für alltägliches Verhalten in Gesellschaft[28] anderer schreitet Clemens einen weiten

---

wird. *CAMPENHAUSEN*, Griechische Kirchenväter 33, charakterisiert Clemens: «Seine Auseinandersetzungen zielen weniger auf ein schroffes ‹Anathema› als auf Belehrung und Verständigung.»

[22] Vgl. *WYRWA*, Clemens 130, ähnlich: *CAMPENHAUSEN*, Griechische Kirchenväter 32f., 37f., der Forschungs-, Denk- und Schreibstil des Clemens zusammensieht als dialogisch, spezifisch «unsystematisch», aber gerade deshalb offen und unverkrampft – nicht ohne dies in konfessorischer und ekklesiologischer Hinsicht auch zu kritisieren (vgl. 41f.). Unschärfe hat ethische und höflichkeitstheoretische Bedeutung und Vorteile, aber eben auch einen Preis.

[23] Vgl. die Einordnung des Clemens bei *K. FEIEREIS*, Humanismus: eine Brücke zwischen Christen und Nichtchristen? Gedanken über die Grundlagen für ein Zusammenleben in säkularer Gesellschaft, in: *B. PITTNER* (Hrsg.), Zeiten des Übergangs (FS F.G. Friemel), Leipzig 2000, 106-118, 111.

[24] Vgl. z.B. Paid. III.37,1. Der Mensch, so Clemens an gleicher Stelle, ist von Natur aus «schön» als Geschöpf des einzig Schönen. Die sittliche Folgerung folgt auf dem Fuß: Deshalb soll der Mensch sich auch des Unschicklichen, Schimpflichen, Häßlichen und Lächerlichen enthalten – es ist konträr zu seinem Eigentlichen. Die Kalokagathie in ihren ontologischen wie ethischen Richtungen lebt aus einem selbstbewußten theologischen Dreh, wenn er von zwei fundamentalen «Schönheiten» redet: von Gott selbst (Paid. III.2,5) und der Liebe (Paid. III.3,1ff.), die – mit 1Kor 13,4f., – sich nicht aufbläht, prahlt. Dieser theologischen Wahrheit entspricht als Eigenes und Wesentliches das «Angemessene» (Paid. III.2,2). Schönheit und Wahrheit erschöpfen sich nicht im Äußeren, wie mit deutlichem Verweis auf das Gottesknechtslied Jes 53,2f. in christologischer Wendung auf Jesus Christus gesagt wird. – Zum Konnex von Schönheit, Wahrheit und Tugend bei Clemens vgl. etwa Paid. II.35-39, II,121.3ff.

[25] Vgl. *H. CROUZEL*, Culture et foi. Clément d'Alexandrie, in: StMiss 42 (1993) 97-122.

[26] Vgl. *O. STÄHLIN*, Allgemeine Einleitung über Leben und Schriften des Clemens, in: BKV, 2. Reihe, Bd. 7, 9-67, 24ff., weiterführend *O. PRUNET*, La morale de Clément d'Alexandrie, Paris 1966, *E.F. OSBORN*, Ethical Patterns in early Christian Thought, Cambridge 1976, 50-80 (zu Clemens), focussiert auf einen speziellen Themenbereich hingegen, aber deswegen nicht weniger erhellend (auch was Grenzen des Clemens angeht) *E. DASSMANN*, Klemens von Alexandrien und eine christliche Familienkultur in nichtchristlicher Welt, in: *R. ENGLERT/U. FROST/B. LUTZ* (Hrsg.), Christlicher Glaube als Lebensstil (FS G. Bitter) Stuttgart-Berlin-Köln 1996, 145-158.

[27] So prägnant *B. LEYERLE*, Clement of Alexandria on the Importance of Table Etiquette, in: Journal of early Christian Studies 3 (1995) 123-141, 124.

[28] In den je zwölf Kapiteln des zweiten und dritten Buches beschäftigt sich Clemens der Reihe nach (schon dies weist sowohl auf das Themenspektrum wie auch auf die verhältnismäßige «Nichtsystematik» der Überlegungen hin) mit dem richtigen Eß- und Trinkverhalten bei Tisch (II.1f.), mit der Bescheidenheit bei Erwerb von Hausrat (II.3), der Konversation bei Gastmählern (II.4), mit dem Lachen (II.5) und dem «unanständigen Reden» (II.6) und Ähnlichem, was zu vermeiden sein (II.7), betrachtet die Frage, ob

Bogen ab.[29] In «unpedantischer Weise»[30] – aber durchaus penibel und detailliert – äußert sich Clemens zu einer breiten Palette von auf den ersten Blick höchst inhomogen erscheinenden Phänomenen. Das Verhalten bei Tisch, in Gesellschaft, in öffentlichen Badeeinrichtungen wird ebenso problematisiert wie Fragen von Kleidung und Schmuck, Haar- und Barttracht, Hausrat, aber auch der Umgang von Ehepartnern miteinander und Probleme des Sexualverhaltens.[31] Viele – beileibe nicht alle – dieser Topoi sind Standardfelder der Höflichkeitsreflexion und -pädagogik.[32] Gerahmt von und vermittelt durch eine (wohl antignostische) Logos-Christologie und Reflexionen auf den göttlichen Pädagogen und seine Art[33] kommt Clemens auf Themenfelder zu sprechen, die wir hier in Auswahl paradigmatisch anleuchten wollen. Vorab gibt eine aufschlußreiche Entdeckung zu denken: Clemens zügelt sich selbst in der Benennung seiner Rolle: Umgangs-Lehrer («belehrend», «διδασκαλικὸν») statt moralistischer Pädagoge («παιδαγωγικοῦ»)[34]. Zum Duktus des letzteren will Clemens zurückkehren, obwohl der «unbefangene» Beobachter geradezu den Eindruck haben muß, Clemens bewege sich in seinen Darstellungen überhaupt vorrangig als Lehrer der Etikette:[35] Schon diese kurze Oszillation lädt dazu ein, den «general overlap of etiquette and morality»[36] zu greifen. Deckungsgleichheit beider im strengen Sinn ist dabei keineswegs nötig, doch die Zusammenhänge sind alles andere als irrelevant.

Für Clemens ist das Ziel seiner «christologisch-theologischen» Pädagogik nicht eine Affirmation bestimmter Sets eines alltäglichen Rubrizismus, sondern seine Intention geht dahin, die habituelle «Verkörperung»[37] eines christlichen Alltagsethos im ethisch durchaus nicht unanspruchsvollen Abgleich von Haltung und Aus-

---

Kränze und Salben verwendet werden dürfen (II.8), erläutert das Schlafverhalten (II.9) und direkt daran anschließend die Frage, was hinsichtlich der Zeugung von Nachkommenschaft zu erörtern wäre (II.10), um von dort aus das Problem des angemessenen Schuhwerks zu erörtern (II.11). Schließlich wird davor gewarnt, Schmuck und Edelstein allzu sehr erstreben zu wollen (II.12). Im dritten Buch, das in zwei summarische Kapitel mündet (III.11-12), geht es um die «wahre Schönheit» und «Putzsucht» (III.1-4), den richtigen gesellschaftlichen Umgang (III.4), wie man sich in städtischen Bädern verhalten soll (III.5) und wozu Bäder gut sind (III.9), um Sinn und Zulässigkeit von Sport (III.10), während die Kapitel III.6-8 Charakteristika des Christen, seiner Einfachheit und die Funktion von Vorbildern und Beispielen beleuchten.

[29] So deutet – um nur einige Beispiele als Schlaglichter zu nennen – Clemens zu lautes Niesen oder Rülpsen als «ἀπαιδευσία» (Paid. II.60,2), verwehrt sich gegen zu glatte Rasur (Paid. III.16,2), Unbeherrschtheit bei Tisch und outrierte Mimik (Paid. II.13,1), fordert «gefällige Heiterkeit» anstelle von «plattem Gelächter» (Paid. II.45,4).

[30] So *WYRWA*, Clemens 129.

[31] Interessant und auffällig ist, daß Clemens betont, Tugend sei für Mann und Frau dieselbe. Vgl. Paid. I.10,1ff.

[32] Zur «klassischen» Höflichkeitspräzedenz des Alters vgl. z.B. Paid. III.30,2.

[33] Im «Paidagogos» – vor allem im ersten Buch – theoretisch-theologisch entfaltet und am Ende des dritten Buches mit einem eindrucksvollen Christus-Hymnus gekrönt und abgeschlossen.

[34] Vgl. Paid. II.76,1: «Ἀλλ' ἐξέθην γὰρ τοῦ παιδαγωγικοῦ τύπου, τὸ διδασκαλικὸν εἶδος παρεισάγων.»

[35] Vgl. *LEYERLE*, Table Etiquette 123, setzt gerade mit dieser Beobachtung ein.

[36] *LEYERLE*, Table Etiquette 125.

[37] Vgl. *LEYERLE*, Table Etiquette, bezieht sich für seine Analysen auf Bourdieus Habitus-Konzeptionen.

drucksformen anzuzielen.[38] Aus diesem Grund interessiert er sich gerade dafür – anders als Autoren, die sich zu Gebräuchen bei Tisch äußern und wie Platon, Xenophon, Petronius oder Plutarch Spiele, Rätsel oder Gesprächsthemen bei Tisch vorschlagen in ihren einschlägigen Werken, aber nicht Verhaltensweisen und Sitten in Augenschein nehmen.[39] Auffällige Unbescheidenheiten bei Tisch – besonders ins Visier genommen bei Clemens wie vergleichbare andere Orte mit Öffentlichkeitscharakter wie Bäder, Plätze, Kaufhallen und dem – wohl seit alters unvermeidlichen – Friseursalon als Umschlagplatz der Rede *über* andere (*der* Ort zieht besonderes Augenmerk auf sich im Sinn der Achtungs- oder Ächtungskommunikation) – verfallen einem besonderen Verdikt.[40] In diesen Focus zeichnen sich schlechte Sitten als Menetekel unterschwelliger Härte, ja Brutalität und Unmenschlichkeit ein.[41] Clemens vergleicht deshalb das nicht-temperierte Verhalten bei Tisch immer wieder mit Metaphern des Tierischen. Andersherum gesagt – in der «temperantia», in der Geschwindigkeitsbeschränkung, in der Druckminderung durch kontrollierte symbolische und verbale Artikulation, offenbart sich dann ein spezifischer Zug des Menschlichen selbst (oder fehlt eben)[42], auch und gerade weil es bei der permanenten (und eben höherfrequentiellen) naturalen Notwendigkeit der Nahrungsaufnahme eben immer wieder um die exemplarische Probe der Humanität geht. Langsamkeit und Bedachtheit, Kontrolle der Bewegung und der Äußerung verhindern die Bedrohung des eigenen wie des anderen Gesichts.

Hast und Hektik – so dürfen wir über Clemens hinaus, aber mit ihm, folgern – sind indes kein Zeichen von Autonomie des Menschlichen, der sich selbst in der Hand hat, sondern Zeichen des Getrieben-seins oder -werdens. Daß dies spezifisch höheren (Zeit-)Aufwand und größere Anstrengungen erfordert, manche «Umstände» macht, steht hierbei auf einem anderen Blatt, kann aber höflichkeitstheoretisch durchaus verbucht werden auf das Konto der Aufmerksamkeit für den anderen, ja sogar dem der «Prästationen».

*Maß*gebende Größen in diesem Diskurs bleiben für Clemens Angemessenheit, rechtes Maß, Bescheidenheit[43], Harmonie[44] und Timing[45]. Reinheit («καθαριότης») und Schlichtheit («ἀφέλεια»)[46] des Verhaltens werden ebenso gefordert wie die

---

38 *OSBORN*, Ethical Patterns 53, sagt im Blick auf Clemens' Tugendlehre: «Virtue is a harmonious rational state in the whole of life.» (vgl. ebd. 54, 58). Zudem hebt *OSBORN*, Ethical Patterns 60, auf die pneumatologische Dimension ab. Vgl. Paid. III,64.1f.

39 Vgl. *LEYERLE*, Table Etiquette 135f.

40 Vgl. z.B. Paid. II.11,3.

41 Vgl. *LEYERLE*, Table Etiquette 126.

42 Vgl. Paid. II.55,2, wo es so schlicht wie ergreifend heißt: «Iß wie ein Mensch ...!»

43 Vgl. Paid. II.1,1.

44 Vgl. Paid. II.44,5.

45 Vgl. Paid. II.46,1. Vgl. *OSBORN*, Ethical Patterns 53-59.

46 Vgl. Paid. III.55,2, III.37-40. All dies sind «Größen», die unverzichtbar zum Höflichkeitsdiskurs gehören. Was Einfachheit und/oder Reichtum angeht, so offenbart Clemens durchaus ein Gespür für symbolische und sozialdistinktive Funktionen, die er freilich nicht analysiert, sondern letztlich vor einem theologischen Kontext liest. Vgl. Paid. II.35-39 (Kostbarkeit des Hausrates und das biblische Ethos der Bescheidenheit und der Armut). Auch dabei tritt eine bemerkenswert flexible und unverkrampfte Sichtweise zutage: «Reichtum nun muß man in würdiger Weise in Besitz nehmen und andern in liebevoller Weise mitteilen, nicht in unedler und nicht in hoffärtiger Weise; und die Freude am Schönen darf man nicht verkehren in Selbstsucht und geschmacklose Prahlerei, ...», so Paid. III.34,1. Ähnliches läßt sich

Konvergenz zwischen innerer Haltung und äußerem Verhalten[47], Bescheidenheit und Bedürfnislosigkeit als Zielhaltung.[48] Dabei ist letztlich eine «τέχνη περὶ βίου»[49]

---

sagen für den Dress-Code (vgl. Paid. II.104-115), für Schmuck und andere Accessoires (vgl. Paid. II,118-129, vgl. Paid. III.34.2: «Nimm nur einmal den Frauen ihren Schmuck und den Herren ihre Diener weg, so wirst du keinen Unterschied mehr zwischen den Herren und den gekauften Sklaven finden, nicht im Gang, nicht im Blick, nicht in der Sprache; so sehr gleichen sie den Sklaven.») – Bei aller Einsicht in die Funktion von Kleidung, Symbolen etc. (das ist zunächst herauszustreichen) – die «feinen Unterschiede» (P. Bourdieu) gibt es natürlich auch und gerade in der Sprache und in der Prosodik, wobei Clemens' Beachtung des Blicks auffällt. Als zu aufdringlich sind diese dem Christen unangemessen (ja sogar schlimmer als Exzesse der Freß- und Trunksucht; vgl. Paid. III.10,1). Deshalb plädiert Clemens für die Vermeidung einschlägiger Accessoires und ihre demonstrativ-*theatralische* Zur-Schau-Stellungen in der Öffentlichkeit (vgl. Paid. III.10,3f.)! Aus dem biblischen Bilderverbot macht Clemens ein Verbot der Selbst (vgl. Paid. III.12,1) und spielt dabei mit den gr. Termini πρόσωπον und προσωπεῖον – das ist gar nicht so unironisch und uneinschlägig. Vgl. zum Thema «Maske», das Karriere machen wird, auch Paid. III.11,3.

47 Vgl. nur Paid. II.45,1: «Frucht der Gesinnung ist die Rede.» Nicht nur hinsichtlich verbaler Höflichkeitsformen bleibt dies leitmotivisch. Vgl. Paid. III.55,1: Kleidung verweist in direktem Bezug auf den Charakter des Trägers, dazu auch Paid. III.1-3, Paid. II.106,1ff. Von hier aus gewinnt Clemens immer wieder den Absprung zu seiner Kritik an «Putzsucht» und «Eitelkeit», vgl. Paid. III.4-14 (hier vorrangig der Frauen, aber auch Männer sind Clemens hierzu einer Fülle von kritischen Anmerkungen wert, vgl. Paid. III.15-25 und seine harsche Kritik am Effeminisierungsgehabe). Es geht hier sicher zunächst um eine Kritik im Sinne der Natürlichkeitsvorstellung, die Clemens immer wieder in Anschlag bringt. Darüber hinaus ist aber – sicher anachronistisch im Bezug auf den Verfasser – an die Frage der «sicheren» Zuschreibung von Rollen, hier also von Geschlechterrollen zu denken. Deren Verflüchtigung, die heute ja nicht mehr nur stellenweise über eine sinnvolle und notwendige emanzipative Neukonstruktion hinausgeht, hat *auch* destabilisierende Wirkung im Kontext indefiniter Rollen und der teils sehr deutlichen Zelebration dieser Grenzverflüchtigung folgt eine Unsicherheit in der Einschätzung des eigenen und des Fremdbildes. Dies hier nur als Nebenbemerkung, die aber auch auf ein Phänomen gewachsener Unklarheit im Umgang miteinander verweist.
Das «Kleider machen Leute» hat also eine veritable Geschichte. Wie so oft steckt darin ein Gran Wahrheit, ohne daß man diese Feststellung überstrapazieren müßte und dürfte. Man vgl. nur – ein gewagter Sprung gewiß – die Überlegungen von *T. RENDTORFF*, Kleider machen Leute? Der Kopftuchstreit oder: Sind wir auf dem Weg in eine laizistische Republik?, in: ZEE 43 (1999) 212-220, vgl. *K. KÖNIG*, Tschador, Ehre und Kulturkonflikt. Veränderungsprozesse türkischer Frauen und Mädchen durch die Emigration und ihre soziokulturellen Folgen, Frankfurt/M. ³1994. Abgesehen von den kulturtheoretischen und -kritischen Debatten, die der Protestantismus immer wieder geführt hat, kommen zwei Beobachtungen in den Blick. Kleidungsstücke symbolisieren nach wie vor augenfällig Gruppenzugehörigkeiten (und damit auch Trennung), zum anderen scheint eine weitere Problematik auf. Wenn Clemens seine Adjustierungen vornimmt, dann sucht er nach dem angemessenen Platz und Umgang, den die Christen prospektiv und optimistisch in einer pluralen Gesellschaft werden einnehmen und gestalten können. Heute scheint die Frage eher pessimistisch getönt. Welcher Platz bleibt dann noch? Wie unterscheidet man sich *in* der Pluralität? Auf *Dauer*? Nur via Patchwork-Biographien (ein fahrlässig oberflächlicher Begriff)? Wo siedelt die Chance auf relative Stabilität und Kontinuität im allgegenwärtigen Wandel. Stabilität *und* Identität sind dezidiertes Thema jeglicher Tugendtheorie und -theologie.

48 Bedürfnislosigkeit nimmt dabei *theologisch* Maß: Gott allein ist bedürfnislos. Ihm soll sich – so das ambitionierte Ziel der theologisch-christologischen Pädagogik des Clemens – der Mensch angleichen. Vgl. dazu Paid. III.1,1! Diese Thematik scheint auch durch in einer weiteren Schrift des Clemens mit dem Titel «Welcher Reiche wird gerettet werden?» Er fragt leitmotivisch in der Spannung zwischen Moralität und Soteriologie. Vgl. zu dieser Schrift auch *M. WACHT*, Erläuterungen zum Autor und zum Text, in: Klemens von Alexandrien, Welcher Reiche wird gerettet werden? (Schriften der Kirchenväter I), hrsg. v. *N. BROX*, München 1982, 65-92 (in diesem Band auch die Übersetzung des Textes von O. Stählin aus der BKV).

49 Diesen stoischen Begriff übernimmt Clemens. Es ist kein mechanistisch-technizistischer Begriff, der sicher Interaktionstechniken und -kompetenzen einschließt, aber doch eine deutliche Haltungskomponente hat. Vgl. Paid. II.25,3: «Denn da die Weisheit die vollkommene Kenntnis göttlicher und menschlicher Dinge ist, die alles in sich schließt, so wird sie, insofern sie die Menschenherde beaufsichtigt, eine

angezielt. Prisma, Focus und Brennpunkt, «Probe aufs Exempel» und Übungsterrain ist dabei in der Antike (und bei Clemens) immer wieder das Verhalten in semi- und ganzöffentlichen Konstellationen, wie sie sich beispielsweise «bei Tisch» ergeben. Das «Symposion» ist ein nicht nur in dieser Hinsicht prominenter Ort: «Behaviour at meals was a reliable indicator of personality in Greco-Roman society.»[50] – Dies bestätigt und ratifiziert, verkörpert und formt sich expressiv (als Impression und Indikation) sowohl in moralischer als auch (privat-)politischer Dimension, die zugleich immer auch die Signatur des Sozialen trägt. Deshalb nimmt es nicht wunder, wenn Clemens postuliert und hervorhebt:

> *«Man muß also alles niedrige Benehmen und jede Unmäßigkeit vermeiden, bescheiden von dem Angebotenen nehmen, sich davor hüten, etwas auf die Hand, auf das Tischtuch oder den Bart zu verschütten, den anständigen Gesichtsausdruck unverändert erhalten und auch beim Essen selbst sich nicht unanständig benehmen, sondern jeder soll seine Hand in zeitlichen Abständen, wenn die Reihe an ihn kommt, (nach den Speisen) ausstrecken. Man muß auch vermeiden, während man ißt, zugleich irgend etwas zu reden; denn die Stimme wird unschön und undeutlich, wenn sie durch die vollen Backen beengt wird; und wenn die Zunge durch die Speise zusammengepreßt und so in der Erfüllung ihrer natürlichen Aufgabe (beim Sprechen) gehindert wird, kann sie nur gequetschte Laute hervorbringen.»*[51]

Akustische[52], haptische und optische «Grenzüberschreitungen» und Peinlichkeiten (als Falle und Interpretament)[53], zu lautes oder zu leises Reden als «Rücksichtslosigkeit», die unkontrollierte Speisenwahl[54] wollen vermieden, also einschlägige Aktionen reguliert werden. Die relative «Enge bei Tisch» als Prisma und Focus des Sozialverhaltens macht dies notwendig. Diese Dimension des Sozialen wird auch sichtbar in der Forderung, angemessene Reihenfolgen einzuhalten. Phänomene der «Raum- und Zeitverteilung»[55] sind Clemens in dieser Hinsicht durchaus bewußt.

Kunst für das Leben und ist deshalb immer bei uns, so lange wir leben, und führt immer ihre Aufgabe durch, uns zum richtigen Leben zu erziehen.»

[50] Vgl. LEYERLE, Table Etiquette 140. So relevant diese Einschätzung ist und bleibt, die Frage, nach denen, die *keinen* Platz bei diesen Mählern finden, behält Bedeutung nicht nur in historischer Hinsicht, sondern gerade auch im Blick auf die advokatorische und adjuvatorische Funktion, die eine biblisch inspirierte Ethik im Gefolge der «Option für die Verdrängten» einzunehmen hat.

[51] Paid. II.13,1. Die genaue Kontur dessen, um welche Art von Mählern es sich handelt, wird bei Clemens nicht ganz klar. Jedenfalls haben sie einen gewissen Öffentlichkeitscharakter (ob zuerst und *ausschließlich* die Eigengruppe im Blick ist, zum Beispiel im Sinne der Agapefeiern im Kontext der eucharistischen Liturgie, ist denkbar). Jedenfalls ist die Zusammensetzung heterogen und es handelt sich um eine signifikant größere Gruppe, die Öffentlichkeit herstellt. Vgl. F. RAMIREZ, Lobster or sop. Clement of Alexandria, the love feast, the local and the translocal church, in: BLT 43 (1998) 19-34.

[52] Vgl. Paid. II.58,3.

[53] Vgl. LEYERLE, Table Etiquette 130f.

[54] Clemens meidet die Extreme: Nicht völlige Enthaltsamkeit wird forciert, aber überbetontes Angebot wie unkontrollierte Nachfrage stehen in allen Bezügen und Dimensionen ebenfalls nicht auf dem Plan. Vgl. Paid. II.10,2.

[55] Clemens entwickelt hier eine durchaus bemerkenswerte Sensibilität für die Zusammenhänge von Prosodie, Hektik und Haltung und innerer Disposition. Er plädiert deshalb für eine gewisse Langsamkeit. Damit ist auch die Problematik von Zeit und Zeitaufwand, im Höflichkeitsdiskurs nicht selten thematisiert, schon hier anwesend. Vgl. Paid. II.55,1: «Auch in fortwährender Bewegung immer wieder seine Stellung zu wechseln ist ein Zeichen von leichtfertigem Sinn», dazu auch Paid. II.1,2. – Paid. III.47,3 nimmt diese Spur auf, wenn es um das Verhalten im öffentlichen Bad geht: «Aber auch von mehreren Sklaven sich übergießen zu lassen, ist eine übermütige Kränkung für die Mitmenschen, indem man durch

Fehlverhalten und Unangemessenes sind zu vermeiden, weil hier immer wieder die Bedrohung des eigenen Gesichts wie das der anderen droht. Andersherum und positiv formuliert: angemessenes Verhalten bei einem Gastmahl ehrt den Gastgeber.[56] Diese Grunddisposition der Höflichkeit wird ebenso transparent, wenn Clemens fordert:

> *«Denn man muß doch auch auf die anderen, die an dem Gastmahl mit teilnehmen, acht geben, damit sie nicht aus Ekel ein solches unanständiges Benehmen verabscheuen, das Mangel an Selbstbeherrschung verrät.»*[57]

Sensibilität, Gespür und Respekt für andere bleiben auch Leitideen, wenn sich Clemens weiteren Themenbereichen zuwendet, die allesamt in den Kanon des Höflichkeitsdiskurses gehören: dem Lachen[58], dem «unanständigen Reden».[59] Scherze sind in der Konversation für Clemens durchaus erlaubt[60], aber es ist dennoch eine gewisse Selbstkontrolle[61] und -reflexion notwendig, um dabei das richtige Maß an den Tag zu legen. In diesen Zusammenhang gehört auch die Warnung vor «unanständiger Rede, dummem Geschwätz und leichtfertigem Witz», deren rigide Sanktionierung Clemens fordert.[62] Und dies hat durchaus eine ethische Begründung: Unanständiges Reden gilt Clemens als Vorbereitung für unsittliches Handeln[63], Spott

---

seine Üppigkeit etwas vor den anderen voraushaben und nicht einsehen will, daß das Bad für alle in der gleichen Weise zur Verfügung stehen soll» – also auch hier die Raumthematik an einem heiklen sozialen Treffpunkt gekoppelt mit den Leitvorstellungen von Rücksicht und Respekt, Kränkung durch die raum- und personalgreifende, also «er-diener-te» Entfaltung des eigenen Luxus.

56 Vgl. Paid. II.102. Einschlägig ist hier nicht nur das klassische Thema der Etikette «Reden mit vollem Mund». Für Clemens steht hier wie oft auch der ästhetische Aspekt in der Koppelung von Schönheit und Natürlichkeit zur Debatte und ist zudem noch verschränkt mit der Vernunftdimension der Diätetik, vgl. Paid. II.12,1ff., II.40-44 (auch erotische Überhitzungen durch exzessive Musik und Tanz sind zu meiden. Der Kontext Alexandria dürfte hinreichend Anschauungsmaterial geliefert haben), II.31,1ff., II.81,1. Interessant auch wortspielerisch Paid. II.15,4: «ungesund überladene Tische» entfesseln den Bauchdämon» – der steht (nicht nur wortspielerisch) gegen das Glücklich-sein («εὐδαίμων») – «(...) das Glück («εὐδαιμονία») wird aber an der Ausübung der Tugend erkannt». Zu unterlassen sind aus dieser Rücksicht Schnalzen, Pfeifen, Ausspucken, zu lautes Räuspern, Schneuzen während des Trinkens. Vgl. Paid. II.60,1-5. Hier liegt es nahe an Elias' Überlegungen zu Selbstkontrolle, Scham-, Ekel- und Peinlichkeitsgrenzen zu erinnern. Sie sind jeweils auch Grenzen der Bedrohung des Gesichts des anderen wie des eigenen.

57 Paid. II.60,1.

58 Vgl. Paid. II.45-48.

59 Vgl. Paid. II.49-52.

60 Vgl. Paid. II.45,4. Auch hier meldet Clemens einen «ästhetischen Vorbehalt» an (vgl. Paid. II.57,1ff.). Paid. II.46,1 spricht aber zugleich davon, daß das «richtige Lachen» von «feinem Anstand» («prae se fert decorum et honestatem» oder im Original: «μὴ ταύτῃ δὲ χωρῶν, ἀκολασίαν ἐνδείκνυται») zeugt.

61 Vgl. *LEYERLE*, Table Etiquette 132.

62 Vgl. Paid. II.49,1; 50,1; 51,1.

63 Vgl. Paid. II.52,1 für einen Zusammenhang der «praeparatio immoralitatis», deren Spuren weiterzuverfolgen wären. Vgl. z.B. *K. DEMMER*, Art. Sünde, in: NLChM 752-759, 755: «Jede Sünde beginnt in der Innerlichkeit der eigenen Gedankenwelt. Die Gesinnung eines Menschen nimmt in der Kultur des Denkens ihre ursprünglichste Gestalt an. Wie ein Mensch denkt, so lebt und handelt er auch. Was gedacht wird, findet irgendwann einmal, auf welch verschlungenen und verborgenen Pfaden auch immer, den Weg zur Tat.» Man wird diesen ethischen Zusammenhang kaum leugnen können, sollte sich aber hüten, diesen für unmittelbar erhebbar zu halten. Hierbei käme es zu einer kontraproduktiven Moralisierung, die man für Clemens jedoch nicht immer ganz von der Hand weisen kann.

als Anfang der Kränkung.[64] Gerade in diesen Beobachtungen und Markierungen wird deutlich, daß es Clemens auch darum geht, unnötig Konfliktives schon im Keim zu vermeiden. Es ist dies eine der Kernbemühungen und -funktionen der Höflichkeit selbst. Dem Rat der Lebenskunst wohnt mit Sicherheit auch ein Moment der Irenik inne. Zusammenkünfte sind zunächst als Stabilisatoren von Freundschaften und Beziehungen zu sehen und hier – ob rein binnengemeindlich oder nicht, darf dahingestellt bleiben – wird dieser Rat auch einschlägig: Unnötig oder leichtfertig vom Zaun gebrochene Konflikte sind zu vermeiden und ebenso «Face-Bedrohungen».[65]

In diesen Zusammenhang gehört es auch, wenn Clemens die Aufmerksamkeit auf die Bedeutung des Blickes lenkt.[66] Jeder «invasive», damit schnell auch gesichtsbedrohende Blick – vorab auf Frauen (Gründe dafür sind die üblicherweise verdächtigen!) ist zu vermeiden, denn – und die Begründung ist der springende Punkt, der Sensibilitäten bei Clemens aufscheinen läßt – man kann auch durch Blicke, nicht nur durch Berührungen sündigen. Freilich steht Thema «Blick und Sphäre» sofort in einer sündenzentrierten Argumentation.[67]

Aus den Regularien des Clemens ist noch eine weitere überraschende Pointe anzuführen: Er besteht auf der Vermeidung von öffentlichen Grüßen gerade derer, die nahestehen.[68] Zu dieser an sich prima vista einer Höflichkeitstheorie querstehenden Anweisung gelangt Clemens allerdings aus einem Grunde, der selbst wieder auf tiefere Schichten und Sichtweisen zusteuert. Es geht ihm auch hierbei um ein Maß an Rücksichtnahme auf Dritte, die durch ein Zuviel an öffentlicher Grußgestikulation und -verbalisation wiederum irritiert werden könnten. Man muß – aus unserer Sicht – beides, Folgerung wie Begründung, in dieser spezifischen Koppelung nicht annehmen, aber offenkundig gibt es schon für Clemens Momente, in denen Höflichkeitsformeln aus Höflichkeitsgründen dispensiert werden können. Immerhin eine Überlegung, die mit so manchen Einsichten wie Erfahrungen korrespondiert, die wir bereits ausgeführt haben. Darüber hinaus aber eben doch schon ein früher Reflex der «christlichen» Moralistik und Lebenskunst in, aus und für das Alltäglich-Urbane und Plural-Unübersichtliche.

---

[64] Vgl. Paid. II.53,1-5.

[65] Hier gilt genau der Rat der Konfliktvermeidung durch Schweigen. Das macht auch deutlich, warum das Diktum «Schweigen bedeutet Zustimmung» nur in begrenzter Reichweite sinnvoll ist. Abgesehen davon, daß es sich hierbei um eine ethisch höchst zweifelhafte (faktisch natürlich mögliche) Vereinnahmung des anderen handelt, also um einen Verstoß gegen die Prämissen der fundamentalethisch relevanten Alterität, wäre hier auch die höflichkeitstheoretische Akzentuierung der Konfliktdämpfung in Anschlag zu bringen. Freilich – das enthebt nicht einer nötigen Unterscheidung der Geister, einer Unterscheidung von Fall zu Fall.

[66] Vgl. Paid. III.82,5. – Ein Topos biblischer Ethik schimmert hier natürlich durch. Es genügt der Hinweis auf Mt 5,27ff.

[67] Vorab wäre es sinnvoll, sich der Tatsache bewußter zu sein, *daß* der Blick ein invasives Element der Kommunikation sein kann. Gerade deshalb ist es ja sinnvoll, sich auch im Kontext einer Höflichkeitstheorie, die die (Intim-)Sphäre des anderen zu schützen sucht, der ethischen Valenz des Blicks zu vergewissern.

[68] Vgl. Paid. III.82,2.

13.1.2. Schätzung und Einschätzung

Wir sehen also: Clemens' Aufmerksamkeit gilt nicht allein dem Verhalten bei Tisch. Was sich aber diesbezüglich sagen läßt, gilt auch in anderen (Standard-)Situationen:

> *«In sum, therefore, Clement's advice on table etiquette insists that manners play an important role in individual self-definition: human beings are to be distinguished from animals by their intentional self-control.»*[69]

Ethik und Ästhetik werden bei Clemens «en détail» exerziert und in Korrespondenz gebracht. Wichtig daran ist das fundamentale Moment. Schon in diesem frühen Versuch und Stadium christlich-ethischer Reflexion wird den «minima moralia» erhebliche Aufmerksamkeit gewidmet. Nicht so sehr die zeitgebundenen Einschätzungen und Konkretionen (das Faktum der Konkretion selbst schärft aber den systematischen Blick auf unsere Themenfelder) sind dabei das Ausschlaggebende, sondern vorab, daß sich dieser Sinn für das Detail alltäglicher Lebensgestaltung in einen theologischen, vorab christologischen Rahmen einzeichnet. Im Sinn einer tradiert-traditionellen Kalokagathie wie der εὐσχημοσύνη und κοσμιότης wie im Sinn eines biblischen Ethos konturieren sich bei Clemens deutlich ästhetisch-ethische Erwägungen[70], die er – das hat er mit den meisten, bald folgenden christlichen Schriftstellern gemeinsam, die sich zu Fragen von Höflichkeit und Anstand äußern – in einen theologischen Kontext rückt.[71] Typisch und vor diesem Hintergrund verständlich ist für Clemens darüber hinaus auch die Verbindung zwischen ästhetisch-gesellschaftlichen Überlegungen und dem Gedanken der Natur- und Vernunftgemäßheit[72], die korreliert werden mit dem Logos der Theologie, dem Logos als Pädagogen schlechthin.[73] Wider Vernunft und Natur handeln heißt für ihn wider den Schöpfer handeln. In diesem Gefälle gewinnen auch Fragen des Anstands moralisches und theologisches Gewicht. So kann Clemens beispielsweise geräuschvol-

---

[69] *LEYERLE*, Table Etiquette 133.

[70] Vgl. z.B. Paid. III.36,2: Der echte Reichtum besteht in der Gerechtigkeit, der Logos – in der Oszillation des Begriffs bei Clemens – ist die Fülle. Vgl. Paid. III.36,1, wo das Thema Freigebigkeit als Frucht der Seele bezogen wird auf den «wahren Reichtum» der allein Reichen, der Christen nämlich – eine theologische Volte.

[71] Vgl. *PROCOPÉ*, Höflichkeit 981-984. Ein Topos, der in diesen doppelten Zusammenhang eingerückt wird, ist jener der Gastfreundschaft. Hierbei – ähnliches ist zu beobachten bei der Deutung des Verhältnisses von Freundlichkeit und Nächstenliebe – wird das Thema leichtfüßig in ein theologisches verwandelt. Die Anknüpfungspunkte (etwa Mt 25) sind evident.

[72] Vgl. Paid. I.101-103. Das schlägt zum Beispiel auch bei einem Topos durch, der später in den Fürstenspiegeln auch in den Kontext der Höflichkeitspädagogik gehört: dem Sport, vgl. Paid. III.46-48, wo die vernunftgemäße Leibsorge zugelassen wird, natürlich unter den üblichen Bedingungen wie Maß und «Schicklichkeit».

[73] Die Vermittlung dieser Stränge mutet an manchen Stellen ebenso fraglos-selbstverständlich wie theoretisch ergänzungsbedürftig an. Aber die abschließenden Summarien und der Hymnus sind weit mehr also bloße Anhänge. Sie greifen die thematische und theologische Fülle des Vorhergehenden auf, sind nicht nur eine Klammer. Vgl. Paid. III.53-83 (das erste der beiden abschließenden Summarien und den abschließenden Hymnus), dazu auch Paid. III.80,1: «Die Christus geweiht sind, sollen dies im ganzen Leben zeigen: würdig, sanft, gottesfürchtig und liebevoll sein.» – Und dies – zwar nicht expressis verbis, aber doch – sein, nicht scheinen.

les Trinken als häßlich und unziemlich abtun, weil es nicht der Art des Trinkens Jesu entspräche, der den Wein gesegnet und gewandelt hat.[74]

Zwar kann – gerade an einem derartigen Beispiel ersichtlich – leicht der Eindruck entstehen, Clemens' Bemühungen seinen vorrangig defensiv und abgrenzend, ebenso der Eindruck einer Moralisierungsgefahr, die ja gerade dann immer aufscheint, wenn die Normsätze ohne Begründung und Ziel auftreten oder die Begründungslinien qualitativ weit über das zu Begründende hinausschießen, doch darf man für Clemens durchaus ins Feld führen, daß manche lokal-partielle Rigidität durchaus als Reaktion auf die Gepflogenheiten der Umwelt, vorab Alexandrias[75], gedeutet werden sollte. Dennoch verfällt er keineswegs in eine rigoristische Haltung, sondern bleibt einer Ethik des Maßes verpflichtet.[76] Die sich letztlich auszeichnet durch eine spezifische «Weltfrömmigkeit»[77], die sich auszeichnet durch die Intentionen seiner Überlegungen und durch Aufmerksamkeit für die Durchdringung des Alltags, seiner Begegnungsfelder, Situationen und Kommunikationen aus einer hermeneutischen Prämisse, die sich verschiedenen Wurzeln, aber einer Zielperspektive verdankt – der theologisch-spirituellen nämlich.

Das sittliche Subjekt, das Clemens in seiner alltäglichen Verflochtenheit und Handlungs- und Kommunikationsweise vor Augen hat, ist der Christ/die Christin in einem urbanen Kontext, in einem Kontext auch, in dem ein biblisch-christliches Ethos für die alltägliche Kommunikation keineswegs dominant ist.[78] Auch und gerade in dieser Perspektive gibt Clemens v. Alexandrien ein frühes, «nachbiblisches» Zeugnis für eine spezifische «Aufmerksamkeit für die Aufmerksamkeit», die weit «avant la lettre» in einen weiten, christologisch wie spirituell grundierten, aber eben auch pluralitäts- und zivilisationskompatiblen Begriff von Höflichkeit münden kann, der mit den Brüchen und Spannungen umzugehen sucht, gerade dann, wenn unterschiedlichste Konzepte von Alltags-, Umgangsweisen und Wertvorstellungen unumgänglich aufeinandertreffen.[79]

---

[74] Vgl. nur Paid. II.31,2; 32,2.

[75] Äußerungen wie die folgende, Paid. II.41,3: «Wir müssen aber ohne jede Ausnahme alles unanständige Sehen und Hören und mit einem Wort jede häßliche Wahrnehmung von zuchtlosem Wesen, was aber in Wahrheit der Mangel an jedem feineren Gefühl ist, mit aller Macht ausrotten, indem wir uns vor der die Augen und Ohren kitzelnden und verweichlichenden Lust hüten; denn die listigen Zaubermittel kraftloser Weisen und klagender Rhythmen der karischen Muse verderben die Sinnesart, indem sie mit ihrer zuchtlosen und verführerischen Musik zur Leidenschaft verleiten» gehen sicherlich nicht nur, aber auch auf das Konto einer Großstadterfahrung, die keineswegs nur historisch ist.

[76] So *FRÜCHTEL*, Klemens v. Alexandrien 126, ähnlich *CAMPENHAUSEN*, Griechische Kirchenväter 36. Diese Ethik des Maßes ist «reason and moderation» verpflichtet, nicht aber der «mediocrity», so *OSBORN*, Ethical Patterns 59, vgl. 53.

[77] So *CAMPENHAUSEN*, Griechische Kirchenväter 36, der sie, als weder zu liberal noch als zu pietistisch bewertet (eine Einschätzung, deren Begriffe natürlich auf das Konto dieses Autors gehen, aber der Intention nach sachlich richtig bleiben).

[78] Erinnerung ist angebracht. Hier stellt sich eine Frage, die im Blick auf die «Apologetengeneration» der Kirchenväter vor der «Konstantinischen Wende» von neuer – auch (alltags-)ethischer – Bedeutung und Aktualität sein wird. Dazu, welche Inspirationen (theoretisch) und Umgangsweisen (praktisch) einer Umwelt zu entnehmen und zu verdanken sind, die keineswegs christlich geprägt ist, vgl. knapp *A.-P. ALKOFER*, «In ihr leben wir, bewegen wir uns und sind wir ...». Anstöße und Gaben einer an- und aufregenden Welt, in: *M. ENTRICH/J. WANKE* (Hrsg.), In fremder Welt zuhause. Anstöße für eine neue Pastoral, Stuttgart 2001, 129-147, 170-172.

[79] Auffallenderweise gibt Clemens nirgends Orientierungen, wie auf die Unhöflichkeit eines anderen – sei sie nun beabsichtigt oder nicht – zu reagieren sei. Vgl. *LEYERLE*, Table Etiquette 136.

Es geht Clemens im Blick auf den Logos-Paidagogos um die Vermittlung von «Wahrheit als Begegnung»[80] – diese Begegnung ist evidenterweise die Begegnung mit Christus selbst, aber sie ist immer auch die Begegnung mit dem anderen im Alltag. Diese braucht Regeln und Aufmerksamkeiten. Fragmente dafür liefert die Auseinandersetzung mit der frühen Urbanität und Multikulturalität Alexandriens. Bezeichnenderweise ist die entsprechende Grundhaltung «both practical and contemplative», so attraktiv-überzeugend wie «tactful», wie Osborn im Blick auf Clemens' Tugendtheorie resümiert.[81]

Der Sprung, der nun folgt, ist so gewaltig wie gewagt. Er führt über ein Millennium hinweg und von einem Nicht-Systematiker zu dem Systematiker, der den Begriff der «curialitas» eigentlich schon hätte verwenden können.

13.2. THOMAS V. AQUIN UND DER «UNGEZWUNGENE SITTLICHE ELAN» DER «AFFABILITAS»

Der Referent, Thomas von Aquin, bleibt fraglos – aber nicht anfragelos – Referenz- wie Reverenzpunkt.[82] Hier kann – ebenso fraglos – nicht die gesamte thomasische Tugendlehre in ihrer Bedeutung und Weite ausgebreitet werden, in deren Mittelpunkt die Ausrichtung am Ziel äußersten Sein-Könnens des Menschen steht. Thomas hat im Zug der zeitgenössischen Aristoteles-Renaissance dessen Tugendsystematik – und das wird auch an dieser Stelle im Blick auf die Höflichkeitsthematik oder den zivilen Umgang deutlich – in den Kontext der christlichen Theologie überführt und damit selbst eine vehemente Wirkungsgeschichte initiiert. Diese Wirkung verdankt sich einerseits der integralen Verknüpfung philosophischer Impulse mit der biblischen und theologischen Tradition[83] als auch dem Versuch, das gesamte sittliche Leben durch ein Netz korrespondierender Tugenden zu ordnen und *systematisch* zu erfassen – und zwar unter dem Impuls einer von Aristoteles inspirierten Heuristik und Hermeneutik des Alltäglich-Konkreten. Dies unterscheidet

---

[80] So *CAMPENHAUSEN*, Griechische Kirchenväter 39. Bemerkenswert ist dabei durchaus, daß Clemens nicht selten den Logos-Begriff in seinen Schriften oszillieren läßt zwischen dem Logos der Vernunft und dem göttlichen Logos. Vgl. *OSBORN*, Ethical Patterns 64.

[81] Vgl. *OSBORN*, Ethical Patterns 52f.

[82] Die Enzyklika «Fides et ratio» (1998), bes. 43f., nimmt aktuell Maß an Thomas. Vgl. zu Thomas insgesamt aus der unüberschaubaren Fülle der Literatur: *J.A. WEISHEIPL*, Thomas v. Aquin. Sein Leben und seine Theologie. Graz-Wien-Köln 1980, *O.H. PESCH*, Thomas v. Aquin. Grenze und Größe mittelalterlicher Theologie. Eine Einführung, Mainz ²1989, zur Tugendethik vgl. besonders *E. SCHOCKENHOFF*, Bonum hominis. Die anthropologischen und theologischen Grundlagen der Tugendethik des Thomas von Aquin, Mainz 1987, *J. SCHUSTER*, Moralischen Können. Studien zur Tugendethik, Würzburg 1997, bes. 43-51, 122-131, spezifisch für unseren Kontext *MARSCHÜTZ*, Die verlorene Ehrfurcht 82-126, 222-243, *H. DÖRNEMANN*, Freundschaft als Paradigma der Erlösung, Würzburg 1997 (Lit.), *T.F. O'MEARA*, Thomas Aquinas and today's theology, in: ThTo 55 (1998) 46-58, *S. POPE* (Hrsg.), The Ethics of Aquinas, Washington 2002.

[83] Schon der äußere, formale Aufriß der Tugendethik liegt für Thomas bereits vor. Lateinischen Kirchenväter vermitteln antike Tugendlehren in die christliche Tradition: Ambrosius transponiert unbefangen mit seinem Werk «De officiis» Ciceros Schrift über das Ethos der Staatsbeamten. Bei ihm begegnet der Name «Kardinaltugenden» für die vier Haupttugenden. Hieronymus verwendet das Bild eines Viergespanns, dessen Wagenlenker Christus selber ist. Gregor der Große parallelisiert erstmals das philosophische Viererschema der Kardinaltugenden mit den drei theologischen Tugenden von Glaube, Hoffnung und Liebe. Innovatives ist dann auch der Aristoteles-Rezeption verdankt.

sich von theologischen Traditionssträngen, die sich stärker platonisierenden Vorstellungen (wie der Augustinismus[84]) verpflichtet wissen.

In diesem Duktus entdeckt und vermittelt thomasische Theologie, Anthropologie und Ethik neu die Eigenbedeutung des Menschen.[85] Dieser anthropologische Neueinsatz löst die Gnadenwirklichkeit nicht auf, nimmt aber in fundamentaler Weise neu wahr, daß Gnade die Bedingungsmöglichkeit einer responsorialen Struktur der sittlichen Wirklichkeit des Menschen ist und wird. Auf dem Boden der christlichen Ethik meint also das Erlangen der Tugend, der Erwerb moralischer Handlungskompetenz, nie allein ein starr-angestrengtes Lernen durch Wiederholung und Übung. Dem voraus geht die Primärerfahrung des Geschenktseins mit der Fähigkeit zu glauben, zu hoffen und zu lieben.[86] In der Erfahrung von Gnade als Ersterfahrung eines christlichen Ethos sieht Thomas den entscheidenden Grundzug. Insofern sucht er mit dem Einsatz und Ansatz, daß dem Menschen Tugenden seines Lebens durch die Gnade geschenkt werden, nichts anderes, als den biblischen Impuls der christlichen Ethik auf der Ebene einer theologischen Systematik zum Tragen zu bringen. Diese Grundaussage, daß moralisches Handeln immer der Weg der Liebe ist, auf dem der Mensch Anteil an seinem definitiven Glück erwirbt[87], verfolgt Thomas bis ins Detail. Thomas läßt sich dabei in seiner Tugendethik von dem aristotelischen Gedanken des «habitus» als einer stabilen Tätigkeits- oder Handlungsvorprägung leiten[88], die dem menschlichen Handeln im ethischen wie im intel-

---

[84] Vgl. die bekannte Zuspitzung der gnadentheologischen Dimension bei *PETRUS LOMBARDUS*, Liber Sententiarum II 27 d. 27 c. 5: «(...) quam Deus solus in homine operatur» und im Anschluß daran *PETRUS V. POITIERS*, Sentenzenkommentar III,1 (PL 211,1041): «Virtus est bona qualitas mentis, qua recte vivitur, qua nullus male utitur, quam Deus solus in nobis sine nobis operatur.» Vgl. *AUGUSTINUS*, De libero arbitrio II 19.

[85] Vgl. schon *J.-B. METZ*, Christliche Anthropozentrik. Über die Denkform des Thomas von Aquin, München 1962, zudem *K.-W. MERKS*, Theologische Grundlegung der sittlichen Autonomie. Strukturmomente eines ‹autonomen› Normbegründungsverständnisses im Lex-Traktat der Summa theologiae des Thomas v. Aquin, Düsseldorf 1978, 76, *O.H. PESCH*, Die Theologie der Rechtfertigung bei Martin Luther und Thomas v. Aquin, Mainz ²1985, 405f., *DÖRNEMANN*, Freundschaft 27.

[86] Zum theologischen Rahmen vgl. konzise *DÖRNEMANN*, Freundschaft, bes. 22-34. Zu den theologischen Tugenden als «virtutes infusae», den Bedingungsmöglichkeit des menschlichen Handelns in der Schöpfungs als «Imago Dei» in der Ausrichtung und Dynamik des «finis ultimis», der «beatitudo perfecta» und der «caritas» als «forma virtutum» und durchgängiges ethisches Handlungsprinzip vgl. v.a. detailliert *SCHOCKENHOFF*, Bonum hominis 85-128, 476-572, *DÖRNEMANN*, Freundschaft 22-76, *J. BOWLIN*, Aquinas on virtue and the goods of fortune, in: The Thomist 60 (1996) 537-570, *M. CARL*, Law, virtue and happiness in Aquinas‘s moral theory, in: The Thomist 61 (1997) 425-447, sowie *W. WEIER*, Gott als Sinngrund des Mensch- und Weltseins nach Thomas von Aquin, in: Edith-Stein-Jahrbuch 4 (1998) 177-191, *J. PORTER*, What the wise person knows. Natural law and virtue in Aquinas‘ «Summa theologiae», in: Studies in Christian ethics 12 (1999) 57-69.
Hier vermittelt Thomas theologische Grundierung und anthropologisch-ethische Potentialität mit Vorentwurf, Realisierungsgefüge unter Einschluß aller Facetten und Momente des kreatürlichen und kreativen Menschseins, wobei Gott Ursprung, Ermöglichungsgrund und letztes Ziel allen Menschseins und damit menschlichen Handelns ist. Vgl. knapp *L. DEWAN*, St. Thomas and creation: Does God create «reality»?, in: ScEs 51 (1999) 5-25.

[87] Die «beatitudo perfecta» ist dabei das Zielkonzept, innerweltliche Ziele und Motivationen sind davon zu unterscheiden, blieben aber auch in ihrer «Nachrangigkeit» und Vorläufigkeit von anthropologischer und ethischer Relevanz, gerade hinsichtlich des geordneten guten Gebrauchs (vgl. z.B. S.Th. I-II 2).

[88] Zum Habitus-Konzept bei Thomas vgl. umfassend *SCHOCKENHOFF*, Bonum hominis 202-234, zudem *DÖRNEMANN*, Freundschaft 48-63, *R. DARGE*, «Wie einer beschaffen ist, so erscheint ihm das Ziel.» Die Rolle des moralischen Habitus bei der Beurteilung des Handlungsziels nach Thomas von

lektuellen Bereich (im Gefälle der Unterscheidung von intellektuellen und den ethischen Tugenden[89]) Konstanz, Freude und Kreativität zugleich verleiht.[90] Ontologisch ist der «habitus» bei Thomas mit den einzelnen Seelenvermögen des Menschen verbunden und bezeichnet eine «qualitas» als «modus et determinatio subiecti»[91]. Damit verbindet Thomas zwei Gedanken, die von hoher ethischer Relevanz sind: Der «habitus» gehört in die Sphäre des Kontingenten, Freien und Akzidentiellen und ist damit nicht einfach eine Handlungsmechanik oder -automatik und der «habitus» ist selbst qualifizierbar von seinen Handlungszielen her und wird von seiner Angemessenheit der menschlichen Natur gegenüber entweder gut oder schlecht. Mit diesen Bestimmungen im Hintergrund läßt sich eine Definition des Habitus formulieren, die auch für den hier zu verhandelnden Bereich zutrifft:

> *«Ein ‹habitus› ist eine nur den Menschen aufgrund seines Verstandes- und Willensvermögens auszeichnende und durch vielfältige, gleichförmige Einzelakte angewöhnte Disposition eines Vermögens, wodurch dieses Vermögen gegenüber einem bestimmten Objektfeld zu konstanten, gleichförmigen Tätigkeiten befähigt wird.»*[92]

Die detaillierte Ausfaltung der Tugendethik bei Thomas – er unterscheidet insgesamt 44 (oder 45) Einzeltugenden[93] – ist eine Spiegelung seiner radikalen Ernstnahme einer vielfältigen und im Kern komplexen «Lebenswelt», in der sich sittlichen Lebens in Freiheit aus dem Glauben (in einer vergleichsweise stabilen Ordo-Deutung von Welt) realisiert. Eine derartige Wende der Perspektive wirkt sich dann auch in der Tugendauffassung aus. So definiert Thomas Tugend im Sinne des «habitus operativus bonus»[94]: «Tugend ist, was den, der sie besitzt, in seinem Sein und Handeln gut macht.»[95]

Aquin, in: ThPh 72 (1997) 53-76, *W.H. MARSHNER*, Aquinas on the Evaluation of Human Actions, in: The Thomist 59 (1995) 347-370.

[89] Vgl. *J. PETERSON*, The interdependence of intellectual and moral virtue in Aquinas, in: The Thomist 61 (1997) 449-454.

[90] So S.Th. I-II 49 2 ad 3, I-II 50 5 ad 3. Vgl. *E. SCHOCKENHOFF*, Art. Tugenden und Laster, in: NLChM 798-805, 802, *ders.*, Bonum hominis 220, 232ff., *DÖRNEMANN*, Freundschaft 49ff., *MARSCHÜTZ*, Die verlorene Ehrfurcht 228-235.

[91] Vgl. S.Th I-II 49 2. Zu den iraszibilen und konkupisziblen Seelen- und Strebevermögen, ihre unterschiedlichen aktiven oder rezeptiven Einsatz, ihrer Spontaneität vgl. u.a. *S. PFÜRTNER*, Triebleben und sittliche Vollendung, Freiburg i.Ue. 1958, *SCHOCKENHOFF*, Bonum hominis 183ff., *T. MACDERMOTT*, Beginnings and ends. Some thoughts on Thomas Aquinas, virtue and emotions, in: Studies in christian ethics 12 (1999) 35-47.

[92] *DÖRNEMANN*, Freundschaft 50 (kursiv im Original).

[93] Vgl. *PESCH*, Thomas v. Aquin 110 (die Zählung variiert, wenn Gottes- und Nächstenliebe als eine oder als zwei Tugenden aufgefaßt werden) – schon dies ein erstes Indiz dafür, wie ausdifferenziert Thomas' Entwurf auf die Vielfalt zu bewältigender lebensweltlicher Kontexte zu antworten sucht.

[94] Vgl. insgesamt S.Th. I-II 49-54.

[95] S.Th. I-II 55 3 u.ö. Vgl. NE II 5 1106a 15-23. – Zu den komplexen Begriffen «ἀρετή», «δύναμις», «virtus» und ihren semantischen Feldern vgl. *SCHOCKENHOFF*, Bonum hominis 235ff., zum Tugendbegriff bei Thomas vgl. insgesamt ebd. 17-83, 235-285, *DÖRNEMANN*, Freundschaft 52ff. (Lit.), *T.F. O'MEARA*, Virtues in the theology of Thomas Aquinas, in: TS 58 (1997) 254-285, *J. PORTER*, Recent studies in Aquina's virtue ethics. A review essay, in: JRE 26 (1998) 191-215, *J. INGLIS*, Aquinas's replication of the acquired moral virtues. Rethinking the standard philosophical interpretation of moral virtue in Aquinas, in: JRE 27 (1999) 3-27.

Entscheidend nun ist dabei, daß nicht nur das Tun gut ist, indem es mit einzelnen Normen übereinstimmt oder der Pflicht entspringt, sondern daß es den Menschen in seinem Sein und Handeln gut macht. Im Zentrum steht wiederum der Gedanke fester und verläßlicher Handlungsprägungen, die dem menschlichen Tätig-Sein Konstanz, Leichtigkeit und Freude zugleich verleihen.

Thomas führt im zweiten Teil seiner «Summa»[96] den ganzen Stoff der moralischen Wissenschaft unter einer einheitlichen Systematik zusammen, der er das Schema der vier Kardinaltugenden unterzieht.[97] Diesen Kardinaltugenden von Klugheit, Gerechtigkeit, Tapferkeit und Maßhaltung[98] stellt er die biblische Trias von Glaube, Hoffnung und Liebe voraus und zwar so, daß die Liebe Schlußstein und durchgängiges Handlungsprinzip bildet, das den ganzen Tugendkanon beherrscht.[99] Das ethische Handeln des Menschen ist so gefaßt als der Weg der Liebe[100], auf dem der Mensch nach dem Ziel seines äußersten Sein-Könnens ausgreift und seiner ewigen Vollendung in der Gemeinschaft mit Gott entgegengeht. In dieser theologischen Ziel- und Letztperspektive sind die Tugenden des Menschen, die nach ihrer natürlichen Zeit bestimmte Qualitäten des Menschseins darstellen, also zugleich Antizipationen des endgültig gelungenen Lebens.[101]

Entscheidend bleibt dabei das Ziel, das in den spezifischen Handlungsbereichen die Möglichkeiten des Menschseins möglichst optimal eingespurt und verwirklicht werden. Darin spiegelt und manifestiert sich das Anliegen thomasischer Tugendethik. Signifikant für den speziellen und integralen theologischen Kontext ist jene

---

[96] Vgl. zum Genre und seinem theologiegeschichtlichen Kontext *U.G. LEINSLE*, Einführung in die scholastische Theologie, Paderborn 1995, bes. 51ff. (zum Genus der «Summe»), 155-159 (knapp zu Thomas), zum Aufbau der Summa des Thomas *W. METZ*, Die Architektonik der Summa Theologiae, Hamburg 1998.

[97] Allerdings ordnet er sie anders an als beispielsweise Platon. Bei Thomas wird die Klugheit der Vernunft gegenübergestellt, Gerechtigkeit dem Willen, die Tapferkeit und das Maß ordnet er den Leidenschaften zu. Vgl. *L.J. ELDERS*, «Bonum humanae animae est secundum rationem esse», in: Rivista teologica di Lugano 4 (1999) 75-90, *T. BAHNE*, Die Klugheit als Handlungsprinzip der praktischen Vernunft, in: *BREUER*, Ethik der Tugenden 121-134.

[98] Zur Vorordnung der Tugend der Klugheit als «habitus electivus» vgl. *DÖRNEMANN*, Freundschaft 54f. Grundsätzlich sind Tugendhaftigkeit, Sittlichkeit und Menschlichkeit bei Thomas und bei Aristoteles an ein wechselseitiges Verhältnis der Tugenden gebunden. Dies bezeichnet der traditionelle «connexus virtutum». Auswahl und Abmessung, für die die Disposition der Klugheit steht, verknüpfen und bilden gerade in diesem Sinn eine Klammer. Vgl. *R. MIRKES*, Aquinas on the unity of perfect moral virtue, in: American catholic philosophical quarterly 71 (1997) 589-605, *M.C.D. MAGGI DE GANDOLFI*, Providencia y prudencia, in: DoC 50 (1997) 247-257.

[99] Detailliert entfaltet *SCHOCKENHOFF*, Bonum hominis 353-572, die Bedeutung der Trias von Glaube, Hoffnung und Liebe für den Kontext der Tugendethik, vgl. knapper Dörnemann, Freudschaft 78ff., 95ff., 105ff. *Theologische* Tugenden heißen Glaube, Hoffnung und Liebe nach Thomas (S.Th. I-II 63 3) deshalb, weil sie von Gott allein im Menschen grundgelegt werden, Gott zum Objekt haben, insofern durch sie alles auf Gott hin ausgerichtet wird, allein durch die göttliche Offenbarung in der Schrift als solche überliefert sind, einheitsstiftendes Prinzip und Spitze ist die *caritas*.

[100] Und so folglich der Liebe auf dem Weg unter den Bedingungen des begrenzten und gefährdeten Menschseins, vgl. z.B. S.Th. II-II 24.

[101] Das *antizipatorische* Moment ist ein höflichkeitstheoretisch signifikantes. Es manifestiert sich als Referenz-, Respekt-, Achtungsvorschuß und Raumgabe. Analog, komplementär und begründend zur Vorweg*nahme* ist die theologische Grundrede von der «gratia praeveniens» als Vorweg*gabe* zu lesen – von letztlich allem überhaupt. Diese Letztperspektive ist es dann auch, die unterschiedliche Teilfinalität unterscheidet und vermittelt, wie sie vermitteln und unterscheiden läßt einen «act-centred», «agent-centred» oder «end-centred» Interpretations- und Analysemodus der Tugendtheorie bei Thomas.

Grunddimension und jener Überschuß, der nicht mehr allein durch die Ausfaltung der Potenzen und Entwicklung der Kompetenzen hinreichend beschrieben werden kann (wie Disposition und Voreinstellung, Gewöhnung oder Übung, deren Bedeutung aber damit nicht geschmälert wird), sondern sich verwiesen und getragen sieht durch die Dimension der göttlichen Gnade, die als zuvorkommende, begleitende und erfüllende den Geschenkcharakter aller Bedingungsmöglichkeiten menschlichen Handelns umfängt.

Vor diesem Hintergrund geht es auch in der schmalen Tranche dieses Abschnitts um Spurenelemente, die thematisch an das Phänomen «curialitas» oder «cortesia» und Anschlußüberlegungen heranreichen. *Begrifflich* ist die «curialitas» (und Ableitungen davon) in den einschlägigen Passagen nicht vertreten. Dennoch bieten vor allem die Quaestiones 101-122 in der «Secunda secundae» der Summa *thematisches* Material, das hinsichtlich der Höflichkeit vorzustellen und auszuwerten von Nutzen sein wird. Der Schwerpunkt liegt dabei auf der Haltung, die Thomas mit dem Begriff der «amicitia» oder «affabilitas» in q. 114 vorstellt[102] – dies aber nicht ohne ausgiebige Rekurse auf Aristoteles[103], was eine kleine Zwischenschaltung zu diesem Autor und seinen Ausführungen zu einer «namenlosen» Tugend nötig macht.

Re- und Exkurs/Reminiszenz: Aristoteles und der Umgang in der «polis»

Aristoteles, «Hermeneut der Polis»[104], liefert in seiner «Nikomachischen Ethik» – als erster systematischer Ethik – traditionelle und auch für unseren Zusammenhang materialreiche, philosophisch-ethische Ansatz- und Haftpunkte für den Diskurs über die Tugenden des sozialen Umgangs, die er in seine tugendethischen Reflexionen einordnet.[105]

---

[102] Vgl. dazu *K. WHITE*, The virtues of man the animal sociale. Affabilitas and Veritas in Aquinas, in: The Thomist 57 (1993) 641-653, zudem *J. ENDRES*, Kommentar, in: DThA XX 327-497, bes. 444-448, *PROCOPÉ*, Höflichkeit 956f.

Vgl. zudem die Passagen des Thomas-Kommentars zur Nikomachischen Ethik, die in der gleichen Schaffensperiode (1269-1272) in Paris entstehen. Hier hält sich Thomas enger an den Duktus der zu interpretierenden Vorgabe als in der «Summa», zu Details *WHITE*, The virtues of man 642ff.

[103] Vgl. *SCHOCKENHOFF*, Bonum hominis, bes. 27-51, 208-227 u.ö., *DÖRNEMANN*, Freundschaft 130-154 (mit Blick auf Thomas' NE-Kommentar, dort auch weitere Lit.), *A.W. KEATY*, Thomas's authority for identifying charity as friendship: Aristotle or John 15? in: The Thomist 62 (1998) 581-601.

[104] Den historischen Ausgangspunkt in seiner systematisch-ethischen Relevanz besichtigt *F. RICKEN*, Gemeinschaft als Grundwert aristotelischer Ethik, in: ThPh 46 (1991) 530-546. Zum nun auch nicht mehr ganz neuen Neoaristotelismus, der sich keineswegs allein der prominenten Studie von *A. MACINTYRE*, After Virtue, London 1981, verdankt, vgl. *O. HÖFFE*, Aristoteles' universalistische Tugendethik, in: *RIPPE/SCHABER*, Tugendethik 42-68, *F. RICKEN*, Aristoteles und die moderne Tugendethik, in: ThPh 74 (1999) 391-404, *KERSTING*, Kritik der Gleichheit 193-254, bes. 200ff.

[105] Vgl. knapp *PROCOPÉ*, Höflichkeit 956-958, ausführlicher zur Tugendthematik *H. SHERMAN*, The fabric of character. Aristotle's theory of virtue, Oxford 1989, zur NE vgl. *O. HÖFFE* (Hrsg.), Aristoteles. Die Nikomachische Ethik (Klassiker Auslegen 2), Berlin 1995, *ders.*, Aristoteles' universalistische Tugendethik, in: *RIPPE/SCHABER*, Tugendethik 42-68, *M. NUSSBAUM*, Nicht-relative Tugenden: Ein aristotelischer Ansatz, in: *RIPPE/SCHABER*, Tugendethik 114-165, *U. WOLF*, Aristoteles' «Nikomachische Ethik», Darmstadt 2002. Pointiert Höffe in seinem Beitrag gerade die Differenzen und Schwierigkeiten, die einen «modernen» Anschluß in tugendethischer Hinsicht belasten können, so unterstreicht Martha Nussbaum in ihren Darstellungen die Universalisierbarkeit dieses Ansatzes. Diese Universalisierbarkeit findet ihr Echo in den Universalien der Höflichkeitskonventionen. Auf einer konkret-faktischen Ebene ist die Höflichkeit gerade eine relative Tugend, weil sie eine Haltungs- und Handlungsdisposition der

Im Zentrum der NE[106] stehen spezifische «Lebensformen»[107], die zum Gelingen führen sollen, nicht vorrangig moralische Regeln und deren Begründungen. Die Analyse ethischer Haltungen, Tugenden, steht dabei im Vordergrund, Charaktertugenden und die Einübung sozialer Fähigkeiten wie Besonnenheit und Großzügigkeit auf dem Fundament einer realistischen Selbsteinschätzung, unter Vermeidung von Extremen und unter Bewahrung einer relativen inneren Autonomie. Wie Platon unterscheidet auch Aristoteles die Tugend nach den seelischen Wurzeln. Sein Schema hingegen ist zweigliedrig, Intellekt und Leidenschaften seine Komponenten, Vernunft (διάνοια) und Charakter (ἦθος, deshalb ethische Tugenden) bleiben aber in enger Verbindung.[108] Dies führt ihn zur Differenzierung von intellektuell-dianoe-

---

Alterität gegenüber anzielt. Sie ist damit inhaltlich *relativ* (zum anderen) und *nicht-relativ* hinsichtlich ihrer notwendig-kategorialen Ubiquität.

Die wörtlichen Zitate der NE sind der Übersetzung von *F. DIRLMEIER*, Stuttgart 1997 (auch: Werke in deutscher Übersetzung VI, hrsg. v. *E. GRUMACH* u.a., Berlin 91991) entnommen.

Nur zu Erinnerung und historischer Kontextualisierung sei hier knapp vermerkt, daß die griechische Philosophie sich seit ihren ersten Anfängen um erste Klassifikationen der Tugendethik müht: Bei Sokrates ist moralisches Gut-Sein gefaßt als Formung einer intellektuellen Wissenskultur. Dem entspricht der Erwerb von Tugenden als Bildungsprozeß, die – entscheidend anders als die vorsokratische Tradition – nicht sozial, statisch und symmetrisch (als Haltungshandlung unter Gleichen) fixiert werden. Bei Platon dagegen, anders als bei Sokrates, kommen alle Schichten der Seele (und dann der Gesellschaft) in den Blick. Platon eruiert eine Dreigliederung der Seele (Denken, Wille, Begierde), der er Grundformen des menschlichen Handelns hierarchisch zuordnet und sozial in den Ständen des Idealstaates verankert sieht. Der Staatslenker-Philosoph, der Soldat, der Handwerker-Bauer sind gekennzeichnet dadurch, daß dem ersten vorrangig die *vernünftigen* Seelenteile mit den Tugenden von Weisheit und Einsicht, dem zweiten die *mutigen,* also Tapferkeit, und dem dritten die *begehrenden*, also Mäßigung, zugeordnet werden. Zusammengehalten werden diese Leittugenden durch die oberste Tugend der Gerechtigkeit, die für Platon sowohl innerhalb der Seele als auch im sozialen und politischen Leben den Ausgleich zwischen zentrifugalen Tendenzen zu gewährleisten hat. Deutlich wird dabei eine anthropologische Grundlegung mit Stoßrichtung in die praktisch-politische Philosophie. Platons Tugendlehre erschöpft sich nicht in individuellen Idealen. Durch die Zuordnungen gewinnt Platon eine doppelte Begründung für den Diskurs über die später so genannten Kardinaltugenden von Klugheit, Tapferkeit, Gerechtigkeit und Mäßigung. Zu Platon vgl. *M. HAUSKELLER*, Geschichte der Ethik I. Antike, München 1997, 15-78, zu dem spezifischen Ordnungsschema *dreier* Vermögen und Stände und einer *vierten* Leittugend *R. BRANDT*, D'Artagnan und die Urteilstafel. Über ein Ordnungsprinzip der europäischen Kulturgeschichte 1, 2, 3/4, München 21998, bes. 41ff. und passim, und zu den hellenistischen Traditionssträngen in diesem Kontext *PROCOPÉ*, Höflichkeit 941-956.

106 Neben der NE kommt Aristoteles auch in der «Eudemischen Ethik» (EE III 7) und in der «Großen Ethik» (MM I 28, I 30-32) auf diese Sachverhalte zu sprechen. Zum komplexen Verhältnis dieser drei Schriften, ihrer mutmaßlichen Entstehungs- wie Redaktionsgeschichte vgl. *A. KENNY*, The Aristotelian Ethics, Oxford 1978, dazu *ders.*, Aristotle on the perfect Life, Oxford 1992 (mit besonderem Augenmerk auf die EE). Vgl. Magna Moralia I 28-32 mit Themen wie der Mitte zwischen Selbstgefälligkeit und Gefallsucht, dem Feingefühl (zwischen Hemmungslosigkeit und Schüchternheit), gesellschaftlicher Gewandtheit, freundschaftlicher Aufrichtigkeit und Offenheit.

Die signifikante Abschlußfrage in: MM I 29 (1193a) lautet: «Ob das nun Tugenden sind oder keine Tugenden, wäre Gegenstand einer anderen Untersuchung. Daß aber Mitten sind zwischen den genannten Extremen, ist klar; denn wer diese Mitten entsprechend lebt, wird gelobt.»

Beides also, die Ermangelung eines griffigen Terminus für das Phänomenfeld (zunächst in der NE) und die unsichere tugendtheoretische Einordung (in der MM, auch wenn diese Stelle und der Befund nicht überdehnt werden sollten) präfigurieren «ab ovo» Grundfragen, die für den Diskurs über die Höflichkeit bleibend von Bedeutung waren.

107 Dabei stehen drei überhaupt nur zur Debatte: die der «ἡδονή»dedizierte Lebenweise (βίος ἀπολαυστικός), die der Polis und ihrer Öffentlichkeit verpflichtete Lebensform (βίος πολιτικός) und die als philosophisch-«kontemplative» charakterisierte Lebensform (βίος θεορητικός), so EN I 3. Nicht nur für unseren Kontext steht die zweite als dominante im Mittelpunkt. Vgl. *W. KULLMANN*, Theoretische und politische Lebensform (X 6-9), in: *HÖFFE*, Die Nikomachische Ethik 253-276.

108 Vgl. EN I 13, EN II 1-3, De anima I 5, II 3, III 9 (zur Frage, ob und wie scharf diese Trennung gezogen werden kann).

tischen Tugenden (wie der Klugheit) und den im spezifischen Sinn ethischen Tugenden (wie Gerechtigkeit, Tapferkeit, Zucht und Maß). Besonders akzentuiert Aristoteles die anthropologisch-biographische Dynamik und Prozessualität in beiden Formen der Tugenden. Die dianoetischen Tugenden gewinnen durch kulturellen und sozialen Bildungsprozeß, die ethischen Tugenden durch Gewöhnung und Übung. Diese Tugendlehre ist weit weniger als bei Platon auf einer apriorisch-elitären Konstruktion aufgebaut. Sie fußt deutlicher auf einer Hermeneutik des Alltags und zugleich auf einer Heuristik des «common sense» der Sozialität.[109] Aristoteles eruiert die Differenzen personaler und naturaler Dispositionen für die Ausbildung von Haltungen und sieht sich dabei auch verwiesen auf die Differenzierungen und Pluralitäten des Ethischen selbst. Genau dies scheint dann auch durch in seinem Tugendbegriff. Tugenden sind keineswegs urwüchsig, entstehen also weder völlig aus noch gegen die Natur. *Natürlich* hierbei ist anthropologisch die Disposition zur Erlangung und Entfaltung bestimmter ethischer Kompetenzen durch beständige Übung und Gewöhnung (ἔθος)[110]: «Ebenso werden wir gerecht, indem wir gerecht handeln, besonnen durch besonnenes, tapfer durch tapferes Handeln.»[111] Ziel ist die Ausbildung einer zum verläßlichen Habitus gewordenen Haltung des Menschen (ἕξις), die ihn zu spontanem, «gekonnten» Handeln befähigt. Ziel der Tugenden ist es weiterhin und vornehmlich, die Leidenschaften der Seele am Maß der praktischen Vernunft auszurichten und sie so verläßlich, stabil und kontinuierlich in den Dienst des Guten zu stellen.[112] Ihre ethisch-inhaltliche Orientierung und Präzisierung findet Tugend vor allem durch den Gedanken, daß sie jeweils in der Mitte zweier Extremhaltungen liegt. Ein vernunftgemäßes Leben ist untrennbar mit der Suche nach und dem Prozeß des rechten Ausgleichs zwischen Extremen.[113] Dieses Ideal des «μέσον» oder der «μεσότης» bezeichnet immer nur ein *ungefähres* Maß, keine exakte Maßeinheit «more geometrico» oder «more mathematico».[114] Die «μεσότης» läßt – angesichts der Vielfalt der Tugenden, der Per-

---

[109] So exemplarisch wie programmatisch für die Dynamik wie für die nicht elitäre Hermeneutik und Heuristik erweist sich schon der erste Satz der NE I 1, 1094a: Praktisches Können (τέχνη) wie theoretische Reflexion (μέθοδος), Handeln (πρᾶξις) wie Entscheiden (προαίρεσις) *streben*, sind dynamisiert hin auf ein Ziel, ein Gut – wie *allgemein* angenommen wird (δοκει). Die herrschende Meinung ist ein *Ansatz* für das ethische Projekt, Telos, höchstes Gut die nicht exakt faßbare Eudaimonia. Vgl. EN I 2, 1095a, EN I 5, 1097a, Top. III 1, 116a.

[110] Aristoteles bemüht dafür immer wieder die bekannten Beispiele des guten Architekten und Kitharaspielers (vgl. NE I 6, II 1, passim). Mit dieser analogen Redeweise beschreibt Aristoteles den Erwerb moralischer Fähigkeiten. Sie beinhaltet aber auch die Gefahr eines Mißverständnisses oder einer Verkürzung. Nicht mehr das spielerische Lernen und das überraschte Staunen über die Tugenden, die ein Mensch an sich entdeckt, stehen im Mittelpunkt, sondern die Vorstellung des Zwanghaften, Formalen, «Technisierten», sogar des Militärischen. Dies hat den Begriff «Tugend» belastet – was eine Entsprechung auch in der Höflichkeitskritik findet. – Tugend jedoch hat den *ganzen* Menschen im Blick, auch seine Leidenschaften, die nicht einfach unterdrückt, sondern ethisch integriert werden und von der Vernunft entelechial in den Dienst genommen, auf ein gutes und glückliches Leben hingeordnet werden. Leidenschaften sind so die eigentliche Dynamik, die zum leichten und spielerischen Gelingen des Guten beitragen. Darin liegt die leitende Vorstellung bei Aristoteles. Zur Lust am Guten oder der Leidenschaft dafür und die die Tugend vollendende Freude vgl. EN X 4f., EN I 9, EN II 2-4.

[111] NE II 1. Hier sei mit Blick auf die Höflichkeit an die Anfrage von Comte-Sponville erinnert, ob nicht genau darin ein Zirkel liegt, der das Gegründete zu seiner eigenen Voraussetzung macht. Eine primäre Ästhetik der Höflichkeit ist anzusetzen, die den Prozeß individuell und biographisch in Gang *setzt*, bevor er sich in Gang halten *kann* – und dann selbst nicht einfach Repetition, sondern durch sie auch Transformation bedeutet.

[112] Diese Bestimmung ist selbstredend nötig, um Tugend von Laster zu unterscheiden.

[113] Das gilt zunächst für die Reifung der sittlichen Person selbst, aber auch – wie hier durchgängig zu betonen – im Blick auf den Ausgleich zwischen Personen.

[114] Vgl. NE 1126b-1128a, 1145a-1152a, vgl. EE II 2, III 5-7. Wobei «Mitte» tugendethisch natürlich nicht mit Mittelmäßigkeit zu verwechseln ist, sondern die ethisch hochvalente Balance zwischen Extremen meint. Für den Themenkomplex der Höflichkeit ist dabei immer an das Spannungsverhältnis von

sonen und Situationen – einen Handlungs- und Gestaltungsspielraum, der sich «anspruchsvoll», keineswegs aber «mittelmäßig» zeigt. Das Kriterium der rechten Mitte meint nur die inhaltliche Festlegung der Tugend zwischen zwei entgegengesetzten Extremhaltungen, es betrifft aber nicht ihren Status als höchste Form gelungenen, menschlichen Tätig-Seins.[115] Diese Grundlinien im Hintergrund ist nun eine Präzisierung des «moralischen Könnens» im täglichen Umgang mit anderen angezeigt. Bei allen Grenzen, die eine enge Verknüpfung mit der griechischen Polis[116] als Erfahrungshorizont ergeben, ist doch darauf zu verweisen, daß sich bei vergleichsweiser Übersichtlichkeit dieses Sozialgebildes im Kern die Grundfragen eines erhöhten Frequenzrahmens von gestuften alltäglichen Sozialkontakten ergeben, deren Gestaltung zum Gegenstand theoretischer Reflexion wird. Die Fragen des Umgangs miteinander – und in diesem Zusammenhang die dazugehörige Problematik des Gesprächs (im Sinne verbaler Höflichkeit) – reichen bei Aristoteles mitten hinein in die Begründungskontexte praktischer Philosophie als der Thematisierung des richtigen und tugendhaften Handelns. Unter dem Netz der Kardinaltugenden eine Reihe von weiteren Tugenden, die jeweils Differenzierungen und Konkretionen bedenken.

Aristoteles lokalisiert das einschlägige Betrachtungsfeld in seiner «Nikomachischen Ethik» zwischen die großen Kapitel über das richtige Maß und die Gerechtigkeit[117], behandelt es bei den «kleineren» Tugenden[118], die alle mit dem Gemeinschaftsleben in seiner konkreten Verfaßtheit zu tun haben. Auch dieses thematische Set mit seinen Akzenten wirkt stilbildend. Aristoteles nennt flankierend die Großzügigkeit (ἐλευθερία)[119], entsprechend Großgeartetheit (μεγαλοπρέπεια) und Hochsinnigkeit (μεγαλοψυχία)[120], die Gelassenheit als «vornehme Ruhe» (πραότης)[121] in Abgrenzung zu einer zu leicht entzündlichen Erregbar-

innerer sittlicher Haltung (dem «honestum») und dem geäußerten Verhalten (dem «decorum», auch in seiner ästhetisch-sinnlichen Qualität) zu denken. Dieses «decorum», das ist an dieser Stelle zu unterstreichen, ist in der Antike fest in der Ethik verankert – als Phänomen des sittlich Guten und nicht als eigenständiger Bereich – des «Dekorativen» – getrennt oder allenfalls ein Zusatz betrachtet. Der Zusammenhang mit dem «honestum» ist der der Repräsentation und der Aktuierung wie Aktualisierung. Vgl. *A. PATERNOSTER*, Art. Mesure, in: DRPSV 587-605, bes. 587ff., *A. PONS*, Art. Civilité – urbanité, in: DRPSV 91-109, bes. 96-98.

115 Vgl. z.B. EN II 2, II 5, II 6, II 9.

116 Es sei hier dahingestellt, ob Aristoteles hier einem Modell nachhängt, das sich bereits historisch in tiefgreifenden Wandlungen oder gar Auflösungen befindet.

117 Der Gerechtigkeit in weiterem wie engerem Sinn und der Billigkeit ist EN V gewidmet.

118 Vgl. insgesamt. NE IV. – Die Komponenten können hier nicht einzeln erörtert werden. Der Hinweis auf bereits Dargestelltes genügt. In den unterschiedlichsten Epochen und Fassungen des Höflichkeitsdiskurses sind diese «Größen» flankierend, interpretierend verankert – und eröffnen so immer wieder die Sachreichweiten wie den ethischen Mehrwert der Höflichkeit.

119 Vgl. bes. NE IV 1-3. Was zunächst im Blick auf materielle Großzügigkeit erläutert wird, wird dann auf immaterielle Güter umgemünzt. Ehre und Ansehen stehen dann zur Debatte. *H.H. JOACHIM*, The Nicomachean Ethics, Oxford ⁴1970, 124, bringt es – in einem auffallend knappen Kommentar zu NE IV – auf einen bezeichnenden Punkt, wenn er sagt: «The ἐλευθέριος is a gentleman.» Vgl. *S.E. FOSTER*, Virtues and material goods. Aristotle on justice and liberality, in: American catholic philosophical quarterly 71 (1997) 607-619, *L.T. SOMME*, La magnanimité chez Aristote. Magnanimité, vie pratique et politique, in: RThom 99 (1999) 700-735, 100 (2000) 62-78.

120 Vgl. NE IV 4-9, zu Details *R.-A. GAUTHIER/J.Y. JOLIF*, L'Éthique à Nicomaque II,1, Louvain ²1970, 262-298; *O. HÖFFE*, Aristoteles, München 1996, 222-225, verweist auf die aristokratischen Vorstellungen, die hierbei im Hintergrund stehen, und von Aristoteles transformiert werden aus einem sozialen Adel zu einem «moralischen» (224), *HAUSKELLER*, Geschichte der Ethik I 79-132.

121 Vgl. NE IV 11. Vgl. *GAUTHIER/JOLIF*, L'Éthique à Nicomaque II,1 301-304. Dieser Topos begegnet ebenfalls immer wieder. Affekt- oder Selbstkontrolle ist ein Grundbestand des Höflichkeitsrepertoires. Sie markiert Distanz und Überblick, ist aber als internalisierter Fremdzwang (wie bei N. Elias) nur unzureichend beschrieben. Allerdings ist der Umschlag von Überblick in Überheblichkeit und/oder Kälte (die

keit, die Wahrheitsliebe (ἀληθές), der gute Geschmack und das Schamgefühl (αἰδώς)[122]. In diesen stilbildenden, wirkungsgeschichtlich bedeutenden Kanon gehört zudem eine «vertu anonyme des petits honneurs»[123], eine namenlose kleine Tugend, die in Abhebung vom Bereich der hohen Ehre und des großen Stils in ihren Formen Elemente in sich trägt, die auf Einschätzungen auch im späteren Höflichkeitsdiskurs ausstrahlt. Hier geht es Aristoteles um das richtige Verhältnis zu Dingen und Phänomenen durchschnittlicher oder geringer Bedeutung. Gewendet wird der Blick dabei wiederum auf Ansehen und Streben nach Ehre. Aristoteles operiert im Duktus seiner Mittigkeitsüberlegungen mit der Frage nach dem Zuviel oder Zuwenig, entscheidender aber für unseren Zusammenhang ist hier noch einmal der Differenzpunkt zwischen dem «hohen» und dem «alltäglichen» Ansehen. Diese Unterscheidung, die ja auf der Ebene darüber ja schon die eigentlichen Charaktertugenden von den hier verhandelten abhebt, kehrt also in deren Binnenbereich noch einmal wieder und vermittelt unterschiedliche Werthöhen, ohne sie auseinanderzureißen.

In diesem Gefälle hebt Aristoteles dabei auf drei mikrologische und mikroethische Tugendbereiche ab, die bei «geselligem Verkehr, bei Zusammenleben und wechselseitigen Kontakten und Reden wie Handeln» einschlägig zu unterscheiden, aber schwierig je eigens zu benennen sind.[124] Auffällig – vor allem im Blick auf spätere Normierungstendenzen – ist dabei der Rückgriff auf eine Charakterlehre, die Haltungstypen beschreibt, aber nicht auf konkrete Normen und Formen. Über diese Grundkoordinaten und -terminologie hinaus hält Aristoteles in seinen Beobachtungen eine Reihe von Merkmalen und Differenzierungen bereit, die den weiteren Gang der Auseinandersetzung immer wieder entscheidend mitgeprägt haben sowie thematisch unverzichtbar geblieben sind

Im ersten Durchgang geht es Aristoteles um den Konflikt von Meinungen und Anschauungen, angesichts dessen sich die defizienten Extremhaltungen des «Liebedienerischen» (ἄρεσκος) und des «Streithahns oder Widerborstes» (δύσκολος) abzeichnen. Zwischen der völligen Aufgabe der eigenen Position und dem radikalen Beharren auf der eigenen Meinung, gibt es eine synthetische Mitte, die Mittel und Wege eines Ausgleichs im konkreten Umgang miteinander ermöglicht.[125]

Die erste der genannten Haltungen sieht Aristoteles in Konspiration *mit* und Abhebung *von* der Freundschaft, der φιλία.[126] Phänomenal ähneln sich beide. Der entscheidende Unterschied aber liegt darin, daß in der Umgangstugend weder Sentiment noch Zuneigung mit-

---

wiederum gerade «postmodern» positiv als «Coolness» gefaßt werden kann) sowohl nicht weit entfernt, aber auch nicht zwangsläufig.

[122] Vgl. NE IV 15. Vgl. *GAUTHIER/JOLIF*, L'Éthique à Nicomaque II,1 320-324. Mit einem knappen Reflex auf die Scham-empfindung endet dieser knappe Zug sehr bezeichnend. Zwar ist sie für Aristoteles eher ein Gefühl denn eine Tugend, aber wenn er auf eine Definition rekurriert, die diese Empfindung als «Angst vor einer Minderung des guten Rufes» sieht, dann bewegt er sich auf einem einschlägigen Feld auch für die explizite Höflichkeitsbetrachtung: die Fragilität von Gesicht, Ansehen, Sphäre, ihr «περὶ ὅ» der Würde. Vgl. *JOACHIM*, Nicomachean Ethics 124.

[123] So titeln *GAUTHIER/JOLIF*, L'Éthique à Nicomaque II,1 299-301, ihren Kommentar zu NE IV 10.

[124] So NE IV 12. – Diese definitorisch-begriffliche Unschärfe hat also durchaus ihre eigene Geschichte und Zwangsläufigkeit. Man darf mutmaßen, daß sie zur Sache selbst gehört!

[125] Vgl. NE IV 12. Vgl. *GAUTHIER/JOLIF*, L'Éthique à Nicomaque II,1 304-306. Vgl. dort auch den Schematisierungsversuch (305), der die drei Tugendbereiche, die in NE IV 12-14 angesprochen werden, der «vie intime» zurechnet, die Tugend der Gerechtigkeit der «vie publique».

[126] NE IV 12. Freundschaft ist das zentrale Thema der NE VIII und IX, vgl. *A.W. PRICE*, Friendship, in: *HÖFFE*, Die Nikomachische Ethik 229-251, zudem *M. FASCHING*, Eudaimonia – Arete – Philia. Zur Systematik der Nikomachischen Ethik, in: WJP 20 (1988) 115-129, *A.W. PRICE*, Love and friendship in Plato and Aristotle, Oxford 1989, *B. STERN-GILLET*, Aristotle's Philosophy of Friendship, New York 1995, *G. MANSINI*, Aristotle on needing friends, in: American catholic philosophical quarterly 72 (1998) 405-417, *F. RICKEN*, Ist Freundschaft eine Tugend? Die Einheit des Freundschaftsbegriffs der Nikomachischen Ethik, in: ThPh 75 (2000) 481-492.

schwingt. Das sichtbare Ausdrucks- und Verhaltensrepertoire adaptiert sich und reagiert, ob es sich nun um Bekannte oder Unbekannte, um Vertraute oder Nichtvertraute handelt – freilich auch hier wieder in jedem einzelnen Fall mit den richtigen Abstufungen und Adaptionen Vertrauten oder Fremden, aber auch unterschiedlichen Situationen gegenüber.[127] Damit zielt Aristoteles auf die Angemessenheit der Umgangsweise in den betreffenden Polen:

> *«Im allgemeinen haben wir also festgestellt, daß die Formen seines Verkehrs mit anderen so sein werden, wie es richtig ist; er wird aber (im einzelnen) das Edle und Nützliche im Auge haben und so bestrebt sein, entweder nicht unangenehm zu wirken oder frohe Laune mitzuverbreiten. Seine Sphäre ist ja wohl das Angenehme und Unangenehme, wie es im geselligen Verkehr auftritt.»*[128]

Diese ebenfalls namenlose Tugend der «affabilitas» (wie sie Thomas v. Aquin aufgreift) oder Freundlichkeit setzt zunächst an in dem Bemühen, eine angenehme Atmosphäre zu schaffen. Die situative Adaption des kommunikativen Verhaltens steht aber zugleich immer unter der Perspektive des Telos und der konkreten Folgen. Langsicht und Weitsicht sind präfiguriert. Diese Teleologie benötigt die Klugkeit (φρόνησις) als dianoetische Tugend und praktische Vernunft. Sie ist hier wie für alle Tugenden zur nötigen Gesamtausrichtung und transaktualer und -aktueller Integration[129] unverzichtbar. Zugleich aber hält sie auch das situationsentprechende Handlungsmaterial in Sicht und bereit. Sie ist – das ist entscheidend – mehr als eine bloße intellektuelle oder taktisch-strategische Geschicklichkeit (δεινότης).[130] Das wird auch daran deutlich, daß Aristoteles das Angenehme[131] nicht zum obersten, alleinigen Maßstab macht, sondern sofort nachsetzt und bemerkt, daß Opposition und Ablehnung angezeigt sind, sobald bloße angenehme Assimilation «Ursache einer Blamage – und zwar keiner kleinen – oder eines Schadens» werden.[132] Hier wird eine Grenze aufgezeigt, die zum einen markiert, daß «Freundlichkeiten» im Umgang nicht das alleinige Maß aller Dinge sein können, zum anderen aber impliziert, daß hier ein Haftpunkt liegt für Überlegungen zur ethische Funktion der «negativen Höflichkeit», also der Vermeidung von Gesichtsbedrohungen, was hier freilich nicht in den Blick kommt. Deutlicher konturiert Aristoteles die Personangemessenheit angesichts real existierender Unterschiede auch innerhalb der schmalen (und in diesem Falle privilegierten) In-Group der Polis: «Sein Verhalten wechselt je nachdem, ob er es mit einflußreichen oder gewöhnlichen Leuten, mit gut oder weniger gut bekannten zu tun hat. Wie immer auch die Unterschiede sein mögen: er läßt jedem das zuteil werden, was sich gebührt.»[133]

Im zweiten Zusammenhang geht es Aristoteles um den «Anschein der Person», um ihr Verhalten und dessen Relation mit der Aufrichtigkeit und Wahrhaftigkeit (ἀληθεύειν). Auch hier sind die Extreme leichter benannt als die mittlere Haltung: Zwischen «Aufschneiden» (ἀλαζονεία) und «Selbstverkleinerung» (εἰρωνεία) gibt es ein «einfaches Sich-geben» ohne

---

[127] Die Situationsbezogenheit der Epikie macht die Gerechtigkeit oder Angemessenheit erst vollkommen. Vgl. EN V 14.

[128] NE IV 12.

[129] Vgl. EN VI 5, EN VI 8. Vgl. *T. EBERT*, Phronesis – Anmerkungen zu einem Begriff der Aristotelischen Ethik (VI 5 und 8-13), in: *HÖFFE*, Die Nikomachische Ethik 165-185.

[130] Vgl. EN VI 13.

[131] Vgl. auch NE IV 14. Das ästhetische und lustvolle Moment schwingt also durchaus mit.

[132] Vgl. NE IV 12. Langsicht und Selbstkontrolle als Orientierungswissen zur Vermeidung von Schaden und Blamage einerseits, aber auch zur Förderung des Ansprechend-Angenehmen, Charmanten, Gewinnenden (Image und Facebedrohung, negative und positive Höflichkeit, Höflichkeit der Annäherung und des Abstands), Selbstkontrolle und Orientierung der Affekte oder Leidenschaften. Vgl. zum Kontrast NE IV 15 (zu Peinlichkeit und Scham).

[133] NE IV 12. Vgl. *K. GÜNTHER*, Der Sinn für Angemessenheit. Anwendungsdiskurse in Moral und Recht, Frankfurt/M. 1988, bes. 216-239.

Pose. Diese Haltung markiert das äußere Analogon zur adäquaten (inneren) Selbsteinschätzung (der μεγαλοψυχία).[134] «Nun wollen wir von denen sprechen, die Aufrichtigkeit und Verstellung gleicherweise in dem, was sie reden, wie in dem, was sie tun, zeigen, und zwar durch das Vorspiegeln (gewisser Dinge).» Damit scheint bereits hier im Kern eine Fragestellung auf, die den Höflichkeitsdiskurs immer kritisch begleitet hat, die Wahrheitsfrage nämlich, die Frage nach Simulation und Dissimulation kommt bereits hier vor. Jenseits der Beschreibungen des Aufrichtigen und Unaufrichtigen und der Abgrenzung von Eitelkeit und Böswilligkeit fällt in diesem Zusammenhang auf, daß Aristoteles den «taktvollen Aufrichtigen» erwähnt, der – allerdings in Abgrenzung zu Übertreibungen – angesichts objektiver Sachverhalte sich durch ein «Zuwenig» zurücknimmt.

Abschließend eruiert Aristoteles eine Tugend, die in die Begriffe ἐπιδεξιότης und εὐτραπελία gekleidet – also den angemessenen Takt und die kommunikative Geschmeidigkeit und Wendigkeit – und mit der Sphäre von Anstand, Witz, Humor und Geistesgegenwart gekoppelt ist. Es geht um die Tugend des Scherzes als eines echten ethischen Habitus, der sich mittig realisiert zwischen der ἀγροικία als dem Fehlen jeglichen Sensus für Komik und Witz und dem Gegenteil, der βωμολοχία, die nichts mehr ernst nehmen kann.[135] Aristoteles formuliert treffsicher und nicht ohne Ambitionen das positive Bild einer Umgangsweise:

> *«Von dem, der mit feinem Takt kurzweilig ist, kann man sagen, er ist ‹(gesellschaftlich) gewandt›, sozusagen im guten Sinne ‹wendig›. Denn solche Beweglichkeit deutet doch wohl auf Beweglichkeit des Charakters. Wie man sich aus den Bewegungen ein Urteil über den Körper bilden kann, so kann man es auch über den Charakter. (...)*
> *Der mittleren Haltung ist auch eigentümlich der sichere Anstand. Der gesellschaftlich Sichere wählt seine Worte und das, was er hören will, so wie es zum Wesen eines rechtlichen und freigearteten Mannes stimmt: es gibt nämlich durchaus Dinge, die ein solcher Mann in humorvoller Weise vorbringen und anhören darf, und der Scherz eines freigearteten klingt anders als der eines ordinären Menschen. Derselbe Unterschied ist zwischen dem Witz des ungebildeten und dem des gebildeten Mannes. Man kann diese Beobachtungen auch an den alten und den neuen Komödien machen. Die Dichter der einen empfanden das Aussprechen des Unanständigen als spaßhaft, die anderen mehr als dezente Andeutung: der Unterschied – was Wohlanstand betrifft – ist nicht zu verkennen. (...)*
> *Der feine und großzügige Mensch wird sich also, wie wir es beschrieben haben, benehmen: er ist sich gleichsam selbst Gesetz. Auf diese Weise ist also das Wesen des Mannes bestimmt, der sich an die Mitte hält, mag man ihn nun als gesellschaftlich sicher oder als gewandt bezeichnen.»*[136]

Hier bündeln sich nochmals die Perspektiven und Skalierungen in der situativ-klimatischen Gestaltung von Kommunikation und Konversation. Leitend bleibt die Mittigkeit auch in diesem Bereich. Sie ist verknüpft mit der Korrespondenz von Abstand und Anstand. Abstand gewährt die Sicherheit der Autonomie des Groß- und Freizügigen. Die Dimension der heiteren Elastizität generiert ein sehr optimistisches Bild als Ideal, wobei Aristoteles durchaus auch die haltungsethisch defizienten Möglichkeiten im Blick behält. Frappant bleibt die Unterscheidung zwischen Bereichen, die auf den ersten Blick keineswegs zwangsläufig systematisch und analytisch gesplittet werden müssen: die Wahrheitsthematik und die Thematik der «Lust»:

---

[134] Vgl. NE IV 13. Vgl. *GAUTHIER/JOLIF*, L'Éthique à Nicomaque II,1 306-316.

[135] Vgl. NE IV 14. Vgl. *GAUTHIER/JOLIF*, L'Éthique à Nicomaque II,1 316-319, vgl. zudem *N. HARTMANN*, Ethik, Berlin-Leipzig ²1935, 438f., dazu *A.W. MÜLLER*, Einheit der Tugend oder Einheit der Tugenden? Eine aristotelische Alternative zu Nicolai Hartmanns Position, in: ThPh 73 (1998) 173-195.

[136] NE IV 14. Zur gesellschaftlichen Gewandtheit auch: EE III 5.

«Das Einhalten der Mitte im gesellschaftlichen Leben zeigt sich also in den drei Formen, die wir beschrieben haben. Sie beziehen sich alle auf unser Reden und Tun im Verkehr mit dem Mitbürger. Die Unterschiede aber bestehen in folgendem: die eine bezieht sich auf die Aufrichtigkeit, die beiden anderen sind auf das Lustvolle bezogen. Von diesen, die auf die Lust bezogen sind, zeigt sich die eine in der Kurzweil, die andere in den sonstigen Beziehungen des Gemeinschaftslebens.»[137]

Diese Differenzierung durchbricht ein zu simpel gestricktes Muster von «wahr/unwahr», das sehr leicht und sehr beständig kritisch in den Höflichkeitsdiskurs eingespeist werden wird. Natürlich verliert dieses ethische Grundraster damit nicht seine Bedeutung, aber auf die Höflichkeit gewendet, wird deutlich, daß ihr allein unter diesem Aspekt nicht beizukommen sein wird. Nimmt man eine Unterscheidung hinzu, die ebenso wie der Begriff der Höflichkeit selbst für Aristoteles anachronistisch sein muß, dann geht es um eine Prävalenz der Beziehungsebene vor der Sach- oder Informationsebene.[138]

Bleibt ein knappes Fazit: Die ethische und ästhetische Dimension mit echtem sittlichen Wert, aber ohne übermäßiges ethisches Gewicht, wenn auch unter Umständen von erheblicher Reichweite, Randgebiet der ethischen Wertetafel[139]. Sie sind einer eigenen Betrachtung wert und in diesem Sinn selbständig, aber mit Bezug auf die Grundtugenden. Diese systematische Einschätzung bleibt maßgebend für die Tradition, führt den Blick aber auch eng. Nähme man – selbst gut aristotelisch-induktiv und praktisch orientiert – den analytischen Ausgang bei einem «Einzelphänomen» wie der Höflichkeit in seinen Konkretionen und Implikationen, dann würde diese Tugendhierarchie zwar keineswegs abgelöst, aber sie bekäme eine präzisere korrespondierende Struktur an die Seite, die einer vorschnellen Unterschätzung wehrt. In der Interaktion der Bürger der Polis nähert sich nach Aristoteles der Höflich-Zuvorkommende auch dem unbekannten Kommunikationspartner freundlich, ohne jedoch Differenzen im Grad der jeweiligen Nähe und dem sozialen Status zu unterschlagen oder zu überspringen. Dieses Ethos der Freundlichkeit oder des φιλία-nahen, «freundschaftlichen Verkehrs» (wie es in Ermangelung eines präzisen Terminus technicus heißt) sucht, Verletzendes zu vermeiden und auf gemeinsames Angenehmes hinzuzielen. «Höflichkeit» dient also als Umgangstugend der gefälligen, verläßlichen, reibungslosen und eingespielten Realisation der Sozialnatur des Menschen angesichts der unterschiedlichsten Konstellationen von Situationen und Personen. Mit der Elaborierung eines angemessenen Handelns angesichts real unterschiedlicher sozialer Ranghöhen, mit der Einforderung von Anpassung und Wahrhaftigkeit unter Einschluß von Witz und Gewandtheit und schließlich zudem mit der direkten Forderung einer «Artigkeit» wird ein «anständiges Verhalten» erstmals konkret in den

---

[137] NE 14. Vgl. *U. WOLF*, Über den Sinn der Aristotelischen Mesoteslehre, in: *HÖFFE*, Die Nikomachische Ethik 83-108.

[138] Im Kern kehrt diese Aufstellung auch bei Kant implizit wieder: Trotz seines deutlichen Wahrheitsrigorismus kann er Höflichkeiten rechtfertigen, gerade weil deren «Unwahrheit» auf der Sachebene zumeist leichthin entschlüsselbar sind, mithin also keine kompakten Lügen darstellen. Der korrespondierende Bereich der Beziehungsebene bleibt allerdings unterbelichtet. So 1789 *I. KANT*, Anthropologie in pragmatischer Absicht (Akademie-Ausgabe VIII); Berlin 1917, 117-331, 152: «Höflichkeit (Politesse) ist ein Schein der Herablassung, der Liebe einflößt. Die Verbeugungen (Complimente) und die ganze höfische Galanterie sammt den heißesten Freundschaftsversicherungen mit Worten sind zwar nicht eben immer Wahrheit (...), aber sie betrügen doch auch nicht, weil ein jeder weiß, wofür er sie nehmen soll, und dann vornehmlich darum, weil diese anfänglich leeren Zeichen des Wohlwollens und der Achtung nach und nach zu wirklichen Gesinnungen dieser Art hinleiten.» – Das «decorum» kennzeichnet Kant in diesem Zusammenhang als die konventionelle Wohlanständigkeit einer Zivilität, die je ziviler sie wird, desto mehr «schauspielert» (151f.), allerdings bemerkt er dort auch knapp die Bedeutung der «Sittsamkeit» im Sinne einer «heilsamen» Selbstkontrolle. Vgl. *I. KANT*, Die Metaphysik der Sitten (Akademie-Ausgabe VI), Berlin 1914, 203-493, 473f.

[139] Von «Umgangswerten in relativer Autonomie zu den Grundwerten», spricht *HARTMANN*, Ethik 439.

Blick genommen und beschrieben. Der berühmte «goldene» Mittelweg, der hinsichtlich der ethischen Valenz einschlägig ist, wird, auch wenn sich die Pole durch die Epochen verschieben, immer wieder thematisiert werden für die Austarierung der sittlichen Dispositionen und Finalitäten. Problemanzeigen sind im Sinn einer Indikation durchaus angebracht (auch wenn es verfehlt und ahistorisch gedacht wäre, sie auf das Konto des Stagiriten zu verbuchen). Zweierlei ist zu dieser Vorlage anzumerken: Die Aufmerksamkeit für Interaktionsskalen und -typisierungen bewegt sich im Rahmen einer In-Group (und ist dort anspruchsvoll genug!), im Kontext der Beschränkung auf die Protagonisten der strukturell «unhöflich», genauer: strukturell ungerechten Polis[140], die dem «Anderen» des idealen ethischen Subjekts und seiner Objektivationen ausschließt. Das korrespondiert mit der zweiten Beobachtung. Alteritätslos bleibt auch die eigentliche Intersubjektivität als eigenes Thema unauffällig.

Augenfällig werden Rezeption *und* Transponierung auch dieser spezifischen Vorgaben und Vorlagen natürlich gerade bei Thomas von Aquin in dessen Anknüpfung an Aristoteles. Die Grunddifferenz dabei ist evident: Das *absolute* Gute spielt für Aristoteles schon ethisch keine entscheidende Rolle und ist für ihn «theologisch» selbstredend kein Thema. Bei aller Anknüpfung im Detail und in der Disposition von Argumentationsmaterial, der Grundansatz bei der theologische Größe von Schöpfung und Gnade – «Gnade» braucht und setzt Natur voraus... – signalisiert offenkundig einen verschobenen «point du départ».[141]

Dafür aber bleibt – in den Grenzen des historischen Kontextes – der *proto-demokratische* Aspekt bei Aristoteles durchaus ein Anstoß für eine politische Valenz des Umgangstopos, die hinter Thomas zurückverfolgt einen Aspekt präfiguriert, der erst später zu gewinnen und zu adaptieren sein wird.

13.2.1. Skizze: Von der speziellen «Gerechtigkeit», «Angemessenheit» und der «caritas effectiva»: die «affabilitas»

Schon die Verortung der für unsere Untersuchung relevanten Phänomene unter dem Rubrum der «Tugenden des Gemeinschaftslebens»[142] gibt bei Thomas einen ersten Hinweis auf das Panorama des Gesamtkomplexes und die Verbindungen zu einer Fülle von Haltungsbildern und Tugenden, die Thomas in seiner minutiösen Systematik verhandelt. Die Überschriften des Kommentars in der DThA sind signi-

---

[140] Vgl. *HÖFFE*, Aristoteles 248ff. Diese Ausblendung betrifft die Frauen, die Sklaven, die «Barbaren». Das historisch gewachsene und veränderte soziale und politische Bewußtsein hat sicher zu einer größeren Sensibilität diesbezüglich beigetragen, aber damit ist die akute Problematik interaktionsethisch keineswegs abgetragen. Eine «Höflichkeit der Solidarität», eine Achtungskommunikation gerade gegenüber den Verachteten, eine Höflichkeit den Opfern der Geschichte gegenüber ist hier strukturell nicht angelegt. Dazu bedarf es anderer Inspirationen.

[141] Es ist hier nicht der Ort, um in die verzweigte Debatte einzusteigen, ob Thomas zunächst unter philosophischen oder aber theologischen oder schließlich über eine diese Ansätze vermittelnde Hermeneutik zu lesen ist. Vgl. *W. KLUXEN*, Philosophische Ethik bei Thomas v. Aquin, Mainz 1964 (erweiterte Neuauflage: Hamburg 1980). Die Diskussion, die sich im Anschluß an diese Monographie entwickelte, ist bis heute wirksam. Vgl. z.B. knapp die Positionsmarkierungen für Thomas bei *MARSCHÜTZ*, Die verlorene Ehrfurcht 88ff., *J. PORTER*, Moral language and the language of grace. The fundamental option and the virtue of charity, in: Philosophy and theology 10 (1997) 169-198, *B.J. SHANLEY*, Aquinas on pagan virtue, in: The Thomist 63 (1999) 553-577, *D.S. LONG*, Making theology moral, in: SJTh 52 (1999) 306-327.

[142] So lautet ja der Titel von Bd. XX der DThA.

fikant und beredt.[143] Dort werden die Vorgaben des Thomas sortiert unter den Leitbegriffen «Tugenden mit strenger Schuldbewandtnis» (II-II 101-105), «Tugenden der notwendigen sittlichen Rechtheit» (II-II 106-113) und «Tugenden der höheren sittlichen Rechtheit» (II-II 114-120). Implikationen und Zusammenhänge liegen auf der Hand. «Affabilitas», «liberalitas» und «epieikeia», die die höhere sittliche Rechtheit ausmachen, sind nicht streng sanktionsbewehrt, sind nicht der unverzichtbare Kern des Ethos, sondern spiegeln einen habituellen Überschuß an Umgangsweisen mit Menschen, Gütern und Normen. Hier freilich wird nachzufragen und nachzudenken sein, inwieweit diese Einschätzung von Fall zu Fall, von Konkretion zu Konkretion nicht überwunden, keineswegs aufgegeben werden muß. Gerade der systematische Zusammenhang der «affabilitas» mit der Epikie, den Thomas präfiguriert, gibt hier Anlaß, hier weiter nachzudenken. Gerade für den Bereich der Epikie sind hier Überlegungen zu einem «höheren Ethos der Humanität» in ihrer systematisch-ethischen Konsequenz zu reflektieren.[144]

Es fällt bereits hier auf, daß die «affabilitas»[145] im Rahmen der Gerechtigkeitstheorie zu den annexialen und potentialen[146] – neben den subjektiven und integralen – Teilen der Gerechtigkeit gehört.[147] Sie steht damit in der Reihe der Überlegungen, die Thomas den Phänomenen der «religio»[148], dann – unserem Thema näher –, der «pietas»[149], der Ehrerbietung oder «observantia»[150], der «dulia»[151], der Dankbarkeit oder «gratitudo»[152], der Wahrhaftigkeit und angrenzender Phänomene[153] wid-

---

[143] Vgl. DThA XX 536f.

[144] Beispielhaft hierfür die Untersuchungen von *G. VIRT*, Epikie – verantwortlicher Umgang mit Normen. Eine historisch-systematische Untersuchung, Mainz 1983, *ders.*, Die vergessene Tugend der Epikie, in: *W. ERNST* (Hrsg.), Grundlagen und Probleme der heutigen Moraltheologie, Würzburg 1989, 138-151, *ders.*, Art. Epikie, in: NLChM 147-149, *ders.*, Art. Epikie, in: LThK³ III 715, zudem *K. DEMMER*, Moraltheologische Methodenlehre (SThE 27), Freiburg i.Ue.-Freiburg i.Br. 1989, 95-101, 134-136.

[145] Nicht unwichtig sind dabei zusätzliche Beobachtungen und Bestimmungen, die Thomas um diese Quaestiones gruppiert,und Hinweise, die aus den in der Summa zuvor schon verhandelten Phänomenen gewonnen werden können.

[146] Vgl. *WHITE*, The virtues of man 648ff. Dazu S.Th. II-II 48 1: «Partes autem potentiales alicuius virtutis dicuntur virtutes adiunctae quae ordinantur ad aliquos secundarios actus vel materias, quasi non habentes totam potentiam principalis virtutis.» Vgl. schon *H. MEYER*, Thomas v. Aquin. Sein System und seine geistesgeschichtliche Stellung, Paderborn ²1961, 505-544 (zu Definition, Einteilung, Konnex, Rangordnung, Trägerschaft der Tugenden), bes. 514f. zu den integralen, subjektiven und potentialen Anteilen. Annex- oder «anhängende» Tugenden sind diejenigen, die einer Haupttugend zugerechnet werden, «insofern sie das Charakteristische der Haupttugend an einer sekundären Materie zur Ausführung bringen.»

[147] Vgl. S.Th. II-II 80.

[148] Vgl. S.Th. II-II 81-100.

[149] Vgl. S.Th. II-II 101.

[150] Vgl. S.Th. II-II 102.

[151] Vgl. S.Th. II-II 103.

[152] Vgl. S.Th. II-II 106.

[153] Vgl. S.Th. II-II 109-113. Dort werden die ethisch relevanten Unterscheidungen zu diesem Themenbereich getroffen und schematisiert und sittliche Devianzformen wie Verstellung und Heuchelei («simulatio» oder «hypocrisis» in q. 111), Prahlerei («iactantia» in q. 112), und die Selbstunterschätzung («ironia» in q. 113) verhandelt. Vgl. *SCHOCKENHOFF*, Zur Lüge verdammt? 62-80. Wichtig dabei ist: Die Einordnung zählt diese Phänomene des Handelns als konträr zur Wahrheit und Wahrhaftigkeit, nicht zur «affabilitas». Diese Phänomene bleiben aber im Umfeld der «affabilitas» angesiedelt. Sie widersprechen ja auch zutiefst dem, woraufhin «affabilitas» zielt, sind mögliche Laster- oder Schuldphänomene, aber eben nicht zuerst die primäre ethische Zuwiderhandlung und Zuwiderhaltung. Diese wäre z.B. viel eher – neben

met. Direkt im Anschluß daran, aber eben bezeichnenderweise getrennt wird die «affabilitas» mit den zu ihr konträren Devianzen der «adulatio» und des «litigium» dargestellt. Thomas führt die Sichtung und Einordung der Phänomene und Tugenden fort mit Überlegungen zur Freigebigkeit, der «liberalitas», und deren sittlichen Fehlformen, der Habsucht und Verschwendung («avaritia» und «prodigalitas»)[154], widmet sich dann – wie in der NE präfiguriert – Reflexionen auf die «epieikeia»[155] und die Gabe der Ergebenheit («donum pietatis»)[156], um die Sichtung der Gemeinschaftstugenden mit einer ausführlichen Quaestio zu den Gaben der Gerechtigkeit abzuschließen.

Konzentriert man sich zunächst auf die Tugenden als die Elemente des Ethos, die unter der doppelten Formierung der «caritas» (in ihrer Mehrdimensionalität von der gnadentheologischen Dimension der kardinalen Tugend über das tugendethische Formprinzip bis hin zum ethischen Anspruch ihrer Realisierung und Aktuierung in der «affabilitas» der konkret-alltäglichen Interaktion) und der Gerechtigkeit als ethischem Anspruch, die sich beide auch hinsichtlich des Ethos dynamisieren, so verweist dieser Katalog von Tugenden in seiner Anordnung und Systematik auf einen spezifischen «connexus virtutum» auf dieser Ebene hin: Sie alle haben bei je eigenen Akzentuierungen immer auch eine sachliche und inhaltliche Schnittmenge mit der «affabilitas» oder – einmal mehr avant la lettre – mit der Höflichkeit: Formen, Formeln und Gesten, aber auch Dispositionen und Haltungen der Verehrung, des Ehrerweises, der Ergebenheit, des Dankes, aber auch der Freigebigkeit sind bei Thomas jeweils noch einmal in sich nach Graden der Verpflichtung und Geschuldetheit[157] oder Freiwilligkeit[158], nach ihren Bezugsgrößen[159] unterschieden und teils auch terminologisch[160] noch einmal unterschieden, aber gerade in ihren Realisationsformen (und seien sie noch so niedrigschwellig und konventionell) fin-

---

dem im Anschluß an S.Th. II-II 114 genannten – auch das «vitium insensibilitatis» (vgl. S.Th. II-II 142 1). Vgl. dazu *SCHOCKENHOFF*, Bonum hominis 196, *DÖRNEMANN*, Freundschaft 47. Vgl. knapp *K. OBENAUER*, Zum Laster bei Thomas von Aquin, in: WuA(M) 42 (2001) 162-167.

[154] Vgl. S.Th. II-II 117-119.

[155] Vgl. S.Th. II-II 120.

[156] Vgl. S.Th. II-II 121.

[157] Vgl. S.Th. II-II 101 resp., dazu II-II 102 2 ad 2 mit den Würdigungsgraden der «gesetzlichen» oder «sittlichen» Geschuldetheit. Parallel dazu S.Th. II-II 106 im Blick auf die Dankbarkeit. Vgl. auch S.Th. I-II 60 3.

[158] Vgl. S.Th. II-II 106 ad 2: «Sed virtutem gratiae sive gratitudinis retributio pertinet quae fit ex solo debito honestatis, quam scilicet aliquis sponte facit.» Freiwilligkeit markiert jenseits der «retributio proportionalis» der Kommutativgerechtigkeit eine sittliche Ehrenpflicht. Im Anschluß daran kennzeichnet Thomas erzwungene Dankbarkeit als weniger angenehm («minus grata»).

[159] Vgl. zur Gottesverehrung vorlaufend schon S.Th. II-II 80-100. Die systematische Vorordnung der «eusebeia» Gottes in ihren Freiwilligkeiten und «Obligationen» überrascht nicht. Ebenso evident ist die (patriarchale) Anordnung weiterer familialer und sozialer Bezugspersonen entlang verschiedener Grade der Schuldigkeit, vgl. S.Th. II-II 101f. – Selbstredend spiegelt sich hier auch der historische Kontext einer stark ständisch organisierten Gesellschaft zur Zeit des Thomas, doch die Implikationen und Intentionen lassen sich nicht *allein* darauf reduzieren. Wichtiger noch ist die Feststellung, daß Thomas die lebens- und erfahrungsweltliche Differenzierung wahr- und aufnimmt, um sie in ein Tugendkonzept zu integrieren, das den Bedingungen der Zeit entspricht, aber immer auch über sie hinausweist. Die «zeitgemäße Unzeitgemäßheit» (mit D. Mieth) der Tugenden sorgt für eine Einpassung einzelner Tugenden oder Tugendsets, die keine Anpassung ist, sondern eine kreative und kritische, zudem im Kontext je und je individuell-biographisch gewordene und werdende Disponierung «in statu viae».

[160] Vgl. S.Th 102 ad 3 mit der Unterscheidung von «observantia» und «pietas».

den sie sich wieder als Momente und Facetten der Höflichkeitstheorien. Was Thomas zur «dulia», also der «Ehrung», und der «Körperlichkeit» der Ehre, ihrer sinnenfälligen und sinnvollen Manifestation ausführt, darauf kann hier stellvertretend verwiesen werden:

> *«Respondeo dicendum quod honor testificationem quadam importat de excellentia alicujus: Unde homines qui volunt honorari, testimonium suae excellentiae quaerunt, ut per Philosophum patet (...) autem redditur coram Deo, vel coram hominibus. Coram Deo quidem, ‹inspector est cordium›, testimonium conscientiae sufficit. Et ideo honor quoad Deum potest consistere in solo interiori motu cordis: dum scilicet aliquis recogitat vel Dei excellentiam, vel etiam alterius hominis coram Deo. – Sed quoad homines aliquis non potest testimonium ferre nisi per aliqua signa exteriora: vel verbis, puta cum aliquis ore pronuntiat excellentiam alicujus; vel factis, sicut inclinationibus, obviationis, et alicujus hujusmodi, veletiam exterioribus rebus, puta in munerum oblatione, aut imaginum institutione, vel aliis huiusmodi. Et secundum hoc, honor in signis exterioribus et corporalibus consistit.»*[161]

«Coram hominibus» ist zeichen- und höflichkeitstheoretisch die sachliche Palette gemeint und in ihrer Bedeutung aufgefangen, die in den einschlägigen Höflichkeitstheorien untersucht wird: «Geäußertheit», Körperlichkeit und Erfahrbarkeit schließen das weite Feld verbaler, gestisch-prosodischer Prästationen für Interaktion in Annäherung und Distanzgewinnung auf.[162] Äußere Zeichen und Bewegungen sind notwendig, erschöpfen aber auch «vor den Menschen» den Bereich des Höflichkeitsrelevanten nicht.[163] Doch mit dem Akzent darauf, daß der Erweis von Ehrung als einem spezifischen Bereich höflicher und aufmerksamer Interaktion hinsichtlich des anderen auf wahrnehmbare Zeichen angewiesen ist, eröffnen sich weitere Differenzierungen, die sittliche, ästhetische, soziale und kommunikative Komponenten als anschlußfähig erscheinen lassen. Vieles davon klingt bei Thomas an. Festzuhalten bleibt aber zunächst die Reflexion auf die Bedingungsmöglichkeit der Expression von Anerkennung und Respekt als einer essentiellen Seite der Höflichkeit.

Auch in seiner Beschränkung auf «Hervorragendheit» als sozial-kultureller Matrix für die Beurteilung einer Person bleibt der Hinweis relevant. Zumal Thomas sich nicht ausschließlich auf diese Quelle der Ehr- oder Reverenzgenerierung beschränkt. Eine wichtige Überlegung wird anzuschließen sein. War der Blick bislang auf die Ehrerweisung Höhergestellter (in den verschiedenen Graden der Geschul-

---

161 S.Th. II-II 103 1 resp. mit NE I 3 und VIII 9. Vgl. S.Th. II-II 103 1 ad 2 zur Differenz von «reverentia» und «honor» und ihre Bedeutung im Bereich des Humanen.

162 Dies ist auch zu lesen im Zusammenhang mit der kommunikativen Verfaßtheit des Menschen selbst. Sprachlichkeit und sittliches Handeln im Medium der Sprache – «per modum enuntiabilis» (S.Th. II-II 1 2) – deuten auf diesen Zusammenhang.

163 Die «coram hominibus/coram deo»-Unterscheidung ist sinnvoll und aus dem thomasischen Duktus insgesamt einleuchtend. Der intim-innere Bereich der Gottesbeziehung ist zuletzt undarstellbar, aber auch er hat einen Bedeutungs- und Handlungshof. Die Höflichkeit Gottes verschränkt sich – anthropologisch gewendet – auch in einen Subjekt- und Objektgenitiv. Formen des Gebets und der Liturgie haben Gott in Sprache, Gebärde, Ritual zum Adressaten einer Annäherungs- und Distanzkommunikation. Der «höfliche» Modus vivendi hat so Entsprechungen im «modus credendi» und im «modus orandi». Auch wenn diese Zusammenhänge hier nicht explizit dargestellt werden können, so bleibt doch zu erinnern: In seiner Kommunikation mit Gott hat der Mensch nur das Ausdrucksrepertoire, das er entwickelt und variiert auch im Umgang mit Menschen, in der Sozialität.

detheit) gerichtet, so stellt Thomas hier die Frage, ob allein Höhergestellten Reverenzerweise (als Modalitäten auch des Höflichen) zukommen. Auf eine signifikante, fast möchte man sagen augenzwinkernde Weise durchbricht Thomas dabei ein starres *Reverenz*modell, weil er die *Referenz*punkte vervielfältigt – im Vergleich des Ehrenden zum Verehrten, in Ansicht des Verehrten «in sich» oder im Vergleich zu «irgend jemand anderem», was sich dann nochmals duplizieren läßt durch die Vielfalt der möglichen Vorzüge, Anlässe, Überlegenheiten, und sei es nur «in gewisser Hinsicht». Originell und originär faßt Thomas dies so:

> *«Respondeo dicendum quod, sicut supra dictum est, honor nihil aliud est quam quaedam protestatio de excellentia considerari non solum per comparationem ad honorantem, ut scilicet sit excellentior eo qui honorat: sed etiam secundum se, vel per comparationem ad aliquos alios. Et secundum hoc, honor semper debetur alicui propter aliquam excellentiam vel superioritatem. Non enim oportet quod ille qui honoratur sit excellentior honorante: sed forte quibus aliis; vel etiam ipso honorante quantum ad aliquid, et non simpliciter.»*[164]

Mit den verschiedenen Ausgangspunkten für einen Vergleich, die Thomas in der Antwort anführt, wird hier Ehrerweisung in einem weitgesteckten Rahmen gesehen und eine strikte Höflichkeit von «unten nach oben» im sozialen Sinn durchbrochen, weil der andere «immer» (aus einem der vielen möglichen Blickwinkel auf ihn) «überlegen» ist. Die Vielschichtigkeit kommt hier zum Ausdruck und fordert dann wieder eine Expression «coram hominibus», also greifbar und «materialiter» in Worten, Gesten, in kommunikativer Handlung und Haltung. Die Fassung einer Achtungskommunikation, die sich hier anbahnt, gewinnt ihren Ernst und ihre anthropologische Grundbedeutung bei Thomas dadurch, daß die restringierten und begrenzenden Determinanten und Auslöser souverän übersprungen werden. Dicht kommt dies zum Ausdruck:

> *«Ad tertium dicendum quod in quolibet invenitur aliquid ex quo potest aliquis eum superiorem reputare: secundum illud Philipp. 2: ‹In humilitate superiores invicem arbitrantes.› Et secundum hoc etiam omnes se invicem debent honore praevenire.»*[165]

Hiermit ist die «Honorierung» des anderen auf eine so allgemeine wie mögliche Ebene gehoben. Der materiale Anlaß der «Reputation» spielt nicht mehr die entscheidende Rolle. Es ist der Mensch selbst, der sie hat. Daß Thomas gerade hier Phil 2,3 aktiviert, kann nicht überraschen, hat man seine Verweise vor allem auf Röm 12,10 und 1Petr 2,17 noch mit im Ohr.[166] Die Dynamik wechselseitiger «Achtungsübertreffung» und das entgrenzte wie entgrenzende Mandat «Achtet alle!» ha-

---

[164] S.Th. II-II 103 2 resp. – Schon eine kleine Umstellung in der deutschen Übersetzung (die noch dazu näher an der Satzstellung in der S.Th. wäre) würde den Klang zudem verändern: «Und demgemäß gebührt jemandem Ehre immer wegen eines Vorzugs ...» (so die DThA) zu «Und demgemäß gebührt *immer* jemandem Ehre wegen eines Vorzug...». Diese Lenkung ist nicht aus der Luft gegriffen. Sie entspricht dem, was bei Thomas folgt.

[165] S.Th. II-II 103 2 ad 3.

[166] So in S.Th. II-II 103 3. Der Systematik der Quaestiones gemäß ist der argumentative Einsatz auch hier zu beachten. Vgl. *W.* METZ, «Aufgehobene» Mündlichkeit. Artikel-Struktur und «ordo disciplinae» der thomasischen «Summa Theologiae», in: PhJ 103 (1996) 48-61.

ben einen deutlichen Zug zur Entschränkung[167] in die thomasische Argumentation gebracht, die auch höflichkeitstheologisch von Belang bleibt und sich mühelos rückkoppeln läßt an die schöpfungstheologische Grundierung seiner Anthropologie und Ethik.

Steuern wir nun die zentralen Passagen an, die hier zur Debatte stehen müssen. In drei knappen Quaestiones wendet sich Thomas dem Thema der «amicitia seu affabilitas»[168] wie der ihr entgegengesetzten Fehler zu, der Schmeichelei (q. 115: «De adulatione») und dem Streit (q. 116: «De litigio») zu. Wie immer blendet Thomas auch in diesen Argumentationsverlauf Gegenbilder («Laster»[169]) ein, analysiert diese und gewinnt damit eine je schärfere Kontur der Tugendbilder (Gehorsam – Ungehorsam, Dankbarkeit – Undankbarkeit oder, in Abgrenzung zur «affabilitas», Schmeichelei und Streitsucht). Dies ist um so wichtiger festzuhalten, als Thomas gerade bei den jeweils korrespondierenden Lastern – über Aristoteles und die anderen Referenten hinausgehend – die theologische und ethische Dimension der Sünde in den Blick rückt.[170] Dies gilt dann auch für die «affabilitas» und – zumindest für Bereiche, die die inhaltliche Schnittmenge mit der mundanen «curialitas» bilden – für letztere. Schon die erste bloße Nennung dieser Phänomene ergibt eine frappierende Nähe zu den Themen, die im außertheologischen Bereich sowohl in der Tradition der Moralistik als auch im zeitlichen Thomas sehr nahen Kontext der Höflichkeitstheorien aufzufinden sind. Ersteres verwundert weniger, da Thomas in seinen systematischen Überlegungen natürlich allen voran Aristoteles (aber auch Cicero und Seneca z.B.) rezipiert.[171]

Thomas nimmt in den einführenden Überlegungen von II-II 114 1 aristotelische Argumente aus der NE auf, die er unter einer doppelten Leitfrage sondiert: Ist die «affabilitas» eine «virtus specialis» und gehört sie als Teiltugend zur Gerechtigkeit? Freundschaft, so der rekapitulierende Blick auf die NE[172], wird zunächst nicht als «virtus specialis», sondern als Folge der Tugend gekennzeichnet. Nicht nur das Ver-

---

[167] Dem widerspräche auch nicht eine spezifische In-Group-Orientierung, die unter den urspünglichen Kontexten liegen kann. Im biblischen Ethos der Gemeinde- oder Haustafeln liegt sicher ein Zug der die universale Dynamik des jesuanischen Ethos in den realen Handlungsraum der Gemeinde einbiegt. Die komplexen Zusammenhänge, die Korrespondenz und die dynamisierende Wechselwirkung dieser beiden Brennpunkte eines biblischen Ethos können hier nur in Erinnerung gerufen werden.

[168] Vgl. auch den NE-Kommentar des *THOMAS*, In decem libros ethicorum Aristoteles ad Nichomachum expositio, Ed. Marinetti, Turin 1949, bes. IV 14 (Nr. 816-830/S. 225-228).

[169] Vgl. z.B. die einfühlsamen Überlegungen zum von Sünde und Laster «beschädigten Leben» bei *O.H. PESCH*, Sünde und Menschsein bei Thomas von Aquin. Eine theologiegeschichtliche Meditation, in: *M. THURNER* (Hrsg.), Die Einheit der Person. Beiträge zur Anthropologie des Mittealters (FS R. Heinzmann), Stuttgart 1998, 85-98.

[170] Vgl. *WHITE*, The virtues of man 648. Andersherum gesagt: Entwicklung, Entfaltung, Übung wie Vollzug positiver Haltungsbilder sind von ebenso positiver Relevanz für die Grunddimension der Gottesbeziehung. Das Sittliche steht somit immer auch in Konspiration mit dem Spirituellen. Vgl. *N. INGHAM*, The Rectitude of Inclination, in: The Thomist 60 (1996) 417-437.

[171] Angesichts der zweiten Tatsache überrascht nur der bereits erwähnte Befund, daß die Sache, nicht aber der Begriff der «Höflichkeit», der «curialitas», wie er zuzeiten des Thomas erschwinglich wäre, aufscheint. Bezeichnenderweise übersetzt aber die DThA gerade in II-II 114 1 2 praet. das «ut oportet» des Aristoteles-Zitates mit «höflich»: «Der Philosoph spricht von einem Freund, der ‹nicht, weil er liebt oder haßt, jegliches höflich aufnimmt.› »

[172] Vgl. NE 1156b 7sq, 23sq. (NE VIII 4). Bleibt hier wie folgend die Frage nach den Selektionskriterien, die Thomas anlegt, um aus der NE Argumente gegen die Tugend der «affabilitas» zu gewinnen. Vgl. den Exkurs oben!

hältnis von Ursache und Wirkung spricht gegen eine Einordnung als Tugend. Anders als diese Bestimmung, die im Bereich des sittlich Positiven situiert ist, spricht ein anderer, klassischer Einwand zumindest von der sittlichen Fragwürdigkeit der Höflichkeit. Wiederum mit Blick auf Aristoteles[173] erwähnt Thomas das Beispiel eines Freundes, der Zeichen der Freundschaft bekundet, obwohl über ihn zu sagen wäre: «Non in amando vel inimicando recipit singula ut oportet.» Es werden Zeichen der Freundschaft gesetzt, die nicht durch eine im Real- und Vollsinn vorhandene Freundschaft abgedeckt werden. Dies steht unter dem Verstellungsverdacht («simulatio»). Auch von daher legt sich das Urteil nahe, diese Form der Freundschaft sei nicht unter die Tugenden zu zählen. Auch das dritte Gegenargument entlehnt Thomas der NE. Hier wird moniert, daß die geforderte Mitte und die notwendige Affektkontrolle des Weisen und Tugendhaften von einer Haltung verdeckt wird, die aus sich vorrangig hedonistische Züge trägt und den Konflikt scheut.[174] Diese beiden letzten Argumente gehören zum Standardrepertoire der Höflichkeitskritik.

Als Gegenposition zu einem von dieser Argumentation nahegelegten Ausschluß der «affabilitas» aus dem Katalog der Tugenden bemüht Thomas eine biblische Reminiszenz als Argument, das er als Autoritätsargument kennzeichnet («Sed contra, praecepta legis dantur de actibus virtutum»). In Sir 4,7 («Sei leutselig gegen die Menge der Armen!») wird eine spezifische Haltung in einen normativen Kontext eingerückt. Dieses Gebot stützt eine Einordnung der «affabilitas, quae hic amicitia dicitur» als «specialis virtus», für die Thomas plädiert und argumentiert, nachdem er seine Position benannt hat. Die Antwort, die er anschließt, lautet:

> *«Respondeo dicendum quod, sicut dictum est, cum virtus ordinetur ad bonum, ubi occurrit specialis ratio boni, ibi oportet esse specialem rationem virtutis. Bonum autem in ordine consistit, sicut supra dictum est. Oportet autem hominem convenienter ad alios homines ordinari in communi conversatione, tam in factis quam in dictis: ut scilicet ad unumquemque se habeat secundum quod decet. Et ideo oportet esse quamdam specialem virtutem quae hanc convenientiam ordinis observet. Et haec vocatur amicitia sive affabilitas.»*[175]

Im Kern aktiviert Thomas auch hinsichtlich der hier natürlich nicht so genannten Höflichkeit den Grundtenor seiner tugendethischen Auffassung. Diese «ordinatio ad bonum»[176] zeichnet auch die «affabilitas» aus. Dieser allgemeinen Bestimmung korrespondiert – hier wie bei weiteren Teil- oder Annextugenden bei Thomas – eine spezifische Formung des Potentials denkbarer und benennbarer Tugenden für einen spezifischen Kontext und in spezieller sachlicher Reichweite (ohne dabei die Grunddimensionen und -implikationen der Tugend an sich zu verlassen). Aus der grundlegenden Ausrichtung der Tugenden auf das Gute folgt, daß es dort, wo

---

[173] Vgl. NE 1126 b, 23sq (NE IV 13)

[174] Vgl. NE 1106 b 36 sqq., 1109 7 sq., 1126 b, 29 sqq. (NE II 6, II 9, IV 6.).

[175] S.Th. II-II 114 1 resp. Vgl. die Wiederaufnahme bei *D.M. PRÜMMER*, Manuale Theologiae Moralis II, Freiburg i.Br. [10]1945, 478-480, *J. MERKELBACH*, Summa theologiae moralis II, Paris 1932, 838-840. Vgl. dazu unten Abs. 13.4.

[176] Vgl. insgesamt *J.F. KEENAN*, Goodness and rightness in Thomas Aquinas's «Summa Theologiae», Washington 1992, zudem die Nachfragen bei *S. THERON*, The «Bonum honestum» and the lack of moral motive in Aquinas's ethical theory, in: DR 118 (2000) 85-110.

es um Sonderheiten, um besondere Phänomene der Gutheit geht, auch eine korrespondierende Tugend (also eine «virtus specialis»[177]) geben müsse.

Frappierend ist dabei der mit dem «ordo»-Denken korrelierbare raumtheoretische Gedanke der Zuordnung von Interaktanden im gemeinsamen Verkehr – in prosodischer, proxemischer, gestischer wie in symbolischer Weise, in verbaler und non- oder transverbaler Handlung und Äußerung. Die Tugend, die dieses besondere Zuordnungsverhältnis der Menschen in der Dynamik ihres alltäglichen Grenzverkehrs beobachtet, ordnet und übt, ist für Thomas also die «affabilitas». Ein dem anderen entsprechender, ihn würdigender und respektierender Umgang wird also in einem Tugendrang bestätigt. Die Argumentation ist formal, keineswegs formell. Die «affabilitas» reagiert auf die Notwendigkeit, «conversationes communes», den allgemeinen und alltäglichen Umgang mit *jedem* anderen («unumquemque»), auf das Gute hin zu ordnen und gelingen zu lassen. Die Ordnung und Zuordnung Interagierender durch die praktizierte «affabilitas» hat also ebenso einen dynamisch-teleologischen Zug auf der ihr eigenen Bedeutungsebene und damit über sie hinaus.

Auch höflichkeits- wie konventionstheoretisch einschlägige Signaltermini wie «oportet», «decet», «scilicet» verweisen dabei überdies auf Elemente der sachlichen, situativen wie personalen Angemessenheit, der Geschuldetheit, aber ebenso auf die Konventionalität, die sich hier in den konsensuellen Regularien des «con-venire» zeigen, also auch auf die normativen Aspekte, die diesen Ansprüchen innewohnen, wenngleich diese weder erläutert noch an dieser Stelle näher ausgeführt und ausgefüllt werden.

Im Anschluß präzisiert Thomas seine Positionen, nimmt in den drei weiterführenden Argumenten seiner Systematik gemäß die eingangs erwähnten Gedanken auf und ventiliert sie weiter. Unter «ad 1» wird der Begriff der Freundschaft differenziert in den Vollbegriff dessen, was liebende Zuneigung meint.[178] Hiervon abzugrenzen ist ein Begriff, der durchaus im Verhältnis der Ähnlichkeit steht. Dabei konterkariert die «similitudo» die «simulatio». Die Ähnlichkeit *verbindet* und *unterscheidet* Momente der «affabilitas» oder «Leutseligkeit» (wie die DThA übersetzt) material mit der Freundschaft, ohne Gleichheit («aequalitas»[179]) zu suggerieren und zu encodieren, ist damit Vorschub oder Vorleistung, aber nicht – auch das letztlich von ethischer Relevanz – Vortäuschung. In Abgrenzung von einem Vollbegriff der «Freundschaftsliebe»[180], eine Unterscheidung, die Thomas wiederum im Anschluß an Aristoteles formuliert, und deren Spezifika im Kontext der «caritas» zu beschreiben waren, gilt hier:

---

[177] Vgl. S.Th II-II. q. 109 2.

[178] Vgl. NE 1126b, 22sq., 1158 a 18sqq., 1159 a 33sq., dazu Thomas selbst in: S.Th. II-II 23 1 u. 23 3, II-II 25ff.

[179] In einem differenzierten und strukturierten Denkmodell wie dem des Thomas ist diese Ordnung und Stufung immer wieder von Bedeutung. Sie reicht von der fundamentalen «Analogia entis» bis zu mundanen Ähnlichkeitsphänomenen, die Zuordnungsverhältnisse nahelegen, vgl. *M. WAGNER*, Similitudo und Participatio als Konstitutiva der Analogiebeziehung zwischen Gott und Geschöpf bei Thomas von Aquin, in: *H. SCHWAETZER* (Hrsg.), Explicatio mundi. Aspekte theologischer Hermeneutik, Regensburg 2000, 65-86.

[180] Vgl. zu den anthropologischen und theologischen Differenzierungen *SCHOCKENHOFF*, Bonum hominis 493-501, *DÖRNEMANN*, Freundschaft 105-113, 130-154, *KEATY*, Thomas's authority for identifying charity as friendship 581-601, vgl. den Überblick von *G. MAILAENDER*, Friendship. A Study in theological ethics, Notre Dame (Ind.)-London 1981.

«Aliam vero amicitiam ponit, quae consistit in solis exterioribus verbis vel factis. Quae quidem non habet perfectam rationem amicitiae, sed quamdam ejus similitudinem: inquantum scilicet quis decenter habet se ad illos cum quibus conversatur.»

Wichtig im Kontext eines ethischen Realismus, der fordert, aber nicht überfordert, ist diese Differenzierung auch deshalb, weil sie die so oft verdächtigten äußeren, «geäußerten» Zeichen und Worte, die nicht ubiquitär perfekte Vollformen einer Freundschaft verwirklichen, sondern diese im Sinne eines «dezenten» Umgangs mit anderen («decenter se habet») tugendethisch gelten läßt, aber auch hier nicht unterschlägt, daß soziales und ethisches Sollen und Können vielschichtig korrespondieren. Ohne formelle, formalistische Engführungen und Überdeterminationen klingt ein impliziter Hinweis auf Konventionen («scilicet») an, der an Handlungsfreiräume, aber auch die Notwendigkeit ihrer Gestaltung, selbst erinnert. Anders gesagt: die Aristoteles entlehnte Differenzierung zwischen Freundschaft und Freundlichkeit (oder Umgänglichkeit) entspricht der Einsicht, daß Vollformen der Freundschaft nicht jedem gegenüber realisierbar sind. Diese undifferenziert zu fordern, wäre in aller nicht dispensierten Idealität utopisch. Genau deshalb bleiben Alltagsformen des Umgangs von ethischem Gewicht, die am Ideal gemessen wohl defizitär erscheinen mögen, aber nichtsdestoweniger sittlichen Rang haben und einen spezifischen Ort der Realisierbarkeit. Thomas entwertet dabei nicht die «gute Sitte» oder «Gewohnheit» als vernachlässigbar, sondern integriert ihren Wert, ihre Funktionen und ihre spezifische Effizienz in das Gesamtbild sittlichen Handelns. Ist schon diese Feststellung von nicht geringer Bedeutung, so steigert sich diese in der Fortführung des Gedankengangs bei Thomas – verblüffenderweise – noch zusehends.

«Ad 2» führt die Aussagen zur «affabilitas» fort und erweitert diese um eine geradezu ontologische Dimension. Mit Verweis auf Sir 13,19 («Jedes Sinnenwesen liebt seinesgleichen») spricht Thomas von der natural-ontischen Disposition einer «allgemein-menschlichen Liebe», die in Ausdrucksformen *repräsentiert* wird und in der angemessen differenzierten und moderat-moderierenden Weise [181] Freunden wie Fremden auf der Basis des «amor benevolentiae»[182], eines Grundwohlwollens, einer Grundachtung, je eigene Signale und Symbole der Verbundenheit zukommen läßt. Die fundamentale ontische Gleichwürdigkeit (in diesen wie selbstredend anthropofokussierten Überlegungen) hebt die Differenzen dann nicht auf, die sich aus unterschiedlichen personalen und affektiven Distanzen und Nähen[183] in concreto ergeben und in der alltäglichen Interaktion aufscheinen.

---

[181] Die «moderatio» der angemessenen Selbstrepräsentanz in der kommunikativen Interaktion scheint – wiederum im Wahrheitskontext formuliert – auf in S.Th. II-II 109 4 resp.: «Homines enim qui majora de seipsis dicunt quam sint, sunt aliis onerosi, quasi exellere aliis volentes: homines autem qui minora de seipsis dicunt, gratiosi sunt, quasi aliis condescendentes per quamdam moderationem.» Moderation als «Bescheidenheit» und als Modus der Kommunikativität verknüpft dabei personale mit interaktionellen Aspekten.

[182] Vgl. *DÖRNEMANN*, Freundschaft 114ff.

[183] Zur Integration der Affekte in das thomasische Tugendmodell vgl. *SCHUSTER*, Moralisches Können 122-131, dazu *DÖRNEMANN*, Freundschaft 34-48 (zu Vernunft, Wille und Affekt als wiederum selbst verdankter «Beitrag des Menschen» in der Realisierung der Tugenden), *E. SCHOCKENHOFF*, Glück und Leidenschaft. Das Gefüge menschlicher Antriebe in der Tugendethik des Thomas von Aquin, in: *THURNER*, Die Einheit der Person 99-123.

Auch in der folgenden, thematisch dichten Passage bieten sich bei Thomas vielfältige Anschlußperspektiven hinsichtlich schon vorgestellter Höflichkeitstheorien und -perspektiven an:

> *«Et hunc amorem repraesentant signa amicitiae quae quis exterius ostendit in verbis vel factis etiam extraneis et ignotis. Unde non est ibi simulatio. Non enim ostendit eis signa perfectae amicitiae: quia non eodem modo se habet familiariter ad extraneos sicut ad eos qui sunt sibi speciali amicitia juncti.»*

In der «affabilitas» repräsentiert, symbolisiert und aktuiert sich ein Grundrespekt des Menschen vor dem Mitmenschen. Die mehrkanalig geäußerten Zeichen dieser Liebe (!) sind Humanitätssignaturen in Wort und Werk, die auch dem Fremden und Unbekannten, Nicht-Vertrauten, dem «alltäglichen Anderen» gegenüber eine fundamentale Solidarität und Konnaturalität bezeugen.[184] Auch dies ist auf ein Repertoire von Äußerungen und Zeichen angewiesen.[185] Auch Fremden ist also eine – allerdings von ausgeprägteren Gefühlen – freie Freundlichkeit entgegenzubringen und spüren zu lassen.

In diesem Differenzmoment, dessen ethische Bedeutung bereits unterstrichen wurde, liegt dann auch die ethisch ebenfalls notwendige Abwehr des immer wieder begegnenden Simulationsvorwurfes begründet. Freundlichkeitsgesten und -äußerungen suggerieren nicht den Eindruck, es handle sich bei ihnen um Signale vollständiger Freundschaft.[186] Dabei wird deutlich, daß phänomenal identische Zeichen und Symbole eben auch von ihrem je unterschiedlichen Rahmen her entschlüsselbar werden. Dieser Rahmen formt sich ja aus einer je eigenen Begegnungs- und Interaktionsgeschichte, deren Erfahrung zum hermeneutischen Schlüssel wird. Hier bleibt die Nachfrage, ob und inwieweit nicht auch gerade Zeichen der «affabilitas» kontinuierlich und von Fall zu Fall (gerade der Gesichtsbedrohung, die ja auch in engen und intimen Beziehungen nicht einfach ausbleibt) vonnöten und unverzichtbar sind.

In «ad 3» erweitert Thomas das Spektrum und fügt noch einen Gedanken hinzu, der hinsichtlich der Grenzen der Höflichkeit von Bedeutung ist, damit auch prak-

---

184 Inwieweit Thomas bewußt eine konkret verstehbare Aussage im Sinne von Transkulturalität in unserem Sinne (im Unterschied zu einer allgemein-ontologischen Aussage) trifft oder im Auge hat, kann hier dahingestellt bleiben. Zumindest eine Offenheit dafür wird man konstatieren dürfen. Diese Frage ließe sich ja auch mit Recht an die polis-zentrierte Ethik des Gewährsmanns Aristoteles stellen. Vgl. mit Blick auf die Relation zu Judentum und Islam *P. Valkenberg*, How to talk to strangers. Aquinas and interreligious dialogue in the Middle Ages, in: Thomas Instituut Utrecht (Hrsg.), Jaarboek 1997, 9-47.

185 Vgl. dazu S.Th. II-II 111 2 ad 1: «Quod opus exterius naturaliter significat intentionem.» Diese optimistische und zugleich regulative Vorstellung der Kohärenz kommunikativer Signale und habitueller Disposition ist zugleich funktionale Voraussetzung und sittliche Zielvorstellung nicht nur im Blick auf die «affabilitas». Hinzukommen müßte aber gerade in diesem Zusammenhang die «zeichenlose» Höflichkeit der Raum- und Zeitgabe, der Unterlassung einer Face-Bedrohung. Nicht-Äußerung und Unterlassung einer Bedrohung sind in ihrer Signifikanz schwach, in ihrer sittlichen Bedeutung an bestimmten Stellen aber auch kategorial nicht zu unterschlagen. Vgl. knapp *Dörnemann*, Freundschaft 35, zu innerem und äußerem Akt, zudem *W.H. Marshner*, Aquinas on the Evaluation of Human Actions, in: The Thomist 59 (1995) 347-370, *C. Ripperger*, The morality of the exterior act, in: Angelicum 76 (1999) 183-219, 367-410.

186 Natürlich ist diese Argumentation formal und allgemein. Die Konkretionen bedürfen an Ort und Stelle der jeweiligen Entschlüsselung, ein Prozeß, der ebenso heikel ist, wie er eine zumindest minimale Deutungskompetenz bei den Beteiligten voraussetzt.

tisch den Wahrheitsbezug wieder einholt und zudem einen spezifischen Hedonismusvorwurf entkräftet. Der Intention nach geht es der «affabilitas» als Umgänglichkeit und Freundlichkeit zunächst darum, die humane Umgebung zu «erfreuen» – mithin um ein ethisch-ästhetisches Motiv, das nicht unterschlagen werden sollte – und auch sporadische Fremdkontakte freundlich-angenehm zu gestalten. Doch um eines höheren Gutes oder der Vermeidung des Bösen willen[187] kann und wird es von Fall zu Fall nötig sein, die Leutseligkeit und Freundlichkeit zu unterbrechen.[188] Untermauert Thomas den ersten Aspekt mit dem berühmten Ps 132,1 («Wie gut und schön, angenehm ist es, wenn Brüder einträchtig beisammen wohnen.»), so bemüht er des weiteren ein Pauluszitat (2 Kor 7,8), in dem von den – unter Umständen gesichtsbedrohenden – Zumutungen gehandelt wird, die Paulus in seinen Ausführungen vermutet. Damit ist eine Empathie und Sensibilität angesprochen, die auch *im* Konflikt mit und *in* der Zumutung an andere, unverzichtbar bleibt und als Haltung zu zeichnen ist. Wichtig bleibt dabei für unsere Zusammenhänge, daß für Thomas «affabilitas» also keine Strategie der Katzbuckelei oder gar devoter Unterwürfigkeit ohne eigenes Selbstbewußtsein ist, sondern eher ein grundlegendes Medium der Menschenzugewandtheit, die zu präzisen Zeiten, Sachverhalten und Konstellationen auch höherer sittlicher Ansprüche wegen – vorübergehend, aber nicht grundsätzlich – abgeblendet werden kann.[189] Damit sind durchaus «limits of politeness» im Blick – Grenzen, die ethisch relevante Handlungsräume eröffnen und zugleich der Versuchung wehren, Höflichkeit zu schnell zu einem *isolierten* heuristischen, handlungstheoretischen wie ethischen Grundprinzip zu erheben. Freilich wäre über Thomas hinaus nachzufragen, ob nicht auch und gerade an diesen konfliktiv-kritischen Stellen die Grundintention der «affabilitas» und ihrer «höflichen Raumgabe» wie ihrer «Interaktionsraumordnung» und Klima deutlicher zu konturieren wäre. Hier gilt es zu unterscheiden und ebenso zu vermitteln zwischen der Analyse einzelner Interaktionssequenzen und -miniaturen und eher allgemein sowie formal gehaltenen Überlegungen des Thomas.

Im knappen zweiten Artikel der q. 114 widmet sich Thomas dann der Frage des Zusammenhangs von «amicitia» und «justitia». Den zu entkräftenden Eingangsargumenten, nach denen die «affabilitas» nicht als Teil der Gerechtigkeit angesehen werden kann, weil es – erstens – nicht Aufgabe der «affabilitas» sei, Geschuldetes abzugleichen, sondern es ihr «nur» um den freundlichen Umgang mit anderen ginge[190], weil – zweitens – in der Bemühung um den angemessenen Umgang mit «Freude und Trauer im Zusammenleben mit anderen» eher das Moment des Maßes, der «temperantia» also[191], dominiere als das der Gerechtigkeit, und weil – drittens – die Gleichbehandlung von Ungleichen sogar gegen die Gerechtigkeit verstößt, sich die «affabilitas» aber gerade dadurch auszeichne, «similiter ad notos et ignotos, et con-

187 Vgl. S.Th. II-II 115 1 resp., wo dieses Thema im Kontext der «adulatio»-Analyse wieder aufgegriffen wird.

188 Mit NE 1127 a 5sq. (NE IV 12) im Rücken.

189 Signifikant auch, daß Thomas diese Überlegungen zur Ökologie humaner Relationen der Schuldfrage in diesem Zusammenhang vorschaltet.

190 S.Th. II-II 114 2 1: «Sed hoc pertinet ad hanc virtutem, sed solum *delectabiliter* aliis convivere.» (Kursivierung – APA).

191 Vgl. S.Th. I-II 60 5; 61 3, dazu NE 1127 a 2 sqq. (NE IV 12). Vgl. S.Th. II-II 114 2 ad 2.

suetos et inconsuetos operatur»[192], folgt die Darlegung der thomasischen Position. Thomas präzisiert in seiner Antwort diese Argumente und zählt die «affabilitas» zur Gerechtigkeit, insofern erstere mit letzterer als Haupttugend in einem Konnex steht, insofern sich beide auf den anderen richten. Unterschieden von der Vollform der Gerechtigkeit ist die «affabilitas» allerdings dadurch, daß sie nicht *gesetzlich* eingefordert oder als Kompensation für eine empfangene Wohltat «geschuldet» wird, sondern sich «nur» auf eine *sittliche* Ehrenpflicht («debitum honestatis»[193]) bezieht. Dies jedoch gründet vorrangig im Tugendhaften und seiner Haltung selbst. Diese wird formal gegengezeichnet – «ut scilicet faciat alteri quod decet eum facere». Dabei wird aber *nicht* explizit auf eine Reziprozität abgehoben, wie sie diese Formulierung in einer möglichen Fortschreibung des ethischen Prinzips der «Goldenen Regel» beispielsweise nahelegen könnte. Ob dies als ein versteckter Hinweis auf den Vorschußcharakter der Höflichkeit als einem ihrer Spezifika zu lesen ist, sei dahingestellt. Ubiquitär gefordert bleibt die «affabilitas».[194]

Von weitreichender Bedeutung bleiben auch Überlegungen, die Thomas an seine Antwort anschließt. Von der Signatur des Menschen als «animal sociale» führt ihn ein direkter Weg zur Bedeutung der Wahrheit als fundierendes und stabilisierendes Moment der Gesellschaft und des Umgangs miteinander. In dieser Hinsicht ist Wahrhaftigkeit eine bleibende sittliche Pflicht.[195] Ohne Wahrheit, genauer: Wahrhaftigkeit, *letztlich* keine Gemeinschaft:

> *«(...) ergo dicendum quod, sicut supra dictum est, quia homo naturaliter est animal sociale, debet ex quadam honestate veritatis manifestationem aliis hominibus, sine qua societas hominum durare non posset. Sicut autem non posset homo vivere in societate sine veritate, ita nec sine delectatione.»*[196]

Dieser Grundsatz wird auch nicht aufgehoben, aber die Perspektive verrückt, wenn Thomas 114 2 ad 1 betont, daß der Mensch auch nicht ohne Freude («delecta-

---

[192] S.Th. II-II 114 2 3 praet. unter Einschluß von NE 1126 b 25 sq. (NE IV 12). In «ad 3» präzisiert Thomas dies hinsichtlich einer nicht völligen Deckungsgleichheit des Umgangs mit Vertrauten und Nicht-Vertrauten. So sehr dies einleuchtet, nimmt man die gesamte Geschichte und Entwicklung einer vertrauten Beziehung in die Überlegung hinein, so sehr läßt sich auch fragen, ob nicht doch gerade hinsichtlich der «ethischen Miniaturen» en détail größere Ähnlichkeiten, ja Gleichheiten auf der Ebene des Ausdrucks vorzufinden sind, analysiert man Interaktionssequenzen in ihren Motiven, Funktionen und Faktoren. Sicherlich ist es im Sinne «reflektierter», personengebundener Höflichkeit leichter mit dem Vorrat an Zeichen, Worten und Gesten kreativ und variantenreicher umzugehen, aber ganz umgehbar sind diese Funktionen und Motive eben auch nicht. Sie stehen in unterschiedlichen Beziehungsrahmen, haben dort aber ebenso all die beschriebenen Funktionen und Aufgaben – in elementarer, kodifizierter wie reflektierter Hinsicht.

[193] Das korrespondiert mit S.Th. II-II 107 1 resp. und der dortigen Einordnung der Dankbarkeit als «debitum honestatis». – Dankbarkeitserweise gehören – wie des öfteren betont – zum Grundbestand des Höflichen. So scharf diese Trennlinie mit Recht ist, so darf doch nicht übersehen werden, daß das Ausbleiben eines erwarteten Dankes durchaus «sanktioniert» werden kann, wobei das «Ob» und «Wie» durchaus in der Disposition des Dankevozierenden und -erwartenden steht. Von überschießenden Reaktionen, die diese Formen der Unhöflichkeit auslösen können, ist dabei noch gar nicht die Rede.

[194] Vgl. gerade den Schluß S.Th. II-II 114 2 ad 3: «... quod ad omnes oportet facere quod decet.»

[195] Es verwundert nicht, daß Thomas die Veritas-Problematik in S.Th. II-II 109-113 schon unmittelbar vorauslaufend verhandelt hat.

[196] S.Th. II-II 114 2 ad 1.

tio») leben könne. Diese Dimension gehört bekanntlich zum Grundbestand tugendethischer Reflexion bei Thomas. Für die «affabilitas» bedeutet dies:

> *«Et ideo homo tenetur ex quodam naturali debito honestatis ut aliis delectabiliter convivat: nisi propter aliquam causam necesse sit aliquando aliis utiliter contristare.»*[197]

Damit wird ein Zusammenhang geschaffen, den auch White einigermaßen frappiert so konstatiert: «Aquina's reply at once transforms the discussion of a rather small virtue into a reflection on human nature (...)»[198] Dieser Überstieg erinnert an den oben erwähnten. Beide bilden signifikante Belichtungen und Überblendungen der «affabilitas» in Dimensionen hinein, die die Freundlichkeit über ihre vorgebliche «tugendethische» Kleinheit und Vernachläßigbarkeit hinaushebt, ohne sie zugleich zu überfrachten. Dies ist als gewichtiger Ausgangspunkt für weitere ethische Einordnungen im Blick zu behalten. Hier schlägt aber zudem ein weiterer Aspekt durch, der sich gerade dem «theologischen Rahmen» (so Dörnemann), dem unableitbaren Grund und Ziel aller anthropologischer Dimensionen und ethischer Potentialitäten verdankt. Der Überstieg oder Umschlag von «regionalen» Reflexionen auf den ethischen Anspruch der Interaktionsgestaltung unter Nicht-Vertrauten in Grundkategorien der Anthropologie ist hier wichtig zu beobachten[199], eröffnet er doch eine Dimension, die – gleichwohl basierend auf einer Vielzahl aristotelisch präfigurierter Beobachtungen – beständig offen bleibt für die Dynamik der Heilsgeschichte, der Gnade und der Teleologie.[200] Dieser letztlich schöpfungstheologische Optimismus entfaltet sich auch als Hintergrund und Inspirationsquelle für die Analyse «ethischer Interaktionsminiaturen». Es ist dabei bei Thomas kein kruder Extrinsezismus zu verzeichnen, sondern der Reflex auf die Bedingungsmöglichkeiten und -notwendigkeiten der beständigen Vermittlung anthropologischer Kategorien und Beobachtungen auf ihre Kausalität, Materialität, Formalität und schließlich Finalität, die in allem Interaktionshandeln des Menschen – wie unthematisch und miniaturisiert auch immer – anwesend bleibt.

In diesem Sinn einer Tiefendimension zu lesen ist auch eine weitere Überlegung, die Thomas hinsichtlich des «affabilen», höflichen «habitus mentis» im Kontext der Dankbarkeit und ihrer Expressivität[201] als Grundbestand der Höflichkeit, die mit einem natürlichem Wohlwollen dem anderen gegenüber verknüpft ist, vorlegt: «(...) quod boni animi est ut magis attendat ad bonum quam ad malum.»[202] Die rechte und *gute* Gesinnung sieht mehr auf das Gute als auf das Böse. Der Grundhabitus, der in den Höflichkeitskontext einfließt und ihn formell expressiv werden läßt, ist

---

[197] S.Th. II-II 114 2 ad 1. Dieses «contristare» im Sinne der Förderung des Guten und der Vermeidung des Bösen ist aber abzugrenzen von der Streitsucht, wie sie Thomas in q. 116 bedenkt!

[198] *WHITE*, The virtues of man 650.

[199] Zum Konnex Schöpfungstheologie («imago Dei»), Christologie, Anthropologie und Ethik bei Thomas vgl. zusammenfassend *DÖRNEMANN*, Freundschaft 22-63, 170-185, breiter angelegt *SCHOCKENHOFF*, Bonum hominis 85-128, *DEWAN*, St. Thomas and creation 5-25.

[200] Die Beobachtung dieses Sprunges ist wichtig. Sie wird in einer signifikanten Weise auch bei der Höflichkeitstheorie und -theologie Guardinis in Qualität und Dimensionalität sichtbar.

[201] Mit der «Gabe» ist auch die Gesinnung zu betrachten. Vgl. S.Th. II-II 106 4 resp., zudem S.Th. II-II 106 5 resp.: Die «Vergeltung einer Wohltat» kann Sache dreier Tugenden sein: der Gerechtigkeit, der Dankbarkeit und der Freundschaft.

[202] S.Th. II-II 106 3 ad 2.

eine Grundoptik, ein bestimmter Modus des Ansehens – im doppelten Sinn des Wortes. Was Thomas hier im Blick auf die Aktuierung von Dankbarkeit anschließt, ist ein generell höflichkeitskonstitutives Moment: das Timing, der Kairos des richtigen Augenblicks: «(...) quod beneficia etiam sunt opportuno tempore danda.»[203]

In diesen Bestimmungen kommen einige relevante Grundzüge der Höflichkeit zum Ausdruck, denen wir schon begegnet sind und die weiterhin einen roten Faden bilden: Freiwilligkeit gegen strikte gesetzliche und normative Einforderung (wobei auf der Ebene des Ausdrucks dann wieder Normatives prägend sein kann), Kontextualität der Interaktion, Gerichtetheit auf den anderen, Wurzel selbst ist eine sittlich relevante Haltung, die dem anderen auf dieser Ebene angemessen gerecht werden will – «sicut decet».

13.2.2. Schätzung und Einschätzung

Thomas erkennt der «affabilitas» in seinen Überlegungen zu den «Tugenden des Gemeinschaftslebens»[204] den Rang einer «virtus specialis» zu. Diese systematische Analyse hinsichtlich des sittlichen Wertes und des Verpflichtungs- und des Tugendgrades bleibt relevant. Allerdings eruiert Thomas nicht die jeweiligen Ausdrucksformen und ihre möglichen Polyvalenzen, sondern verfährt vorrangig formal, also nicht formell. Immerhin läßt diese Vorgehensweise, die sich hinter dem Höflichkeitsmaterial anlagert, ihr Fundament bildet, erheblichen Gestaltungsraum «in actu» (jenseits von bloßer Etikette, ziselierten Verhaltensformen und -ritualen). Er vermittelt dabei Einsichten in die «Sprachlichkeit», Kairologie, die Angemessenheit von Funktions-, Wirkweisen und Strukturen, die selbst wiederum zurückweisen über ihre Geäußertheit auf den anderen zu auf fundamentale anthropologische Dimensionen der Soziabilität. In ihnen liegt im Kern so die Vermittlung an die theologisch zu eruierende Verdanktheit des Menschen und seines Sein- und Handelnkönnens mit den ethisch relevanten Ansprüchen der Handlungs- und Gestaltungsnotwendigkeiten. Die «virtus specialis» der «affabilitas» hat formelle, formale, materiale und schließlich finale Dimensionen. Sie ist aus der Perspektive der alle Tugenden formierenden Liebe zu lesen und konspiriert mit den habituellen Dispositionen von Gerechtigkeit und Klugheit, die für die dynamische Tugendethik des Thomas kennzeichnend sind.

Der «geübte Umgang mit anderen» realisiert sich als spezifische Tugend und moderiert das Angemessene, Angenehme in der Interaktion und steht somit im Zusammenhang mit den Facetten des «prompte, faciliter et delectabiliter». Die Handlungsvorprägung trainiert, stabilisiert und entwickelt Formen und Haltungen einer Prosozialität, die einerseits anthropologisch dem Wesen des Menschen entspricht, andererseits aber in der Orientierung auf das Gute hin den Handelnden selbst prägt und «charakterisiert» – und das exakt in dem Bereich, der Kommunikation und Interaktion ausmacht. Ohne die Fülle realer lebensweltlicher Differenzen und die Diversität verschiedenster Anlässe und Konstellationen für Dank-, Reverenz- und Achtungserweise zu übersehen, ist diese Fassung der «affabilitas» weder ständisch noch elitistisch reduziert, sondern allgemein gehalten. Der Umgang, der Sensibilität,

---

[203] S.Th. II-II 106 4 ad 3.

[204] S.Th. II-II 101-122.

Wahrnehmung in antizipatorischer Liebe, Takt und Respekt vermittelt, ist selbst als wesentlich allen «geschuldet» vorgestellt. Im letzten trägt dies eine Spur ein, die in die Dimension der theologischen Anthropologie führt.

Auch wenn die «affabilitas» dies «nur» initial abbildet oder anbietet, immerhin aktiviert Thomas die Brücke zu Liebe und Gerechtigkeit, die selbst in einem dynamischen Verhältnis stehen, auch in diesem Kontext der praktischen ethischen Vernunft wie ethischen Sensibilität und situiert ihre Eigenbedeutung. Für Thomas ist die «caritas» die «forma virtutum», dann ist in einem spezifischen Deduktivmodell die «affabilitas», die Höflichkeit (und die ihr verwandten Umgangstugenden der Aufmerksamkeit, der benevolentia und reverentia) eine kleinteilige, aber nicht wertlose Aktualisierung, der zudem der Vorteil der Entlastung innewohnt. Andauernd am Ideal gemessen zu werden, sich zu messen, ist eben nicht nur motivierend, sondern auch belastend.

Gerade im Zusammenhang mit der Gerechtigkeitsthematik, die sich hier vorrangig als Person- und Situationsgerechtigkeit zeigt, wird auch das charakteristische Moment des Überschusses oder Vorschusses an Respekt, Aufmerksamkeit noch einmal deutlicher. Gerade die «affabilitas» (und mit ihr in der Anordnung bei Thomas die «liberalitas») sind in einem spezifischen Sinn «vertus sociales de luxe»[205] oder – mit der Kennzeichnung der DThA – Tugenden der höheren sittlichen Rechtheit ohne strenge Schuldbewandtnis und nicht in einem strikten Sinn notwendig inkorporiert Elemente des Vor- und Überschusses an Ansehen und Respekt, gerade wenn ein möglichst freudlich-angenehmer Umgang mit *allen* angezielt wird, wobei gerade die Beziehung und der Umgang mit Unbekannten und Noch-Nicht-Vertrauten als das «Surplus», das Zuvorkommende den promissorischen Charakter der «affabilitas», neben der assertorisch-sichernden, erweist. Dies ist anthropologisch und interaktionell der Vorschub, die Antizipation für eine mögliche Vertiefung der Beziehung (was nicht notwendig, aber immer im Bereich des Möglichen zu bedenken ist). Dies erlaubt zudem Konnex und Übersprung, was sich in den Vollbegriffen theologischer und kardinaler Tugenden verdichtet hat. Angelagert *um* sie realisiert die «affabilitas» Momente der Liebe, der Gerechtigkeit und der Klugheit.[206] Dieser Deutungshorizont weist auf das notwendige Zusammenspiel der Tugenden und ihre breite Fächerung und Ordnung hin. Neben der realen Fragilität jeder Tugend wird hier aber auch deutlich: Die Retinität oder «connexio» der Tugenden erlaubt es – so wie sie wechselperspektivisch die Aspekte und Pointen des Gutseins und -werdens beschreiben – sie selbst wechselseitig angeordnet zu lesen. Auch wenn in unterschiedlichsten Tugendmodellen Leit- und Kardinaltugenden ausgemacht werden, also ein Zuordnungsmodell entwickelt wird (eine bestimmte Form der Gerechtigkeit, die «caritas» als «forma virtutum» etwa), so verhindert die Konspiration, der «Konnex», jede andere als die analytische Isolation einer Einzeltugend, die im realen Erwerb und Vollzug von anderen Tugenden und einer Fülle von «hard and soft facts» begleitet und beeinflußt wird. Allerdings erlaubt dieses Netz der Haltungen eine Fülle von Angängen des «Gegenlesens». Für unseren thematischen Zugriff heißt dies zum Beispiel, daß die hier gar nicht eigens erwähnte, doch eben ständig im Sprech- und dann Erzählgestus latent anwesende «cortesia» von der «caritas»

[205] So bezeichnet sie schon *É. GILSON*, Le Thomisme. Introduction à la Philosophie de Saint Thomas d'Aquin, Paris [5]1947, 463.

[206] Dabei kommen Facetten der Distanzhöflichkeit bei Thomas allerdings noch kaum zum Tragen.

und der «justitia» gegengelesen und gehalten werden kann – aber eben auch in gewendeter Richtung.

Bildet die *Voll*form einer personalen Relation, die auch emotional getragen wird, auch den Rahmen, in dem und von dem unterschieden die «affabilitas» bei Thomas gedacht und verortet wird, so ist diese doch nicht einfach nur eine *Vor*form, sondern auch freie *Vollendungs*form. Sie hat – auch am Ideal gemessen – einen eigene Ort und Wert. Was bei bloßer Freundlichkeit/affabilitas nicht gefordert wird bzw. sie unterscheidet. Frage: kann die Idealform immer repräsentiert und aktuiert werden? Kann sie auf Formen und Formalität ganz verzichten? Wenn nicht, kommt dann nicht gerade darin zum Ausdruck, daß auch freundschaftliche Beziehungen gerade in der Perspektive der Dauer und der Verwandlung, Formen, Formeln und Zeichen (konventionelle und von außen kommende, tradiert in ihrem Variationsreichtum für Standard- und andere Situationen benötigt werden, zudem auch innerhalb der Freundschaft entwickelte Verbalisierungen, Symbolisierungen, Gesten ... – dies nur um die Verwobenheit beider Ebenen in aller analytischen Trennung zu betonen. Andersherum formuliert: Verkörperung und Verbalisierung haben ihren Eigenwert und Funktion in nichtfreundschaftlichen Beziehungen, aber auch die Freundschaftsbeziehung im aristotelischen Sinne kann sich nicht beständig in zeichen- und formloser Weise realisieren. Situativ ist nicht nur das Ineffabile des letzten Personkerns, des Persongeheimnisses nicht darstellbar, sondern auch schon nicht das eigentlich Darstellbare, Wißbare, die Daten der personalen Geschichte, psychische, seelische Befindlichkeiten etc. Die «affabilitas» und ihre Regularien sind genau in diesem Blickwinkel ethisch als Anspruch und Entlastung zu lesen, als:

> *«(...) die Freundlichkeit, das liebenswürdige, umgängliche Wesen und Feingefühl, das Härte und verletzende Art im Verkehr mit anderen meidet, der Tugend der Nächstenliebe ihre Vollendung gibt und ein angenehmes Zusammenleben der einzelnen in der Gemeinschaft möglich macht. Freundschaft mit allen zu pflegen ist weder möglich noch nötig, freundlich kann und soll man aber zu jedem sein.»*[207]

Das freilich bedeutet nicht eine Entwertung der ethischen Idealformen, sondern eine sinnvolle Strukturierung von Wertdichten, Haltungs- und Handlungsbildern im Sinne einer praktischen Vernünftigkeit für den Alltag und zugleich eine Dynamisierung auf ein «semper maius», das nicht nur eine theologische Füllung hat, sondern auch ethisch unter allen Vorbehalten, die formuliert werden können, den Sinnhorizont des Handelns und des Handelnden dehnt.

Im Kontext einer stark ständisch strukturierten Gesellschaft formuliert ist das Tableau des Thomas dennoch frappierend kompatibel und anschlußfähig an elaborierte Höflichkeitstheorien und -modelle, die sich später unter anderen Bedingungen und mit einem anderen Instrumentarium entwickeln werden[208], und zudem in seiner formalen Darstellungs- und Argumentationsweise formell offen. Thomas präsentiert keinen elaborierten Katalog von exakt beschriebenen Höflichkeits- oder Freundlichkeitstexten und -kontexten, -symbolen oder -gesten, sondern steuert auf

---

[207] So *ENDRES*, Kommentar 446.

[208] Daß diese Theorien und ihre Analysen in ihrem konzentrierten Zugriff die Phänomene der Höflichkeit weiter ausdifferenzieren, spricht dabei für sie und nicht gegen Thomas. Er hat schon allein in der «Secunda secundae» ein umfassenderes Projekt im Sinn.

ihre ethische Situierung zu. Höflichkeit als soziale Kompetenz ist damit bei Thomas sowohl in ihrem Inventar frei und kreativ bei aller Konventionsgebundenheit und Vermittlungsnotwendigkeit des Kommunikativen, also auch in ethischer Hinsicht von einem «besonderen sittlichen Elan».[209] Zeugnis gibt, der selbst wiederum eher unter der Kategorie der Freiheit des Handelnden als unter der einer massiven ethischen «gravitas materiae» zu lesen ist, die mit starken Normen und ethischen Imperativen abgesichert werden muß.[210] Wichtig bleibt, daß auch und gerade Thomas diese Kategorien nicht gegeneinander liest, sondern ihnen einen je eigenen Ort zuwiesen kann, der durch einen übergreifenden Rahmen integriert bleibt.

Weiterführend und konspirierend sind die An- und Abschlußüberlegungen bei White. Seine Überlegungen zu «affabilitas» und zu «veritas» bei Thomas führen ihn zu vier Beobachtungen an, die von der ethischen wie theologischen Relevanz beider Haltungen zeugen:

- beide sind indispensabel und universell relevant, trotz und wegen der Unmittelbarkeit und Intimität gerade elektronischer Kommunikation höchst wichtig – auch in pädagogischer Hinsicht;
- beide sind – trotz des Körnchens an Wahrheit, das in der zynischen Feststellung steckt, sie seien inkompatibel, aufeinander bezogen, ergänzen und vollenden sich (in einer Haltung, die White «frankness» nennt);
- beide sichern in ihrer sapientialen Dimension bei Thomas eine Perspektive der Freude;
- schließlich eine christologische Dimension: Christus selbst bleibt kein Solitär, sondern taucht inkarnatorisch in die Lebens- und Umgangsbedingungen des animal sociale ein – «familiariter cum hominibus conversando»[211].

Lassen wir den aktualisierenden Sprung bei White erst einmal außen vor (Er ist nicht ohne Sinn als Problemindikator: Wenn Face-to-face-Kommunikation immer stärker ihren Platz und ihre Bedeutung teilen muß mit medial vermittelter Kommunikation, so könnte der Verdacht naheliegen, daß Umgang Kompetenzen und Übung direkter Kommunikation zumindest Konkurrenz bekommt!). Wichtig bleibt hier zunächst die christologische und inkarnationstheologische Perspektivierung, in die die «affabilitas» eingerückt wird: Christus selbst ist und bleibt kein Solitär, sondern sucht Umgang – «familiariter cum hominibus conversando».[212]

---

[209] Diese Formulierung bei *ENDRES*, Kommentar 445, im Blick auf die freien Vorleistungen einer «höheren, die Sittlichkeit vollendenden Rechtheit», die sich nicht allein pflicht- oder andersherum sanktionsbewehrt darstellt und ethisch doch Wirkung zeigt (vgl. 444, 446).

[210] Die Frage nach der Höflichkeit als «sine qua non» der Kommunikation und Interaktion stellt sich also so noch nicht, wie sie Pernots «kategorischer Imperativ der Höflichkeit» zu fassen sucht.

[211] Vgl. *WHITE*, The virtues of man 652f. (mit S.Th. III 40 1), vgl. *SCHOCKENHOFF*, Zur Lüge verdammt? 63, der im Zusammenhang von «affabilitas» und «veritas» auf deren besondere Humanisierungsbedeutung hinweist.

[212] Diese systematische Feststellung leitet dann weiter zur neutestamentlichen Traditionsstrecke, hier vorab der Evangelien selbst. Eine Relektüre gerade der «Begegnungs-» und «Kommunikationsepisoden» in diesen Erzählsträngen unter den höflichkeitssystematischen Fragestellungen der kommunikativen Herstellung von Nähe und Distanz, der Bewahrung oder Wiederherstellung von «face», Würde, Respekt etc. wäre hier ergiebig. Dies setzt freilich eine genaue Hermeneutik voraus, die unter anderem zwischen Erzähler, Erzähltem, Erzählung, Erzählabsicht unterscheidet, sich bewußt bleibt, daß «Höflichkeit» als ethisch relevantes Interpretament im strikten konzeptionellen und terminologischen Sinne einen Fragehorizont einträgt, der «fremd» oder sekundär bleibt oder nicht Primärintention des Erzählten ist. Den-

Nach Clemens und seiner «frei flottierenden Detailfreude» (und gerade darin seiner Aufmerksamkeit) hier also eine knappe Systematik *am Rand*, doch *im Rahmen* einer schöpfungstheologisch fundierten Anthropologie und Tugendethik. Diese wiederum steht in einem historischen Kontext, der kulturell mit der höfisch-ritterlichen Kultur und ihren weiträumigen und vielschichtigen emanzipativen wie regulativen Innovationen einer Semantik der Steuerung und Ordnung als Entchaotisierung, Komplexitäts- und Kontingenzreduktion sowie der Pazifizierung nicht nur deshalb nicht skeptisch gegenübersteht, weil der Ordo-Gedanke vielfach – auch theologisch – gestützt ist und diese Stützen noch fraglos ineinandergreifen, sondern weil diese historisch-kulturelle Leistung bei allen Grenzen eben auch eine eigene Leistung darstellt.

Am Rand, aber im Rahmen heißt dann jedoch auch: Je länger und je mehr die eine kulturelle, politische und theologische Ordnung auseinanderbricht, desto mehr gewinnen die Ränder oder die Grenzen an nicht nur lebensweltlicher, sondern auch systematischer Bedeutung – und damit auch die handlungstheoretischen Implikationen der Zeichen und Symbole, der Handlungen und Haltungen angesichts der drastisch wachsenden Grenzübergänge, um in Anlehnung an die Höflichkeitsmetaphorik von C. Stefan – Höflichkeiten als «kleine» Zeichen im alltäglichen Grenzverkehr» – zu erinnern. Anforderungen und Anspruch werden dabei keineswegs minimiert.

Durchaus mit den thomasischen Überlegungen im Rücken, aber vor veränderten Rahmenbedingungen einer beginnenden Neuzeit und mit der Intention, darauf im Blick auf ein integrales «geistliches» Leben und Handeln des Christen in differenzierten Alltagsbezügen zu reflektieren, sucht Franz von Sales Wege zu Bestimmung und Verortung der «politesse» in geistlichen Kontext, also für die Gestaltung des Alltags und seiner «Kommunikationen» aus dem Glauben.

13.3. Franz v. Sales: Spuren der Höflichkeit in der «Philothea»

Der Sprung von Thomas v. Aquin zu Franz v. Sales[213], Bischof von Genf, ist erheblich und wiederum gewagt. Noch immer ständisch, aristokratisch, aber nur teils vor-

noch – und das gilt keineswegs nur für die evangeliare Textstrecke – spiegeln sich im Kern immer auch anthropologische Grunddaten und der Umgang mit ihnen, implizit und indirekt (aber nicht nur). Gott ist Umgang in sich und mit den Menschen – wird die inkarnatorisch-christologische Perspektive (die Rede von der Menschenfreundlichkeit Gottes gewinnt hier sehr konkrete Züge – motivational von ethisch erheblicher Bedeutung!) ernstgenommen, so ist auch die trinitarische naheliegend. Auch sie, bei Thomas vor Ort kaum forciert, kann nur in einer strengen Hermeneutik gelesen werden, die den Analogiecharakter nicht planiert. Vgl. über den hier verhandelten Zusammenhang hinaus *A. Kelly*, A trinitarian moral theology, in: StMor 39 (2001) 245-289.

213 Biographisches und Einführendes zu Franz v. Sales vgl. *P. Serouet*, Art. François de Sales, in: DSp V 1057-1097, *A. Laun*, Art. Franz v. Sales, in: PLSp 394-396, *J. Weismayer*, Art. Franz v. Sales, in: LThK³ IV 52-54, *F. Corrignan*, La Spiritualité de François de Sales. Un chemin de vie, Paris 1989, *A. Ravier*, Woran Franz v. Sales glaubte, Eichstätt 1992, *ders.*, Humilité et générosité d'après S. François de Sales, in: RevSR 68 (1994) 39-47, *H. Waach*, Heilige Menschlichkeit. Ein Beitrag zur Frage des «christlichen Humanismus» bei Franz von Sales, in: JbSalSt 25 (1992) 95-112, *J. Aumann*, St. Francis de Sales. Theologian for the laity, in: Listening 26 (1991) 246-259, *F. Wehrl*, Schwerpunkte salesianischer Seelenführung in: JbSalSt 29 (1996) 7-37, *A. Bachinger*, Gott lieben in der Welt – wie geht das? Exerzitiengedanken zu einigen Kapiteln der «Philothea» im ersten und zweiten Teil, in: JbSalSt 29 (1996) 119-151, *J. Haas*, «Wir verlangen manchmal so sehr gute Engel zu sein, daß wir darüber vergessen, gute

bürgerlich signiert, trägt dessen Lebenszeit erste, durchaus schon massive Spuren einer prämodernen Differenzierung, vor allem Spuren und Indikationen des Risses in ehedem monolithischen Deute- und Ordomodellen.[214] Die Spannung zwischen Profanität und Sakralität prägen sich deutlicher aus, am Übergang von Renaissance zum «theatrum mundi» der Barocköffentlichkeit steht das Individuum deutlicher im Blick, allen Spannungen zum Trotz durchzieht ein veritabler anthropologischer Optimismus das Werk des Franz v. Sales.[215] Dies alles hat immer auch Wirkungen auf den Umgang mit der Differenz, nötigt zur Reflexion darauf und zur praktischen Gestaltung. Dies vor Augen wird man Unterschiede benennen müssen: den geographischen, den kultur- und soziohistorischen, selbstredend denjenigen, der sich mit der Absicht der untersuchten Quellen verbindet, mithin ein systematischer wie spiritueller: die Kardinaltugend der Gerechtigkeit als philosophisches Erbe und die Tugend der «caritas» als «forma virtutum» als theologisches Erbe bei Thomas in einer spannenden Balance und Vermittlung lesen sich bei Franz v. Sales als «charité» und «prudence» in einer alltagsethischen und -spirituellen Akzentuierung.

Geht es Thomas um eine Handreichung für die theologische Grundausbildung, so ist die «Introduction à la vie dévote»[216] des Franz v. Sales – gemeinhin als «Philothea» bezeichnet und bekannt – als spirituelle wie ethische Handreichung für den Alltag des Christen (zunächst einer Christin, seiner Cousine nämlich) zu verstehen und zu lesen. Aber gerade in diesem *Alltagsbezug* und der *Nicht-Fokussierung* auf «Spezialisten» liegt ein nicht zu unterschätzender Vorteil, der unserem Versuch entgegenkommt, einige relevante Bausteine für eine spirituell verortete Höflichkeits- und Interaktionstheorie zu sichten.[217]

Menschen zu sein.» Ein Brief vom Himmel – für Menschen, die mehr Mensch werden wollen, in: JbSalSt 31 (1998) 109-114, *A. PEDRINI*, Franz von Sales – italienische Kultur: Kenntnis – Kontakte – Einflüsse, in: JbSalSt 31 (1998) 37-66.
Besonders wertvoll für unseren Kontext nach wie vor *R. MURPHY*, Saint François de Sales et la civilité chrétienne, Paris 1964. Sie sammelt das einschlägige Material mit besonderem Schwerpunkt auf der «Philothea», situiert ihre Überlegungen aber auch in den erheblich weiteren Rahmen der Schriften des Franz von Sales (wie jenen der «Theotima», der Fülle der Briefe und kontroverstheologischer Traktate). Zum besonderen Rang der Philothea vgl. *MURPHY*, Civilité XIV-XVI (Einleitung).

214 Zum historischen Kontext und seinen Konflikten vgl. jüngst *F. WEHRL*, Franz von Sales zwischen den Fronten. Der politische und kirchengeschichtliche Hintergrund des hl. Franz von Sales im Zeitalter von Reformation und Gegenreformation, Eichstätt 2000, *D. KOSTER*, Franz von Sales, Eichstätt 2002.

215 Vgl. dazu ausführlich *W. MARCEAU*, L'Optimisme dans l'œuvre de Saint François de Sales, Paris 1973.

216 Zur Editionsgeschichte des erstmals 1608 in Lyon erschienen Werkes vgl. die Einführungen der hier verwendeten Ausgaben: *F. DE SALES*, Introduction à la vie dévote (Œuvres de St. François de Sales III) Annecy 1893, *F. DE SALES*, Œuvres (Bibliothèque de la Pléiade), hrsg. v. *A. RAVIER*, Paris 1969, 19-317, *F. V. SALES*, Philothea. Anleitung zum frommen Leben (Werke des hl. Franz v. Sales I), hrsg. u. übersetzt von *F. REISINGER*, Eichstätt-Wien 1959.
Die Ausgaben werden nachfolgend nach der identischen Gliederung zitiert. Die römische Ziffer steht für den Hauptabschnitt, die arabische für das jeweilige Kapitel des Abschnitts; der Kurztitel gibt die Ausgabe an. – Den ersten Anstoß, mich im Laufe dieser Arbeit mit Franz v. Sales zu befassen, verdanke ich (wie manches andere) Prof. Dr. G. Virt, Wien.

217 Verständlicherweise ist hier nicht der Gesamtkontext von Entstehungs- wie Wirkungsgeschichte rekapitulierbar. Vielmehr geht es um eine Alltagsethik und -spiritualität, die, der Intention des Franz v. Sales entgegenkommend, einen weltzugewandten Christen im Blick hat, der sich in seinem Kontext von Zeit und Gesellschaft bewährt.

13.3.1. Skizze: «Vivre généreusement, noblement, courtoisement» – Höflichkeit als «Funktion der Devotion»

Liebenswürdiger Ton, feine menschliche Art des Umgangs kennzeichnen Person und Werk, so ein Interpret.[218] Diese Tonlage spiegelt sich in der «Introduction».[219] In deren Vorwort skizziert Franz v. Sales seine Intention. Es geht ihm um die geistlich-tugendethische Anleitung derer, die «vivent ès villes, ès ménages, en la cour, et qui par leur condition sont obligés de faire une vie commune quant à l'extérieur»[220].

Nach einer traditionellen sowie herrschenden hofkritischen Auffassungstradition ist in diesen sozio-kulturellen Kontexten eine geistliche Lebensführung nicht (oder nur schwer) möglich. Indirekt bestätigen sie damit Ansichten, die frühere geistliche Autoren vertreten haben, deren spirituelle Anleitung auf Leser fernab des «commerce du monde» zielen. In seiner «Philothea» wendet sich F. v. Sales dezidiert gegen derartige Positionen und entwirft seinerseits ein geistlich-ethisches Programm, das *in* den Kontext von Zeit und Gesellschaft zielt, dort Bewährung sucht in der Verbindung der Meisterung des Alltags (und seiner Interaktionen) aus dem Glauben.[221]

Von daher ergeben sich die beiden großen Schwerpunkte: die Hinführung zu einem spirituellen Grundkurs ebenso wie die tugendethische Reflexion auf alltägliche Verhaltensweisen, die sich aus sozialem Kontakt ableiten lassen, von ihm herrühren.[222] Unser vorrangiges Interesse gilt dem dritten Teil der «Philothea» mit

---

[218] Vgl. *REISINGER*, Einleitung 8f. – F. v. Sales polemisiert beispielsweise nicht gegen Protestanten, ebensowenig wie Franziskus von Assisi gegen die Katharer oder den Islam. Die Auseinandersetzung – andernorts zugleich heftig und weit mehr als nur «face-bedrohend» geführt – wird aber durchaus aufgenommen und nicht ignoriert, sondern indirekt und dezent, aber deutlich geführt. Vgl. insgesamt u. Abs. 14. Für Franz von Sales und seinen historischen Kontext vgl. nur die Studie von *WEHRL*, Franz von Sales zwischen den Fronten, passim.

[219] *A. RAVIER*, Introduction, in: *F. DE SALES*, Œuvres, 2-15, 8, kennzeichnet dies folgendermaßen: «Les vérités qu'il expose ne sont ni scolastique, ni géométrie, ni dialectique; elles palpitent de vie, de foi, d'enthousiasme, de cordialité, elles viennent du cœur et s'adressent au cœur. Elles instruisent et elles charment ...»

[220] Introduction à la vie dévote, Préface 23, vgl. – notabene unter Einschluß des Hofes – Introduction à la vie dévote I,3: «C'est une erreur, ains une hérésie, de vouloir bannir la vie dévote de la compagnie des soldats, de la boutique des artisans, de la cour des princes, du ménages des gens mariés.» Vgl. *MURPHY*, Civilité 75-108, bes. 79 (zur intendierten Konvergenz von «vie devote» und «société polie»). Auf F. v. Sales verweist auch *E. BURY*, Art. Monde, in: DRPSV 637-653.

[221] Daß «wahre Frömmigkeit» klassisch mit einer Übereinstimmung von innerer Haltung und geäußerter Handlungsweise verbunden bleibt, ist natürlich auch bei diesem Autor ein roter Faden. Aber er pointiert durchaus auch das verbale Verhalten in diesem Rahmen. Vgl. *F. DE SALES,* Introduction à la vie dévote I,1. «Un autre s'estimera dévot parce qu'il dit une grande multitude d'oraisons tous les jours, quoiqu'après cela sa langue se fonde toute en paroles fâcheuses, arrogantes et injurieuses parmi ses domestiques et voisins.» – dies sofort zu Beginn als abschreckenden Beispiel gesagt.

[222] Vgl. *F. DE SALES,* Philothea I,1f. und die berühmte Passage über die verschiedenen Frömmigkeiten je nach Stand und Beruf (I,3) und den Konnex mit einer breitgefächerten konkreten spirituellen Praxis («Übungen»). Vgl. *MURPHY*, Civilité X, bes. 2-22 zur Moralität und Spiritualität einer «civilité salésienne». – Gerade hier gilt es aber wieder daran zu erinnern, daß Spiritualität nicht allein – an sich auch tugendethisch relevant – Übung, Ausdrucksweise und Ritual bedeutet, sondern eine besondere Perspektive markiert: den Versuch, Wirklichkeiten unter der «Blickrichtung» und Blicköffnung der biblisch-theologischen Tradition zu belichten.

ihren Anleitungen zu Tugendpraxis und -übung.[223] Hier verhandelt Franz von Sales unterschiedliche Dimensionen auch der Höflichkeit[224]

Zwar müht sich gerade F. v. Sales um die angemessenen Umgangsweisen für die verschiedensten Stände (es geht nicht um spirituelle Privilegien einzelner Gruppen), aber er steht natürlich selbst auch in einem historischen Zusammenhang, der an höfischem Gebaren Maß nimmt und dort Verhaltensleitbilder gewinnt. Dies kommt – durchaus problematisierend (im Sinne jener hof-, damit nicht selten auch höflichkeitskritischen Tradition), aber auch im Sinne einer ethischen Nicht-Vor(ver)urteilung relativierend zum Ausdruck, wenn er festhält:

> *«Les jeux, les bals, les festins, les pompes, les comédies, en leur substance ne sont nullement choses mauvaises ainsi indifférentes, pouvant être bien et mal exerceés; toujours néanmoins ces choses-là sont dangereuses, et de s'y affectionner, cela est encore plus dangereux. Je dis donc, Philotée, qu'encore qu'il soit loisible de jouer, danser, se parer, ouïr des honnêtes comédies, banqueter, si est-ce que d'avoir de l'affection à cela, c'est chose contraire à la dévotion et extrêment nuisible et périlleuse. Ce n'est pas mal de le faire, mais oui bien de s'y affectionner. C'est dommage de semer en la terre de notre cœur des affection si vaines et sottes: cela occupe le lieu des bonnes impression, et empêche que le suc de notre âme ne soit employé ès bonnes inclinations.»*[225]

Bei aller salesianischen Detailkritik[226] – die so oft stilbildenden Ingredienzien des Hofes (und der Bürgerlichkeit später) sind zunächst ethisch neutral, was aber – auch dies wird schnell deutlich – nicht heißt, daß sie bedeutungslos wären und nicht nach einer Klugheits- und Angemessenheitsregeln folgenden Gestaltung verlangen würden. Von hier aus läßt sich leicht überleiten auf die Passagen, die die «Philothea» unter der traditionellen Differenzierung der äußeren und inneren Demut widmet.[227] Der Autor nimmt vor der auch didaktisch motivierten, einprägsamen Gegenüberstellung von «eitlem Ruhm» und echtem Wert (der im Verbund steht mit «humilité, modestie et soumission») noch einmal kritisch soziale und gesellschaftliche Gebaren ins Visier:

> *«Les esprits bien nés ne s'amusent pas à ces menus fatras de rangs, d'honneurs, de salutations; ils ont d'autres choses à faire.»*[228]

---

[223] Zu Grundlinien der salesianischen Tugendfassung in der «Philothea» vgl. bes. Philothea III,1-41 (mit dem Tableau der Protagonisten, Sachreichweiten, Situationsbezüge, der «tugendethischen» Kairologie und der Übungsfelder), IV,8-9 (Funktion im Alltagsbezug), V,11 (zur Würde der Tugenden).

[224] In seinen Begriffen wie der «courtoisie», «civilité» und «honnêteté» spiegelt sich *auch* die Sorge um das «Renommée» (das eigene wie das des anderen, wobei dieser Terminus erhebliche Tiefendimensionen hat und nicht die abgegriffene Münze unseres Sprachgebrauchs ist). Dies kommt an diversen Stellen implizit, an einigen Stellen explizit zum Tragen.

[225] Philothea I,23. All dies steht auch unter eschatologischem Vorbehalt (vgl. Philothea I,13). – Dennoch bleiben die Warnungen vor Eitelkeit (vgl. III,9, 18, 20, 37, 40, IV,2, 8f., V,4, 15) oder Ruhmsucht (vgl. III,4, 6, 7) durchgängig. Vgl. auch II,9, wo F. v. Sales die Figur des Höflings ausnimmt und in einem gänzlich anderen Kontext metaphorisch verwendet (dazu III,31-34, mit Blick auf die einschlägigen gesellschaftlichen Anlässe und Situationen).

[226] Vgl. nur Introduction à la vie dévote III,17, und die dortige Kritik an landläufigen Vorstellungen vom vollkommenen Kavalier (im Kontext der Freundschaftsthematik verhandelt).

[227] Introduction à la vie dévote III,4 («De l'humilité pour l'extérieur») und III,5 («De l'humilité plus intérieure») als die korrespondierenden Abschnitte.

[228] Introduction à la vie dévote III,4.

Der eigentliche Werthorizont – und seine Ordnung – liegt auf anderen Ebenen. Mit diesen Anmerkungen nimmt der Autor den Faden hinsichtlich der Wertigkeit der «Demut in der äußeren Haltung» in den Blick.[229] Man sollte sich durch die Kennzeichnung des Sachverhaltes als «leichtes Thema», die Assoziationen des «Affig-Äffischen» nicht irritieren oder täuschen lassen. Die berühmt-bildreiche Sprache der «Philothea» transportiert hier durchaus eine Reihe von Einsichten und Eckpunkten, die in die Diskussion von Wertigkeit und Bedeutung der «feinen Unterschiede», wie sie sich im öffentlichen Verhalten von Menschen in sozialen Räumen, ihrer Dispositionen zueinander spiegeln. Stichworte bleiben die Frage des Rangs und der Asymmetrie in den subtilen Bewegungen wie Unterscheidungen des Auftretens, in Annäherung und Distanz (freilich ohne sich darauf zu kaprizieren), in der zugestandenen Berechtigung der Sorge darum (freilich wiederum im richtigen Maß, ohne Demut zu verletzen) als der Sorge um Würde, Sozialprestige und «Renommée» in den Räumen der (Halb-)Öffentlichkeit (wobei Aufwand und Aufmerksamkeit dafür auch von der Rolle her mitbestimmt werden) ebenso wie im Blick auf die Thematik der Konfliktminderung oder -vermeidung. Für unseren Zusammenhang ebenso aufschlußreich wie bedeutsam sind die beiden Begriffspaare Klugheit und Takt («prudence», «discrétion») sowie Liebe und Höflichkeit («charité», «courtoisie»), die immerhin einen Anhaltspunkt für tugendethische Einordnung und Relevanz der zuletzt genannten «Größe», der «courtoisie», geben, die damit in einem Rahmen lokalisiert ist, der – positiv konnotiert – den «connexus virtutum» herstellt.

Schon im unmittelbar folgenden Abschnitt verortet F. v. Sales die eben zitierten Überlegungen als zur Klugheitsthematik gehörend und grenzt mit dieser Feststellung die anschließenden Ausführungen zur inneren Demut ab, wenngleich der Zusammenhang insinuiert bleibt durch die nachbarliche Positionierung der Themen und dadurch, daß das folgende Kapitel zur «inneren Demut» nochmals auf die Höflichkeit zu sprechen kommt. Ideallinie bleibt dabei letztlich auch für verbales Verhalten die Kongruenz von innerer Haltung und Äußerung in einer Balance auf angemessener Ebene, die die Artikulation und Gestikulation von Reverenzerweisen der Höflichkeit nicht als *zu* übertrieben affektiert und artifiziell einsortiert wissen will. Die Konventionalität und damit Entschlüsselbarkeit dieser Äußerungen verhindert dabei auch eine zu forcierte Wahrheits- oder Aufrichtigkeitsdebatte, zumal die Dimension der wohlwollenden Antizipation hier im Kern ebenfalls aufscheint:

> *«Höre also meine Meinung: Entweder gebrauchen wir überhaupt keine Ausdrücke der Demut, oder wir sagen sie wirklich mit der inneren Überzeugung, die unseren Worten völlig entspricht. Schlagen wir doch niemals die Augen nieder, ohne auch im Herzen demütig zu sein! Tun wir nicht, als ob wir die Letzten sein wollten, wenn das nicht wirklich unsere ehrliche Absicht ist. Das*

---

[229] Introduction à la vie dévote III,4: «Certes, chacun peut entrer en son rang et s'y tenir sans violer l'humilité, pourvu que cela se fasse négligement et sans contention. Car, comme ceux qui viennet du Pérou, outre l'or et l'argent qu'ils en tirent, apportent encore des singes et perroquets, parce qu'ils ne leur coûtent guère et ne chargent pas aussi beaucoup leur navire; ainsi ceux qui prétendent à la vertu ne laissent pas de prendre leurs rangs et les honneurs qui leur sont dus, pourvu toutefois que cela ne leur coûte pas beaucoup de soin et d'attention, et que ce soit sans en être chargés de trouble, d'inquiétude, de disputes et contentions. Je ne parle néanmoins pas de ceux desquels la dignité regarde le public, ni de certaines occasions particulières qui tirent une grande conséquence; car en cela, il faut que chacun conserve ce qui lui appartient, avec une prudence et discrétion qui soit accompagnée de charité et courtoisie.»

halte ich für eine so allgemeine Regel, daß ich keine Ausnahme davon gelten lasse. Ich füge nur hinzu, daß wir manchmal aus Höflichkeit anderen den Vortritt anbieten müssen, obwohl wir wissen, daß sie ihn nicht annehmen werden. Das ist nicht Doppelzüngigkeit und falsche Demut; denn das Anbieten allein ist schon der Ansatz zu einer Ehrung, zu der wir uns wenigstens anschicken sollen, wenn wir sie schon nicht ganz erweisen können. Das gleiche gilt für ehrende und achtungsvolle Worte, die streng genommen nicht ganz der Wahrheit zu entsprechen scheinen; in Wirklichkeit sind sie dann wahr, wenn jener, der sie ausspricht, wirklich die Absicht hat, den zu ehren und zu achten, dem er sie sagt. Wenn auch die Ausdrücke etwas übertrieben sind, tun wir damit nichts Schlechtes, falls der allgemeine Brauch es so erfordert. Allerdings wünschte ich, die Worte mögen mit unserem Denken und Fühlen möglichst übereinstimmen, damit immer und überall herzliche Offenheit und Einfachheit herrschen.»[230]

So beiläufig wie konventionell im Sinne der traditionellen Vorrangigkeit des «honestum» vor dem «decorum», der Prävalenz des Authentischen das Thema der Höflichkeit (hier als «civilité») auch aufgegriffen wird, so läßt der Autor doch nicht die Aufmerksamkeit hinsichtlich der Problematik der Prästation und der Antizipation vermissen, die wiederum gekoppelt ist mit der ethischen Frage nach der Wahrhaftigkeit einzelner kommunikativer Akte – und dem Grad ihrer Realisation. Immerhin vermerkt die zitierte Passage die Möglichkeit der positiven Phasenverschiebung, der Vorwegnahme des eigentlich *Gesollten* in der Wahrung der Achtung und der Ehre in einschlägigen Konstellationen. Im Kontext einer Unterscheidung der Tugenden kommt es zu folgenden Überlegungen, die diesen Befund noch verdichten:

«Es gibt sogar Fehler, die uns nicht schaden, sondern nur demütigen. *Die Demut verlangt nun nicht, daß wir sie absichtlich begehen, wohl aber, daß wir uns nicht beunruhigen, wenn wir sie begangen haben. Dazu gehören gewisse Ungeschicklichkeiten, Unhöflichkeiten und Unaufmerksamkeiten. Man soll sie zwar aus Höflichkeit und Klugheit vermeiden; hat man sie aber begangen, dann füge man sich in die Erniedrigung und nehme diese willig an, um die heilige Demut zu üben. Ja, ich sage sogar: Habe ich in Zorn oder Ausgelassenheit Ungeziemendes gesagt und dadurch Gott und den Nächsten beleidigt, so werde ich es lebhaft bereuen, betrübt über die Beleidigung, diese soweit möglich wieder gutzumachen suchen; die Erniedrigung und Geringschätzung aber, die mir daraus erwächst, will ich gern annehmen. Könnte man beides trennen, so würde ich die Sünde voll Abscheu von mir weisen, die Erniedrigung aber demütig für mich behalten.*
Wenn wir nun auch die Geringschätzung lieben, die dem Übel entspringt, so müssen wir dennoch dem Übel selbst, *das sie verursacht, durch geeignete und erlaubte Mittel* steuern, *besonders dann, wenn es ernste Folgen nach sich zieht. Habe ich ein Geschwür im Angesicht, das mich gleichzeitig abstoßend macht, dann werde ich mich wohl um die Heilung bemühen, nicht aber darum, diese Erniedrigung vergessen zu machen, die mir daraus erwächst. Habe ich eine Ungeschicklichkeit begangen, die niemand kränkte, dann werde ich mich nicht entschuldigen; wenn es auch ein Fehler war, so blieb er doch ohne ernste Folgen. Eine Entschuldigung diente nur dazu, der nachfolgenden Erniedrigung zu entgehen; das kann aber die Demut nicht zulassen. Habe ich aber aus Unachtsamkeit oder Ungeschick jemand eine Beleidigung oder Ärger zugefügt, dann werde ich es durch eine aufrichtige Entschuldigung wieder gutzumachen versuchen; denn hier hat mein Fehler Folgen und die Liebe verpflichtet mich, sie zu beseitigen.»*[231]

---

[230] Philothea III,5 (Höflichkeit im Original: «civilité»).

[231] Philothea III,6 («civilité», «incivilité» im Original). Es ist dies die Unterscheidung «erniedrigender» Tugenden, «vertus abjectives» wie Geduld, Milde, Einfachheit, Demut, und ehrenvoller Tugenden, «vertus honorables» wie Klugheit, Tapferkeit und Freigebigkeit.

Einordnungen der Höflichkeitsthematik wie Benennungen ihrer Grenzen sind hier greifbar. Sie werfen zudem ein Licht auf ihren Stellenwert in der Gesamtanlage der «Philothea».[232] Dies gilt vor allem in dem – immer wieder als pars pro toto genommenen – Feld der «verbalen Höflichkeit»[233], dem der Autor in einer Reihe von Betrachtungen sein Augenmerk widmet, auch wenn er dabei nicht die entsprechenden Signaltermini verwendet.

In diesem Zusammenhang ist es aufschlußreich, daß Franz v. Sales nach der Betrachtung der Facetten der Demut auf deren Zusammenhang mit der Ehre, dem guten Ruf («la bonne renommée») der Person zu sprechen kommt.[234] Nun ist es zwar so, daß besondere soziale Reputation vor allem mit besonderen Leistungen (zumindest der Einschätzung nach) einhergeht, gerade die sich damit ergebenden Vorrangstellungen mit den Anforderungen und der Haltung der «humilité» konkurrieren. F. v. Sales unterscheidet von dieser Form des Extraordinären eine Form des «bonne renommée», die sich in einer weit allgemeineren und fundamentaleren Bedeutung zeigt. Es geht ihm hierbei um den «guten Ruf» der gewöhnlichen, schlichten Anständigkeit und Rechtschaffenheit, die eben nicht quer zur Demut liegen[235], sondern sogar als Grundlage der menschlichen Gemeinschaft von der Liebe gefordert werden. Hier wird weit über die Gratifikation und Anerkennung von Besonderem hinaus eine grundlegende soziale Dimension sichtbar.[236] Der eigene Ruf und – wenn auch nicht eigens erwähnt – der Ruf des anderen, seine Ehre, seine – feld-, umhof- oder sphärentheoretisch gefaßt – Kommunikationsaura sind Güter, die es zu wahren gilt. Sie haben Sozialität stiftende und kontinuierende Funktion.

Unterstützt wird die Beobachtung dieser grundlegenden Bedeutung auch in einer Unterscheidung, die dem Leser der «Philothea» an die Hand gegeben wird und dabei (das insinuiert nicht nur die Übersetzung) verschiedene Stufen von Konversation und Gesellschaft, gesellschaftlichem Umgang bezeichnet. Nach der vorlaufenden Betonung der ethisch richtigen «mittleren» Haltung zwischen den Polen von Weltflucht und Weltsucht, die der Ausdruck einer jeweils unangemessenen Aufmerksamkeit für die anderen ist, akzentuiert F. v. Sales die Unterscheidung von vier Formen der Geselligkeit:

- «schlechte Gesellschaft» («mauvaises conversations»),

---

[232] Dennoch sollte daraus nicht geschlußfolgert werden, daß Franz v. Sales nicht einen nachwirkenden und bemerkenswerten Beitrag vorbringt, verankert in sein weiter dimensioniertes spirituelles Projekt.

[233] Unser Blick wendet sich vor allem darauf. Aber Franz von Sales hat natürlich auch weitere Topoi der Höflichkeitstheorie im Tornister, z. B. Funktion und Bedeutung der Kleidung (vgl. Philothea III,25, zu diesem klassischen Topos vgl. auch *MURPHY*, Civilité 115-122), Situationsgerechtheit (also nach Stand, Zeit, Alter, Gesellschaft, Gelegenheit, Feste, Alltag etc.). Zur Relevanz der Sprache bei F. v. Sales vgl. *MURPHY*, Civilité 123-138, 138-142. Selbst- und Fremdschonung sind dabei impliziert.

[234] Introduction à la vie dévote III,7, vgl. ebd.: «der gute Ruf [ist] nur ein Wahrzeichen, das anzeigt, wo die Tugend wohnt» – letztere bleibt zwar vorzuziehen., aber die Aufmerksamkeitsfunktion ist, wie wir sehen werden, nicht zu unterschätzen.

[235] Vgl. Introduction à la vie dévote III,3; III,7 spricht zudem von der Obligation, dem *sanften* Zwang, den eigenen Ruf zu wahren: «(...) l'obligation de maintenir notre réputation et d'être tels que l'on nous estime, force un courage généreux, d'une puissante et douce violence.»

[236] Man fühlt sich an den Sprung erinnert, den Thomas v. Aquin ansetzt von der Betrachtung der «virtus specialis» zu einer grundlegenden ontologischen und essentiellen Aussage über den Menschen als Sozialwesen selbst. Vgl. oben Abs. 13.2.

- «Unterhaltungen, die nur der Erholung dienen» («conversations inutiles à toute autre chose qu'à la seule récréation»),
- *«Geselligkeiten aus Höflichkeitsgründen» («les autres conversations ont pour leur fin l'honnêteté»),*
- «wertvolle Geselligkeiten» («conversations utiles»).[237]

Man wird in dieser Differenzierung, ihren Begriffen, in der Reihung wie in den jeweiligen Implikationen durchaus erkennen, daß soziale Interaktion als Konversation (in der übereinander geblendeten Bedeutung von Gesellschaft als Gespräch) aus Gründen der «honnêteté» auf der einen Seite folgerichtig einen prominenteren Platz einnimmt; andererseits insinuiert die Reihung aber auch ein gewisses Verständnis von Höflichkeit, zu der weiterhin ausgeführt wird:

> *«Les autres conversations ont pour leur fin l'honnêteté, comme sont les visites mutuelles et certaines assemblées qui se font pour honorer le prochain; et quant à celles-là, comme il ne faut pas être superstitieuse à les practiquer, aussi ne faut-il pas être du tout incivile à les mépriser, mais satisfaire avec modestie au devoir que l'on y a, afin d'éviter également la rusticité et la légèreté.»*[238]

Der Begriff der «honnêteté» ist also in Abgrenzung zur ungeschlachten «rusticitas» – der traditionelle Gegenbegriff zur Höflichkeit taucht nicht zufällig auf! – und der Leichtfertigkeit mittig angesiedelt, aber, wie die eingespielten Beispiele eben auch andeuten, an bestimmte Standardsituationen in unterschiedlichsten gesellschaftlichen Anlässen und das von ihnen konventionellerweise erforderte Maß an Verhaltensweisen geknüpft. Dies legt hier nahe, daß in diesen Ausführungen ein «enges» Höflichkeitskonzept forciert wird, also stark an das Formale und Konventionelle gebunden. Der Verweis auf die *gute* Utilität wie auf die unverzweckbare, aber keineswegs human bedeutungslose «récréation» hingegen öffnen die Dimensionen wiederum, zeigen Sensibilität für die stabilisierenden wie ästhetisch-kreativen, spielerisch-«lustvollen» Momente (gelingender) «conversation».

Darüber hinaus ist wichtig zu verzeichnen, daß dieses Konzept schon im Anschluß an diese Gruppierung verlassen wird, wenn F. v. Sales darauf verweist, daß in *jeder* Gesellschaft Einfachheit, Heiterkeit («naïveté» und «simplicité»), Bescheidenheit und Liebenswürdigkeit («douceur et modestie»[239]) geschätzt werden (im Gegensatz zu den Modalitäten des Affektierten). Ob man diese Einschätzung nun teilt, sei dahingestellt, wichtig ist jedoch die Beobachtung, daß zumindest die letzten beiden Haltungen Höflichkeitsimplikationen haben und durch ihre Einstufungen ein verengtes Höflichkeitskonzept im Sinne einer Adaption an Standardformen und -situationen durchbrechen. Deutlicher noch wird diese bei F. v. Sales implizierte Spitze in weiteren Überlegungen, die den «Anstand im Reden» direkt mit der «Achtung vor dem Mitmenschen» («De l'honnêteté des paroles et du respect que l'on doit aux personnes»[240]) in Verbindung bringt:

---

[237] Vgl. das wichtige Kapitel Introduction à la vie dévote III,24, unter dem Titel «Gesellschaft und Einsamkeit». Vgl. dazu *MURPHY*, Civilité 144ff., 171-198.

[238] Introduction à la vie dévote III,24.

[239] Vgl. Introduction à la vie dévote III,24.

[240] Unter genau dieser Überschrift legt Introduction à la vie dévote III,27, dies dar, nachdem er unmittelbar zuvor knapp und pointiert die «öffentliche Rede über Gott» behandelt hat. Auch hier gilt das Maß der Dezentheit, der Diskretion und der aufmerksamen Ehrfurcht. Als Beispiel für diese geistliche Diskre-

«(...) et ceux qui ont au cœur l'honnêteté et casteté, qui est la vertu angélique, ont toujours leurs paroles nettes, civiles et pudique.»[241]

Diese «Höflichkeit des Herzens» führt zu «sauberen, höflichen und keuschen Worten» – mit dieser gesinnungs- und haltungsethischen Brücke öffnet F. v. Sales die Perspektive auf einen grundlegenderen, gleichwohl traditionellen Zusammenhang[242] zu einem weiteren Verständnis. Dies wird unterstrichen, wenn im Anschluß an Jak 3,2 die Vollkommenheitsforderung mit der Vermeidung jeglicher «parole déshonnête» gewarnt wird, dabei aber zudem die Rolle der Adressaten in den Blick kommt – und deren nicht immer abschätzbare Reaktion auf jegliche Äußerung. Unterschwellig wird hier – unter Umständen jenseits der Intentionen des Senders – auch in Betracht gezogen, wie und zu welchem Echo der Druck einer (hier vorrangig verbalen) Aktion führt. Ohne weitere Mühe läßt sich hier Aufmerksamkeit für die Dimension der «Gesichtsbedrohung» des anderen aufspüren, für die Fragilität seiner Sphäre:

«Gardez-vous soigneusement de lâcher aucune parole déshonnête; car encore que vous ne les disiez pas avec mauvaise intention, si est-ce que ceux qui les oyent, les peuvent recevoir d'une autre sorte. La parole déshonnête tombant dans un cœur faible, s'entend et se dilate comme une goutte d'huile sur le drap, (...)»[243].

Nimmt man diese grundlegenden Äußerungen zusammen, so verwundert es dann nicht, daß F. v. Sales in sein geistliches Projekt eine Reihe von höflichkeitsrelevanten Beobachtungen und Forderungen einträgt, deren vordringlichste hier angetippt werden sollen. Zwar weiß F. v. Sales durchaus, daß es sich bei einer Vielzahl von Höflichkeitskonventionen und -gelegenheiten um sittliche Adiaphora handelt, was ihn durchaus dazu veranlaßt, den Rat zu geben, kleinliche Sorge darum zu vermeiden[244], aber andererseits empfiehlt er als konkrete Übung durchaus das kontinuierlichen Partikularexamen hinsichtlich der je eigenen Redeweise und dem Zustand der eigenen Affekte[245]. Darüber hinaus widmet er sich – wenngleich verstreut und nicht eigens systematisiert, so verrät es damit doch eine gehörige Portion an Feinfühligkeit und Aufmerksamkeit hinsichtlich der Zusammenhänge von «renom-

---

tion rät die Introduction à la vie dévote II,9, extreme und auffällige Weisen des Gebetes vor allem in der Einsamkeit zu vollziehen.

241 Introduction à la vie dévote III,27.

242 So ist es kein Zufall, daß hier biblische Referenzen eingeblendet werden (die Verweise auf Mt 12,34; Eph 5,3; 1 Kor 15,33). – Die biblische Inspiration ist natürlich insgesamt weit dichter als hier darstellbar.

243 Introduction à la vie dévote III,27.

244 Vgl. Introduction à la vie dévote III,7.

245 Introduction à la vie dévote V,6ff., vgl. auch die hinsichtlich der Stellung der «courtoisie» interessante Reihung und Gegenüberstellung in III,15: «Zornentbrannt, ungerecht, unbeständig» stehen dort gegen «höflich (courtois), gütig, barmherzig». Tugend stehen konterkarierend zu eigenen Fehlern: Introduction à la vie dévote III,1: «Si je suis combattu par l'orgueil ou par la colère, il faut qu'en toute chose je me penche et plie du côté de l'humilité et de la douceur (...).» Affektkontrolle greift besonders und genau an den Stellen, wo Gesichtsbedrohung (auch und gerade in Übergriffen und Verletzungen der Sphäre des anderen) droht. Diese ist ja immer wieder eine senderseitig relevante Seite der Vermeidung gesichtsverletzender Akte. Als Leit- und Gegenbild entwirft IV,11 die Vorstellung innerer Ruhe und Distanz.

mée» und «conversation» – Beobachtungen zur Affektkontrolle[246], des Taktes und der weisen Diskretion[247], des Handelns unter Zeitdruck[248], des rechten Maßes, der Situations- und Partnerbezogenheit, Themenwahl, der Einübung der Streitvermeidung[249] ebenso wie des Umgangs mit erlittener Kränkung[250]. Die unanständige Rede oder, mehr noch, die üble Nachrede[251] und das vorschnelle Urteil[252] sind hier immer wieder die so konkreten wie alltäglichen Phänomene, die kritisiert werden, gerade auch weil sie schon nicht mehr ethisch neutral sind, sondern fließende Übergänge bilden, Auslöser. Diese stehen dann selbst unter ethischem Vorbehalt. Ein Beispiel mag das verdeutlichen: Wortspiele und «Neckereien» im richtigen Kontext (dem der fröhliche Geselligkeit etwa) sind durchaus tugendhaft im Sinne der «Eutrapelia». Aber gerade hier gilt es, den schmalen Grad zur spöttisch-zynischen Verletzung des anderen zu beachten[253]. In diese Linie gehört auch eine grundlegende Beschreibung, die F. v. Sales in das Kapitel über das «lieblose Reden» – eine der Folgen des gesichtsbeschädigenden «freventlichen Urteils»[254] übrigens – einflicht. Hier wird diese «médisance» klar und knapp als «Mord» bezeichnet, weil sie – so diese Einlassung deutlich – einen wesentlichen Part des Menschseins beschädigt:

> *«La médisance est une espèce de meurtre, car nous avons trois vies: la spirituelle qui gît en la grâce de Dieu, la corporelle qui gît en l'âme, et la civile qui consiste en la renommée. Le péché nous ôte*

---

246 Gerade der fünfte Teil der Philothea entwickelt besondere Aufmerksamkeiten für den affektiven Bereich und einer kontinuierlichen Revision und Einübung, die ganzheitlich, aber keineswegs mechanistisch angelegt ist.

247 Introduction à la vie dévote III,7, notiert «sagement et discrètement».

248 Vgl. zum Faktor Zeit und zum korrespondierenden Thema Hast oder Überschleunigung nur Introduction à la vie dévote III,10, IV,2 (mit einem kleinen Verweis auf die entschleunigende Geduld, die im interkulturellen Umgang nötig wird).

249 Vgl. die «ständische Weisheitsregel» zur Einübung in den Formen des Gehorsams bei *F. DE SALES*, Philothea III,11: «Damit du deinen Vorgesetzten leichter gehorchen lernst, gib gern dem Willen Gleichgestellter nach; füge dich ihren Ansichten, soweit sie nicht schlecht sind, ohne streitsüchtig oder rechthaberisch zu sein. Passe dich auch gern den Wünschen deiner Untergebenen an, soweit es die Vernunft zuläßt, ohne herrisch Gewalt über sie auszuüben, solange sie gut sind.» Auffallend ist sowohl die *doppelte* soziale Richtung als auch die Übungsintention hinsichtlich der «Raumgabe» und der Bedrohungsvermeidung.

250 Vgl. Philothea III,7f.: Indirekte oder Nicht-Reaktion auf Beleidigungen und Verleumdungen hilft – meist – mehr als der direkte und unkontrollierbare Zorn. Dies ist im Kern auch ein psychologisches wie ethisches Entkrampfungs- und Entfeindungsprogramm von einigem Anspruch.

251 Vgl. Philothea III,28 («Das freventliche Urteil», mit Verweisen auf Lk 6,37; 1Kor 4,5; 1Kor 11,31). Vgl. zur Achtungs- und Mißachtungskommunikation oben Abs. 12.1.2., zu Franziskus unten Abs. 14.3.3.

252 Vgl. Introduction à la vie dévote III,29: «Le jugement téméraire produit l'inquiétude, le mépris du prochain, l'orgueil et complaisance de soi-même et cent autres effets très pernicieux, entre lesquels la médisance tient des premiers range, comme la vrai peste des conversations.»

253 Vgl. Philothea III,27-30.

254 Vgl. die dichten Überlegungen in Philothea III,29. – Motive dafür sind vielfältig: Verbitterung oder Überheblichkeit und Stolz, Versuche der Steigerung des eigenen Ansehens auf Kosten anderer, Selbstgefälligkeit oder Selbst-Exkulpierung (die Fehler der anderen relativieren die eigenen), Unaufmerksamkeit ebenso wie unbearbeitete Affekte der Leidenschaft. Dabei ist im Umgang mit anderen und in der Rede über sie aber keineswegs «Blindheit», einfaches Übersehen oder kalte Neutralität gemeint («Etwas sehen und wissen, heißt noch nicht urteilen»): «Urteil» ist durchaus möglich nach Maßgabe der Verantwortung für andere und zu deren Nutzen. Empathie, Sorgfalt, Takt und Respektwahrung sind für F. v. Sales dabei aber unverzichtbar und bemessen sich wiederum nach den unterschiedlichen konkreten z.B. berufs- oder standesethischen Verantwortungsreichweiten der Betroffenen.

> *la première, la mort ôte la seconde, et la médisance nous ôte la troisième. Mais le médisant par un seul coup de sa langue fait ordinairement trois meurtres: il tue son âme et celle de celui qui l'ecoute, d'un homicide spirituel, et ôte la vie civile à celui duquel il médit; (...).»*[255]

Auch wenn man zugestehen darf, daß das Phänomen der «üblen Nachrede» nicht identisch ist mit einem gesichtsverletzenden Akt in direkter verbaler Interaktion[256], so wird doch in dieser verdichteten anthropologischen Skizze durchaus deutlich, welchen Stellenwert das höflichkeitsrelevante «renommée» im Verbund mit der leiblich-seelischen Dimension eines Menschen hat. Die pointierte Ausfaltung der drei Lebensdimensionen des Menschen (spirituell, körperlich und gesellschaftlich oder «civile») ist dementsprechend bedroht durch die Sünde, den Tod – und durch das «freventliche Urteil» oder die «üble Nachrede». Sicherlich läuft diese ethische und existentielle Zuspitzung Gefahr einer moralisierenden Interpretation, andererseits ist sie aber gerade für den dritten Bereich auch ein notwendiger Indikator, dessen Bedeutung nicht zu unterschätzen ist. Es ist durchaus der Erwähnung wert, daß Franz v. Sales diese Perspektive überhaupt erwähnt, ist sie doch als die «Sphäre der Ehre», als das «Feld der Person» in seinen sozialen Bezügen durchaus ein weiches Datum und Ziel. Die ethische Relevanz ist damit stark präsent, was sich darüber hinaus auch in der doppelten Bedeutung des Terminus «civile» manifestiert: «höflich» (im Sinne des Zivilisierten) *und* «bürgerlich» (im Sinne der sozialen Einbettung). Verbale Nichtschonung und Gesichtsverletzung tangieren die Konstituentien der Person.[257]

---

[255] Introduction à la vie dévote III,29. Wie hyperbolisch und paränetisch ex negativo diese Pointierungen auch immer sind, sie unterstreichen die ethische Relevanz des Sprechens als Handlung, als Achtung und Ächtung, Re- oder Despektierung.

[256] In sehr vielen Fällen ist das Thema dieser Nachrede gar nicht anwesend, könnte damit unter betreffenden Umständen in einer soziolinguistisch wertfrei agierenden Höflichkeitstheorie sogar zu den «sicheren Themen» gezählt werden, denn im Augenblick der Interaktion zwischen zwei Nicht-Thematisierten ist vom abwesenden Dritten kein Konflikteintrag in die Situation zu erwarten. Über diesen dritten und dessen Bewertung ließe (und läßt) sich Übereinkunft erzielen oder diese abrufen. Kommunikations- und höflichkeitstheoretisch ist dies in der Interaktionssequenz durchaus von Vorteil. Allerdings wird an Stellen wie dieser eben auch sichtbar, daß der Rekurs auf die isolierte Interaktionsminiatur unter Ausschluß der Folgen für andere und unter Exklusion eines übergreifenden Werthorizontes Höflichkeitsphänomene damit eben nicht ausreichend beschreibt. Das Renommée des dritten ist aber eben auch anwesend und tangiert in dessen konkret-körperlichen Abwesenheit – und die Folgen dieser Art von Gesichtsschädigung pflanzen sich durchaus fort. Auch Franziskus von Assisi ist sich dessen sehr bewußt, wie wir noch sehen werden (vgl. unten Abs. 14.3.3.).

[257] Dabei ist zunächst das *Faktum* von Bedeutung. Die jeweiligen Folgen für die Betroffenen unterliegen dann in einem nächsten Schritt ethischer Bewertung. Besonders dramatisch dabei ist die «kaschierte» üble Nachrede, die durch Ehrungen und Gratifikationen begleitet, damit gerade nicht camoufliert oder sondern noch gesteigert wird (vgl. Philothea III,29 mit weiteren Beispielen). Schlechterdings und leicht zu trennen allerdings sind diese Phänomene von den Formen der Abschwächung im Zusammenhang verbaler Höflichkeit kaum. Dabei spielt dann neben der realen Wirkung ethisch vor allem die Intention als Kriterium eine unverzichtbare Rolle. Geht es also vorrangig um Abschwächung der Gesichtsbedrohung oder um raffinierte Steigerung derselben – bei gleicher Semantik und gleichem Faktenmaterial? Ein Dialektikphänomen im Sinne Adornos? Oder doch eher ein Abusüsphänomen im Sinne der Intentionalität als Quelle der Moralität? Zuzugestehen bleibt allerdings: Die realen Grenzziehungen sind keineswegs einfach. Dazu ist von Bedeutung, daß Philothea IV,1 ein spezifisches Differenzkriterium benennen kann: «Heuchelei und echte Tugend sehen sich äußerlich ähnlich, sie sind aber doch leicht voneinander zu unterscheiden: Die Heuchelei kann sich auf Dauer nicht halten, schließlich geht es ihr wie dem Rauch, der sich in der Höhe verliert; echte Tugend dagegen ist beständig.» Das durative wie das temporär-situative

Die Konsequenzen dieser Einordnungen liegen für Franz v. Sales dann auf der Hand, wenn er mit «weiteren Ratschlägen über das Reden» fortfährt und bestimmt: «Que votre langage soit doux, franc, sincère, rond, naïf et fidèle. Gardez-vous des duplicités, artifices et feintises; ...»[258] – ruhig, offen, gerade, schlicht, natürlich und aufrichtig sind spezifische Attribute höflichen Verbalverhaltens, das zudem ohne Doppelzüngigkeit, Geziertheiten und Schlauheiten der Sphäre des «renommée» am ehesten Rechnung trägt und es als schutzwürdiges Gut bewahrt. Takt und Klugheit («discrètement et prudemment») sind gefordert und können in wichtigen Angelegenheiten (und nur in diesen!) nahelegen, Wahrheit zu «verschleiern» oder zu «dämpfen», dies aber ausschließlich nach dem Maß der Ehre und des Dienstes Gottes. Wichtig ist des weiteren, daß sich diese «suavité de la conversation civile»[259] (übersetzbar mit: «Liebenswürdigkeit und Höflichkeit») eben nicht nur auf ausgewählte und besondere In-Group-Beziehungen beschränken läßt, sondern im Sinne der Gerechtigkeit und Aufmerksamkeit generell zu beachten ist.[260] Im Mißachtungsfall gilt nach F. v. Sales die Forderung der Wiedergutmachung[261] – oder der Neuentdeckung. Hierzu gibt es ein flagrantes Beispiel, auf das F. v. Sales verweist und das sowohl ideal- als auch höflichkeitstheoretisch von Bedeutung ist. So kritisiert er beispielsweise die Haltung und Einstellung des «heiligen Polemikers» Bernhard v. Clairvaux[262], aus dessen anfänglicher Strenge und hohem Anspruch den anderen gegenüber, die bei der Erfüllung des Ordensideals deprimierend wirkte, eine andere Gangart entsteht: Milde, Güte, und Entgegenkommen («gracieux et condescendant avec chacun, qu'il se fit *tout à tous pour les* gagner *tous*»). Dies desavouiert den inhaltlichen Anspruch an sich keineswegs, rückt aber ebenso entschieden einen doppelten Umgang in den Blick: den Umgang mit den Inhalten *und* den mit denen, an die sie adressiert werden. Um alle zu gewinnen ist Entgegenkommen der probate Weg.

Element ist auch spezifisch höflichkeitstheoretisch relevant in der Spannung von Haltung und Aktuierung.

258 Introduction à la vie dévote III,30. Damit ist im Kern eine kleine Kriteriologie und Axiologie verbaler Höflichkeit geleistet.

259 Introduction à la vie dévote III,8.

260 Dies gilt nicht nur Freunden gegenüber, sondern auch gegenüber Hausleuten und Nachbarn. Franz v. Sales beschreibt es in seiner bildreichen Sprache als schweren Fehler, verhielte man sich «draußen wie ein Engel und drinnen wie ein Teufel». Introduction à la vie dévote III,36 trägt dieser möglichen Spannung und Spaltung auch in anderer Perspektive, sozusagen innerhalb einer Person Rechnung, wenn er es für höchst kritikabel hält, weil ungerecht und unvernünftig: milde, nachsichtig und höflich gegen sich selbst, hart streng und unerbittlich gegen andere: «Bref, nous sommes comme les perdrix de Paphlagonie qui ont deux cœurs; car nous avons un cœur doux, gracieux et courtois en notre endroit, et un cœur dur, sévère rigoureux envers le prochain.»

261 Vgl. Introduction à la vie dévote III,29: «Quiconque ôte injustement la bonne renommée à son prochain, outre le péché qu'il commet, est obligé à faire la réparation, quoique diversement selon la diversité des médisances; ...» – Allerdings kennt und benennt *F. de Sales*, Introduction à la vie dévote III,21, auch ausdrücklich einen Erlaubnisfall der Unhöflichkeit oder «incivilité» als Mittel gegen «schlechte» Freundschaften: «N'écoutez nulle sorte de propositions, sous quel prétexte, que ce soit: en ce seul cas, il n'y a point de danger d'être incivile et agreste.» Grenzlinien zeichnen sich also auch in den «civilité»-Diskurs ein. Grenzüberschreitungen in dieser Hinsicht bleiben aber an Gründe gebunden.

262 Vgl. Philothea III,2.

13.3.2. Schätzung und Einschätzung

Was für den «Polemiker» Bernhard v. Clairvaux und dessen «radikal-idealen» Angang gilt (zumindest im Anschluß an die Interpretation des Franz v. Sales), gilt durchaus umfassender: «Mit Grobheit gewinnt man nichts.»[263] Oder anders herum «gemutmaßt»: Mit Höflichkeit verliert man nichts – gerade in der Langsicht und Tiefensicht des Glaubens:

> *«Philothée, soyez égales et juste en vos actions: mettez-vous toujours en la place du prochain, et le mettez en la vôtre, et ainsi vous jugerez bien; rendez-vous vendeuse en achetant et acheteuse en vendant, et vous vendrez et achèterez justement. Toutes ces injustices sont petites, parce qu'elles n'obligent pas à restitution, d'autant que nous demeurons seulement dans les termes de la rigueur en ce qui nous est favorable; mais elles ne laissent pas de nous obliger à nous en amender, car ce sont des grands défauts de raison et de charité; et, au bout de là, ce ne sont que tricheries, car on ne perd rien à vivre généreusement, noblement, courtoisement, et avec un cœur royal, égal et raisonable.»*[264]

In dieser geradezu programmatischen Passage, die die Haltung der Empathie empfiehlt, stellt F. v. Sales ein Bündel von Querverbindungen her. Einfühlungsvermögen in die sehr konkreten, durchaus alltäglichen Situationen und Konstellationen (deren isolierte Bedeutung gering sein mag) hängt wesentlich mit dem richtigen, gerechten und vernünftigen Urteil zusammen. Diese Fähigkeit zu Imagination und Sensibilität für die wechselnden Rollen, für soziale Zuschnitte einzelner Protagonisten retardiert zu schnelle, leicht verfertigte und leichtfertige Urteile, trägt dazu bei, der Versuchung abzuwehren, separate und dislozierte Gerechtigkeitsparameter auf sich und den anderen anzuwenden und damit zugleich der Vernunft und der Liebe zu widersprechen. Sich in den Raum des anderen einzufühlen, sich an dessen Position zu versetzen, entspricht damit zuletzt einem (nicht nur verbal) schonenden Umgang mit dem Gegenüber, einen Umgang, den F. v. Sales nicht zufällig als «vivre généreusement, noblement, courtoisement, et avec un cœur royal, égal et raisonable» markiert. In diesen Attributen (und nicht zuletzt in ihrer Darstellung) spiegeln sich Charme, Wärme und Haltung der Höflichkeit in ihren konkretesten und weitesten Ausformungen und Reichweiten. Aufmerksamkeit, Achtung und Sensibilität in der vorsichtigen Annäherung an den anderen Resonanzraum, die Resonanzquelle, die der andere selbst ist, tragen also sowohl emotiver wie rationaler Sphäre Rechnung – und zu einem «Gewinn» bei: «Man verliert nichts, wenn man höflich ist» – man gewinnt, wenigstens augenblickhaft, Lebensqualität. Also gilt der nachhaltige Rat:

> *«Choisissez donc, Philothée, les meilleures vertus et non pas les plus estimées, les plus excellentes et non pas les plus apparentes, les meilleures et non pas les plus braves.»*[265]

---

[263] Philothea III,30. – Und, man muß es betonen, dies gilt «in the long run». Der ist zuletzt auch eschatologischer Natur, wenngleich keineswegs ausschließlich ...

[264] Introduction à la vie dévote III,36.

[265] Introduction à la vie dévote III,1.

Man darf sagen, dies ist kein schlechtes Resümee an einer Stelle, von der aus wir einen weiteren Sprung wagen – und uns damit an die «theologische Gegenwart» herantasten. Höflichkeit – so ein kleines Fazit – mag nicht die zur Zeit am höchsten geschätzte Tugend sein (das ist sie für den Autor der «Philothea» an sich auch nicht, aber sie gehört zur Übung und zum Katalog der «kleinen Tugenden», die allerdings in der «Philothea» große Namen tragen[266]), zu unterschätzen ist sie keineswegs.[267]

In der beständigen doppelte Sorge um Nächstenliebe und soziale Verpflichtung bei F. v. Sales ist Höflichkeit («civilité») kein Selbstzweck, sondern steht als «fonction de la dévotion»[268] in einem weiteren und tieferen Kontext und zielt dabei auf eine Frömmigkeit, eine spezifische Alltagsspiritualität *und* -kultur (in einem bestimmten historischen Kontext einer anbrechenden Moderne nämlich), eine Kultur der Balance, des Ausgleichs und der inneren Ruhe[269], deren tragendes Fundament eine spirituelle Dimension der Liebe bleibt.[270] Hier – im «Herzen» – ankert und kulminiert im salesianischen Sprachgebrauch die menschliche Vernunft- und Geistbegabung, sitzt der Kern der sittlichen Persönlichkeit in ihrer Möglichkeit zur Selbsttranszendenz auf den anderen und auf Gott hin.[271] Moralität ist für Franz von Sales ohne die Dimension des Mystischen nicht bestimmbar. In diese cortesiale Spiritualität des Alltags gehören – abseits aller Tendenzen zu innerer Emigration (wie etwa bei M. de Montaigne[272]) oder weltabgewandter Frömmigkeit – Aufmerksamkeit und Wachheit für viele, sich stetig differenzierende, aber oft auch minimale Lebens- und Interaktionsvorgänge. Mit Franz v. Sales, dem «docteur de la civilité»[273], sehen wir also eine weiteres, «zartes» Glied in der schmalen Kette theologisch-spiritueller Integration der Höflichkeits- und Zivilitätsthematik. Gesellschaft diversifiziert sich, die Problemfrequenz steigt signifikant.

Bevor der Sprung in das vergangene Jahrhundert angesetzt wird, der zu zwei sehr unterschiedlichen Theologen führt, ein kursorischer Blick auf die «Höflichkeit

---

266 Vgl. Introduction à la vie dévote III,2.

267 *MURPHY*, Civilité 90, 96, pointiert etwas anders, wenn die salesianische Höflichkeit nicht also «vertu speciale», sondern als «attribut général» oder «attitude général» gefaßt wird. Die Stoßrichtung der Differenzierung liegt in den Attributen, zumal der Haltungsbegriff an sich ja zur Tugendsystematik gehört. Dies unterstützt *MURPHY*, Civilité 106, gehört demnach «courtoisie» doch selbst zu *allen* sozialen Vollzügen und Bezügen (vgl. ebd. 109-143).

268 Vgl. *MURPHY*, Civilité 79-83. Das bedeutet gerade nicht eine spezielle, leicht diskreditierbare Sorte von «Devotheit» der permanenten Selbstaufgabe und Selbstverleugnung angesichts des «irgendwie» Höherrangigen (nicht nur, aber besonders im Sinne der z.B. von *HEINRICH MANN* in seinem «Untertan» karikierten und inkriminierten Verhaltensweise und Haltung). Vgl. auch die Anmerkungen von *M. PLATTIG*, Die «Früchte» des geistlichen Lebens, in: *ARBEITSGEMEINSCHAFT THEOLOGIE DER SPIRITUALITÄT AGTS* (Hrsg.), «Laßt euch vom Geist erfüllen!» (Eph 5,18) – Beiträge zur Theologie der Spiritualität, Münster 2001, 242-288, bes. 269f.

269 Vgl. *MURPHY*, Civilité 24-74.

270 *MURPHY*, Civilité 200f., faßt diese Differenz der «courtoisie» und «civilité» als christliche Haltung mit der Unterscheidung «au monde», nicht «du monde». Dies ein weiteres Indiz dafür, daß gewinnende Zuvorkommenheit und «gratia praeveniens» unterschiedlichste, aber konspirative Größen sind.

271 Vgl. *P. SCHALLENBERG*, Mystik – Moral – Mission. Innere Bekehrung und äußere Mission bei Franz von Sales, in: *T. SCHÄFERS* (Hrsg.), Zur Mission herausgefordert. Evangelisierung als kirchlicher Auftrag (FS B. Kresing), Paderborn 1999, 137-149, 147.

272 Vgl. *J.S. LANGELAAN*, Die Reformatoren, Montaigne und der hl. Franz von Sales, in: JbSalSt 24 (1991) 76-102.

273 So titelt *MURPHY*, Civilité 199.

der/in den Manualen», einer Etappe der Geschichte der Moraltheologie, die bei allen Vorbehalten und aller Überwundenheit doch aus dem Abstand unverkrampfter und mit Respekt zur Kenntnis genommen werden kann.[274]

13.4. Die «Höflichkeit» (in) der Manualtradition – Andeutungen und Entwicklungen

Das Genre moraltheologischer Handbücher versucht an einem spezifischen historischen Ort und geistesgeschichtlichen Kontext einen möglichst umfassenden systematischen Überblick über Formal- und Materialobjekt der Moraltheologie zuzeiten zu geben. Die starke Strukturierung, Systematisierung und Schematisierung der Stoffe, die nicht selten (kirchen-)rechtliche Zuspitzung und die Unbefangenheit, mit der präzise Deutungen und Urteile urgiert werden, nicht selten zudem in konziser praktischer Absicht (v.a. der Unterweisung des Beichtklerus[275]), läßt die Erträge und die Differenzierungskapazität, die sich in diesen Leistungen zweifellos auch verbirgt, nicht selten zurücktreten und die durchaus unterschiedlichen Anlageweisen unberücksichtigt oder unterbelichtet.[276]

Eine umfassende Würdigung dieser «Epoche» – sozusagen von Alfons v. Liguori bis in das Umfeld des II. Vatikanischen Konzils reichend – und, genauer noch, dieser Methode des ethischen Diskurses kann hier nicht angezielt werden.[277] Hier geht es einzig um Auswahl und Zuspitzung auf den Begriff der Höflichkeit, wobei natürlich Implikationen, die «Nachbarthemen» und «Nachbarbegriffe» (wie Ruf, Ehre, Nächstenliebe oder Wahrheit und Lüge) mitliefern würden, hier nur gestreift, einige wenige Vertreter genannt werden können.

---

[274] Vgl. nur *K. Demmer*, Art. Moraltheologie, in: TRE XXIII 295-302, 297: «Gegen ihre Absicht führte die Neuscholastik in das geistige und kulturelle Ghetto. Das ist um so bedenkenswerter, als sie die inhaltliche Identität von natürlichem Sittengesetz und Gesetz Christi voraussetzte.» Diese Kritik (hier an die Adresse der Neoscholastik) bleibt gültig, gerade was Ausgangspunkte und Verständnisrahmen angeht. Dennoch, im Detail sind auch dort Erkenntnisse und Überlegungen zu gewinnen, die ihren Wert haben und über den Respekt vor der Tradition hinausgehen. Zeitgebundene Enge *und* Erträge sind nicht nur Signaturen für Vorgänger.

[275] Hier sei stellvertretend nur *Prümmer,* Manuale I ([10]1946) 3f., zitiert: «Non enim omnes sacerdotes laborantes pro salute animarum oportet esse magnos oratores, praeclaros doctores, eruditos historicos; omnes tamen in Theologia morali debent esse bene instructi. Quomodo enim secus poterunt fructuose administrare sacramentum poenitentiae et salutis scientiam edocere christianum populum.»

[276] Vgl. *J. Reiter*, Die katholische Moraltheologie zwischen den beiden Vatikanischen Konzilien, in: *H. Wolf* (Hrsg.), Die katholisch-theologischen Disziplinen in Deutschland 1870-1962, Paderborn 1999, 231-242, die vorhergehende Epoche beleuchtet *O. Weiss*, Deutsche oder römische Moral? Oder: der Streit um Alfons von Liguori. Ein Beitrag zur Auseinandersetzung zwischen Romanismus und Germanismus im 19. Jahrhundert, Regensburg 2001, *K. Arntz*, «Der Widerspenstigen Zähmung». Moraltheologie als kritische Zeitgenossenschaft (1902-2002), in: StMor 40 (2002) 291-319. Vgl. zudem den Überblick, der an die hiesige Thematik rührt, bei *J. Fleming*, Reputation reconsidered. The contemporary Relevance of Casuist/Manualist Legacies concerning Detraction, in: StMor 39 (2001) 159-174. – Vgl. unter systematisch-ethischem Blickwinkel die Diskussion um Tradition und Richtigkeit zwischen B.V. Johnstone und K.W. Merks: *K.-W. Merks*, Tradition und moralische Wahrheit, in: StMor 38 (2000) 265-278.

[277] Vgl. die kritische Sichtung z.B. *Demmer*, Fundamentale Theologie des Ethischen 42-46, *H. Kleber*, Einführung in die Geschichte der Moraltheologie, Passau 1985, *W. Korff*, Art. Ethik II. Geschichte, in: LThK[3] III 911-923, 922f. (Lit.).

Doch selbst in dieser Engführung wird Charakteristisches sichtbar. Allein, ob und inwieweit Begriff und Thema vorhanden sind oder nicht, ist bezeichnend[278], ebenso fördert die Frage nach den Kontexten und den Traditionslinien, die einfließen, Signifikantes zutage.

13.4.1. Vorstellungen in paradigmatisch-pragmatischer Auswahl

Die Textbasis, das vorweg, auf der wir uns bei der Vorstellung der einzelnen Referenten bewegen, ist immer schmal und vergleichsweise «marginal» in den umfangreichen, meist mehrbändigen Handbüchern, auf die wir uns beziehen. So «konventionell» einzelne Darstellungen dabei auch agieren, nicht selten wird Bezug zu anthropologischen, spärlicher zu theologischen Grunddaten genommen. Die Implikationen der jeweiligen Terminologie und die oft nur angedeuteten möglichen Perspektivierungen hingegen bleiben nicht unerheblich.

Im Zentrum der folgenden Darstellungen stehen die Autoren Vermeersch, Lehmkuhl, Merkelbach, Mausbach, einen besonderen Schwerpunkt bilden Prümmer, Linsenmann und Tillmann – ihre moraltheologischen Kompendien bilden in unserem Kontext die historische Brücke, die an die «ältere» Gegenwart (hier von H. Thielicke und R. Guardini repräsentiert)heranführt. Vollständigkeit liegt dabei nicht in der Absicht, sondern möglichst textnahe Paradigmatik.

Die Jesuiten A. Lehmkuhl (1834-1918)[279] und A. Vermeersch (1858-1936)[280] – in der romanischen Manualtradition – wie die Dominikaner D.M. Prümmer (1866-1931)[281] und B. Merkelbach (1871-1942)[282] nehmen in ihren Ausführungen klar Bezug zur Definition der «affabilitas» bei Thomas v. Aquin in S.Th. II-II 80 bzw. 114-116. Gerade bei Prümmer und Merkelbach spiegelt sich dies schon in der Gesamtanlage und -disposition ihre Materialien, schlägt aber auch im Detail – wie jenem zur «affabilitas» – durch, was nicht heißt, daß der Bezug direkt und die Stoffsituierung identisch wären.

Bei *Vermeersch*, der die einschlägige Thomas-Passage (also S.Th. II-II 114 1) *unmittelbar* zitiert, bilden Überlegungen zur «affabilitas» und zur «eutrapelia» zusammen mit der «modestia exteriore» im achten Traktat «De temperatia et annexis virtutibus maxime humilitate» den Abschluß des Tugendteils überhaupt. Dies ist sicher im Sinn einer Antiklimax zu lesen, die unwichtigen Stoff nur knapp und letztrangig be-

---

278 So kommen so unterschiedliche Autoren wie *H. NOLDIN*, Summa Theologiae Moralis, 3 Bde., Innsbruck 1901f., aber auch *J. STELZENBERGER*, Lehrbuch der Moraltheologie, Paderborn 1953, und *A. LANZA/P. PALAZZINI*, Theologia Moralis Specialis II, Turin 1955, ohne direkten Verweis auf Höflichkeit aus.

279 *A. LEHMKUHL*, Theologia Moralis I, Freiburg i.Br. [12]1914 ([1]1883f.), 511. Vgl. knapp *J. BRANTL*, Art. A. Lehmkuhl, in: LThK[3] VI 749.

280 *A. VERMEERSCH*, Theologiae Moralis Principia, Responsa, Consilia II. De Virtutum Exercitatione, Rom [3]1945 ([1]1922) 526. Zu Vermeersch vgl. *A. BONANDI*, Modelli di teologia morale nel 20. secolo, in: Teol(T) 24 (1999) 89-139.

281 *PRÜMMER*, Manuale II 478-480. Zu Prümmer vgl. ASOFP 39 (1931) 247-249, *A.-P. ALKOFER*, Dominikanische Gestalten: «... de rebus vel physicis humanis instructus ...» Dominikus M. Prümmer, in: WuA(M) 42 (2001) 182-185.

282 *MERKELBACH*, Summa Theologiae Moralis II 838-840. Zu Merkelbach vgl. knapp *J. BRANTL*, Art. B. Merkelbach, in: LThK[3] VII 145.

handelt. Die Veritas-Thematik wird hier – bezeichnenderweise – völlig gesondert schon im sechsten Traktat verhandelt. Für Vermeersch setzt die «affabilitas» jene «signa communia», die «omnes homines inter se coniungit»[283] – seine besondere Akzentuierung zielt auf eine Art universaler und fundamentaler Grundfreundschaft oder -freundlichkeit der Menschen untereinander überhaupt, die in ihren expressiven Formen an Maß und Konventionen gebunden sind. Für «modestia», «affabilitas» wie «eutrapelia» gilt – so Vermeersch einleitend – gleichermaßen, daß sie in Verbindung mit dem freien Willen in Umgang und Kommunikation sowohl meliorisierend wirken können, Gutheit stiften und Bosheit verwandeln können als auch, daß sorglose Mißachtung dieser drei Haltungen schädigt.[284] Knapp und formal unterstreicht Vermeersch damit die ethische Valenz, auch wenn die Einhaltung der jewieligen Normen und Konventionen nicht als strikt obligatorisch zu erachten sind.[285]

Anders *Lehmkuhl*: Er verweist am Anfang seiner Ausführungen zu den Annextugenden der Gerechtigkeit nur *summarisch* auf S.Th. II-II 106-120. Unmittelbar vor die schmale Passage zu «definitio», «officium» und «peccata contraria» im Blick auf die «affabilitas»/«comitas» stehen ausführliche Darlegungen zur «veritas».[286] Die unterschiedliche Nähe und Zuordnung ist signifikant und schließlich keineswegs ohne Einfluß auf die Einschätzung der Höflichkeit selbst. Je näher sie an die Lüge heranrückt, desto weniger kann ihr sittlicher Eigenwert in den Blick gelangen. Dies schlägt sich aber nicht nur in den Manualen nieder, wie wir gesehen haben.[287] Lehmkuhl definiert «affabilitas» und «comitas» als Tugenden, «quae *procurant*, ut conversatio *grate et decens* sit, spectata conditione personae, i.e. neque nimis blanda neque asperior: quod si potissimum in alloquio spectatur, affabilitas habes; si in actionibus et officiis, comitatem.» Die Differenz möglicher Anlässe und Kontexte – die «affabilitas» als Höflichkeit der (An-)Rede in «privaten» getönten Interaktionen, die «comitas» in öffentlich-offizielleren Kontexten – kehrt in der folgenden Bestimmung wieder, wenn auch mit Bezugs- und Akzentuierungsverlagerung. Der Grad der jeweils nötigen Ernsthaftigkeit und Seriosität (hinsichtlich der rekreativen Gewandtheit als Charakteristikum der «eutrapelia» und der moderierenden Funktion der «modestia»: «Officium harum virtutum est, proximo sese cum *moderatione accommodare* idque in rebus seriis; nam si ludus et animi recreatio spectatur, eutrapeliam habes, de qua supra dictum est occasione modestiae.»[288]

Prümmer und Merkelbach sortieren und situieren die thomasische «affabilitas» unter die Potential- oder Annextugenden der Gerechtigkeit und variieren die Gruppierung von «gratitudo», «vindicatio», «liberalitas» und «epieikeia» mit kleinen Akzentverschiebungen in der thomasischen Reihe. Auch hier ist der Veritas-Traktat nicht unmittelbar vorangestellt, also die Lügenthematik und der von ihr aus immer wieder an die Adresse der Höflichkeit formulierte Vorwurf nicht direkt verzahnt.

---

283 *VERMEERSCH*, Theologiae Moralis 526.

284 *VERMEERSCH*, Theologiae Moralis 525.

285 Vgl. *VERMEERSCH*, Theologiae Moralis 526.

286 *LEHMKUHL*, Theologia Moralis I 508-511.

287 Freilich genügen allein diese Koordinaten nicht.

288 Beides *LEHMKUHL*, Theologia Moralis I 511 (Kursivierung – APA).

Prümmers Definition und Erläuterungen zur «affabilitas» sind als die umfangreichsten zu sehen und bieten auf an sich knappem Raum eine Reihe von sachgerechten Beobachtungen, die Verbindungs- und Anschlußlinien nahelegen:

> *«Affabilitas (...) est virtus, qua quis ex debito vitae socialis in communi convictu grate et decenter se habet ad alios, tam in factis quam in dictis.»*[289]

Die «affabilitas» als «Höflichkeit» wird umstandslos und thomasisch als Tugend bezeichnet, die sich aus der Sozialität des Menschen ableitet und auf eine freundlich-dankbare und «anständig-anmutige» Umgangsmodulierung abzielt. Auffallend dabei ist die schon in der Tugendlehre des Thomas anzutreffende Formulierung des «in factis et in dictis». Nicht allein Verbalhandlungen fallen somit in den Gegenstandsbereich dieser Haltung. Verbale Höflichkeit ist ein allerdings gewichtiger und prominenter Ausschnitt des höflichkeitsrelevanten Expressionsfundus. Ohne im spezifischen Sinn sprechakttheoretische Überlegungen und Instrumentarien öffnet sich also der hier im Anschluß mögliche analytische Blick, der nicht auf Einzelformen und -formeln allein angewiesen bleibt, sondern weitere Handlungen und Interaktionsvollzüge einschließen kann. In seiner «Explicatio» fährt Prümmer fort:

> *«Homo affabilis neque nimis blande neque nimis aspere se gerit in conversatione humana. Affabilitas versatur praecipue circa conversationem* seriam*; nam ad* eutrapeliam *pertinet debitum modum servare in ludis et ludicris, ita ut nec adsit excessus per modum scurrae, nec defectus quo inficitur quidam agreste aut rupicones.*
> *Affabilitas pertinet ad virtutem iustitiae, quia verum debitum ad alterum inducit. Etenim homo est ex ipsa condicione naturae suae animal sociale, ac proinde debet convenienter se habere ad alios homines secum conviventes. Exinde patet virtutem affabilitatis, quae hanc conversationem recte ordinat, includere verum debitum, salutem morale. Quae quidem virtus affabilitas est utilissima cuilibet homini, praecipue autem sacerdotibus, qui omnibus omnia fieri debent, ut omnes Christo lucrifaciant.* (...)
> *Actus affabilitatis praecipui sunt: 1. omnes benigne audire eosque libenter et hilari vultu alloqui; 2. signa urbanitatis omnibus exhibere, attamen iuxta condicionem uniuscuiusque et consuetudinem patriae; 3. interius et exterius habere veram caritatem erga proximum, atque nimium amorem erga semetipsum impugnare.*
> *Complures homines opinantur ad officium urbanitatis sufficere externis verbis ac gestis se exhibere, sicut homines bene educati facere solent; sed hoc prorsus insufficiens est. Nam talis urbanitas nihil aliud est nisi fraudulenta fictio apta ad fallendos homines simplices. Haec demum est vera urbanitas, quae procedit ex intima convictione, unumquemque debere pro viribus concurrere ad pacificum iucundumque convictum societatis humanae et praesertim domesticae.»*[290]

Hier ist eine ganze Reihe von Beobachtungen anzustellen. In der Spannung und Variationsbreite des menschlich-humanen Umgangs («conversatio») – zwischen ernst, seriös und heiter, zwischen privat, semi-privat und öffentlich – schält sich die «affabilitas» als «verum debitum ad alterum», als dem anderen in Person-, Situation- und Sachgerechtigkeit geschuldet heraus. Bei dieser nicht-reziproken Formulierung

---

[289] PRÜMMER, Manuale 478. Nicht uninteressant zu vermerken: Die «Notio» führt eingangs Synonyme an, nennt «amicitia», «comitas», «urbanitas», nicht aber «curialitas»; eine Fußnote verweist an gleicher Stelle allerdings auf folgende Übersetzungsmöglichkeiten: «Freundlichkeit, Leutseligkeit, *Höflichkeit*, politesse, civilité, affabilité» (Kursivierung: APA).

[290] PRÜMMER, Manuale 478f.

zielt Prümmer auf das sittliche Subjekt, auf den Handelnden. Der Erwartungs-, Erwartbarkeits- und Reziprozitätsaspekt baut sich in dergestaltigen Darstellungen immer wieder erst indirekt darüber auf, daß der *Anspruch* als anthropologisch allgemein aufzufassen ist. Die bloße Implikation bleibt allerdings einerseits ein Manko. Sie ist zu wenig exakt. Andererseits ist sie ein Vorteil: Sie nimmt Abstand von (gerade hier leicht zu befürchtender, aber nicht vollzogener) Überregulation.

Der Sozialnatur des Menschen entsprechend ist die «affabilitas» wenigstens moralisch geschuldet und verdankt hinsichtlich aller möglichen anderen Mitlebenden («alios homines conviventes»), Mit- und Interagierenden. Der Orientierungsbedarf wird zudem nochmals enggeführt auf «Stände» mit hoher sozial-kommunikativer Kontaktrate und (gerade im Blick auf die Intention der Manuale, also der Priesterausbildung) legt zunächst einen Verweis auf ein priesterliches Standes- und Berufsethos nahe. Diesem in der Knappheit der Ausführungen einen expliziten Platz einzuräumen, ist aus der betreffenden Zeit sicher ebenso einleuchtend, wie für unsere Nachfrage zu begrenzt. Dennoch kann man sich dem auch über eine Deutung als Paradigma nähern. «Social soft skills» wie die Tugend der «affabilitas» einzuordnen den tugendethischen Bereich bleibt also obligat wie «selbstverständlich». Immerhin öffnet der an sich schmale Bezug auf die christologische Perspektive dieses Feld selbst.

Markant bleiben die Ausführungen, die Prümmer anschließt. Das «benigne audire» als wohlwollende Aufmerksamkeitslenkung verweist auf ein Phänomen der Raumgabe. Dem anderen zuzuhören, ihm also Raum zuzugestehen und diesen nicht zu verstellen, zu blockieren oder zu besetzen, nimmt eine Grundschicht des «turn-taking» in der Interaktion auf, die essentiell und exemplarisch bleibt. Nur wem überhaupt der Raum, der Aktionshof und -radius gewährt wird, kann aktiv und handelnd partizipieren an Interaktionen in ihren autonomen und heteronomen Anteilen. Wie sich dies formal niederschlägt, welche Worte, Gesten und Zeichen dafür nötig sind, bleibt offen, aber eine einladende Grundhaltung bleibt in dieser Hinsicht unverzichtbar. Dabei darf man ja nicht vergessen oder unterschlagen, wie schnell die einschlägigen Interaktionsräume verstellt werden können.

Daß Prümmer zudem noch auf das Moment des «libenter et hilari vultu» abhebt, bringt – «avant la lettre» die «Face»-Dimension in den Blick, unterstreicht aber zugleich und vor allem den Charakter des Einladenden und nicht den des Exkludierenden. Äußerliche und geäußerte Zeichen, Worte und Gesten allein sind letztlich nicht genügend.[291] Wiewohl Prümmer sich hier von Positionen abheben will, die genau dies vertreten, bleibt auf zweierlei hinzuweisen. Zum einen verdeckt – freilich nicht notwendigerweise – ein sofortiger Zugriff auf die Haltungs- oder Intentionenebene leicht die funktionalen Potenzen des Expressiven und Formalen, zum anderen zielt die theologisch-ethische Fragestellung mit ihren Postulaten auch immer über einen sektoralen und lokalen Befund hinaus. Die Konvergenz von *Äußerung* und *Innerung* bleibt als Forderung des Authentischen und Nicht-Ostentativen ein be-

[291] Daß Prümmer dabei die «signa urbanitatis» einbezieht, läßt Aufmerksamkeit für Terminologie wie Soziologie anklingen. Daran lagert sich die Aufmerksamkeit für die spannenden Zusammenspiele zwischen individuellen naturalen Begabungen und Konventionen der Sozietät. Die intendierte Übereinstimmung von innerer und expressiver «caritas» gegenüber dem Nächsten ist nicht «rustikal-robust» (um gefällige Euphemismen zu nennen), nicht aggressiv und verletzend («agreste aut rupicones»). Die materiale Näherbestimmung unterbleibt, ihre Richtung ist jedoch deutlich angezeigt, ohne formalistisch verengt zu werden.

deutender Horizont und eine unerläßliche Perspektive. Dies wird bei Prümmer um so deutlicher auch deshalb, weil er hinsichtlich möglicher Kompetenzasymmetrien und Mißbrauchsmöglichkeiten sensibel bleibt. Mißbrauchsmöglichkeiten des Erziehungs- und Kompetenzvorteils gerade gegenüber «einfachen Menschen» lassen es dringlich erscheinen, nicht allein auf *bestimmte* Umgangsformen und Modulationen zu setzen, deren Entschlüsselung dem Nicht-Kompetenten unmöglich bleibt oder diesen allein strategisch-utilitaristisch übervorteilt.

Wahre «urbanitas» behält jedoch diesen Aspekt von Haltung, Überzeugung und Intention gerade aufrecht. Charakteristisch, aber nicht formal enggeführt, heißt die individual- wie im Kern sozialethische Bestimmung des «*ad pacificum et iucundum convictum societatis humanae et praesertim domesticae*» in diese Richtung. Einmal mehr bezeichnen Konfliktminimierung ebenso wie positiv-angenehme Kommunikationsgestaltung die Bandbreite möglicher Höflichkeitsfunktionen und -leistungen[292] – und dies sowohl in gesellschaftlichen wie familial-privaten Beziehungen und Kontexten.

Auch *Merkelbach* nimmt in seiner Definition der «affabilitas» den thomasischen Faden auf, indem er sie wie die Tradition abhebt von der «ratio perfecta» der Freundschaft als «amor mutuus».[293] Aber gerade die tugendethische Situierung ist in ihrer Pointierung und Differenzierung aufschlußreich. Höflichkeit *ist* Tugend[294], sie ist als Tugend effizient, Annex- und Spezialtugend und «notwendig». Sie markiert freundlichen verbalen und transverbalen Umgang, ist wiederum der Sozialnatur des Menschen geschuldet und justiert sich nach den Umständen und der Rationalität der Beteiligten, wobei durchaus auch eine Höflichkeitsgrenze formal markiert wird («nisi ratio aliter dictet»):

> «*Est* virtus, *nam per eam aliquis* ex debito *vitae socialis in communi convictu se decenter habet ad alios, spectata conditione personarum et aliis circumstantiis, ita ut omnibus eius conversatio sit rationabiliter grata et suavis quando oportet, et nisi ratio aliter dictet.*»[295]

Als «virtus specialis» definiert sich die Höflichkeit oder «minzaamheid», wie Merkelbach einfügt, durch ihr spezielles Objekt und die ihr eigene Begründung über die Notwendigkeit und die Bedürfnisse der Regulation, Modulation und Moderation sozialer und interpersonaler und interaktiver Bezüge.[296] Von hier aus leuchtet die enge Verbindung zur Gerechtigkeit ein.[297] Diese prägnante tugendethische Systematik der Höflichkeit schließt Merkelbach mit einer Bemerkung zum Status der Not-

---

292 Durch jeweilige Unter- oder Überschreitung des richtigen sachlich-situativen wie personalen Maßes kennzeichnen sich sodann die «vitia opposita»: «per excessum: adulatio» und «per defectum: morositas/litigium». Vgl. *PRÜMMER*, Manuale 479f.

293 *MERKELBACH*, Summa Theologiae Moralis II 838.

294 *MERKELBACH*, Summa Theologiae Moralis II 838: «Virtus efficiens conversationem cum proximo gratam in dictis et in factis, ut ad unumquemque homo se habeat secundum quod decet.»

295 *MERKELBACH*, Summa Theologiae Moralis II 839.

296 *MERKELBACH*, Summa Theologiae Moralis II 839: «Est *virtus specialis*, quia habet obiectum speciale seu specialem boni rationem, quae est in eo quod homo convenienter ad alios ordinetur in communi conversatione secundum quod exigit vita socialis.»

297 *MERKELBACH*, Summa Theologiae Moralis II 839: «Est *adnexae iustitiae*, quia cum ea convenit in hoc quod sit alterum, deficit autem a ratione debiti, quod in ea nec est legale nec ex beneficio proveniens recepto, sed solum attendit debitum honestatis, quia naturae socialis sumus; unde *magis* se tenet ex parte illius in quo est affabilitas quam ex parte aliorum quibus exhibetur.»

wendigkeit dieser speziellen Haltung: Ethisch – im Grund wiederum sozialethisch – trägt die Höflichkeit des an sich unumgänglichen Umgangs eine besondere sittliche Note und Qualität in die Konversationen, Kommunikationen und Interaktionen ein. Ohne Fixierung auf bestimmte, präzise und detailliert vorgeschriebene Konventionen, Formen und Normen wird ein Überschuß deutlich, der Höflichkeit und Wahrheit in eine zumindest syntaktische Nähe rückt. Wahrheit ist grundlegend und unverzichtbar für Konvivienz überhaupt, aber für «gute» Konvivienz ist zudem Höflichkeit vonnöten.

> «*Est virtus* necessaria, *nam sine ipsa parum sumus idonei ad vitam socialem: sicut homo nequit vivere in societate sine veritate, ita* non bene *sine affabilitate.*»[298]

Zumindest in dieser Zuspitzung ist, wenn auch der gnadentheologische und anthropologische Optimismus (der postlapsarisch kein blinder ist und sein kann) des Thomas Pate steht, doch bemerkenswert, daß hier beileibe keine juridisch-präskriptiven Engführungen gefahren werden. Es ist immer wieder der Rekurs auf den Menschen als «ens sociale», der – wenn auch im Gesamtduktus am Rand und natürlich hinter dem Gebot der Gottes-, Nächsten- und Selbstliebe die Expressionen und Formierungen eines aufmerksamen und zugleich einübbaren Umgangs mit den anderen – in seinen unterschiedlich dichten, mehr oder weniger intensiven und persönlichen Beziehungen in den Blick rückt. Dies geschieht durchaus ohne einzelne Züge daran zu «moralisieren». Freilich bleibt der explizite theologische oder biblische Bezug sparsam, fällt ganz aus oder muß implizit mitgenommen werden aus vorangehenden Passagen.

Kommen wir zu drei Vertretern der Manualliteratur, die in der deutschsprachigen Tradition stehen. Gerade der letzte und jüngste weist dabei auch über diese – im engen Sinn verstanden – hinaus: F.X. Linsenmann (1835-1898)[299], J. Mausbach (1861-1931)[300] und F. Tillmann (1874-1953)[301].

Linsenmann[302] kommt in einem Paragraphen über die «Pflichten gegen die Ehre des Nebenmenschen» auf die Höflichkeit zu sprechen. Dieser Verpflichtung und diesem Anspruch der Ehre wohnen grundsätzlich zwei Seiten oder Aspekte inne, die vor der Fragilität dieser Sphäre und dem doppelten Pol der subjektiv-personalen wie der objektiv-sozialen Dimension des Ehrbegriffs zu lesen und zu verwirklichen sind: die Facette der Schonung des Bedeutungshofes des anderen wie die Facette der Reverenzerweisung als einerseits defensiv und nicht invasive und andererseits als aktiv-kreative Variante.[303] Linsenmann reflektiert dabei durchaus auf die Implikationen, die aus sozialen und gesellschaftlichen Stellungen, aus Rollenübernahmen und -zuschreibungen, aber auch aus der Kontur der Persönlichkeit erwachsen. Doch damit keineswegs genug. Selbst erhebliche (sittliche) Defizite tangieren einen

---

298 *MERKELBACH*, Summa Theologiae Moralis II 839.

299 Zu Linsenmann vgl. *S. FELDHAUS*, Art. F.X. Linsenmann, in: LThK³ VI 945f. (Lit.).

300 Zu Mausbach vgl. *J. REITER*, Modelle christozentrischer Ethik, Mainz 1979, 149-161, *S. FELDHAUS*, Art. J. Mausbach, in: LThK³ VI 1504f. (Lit.), *ARNTZ*, «Der Widerspenstigen Zähmung» 302-309.

301 Vgl. *BONANDI*, Modelli 89-138, *V. WALZ*, Art. F. Tillmann, in: LThK³ X 39.

302 *F.X. LINSENMANN*, Lehrbuch der Moraltheologie, Freiburg i.Br. 1878, 453-456.

303 Vgl. *LINSENMANN*, Lehrbuch der Moraltheologie 453f., 456. Damit scheinen die Grundbewegungen einer negativen und positiven Höflichkeit auf.

Kern der Ehre (hinsichtlich ihrer Schonung und ihrer handelnd-aktiven Einholung) nicht automatisch und restlos, auch nicht an der Grenze der «Ehrlosigkeit des anderen». Dazu unterstreicht Linsenmann, daß ein Urteil über den anderen, was seinen Ehrenstatus angeht, «nur mit großer Unsicherheit und Gefahr der Täuschung und der freventlichen Anmaßung» gefällt werden kann, erinnert er – bemerkenswerterweise – daran, daß «ferner kein Mensch ... aller Ehre baar ist, sofern wir in Jedem noch die Menschenwürde zu achten haben».[304] Linsenmann faltet gerade die Dimension der Schonung in zwei Richtungen aus, die man einerseits advokatorisch, andererseits aktiv oder kreativ nennen könnte – und auf Handlungen und Unterlassungen im Zuschnitt eines humanökologischen Umgangs (ein Begriff freilich, der für Linsenmann nicht zu Gebote steht) situieren kann. Es berührt natürlich, daß hier im letzten das Menschenwürde-Argument als Fluchtpunkt der Überlegungen eingeführt wird.

Die advokatorische Perspektive verpflichtet zur *Verteidigung* der Ehre des Nächsten und Dritten als ideellem, nicht-materiellem, aber höchst empfindlichem Gut vor ungerechtfertigten Angriffen dritter. Über aktive Perspektive einschlägiger Handlungen stellt Linsenmann den unmittelbaren Bezug zur Höflichkeit her. Wir geben diese Passage ungekürzt wieder. Sie verdient es auch deshalb, weil in ihr sichtbar wird, was die Manualtradition an Differenzierung und Einsichten anzubieten in der Lage ist (auch wenn dies noch einmal gegengelesen werden kann und muß vor dem zeitlichen Kontext):

> *«Die Pflicht, dem Nebenmenschen Ehre in einem positiven Ausdruck, Wort oder Symbol, zu erwiesen, kann nur von Fall zu Fall in Frage kommen. Im individuellen Verkehr handelt es sich um die Pflicht der* Höflichkeit; *in besondern gesellschaftlichen Pflichtverhältnissen um die durch Sitte, Herkommen oder Gesetz vorgeschriebene* Ehrerbietung *oder* Bezeugung der Reverenz. *Die Formen der Höflichkeit sind nicht zum voraus festzustellen, sind aber durchschnittlich durch eine Art von stillschweigender Vereinbarung entstanden und durch die Sitte festgehalten; ein gemeinsamer Zug, der durch die Höflichkeitsformen aller Völker und Zeiten hindurchgeht, ist der durch eine gewisse freiwillige Unterordnung, die in Wort oder Zeichen ausgedrückt wird; man anerkennt damit einestheils die Würde oder den Rang dessen, dem man sich unterordnet, anderntheils bietet man sich zu Diensten an und wünscht ihm Gutes, was die Bedeutung eines Segens hat. Die Höflichkeit, Urbanität, als freiwillige Ehrerweisung dürfen wir unbedingt eine sittliche Tugend nennen; sie ist Selbstbeherrschung und Selbstüberwindung, sofern der Mensch sich freiwillig einem Gebot des gesellschaftlichen Verkehrs unterwirft und sein Benehmen nach den Forderungen der Sitte regelt; und sie dient dazu, den Umgang der Menschen miteinander in geordnete Grenzen und Formen zu bringen; sie befördert den Frieden und wird unter Umständen geradezu ein Act der Liebe.»*[305]

Bemerkenswert sind einige Züge und Bezüge, die Linsenmann hier aufgreift und herstellt. Die Verpflichtung auf den aktiven Schutz und die Beförderung des Gutes der «Ehre» des anderen erschöpft sich keineswegs in Verbalität, steht aber in den unterschiedlichen Medien und Modalitäten je von Fall zu Fall neu in Frage, was zugleich Limitierung als auch je neue Aktualisierung der ethischen Valenz des Sach-

[304] *LINSENMANN*, Lehrbuch der Moraltheologie 453. Hier liegt im Kern eine gewichtige Unterscheidung vor, die zwischen Person und Persönlichkeit zu unterscheiden versteht, zwischen Mitgift- und Leistungstheorie der Würde des einzelnen.

[305] *LINSENMANN*, Lehrbuch der Moraltheologie 455.

verhaltes und des Kontextes einschließt. Die Unterscheidung von eher privaten Face-to-face-Relationen und gesellschaftlich determinierten Handlungsrahmen ist auffällig, aber durchaus geläufig, ebenso wie die traditionelle Einordnung in einen tugend- oder haltungsethischen Hinter- oder Untergrund, der dem Verpflichtungscharakter keineswegs widerspricht, auch wenn die Argumentation – wie oft der Knappheit der Ausführungen geschuldet – dann eher formal und kategorial bleibt.

Deutlicher in das Gesichtsfeld rückt Linsenmann, daß die Formalität und Expressivität der Höflichkeit nicht eigentlich nur prädeterminiert ist. Hinter Konsens und Konvention liegt ein quasi transkultureller und allgegenwärtiger Regulationsbedarf, der sich über Zeit- und Kulturgrenzen hinweg in durchaus unterschiedlichen Formen in den einschlägig relevanten Handlungsfeldern manifestiert und realisiert. Als Kern schält dieser komparatistische Ansatz eine freiwillige, freigebige Selbstsubordination heraus: die Gewährung des lokalen und temporären «Vortritts des anderen» anerkennt dessen Position, Person und Würde, bietet Entlastung und zielt auf die Kooperation der Güte des Guten, wahrt, formiert und reguliert Grenzen und Interaktionsräume.[306] Die Pazifizierungsdimension und der Zusammenhang mit dem ethischen Prinzip der Liebe sind auch für den Kontext des Höflichkeitsdiskurses einschlägig, überraschender schon sind zwei weitere Perspektiven. Zum einen die sehr dezent mit dem Begriff des Segens angedeutete theologisch-biblische Dimension[307] und, zum anderen, die Aufmerksamkeit für eine sich verändernde Rolle der Frau in diesem Kontext.[308]

Bleiben einige Bewertungen (im Blick auf Alter oder Geschlecht der Protagonisten) knapp oder traditionell (und vielleicht schon wieder aktuell gegen die Amnesien eines Gegenwartismus), geben historisch konsistente (und damit kritikable) Ordnungen den Hintergrund dieser Ausführungen, so ist dennoch zu unterstreichen, daß der einsichtsvolle Befund offen bleibt für Umgangsweisen, die neben forcierten und erwarteten Formen unterstreichen, daß «die innere Achtung vor dem Nebenmenschen und noch mehr die Liebe erfindet neue Formen der Huldigung, die eben darum ihren Zweck voll erreicht, daß sie eine freie und ungezwungene ist».[309] Innere Achtung als Disposition und freie Kreativität über den Sockel der Konventionen hinaus bilden also den ethisch bleibend relevanten Kern der Höflichkeit auch hier.

---

306 Selbstredend verweist Linsenmann auch auf einschlägige Fehlformen, also den Mißbrauch der Höflichkeit (im falschen Schein) einerseits und die «vitia opposita» (Rohheit oder «Affectation der ungeschminkten Natur»). Er insistiert aber darauf, daß der Mißbrauch den sittlichen Wert der Höflichkeit als Tugend keineswegs aufhebt. Vgl. *LINSENMANN*, Lehrbuch der Moraltheologie 454ff.

307 *LINSENMANN*, Lehrbuch 456, schließt auch den Gruß – Ausdruck der «Aufmerksamkeit bei gewöhnlicher Begegnung» – mit dem Segen als einer Bene-dictio und Gutheißung kurz.

308 Vgl. *LINSENMANN*, Lehrbuch 456: «In älterer Vorstellung gebührte dem Manne Ehre vor der Frau; erst als die Frau nach Bildung und innerer persönlicher Würde höher gehoben wurde, änderte sich auch die Anschauung über die ihr gebührende Ehrerbietung und Galanterie.» Hier ist nicht zu diskutieren, ob und inwiefern eine derartige Bemerkung den kritischen Fragen einer heutigen Gender-Theorie standhalten kann. Eine gesteigerte Achtung eines veränderten Bildes der Frau (hier sicher auch als Fremdbild) im Vergleich zu noch viel stärker männlich dominierten Gesellschaften bleibt zu registrieren. Erinnert man die Überzeugungen von Le Goff, Paravicini oder Oexle in ihren Bestimmungen der historischen Leistung der «curialitas», so ist dies eine Wiederaufnahme, die Gewicht hat. Wenngleich ein strikter Emanzipationsbegriff hier anachronistisch bleibt, läßt sich in der Wahrnehmung des anderen Geschlechts an einen sittlichen Fortschritt denken.

309 *LINSENMANN*, Lehrbuch 456.

Bei *Mausbach*[310] fungiert Höflichkeit – erheblich knapper – und im Verbund mit (christlicher) Klugheit und Nächstenliebe als Moderation bei der «Äußerung persönlicher Überzeugung» auf der einen Seite. Auf der anderen Seite – überraschend lange vor linguistischen Spezialuntersuchnungen und Forschungsansätzen, rubriziert unter Formen uneigentlichen Sprechens – wird die Lügenproblematik für Höflichkeits*formeln* entschärft. Sie lassen ihren Sinn jenseits des Wortlauts erkennen, sind als Konvention durchschaubar, sind damit nicht unter dem strengen Wahrheitsmaß zu messen.

Über diese reduzierte und defensive Fassung hinaus und mit deutlicher christologischer und biblischer Sensibilität ausgestattet, nähert sich *F. Tillmann*[311] unter dem Vorzeichen der dynamischen, biographischen und heilsgeschichtlich verankerten Realisation der Nachfolge Christi der Höflichkeit und weitet damit den Blick.

Im Rahmen seiner breitgefächerten Darstellung der Nächstenliebe[312] situiert Tillmann Fragen der Freundlichkeit, des Taktes und der Höflichkeit in den Kontext der Grundlegungen zu «Sinn und Sein christlicher Nächstenliebe». Diese Perspektiven sind damit also nicht als Anhang oder schlichter Zusatz zu verstehen, sondern stellen einen fundamentalen und integralen Komplex in diesem für christliche Ethik so zentralen Zusammenhang dar. Daß Überlegungen zur Höflichkeit vor die Sachbereiche und Themenkreise von Verantwortung, Gerechtigkeit und Recht, vor spezielle Ausführungen zu Ehe und Familie, Staat und Kirche treten, ist als erster Befund schon signifikant und überraschend. Selbstredend muß nicht betont werden, daß die Dimensionen christlicher Selbst-, Nächsten- und Feindesliebe sich nicht in der Höflichkeits- oder – biblisch transformiert – «Menschenfreundlichkeitsthematik» erschöpfen, doch Konkretheit und «Alltäglichkeit», Praxis wie Praktikabilität der «cortesia» in den mannigfaltigen Relationen und Interaktionen fortwährend präsenter Handlungsfelder erscheinen schon mit dieser Positionierung deutlicher aufgegriffen und begriffen.

Tillmann verbindet die Höflichkeit und die Barmherzigkeit als spezifische Früchte und Wirkungen der christlichen Nächstenliebe.[313] Dabei greift er wie andere Autoren den thomasischen Begriff der «affabilitas» auf, den er mit Liebenswürdigkeit, Freundlichkeit oder Leutseligkeit wiedergibt. Deutlicher jedoch als andere Autoren hebt Tillmann darauf ab, daß hier auch ein essentielles Wechselverhältnis besteht. Nächstenliebe generiert nicht nur eine spezifische Annextugend zu Liebe und Gerechtigkeit, sondern sie ist ohne diese auch nicht eigentlich denkbar oder gar um ihre Wirkung gebracht.[314]

---

310 Vgl. *J. MAUSBACH/G. ERMECKE*, Katholische Moraltheologie III, Münster ¹⁰1961, 590, 598.

311 *F. TILLMANN*, Handbuch der katholischen Sittenlehre IV.2. Die Verwirklichung der Nachfolge Christi. Die Pflichten gegen sich selbst und gegen den Nächsten, Düsseldorf ⁴1950, 241-244. Fritz Tillmann († 1953) suchte dezidiert, nun Moraltheologie unter das Grundprinzip der «Nachfolge Christi» zu stellen. Andere Autoren folgten dieser Spur, so z. B. J. Stelzenberger, T. Steinbüchel, T. Müncker oder W. Schöllgen. Sie sorgten deutlicher für den Anschluß an exegetische, philosophische, psychologische wie soziologische Forschungsstände ihrer Zeit.

312 Vgl. Struktur und Disposition bei *TILLMANN*, Handbuch 232-393.

313 Vgl. *TILLMANN*, Handbuch 241.

314 Vgl. *TILLMANN*, Handbuch 242. Hier ist an eine grundlegend gesinnungsethische Problematik zu erinnern. Ihre Verwiesenheit auf Expression, externe Darstellung und Realisation ist schon in jeder Handlungsminiatur komplementär und damit konstitutiv.

Bezeichnenderweise nimmt Tillmann für die Kontur von Wesen und Funktion der «christlichen Freundlichkeit» Ausgang bei einem Taktbegriff, der zunächst gesellschaftlich oder sozial und damit säkular gefaßt ist. Takt meint demzufolge ein «Feingefühl dafür, was man in der jeweiligen Lage gegenüber dieser bestimmten Person sagen und tun und was man nicht sagen und nicht tun darf, ohne sie abzustoßen oder zu verletzen»[315]. Mit dieser situativen und personbezogenen Empathie verbinden sich Selbstkontrolle, -beherrschung und -reflexion, die die je eigenen Worte und Äußerungshandlungen angemessen, einsichtig und vernünftig gestalten helfen. Diese soziale Verhaltensweise des Taktes steht der Höflichkeit *nahe*. Der Differenzpunkt liegt für Tillmann in der «Hochachtung» für den anderen, die in der Höflichkeit deutlicher mitschwingt. Dies ist äquidistant zu unwahrer Schmeichelei und übertriebener Herablassung.

Markanter jedoch scheint der «voluntative» und motivationale Anteil: Christliche Höflichkeit und Liebenswürdigkeit, die naturale Veranlagungen und Begabungen übersteigen, stammen aus «wirklicher Güte und Menschenfreundlichkeit», also letztlich aus dem Willen und Haltungsentwurf, jedem gegenüber gütig und wohlwollend zu sein.[316] Tillmann formuliert unter dieser Hinsicht mit Blick auf den Telos christlich motivierten und geformten Handelns überhaupt:

> *«Innerhalb der christlichen Nächstenliebe wird dieser Takt im Umgang mit anderen bewußt gepflegte Tugend, die nun nicht mehr gesellschaftliche Höflichkeit ist, sondern Ausfluß übernatürlicher Hochschätzung und Liebe des Nächsten im Hinblick auf sein Seelenheil.»*[317]

Mit dieser Perspektivierung einer «bewußt gepflegten» Umgangstugend wird deutlich, daß im Kern keine Handlungsweise unter Absehung einer letztlich theologisch-ethischen Perspektive betrachtet werden muß. Der Überschuß und die Weite, die diese Überlegungen einspeisen, sind dann allerdings auch mit dem Vorbehalt zu lesen, daß diese Kohärenzen und Korrespondenzen nicht einseitig und vorschnell überfrachtet werden. Nimmt man aber gerade die stärker «personalistisch-dynamische» und biblisch-christologische Charakteristik der Kontexte wahr, die einer kasuistisch-juridischen Engführung des Ethischen entgegenstehen, so wird deutlich, daß Tillmann in diesen und vergleichbaren Passagen der Aufmerksamkeit für die Aufmerksamkeit das Wort redet und keineswegs formalistisch verkürzt. Dies bestätigt und unterstreicht auch ein weiterer Aspekt, den Tillmann ins Spiel bringt, der

---

[315] *TILLMANN*, Handbuch 242.

[316] Vgl. *TILLMANN*, Handbuch 242, in der Tradition der Charakterbilder: «Das Gegenbild des Liebenswürdigen ist der mürrische, ungefällige, mit sich selbst und aller Welt unzufriedene Mensch, der ein Spielball seiner Launen und Stimmungen wird, sich von ihnen treiben läßt und überall an- und abstößt.» Doch dies memoriert nicht nur Typik, sondern auch Thematik: Selbstkontrolle, -bewußtsein und -distanz im Maß der anspruchsvollen Mitte klingen hier an.

[317] *TILLMANN*, Handbuch 242. Der Schwenk auf das «Seelenheil» der anderen wird mit einem Verweis auf 1Kor 10,32f. unterfüttert. Der Duktus ist gut paulinisch im Sprung von «Kleinigkeiten» auf das Ganze: Christen, die Anstoß erregen, verärgern, verletzen nicht nur sich selbst, sondern gefährden auch die Chance, daß die soteriologische Verheißung in Christus andere erreicht. So heikel dieser Ansatz auf einer soteriologisch-dogmatischen Linie auch bleibt (als Exklusivismus), so deutlich rückt er doch ethisch den Zusammenhang von minimalem Anlaß und Wirkungen in den Blick, auch wenn man deutlich eine Zwischenebene realisieren und artikulieren müßte: den Anstoß, die Verletzung, die dem anderen «an sich» etwas zufügt.

ansonsten aber in diesem Kontext nicht zwangsläufig aufscheint. Er markiert Differenz und Kohärenz:

> *«Oft sind Güte und Menschenfreundlichkeit natürliche Veranlagung und durch Erziehung und Bildung gepflegt, während sie bei Menschen, denen sie von Haus aus fehlen, erhebliche Ansprüche an Überwindung und Selbstzucht stellen.»*[318]

Natürliche und übernatürliche Menschenfreundlichkeit, Güte und Höflichkeit lassen sich voneinander abheben, aber das – klassisch formuliert – Zusammenspiel von Natur und Gnade spiegelt sich auch in dieser Relation wieder. Die theologische Doppelbelichtung weitet die Perspektive essentiell und übersteigt die Deskription von Motivation, Kondition und Kontext, wobei aber die natural-anthropologische Komponente von Handlungsermöglichungen und -dispositionen nicht aus dem Blickfeld geraten muß. Vielmehr, wird sie ernst genommen, werden die unterschiedlichen Begabungen mit unterschiedlichen Verantwortungsgraden sichtbar, darin zudem auch unterschiedliche personale und kontextuell-situative Erschwernisse. Mag der Terminus «Selbstzucht» auch tendenziell befremdlich oder negativ besetzt klingen, er ist ohne die Komponente von Übung (und Geschenkhaftigkeit), von Selbstevaluierung und -reflexion in Rückblick und Voraussicht, in Respekt und «Prospekt» weder zu denken noch zu realisieren. Auch wenn Heteronomien immer im Spiel sein werden, sie allein erklären kein sittliches Phänomen hinreichend. Schliff, Drill oder Dressur – gerade im kritischen Höflichkeitsdiskurs so häufig argumentative Munition – sind hier die durchaus möglichen, aber nicht legitimierten Zerrformen eines grundlegenderen Kooperationsverhältnisses: mit anderen und mit der Gnade, der es letztlich zu danken ist, daß die sittlichen Einsichtsstände in die Folgen und Wirkungen der Handlungen Akteur und Rezipient, *Agens* und *Patiens* treffen.

In christologisch-biblischer Zuspitzung erreichen die Ausführungen dann Ziel und Transparenz:

> *«Die Liebenswürdigkeit ist der goldene Schlüssel zu den Herzen und Seelen, weil sie, wo sie echt ist, nicht aus gesellschaftlichem Schliff, sondern aus echter Herzensbildung fließt. Auch hier ist es ja das Vorbild des Herrn selbst, der trotz des Ernstes, mit dem er jeder Heuchelei, Unwahrhaftigkeit und Schlechtigkeit begegnete, voller Güte und Liebe zu den Sündern, ja gegen seine Feinde war. (...) Es bezieht sich sicher nicht bloß auf die Menschwerdung des Herrn, wenn der Apostel von seiner irdischen Erscheinung sagt, sie sei Güte und Menschenfreundlichkeit.»*[319]

Mit eben diesen Bestimmungen, die ein spezifizierbares, als nicht abgeschlossenes Koordinatensystem für eine haltungs-, leitbildethische Verortung der Höflichkeit in theologisch-biblischer und christologisch-jesuanischer Hinsicht anbieten, trägt Tillmann eine besonders akzentuierte Note in die Diskussion ein, die zuvor diesen Bogen nicht derart explizit schlägt. Rechnet man die Bestimmung der Inkarnation als «aufrichtiger Herablassung» an dieser Stelle hinzu, dann ergibt sich ein gnadentheologisches Moment, daß «Vorlauf» und Fundament der «irdischen Erscheinungsweise» in den Blick rückt. Natürlich stellen sich hier Fragen der her-

---

318 *TILLMANN*, Handbuch 242.

319 *TILLMANN*, Handbuch 242f., mit Hinweis auf Tit 3,4.

meneutischen Vermittlung biblischer Aussagen an den theologisch-ethischen Diskurs. Daß Tillman mit Tit 3,4 und der «Philanthropia»[320] einen Terminus biblischer Provenienz anführt, der einen «Vorläuferbegriff» für die «curialitas» aus der Profangraezität aufnimmt und in theologischen Kontext vermittelt, gibt zu denken. Dies gilt auch für die Koppelung von Liebenswürdigkeit, Güte und eben jener Liebenswürdigkeit im Umgang mit anderen, die mit Brüchen, Grenze und Ernst rechnet.

Als «Schlüssel» ist diese Initiale nicht nur ein hermeneutischer, sondern auch ein interaktioneller und kommunikativer Kernbegriff. Dieser erschöpft sich nicht allein in zweck- oder kommunikationsrationaler Geübt- oder Geschliffenheit, sondern zielt auf ein Moment der Transparenz und der Transzendierung der Form und der Expressivität. Der Begriff der Herzensbildung speist ihn ein. Es geht dabei zuletzt nicht um gesellschaftlichem Schliff oder Dressur, wiewohl Übung, Erfahrung und Erprobung haltungsethisch von Relevanz bleiben, sondern um eben jenen kritischen Durchblick und Überschuß, der haltungs- und gesinnungsethisch angezeigt bleibt, ohne dabei das kritische Korrelat von Haltung und Gesinnung, von An- und Vorschein, von Interiorität und Expressivität damit zu entwerten. Die biblische Note und die jesuanische Reminiszenz an die Handlungs- und Lebensraumermächtigung und -ermöglichung, wie sie in eine Vielzahl der evangeliarer Begegnungserzählungen aufscheinen, sind hier aktiviert. Dies signalisiert – im Blick auf den theologiegeschichtlichen Kontext Tillmanns beispielhaft – eine erhöhte Aufmerksamkeit (sachlich keineswegs nur an dieser Stelle!) für die eigene Traditionsstrecke der biblisch-ethischen Inspiration.

13.4.2. Schätzungen und Einschätzungen

Diese Etappe unseres Rückblicks hat ausgewählte Autoren – so ausführlich wie nötig im Original, dies selbst auch ein Gebot der Höflichkeit, der Ref/verenz – zu Wort kommen lassen und dabei nochmals eine erhebliche Zeitstrecke eingespielt. Die Kompendien dokumentieren im Blick auf die Höflichkeitsthematik *Anschlußfähigkeit* und *Integrationsoffenheit*, Diskussions- und Analysestände, die z.B. Linguistik und Soziologie – zeitlich nach ihnen und mit verfeinertem Analyseinstrumentarium – differenzierter und ausführlicher darstellen, als dies die Manuale in ihrer Disposition als Gesamtschau ethischer Fragestellungen leisten können.

Mehrere Elemente jedoch fallen in der Rückschau auf die teils sehr knappen und marginal positionierten Traktate ins Gewicht, die Einordnungen der Höflichkeit präfigurieren oder ihren Anschlüsse und Differenzierungen für einen aktuellen ethischen Diskurs ermöglichen.

Zunächst gilt es auf die durchgängige Einordnung in den tugend- oder haltungsethischen Komplex zu verweisen. Hier schließen sich dann durchaus unterschiedliche Akzentuierungen und Verknüpfungen. Sie nehmen Ausgang von anthropolo-

---

[320] Vgl. unten 14.3.2. Zu den biblischen Befunden vgl. *U. LUCK*, Art. φιλανθρωπία, in: ThWNT IX 107-111 (Lit.), *E. PLÜMACHER*, Art. φιλανθρωπία, in: EWNT III 1015f., *C. SPICQ*, Art. φιλανθρωπία, in: Lexique théologique du Nouveau Testament. Réédition en un volume des notes de lexicographie néotestamentaire Freiburg i.Ue. 1991, 1582-1587, *ders.*, La Philanthropie hellénistique, vertu divine et royal, in: StTh 12 (1958) 169-191, *L. OBERLINNER*, Der Titusbrief (HThKNT XI/2.3), Freiburg/Br. 1996, 168f.

gischen Grundlegungen des Menschen als Sozialwesen und können von hier aus Höflichkeit als notwendige oder speziale Tugend situieren, je nach Ausgang von der Verfaßtheit des Menschen selbst oder – spezialisiert – von der handlungstheoretischen Abdeckung eines besonderen Handlungsfeldes.

Mit diesen Ausfaltungen wird eine doppelte Situierung möglich: Einerseits innerhalb der Gesamtdarstellung des Ethischen selbst. Die Platzierung an den Rändern, die bei allen doch knappe Verhandlung der Thematik lassen eine gewisse Marginalität des Topos erkennen, auch wenn diese Verknüpfungen mit zentralen ethischen Problemstellungen wie der Frage der Nächstenliebe, der Gerechtigkeit und – immer im kritischen Korrelat – der Wahrhaftigkeit unterstreichen, daß der fragmentarische oder miniaturisierte Höflichkeitsbereich sich aus sich heraus öffnen und vertiefen läßt. Differenzierung und Hierarchisierung ethischer Wahrheiten, von Norm- oder Haltungsebenen bedeutet ja nicht automatisch eine Abwertung, sondern sucht Dringlichkeitsstufen ethischer Evidenz oder Unverzichtbarkeit, eröffnet aber auch die Chancen, zwischen einem induktiven und einem deduktiven Weg einer hermeneutischen Plausibilisierung von Prinzipien einerseits und andererseits ethisch relevanten Phänomenen auszugehen. Der Weg der Manuale ist historisch zunächst sicher von der Methode der Prinzipiendeduktion gekennzeichnet, doch schon in unserem schmalen Ausschnitt deuten sich erste Verschiebungen an.

Andererseits gibt es diese Differenzierungen im Bereich der ethischen Höflichkeits- und Tugendphänomene in den Manualen selbst. Der Rekurs auf die anthropologischen Grundphänomene macht einen Reflex auf Sozialität und Kommunikativität möglich. Darüber hinaus finden sich Spuren einer Differenzierung im Blick auf die Situativität und Kontexte, in denen die Varianten des freundlich-angenehmen Umgangs ebenso angetippt werden wie die Pazifizierungspotenz des höflichen Umgangs miteinander.

Auch das Wissen darum, daß sich Höflichkeit, Freundlichkeit, «affabilitas» nicht in Verbalität erschöpft, sondern umfassenderes Symbol- und Interaktionsmaterial einbeziehen müßten, läßt sich in Andeutungen erkennen.

Nicht zu unterschätzen ist auch die Tatsache, daß in den vorgestellten Passagen – sicher *auch* wegen ihrer Knappheit – kein Katalog exakter Ausführungsbestimmungen, Listen von Normen, Formalismen, Regularien oder Konventionen aufgestellt wird. Darüber hinaus werden die Erfordernisse des sozialen Umgangs und seiner Gestaltung in einer Fülle von Varianten und Akzenten aufgenommen. In der Summe, nicht immer in der Einzeldarstellung der zitierten Autoren (andere kommen ja ohne expliziten Höflichkeitsvermerk aus), dann überraschend vielfältig und keineswegs festgelegt oder enggeführt auf einen je spezifisch, je zu den Autoren zeitnahen expliziten und aufgeführten Katalog von Einzelkonventionen oder -formen. Im Vordergrund stehen – an der Stelle – eher Beschreibungen von ethischer Intention und Funktion höflicher Umgangsweisen (die theologischen, ekklesiologischen, sozial- und individualethischen Grundlegungen der einzelnen Manuale sind natürlich vorab in den Textstrecken dargelegt – und hier aus begreiflichen Gründen nicht Gegenstand der Diskussion).

Moderationen und Modulationen der Thematik lassen keine allein gesinnungsethische Auflösung zu. Bei aller Pointierung der (inneren) Haltung bleibt der performative Impetus in der Verschränkung von Handlung und Haltung in den anthropologischen Grenzen der «conditio humana» unverzichtbar. Selbstkontrolle als Selbstreflexion und Langsicht markieren gerade hier Handlungs- und Haltungsrelevanz.

Schließlich begegnet die ethische Kerndimension der Würde der Person, die sich in aktuierter Achtung und Respekt als Grunddatum und Grunddebitum verdichtet, die erhalten bleibt und zu sichern ist unabhängig vom moralischen, sozialen etc. Status der jeweiligen Person. An diesem Kern erreicht eine Mindest- oder Fundamentalhöflichkeit auch einen handlungstheoretischen Legitimationsgrad, der keineswegs aus der Betrachtung verdrängt werden darf. Blitzt diese Differenzierung von Person und Persönlichkeit auch nur sehr knapp auf, so sollte sie gerade deshalb vermerkt. Die vorlaufende, unableitbare Würde jedes Menschen ist und bleibt auch – was später noch deutlicher herauszustellen sein wird – der Kern eines Ethos der Cortesia, der die Markierungen von Person und Persönlichkeit, von Gleichberechtigung und Differenz integriert und sich auf deren expressive wie interaktionelle Bedeutung bezieht.[321]

Schließlich bleiben – neben der generellen Knappheit der Äußerungen – Problemanzeigen zu sichten: Von dieser Problematik her leuchtet der Verweis auf Fehl- oder Mißbrauchsformen in den gängigen Tugend-Laster-Schemata ein. Er ist wenig überraschend nicht nur für das Genus der Manuale, sondern auch – gerade was Wahrheit oder Verlogenheit angeht – durchaus selbst traditionell oder konventionell für den Höflichkeitsdiskurs. Dennoch sind auch hier unterschiedliche Nähen oder «Fernen» in dieser Hinsicht zu verzeichnen. Ob dies schon als ein starkes Indiz dafür zu werten ist, die Höflichkeitsthematik eben nicht über Gebühr oder vorrangig von *einer bestimmten* Mißbrauchsthematik – und damit auch von einer Schuldfrage – anzugehen, darf sich als Frage stellen.

Von der Darstellungsweise her ist für diese Texte darauf zu verweisen, daß ihr Angang zunächst nur sehr spärlich theologische und biblische Momente aufgreift. Sie sind durchaus zu sichten, kommen aber erst spät zum Zug. Darin spiegelt sich durchaus «in nuce» ein moraltheologiegeschichtlicher Prozeß.

Aber gerade in diesen genuin theologisch-biblischen Spitzen, die mit den semantisch offenen und «flexiblen» Begriffen wie der Güte und der Menschenfreundlichkeit als Haltung und Handlungsformierung gekoppelt sind und zudem in den handlungsraumstiftenden und Achtung generierenden wie symbolisierenden jesuanischen Begegnungsgeschichten sich verdichten (freilich ohne dabei eine vollständige Interpretationen dieser Szene abzuliefern), liegt einerseits die Umschreibung biblisch-ethisch fundierter Gratuität und ihrer Zieldimensionen wie Nächsten-, Fremden- oder gar Feindesliebe, andererseits sind diese Rücklagen nicht ausreichend ausgeschöpft – gerade in ihrer advokatorisch-kritischen und prospektiven Optik und Option für die regelmäßig, strukturell oder aktuell Gekränkten, Despektierten und Exkludierten.

Die einschlägigen Befunde, Überlegungen und Markierungen dieser Traditionsstrecke sind knapp. Aber – so die überraschende Bilanz in aller Vorsicht – sie bieten Anschluß- und Integrationsmöglichkeiten über bloße Assonanz und Stichwortanhänge hinaus. Ergänzungsmöglichkeit *und* -notwendigkeit dieser Einsichten sind keineswegs unerheblich. Mögen manche Befunde eher im Sinn des Stichwortan-

---

[321] Der Vermerk von *VERMEERSCH*, Theologiae Moralis II 526: «Stricte dictam obligationem non parit», hinsichtlich des Verpflichtungscharakters der Höflichkeit wird auf dieser grundlegenden Ebene fragwürdig und entlastend zugleich.

schlusses Fortschreibungen nahelegen, in Kern hält sich ein grundlegendes Moment der «Aufmerksamkeit für die Aufmerksamkeit» durch.

Der nächste Schritt, als Fortschreibung sowohl zeitlich als auch thematisch und formal naheliegend, führt zu einem evangelischen «Manuale» von Bedeutung und Wirkung und – in signifikantem Kontrast, in Korrespondenz und komplementär lesbar – zu einer hermeneutisch-theologischen Annäherung, die sich nicht einfachhin in diese Gattung verrechnen läßt.

13.5. H. THIELICKE UND R. GUARDINI: ZWEI «JÜNGERE» KONZEPTIONEN EINER ETHIK DER HÖFLICHKEIT

Die theologisch-ethische Reflexion auf das Phänomen der Höflichkeit ist in den letzten Jahrzehnten kaum ein Tummelplatz vieler Autoren und Bemühungen gewesen. Es gab knappe und zuverlässige lexikalische Stichwörter und Verweise (B. Häring[322], I. Weilner[323], K. Hörmann[324], A. Riedl[325] sind für den deutschen Sprachraum zu nennen) und, soweit zu sehen, einen kleinen Essay von A. Foitzik[326] (dieser allerdings immerhin als Leitartikel plaziert). In die jüngsten Handbücher der Moraltheologie findet das Thema Höflichkeit keinen Eingang.[327]

322 *B. HÄRING*, Das Gesetz Christi III, Freiburg i.Br. ^{8}1961 (^{1}1951), 45, verweist – zumindest im Kern in interkultureller Perspektive und als Kritik westlicher Ethiktradition – auf die vier konfuzianischen Grundtugenden des Wohlwollens, der Gerechtigkeit, der Höflichkeit und der Klugheit (in dieser Reihung) und rückt dies in die Nähe einer vor Ort nicht näher bestimmten «biblischen Gesinnungsethik». Im traditionellen Kontext der Thematik des «geschuldeten Ehrerweises» umfaßt für *HÄRING*, ebd. 581 (vgl. 589ff.) Höflichkeit in ihren Modulationen – weniger traditionell – Anwesende *und* Abwesende. Der Verweis auf die konfuzianischen Tugenden wird wiederaufgenommen in: *B. HÄRING*, Frei in Christus III, Freiburg i.Br. 1981, 265.

323 *I. WEILNER*, Art. Höflichkeit, in: $LThK^2$ V 425.

324 *K. HÖRMANN*, Art. Höflichkeit, in: $LChM^2$ 814-816. Im Nachfolgewerk, dem 1990 erschienenen NLChM, fehlt bezeichnenderweise (?) das einschlägige Lemma.

325 *A. RIEDL*, Art. Höflichkeit, in: $LThK^3$ V 208.

326 *A. FOITZIK*, Kleine Tugend Höflichkeit, in: HerKorr 48 (1994) 109-111.

327 Vgl. die erstaunlich zahlreichen Handbücher gerade des letzten Dezenniums: Weder die höchst unterschiedlich angelegten und teils auslegenden Manuale von *A. GÜNTHÖR*, Anruf und Antwort, 3 Bde., Schönstatt 1993f., *J. RÖMELT*, Handbuch der Moraltheologie, 3 Bde., Regensburg 1996-1999, *K.-H. PESCHKE*, Christliche Ethik. Spezielle Moraltheologie, Trier 1995, *J. PIEGSA*, Der Mensch – das moralische Lebewesen, 3 Bde., St. Ottilien 1996-1998, noch *H. WEBER*, Spezielle Moraltheologie, Graz-Wien-Köln 1999, (dort allerdings 39, 50 im Kontext der Wahrheitsthematik zwei knappe Nennungen zur Verlogenheit bzw. Entschlüsselbarkeit von Höflichkeitsfloskeln, ähnlich *H. ROTTER*, Grundgebot Liebe. Mitmenschliche Begegnung als Grundansatz der Moral, Innsbruck 1983, 25, haben das Stichwort überhaupt registriert, was nicht bedeutet, daß die nahen Themenbereiche ausfallen. Weder «kleinnorm-», noch «kleintugendtheoretisch» erscheint das Thema als ausreichend ergiebig. Dies gilt auch für *K. DEMMER*, Fundamentale Theologie des Ethischen (SThE 82), Freiburg i.Ue./Freiburg i.Br. 1999, *ders.*, Angewandte Theologie des Ethischen (SThE 100), Freiburg i.Ue./Freiburg i.Br. 2003. Beide Bände lassen sich «zusammenlesen». Außerhalb des deutschen Sprachraums bleibt der Rekurs ebenfalls knapp. Vgl. z.B. *M. VIDAL*, Moral des actitudes II, Madrid ^{4}1979, 507-547, kommt erst ganz zum Schluß und nur per Stichwort zum Thema. Aus dem traditionsreichen Sprachraum der «cortesia» und der «bella figura» ist z.B. bei *E. CHIAVACCI*, Teologia morale, III/2: Morale della vita economica, politica, di comunicazione, Assisi 1990, ebenfalls Fehlanzeige zu vermelden. – Dies Feld ist also grundsätzlich, so der Eindruck, der außertheologischen Ratgeberliteratur überlassen worden. Dies wird man auch deuten müssen als den segmentären Verlust eines Alltags- und Kommunikationsbezugs im Zusammenhang mit einem sehr berechtigten, weil massiven Andrängen und Anliegen, daß ethisch relevante Grundanliegen anmelden. Aber

Da letztgenannter Beitrag sich vornehm und vornehmlich auf R. Guardini stützen muß, kann man mit Fug und Recht sagen, daß die hier als «jüngste Versuche» zum Thema vorzustellenden Arbeiten schon so jung nicht mehr sind. Neben Guardini, dem sogleich das Hauptaugenmerk gelten wird, ist noch auf einige einschlägige Überlegungen in der Ethik des evangelischen Theologen H. Thielicke einzugehen.

13.5.1. Höflichkeit zwischen Konvention und Lüge: H. Thielicke

In seiner 1955 erstmals erschienenen mehrbändigen «Theologischen Ethik» widmet der evangelische Theologe H. Thielicke dem Thema «Höflichkeit» eine schmale, aber signifikante Passage[328], die er in das Kapitel «Das Modell des ethischen Verhältnisses zur Welt: die Konfliktsituation» einordnet und dort wiederum Höflichkeit einreiht unter die Formen konventionalisierter Notlügen. Schon diese Situierung signalisiert Doppeltes: die Höflichkeitsthematik steht, erstens, vorrangig im Zusammenhang mit der Wahrheitsproblematik und in Konsequenz daraus, zweites, im Schlagschatten der Bewältigung konfliktiver Interaktionen von Sündern.

Zwei weitere Beobachtungen fallen auf. Zum einen verzichtet Thielicke in diesem Abschnitt völlig auf biblische oder theologische Referenzen, argumentiert nur gegen Ende ganz knapp theologisch, zum anderen schimmert – dies hat sicher *auch* historische Gründe: zur Abfassungszeit des Werkes sind die Jahre des Naziterrors erst knapp vorüber, deren Folgen ethisch lange nicht bewältigt – in manchen Verwiesen auf Erfahrung des Totalitarismus eine nicht unerhebliche Skepsis dem Phänomen Höflichkeit gegenüber durch.

a) Skizze: Kleine Signaturen und Reparaturen in einer gefallenen Welt

Höflichkeit, so Thielicke mit einem prätentiösen Auftakt, ist zu lesen als fortgesetzte Unwahrheit. Mit Verweis auf Gewährsleute wie Goethe (und dessen «Lügt man im Deutschen, wenn man höflich ist?»), Nietzsche und dessen Motiv der Furcht als einer der Wurzelgründe der Höflichkeit, verweist Thielicke darauf, daß eben diese Furcht in konfliktiven Situationen und zu deren Vermeidung Schwindelmanöver betreibt, Freundlichkeit und Achtung allenfalls heuchlerische Tarnungen sind, Tarnungen, die der wirklichen Probe der Menschenliebe nicht standhalten.[329]

---

es könnte ja durchaus sein, daß unser «point du départ» *etwas* von dem vermittelt, was den basalen, «humanökologischen Umgang» mit «dem» vermittelt, was wir noch (?) als Mensch zu bezeichnen gewohnt sind.

[328] *H. THIELICKE*, Theologische Ethik II.1, Tübingen ([1]1955) [5]1986, 175-183. Zur Einordnung des Ethikentwurfs von H. Thielicke als interimistisch-eschatologisch positionierter Ethik vgl. *W.-E. MÜLLER*, Evangelische Ethik, Darmstadt 2001, 55-60.

Vgl. zur Höflichkeitsthematik in evangelischer Perspektive z.B. *D. LANGE*, Ethik in evangelischer Perspektive, Göttingen 1992, 212 (hier wird immerhin die Höflichkeit für Ethos und Ethik knapp eingeholt – qua Reflexion, so die Bemerkung, hat auch diese Ebene angesichts fließender Grenzen einen Raum), 217 (im Kontext der Normtheorie), 372 (im Kontext des Kulturbegriffs). Vgl. knapp und kritisch *J. MOLTMANN*, Neuer Lebensstil, München 1977, 11f.

[329] Vgl. *THIELICKE*, Theologische Ethik II.1, 175.

Freilich anerkennt und referiert Thielicke auch knapp ein anderes Motiv: die soziologisch verwertbare Funktion der Höflichkeit, Zusammenleben zu ermöglichen und vor Unerträglichkeiten zu schützen. Allerdings bleibt auch hier Heuchelei im Spiel der Konventionen und der Ironie zu beobachten.[330] Thielicke erläutert die Funktion der Ironie im Umkreis der Höflichkeit als eine Grenzlinie zwischen Wahrheit und Lüge mit einem signifikanten Beispiel: dem formelhaften politischen Gruß in totalitären politischen Systemen.[331] Man verwendet den Gruß in seiner sprachlichen und gestisch-mimischen Form, vermeidet damit unmittelbare Schwierigkeiten, aber man versieht ihn mit ironischen Spitzen, die die vortäuschende Formel wieder brechen (z.B. der Tick oder Moment an Lässigkeit in der konkreten Ausführung, der überzogene Akkuratesse und Exaktheit konterkariert etc.). Von diesem Beispiel und dem ihm inhärenten Spannungsmoment ausgehend erläutert Thielicke das eigentliche ethische Problem: den Unterschied zwischen formelhaften Gebilden der Sprache und expliziten Aussagen:

> «*Die Formeln der Höflichkeit (zu denen hier ausnahmsweise auch das politische Begrüßungszeremoniell gerechnet sei) enthalten die Übereinkunft, daß sie nicht ‹wahr› oder ‹unwahr› gemessen sein wollen, daß also die Wahrheitsfrage in ihrem Umkreis inaktuell sein soll und daß sie nur praktische Formen des modus vivendi zu sein haben.*»[332]

Die Suspension der konkreten Wahrheitsanforderung «hic et nunc» als aktuelle Deckungsgleichheit von Aussageform und -absicht heißt freilich nicht, daß es nicht doch einen – wenn auch «hintergründigen» Bezug zur Wahrheitsthematik zu beleuchten gibt. Es erscheint eben doch charakteristisch, daß die Formeln der Höflichkeit ihre pragmatisch-gesellschaftliche Funktion – nämlich den Modus des Zusammenlebens zu regeln – ausgerechnet in der Weise üben, daß sie lauter Formeln der *Anerkennung* für den andern enthalten.[333] Auf ausschließlich diesem Weg behalten für Thielicke noch die ironisierenden, in concreto von Wahrheitsansprüchen absolviertesten Formeln und Rituale einen – teils sehr indirekten und verschleierten – Verweischarakter auf eine fundamentale Dimension:

> «*In diesen höflichen Formeln der Anerkennung liegt das Bekenntnis, daß die Gemeinschaft der Menschen nur gründen könne auf einer Haltung,* die dem Andern seine Ehre gibt. *Dadurch weisen die Formeln auf einen urtümlichen Rang des Menschen hin und sprechen zugleich das Ge-*

---

[330] Die tiefe Ambivalenz der moralischen Möglichkeiten der Höflichkeit tritt zutage, wenn sie zwischen Gegnern ausgeübt wird. *THIELICKE*, Theologische Ethik II.1, 176: «Sie spielt zwischen verlogener Taktik berechnender Freundlichkeit und einer in der Ironie sich selbst wieder aufhebenden, wieder ‹wahr›-werdenden Heuchelei.» Auch dieses Phänomenfeld trägt die Signatur einer «Ordnung der Welt als Notordnung» (so *MÜLLER*, Evangelische Ethik 58).

[331] Daß die Begrüßungssituation eine paradigmatische für den Höflichkeitsdiskurs ist, ist bereits erwähnt worden, bezeichnend aber ist die Wahl der beispielgebenden Grußformeln bei Thielicke. Sie entstammen dem Repertoire des Nationalsozialismus (der «Hitler-Gruß») wie jenem sowjetkommunistischer Parteirituale. Diese Wahl ist einsichtig, aber eben auch sehr einschränkend.

[332] *THIELICKE*, Theologische Ethik II.1, 176f. – Es bleibt auch hier zu konstatieren, daß Höflichkeit auf Formeln reduziert wird. Diese konventionalistische und minimalistische Sicht hat – leider, aber eben nicht ganz unberechtigt – Tradition.

[333] Vgl. *THIELICKE*, Theologische Ethik II.1, 177.

> *heimnis der Gemeinschaft an, die nur dann bestehen kann, wenn diese* Wahrheit des Menschen *respektiert wird.»*[334]

Was im konkreten Einzelfall wie unwahre Heuchelei aussehen und wirken kann, enthält im Modus ironischer Umkehr also doch eine Wahrheit von grundsätzlicher anthropologischer und ethischer Bedeutung. Man wird nicht umhinkönnen, diesen steilen Aufstieg von einzelnen Formeln zu Fundamentalwahrheiten als einigermaßen gekünstelt und mühevoll-gezwungen zu bewerten. Aber genau auf diese Weise versucht Thielicke über die Schematik, die Ambivalenzen und den ständigen Heuchelei-Verdacht hinaus eine wenigstens rudimentäre Ethizität der Höflichkeit zu retten.

Thielicke konzediert sodann folgerichtig, daß die Stereotypik von Höflichkeitsformeln mißgedeutet wäre, verstünde man sie ausschließlich in einem pragmatisch-utilitaristischen Sinn oder – wie er sagt – als «technische Methode», weil der Alltagsverkehr zwischen Menschen eben nicht nur eine technische Angelegenheit ist, wie er fortfährt. Aber die Frage nach dem – auch ethischen und sozialen – Wert von «Techniken» des Umgangs in der Verteilung von vorhandenem Interaktionsraum und -zeit, die lebensdienliche Entlastungs- und Stabilisierungsfunktion (um allein von ihnen zu sprechen) schließt sich nicht an, sondern vielmehr wiederum die Distinktion von aktueller Wahrheitsdispension unter gleichzeitiger Aufrechterhaltung grundlegender Anschauungsfragen.

Im Anschluß daran unterscheidet Thielicke sehr knapp eine Hierarchie von Höflichkeitsformen: von der «sokratischen Funktion» bis hinab zu subalternen Stufen («Dressurformen»), ersteres ist konnotiert mit einer spielerisch-ironisierenden Kompetenz (die natürlich erhebliche Bildungsvoraussetzungen bei den Aktanden zur Bedingung hat), letztere fallen in die Kategorien von Verlogenheit und Lächerlichkeit.[335] Diese Variationsbreite von der Sublimität bis zur Dressur macht den Begriff der Höflichkeit zu einem «unzulänglichen Sammelbegriff für völlig heterogene Haltungen und Verhaltungsweisen», so Thielicke.[336]

Weitreichender als diese sicherlich nachvollziehbare Feststellung von Heterogenität, Pluriformität in den Phänomenen der Höflichkeit ist eine Grenzziehung, die Thielicke nochmals aufnimmt. Ausgehend von der Feststellung, daß die äußeren Formen und Gestalten der Höflichkeit konventionell, also gesellschaftlich verabredet sind[337], ausgehend auch vom Unterschied zwischen dem Formelhaften und dem, was inhaltlich («konfessorisch», mit Thielicke) über dieses hinausgeht, wird der Spielraum der Höflichkeit als sehr begrenzt definiert:

---

[334] *THIELICKE*, Theologische Ethik II.1, 178.

[335] Vgl. *THIELICKE*, Theologische Ethik II.1, 178f. Bei den verlogen-lächerlichen Formen verweist Thielicke auf orgiastische Fehlformen in den Ritualen von Corps-Studenten und «Kasinohelden». Auch die Wahl dieser Beispiele – in der Drastik der evozierten Konnotationen sicherlich argumentativ einleuchtend – hat ein deutliches Gefälle und blendet eine Vielzahl von Bereichen aus, für die Höflichkeitsformen und Höflichkeitskreationen – wie wir gesehen haben – von Bedeutung und hilfreich sind.

[336] *THIELICKE*, Theologische Ethik II.1, 179. Allerdings kann man sich des Eindrucks nicht erwehren, daß diese Tatbestände für Thielicke ipso facto negativ besetzt sind. Schon die soziolinguistischen und sprachanalytischen Überlegungen, die in unserem Beitrag referiert wurden (siehe oben Abs. 8 - 9), rechtfertigen eine derart schnelle und einfache Beurteilung nicht!

[337] Vgl. *THIELICKE*, Theologische Ethik II.1, 179 – dies eine Festlegung, die den flexibel-kreativen Part der Höflichkeitsgestaltung übersieht.

«Was über die gesellschaftlich verabredete Formel, was über das bloß höfliche Verschweigen hinaus und in die Sphäre der expliziten Aussage hinein vordringt, kann zweifellos jene pauschale Rechtfertigung: ‹Die Wahrheit ist hier inaktuell› nicht *für sich in Anspruch nehmen.»*[338]

Hinter diesem schmalen Bereich einer konzedierbaren Berechtigung von Höflichkeit lauert sofort das Problem des Vertrauensbruchs und die «Signatur der echten Lüge», so Thielicke. Er schließt:

«Die Grenze zwischen dem, was den Schutz einer ethisch neutralen Höflichkeitsformel für sich in Anspruch nehmen kann, und zwischen der expliziten Unwahrheit wird also häufig fließend sein – man denke etwa an das Beispiel der ‹diplomatischen Krankheit!› –, so daß eine Kasuistik hier so wenig wie auch sonst weiterhilft. Es ist jedenfalls wichtig, daß die gesellschaftliche Abrede nicht als pauschale Legitimation der gesellschaftlichen Lüge mißbraucht wird und daß für den Christen selbst innerhalb der bloßen ‹Formeln› das Gesetz der Ausnahme und der demonstratio seine Bedeutung besitzt.»[339]

Selbstverständlich wird man mit Thielicke übereinstimmen, was die fließenden Übergänge zwischen Höflichkeit, Heuchelei und Lüge angeht – auf diese Gefahr aufmerksam zu machen ist ein «common place» der höflichkeitskritischen Tradition (und zweifellos ein höchst aktueller), Zustimmung kann ebenso die Warnung finden, daß der Regreß auf Konventionen («Abrede») zur Legitimation der Lüge herangezogen wird, dennoch bleibt der Eindruck, daß gerade vor der fundamentalen ethischen Wahrheitsfrage der Wert der Höflichkeit nur in höchst vorsichtiger und zurückhaltender Art beleuchtet wird.[340] Dennoch anerkennt Thielicke Bereiche, in denen vermittels hoher sozialkommunikativer und menschlich-empathischer Kompetenz so etwas sichtbar wird wie die andere, nicht idiosynkratische Seite der Höflichkeit. Hier bleibt es bemerkenswert, was Thielicke vor seinem engen Konzept dennoch als Möglichkeiten und Chancen eruiert:

«Hier ist Höflichkeit – noch dazu gesteigert durch witzige Form – nicht nur ein milderndes Medium bei der Mitteilung einer möglicherweise wehetuenden Wahrheit, sondern sie offenbart das Urmotiv der Achtung vor dem Andern (...). Die Achtung vor dem Andern und der höfliche Herzenstakt, mit dem sie bezeugt wird, ist hier eingebaut in ein kompliziertes Spiel humorvoller

---

338 *THIELICKE*, Theologische Ethik II.1, 180.

339 *THIELICKE*, Theologische Ethik II.1, 180. – Zum Thema Lüge vgl. nur: *E. SCHOCKENHOFF*, List und Lüge in der theologischen Tradition, in: *M. SCHMIDT/F.D. REBOIRAS* (Hrsg.), Von der Suche nach Gott (FS H. Riedlinger), Stuttgart-Bad Cannstatt 1998, 489-507. Die Tradition ist in Maßen flexibler als ein rigider und ethikgeschichtlich dominanter Wahrheitsrigorismus (Augustinus, Thomas, Kant, der hinsichtlich der Höflichkeit konziliånter verfährt) suggeriert, vgl. *SCHOCKENHOFF*, Zur Lüge verdammt? 41-61, 62-80, 96-105, *J.C. FLEMING*, The Helpful Lie. The Moral Reasoning of Augustine and John Cassian, Washington 1993, *T. EGGENSPERGER/U. ENGEL* (Hrsg.), Wahrheit. Recherchen zwischen Hochscholastik und Postmoderne, Mainz 1995, *B. MARRA* (Hrsg.), Verità e vericità. «La norma morale assoluta. È sempre vietato dire il falso», Neapel 1995, *J.C. FLEMING*, The Ethics of Lying in contemporary Moral Theology: Strategies for Stimulating the Discussion, in: Louvain Studies 24 (1999) 57-71, *A.-P. ALKOFER*, «Erklär' mir Lüge, verklär' sie nicht ...» – Die «Quellen der Moralität» und die Lüge. Ein ethisch-theologischer Zwischenruf, in: *M. MAYER* (Hrsg.), Kulturen der Lüge, Köln-Weimar 2003, 32-67.

340 Und wohl auch nur beleuchtet werden kann, solange das Verständnis der Höflichkeit auf dem engen konventionalistischen und formalistischen Konzept fußt, das sei zur Verteidigung des Autors angefügt.

> *Überlegenheit, ironisch-sokratischer Entbindungskunst und witziger Formulierung. Hier wird das Wahrheit-sagen zur Kunst.»*[341]

Auch bei diesen positiven Aspekten, die alle ihren traditionellen Ort im Höflichkeitsdiskurs zu haben hätten, bleibt letztlich die Wahrheitsfrage im Vordergrund. Zudem gilt eine weitere Einschränkung, die Thielicke anführt und die eine optimistischere Sicht auf das Phänomen der Höflichkeit begrenzt. Als Vorsichts- und Warnmoment wird hier im Sinne einer rigorosen Wahrheitsverpflichtung eine *intellektuelle* Trennlinie eingezogen.[342] Der Umgang mit der «Wahrheitsbeugung» Höflichkeit – die, was Thielicke einräumt, nicht schematisch betrachtet werden darf – birgt für *einfachere* Gemüter größere Gefahren und Unwägbarkeiten, als für in gewissen einschlägigen Kommunikationsstilen Geübtere. Freilich versäumt Thielicke den Hinweis nicht, daß gerade vor den sozialen und intellektuellen Differenzen im Sinne einer Pflichtenethik immer auf die Reziprozität der Verpflichtung zu achten sei. Die Berufung auf die Konventionen der «Höflichkeitslüge»[343] entbinden gerade nicht von dem

> *«Gebot echter Höflichkeit und des in ihr liegenden ritterlichen Momentes, hilflosere Geister nicht in Verlegenheit zu bringen, entweder mit massiven Wahrheiten herauszuplatzen – die zu äußern der Takt ihnen verbietet – oder aus eben jenem Takt und also aus Höflichkeit zu lügen. Sehr viele Lügen dieser Art sind provoziert durch den egoistischen, die Not des andern übersehenden Trieb, im Sinne des Sprichworts: ‹mundus vult decipi›, Gegenstand von Schmeicheleien zu werden und dabei die Ehrlichkeit des Gegenübers zu opfern.»*[344]

Abgesehen von der zweifellosen Möglichkeit dieser ethisch defizitären Mißbrauchsformen wird hier nun ein – sprichwörtlicher – Weltbegriff eingeführt, der bei Thielicke zu einem abschließenden theologischen Gedanken überleitet. Jenseits bloßer individualethischer Problematisierung steht der einzelne immer in der Gesamtheit seiner Welt- und Gesellschaftsbezüge. Und diese Welt, so Thielicke, ist der «mundus», der getäuscht werden will. Einzelne sind dabei sowohl aktiv als auch passiv in der Partizipation an Lüge und Wahrheit. Diese Partizipation ist nicht nur ein Fatum, sondern sieht den Menschen als zwar «hineinverschlungenen», aber doch auch verantwortlichen «Mit-bewirkenden».[345] Von hier aus zieht Thielicke einige angesichts der Thematik sehr steile theologische Schlüsse: Ist dem einzelnen in seiner derartig beschriebenen Verfaßtheit eine bloß pathetische Opferrolle genommen, kann ihm bloße gesellschaftliche Konvention niemals zur Rechtfertigung gereichen.[346] Hiermit ist natürlich ein zentraler Topos protestantischer Theologie an-

---

[341] *THIELICKE*, Theologische Ethik II.1, 181.

[342] *THIELICKE*, Theologische Ethik II.1, 181: «Es ist ohne weiteres verständlich, daß dort, wo eine ähnlich originale Potenz zur Aussage [wie bei den von Thielicke angeführten Beispielen – APA], oder besser: zur Aussage-Kunst nicht vorliegt, das Verhältnis von Höflichkeit und Wahrheit ungleich komplizierter werden kann und daß ein unbegabtes, aber reelles Gemüt zwischen der Charybdis der Gewißheit, daß eine ‹direkte Mitteilung› schwere Wunden hervorrufen müsse, und der Skylla, zur Wahrheit verpflichtet zu sein, allzu leicht scheitern wird.»

[343] *THIELICKE*, Theologische Ethik II.1, 182.

[344] *THIELICKE*, Theologische Ethik II.1, 182.

[345] Vgl. *THIELICKE*, Theologische Ethik II.1, 182f.

[346] Vgl. *THIELICKE*, Theologische Ethik II.1, 183.

gesprochen, den Thielicke in Zusammenhang mit der Höflichkeit bringt, wenn er fortfährt:

> *«Wer sein Maß an den Geboten Gottes nimmt, anerkennt ein Maß, das nicht auf die Möglichkeiten dieser Welt zugeschnitten und das darum auch nicht durch jene Abrede deformiert ist, sondern das im Namen der Überweltlichkeit Gottes ihn selbst sowohl wie ‹seine› Welt in Frage stellt und bei der Unmöglichkeit der Selbstrechtfertigung behaftet.»*[347]

Nur wer sich auf dieses Maß verpflichtet weiß, kann, so Thielicke im direkten Anschluß, den *Sinn* der Höflichkeit (Achtung und Ehrerweis dem anderen gegenüber) von den Begrenztheiten der *Formen* der Höflichkeit (die möglicherweise zu Formen der zynischen Verleugnungen des anderen auswachen) angemessen unterscheiden und trennen. Bezeichnenderweise schließt Thielicke seine Ausführungen mit folgender Überlegung:

> *«Er* [i.e. der Mensch – APA] *steht auch in diesem Bereich vor einer größeren Sache als der bloß technischen Lehre vom menschlichen Umgang, von seinen gefälligen, erleichternden Formen und also vom ‹guten Ton›: Er steht vor der Signatur der gefallenen Welt, in der das Gebot und die Verheißung der Nächstenliebe leuchten.»*[348]

Der Rahmen ist damit letztlich abgesteckt und als pessimistisch-skeptisch zu bezeichnen. Dennoch hält sich eine knappe Beobachtung, die darauf hinweist, daß Formen und Formeln auch Maß und Haltung benötigen, die über diese hinausweisen. Ob dieses reicht für die Begründung oder zumindest Reflexion auf ein tugendethisches Korrelat, bleibt in diesem Zuschnitt fraglich. Eine Tugendethik wird an Ort und Stelle nicht nur für die Höflichkeit nicht entwickelt. Eine prinzipielle Skepsis dominiert die Einschätzung des sittlichen Könnens auch und gerade hier.[349]

---

[347] *THIELICKE*, Theologische Ethik II.1, 183.

[348] Vgl. *THIELICKE*, Theologische Ethik II.1, 183.

[349] Das NT – «sola scriptura» – greift den Begriff der Tugend nur selten auf. An den betreffenden Stellen wird er zur Beschreibung der göttlichen Macht und Herrlichkeit und der sittlichen Einstellung des Menschen verwendet. Diese Zurückhaltung der christlichen Schriftsteller gegenüber dem Zentralbegriff zeitgenössischer Ethik rührt vielleicht daher, weil diese mit dem Begriff «ἀρετή» zu sehr den Gedanken menschlichen Leistungsvermögens verbinden. Aus diesem Grund steht die protestantische Ethik dem Tugendbegriff sehr kritisch gegenüber. Zwar nicht aus dem Grund, daß Tugend einen sehr betulichen sprachlichen Klang hat, sondern weil sie darin einen griechischen Fremdkörper sieht, der in dem neutestamentlichen Umfeld nichts zu suchen hat. Weiter wird die Vermutung geäußert, daß mit dem Tugendbegriff ein sittliches Leistungsvermögen angesprochen wird, das die Gnade Gottes aufgrund der menschlichen Leistung in den Hintergrund drängt. Die griechische Tugendlehre wird also deshalb als Fremdkörper angesehen, weil sie die paulinische Rechtfertigungslehre nicht angemessen zum Ausdruck bringt und so die Gefahr der Selbstrechtfertigung des Menschen zum Ausdruck kommen kann. Man wird aber einwenden müssen, daß auch bei Paulus Tugend- und Lasterkataloge aus der zeitgenössischen Popularphilosophie zu finden sind (Gal 5,22). Vgl. aber auch jüngere Überlegungen und Rehabilitationen evangelischer Provenienz: *E. HERMS*, A neglected concept in protestant ethics, in: SJTh 35 (1983) 481-495, *W. MAASER*, Tugendethik: Erwägungen aus evangelischer Sicht, in: GlLern 12 (1997) 148-159, *K. STOCK*, Grundlegung einer protestantischen Tugendlehre, Gütersloh 1995, *M. HONECKER*, Schwierigkeiten mit dem Begriff Tugend. Die Zweideutigkeit der Tugend, in: *RIPPE/SCHABER*, Tugendethik 166-184, *HÜTTENHOFF*, Tugend und Handlung 463-487.

b) Schätzung und Einschätzung: Höflichkeit als unzulänglicher Sammelbegriff für Unzulängliches

Die knappe Darstellung der Höflichkeit, ihrer Möglichkeiten, mehr noch ihrer ethischen Grenzen endet wuchtig und vor dieser Wucht der korrumpierten und gefallenen Welt als dem Szenario menschlichen Handelns, Urteilens und Kommunizierens höchst skeptisch. Dabei springt ins Auge, daß nicht die zahlreichen Details und Denkanstöße, die verarbeitet werden, selbst wieder zu kritischer Reaktion zwingen, sondern ihre selektive Rekombination. Vor einer negativen Anthropologie müssen sich ethischen Miniaturen eben wie solche ausnehmen – minimal, meist und leicht vernachlässigbar, schließlich irrelevant für die Rechtfertigung vor Gott. Diese Verteilung fällt deshalb besonders ins Gewicht, weil die Übergänge zur Wahrheitsfrage und zur Frage der Rechtfertigung[350] außerordentlich unvermittelt sind und kaum Gespür für die Diversifikationen, aber auch die Feinheiten interpersonaler Beziehungsgestaltung in höflichkeitsrelevanten Sequenzen haben. Der ständige Rekurs auf die Wahrheitsfrage – sie fraglos eine beständige Begleiterin des Höflichkeitsdiskurses – läßt eine Vielzahl anderer Funktionen der Höflichkeit und deren ethische Wertigkeit gerade in Alltagskontexten völlig außer acht. Das hängt natürlich auch damit zusammen, daß mit einem engen, streng formalistisch-konventionalistischen Höflichkeitskonzept gearbeitet wird.[351] Der Verzicht auf biblische, theologische, auf historische (hinter Kant und Goethe zurückreichende) oder human- oder sozialwissenschaftliche Referenzen mag mit dieser Orientierung und mit der Debattenlage zur Abfassungszeit zusammenhängen, kommt aber sicher auch theologischen Grundoptionen sehr nahe oder entspringt ihnen gar, Optionen, die hier nicht weiter diskutiert werden können.

Nach diesem «engen, nördlichen» Konzept, das auch seines Duktus wegen so ausführlich dargestellt wurde, soll nun mit einem «weiten, südlichen» Konzept[352] fortgefahren werden. Interessant ist dabei allerdings auch die relative zeitliche Nähe, in der beide Konzepte formuliert wurden. Interessant – so steht zu hoffen – sind aber auch die Differenzen, die sich auftun und vor denen sich weitere Klarheit über die Möglichkeiten einer cortesialen Ethikreflexion gewinnen lassen sollten.

---

[350] Um Mißverständnissen vorzubeugen: Würde und Ernst dieser Beobachtungen, ihrer Berechtigung, sind hier keinesfalls in Abrede gestellt. Es bleibt aber dennoch die Frage, ob und inwieweit sich diese Grundkoordinaten der «conditio humana» dann in die Gestaltung des täglichen «kleinen Grenzverkehrs» zwischen Begrenzten übertragen. Im Hintergrund steht tatsächlich die Grundfrage nach dem Vorzeichen einer Anthropologie. Entbindet eine negative – und um es nochmals zu betonen: nicht erfahrungsfreie – Sicht auf das moralische Können des Menschen als rettungslos Gefallenen (und allein durch die Gnade Gottes Rettbaren), darüber nachzudenken, wie der weder negativ noch positiv idealisierte Mensch sich im täglichen Kontakt mit anderen zu verhalten hat?

[351] Es steht zu vermuten, daß der Autor hier ein für die Abfassungszeit dominierendes Höflichkeitsmodell vor Augen hat – was natürlich Defizite erklärlich macht und deshalb auch unsere Kritik relativiert.

[352] Dabei bezieht sich das Begriffspaar «nördlich – südlich» durchaus auf die bio-geographischen Hintergründe der beiden Autoren (ohne diese überstrapazieren zu wollen). Die «cortesia» ist zu einem guten Teil ja «südlichen Ursprungs». Dies nur als Reminiszenz und Andeutung.

13.5.2. Höflichkeit zwischen Kultur, Tugend und Anstand als Abstand: R. Guardini

R. Guardini, der zuletzt eine Renaissance erlebt[353], äußert sich in zwei Beiträgen konzentriert zum Thema «Höflichkeit»: in seinen «Meditationen über Gestalten des sittlichen Lebens» (so der Untertitel), erstmals publiziert 1963[354] und in den 1993 aus dem Nachlaß edierten Vorlesungen zur Ethik an der Universität München (aus den Jahren 1950-1962)[355], wo die Höflichkeit im größeren Kontext der «Wertfiguren des Werklebens» vorgestellt wird. Mag der erste Beitrag – im Rahmen der Vorstellung von Tugenden wie Askese, Absichtslosigkeit, Dankbarkeit, aber auch Treue, Mut und Wahrhaftigkeit – vom Textumfang her schmal bemessen sein, mögen die posthum veröffentlichten «Vorarbeiten» aus der Münchner Vorlesungstätigkeit fragmentarisch sein, so eröffnet sich doch schon auf dieser Textbasis ein erstaunlich weiter Horizont, eine spezifische Tiefendimension von Höflichkeit.[356]

Die folgende Darstellung kann nur begrenzt sein. Das Werk Guardinis ist vielschichtig, wirkmächtig und thematisch breit gestreut. Doch lassen sich auch aus der

---

[353] In der jüngsten Zeit haben sich einige größere Studien mit Guardini und seiner Ethik, seinem Menschen- und Gottesbild beschäftigt. Das Thema «Höflichkeit», wiewohl bei Guardini aufzuspüren, spielt in diesen Darstellungen explizit kaum eine Rolle. Vgl. einführend *H.-B. GERL*, Romano Guardini 1885-1968. Leben und Werk, Mainz 1985, sodann *A. KNOLL*, Glaube und Kultur bei Romano Guardini, Paderborn 1993, *G. BRÜSKE*, Anruf der Freiheit. Anthropologie bei Romano Guardini, Paderborn 1998, *M. PELZ*, Wege des Lebens. Eine Untersuchung zum personalen Grundansatz der Ethik Romano Guardinis, Frankfurt/M. 1998, die Beiträge in: *F. HENRICH* (Hrsg.), Romano Guardini. Christliche Weltanschauung und menschliche Existenz, Regensburg 1999 (Lit.).

[354] *R. GUARDINI*, Tugenden. Meditationen über Gestalten sittlichen Lebens, Mainz-Paderborn [4]1992 (Würzburg [1]1963), 118-128. Zu Guardinis Ethik insgesamt die erhellende Studie von *B. KURTH*, Das ethische Denken Romano Guardinis. «Gehorsam gegenüber Gott und Freiheit des Geistes». Eine moraltheologische Studie, Paderborn 1998, ebenso einschlägig, zudem auf ein thematisch nahes Feld zugeschnitten *MARSCHÜTZ*, Die verlorene Ehrfurcht 126-187.

[355] *R. GUARDINI*, Ethik. Vorlesungen an der Universität München, 2 Bde., Mainz-Paderborn [3]1997, II 887-923. In diesen Notaten – obwohl stellenweise sehr fragmentarisch – mit ihrer Leitfrage nach Genese, Sinn und Neubegründung der Höflichkeit geht Guardini aus von einer knappen historischen Phänomenologie der *Höflichkeit des Rangunterschieds* (887-892), untersucht dann die Höflichkeit des Daseinskampfes, womit er die Entschärfung konfligierender Momente zwischen Personen meint (893-895). Die «Höflichkeit des Daseinskampfes», so Guardini in der Fortführung seiner Notate, verdankt ihre Motivation der unmittelbar evidenten Einsicht, daß im Menschen destruktive Kräfte liegen, die nicht instinktiv reguliert werden, sondern geformte, konventionelle Schutzvorrichtungen nötig machen gerade angesichts der konfliktträchtigen Nähe des Zusammenlebens, sich kreuzender Wege, Intentionen und Interessen. Guardini stellt dann Betrachtungen zur Symbolik des menschlichen Verhaltens unter der Überschrift «Der Symbolismus als Quelle der Höflichkeit» an (895-897), bevor er auch hier Funktion und Rolle der Höflichkeit in der Geschlechterbeziehung thematisiert (897-901), um sich dann der von ihm konstatierten «Krise der Höflichkeit» (901-911) zuzuwenden. Von hier aus fragt er abschließend nach der ethischen Aufgabe, der Rehabilitierung und Neubegründung einer *Höflichkeitsform der Ebenbürtigkeit* (911-923).
Vgl. zu diesen Schriften *A. SCHILSON*, «Gottes Hoheit in die Welt hineintragen». Über Romano Guardinis posthum veröffentlichte «Ethik», in: HerKorr 49 (1995) 94-99, *G. BRÜSKE*, Wahrnehmungslehre des Guten. Zu Guardinis Münchener Ethik-Vorlesungen, in: MThZ 47 (1996) 83-87.

[356] Der Bogen spannt sich von einem Reflex auf die «kleine Tugend» der Höflichkeit bis hin zu einem explizit theologischen (aber eher diskret angedeuteten, nicht ausgeführten) Konzept unter dem Begriff der «Höflichkeit Gottes» – Höflichkeit mithin also eine «kleine Tugend» mit größeren Perspektiven, die Raum schaffen für weitergehende Überlegungen, nicht zuletzt Raum um und für den freien anderen. Zu verweisen ist zudem auf *R. GUARDINI*, Wer ist ein Gentleman? Ein Brief, in: *ders./E. SPRANGER*, Vom stilleren Leben, Würzburg [3]1960, 49-56. In diesem Brief finden sich im Kern die gleichen Elemente und Spannungsbögen.

«schmaleren» Perspektive seiner Überlegungen zur Höflichkeit eine Vielzahl von Querverbindungen herstellen zu übergreifenden Grundintentionen dieses innovativen und sensiblen Theologen, der einer wechselseitigen Vermittlung und Erhellung von Glaube und Welt im Horizont einer Wirklichkeits- und Daseinsdeutung nachgeht, die subtile Phänomenbeobachtungen des «Lebendig-Konkreten» mit dem Schlüssel eines dynamischen «Gegensatz-Denkens» auszulegen sucht.[357] Daß Guardini auch ein kritisch-wacher Zeitdiagnostiker ist, der die Implikationen des «Endes der Neuzeit» analysiert, wird auch durch die folgenden Überlegungen zu einem Haltungsethos der Höflichkeit scheinen.

Tugenden und Haltungen sind bei Guardini von zentraler ethischer Bedeutung als Realisation eines christlich-personalen Ethos[358] im Kontext der Selbstverwirklichung des Menschen durch die Verwirklichung des sittlich Guten. Darin liegt der Kern der Tugendethik Guardinis. Tugend ist nicht einfach eine Kompetenz, eine Begabung oder Fähigkeit, sondern orientiert am sittlich Guten.[359] Damit wird das Sittliche der Tugenden zwar kategorial mit allen weiteren Lebensbereichen verbunden, aber auch unterschieden.[360] Die Pluralität der Tugenden und die Personalität des sie Realisierenden lassen auf der einen Seiten historisch unterschiedliche Akzentuierungen des «connexus virtutum» zu (und in der Folge damit je Neuakzentierung

---

[357] Vgl. schon die frühe Schrift *R. GUARDINI*, Der Gegensatz. Versuche zu einer Philosophie des Lebendig-Konkreten, Mainz ³1985 (¹1925), dazu *KURTH*, Das ethische Denken 63-89, vgl. auch *W. BEIERWALTES*, Art. Gegensatz, in: HWP III 106-117. – Dieser hermeneutische Ansatz findet auch Widerhall im Höflichkeitskontext: vgl. die knappen Bemerkungen zu Polarität und Gefügecharakter der «lebendigen Dinge» in *GUARDINI*, Gentleman 54.

Quergelesen führen Spuren dann aus der begrenzten Höflichkeitsthematik vor allem zu Werken wie: *R. GUARDINI*, Das Ende der Neuzeit. Ein Versuch zur Orientierung, Mainz ¹⁰1986 (¹1950), *ders.*, Die Macht. Versuch einer Wegweisung, Mainz ⁷1986 (¹1951), in denen die Zeitdiagnostik präzisiert, darüber hinaus *ders.*, Der Anfang aller Dinge. Meditationen über Genesis, Kapitel 1-3, Mainz ³1978 (¹1961), *ders.*, Der Herr. Betrachtungen über die Person und das Leben Jesu Christi, Freiburg i.Br 1980 (TB-Ausgabe), (¹1937), in denen sich zentrale biblische, schöpfungstheologische und christologische Grundlinien herauskristallisieren. Wichtig für das Verständnis von Existenz und Person im Kontext von Glaube und aktueller Zeit: *ders.*, Welt und Person. Versuche zur christlichen Lehre vom Menschen, Mainz ⁶1988 (¹1939), *ders.*, Die Sorge um den Menschen, 2 Bde., Mainz, Bd. I: ⁴1988 (¹1962), Bd. II: ²1989 (¹1966), *ders.*, Die Existenz des Christen, aus dem Nachlaß hrsg. v. *J. SPÖRL*, Paderborn ²1977, *ders.*, Unterscheidung des Christlichen. Gesammelte Studien 1923-1963, Mainz ²1963 (erw. Ausgabe).

[358] Vgl. *GUARDINI*, Tugenden 11-19, *GUARDINI*, Ethik I 297-370, *R. GUARDINI*, Die Bekehrung des Augustinus. Der innere Vorgang in seinen Bekenntnissen, Mainz ⁴1989, 58-60 (in Abwendung von einer kantisch geprägten Pflichtenethik), zusammenfassend *KURTH*, Das ethische Denken 363-397, bes. 362-371, 390-394 (Lit.). Zu Verbindungs- und Traditionslinien Guardinis zu Augustinus, Thomas, Bonaventura, aber auch zu M. Scheler und O.F. Bollnow, vgl. *KURTH*, Das ethische Denken 363f. Zu Bollnow ergeben sich besondere Anknüpfungspunkte inhaltlicher und zeitlicher Nähe. Vgl. die inhaltlichen Linien zur Tugendethik in: *O.F. BOLLNOW*, Wesen und Wandel der Tugenden, Frankfurt/M. 1958, *ders.*, Einfache Sittlichkeit. Kleine philosophische Aufsätze, Göttingen ³1962 (¹1957). Diese Essays tragen deutlich die Signatur der Nachkriegszeit und sind durchaus als «Suche nach dem verlorenen Ethos» zu lesen. In (ethischen) Trümmerlandschaften wird nach Residuen des Sittlichen gefahndet. Vgl. zudem die Kooperationen in: *R. GUARDINI/O.F. BOLLNOW*, Begegnung und Bildung, Würzburg 1956.

[359] Vgl. *KURTH*, Das ethische Denken 365. *F. FURGER*, Einführung in die Moraltheologie, Darmstadt 1988, 66, formuliert ähnlich im Blick auf die Tugenden als Gestaltungselemente des Gewissens: «Tugend hat ihre Bedeutung (...) nicht auf der Ebene der Machbarkeit und der funktionalen Optimierung technischer Abläufe, sondern bezieht sich auf die Zielsetzungen des menschlichen Verhaltens, indem sie den gesamten Lebensvollzug von einer inneren Haltung her auf die konkrete Verwirklichung des sittlich Guten ausrichtet.»

[360] Vgl. *GUARDINI*, Ethik I 32.

oder Rehabilitierung, mit M. Scheler, auf den Guardini des öfteren verweist[361]) und fokussieren auf der anderen Seite Individualität – schon von hier aus sind Tugend und Tugenden nicht als starres Applikationsset zu begreifen. Konkretion und Individualität der Verwirklichung des sittlich Guten in der Person markieren dann aber auch eine Grenzlinie.[362] Der moralpädagogische und tugendethische Ansatz Guardinis – in aller Bezogenheit auf Alterität wenig kommunikationsethisch – ist vorrangig individualethisch.[363] Guardini setzt tugendethisch bei der Selbstbildung der einzelnen Person an. Drei wesentliche Stränge fließen in dieser Hinsicht bei Guardini zusammen: sein ausgeprägtes pädagogisches Interesse, sein christlicher Personalismus[364] und als speziell ethischer Gedanke seine Bestimmung des Guten als Selbstverwirklichung.[365] Richtet sich Guardinis Blick zeitdiagnostisch und -analytisch auf das Konkret-Lebendige, das Alltägliche und seine Implikationen, so gilt dies auch für seine ethisch-pädagogische Absicht:

---

361 So z.B. *GUARDINI*, Tugenden 11, *ders.*, Ethik I 318. Der einschlägige Text ist natürlich M. Schelers «Zur Rehabilitierung der Tugend» (1915), in: *M. SCHELER*, Vom Umsturz der Werte. Abhandlungen und Aufsätze, in: *ders.*, Gesammelte Werke III, hrsg. v. *MARIA SCHELER*, Bern 1955, 13-31.

362 Vgl. *KURTH*, Das ethische Denken 391. – Eine andere ist die Möglichkeit der Dialektik von Tugend selbst. Der Über- oder Umschlag aus der Mittigkeit (tugendtheoretisch also die «Mesotes» des Aristoteles), aber auch das (christlich-)anthropologische Grunddatum der Möglichkeit nach Gut oder Böse auszuschlagen, trägt zum Risiko der Uneindeutigkeit bei. Kräfte, Veranlagungen, Haltungen, die an sich systematisch auf das Gute hin orientiert sind, können in ihren Extremformen umschlagen zum Laster. Vgl. *R. GUARDINI*, Die Glaubwürdigkeit des Erziehers, in: Schildgenossen 9 (1929) 240-246, 241ff., *ders.*, Tugenden 15f., 43-47. Hier bietet sich, an den Vorrang oder Vortritt des anderen, der Höflichkeit praktiziert und habitualisiert, zusammenzulesen mit dem Guardinischen Topos der Selbstannahme. *R. GUARDINI*, Die Annahme seiner selbst, in: *ders.*, Die Annahme seiner selbst/Den Menschen erkennt nur, wer von Gott weiß, Mainz ²1990, 7-35, dazu *E. BISER*, Sich selbst annehmen. Die Tugend der Zustimmung, in: *N. KUTSCHKI* (Hrsg.), Kardinaltugenden. Alte Lebensmaximen neu gesehen, Würzburg 1993, 85-95, *P. FONK*, Die Annahme seiner selbst als Thema der Moraltheologie, in: GuL 68 (1995) 179-195, *S.E. MÜLLER*, Zustimmung zum eigenen Dasein. Moraltheologische und moralpsychologische Aspekte der «Annahme seiner selbst» (Guardini), in: ThG 40 (1997) 94-106, *KURTH*, Das ethische Denken 378-390.

363 Vgl. *KURTH*, Das ethische Denken 393. *KURTH*, ebd., 394, präzisiert aber deutlich: «Diese Einschätzung ist zwar durch die wichtige Beobachtung einzuschränken, daß Guardini mit der Thematisierung der Machtproblematik und der Weltverantwortung die soziale und politische Dimension hineinholt, wie die in seiner Interpretation der Sammlung in ihrer Relevanz für ein Ethos des Machtgebrauchs gezeigt wurde. Guardinis Tugendverständnis ist weder individualistisch noch subjektivistisch. Es bleibt aber im Rahmen das gesamten Denkens überwiegend auf die personale Dimension der sittlichen Existenz im Horizont des Glaubens ausgerichtet.» Vgl. *R.A. KRIEG*, Romano Guardini's theology of the human person, in: TS 59 (1998) 457-474.
Betrachtungen zum Politischen, Sozialen, zu Kultur und Technik liefern für Guardini häufig Ansatzpunkte für die Reflexion auf die Bedeutung von Offenbarung und Glaube in diesen je aktuellen Kontexten im Blick auf einen theologischen, philosophischen und ethischen Dialog. Vgl. etwa *R. GUARDINI*, Gedanken über das Verhältnis von Christentum und Kultur, in: Unterscheidung 145-184, *ders.*, Reflexionen über das Verhältnis von Kultur und Natur, in: Unterscheidung 185-201, *ders.*, Die Kultur als Werk und Gefährdung, in: Sorge I 14-38, *ders.*, Die Technik und der Mensch. Briefe vom Comer See/Die Maschine und der Mensch, Mainz ²1990 (Briefe: ¹1927, Die Maschine und der Mensch: ¹1959). Zur Machtthematik vgl. neben der Monographie Guardinis (1951) auch: *ders.*, Der unvollständige Mensch und die Macht, in: Sorge I 39-66. Zu den «politisch» und politikethischen Schriften vgl. *L. WATZAL*, Das Politische bei Romano Guardini, Percha 1987.

364 Vgl. vorab *R. GUARDINI*, Welt und Person, dazu vertiefend *L. BÖRSIG-HOVER*, Das personale Antlitz des Menschen. Eine Untersuchung zum Personbegriff bei Romano Guardini, Mainz 1987, *BRÜSKE*, Anruf der Freiheit 139-288 (Lit.), *KURTH*, Das ethische Denken 141-183.

365 So *KURTH*, Das ethische Denken 391.

«Jede Ethik geht, wenn sie nicht abstrakt bleiben will, in lebendige Bildungslehre über, fragt, wie der Mensch nicht nur gut wollen, sondern gut werden, wie sich ein lebendiges gutes Sein bilden könne.»[366]

Vor dem prinzipiellen Hintergrund des Doppelgebotes von Gottes- und Nächstenliebe[367], die ihren Ort wie ihren Ausdruck in einer christlich-personalen Sicht von Welt und Mensch vor dem Geheimnis Gottes finden, wird auch eine «kleinteilige Tugend» praktisch-ethisch zum Indikator von und für Wertexpression in Relation und Kommunikation unter den Bedingungen der Moderne.[368]

a) Skizze: Erinnerungen an eine Kultur der Gabe und Raumgabe

Zeitdiagnostische Überlegungen zum kritischen Kairos der Neuzeit[369] führen Guardini auch zur Konstatierung einer Krise der Höflichkeit. Der situationsanalytische Beitrag ist aber keineswegs von eindimensionalem (Kultur-)Pessimismus geprägt, sondern von der vorrangigen Sorge, die Ambivalenzen der «Neuzeit» in ihrer Legitimität wie «Illegitimität»[370], ihren Folgen für Kultur, Natur und Subjekt zu belichten. Versachlichung, Entmystifizierung, Instrumentalisierung und Banalisierung und Zugriff des Logischen und damit Indiskreten führen zu handlungspraktischen Freisetzungen des Subjekts, aber eben auch zu Reduktionen, Verkürzungen der Sicht des Handelns und des Handelnden. In einem selbst sehr taktvollen Stil kommunikativer Toleranz und interdisziplinärer Weite sucht Guardini das «unterscheidend Christliche»[371] auch in diesem veränderten geistesgeschichtlichen Kontext zu ermitteln und in ihn zu vermitteln.

Ex negativo oder ex contrario gesprochen: Für Guardini hinterließe ein Verschwinden der Höflichkeit oder ihre konkrete Abwesenheit massive Spuren und gewichtige Konsequenzen:

---

[366] *GUARDINI*, Anselm von Canterbury und das Wesen der Theologie, in: *ders.*, Auf dem Weg. Versuche, Mainz 1923, 33-65, 55. Zu diesen Dimensionen vgl. *T. SCHREIJÄCK*, Bildung als Inexistenz. Elemente einer theologisch-anthropologischen Propädeutik zu einer religionspädagogischen Bildungstheorie im Denken Romano Guardinis, Freiburg i.Br. 1989, *MARSCHÜTZ*, Die verlorene Ehrfurcht 178-182, *KURTH*, Das ethische Denken 125-134, *J. KREIML*, «Christus lebt in mir.» Ein zentrales Motiv in der theologischen Anthropologie Romano Guardinis, in: LebZeug 53 (1998) 181-190.

[367] Vgl. *KURTH*, Das ethische Denken 392.

[368] *GUARDINI*, Gentleman 53, redet vom Vorzug des «Alltagstests» im Blick auf seine These, daß der «Gentleman» nicht (unnötig) lärmend auftritt.

[369] In Anlehnung an *J.F. SCHMUCKER-VON KOCH*, Autonomie und Transzendenz. Untersuchungen zur Religionsphilosophie Romano Guardinis, Mainz 1985, 31. Vgl. bes. *R. GUARDINI*, Das Ende der Neuzeit, *ders.*, Die Macht. Dazu *P. FONK*, Das Ende der Neuzeit. Überlegungen zum gleichnamigen Werk Romano Guardinis, in: *H.M. BAUMGARTNER/B. IRRGANG*, Am Ende der Neuzeit? Die Forderung eines fundamentalen Wertwandels und ihre Probleme, Würzburg 1985, 69-93, *MARSCHÜTZ*, Die verlorene Ehrfurcht 143-158, *H. MAIER*, Zeitdeutungen in Romano Guardinis Werk, in: *HENRICH*, Guardini 95-114, *H.-B. GERL*, Romano Guardini und die Kulturkritik Mitte des Jahrhunderts, in: Katholische Bildung 100 (1999) 17-26.

[370] Vgl. *GUARDINI*, Ende der Neuzeit 417, *MARSCHÜTZ*, Die verlorene Ehrfurcht 148ff. Krise ist hier deutlich zu lesen als Einladung und Notwendigkeit der Neureflexion, der Sichtung veränderter Lebens- und Weltwirklichkeiten und nicht zuletzt als Chance der «Umkehr». Vgl. *MARSCHÜTZ*, Die verlorene Ehrfurcht 156-158.

[371] Vgl. z.B. das Panorama und die thematische Bandbreite der Essays in: *GUARDINI*, Unterscheidung.

«Die Folge ist dann eine nicht abreißende Kette von Nichtachtungen, Kränkungen, Gedankenlosigkeiten, welche den Charakter der Verbindung entwerten. Diese verliert ihren Rang; verliert das immer Neue, das dem Leben seine Frische gibt. Der Andere wird als verbriefter Besitz genommen; alles wird gewohnt und ebendamit nur allzuleicht gewöhnlich. Für viele Konflikte in der Ehe würde die Lösung in dem Rat liegen, sich so zu verhalten, als ob es gälte, einander neu zu gewinnen; nichts für selbstverständlich, vielmehr alles als freie Gabe zu verstehen, um die geworben werden muß. Diese Gesinnung würde sich nicht zum geringen Teil in der Höflichkeit ausdrücken.»[372]

Mit dieser markanten Skizze konstatiert Guardini mehrerlei: Verluste, die mit einer «Krise der Höflichkeit» und des «vertikalen Ehrfurchtsverständnisses» seit Beginn der späten Neuzeit einhergehen, ebenso wie Chancen und «Versprechen» der Höflichkeit, die damit auch Elemente einer Rehabilitierung aufscheinen läßt.[373]

Für die Krise keineswegs nur der Höflichkeit führt Guardini eine Reihe von Gründen an, die nun ihrerseits keineswegs schon historische Phänomene sind, sondern verändert zwar, aber auch akzeleriert und immer weitere Lebensbereiche betreffend für eine sogenannte «Zweite Moderne» folgenreich bleiben: das Verschwinden der metaphysischen Aufladung von Herrschaft[374], die grundlegende Ablehnung des Prinzips der Rangordnung (immer mehr ersetzt durch eine Leistungsordnung), die fatalen Wirkungen der Kombination von Totalitarismus und Krieg[375], Skepsis gegenüber Traditionen, Entwurzelungsphänomene in einer technisierten Welt. Zudem wird dies verstärkt durch zusätzlichen Raum- und Zeitdruck, der den Blick auf den einzelnen verstellt[376], zunehmende Sach- und Erfolgsorientierung eines Zweckmäßigkeitsdenkens. All das ergibt ein Bündel von Akzelerationsmomenten und erhöhter kritischer Frequenz der Interaktionsmuster:

«Damit verlieren die Momente der Rücksichtnahme, der einzuhaltenden Zwischenschritte usw. ihren Sinn. Als richtig erscheint jenes Verhalten, das auf den Anderen zugeht; sagt, was zu sagen ist, fordert, was gewollt wird; durchsetzt, was erreicht werden soll; möglichst direkt, rasch, präzis. Alles andere wird als unsachlich, als Zeitverlust und Kraftvergeudung empfunden.»[377]

Dieses Fazit verkörpert sich in einer Reihe von wiederum konkreten Auftrittsfiguren und Wertexpressionen: neben der unvermittelten Ansprache (einem Phänomen der Grenzverletzung, wie wir sehen konnten) und der damit einhergehenden Verdunstung von Formen die Vorordnung in der Relation zu möglichen zeitgleichen Interaktanden – am Beispiel des via Telephon in bestehende Interaktion

---

372 *GUARDINI*, Ethik II 901.

373 *GUARDINI*, Ethik II 901ff.

374 Guardini zielt dabei nicht auf eine Restauration dieses «Verlustes», sondern hinsichtlich der Höflichkeitstheorie – wie gesehen – auf dessen Kompensation durch einen neuen Rekurs auf Würde und Verletzlichkeit des Menschen.

375 Vgl. *GUARDINI*, Ethik II 904f. Totalitarismus lehnt sowohl Person als auch Geschichte ab.

376 Naheliegend, aber hier nicht intendiert, wäre die auch nicht mehr ganz so taufrische Debatte um den «Tod des Subjekts» und der «Furie seines Verschwindens in der Masse».

377 *GUARDINI*, Ethik II 904. – Notabene: diese Analyse ist gut 40 Jahre alt! Larmoyanz? Kulturpessimismus? Ohne sich derartigen Salonverdächtigungen aussetzen zu wollen, Stringenz und Plausibilität ist diesen Sätzen schwerlich abzusprechen.

Eindringenden gut zu bebildern –, die Geringschätzung von Alter und «Alterswerten» (wie Weisheit, Erfahrung, Geduld, Nachbarschaft des Ewigen), Abwertung des Schwachen und parallel dazu ein radikalisierter Jugendlichkeitskult.[378]

Am deutlichsten wird die Krise der Höflichkeit für Guardini aber im Bereich der Geschlechterbeziehung.[379] Auch hier verdankt sich diese Entwicklung einer grundlegenden Verwechslung: der Verwechslung von Gleichberechtigung mit Gleichheit – gerade bei einer der stärksten Polaritäten. «Unhöflichkeit», also der Verlust der tastenden (und spannenden) Zwischenschritte, wirkt sich aus bis hinein in die Gestaltung der sexuellen Beziehung: Sie wird immer direkter und «sachlicher»[380], damit zweckorientierter, technischer und weniger personal und spannungsreich-phantasievoll. Auch wenn im Zuge dieser Tendenzen mancherlei Verkrampftheiten abgebaut werden konnten, so ist der Verlust der Kreativität, der einer Versachlichung nahekommt, doch von erheblicher Bedeutung.[381] Angesichts dieser Einschätzungen drängt sich für Guardini die Frage auf nach einer entsprechenden Wiedergewinnung der Höflichkeit gegenüber der Dominanz der Sachlichkeit und unangemessen verkürzter räumlicher und zeitlicher Distanzen. Guardini umreißt die Notwendigkeit der Höflichkeit als kleine, aber wichtige alltägliche Wertexpression. Diese Notwendigkeit wird evident, hat man folgende Situation vor Augen:

> *«Die Menschen leben auf engem Raum miteinander, im Bereich des Hauses, des Büros, der Fabrik, in den Zimmern der Behörden, im Gedränge der Straßen und ihres Verkehrs, in der Enge des vielbesiedelten Landes. So berühren sich ihre Lebenssphären beständig. Ihre Absichten kreuzen einander geradeso wie die Wege, die sie gehen. So entsteht auch immerfort die Gefahr der Reibung, der Entzündung, und jeder vernünftige Mensch wünscht, ihr zu begegnen. Er wird nach Formen suchen, in denen sich die Sorge für ein richtiges Zusammenleben der Vielen ausdrückt; die Heftigkeit gegensätzlicher Gefühle und Absichten sich mildert; Jeder dem Anderen entgegenkommt und seinerseits Entgegenkommen erfährt.»*[382]

So evident angesichts ihrer Krise Sinn und Bedarf der Höflichkeit auch wird, so ist sie vor dieser Skizze von Daten und Koordinaten ein *Desiderat.* Höflichkeit stellt sich nicht automatisch ein. Dazu verweist Guardini auf die Instinktenthobenheit des Menschen, die ihm Freiräume für «kulturelle»[383] Gestaltung und Formbarkeit von Lebens- und Umgangsbereichen ermöglicht und diese benötigt – nicht zuletzt für

---

[378] *GUARDINI*, Ethik II 906. – Auch dieser Befund dürfte an Brisanz kaum etwas verloren haben, eher im Gegenteil.

[379] Vgl. *GUARDINI*, Ethik II 907-911.

[380] *GUARDINI*, Ethik II 910.

[381] Vgl. *GUARDINI*, Ethik II 911. – Vom «Verlust der Minne» wagt man kaum zu sprechen, aber das poetische und kreative Moment bleibt, jenseits historischer oder historisierender Verschrägungen, erinnernswert.

[382] *GUARDINI,* Tugenden 119 – eine Analyse, die zweifelsohne keine Patina angesetzt hat, aktuell eher noch an Relevanz gewinnt.

[383] Der Begriff «Kultur» ist hier in einem weiten und unspezifischen Sinn zu verstehen. Kultur meint bei *GUARDINI*, Sorge I 14, alles «was der Mensch tut, gestaltet und schafft». Zu Einordnungen und Entwicklungen vgl. *KNOLL*, Glaube und Kultur, passim, bes. 337-453 (im Blick auf die kritische Schwelle Neuzeit).

das Gelingen oder Glücken von Leben selbst.[384] Der Weg dahin – zwischen Mit- und Gegeneinander – bezieht seine Orientierung für Guardini fraglos aus der Ethik, der sittlichen Erziehung, aus Gesetz und Rechtspflege – vorab für die «großen Dinge». Im Detail aber und tagtäglich übernimmt deren Funktion die Höflichkeit.[385] Gerade hier vollzieht sich, so Guardini, ein *gutes* Stück *sittlichen Lebens*.[386] Genau diese Unterscheidung und Ordnung von scheinbar sittlich Marginalem und Essentiellem (parallel zu der Ordnung primärer und sekundärer ethischer Normen, wie bereits vorgestellt) durchzieht auch die tugendethische Reflexion mit Recht – nicht nur – bei Guardini. Dennoch setzt seine Neubesinnung auf die Höflichkeit gerade mit der nicht wenig überraschenden Feststellung der «Verquickung» dieser Bereiche ein. Guardini nimmt signifikanterweise Bezug auf ein «Stück» biblischer Paränese. Durchaus erstaunt konstatiert er, daß Paulus inmitten fundamentaler theologischer Reflexionen in Röm 12 seine Adressaten mahnt, einander in Ehrerweisen zuvorzukommen. Zuvorkommenheit und Ausdrucksformen der Reverenz gehören zu den klassischen Topoi der Höflichkeitstheorie und sind mitunter sogar Synonyme für das Gemeinte. Die für Paulus nicht seltene Verschränkung von «großen Gegenständen» (so Guardini) und alltäglichen Erfahrungen hat also auch das Phänomen der Höflichkeit im Blick, das – fügt Guardini sogleich hinzu – nicht den «hohen» Tugenden wie Gerechtigkeit, Wahrheitsliebe und ähnlichem mehr zugerechnet werden kann, aber dennoch Bedeutung trägt: «(...) die Höflichkeit ist eine Tugend und wert, bedacht zu werden.»[387] Dabei ist festzuhalten: Höflichkeit als «kleine» oder «nicht-hohe» Tugend ist zu unterscheiden von der «großen Nächstenliebe».[388] Mit dieser Bestimmung der Höflichkeit als «kleiner Nächstenliebe» umreißt Guardini den theoretischen wie praktischen Ort der Höflichkeit in einem ethischen Diskurs, dem es ja immerhin um die Gestaltung des sittlichen Lebens geht.

Guardini filtert dazu – nicht streng systematisch, wie oft bei seinen tugendethischen Überlegungen – wesentliche Grundzüge der Höflichkeit heraus, die in ihrer Gesamtheit auf eine nicht zu unterschlagende Bedeutung für ein christlich-personales Ethos hinweisen:

- Höflichkeit ist formal vielfältig, was allerdings nicht selten zu Bewertungsunsicherheiten führt[389];
- Höflichkeit ist vorrangig dem Willen zu verdanken, Abstand und Raum zu schaffen, nicht zu bedrängen (nicht einmal die je eigenen Vorzüge urgiert sie)[390];

---

[384] Vgl. umfassender zu Glück, Gelingen und sittlichem Gut im Horizont des Glaubens bei Guardini *KURTH*, Das ethische Denken 184-204.

[385] Und das ist keineswegs als Relevanzminimierung zu verstehen, wie *GUARDINI*, Tugenden 120, verdeutlicht.

[386] Vgl. *GUARDINI*, Ethik II 900. Diese These unterstützend weist Guardini zudem auf den Transparenzcharakter der Höflichkeit hin: Verwilderte Umgangsformen korrelieren mit «sittlicher Verwilderung». Wie schon gezeigt, hat dieses Junktim auch eine theologisch-ethische Tradition. Freilich ist dieser Rückschluß kein einfacher Automatismus. Diese negative Umdrehung dessen, was wir positiv zu sichten versuchen wollen, wenn hier von «kleiner», aber weitreichender, weil hochfrequenter Bedeutung der Höflichkeit gehandelt wird.

[387] *GUARDINI*, Tugenden 118f.

[388] Vgl. *GUARDINI*, Tugenden 119. *FOITZIK*, Kleine Tugend Höflichkeit, greift genau diese Koordinaten terminologisch und inhaltlich auf.

[389] Gerade dies verschärft ja die ethische Frage nach dem Präferenzverhalten.

- Höflichkeit ist aktivierte Initiale der Anerkennung des Guten im anderen;
- Höflichkeit intendiert, Unerfreuliches oder gar Verletzendes fernzuhalten, es zu überbrücken oder schwierige Situationen zu entgiften[391];
- Höflichkeit hat Entlastungsfunktionen[392];
- Höflichkeit ist zeitintensiv, sie «entschleunigt»[393];
- Höflichkeit hat eine ästhetisch-sensitive und taktil-diskrete Dimension;[394]
- Höflichkeit gehört zum Ethos der Demokratie.[395]

Schon an diesen teils traditionellen Charakteristika[396] wird deutlich, daß es sich bei der Höflichkeitskonzeption Guardinis keinesfalls um eine formalistische, rituali-

---

[390] Dies hat bei Guardini auch kulturtheoretische Signifikanz. Vgl. *GUARDINI,* Tugenden 121: «Kultur beginnt nicht mit Zudringen und Anpacken, sondern mit Hände-Wegnehmen und Zurücktreten. Die Höflichkeit schafft freien Raum um den Anderen; bewahrt ihn vor der bedrängenden Nähe, gibt ihm seine eigene Luft.». Hier liegt es nahe, an einen anderen, in vielerlei Hinsicht radikaleren Denker der Alterität zu denken: Levinas' Diktum vom (beim Autor selbst nicht explizit) höflichkeitsmarkierten Vortritt-lassen als *Initiale* des Humanen und Intelligiblen (wir haben es eingangs zitiert) ist hier als *Initiale* und *Signatur* der Kultur begriffen. Nur gilt es diese Initiale je situativ neu zu präzisieren und zu praktizieren. Sie ist – wenn auch nicht ausreichend für die Beschreibung von Humanität, Intelligibilität oder Kulturalität – nicht zu überwinden oder letztlich hintanzustellen.

[391] *GUARDINI,* Tugenden 120f., vgl. *ders.*, Gentleman 51, wo Guardini auf das Zusammenspiel von Vernünftigkeit und Freundlichkeit angesichts des vielfach «bedrängten und behinderten» Lebens hinweist.

[392] *GUARDINI,* Tugenden 122: «Höflichkeit ist eine wichtige Hilfe im Dasein. Keine von den ‹großen› Hilfen, etwa daß in schwerer Gefahr einer sich neben den Anderen stellt, oder ihn aus drückender Not herausholt; wohl aber eine von den ‹kleinen› Hilfen, welche die immerfort fühlbaren Schwierigkeiten des Lebens erleichtern: Rücksicht auf die Stimmungen des Nebenmenschen, Situation, und so fort. Ein beständiges Leichtermachen des Lebens, das von so vielen und oft sonderbaren Bedrohungen in Frage gestellt wird – das ist die Höflichkeit.» Diskret wird hier die Höflichkeit als Haltungs- und Bildungsziel in den Kontext des stets gefährdeten gelingenden Lebens und des sittlich Guten eingeordnet. Vgl. vertiefend *KURTH*, Das ethische Denken 184-209.

[393] *GUARDINI,* Tugenden 124. Auch das eine häufig wiederkehrende Beobachtung, die auch von den soziolinguistischen Daten gestützt wird. Die These, daß gerade in «akzelerierten Zeiten» eine Entdeckung der Langsamkeit ihren Sinn hat, wird noch zu erläutern sein hinsichtlich ihrer ethischen Relevanz.

[394] *GUARDINI,* Tugenden 123: «Endlich soll noch auf etwas hingewiesen werden: Daß nämlich die Höflichkeit schön ist und das Leben schön macht. Sie ist ‹Form›: Haltung, Gebärde, Handlung, die nicht nur Zwecke erfüllen, sondern einen Sinn ausdrücken, der in sich selbst wertvoll ist, eben den der menschlichen Würde. Auf ihrem Gipfel wird aus ihnen ein Spiel, das hohes Dasein darstellt; denken wir etwa an das Zeremoniell der Staatsvorgänge, oder an das Ritual liturgischer Feiern. Freilich steht sie auch in Gefahr, die allen Sinnfiguren droht, nämlich künstlich, unnatürlich und damit unwahr zu werden.» Vgl. *GUARDINI*, Gentleman 51, 55. – Dabei ist die formelle Seite in ihrer Vielfalt bei Guardini wenig dominant.

[395] Vgl. *GUARDINI*, Ethik II 917: «Das Höflichkeit schaffende demokratische Prinzip wird sich also vor allem in der Überzeugung kundtun, daß der Andere mir als Person ebenbürtig ist – ebenso wie ich, als Person, ihm.» Zu diesem Ferment des Politischen, bei aller Prononcierung des Individualethischen in der Tugendethik ließe sich dann auch umgedreht fragen, inwiefern ein egalitärer Diskurs unter Nicht-restlos-Gleichen nicht nur Höflichkeit schafft, sondern voraussetzt, um Toleranz und Gerechtigkeit (vgl. *KURTH*, Das ethische Denken 371ff.) als demokratischen und sittlichen Werten Ausdruck zu verschaffen, also z.B. schlicht Einbeziehung (oder Abgrenzung), Beginn und «Turns» der Debatten formal, formell, aber auch von der Haltung her zu prägen und zu organisieren. Die Frage ist im Blick auf die dargestellten Phänomene und Figurationen wohlbegründet. Vgl. zu diesem Zusammenhang auch *R. RAK*, Demokratie und Tugenden, in: *BREUER*, Ethik der Tugenden 453-463, *R. NORMAN*, Wir sind, was wir tun. Großherzigkeit ist eine politische Tugend, in: EK 30 (1997) 157-160, und die völlig anders beheimateten Beobachtungen in: *E.M. USLANER*, The Decline of Comity in Congress, Ann Arbor 1993.

[396] Schon hierin wird die «Weite» der Höflichkeitsfassung bei Guardini gegenüber dem erheblich skeptischeren Konzept bei Thielicke spürbar.

sierte und sich in verbalen oder prosodisch-gestischen Routinen erschöpfende Auffassung von Höflichkeit handelt.[397] Gerade in und trotz aller Ambivalenzen, realer Devianzen wie Defiziten ebenso trotz aller Gefährdungen durch Böses – und das damit nicht einfachhin identische «Wilde»[398] – ist der spezifische Beitrag einer neusituierten Höflichkeit zunächst auch in ihrer «Nicht-Penetranz» und «Nicht-Ostentation» zu sehen. Was ethische Relevanz gewinnt im Zug dieser Sensibilisierungen für das angefochtene und fragile Leben ist eine Durchsicht darauf, daß eine Marginalie wie die «Höflichkeit» in der Sorge um den Menschen (um mit Guardini zu sprechen) gerade weil sie an den Rändern, Grenzen und Übergängen situiert ist, eine Kultur der Aufmerksamkeit, des Abstandes konturiert. Sie markiert voreiliges und unbegründetes Eindringen und Übergriffe zwischen den Sphären des einen und des anderen in einer wesentlichen, ontischen wie theologischen Sicht von Abstand und Differenz – gerade um deren ethischer Begründung und verträglicher Gestaltung willen.

Auf dem Weg dahin unterfüttert Guardini seine «Phänomenologie der Höflichkeit»[399] mit Überlegungen zu ihrer historischen und theoretischen Begründung. Daß die historisch-genetische Referenz der Höflichkeit im Blick auf König und Hof[400] – die soziale Hierarchie in Relation zum «gottnahen» König oder Fürsten – lange an ein Ende gekommen und obsolet geworden ist, erscheint evident. Diese Positionierung wird emanzipativ abgelöst durch ein Nebeneinander, eine Gleichordnung, die aber leicht selbst in ein verdecktes Chaos gewalttätiger Totalitarismen abgleiten kann.[401]

Von der Entwicklung neuer Referenzpunkte hängen Begründbarkeit und Stellenwert zeitgemäß transponierter Höflichkeit ab. Guardini sieht hier in der Ablösung von der historischen Konstellation einzig die «Würde» und die «Verletzlichkeit» des Menschen als Anknüpfungspunkte, die zur Legitimation markiert höflicher Ausdrucksfiguren von Achtung und Respekt dem anderen gegenüber tragend werden können.[402] Nur angetippt wird von Guardini hingegen ein Element der Höflichkeit, das er «Sinn für die Symbolik des menschlichen Verhaltens»[403] nennt. Es geht dabei um die Arbeitsteiligkeit und phasenhafte Zerlegung ritueller Handlungen,

---

397 Genau diese Elemente sind in seiner Kulturtheorie in personal-christlicher Fundierung gerade eher spärlich belichtet.

398 Die ethische Qualität des Bösen leuchtet hierbei eo ipso grundsätzlich ein; das Phänomen des Wilden und Nicht-Kultivierten muß man wohl an Besten jenseits von sozialen und ethologischen Differenzen (die gleichwohl hier schnell assoziiert werden könnten) mit der von Guardini selbst vorbereiteten räumlichen Dimension der Kultur als Abstandschaffen und -halten lesen. Blasiertheiten wie Snobismen haben darin keinen Platz. Vgl. zum Begriff des Bösen bei Guardini knapp *KURTH*, Das ethische Denken 204-209, in phänomenologischer und theologischer Deutung.

399 Vgl. zur phänomenologischen Methode bei Guardini *KURTH*, Das ethische Denken 90-100.

400 Vgl. *GUARDINI,* Tugenden 125f.

401 Vgl. *GUARDINI,* Tugenden 126.

402 Vgl. *GUARDINI,* Tugenden 126.

403 *GUARDINI*, Ethik II 895f. – Hier liegen natürlich Anknüpfungspunkte zu anderen Forschungsrichtungen. Erinnert sei an die Richtungen des «symbolischen Interaktionismus» und sein Ertrag für die Cortesiologie, erinnert sei aber auch an die vielfältigen symbolisch vermittelten Höflichkeitsmarkierungen jenseits rein verbaler Höflichkeit.

in der über bestimmte Gesten, Geräte oder Insignien ein soziales «ranking» ausgedrückt und verifiziert wird.[404]

Im Anschluß an allgemeinere Beobachtungen zum Gemeinwesen hebt Guardini auf die Höflichkeit als «Werthaltung» und «Wertfigur»[405] ab, verortet sie historisch in Ethik und Kultur des mittelalterlichen Hofes. Auffällig ist hier, daß Guardini nicht allein die politisch-soziale Zweckmäßigkeit eines bestimmten Verhaltenskodex hervorhebt, sondern zudem auch auf dessen numinos-religiöse Konnotationen verweist. Der Herrscher, dem man sich in bestimmten Selbstdegradierungsmustern nähert, verdankt diese in der Auffassung seiner Zeit der mystischen Nähe zum Göttlichen, die es zu schützen, zu schonen oder günstig zu stimmen gilt durch eine Atmosphäre der Bejahung und der Ehrfurcht. Diese so ursprünglichen wie urtümlichen Formen der Distanz- und Rangwahrung verdünnen, rationalisieren und schematisieren sich mit der Zeit.[406]

Besonderes Augenmerk widmet Guardini der exemplarischen «Höflichkeit in der Beziehung der Geschlechter».[407] Historisch ist dieses Verhältnis über lange Strecken vorrangig und einseitig durch eine Devotheit der Frau gegenüber dem «Herrn» gekennzeichnet und gehört im Regelfall (Ausnahmen sind möglich) in die Kategorie des Besitzes (die Frau gehört dem Mann als Ehefrau oder sogar als Sklavin). Erst von dem Zeitpunkt an – so rekapituliert Guardini –, in dem sich die dominanten Momente von Gewalt und Besitzstand zurückentwickeln[408], tritt eine eigentliche Höflichkeit, d.h. Respekt und Achtung, auf den Plan. Höflichkeit wird eine Komponente der «Werbung»[409], die den eigenen Willen und Raum der Um-

---

404 Vgl. *GUARDINI*, Ethik II 896, im Rückgriff auf eine klassische Typisierung. Dieser Dimension wohnt, neben der praktischen Komponente einer Versicherung im sozialen Gelände, auch eine ästhetische inne: Freude und Lust an der Schönheit der Inszenierung und des Zeremoniells. Im Blick auf die historische Entwicklung und Diversifikation gibt es dabei auch eine Tendenz zu Polymorphie und differenzierter Gestaltung dieser Phänomensets bis hin zu reiner Selbstzwecklichkeit, die losgelöst ist von realen Notwendigkeiten und in sich selbst ruht. Dabei entsteht durch die Anstrengung der «beständigen Wachsamkeit und hohen Selbstkontrolle» der Typus des «honnête homme», der allerdings ob der Fragilität und Komplexität dieser Vorgänge ein gefährdeter Typus ist – immer nahe an der Lächerlichkeit und Verletzlichkeit.

405 *GUARDINI*, Ethik II 887. Bei aller nötigen Vorsicht dem «Wert»-Begriff gegenüber und seiner Mehrdeutigkeit (vgl. z.B. *W. WOLBERT*, Art. Wert, in: NLChM 857-860, *A. PIEPER/J. RÖMELT/HG. NUTZINGER/W. SIMON*, Art. Wert, in: LThK³ X 1105-1109), bleibt diese Inspiration wichtig für eine Werte- und Wertungskonzeption, die das ethische Moment anbahnt, solange nicht ausschließlich ökonomisch-utilitaristische «Kognitionen» gemeint sind. Für Guardini stellt sich diese metaethische und begriffsanalytische Frage nicht. Die Zusammenhänge bei Guardini bedenkt schon *V. EID*, Tugend als Werthaltung, in: *J. GRÜNDEL/F. RAUH/ders.* (Hrsg.), Humanum. Moraltheologie im Dienst am Menschen (FS Egenter), Düsseldorf 1972, 66-83.

406 *GUARDINI*, Ethik II 889. *GUARDINI*, Ethik II 890, skizziert diesen Ausgang: «Das Verhältnis des Tiefer- zum Höher-Stehenden wird zum Schema für richtiges Verhalten überhaupt, auch da, wo ein Rangunterschied nicht besteht. Der Höfliche hebt den Anderen für die Dauer der Situation auf eine Stufe des Höheren und bestimmt von daher sein Verhalten ...» Analog lesbar ist die historische Skizze zur Ehrfurcht. Vgl. zu Details *MARSCHÜTZ*, Die verlorene Ehrfurcht 143-158.

407 *GUARDINI*, Ethik II 897-901.

408 Avantgarde ist dabei die literarische Fiktion, wie wir gesehen haben, aber sie hat Langzeitwirkung (wie noch immer zu hoffen steht). Vgl. dazu die oben in Abs. 4. vorgestellten Überlegungen zur «einfachen Sittlichkeit» im Kontext einer «Ontologie» von Ethosformen bei O.F. Bollnow.

409 Hier sei an die Metapher «den Hof machen» erinnert. In der Annäherung wird auch – gleichsam «feldtheoretisch» – eine Aura, ein Raum der besonderen Qualifikation von Würde und Wert (historisch-fiktional hauptsächlich) der anderen kreiert.

worbenen gelten läßt und Annäherungen in diskrete Formen bindet.[410] Für Guardini ist das eigentlich «höfliche Verhältnis» zwischen Mann und Frau in der christlichen Offenbarung grundgelegt. Einmaligkeit und Unvertretbarkeit jedes/r Einzelnen in seiner Personwürde und Gottesbildlichkeit bilden den Boden für ein respektvoll-höfliches Umgehen miteinander.[411] Es zählen nicht zunächst Sozial- oder Geschlechterrollen[412], auch nicht Formen und Gesten des Beherrschens oder Behütens, des Begehrens oder Gewährens, Takt oder natürliches Formgefühl, sondern das Bewußtsein der Personalität der/des anderen – und das in allen Abstufungen und unterschiedlichen Dringlichkeiten des alltäglich Begegnenden sowie der daraus resultierenden Verantwortung füreinander.[413] Das wechselseitig-dynamische «In-Ehren-halten»[414] hält an gegen die «Erniedrigung des anderen», d.h. Höflichkeit hat nicht nur ihren Ort in der Phase der vorsichtigen Kontaktaufnahme («Werbung»), sondern ist ein dauerndes, befristete wie kontinuierliche Partnerschaft stabilisierendes Moment.[415]

In der Folge kultureller Formungen erhält diese einseitig-hierarchische Relation von unten nach oben – im privaten, semi-privaten und politischen Bereich – ihr dialektisches Pendant in der Höflichkeit des Herrschenden, die sich manifestiert in der Selbsteinschränkung, im freiwilligen Verzicht auf Geltendmachung des Ranges und der Macht. Guardini unterstreicht, daß schon dieser Selbstrücknahme (in der eigenartigen Verbindung von «Hoheit und Demut»[416]) des an sich Mächtigeren ein versöhnlicher und schonender Zug innewohnt, und hebt hervor, daß dieses Charak-

---

410 Guardini erinnert an zwei weitere Momente, die der Höflichkeit in der Beziehung zwischen Mann und Frau Vorschub leisten: zum einen – so Guardini – das Moment der doppeldeutigen Unverständlichkeit des Wesens der Frau (eine nicht zu überspringende Distanz, die aller möglichen Nähe zum Trotz, nicht einfachhin übersprungen werden kann, weil darin interpersonale Konflikt- und Gefahrenmomente liegen können) und eine (im Sinne des Schutzes) tabuisierte, «numinose», also respektheischende Relation der Frau zum Leben selbst (in der unmittelbarere Erfahrung des Lebens im Gebären).
Natürlich haben Auslassungen wie diese mittlerweile eine Klangfarbe, die Assoziationen auslöst, die leicht unter das Rubrum «anti-emanzipatorisch», gar reaktionär und die Gleichwertigkeit der Frau verachtend fallen und damit disqualifiziert werden könnten. Ungeachtet der hermeneutischen Vorsicht, die die Chronologie auferlegen müßte, darf aber darauf verwiesen werden, das Strömungen eines verstärkten Denkens der Differenz diese stärker pointieren, ohne Gleichheit mit Gleichwertigkeit verwechseln zu wollen. Daß damit ein Feld höchster Ambivalenz, Brisanz und teils gequälter und ermüdender «political correctness» gestreift ist, bedarf keiner weiteren Erläuterung. Das historisch-emanzipatorisches Moment der Höflichkeit – statt Besitz Respekt, statt Gewaltanwendung kreative Formen der «Minne» u.a.m. – sei hier in Erinnerung gerufen.

411 Hier scheint es nicht unangemessen, darauf hinzuweisen, daß «Höflichkeit» nicht nur eine Funktion der Annäherung oder Distanzwahrung ist, sondern sich in ihr alltägliche Gesten, Zeichen und Verbalien bergen, die für Kontinuität, Kreativität und für die Phantasie einer Beziehungsgestaltung durchaus nicht ohne Belang sind. Ein Beispiel mag das verdeutlichen: der vergessene Hochzeitstag. Die Folgen – banal? Keineswegs nur! Formen der Höflichkeit, Prästationen z.B., sind eine Investition von Zeit, Phantasie etc. in eine bestehende Beziehung und tragen sehr wohl zu ihrem Gelingen bei!

412 Vgl. gerade Gal 3,28!

413 Vgl. *GUARDINI*, Ethik II 900.

414 Hier eröffnet sich ein Seitenblick z.B. auf die liturgischen Formulierungen des «Ehrens» und «Achtens» im Kontext des Ehesakraments.

415 Schon von hieraus wird man sagen können, daß die «kleine» Tugend Höflichkeit, so sie denn unter die Tugenden zu rechnen sein wird, auf jeden Fall eine «weite» Bedeutung hat – situativ und kontinuierlich.

416 Vgl. *GUARDINI*, Ethik II 892.

teristikum seine besondere Ausprägung im Christentum erfährt – «und zwar auf Grund der von letzterem erkannten Würde des Unmächtigen als solchen».[417]

Diese kulturell-religiöse Leistung unterscheidet sich fundamental von einer biologistisch-technizistischen «Logik des Lebendigen»[418], nach der das Schwache keineswegs geschützt oder geschont zu werden braucht und die demzufolge keine Formen gesellschaftlicher Rücksicht entwickelt.[419] Von derartigen «sozialdarwinistischen Denk- und Interpretationsmustern» im humanen Bereich hebt sich das Christentum (zumindest in seinen formulierten wie prägenden Ansprüchen, aber auch in Teilen historisch konstatierbarer Praxis) ab:

> *«Das Christentum lehrt, in allen Menschen die Kinder des Vaters im Himmel zu sehen, gleichgültig, wie sie vital, begabungs- und bildungsmäßig, ökonomisch usw. gestellt sind ... Es spricht sogar von der besonderen Sorge Gottes gerade für die Schwachen und Armen ... Ja vom Geheimnis des Leidens, seiner sühnenden und reifenden Wirkung und gibt ihm durch das Opfer der Erlösung eine durch nichts zu ahnende Würde.»*[420]

Wenn es auch frappieren mag: Dies sind Überlegungen im expliziten Höflichkeitskontext bei Guardini. Das Unterscheidende einer verbindenden wie verbindlichen «Christlichen Weltanschauung»[421], die hier natürlich nur erinnert und nicht in der ausführlichen Weise wie von Guardini selbst entwickelt werden kann, nimmt hier im Verbund mit einem personalen Ethos die kritischen wie stimulierenden Impulse von Schöpfungstheologie[422], Inkarnation und Kreuz in eschatologischer Perspektive in einen Diskurs ein. Hermeneutik, Heuristik und Handlung werden davon geprägt, so daß der Diskurs dann selbst – schon en détail – wieder über sich hinausweist, aber ohne kurzschlüssige Moralisierung einen «moral point of view» einnimmt, der gerade dem Detail, dem «Kleinen», dem Marginalen eine ethische wie soteriologische Dimension nicht abspricht. Mag auch gerade die Thematik der Würde des Menschen im weithin herrschenden Diskurs (mittlerweile stärker noch als zu Guardinis Zeiten selbst) als «Säkularisat» schöpfungstheologisch unterfangen sein als Grund und Impuls der konkretisierten und aktuierten Aufmerksamkeit, so stehen diese Perspektiven in Konvergenz: Achtung vor dem Eigenrecht des anderen und Diskretion als Sorge um aktuelle Wahrung von Differenz, von letztlich personalem Geheimnis haben einen gemeinsamen Zielpunkt – und brauchen zu dessen Ratifizierung wie zu dessen Elementarisierung und Operationa-

---

[417] Vgl. *GUARDINI*, Ethik II 891.

[418] *GUARDINI*, Ethik II 891.

[419] *GUARDINI*, Ethik II 892, notiert nicht zufällig eine Sentenz Nietzsches: «Das Untergehende soll man noch stoßen ...» und nennt die Ausrottung der Schwachen als Signum des Totalitarismus. Vgl. *GUARDINI*, Ethik II 892.

[420] *GUARDINI*, Ethik II 892.

[421] Vgl. dazu eingehend, kompakt und mit Belegen *MARSCHÜTZ*, Die verlorene Ehrfurcht 158-163, *KURTH*, Das ethische Denken 41-62, *H. MERCKER*, Christliche Weltanschauung bei Romano Guardini, in: *HENRICH*, Guardini 45-68. Zur Situierung in systematischer Hinsicht auch: *P. HOFMANN*, Romano Guardinis «katholische Weltanschauung». Der schmale Grat zwischen philosophischer Begründungsrationalität und Glaubensvernunft, in: ThQ 181 (2001) 50-71. Was hierbei im Kontext jüngerer «Letztbegründungsdebatten» erörtert wird, hat schließlich auch ethische Bedeutung.

[422] Vgl. z.B. *GUARDINI*, Der Anfang aller Dinge, dazu *MARSCHÜTZ*, Die verlorene Ehrfurcht 125ff., *KURTH*, Das ethische Denken 104-138.

lisierung genau diese Haltungen und Ausdrucksmodi ebenso wie Rückhalteschwellen in der Einzelhandlung.

So verstärkt diese ethisch-spirituelle, theologisch wie anthropologisch gefüllte Tradition einen – durchaus selbstkritisch wendbaren – Impuls der Schonung, der Ehrfurcht und Sorge, damit der Höflichkeit und «Ritterlichkeit», der «cortesia», eine Gesinnung, in der die Schwäche des Schwachen für den Starken nicht einfach Anlaß und Anstoß zur Verachtung wird. Kraft und Mächtigkeit gewinnen dabei einen neuen Charakter – Kraft zur Freiheit von sich selbst, zur Güte und zum Großmut. Der Rekurs auf die Würde des Menschen birgt hier noch einen anderen Aspekt. Tendenzen der Versachlichung und Entpersonalisierung, also Entwürdigung des Menschen.[423]

«Ehrerbietung der Würde des Menschen wegen» begründet sich systematisch auch deshalb, weil mit dem anderen nicht einfach «sachlich» oder nur «sachgerecht», also technizistisch und funktional-utilitaristisch, umgegangen werden kann.[424] Sind Sachgerechtigkeit und Sachlichkeit durchaus ein Postulat (oder gar eine vorherrschende Option oder Strömung), die an einer Fülle von lebensweltlichen Entscheidungs- und Schnittstellen eingefordert werden darf, so steht sie doch in der Gefahr, den anderen unangemessen auch im alltäglichen Umgang zu instrumentalisieren, wobei die Signale ersticken, die darauf verweisen, daß der andere eben nicht wie eine Sache oder ein theoretisches Problem zur Debatte steht und stehen kann.[425]

Daß Guardini gerade in diesem Zusammenhang auf die Gottesbildlichkeit des Menschen zu sprechen kommt, überrascht dann kaum mehr.[426] Für eine Neubegründung der Höflichkeit führt Guardini dann Überlegungen an, die vor dem unverzichtbaren Hintergrund ihrer Theologalität sichtbar werden.

Der Begriff einer grundlegenden personalen Würde und «Gleichheit» (im Sinne der Gleichwertigkeit!) muß – so Guardinis Postulat – akzeptiert und zur Grundlage der Ordnung erhoben werden. Dies darf nicht mehr, so Guardini weiter, als Störfaktor einer Ständehierarchie aufgefaßt bleiben. Die Akzeptanz des anderen als Per-

---

[423] *GUARDINI,* Tugenden 126, verweist nicht zufällig genau an dieser Stelle auf Totalitarismuserfahrungen.

[424] Vgl. *GUARDINI,* Tugenden 122. Vgl. die grundsätzlichen Überlegungen zu einem ethisch immer brisanteren Thema bei R. *SPAEMANN*, Personen. Versuche über den Unterschied zwischen «etwas» und «jemand», Stuttgart 1996.

[425] Hier ist – neben den Phänomenen von Rationalisierung und Technisierung, die den Umgang von Menschen strukturieren können – sicher auch an die Frage der «Virtualisierung» oder «Cyberisierung» des anderen zu denken. Die 2. Moderne verschärft das Tempo, versachlicht und funktionalisiert, technisiert Kommunikation, verlärmt und dezentriert und gibt die Polaritäten (permanente Event- und Zugriffssuggestion leitbildhaft) auf. Vgl. z.B. die Beobachtungen bei *C. STOLL*, LogOut. Warum Computer nichts im Klassenzimmer zu suchen haben und andere High-Tech-Ketzereien, Frankfurt/M. 2001: Kommunikationstools verdrängen teils selbst die Erfahrung des Umgangs mit anderen. Andere Indizien, durchaus selbst auslegungsbedürftig, gäben Beobachtungen zu Konzentrations-, Fokussierungs- und Aufmerksamkeitsschwächen mit teils psychopathologischen Formen. Wenn Höflichkeit mit Aufmerksamkeit zu tun hat, dann sind diese Problemindikatoren so relevant wie auf der anderen Seite, um zurückzuschwenken, die Überlegungen, die Guardini zu «Sammlung», sprich: Konzentration, anstellt (vgl. knapp *KURTH*, Das ethische Denken 376f.). Die gesamte Problematik, wie Gnade (wenn Guardini theologisch gefüllt von Askese, Sammlung, Gottesorientierung spricht) und Natur (wenn psychophysische, naturale, «kulturelle» Daten einfließen) sich voraussetzen und vervollständigen, entzündet sich schon an dieser Stelle.

[426] Inwieweit dieses Argument im öffentlichen, pluriformen Diskurs auch tragen mag und Akzeptanz findet, steht auf einem anderen Blatt. Keinesfalls ist dieses Theologumenon aus Tradition und Diskurs zu verbannen.

son ist das durchgehende Motiv, das sich in Formen ausdrücken muß. Daraus kann, so mutmaßt Guardini behutsam und vorsichtig, eine *neue Höflichkeit* entstehen, auch wenn keinerlei Automatismus einzutragen ist.[427] Auszugehen wäre dabei von einer Gleichwertigkeitsidee, die zwar nicht absolute Gleichheit und Distanzlosigkeit insinuiert, aber dem Grundgehalt (einem positiven Gefühl der Demokratie, der Mündigkeit des Individuums, wie es ja – wenngleich nicht identisch – auch grundiert und insinuiert ist vom christlichen Personenbegriff[428]) entgegenkommt und dennoch die Verpflichtung zu wechselseitiger Achtung aufrechterhält.[429] Daraus könnte in der Realisierung unter den gegebenen geistesgeschichtlichen Vorzeichen eine Höflichkeit eigenen Charakters und «werteverwirklichender Kraft»[430] entstehen. Im Gegensatz zu Gefahren eines leeren, rein formalistischen höflichen Zeremoniells im «Stände-Setting» zielen Umgangsformen und -gesten, die die personale Ebenbürtigkeit des anderen bei aller Distanz im Auge haben, auf die Realisierung von *Wahrheit* und *Natürlichkeit*, nicht auf eine artifizielle Gestikulation.

Förderliches Potential für eine Entwicklung neuer, zeitadäquater Umgangsformen liegt schon für Guardini auch in der Beobachtung, daß in vielerlei Zusammenhängen das Ideal des authentischen (auch um den Preis der Ungeschlachtheit!) Originalgenies, das sich bis in die Renaissance zurückverfolgen läßt, aber z.B. in der Romantik und im Sturm und Drang nochmals eine Blüte erlebt, immer mehr hinter der zunehmenden Wertschätzung von Gruppe und Team zurücktritt.[431] Diese Gemeinsamkeit als Verantwortung für das Ganze generiert neue Umgangsformen der Involvierten.[432]

Allerdings genügt nicht allein Echtheit oder Authentizität, die leicht zu jenem «Terror der Direktheit», jener «Tyrannei der Intimität» führen können, die R. Sennett inkriminiert. *Echtheit* ist um den Faktor der «*Feinheit*» zu erweitern und durch diesen Filter zu schicken.[433] An dieser Stelle wird ebenso deutlich, daß diese Form des Handelns in Beziehung sich nicht einfachhin auf fixe konventionelle Schemata stützen kann und sie zu jeder Gelegenheit nur abzurufen braucht (so sie überhaupt schon eingeübt sind!), sondern sich auf elastischere und in erhöhtem Maße auf spontan entwickelte Ausdrucksformen einlassen muß. Dazu ist ein hinreichendes Maß an *Selbst*-Stand notwendig und – mit B. Pascal – ein «génie du cœur» oder ein «esprit de finesse» nötig, der Feinheit und Zartheit evoziert.

An dieser Stelle wird dann der eigentliche Kern der Höflichkeitstheorie durchsichtig, die Guardini dann diskret bis zur Frage nach der «Höflichkeit Gottes» selbst ausdehnen wird. Es geht um die Vermittlung von Abstand, Askese und Achtung. In einer Weltanschauung als «ganzhafter»[434], eben nicht perspektivisch-synthetischer,

---

[427] Vgl. *GUARDINI*, Ethik II 916.

[428] Vgl. *GUARDINI*, Ethik II 914f.

[429] Vgl. *GUARDINI*, Ethik II 913.

[430] Vgl. *GUARDINI*, Ethik II 914.

[431] Man bedenke die Abfassungszeit. Moderne Hochschätzung von «soft skills» wie jener der Team- und Kommunikationskompetenzen sind hier präfiguriert.

[432] Vgl. *GUARDINI*, Ethik II 920ff. Dieses Phänomen der Solidarität spiegelt sich für Guardini auch vor gemeinsamen (globalen) Bedrohungen. Gefährdungen, ob aktuell oder «nur» geahnt und in dieser Ahnung geteilt, bilden ein Motiv für Gesten für gemeinsame Verantwortung und Hilfsbereitschaft.

[433] Vgl. *GUARDINI*, Ethik II 918. *GUARDINI*, Gentleman 51, prägt dafür auch den Begriff «Ehren-Takt».

[434] Vgl. *GUARDINI*, Vom Wesen katholischer Weltanschauung, in: *ders.*, Unterscheidung 13-33, 15.

summarischer oder funktionaler Wahrnehmung des Seienden nimmt diese «Anschauung» alles als «überwertig»[435] wahr. Gegen die Entleerung des Geheimnisses des anderen in starre oder formale Begriffe und gegen dessen Funktionalisierung (aber nicht zu seiner Idealisierung) ist es der Blick der Kontemplation, der fundamental wird, noch vor dem handelnden Zugriff der «actio».[436] Diese Verlangsamung durch Anschauung und ihr entschleunigtes Urteil wehrt hier der Reduktion des anderen, des zu schnellen Eindringens, Zupackens und Begreifens. Denn gerade damit verflüchtigt sich zu leicht der Verweis- und der Geheimnischarakter von Dasein, der für Guardini dessen Grundqualität markiert.[437] Diese Unentschlüsseltheit des anderen, seine Transparenz ohne letzten Zugriff auf ein radikales Woher und Wohin, in «Anschauung» und «meditatio», in der Stille der Kontemplation angenommen[438], steht bei Guardini in engem Zusammenhang mit einer Askese und Kultur des Loslassens vor Ein- und Zugriff[439], einer Zurückhaltung, die den «Abstand» wahrt, der fast synonymisch mit Achtung und Höflichkeit gesehen werden kann. Diese kontemplative Diskretion steht gegen bloßen Zu- oder Übergriff schon in fundamentalen Zusammenhängen. Mag die Verbindung von Anschauung, die in diesem Sinne kein Ideologumenon ist, Ansicht und Blick als Höflichkeitsthema auch schmal sein. Grundlegende Momente der Invasivität, der Überschreitung von «unsichtbaren» oder gar intimen Grenzen stehen in einer selbst fragilen Konspiration.

In diesem Blickwinkel ist Höflichkeit als Modalität einer klassischen Actiolehre der praktischen Vernunft keineswegs auf- oder abgelöst, aber Guardini eruiert damit einen besonderen Zugang: Höflichkeit als grundlegende wie alltägliche Wahrung einer uneinholbaren Urdistanz in praktischer und ethischer Hinsicht auf ontischer, schließlich theologischer Prämisse und Präfiguration. Diese gerade für die Praxis und Haltung der Höflichkeit relevante Konstellation findet bei Guardini in den Begriffen und Perspektiven des «Abstands» und der Raumgabe ihren Ausdruck. Dies meint keine Distanz im Sinne einer «coolness», keine technische Neutralität, sondern ein Sym-Pathos der Distanz, das sich der Würde und der konkreten Sorge um die Würde des Menschen verdankt: Achtung in reguliertem wie regulierendem Abstand als Gewähr, daß die Beziehungen von Mensch zu Mensch Würde behalten[440], eine Schwelle, die ethisch nicht zu unterschreiten und praktisch je neu zu nehmen ist, um darauf das Humane der Beziehungen und Kommunikationen zu entwickeln.

---

[435] Vgl. R. *GUARDINI*, Die Sinne und die religiöse Erkenntnis. Drei Versuche, Würzburg ²1958 (¹1950) 20-22.

[436] Vgl. *GUARDINI*, Vom Wesen 19

[437] *GUARDINI*, Religion und Offenbarung, Mainz ²1990, 59. Vgl. *MARSCHÜTZ*, Die verlorene Ehrfurcht 158-169, 174-178 (mit zahlreichen Belegen).

[438] *GUARDINI*, Gentleman 54, konnotiert Höflichkeit und Stille: Der Gentleman macht keinen Lärm, ist nicht einmal akustisch-medial invasiv. Von da aus schlußfolgert und paraphrasiert er das Lärmend-Indiskrete von «Schlagzeilen». Man sieht einmal mehr: Guardini hat schnell den Lackmus-Test sehr realer Situationen im Blick. An Erfahrungen konturiert sich die Alternative des Höflichen – aber auch hier wiederum aus dem Gegensatz.

[439] Ausführlicheres bei *M. LECHNER*, Die Theologie des Maßes. Studien zur kulturgeschichtlichen Bedeutung der Askese bei Romano Guardini, St. Ottilien 1991, *R. HAUBENTHALER*, Askese und Freiheit bei Romano Guardini, Paderborn 1995.

[440] Vgl. *GUARDINI*, Tugenden 60, im Blick auf Person *und* Werk abgegrenzt von der Ehrfurcht dem Exorbitanten gegenüber.

Achtung ist die «alltägliche Ehrfurcht»[441] als «Ausdruck horizontaler Ehrfurcht», die den Raum um den anderen bewahrt und realisiert und in diesem Abstand Anstand beweist, weil es dem anderen in seinem Raum beläßt oder sich ihm diskret auf der Inspiration der «Anschauung» nähert. Abstand ist präveniente Raumgabe für den anderen: «Die persongerechte Haltung ist vor allem Abstand.»[442]

Diese Askese und Zurückhaltung gegen den Zugriff und das Zudringen[443] auf die Räume des Anderen hat ein Analogon, auf das Guardini in anderen Zusammenhängen zu sprechen kommt: Ehrfurcht in ihrer theologischen Dimension findet ihren Raum in der Anbetung. Sie ist Raumgabe für Gott.[444] Gott ist dabei nicht einfach ein anderer unter anderen, sondern zudem der «Überschuß an Wahrheit»[445], ein absoluter Anfang[446], Garant und Ziel des über sich weisenden, selbsttranszendenten Seienden, seines «Wertraums»[447], seines Transzendenz- wie Transparenzcharakters. Seine Offenbarung konstituiert und trägt eine Anschauung des Seienden, die gerade in (und wegen) aller Abständigkeit und Gebrochenheit menschlichen Erkennens und Handelns über ontologische Differenzen für Guardini der christologischen Vermittlung bedarf, in ihr kulminiert. Marschütz bündelt die Aussagen:

> *«So ist letztlich nur der an Christus glaubende Mensch fähig, die Weltwirklichkeit so zu sehen wie sie ist, denn nur ‹Christus hat den vollen Blick der Weltanschauung›. Weltanschauung bedeutet daher, teilzunehmen am Blick Christi auf die Wirklichkeit: aus seinen Augen zu sehen und mit seinen Maßstäben zu messen. Sie ist Leben in Christus. Dieses Gehaltensein in Christus läßt eine neue Haltung entstehen. Es ist zutiefst die Haltung der Liebe, durch die der Blick ‹wesensichtig› wird. Aber diese Liebe beginnt nicht mit dem Begehren, sondern mit der Ehrfurcht.»*[448]

Diese Dimension ist für Guardini natürlich unverzichtbar. Sie durchzieht seine Ausführungen. Jenseits einer sicher nicht unprekären Exklusivismusproblematik ist hier aber vor allem die nur asymptotisch realisierbare Verbindung von Verschiebung des *Blick*winkels auf das begegnende Seiende mit der Genese einer «verschobenen» Haltung durch das Gehaltensein in Christus zu vermerken. Was hier im Blick auf die Ehrfurcht der Liebe gesagt wird, gilt im Kern für die Höflichkeit, de-

---

441 Vgl. *GUARDINI*, Tugenden 58-60, dazu (mit genaueren Einordungen) *MARSCHÜTZ*, Die verlorene Ehrfurcht 133f.

442 R. *GUARDINI*, Möglichkeiten und Grenzen der Gemeinschaft, in: *ders.*, Unterscheidung 78, vgl. *BÖRSIG-HOVER*, Das personale Antlitz 108, vgl. die Darstellung der Thematik bei *PLESSNER*, Grenzen der Gemeinschaft 7-133.

443 Vgl. auch *GUARDINI*, Die Sinne 30.

444 *GUARDINI*, Der Herr 593, *ders.*, Tugenden 62f.

445 Vgl. *GUARDINI*, Anfang aller Dinge 16.

446 Vgl. R. *GUARDINI*, Die Existenz des Christen, aus dem Nachlaß ediert v. *J. SPÖRL*, Paderborn ^{2}1977, 78ff., in Absetzung von allen weiteren «relativen Anfängen» wie Mythos, Philosophie oder Naturwissenschaft.

447 Vgl. *GUARDINI*, Welt und Person 43.

448 *MARSCHÜTZ*, Die verlorene Ehrfurcht 162f., mit Bezug auf *GUARDINI*, Wesen 24, *ders.*, Sinne 30. Auffällig bleibt dabei die spärliche Christologie in den Höflichkeitspassagen selbst. Vgl. aber zu den Verbindungen neben den pointiert christologischen Schriften Guardinis z.B. *KURTH*, Das ethische Denken 125-134, *A. SCHILSON*, Mitte und Mittler. Gestalt und Bedeutung Jesu Christi bei Romano Guardini, in: *HENRICH*, Guardini 69-94.

ren Anliegen in theologisch-ethischer Perspektive ja nur der angemessene Haltungs- und Ausdrucksmodus dieser Dimensionen in die reale Interaktion sein kann.

Schließlich – und für unsere Suchbewegung von eminenter Bedeutung – tastet sich Guardini dann explizit zu einer letzten Dimension von Höflichkeit vor: Die Rede zielt in aller Analogie und Diskretion (die theologisch-hermeneutisch gerade da vonnöten ist) auf die «Höflichkeit Gottes»[449]:

> *«Dann aber gelangt der Gedanke, wenn er folgerichtig weitergeht, zu einer Höhe, die zugleich letztes Geheimnis ist: Haben wir einmal daran gedacht, wie Gott sein Geschöpf in Ehren hält? Wie Sein ganzes Verhalten zum Menschen auf der nie auszudenkenden Tatsache ruht, daß Er ihn frei geschaffen hat?*
>
> *Er, der alles vermag, will, daß der Mensch freie Person sei, in eigenem Stand stehe, über sich selbst verfüge, aus innerem Anfang heraus handle. An diese Freiheit rührt Gott nicht. Er zwingt nicht, schreckt nicht, verführt nicht – auch dann nicht, wenn der Mensch sich gegen Ihn und, eben damit, gegen sich selbst wendet.»*[450]

Guardini konnotiert die Höflichkeit Gottes mit dessen Zartheit und Zurückhaltung als die andere – gleichwohl erschütternde – Seite seiner Allmacht.[451] Hier ist eine zentrale Perspektive angebahnt und in der Diskretion der Frageform selbst –

---

449 *GUARDINI,* Tugenden 127f. – Dieser Topos mag für den geläufigen Begriff marginal sein, dennoch gibt es eine Traditionslinie, die sich auch im Umfeld des Franziskus von Assisi verfestigen wird. Franziskus v. Assisi ist für Guardini geradezu der Inbegriff der Inszenierung aller Qualitäten der Höflichkeit, vgl. *GUARDINI*, Ethik II 892: «Vollkommener Ausdruck [i.e. der Höflichkeit – APA] in Franz von Assisi, in welchem Adelsgefühl und Mut, Liebe zum Armen und Schwachen, innere Unabhängigkeit und ein bestimmtes verborgenes Schönheitsgefühl in eine vollkommene Einheit gelangen.» Vgl. auch die kleine Schrift *R. GUARDINI*, Der heilige Franziskus, Zürich 1951 (erstveröffentlicht 1927). Vgl. *J.G. BOUGEROL*, Art. «cortesia» in: DF 267-278 (zur «cortesia» als *der* «virtù francescana»), vgl. Gottfried von Straßburg, Tristan V 15 556 («gotes höveschei*t*»), Hartmann v. Aue, Erec V 3461, insgesamt: *GANZ*, curialis/hövesch 50f.

450 *GUARDINI,* Tugenden 127. Auf das dahinterliegende Gottesbild der *freien* Selbstbeschränkung Gottes jenseits von Satisfaktionstheorien oder Rächer- und Richterbildern – alle unter radikalem Analogievorbehalt und zugleich Kommunikabilitätsnotwendigkeit zu bedenken – würde gerade, aber nicht nur im Kontext franziskanischer Theologiebildung und Spiritualität noch genauer einzugehen sein. Der «cortesiale» Gott, der die Schöpfung, also Zeit und Raum in ihren Krümmungen, freigibt, der um «condiligentes» (mit Duns Scotus) wirbt (deren Bedingungsmöglichkeit er selber ist), trägt diese Züge, der in der Inkarnation «leise anklopft» in den Lebens-, Entscheidungs- und Handlungsmöglichkeiten, in den Realien des Menschseins – und damit die bedingte Freiheit nicht überspringt, sondern fördert und fordert. Zur «prove lecture» empfohlen *R. MIGGELBRINK*, Der zornige Gott. Die Bedeutung einer anstössigen biblischen Tradition, Darmstadt 2002, urgiert mit Recht die Kritik an einem verbilligten und sentimentalisierten Gottesbild, das nur aus *simpler* Liebe und Menschenfreundlichkeit besteht (und unterstreicht gerade die humanisierend-pazifizierende Wirkung, die realiter aus einer «Drohung» der Unbegreiflichkeit Gottes rührt. Aber diese Unbegreiflichkeit hat eben die andere Seite auch, die «cortesiale» nämlich ... – da wie dort beginnt Theodizee und Anthropodizee immer neu.

451 Vgl. *GUARDINI,* Tugenden 128. Guardini verweist dabei – mit Apk 3,20 – auf das Bild des «Anklopfens an der Tür», das Anklopfen dessen, der die ganze Macht hat im Himmel und auf Erden (mit Mt 28,18 und Offb 2,27f.), dessen also, der mit der Botschaft und mit der Tür ins Haus fallen könnte (um im Bild zu bleiben). – Der Höfliche ist der, der keinen (unnötigen) Lärm macht, unterstreicht *GUARDINI*, Gentleman 53f. Diese Bestimmung ist wörtlich und metaphorisch zu lesen. Nun ist Guardini keineswegs ein Idylliker ländlicher Pastoralen, vielmehr wird gerade auch an diesen Beobachtungen sein Gegensatzdenken des Lebendig-Konkreten deutlich. «Stille» und «Lärm» verleihen einander ja erst Kontur. Die theologische Assonanz eines bestimmten Gottesbildes der Offenbarungsstrecke ist dabei vermittelt zusammenzulesen und in der Transparenz zu sehen, die sich für die anthropologische und sittliche Fassung des Nicht-Lärmens schon als akustischer Nicht-Penetrierung des Raumes des anderen einstellt.

als Platzhalterin eine Form des höflichen theologischen Denkens selbst – angedeutet. Sie läßt nicht nur andere Gottesbilder und -erfahrungen bestehen, sondern übersieht auch nicht den eigenen Zugang zu einer Wirklichkeit, die wiederum dem langsamen, diskreten wie kontemplativen Denken Raum verschafft. Hier gewinnt theologische Reflexion und Besinnung auf die Höflichkeit einen letzten Ankerpunkt, der die Einsetzung und Teilhabe des Menschen an Freiheit und Freiraum in einer Ur-Inspiration theologisch reflexiv einholt, genauer: eher an- als ausdeutet, dabei mögliche Brüche und Konflikte auch in dieser Verbindung nicht verschweigt. Die Dimension von Schuld und Sünde ist angesprochen, damit ein zentraler Nerv des Ethischen. Dennoch bleibt zu vermitteln im Blick auf die Höflichkeit als Tugend der Entlastung und Entschleunigung, der personalen aktuierten Wahrnehmung des Menschen in den ihn vielfältig umgebenden Bezügen, die je selbst Ausdruck und Gestaltung fordern in den aktuellen Anforderungen, Strukturen und Motiven einer jeden geschichtlichen Situation mit ihren Implikationen.

An das Ethische zu vermitteln bleiben diese Spurenelemente einer Theologalität der Höflichkeit auch deshalb, weil diese Letztaufladung der Höflichkeit auf die Begründung einer Neubegründung zielt. Sie wird kaum in jeder ethisch relevanten Höflichkeitsminiatur und -interaktion thematisch bewußt eingeholt werden können und müssen. Das wäre eine Überfrachtung der Einzelhandlung und Überforderung des Handelnden. Aber für die ethische Disposition des *Christen*, für seinen Sprung in die konkrete Handlung bleibt dieser Einfalls-Winkel so unverzichtbar wie stimulierend – es ist die Zuvorkommenheit, Zartheit und Diskretion Gottes selbst als Movens und Motiv.[452]

b) Schätzungen und Einschätzungen: Askese, Abstand, «Anstand»

Der elementare und «erste Schritt zum Du» ist für Guardini «jene Bewegung, welche ‹die Hände wegnimmt› und den Raum freigibt, worin die Selbstzwecklichkeit der Person zur Geltung kommt›».[453] Mit dieser Bestimmung bringt Guardini Momente der Annäherung und Distanzierung als Grundmomente der Höflichkeit zusammen mit der Metaphorik, Symbolik wie Realität der transitiven und intransitiven Raumgabe und -nahme und in Zusammenhang mit dem fundamentalen ethischen Prinzip der Selbstzwecklichkeit der Person.

Eine erste abschließende Einschätzung der Höflichkeit bei Guardini selbst bündelt die Linien:

> *«Aus allem Gesagten kann eine neue Höflichkeit entstehen – ja, sie muß es, weil sonst in der Massenhaftigkeit unseres Lebens, in der Gewalttätigkeit der öffentlichen Mächte, in der Gleichmacherei der Technik, in der Mechanisierung unseres Denkens eine wirkliche und eigentliche Barbarei entstehen würde.*
> *Hier liegt eine ethische Aufgabe ersten Ranges – denn ich hoffe, das bisher Gesagte hat Sie überzeugt, daß es sich in der Höflichkeit nicht um leere Formen und äußerliche Verzierungen handelt,*

---

[452] Vgl. auch *K.H. WIESEMANN*, Zerspringender Akkord. Das Zusammenspiel von Theologie und Mystik bei K. Adam, R. Guardini, E. Przywara als theologische Fuge, Würzburg 2000, 113-273.

[453] Vgl. *GUARDINI*, Welt 134.

> *wie Menschen, die in einem engen Raum des Daseins zusammengefaßt sind, aneinander vorbeikommen können, ohne sich zu verletzen; (...)*
> *Das ist so notwendig, wie das tägliche Brot. Die sittlichen Normen und das Gewissen, das sich ihnen verpflichtet weiß, bilden natürlich immer die Grundlage. Für die Regel leben wir aber nicht in den Grundlagen, sondern in jenem Zwischenbereich, wo der Alltag mit seinen Zufälligkeiten und Unzulänglichkeiten den Einzelnen vor stets neue Aufgaben stellt. Diese mögen im einzelnen nicht wichtig sein; ihr Zusammenhang aber bildet das tägliche Leben.»*[454]

Nicht aus einem reaktionären oder melancholisch-sentimentalen Ressentiment heraus ist eine Neubegründung der Höflichkeit eine *ethische Aufgabe ersten Ranges*, sondern gerade angesichts der Ambivalenzen und des Druckes der Moderne, ihrer Daten und Anforderungen, ihrer Chancen wie Risiken. Es geht nicht zuerst – trotz aller ästhetischer Momente – um einen Vorrat an Zierformen kapriziöser Gesellschaftsspiele, sondern erheblich weiter und anregender dimensioniert um die Umgangsmodi der Menschen in «zugestellten Räumen» und «akzelerierten Zeiten». Verletzungs- und Bedrohungsvermeidungen sind hier besonders angezeigt, aber nicht formalistisch enggeführt. Für den vielfach belastenden Alltag gilt es auf Modelle und Modi zu reflektieren, die dieser Intention dienen, die im Kern einer ethischen Absicht folgt, ohne selbst die kritischen Kernpunkt des Ethischen direkt anzusteuern, aber auch in dem Bewußtsein, daß nur ein schmaler Saum das eine vom anderen trennt. Diese Unterscheidung ist evident, aber sie ist keine Trennung auf Kosten der «Zwischen-» und «Vermittlungsbereiche», auf die eine erneute Diskussion der Höflichkeit zielen muß. Guardini unterstreicht mit dem Blick auf diesen Konnex die Komplexität der Höflichkeit «zwischen» Sittlichkeit, Recht und Klugheit:

> *«Diese geht einmal die sittliche Norm an: ob das Verhalten ihr entspricht oder widerspricht. Es geht die geltende Rechtsordnung an: ob das Verhalten dem geltenden Gesetz Genüge tut oder es verletzt. Es geht die Klugheit an: ob das Verhalten töricht oder vernünftig ist. Zwischen diesen verschiedenen Bewertungen läuft der komplexe Maßstab der Höflichkeit. Er übersetzt jene grundlegenden Bewertungen in die elastische Form des gemäßen Menschenumgangs. Diese ist so wichtig, daß man sagen kann, in ihr realisiere sich ein guter Teil der Ethik.»*[455]

Auch jenseits des spezifischen und exemplarischen Kontextes, auf den Guardini hier zielt, bleiben diese Überlegungen in Differenzierung, Konspiration und Komplementarität von erheblicher Bedeutung. Die Ebenen lassen verschiedene Betrachtungsweisen zu, transformieren sich ein und formieren konkrete Umgangswiesen, die schon nicht mehr allein nur formal bleiben, sondern in Transparenz und Elastizität (der Konkretionen und ihrer Modi) für eine Deutungsvielfalt offen und auf grundlegende Skalierungen ausgerichtet sind. Diese Markierungen tragen einen deutlich ethischen Akzent:

---

[454] *GUARDINI*, Ethik II 922f.

[455] *GUARDINI*, Ethik II 900. Guardini formuliert hier im Blick auf die Geschlechterrelation, als sich gerade hier unmittelbare und massive Impulse melden, die in den Formen ihre Realisation als Begegnung höchst gefährdet und doppeldeutig bleiben.

«Die Entscheidung liegt natürlich im Ethischen; sie wird aber beständig wirksam in den Umgangsformen, das heißt aber in der Höflichkeit.»[456]

In Fällen, in denen Härten um höherer sittlicher Güter unumgänglich sind mit Blick auf die Konflikte in der Vita J.H. Newmans bleibt die *Wahrnehmung* und das Bewußtsein der eigenen Zumutung für andere ein Essential der Höflichkeit: Höflichkeit hat Grenzen – aber gerade an Grenzen wird in nicht mehr nur formeller, sondern habitueller Kern unter Umständen noch einmal besonders deutlich und nötig. Um eines höherrangigen ethisches Wertes kann also eine gewisse Formalisierung der Höflichkeit dispensiert werden, aber keineswegs deren Intentionen und Habitualisierung, wie Guardini in seinen «Gentleman»-Reflexionen paradigmatisch unterstreicht:

«Newman selbst ist in bitterste Konflikte gekommen und hat darin sehr geliebte Freunde verloren, um der Ehre und der Wahrheit willen. So hat er wohl gewußt, daß es Augenblicke gibt, in denen es heißt: quer durch alles hindurch! Es macht aber einen großen Unterschied, wie einer dieses ‹quer hindurch› vollzieht: ob er ihn im Gefühl hat und bemüht ist, es ihm leichter zu machen.»[457]

Kern und Grenze einer formell-praktischen wie habituellen Höflichkeit sind damit ebenso benannt wie die Ausgabe der Neubegründung der Höflichkeit angesichts der Implikationen der Neuzeit. Ob und inwieweit Moderne, Post- oder Zweite Moderne flächendeckend Guardinis Beobachtungen zum Ende der Neuzeit überholt oder sich der Befund verschärft hat, muß hier nicht diskutiert werden. Guardinis Zeitdiagnostik ist geräumig und offen genug (im doppelten Sinn des Wortes), daß sie Anknüpfungen unter verschärften Bedingungen erlauben. Die Ver- und Bedrängung des Menschen, des einen durch den anderen ist eine real bleibende Bedrohung. Ihn «im Gefühl» haben oder ihm nicht nur das Gesicht zu schädigen, beginnt nach wie vor in Details, endet dort aber lange nicht.

Bleibt, was Guardini angeht, eine abschließende Einschätzung: Sie ist jedenfalls eine Erinnerung an eine Zeitenschwelle, die Nähe und Distanz (Gegensatz) im Blick auf den wahrzunehmenden, zu gestaltenden Abstand, der verankert im Persongeheimnis nicht nur jenen letzten Kern einer theologischen Anthropologie wahrnimmt, sondern in Ausdrucksweisen und -modi schon in alltäglicher Interaktion das Feld, die Sphäre und die tangibel-verletzliche Aura des anderen zu schonen oder zu befördern sucht. Diese Humanökologie des Umgangs ist die kritische Alternative, die auf einer christlich-personalen Sicht auf Welt *und* Mensch, auf Mensch in Welt und Schöpfung basiert.

Angesichts der Herausforderungen durch eine an den Schwellen der Neuzeit oder dann der «Zweiten Moderne» veränderten geistesgeschichtlichen Disposition, aber eben auch durch veränderte Techniken und Technologie, die Umräume um Subjekte erheblich massiver berühren oder penetrieren, stellt sich die Frage, inwieweit hier ein idealistisch-optimistisches Bild gezeichnet, oder doch aus der Krisenerfahrung heraus eine schon in Detail und Miniatur notwendige Perspektive beleuchtet wird. Guardini stellt selbst die Frage, ob hier eine «romantische» Reminis-

---

456 *GUARDINI*, Ethik II 900.

457 *GUARDINI*, Gentleman 53.

zenz eingespielt wird.[458] Er ist sich bewußt, daß Höflichkeitsdesiderate und -postulate nicht kurzschlüssig diachron, also anachronistisch, neubegründet werden können, wenngleich die historische Erinnerung unverzichtbar bleibt. Überzogene Idealismen und Optimismen sind Guardinis Sache auch «in ethicis» nicht. Doch die Ablösung einer «*Höflichkeit des Rangunterschieds*» durch eine der Modernität entgegenkommende «*Höflichkeit der Ebenbürtigkeit*» hat unter veränderten Bedingungen sowohl den Vorteil, einem modernen Ethos der Gleichberechtigung entgegenzukommen in anthropologischer, sozialer, politischer wie ethischer Hinsicht, als auch den Verweischarakter des Seienden über sich hinaus und seine Unauslotbarkeit auch in theologischer Hinsicht nur zu «verraten» oder anzudeuten.

Anstand als Abstand sowie Abstand als «alltägliche Ehrfurcht» öffnen, sichern und regulieren die Zwischenbereiche Interagierender und die ethische Relevanz des Alltags. Die Kultur des Loslassens und Raumgebens, eine «Kultur des entschleunigten Zugriffs» auf die Handlungs- und Bewegungsfelder des anderen fängt je neu in formellem Ausdruck und habitueller Disposition dazu an.

Bei aller instrumentellen und faktischen Legitimation der Sachgerechtigkeit erinnert Guardini konsequent und konstant an eine Persongerechtigkeit, die in Transparenz und Transformation des Täglich-Konkreten als Übersetzungsraum grundlegender ethischer und spiritueller Optionen *und* Einsichten in ihre Funktionalität, Formalität wie Plausibilität immer auch auf ein «Surplus» verweisen, das in Pädagogik und Praxis konkreter Handlungs- und Interaktionsfelder einfließt.

Eine erhebliche Reihe von Beobachtungen, die Guardini anführt, steht im Einklang mit der Phänotypik und der Handlungstheorie, wie sie zusammen mit Genese, Funktionen und Motiven der Höflichkeit hier schon formuliert worden sind. Die Emphase auf dem Moment des Abstands, also einer Distanzhöflichkeit, die in der Kultur des verlangsamten Zugriffs oder des Loslassens unterstrichen wird, entspricht dabei der zeitdiagnostischen Beobachtung der forcierten Entschlüsselung, der akzelerierten technisch-instrumentellen, materiellen oder ideellen Besetzung der «Umräume» des anderen. Hier wäre daran zu erinnern, daß formelle und habituelle Höflichkeit auch Grundmuster der Abstandsüberwindung, der Annäherung zur Verfügung stellt.

Bedeutend bleibt die anthropologische und schließlich die theologische Transparenz, die Guardini im Diskurs hält, um gerade damit einer zeitgemäßen Rehabilitierung einer «unzeitgemäßen» Tugend im Set der Haltungen in systematischer Hinsicht Wege zu bereiten. Diese Vorgaben sind dann aber im theologischen Diskurs aber nicht mehr prominent aufgegriffen worden. Höflichkeit wird hier zu einer aktuellen und aktualen Ratifikation der Unableitbarkeit des anderen. Sie konstruiert oder rekonstruiert diese nicht, sondern *antwortet* und *reagiert* nach den Möglichkeiten angemessen. Höflichkeit ist somit Haltung, Praxis und Ausdruck einer «horizontalen Ehrfurcht» mit einem spezifischen theologischen Relevanzgrad, der Höflichkeit das Feld bereitet, mithin auch einer theologisch-ethischen Reflexion auf die Fülle, die sich im Höflichkeitsphänomen birgt als Adaption sittlicher Haltung auf alltägliche Begegnungssequenzen und Interaktionen hin.

Mit Guardini liegt also eine Erinnerung vor an die Alternative (weniger den Kontrast) eines «unzeitgemäßen Lebens» (so A. Comte-Sponville) angesichts der

---

[458] Vgl. *GUARDINI*, Gentleman 56.

Differenzen, die nicht mehr stabil ständisch produziert und garantiert werden, sondern im verschärften Modus der Post- oder Zweiten Moderne mit instabilen, aber weiterhin bestehenden Ungleichheiten zu tun haben wird. Fluktuation und Multiplikation rasch variabler «Hierarchien», Milieudifferenzierungen und Polykulturalitäten auf engem Raum und in knapper Zeit spitzen die Fragen nach der angemessenen Umgangsform mit den vielen Ungleichen noch weiter zu, als dies die Zeitdiagnostik Guardinis – im Kern ja treffend – schon deuten konnte.

13.6. «Affetuosa, pia, cortese»: Fokus und Brücke

Die Etappen der theologischen Traditionsstrecke geben trotz aller Selektivität und kontextbestimmter Knappheit eine Reihe von Impulsen für die Weiterführung einer vertieften Reflexion auf den ethischen «Wert der Höflichkeit». Die hierfür signifikantesten Momente sollen hier – ohne Wiederholung der Details – summarisch als thematische Sinnspitzen, implizite fragmentarische Vorgaben und repräsentative Fundstücke gebündelt werden.

Die theologische Traditionsstrecke fördert hinsichtlich der Höflichkeit eine – eigenartige knappe – Reihe von überraschenden Einsichten zutage. Die historische wie thematische Spannbreite ist erheblich, selbst wenn die einzelnen Fragmente, eingewoben in den jeweiligen Kontext, kaum je zu den Spitzenthemen gehören.

Von der früh einsetzenden – Clemens in seiner Stadt Alexandrien gibt Beispiel und Hinweise – und letztlich unumgänglichen Auseinandersetzung mit den kulturellen Formen der Urbanität und der ethischen Relevanz ihres Repertoires an umgangsethischen Vorstellungen reicht der angedeutete Bogen über die vor allem an Aristoteles *und* der Heiligen Schrift wie theologischer Tradition geschulte Synthese des Thomas bis hin zu den polyperspektivischen, weitreichenden, aber vorsichtig-diskreten theologischen Ausgriffen bei Guardini.

Aufmerksamkeit für die Details des Alltags, der «lebensweltlichen Wirklichkeiten» in den diversen Handlungsformen des Kommunikativen steht dabei am Beginn – und dem «vitium insensibilitatis» entgegen. Kontextsensibel, -reaktiv und -kreativ, auch wenn die Kontexte nicht systematisch oder empirisch analysiert werden, sucht ein Ethos der Cortesia den ethischen Grundprinzipien von Gerechtigkeit und Liebe Ausdruck zu verleihen. Nicht immer explizit vor Ort in den jeweiligen Passagen, aber immer als Deutungs- und Handlungsrahmen ist Telos die triadische Verschränkung und wechselseitige Deutung und Perspektivierung von Gottes-, Nächsten- und Selbstliebe. Höflichkeit, Freundlichkeit und «affabilitas» sind dabei zumeist Praxisformen und Ableitungen, Implementierungen und Konkretisierungen, auf die theoretisch reflektiert wird. Praktische Vernunft und praktische Realisierung und Initiierung der Liebe zum anderen als Grundachtsamkeit, als Moment der Betrachtung (gerade bei Franz v. Sales) und als diskret-taktvolle Annäherung an die Theo-Cortesia (gerade bei Guardini) tasten sich über diese Vorlagen hinaus und memorieren einen «Mehrwert» der Höflichkeit, der nicht «aufgesattelt» wird, sondern die unableitbaren Bedingungen der Möglichkeit der Achtung vor dem anderen und vor sich selbst deutet.

Persongerechtigkeit rangiert dabei vor *Sachgerechtigkeit* (als möglicher, nicht zwangsläufiger Instrumentalisierung und Verzweckung des anderen), kommunikative und soziale Kompetenz vor instrumenteller Kompetenz. Dabei sind graduelle und kategoriale Unterschiede erhebbar, die sich dann differenziert auf ethische Postulate und Desiderate auswirken. Normativität, Konventionalität, vor allem aber Haltung der Höflichkeit als praktische Vollzüge der «caritas effectiva» sind – nicht nur gesinnungsethisch – abzuheben von Vollformen und Idealtypisierungen der «caritas affectiva», der Freundschaft, des «amor amicitiae». Dabei ist die Differenz nicht als Kontrast oder Antagonismus zu lesen, sondern als Komplementarität. Das eine schließt das andere nicht aus, sondern bleibt aneinander verwiesen, beförderlich, ergänzt und kritisiert wechselseitig und steht in verschiedenen Kontexten stellvertretend oder antizipierend füreinander ein.

In diesem Zusammenhang ist die kategoriale Perspektivenerweiterung bei Thomas von Bedeutung und Gewicht, ebenso wie die Korrespondenz und Oszillation des Logos und der Logik – zwischen der Alltagsrationalität und der Theologalität bei Clemens. Der Ausgang bei der «small virtue» der «affabilitas» als Sprungbrett für die Reflexion auf das Humane selbst hat systematisch-ethische Bedeutung, ist aber bei Thomas selbst (wenigstens vor Ort, nicht in der Gesamtanlage) weniger vermittelt und abrupter als bei den sanfteren, die Übergänge eher umkreisenden Denkbewegungen auf eine Theologie der Höflichkeit hin bei Guardini.

In aller Knappheit, Sekundarität und Marginalität lassen sich hierbei Spuren eines unaufdringlichen, weichen und sensibel-flexiblen Ethos von unten und eines Ethos der Egalität *in* der Differenz und für die Differenz ausmachen.

Zieht Thomas die Reflexion auf die Bedeutung der «affabilitas» pointiert auch anthropologisch aus (und wird so prägend für einen guten Part der Manualtradition), so schälen sich gerade bei Franz von Sales und Guardini Momente heraus, die den Einsatz bei der «Aufmerksamkeit für die Aufmerksamkeit», bei der von der Freundschaft unterschiedenen Freundlichkeit nochmals erweitern: «Courtoisie», «politesse» und Höflichkeit bekommen hier Züge des Kontemplativen und der «devotion». Aufmerksamkeit und Kontemplation übersteigen eine allein konventionelle, zweckrationale oder instrumentelle Vernünftigkeit und Angemessenheit eines Ethos der Cortesia. Diese Momente werden dabei nicht ab- oder aufgelöst, sondern öffnen den Blick auf gerade in theologisch-ethischer Perspektive integrale und spezifische Knotenpunkte der Transparenz und der Transzendenzfähigkeit auch dieser «small virtue». Auch die Ausziehung der Betrachtungslinie in dieser Hinsicht hat systematische Bedeutung. Sie erweitert und vertieft das Spektrum kritisch über elitistische, formalistische, konventionell-normative Orientierungen und Ebenen hinaus. Nicht allein virtuose Selbststeuerung oder soziale Selbst- und Fremdkontrolle, Einpassung in gängige Schemata von Umgangsformen ist angezielt, sondern Selbstreflexion und Haltungsdisposition – deshalb auch immer wieder der Verweis auf die tugendethische Verankerung der Höflichkeit – Kontrolle im prospektiven, filternden Blick auf andere und sich selbst in der – mit Guardini – Perspektive der In-Existenz.[459]

Auch die Spannung zwischen den Überlegungen Thielickes und Guardinis darf vor diesem Hintergrund als systematisch bedeutsam aufgefaßt werden. Mag diese Spannung zwischen der Höflichkeitsskepsis bei Thielicke und der theologischen Entfaltung bei Guardini sich *auch* unterschiedlichen Horizonten eines theologisch-

[459] Also jenes «anderen» Blicks auf andere und sich selbst, der in der Nachfolge und der existentiellen Annäherung an die «Umgangsweisheit» Jesu seinen Kern, seine Motivation und Inspiration wie Orientierung findet.

anthropologischen Ausgangs verdanken, die Gewichtungen kennzeichnen ein wechselseitiges Korrektiv gegen mögliche Fehlformen überzogener Theologisierung und Ethisierung einerseits, aber auch gegen Marginalisierung und Verflüchtigung der Bedeutung von Umgang mit dem menschlichen anderen, der vor der Übermacht des Göttlichen das Humane auflöst und damit das Ethische selbst negiert. Es geht nicht darum, einen Konflikt der Autoren und ihrer Positionen zu suggerieren oder diese zu hypostasieren, sondern darum thematisch und sachlich beide Pole in theologischer und ethischer Spannung zu halten. Die tiefe Ambiguität der «conditio humana» (sowohl «coram deo» als auch «coram hominibus») schlägt ethisch auch auf dem Feld der Höflichkeit als Gebrauch und Mißbrauch durch (und dies nicht allein hinsichtlich des Verlogenheitsvorwurfes an die Adresse bestimmter Höflichkeiten).

Bleibt dies auch weiterhin im ethischen Blickwinkel, so pointiert die Einbettung der Cortesia in weitere Zusammenhänge der praktischen Vernunft und einer theologischen Anthropologie, eines theologischen Ethos bemerkenswerte Perspektiven. Formelle, funktionale Aspekte wie sie handlungstheoretisch in Motiven, Funktionen und Komponenten von Sicherung und Entlastung beschreibbar sind, bleiben erhalten, vermeiden eine (z.B. gesinnungsethische) Auflösung. Doch gerade Momente der Transzendierung und Transparenz dieser Ebenen sind hier in der theologischen Tradition angelegt und weiter vertiefbar.

In Verlängerung der kontinuierlich-kreativen Linie – der Befähigung und Begnadung (der Gnade nämlich einen gnädige Alltag mitzuschaffen, für ihn zu kooptieren und zu kooperieren) – münden Dimensionen der Humanökologie und Schonung als Hermeneutik und Heuristik in ein Ethos der Cortesia, das sich in seinen Facetten von Freundlichkeit und Menschenfreundlichkeit, Aufmerksamkeit, Großzügigkeit, Diskretion, Takt als Taktung von Nähe und Distanz, von Integration oder Begrenzung im Alltag als Schonung und Respekt zeigt und zeitigt im Kontext von Tugend, Haltung und Personalität in Alterität. Persönliche Haltungsbildung ist dabei doppelt gerahmt: einerseits situativ-personal in den Vermittlungen von Anerkennung und Distinktion, andererseits in dem Rahmenethos variabler Höflichkeitsnormierungen, -konventionen (und auch -erwartungen).

In und mit der Orientierung am sittlich Guten und an der Güte, hinter und über historische Rekonstruktionen hinaus, die die Möglichkeit der Neuinterpretation klassischer Tugenden (die ja personal je und je neu und unterscheidbar realisiert werden) zeigen, offenbaren sich fixe, präfigurierte Formen, die Sensibilität für einschlägige Anforderungen und Situationen und zudem ein nicht zu gering zu veranschlagender Freiraum für spielerische, kreativ-innovative Momente der Interaktionsgestaltung bieten. Nicht nur die Facetten des Charmes, der Grazie und Attraktivität (mit und jenseits von Funktionalitäten, aber ohne bloße Reduktion) werden (wiederum besonders bei Guardini) greifbar, sondern auch ein grundlegender Anruf zu einer Fundamentalhöflichkeit, die Antwort auf Wert und Würde jedes Geschöpfs, jeder Person zu geben und einzuholen sucht – so affirmativ wie generativ.

Höflichkeit als «basic social skill» eines Rahmen- und Haltungsethos in vielfacher Vermittlung und *als Vermittlung selbst* umgreift in dieser Sicht interpersonale, soziale Kompetenzen, personale Dispositionen und Einübungen in Haltungen. Dies übersteigt Formalismen und Funktionalismen (deren Eigenwert nicht zu unterschlagen werden braucht) und mündet zuletzt in eine theologische Dimension der Gabe und Vorgabe, die – jenseits des gekonnten Dankens und Bittens, des Grüssens und

Verabschiedens z.B. – hier und in vielen anderen Einzelthemen, -formen und -situationen von Höflichkeitsrelevanz sichtbar wird. Transversalen eröffnen sich und zeigen, wie eng dies mit Begriff in Verbindung steht, die die theologische Reflexion zur Verfügung stellt (in Liturgie, Spiritualität, dogmatischer Systematik etc.).

Die Grazie und der Charme der Höflichkeit sind es beileibe nicht allein, die etwa auf die Tiefendimension der Gnade hinweisen (bei Thomas, Franz v. Sales und Guardini je eigen konturiert) und die Bezüge und Übergänge ermöglichen. Der Vorschuß durch den einen (und das kann radikal, aber bei Analogatwahrung ins Theologisch-Schöpfungstheologische, ins Inkarnationstheologische wie ins Kreuzestheologische umgekippt werden) wird zum Überschuß für den und die anderen. Hier exakt und von hier aus exakt tut sich der Begriff einer Fundamentalhöflichkeit auf. Anmutung und Zumutung der Gnade als Raum-, Zeit- und Handlungsgewährung öffnen Gratuität und «debitum», Responsorik auf die schöpfungs- und erlösungstheologische Spitze der Raum- und Zeitvorgabe, die die Bedingungsmöglichkeit von Handeln, Deuten und Urteilen, von Interaktion überhaupt ist.

Hier und genau hier spiegelt sich der systematische Sprung, den der Aquinate mitten in der Reflexion auf eine «kleine Tugend» wagt. Sie ist es wert, als An- und Ausgang einer Reflexion zu dienen. Sie hat Bedeutung in sich und über sich hinaus.

Sensibilität für Wert und Würde des Geschöpfes, Respekt und Achtungsexpression sind Spuren einer Kultur des Loslassens, des Freilassens, der Nicht-Okkupation von Handlungsräumen, zeiten und optionen in der fortwährenden Interaktion als Ökologie und Ökonomie der Begegnung mit dem anderen, die von einem «Ganz anderen» *nicht-mechanistisch* in Gang gesetzt und *sym-* wie *empathisch* gestützt, begleitet und wiederum exzentrisch über sich hinaus geführt wird – und das Umgangs anstelle einer «Verdrängung» des anderen.

Als Organisation von Nähe und Distanz, von Vertrautwerdung und Fremdbleibung unter Vermeidung vermeidbarer Härten, gedankenloser Kränkungen fordert Höflichkeit (im doppelten Sinne, in Doppeldimensionalität des Begriffes «Geist») Geistesgegenwärtigkeit.

Auf – und nur auf – dieser Ebene theologisch grundierter Reflexion entstehen – wie gesehen – keine bloß «christlichen Anstandsbücher»[460] mit exakten Regularien und Etikettierungen (es gibt diese historisch; sie sind mehr didaktisch-pädagogisch als theologisch grundiert), sondern Versuche, sich diesem Wirklichkeitsbereich von Sozialität und Kommunikativität zu nähern, ihn vorsichtig auf eine Tiefen- und Transparenzdimension hin zu befragen, die sich im Horizont des Christusglaubens an- und einschließen lassen.

Die Palette der Themen, die wir in den diesen Überlegungen unterschiedlicher theologischer Kontexte vorausliegenden Abschnitten unter ganz unterschiedlichen wissenschaftstheoretischen, analytischen wie hermeneutischen Prämissen vorzustellen versucht haben, sind – wenn auch selten ausgebreitet – präsent. Und das nicht nur als Anknüpfungspunkte. Höflichkeitskritik und Höflichkeitspostulat sind auf vielen angesprochenen Ebenen ebenso präsent, aber eben immer wieder nur als Teilaspekte eingewoben oder niedrigrangig unter dominanteren Themen und Intentionen eingestuft. Insofern bleiben die Verfahrenswiesen durchgängig kompatibel und zugleich offen, um die Alltags- und höflichkeitsbewußte theologische Reflexion

---

[460] Diese gibt es wohl zu benennen. Vgl. *PERNOT*, La politesse et sa philosophie 177-185. Weiteres bei *REVEL*, Vom Nutzen der Höflichkeit 173-212.

ausgerichtet zu halten auf den «Logos-Paidagogos» und auf – wie immer in analoger Rede – die «Höflichkeit, die Gottes selbst ist».

In und mit der Trias «affetuosa, pia, cortese» bei Guardini klingen die Perspektiven zusammen: ansehen *und* angesehen werden, beides jeweils anthropologischer und theologischer Variante, Sinn *und* Sinnlichkeit, Abstand *und* Askese. Die Assonanzen und Konsonanzen markieren ein Spezifikum[461], das auf der Gabe und Vorgabe des Wertes der Schöpfung aufruht.

In aller Vorsicht und «Indirektheit» bahnt sich hier eine Theologie der Höflichkeit an, die selbst wiederum eine Spiritualität der Höflichkeit eröffnet, auch wenn diese letzte Perspektive kaum mehr als angetippt werden kann. Für die handlungstheoretische Abrundung sind Verortungen und Vertiefung in dieser Richtung angezeigt. Diesen Überlegungen gelten die folgenden Schritte.

14. Auf dem Weg zu einem «Ethos der Cortesia» – ethisch-theologische Spuren und Konturen

Mit den Rückfragen an Tradition, an ihre Einsichts- und Reflexionsstände als Horizont geht es folgenden Abschlußüberlegungen, die den ethisch-theologischen *Zielteil* dieser Untersuchung bilden, um die Verzahnung der Höflichkeitsthematik in die systematisch-ethischen und theologischen Perspektiven einer hermeneutischen Handlungstheorie, die erheblich mehr ist als ein Katalog präziser Verhaltensvorschriften und -formeln wie -formen. In Anschluß und Wiederaufnahme, aber auch kritischer Würdigung verknüpfen diese Beobachtungen das vielschichtige historische wie phänomenale Inventar und Register zu einem vertieften, erweiterten, flexiblen Konzept einer «cortesia christiana», die also das scheinbar Selbstverständlichste – miteinander

---

461 Hier fügt sich ein Verweis auf die jüngere, aber im Kern traditionelle Diskussion um die Problematik von Anschlußfähigkeiten und Kontrastnotwendigkeiten des Glaubens an den Gott Jesu Christi an. Vgl. vor allem *T. Ruster*, Der verwechselbare Gott. Theologie nach der Entflechtung von Christentum und Religion (QD 181), Freiburg i.Br.-Basel-Wien 2000, knapp *M. Bongardt*, Unverwechselbares Christsein? Zum Stand der Diskussion über die Religionskritik Thomas Rusters, in: HerKorr 55 (2001) 316-319.
Zu Momenten einer Diskussion um den Begriff der «Kontrastgesellschaft» in der (Sozial-)Ethik vgl. schon zuvor etwa *H. Schlögel*, Ekklesiologie und Sozialethik in ökumenischer Perspektive. Wegstrecken und Werkstücke, in: *M. Heimbach-Steins/A. Lienkamp/J. Wiemeyer* (Hrsg.), Brennpunkt Sozialethik (FS F. Furger), Freiburg i.Br. 1995, 261-277 (mit Bezug auf die einschlägigen Positionen von G. Lohfink und H.-J. Höhn). Zu Konsequenzen für die theologisch-ethische Argumentation vgl. *S. Goertz*, Die Moral des fremden Gottes. Theologisch-ethische Anmerkungen zu Thomas Rusters Programm der «Entflechtung von Christentum und Religion», in: StZ 128 (2003) 751-761. Kultur-, Zivilisations-, also auch Höflichkeitskritik ist ein unverzichtbares Thema (also im Modus der Kritik der Höflichkeit sowohl als «genitivus subiectivus» und «genitivus obiectivus»). Die Frage bleibt, ob sie je von «außen» und dann wie konstruktiv und perspektivisch (also letztlich eschatologisch und teleologisch) sie geführt werden kann und muß. Und – für unsere Fragestellung gewendet – welche Umgangsformen entlassen diese Positionen? Welches Begegnungsethos? Welche Kommunikabilitäten und welche Korrelation?
Demmer, Fundamentale Theologie des Ethischen 77-138, markiert die «Einweisung in eine unbegrenzte Kommunikation über das Naturrecht» Kommunikativität und Brücke eine geläutertes Naturrechtsverständnis – das gilt nicht nur ethisch nicht nur thematisch und verfahrenstechnisch, sondern rekurriert über den vorgeblich linearen und je monistisch auf das Thema zugeschnittenen akademischen Diskurs auf die Angeschlossenheit und Unabgeschlossenheit mehrkanaliger Kommunikationsformen überhaupt. Ich kann weder alles angemessen sagen, noch alles angemessen verstehen. Das heißt aber nicht, daß ich nichts sagen und nichts verstehen kann. Die Monade, der «Idiot», kann sich theoretisch und praktisch der Kommunikation entschlagen. Das dürfte nach wie vor eine Fiktion sein.

zu reden und umzugehen, in Kontakt zu treten, Abstand und Nähe zu regulieren, zu kooperieren – als Anspruch und Recht des Ansprechenden, der Angesprochenen wie ihrer Ansprechbarkeit in das ethische Bewußtsein rückt im Sinn einer theologisch-ethischen (Um-)Feldtheorie zwischen Alltagsethos und Tugendethik, einer Begegnungsethik, einer Ethik der Passage, der *Pro*-visorik und *Re*-spektorik (wie der Transitorik), die beständig «in the making» bleibt. Ansprüche und Versprechen der Kommunikations- und Beziehungsarbeit münden hier bewußt nicht in einen elaborierten Normen- oder Leitbildkatalog, sondern grundieren und rahmen Aufmerksamkeit und Reflexion auf einem theologisch-ethisch eher vernachlässigten Terrain.

Über Deskription und Funktion hinaus liegt der Anspruch der Gestaltung und Entfaltung der «eurythmie des relations sociales»[462], die Höflichkeit markiert und immer wieder initiiert in einer Integration in ein Gesamtbild von Sozialität, symbolischer, gestischer versprachlichter Kommunikativität, die im Kern an essentielle Verfaßtheiten des Menschen rührt. Dialogik, Responsorik, Selbsttranszendenz und Selbstmitteilung realisieren sich liminal und subliminal. Schwellen zwischen, Übergänge vom einen zum anderen sind tangiert. Sie realisieren und ratifizieren sich, gelingen (oder mißlingen) multifaktoriell, mehrkanalig. Nicht nur Transfer von Informationen, sondern Personen stehen zur Debatte und in der Debatte in allen Grenzen und Offenheiten, die sich noch dem geringsten «actus humanus» einschreiben.

Mikroethische Situierungen sind so nötig wie Vernetzungen und Reflexionen über sie hinaus. Welche Prinzipien, Maximen, Regularien, welche Dispositionen tragen sich ein? Wie tragen sie sittlich relevant und nach Maß des Maßes verantwortbar aus? Übergänge zwischen Personen und ihren Handlungs- und Gestalträumen stehen zur Debatte, aber auch Mischverhältnisse und Perichoresen konventioneller und habitueller Ein- und Beiträge in einer spezifischen Praxis. Diese ist alltäglich. Sie ist privilegiert «sprachlich», aber keineswegs ausschließlich sprachlich. Sie rührt an zentrale Bezugsgrößen ethischer und theologisch-ethischer Reflexion, vorab jener der Würde der Person, ihrer Anerkennung, der Respekt vor ihr. Höflichkeit leitet sich zuletzt hiervon ab, leistet aber auch einen konstruktiven Beitrag zu ihrer Realisation. Ohne daß sie jene garantieren könnte, sucht sie sie einzuholen. Alltäglichkeit verweist zuerst darauf, daß es sich nicht um ein sonder- oder bereichsethisches Problem- und Praxisfeld handelt.[463]

Der Sprech- oder Kommunikationsakt selbst ist in seinen Zusammenhängen als Handlung zu sichten, sachlich und thematisch in ethischer Reflexion auf Intention, Umstände und Folgen (also den klassischen «fontes moralitatis») zu befragen. Interpersonale Praxis ist zu erläutern, wenn Personen mit ihren Ansprüchen und Rech-

---

462 So *A. MONTANDON*, Le discours de l'hôte, in: *WAUTHION/SIMON*, Politesse et idéologie 265-278, 271.

463 *Quer-*, *Zwischen-* oder *Vermittlungsethik* zu sachlichen, personalen und interaktionellen Kooperationsräumen und Problemnähten wären befremdliche, aber angemessene Termini, um dies einzuholen. «Applied ethics» oder Ethiken der Sachbereiche gliedern Sektoren und Segmente für sich und *neben*einander, die von *über*greifenden ethischen Prinzipien, Normen, Maximen, Haltungs- und Handlungsbildern zusammengehalten werden und zudem spezifische Regularien und Haltungsbilder entwerfen. Für eine Ethik der Höflichkeit gilt dies ebenso. Aber insofern dieses spezifische Ethos der Kommunikation eben über das Grunddatum Kommunikation hinaus alle Lebens- und Sachbereiche des sittlichen Handelns *unter*fängt, Kommunikation und Expression von Anfang an ein unverzichtbare Gestaltmomente bleiben – und zwar nicht erst bei ethisch zugespitzten Problemstellungen, sondern schon «alltäglich» –, überschreitet es als Querschnittphänomen Sektorierungen stets handlungsbegleitend und -expressiv.

ten, ihren Bedeutungs-, Handlungs- und Zeiträumen direkt oder vermittelt aufeinander treffen, mehr noch Personen. Modulationen und Ausgleich, Investitionen und Gewinn (wie schmal, wie lang- oder kurzfristig für die Beteiligten auch immer) stehen im Fokus des Interesses auf einem Weg von der Deskription zu Regularien, Normen, Handlungs- und Haltungsbildern, die sich selbst wieder überschreiten auf den offenen Horizont der Transzendalität und der Hermeneutik und über ihn hinaus, was in einigen genuin theologischen Spuren und Kristallisationspunkten mehr an- als ausgedeutet werden soll.

Es geht dem Folgenden um eine sacht-sachliche Ausweitung und Vertiefung der Reichweiten und Bedeutungskreise und ihren jeweiligen Schnittstellen von Kulturraum-, Gruppen-, Situations- und Personspezifik.[464] Die «Universalie» verdankt sich. Sie ist geschuldet der so schlichten wie unabschließbaren, da je neuen Tatsache, daß Menschen einander begegnen, sich affiliieren oder konfligieren.[465] Es steht dabei nicht allein zur Debatte, ob zu Recht und aus wie verantwortbaren Gründen, sondern auch die Frage, wie dies schon miniatur- oder mikroethisch Gestalt findet, so daß Beschädigungen wechselseitig zumindest minimiert, Chancen auf «Würdigung» wechselseitig maximiert werden können. Utilität und Pragmatik haben dabei ein Wort der Einrede[466], aber nicht das letztbegründende. Zu suchen bleiben personale und nicht nur sachliche Felder von

- ethischer Konvergenz und Kohärenz[467] von Klugheitsregeln, Anstands- und Abstands-, Schutzregeln in Nachhaltigkeit und Haltung und Humanökologie des Umgangs. Erfahrungen des Umgangs und Kontrasterfahrungen in Sinnbezügen,
- Korrespondenz und Reziprozität von je meiner und deiner Höflichkeit[468],
- Ubiquität unter den Konventionen der Vermittlung und der Kommunikation (verbal, gestisch, symbolisch etc., zudem in unterschiedlichen Reichweiten: privat, in selbst- oder fremddefinierten Gruppen, gesamtgesellschaftlich) mit der ethisch je

---

[464] Individuelle und überindividuelle, situative wie strukturelle oder institutionelle Faktoren, Gruppen-, Sprachzugehörigkeiten und -kompetenzen etc. spielen hinein. Zum einen bleiben die jeweiligen stützenden Codes in Geltung, zum zweiten liegt es nicht in der ausschließlichen Macht des Senders höflicher Signale, daß diese auch als solche entziffert werden können, die Intention als solche in der Varietät der Äußerungsformen greifbar wird, zum dritten wird jede Interaktionshandlung von Rahmenfaktoren mitbestimmt, die von den Handelnden in actu nicht ohne weiteres verändert werden können.

[465] Vgl. die ausführlichen Darstellungen bei *BRANTL*, Verbindende Moral 83-95. Zur unverrechenbaren und unabgeschlossenen Neuheit des konkreten anderen im Angang des Ethischen vgl. etwa *H. ROTTER*, Person und Ethik. Zur Grundlegung der Moraltheologie, Innsbruck 1993, *DEMMER*, Fundamentale Theologie des Ethischen 26, 107ff., 177, u.ö. – *DEMMER*, Fundamentale Theologie des Ethischen 27, streicht deutlich heraus: Denken in personalistischen Kategorien überwindet Formalisierungen.

[466] Vgl. *J.-C. WOLF*, Utilitarismus, Pragmatismus und kollektive Verantwortung (SThE 52), Freiburg i.Ue.-Freiburg i.Br. 1993.

[467] Vgl. *RÖMELT*, Ethik für das dritte Jahrtausend 14-18, mit Bezug auf *H. KRÄMER*, Integrative Ethik, Frankfurt/M. 1995, und *J. NIDA-RÜMELIN*, Theoretische und angewandte Ethik: Paradigmen, Begründungen, Bereiche, in: *ders.* (Hrsg.), Angewandte Ethik. Die Bereichsethiken und ihre theoretische Fundierung. Ein Handbuch, Stuttgart 1996, 2-85.

[468] Vgl. *CONRADI*, Take Care, passim. Die Autorin nimmt «Grundlagen einer Ethik der Achtsamkeit» und Perspektiven der feministischen Care-Debatte auf (so etwa C. Gilligan, J. Tronto). Sie eruiert eine Fülle von Themen, Momenten und Begriffen, die in die Nähe einer vertieften Höflichkeitsdebatte gehören. Besonders zu nennen sind dabei Achtsamkeit, Interrelationalität und Praxis als Schlüsselbegriffe einer Care-Ethik (vgl. die Zusammenfassung 233-239, zudem 218-232). Vgl. auch *BRANTL*, Verbindende Moral 226-237.

relevanten Frage nach dem jeweiligen Wert, der jeweiligen Berechtigung und der jeweiligen Wirkung.

Eine Reichweite wird angedeutet: Sie langt von einer formal-funktionalen Grundhöflichkeit bis hin zu einem sachlich-situativ offenen Höflichkeitskonzept, das eine Haltungsdimension integriert und von ihm abgedeckt oder stabilisiert wird.

Prinzipien und Maximen, Modelle, Alltag, Norm, Form und Grundhaltung, systematische, biblische wie spirituelle Aspekte grundieren dabei eine integrative Auffassung von Höflichkeit, die hinsichtlich einer hermeneutischen Konzeption Konspirationen, Kohärenzen und Konvergenzen einer operationalisierbaren und konkretisierbaren Güter-, Pflichten- und Haltungslehre entwickelt und dabei den haltungsethischen Aspekt zu prononcieren und damit wenigstens in einigen Spuren zu öffnen sucht.[469] Anders als eine rein normative Ethik, die das theologische Moment leicht nur als Anhang oder Überbau einer in sich abgeschlossenen Darstellung der «natürlichen Moral» sichtbar werden läßt (damit aber zu kurz springt), gewinnt eine über den Tugendgedanken[470] – bei all der ihm eigenen, nicht nur semantischen Problematik – aufgebaute theologische Ethik und Moraltheologie Chancen, spezifische Strukturen christlichen Handelns inhaltlich gefüllter zu beschreiben.[471]

---

[469] Analog zu W. Pannenbergs bekannter Unterscheidung eines dogmatischen oder fundamentaltheologischen Ansatzes ist ein «Ethos der Cortesia» als rekonstruktive «Ethos-Ethik von unten» zu verorten. Ethische Augenhöhe, gespiegelt und gebrochen in Face-Konzeptionen, in Alltagskonspirationen und –integrationen in, mit und jenseits rein normativer Ethik, in der Verwiesenheit auf den «*habitus operativus bonus*» und die Komplementarität von Tugend- und Normethik und deren jeweiligen Ausdrucks- und Sprechformen in ihren formal- und materialethischen Bereichen markieren hier einen kritischen Eintrag als umgeprägte Optik und Option der Despektierten. Analog zu einer theologisch-ethischen «Option für die Armen» setzt sich hier eine Betrachtungs- und Aufmerksamkeitsweise in Bewegung, die Achtungs- und Wertschätzungsdeprivationen in den Blick bringt. Sie haben *einen* Sitz in der Praxis der Sprechhandlung, die als Handlung und nicht etwa als bloße Beschreibung in handlungstheoretische Reflexion einfällt, ihr zufällt.

[470] Vgl. *SCHOCKENHOFF*, Bonum hominis 573-585, bes. auch *DEMMER*, Fundamentale Theologie des Ethischen 256-261, vgl. die jüngeren Überblicke zur Tugendethik bei *SCHUSTER*, Moralisches Können, passim, *PERATHONER*, Gastfreundschaft 44-130, *M. HOFFMANN*, Selbstliebe. Ein grundlegendes Prinzip von Ethos, Paderborn 2002, 247-295.

[471] Genau hier ist ja der Platz der sogenannten theologischen Tugenden Glaube, Hoffnung und Liebe. Um diese Tugenden konzentriert sich sittliches Handeln, das sein Ziel in Gott sieht. Der Mensch bewegt sich auf dieses Ziel hin, wobei er oft nur fragmentarisch in seinem Handeln dieses Ziel im Blick hat. Wie sehr diese Trias von Glaube, Hoffnung und Liebe das gesamte christliche Leben prägt, ist kaum zu ermessen, trägt sie doch offen eschatologische Züge, die Handlung jetzt dynamisiert.
Die Frage nach der Bedeutung von Glaube, Hoffnung und Liebe für christliches Leben und Handeln ist eng verkoppelt mit der Frage nach dem entscheidend Christlichen einer christlichen Ethik. In der moraltheologischen Debatte um die normative Ethik hat sich herausgeschält, daß das Spezifische einer christlichen Ethik sich *nicht primär* in Einzelnormen vollzieht, die ausschließlich und allein für Christen gelten. Vielmehr ist darauf hinzuweisen – vgl. schon *A. AUER*, Autonome Moral und christlicher Glaube, Düsseldorf 1971 –, daß das spezifisch Christliche zuerst in einem neuen Sinnhorizont besteht, der als neue Motivation des Glaubens für das Ethische zu verstehen ist. Es zeigt sich aber auch, daß gerade die Grundhaltung des Glaubens konkrete Ausprägungen für das sittliche Handeln hat. Vgl. *D. MIETH*, Theologie und Ethik/Das unterscheidend Christliche, in: *J.-P. WILS/ders.* (Hrsg.), Grundbegriffe der christlichen Ethik, Paderborn 1992, 209-224, *K. DEMMER*, Gottes Anspruch denken. Die Gottesfrage in der Moraltheologie (SThE 50), Freiburg i.Ue.-Freiburg i.Br. 1992, *H. GLEIXNER*, Sittliche Erkenntnis im Horizont des Gottesglaubens, in: ThGl 85 (1995) 161-180, *M. PINDL*, Glaube. Leitperspektive theologisch-ethischer Reflexion, in: *HUNOLD/LAUBACH/GREIS*, Theologische Ethik 51-72, *K. DEMMER*, Angewandte Theologie des Ethischen (SThE 100), Freiburg i.Ue-Freiburg i.Br. 2003, 13-56, *ders.*, Gott in der Moral. Überlegungen zur Identität der Moraltheologie, in: Gr. 84 (2003) 81-101, 99, kennzeichnet die

Ohne dabei in die Extreme einer vorschnellen Moralisierung[472], unvermittelter Theologisierung[473] oder einer prompten Spiritualisierung verfallen zu wollen, setzt auch in Hinsicht auf den Bereich der Höflichkeit der Glaube einen heuristischen Überschuß frei (ohne Isolation aus pluralen Kontexten), der den Blick schärft, Analysen rückbindet an Sinnhorizonte, deren Bedeutung nicht allein im motivationalen Bereich verbleiben, sondern eine Tiefenschicht und -sicht der Angemessenheit von Umgangsformen und Umgangsweisheiten freilegt. Für ein biblisch-theologisch unterfangenes Ethos der Höflichkeit in seiner Kreativität, Konkretheit und Inspiration im Blick auf das Wohl des Menschen in seinen Kommunikationen liegen hier die Übergänge. In kritischen Implikationen, Optionen und der Optik des biblisch-jesuanischen Ethos in Weltannahme und -kritik, in Säkularität und Weite des «curialitas»-Konzeptes mit gleichzeitiger kritischer Transformation in den Kontext des Handelns aus dem Glauben konkretisiert sich dies. Es geht um subversive Kraft der Annahme und Anerkennung der sozial, ökonomisch, moralisch etc. Despektierten, Beschämten, Begrenzten und Entmächtigten vor der grundlegenden Perspektive einer Gottes-, Anderen- und Selbstannahme und Anerkennung als Realisation der und Halt in der Liebe. Gerade der Blick auf komplexe, nicht selten sperrige Wirklichkeiten komplexer Personen in komplexen Situationen auszuhalten, ohne sich eskapistisch in abstrakte Sphären zu verflüchtigen, trägt dieses Unternehmen.[474]

Gottesfrage als «stilles Gravitationszentrum» aktueller theologischer Ethik. Dies markiert Dezenz sowie Unverzichtbarkeit, aber nicht stillschweigende Verabschiedung des Gottesthemas. Dies läßt sich als theologische Unaufdringlichkeit und – nota bene – Indirektheit lesen. Vgl. dazu die Spuren bei *K. SCHÄFER*, Jesu «indirekte» und «praktische» Rede von Gott, in: Conc 8 (1972) 424-428, und bei *P. RICŒUR*, Per una ontologia indiretta: L'essere, il vero, il giusto (e/o il buono), in: Aquinas 38 (1995) 483-494.

472 Vgl. *R. KLEINKNECHT*, Formale und materiale Voraussetzungen moralischen Sollens, in: *W. LÖFFLER* (Hrsg.), Dialog und System (FS O. Muck), Sankt Augustin 1997, 171-196, bes. 192ff. Vgl. auch *TODOROV*, Abenteuer des Zusammenlebens 59: «Wir verdächtigem jede Aussage, die mit den Forderungen der Moral übereinstimmt, nur eine fromme Lüge zu sein. In Wahrheit ist zwar jede Moral gesellschaftlich, aber nicht jede Sozialität moralisch.» Der Moralisierungsverdacht stellt sich schnell ein – übrigens nicht nur einem «seltsamen» Thema wie der Höflichkeit gegenüber. Ein Pathos solipsistischer Freiheit und Autonomie steht dahinter. Sicher wird man ethisch nie hinter das Freiheitsthema zurückfallen können, doch gerade wenn es um Handlungs- und Gestalträume geht, ist die Feststellung von Freiheit mit der Wahrnehmung von Alterität gekoppelt und verbunden mit Weit-, Nach- und Umsicht – schon zur Sicherung der je *eigenen* Freiheit (was wiederum nicht ausreicht) – Vgl. grundlegend *J. RÖMELT*, Realistische Freiheit. Gedanken zur Theologie der Verantwortung, Frankfurt/M. 1995.
Der Wert einer zuerst deskriptiven, dann funktionalistischen Höflichkeitsbetrachtung liegt in der Vermeidung moralisierender Überfrachtung. Damit ist aber nicht alles gesagt. Grundlegend den Blick auf die Ingredienzen eines möglichst reibungs- und achtungsverlustfreien Umgangs zu lenken, eröffnet weitere Fragekreise.

473 Eine vollständig-explizite Letztbegründungsdebatte ist hier nicht angezielt, aber eine Finalität und Teleologiedimension der Höflichkeit bleibt in aller Transitorik und Provisorik unverzichtbar, auch wenn sie nicht «more geometrico», sondern «indirekt» ausfällt. *DEMMER*, Fundamentale Theologie des Ethischen 26-34, 35-40 (zu Letztbegründung und Gottesfrage). Im hiesigen Kontext sind Spuren von nachgereichte «Erstbegründungen» und Neuerkundungen vorrangig von Bedeutung.

474 *G. VIRT*, Art. Moraltheologie, in: NLChM 522-535, 534, bestimmt Moraltheologie «als normative Lehre vom guten und richtigen Handeln des Menschen auf dem von Christus eröffneten Weg zur definitiven Gemeinschaft mit dem dreieinen Gott». Siehe auch *J. REITER*, Art. Moraltheologie, katholische, in: RGG[4] V 1495-1498, *C. MANDRY*, Art. Theologie und Ethik (kath. Sicht), in: HbEth 504-508 (Lit.).

14.1. «SENSIBLE RÄUME»: KOORDINATEN EINES «ETHOS DER HÖFLICHKEIT»

Bevor wir diesen Perspektiven nachgehen, rekapitulieren wir eine Reihe von Grundüberlegungen, die ein auf Dressur und bloße Formelhaftigkeit oder Formalität verkürztes und verkümmertes Höflichkeitsbild hinter sich lassen und – ohne Formeln, Formalität und Normen zu desavouieren – erweiterte wie vertiefte Sichtweisen ermöglicht haben.

14.1.1. Vermittelnde und mittlere «Maximen» der Höflichkeit – Erinnerungen und ethische Wendungen

Schon die Etymologie der Höflichkeit offeriert, wie gesehen, Kristallisationspunkte – im Kern den Reflex auf soziale, ästhetische und ethische Komponenten («hübsch», «höfisch», «höflich») und verweist damit auf mögliche Differenzierungen, die zunächst sachlich und historisch das Terrain aufgeweitet haben. Das Thema wird sich nicht erschöpfen in punktuellen Regelungen und Regulationsprozesse bestimmter Interaktionskonstellationen. Die drei Perspektiven und Konnotationen zielen auf einen Konventionen umfassenden Horizont der Kulturalität, Zivilität, schließlich Humanität betrifft, Handlungsmuster und -erwartungen formuliert, die exemplarisch an Schnittstellen zwischen individual- und sozialethischen Postulaten und Desideraten liegen.[475]

Die Stufungen und Differenzierungen der Höflichkeit in Bereiche der Standardform, als kreative Strategie, als Integrationsbegriff deutete ebenfalls auf eine Öffnung, die sowohl konventionelle Anteile umfaßt als auch den Gestaltungsraum für kreative Anteile in der Formulierung und Symbolisierung von Nähe und Distanz, von Bedrohungsvermeidung und Vergröberungseffekten.[476]

Held verweist auf die Unumgänglichkeit der Organisation von Sprecherwechseln («turns»)[477] und deren sprachliche Ratifikation und Markierung, die Regulierung und

---

[475] Vgl. *DEMMER*, Fundamentale Theologie des Ethischen 237-291. Es geht nicht um bloßes Verhalten (auch im Unterschied zur Haltung), um Techniken oder Strategien, sondern um den sittlichen Anspruch der Kommunikationssituation, die immer sachliche, relationale, soziale und personale Dimensionen umfängt, Strukturen entstehen läßt und in die Verantwortung der Agierenden hineinreicht. Nicht isolierte Momente mit Vorgeschichten und Nah- wie Fernwirkungen, die im Sinn der Langsicht bedacht, aber nicht letztlich auskalkuliert und *fest*gestellt werden können. Vgl. auch *A. GIROUX*, Aux confins des éthiques, la vertu d'intégrité, in: LTP 55 (1999) 245-265.

[476] Genauerhin sind es Verletzungseffekte interindividuellen (Sprech-)Handelns, die die Aufmerksamkeit für die ethische Relevanz der «cortesia» einspuren. Dem konventionell und normativ zu begegnen, steht eine – niedriggradige (?) – Normhöflichkeit an. Allerdings bleibt dieser Fokus als einziger unterkomplex. Höflichkeit wie Ethik erschöpfen sich nicht in Etikette, Regel, Konvention und Normativität. Sie gehören in und bilden gleichwohl den Rahmen für cortesiale und ethische Kreativität.

[477] Dem «Ausreden-Lassen» und dem «Nicht-ins-Wort-Fallen» kommt innerhalb der Höflichkeitserwartung und -disposition eine große Bedeutung zu. Die unprätentiöse Höflichkeit dieses Ausredenlassens, diese bewußte Selbstzurücknahme (nicht als Selbstaufgabe, aber als Aufgabe), die für die Möglichkeit der «turns» bei Sprechern wichtig ist, macht aus seriellen Monologen erst Dialoge. Ohne (schon allein formale) Höflichkeit bleibt Dialog ein bloßes Schlagwort. Dieses «Prä-» oder «Sub-» des Diskurses ist auch in öffentlichen und politischen Kontexten relevant, die gerade keine unmittelbare emotionale Bindung an den Interaktionspartner erfordern, aber durchaus Respekt und Achtung.

Strukturierung einer Interaktion (vorab, weil am sinnenfälligsten, einer Gesprächssituation) vermittels Eröffnungs- und Schlußphasen oder Bitt- und Danksituationen. Hinzu kommt ein «geziemender» (so G. Held), angemessener Umgang mit der Thematik, was zunächst heißt, daß sie nicht ohne Signal abgebrochen, gewechselt oder markant verändert werden darf. Die Erinnerung an geboten-notwendige Einhaltung dieser Sequenzierungsmechanismen[478] ist nicht allein ein funktionalistisches Argument, sondern verweist zuerst auf enorme Leistungen[479], die in der trans- und interaktionellen En- und Decodierung, in der Gestaltung und Strukturierung von Kommunikationen als punktuelle Realisationen der «permanenten» Verfaßtheit des Menschen als kommunikativ-relationales Wesen eine eminente Rolle spielen. Gerade hier wird es zu einer Frage der Einübung von Takt und Sensitivität, die beständig wechselnde oder manifeste Asymmetrien so gestaltet, daß die Miniaturen des Machtdiskurses erträglich und, mehr noch, wechselseitig förderlich gestaltet werden.[480] Aber auch unter diesen Prämissen bleibt ein Betrachtungswinkel unverzichtbar, der jenseits formalistischer oder strukturalistischer Analysen und Engführungen auch höflichkeitstheoretisch auf den Gestaltungs-, den Freiheits- und somit Verantwortungsteil des handelnden Einzelnen verweist.[481]

Wenn *Haferland/Paul* in ihrer Untersuchung für eine differenzierte und skalierte Sicht der Höflichkeit plädieren, die nicht in reinem Formalismus und «Normalismus» stehenbleibt und aufgeht, dann unterstreichen sie eine Perspektive, die Höflichkeit nicht auf ein Set höflicher Verhaltensformen reduziert, sondern sie letztlich in einer Person verankert sieht, die jene Kompetenz entwickelt hat, sich im fragilen Gleichgewicht mit ihrer Umgebung zu halten. Hier wird kein unbegründet-unberechtigter Mißklang produziert. Es werden jene Spuren der Generosität, Loyalität, Liebenswürdigkeit, Hilfsbereitschaft, Diskretion, des Taktes als personaler Eigenschaften hinterlassen, die Höflichkeit konfigurieren, flankieren, deuten und zeigen

---

[478] Nach *HELD*, Verbale Höflichkeit 58, vgl. *PSCHAID*, Language and Power 32-48, *M.F. CAPUCHO*, Politesse et pouvoir, in: *WAUTHION/SIMON*, Politesse et idéologie 207-218.

[479] Vgl. unter dieser Hinsicht die komplexen Überlegungen bei *R.B. BRANDOM,* Expressive Vernunft. Begründung, Repräsentation und diskursive Festlegung, Frankfurt/M. 2000, zum Zusammenhang von Normativität, Expressivität und Interferenz.

[480] Hier hat Höflichkeitstheorie eine kritische oder advokatorische Funktion, wenn sie freilegt, wie Interaktionsdominanzen aufgebaut, perpetuiert oder in den Wechsel freigegeben werden, der die Partizipationsmöglichkeiten sichert, also Räume schafft. Der Eindruck allerdings, daß nur der Sender Macht aktuiert, ist nur ein erster. Zuzeiten täuscht er auch. Der Eindruck, beim anderen «an eine Wand zu reden», macht dies deutlich. Offenkundig ist für diese machtmißbrauchskritische Dimension eine Fülle von weiteren Faktoren zu eruieren. Persönliche und kulturelle ebenso wie soziale oder institutionelle Rahmungen, Situativität und Anlaß spielen hinein – in ihren momentanen wie verfestigten Varianten, die beständig oder nur augenblicklich Partizipation an Turns ermöglichen oder unterbinden. Gerade in Situationen, in denen Turns strukturell üblicherweise nicht vorgesehen oder erwartbar sind (z.B. Vorlesung, Festrede, Predigt), liegt es in der erhöhten *Verantwortung* des Redners sozusagen «virtuelle Turns» zu signalisieren, klassisch gesprochen: Erweise der Einbeziehung zu geben, die jenseits plumper Anbiederung dem Adressaten Möglichkeiten der eigenen Nähe oder Distanz geben. Daß dies letztlich nicht ausschließlich über den Abruf geprägter Höflichkeitsformeln geleistet werden kann, ist evident. Die Frage der guten und richtigen Authentizität steht hier unmittelbar im Raum und Verweist auf die Realisation und Verifikation der Wahr- und Ernstnahme der anderen.

[481] Hier ist dann der Ort nach einer Kriteriologie und nach Begründungszusammenhängen und -inspirationen für die Orientierung des Höflichkeitshandelns zu suchen.

wie zeitigen.[482] Die Unterscheidungen, die Haferland/Paul entwickeln – also Stufungen elementarer, kodifizierter, reflektierter Höflichkeit als jeweils erweitert situations-, status-, personbezogener Höflichkeit[483] – weisen in ihrer Dynamik über den systematischen Kontext der Deskription hinaus, in dem sie entstehen werden, und eröffnen so transzendentalphilosophisch und -theologisch die Frage nach der personalen und relationalen Dimension[484], auf die diese Konzeption zuläuft, ohne sie schon in ihrer Ethizität, also in ihrer Relevanz für ein Ethos der Personalität und Intersubjektivität selbst zu befragen, das ja letztlich normative wie haltungsethische Anteile, also formelle, informelle, nonformelle wie habituelle Seiten der Höflichkeit, personal vermittelt.[485] Eine Grundkategorie des Ethischen kommt dabei ganz zwanglos ins Spiel, die transzendentalphilosophisch gewendet, selbst eine Option und Perspektivik als Überschuß und Durchsicht kritisch und erweiternd einträgt.[486]

Lakoffs Postulate der Höflichkeit haben besonders die umraum- und feldtheoretischen oder sphärischen Perspektiven «*um* den einen und den anderen» im Blick, wenn das «Don't impose!», das «Give options!» und das jedes Interaktionsklima als vermittelnde und mittlere Maxime prägende «Make A. feel good – be friendly!»[487] herausgestrichen werden. Diese Postulate verweisen – ohne, daß dies selbst im Duktus der Deskriptionen explizit genannt wäre – auf anthropologisch-ethische Grundfragen. Der Prohibitiv bringt in Erinnerung, daß Interaktionsräume und Aktionsräume immer im Zusammenhang stehen mit *Ausdrucks*handlungen auf der einen, die *Eindrucks*handlungen auf der anderen Seite sind. Qua Ausdruck tangiert der eine den anderen in dessen Bedeutungshof (psychisch, physisch, sozial *und* ethisch, ob anwesend oder abwesend): Das «For better or for worse» wird dann immer die folgerichtige, letztlich ethische Anschlußfrage, die sich nicht zum Verstummen bringen läßt, es sei denn um den Preis der Verletzung von Situation und Person.[488]

Das Nichtverstellen verbaler, formaler, thematischer, zeitlich-räumlicher Handlungsoptionen für den anderen tangiert dessen aktuale und aktuelle Autonomie.[489]

---

[482] Vgl. *HAFERLAND/PAUL*, Theorie der Höflichkeit 65. Dies eröffnet die Frage nach den Ressourcen, Rücklagen und den Rückbindungen der Person, die dies zu leisten oder gar vorzuleisten in der Lage ist, öffnet den Blick auf kommunikative Kompetenzen, auf Handlungs- und Haltungsdispositionen, auf verarbeitete subjektive wie transsubjektive Erfahrung *und* Kontrasterfahrung.

[483] Vgl. *HAFERLAND/PAUL*, Theorie der Höflichkeit 26-34.

[484] Hier besteht natürlich die Gefahr, daß der Höflichkeitskontext der Fragestellungen, der zunächst ein Konkretheits- und Alltagskontext ist, leicht wiederum hochgeladen oder überlastet wird. Reflexion auf Praxis ersetzt Praxis nicht, ist aber selber Praxis. Eine *Höflichkeit des Denkens* wird immer auch Raum lassen nicht nur für Metareflexionen, sondern auch für andere Perspektiven, die hier notwendigerweise unterrepräsentiert bleiben.

[485] Was nicht bedeutet, daß die reflexiven Stränge dieser ethischen Bemühungen damit ineinander einfach aufgehen.

[486] Vgl. nur *J. WERBICK*, Art. Person, in: NHThG III 193-204, *A.G. WILDFEUER/G. GRESHAKE/K. HILPERT*, Art. Person, Personalität – I. Philosophisch, II. Theologiegeschichtlich u. systematisch-theologisch, III. Theologisch-ethisch, in: LThK^3 VIII 42-46, 46-50, 50-52.

[487] Vgl. *LAKOFF*, The Logic of politeness 298.

[488] Von inhaltlichen Graduierungen und Skalierungen dieses face-, space- und boundary-managements in seiner spezifischen Mehrdimensionalität als einem «Ethos der Prävention» wird deshalb immer wieder zu handeln sein.

[489] Beispielsweise über Territoriumsverletzungen im Sinne des Bedeutungs- und Handlungshofes Interagierender, in der Imageaufwertung oder der fortgesetzten Despektierung. Vgl. *I. KEIM*, Der Umgang mit territorialen Ansprüchen als Merkmal sozialen Stils. Am Beispiel von Interaktionen aus zwei Frauengrup-

Auch hier wird weiterzufragen sein nach Gutheit, Richtigkeit, nach Erlaubtheit und besonders der Angemessenheit, die für den einen wie den anderen in Verantwortung zurückfällt. Postulate der Freundlichkeit, Umgänglichkeit und Wachheit der Wahrnehmung fokussieren schließlich die interaktionell hochrelevante Seite der Affektivität und Sensitivität, letztlich also der Beziehungsebene, die nicht selten die Sachebene dominiert, konturiert (gerade dann, wenn Beziehung aufgebaut oder stabilisiert werden soll).[490]

Auf der Senderseite enthält das Höflichkeitsprinzip für Leech folgende quasi individual-*normative* und individual-*formative* Komponenten und Submaximen wie die Maximen von Takt, Generosität, Anerkennung, Bescheidenheit, Übereinstimmung und Sympathie mit wechselseitigen Minimierungen und Maximierungen[491] mit den interaktionellen Imperativen.[492]

Die ethische Relevanz von sachbereichsübergreifenden Hintergrundregeln, von Präferenzverhalten und Vorzugsregeln – hier materialiter in personaler Wendung als zu präferierende Regel, Haltung und Handlung angesichts mindestens zweier «faces» und ihrer Bedeutungshöfe – scheint hier auf als regulative Idee der Höflichkeit und ihrer Maximen wie Prinzipien (in) der Kommunikation. Hier fließen «technische», soziale und ethische Kompetenzebenen zusammen, die in der Person vermittelt sind und die Vermittlung des Selbst an den anderen prägen.[493]

Nicht *allein* funktional-instrumentelle Kompetenz oder Beherrschung eines spezifischen Wort-, Gesten- und Symbolrepertoires ist hier gefragt, sondern Maximen und Orientierungen des kommunikativen Handelns aus einer erworbenen und – aus theologisch-ethischer Sicht – «geschenkten» Disposition oder Grundhaltung heraus, die sich in und über Einzelbegegnungen bewährt und formt, sie prägt und stabili-

---

pen in Mannheim, in: *LÜGER*, Höflichkeitsstile 187-212, zu «face» und die allgegenwärtigen Implikationen der Beanspruchung anderer, zu «Routinen», «boundary management», den Varianten weicherer und härterer Formen der Kritik, zu Bedeutung der Eröffnungs- und Beendigungsphase einer Interaktion (den «ritual brackets», im Unterschied zu deren sachlichen und kommunikativen «Kernphasen»).

490 Und auch aus den vorgeblich emotionsfreiesten Diskursen nicht eliminiert werden kann. Gerade wenn man sich darüber täuscht, wundert man sich leicht über Ausbrüche oder kompensierende Ableitungs- und Übersprungshandlungen, die sehr leicht über den Rahmen einer «bloßen Unhöflichkeit» hinausschießen. Das mag sich erst später, andernorts oder an anderen entladen, aber eine fortwährende Folge und Kette institutioneller, sozialer, ökonomischer oder persönlicher Mißachtungen, Respektverweigerungen und Verletzungen, so minimal im Detail, ist nicht einfach folgenlos, auch wenn hier wiederum keine Reaktionsautomatismen in Anschlag gebracht werden müssen. Rücksicht und Vorsicht korrespondieren, auch wenn die Handelnden schon gar nicht mehr korrespondieren müssen.

491 *LEECH*, Principles of pragmatics 83.

492 Der Bedeutungsbogen dieser Imperative («Minimiere die Kosten für den anderen, maximiere seinen Nutzen! Minimiere den Nutzen für dich selbst, maximiere deine Kosten! Minimiere die Geringschätzung des anderen, maximiere seine Hochschätzung! Minimiere die Wertschätzung deiner selbst, maximiere die Geringschätzung deiner selbst! Minimiere Unstimmigkeiten zwischen dir und dem anderen, maximiere die Übereinstimmung zwischen dir selbst und dem anderen! Minimiere die Antipathie zwischen dir selbst und dem anderen, maximiere Sympathie zwischen dir und dem anderen!») übersteigt ja Kalkül, Strategie und Utilität, wenn Wertschätzung und Sympathie in den Blick kommen. Ausgleich und Moderation, reziproke Dynamik, nicht Fixierungen sind im Blick. Selbst-Minimierung zur Anderen-Maximierung ist dabei nicht automatisch Selbstaufgabe.

493 Vgl. *DEMMER*, Fundamentale Theologie des Ethischen 148-155. Das ethische Subjekt steht transzendentalanthropologisch in Vermittlung, Relationalität, Verbalität und Sozialität – und dies horizontal und vertikal.

siert in Differenz und Konnex von instrumentellem Können und moralischem Können (hier also als kommunikativem Können).

Aktiv und kommunikationsöffnend konzentriert der «höflichkeitskategorische Imperativ» nach *Pernot*, formuliert als Maxime im Rang eines starken höflichkeitsethischen Prinzips ein Postulat und Desiderat, das anthropologische Prämissen insinuiert und auf der Ebene der Höflichkeit eine «Sollenskategorie» indiziert, die handlungstheoretisch die Unumgänglichkeit von Handlung, Handlungsoffenheit und Handlungsorientierung reflektiert und repräsentiert. Höflichkeit als Bedingungsmöglichkeit von Kommunikation ist hierbei denkbar weit von jeder konkret-materialen Präskription, von jedem Konventionenkatalog (der erst von hier aus eine ethische Legitimität zugemessen bekäme) entfernt. Diese materiale Leere ist dem Reflexionsabstand und dem basalen Anspruch geschuldet und korrespondiert mit der Weite der Einsatzmöglichkeiten. Die positiv-gestaltungsoffene Formulierung markiert hier einen kritischen Filter, durch den das je eigene kommunikative Handeln immer wieder – als Höflichkeitsreflexion zweiter Ordnung – geschickt wird. Nicht allein die unmittelbar aktuierte «Selbstkontrolle» als *ein* Höflichkeitspostulat und -desiderat gerät dabei in den Blick, sondern auch die handlungsbegleitende und -distinkte Reflexion ist hier eingefaßt und mitzubedenken:

> *«Agis de telle sorte que tu rendes possible la communication avec autrui.»*[494]

Hier wird auf die Sinnspitze getrieben, was sich unter alle Formen der Kommunikation legt und als kommunikationales Grunddatum der Anthropologie, als Antwort auf und als Verantwortung rekurriert. Dies bleibt erst einzuspuren in die ethische Prinzipialität des Universalisierbarkeitspostulats.[495]

Komplementär dazu, aber eher defensiv akzentuiert, aber damit auch kommunikationsstabilisierend im Sinn der beider- und wechselseitigen Face-Bewahrung betont *Schulz v. Thun* sein Grundprinzip von Höflichkeit, das zuerst auf das Wohl der Beteiligten und folglich Schädigungsminimierungen abstellt, ohne dabei die sensiblen Bereiche von Authentizität und Wahrheit ganz außer acht zu lassen oder auszublenden:

> *«Wie kann ich jemandem gegenüber ‹offen und ehrlich› sein,* ohne ihn *übermäßig zu verletzen und zu verprellen,* ohne mir *selbst unnötige Blößen zu geben?»*[496]

Diese Einsichten und Überlegungen sind in Zusammenhängen gewonnen, die sich nicht explizit einer ethischen Fragestellung nach dem «actus humanus» stellen, noch eine starke Deontologie oder Teleologie theologischer Provenienz entwickeln.[497] Dennoch legt sich ohne vorschnelle Vereinnahme gerade in diesen For-

---

[494] *PERNOT*, La politesse et sa philosophie 269.

[495] Diese und ähnliche Formulierungen rühren im Bezug auf das Feld der «basic social interaction» in aller Analogie und Evidenz strukturell an die «Goldene Regel» oder das «bonum faciendum, malum vitandum». Vgl. *DEMMER*, Fundamentale Theologie des Ethischen 148-155 (zur Pseudoevidenz von Prinzipien und dem Bedarf prinzipieller Komplementarität und Korrelierung).

[496] Vgl. *SCHULZ V. THUN*, Miteinander reden III 87 (Hervorhebung – APA).

[497] Vgl. *SCHOCKENHOFF*, Normative Ethik 445-473, *DEMMER*, Fundamentale Theologie des Ethischen 148ff., 169f.

mulierungen die Nähe zu jenem Grundgeflecht ethischer Hermeneutik und Heuristik nahe, das sich in der Konspiration von Prinzipien, Normen, Maximen und Haltungen herausbildet.[498] Hier ist es zuallererst der Lektüre und Analyse der Fakten und Prämissen zu verdanken, die von sich aus auf diese systematisch-ethischen Topologien und Topoi zusteuern.

14.1.2. «Zwischenform», «Zwischennorm», «Zwischenhabitus» – Höflichkeit im ethischen Horizont

Bei aller Nichtidentität schon von Etikette[499] und Sittlichkeit – ein «general overlap of etiquette and morality»[500] wird immer wieder ver- und bemerkt.[501] Die nachfolgenden Modellüberlegungen versuchen einige Situierungen dieses «Overlap» zu skizzieren und nach Möglichkeit zu präzisieren. Höflichkeit in den theologisch-ethischen Diskurs einbetten und nicht isoliert betrachten. Sie ist flankiert und flankierend, fundiert in einem Netz von Grundnormen und Grundhaltungen. Bilanzierend kann gesagt werden:

> *«Insofern Höflichkeit organisierende Prinzipien sozialer Ordnung als Grundregeln voraussetzen und in Maximen umsetzen und spezifizieren kann, ist sie einer Moral grundsätzlich sehr nahe. So kann es in Parallele zu abweichenden Moralauffassungen auch abweichende Auffassungen von Höflichkeit geben. (...) Moral ist wie Höflichkeit zunächst in Brauch und Sitte gebunden und hier oft als Satz von Grundregeln formuliert.»*[502]

Begriffe und Situierungen in dieser Perspektive siedeln in Differenz und Nähe das Thema «Höflichkeit» in *normativ-konventionellen* Bereichen an. Verbindlichkeit(en) entstehen und setzen in Verbindung. Und dies nicht nur subjektiv gewählt – Höflichkeit ist also nicht nur eine abstrahierte subjektive Maxime[503], sondern *eine* Antwort auf einen vorgegebenen Gestaltraum.

---

[498] Vgl. *VIRT*, Moraltheologie 531f., Grundinformationen auch bei *DEMMER*, Fundamentale Theologie 312-315, dazu auch *K. OTT*, Art. Prinzip/Maxime/Norm/Regel, in: HbEth 457-463. – *DEMMER*, Fundamentale Theologie des Ethischen 157: «Normen sind Mischsysteme, Einsicht und Erfahrung verschmelzen in ihnen zu einer lebendigen Einheit, die nach Rekonstruktion aller relevanter Prämissen verlangt.» Vgl. mit knapper Höflichkeitsreferenz auch *R.A. CORDERO*, Moral judgements: cognitive, objective and relative, in: Philosophy in context 16 (1986) 50-55.

[499] Hier stellvertretend genannt für eine Spezialform, für eine Sonderform des Höflichkeitsterrains, dessen Schwerpunkt auf präzisen Formen und Ritualen aufsitzt.

[500] *LEYERLE*, Table Etiquette 125.

[501] Und teils bewußt zurückgewiesen, vgl. das Unterfangen von C. Pernot. Es bestreitet die Notwendigkeit eines Rekurses des cortesialen Formalismus auf sittlich-ethische, sodann religiöse Motive in der Grundlegung der Höflichkeit. Übergänge erscheinen bei aller Zurückhaltung dennoch möglich. Vgl. die Rekurse auf Ilting, Rassem, auf die «virtus specialis» bei Thomas und in der Manualliteratur. Von hier aus erklären sich die folgenden Anmerkungen im Koordinatennetz verschiedener ethischer Denk- und Grundmodelle.

[502] *HAFERLAND/PAUL*, Theorie der Höflichkeit, in: *HAFERLAND/PAUL*, Höflichkeit 13. Vgl. *T. HAUSMANNINGER*, Art. Brauch III. Ethisch und rechtlich, in: LThK³ II 657, *B. MAIER/H. SCHLÖGEL*, Art. Sitte, in: LChE II 1605-1608.

[503] Vgl. *S. RENOLDNER*, Art. Maxime, in: NLChM 465: «Unter einer Maxime verstehen wir einen Leitsatz des Handelns, der im Unterschied zu einer Norm nicht das Handeln, sondern sein selbst gewähltes Ziel beschreibt. Die Maxime ist also ein subjektiver (praktischer) Vorsatz, während die Norm objektiv

Wichtig ist eine weitere Beobachtung, die im Blick auf Aufmerksamkeit, Ansehen und Höflichkeit und ihren durchaus ambivalenten ethischen Implikationen, aber eben auch Reichweiten benennt:

> *«Angemessener Umgang mit der Aufmerksamkeit anderer zählt zum Schwierigsten, was uns Menschen aufgegeben ist. Nichts fordert unsere Intelligenz so sehr wie der Umgang mit der Intelligenz anderer, nichts das Feingefühl so sehr wie der Umgang mit anderen Gefühlen, nichts den Takt so sehr wie der Umgang mit der wechselseitigen Abhängigkeit der Selbstwertschätzung. Diese Art Umgang kennt keine Patentlösungen, die ihn vereinfachen könnte, sie kennt kaum Vorteile, die nicht auch Nachteile hätten, sie kennt nur lokale Optima, aber so gut wie nichts, was nur lokale Bedeutung hätte. Alle, die diesen Umgang halbwegs beherrschen, sind Künstler im wahren Sinne des Wortes.»*[504]

In diese zugespitzten Bemerkungen zeichnen sich Ambivalenzen, aber auch der hohe Anspruch ein, der *grosso modo* für die Felder der Höflichkeit gilt und nicht nur (wie bei Franck) in einem aufmerksamkeitsökonomischen Sinn gedeutet werden muß. Die angemessene Aufmerksamkeit für den Umgang mit anderen (und nicht nur mit deren Intelligenz) ist schon als lokal nicht leicht zu erreichendes interaktionsethisches Optimum eine Herausforderung – und eben nicht von nur lokaler Bedeutung. Die regulative Idee der Höflichkeit schließt in der Praxis und der Reflexion auf sie die Norm-, Haltungs- und Wertdimension ein. Als spontaner, nicht selten kreativer *Korridor*, nicht als bloßer Kontrakt, Konvention, Maxime zeichnet sie einen Überschuß ein.[505] Ethisches Können (hier als Umgangskunst, keineswegs vorschnell als «ästhetisierende Künstlichkeit» zu verstehen) ist eine «lokale» Praxis in der Reichweite der Handelnden, aber eben nicht bloß als eine lokale instrumentelle «τέχνη περὶ βίου», sondern von weiterreichender Bedeutung.

Aber die lokal erschwinglichen Optima werden nicht jeweils vor Ort von Grund auf neu aufgebaut: transformativer Rekurs auf Normen und Konventionen (geronnener Fremderfahrung), Erfahrungen *und* Haltungen im Konnex von Sollens- und Könnensdimension, von Handlungs- und Dispositionsebene, situativer Fortschreibung, die mit der normativen und habituellen Erfahrung korreliert und in sie einfließen wird.

Mit diesen Stärken, Schwächen und Spannungen ist auch der ethische Höflichkeitsdiskurs behaftet. Angemessene Aufmerksamkeit und Respekt im Umgang mit anderen ist auf dieser Linie zu beschreiben und hat in einer lokal-situativen Kom-

---

vorgegeben wird.» Vgl. *VIRT*, Moraltheologie 531ff., *C. SCHROER*, Art. Maximen, in: LChE II 1127f., *OTT*, Prinzip/Maxime/Norm/Regel 457-463. Prinzipien, Maximen und Normen verzweigen und erden sich in die einzelne Situation und die einzelnen Handlungen übergreifende Haltungen auf der personalen Seite des Handelnden. Sie verzweigen sich in Sets von Höflichkeitsnormen als der objektiven Seite eines integralen Höflichkeitsethos.

[504] So präzise *FRANCK*, Ökonomie der Aufmerksamkeit 219f. (in einem bezeichnenderweise «Moralische Eleganz» betitelten Kapitel, was aber keineswegs elitistisch gemeint ist). Ähnlich auch abschließend *A. MAURER*, Alltägliche Moral – Moral des Alltäglichen. Sinnerschließung und Orientierung im Horizont des Alltags, in: *T. LAUBACH* (Hrsg.), Ethik und Identität (FS G.W. Hunold), Tübingen-Basel 1998, 29-40, 40.

[505] Im Überblick über unterschiedliche Höflichkeitstheorien gibt es Anklänge und Nähen. Vgl. *B. FRASER*, Perspectives on politeness, in: Journal of Pragmatics 14 (1990) 219-236. Er sondiert den «conversational-maxim view» (mit Grice), den «social-norm view» (eher selten in der Linguistik, so Fraser), «face-saving view» (mit Brown und Levinson und der weitläufigen Diskussion in ihrem Gefolge) und den eigenen, als «conversational-contract view» bezeichneten Angang.

plexheit und in immer analoger Konkretheit zu bestehen, die von vielen Faktoren bestimmt und durch sie beschrieben wird. Einerseits scheint das angezielte Handlungsfeld überschaubar. Dies ist zunächst als «Minimum» gesagt, gerade wenn Ethik nur als Normethik gedacht wird, die in Regulativen, seien es Konventionen oder Normen mit je unterschiedlichem Rang, aufgeht. wird. Der Blick ist unverzichtbar, aber zu eng, weil – andererseits – die Implikationen erheblich sind.

Dies legt es nahe, zuerst einige Notizen zur Normtheorie zu vergegenwärtigen.[506] Eine Systematisierung, ein Modell erinnert Unterschied und Differenz dreier Norm-Sphären, namentlich juristische Normen, ethische Normen und Höflichkeitsregeln.[507]

Ein erster Differenzpunkt zwischen Höflichkeits- oder Anstandsnormen und juristischen Normen liegt im Kontext und partiell in der Justiziabilität. Der Anstandskodex ist markanter in Ethik und Recht verankert, während «höfliches Verhalten» als Technik, Praxis und Strategie eher in den Kontext der Privatpolitik fällt.

---

[506] Es ist hier weder auf eine umfassende norm- noch haltungsethische Rekonstruktion gezielt. Die differenzierten und weitläufigen Diskussionen können hier nicht eigens rekapituliert werden. In diesen Verbund vernetzt ist jedoch auch die Höflichkeitsthematik im Blick auf unterschiedlich werthohe Normen, werthohe Haltungen, ihre Stufungen, Übergänge und Zusammenhänge und in den norm- wie tugendethischen Korrespondenzen auf diesen Ebenen und ihren Realisationskoordinaten wie z.B. Alltag, Frequenz, Ubiquität.

Überblicke bei *S. MÜLLER*, Gesellschaftliche Handlungsorientierungen. Zum objektiven Moralbewußtsein, in: *HUNOLD/LAUBACH/GREIS*, Theologische Ethik 94-110 (signifikant die Einordnungen und Bestimmungen zu Brauch, Konvention, Etikette, Mode – ohne Höflichkeit!), ebd. 99f., signifikant auch die «En-passant-Erwähnungen» der Höflichkeit: z.B. KEK II 94, *WEBER*, Spezielle Moraltheologie 50, *M. KETTNER*, Art. Moral, in: HbEth 410-414, 410.

Vgl. insgesamt *W. KORFF*, Normtheorie. Die Verbindlichkeitsstruktur des Sittlichen, in: HCE I 114-125, *K. STEIGLEDER*, Die Begründung der normativen Ethik, in: *WILS/MIETH*, Grundbegriffe der christlichen Ethik 84-109, *W. WOLBERT*, Art. Norm, in: NLChM 563-567, *J. RÖMELT*, Vom Sinn moralischer Verantwortung (Handbuch der Moraltheologie I), Regensburg 1996, 94-141, *W. KORFF/R. ALEXY*, Art. Norm/Normen, in: LBE II 770-778, *W. KORFF*, Art. Norm, in: LThK^3 VII 907-909, *SCHOCKENHOFF*, Normative Ethik 445-473, *S. MÜLLER*, Normen. Zum Verhältnis von gesellschaftlichen Ansprüchen und sittlicher Autonomie, in: *HUNOLD/LAUBACH/GREIS*, Theologische Ethik 188-206. – *S.T. REHRAUER*, The injustice of justice and the justice of injustice. Part two: Moral rules, in: StMor 39 (2001) 5-60, 41ff., unterscheidet «rules» der «inhibitive morality – which involve the unjust deprivation of other's rights», der «active morality» als Regeln des advokatorischen Einsatzes für Opfer, der «distributive justice», der «prosocial morality» in der Intention, durch «private goods» anderen zu helfen, und schließlich «conventional rules – which promote smooth functioning of the social group» sowie «personal rules». Mag man auch – nicht ohne Grund – geneigt sein, «conventional rules» und «smooth functioning of a social group» zuerst und ausschließlich Höflichkeit zu assoziieren, so ist doch auch bei allen notwendigen Skalierungen einsichtig, daß allein schon ein Höflichkeitsbegriff, der vorrangig auf Norm und Konvention zielt, an allen Ebenen partizipiert (wenngleich er sie nicht ausschöpft). «Smooth functioning» und Bezug zu einer sozialen Gruppe markieren wiederum nur einen Teil der Höflichkeitsrelevanz.

[507] Eine vierte Sphäre, die des «pium», erinnert *SCHNEIDERS*, Verlust der guten Sitte 61-77. Für *ZIMMER*, Moralisten 154, bleibt ein «drittes Normensystem» neben dem juristischen und moralischen nötig: Jenes der Höflichkeit – freilich überakzentuieren diese analytischen Trennungslinien reale Zusammenhänge und Grenzverwischungen wie -verschiebungen. Vgl. *ILTING*, Grundfragen der praktischen Philosophie 118ff., zu Höflichkeitsnormen, zum Rechtskonnex vgl. auch *R. DHOQUOIS*, Sous contrat, in: *dies.*, La politesse 108-117.

Hier läßt sich ein weiterer Zusammenhang einspielen, der von *PERNOT*, La politesse et sa philosophie 339ff., 358-362, 364, 370ff., im Blick auf die Zukunft der «politesse» bedacht wird. Es geht dabei nicht zuerst um die obligatorischen Verlustklagen, Bedrohungen und Mentalitätsveränderungen, sondern um die Implikationen einer Ideologisierung des Rechts (vgl. 364) als eines beständigen Urgierens verbriefter Ansprüche, die in immer mehr Lebensbereichen Folgen zeitigt und so zu einem harten – mitunter «displaced»? – Ethos des Rechtes wird.

«Unanständiges Verhalten» unterliegt nicht selten juristischer Sanktion, «unhöfliches» hingegen erweist sich zumeist als «privatpolitisch» und sozial unklug, aber eben auch als sittlich defizient oder zumindest nicht-empathisch.[508]

Zudem ist – zweitens – festzuhalten, daß zum «höflichen Verhalten» immer ein direktes Gegenüber, ein Interaktionspartner gehört, wogegen «anständiges Verhalten» lediglich von indirekten, nicht involvierten Zeugen begleitet sein kann.[509] Es bleibt aber die Frage, daß, wenn man den physischen und moralischen Raum als «Hof» und «Feld» begreift, dies nur für ein bestimmtes Set von Interaktionskonventionen und -normen stimmig bleibt. Achtungs- oder Mißachtungskommunikation[510] macht aber keineswegs automatisch vor Abwesenden halt. Die Unterscheidung hat ihren Sinn, greift aber letztlich doch zu kurz.

Vor dem Hintergrund einer weiten, gestuften Konzeption von Höflichkeit, die sich nicht auf die Erfüllung formaler Höflichkeitsnormen und -forderungen beschränkt und auf diese eingrenzen läßt, wird deutlich, daß hier Bereiche herauszufiltern sind, die in enger Konspiration – allerdings ohne deckungsgleiche Identität – mit denen der Sittlichkeit und der Moralität stehen. Immer wieder wird auf diese Konspiration verwiesen, werden Bezüge hergestellt[511], die schon dann mitschwingen, wenn in den vielfältigen Versuchen, Höflichkeit zu fassen, veritable Tugendkataloge, die im Detail variieren können, herangezogen werden.

Höflichkeitsnormen rahmen, unterstützen und fordern Höflichkeitsformen, die wiederum eine Antizipation, zuweilen Ersatz, zumindest aber Vor-, Detail- und Aktualformen einer nie ganz und aktuell zu verwirklichenden Nächsten- oder gar Feindesliebe sind. Ohne die Relation zu dieser Grundausrichtung und -inspiration zu verlieren oder diese als Gegenpositionen zu markieren. Es gibt genügend Stellen, an denen die aktualisierte, damit aktuell erfahrbare Höflichkeit die Idealform adäquat und proleptisch vertritt.[512] Im Ausfall auch noch der intermediären Detailform wird dies ex negativo noch deutlicher. Dabei soll nicht übersehen werden, daß Normen und Werte in einem aktiven Aneignungsprozeß durch die historischen Akteure und Akteurinnen transformiert, nicht bloß appliziert werden. Schon dies öffnet zur Haltungsperspektive.

Damit läßt sich eine analoge wie traditionelle Einordnung stützen, aber auch vertiefen und transformieren: Regeln, Konventionen und Normen der Höflichkeit

---

508 *HÖRMANN*, Höflichkeit 815, spricht vom «Mangel an richtiger Einstellung» des Unhöflichen oder Groben, der es am «Erweis der Achtung für den Mitmenschen fehlen läßt».

509 Vgl. *BEETZ*, Frühmoderne Höflichkeit 142-145. Doch auch hier sind die Übergänge von Face-to-face-Höflichkeiten zu weiteren Formen fließend in der Präsumption der Vulnerabilität, Anerkennungs-, Schutz- und Förderungswürdigkeit wie -bedürftigkeit. Man erinnere sich nur an die Mahnung des Franziskus, über Abwesende nur so zu reden wie in ihrer Gegenwart. Hier wird das Verhalten nicht nur aus der konkreten Situation normiert, sondern – gerade weil Abwesende ein besonders «sicheres Gesprächsthema» geben – von einer Haltung formiert.

510 Vgl. *JHERING*, Takt 83, passim. Ein weiteres Moment der Unterscheidung liegt im «Takt» als Ausdruck negativer Höflichkeit. Er setzt weniger die kognitive Präsenz von Regeln, Normen und Konventionen voraus als eine Kapazität der Empathie, die den schonenden Umgang mit dem anderen zum Ziel hat. Takt kann gefordert werden, aber ratifiziert ist er in einer Haltung – das Verhältnis von Norm- und Haltungsethik wird hier wiederum sichtbar.

511 Vgl. *ILTING*, Sittlichkeit und Höflichkeit 103-137, *HELD*, Verbale Höflichkeit 22ff., *G. AXIA*, Elogio della cortesia, Bologna 1996, *EELEN*, A Critique of Politeness Theories 121-187.

512 Zu Entlastungs-, Stabilisierungs- und Rahmenfunktion der Höflichkeit vgl. oben Abs. 10.1. - 10.4.

werden von zentralen ethischen Normbereichen abgeleitet. Abgeleitet und damit als sekundär gekennzeichnet wird dieser Bereich auch in der traditionellen Tugendtheorie (wie gesehen). Die Gründe hierfür sind einleuchtend, doch besteht dabei die Gefahr, daß die spezifischen Leistungen, Komplexitäten und Ansprüche sowohl in norm- als auch in haltungsethischer Hinsicht überdeckt werden. Klassische Modelle der Zuordnung von Höflichkeit und Tugend oder Haltung bringen dieses Skalierungs- und Differenzmoment zum Ausdruck in der traditionellen Einordnung in den Tugendbereich, wenn auch aus parallelen Gründen wie bei der «Sekundärnorm», Subnorm oder Konvention als sekundäre, abgeleitete oder «angehängte» Tugend. In diesem Kontext lassen sich – noch weit vor einer haltungsethisch offenen Metaphorik wie jener der «Höflichkeit des Herzens»[513] – zwei Höflichkeitszuordnungen benennen, die hier als ethosgeneratives oder propädeutisches Modell bezeichnet werden können. Höflichkeit wird haltungsethisch als Prä- oder Subtugend (analog als prä- oder subnormativ) begriffen und auf zentrale ethisch-systematische Größen bezogen.

Ein *generatives* Modell unterstreicht (bei Kant oder Comte-Sponville etwa), daß kleine, minimale, primär ästhetische Höflichkeit Ethos überhaupt erst generiert. Höflichkeit bleibt als «Prätugend»[514] initial und wird dann auf der biographischen Zeitachse wachsender ethischer Einsicht und Kompetenz überwunden und abgelöst. Dies unterschlägt jedoch die Permanenz der Höflichkeitsbedeutung. Höflichkeit ist in der Genese des moralischen Bewußtseins und Könnens nicht einfach ablösbar, sondern bleibt über primäre Ästhetik und primäres Ethos ein dauerndes Thema, das immer wieder neu angefragt und von Bedeutung in der Interaktion und Kommunikation bleibt – gerade dann, wenn – wie oft – «hic et nunc» gar nicht mehr gefordert ist als eine am anderen orientierte Aufmerksamkeit und Wachheit, die den anderen überhaupt erst wahrnimmt.

Ähnlich gelagert wäre ein anderes Modell, in dem eine primäre Ästhetik nicht durch ein primäres Ethos abgelöst wird, sondern beide Stränge parallel und dann zusammenlaufen. Ein Ethos der Höflichkeit ist das alltägliche Bewährungsterrain, in dem Miniaturen von Respekt, Achtung und Aufmerksamkeit für den anderen, Sensibilität für eigene und fremde Verletzbarkeiten («face») den Umraum geben, in dem dann in ethisch hochgeladenen Krisen- und Konfliktsituationen die ethisch gute und richtige Entscheidung als im Detail geprobte und geübte leichter fällt (ohne Automatismen natürlich), etwa im Anschluß an das thomasische Tugendmodell des «prompte, faciliter et delectabiliter». Beide Modelle sind zweifellos kompatibel (nicht nur biographisch). Tradition und Offenheit für Transformation. Dieses *propädeutische* Modell markiert Höflichkeit als «Subtugend». Doch auch hier gäbe es nicht nur Latenz- und Übungsphasen, sondern die Eigenbedeutung normativer wie habitueller Höflichkeit zu unterstreichen, wenn in Übergang und Differenz (vor dem Kriterium

---

[513] *PERNOT*, La politesse et sa philosophie 113, vermutet hinter der «Höflichkeit des Herzens» eine ausschließlich aus polemisch-kritischen Gründen eingeführte Argumentationsfiktion. Mit der durchaus kritischen Funktion dürfte dieses Phänomen aber nicht hinreichend beschrieben sein, es sei denn, man kapriziert sich auf einen streng formalistischen und funktionalistischen Begriff der «politesse», der die Übergänge zu Haltungsimplikationen nicht zuläßt (und auch den Umkehrweg nicht). Anders einzuschätzen ist z.B. die Höflichkeit des Geistes (bei Bergson etwa).

[514] Zu Erläuterungen und Situierungen vgl. etwa *COMTE-SPONVILLE*, Die minimale Tugend: Höflichkeit 23-34, zudem die erwähnten lexikalischen Skizzen von *WEILNER*, Höflichkeit, *HÖRMANN*, Höflichkeit, *RIEDL*, Höflichkeit.

steigender Grade ethischer Valenz und Werthöhe) zwischen kleinen oder «heroischen» Tugenden gesprochen wird.

Ohne diese Beziehungen zu bestreiten oder aufzulösen, ist aber darauf hinzuweisen, daß der Höflichkeit ein systematisch-ethischer Eigenwert zukommt, wenn nicht Genese und Vorfeld gemeint sind, sondern jener eigene Praxisbereich, den Höflichkeitsregeln und -dispositionen betreffen, wenn je und je nicht mehr gefordert ist als eben Höflichkeit, Aufmerksamkeit, Takt oder Respekt in ihren Aktualformen in Subjektivität, Intersubjektivität und Alterität. Ohne die Differenzen und Nähe zu planieren oder zu überspringen, ist dennoch ein gewendeter Blick möglich und nötig, der aber die traditionellen Einschätzungen nicht aufheben, sondern transformierend ergänzen soll.

Umgedreht verwischt das Gedankenmodell der *Annextugend* leicht die Tatsache, daß die berechtigte Differenzierung zwar ethische Zentralität angemessen herausstreicht, aber die jeweilige Initialität und Eigengestaltung in einem interpersonalen und interaktionellen Ethos zur Sekundarität wird. Theoretische Universalisierungsprobleme überlagern dabei akuten und ubiquitären Gestaltungsbedarf.

Gruß-, Bitt-, Dank- und andere einschlägige Standardsituationen[515], aber auch Dispositive wie Ausredenlassen und Zuwendungssignalisierungen – dies erschöpft die Thematik ja nicht, wie gesehen – gelten ethisch als verhältnismäßig «unproblematisch» im Vergleich zu den Topthemen der ethischen Agenda. Andererseits kommen in der konkreten Konstellation von Interagierenden (also vorab, aber nicht ausschließlich, in ihrer gleichzeitigen Anwesenheit und damit der verdoppelten Unausweichlichkeit von Handlung und Interaktion des «Man-kann-*nicht*-nicht-kommunizieren» (so das berühmte Diktum von P. Watzlawick[516]) immer *Personen* und *Subjekte* in den Blick, die im letzten weder in Situation und Kommunikation aufgehen können, noch – ebenso höflichkeits- und kommunikations- oder beziehungsethisch relevant – untergehen dürfen.[517] In Prisma und Fokus höflichkeitsbedürftiger Handlungen komprimiert sich oft genug unthematisch, was über Wert-, Norm- und Haltungsvorstellungen und -bilder jeweils separiert gesagt werden kann. Weder Subjekt- noch Intersubjektivitätsvergessenheit sind in diesem Diskurs angezeigt.

Gerade weil vergleichsweise niedrigrangige Regeln und Normen der Höflichkeit[518] zuzeiten so massiv und forciert «pädagogisiert» wurden, schlug und schlägt

---

[515] Und Standardsituationen erschöpfen – wie hinlänglich dargestellt – das Höflichkeitsfeld bei weitem nicht. Sie bilden für die Forschungen unterschiedlichster Disziplinen selbst *einen* heuristischen Aufmerksamkeitsbrückenkopf. Höflichkeit als Feld- und Umraumgestaltung jeder Person – also wie sie hier aufgefaßt wird – fordert damit immer mehr ein.

[516] *P. WATZLAWIK,* Menschliche Kommunikation. Formen, Störungen, Paradoxien, Bern ^{8}1991, 51.

[517] In theologischer Letztperspektive betrachtet steht jedes Handeln unter Vorbehalt. Ein personales Ethos der Raumgabe steht ebenso wie interpersonale Handlungskompetenz nicht nur eschatologisch, sondern ethisch unter diesem Vorbehalt, der sich an Grenze und Schuld kristallisiert, diesen Signaturen der «conditio humana», die eine realistische ethische Reflexion nicht überspringen kann, ohne sie dabei in die «normative Kraft des Faktischen» oder des Fiktiven (so D. Mieth in anderem Zusammenhang) auflösen zu lassen. Die handlungsmotivierende und -normierende Potenz einer kritischen «Utopie» ist eben nicht zu unterschlagen oder ethisch obsolet.

[518] Die unterschiedliche ethische Valenz von «Du sollst nicht morden!» und «Du sollst deinen Gegenüber nicht anstarren!» liegt ja auf der Hand. Die Invasivität beider Handlungen markiert Extrempole. Zur spezifischen «Sekundarität» von Höflichkeitsnormen vgl. oben Abs. 12.1. Aus ihr folgt dann natürlich auch eine Bewertung von Verstößen und Leistungen. Die Einschätzung und Einordnung darf aber Übergänge, Interferenzen ebenso wenig aus dem Blick drängen wie die ethische Eigenbedeutung des «Sekun-

ihnen eine Kritik entgegen, die ihre Bedeutung leicht verdeckt, aber auch verdeckt, daß jedem Normensegment ein Haltungssegment je nach Valenz innerhalb von materialiter graduellen Norm- und Haltungssets entspricht, was schon aus der oft kritisierten Tatsache aufleuchtet, daß Beschreibungen von offenen Haltungsbildern mit aufschließendem, motivierendem Charakter schon auf der sprachlichen Ebene leicht sich unter der Hand in Normativkataloge und -kategorien verwandeln können.

Normsegmente und Haltungssegmente des Ethischen sind immer auch vor dem Horizont von Gütern und Werten zu lesen.[519] Deren semantische und sittliche Fassung variiert aber wiederum. Die Gutheit der Güte oder der Güter, das Wohl des Wohles, das Glückhafte des Glücks zwischen Geschenk und Gelingen, zwischen Zu-Fallendem und Vorbereitendem im Handeln ist dann immer eingelassen in Objektivität und Subjektivität, einem Rahmenethos, das sich über die Maßen verfestigen kann (gerade in der Höflichkeitsdebatte sichtbar), das aber selbst zu gestalten bleibt. Das sittliche Sollen speichert aus «kollektiver Erfahrung» Unverzichtbarkeiten unterschiedlichster Stufen, fokussiert aber nicht vorrangig die mögliche sittliche Potenz, Kreativität und Variabilität, die das sittliche Subjekt – wiederum in seinen biographischen, lebensgeschichtlichen und handlungsgeschichtlichen Grenzen und Potenzen – hat und entwickeln kann. Statik und Dynamik des Ethischen stehen damit bereit. Es sind die Brennpunkte einer Ellipse. Ihren Horizont beziehen sie hinsichtlich der Höflichkeit von einer Dimension, die den Wert des *Bedeutungshofes* des anderen und des einen in der Moderation der Unterschiede und Asymmetrien in einem komplexen Wechselprozeß auf interaktioneller Ebene regulativ begleitet, fordert, formt und über den Status quo hinaus entwickelt. Die Integrität des einen wie des anderen beginnt «früh» zum Thema zu werden. Die Haltungsantwort der Höflichkeit disponiert zur Wahrung *und* Gestaltung dieser fragilen Zwischenräume, die zum (sittlichen) Subjekt selbst gehören, da kein Mensch ohne sozialen Bezug bleiben kann – der «Selbstling» (ἰδιότης)[520] bleibt Schimäre.

In dieser Perspektive und Wendung stehen auch Partizipationen und Konspirationen des Höflichkeitsdiskurses mit den genuin ethischen Prinzipien[521], Ableitungen und Konkretisierungen. Höflichkeit und der handlungstheoretische Rekurs auf sie markiert Miniaturisierungen (nicht Minimalisierung!) von Konsequenzprin-

---

dären». Eine Hamartiologie der Unhöflichkeiten (zu unterscheiden von Wildheiten und Barbareivorwürfen in bloß polemischer kulturkritischer Distinktions- und Despektionsabsicht auf Kosten der anderen) wird auch darauf hinweisen müssen, daß die humanökologischen Kosten und Folgen der Unhöflichkeit nicht einfach ethisch zu unterschlagen sind.

519 Vgl. *K. HILPERT*, Art. Güterethik, in: LThK³ IV 1120.

520 Vgl. *F. FURGER*, Art. Wahrhaftigkeit, in: NLChM 846-852, 846. Damit ist auch eine Beschränkung des ethischen Höflichkeitsdiskurses angedeutet. Der Bereich der Verantwortung des einzelnen für sich selbst steht hier nicht explizit als eigenes Thema zur Debatte. Indirekt (und auch keineswegs zu unterschätzen) hat aber auch die Bandbreite der Höflichkeitsphänomene als fortwährende Kette immer neuer Achtungs- und Anerkennungskommunikationen, punktuell und durativ, «en détail» und in der Summe Wirkung für die Stabilisierung der eigenen Identität in und durch Intersubjektivität, in der das Subjekt freilich auch wiederum nicht ganz aufgeht. Vgl. etwa *DEMMER*, Fundamentale Theologie des Ethischen 26: «Vielmehr bringen konkrete Menschen einen unverrechenbaren und unabgeschlossenen Überschuss ein.»

521 Trotz der Reflexion auf normative Anteile in Höflichkeitstheorien geht z.B. *EELEN*, A Critique of Politeness Theories 121-187 (zu normativen Implikationen und beständigen ethischen Grenzgängen linguistischer Höflichkeitstheorien), diesen Weg nicht oder nur andeutungsweise weiter. Vorrang haben Analyse und Deskription bzw. metakritische Einlassungen.

zip, Utilitätsprinzip, von Sozialprinzip, Transsubjektivationsprinzip, Prinzip distributiver Gerechtigkeit (als das «suum cuique» der Höflichkeit). Gerade das Prinzip der Selbstzwecklichkeit als Person- und Situations- anstelle *alleiniger* Sachangemessenheit werden hier en miniature greifbar und finden ihre Initialisierung und Implementierung[522] Damit wird eine bestimmte Praxis unterstrichen, die nicht allein in der Einhaltung geprägter Formen aufgeht, aber umgekehrt auch keine reine Gesinnungsethik bleiben kann.[523]

Höflichkeit ist also weder *allein* normtheoretisch noch ausschließlich haltungsethisch zu beschreiben, schon weil Höflichkeit auch völlig formlos und ausdruckslos agieren kann. Aktuierungen können unbemerkbar-dezent sein. Man denke gerade an antizipative Unterlassungen als Nichteindruck. Sie sind Ausdruck einer Höflichkeit jenseits aller Ostentation in der Regulation von Distanz und Nähe, in der Okkupation oder Freigebung von Bewegungs- und Handlungsräumen. *Eine* Höflichkeitsmarkierung allein genügt nicht, um Höflichkeit zu markieren. Ein bleibendes Grundproblem also auch hier: Weder Norm noch Haltung garantieren faktisch Güte und Richtigkeit. Axiologische und kriteriologische «Platzhalter», «Symbola des Ethischen». Auch nicht allein subjektiv oder objektiv, sondern zuinnerst intersubjektiv. Das handlungstheoretische Scharnier zwischen subjektiv und objektiv[524], also zwischen Haltungs- und Regelethik, ist um das Moment der Intersubjektivität zu erweitern und gerade mit dem Blick auf die Höflichkeit zu fokussieren.

«Distinktionsanerkennung» und «Konformitätsanerkennung»[525], Zuwendungs- und Distanzhöflichkeit, «positive» und «negative» Höflichkeit zielen in ihren Schutz-, Schonungsfunktionen, ihren formalen und habituellen Komponenten initial und praktisch auf den «homo homini socius», den «homo reciprocans» und genau auf das, was prinzipiell und fortwährend «zwischen Menschen» geschieht. *Mittlere* und *vermittelnde* Prinzipien, Maximen und Haltungen je als «geronnene Umgangserfahrungen» oder «stabile» Vorprägungen sind ein Mix aus Fremd- und Eigenerfahrungen (historisch-biographische Dimension), unterschiedlich bewußt eingesetzt und vermittelt in die aktuelle Interaktionspraxis und -situation (präsentisch-akute Handlungsdimension) und dabei offen für zukünftige Transformationen in sachlicher und vor allem personal-intersubjektiver Hinsicht jenseits einer bloßen Ego-Altruismus-Dialektik. Signifikanz liegt dabei nicht zuerst in Abstraktion und Reflexion, sondern in einer Praxis und der ihr zugeordneten Disposition.

---

522 Hier sei an Beobachtungen R. Guardinis erinnert (vgl. oben Abs. 13.5.2.).

523 Vgl. C. Stephans kritische Bemerkungen (vgl. oben Abs. 3.3.). Gesinnungs-, Ideal- oder Zielethiken (ohne sie sind auch Tugendethiken schwerlich denkbar) sehen sich leicht dem fatalen Verdacht ausgesetzt, «Äußerlichkeit», genauerhin: Geäußertheit und formale Expression, zu unterschätzen oder abzuwerten. Bei einer – und sei es nur partiellen Verlagerung des Schwer- und Ausgangspunktes aus einer Substanzontologie oder einem ethischen Essentialismus auf einen Bereich des «Zwischen» in der Relevanz der Alterität wird dies nicht mehr so einfach möglich. Damit korrespondieren notwendig pflichten- und verantwortungsethische Momente in situativer Konkretheit, Vermittlung und Responsorialität.

524 Normative Ethik kann gefaßt werden als eine Ethik der neutralen dritten Person: Handeln wird «von außen» durch neutrale Instanzen beurteilt. Diese Instanzen können vielfältig gedacht werden: Als göttliche Instanz nach innen verlegt, als »innerer Gerichtshof» (Kant), als unparteiischer Beobachter oder dergleichen. Tugendethik konturiert sich demgegenüber als eine «Ethik der ersten Person»: Sie versucht aus dem Gesichtspunkt des/r Handelnden selbst moralische Maßstäbe für das, was unbedingt gefordert ist, herauszufinden. So subjektiv und personal dieser Ausgang ist, anspruchs- und zuspruchsvoll bleibt er nicht weniger als der Reflexionsbereich normativer Ethik.

525 Vgl. *TODOROV*, Abenteuer des Zusammenlebens 98f.

14.1.3. Signifikanz, Aktualität und Leistung cortesialer Disposition

Dient jedes ethische Argument zuletzt der Begründung eines Handlungs- und Haltungsanspruchs hinsichtlich seiner Richtigkeit, Angemessenheit *und* Gutheit[526], so bleibt es hier zudem Ziel, eine Tiefendimension der Höflichkeit oder «cortesia» als spezifisch «*relativ-relationaler Tugend*»[527] freizulegen und zu stärken. Relativität berührt hier nicht zuerst und allein die Frage nach der Universalisierbarkeit von bestimmten Höflichkeitsnormen und -regeln. Stark universalisiert sind die «Standardsituationen», Freiräume und «Turns», an denen höflichkeitssignifikantes Handeln sicht- und gestaltbar wird. Nicht die *einzelne* Regel und Höflichkeitsnorm steht hier zur Debatte (wie fixiert auch immer und historisch bedingt) und zählt letztlich. Angezielt ist vielmehr die grundlegende Intention der Wahrung und Gestaltung von Grenze und Übergängen, die das Vorhandensein anderer ziehen. Gerade hier ist für eine möglichst angenehme, freundliche und rücksichtsvolle Begegnung zu sorgen – Grundintention der Höflichkeit also. Diese Normen gewinnen ihre ethische Bedeutung, insofern sie über die deontische Prädikatoren des «moralisch erlaubt», «moralisch geboten», «moralisch verboten» im Blick auf ein Höflichkeitsethos wertrealisierend und -stabilisierend, damit handlungsentlastend wirken. In der wechselseitigen Verwiesenheit von Identität des Subjekts und Intersubjektivität ist Höflichkeit als soziale Tugend wie personale Kompetenz *zwischen* jeweiligem «common sense», *zwischen* verschiedenen kontemporären Konventionssets und den Möglichkeiten individueller Ausgestaltung stark daran beteiligt, eine Teleologie gelingender Kommunikation und Interaktion, also ihre spezifische Relativität, hermeneutisch und haltungsethisch zu sichern.

Die Identität des sittlichen Subjekts entsteht in einer nie abreißenden Kette von Interaktionen, welche Medien sie auch immer in Anschlag bringt.[528] Die Relativität

---

[526] «Tugend ist, was den, der sie besitzt, in seinem Sein und Handeln gutmacht.» – Freilich verzweigt sich die Diskussion um Tugenden auf Inkongruenzen von gut und richtig, also nicht automatisch gut. Vgl. aber *DEMMER*, Fundamentale Theologie des Ethischen 21, zudem *SCHUSTER*, Moralisches Können 81-84 (zur Diskussion von *J.F. KEENAN*, Goodness and Rightness in Thomas Aquinas' Summa Theologiae, Washington 1992, *ders.*, Die erworbenen Tugenden als richtige [nicht gute] Lebensführung. Ein genauerer Ausdruck ethischer Beschreibung, in: *F. FURGER* [Hrsg.], Ethische Theorie praktisch. Der fundamental-moraltheologische Ansatz in sozialethischer Entfaltung [FS K. Demmer], Münster 1991, 19-35), *HOFFMANN*, Selbstliebe 270ff. Gutheit der Gesinnung und Sachgerechtigkeit des Tuns werden miteinander verbunden. Die Wesensverwandtschaft mit dem Guten erzeugt eine sittliche Grundhaltung und Grundausrichtung, eine «sittliche Instinktsicherheit» (K. Demmer). Die inspirierende Kraft des Glaubens läßt Lebens- und Handlungsziele erkennen, für die der Einsatz lohnt. Dieser Einsatz gilt sowohl für den persönlichen wie auch für den sozialethischen Bereich. Es geht darum, Leben unter den Bedingungen der Gegenwart gelingen zu lassen.

[527] *DEMMER*, Fundamentale Theologie des Ethischen 256ff., bezeichnet «Tugenden als Brückenkopf zur Praxis». In diesem Sinn ist die Spezialtugend «Höflichkeit» ein Brückenkopf, besser und weniger militärtechnisch, eine Brücke zum anderen.

[528] Dies darf nicht ausschließlich linear gedacht werden, so als ob eine Einzelhandlung in allen ihren Komponenten von der nächsten in all ihren Komponenten und Implikationen einfach abgelöst würde. «Handlungsnetze» entstehen kommunikativ und interpersonal fortwährend, überlagern und beeinflussen sich. So kann die Unhöflichkeit des einen – um ein Beispiel zu nennen – im nächsten Kontext den anderen und seine Beziehung zu einem Dritten mitbestimmen. Die Variantenbreite und -folge ist unabschließbar. Vgl. die Überlegungen von *P. KNAUER*, Handlungsnetze. Über das Grundprinzip der Ethik, Frankfurt/M. 2002 (als «Book-on-demand» erschienen), der die Thematik der Doppelwirkung (vor allem)

und Individualität der Haltungen und Handlungs- und Umgangsweisen der Höflichkeit gewinnt somit einen Rückschlag auf das sittliche Subjekt hin, auch wenn gerade die Höflichkeit im riskanten «Abenteuer des Zusammenlebens» zuerst auf die Modi des «Zwischen», die Modi der Vermittlung des einen an den anderen in den Blick nimmt – und eben nicht zuerst die nie ganz erfaßbare und nie vom anderen isoliert betrachtbare «Identität» des sittlichen Subjekts in seiner möglichen oder doch nur asymptotischer erreichbaren Kongruenz von Interaktionsintentionen, -mitteln und auch -folgen (im Sinne der aktandenzentrierten traditionellen Lehrstücke von den Quellen der Moralität) betrachtet. In diesem Sinne ist Höflichkeit die *Initialtugend der Relationalität des einen zum anderen* und korrespondiert mit *wesentlichen* anthropologischen Grunddaten von Sozialität, Relationalität und Kommunikativität des Menschen selbst.

Der Begriff der «ἕξις» – wie das spätere lateinische «habitus» – meint die zur «verläßlichen Gewohnheit gewordene Haltung des Menschen»[529], nicht zwanghafte Wiederholung oder Dressur. Diese verläßliche Gewohnheit als stabile Handlungsvorprägung befähigt Menschen zu spontanem und gekonntem Handeln, zu «Virtuosität».[530]

Zentral für den haltungsethischen Ansatz ist der Fokus des «*Könnens*» in den unterschiedlichen Praxisfeldern des Menschen, hier also von Kommunikation und Interaktion, also der Vermittlung von Raum-, Zeit- und Partizipationsansprüchen und -erfordernissen.

Ebenso zentral als Grundanliegen einer Tugendethik ist die Perspektive eines gelungenen Lebens in der Übereinstimmung von Ich und Welt, des eigenen Selbst

---

und der Moralitätsquellen neu sichtet. Mit dem Vernetzungsbegriff von und für Handlungen wird die Relevanz des Höflichkeitsdiskurses erheblich gesteigert. Vgl. knapp *A. HOLDEREGGER*, Art: Prinzip der Doppelwirkung, in: NLChM 95-98.

529 *SCHOCKENHOFF*, Tugenden und Laster 799.

530 Vgl. allgemein zu den Perspektiven und Problemen (theologischer) Tugendethik: *W. WOLBERT*, Wozu eine Tugendethik?, in: ThGl 77 (1987) 249-254, *S. PINCKAERS*, Rediscovering Virtue, in: The Thomist 60 (1996) 361-378, *R. VOSLOO*, Back to virtue? Some remarks on the reappraisal of virtue in ethics, in: Scriptura 62 (1997) 299-310, *B. WALD*, Moralische Verbindlichkeit und menschliches Richtigsein. Zur Rehabilitierung der Tugend, in: ThPh 72 (1997) 553-564, *K. FLANAGAN,* Re-directions in the sociology of religion. The issue of virtue ethics, in: Informationes theologiae Europae 7 (1998) 283-293, *A.J. DELL'OLIO*, God, the self, and the ethics of virtue, in: Philosophy and theology 11 (1998) 47-70, *G. CAMPANINI*, Mondi vitali e valori, in: Rivista teologica di Lugano 4 (1999) 103-114, *H.-J. TÜRK*, Die Wiederentdeckung der Tugend, in: NOrd 53 (1999) 15-24, *C. BREUER*, Können wir auf die Tugenden verzichten? Kontinuität und Wandlung eines Begriffs, in: *ders.*, Ethik der Tugenden 21-47, *J. REITER*, Tugend als Lebenskunst, in: *BREUER*, Ethik der Tugenden 383-399. Konzise Überblicke bei *SCHUSTER*, Moralisches Können, passim, *A.W. MÜLLER,* Was taugt die Tugend, Elemente einer Ethik des guten Lebens, Stuttgart-Berlin-Köln 1998, *PERATHONER*, Gastfreundschaft, bes. 44-139, *K. HILPERT*, Art. Tugend/Tugendlehre III. Theologisch-ethisch, in: LThK³ X 297-300, *J.-P. WILS*, Art. Tugend, in: HbEth 513-516, *J. PORTER*, Art. Tugend, in: TRE XXXIV 184-197.
Vgl. zudem *D. MIETH*, Die neuen Tugenden – ein ethischer Entwurf. Düsseldorf 1984, dem gegenüber *B. SCHÜLLER*, Zu den Schwierigkeiten, die Tugend zu rehabilitieren, in: *ders.*, Pluralismus in der Ethik. Zum Stil wissenschaftlicher Kontroversen, Münster 1988, 83-104, *P. SCHMITZ*, Tugend, in: *ders.*, Menschsein und sittliches Handeln. Vernachlässigte Begriffe in der Moraltheologie, Würzburg 1980, 107-132, *SCHOCKENHOFF*, Bonum hominis 573-585, *J.-P. WILS*, Tugend und Strukturveränderung, in: JCWS 30 (1989) 35-60, *O.H. PESCH*, Die Theologie der Tugend und die theologischen Tugenden, in: Conc 23 (1987) 233-245.

mit der Wirklichkeit.[531] Ein vernunftgemäßes Leben berührt die Suche nach dem rechten Ausgleich zwischen Extremhaltungen. In Kombination mit elementaren, kodifizierten und vor allem personalen Höflichkeitsebenen, also mit einem aus formalistischen Engführungen befreiten Höflichkeitskonzept, bekommt dieser Ansatz eine zusätzliche personale Wendung: Nicht nur die dynamische Balance extremer Handlungsdispositionen, sondern auch die nicht weniger dynamische Modulierung und Modellierung zwischen Interagierenden steht im Focus der Höflichkeit. Der anthropologische, realitätsnahe und praxis- wie realisationsoffene Ansatz einer Tugendethik liest Haltung und Glück, gelingendes Leben in einem dynamischen und komplexen Prozeß eng zusammen.[532] Letztes Ziel, das dem Menschen unmöglich ist, es nicht zu wollen, ist das Gelingen des eigenen Lebens[533], zu dem unabweislich gelingende Kommunikationen und Interaktionen gehören, die Höflichkeit einspurt, stabilisiert und für die Höflichkeit ein empathisch-behutsames Sensorium, aber auch Maximen und Erfahrungswerte bereithält.

Nur wenn sich dergestalt verbindliche Mindestvoraussetzungen und verpflichtende Konturen für das Glück vernünftig begründen lassen, kann eine Tugendethik mehr sein als eine beliebige Größe unserer persönlichen Interessen und Vorlieben.[534] Jede auf die Frage nach dem Gelingen des Lebens aufbauende eudämonistische Ethik steht – seit Kant – unter dem Verdacht, sie verfehle das Wesen des Sittlichen.[535] Wenn eine Tugendethik – und in ihr ein Ethos der Höflichkeit – aber mehr sein soll, nämlich verbindliche Anleitung zum guten Leben, muß es möglich sein, Grundstrukturen menschlicher Lebenserfüllung und menschlichen Glücks ausfindig zu machen, die den unterschiedlichen Wegen, auf denen die Menschen ihr Glück suchen, zugrunde liegen.[536] Hier liegt – bei aller Flexibilität und Situativität – ein harter normativer Kern der Höflichkeit als Verbindlichkeit.

---

531 Entscheidend ändert sich im Kontext des Glaubens, daß die höchste Möglichkeit des Menschen eine geschenkte Möglichkeit ist, die ihm in der *zuvorkommenden* Gnade Gottes, in Gottes Zuvor(ge)kommenheit gegeben wird. Sie, die Gnade, die Gott frei schenkt, die dem Menschen Handlungs-, Zeit- und Bedeutungsräume oder *-höfe* schenkt, sowie die antwortende, verantwortbare Übung des Menschen im prozeduralen, lebensgeschichtlichen, vielfältig er- und vermittelten Erwerb moralischer Handlungskompetenz fließen im *theologischen* Begriff der Tugend zusammen. Fähigkeit und Möglichkeit zu glauben, zu hoffen und zu lieben, ist für Thomas die primäre Erfahrung christlichen Ethos. Vgl. die knapp zusammenfassenden Thesen bei *SCHOCKENHOFF*, Bonum hominis 573-585.

532 Vgl. *S.E. MÜLLER*, Zur Anthropologie und Theologie der Tugend. Prolegomena zur Grundlegung einer erneuerten Haltungsethik, in: *P. FONK/U. ZELINKA* (Hrsg.), Orientierung in pluraler Gesellschaft. Ethische Perspektiven an der Zeitenschwelle (SThE 81), Freiburg i.Ue.-Freiburg i.Br. 1999, 51-79.

533 «Glück als Eudaimonia ist überhaupt kein Ziel unter anderen. Das Leben als Ganzes steht unter der Richtschnur des Gelingens», so pointiert *H.-J. MÜNK*, Glück und Erfolg – christliche Lebensinhalte, in: ThG 37 (1994) 82-96, 92.

534 Individuelles «gutes Leben» und transindividuelle Gerechtigkeit müssen gerade hier nicht dichotomisch gelesen werden.

535 Und dies in doppelter Hinsicht: Sie gilt nämlich erstens als *egoistisch*, weil sie dem Glück des Menschen und damit seinem höchsten Eigeninteresse dienen will, während eigentliches sittliches Handeln erst dort beginnt, wo es sich einem strengen uneigennützigen Gesichtspunkt unterstellt; zweitens als *verdorben*, weil sie immer nur instrumentelle Theorien bieten kann, die beschreiben, auf welchem Weg welche Zwecke erreicht werden. Hat Kant mit diesem Einwand Recht, ließe sich eine, auf Vorstellungen guten Lebens begründete Tugendethik schwerlich halten. Vgl. *KERSTING*, Kritik der Gleichheit 236-241.

536 Die Vorstellung von Glück transzendiert subjektive Befindlichkeiten von Glückszuständen. Sie öffnet dem handelnden Subjekt das Tor zu einer Welt und Realität, die seine wird. Gelingen kann Leben nur in der angezielten Übereinstimmung mit der wirklichen Welt. Gefordert und nötig ist daher *vor* der

Primär – das der Forderung Unparteilichkeit noch vorausliegende Fundament aller sittlichen Entscheidung – ist deshalb die *Anerkennung* der Wirklichkeit der anderen und je meiner selbst als soziales und auf Kommunikation und Wahrnahme verwiesenes Wesen. Ein Ethos der Aufmerksamkeit und Wahrnehmung, als das ein Ethos der Höflichkeit auch zu beschreiben ist, markiert die Referenzen und Reverenzen des «esse est percipi»[537] als Sozialkomponente des kommunikativen, sprach-, genauer ausdrucksverwiesenen Menschseins. Hier liegt im Kern die auch tugendethische Relevanz der Höflichkeit als Grammatik und Expression, als *Respekt*, *Schutz* und *Förderung* dieser Anerkennung und Achtung in den alltäglichen, aber keineswegs nur standardisierten oder stereotypisierten Interaktions- und Kommunikationsvollzügen[538], die selbst Handlungen sind, und die ihren Beitrag zu Ge- oder Mißlingen von Alltag, mithin auch von Leben, leisten.[539] Die im Lauf des Lebens erworbenen

---

Anerkennung einzelner Pflichten und Normen Zustimmung zur Wirklichkeit, Bereitschaft zur unverzerrten Wahrnehmung dieser Wirklichkeit in den verschiedenen Anspruchsdimensionen, die sie enthält. Konformitäts- und Distinktionsanerkennungen haben dabei sachlich-thematischen, aber eben auch personal-interpersonalen Charakter.

Unterschiedliche Ansätze und Überblicke rekurrieren jüngst wieder auf die Thematik. Vgl. etwa *A. NEHAMAS*, Die Kunst zu Leben. Sokratische Reflexionen von Platon bis Foucault, Hamburg 2000, *A. PIEPER*, Glückssache. Die Kunst, gut zu leben, Hamburg 2001, *A. DE BOTTON*, Trost der Philosophie, Frankfurt/M. 2001, *P. BRUCKNER*, Verdammt zum Glück. Der Fluch der Moderne, Berlin 2001, *W. JANKE*, Das Glück der Sterblichen. Eudämonie und Ethos, Liebe und Tod, Darmstadt 2002, *D. THOMÄ*, Vom Glück in der Moderne, Frankfurt/M. 2003, *B. GESANG*, Eine Verteidigung des Utilitarismus, Stuttgart 2003, bes. 17-50, *C. HORN*, Art. Glück/Wohlergehen, in: HbEth 375-380, *S. ORTH*, Gott und das Glück, in: HerKorr 57 (2003) 271-274, *A.-P. ALKOFER* (Hrsg.), Suche Glück! – Aber jage ihm nach? Philosophische und theologische Spuren eines grundlegenden Handlungsmotivs (Schriftenreihe der Theologischen Hochschule Chur Bd. 5), Freiburg i.Ue. 2004.

Erst die vorsichtige thematisch-ethische Integration von Schmerz, Leid und Tod, gerade in theologisch-anthropologischer Perspektive vermeidet eine glättende Verkürzung des Topos vom «glückenden, gelingenden Leben» (dies gilt auch im Blick auf gelingende Interaktionen und Kommunikationen, was selbst eine grundlegende handlungstheoretische Höflichkeitsintention ist und bleibt). Vgl. etwa *P. FONK*, Gegen-Finalitäten – die Ethik des gelingenden Lebens vor der Frage nach dem Leiden, in: *G. HÖVER* (Hrsg.), Leiden (StdM 1) Münster 1997, 73-93. Vgl. *W. KORFF*, Wie kann der Mensch glücken. Perspektiven der Ethik, München u.a. 1985, *K. DEMMER*, Das vergeistigte Glück. Gedanken zum christlichen Eudämonieverständnis, in: Greg. 72 (1991) 99-115, *W. WOLBERT*, «Eudämonismus», in: LThK³ III 977, *K. HILPERT/P. WINTERHOFF-SPURK* (Hrsg.), Der Traum vom Glück. Orte der Imagination, St. Ingbert 2001, *K. BAUMANN*, Zum Glück gibt es Gott. Zum christlichen Verständnis guten und rechten Lebens, in: ThGl 92 (2002) 1-13. Zu Glückszufall und Glücklichsein vgl. *G. BIEN*, Über das Glück, in: *J. SCHUMMER* (Hrsg.), Glück und Ethik, Würzburg 1998, 23-45, 29, zum Glück als Säkularisat von Heil vgl. schon *G. GRESHAKE*, Gottes Heil – Glück des Menschen. Theologische Perspektiven, Freiburg i.Br. 1981, 160.

[537] Hier wäre auch zu verweisen auf M. Schramms Überlegungen zur Aisthesis (und ihre blinden Flecken) als ethischer Wahrnehmungstheorie. Vgl. *M. SCHRAMM*, Aisthetische Mystik der Natur. Schöpfungsethische Perspektiven, in: *ders./U. ZELINKA* (Hrsg.), Um des Menschen willen. Moral und Spiritualität, Würzburg 1994, 208-229, *M. SCHRAMM*, Der Geldwert der Schöpfung. Theologie – Ökologie – Ökonomie, Paderborn 1994, 17-93. Vgl. die Aufnahmen bei *M. ROSENBERGER*, Im Zeichen des Lebensbaumes. Ein theologisches Lexikon der christlichen Schöpfungsspiritualität, Würzburg 2001, 131-135. Der Primärhorizont ist dort jeweils Schöpfungs- und Ökologieethik wie -spiritualität, doch lassen sich die Beobachtungen zur Wahrnehmung ohne weiteres auf den Höflichkeitsdiskurs übertragen – und dies nicht nur hinsichtlich einer Humanökologie der primären Wahrnehmung und Schonung jedweder Interaktionspartner.

[538] Vgl. etwa *D. MIETH*, Die Grundnorm der Wahrhaftigkeit, ihre ethische Begründbarkeit und ihre Universalität, in: *R. FUNIOK* (Hrsg.), Grundfragen der Kommunikationsethik, Konstanz 1996, 15-40, zudem *SCHOCKENHOFF*, Zur Lüge verdammt? 333.

[539] Moralisches Handeln ist nicht allein an der Faktizität des Lebens orientiert, sondern sucht, die reale angelegten Entfaltungsmöglichkeiten des menschlichen Daseins auszuloten und als Stimulation des

Grundhaltungen sind dabei *Orientierungs-* oder *Richtungsanzeiger*, die den Handelnden in den verschiedenen Bereichen seines Menschseins auf das Ziel eines guten Lebens hin ausrichten. Sie helfen ihm, sein ursprüngliches Lebensprojekt nicht aus dem Auge zu verlieren, und immer mehr dem Bild dessen ähnlich zu werden, der er eigentlich sein soll.

Dies geschieht dadurch, daß der Mensch aus erworbener Grundhaltung mit sich selbst heraus gerecht und klug handelt, *anspruchsvoll* gegenüber sich selbst und *nachsichtig-rücksichtsvoll* gegenüber anderen ist, er seine Leidenschaften und Fähigkeiten in den Dienst eines gereiften Menschseins stellen kann.[540] In dieser Vorstellung liegt eine *Antizipation* und Vorleistungen erbringende vernünftige Lebenspraxis, die sich freilich in der Realität des Menschen nur selten wirklich bruch- oder konfliktlos erfüllt. Dennoch ist dieses Bild gelingenden Menschseins wahr, auch wenn wir es nicht häufig und im eigenen Leben nur in Augenblicken, die wieder vergehen, antreffen. Das meint der Gedanke der Antizipation, Präsupposition und Prästation, der in den Weg- und Prozeßcharakter menschlichen Deutens, Urteilens und Handelns einfließt und wiederum aus ihm herrührt, ein Gedanke, der wie gesehen, unterschiedlichsten Höflichkeitskonzepten nicht fremd ist. Ziel läßt Zielgebote, aber auch Zielhaltungen frei.

Erstes Proprium von Tugenden ist deshalb nicht, die allein «spielerische» Übereinstimmung des Handelns mit dem Leitbild eines guten Lebens zu garantieren. Dies liegt eher in ihrer Entelechie. Vielmehr sollen sie den Menschen überhaupt befähigen, Schritte daraufhin zu entwickeln und zu erproben, angemessene und verantwortbare Entscheidungen zu fällen, die diesem Ziel dienen. Richtig verstanden und nicht von irrealen ethischen Erwartungen überfrachtet liegt genau hier die ethische Sinnspitze einer eben nicht als sekundär abzuschreibenden Initial-, Peripherie- oder Supportivtugend wie der Höflichkeit im Blick auf die interaktionell und transindividuell immer wieder je neu zu gestaltende und zu entfaltende kommunikative Kooperation und ihren Verknüpfungen von je neuer Nähe oder/und Distanz. Nicht nur weil der Mensch von Natur aus als «Mängelwesen» nicht genügend auf diese Aufgaben vorbereitet ist, sondern auch weil je neue interpersonale Konstellationen und Interaktionssituationen immer einen Überschuß an Neuem, Unerwartetem, nicht letztlich vollständig Vorbedachtem und Präreguliertem aufscheinen lassen[541], muß er die Befähigung, ihr zu entsprechen, sich nach und nach und je neu, aber nicht immer je ganz neu aufbauen.

Ethischen das jeweils Bessere als Annäherung an das äußerste Sein-Können des Menschen zu verwirklichen. Vgl. *SCHOCKENHOFF*, Bonum hominis 573ff. Sittliches Handeln als Zustimmung zur Wirklichkeit nimmt deshalb Maß an einem Ziel, das in der Wirklichkeit aufscheint. Da sich der Mensch von Natur aus *noch nicht auf der Höhe* seiner Lebensbestimmung befindet, ist der Sitz im Leben einer Tugend- oder Haltungsethik. Der anthropologische Ort ist die Aufgabe, Entschiedenheit für das Gute in Varianz und Vernetzung von Situationen aufzubauen und durchzuhalten, damit immer wieder neu nach dem Richtigen Ausschau zu halten. Vgl. den Überblick bei *W. GÖBEL*, Das fragliche Glück des Guten. Überlegungen zur Realität einer ethischen Welt, in: TThZ 108 (1999) 184-199. Während die klassische Tugendlehre vor allem an die Spontanität und Leichtigkeit des Lebens gedacht hat und damit schon immer das Ziel im Auge hatte, rücken heute Widerstände, Kontrasterfahrungen oder Gegenfinalitäten in den Blick.

540 Vgl. in dieser Hinsicht die tugendethischen Überlegungen bei *WALLROTH*, Moralische Reife, passim. *DEMMER*, Fundamentale Theologie des Ethischen 180-182.

541 Selbst bei noch so vertrauten und bekannten Personen, selbst bei sich wiederholenden Situationsgefügen markiert allein schon der Faktor Zeit eine Differenz. Je gelebte und erlebte Geschichte und Erfahrung markieren in der Zwischenzeit ein Apriori, das Selbe vom Gleichen unterscheidet.

Beid- oder mehrseitig auf Sach- und Beziehungsebenen in den diversen Kanälen oder Handlungskorridoren gelingende, «glückende» Interaktion ist umfassend und mehr als nur nicht-verletzende oder nicht-invasive Kommunikation. Viele Imponderabilien und Faktoren tragen Fragilität und Komplexität ein. Diese wiederum werden «in der Regel» durch Regeln, Erfahrungen und Kompetenzen aufgefangen – diese bleiben rahmend und orientierend, aber eben doch nur partiell.

Das Schema der vier Kardinaltugenden bildet eine Grundstruktur ethischen Lebens.[542] Wenn also das Ethische im Anspruch der Wirklichkeit an die Person als Verantwortung und Antwort liegt, wenn zugleich die Person von Natur nicht völlig determiniert, was Mangel und Chance gleichermaßen bedeutet, müssen einzelne Tugenden mit unterschiedlichen Handlungsbereichen korreliert sein.[543] In einer differenzierten und vernetzten Tugendethik[544], in ethischer Retinität[545] und Perspektivik ist also davon auszugehen, daß Einzeltugenden spezifischen Handlungsbereichen zuzuordnen sind. Sie entsprechen nicht nur den verschiedenen Sektoren äußerer Wirklichkeit, sondern auch den Grunddimensionen des Menschseins, also z.B. im Kontext der Höflichkeit jenen des Menschen als Kultur-, Symbol- und Kommunikationswesen. Da Menschen Charakterzüge in den verschiedenen Bereichen unterschiedlich entwickeln, kann man folgern, daß die Reduzierung aller Haltungen auf eine Grundtugend der Vielfalt der Aufgaben des *täglichen* Lebens – und im Blick auf die Höflichkeit: der Vielfalt der Interaktionen und Begegnungen – nicht gerecht wird. Menschen sind aufgrund von Charakter und erworbenen Grundhaltungen unterschiedlich disponiert, Aufgaben und Ansprüchen des Lebens gerecht zu werden. Als Person ist der Mensch vor diesem Horizont zur Selbstbestimmung in Freiheit und Vernunft aufgerufen. In dieser personalen Dimension des Daseins entspricht die Tugend der Klugheit oder Besonnenheit der Langsichtdimension der Höflichkeit, die ihn zu einer bewußten Lebensführung und zu einer personalen Steuerung der Lebensgeschichte als Interaktions-, Kommunikations- und Achtungsgeschichte befähigt. Klugheit[546], Besonnenheit und Langsicht sind Grundhaltungen

---

542 Vgl. *DEMMER*, Fundamentale Theologie des Ethischen 259-261. Vgl. auch den Überblick bei *K.-H. PESCHKE*, Christliche Ethik. Spezielle Moraltheologie, Trier 1995, 7-113 (zu den theologischen Tugenden), allgemeiner *WEBER*, Allgemeine Moraltheologie 320-338, *K. HILPERT*, Art. Kardinaltugenden, in: LThK³ V 1232-1234. Die Kardinaltugenden (Klugheit, Gerechtigkeit, Tapferkeit, Maß) stehen für diese verschiedenen Lebens-, Kompetenz- und Handlungsbereiche. Ihr Schema läßt sich so als Grundriß guten Lebens bezeichnen. Diese Entsprechungen zeigen sich, wenn man den Menschen in seinen vitalen *personalen*, *sozialen* und *naturalen* Dimensionen betrachtet.

543 Auch idealistische Ethiken kennen die Rede von der Tugend, aber nur im Singular, sie ist – für Kant etwa – die Bereitschaft, dem moralischen Gesetz entsprechend zu handeln, die Geneigtheit, der Pflicht zu folgen.

544 Vgl. *W. WOLBERT*, «Co(n)nexio virtutum», in: LThK³ II 1297.

545 Zur Höflichkeit in Relation und Retinität zu anderen Tugenden vgl. *F. ACKERMAN*, A man is by nothing so well betrayed as by his manners. Politeness as a virtue, in: Midwest Studies in Philosophy 13 (1988) 250-258.

546 Vgl. das «Frónesis-Kapitel» bei *WILS*, Handlungen und Bedeutungen 100-125, *SCHUSTER*, Moralisches Können 49ff., *DEMMER*, Fundamentale Theologie des Ethischen 259. Sofern Klugheit als Verstandestugend dem Vermögen der praktischen Vernunft zugeordnet ist, ist sie eine Vervollkommnung der Vernunft selbst. Gleichzeitig gehört Klugheit auch zu den moralischen Fähigkeiten des Menschen, ist also keine rein intellektuelle Fähigkeit, sondern hat auch mit dem praktischen Handlungsvermögen zu tun. Deshalb ist Klugheit eine zentrale Steuerungsinstanz der Person, die sie mit ihrem konkreten Handlungsvermögen verbindet – noetisch und ethisch. Vgl. *E. SCHOCKENHOFF*, Art. Klugheit. I. theologisch-ethisch, in: LThK³ VI 151-152, *A. LUCKNER*, Art. Klugheitsethik, in: HbEth 206-217.

eines reifen Menschseins. Zur Klugheit im Sinne der praktischen Befähigung zu einer vernünftigen Lebensführung gehören Übersicht, Voraussicht, Erfahrenheit, sicheres Urteilsvermögen, Bewußtsein für die Gefährdung des Lebens. All dies unterfüttert personale Kompetenz, Erfahrung und Disposition im Sinn einer praktischen Lebens- und Umgangsweisheit.

Höflichkeit als Tugend ist innerlich wie sich äußernd auf die «μεσότης»[547] angewiesen (als anspruchsvolles, keineswegs statisch-starres Äquilibrium zwischen den Extremen der Vermögen des Handelnden als sittlichen Subjekts), hinzu aber kommt gerade bei der Höflichkeit zu dieser «internen», psychologischen, affektiven und intellektuellen wie ethischen Mitte eine «externe Mitte»[548] als Handlungsintention und -ziel der Vermittlung und Kommunikation, die den einen an den andern vermittelt in einer angemessenen Weise, die auch hier von der Sache und der Person her nicht zu rechtfertigende Extreme meidet.

Auch und gerade hier konvergiert die objektive Seite der in Regeln, Konventionen, Gebräuchen und Normen «geronnenen Erfahrung» mit der subjektiven Ratifikation in Haltung und Äußerung, die in der Dynamik des Guten ihren ethischen Index bekommt, der Liebe als dem Telos jeder ethisch-theologischen Reflexion (und damit jeder Äußerung) ihren Sinnhorizont verdankt, aber eben immer auf die Konkretion der Handlung in einer Serie von Handlung und einem Netz von Haltungsakzentuierungen verwoben ist. Beachtung oder Mißachtung des einen wie des anderen beginnt eben nicht erst bei der Körperverletzung, sondern steht schon «früher» und zuvor auf dem Spiel.[549]

Der sensible Raum, das Feld, die Sphäre, der «Bedeutungshof» des einen wie des anderen (formal unterschiedlich, ob an- oder abwesend) ist auf eine nicht-beschädigende und protektive, sondern förderliche Weise zu «berühren». Das eröffnet die weiten Räume (personalen «Felder» oder «Höfe») der positiven, richtigen und guten Gestaltung der Handlung ebenso, wie es die durchaus möglichen Überschreitungen dieser normativen, aber eben auch haltungsethisch (also «*maxim*-ierbaren») Grund- und Mittellinie in der jeweiligen Legitimation ethisch zulastet. Hier konspirieren auf vielfältige Weise die «Hierarchien» oder Skalierungen der Werte, der sie schützenden Normen und der sie aktuierenden und prädisponierenden Handlungs- und Haltungsmaximen, schließlich Handlungsmodelle und -bilder. «Werthöhe» der einschlägigen Haltungen und Rückweg, d.h. Situierung und Konkretisierungen in überschaubaren und gestaltbaren Handlungsfeldern.[550]

Gerade hier liegt die ethische Scheidelinie. Hier ist ethische Reflexion aufgefordert, Sensibilität zu entwickeln, selbst wenn sie prinzipiell zunächst nur in der Sorge

---

[547] *SCHOCKENHOFF*, Tugenden und Laster 799: «Daß die Tugend stets die ‹Mitte› sucht, meint freilich nur ihre inhaltliche Festlegung zwischen zwei ihr entgegengesetzten Extremhaltungen, nicht aber ihren Rang als höchste Form gelungenen menschlichen Handelns.»

[548] Man denke hier nur an Plessners anthropologische Exzentrik-Konzeption.

[549] Zu Schwellen alltäglicher Verletzung, aber auch Ansätzen der Schätzung vgl. den Tenor bei *MARGALIT*, Politik der Würde, passim, und die Erfahrungen bei *SENNETT*, Respekt, passim. Institutionenkritische, systemtheoretische und theologische Bemerkungen bei *O. FUCHS*, Nur verletzbare Menschen verletzen Systeme. Doch unverletzbare Systeme verletzen verletzbare Menschen, manchmal tödlich, in: *ABELDT/BAUER*, «... was es bedeutet, verletzbarer Mensch zu sein» 205-220 (mit gnaden-, umkehr- und hoffungstheologischen Perspektivierungen).

[550] Vgl. die These von den Freiheitsversprechungen und -dimension im Kontext der Höflichkeitsfunktionen und -motive bei *STEPHAN* (vgl. oben Abs. 3.3.).

um das Wohl und die Integrität des einen wie des anderen ein Unterlassungsgebot, also (relativ oder absolut) negativ formuliert. Positive Füllung *orientiert*. Sie öffnet damit Gestaltmöglichkeiten, die über Minimal- und Mindestforderungen hinausreichen. Eine Vielzahl von Realisationsvarianten als Ausdruck des Angemessenenen, Richtigen und Guten kann dann Praxis werden. Dies fördert (und fordert) sowohl Subjekt- und Intersubjektseite.

Höflichkeit als Haltung und Ausdrucksweise zu bezeichnen, die Fragmente der Sprache der Liebe rettet oder verspricht gerade angesichts der Grenzen der Realisierbarkeit der Liebe durch den Menschen: Soll der ethische Hochanspruch, alle anderen zu lieben, nicht in einen demotivierenden, hypertrophen und realitätsfernen Anspruch umschlagen, dann bietet gerade die keineswegs anspruchslose und keineswegs auf sich beschränkte Frage nach dem höflichen, freundlichen und aufmerksamen Umgang zumindest einen Realitätsanker der Handlungskonturierung in diesem Gefälle: «Wenn ich nicht alle im Vollsinn des Wortes lieben kann, so kann ich doch leichter zumindest freundlich und höflich umgehen!». Der jeweilige Vorschuß des Entgegenkommens, der juristisch nicht streng einklagbar ist, ethisch bislang unterreflektiert blieb, ist damit zugleich in diesem Sinn auch Abgleich einer Bringschuld. Jede/r hat – nicht im streng juristischen Sinn – Recht und Anspruch darauf, zumindest höflich behandelt zu werden, aber gerade interaktionsethisch liegt auf dieser Ebene ein nicht zu vernachlässigender Beitrag und ein Desiderat.

Nichts weniger als die Grundverwiesenheit von «lex» und «gratia», von Liebe «und»/«als» Gerechtigkeit als handlungsleitenden Prinzipien – dies selbst und gerade mit theologischem Überschuß und Index – kehrt hier wieder. Auf der auf den ersten Blick ephemeren und marginalen Ebene des Höflichkeitsdiskurses wird eine spezifische Responsorik als Antwort-Verantwortung sichtbar: Das «datum» des anderen wird zu einem «debitum» des «gratuitum». Leistung wie Vorleistung der Höflichkeit ist auch eine Nachleistung, Zuvorkommenheit eine je neu nacheilende Praxis auf die Uneinholbarkeit des anderen, Takt und Diskretion Antworten auf die Fragilität des anderen (und die eigene) in jeweiliger Dynamik, in Kontextualität, Situativität wie Geschichtlichkeit – im offenen Horizont einer nie zu Ende gestalteten Beziehungsoffenheit und -initialität. An diesen Stellen wird der Eigenwert der Höflichkeit als Haltung und Ausdruck sichtbar. Sie sichert ethisch und taxonomisch nach unten und oben ab. Dabei bleibt die Einschätzung als Propädeutikum oder Initiale weiterhin bestehen im Verbund der Tugenden und der dynamischen Ausrichtung auf das je mehr und je besser der ethischen Handlungsqualität.

In seiner klassisch gewordenen, akut gebliebenen Definition markiert Thomas: «Tugend ist, was den, der sie besitzt, in seinem Sein und Handeln gutmacht.»[551] Der entscheidende Punkt bleibt, daß die konkrete Ein- wie Ausübung den Menschen in seinem Sein und Handeln gut macht.[552] Tugend ist also zunächst zu fassen als eine erworbene menschliche Eigenschaft, deren Besitz und Ausübung uns allgemein in die Lage versetzen, Güter zu erreichen[553], die einer Praxis inhärent sind, und deren

---

[551] S.Th. I-II 55 3.

[552] Hier steht der Gedanke fester und verläßlicher Handlungsprägungen im Hintergrund, der dem menschlichen Handeln Kontinuität und Stabilität offeriert.

[553] Vgl. *G. BEIRER*, Wert, Tugend und Identität: zur Gestaltung und Vermittlung sittlicher Kompetenz. Ein Beitrag zur Revitalisierung der Tugendethik, in: *V. EID/A. ELSÄSSER/G.W. HUNOLD* (Hrsg.), Moralische Kompetenz. Chancen der Moralpädagogik in einer pluralen Lebenswelt, Mainz 1995, 76-116.

Fehlen wirksam verhindert, eben diese Güter zu erreichen.[554] Praxis bezeichnet hier ein soziales und, im Blick auf die Höflichkeit, *kommunikatives* und *konstruktives*, *konstitutives* und *kooperatives* Verhältnis zu anderen.

Tugend und Haltung legen aber nicht a priori fest, wie exakt in jedem Einzelfall zu handeln ist (dies geschieht vorrangig in den korrespondierenden Konventions- und Normkatalogen der Höflichkeit), sondern sie ist offen für die verschiedenen Handlungsmöglichkeiten angesichts dessen, was sie in und wie sie Umfeld und Kontext wahr- und ernst nimmt – sie «eicht» zudem «zuvor» eine beständige eigene Disposition der Wahrnehmung und Achtsamkeit selbst ein. Auf begegnende Wirklichkeit sucht Tugend kreativ zu antworten. Das Ergebnis der Ausübung einer Tugend ist dann eine Wahl, die sich im richtigen und guten Handeln niederschlägt.[555]

In diesen *allgemeinen* tugendethischen Bestimmungen begegnen also Momente, wie sie sich im *besonderen* Diskurs über die Höflichkeit ebenfalls herauskristallisiert haben. Erworben und geübt für ein Lernen, Erkennen, dann Ratifizieren und Akzeptieren eines bestimmten Sets von zunächst konventionellen Formen und Formeln, aber auch der einschlägigen Standardsituationen, in denen sie angebracht und angemessen sind. Der Konnex und die Korrespondenz von normierenden und regulierenden Ideen mit der übergreifenden Haltungs- und Wertungsebene, hier besonders für ein *kommunikatives* und *konstruktives* interpersonales Handlungsverhältnis auf einer elementaren Praxisebene, kodifiziert und personalisiert sich – bis hin zu einer «politesse du cœur».

Tugendethik und moralische Reife kommen hier in den Blick angesichts der beständigen Herausforderungen und Chancen, die der Umgang mit anderen bietet.[556] Höflichkeit als Face-Schonung *und* -aufbau, als Raumgabe und Respektierung möglicher Nähe und Distanz als Disposition und Praxis der Zwischenraumgestaltung spiegelt ein flexibles, weiches – also auch fragiles – Ethos der realistischen und realisierbaren Freiheit als Frei- und Zwischenraum. Wachsende Sicherheit wie wachsende Einsicht übersteigen in der Hinordnung auf komplexe Kommunikationsvorgänge immer mehr diese elementare Ebene. Kodifikation und Reflexion eröffnen ein einerseits kritisches Verhältnis zu den basalen Elementen der Höflichkeit und

---

[554] Vgl. *MACINTYRE*, Der Verlust der Tugend 255f., komplementär dazu *ders.*, Die Anerkennung der Abhängigkeit. Über menschliche Tugenden, Hamburg 2001, bes. 141-152. Autonomie der praktischen Vernunft dort, da Anerkennung der Heteronomie und in den vielfältigen Bezügen des Handelns selbst heben einander ja nicht auf, sondern stehen in einem permanenten Wechselverhältnis der Begründung, der Entschränkung und Begrenzung. Das verantwortungsfähige sittliche Subjekt, das seine Freiheits- und Handlungsspielräume im «Prozeß Leben» entwickelt, steht immer auf den Schultern anderer, die seine «Bedingungsmöglichkeiten» sind, trifft immer auf Handlungs- und Freiheitsräume anderer, die die eigenen begrenzen, bedrängen und wiederum ermöglichen. Gerade an diesen Grenzen stellt sich immer wieder die Frage nach der konkretisierten Haltung und der formellen Expression von Höflichkeit.

[555] Handlungs- und Wahlfreiheiten situieren sich auch hier wieder als Bedingungsmöglichkeit der Frage nach dem Ethischen. Nicht blindes «fatum», nicht Determinismus, sondern ein Bereich der Gestalt- und Entwickelbarkeit von personaler und interpersonaler Handlungs- *und* Unterlassungskompetenz – das «bonum faciendum, malum vitandum» in der kommunikativen Verschränkung von Sender- und Empfängerperspektive und zugleich von Beziehungs- und Sachebene! – stellt sich hier ein. Dies entspricht der anthropologischen Verfaßtheit des Menschen und ist immer auch theologisch ein Thema gewesen: Geschenktes Können als Können-dürfen sind charismentheologisch Verdanktheiten. Dies setzt – wie begrenzt auch immer – Freiheit *ein* und *frei*. Vgl. kompakt *BRANTL*, Verbindende Moral 71-101 (zum Unterschied zwischen Prädisposition und Determination).

[556] *WALLROTH*, Moral ohne Reife, passim, zielt mit seinen Überlegungen in diese Richtung. Vgl. *DEMMER*, Fundamentale Theologie des Ethischen 180-182 (im Blick auf die Kultur des Ethischen selbst).

ihren Situierungen selbst, andererseits wächst der kreative Raum, in Eigenleistung und Eigenverantwortung (Konventionalität *mit* Postkonventionalität) Kommunikationen und Interaktionen zu gestalten, so daß die Chancen ihres Gelingens steigen. Geltende Höflichkeitssets haben dabei zunächst eine propädeutische Funktion, in deren Anneignungsverlauf die Sinndimensionen höflichen Verhaltens selbst plausibel werden. Dann aber gewinnt diese Disposition immer auch eine bleibende Funktion als Ausgangsbasis für eine offene Gestaltung, im Sinne der Variationen eines Themas. Wahrnehmung und Takt (Harmonie und Improvisation). Kontingenz und ihre Gestaltung und Bewältigung im doppelten Rückgriff auf Erfahrung und Situation, auf Konvention und Freiraum. Dabei bleibt Applikation des Erworbenen ebenso durchgängig angezeigt wie ihre stabilisierende und gestaltoffene Seite.

Der dispositionelle Charakter ist zu unterstreichen: «Tugend ist die Haltung, kraft derer der Mensch geneigt ist, das Gute zu tun.»[557] Sie gibt also nicht unmittelbar selbst eine theoretische Antwort auf die Frage nach dem sittlich Guten, sondern fragt nach dem Gelingen sittlichen Handelns und erfüllten Lebens gerade angesichts beständiger – realer oder vermittelter – Begegnung mit anderen. Als erworbener und eingeübter, stabiler Habitus wird Höflichkeit in ihren Dimensionen zu richtigem und gutem Handeln mit dem Ziel des Wohles je betroffener Personen in der jeweiligen Kommunikation durch Beachtung und Achtung, durch Schonung der «Bedeutungshöfe» markiert. Konstitutiv bleiben dabei Autonomie und Verantwortung – schon im Detail und in der Interaktionsminiatur oder -initiale für die Höflichkeit wie für alle erworbenen sittlichen Fähigkeiten. Gerade diese Beziehung zueinander charakterisiert Tugend.

Instrumentalität, mehr noch – gute – Intrinsik der Höflichkeit, also ihre Expression und ihre Intention suchen die Regulation und Deeskalation wechselseitiger Blockaden (räumlich, zeitlich, im Sinne von Passage- oder Partizipationsmöglichkeiten) zum situativ-aktuellen Wohl der Person[558] in Achtung, Respekt, Nichtverletzung etc. gut und richtig zu modalisieren. Darin liegt eine grundlegende regulative Idee, die über sich hinausweist. Diese muß und kann nicht mehr nur allein im Sinne von Technik, Taktik oder Strategie verstanden werden– immer «en détail» und «in concreto», mit richtigem Timing (als Takt *und* Kairos) und Aufmerksamkeit empathischer Wahrnehmung der dynamischen Wechselseitigkeit in der Interaktion, über die Interaktionen hinaus.

Tugend ist zudem ein besonderer Modus der Selbsthabe, des Selbstbesitzes (zwischen Selbstbewußtsein *und* Selbstkontrolle!), wodurch sich der Mensch dessen, was er ist, erst eigentlich versichert.[559] Als Habitus ist sie in der Lage, das, was der Mensch kann, in wirkliches Tun und Sein umzusetzen. Sie ist eine Stärke im Menschen, die seinen Selbststand und seine aktübergreifende sittliche Identität auch

---

[557] Vgl. *J. PIEPER*, Art. Tugend, in: HThG IV 282-286, 284. Vgl. zu den ethischen Konnotationen des Guten über den Tugendkontext hinaus den philosophischen Überblick bei *H. SEUBERT*, Die Aktualität des Guten. Über ein neues Paradigma in der Ethik, in: Ethica 7 (1999) 69-76, vgl. knapp *K. HILPERT*, Art. Gut/das Gute II: Theologisch-ethisch, in: LThK³ IV 1114-1116.

[558] Dies als Leitmotiv der Moraltheologie bei *WEBER*, Allgemeine Moraltheologie 148-169. Vgl. zudem *K. HILPERT*, Art. Liebe, V. Theologisch-ethisch, in: LThK³ VI 915-920.

[559] *PIEPER*, Tugend 284.

unter Bedingungen der Pluralität stützt[560], und eine «aktive Qualität» (E. Erikson), damit eine grundlegende Kraft zur Selbstgestaltung des Menschen. Als «Neigung» und Disposition fordert und fördert sie Freiheit der Entscheidung, Gestaltung und Entfaltung heraus.[561] Dies gilt auch für die Höflichkeit als Übung, Erfahrung und Zustimmung in einem Bereich, der von alltäglicher Bedeutung für Handeln und Interagieren ist, aber offen für genau diese stabilisierende Wirkung eines gekonnten Umgangs mit sich und anderen. Achtung, Nichtverletzung und Gratifikation, Raumgabe und -annahme sind Elementarteilchen einer Mikroethik des alltäglichen Grenzverkehrs – und zugleich mehr als das.[562]

Tugenden sind die eine Person in ihrer Ganzheit durchdringenden Intentionen, an denen sich Handeln prädisponiert und orientiert. Als ganzheitliche Erfahrungen sind sie kognitiv wie affektiv im Handelnden als Grundhaltungen verwurzelt. Sie sind Lebensorientierungen, die der Mensch aus seinem Handeln heraus gestaltet. Als Haltungen sind sie «Leitbilder seines Handelns», «Modelle konkret-sittlicher Existenz»[563]. Für die Höflichkeit gilt hier, was für Tugenden allgemein gilt: Sie sind gelebte, nach Expression suchende (und auf sie verwiesene) Überzeugungen, die sich in Begegnung gestalten. Sie gründen – auch was die konkrete inhaltliche Gestaltung im Handeln angeht –, in gemeinsamen Tätigkeiten und gewinnen Gestalt und Expressivität in Beziehungen – und gestalten Beziehungen selbst.[564]

---

[560] Vgl. dazu *P. FONK*, Wider-Stände – Oder: Christliche Tugenden für die Gesellschaft von morgen, in: *ders./K. SCHLEMMER/L. SCHWIENHORST-SCHÖNBERGER* (Hrsg.), Zum Aufbruch ermutigt. Kirche und Theologie in einer sich wandelnden Zeit (FS F.X. Eder), Freiburg i.Br.-Basel-Wien 2000, 223-248.

[561] Dies hat Wirkungen auf den freien Willen, der originärer und origineller Ausdruck des eigenen Selbst ist. Tugendbegriffe be- und umschreiben existentielle Erfahrungen des Könnens, unmittelbar erlebte Mächtigkeit, Gesolltes *und* Gewolltes gekonnt zu realisieren.

[562] Es geht also nicht nur darum, in einer Einzelhandlung Haltung zu verwirklichen, zu praktizieren (dies ist zu betonen, weil gerade hier immer wieder die Handlungsminiatur als Reflexionsausgang dient). Vielmehr geht es in dieser Perspektive um das gesamte Leben des Menschen, um die Möglichkeit in Handeln und Sein gut zu werden – eine Zielperspektive zweifellos, zugleich aber initiale Zielmotivation. Als Haltung des ganzen Lebens soll sie sich überall interaktionell und kommunikativ zur Geltung bringen und den Handelnden gut machen. Tugend fragt so nicht nur nach dem «Was» und «Wie» des Handelns, sondern vor allem nach dem «Sein-sollen» im «Sein-können». Hier wird deutlich, daß Tugend als Habitus «sich nicht aus dem freien und daher widerrufbaren Handeln des Subjekts, nämlich aus der Gründlichkeit der Übung» (vgl. *PESCH*, Die Theologie der Tugend 236) ergibt und nicht eine Fertigkeit ist, die man allein und solitär intentional durch erfolgreiche Ausübung erreichen könnte. Zwar ist sie durch Übung mitbewirktes und sie stabilisierendes Können, ist aber um so mehr ein fester Habitus, je mehr sie sich mit dem Sein des Menschen unlösbar verbindet (im Sinne der «perfekten Abwesenheit der Höflichkeit» – vgl. eingangs Abs. 3.1. –, als *nicht* aufgesetzte, sondern *integrierte* Haltung). Auf der instrumentellen, und grundlegender noch, expressiven Seite der Höflichkeit wird im Gelingensfall selbst eine habituelle Achtsamkeit für begegnendes Leben in seiner Verdanktheit und Fragilität greifbar.

[563] Tugenden wären damit zu lesen als Grundhaltungen, als personalisierte, verleiblichte und materialisierte Haltungsbilder, die ein spezifisches Handlungsfeld im konkreten Lebensvollzug veranschaulichen und versinnbilden. Sie sind aber nicht nur Haltungsbilder, sondern ebenso Handlungsbilder, die aus der konkreten Situation heraus die Wirklichkeit schöpferisch zu gestalten helfen. Sie sind von jeweiliger Zeit und Kultur geprägt und abhängig und der Gefahr ausgesetzt, daß jeweils nur bestimmte Gruppen, gewöhnlich die Einflußreichen, das Bild der jeweiligen Tugend festlegen.

[564] Eine solipsistische Engführung oder Beschränkung gerade der Höflichkeit als Haltung und «soziale Kompetenz» (vgl. *G. MOZETIC*, Verborgene Tugenden? Soziologische Beobachtungen über Moral, Wertwandel und Gesellschaftsdiagnosen, in: *PRISCHING*, Postmoderne Tugenden 209-233, 230) auf den einzelnen Menschen aber würde den Ausschluß jeder Möglichkeit bedeuten, ein Gut außerhalb seiner selbst zu finden. Andererseits bringt der höfliche Ausdruck nie den ganzen Menschen zum Ausdruck.

Tugend wird wahrnehmbar in konkretem Handeln und sozialen Zusammenhängen. Die Außenseite und -wirkung gehört – wie *indirekt* auch immer – also grundlegend zu ihr. Die wohlfeile und gerade im Blick auf die Höflichkeit immer wieder vorgebrachte Kritik als bloße Fassade unterschätzt gerade die intersubjektive Seite dieser Wahrnehmung (wenngleich angebrachte Kritik damit nicht obsolet wird). Sie ist mehr als die gerade im Blick auf die Höflichkeit leichthin kritikable Fassade. Als ein «gesellschaftliches Phänomen» ist sie gemeinschaftskonstituierend. Sie intendiert verantwortliche Gestaltung und Erhaltung des Menschen und ist Konstanz eines lebensförderlichen Verhaltens. Höflichkeit nimmt gerade hier explizit das Zwischen und seine Handlungsinitialen in den Blick, ratifiziert und präzisiert somit ein grundlegendes anthropologisches Datum: die Sozialität und Kommunikativität. So bedingt und wandelbar historische und kulturelle Auffassungen von Höflichkeitsformen und -regularien sind (also *auch* kritikabel, also *auch* verbesserbar – Höflichkeit begründet nicht das «debitum» oder die «Gratialität» der Achtung, des Taktes, der Wahrnehmung von «ich», «anderen» und «Welt», sondern reagiert und agiert ratifizierend – so sind die konventionellen Standards und die freien Expressionen immer wieder danach zu befragen, ob und inwieweit sie dem entsprechen!), die Bewegungen von Annäherung und Distanzierung sind ubiquitär. Der Zwang und die Möglichkeit dazu, zusammen mit der Handlungssicherheit heischenden Nichtfestgestelltheit und Riskiertheit jeglichen Handelns.

Auch im Blick auf die Höflichkeit und ihr Praxisfeld und ihren Wirklichkeitsbereich gilt: «Diese Grundfähigkeiten helfen, sich identisch in die heutige Zeit hinein, unter den heutigen Bedingungen zu realisieren, und schaffen eine Wertdisposition, in der der Mensch zu dem werden kann, der er ist. Sie sind allgemein menschliche Orientierungen zur Lebensgestaltung miteinander, zur solidarischen Hilfe füreinander und zur Gestaltung des eigenen Selbst.»[565] Dies leitet über zu weiteren Charakterisierungen gerade der Höflichkeit in allen Grenzen des Mit- und Füreinander (ontologisch oder ethisch) und gerade an den Grenzen und Übergängen im alltäglichen Grenzverkehr[566], für den die Höflichkeit erste Signale und Dispositionen beschreibt.

---

[565] *BEIRER*, Wert, Tugend und Identität 99. Der heikle semantische Status der Rede von der Tugend wird auch in möglicher Dialektik und Umschlag sichtbar: Daß aus einem Tugendkatalog unter der Hand dann doch ein Sollenskatalog werden kann, der die aufschließend-hermeneutische Seite, die personalen, subjektiven, graduellen und zielorientiert-proleptischen Dynamiken wiederum unterschlägt, ist eine bleibend metaethische und selbst wieder für ethische Kommunikation relevante Anfrage. Dieser Verlust wird dann leicht genau das Gegenteil von dem bewirken, was eigentlich beabsichtigt ist, nämlich den Versuch, sich in diese Grundfähigkeiten und -haltungen einzuüben. Dies meint für die Höflichkeit: Sie kann nicht unhöflich vermittelt und bezeugt werden. Vgl. das Beispiel, das *S. MÜLLER*, Normen 191, einspielt, um ihre normtheoretische Einordnung der Höflichkeit zu illustrieren, die Aufforderung an ein Kind: «Gib der Tante die Hand!»/«Sei doch höflich!» – Im Kern wird derartiges leicht selbst eine Gesichtsbedrohung des Adressaten (noch dazu vor anderen und in manifester Asymmetrie!). Aufschließende Wirkung für die Bedeutung der Höflichkeit und Behutsamkeit wird dem schwerlich beizumessen sein.

[566] Tugendethik ist also näher bei einer optimistischen Anthropologie angesiedelt als bei einem grundsätzlichen ethischen Pessimismus. Sie pointiert, geläutert durch Grenz- und Kontrasterfahrung, zwischen beiden Extremen einen anspruchsvollen Mittel- und Vermittlungsweg zwischen idealistischer Ethik (etwa Kant, Fichte, Hegel, deutscher Idealismus) und pessimistischer Gegenposition (etwa bei Freud und den Anfängen der Tiefenpsychologie), indem einerseits die Situation des Menschen eingeholt wird, daß er nicht schon eo ipso auf der Höhe seiner moralischen Bestimmung siedelt, andererseits die Unangemessenheit der Naturausstattung des Menschen durch die Aufgabe der menschlichen Verantwortung als ent-

14.1.4. «Umgangsweisheit» und «Umgangsweisen»: Modalitäten, Moderationen und Modulationen

«Der Weise, der wirklich Höfliche, ist stets ein Liebender. Er liebt den Menschen, den er erkennen will, damit er ihn rette, und nicht seine Erkenntnis als solche.»[567] Mit dieser knappen Feststellung trifft Max Frisch in mehrfacher Hinsicht eine Brückenfeststellung. Der Zusammenschluß von Weisheit, Höflichkeit und Liebe markiert die intrinsisch-habituelle, damit keineswegs nur instrumentelle oder gar pragmatisch-utilitaristische Variation zum beständigen Thema.

Umgangsformen sind Umgangsweisen. Diese fordern Umgangsweisheit. Gekonnte und gelingend-gute Umgangsweisen haben vor dem offenen Horizont der Liebe, die durchaus «erkennen» will (in der Oszillation von «wissen» und «lieben») mit einer «Umgangsweisheit» zu tun, die – wie athematisch auch immer – soteriologische Qualität hat. Die Kunst des Loslassens, des moderierten oder moderaten Zugriffs ist – hier implizit, wie bei R. Guardini explizit – eine Kunst der Höflichkeit als der Kunst der Schonung[568], die in den Formen und Expressionen der Annäherung und der Distanzwahrung, des Taktes und der Diskretion[569] von poetischer und ethischer Bedeutung bleibt. Im «chiaroscuro» jeder Begegnung und Beziehung in der Dialektik, im Wechselspiel der Kommunikation von Ent- und Verhüllen, die das Gegenüber selbst in der Passage noch wahrnimmt, liegen Ansprüche an Lernbereitschaft, -fähigkeit als soziale Kompetenzen und Konzentration auf das Anliegende, an die Fähigkeit zur Solidarität als advokatorischer, adjuvatorischer Haltung, Fähigkeit und Bereitschaft zur Selbstannahme, Selbstgestaltung und Selbstverant-

---

wicklungsfähig und korrigierbar gefaßt wird. Tugenden sind wirkliche und wirkende Weisen gelingenden Lebens und damit Vorwegnahmen des Glückens, so daß das Schicksal des Menschen aufs Ganze gesehen nicht ausweglos erscheint. Das freilich weist schon in den vorgeblichen «minima moralia» immer wieder auf einen größeren und weiteren Horizont. Dieser kann letztlich schöpfungstheologisch und soteriologisch grundiert werden. Vgl. etwa *K. ARNTZ*, Melancholie und Ethik. Eine philosophisch-theologische Auseinandersetzung mit den Grenzen sittlichen Subjektseins im 20. Jahrhundert (ratio fidei 11), Regensburg 2003, 206f.
Es geht hier um die kleinen, mikroethischen Anfänge, nicht um Kleinlichkeiten oder kleinlichen Rückzug aus der Frage des Sittlichen etwa in Bereiche der Kommunikationsästhetik oder -pragmatik.

[567] So *M. FRISCH*, Die Tagebücher. 1946-1949. 1966-1971, Frankfurt/M. 1983, 53.

[568] *J.-P. WILS*, «Lieben» und «Sterben» im Zeitalter ihrer technischen Reproduzierbarkeit, in: *ders.*, Die Moral der Sinne. Essays, Tübingen 1999, 121-145, hier: 138-142, nimmt in seinem Beitrag unter der Überschrift «Wahrheit als ‹cortesia›. Über die Kunst der Höflichkeit und der Schonung» Maß an einer sprechenden literarischen Miniatur von Michel Tournier («Das Liebesmahl»). Dort ist von der (über-)lebensnotwendigen, damit auch durchaus lebenswertschützenden Funktion der Höflichkeit in der Intimität (zwischen zwei Ehepartnern, die gegenseitig Opfer von Untreue und Betrug sind) und darüber hinaus in der krassen Vermittlung des «Dunkels der Lüge» und des «Zynismus der Klarheit» die Rede. Der Verweis auf W. Benjamins Fassung der Höflichkeit als «Muse des Mittelwegs» und der Unhöflichkeit des Siegers, der, anders als die Höflichkeit, dem Unterlegenen keine Chance gibt, drängt sich auf.
Darüber hinaus ist zu vermerken, daß die Essays von J.-P. Wils in diesem Band etwas aufgreifen – vorrangig entlang Überlegungen zeitgenössischer Philosophie – und vertiefen, was lange kein prominentes Thema der moraltheologische Reflexion war: die Sinnlichkeit – der Wahrnehmung, der Aufmerksamkeit, der Empathie, des An-Erkennens, des Taktes, der *taktil* anfängt. Damit erreichen diese Überlegungen die unmittelbare Umlaufbahn des Höflichen und seiner Synonyme. Vgl. auch *H. SCHMITT*, Empathie und Wertkommunikation. Theorie des Einfühlungsvermögens in theologisch-ethischer Perspektive (SThE 93), Freiburg i.Ue-Freiburg i.Br. 2003.

[569] Vgl. *J. SPLETT*, Lernziel Menschlichkeit, Frankfurt/M. 1976, 61-80.

wortung[570], Ganzheitlichkeit, Verantwortungsübernahme, Fähigkeit der Schuldannahmen und des Loslassens[571]. Dies ist gerade für den Höflichkeitskontext von Bedeutung in den aktiven, passiven und symbolischen Modulationen von Kooperations- und Kommunikationsfähigkeit[572] sowie Kritik- und Konfliktfähigkeit. Dazu einige knappe Vermerke.

Höflichkeit und *Kooperations- und Kommunikationsfähigkeit*. Sie zeigt sich in Dialog, Offenheit und Bereitschaft. Sie wird besonders gut dem gelingen, der bereit ist, sich selbst, seine Rolle anzuerkennen und zugleich den Willen hat, den anderen kennenzulernen. Damit verbunden sind die Frage der existentiellen Glaubwürdigkeit und das Bemühen, dies in seinem Verhalten auch einzubringen und deutlich zu machen.[573] Wer Handlungsräume und -höfe blockiert, handelt – nicht nur in Standardsituationen – invasiv-zugreifend und beschneidet den Freiheitshof des anderen. Gerade weil dies permanent unvermeidlich ist, bleibt Höflichkeit als Umraumgestaltung und Humanökologie unverzichtbar und eine anspruchsvolle Aufgabe. Das Kooperationsprinzip als Handlungsprinzip auf jeder Ebene ist eine grundlegende Sozialtechnik, -kompetenz und -haltung und ohne Frage ästimiert.[574] Die Kommutativebene der Immanenz ist dabei das eine, zeichnet aber in all ihrer Bedeutung nicht das Gesamtbild.

Höflichkeit und *Kritik- sowie Konfliktfähigkeit*: Die Kritikfähigkeit zeigt sich in der Bereitschaft, sich konstruktiv mit sich selbst und mit der einen umgebenden Umwelt auseinanderzusetzen (Modulation und Moderation). Sie fördert auch die Fähigkeit, die Situation gerecht zu beurteilen und die Bereitschaft, eventuell Korrekturen vorzunehmen. Konfliktfähigkeit meint zunächst das Wahrnehmen und Akzeptieren

---

570 Der je eigene Bedeutungs- und Handlungshof ist ein unverzichtbarer Pol als Höflichkeit gegen sich selbst. Erfahrene, erlebte Unhöflichkeit, Despektierung oder Mißachtung hinterlassen Spuren und zeitigen Folgen. So selbstverständlich dieser Hinweis erscheinen mag – er ist es nicht.

571 Auch hier sei an Guardinis Überlegungen erinnert (vgl. oben Abs. 13.5.2.).

572 Hier ist die Reflexion auf die Höflichkeit, ob eng oder weit dimensioniert, eine Reflexion auf die Bedingungsmöglichkeiten und Komplexitäten jedweder Kommunikationsleistung, die in abstrakteren Darstellungen oft stillschweigend vorausgesetzt werden.

573 Auf dem Weg, diese Fähigkeiten zu erlernen und so zur Identität mit sich selbst zu kommen, gilt es überschaubar, in kleinen Schritten mit der Realisierung *einer* der Fähigkeiten zu beginnen. In den «ethischen» Höflichkeitsminiaturen legt sich ein überschaubares, deswegen aber keineswegs anspruchsloses Handlungsfeld zum Erwerb, Erprobung und Übung einer Haltung, die über die Situation hinausreicht, nahe. Alle Tugenden bedürfen der Einübung.

574 Vgl. die Fülle der pragmatisch orientierten Ratgeberliteratur. Auch grundlegende sozial-politische Reflexion in pluraler Gesellschaft anerkennt dies. Nur die Frage ist immer wieder: Wo und wie beginnt dies in der Praxis? Die ursprüngliche soziale Dimension des «höveschen» gewinnt wiederum hier an Kontur. – Pastoraltheologische und -psychologische Literatur nimmt grundlegende Impulse dieser Richtung durchaus wahr und sehr ernst. Dies darf generell und generalisierend gesagt werden. Dennoch stellt sich mancherorts auch der Eindruck ein, daß die grundlegend zu bejahenden und anzustrebenden Ziele der Vertiefung von Beziehungsfähigkeiten sehr schnell auf die Höhe einer Ideallinie springen. Ein Beispiel mögen die Ausführungen von *W. MÜLLER*, Menschsein heißt In-Beziehung-Sein. Entwicklungspsychologische Voraussetzungen der Beziehungsfähigkeit, in: ThPQ 151 (2003) 359-367, bes. 359f., sein. – «Mehr als höfliche Beziehungen» ist dort der erste Abschnitt betitelt. Er nimmt gerade nicht ernst, was schon Höflichkeit auszeichnet und leistet. Der Grundintention ist selbstredend zuzustimmen, doch kommt hier der zweite Schritt vor dem ersten. Vgl. insgesamt die weiteren Beiträge in diesem Themenheft zur Frage der Beziehungsfähigkeit, bes. *H. STEINKAMP*, «Leiten heißt Beziehung stiften.» Ja – aber ..., in: ThPQ 151 (2003) 339-347.

von Konflikten und Differenzen.[575] Sie bedeutet, zu sich selbst zu stehen und zulassen zu können, daß man anders denkt, fühlt und handelt – und andere *eben dies auch* tun. In ihr liegt die Motivation, Konflikte wirklich lösen zu wollen und zu erkennen, welche Entwicklungschancen hier sitzen und welche Kräfte diese freisetzen können. Sie ist die Bereitschaft zum Kompromiß als Lösung, die eine Niederlage und unangemessenen Face-Verlust vermeidet. Zugleich ist sie die Fähigkeit zur fairen Auseinandersetzung und zum Einhalten der Schritte der Konfliktlösung, die aus der kruden Dialektik von Sieger und Besiegtem ausbricht (mit Benjamin und Adorno).[576]

Die besondere Schwierigkeit und Leistung der Höflichkeit liegt gerade darin, daß sie alltäglich geübt und gefordert werden kann und muß. Damit schließt sich sie sich in der Korrespondenz der Haltungen z.B. an Ausdauer, Geduld, oder klassisch tugendethisch, an die Tapferkeit an, der die Höflichkeit auch bedarf.[577] Nicht isolierte Einzelhandlungen, sondern übergreifende Grundhaltungen sind bezeichnend für die sittliche Praxis, die Reifung der Moralität in der Reifung von Person in Persönlichkeit.

Höflichkeit erschöpft sich also keineswegs in einem bestimmten normativen Set höflicher Verhaltens*formen* oder *-symbolisierungen*, sondern ist zuletzt in einer *Person* verankert, deren Kompetenz es wird, sich in je neue Balance, in Gleichgewicht mit ihrer Umgebung zu halten, in der sie keinen unbegründeten Mißklang und allenfalls die Spur ihrer Generosität, Loyalität, Liebenswürdigkeit, Hilfsbereitschaft, Diskretion, ihres Taktes – und was der Eigenschaften mehr sind, die zur Höflichkeit beizutragen vermögen – hinterläßt.[578] Wenn eingespielte und übergreifende Höflichkeitscodes ausgehen oder im schnellen Wandel begriffen sind, dann ist es zwischen-

---

[575] *A. WOLKINGER*, Art. Konflikt, in: NLChM 385-388, *W. MOLINSKI*, Umgang mit Konflikten, in: *J. GRÜNDEL* (Hrsg.), Leben aus christlicher Verantwortung. Ein Grundkurs der Moral II (Schriften der Katholischen Akademie in Bayern 142), Düsseldorf 1992, 134-149, *W. KEMPF/W. KORFF/R. BAMMERLIN*, Art. Konflikt, Konfliktbewältigung, in: LBE II 419-424, *E. SPIEGEL*, Konflikt, Konfliktforschung, in: LChE I 987-989 (Lit.), *A. VALDAMBRINI*, Il corraggio di mediare, in: RTM 36 (2002) 123-130. Vgl. die anthropologisch grundlegenden Bemerkungen zu «Affiliativität» und «Agonalität» bei *BRANTL*, Verbindende Moral 85-95.

[576] Die verbale und materiale Face-Verletzung, die mit jeder «correctio (fraterna)» einhergeht, kann und müßte begleitet werden durch liminale oder subliminale Codierungen, die die Bedrohung mindern oder zumindest signalisieren, daß Respekt und Achtung gewahrt bleiben sollen. Zur «correctio fraterna» (und gerade nicht «paterna»!) als biblischem, spirituellem und beziehungsethischem Thema vgl. *A. SCHENK-ZIEGLER*, Correctio fraterna im Neuen Testament. Die «brüderliche Zurechtweisung» in biblischen, frühjüdischen und hellenistischen Schriften (FzB 84), Würzburg 1997, *F. ANNEN*, Nicht über andere, sondern mit ihnen reden. Ein paar Gedanken zur «correctio fraterna», in: Theologie und Seelsorge. Internet-Zeitschrift der Theologischen Hochschule Chur (2002) (www.THChur.ch/Theologie_und_Seelsorge/Archiv_Gelebter_Glaube/archiv_gelebter_glaube.html).
Die sachliche Berechtigung der Kritik oder des Konfliktpotentials ist damit noch gar nicht bewertet, sondern die grundierende Beziehungsebene angezielt, in der sich ein Konflikt realisiert. Ein völliger Ausfall dieser kompensatorischen, moderierenden Begleitsignale, die eben nicht nur allein als «Verpackung» beschrieben werden können, evoziert nur zu leicht Reaktionen, die schnell die Höflichkeitsfrage hinter sich lassen.
Vgl. zudem die Phänomensichtungen bei *R. MEIER*, Richtig kritisieren. Erfolgsmerkmale – Praxis – Maßnahmen, Düsseldorf 1997, *G. HELD*, Richtig kritisieren – eine Frage des höflichen Stils? Überlegungen anhand italienischer, französischer und österreichischer Beispiele, in: *LÜGER*, Höflichkeitsstile 113-128.

[577] Vgl. *HÖRMANN*, Höflichkeit 814f. Die Dialektik und Korrespondenz von Entlastung und Belastung, von In-Anspruch-genommen-werden und Eröffnung und Erleichterung von Handlungsmöglichkeiten durchzieht Tugend- wie Normethik immer neu.

[578] Vgl. wie schon zitiert *HAFERLAND/PAUL*, Theorie der Höflichkeit 65.

durch nicht unangemessen, sich auf die Hinter- und Unterlage dessen zu besinnen, die jeweilige Codierungen getragen haben, nötig machen. Hier ist Kritik am Platz: Ausscheiden der Intentionen und Markierungen, die mit nicht mehr gültigen Wertvorstellungen im Begründungskontext verknüpft sind, Reaktivierung und Vertiefung der Motivationen und Erfahrungen, die nach wie vor ihre Relevanz haben. Um ein restauratives Projekt im Sinne der Reetablierung des vermeintlich Überwundenen oder Verschwundenen geht es also nicht in unserer Untersuchung[579]:

> *«Höflich ist, wer gewisse eingebürgerte Umgangsformen einhält, die die gegenseitige Achtung ausdrücken. Manche Umgangsformen werden von der Gesellschaft als bindend angesehen, weil der Mensch dieses Ausdruckes liebender Rücksichtnahme bedarf, soll er durch das Zusammenleben nicht überbelastet, sondern gefördert werden.»*[580]

Diese Definition in einem einschlägigen, älteren Lexikon der Moraltheologie nimmt demgegenüber nochmals Ausgang bei der gesellschaftlichen Konvention. Allerdings öffnet der Verweis auf die Achtungsdimension durchaus den Anschluß an diese – ethisch wie personal basale – Kategorie, die über Formalität und verbaler Expressivität allein nicht eingeholt werden kann.[581] In der Fortsetzung wird Höflichkeit jedoch als *wesentlich* für ein christlich geformtes Leben bezeichnet, da sie sich als «Betätigung der Nächstenliebe» auszeichnet[582], als «caritas effectiva», die unverzichtbar eine «caritas affectiva» einspurt und zuzeiten gar ersetzt als «curialitas affectiva vel effectiva» (um in analoger Wort- und Inhaltsprägung zu sprechen).

Gerade die Dimension der Schonung verdient in ihren Inspirationen besondere Beachtung. Weilner[583] wie Riedl[584] in ihren Beiträgen unterstreichen dieses Moment

---

579 Vgl. *SCHNEIDER*, Ouups! Über die Entüblung der Welt durch eine neue Höflichkeit 21f., über das Verschwinden der klassischen Entschuldigungsformen. – Hier wird auf einen essentiellen Zusammenhang verwiesen: Nicht allein und erst durch das Verdunsten klassischer Formeln wird die Formel desavouiert, sondern auch durch eine permanente und hochfrequente Reproduktion. Kleine oder große, neue oder alte Entschuldigungen (als signifikantes Höflichkeitsfeld genommen) werden auch dadurch irrelevant, wenn keine entsprechende Handlung sie begleitet oder ihnen folgt. Dies als Indiz für die Kohärenz von Form, Handlung und Haltung. Situativ mag die Form genügen (was nicht zu unterschätzen ist und eine sittliche Leistung bedeuten kann), aber «in the long run» wird mehr einzufordern sein – höflichkeitssystematisch wird die wechselseitige Interpretation und Kritik der drei Faktoren (Form und Norm – Handlung – Haltung) schon auf niedrigerrangigen Ebenen sichtbar.

580 *HÖRMANN*, Höflichkeit 814.

581 Die Verwiesenheit bleibt, doch dadurch allein wäre Höflichkeit unterdeterminiert.

582 Vgl. *HÖRMANN*, Höflichkeit 814, mit dem Zitat aus Röm 12,10, das schon Guardini in seiner Höflichkeitsreflexion inspiriert.

583 *I. WEILNER*, Art. Höflichkeit, in: LThK^2 V 425 erinnert und summiert lexikalisch: «Höflichkeit bez. urspr. die an Adelshöfen herrschende feine Lebensart des Edelmanns (gentilhomme, cortegiano), der allmählich zum Ideal des Ehrenmannes (gentleman, honnête homme) schlechthin wurde (Ethos). Heute versteht man unter H. eine bes. kultivierte Form des Anstands. Ihr Merkmal ist die Pflege des Schönen und Gefälligen in Haltung u. Umgang. Auf ritterl. Selbstzucht (mâze, stæte), Bescheidenheit, Liebenswürdigkeit u. Zuvorkommenheit wird bes. Wert gelegt. Dieses Benehmen verbirgt oft mehr, als es offenbart. Doch muß es nicht unaufrichtig sein. Meist will es schonen. Wie der Anstand erhält die H. ihre sittl. Bedeutung erst durch die Motive, die hinter dem äußeren Verhalten stehen. In ihrer Vollendung ist die *cortesia* «eine Schwester der Liebe» (Franz v. Assisi) u. der christlichen Klugheit verwandt, ebenso jener milden Freundlichkeit, die Paulus unter den Früchten des Pneumas aufzählt (Gal 5,22). Ist H. auch nicht immer Tugend, so doch Unhöflichkeit stets sittl. Mangel, der leicht zur Rücksichtslosigkeit entartet (Verkehrsmoral). Würdevolle H. gehört zum Wesensbestand priesterlicher Lebensform. – Decus clericale, Priestertum.»

aus theologisch-ethischer Perspektive. Deutlich in soziohistorischen Kontexten verortet, bezeichnet Höflichkeit die gefällige, respektvolle und entgegenkommende Art des zwischenmenschlichen Umgangs, eines freundlichen, zugleich unaufdringlich über Nähe wie Distanz verbindenden und verbindlichen Neben- und Miteinanders in Wort, Gestik und Verhalten, die pädagogisch-didaktisch vermittelt wird. Auch Riedl greift nicht auf eine einfache Begriffsdefinition zurück, sondern formuliert eine facettenreiche Deskription, wenn er Höflichkeit ausgezeichnet sieht durch das Zusammenfließen und Zusammenspiel von Haltungsmarkierungen wie «*Selbstdisziplin, Zurückhaltung, Achtung, Anerkennung, Aufmerksamkeit, rücksichtsvolle Schonung* und *zuvorkommende Hilfsbereitschaft*». Im Sinne der Situierung als Prä- oder Subtugend vernetzt er die Höflichkeit in ihren «kleinen Ausdrucksformen» im Vor- und Umfeld großer ethischer Akte und Haltungen.[585] Die Einschränkungen und Kautelen werden erwähnt: Formalismus, Ritualismus, Verfremdung zur Lüge oder bloße utilitaristische Verkürzung belassen ein skeptisches Moment in diesen Überlegungen. Doch auf der einen Seite lassen sich diese oder ähnliche Anfragen an alle möglichen Tugenden formulieren (gerade wenn sie aus dem Kontext von Norm- und Werthorizont, aber auch aus dem Netz der Haltungen selbst isoliert werden[586]), auf der anderen Seite ist hinreichend deutlich geworden, daß sich Höflichkeit konzeptionell nie auf *bestimmte* Formen reduzieren läßt, sondern schon auf dieser Ebene erheblich variabler und variantenreicher ist[587], ganz zu schweigen von der ursprünglichen Weite ihrer kulturellen Konzeption und ihrer möglichen Tiefendimension. Auf die-

---

Weilner bleibt dabei letztlich das Differenzkriterium für die Frage schuldig, wann und wie Höflichkeit und aus wessen Perspektive «Nicht-Tugend» ist oder wird. Zu vermerken ist hier auch der dezidierte Verweis auf das priesterliche Standesethos. Dieser standesethische Blick ist berufs- *und* institutionenethisch sicher zu erweitern.

584 Vgl. *A. RIEDL*, Art. Höflichkeit, LThK³ V 208: «Höflichkeit, begrifflich v. der höfischen Kultur hergeleitet, bedeutet die sozialgeschichtlich geprägte gefällige, respektvolle u. entgegenkommende Art des alltägl. zwischenmenschlichen Umgangs in Wort, Gestik u. Verhalten, in die die Erziehung einzuführen hat. Sie ist gekennzeichnet durch Selbstdisziplin, Zurückhaltung, Achtung, Anerkennung, Aufmerksamkeit, rücksichtsvolle Schonung u. zuvorkommende Hilfsbereitschaft. Mit ihren ‹kleinen Ausdrucksformen› dient sie im Vor- und Umfeld der ‹großen› eth. Akte u. Haltungen einem freundl. u. zugleich unaufdringl., Nähe u. Distanz verbindenden Neben- und Miteinander. Wo H. nicht in äußeren Formeln u. Ritualen aufgeht, diese z. Lüge verfremdet od. nur z. eigenen Nutzen einsetzt, sondern darin die Würde der Person bezeugt (vgl. Röm 12,10), steht sie in enger Verbindung zur christl. Grundtugend der Liebe. Sie wird zumal dort wirksam, wo aus Verantwortung Kritik und Tadel vorzubringen sind.» Die Unterschiede und Varianten zum Vorgängerartikel sind evident. Wichtig ist gerade der letzte Vermerk, der ein brisantes Feld in den Blick rückt. Höflichkeit ist keine billige Harmonisierung.

585 In dieser Differenzierung zwischen «kleiner Tugend», die ja hinlänglich oft begegnet ist, und «großem ethischen Akt oder Haltung» steckt einerseits die Gefahr, die «minima moralia» zu unterschätzen, andererseits aber auch die sachlich zu füllende ethische Intuition einer Differenz, die ein «Ethos des Alltags» abhebt von einem «Ethos der Krise». Die Emanzipation des einen muß aber nicht notgedrungen auf Kosten der anderen gehen.

586 Als *alleiniges* ethisches Prinzip ist Höflichkeit schwach, normativ und habituell sekundär, eine – wie immer wieder in unterschiedlicher Terminologie festgehalten – kleine, minimale etc. Tugend. Aber gerade als Haltung, vor allem aber als heuristische und hermeneutische Perspektive öffnet sie schon über die Frequenz- und Ubiquitätsargumentation sowie als Konkretion und Testfall des «sittlichen Handelns im Medium Sprache sowie im Kontext der Kommunikation» und im Zusammenhang von Alterität und Sozialität des Menschen einen Ansatz und Einsatz für die anthropologische und ethische Rückfrage.

587 Standardformen und Standardsituationen machen die Höflichkeitsthematik nur besonders augenfällig in ihrem Zusammenspiel, aber gerade nur darauf ist Höflichkeit nicht reduzierbar – weder formal noch material.

se verweist Riedl deutlich, wenn er – wiederum mit Bezug auf Röm 12,10 – auf die Würde der Person zu sprechen kommt, die die Höflichkeit bezeugt. Sie steht somit in enger Verbindung zur Grundtugend der Liebe.

Elementare, kodifizierte oder reflektierte Höflichkeit bewegen sich immer formgebunden, aber die Bindung an bestimmte Formen nimmt immer weiter ab (ohne sich je ganz zu verlieren), je mehr die Haltungsdimension in Sicht kommt. Dabei ist ein enger Höflichkeitsbegriff, der Konvention und Regeln vorrangig betrachtet, nicht einfachhin abzuwerten. Dieser ist freilich nach seiner Wert- und Sinndimension ethisch zu beurteilen. Eine «Höflichkeit des Geistes» («politesse de l'esprit») oder «Höflichkeit des Herzens» («politesse du cœur») – Begriffe wie diese suchen es anzudeuten – weitet und muß sich praktisch *erweisen*. Sie muß sich, aber insofern sie als Tugend welcher Ordnung auch immer (und eben nicht als Laster – das ist die bleibende ethische Scheidelinie) faßbar wird, nicht ethisch *ausweisen*. Gerade in ihrer personenzentrierten und elaborierten Stufe hingegen erweist sich Höflichkeit als letztlich offen für einen weiteren Sinn- und Wertehorizont, der nicht in den Formen aufgeht, von dem aber ein Licht auf die Bewertung der Konvention, des Codes, der jeweiligen Form fällt.[588]

Höflichkeit ist alltäglich-konkrete Vermittlungshaltung und -form von Liebe *und* Klugheit, Eigen- und Fremdschutz. Als Miniaturisierung und Konkretisierung ist Höflichkeit mehr als ein *Testfall* der Relationalität (einem Grunddatum der Anthropologie, das sich substantialistischen, aber auch subjektivistischen Verkürzungen permanent widersetzt). Dies wird auch unterstrichen durch den phänomenologischen Befund. Sittliches Handeln ist zu einem nicht zu unterschlagenden Teil «Handeln im Medium der Sprache». Sprach- und Sprechakte üben «Druck» aus auf andere und haben Folgen, die in allen Parametern der ethischen Reflexion zu untersuchen sind.

Nach diesen handlungstheoretischen Situierungen und Skalierungen sind einige spezifischen Momente für ein Ethos der Cortesia in den Blick zu nehmen.

14.2. «Sensible Wege»: Charakteristika eines «Ethos der Cortesia»

Die folgenden Abschnitte nehmen einige besondere Akzente in den Blick, die in engem Anschluß an die ethischen Situierungen regulativer, aretaischer und axiologischer Perspektiven einem «Ethos der Cortesia» spezifische Konturen verleihen. Im Kontext personaler Haltung und interpersonaler Kompetenz trägt dieses Ethos in seinen Wert-, Norm- und Haltungskomponenten spezifische Züge, zu denen vor

588 Mancherorts und aktuell genügt der Abgleich durch die Einhaltung konventioneller Höflichkeit (aus der Empfängerperspektive allemal). Auf der Senderseite markiert und formt eine durativ-habituelle Höflichkeitskompetenz das sittliche Subjekt in Handeln und Sein in einem spezifischen-kommunikativen Handlungsbereich. Höfliches Verhalten und höfliche Haltung bleiben in Differenz und Korrespondenz gebunden. Dennoch besteht die Schwierigkeit, daß die Abwesenheit von Höflichkeiten leichter und schneller konstatierbar ist als ihre Anwesenheit, was aber auch einen Vorzug hat: der konstatierbare Ausfall eines ethischen Bewußtseins (und der Praxis) der Höflichkeit führt – anders als bei anderen ethischen Konfliktfeldern – nicht automatisch zu existentiellen Krisen (wobei man allerdings nicht unterschlagen darf, daß kleine Taten oder «Untaten» durchaus eminente Folgen haben können). Weniger in der Summe, aber sicher im Detail der einen Situation kann man Verfehlungen leichter austarieren, übergehen oder ignorieren – also auch ein wenig unbelasteter lernen, was Höflichkeit eigentlich formal, material und habituell meint, woraufhin sie zielt.

allem die Konkretheit und «Alltäglichkeit», sodann die Expression von Anerkennung und Respekt, sowie die Dimension des «sittlichen Handelns im Medium der Sprache» anspricht. In Personalität und Kommunikativität, in Wert- und Anerkennungskommunikation gewinnt dieses Ethos der Humanökologie, der Schonung, des Respekts, des Taktes, der Würde, der Raum- und Zeitgabe und -koordination handlungstheoretisch Kontur und eigenen Stellenwert.

Daß diese Komponenten nicht exklusiv, aber «initial» und «en détail» in diesem «Ethos der Cortesia» angezielt und verwirklicht werden, bleibt zu betonen. Die folgenden Überlegungen nehmen Fährten auf. Es geht diesen nicht um eine vollständige Auslotung der selbstredend wiederum komplexen und facettenreichen Begriffe und Phänomenbereiche, sondern um deren Ein- und Ertrag für die Relokalisierung des Höflichkeitsdiskurses in seine spezifische ethische Valenz.

14.2.1. Höflichkeit: Grammatik des alltäglichen Umgangs zwischen Standardsituationen und Freiräumen

Der erste Zug, der hier zu bedenken ist, läßt sich als Wendung zu «Alltag» fassen.[589] Es ist ein Versuch, dies in seiner ethischen Bedeutung zu sichten. Vorweg ist jedoch zu sagen, daß es den folgenden Überlegungen nicht darum geht, eine eigene elaborierte Theorie des Alltags oder eine präzise Begriffsfassung zu erarbeiten. Wenn auch vor allem sozialphilosophisch, soziologisch und geschichtswissenschaftlich[590] von einer «Alltagswende» gesprochen werden kann, wenn Begriffe wie «Lebenswelt», «Alltäglichkeit», «Alltagswelt», «common sense world» und andere mehr in den einschlägigen Theoriebildungen eine Rolle spielen, ist zweierlei zu vermerken. Zunächst bleibt eine grundlegende Schwierigkeit in der Inhomogenität der Begriffsfassungen und damit des Profils selbst. Auch wenn eine leitende und naheliegende Intuition des «Alltäglichen» angenommen werden kann, so ist – zweitens – gerade in der theologisch-ethischen Reflexion hier eine markante Leerstelle zu verzeichnen.

Alltag und seine vielen Kompositabegriffe (Alltagsbewußtsein, -wissen, -sprache oder -umgang z.B.) führen in der Deskription selten den Schritt weiter zu einer Reflexion auf die Leistungen und Implikation eines «Ethos des Alltags». Erschwerend kommt hinzu, daß der Alltagsbegriff leicht zu einem Containerbegriff wird («Alltag ist überall und nahezu alles») oder – massiver noch – selbst ein Auf- oder Abwertungsbegriff[591] («gefangen in den Netzen der Lebenswelt») wird. Entfremdung und

---

[589] Vgl. *H. LUTHER*, Religion und Alltag. Bausteine zu einer Praktischen Theologie des Subjekts, Stuttgart 1992, 184-256, 184. Dieser Beitrag bietet ein nach wie vor wertvolles Panorama zum Thema «Alltag» (Lit.). Vgl. *J. LINK*, Versuch über den Normalismus. Wie Normalität produziert wird, Opladen-Wiesbaden ²1999.

[590] In der Perspektive der «Annales» und der Mentalitätsgeschichte vgl. etwa *F. BRAUDEL*, Der Alltag. Sozialgeschichte des 15.-18. Jahrhunderts, München 1985, *SCHUBERT*, Alltag im Mittelalter.

[591] Überblick und Orientierung in der vielfältigen Diskussion um die theoretische Fassung und Auf- wie Abwertung des Alltagsbegriffs gibt *BETTINGER*, Leben im Alltag der Gegenwart 15-132 (Lit.), *ders.*, Alltagsforschung, in: LS 49 (1998) 17-19, vgl. knapp *P. PROBST*, Art. Alltäglichkeit, in: HWP I 194-195, *M.N. EBERTZ*, Art. Alltag, in: LThK³ I 417-419 (mit Verweis auf die hier einschlägigen Protagonisten wie E. Husserl, M. Scheler, M. Weber, A. Schütz, T. Luckmann), *LUTHER*, Religion und Alltag 183-256, 293-315, 316-323 (Lit.), *BRENNER/ZIRFAS*, Lexikon der Lebenskunst 12-20, aus soziologischer Perspektive *HÖRNING*, Experten des Alltags, bes. 32-64.

Fremddeterminierung dominieren dann (wie – und das keineswegs zufällig – in bestimmten verengten Höflichkeitstheorien). Als Beschreibungs- und Differenzbegriff hingegen kann er – ohne die Ambivalenzen aufheben oder überspringen zu können – für eine bestimmte Verortung dienlich werden. In Soziologie und Sozialphilosophie wird Alltag oft mit Begriffen korreliert wie normal, gängig, unauffällig, üblich, typisch, vertraut und selbstverständlich, fraglos und unthematisiert – das sich selbst Regelnde ist im handlungstheoretischen Sinn angepeilt. Oft wird der Banalitäts- oder Entfremdungsverdacht des Alltags mit dem Verdacht des Uneigentlichen, des Nicht-Authentischen verknüpft. Er markiert das «falsche Leben» im vermuteten richtigen. Alltag ist entweder der perpetuierte Nicht-Event, also unauffällig – oder eben «sagenhaft»[592].

Dies gilt vor allem hinsichtlich der Perspektivierung, der Abgrenzung und Korrelierung eines «Ethos der Cortesia», das normativ-konventionelle, habituell-dispositive, wertbezügliche und spezifische Praxisdimensionen hat.[593] In diesen Zuordnungen wird eine Eigenwertigkeit eines Ethos der Cortesia gestützt, die unterschieden wird von, aber korreliert bleibt mit grundlegenden ethischen Verfahrenswiesen, Ansätzen und Perspektiven, aber auch Sachbereichen von auf den ersten Blick kritischeren Zuschnitten und Problemverläufen. Alltag ist ein schillernder und zu differenzierender Begriff und soll hier zunächst in einem bestimmten Sinn verstanden werden: Er markiert den Eigenwert der Höflichkeitsthematik und steuert ihrer ethischen Überlastung entgegen.

Die «Ethnographie kleiner Lebensausschnitte» (E. Goffman), die «Grammatik des Alltags»[594] bezieht sich häufig darauf, daß die Akteure auf ambivalente Situationen reagieren müssen, also vor komplexen Deutungs- und Beurteilungsleistungen stehen, die wiederum zu Handlungsweisen im Wechsel zwischen und auf Vorder- und Hinterbühnen führen. In der Analyse dieser Miniaturen wurde sichtbar, daß das, was vor den ethischen Großthemen und -begriffen leicht als minder- oder unproblematisch ab- und ausgeblendet wird, in sich doch eine Fülle von ethisch relevanten und kritischen Indizes trägt. Todorov pointiert die Bedeutung alltäglicher Interaktionalität:

> *«Das ist der Alltag des Daseins, denn wir leben in einer ständigen Verhandlung mit anderen, und der menschliche Umgang verlangt die Einberufung und Zusammensetzung der verschiedenen Instanzen des Selbst. Instanzen, dies sei ein letztes Mal betont, die allesamt intersubjektiv sind, das heißt durch Interaktion mit anderen produziert werden.»*[595]

---

[592] Dies durchaus ebenso kritisch und in medienethischer Wendung gelesen bei *J. STEHR*, Sagenhafter Alltag. Über die private Aneignung herrschender Moral, Frankfurt-New York 1998.

[593] Vgl. *D. MIETH*, Die Spannungseinheit von Theorie und Praxis (SThE 17), Freiburg i.Ue.-Freiburg i.Br. 1986.

[594] Vgl. *H.P. BAHRDT*, Grundformen sozialer Situationen. Eine kleine Grammatik des Alltagslebens, München 1996. Vgl. auch die erhellenden Überlegungen bei *G. BARBIELLINI AMIDEI,* La grammatica della vita. Come trovare l'equilibrio con se stessi tra le piccole e le grande cose della realtà quotidiana, Mailand 1993. Diese Studie sichtet und öffnet ein einschlägiges Themenspektrum.

[595] *TODOROV*, Abenteuer des Zusammenlebens 161. *DEMMER*, Fundamentale Theologie des Ethischen 32, unterstreicht: Die «Denkkultur des Konkreten bedeutet keine Absage an Systematik.» Der Reflex auf den «Alltag» verabschiedet Theorie nicht, sondern sucht Anbindung an Erfahrung und Handlungsleistung.

Die Alltäglichkeiten des kleinen Grenzverkehrs zwischen den «semipermeablen Selbsten», die nicht nur im Goffmanschen Sinne – dem *Maskenprojekt einer Sozialdramatologie* – maskiert bleiben[596], sind nicht moralisierend zu überfrachten – dies ist ebenso wenig zulässig, wie jede Entscheidung zur Gewissensfrage zu stilisieren –, sondern im Sinne einer christlichen Lebenskunst zu befragen und zu analysieren.

Festzuhalten ist zunächst im Sinne des Frequenz- und Quantitätsargumentes der Höflichkeit: Die Sphäre des Gesellschaftlichen umfängt «quantitativ» die des Gemeinschaftlichen als Gesamthorizont. Sie bildet ein «Zwischenreich zwischen Familiarität und Objektivität, ein Reich zwar nicht wertloser, wohl aber moralisch wertäquivalenter»[597], also auch nicht einfach beliebiger, ethisch irrelevanter Situationen. Sie haben Nachhall und Rückstoß, sind in ihrer nicht leicht bestimmbaren Fülle prägend. Mit dieser Prägung kommt auch das Ethische thematisch in den Blick. Es ist gekoppelt mit der Alltäglichkeit der gestuften Öffentlichkeit und einer Alltäglichkeit als «Inbegriff» dieser Vielfältig- und Vielfälligkeit von Möglichkeitsbeziehungen zwischen einer unbestimmten Zahl und Art von Personen. Als ewig unausschreitbarer, offener Horizont umrahmt dies die Perspektive. Nicht jede Situation ist dabei standardisiert oder konventionell ritualisiert. Instabilitäten und Unbestimmtheiten sind also zu meistern. Höflichkeitskonventionen und -regularien haben hier der Intention nach entlastende und stabilisierende Funktion, cortesiale Haltung präfiguriert und inauguriert Wahrnehmung von Handlungsrisiken und -optionen in elementarer, kodifizierter und reflexiv-kreativer Weise, in enger und weiter Fassung.

Alltag ist in der ethischen Reflexion häufig ein implizites oder bloß affirmiertes Thema und wird selten selbst expliziert[598]: Problemstellungen und Argumentations-

---

596 Was nie ganz veräußerlicht werden kann, bleibt letztlich in der Perspektive der Theologie die Signatur des Personengeheimnisses. Doch völlig ohne Äußerung, Expression, Praxis und Verleiblichungen bliebe dies auch «leer».
Das Problem ist nun, daß der wachen Zuwendung an andere Grenzen gesetzt sind, denn: «Noch kein Subjekt hat je die inneren Zustände eines anderen inspiziert. (...) Es führt keine Tür aus dem eigenen Bewußtsein hinaus und kein Fenster zum anderen hinüber. Das andere Bewußtsein ist immer die Projektion aus dem eigenen heraus. Unsere subjektive Erlebnissphäre ist eine fensterlose Monade. Ein jedes Bewußtsein ist eine Welt für sich. In dieser Welt kommt alles vor, was für das Bewußtsein Wirklichkeit ist», so *FRANCK*, Ökonomie der Aufmerksamkeit 34.

597 *PLESSNER*, Grenzen der Gemeinschaft 79f., umreißt die Koordinaten: «Dieses Reich der Alltäglichkeit, der wertäquivalenten Situationen kennen wir alle: es ist die Gesellschaft im Sinne der Einheit des Verkehrs unbestimmt vieler einander unbekannter und durch Mangel an Gelegenheit, Zeit und gegenseitigem Interesse höchstens zur Bekanntschaft gelangender Menschen.» Diese Definition trifft einen Teil der Phänomene, aber sie reicht nicht aus angesichts der Vielfalt möglicher Konstellationen und Beziehungen, ihrer Intensität, ihrer Dauer, ihrer «Funktionalität», Intentionalität und ihrer emotionalen Ladung. Dennoch wird die Offenheit der Möglichkeiten angestimmt.

598 Nicht selten verfahren Ethiken ohne Reflexion auf den Alltagsbegriff, auch wenn sie ihn – um Verständlichkeit, Relevanz und Erfahrungsbezug zu signalisieren – für sich proklamieren. Es gibt eine Fülle von Publikationen gerade im anglo-amerikanischen Bereich, die den Terminus «Alltag» oder «Alltagsethik» im Titel führen, ihn dann aber nicht klären, sondern mit dieser Formulierung die Alltagsrelevanz verschiedener Problemfelder der «speziellen Moral» insinuieren wollen. Man vgl. etwa *J. SABINI*, Moralities of everyday life, Oxford u.a. 1982, *C.H. SOMMERS/F. SOMMERS* (Hrsg.), Vice and virtue in everyday life. Introductory readings in ethics, San Diego u.a. ^{2}1989, *M.W. MARTIN*, Everyday morality, Belmont (CA) 1989, *M.E. GUY*, Ethical decision making in everyday work situations New York u.a. 1990, *J. HALBERSTAM*, Everyday ethics. Inspired solutions to real-life dilemmas, New York 1993, bes. 63-98 (morality of expression and emotion), 99-164 (morality of making judgments), *R.W. GOUGH*, Character is destiny. The value of personal ethics in everyday life, Rocklin (CA) 1997.

figuren auf der vorherrschenden Ebene der theoretisch-ethischen Vernunft gehen *implizit* davon aus, daß die einschlägigen Überlegungen zu kritischen Bereichen Alltagstauglichkeit für Deuten, Urteilen und Handeln haben.

Alltag selbst ist jedoch der «Ort», an dem in Interaktion, in Lernen und Versuch, in Scheitern und Gelingen ein Ethos in Bewegung gehalten (sprich: *moti*-viert) wird, das sich in den Koordinaten zunehmender Differenzierung, Wahlmöglichkeit zeitigt (gerade dann, wenn Recht, Ethik etc. nicht unmittelbar und direkt einschlägig sind, wobei die Grenzen höchst sensible Gebilde sind!).

Ein *erster*, dabei so entscheidender wie bescheidener Hinweis betrifft also schlicht – entlang der Linie «marginal/essentiell» – die faktische Beschäftigung von Ethik und Moraltheologie mit der Thematik. Als krisenzentrierte Disziplinen, die mit guten Gründen an den Stellen besonders aktiv werden, die in der Aufmerksamkeitsökonomie öffentlicher und wissenschaftlicher Wahrnehmung diskursbedürftig, weil fragwürdig werden, da Argumentations- oder Handlungsunsicherheiten entstehen, stehen ganz andere Überlegungen im Vordergrund fundamental- oder spezialethischer Debatten.[599]

Ein *zweiter* Hinweis der Perspektivierung verläuft entlang einer Überlegung, die besagt, daß Alltag als «eigene Quelle der Moralität»[600] zu sichten ist, in der nicht der explizite und reflexe Rekurs auf Konvention, Norm oder Recht, aber auch nicht die reflexe Aktivierung der Disposition *allein* und *ausschließlich* zum Tragen kommt. Der Deutungs-, Handlungs- und Entscheidungskorridor ist schlicht vielfältiger und erheblich vielschichtiger, als es normative Rahmungen oder habituelle Dispositionen ethisch beschreiben können (und müssen)[601]. Auch hinter Selbstverständlichkeiten liegen komplexe individuelle und überindividuelle Leistungen, Kompetenzen, Erfahrungen und Deutungen. Sie ethisch zu situieren und zu analysieren, hebt die Zerbrechlichkeit wie das Gelingen gerade im interaktionellen und beziehungsethischen

---

Einschlägige Handbücher der Moraltheologie aus den 90er Jahren (von Autoren wie J. Römelt, H. Weber, K.-H. Peschke z.B.) kommen ohne Rekurs auf diesen Begriff aus. *D. MIETH*, Medien und Alltagskultur, in: *A. HOLDEREGGER* (Hrsg.), Kommunikations- und Medienethik. Interdisziplinäre Perspektiven (SThE 84), Freiburg i.Ue.-Freiburg i.Br. ²1999, 135-150, thematisiert den Begriff im einschlägigen Kontext.

599 Etwa der Normbegründung und Autonomie, Letztbegründungsdebatten, das weite und dringliche Feld lebens- oder bioethischer Fragestellung mit ihren Menschenwürdeimplikationen etc.
Dies ist gesagt in vorsichtiger Abhebung, aber nicht in einfacher Konkurrenz zu den Dimensionen existentialethischer Entwurfs- und Entscheidungstheorien einerseits, andererseits gegenüber einer zu exzessiven thematisch-versachlichenden Problemfokussierung, die die Personalität unterbelichtet. Leben ist Problemlösen (K. Popper), aber es gibt auch ein Leben zwischen den Problemen und Krisen (praktisch wie theoretisch!): jene Dimension des Unspektakulären, das dennoch einen nicht unbeträchtlichen Teil unserer Zeit ausmacht, in der gehandelt wird in unterschiedlichen Graden der Bewußtheit. Mitten im Alltag stehen dann Momente an, die sich aus ihm herausheben.

600 Zu diesem klassischen Werkstück der theologischen Ethik vgl. *G. STANKE*, Die Lehre von den «Quellen der Moralität». Darstellung und Diskussion der neuscholastischen Aussagen und neuerer Ansätze, Regensburg 1984, *K.-H. PESCHKE*, Art. Quellen der Moralität, in: NLChM 621-626, *KNAUER*, Handlungsnetze, passim. Diese Reflexionsschritte leben aus dem Reflexionsabstand zum Handeln in Zeit und Raum. Alltag als *All*-tag und All-*tag* (Zeit und Raumkoordinaten des Deutens und Handelns selbst) insinuiert eine zunächst minimale Reflexionsdistanz.

601 In alltägliches Deuten, Urteilen und Handeln sind eingezeichnet Überschüsse (oder Unterschüsse des Noch-nicht-Regulierten oder Nie-ganz-Regulierbaren?), die gerade normativ (juristisch, ethisch) nicht völlig abgedeckt sind. Gerade hier erweist sich der tugendethische Ansatz dann als flexibler und weiter als ein konventionalistischer, konsensueller oder kontrakttheoretischer. Nicht in jeder Interaktion wird vorab eine vertragliche Handlungsbasis abgeschlossen oder auf eine solche bewußt Bezug genommen.

Bereich hervor und würdigt dies. Die moralische Betrachtung des Alltags der Höflichkeit ist nicht deren oder dessen Moralisierung, sondern verweist auf die Beständigkeit von Urteils- und Handlungsbildung.

«Alltag» ist oder scheint zumindest auf den ersten Blick also erheblich weniger auffällig oder kritisch[602], ja, ist geradezu ethisch vom Begriff der Krise abzugrenzen, weil Handlungsblockaden oder -aporien nicht vordringlich erscheinen, sondern vielfältig aufgefangen sind in Erfahrung, Konvention, Ritual und Geübtheit. Wird das Selbstverständliche jedoch in Frage gestellt oder in den Mittelpunkt des Interesses gerückt, wird um so schneller deutlich, wie wenig selbstverständlich, sondern komplex und aus vielen Quellen die Handlungskompetenzen (seien sie nun sprachliche oder andere) gespeist sind, und welche Handlungsleistungen sie konstruiert und aufbaut zwischen Einmaligkeit und Wiederholung, zwischen Permanenz und Kontingenz, zwischen Gelingen und Mißlingen.

Aber die kleinen «Krisen des Alltags» offenbaren sich gerade an all jenen Stellen, die Alternativen des Interagierens oder des Umgangs miteinander ermöglichen, begünstigen oder eben verstellen. Gerade hier steht das alltägliche Gelingen von Interaktion und Kommunikation in Frage (und ist keineswegs allein selbstverständlich). Der explizite Rekurs auf exakte juristische oder ethische Norm ist dabei nicht der erste Weg einer Krisenbewältigungs- oder -vermeidungsstrategie. Nur zum Teil ist es der Rekurs auf «geschriebene Regeln» und Konventionen. Routinen, Erfahrungen und nicht selten Kontrasterfahrungen des Mißlingens, die aus der Selbstverständlichkeit herausreißen, stoßen an. Sie sind nicht nur als Strategeme zu fassen, sondern selbst in norm-, haltungs- und güterethischer Hinsicht auf ihren eigenen Wert und Ort zu prüfen. In der Praxis der Handlungen selbst werden nicht zuerst elaborierte und hypostasierte Theorien und Reflexionen in Anschlag gebracht.

A. Bondolfi[603] hat schon vor zwei Jahrzehnten in einem Aufsatz, der das Alltagsthema als gerade aus ethisch-theologischer Sicht ungenügend erforschtes Thema bezeichnet, darauf hingewiesen, daß Alltag eben gerade nicht mit Banalität auf der einen, mit dem bloßen «Erlebten» auf der anderen zu verwechseln sei.[604] Alltag in seiner Ambivalenz[605] ist nicht einfach in erkenntnistheoretischer und -praktischer Hinsicht das Gegenstück zur Relevanz wie zum Gedachten und Reflektierten (es gibt ja auch den Alltag der Reflexion). Bei seiner phänomenologischen Annäherung

---

602 Krisenanfällig und riskant ist er permanent. Bleibende Ambivalenzen und Dialektik des Alltags und die ethischen Ambivalenzen der «conditio humana» hängen zusammen. Vielfalt, Sicherheit und Vertrautheit, aber auch Wahlmöglichkeit einerseits oder andererseits Monotonie und Langeweile trennen sich augenblicklich, schießen hervor oder fallen zurück. Zudem gilt: Alltag und Faktizität sind nicht eo ipso das Gute und Richtige. Ob dies im «Alltagsbewußtsein» tatsächlich immer so präsent ist, sei hier dahingestellt, daß «kleine Dinge große Wirkungen haben können», sei hier nur in Erinnerung gerufen. Vgl. die Intentionen der populärwissenschaftlichen und -spirituellen Schrift von *J. TASCH*, In kleinen Dingen Zeichen setzen. Wenn Tugenden wieder entdeckt werden, Paderborn-Hamm 1988. Es geht aber um mehr.

603 Vgl. *A. BONDOLFI*, Alltag in ethisch-theologischer Sicht. Glossen zu einem ungenügend erforschten Thema, in: *ders./W. HEIERLE/D. MIETH* (Hrsg.), Ethos des Alltags (FS S.H. Pfürtner), Zürich-Einsiedeln-Köln 1983, 13-25 (vgl. zudem die weiteren systematischen Beiträge dieses Bandes).

604 Vgl. *BONDOLFI*, Alltag in ethisch-theologischer Sicht 14. Die folgenden Überlegungen stützen sich auch auf diesen Beitrag.

605 Dies spiegelt sich in den grundlegenden soziologischen, sozialwissenschaftlichen, wissenssoziologischen und philosophischen Theorien, die entweder für eine Alltagsaufwertung oder Alltagsabwertung plädieren. Vgl. die Übersichten und Einschätzungen bei *BETTINGER*, Leben im Alltag der Wirklichkeit 15-132.

an das Thema plädiert Bondolfi dabei just auf jene Alltagsauslegungen, die der symbolische Interaktionismus prononciert.[606] In dieser phänomenologisch-interaktionssymbolischen Perspektive lassen sich Regularität, Routine und Dramatik-Theatralik als Merkmale des «Alltäglichen» beobachten.[607] Für Bondolfi haben diese Aspekte ethische Relevanz. Er konstatiert eine Nähe zwischen den Überlegungen zur Konstruktion von Wirklichkeit mittels der Anwendung von Basisregeln der Interaktion (mit Schütz, mit Bergmann/Luckmann etwa) und der «Situationsethik»[608], in der aber die Interaktanden nicht aufgehen, jedoch über routinierte Erfahrung *und* Kontrasterfahrung habituelles Wissen ansammeln und integrieren: Alltagswissen als Wissen *aus* dem Alltag *für* den Alltag und dessen Gestaltung in Deutung, Urteil und Handlung im Unterschied zum reflektierten, distanzierten und wissenschaftlichen Wissen. Wichtig ist hierbei für den Nachklang in unserem Kontext, daß hier Habitualität als ethische Kategorie in den Blick gelangt. Diesen Gedanken verfolgt Bondolfi weiter, wenn er die Routiniertheitskonzeptionen inhaltlich mit den unterschiedlichen Handlungskompetenzen der Tugendtheorie der «recta ratio agibilium» als stark verzahnt, aber nicht identisch bezeichnet.

Ohne Bezug auf Bondolfis Überlegungen und ebenso ohne explizite Höflichkeitssituierung fahndet A. Maurer[609] in seinem erheblich jüngeren Beitrag – explizit ohne eine Frontstellung zwischen der reflexiven Ethik und dem alltäglichen Ethos aufzubauen, sondern ihre jeweilige Eigenwertigkeit und Grenzen zu beachten – nach den Potenzen einer Sinnerschließung und Handlungsorientierung, die nicht in der «gesatzten Ethikreflexion» aufgeht, ihr zuvor- und zugrundeliegt, wobei in aller Differenz wechselseitige Dynamisierungen konstatiert werden können.

Die von Maurer angestellten Überlegungen zur Moral des Alltäglichen geben einige Anhaltspunkte dafür, wie auch das Phänomen- und Handlungsfeld der Höflichkeit eine *eigenständige* ethische Zuordnung erfahren kann, ohne daß dabei beispielsweise die traditionellerweise hervorgehobenen Funktionen und Intentionen des Propädeutischen aufgegeben werden müssen.[610]

---

[606] Zu den Autoren, auf die wir uns bereits bezogen haben (Luckmann, Goffman, Garfinkel, Cicourel, vgl. oben Abs. 8f.), verweist Bondolfi auch auf die prominenten Arbeiten von A. Schütz. Vgl. auch die Spuren in: *K. EBERT* (Hrsg.), Alltagswelt und Ethik. Beiträge zu einem sozial-ethischen Problemfeld (FS A. Weyer) Wuppertal 1988.

[607] Vgl. *BONDOLFI*, Alltag in ethisch-theologischer Sicht 17-19. Die Konstruktion des Subjekts, seiner Identität und seiner kognitiven Kompetenz ist kernhaft ein regulativ-normierter Prozeß, in dem Wissens- und Handlungselemente biographisch aufeinander bezogen sind. Denk- und Handlungsmuster werden erworben, erprobt, angesichts von Kontingenz formiert und erweitert in der fortwährenden Begegnung mit anderen. Dabei werden Routinen erworben, die für Bondolfi kognitive und zugleich sittlichkeitsformende Bedeutung gewinnen (also nicht nur institutionsphänomenologisch oder -funktional besetzt bleiben müssen) und die zudem die Darstellungsweisen (in wachsenden Rollensicherheiten, aber ohne völlige Aufgabe von Rollendistanz) mitprägen.

[608] Die mittlerweile in von überzogenen Vorwürfen (wie Relativismus und Beliebigkeit) «geläuterten» Version diskutiert werden kann. Vgl. *DEMMER*, Fundamentale Theologie des Ethischen 176ff., *P. REIFENBERG*, Art. Situationsethik, in: LThK³ IX 641-643, knapp *SCHOCKENHOFF*, Zur Lüge verdammt? 199-201 (mit Rekurs auf *H. ROMBACH*, Strukturanthropologie. Der «menschliche» Mensch, Freiburg i.Br. 1987). Genau dies ist die Rahmung dessen, was wir hier für die «höfliche Interaktionsminiatur» beanspruchen als heuristisch-hermeneutischen Ausgangspunkt ethischer Reflexion.

[609] *A. MAURER*, Alltägliche Moral – Moral des Alltäglichen. Sinnerschließung und Orientierung im Horizont des Alltags, in: *T. LAUBACH* (Hrsg.), Ethik und Identität (FS G.W. Hunold), Tübingen-Basel 1998, 29-40.

[610] Die folgenden Überlegungen rekurrieren daher auf Maurers Vorgaben.

Ausgangspunkt bildet dabei in einer kultur- und ethikkritischen Absicht die Entkoppelung der Alltagsvernunft und Alltagsmoral von normativen Ortientierungsfunktionen institutioneller und rationaler Moral.[611] Ethos dabei weist sowohl auf ἔθος (Gewöhnung), wie auf ἦθος (Charakter, gewohnte Art zu handeln) hin. Es kann zum einen die Gesamtheit der Überzeugungen, Gepflogenheiten und Verhaltensweisen des individuellen Menschen bezeichnen, die dieser als natürliche Anlage mitbringt oder durch Übung, Gewohnheit und (oder) Anpassung ausgebildet hat. Im Blick auf die beständige moralische Implikatur von Alltagsgegebenheiten in kleineren oder weiterreichenden Entscheidungs- und Handlungssituationen Räume und Themen des Nichtregulierten öffnet und als offene beläßt. Es sind dies exakt Räume der alltäglichen ratifizierten Autonomie des sittlichen Subjekts. Unter Verweis auf die Unterscheidungen von Alltagsmoral, institutioneller Moral und rationaler Moral als drei Formen von Anspruchskreisen[612] wird der erste dieser Anspruchs-, Deutungs- und Handlungsbereiche konkretisiert mit den Anforderungen, Leistungen und Möglichkeiten, wie sie in der «konkreten Gegenseitigkeit menschlicher Interaktionsformen»[613] einbeschlossen sind.[614]

In diesen Spannungen ist ethische Reflexion nicht «Lückenfüller» durch reflexivrationale Expertise, die eigenen Anspruch und Reichweite hat, aber in der einfachen Vorrangstellung der «theoretischen» vor der «praktischen Vernunft» verbleibt. Ethik als Reflexionstheorie ersetzt Moral und Praxis nicht, sondern begleitet sie auf unterschiedlichen Reflexionsstufen. Diese kritische Reflexion entlang der Grundkategorien und Prinzipien von gut und schlecht, richtig oder falsch zielt auf eine Meliorisierung der Praxis, ist damit selbst zuerst Wahrnehmung und Heuristik der Praxis. Insofern geht es einer Frage nach der Höflichkeit im Sinne der Wahrnehmung und Aufmerksamkeit für Interaktion mit anderen als einem entscheidenden Moment beständig rekurrierender Ansprüche eben gerade nicht ausschließlich um die Elaborierung eines Form- und Normkatalogs, sondern zuerst um die Einsetzung der Blickrichtung auf einen Anspruchskreis, der gerade von der theoretischen und der theologischen Vernunft unterbelichtet und vernachlässigt war.

«Auch wenn der einzelne in seiner Alltagswelt – bis in die intimsten Gefühle, Urteile und Empfindungen hinein – von sozialen, gesellschaftlichen und Kulturellen Einflüssen bestimmt ist, stellt alltägliche Moral nicht nur einen Mikrokosmos gesellschaftlicher Moral, sondern auch ein le-

---

611 *MAURER*, Alltägliche Moral 29-35, hier 29f., mit Blick auf Instanzen wie Recht, Moral selbst oder Kirche, deren Bedeutung nicht geschmälert wird.

612 Wie sie *K. EDER*, Die Vergesellschaftung der Natur. Studien zur sozialen Evolution der praktischen Vernunft, Frankfurt/M. 1988, 353ff., rekonstruiert.

613 *MAURER*, Alltägliche Moral 30, nennt Partnerschaft, Ehe, Familie, Mutterschaft, Vaterschaft, Nachbarschaft, Freundschaft oder Verwandtschaft.

614 *MAURER*, Alltägliche Moral 31, mit Verweis auf Studien von *K.H. HILLMANN*, Wertwandel. Zur Frage soziokultureller Voraussetzungen alternativer Lebensformen, Darmstadt ²1989, und *O. HÖFFE*, Moral als Preis der Moderne. Ein Versuch über Wissenschaft, Technik und Umwelt, Frankfurt/M. 1993 – vgl. zudem die Beiträge in: *G.W. OESTERDIEKHOFF/N. JEGELKA* (Hrsg.), Werte und Wertwandel in westlichen Gesellschaften, Opladen 2001. Wertewandel ist nicht einfachhin Wertezerfall, aber auch keine völlige Krise von Moral selbst, auch wenn die Anspruchskreise in theoretischen und praktischen Spannungen stehen. Diese Dynamik erfaßt die Relation von Akzeptanz- und Selbstentfaltungswerten – und sucht auch immer wieder einen kommunikativen und intersubjektiven Abgleich.

bensweltlich geprägtes, individuell wahrgenommenes oder zusammengebasteltes Muster an moralischen Vorstellungen dar.»[615]

Von hier aus erklären sich die Elemente einer «kritischen Theorie der praktischen Vernunft»[616], die nochmals auch Licht werfen auf eine initiale Situierung sozialer und cortesiale Kompetenz und Umgangsweisheit. Normative oder konventionelle Systeme stellen zunächst weniger Sinn- und Orientierunggebendes zur Verfügung als der einzelne zur Gestaltung von Leben und Lösung von Konflikten, aber auch von Kommunikation und Beziehung, braucht. Kodifikation bleibt ein Teil auch eines Ethos der Höflichkeit, dieses ist aber allein dadurch unterdeterminiert. Rahmenethos schützt und stützt. Leerstellen sind nicht Schwäche, sondern Konstitutiva einer normativen Ethik, andernfalls gerinnt sie zu totalitärem Zugriff oder Hyperregulation, die Handlungs- und Gestaltungsfreiheiten beendet.[617]

Hier trägt Maurer die Frage nach der Leistung der «praktischen Vernunft»[618] ein, deren Grenzen unleugbar sind, aber deren ethische Potenzen meist gleichermaßen unterbelichtet werden. Unterhalb, ja fast «außerhalb» des strikten Zirkels juristischer und ethischer Normen gibt es sittliche Leistungen, die selbst wiederum aus vielerlei Faktoren (subjektiven wie transsubjektiven, Erfahrungen, Kontrasterfahrungen, Lebenswissen, Konventionen, Fähigkeiten oder Haltungen, auf die Maurer nicht rekurriert) gespeist sind. Leistungen und Handlungsbereiche des Alltags sind vielfältig[619], organisieren Raum, Zeit und Miteinander auch dort, wo nicht alles in juristischen und strikt moralischen Normen geregelt und gefaßt ist. Komplex aufeinander bezogen, problemorientiert und zielgerichtet sind Wahrnehmungsleistungen, kommunikative und soziale Fähigkeiten, emotionale und kognitive Prozesse, Handlungs- und Beurteilungskompetenzen auch im Umgang miteinander anzusetzen.[620]

---

[615] *MAURER*, Alltägliche Moral 33. Klein- wie Großentscheidungen fallen unter den Bedingungen der Moderne immer seltener im Rückgriff auf vorgegebene Lebens- und Handlungsmuster. Selbstverständlichkeiten schwinden und nötigen zur Neureflexion auch hinsichtlich der Gestaltung von Interaktionen. In aller gesteigerten Wahlfreiheit bleibt die Unumgänglichkeit der Gestaltung. Vieles fällt hierbei zurück auf das Subjekt, gerade wenn die schützend-schonenden Rahmenfaktoren konsensuell, porös oder inkonsistent und weniger homogen werden. Leistungen, Forderungen und (latente, weil nicht immer eingestandene) Überforderungen einer multioptionalen Gesellschaft werden hier sichtbar, die zugleich «wählerisch» und anspruchsvoll ist. Höflichkeit und Umgang mit anderen ist dabei ein konstitutiver Bereich des Unvertretbaren. Die gerne so genannte «Kommunikationsgesellschaft» – Signatur der Moderne – optiert und positioniert sich zumeist technisch-instrumentell. Die normative Gebrauchsanweisung der «tools» dominiert leicht das «Was» und «Wozu» mitsamt der Folgenabschätzung. Wie immer Entscheidungen fallen und gefällt werden, eine Begründungsdimension bleibt letztlich einzuholen.

[616] So *MAURER*, Alltägliche Moral 35-39, vgl. auch *BRANTL*, Verbindende Moral 177-226.

[617] Daß zudem der einzelne den Preis oder die Zulastung des Faktums trägt, daß kollektive Sinn- und Handlungsmuster auf den verschiedenen Ebenen nicht selbstverständlich sind (oder sich verflüchtigten), ist evident. – Weil in diesem Kontext Ethik nicht Hypermoral oder gar Handlungsersatz sein kann, stellt sich für Maurer die Frage, warum und wie überhaupt Gelingen und Glücken in sozialer Koexistenz und die Bewältigung des nicht deregulierten, sondern in vielen Bereichen einfach nicht präregulierbaren Alltags feststellbar ist. Auch diese «Selbstverständlichkeit» des Gelingens von Umgang wird der Frage wert. Sie verschiebt zudem auch den ethischen Fokus von Scheitern oder Schuld auf Gelingen. Dies wiederum *respektiert* viele Entscheidungs- und Handlungsleistungen von nicht wenigen.

[618] Vgl. *SCHOCKENHOFF*, Bonum hominis 573-585.

[619] Vgl. etwa die Themen- und Sachbereiche bei *BRAUDEL*, Der Alltag, *SCHUBERT*, Alltag im Mittelalter, *BARBIELLINI AMIDEI*, La grammatica della vita.

[620] Vgl. *MAURER*, Alltägliche Moral 36.

Nicht wenige dieser Bestimmungen bilden das Gerüst auch des theoretischen Höflichkeitsdiskurses oder lassen sich auf ihn transponieren, auch wenn Problemorientierung, Zweckrationalität und Zielgerichtetheit leicht einer Pragmatisierung der Höflichkeit Vorschub leisten und den ästhetisch-spielerischen, den Über- und Vorschußcharakter der Höflichkeit dabei unterschätzen.

Alltag bestimmt und situiert sich also wesentlich auf dem Hintergrund etwa von Beruf, Familie, Mentalität, durch Umgangssprache als Sprache des Umgangs und beständig neue Bezüge auf fremde und nicht-fremde Menschen, auf erworbenem und aktuiertem Lebens- und Handlungswissen vor sozialen, kulturellen und religiösen etc. Traditionen, Entwicklungen und Erfahrungen von Einmaligem, Tangentialem, routiniert Wiederkehrendem zwischen Gestalten, Erleben und Erleiden. Eine vernünftige, erfahrungsorientierte Lebens- und Interaktionspraxis ist dann um so mehr gefragt, je größer der Spiel- und Gestaltraum, je vielfältiger Codes, kulturelle Kontexte und Prämissen sind, die tagtäglich aufeinandertreffen. Aber damit einhergehend ist auch die Unsicherheit und je größerer Orientierungsbedarf angezeigt gerade in akzelerierten Übergangszeiten und ihre viele Lebensbereiche betreffenden Veränderungen.[621]

Selbstberatungen[622], praktische Praxisbegleitung und theoretische Vernunft stehen dabei in einem analogen Verhältnis des wechselseitigen Nichtausschlusses. Alltägliche Moral bedarf nicht der Belehrung («von oben herab»[623]), sondern der kritischen Begleitung durch andere Instanzen und Reflexionsebenen.[624] Als diesbezügliche «Bausteine einer Moral des Alltäglichen»[625] verweist Maurer auf eigenständige moralische Ressourcen und Repertoires nicht nur der Alltagsmoral, sondern auch der Moral des Alltäglichen, wie sie in ihren Entkopplungen sichtbar werden. Dabei sind tagtägliche Wirklichkeitserfahrungen vielschichtig und selbst nicht selten spannungsreich. Der «moral point of view» ist dabei lebensweltlich und alltagsweltlich zu verwurzeln, ist also konkret und Praxis[626], bleibt aber selbst in einer möglichen kontrafaktischen Spannung in den Bedingungsmöglichkeiten von Distanz, Reflexion und Kritik. Das Faktische des Alltags ist ja keineswegs automatisch das sittlich Gute und Richtige, aber es ist sittlich relevant über eine vorgebliche Normativität des Faktischen hinaus. Viel mehr stehen Formativität und Prägung des Umgangs zur Debatte – und suchen Antworten auf ein grundlegendes anthropologisches Struk-

---

621 Vgl. die Beobachtung von *SCHMÖLDERS*, Höflichkeitsforschung 536. Schmölders verweist auf die leicht decodier- und kontextualisierbaren Umbruchs- und Wendejahre 1789, 1871, 1945, 1989. Diese sind, so ihre Einschätzung in diesem Forschungs- und Literaturüberblick, signifikante Termine, an und nach denen sich auf unterschiedlichsten Ebenen eine verstärkte Beschäftigung mit der Frage nach dem Umgang mit anderen feststellen läßt. Auch im Jahr 2003 schwappt die Welle wieder markant hoch – in Feuilletons, TV- und Radiosendungen und Publikationen unterschiedlichster Niveaus und Intentionen. Festzustellen bleibt die Abwesenheit theologischer Reflexionen und Verortungen.

622 Mit *P. BALTES*, Lebenstechnik. Eine kritische Theorie des Alltags, Darmstadt 1993, 72ff.

623 Dies ist als Wurzelboden einer «Aszendenzmoralität» zu sichten und nicht gegen Prinzipien- oder Deszendenzmoralität auszuspielen, die selbst in Interaktion grundiert und gewonnen wird. Gelingen und Mißlingen alltäglichen Deutens, Handelns und Entscheidens ein eigenwertiger Bereich für Orientierung und Sinnfindung unter der Verpflichtung, sich und anderen Rechenschaft abzulegen.

624 Vgl. knapp *MIETH*, Medien und Alltagskultur 135-150, bes. 138f.

625 *MAURER*, Alltägliche Moral 39f.

626 Vgl. *K. BAIER*, The moral point of view: A rational basis of ethics, New York 1958, *W. FRANKENA*, Analytische Ethik, München ³1981, 138.

turmoment, das sich in den Alltag immer einträgt, wenn der Mensch als soziales, politisches und kommunikatives Wesen beschrieben wird und ohne diese Komponenten nicht aus- und vorkommt. Dies spiegelt nicht Determinismus, sondern Anspruch und Möglichkeit.

In dieser Spannung zwischen dem autonomem sittlichen Subjekt und den vielfältigen Vermittlungsprozessen des moralischen Urteilens und Handelns darf Moralität nicht allein einem Subjekt oder der Gesellschaft zugeschrieben werden, sondern ist als Medium zu verstehen, das Interaktionen und Lebensformen leitet und strukturiert. In Begleitung anstelle von Belehrung, über Kritik und Aufmerksamkeitslenkung erweist sich ein flexibles und intermediäres wie vermittelndes «Ethos der Cortesia» eben nicht als kritiklos und harmonistisch-nivellierend, sondern läßt und schafft Raum zur Eigenentscheidung und Verantwortung in aktualer Kreativität. Die Wahrnehmungslenkung auf athematische und zudem häufig *noch-nicht-reflexe* Hintergrundregeln, -erfahrungen und -haltungen entbirgt Leitbilder und Handlungsstrukturen im Sinn einer Maieutik scheinbar selbstverständlicher ethischer Vorleistungen, die selbst Ermöglichungsbedingungen von Interaktion und Kommunikation sind, also z.B. Diskurse[627] (als *ein* Genus der Interaktion) überhaupt erst ansatzweise entstehen und dann unter Umständen gelingen lassen.[628]

Alltag erweist sich als normativer und moralischer Horizont, in dem praktische Vernunft bereits vorhanden und durch die aktive Gestaltungsfähigkeit der Menschen zur Entfaltung und Expression gebracht wird:

> *«Rücksichtnahme, Gerechtigkeit, Fürsorge, Zivilcourage, Solidarität, Umgang mit Fremden entwickelt und bewährt sich im Alltäglichen oder überhaupt nicht.»*[629]

Anders formuliert: Der Rekurs auf den Alltag (hinter dem selbst eine Idee der subsidiären Regulativität steckt[630]) sucht einen selbst aufmerksamen Abgleich: Nicht theoretische Hypostasierungen, Realitätsabstraktionen, auch nicht stukturalistische, empiristische oder ähnliche Monismen, nicht Expertendelegationen und Technokratievorbehalte stehen zur Debatte und rufen nach einem Korrektiv.[631] Sie alle haben ihren spezifischen Sinn und ihre ethische Reichweite, können aber das letzte und einzige Wort nicht haben, sondern müssen im Verbund mit ihrer Reflexionsdistanz zum «Alltag» korreliert werden mit dem nur auf den ersten Blick weniger Au-

---

[627] Insofern ist ein Ethos der Höflichkeit Bedingung für Diskurs und Diskursethik als Verfahren selbst, gleichviel um welche Materie es sich dann handeln mag. Die Formalität eines Ethos der Cortesia (man erinnere an die Einschätzung der Höflichkeit als grundlegend demokratische Tugend bei Guardini!) ist dann zugleich dessen Materialität – und die reicht über die Beschränkung auf «Diskurse» weit hinaus in andere Interaktionsbereiche und -formen.

[628] Schließlich ist auf die Teleologiedimension und den Überstieg des Horizontes, also auf den Transzendierenscharakter der Höflichkeit zu verweisen. Mit dem Überstieg auf den anderen hin ist der Überstieg auf den ganz anderen verbunden als Aufmerksamkeit für Transparenz und Transzendenz.

[629] *MAURER*, Alltägliche Moral 39.

[630] Hier wäre an Momente der Subsidiarität zu denken. Entkopplung unterstreicht an dieser Stelle auch, daß es nicht um Hyperregulationen gehen kann, sondern wiederum um eine Aufmerksamkeits- und Wahrnehmungslenkung auf das, was alltäglich interaktionspraktisch geleistet wird. Dies ist einer ethischen Relevanz nicht entkleidet, auch wenn ethisches Nachdenken und ethische Regulation erst nachgetragen wird.

[631] Vgl. *EBERTZ*, Alltag 418.

genfälligen und Auffallenden. Höflichkeit und Umgang sind andauernd so «nahe» Anfragen und Themen, daß sie schon aus diesem Grund leicht zu übersehen sind. Der Fokus auf diesen Bereich markiert eine Aufmerksamkeitslenkung, die nicht zuerst wertend, sondern vor allem fördernd zu denken ist.

Gerade hier klingt eine genuine Verortung der Höflichkeit, ihres Anspruchs und ihres ethischen Versprechens an. Dies ist zusammenzulesen mit einer keineswegs weniger steilen Bestimmung bei Bondolfi. Die abschließenden «Fragmente für ein ethisch-theologisches Programm», das den Wert des Alltags als Stützpunkt einer «Ethos-Ethik von unten»[632] kontinuierlich forciert, münden bei Bondolfi in eine starke theologische Pointe, die keineswegs substantialistisch, sondern transzendental begriffen werden darf:

> *«Die genuine Bedeutung christlicher Existenz ist in dieser Perspektive als* messianische Alltagspraxis *zu definieren.»*[633]

Christliche Existenz, Praxis und Alltag – mit diesen Markierungen öffnet Bondolfi eine Perspektive über den soziologischen, sozialphilosophischen Begriff von Alltag hinaus, verortet Alltag und seine Handlungsfelder[634] in einer Durchsicht und einem Überstieg auf Annahme, kritische Meliorisation und eine «absolute Zukunft» hin, auf die der Mensch sich auch sittlich hin entwirft, ohne dabei die Wirklichkeitsbedingungen zu entwerten oder ihnen zu entfliehen und sie nicht zu beachten. Der jeweilige Alltag in seinen Facetten, Konturen und Vorfindlichkeit ist in seiner Ambivalenz, Doppeldeutigkeit, in der Erfahrung von Kontingenz, Permanenz und Pertinenz, in Singularität und Repetition, in seiner Nichtdelegierbarkeit[635] unhintergehbar Teil der Existentialität[636]: Leben im Alltag ist transzendentalphilosophisch und phänomenologisch als Existential zu fassen.

Mit K. Rahner etwa lassen sich die angesprochenen Momente eine Annäherung an die Bedeutung des Alltags quasi thetisch benennen: Neben und in der ethischen Ambivalenz gibt es eine Doppelsicht zwischen der Profanität oder Gottferne des Alltags und eben seiner Transparenz. Alltag ist zugleich «Alltag des Belanglosen»

---

[632] Dieses «von unten» ist keineswegs als Kampf- oder Ausgrenzungsbegriff gemeint, sondern als Hinweise auf eine Heuristik und Hermeneutik des Ethischen, die weitere und tiefere Dimensionen nicht ausschließt, sondern erst eröffnet (gerade wenn man dies inkarnationstheologisch bedenkt). Vgl. schon *W. KLUXEN*, Ethik des Ethos, Freiburg i.Br.-München 1974, *DEMMER*, Fundamentale Theologie des Ethischen 83, verweist im Kontext dezidiert naturrechtlicher Überlegungen auf die «gelebte Basis des Alltagsethos» jenseits deklamatorischer Appelle, vertieft den Begriff an der Stelle jedoch nicht.

[633] So schon *BONDOLFI*, Alltag in ethisch-theologischer Sicht 25 (Hervorhebung im Original). Vgl. auch *L. SCHOTTROFF*, Unsichtbarer Alltag und Gottes Offenbarung. Die Öffentlichkeit des «Privaten» in Gleichnissen Jesu, in: JBTh 11 (1996) 123-133 (zu Mt 13,33; 20,1-16, Lk 12,1-12; 15,8-10; 18,1-8).

[634] Damit aber auch den fortwährenden Umgang mit anderen.

[635] Lebensweltwissen ist nicht einfachhin delegierbar an besonders ausgewiesene Sach- und Fachexperten. Zuvor kommt die Expertise der je eigenen Alltagserfahrung. Dies gilt auch für die Nichtdelegierbarkeit der eigenen interaktionellen und kommunikativen Verfaßtheit und Kompetenz (vgl. *HÖRNING*, Experten des Alltags, passim). Dies ist nicht ausschließlich und zuerst als «Gefangenschaft in den Netzen der Lebenswelt» zu werten. Vgl. etwa *DEMMER*, Fundamentale Theologie des Ethischen 24-26, zur bleibenden Bedeutung der Lebenswelten. Erinnert sei in diesem Zusammenhang auch an *L.B. PUNTEL*, Der Wahrheitsbegriff in Philosophie und Theologie, in: ZThK Beiheft 9 (1995) 16-45, bes. 34, der Sprache als «ursprünglichste Lebenswelt» ventiliert.

[636] *BETTINGER*, Leben im Alltag der Wirklichkeit 140ff.

wie «Alltag der Gnade», ist Zeit und Raum einer «Dialektik von belanglosem Alltag und Grundentscheidung der Freiheit»[637]. Autonomie, Heteronomie und Theonomie vermitteln und ermitteln sich praktisch und ubiquitär in Ansprüchen, Formalität wie Spontaneität und Kreativität.

Wenn A. Bettinger vor dem rahnerschen Horizont alltagsadäquate Haltungen zu benennen sucht, dann verweist er u.a. auf Aufmerksamkeit und Verbindlichkeit[638]. Auch wenn hier nicht auf Höflichkeit als regulative Idee eines humanökologischen Umgangs verwiesen wird, in dieser Wahrnehmung von Alltag selbst und damit der Wahrnehmung von Alltäglichem gelangen wir wieder in den Begriffsumkreis der Höflichkeit. Hypertrophiert muß diese dabei nicht werden, übersehen aber darf sie ebenso wenig werden.

Es sind – im Alltag – weder fortwährend noch durchgängig Grund-, Vor- oder zugespitzte Gewissensentscheidungen zu treffen.[639] Aber *biographische* Zwischenräume und Kommunikationskonstellationen «zwischen» diesen fundamentalen Augenblicken sind nicht einfach sittlich irrelevant, zumal gerade dann, wenn man ein Ethos und eine Ethik in den Blick rücken will, die alteritätssensibel ist und für die in der Höflichkeit eine Initialhaltung bereitliegt.

Situationen geben zu denken, allemal dem theologischen Ethiker[640], der die Lektüre der Fakten und die Lektüre der Situation mit ihren Grenzen und Härten, aber auch ihren Chancen vor einem offenen Zukunftshorizont zu deuten hat. Der Weg der Höflichkeit zu gelingendem Alltag (mithin auch Leben) – zwischen Mit- und Gegeneinander oder «Aneinandervorbeileben»[641] – bezieht seine Orientierung für Guardini fraglos aus der Ethik, der sittlichen Erziehung, aus Gesetz und Recht – vorab für die «großen Dinge». En détail aber sowie *tagtäglich* übernimmt deren Funktion die Höflichkeit.[642] Gerade hier vollzieht sich, so Guardini, ein *gutes* Stück *sittlichen Lebens.*[643] Genau diese Unterscheidung und Ordnung von scheinbar sittlich Marginalem und Essentiellem (parallel zu der Ordnung primärer und sekundärer ethischer Normen, wie bereits vorgestellt) durchzieht auch die tugendethische Reflexion mit Recht – nicht nur – bei Guardini. Doch läßt sich diese Perspektive

---

[637] Vgl. *K. RAHNER*, Alltagstugenden, in: *ders.*, Chancen des Glaubens. Fragmente einer modernen Spiritualität, Freiburg i.Br. 1971, 125-138, vgl. dazu auch *E. KLINGER*, Das absolute Geheimnis im Alltag entdecken. Zur spirituellen Theologie K. Rahners, Würzburg 1995.

[638] Vgl. *BETTINGER*, Leben im Alltag der Wirklichkeit 197-213, bes. 203ff., 205ff.

[639] Hier wäre weiterzufragen, genauer: zurückzufragen. Verbindet sich Höflichkeit mit einer grundlegenden Entscheidungsperspektive – und wie? Wäre der Begriff der Grundentscheidung nicht belastet und diskussionsbedürftig, dürfte im Horizont der Aktuierung, Miniaturisierung und Initialisierung Höflichkeit auch als Konsequenz eines fundamentalen Respekts vor dem anderen gelesen werden. Zur «optio fundamentalis» vgl. etwa *DEMMER*, Fundamentale Theologie des Ethischen 242-246.

[640] Vgl. *DEMMER*, Fundamentale Theologie des Ethischen 177.

[641] *PLESSNER*, Grenzen der Gemeinschaft 59.

[642] Dies ist keineswegs als Relevanzminimierung zu verstehen, wie schon *GUARDINI*, Tugenden 120, verdeutlicht.

[643] Vgl. *GUARDINI*, Ethik II 900 (Hervorhebungen – APA). Diese These unterstützend weist Guardini zudem auf den Transparenzcharakter der Höflichkeit hin: Verwilderte Umgangsformen korrelieren mit «sittlicher Verwilderung». Wie schon gezeigt, hat dieses Junktim auch eine theologisch-ethische Tradition. Freilich ist dieser Rückschluß kein einfacher Automatismus. Diese negative Umdrehung dessen, was wir positiv zu sichten versuchen, wenn von kleiner, aber weitreichender, weil hochfrequenter Bedeutung, der Höflichkeit gehandelt wird. Vgl. *DEMMER*, Fundamentale Theologie des Ethischen 180, mit dem exemplarischen Hinweis auf das «Ärgernis geben» (und den Vergröberungseffekt).

auch umdrehen und von der Alltäglichkeit aus überlegen, wie die in sich und an sich schlüssigen Unterscheidungen juristischer und ethischer Normen, sekundärer und kleiner Haltungsbilder und -dispositionen hier in Differenz und Korrespondenz gedacht werden können. Das verweist die Untersuchung auf einen Begriff, der selbst wiederum in unterschiedlichen Disziplinen vielschichtig und kontrovers diskutiert wurde, darüber natürlich auch seine Eindeutigkeit verliert, aber nicht nur wegen der Polyperspektivität selbst Hinweise zur Relevanz eines «Ethos der Cortesia» gibt.

Der Wert des Alltags als offenes Terrain ethischer Erfahrung, sittlichen Handelns und Urteilens, einer keineswegs zu unterschätzenden oder abzuwertenden Nativität, Naivität und Narrativität (mit P. Ricœur) hat eine inspirierende und inspirierte Assonanz: Er erzählt von der Hineingeordnetheit, der Vorwissenschaftlichkeit und der Erfahrungskraft auf-, aber nicht abschließend – also von Gelingen und Scheitern, von Schuld und «Unschuld», vom konstitutiven und transzendentalen Charakter der Interaktion in formaler, materialer und dispositionell-habitueller Hinsicht.

Näheres Zusehen offenbart Komplexheit aller beschreibbaren Vorgänge. Näheres *und* zudem kritisches Zusehen hebt die ethischen Leistungen der praktischen Vernunft deutlicher an den Tag, die hier und dabei erbracht werden. Näheres Zusehen aus der Perspektive des Glaubens und einer theologisch-praktischen Vernunft und ihrer Transzendenz öffnet eine Perspektive, die sowohl der kritischen als auch der ethischen Sensibilität nicht entbehrt, sich ohne Mystifizierungen einen Sensus für das Frappante und das Staunen, für das «Wunder das Alltäglichen» und die Bedeutung schon des Marginalen und Kleinen, letztlich also in einer biblisch-jesuanischen Optik und Option bewahrt. Dies ist nicht allein in ethisch motivationaler Absicht gesagt.[644]

Höflichkeit ist auch im Alltag nicht alles – wie der Alltag nicht alles ist[645], aber die Frage nach ihr immer subkutan und athematisch anwesend. Ihre «Ubiquität» hinsichtlich der Notwendigkeit der Aufmerksamkeit und Höflichkeit als Interaktionen regulierende Idee dominiert eine Universalität als Gültigkeit bestimmter Sets, ihre «Anforderungsfrequenz» ist dabei beständig mitkonstituiert: Alltag, Alltäglichkeit der Höflichkeit ist Ferment und Fluidum (Zeit und Raumdimension), Höflichkeit als Ferment, Fluidum von Interaktionszeit und -raum. Ihre Marginalität in der Reflexion entspricht vorgeblicher Selbstverständlichkeit, die aber leicht individuelle, kulturelle und kommunikative Leistungen unterbelichtet: Höflichkeit ist auch und gerade in dieser Sichtung mehr als Floskel, Routine und Standard – gerade wenn Standards fragwürdig und Rekurse auf «geronnene Erfahrungen» verunsichert werden angesichts der alltäglichen und konkreten Grenzübergänge zwischen dem einen und dem anderen.[646]

---

644 *BETTINGER*, Leben im Alltag der Wirklichkeit 197-213, *P. LIPPERT*, Spiritualität des Alltags, Freiburg i.Br.-Basel-Wien 1985.

645 Vgl. etwa *R. LAKOFF*, The limits of politeness. Therapeutic and courtroom discourse, in: Multilingua 8 (1989) 101-131. Zu Toleranzgrenzen allgemein *HILPERT*, Tugend 297-300, *ders.* Art. Toleranz, in: $LThK^3$ X 95-101. Umfassend diskutiert den Begriff der Toleranz *R. FORST*, Toleranz im Konflikt. Geschichte, Gehalt und Gegenwart eines umstrittenen Begriffs, Frankfurt/M. 2003.

646 In diesem Sinn ist Alltäglichkeit als Konkretheit «Nagelprobe des Abstrakten». Wer verantwortlich denkt (und redet, wäre hinzuzufügen), behält dies im Auge, so *K. DEMMER*, Moraltheologie in der Polarität von Glaube und Vernunft, in: FZThPh 47 (2000) 5-26, 7, vgl. 25f.

14.2.2. Höflichkeit: Grammatik von Respekt, Takt und Würde

Die ethische Ladung alltäglich-ubiquitärer Höflichkeitsrelevanz liegt in faktischer Antastbarkeit, Riskiertheit und Fragilität der Würde des einzelnen in der Interaktion und der Verantwortung für sie.[647] Mit «dem anderen Blick»[648], dem «agapic mind» als Disposition, der «Grundentscheidung» dafür, diesen auszubilden, mündet dies in die Forderung und Förderung eines grundlegenden Ethos der Behutsamkeit und Achtsamkeit. Ein keineswegs «theologie-naher» Autor bringt es dezidiert auf den Punkt:

> *«Höflichkeit ist nicht bloß Anmut und Takt, vielmehr hat sie als Basis des Verhaltens die Achtung der Menschenwürde.»*[649]

In einer Topologie und Grammatik der Höflichkeit finden sich semantisch nachbarschaftliche Signaturen – jenseits der Etikette[650] oder des Interaktionsrituals[651]: Takt, Anstand[652], Ehre oder Ruf[653], vor allem aber Respekt[654] vor der

---

647 «Zwischen den Polen der Gemeinschaft, Blut und Sache, spannt sich das ungeheuere Gebiet einer noch nicht politisch oder ökonomisch faßbaren, gewissermaßen unbestimmten Öffentlichkeit, mit der das ganze Risiko der Erniedrigung menschlicher Würde gegeben ist», formuliert – mit deutlichem Pathos – *PLESSNER*, Grenzen der Gemeinschaft 80f., vgl. 95.

648 Dies gilt schon anthropologisch, gilt für die Wahrnehmung des Alltags in seiner Ambivalenz, aber auch für die Wahrnehmung des Theologalen – die Maxime der Liebe, Achtsamkeit und Aufmerksamkeit formuliert *H. PLESSNER*, Mit anderen Augen. Aspekte einer philosophischen Anthropologie, Stuttgart 1982, 176: «Genauer Hinsehen heißt nicht nur Dinge mit anderen Augen sehen, sondern auch andere Dinge sehen!»

649 *SUCHER*, Hummer, Handkuß, Höflichkeit 172.

650 Vgl. *W. WINGER*, Art. Etikette, in: LThK³ III 940, bezeichnet Etikette als «Derivat der Sitte» und hebt das Moment der Ritualisierung gesellschaftlichen Verhaltens hervor. Vgl. auch *H. WINTER-UEDELHOFEN*, Zur Bedeutung der Etikette, Frankfurt/M. 1991.

651 Was deren lokale und personale ethische Relevanz nicht aufheben soll oder will.

652 Vgl. *I. WEILNER*, Art. Anstand, in: LThK² I 600f., vgl. auch *MARGALIT*, Politik der Würde 143-219. Frappierenderweise fehlt im LThK³ dieses Lemma ebenso wie diejenigen zu Takt, Respekt, Anerkennung, Achtung. Erst im Nachtragsband wird zumindest hinsichtlich Anerkennung und Takt die Lücke geschlossen. Vgl. nunmehr *J. WERBICK*, Art. Anerkennung, in: LThK³ XI 6f., *W. KRONE*, Art. Takt, pädagogischer/pastoraler T., in: LThK³ XI 249.

653 Vgl. schon *K. HÖRMANN*, Art. Ehre, in: LChM² 304-309, 304: Der gute Ruf baut, so Hörmann, auf der guten Meinung (dem inneren guten Urteil) der einzelnen auf. Diese kann sich auf äußere Güter (Vermögen, Herkunft, etc.), auf natürliche persönliche Gaben (Intelligenz, Bildung, künstlerische Begabung usw.) oder sittliche Werte erstrecken. Bei letzteren geht es um das, was den eigentlichen Wert des Menschen ausmacht. Die innere gute Meinung drängt ihrer Natur nach zum Ausdruck in Wort und Tat, zum Ehrenerweis; unter Ehre kann beides einbegriffen werden: die gute Meinung mit ihrem Ausdruck. Die sicherste Grundlage der guten Meinung und der Ehre, so Hörmann weiter, bildet das tatsächliche Vorhandensein der betreffenden Vorzüge («Sola virtus est debita causa honoris», so Thomas, S.Th. II-II 63 3).

654 Höflichkeit ist «Grammatikalisierung von Respekt, Achtung und Würde des anderen». Als regulative Idee und Praxis organisiert sie Topologien und Topographien dieser Größen in der Interrelationalität auch und gerade als prävenienter Vorschuß (nicht nur, aber auch für die vielen nicht genau gekannten Begegnungen «sans lendemain» oder «return on investment»). Profitorientierung und lokales wie temporäres Nutzenkalkül greifen hier zu kurz (auch und gerade, wenn sie im Umkreis von Dienstleistungsthematik angesiedelt sind und etwas unter der Perspektive möglicher Kundenbindung laufen. Zu vernachlässigen ist diese Perspektive aber ebensowenig.

grundlegenden Würde der Person und der abgeleiteten Würde der Persönlichkeit. Anerkennung, Achtung und Beachtung umkreisen die drei Dimensionen (elementar, kodifiziert, reflektiert) und drei Assonanzen der Höflichkeit (sozial, ästhetisch und moralisch).

Zunächst sind einige Implikationen des Taktbegriffs zu bedenken, die sich hier klärend einlesen lassen. Taktilität und wache Sensibilität zielen nach einer Definition von H. Plessner auf folgendes Terrain:

> *«Takt ist das Vermögen der Wahrnehmung unwägbarer Verschiedenheiten, die Fähigkeit, jene unübersetzbare Sprache der Erscheinungen zu begreifen, welche die Situationen, die Personen ohne Worte in ihrer Konstellation, in ihrem Benehmen, ihrer Physiognomie nach unergründlichen Symbolen des Lebens reden. Takt ist die Bereitschaft, auf diese feinsten Vibrationen der Umwelt anzusprechen, die willige Geöffnetheit, andere zu sehen und sich selber dabei aus dem Blickfeld auszuschalten, andere nach ihrem Maßstab und nicht dem eigenen zu messen. Takt ist der ewig wache Respekt vor der anderen Seele und damit die erste und letzte Tugend des menschlichen Herzens.»*[655]

Sensibilität und Wachheit sind gekennzeichnet als wichtigste Symptome der Haltung des Taktes, der schon die «feinen Unterschiede» derer aufnimmt, die in den alltäglichen Umgang und Verkehr nolens volens miteinander einbiegen und aufeinandertreffen. Damit spiegelt sich in dessen Weisheit ein grundlegendes Paradoxon der Logik und der Ethik der Öffentlichkeit: die Schonung des anderen um meiner selbst willen.[656] Diese Schonung artikuliert sich, konstituiert und sichert Räume des Interagierens. Grenzziehungen eines Hybridraumes, da Räume je und je schon besetzt sind und keineswegs *alle* Räume normativ, sei es moralisch oder rechtlich, aber auch nicht durch Konventionen, prädeterminiert sind. *Dieses* Moment der Exzentrizität liegt in einer (vorübergehenden, aktuellen, partiellen oder aber schließlich auch fundamentalen) Absehung von sich selbst, die notwendige Voraussetzung für eine Wahrnehmung des «extra nos/me» bleibt.[657] Der Bogen umschreitet dabei alle einschlägigen Konnotationen und Komponenten der Apperzeption: von den naturalen Bedingungen und Verläufen der sinnlichen Wahrnehmung hin bis zu der anthropologischen Kategorie des Zusammenwirkens von Wahrnehmung und Anerkennung in formaler wie materialer Hinsicht.

Darüber hinaus macht Heyd auf drei semantische Ebenen des Taktbegriffs aufmerksam, die selbst wiederum heuristische Funktion haben und über den Taktbe-

---

655 *PLESSNER*, Grenzen der Gemeinschaft 107. Es bleibt zu fragen, inwieweit nicht schon die bloße Präsenz des einen oder anderen als physische nicht den handlungstheoretischen Ansatz präzisieren würde. «Seele», als Pars-pro-toto-Terminus genommen, mag dies integrieren.

656 Vgl. *PLESSNER*, Grenzen der Gemeinschaft 109.

657 Auch hier nähern wir uns einer Problemzone und Chance. Die berechtigte Sorge und Aufmerksamkeit für sich als Höflichkeit der Konstituierung des je eigenen Interaktions- und Handlungsraumes selbst ist hier in Balance zu halten. Dies ist keineswegs eine anspruchslose Aufgabe, aber gerade aus theologisch-ethischer Sicht keine «zuspruchslose». Auf der Ebene des höflich-taktvollen Umgangs miteinander ist für ein angemessenes und persongerechtes Interagieren zu sorgen, das sich sowohl aus den Momenten der «Vorleistungen erbringenden caritas effectiva» als auch aus Reziprozitätserwartungen und -postulaten speisen lassen muß. Eine «incurvatio in seipsum» als Wahrnehmungsverhinderung, als «vitium insensibilitatis» ist hier denkbar. Dies muß selbst aber die Bedingungsmöglichkeiten von Wahrnehmung vor einer Bewertung als «vitium» ebenso *wahrnehmen* wie die ethische Bedeutung der Selbstwahrnehmung.

griff selbst hinaus gelesen werden können im Sinn eines Fließzusammenhanges, der auch den Hof- und Höflichkeitsbegriff selbst tangiert und präzisiert:

- *epistemologisch-etymologisch*: Takt und Taktilität berühren Sinn(e) und Sinnlichkeit,
- *logisch*: Takt zeichnet ein Vermögen, das sich nicht erschöpft in der Kenntnis von Prinzipien und generellen Regeln, sondern mit dem Besonderen korreliert ist, der Einmaligkeit der Jeweiligkeit,
- *ethisch*: Takt zwischen Ethik und Etikette, mehr als eine präzise Höflichkeitsregel oder -norm, aber auch weniger als eine moralische Pflicht oder ein ethisches Prinzip. Takt liegt zwischen dem obligatorischen und dem konventionellen Bereich.[658]

In dieser Stufung und Skalierung mit den angesprochenen Implikationen liegen signifikante Analogien für eine differenzierte Sicht der Höflichkeit in einem ethischen Horizont. Zwar liegt die etymologische Brücke zwischen Sinnen, Sinnlichkeit und Sinn dabei keineswegs so offen auf der Hand (eine der prominenten Brücken bleibt hier die semantische Skala des Gesichts und seiner Implikationen), doch hebt auch diese Taktbestimmung[659] in ihrer Differenzierung auf je konkrete, realisierte Sonderheit der Interaktanden (wie fraktal auch immer) ab und situiert Vermögen und Kompetenz der Differenzierung zwischen Interaktionsregeln und – verfahren und der Spezifik jeweiliger situativer und personaler Konstellationen. In der Realisation der Sonderheit wird symbolisches, verbales und soziales Alltags- und Interaktionswissen oder -erfahrung vermittelt. Dabei geht es nicht zuerst um regelkonforme Applikation, sondern um prinzipienbewußte, aber flexible Handlungsperspektiven, die dem sich überlagernden und annähernden Handlungsraum und seiner Sensitivität gerecht werden. Supportive Rahmenregularien und situative personale Spezifik tangieren sich, ohne sich in Geltung oder Funktion aufzuheben. Skalierungen und der Aktualisierung der Korrelation *zwischen* «Ethik und Etikette fassen mehr als eine präzise Höflichkeitsregel oder -norm, aber auch traditionellerweise weniger als eine moralische Pflicht oder ein ethisches Prinzip. Dies bewegt sich vor und um – aber nicht ausschließlich vor und um – strikt ethische Prinzipien, Maximen und Normen. Es bildet sich ein Medium und Fludium des interaktionellen Handelns unter möglichen Wahrung der jeweiligen Integritäten. Wenn auch hier nicht ausdrücklich vermerkt, so schließt sich doch die Frage nach der Handlungsdisposition an. Takt liegt – wie bestimmte Formen – zwischen dem obligatorischen und dem konventionellen Bereich. Expressions- wie Unterlassungsleistungen realisieren als

[658] Dies mit *D. HEYD*, Tact. Sense, sensitivity and virtue, in: Inquiry 38 (1995) 217-231, vgl. *G. CSEPREGI*, Du tact, in: ScEs 47 (1995) 329-333, *STEINER*, Von realer Gegenwart 196ff., *SPLETT*, Lernziel Menschlichkeit 61-80. *BEETZ*, Die höfliche Antwort in der vormodernen Konversationskultur 70ff., referiert das frühe Bewußtsein jenes Umschlages von Takt in Peinlichkeiten. Dies im Blick werden die Signaturen und Konturen des Taktvoll-Rücksichtsvollen als Primärintentionen keineswegs obsolet. Beetz nennt – wie zitiert – sechs konstitutive Bedingungen: die angemessene Situationsbewertung durch den Taktvollen, die Kenntnis der verwundbaren Stellen des Partners, die Bereitschaft protektiver Rollenübernahme, die Antizipation individueller Interessen des Partners, die Sensibilität für die situationsabhängigen Interessen anderer im Verlauf der Interaktionen, ein Wissen um die Interpretation eigener Handlungen durch andere.

[659] Vgl. auch *DBK* (Hrsg.), Gerechter Friede, Bonn 2000, Nr. 112. Das Friedenspapier bezeichnet Takt (und Empathie) in der Kommunikation als eine der «diplomatischen Tugenden», jedoch nicht «nur» für Diplomaten, sondern in der Perspektive der Förderung von «*nachhaltigem* Vertrauen» im Kontext von Überlegungen zum gerechten Frieden. Vgl. knapp *H. SCHNEIDER*, Takt, Stil und Halt im Ordensleben, in: OK 38 (1997) 175-178, zudem *SCHMÖLDERS*, Höflichkeitsforschung 537.

Ausdrucks- und Eindruckshandlung die Bedeutungsgrenze, die der Hof des je einen und anderen setzt.

Takt ist im Sinne der positiven und negativen Höflichkeit ein notwendiges, aber letztlich nicht allein ausreichendes Moment in der Balance von Anerkennung und Ehre[660] in sozial-kommunikativen Zusammenhängen zur Wahl und/oder Unterlassung von verbalen, gestischen, symbolischen Mitteln und formalen wie materialen Expressionen.

Nicht zu übersehen ist dabei der Überstieg von einer emotiv-empathischen Komponente zu Handlungsdispositionen in der Vermittlung zur Vermeidung von Bedrohungen und Verrohungen.[661] Dabei sind Taktilität und Aufmerksamkeit in diesen drei Ebenen Momente der Sondierung des Augenblicks und der dazu passenden Form. Takt rückt damit in Konspiration zu Kairologie und der «discretio» als Kompetenz der Unterscheidung. Auch wenn beides selbst wiederum einen ethischen Index benötigt und in die Prädikatoren des gut/richtig, der Wert- und Güterbezüge eingespannt werden muß, bleiben beide formale Facetten der Höflichkeitshandlung, mithin auch ihrer Theorie.

Grundlegend und fundamental in der Perspektive des Ethos der Höflichkeit ist der Topos der Ehre.[662] Auch hier sind analoge Skalierungen und Differenzierungen einschlägig und vonnöten nicht nur im Blick auf eine notwendige Übersetzung in alltägliches Interaktions- und Beziehungsethos, wo dann wiederum Formen, Motive, Funktionen der Höflichkeit, wie sie dargelegt worden sind, greifen und greifbar werden.[663] Hier ist zunächst ganz klar abzugrenzen von einer mutmaßlichen oder auch faktischen Fetischisierung von Ruf oder Ehre zu einem «harten Pathos der Ehre»[664], wovon z.B. die Duellthematik historisch Zeugnis gibt[665], das zu einem harten «Ethos der Ehre» führen mag, das diese Größen verabsolutiert und damit andere Werte zerbrechen läßt.[666] Ehre ist zu relativieren, weil sie Relationalität in unterschiedlichen Ebenen spiegelt.[667]

---

660 Vgl. *K. GOLSER*, Art. Ehre, in: NLChM 116-118, *HÖRMANN,* Ehre 304-309, vgl. die Übersicht bei *T. HAUSMANNINGER*, Art. Ehre. I. Theologisch-ethisch, in: LThK^3 III 505ff., *MARGALIT*, Politik der Würde 61-75, *J. ISENSEE*, Grundrecht auf Ehre, in: *B. ZIEMSKE* (Hrsg.), Staatsphilosophie und Rechtspolitik (FS M. Kriele), München 1997, 5-48.

661 Dies gesagt in und trotz aller z.B. von Adorno vermerkten Dialektik des Taktes.

662 Vgl. schon *O.F. BOLLNOW*, Ehre und guter Ruf, in: *ders.*, Einfache Sittlichkeit 47-61, *H.J. BUCHKREMER*, Ehrgeiz, Stuttgart 1972, *F. HAIDER*, Die Ehre als menschliches Problem. Versuch einer pädagogischen Orientierung, Paderborn 1973, *W. KORFF*, Ehre, Prestige, Gewissen, Köln 1966, *H. REINER*, Die Ehre. Kritische Sicht einer abendländischen Lebensform, Dortmund 1956. Vgl. die ausladenden Verhandlungen der Ehrenthematik in den Moral-Manualen und ihrem historischen Kontext ständischer, teils noch prädemokratischer Gesellschaften. Zusammenfassend dazu *PESCHKE*, Christliche Ethik. Spezielle Moraltheologie 374-390.

663 Vgl. oben Abs. 10.1. - 10.4.

664 *H. WEINRICH*, Ehrensache Höflichkeit. Vortrag anläßlich der Verleihung der Ehrendoktorwürde der Philosophischen Fakultät II der Universität Augsburg am 11. Mai 1995, Augsburg 1996, 15.

665 Vgl. die nachdenklich stimmenden Studien von *U. FREVERT*, Ehrenmänner. Das Duell in der bürgerlichen Gesellschaft, München 1991, *D. BURKHART*, Ehre. Das symbolische Kapital, München 2002, *K. HAGEMANN*, «Mannlicher Muth und teutsche Ehre». Nation, Militär und Geschlecht zur Zeit der antinapoleonischen Kriege Preußens, Paderborn-München 2002.

666 Zudem gibt es in sittlicher Perspektive Gründe und Situationen, die eigene «Ehre» zu riskieren!

667 *H. WEINRICH*, Ehrensache Höflichkeit 16, pointiert die historische Linie als Wandel von einem «harten Ethos der Ehre» zu einem «weichen Ethos der Höflichkeit».

Analog zur Unterscheidung einer Fundamentalwürde und -höflichkeit von abgeleiteten Varianten, entlang also einer Unterscheidungslinie zwischen Person und Persönlichkeit, zwischen unableitbarer und unverlierbarer Mitgift und erworbener und gewordener Leistung, gilt auch hier eine doppelte Wahrnehmung. Zum einen ist die unverlierbare und einzigartige Ehre des je einzelnen im Kern immer zu respektieren, auch wenn sich konfliktive Stellen der Ehr- und Face-Bedrohung nicht eliminieren lassen, so bleibt doch der ethische Impetus der Grundforderung, das anthropologische Grunddatum, dessen Ab- und Zuleitung allein in sich, aus und für sich in einer theologischen Letztperspektive von Protologie und Eschatologie, von Schöpfung- und Erlösungsordnung zu verorten bleibt. Die Konspiration des einen und des anderen mit dem raum- und lebenschaffenden Gott bleibt oft genug implizit, aber nichtsdestoweniger das Epizentrum eines theologischen Ethos der Cortesia.[668]

Im Szenario alltäglicher Begegnungen und Interaktionen wird weder diese Spitze, die kein Überbau oder an das Faktisch-Empirische angehängter Appendix ist, nicht immer augenfällig und bewußt präsent sein – ebensowenig wie an jedem Ort ganz präzise die Unterscheidungen von Person und Persönlichkeit in ihren Bedürfnissen und Ansprüchen positiver und negativer, elementarer, kodifizierter oder reflektierter Höflichkeit augenfällig und bewußt präsent sein wird. Doch die hof- und feldtheoretische Konzeption von Ehre und Sphäre, von Nimbus (Plessner) und Aura ohne Auratisierung (Benjamin) hat innere wie äußere moralische Valenz auch ohne idealistische Hypostasierungen des anderen. Die Valenz steigert sich in dem Maß, in dem sie dem anderen vorab zu jeglicher Leistung, zu Faktoren des Prestige- oder Sozialrankings[669] wahrzunehmen sucht, wie approximativ dies auch immer geleistet werden kann unter den Bedingungen von Begrenztheit und Endlichkeit, von Schuld, von allenthalben knappen Raum- und Zeitressourcen der Handelnden.[670]

Für den Topos der Ehre in Relationaliät gilt: Sprache ist *ein*, aber gerade Sprache ein *besonderer* Index. K. Golser verweist exemplarisch auf das jeder und jedem zustehende Recht mit «sehr geehrte/r» angeredet zu werden.[671] Damit ist nicht nur ein expliziter Themenbereich der Höflichkeitstheorie erinnert, sondern *ein* exemplarischer Einfallswinkel eröffnet, der den Blick auf die Tiefendimension anbahnt und schärft. So sehr Ehre, Ruf, Name eine relationale Eigenschaft als Anerkennung des anderen durch andere ist, konstruiert, rekonstruiert oder eben dekonstruiert und destruiert wird in actu und in concreto, so sehr öffnet der theologisch-ethische Blick auf Verhalten *und* Haltung eine kritische Differenz: die Betrachtung[672] des anderen

---

[668] Die Formel «Gloria Dei vivens homo» des *IRENÄUS V. LYON*, Adversus Haereses III 20,2, sei hier erinnert. Sie markiert eine steile Relationalität und impliziert einen göttlichen Ehrverlust bei menschlichem Gesichtsverlust. Passio und Compassio tragen sich ein – schon «en miniature».

[669] Dies in und als Reaktion auf ein fundamentales «Mehr-sein-als-je-aufscheint» – vgl. dazu *DEMMER*, Fundamentale Theologie des Ethischen 26.

[670] Dies meldet nicht nur ein quantifizierbares Moment an, sondern auch und besonders ein qualitatives.

[671] *GOLSER*, Ehre 116.

[672] Der Terminus «Betrachtung» ist gerade hier mit der spirituellen Dimension *ineins* zu setzen. In der geistlichen Tradition ist dieses Wort der Vorläufer für «Meditation», die – obzwar zeitintensiv (Guardini, Adorno) – Zeit gibt und nimmt, um der Grund- und Tiefendimension Gottes, des Ich und des Anderen wie der Welt auf die Spur zu kommen. Es ist ein Modus des Ansehens, der in actu, in der Zeitknappheit und in den daraus resultierenden Handlungsnöten wie -zwängen des Anschauens, des Re- und Prospektes vor Ort selten in der «Länge und Breite, Höhe und Tiefe» geleistet werden kann. Der Rekurs auf

«coram hominibus et coram deo». Der Grund liegt nur teils in äußeren Eigenschaften des Anerkannten, letztlich und zutiefst unableitbar in seiner Würde als Person und Individuum. Der primäre, der alltägliche Ort der Einholung ist die Praxis, die von Theorie und Reflexion begleitet und orientiert, aber vor und mit den anderen realisiert wird.

Ex negativo gesprochen: Ehrverlust tangiert Person als solche.[673] Anerkennung und ihre Formen gewinnen gerade in komplexen, beschleunigten und segmentierten Gesellschaften zusehends an Bedeutung und ethischer Valenz. Fraglos stabilisierende Faktoren, die eine Situierung des Subjekts in sozialen und relationalen Kontexten erleichtern, fallen weg oder vervielfältigen sich – und machen gerade deshalb eine Handlungskompetenz immer notwendiger, die unter oder hinter scheinstabilen oder rasch variierenden Formsets das Gespür für die Essenz eines humanökologisch orientierten, beschädigungsvermeidenden und respekteinholenden Umgangs markieren. Wechselseitige Anerkennung, Annahme und Geltenlassen des einen und des anderen sind jeweils konstitutiv für den Aufbau von Ichstärke, eine nicht abreißende Kette oder massive Punkte auch von nur scheinbar marginalen Demütigungen und Despektierungen depotenziert[674] und zeigt durchaus Wirkungen.[675] Daraus lassen sich in erweiterten Kreisen Spektren sittlicher Ansprüche, Verpflichtungen, aber eben auch Fehlformen bestimmen.[676]

Positiv bleibt die sittliche Verpflichtung, sich um die eigene Ehre, Sphäre, Ruf und Namen zu kümmern und dafür Sorge zu tragen.[677] Über diesen Rayon hinaus gilt Analoges für die anderen. Selbstannahme in den eigenen Chancen und Grenzen korreliert und korrespondiert mit der zu fordernden und fördernden Anerkennung

---

Formen der Annäherung des Anschauens und Ansehens, der Rekurs auf Konventionen der Höflichkeit kann hier als Surrogat der eigentlichen Anerkennungsleistung in ethischem Sinn als Entlastung und Vorschuß gesehen werden. Dies auch deshalb, weil das sittliche Subjekt (als das vor Ort frei handelnde, dem Handlungsoptionen zu Gebote stehen) oft genug nicht die Zeit oder Kraft hat, sich zu vergegenwärtigen, daß das Geheimnis, das «Ich» selbst bin, mit dem Geheimnis, das der/die andere ist, in Konspiration, Kommunikation und Kooperation tritt – selbst dann wenn ich nur eine Telephonkarte am Postschalter kaufe. Es würde an der Stelle (und den vielen anderen) genügen, daß ich – negativ höflich – nicht als «permissive intruder» auftrete. Aber schon das scheint nicht unerhebliche Ansprüche zu stellen. Das hat Gründe, aber Gründe, die für den anderen, das potentielle oder reale Opfer meiner Krudität vor Ort eben nicht auszuloten sind.

Vgl. zu dieser spirituellen Tradition *R. BÄUMER/M. PLATTIG*, Aufmerksamkeit ist das natürliche Gebet der Seele. Geistliche Begleitung in der Zeit der Wüstenväter und der personzentrierte Ansatz nach Carl R. Rogers – eine Seelenverwandtschaft?!, Würzburg 1998, vgl. etwa *M. DUPUIS*, La vertu d'attention, in: La Foi et le Temps 24 (1994-5) 389-401, zudem unten Abs. 14.3.3.

673 Vgl. *GOLSER*, Ehre 116. Krisenhafte Symptome in der Identitäts- und Selbstwertausbildung sind immer wieder zu verzeichnen, gerade wenn Organisationsformen der Anerkennung wie Familie, Stand, Beruf in immer prekärere Konstellationen geraten und ihre Stabilisierungsfunktionen eingeschränkt sind. Vgl. in tugendethischer Wendung *J.F. KEENAN*, Tugend und Identität, in: Conc. 36 (2000) 188-197.

674 Vgl. z.B. *K. HILPERT*, Art. Spott, in: LThK^3 IX 871f., *WEBER*, Spezielle Moraltheologie 53ff. In traditioneller Diktion meint dies also Verleumdung («calumnia», vgl. Lev 19,16; Spr 30,10; Sir 5,14; 21,28), Ehrabschneidung («detractio», vgl. z.B. Röm 1,30, 2Kor 12,20, Jak 4,11; 1Petr 2,1) oder «Ohrenbläserei» (susurratio). Hier bleibt aber die Problematik, daß leicht die Rede über Abwesende in den alleinigen Fokus gerät.

675 *Wie* sich diese Wirkungen zeigen, muß hier nicht detailliert nach möglichen unmittelbaren oder phasen- oder personverschobenen Expressionen sortiert werden. Das mögliche «*daß*» mahnt zur Aufmerksamkeit für die Aufmerksamkeit.

676 Vgl. *GOLSER*, Ehre 117.

677 Vgl. *GOLSER*, Ehre 117f.

der Ehre und Sphäre des anderen. Gerade der Fundus der Höflichkeit kondensiert und konserviert regulativ und habituell diese Intention, der Fehlformen wie Stolz, Hochmut, Ehrsucht, Anmaßung und Überheblichkeit entgegenstehen.[678] Neben der Gewinnung des eigenen inneren Gleichgewichts gibt es auch die soziale Komponente. Sozialprestige – und Höflichkeit nimmt auch dies wahr, reagiert positiv darauf, drückt es aus – ist «in gewissem Maße unerläßliche Voraussetzung für ein fruchtbares öffentliches Wirken»[679].

Für das Bestehen und das Gedeihen des Menschen ist der Ruf, der Bedeutungshof, den er in der Gesellschaft genießt, von großer Bedeutung; der gute Ruf zählt zu den Werten gesellschaftlicher Geltung, die der Mensch braucht und auf die er daher ein gewisses Recht hat.[680] Unter Ruf, Sphäre und Face sammelt sich die *verbreitete*, also von anderen miturgierte, forcierte und prolongierte Meinung über eine Person im Sinne der «A/Ächtungskommunikation». Zusammen mit der sachlichen Richtigkeit in den Grenzen des in-/tolerablen Inhalts spielt das «Wie und Wo» der Äußerungen eine erhebliche Rolle für Gesichtsbewahrung oder Gesichtsverlust und etwaige Folgen. Eine Kultur der formalen und habituellen Höflichkeit verschließt die Augen nicht vor der nicht nur sittlichen Fragilität jedes einzelnen, aber eben gerade auch nicht vor der Fragilität seiner Bedeutungshöfe und wird damit zu einer Kultur der Beschwerde[681] oder Klage.

Unterhalb und vorlaufend zu einer jeden Würde, Ehre, zu Formen des Rufs, des Namens oder der Implikationen des «Face», die auf *Attribution* und *Zuschreibung* beruhen[682], freilich nie in völliger Abstraktion von deren Realisation hat sittlich jeder

---

[678] Diese Überlegungen sind bei Golser an die Adresse des je eigenen sittlichen Subjektseins gebunden. Interpersonale Dimension und ihre konkreten Ausdrucksgestalten sind dabei eher implizit und unterschwellig mitgemeint. Vgl. jedoch *GOLSER*, Ehre 118 (wo auch einige Fehlformen benannt werden).

[679] *GOLSER*, Ehre 117.

[680] Vgl. *K. HÖRMANN*, Art. Ehre, in: LChM² 304-309, *A. RIEDL*, Art. Ruf, guter R., in: LThK³ VIII 1348. Vgl. die Enzyklika «Pacem in Terris» 12, GS 26, 61.

[681] In traditionellen und aktuellen Kontexten ist dies eine Form der (moralisch wie juristisch) berechtigten Bitte oder Annäherung mit Anliegen – und der Langsicht, die einen Utilitätskoeffizienten hat. Wie sage ich dem Zuständigen, daß mein Hotelzimmer (nur als Beispiel) höchst ungenügend gereinigt ist. Ich kann sie oder ihn vor aller Augen an der Rezeption «zur Sau machen» (die Sprache verrät die Einschätzung), ich kann andere Sprachspiele wählen, die deutlich, aber nicht über Gebühr verletzend Sachverhalte klären – für eine Lösung im Sinne einer immer auch vorübergehenden «Convivialité» (I. Illich). Zumeist ist die Rezeption (im doppelten Sinn des Hotelworts) ja gar nicht direkt verantwortlich für den Sauberkeitszustand eines Zimmers. Es liegt dann schon eine Täterverwechslung vor. Im Sinne der Moralitätsquellen ist dann ein krudes (unhöfliches Verhalten) schlicht de*plaziert* und de*moralisierend*. Das wäre nicht zu vergessen. Unhöflichkeit trifft eben nicht selten bei Ersatzopfern auf und ein – und macht daher – so sehr die emotionale Ladung des Subjekts berechtigte Gründe haben mag – das Handeln ungerecht, unangemessen und entschuldigungspflichtig.

[682] Auch die «sittliche Qualität» des anderen, Konsistenz oder Nichtkonsistenz seines «Rufes» etwa entbinden nicht einfachhin von einer Umgangsweise mit ihm, die der unableitbaren Dimension von Würde, dem «geschuldeten» Respekt noch vor seiner Fragilität zu entsprechen sucht. Es sind ja nicht gerade selten jene Situationen, deren Vergröberungseffekte und -dynamiken durchbrochen werden. Die Metapher der «hingestreckten Hand» ist – ohne dies zwangsläufig gleich in einen heroischen sittlichen Akt umgießen zu müssen – hier durchaus wörtlich zu nehmen. Auch individuelle Versöhnungsgeschichten sind auf Ausdruck verwiesen. Die Erfahrung, Respekt signalisiert, artikuliert und angeboten zu bekommen, ist Detail einer positiven, auf die Güte des Guten offenen Kontrasterfahrung, gerade an Stellen, wo sich Ächtungskommunikationen und -exkommunikationen aufschichten. Von hier aus ist der Weg dann nicht so sehr weit zu «Begegnungsnarrationen» der Jesustradition (vgl. unten knapp Abs. 14.3.1.). – Eher defensiv formuliert *HÖRMANN*, Ehre 306: «Die gute Meinung muß wenigstens so weit gehen, daß man

Mensch den Anspruch (und geht von jedem Menschen der Anspruch aus als Bedeutung seiner Bedeutung vor jeglicher Artikulation[683]), daß seine Sphäre geschont wird. Die Korrespondenz und Komplementarität von «debitum» und Vorschuß realisiert sich immer in Interaktionen, seien sie direkt oder medial vermittelt. Die symbolische höflichkeitstheoretische Rede von der Gesichtsbewahrung und -beförderung steht in diesem Zusammenhang und bedarf der Ausdrucksform, eingebettet in soziale Konventionen und Rückhalte und Modelle des Interagierens entlang mittlerer und vermittelnder Maximen der Gestaltung von Nähe und Distanz.

Hier schließt sich eine weitere Komponente an, die individual- wie sozialethisch[684] zu bedenken ist und wiederum über Differenz und Konspiration sich an einen weiten Begriff der Höflichkeit anlehnt und von ihm abhebt. In vorrangig normethischem Interesse, damit eingeschränktem Fokus, markiert Ilting Differenzen:

> *«Nun unterscheiden sich Normen des Anstands von Höflichkeitsnormen oder von moralischen Normen vor allem dadurch, daß sie zwar Verhaltenserwartungen definieren, primär jedoch nicht unser Verhalten gegenüber anderen, die durch unsere Handlungen betroffen sind, regeln.»*[685]

Die doppelte Abgrenzung von präzisen Höflichkeitsregeln (diese *allein* entsprächen nur einem engen, auf Formalismen reduzierten Höflichkeitsbegriff) und

---

nicht grundlos von einem anderen Schlechtes annimmt, vielmehr ein rechtschaffenes Leben bei ihm vermutet. Selbst bei begründetem Zweifel an seiner Rechtschaffenheit empfiehlt es sich, mit dem Urteil zuzuwarten; die Nächstenliebe neigt dazu, eher das Bessere anzunehmen, selbst auf die Gefahr der Täuschung hin.» – Dies bezeichnet ein weiteres Problem auch anderer ethischer Diskussionszusammenhänge, das im Begriff der «Zuschreibung» liegt. Qua Definitionsmacht grenzt dieser Terminus ein, suggeriert er doch die Überlegenheit des Zuschreibenden über das Zuschreibungsziel. Der erheblich «höflichere», weil raumbelassendere Begriff wäre jener der Beschreibung. Dies zu vertiefen, wäre eine weitere Konsequenz einer revitalisierten theologischen Höflichkeitsdiskussion.

683 In der klassischen Terminologie steckt dieses Moment in der «guten Meinung» des einen vom anderen. Sie wird gefordert, fördert aber zudem eine Haltung, die auf Ausdruck hinzielt, ist also bei aller gesinnungsethischen Ladung auf Artikulation, z.B. im Medium der Sprache hingeordnet – und kein bloßes «unverbindliches Meinen». Hier geht es dann auch nicht mehr nur um isolierte Face-to-face-Interaktionen. Eine Höflichkeit des Denkens und der guten Meinung bildet nicht nur einen spezifischen Angang auf konkret begegnende Einzelpersonen. Diese Rede hat einen Plural, hat zudem Abstraktions- und Anamneserichtungen.

684 Hier ist zu verweisen auf die Überlegungen zur «decent society» bei *MARGALIT*, Politik der Würde, passim. Vgl. vor allem auch *J. RAWLS*, Eine Theorie der Gerechtigkeit, Frankfurt/M. 1975, der Gerechtigkeit und Transparenz als die Tugenden der Institutionen bezeichnet. Weitergeführt in *J. RAWLS*, Gerechtigkeit als Fairneß. Ein Neuentwurf, Frankfurt/M. 2003. Vgl. zu Rawls jüngst die Einschätzungen bei *F.-J. BORMANN*, Was von der Fairneß übrig blieb. Zur Bedeutung von John Rawls' Theorie der Gerechtigkeit für die katholische Soziallehre, in: ThPh 78 (2003) 384-405 (zu Kompatibilitäten und Inkompatibilitäten vgl. bes. 402ff.). *DEMMER*, Fundamentale Theologie des Ethischen 290, spricht von einer «ethische(n) Kultur der Fairness im Denk- und Verhaltensstil» gerade im Kontext von Konflikt und Widerspruch. Fairneß kann gelten als ethisches Prinzip, das zwar hinsichtlich seiner Legitimität begründungsbedürftig ist, da es kein ethisches Leitprinzip ist, das aber auf einer mittleren Handlungsebene im Verbund mit den Prinzipien der Solidarität und der Toleranz die Moralität von Handlungen mitkonstituiert. Vgl. die Beobachtung von *A.G. WILDFEUER*, Art. Person, in: LBE III 5-9, 8. «Die Folge wäre, daß eine Ethik der ‹Solidarität› auf eine Ethik der Fairness reduziert würde, in der Sittlichkeit in der Reziprozität gleich ‹starker›, d.h. in gleicher Weise vollkommen ausgebildeter Individuen bestehen würde.» Vgl. die Beiträge in: *H. LENK/G.A. PILZ* (Hrsg.), Das Prinzip Fairness, Zürich 1989. Weder das $LThK^3$, noch das HbETh und das LChE führen übrigens einen eigenen Eintrag zum Begriff der «Fairneß».

685 *ILTING*, Grundfragen der praktischen Philosophie 128, dort jedoch in norm- und pflichtenethischer Reduktion und Engführung.

von präzisen ethischen Normen situiert den Anstand formal- und materialethisch wiederum in einem Bereich, der von beiden nicht exakt erfaßt wird. Der unterscheidende Punkt liegt in der Verlagerung des Akzentes von Expression und Handlung auf jene der Erwartungshorizonte, die wiederum selbst in den Perspektiven positiver oder negativer Höflichkeit gelesen kaum präzise determiniert, aber umrissen werden können (Takt, Diskretion in Aufmerksamkeit, Aufmerksamkeit in Diskretion, durch ethische Prima-facies-Prinzipien *und* Dispositionen wie Wahrhaftigkeit, Wohlwollen, wechselseitiges Gerecht-werden oder Wahrung größtmöglicher Autonomie). In dieser allgemeinen und approximativen Umschreibung wird auch die analytische Differenz von dispositioneller Ebene und Handlungsebene sichtbar. Freilich ist diese Differenz analytisch, die alltagsethische Dimension spricht die Sprache einer Perichorese, deren Wahrnehmung selbst eine Deutungsleistung darstellt. Deutlich zeichnet sich aber auch hier grundlegende Relationalität ein (wobei eine Relationalität des Selbst zu sich auch ethisch von grundlegender Bedeutung bleibt: Das bloße Anstandspostulat, wie immer auch inhaltlich präzisiert, verfällt nur zu leicht der Kritik voreiligen Moralisierens. Hier bleibt im Anstand ein Abstand zu wahren[686], der den «Hof» oder die «Sphäre» wahrt.

Demgegenüber lassen sich aber auch weniger die Differenz zu Verhaltensregeln als die Übergänge zu cortesialen Dispositionen akzentuieren. Im Anschluß an die moraltheologische Tradition der Einordnung der Höflichkeit als Tugend tut dies I. Weilner[687], wenn er im Zug einer knappen Begriffsbestimmung von «Anstand» dessen Nähe zu Höflichkeit und/als Haltung anlegt. Frappant bleiben die Sprach- und Begriffsgitter, die wechselseitige Ausdeutung und Korrelationen eines Feldes weicher ethischer Sinnbezüge signalisieren und markieren. Im Bewußtsein historischer und sozialer Wandlungen von Einzelbestimmungen unterstreicht Weilner Relationen von Anstand zu Takt, Höflichkeit, Ehrfurcht und Nächstenliebe als «durchaus» im Geist des Evangeliums (in und mit Christus als Verkörperung der Menschenfreundlichkeit). In diesem Gefüge sind Anstand und Höflichkeit als «profane Liturgien» in den Korrespondenzen von «edlem äußeren Verhalten dem Nächsten wie sich selbst gegenüber» mit der inneren Haltung der Ehrfurcht zu lesen. Der Begriff «Herzenstakt» fällt. Er erinnert an die analoge Bildung der «politesse du cœur», die – wie andernorts bereits gesehen – sowohl als kritisches als auch vertiefendes Moment in den Höflichkeitsdiskurs eingetragen wird. Im gleichen Zug wird Höflichkeit bewußt markiert als «geprägte Nächstenliebe»[688], was einerseits auf den expressiv-formalen Charakter, andererseits aber auch auf innere Konvergenzen und Zusammenhänge mit einem zentralen Topos biblisch-ethischer Tradition verweist.[689]

---

[686] Vgl. die Überlegungen im Anschluß an R. Guardini (oben Abs. 13.5.2.).

[687] *WEILNER*, Anstand 600f., verweist auf *E. STAKEMEIER*, Höflichkeit als Tugend, in: ThGl 34 (1942) 289-292, *J. GUIBERT*, On Kindness, New York 1947, *R. EGENTER*, Das Edle und der Christ, Westheim ^{2}1949, *R. EGENTER*, Die Aszese des Christen in der Welt, Ettal 1956, *G. MACKENROTH*, Sinn und Ausdruck in der sozialen Formenwelt, Meisenheim/Gl. 1952. Vgl. – obzwar ein erheblicher Sprung – *BRENNER/ZIRFAS*, Lexikon der Lebenskunst 32-37 (zum Thema «anständig *bleiben*» – Kursivierung: APA).

[688] *WEILNER*, Anstand 601 (mit Verweis auf I. Klug), Vgl. zur Höflichkeit als «kleiner Nächstenliebe» *GUARDINI*, Tugenden 119.

[689] *WEILNER*, Anstand 601, benennt eine Skalierung, die systematisch von erheblicher Bedeutung, analytisch und im Sinn der Decodierung aber immer wieder von nicht weniger erheblicher Schwierigkeit ist: «Nimmt der Höflichkeitsverstoß die Form einer Kränkung an, so ist Wiedergutmachung gefordert.»

Bleibt ein vorletzter Begriff in diesem Netz und Gitter sich gegenseitig interpretierender, kritisierender und dynamisierender Aspekte und Facetten, ein Begriff, dessen Genese und Implikationen und Fassungen hier natürlich auch nicht annähernd ausgeschöpft und in all seinen zentralen wie prinzipiellen ethischen Bedeutungen ausgelotet werden kann.[690] Es geht um den Bezug der Höflichkeit zum Begriff der Würde des Menschen.[691]

Das Prä-, die Elementarteile der Höflichkeit in Interaktion, Kommunikation und Diskurs finden ihr inspirierendes und konspirierendes Zentrum in dem Horizont des Wertes und der Würde jedes/r einzelnen. Im Kern geht es dann aber nicht um die akzidentiellen, kontingenten – keineswegs irrelevanten, weil immer mit Person und Biographie verbundenen – Anknüpfungen von Leistung und Sozialprestige, sondern um die unableitbare und vorgängige, allen Menschen zukommende Auszeichnung[692], eine rechtliche und ethische Thematisierung einer Größe, die nicht situationsgebunden ist, sondern *an sich* dem Menschen zukommt. Sie wird *auch* alltäglich und praktisch ratifiziert.

E. Schockenhoff verweist darauf, daß aus der Menschenwürde nicht unmittelbare positive Handlungsfolgen zu ziehen sind, wohl aber negative Abgrenzungen.[693] Wenn der Mensch um seiner selbst willen zu achten ist, dann hat dies Konsequenzen nicht nur für eine fundamentale anthropologische, ethische und theologische

---

690 Vgl. *WEBER*, Spezielle Moraltheologie 73-83, *SCHOCKENHOFF*, Naturrecht und Menschenwürde, passim, *K. ROHMANN*, Der An-Spruch. Zur Begründung der absoluten Würde der menschlichen Person, in: LebZeug 54 (1999) 134-154, *K. HILPERT*, Art. Menschenwürde, in: LThK³ VII 132-137 (Lit.).

691 Eine eigens elaborierte Würdetheorie kann hier nicht entworfen und vorgestellt werden.

692 Dies ist nun keineswegs zwangsläufig krude anthropozentrisch zu denken. Respekt, Achtung, Ehrfurcht hören an keiner Stelle an einer Speziesgrenze auf. Die Aufwertung des einen auf Kosten des anderen – kein schlagendes, aber ein höfliches Argument, daß z.B. im Konsens des «Pro», aber im massiven «Contra» z.B. zu P. Singers «Praktischer Ethik» zu sagen wäre. Es gibt die «königlichen Verächter aller Argumente». Das ursprüngliche Argumentationsziel – «Respekt vor den Primaten» – ist im Sinne des Menschen- wie des Tierschutzes mehr als bedenkenswert, es ist aber nicht im Sinne eines Ausschlußargumentes gebrauchbar, wenn es auf Kosten des einen für den andern gebraucht wird. Höflichkeit des Denkens und Argumentierens würde nicht ausschließen, sondern im Modus und der Moderation der Differenz «hereinholen» und die Optionen der nicht nur argumentativen Unterschiedlichkeit respektieren. Vorwurfsgründe hat der Ethiker der Tiere genug, aber Einwände eben auch nie – solipsistisch wie er ist – zur Kenntnis genommen. Vgl. aus der umfangreichen Diskussion *W. SOSNA*, Vom Mehrwert des Menschen. Eine Auseinandersetzung mit Peter Singers Anthropologie aus theologischer Sicht, in: LebZeug 53 (1998) 287-297.

693 Vgl. *E. SCHOCKENHOFF*, Ethik des Lebens. Ein theologischer Grundriß, Mainz ²1998, 177-181. Vgl. zudem knapp *K. HILPERT*, Art. Menschenwürde, in: LThK³ VII 132-137. Gerade im Zug von Gen-, Medizintechnik und Bioethik drängen sich Fragen zur Praxis und Ratifikation der Anerkennung als Fragen der Inklusion oder Exklusion auf. Es sind dezisionistische Fragen der «Raumgabe und -nahme» – ex post oder apriorisch folgenreich. Inflationierung der Begriffsverwendung und inhaltliche Randunschärfen steigern die Problematik zweifelsohne. Grundintuitionen und -intentionen sind nicht ohne mühsame Vermittlung zu haben. Vgl. *J. REITER*, Über die Ethik der Menschenwürde, in: *A. RAFFELT* (Hrsg.), Weg und Weite (FS K. Kardinal Lehmann), Freiburg i.Br. 2003, 443-454, knapp *H. SCHLÖGEL*, Zum Menschenwürdeargument in der Theologischen Ethik, in: Ethica 10 (2002) 407-414, *ders.*, «Strapazierte Menschenwürde». Bedeutung und Problematik eines zentralen Begriffs in der biopolitischen Auseinandersetzung, in: rhs 46 (2003) 251-258 (vgl. die weiteren Literaturverweise und Beiträge in diesem Themenheft «Menschenbilder und Menschenwürde», bes. *K. HILPERT*, Angesicht und Würde. Die Dialektik von Sich-offenbaren und Verbergen, in: rhs 46 [2003] 268-274). Aktuelle Ein- und Überblicke bei *H. SAUER/A. RIEDL*, Die Menschenrechte als Ort der Theologie. Ein fundamental- und moraltheologischer Diskurs, Frankfurt/M.-Berlin-Bern u.a. 2003 (hilfreich dort die kommentierte Bibliographie).

Frage- und Weichenstellung[694], sondern Ausläufer bis hinein in die interaktionelle Praxis. Diese Schlußfolgerungen beruhen keineswegs auf einer Ad-hoc-Annahme oder Attribution. Sie stellen vielmehr die sinngemäße Anwendung eines allgemeinen Grundsatzes auf einen besonders sensiblen Bereich der Achtung jedes anderen dar, die auf vielerlei Wege und in unterschiedlichsten Kontexten zu wahren und deren Implikationen als handlungsleitend und -relevant zu betrachten sind.

Schon bei punktuell-tangentialen, «morgenlosen» Begegnungen liegt in der Wahrung der höflichen Form und Konvention, der Vermeidung von Invasivität oder Face-Bedrohung im Kern sittliche Bedeutung, sittlicher Wert.[695] Im Sinn der klassischen Lehre von den Quellen der Moralität, die auf eine optimale Kongruenz von Finalitäten, Umständen und Objekten einer Handlung sieht – *für den* und *im* Handelnden selbst, um die Höflichkeitshandlung in ihrer sittlichen Qualität zu bestimmen, doch im Blick auf den Adressaten und aus dessen Perspektive gerade in punktuellen und tangentialen Beziehungsminiaturen ist die Erfüllung der Konvention erwartbar und von sittlicher Qualität. Zeit und damit Kontexte zur aktuellen Eruierung der sittlichen Intention, der Finalität der Handlung steht ja nicht zur Verfügung, die erweisen könnte, inwiefern der höflich Handelnde stabil und wirklich höflich ist, ihn also im Sinne klassischer Tugend- oder Haltungsbeschreibung eine kontinuierliche Übung und Ausführung von Rücksicht, nicht-bedrohlicher Annäherung oder Distanzierung höflich macht, er also gut handelt in dem Sinne, daß er nicht – zumindest nicht ethisch legitimiert durch höhere Wertigkeiten in ethischen Konflikten – auf Kosten des «Hofes des anderen» handelt.[696] Dies besagt, daß gegenseitige Achtung von Wert und Würde bereits an einer *Untergrenze* personalen Daseins, nämlich schon in der Integrität unserer körperlichen Existenz, Respektratifikationen und -expressionen beginnen.[697] Die Raum-, Zeit- und Handlungs- und Wahlfreiheiten

---

694 So z.B. bei der Frage der ethischen Zulässigkeit des Humanexperiments, für das Verbot der verbrauchenden Embryonenforschung u.v.a.m.

695 Vgl. als Kontrastfolie und Hintergrund die Befunde in: *W. HUBER*, Die tägliche Gewalt. Gegen den Ausverkauf der Menschenwürde, Freiburg i.Br. 1993, *K. HILPERT* (Hrsg.), Die ganz alltägliche Gewalt, Leverkusen 1996, vgl. bes. die Beiträge in: *W. HEITMEYER/G. SOEFFNER* (Hrsg.), Gewalt. Entwicklungen, Strukturen, Analyseprobleme, Frankfurt/M. 2003.

696 Aus diesem Blickwinkel stellt sich auch die Frage, ob Höflichkeit aus bloßer Pflicht ethisch als nicht vollwertig zu bezeichnen wäre, weil es dem intentionalen Optimum nicht entspricht. Immerhin ließe sich dies noch einmal aufschlüsseln im Sinne des «debitum» allein der Pflicht selbst gegenüber oder personal gewendet der Verpflichtung dem anderen gegenüber. Vgl. dazu *HÜTTENHOFF*, Tugend und Handlung 468ff.
Zudem gilt: Unhöflichkeit ist als negative Abgrenzung nicht völlig eindeutig zu beschreiben, da auch sie interaktionell und relational «hergestellt» und damit gedeutet wird, gleichwohl ist sie aber mehr als nur Vermutung oder Verdacht. Vgl. nur *EELEN*, A Critique of Politeness Theories 87-120, zu den Schwierigkeiten, «polite» und «impolite» materialiter immer exakt abzugrenzen. Wenngleich die Form letztlich nicht ausreicht, gibt es doch Situationen, in denen der Form Genüge zu leisten ein humanisierender und konfliktdämpfender Moment innewohnt, der nicht mit Konfliktscheu zu verwechseln ist – einem Habitus, der seine eigenen Formen und Formgefüge hat.

697 Vgl. *SCHOCKENHOFF*, Ethik des Lebens 177ff. Vgl. *A. HOLDEREGGER/R. IMBACH/R. SUAREZ DE MIGUEL* (Hrsg.), De Dignitate Hominis (SThE 22) Freiburg i.Ue.-Freiburg i.Br. 1987, *W. WOLBERT*, Der Mensch als Mittel und Zweck. Die Idee der Menschenwürde in normativer Ethik und Metaethik, Münster 1987, bes. 115-117, *ders.*, Art. Menschenwürde, in: NLChM 488-493, *K. HILPERT*, Art. Menschenrechte, I. Theologisch-ethisch, II. Systematisch-theologisch in: LThK³ VII 120-125, 125-127, *ders.*, Art. Menschenwürde, in: LThK³ VII 132-137, *J.-P. WILS*, Art. Würde, in: HbETh 537-542 (Lit.). Vgl. die bewußt kontrastiven Überlegungen bei *F. J. WETZ*, Die Würde des Menschen ist antastbar. Eine Provokation, Stuttgart 1998. Vgl. dies wiederum drehend und bedenkenswert *R. AMMICHT-QUINN*, Würde als

des einen wie des anderen werden tangiert. Der Einsatz des einen «drückt» den Raum und Hof des anderen zusammen *und* konstruiert ihn mit.

Nicht nur «wann» dieses Selbst relational beginnt, sondern auch immer wieder «wo» führt zu der Anschlußfrage auf der gleichen Ebene dieser personalen Hoftheorie: «Wie weit *kann* ich gehen»? (positiv) und «Wie *weit* kann ich gehen»? (negativ). Daß es hier ethisch sowohl sachlich als auch personal zu Güter- oder Wertkonflikten kommen kann, daß Höflichkeitshandlungen in der Weite ihrer Varianten und Intentionen (wie beschrieben) zu Neben- oder Doppelwirkungen führen können, muß hier nicht eigens betont werden: Mehrkanaligkeit der Expression, die komplexen Relationen von Raum- und Zeitkoordinaten, Handlungsintentionen und -folgen in der Verschränkung von Sach- und Beziehungsebenen und die angemessenen Interpretationsleistungen der Agierenden bieten dafür genügend Einfallstore, wie der geschärfte Blick auf jede Interaktionsminiatur aufweist. Dies mindert aber keineswegs eine prinzipielle und initiale Relation von Höflichkeit mit der basalen ethischen Größe der Würde, sondern unterstreicht vielmehr die Leistungen des Gelingens, die Bedeutung von Kompetenz und Disposition – wie auch die Anfragen, die such aus Kontrasterfahrung und Kontrastreflexion ergeben.

Der weite Horizont dieser steilen Letztladung und Ref/verenz, in dem Höflichkeit und ihre Formen damit betrachtet werden, muß dann eingesenkt und eingelesen werden in das Expressionsfeld und -gefüge des Alltags. Höflichkeit besteht in innerer Achtung vor dem Mitmenschen, die in ansprechender Form ausgedrückt wird, also in jeder Kommunikation neu und schon im Detail auf dem Spiel steht.[698] Höflichkeit gründet und begründet nicht Wert und Würde des einzelnen, aber sie ist in ihren formalen, normalen und habituellen Facetten ein beständig angefragter Schutz-, Stabilisierungs- und Realisierungsfaktor der Expression in Relation. Dies schließt anderes nicht aus (juristische Normen, in engem Sinn ethische Normen, Maximen und Prinzipien, Ad-hoc-Übereinkünfte auf den verschiedensten Ebenen und Reichweiten).

Allen ethischen Pflichten, die Menschen voreinander haben, geht ein Postulat voraus, das sich aus keinem übergeordneten Gesetz mehr ableiten läßt, sondern das nichts anderes ausdrückt als den unmittelbaren Anspruch des Wirklichen darauf, wahrgenommen zu werden, in seiner Wahrheit anerkannt zu sein. Das menschliche Leben erlaubt es nicht, sich in eine fiktive Erlebnissphäre zurückzuziehen. Nur die Übereinstimmung mit der wirklichen Welt und das Ja dazu ermöglichen es, daß das Leben des Menschen gelingen kann. *Unbedingte Achtung* vor dem Menschen ist in diesem Sinn gleichbedeutend mit einer vorbehaltlosen Zustimmung seiner Wirklichkeit. Deshalb ist ethisches Handeln auf die Wirklichkeit bezogen, in der menschliches Leben gelingen soll. Dies ist nicht zu verwechseln mit einer kruden «Normativität des Faktischen», sondern trägt die Konturen der Initiale des Ethischen, die das Sosein zum Ausgang nehmen muß, aber es kritisch nach den ethischen Potentialitäten fragt, die das Faktische wie das Kontrafaktische übersteigen und vermitteln. Kontrasterfahrung und eine «gute Normativität des Utopischen, die nicht entfrem-

---

Verletzlichkeit. Eine theologisch-ethische Grundkategorie im Kontext zeitgenössischer Kultur in: ThQ 184 (2004) 37-48 (nicht zufällig in einem wichtigen Themenheft zur Geschlechter-/Gendertheorie).

698 Vgl. HÖRMANN, Höflichkeit 814f. Höflichkeit ist demzufolge *aufrichtig* (das äußere Verhalten entspricht der Gesinnung), *herzlich* (aus echtem Wohlwollen stammend), *einfach* (in den Formen nicht übertreibend).

det und illusioniert, sondern vertiefte und alternative Handlungsoptionen aus der Anerkennung und Achtung des anderen schöpft.

Um diesen Gedankengang abzuschließen, ist noch auf einen weiteren Brückenbegriff einzugehen, der sich um den Höflichkeitsdiskurs lagert und Handlungs- wie Haltungsimplikationen in diesem Feld hat. Es ist der Begriff oder das Phänomen der Ehrfurcht. Sie hat als sittliche Grundhaltung und als Grunddimension der Liebe theologische wie anthropologische Dimensionen.[699] Ehrfurcht – bei allen Fragen der Vermittlung an Norm- und Wertethik, bei aller Traditionalität des Begriffs selber[700] – markiert als Scharnier und Brücke den Übergang zu einer theologisch-spirituellen Dimension, wie sie sich in einem vertieften Höflichkeitsdiskurs herausschält.

E. Schockenhoff bringt dies auf den Punkt, wenn er einerseits festhält, daß Ehrfurcht als Selbstkundgabe des Geschöpfs vor Gott zu verstehen ist, ihr aber auch neben der vertikalen eine horizontale Richtung innewohnt, Ehrfurcht nämlich auch als «Wahrnehmung der Majestät Gottes im anderen Menschen»[701] zu fassen ist. In dieser Sicht wird greifbar eine Tiefendimension, die allem Sein innewohnt.[702] Diese Referenz drängt zur Reverenz. Sie hebt Distanz und Abstand, Staunen und Befremden vor der Geheimnisqualität des Gottesbildes (wobei der andere nicht idealisiert wird, sondern gerade die Umgangsfrage je aufwirft) nicht auf, sondern reguliert und balanciert sie als wahr-genommene.[703] Der verdankte *Eigenwert* des anderen, nicht

---

699 *G. MARSCHÜTZ*, Die verlorene Ehrfurcht, passim, *ders.*, Art. Ehrfurcht, in: NLChM 118-121, *ders.*, Art. Ehrfurcht, in: LThK³ III 512f., *SCHOCKENHOFF*, Ethik des Lebens 428-442, sodann *DESMOND*, On the Betrayals of Reverence 211-230, mit moraltheologisch-historischen Reflexen *J.C. FLEMING*, Reputation reconsidered. The contemporary relevance of casuist/manualist legacies concerning detraction, in: StMor 39 (2001) 159-174.

700 *MARSCHÜTZ*, Ehrfurcht (NLChM) 120, beruft sich wiederum auf ältere Autoren (auch das signifikant) und die Tradition von z.B. *P. WUST*, Der Doppelaffekt von Staunen und Ehrfurcht, in: Hochland 20 (1924) 388-402, 515-521, *D. V. HILDEBRAND*, Sittliche Grundhaltungen, Mainz 1933, 7-20, *SCHELER*, Zur Rehabilitierung der Tugend 15-31, *F. TILLMANN*, Katholische Sittenlehre IV/1, Düsseldorf ¹1935, 27-40, *T. STEINBÜCHEL*, Christliche Lebenshaltungen in der Krisis der Zeit und des Menschen, Frankfurt/M. 1949, 87-135, *J. STELZENBERGER*, Die Ehrfurcht, in: ThQ 131 (1951) 1-16, *O.F. BOLLNOW*, Die Ehrfurcht, Frankfurt/M. ²1958, *G.H. SCHWABE*, Ehrfurcht als Lebensbedingung, in: *J. SUDBRACK* (Hrsg.), Heilkraft des Heiligen, Freiburg i.Br. 1975, 140-176.

701 *SCHOCKENHOFF*, Ethik des Lebens 434. Zur Facialität und Interfacialität in anthropologischer und theologischer Wendung vgl. *R. LEHMANN-DRONKE*, Die Herrlichkeit Gottes auf dem Antlitz des Menschen. Ein Beitrag zur theologischen Deutung des menschlichen Antlitzes, St. Ottilien 1997. – Es geht hier nicht um die vielfach auch in der Tradition kritisch ventilierte Frage, ob darin wiederum – auf zweiter Ebene – eine «Instrumentalisierung» oder Verzweckung des anderen für je meinen Gewinn an Gottesbezug liegen kann. Die verkoppelten und unterschiedlichen Unableitbarkeiten (vom Selbst aus gesehen) des anderen und Gottes bleiben kategorial in Spannungseinheit als natürliches und übernatürliches Existential, aber gerade im biblischen Offenbarungshorizont von ethischem Erkennen und Artikulieren als Spannungseinheit, wie reflex und thematisch auch immer, verwoben – und gerade durch den unabschließbaren Gottesgedanken aufgesprengt, durchkreuzt – und dies teleologisch wie eschatologisch.

702 Vgl. *MARSCHÜTZ*, Ehrfurcht (in: NLChM) 121.

703 Vgl. zu diesem «Blick» *DESMOND*, On the betrayals of reverence 228: «If there is no primal regard, in which being is good, then no being is good, nor is the human being.» Dies heißt auch: «Reverence is inseparable from (...) an archeology of the good» (ebd. 228). Damit situiert sich «reverence» als «closer to metaphysical astonishment than to scientific curiosity» (ebd. 229). Hier wären Überlegungen einzulesen, wie sie beispielsweise *E. DIRSCHERL*, Die Rätselhaftigkeit des Menschen, in: rhs 46 (2003) 245-250, anstellt. Nicht zu überlesen wäre dabei auch *J. KRISTEVA*, Fremde sind wir uns selbst, Frankfurt/M. 1990.

nur sein Gebrauchswert[704], kommen in den Blick. Nichtübergriff und Nichtinvasivität sind Grundlage und Ausgang, Anstand respektiert einen Abstand und sucht nach einer Praxis, ihm gerecht zu werden. Dies ist keineswegs harmonistisch zu denken – weder initial noch final, sondern in den Übergängen, wo sich die Präsenz des einen und des anderen in ihren Handlungs- und Bedeutungsfeldern überschneiden, wo Bedrohungen zu minimieren und Stützungen zu maximieren wären.[705]

In dieser Sicht ist Höflichkeit Einrede gegen die Instrumentalisierung des anderen. Respekt und Ehrfurcht vor der Würde des anderen sind hier Einreden gegen reduktionistische Vitalismen, Biologismen und Determinismen. Der Gegenentwurf sucht eine Kultur des Lassens und Loslassens (Guardini), der Ehrfurcht vor der Schöpfung, die der andere ist, der gemeinsamen Verdanktheit.

Von der alltäglichen Transparenz und Transzendenz der Höflichkeit auf die Werte hin und dem Drang der Werte nach Ausdruck: «cortesia» als Wertfigur und Wertinszenierung[706]. Jenseits einer simplifizierenden Innen-Außen-Dialektik im Personbegriff nach der Maxime vernachlässigbares, letztlich nicht relevantes Äußeres (Gehabe) und authentischer, echter, wahrer Kern (der Person). Natürlich trifft dieses Modell «Wesentliches», aber es steht eben in der Gefahr, die Phänomene menschlicher Begegnung und Interaktion schon sehr schnell unter der Perspektive des Unsichtbaren und Inneren zu verrechnen – auch die sittlichen, ethischen Phänomene.

In diesem Bedeutungs- und Phänomengitter verdeutlicht sich die Bedeutung der Höflichkeit als Realisation und Ratifikation von Takt, Respekt, «Anstand» und Würde, der Ehrfurcht vor der – wie reflex auch immer zu Bewußtsein gelangenden – Gottesbildlichkeit der Handelnden.[707] Unterschiede in Begriff und Sache, aber auch

---

[704] So *SCHOCKENHOFF*, Ethik des Lebens 431. Vgl. schon Guardini (Abs. 13.5.2) in explizitem Höflichkeitskontext.

[705] Als Aufblitzen inmitten eines messianisch wahrgenommenen Interaktionsalltags, in Anlehnung an A. Bondolfi – es ist konkret oder nicht (mit A. Maurer).

[706] Hier klingen Wertdisposition und Tugend als Werthaltung (vgl. *DEMMER*, Fundamentale Theologie des Ethischen 21) und Wertexpression oder «Wertfigur» (Guardini) zusammen. Vgl. *K. HILPERT*, Art. Grundwerte, in: LThK³ IV 1078-1079, *J. RÖMELT*, Art. Wert II. Theologisch-ethisch, in: LThK³ X 1107, *H. JOAS*, Die Entstehung der Werte, Frankfurt/M. 1997, *B. LAUX*, Wert der Werte, in: StZ 220 (2002) 507-518, *C. KRIJNEN*, Art. Wert, in: HbEth 527-533, *H. DENZ* (Hrsg.), Die europäische Seele. Leben und Glauben in Europa, Wien 2002 (Auswertungsband zur 3. Europäischen Wertestudie).

[707] Vgl. aus der Fülle der Literatur *O. LORETZ*, Die Gottebenbildlichkeit des Menschen, München 1967, *I.U. DALFERTH/E. JÜNGEL*, Person und Gottebenbildlichkeit, in: *F. BÖCKLE* u.a. (Hrsg.), Christlicher Glaube in moderner Gesellschaft XXIV, Freiburg i.Br.-Basel-Wien 1981, 57-99, *J. JERVELL*, Art. Bild Gottes – I. Biblische, frühjüdische und gnostische Auffassungen, in: TRE VI 491-498, *H. CROUZEL*, Art. Bild Gottes – II. Alte Kirche, ebd. 499-502, *A. PETERS*, Art. Bild Gottes – IV. Dogmatisch, in: ebd. 506-515, *H. SCHÜNGEL-STRAUMANN*, Art. Gottebenbildlichkeit – I. In der biblischen Überlieferung, in: *E. GÖSSMANN/E. MOLTMANN-WENDEL/H. PISSAREK-HUDELIST* u.a. (Hrsg.), Wörterbuch der Feministischen Theologie, Gütersloh 1991, 173-177, vgl. *C. DOHMEN*, Ebenbild Gottes oder Hilfe des Mannes? Die Frau im Kontext der anthropologischen Aussagen von Gen 1-3, in: JCSW 34 (1993) 152-164, *W. GROSS*, Die Gottebenbildlichkeit des Menschen nach Gen 1,26.27 in der Diskussion des letzten Jahrzehnts, in: BN 68 (1993) 33-48, *W. GROSS/J. ERNST/L. SCHEFFCZYK/K.-W. MERKS/M. FIGURA*, Art. Gottesebenbildlichkeit I-VI, in: LThK³ IV 871-878 (Lit.), *K. LÖNING/E. ZENGER*, Als Anfang schuf Gott. Biblische Schöpfungstheorien, Düsseldorf 1997, *T. HIEKE*, Staub vom Ackerboden oder wenig geringer als Gott? Menschenbilder des Alten Testaments in spannungsvoller Beziehung, in: LebZeug 53 (1998) 245-261. Systematische Grundinformationen bei *G. LANGEMEYER*, Art. Gottesebenbildlichkeit, in: LKDog⁵ (1997) 220f.

der Personen werden dabei gerade nicht nivelliert, sondern alltäglich gestaltet. Hier ist Höflichkeit nicht mehr allein durchaus sinnvolle Konvention, Steuerung und Optimierung eines funktionalen, zielorientierten, langfristig und in komplexen Konstellationen denkenden, sie formierenden Handlungs- und Phänomenkomplexes, sondern vertieft um das eigentliche Zentrum, nämlich die Bedingungsmöglichkeiten allen Handelns und Formens im adäquaten Resonanzraum des Gottbezuges jeglichen Menschens.[708] Ehrfurcht, «reverentia» und Höflichkeit markieren je spezifische Grundhaltungen im Umgang mit dem anderen des Selbst. Eine besondere und unverzichtbare Note gewinnt diese Perspektive, nimmt man Maß an einer biblisch-theologisch grundierten Option für die Schwächeren, Exkludierten – und Despektierten.[709]

Höflichkeit als praktische Interaktionsvernunft steht damit im Konnex der «caritas» als «forma virtutum» und einer Gerechtigkeit, die das «Wohl der Personen» (mit H. Weber) prinzipiell im Sinn hat – und praktisch eingeholt und interaktionell mitgeschaffen wird.

14.2.3. Höflichkeit: Grammatik von Intimität, Neutralität und Deeskalation

Wie a- oder unthematisch auch immer, in den basalen, kodifizierten, reflektierten, in transkonventionell und dispositioneller, in distinktiver wie integrativer Perspektive, in ästhetischen, sozialen und ethischen Übergängen, Passagen und in interaktionellen Verfahren steht in der Skalierung von Begriffen und Phänomenen ein gemeinsamer Kern zur Debatte, dessen mikroskopischer und mikrologischer Zusammenklang in der Thematik der Würde und der Würdigung, der Wahrnehmung und des Ansehens, des Respekts, der Rücksicht und des Taktes besteht. Im «Sprach- und Begriffsgitter» dieser Ordnungen und Größen situiert sich Höflichkeit als Expressionsdimension oder als Sammelbegriff selbst, der durch die Facetten der versammelten Begriffe selbst beschrieben wird. Der ethische Kern steht in der Respektierung und Ratifikation von Würde in Kommunikation und Interaktion räumlich, sachlich und schließlich personal. Von hier aus läßt sich die handlungs- und höflich-

---

Wichtig und wegweisend ist in diesem Kontext die theologische Anthropologie, die *K. WENZEL*, Sakramentales Selbst. Der Mensch als Zeichen des Heils, Freiburg i.Br.-Basel-Wien 2003 (Lit.), entworfen und vorgelegt hat. Wenzel breitet biblische und systematische Befunde aus, bringt sie in Relation, um eine offene, zeichenhafte und relational-responsorische Dynamik zu zeichnen. In dieser semiotischen Anthropologie in theologischer Perspektive ist von Höflichkeit nicht die Rede. Aber Höflichkeit gewinnt ihren Ausgang in der Realisation, daß jede/r bedeutet und auf mehr deutet, als er/sie unmittelbar zu bedeuten scheint.

Im Kern bringt den Zusammenhang die Titelformulierung des folgend zitierten Beitrags auf den Punkt: *J. GAILLOT/P. ZULEHNER*, «Wer Menschen demütigt, spuckt in das Antlitz Gottes», Moderation des Gesprächs *M. ALBUS* (Publik-Forum Dossier), Oberursel 1998.

708 Hier ist natürlich ein weites, kontroverses und differenziertes Feld betreten, das nicht eigens erschöpfend bearbeitet werden kann. Bezug und Differenz der Gottesbildlichkeits- oder Menschenwürdethematik stehen hier ein, um den grundlegenden Bezug der Höflichkeitsthematik zu entbanalisieren und zu vertiefen. Das andere Extrem, die latente Gefahr der Überladung, ist freilich ebenso zu vermeiden.

709 Beide Begriffe variieren die biblisch-jesuanisch grundierte und vorrangige Option für die Armen. Alle drei Begriffe haben analytisch-heuristische Qualität, werden aber zugleich problematisch, wenn sie einerseits zu statisch-statistisch und damit exklusiv oder andererseits zu flexibel als allumfassende Containerbegriffe verwendet werden. Die intuitive und inspirierte Perspektive bedeutet eine Skalierung ethischer Relevanz, nicht aber Ausschluß.

keitskritische Dimension gewinnen, die «Höflichkeiten», ihre Stile, Intentionen überprüft.

Anknüpfend an Alltäglichkeit *und* Sonderheit jener Achtungs- und Beachtungsdimensionen, für die ein Ethos der Cortesia steht, wird dieser Kern besonders deutlich in einem schmalen Text, den F. Steffensky veröffentlicht hat. Er lenkt unter dem Titel «Respekt vor dem anderen» die Aufmerksamkeit auf zwei Dimensionen, die den Wert und die Würde der Höflichkeit erschließen. Über die Lokalisierung hinaus und mit ihr zusammen kommen materiale Aspekte zum Zug, die wiederum nicht exklusiv, aber doch prononciert, Höflichkeit in ihrem ethischen Bedeutungsgehalt skizzieren. Es geht um die Respektdimension im Blick auf den «intimen anderen» und den «Respekt vor dem Feind», wobei die Respektdimension angesichts dessen, der weder «intim» noch «feindlich» gegenübersteht – es ist ein Grundfeld des «Alltäglichen im Höflichen» – nicht eigens erwähnt wird. Doch die Überlegungen geben beredt Zeugnis von dem, was Höflichkeit meint. Aus diesem nachfolgend sofort einsichtigen Grund sind die Passagen hier ungekürzt zu zitieren und zu kommentieren:

> *«Der intime Andere, damit meine ich die Menschen, mit denen man täglich umgeht, die Hausgenossen, mit denen man vertraut ist und die man liebt: die eigene Frau oder der eigene Mann, die Kinder und die Freunde, die man alltäglich um sich hat. Genügt es denn nicht, daß ich sie liebe und ihnen nahe bin? Wozu Respekt, und was könnte Respekt hier bedeuten? Gerade wenn man sich liebt, glaubt man keine Grenzen zu brauchen, und man tendiert dazu immer stärker symbiotisch ineinander zu fließen. ‹Was dein ist, ist auch mein›, sagt man, oder: ‹Wir haben keine Geheimnisse voreinander.› Respekt vor einem anderen Menschen haben heißt zugeben, dass auch der nahe ein Anderer ist, dass er sein Geheimnis hat und dies bewahren darf, dass er nicht erobert werden und in blanker Offenheit vor einem liegen soll. Und so wird, wer Respekt kennt, nicht in die Freundschaften des Anderen eindringen, wenn er nicht eingeladen wird; er wird seine Post und sein Tagebuch nicht lesen, auch nicht das der Kinder; er wird nicht alles vom Anderen wissen wollen. Er respektiert Grenzen. Langfristige Lebensverhältnisse brauchen Distanz. Nicht nur Intimität und Nähe sind hohe Güter, ebenso wichtig sind Grenzen, die man respektiert und die man nicht überschreitet.»*[710]

Noch ohne daß der Terminus «Höflichkeit» fällt, wird hier im Blick auf Vertrautheit und Intimität möglicher Relationen[711], die Dauer und damit Alltäglichkeit

---

[710] *F. STEFFENSKY*, Respekt vor dem anderen, in: *K. MÖLLERING/U. BEHLAU* (Hrsg.), Lebenswerte, Leipzig 2001, 12-19, 13. Wenn *BERGMANN*, Alltagsmoral 112, dem gegenüber den Befund häufig «gelockerter Höflichkeitsbremsen» bei egalitären Beziehungen erinnert (und Egalität ist Grundpostulat der Moderne!) und lange dauernden Beziehungen (z.B. langjährige Ehepartner!), dann wird deutlich, welcher ethische Anspruch hier durchklingt. Vgl. mit einem ähnlich narrativ-literarischen Angang zur «cortesia» *WILS*, «Lieben» und «Sterben» im Zeitalter ihrer technischen Reproduzierbarkeit 138-142, dazu auch *STEINER*, Von realer Gegenwart 183-302, bes. 196-218, 218-236, 260ff.

[711] Höflichkeit und Umgang unter Vertrauten – dieses Moment kommt systematisch kaum vor. Der Fokus etwa liegt auf Intergenerationalität oder Interkulturalität. Allerdings eröffnet das Todorov-Modell der Anerkennung, des Suchens nach primärer Beachtung einen Hinweis auf eine Thematik, die bei Aristoteles, bei Thomas, bei Kant in ihrer Systematik nicht mehr aufscheint (oder stillschweigend übergangen oder schlicht idealistisch vorausgesetzt wird). Die Thematisierung der höflichen, raumgebenden, angenehm-freundlichen und schonenden Umgangsweise von Menschen miteinander in Ehe, Familie, in Gemeinschaften, Freundschaften ist spärlich. Hier scheinen die «großen Stichwörter» ethischer Diskurse nur zu leicht auf die Gestaltungsmöglichkeiten und -notwendigkeiten der Beziehung «en miniature» einen verdrängenden, weil abstrahierenden Einfluß zu haben.

insinuieren, auf ein anthropologisches Grunddatum hingewiesen. Nicht nur in der Relationsgestaltung zwischen offenkundig Fremden oder in Situationen der Novität bleiben Grenzen zu markieren. Diese wiederum nicht so, daß Person als fensterlose Monade[712] denunziert oder dekonstruiert wird. Doch bleibt eine Spannungseinheit erfahrbar und gestaltbar, die die Polarität von Vertraut- und Fremdheit im Kern nicht aufgibt. Agieren und Interagieren der Ansicht, dem An- oder Vorschein nach bedeutet immer auch Agieren unter den Prämissen der Interpretation, Auslegung und Deutung. Selbst wenn eine hohe interpersonale Vertrautheitstradition in Anschlag gebracht werden kann, sie schlägt nicht um in eine völlig sichere Deutung und vollständiges Verstehen. Dies läßt sich auf vielfältige Vorgänge auch zwischen miteinander Vertrauten herunterbrechen, oszilliert zwischen Kleinigkeit und Massivität. Aber in der Achtung und Beachtung der Grenzen, in ihrer Gestaltung von Nähe und Distanz, die ja letztlich das Dynamikmoment in Beziehungen einträgt und entwickelt, wird das Potential höflicher Grenzgestaltung (im «kleineren Grenzverkehr» oder im größeren, mit C. Stephan) sichtbar und erforderlich. Die *allein* selbstbestimmte Grenzziehung kippt leicht in Invasivität unterschiedlicher Grade um. Gerade unter den Bedingungen der «longue durée» ist dies von beziehungsethischer Relevanz. Erst die alternierenden Grenzziehungen und wechselseitig ermöglichten Grenzverschiebungen (eine völlige Aufhebung im Sinn einer absoluten Symbiotik wäre illusionär!) sorgen für eine dynamische, nicht-statische Austarierung der Güter der Intimität, der Nähe und der Distanz, die keine kalte Distanz ist. Deuten, Erkennen und Interagieren unter diesen Konditionen sind belastet und ermöglichen durch ihre erkenntnis- und deutungstheoretische Unabgeschlossenheit und Vorläufigkeit – darüber hinaus und – damit konspirierend – durch einen Vorbehalt, der theologisch nicht nur als eschatologischer, sondern als ein personaler zu bezeichnen wäre. *Zuletzt* ist die Person unableitbar, unaussprechbar und nicht abbildbar. Symbolik, Verbalität und Gestik der Höflichkeit tragen dem entlastend, formierend und orientierend Rechnung, ohne die Möglichkeiten relativer Selbstverständlichkeit zu unterschlagen. Hier kommen zum Zug die Momente elementarer, kodifizierter, reflektierter und personal-kreativer Höflichkeiten der basalen Bewegungen von Nähe und Distanz in situativer und personaler Angemessenheit.

Nicht primär und allein die authentische Symbiose – wobei der Wert des Authentischen eben nicht negiert wird; doch auch sie bleibt graduell, Entwurf und nur je vorläufig erreichbar, aber doch Zielintention im Sinne einer nach Möglichkeit und Maßgabe authentischen Höflichkeit und höflichen Authentizität –, sondern flexible Konbiotik und Konvivialität sind hier in die Perspektive eingezeichnet, die

---

Auch hier wird es konventionelle und freiere Formen geben. Auch hier wird die ganze Palette der Möglichkeiten in Anschlag zu bringen sein, aber eben nicht erst am Ende, *nach* der Debatte der Intensivbeziehungen, wie es die großen (sozial-)ethischen Entwürfe zumeist tun, sondern *in* und *mit* diesen Grundbeziehungsformen, in denen sich Leben abspielt. Immerhin gibt Franz v. Sales zumindest den Hinweis auf die regelmäßige und «rituelle» Feier des Hochzeitstages. Man mag ja darüber lächeln oder sich der vielfachen Verwitzung gerade des vergessenen Hochzeitstages erinnern. Aber man sollte eben durchaus nicht unterschätzen, welche Wunden – beabsichtigt oder nicht – derartige und vergleichbare Unachtsamkeiten und Unaufmerksamkeiten haben können – und zwar als Einzelvorkommnisse und schwerwiegender noch in der Summe. Auch hier wird deutlich, welche beziehungsstabilisierende Bedeutung schon schlichteste Umgangsformen haben. Hier liegt die ethische Bedeutung zum Greifen nahe. Auch Guardini hat, wie dargestellt (vgl. oben Abs. 13.5.2.), seine Höflichkeitsreflexionen mit der Geschlechterbeziehung korreliert.

[712] Vgl. *FRANCK*, Ökonomie der Aufmerksamkeit 34.

Räume formativ, normativ und habituell beläßt, schützt oder schafft. Steffensky fährt treffend fort und bezeichnet dabei eine Reihe von Elementen, die wiederum zunächst für den und aus dem «vertrauten Umgang miteinander» bedacht sind, aber den Grundfilter der Höflichkeit in einer einladend-motivierenden Weise intonieren:

> *«Der Respekt in intimen Verhältnissen zeigt sich in der Form. Es gibt auf Dauer keine Intimität ohne Struktur, Form und Ritual. Zunächst liebe ich Respektrituale, weil sie schön sind. Ich habe ein altes Ehepaar vor Augen, das schon lange zusammenlebt. Mich bewegt die Höflichkeit der alten Leute zueinander: Ihr Bitte und Danke, wenn sie sich bei Tisch etwas reichen, wie der Mann der Frau in den Mantel hilft, ihr den Stuhl zurechtrückt und sich nicht eher setzt, bevor sie Platz genommen hat. Ebenso schön ist die Höflichkeit der Eltern gegen ihre Kinder und der Lehrer gegen ihre Schüler. Es ist schon wahr: jede Liebe hat etwas Anarchistisches und durchbricht Formen. Es ist aber auch wahr, dass die Langfristigkeit und die Alltäglichkeit der Zuneigung durch Formen geschützt wird. Es zählt nicht nur die innere Überzeugung, die Herzensnähe und die Unmittelbarkeit der Verhältnisse. Die Innerlichkeit der Menschen, ihre Zuneigung und Nähe zueinander wird blass, wenn sie nicht ihr Spiel der Höflichkeit und der Achtung findet. Das Herz muss seine Poesie in der Figur und in der Form finden. Der Mensch ist nicht nur Innerlichkeit, er ist auch Leib. Der Leib aber muss in den Formen das Spiel der Zuneigung und der Zugehörigkeit mitspielen.»*[713]

Zunächst bewegen sich diese Hinweise und Allusionen in den vorbereiteten Bahnen, umkreisen Dauer, Nähe, Distanz. Dennoch übersteigen die konventionellen und scheinbar banal-nebensächlichen Ereignissen abgelauschten Frequenzen und Schwingungen die Vorgaben. Die Pointierung der Form, nicht des Formalismus, zählt zu dieser Linie. Formen (und Rituale) der Höflichkeit und der Achtung, wie sie in unterschiedlichen Repertoires und Sets zu Verfügung und selbst zur Ausgestaltung stehen, verleihen ästhetische und ethische Konsistenz.[714] Stabilität ist ein Versprechen der Höflichkeit und gewinnt Ermöglichung durch sie. Damit sind Konvergenzpunkte angedeutet, die in habitueller und in normativer Handlungsstabilisierung auf das Gute, das Richtige und – im Sinne der Höflichkeit besonders – das Angemessene hin zusammenfließen.[715]

Die Komponenten der Leiblichkeit, Verkörperung zwischen Ausdruckskörper und Körperausdruck, Sinnlichkeit und Spiel der Formen in der Interaktion, die Arbeit an den Formen des Umgangs beziehen sich auf die Gestaltaufgabe, daß keine Interaktion blaß und bloß im Bereich der Gesinnung, der Innerlichkeit oder – andersherum – in der reinen, abstrakten, je neuen Aktualität verbleibt, sondern sich komplexer strukturiert.[716] Formung, Formen oder Ausdruck als fixierte, standardi-

---

[713] *STEFFENSKY*, Respekt vor dem anderen 13f.

[714] Wir erinnern wiederum an die Überlegungen von Comte-Sponville. Minimalität und Initialität einer primären, dann zu überwindenden Ästhetik der Höflichkeit als erster Tugend waren dort die Distinktionen. Hier hingegen wird deutlicher, daß dieser Neueinsatz selbst ein wiederkehrender bleibt. *SENNETT*, Respekt 251 (Hervorhebungen – APA), formuliert: «Respekt ist eine *ausdrückliche* Darbietung. Andere mit Respekt zu behandeln geschieht *nicht einfach von selbst*, nicht einmal bei bestem Willen. Wer jemandem überzeugend Respekt erweisen will, muss die *rechten* Worte und Gesten finden», vgl. ebd. 67-79 (zu einer Bestimmung des Respektbegriffs), 275-299 (zum «nach außen gewendeten Charakter»).

[715] Daß beides auf je eigene Weise, also nicht völlig determinierend zu lesen ist, muß hier nicht erläutert werden.

[716] Liebe ist an Körperlichkeit und damit an die Raum-Zeit-Koordinaten gebunden. Folglich kann sie nicht davon gelöst für jeden Menschen in gleicher Weise gelten. Sie nimmt somit unterschiedliche For-

sierte *und* als Varianten der Novität und Kreativität bilden handlungstheoretisch die Seiten der gleichen Medaille: kein Umgang, kein Verhalten, keine Haltung kommt ohne «geronnene Erfahrung in geronnenen Formen» als «reguläre und regulative Rücksichtnahme und -gabe» aus (Höflichkeitskonventionen sind eine Form davon). Hier vermitteln sich – und zwar im Sinn der kommunikativen und interaktionellen Vermittlung selbst – Freiheits- und Konventionsanteile im doppelten Umgang, dem personalen einerseits und dem materialen andererseits als dem Umgang mit Grammatik, Syntax und Semantik von Anerkennungs-, Respekt-, Achtungs- sowie Wahrnehmungsmodalitäten.

Aber Höflichkeit und Achtung sind hier keineswegs ausschließlich nur defensiv oder gar minimalistisch zu beschreiben, als Gerade-noch-Phänomen von limitierter moralischer Substanz zur Generierung von situativen Handlungssicherheiten, sondern umschließen eine Sphäre des Kreativen und eine Dimension des Versprechens und der Vorwegnahme dessen, was aktuell noch nicht, nicht mehr ganz, noch nicht wieder ganz, freilich aber auch nie völlig an Wohlwollen, Sympathie oder Empathie, an Liebe oder Nächstenliebe zur Realisation ansteht.[717] Diese Perspektiven der Substituierung und Antizipation fächert Steffensky weiter auf und expliziert damit handlungstheoretische Markierungen von Postulat, Versprechen und Entlastung der Höflichkeit:

> *«Die Form wird gerade in den Ambivalenzen der Nähe und in ihrer langfristigen Gewöhnlichkeit wichtig. Wenn die Zuneigung bedroht ist und in Zeiten, da Menschen es schwer miteinander haben, ist die Form oft klüger als das Herz, ist die Höflichkeit wahrer und hoffnungsvoller als die innere Augenblicklichkeit des Menschen. Schlimm ist es, wenn man in Zeiten der Dürre nicht mehr hat als die eigene Unmittelbarkeit, wenn man nicht an Formen gearbeitet hat, die Menschen hinüberretten in das Land der Versöhnung. In der Form ist man sich selber voraus, und man spielt schon den Versöhnten, der man morgen vielleicht erst sein wird. Die Formen sind wie Masken des Gelingens, die dieses vorspielen, wo es noch nicht ist. Jeder weiß natürlich, dass Formen die pure Verlogenheit sein können, die nur noch vorgaukeln, was nicht da ist. Aber es gibt eine andere*

---

men an, je nachdem, ob sie sich als eheliche, elterliche oder geschwisterliche Liebe auf nächststehende Menschen bezieht oder als Nächstenliebe im Duktus des Gleichnisses vom barmherzigen Samariter (Lk 10,29-37) einem Menschen gilt, dem man in einer Notlage begegnet und ihn dann vielleicht nie mehr wiedersieht. Weiter ist die Nächstenliebe auch «Fernstenliebe» (vgl. jedoch Cora Stephans Gesinnungsethikkritik), die *lokal* unterfüttert ist, denn selbst den lokal Fernen kann man leicht thematisieren – schon ist der «da», tangiert in Ruf, Ehre, Integrität, Integration und Depravierung. Kommunikation von Anwesenden über Abwesende berührt deren «Räume», deren «Hof» (wie vermittelt auch immer). Schließlich ist die Feindesliebe zu nennen, in der man sich um einen Menschen sorgt und Versöhnung mit ihm sucht, der freundliche Gemeinschaft ablehnt. Diese Konstellationen begründen und konturieren jeweils sehr unterschiedliche Verpflichtungen zur Liebe. Man kann dabei nicht jedem das gleiche Maß an Zeit und materiellem Aufwand zukommen lassen. Man hat sich in Verantwortung zu überlegen, wer am ehesten Hilfe, Zuwendung und Zeichen der Zuneigung braucht. Das Maß des Möglichen bleibt zu beachten. In manchen Bereichen und Konstellationen erfüllt schon Höflichkeit oder die Freundlichkeit der «affabilitas» das Gebot der Nächsten- (und Selbstliebe), in anderen ist sie Initiale und Antizipation des «semper maius», des «magis» der Dynamik der Liebe in Entgrenzung, Entfeindung und Öffnung, in Vorwegnahme und -gabe. Weil Liebe nicht allein ein geistiger, sondern ganzmenschlicher Vollzug ist, umfaßt sie in vielfältiger Weise auch emotionale Komponenten. «Auswahl-Solidarität» oder «Auswahl-Liebe» jedenfalls ist nicht angezeigt. Auf einer Grundebene realisiert genau dies die Höflichkeit als aktuiertes, geprägtes wie prägendes Grundmaß der möglichen Liebe zum anderen unterhalb aller Selektion – und als Abgleich einer Mindestforderung, die von Fall zu Fall der Höchstforderung des Leistbaren schon nahekommt und gerade dabei den Grenzen des Menschen Rechnung trägt.

[717] Daß dabei gerade der Begriff Nächstenliebe nicht in romantisierender Verklärung und Verkürzung gesehen werden darf, soll durchaus unterstrichen bleiben.

Täuschung – das Zutrauen zum Augenblick und die Heiligsprechung der Unmittelbarkeit. Die augenblicklichen Stimmungen und Gefühle sind zwiespältig. Der Mensch ist mehr als sein Augenblick. Er ist auch sein Gestern, als seine Liebe noch groß war. Er ist auch sein Morgen, wo sie vielleicht wieder wachsen wird. Daran erinnert ihn die Form der Höflichkeit und des Respekts. Sie sind nicht nur Äußerlichkeiten, sondern in Gesten geflossene Langfristigkeit des Menschen. Ohne sie werden unsere Beziehungen und Wahrnehmungen zusammenhanglos und zufällig.»[718]

Auch hier geht es nicht um eine antagonistisch-dialektische Gegenüberstellung von Authentizität und Form, von kruder Vortäuschung, von präsentischer Aktualität des Momentes und Langsicht, Selbstkontrolle und Selbstreflexion in der Interaktion.[719] Diese Größen als Handlungs*größen* bleiben schon «en miniature» aufeinander bezogen. Diese Spannungseinheiten verleihen den Oszillationen der Kommunikationskompetenz einen lebensgeschichtlichen Realismus, markieren Grenzen und an diesen Grenzen Entlastung in der Form der Antizipation, der Öffnung auf einen Überschuß an noch nicht oder nicht mehr, jedenfalls kaum je vollständig zu ratifizierenden und realisierenden aktuellen und aktualen Originalitätsanspruch. Gelingen ist auch dabei nicht garantiert, aber dieses Garantieversprechen wohnt einer Haltung und Geübtheit in Formen und Ausdrucksweisen inne, die die oft prekären Modi der Annäherung und Distanzwahrung, die sich überlagernden Interaktionsräume und -erwartungen moduliert. Substituierung und Stabilisierung, nicht bloß Harmonisierungen, der «affabilitas» oder der «cortesia» scheinen hier auf. Daß die Maskenthematik hier im Sinn des Gelingens und eines Gelingensversprechen rekurriert, wirft nochmals Licht auf ein bekanntes Thema, hier aber nicht unter dem schnellen Verdacht der Lüge, sondern unter den Bedingungen begrenzter Handlungs- und Artikulationsmöglichkeiten als Vorwegnahme und Vorweggabe dessen, was an Achtung und Aufmerksamkeit zur Realisation noch an- und aussteht.

Am extrem anderen Ende der Skala steht als weiteres Thema: die «Höflichkeit *im* Konflikt». Dies reicht über die üblichen Systematiken hinaus (nicht nur Konfliktvermeidung kann eine Funktion der Höflichkeit sein, sondern auch Deeskalation und Eskalationsvermeidung über Beschädigungsvermeidungen via Anerkennung des anderen, die sich der Standardformen befleißigen kann, aber gerade ein situatives und kontextuelles Überraschungsmoment generiert). Steffensky berichtet in diesem Zusammenhang eine signifikante Episode aus dem Leben Martin Luther Kings:

---

[718] *STEFFENSKY*, Respekt vor dem anderen 14f. Zu Beständigkeit und Höflichkeit vgl. auch *GUARDINI*, Ethik II 900.

[719] Einerseits wird in der modernen Gesellschaft Identität hoch bewertet, was Individualität, eigene Meinung, Autonomie und Selbständigkeit verlangt; andererseits heißt ein *sozialer Imperativ*, daß man möglichst «anschlußfähig», kooperativ, teamfähig und interaktionsbereit zu sein hat. Viele Situationen und soziale Orte bieten somit nur wenig Raum für eine Identitätsbehauptung, die auch offene Konflikte um eigene Überzeugungen und Planungen einschließen würde. Entweder gilt eine solche Haltung bei bestimmten Gelegenheiten als *deplaziert* («small talk», Einladung, Begrüßung), als *unstrategisch* (z.B. Gespräche mit «Ranghöheren») oder als unbequem. Deshalb gehört es zu den Eigentümlichkeiten der Alltagsinteraktionen, daß «heiße» Themen – wie Einkommen, Politik und Religion – umschifft und «eingeklammert» werden, daß unverbindliche Konsensformeln und -rituale das Geschehen dominieren, daß Zustimmung durch thematische Ablenkungsmanöver erleichtert, aber auch «verunklart» wird oder daß durch freundliches Lächeln und verbindliches Schweigen die eigene Meinung maskiert bleibt. Offensichtlich wird dabei die Wahrheit hinter den ritualisierten Erhalt eines Interaktionszusammenhalts zurückgestellt.

«Während einer Demonstration wurde Martin Luther King in Chicago von einem Stein getroffen. Er war zunächst voller Wut auf den jungen Mann, der den Stein geworfen hatte. Dann ging er auf ihn zu und sprach mit ihm, fragte ihn, woher er käme, wo er arbeitete und was ihn bedrückte. Er spielte das gewohnte und allen verständliche Spiel ‹wie du mir, so ich dir› nicht mit. Und dies ist eine Form des Respekts – des Respekts vor sich selber. Er erlaubte sich das große Nein zum Rachespielchen. Er gestattete sich die Würde, sich nicht den Spielregeln zu beugen und dem Racheautomatismus zu verfallen. Er erlaubte sich die Ordnungswidrigkeit der anderen Antwort auf die Feindschaft als der erwarteten.»[720]

Diese Durchbrechung eines Kreises von Gewalt und Gegengewalt, dieser Ausstieg aus der kruden Dialektik von Sieger und Besiegtem, von Täter und Opfer, von Verletzendem und Verletztem – ohne Zweifel in klassischer Diktion eine «heroische Tugendleistung», also nicht einfachhin unter die Bedeutungen formaler und habitueller Alltagshöflichkeiten einzureihen – bringt aber gerade in Strukturen der Ungerechtigkeit und institutioneller wie institutionalisierter Unhöflichkeit (nicht allein als strukturelle Autonomie- und Raumbeschneidung) provokante Grundgesten der Höflichkeit zu praktischem Anschlag (gegen den «Anschlag»): Annäherung, Anrede, «sichere Themen», «benevolence», die über die Kontrolle des unmittelbaren Affektes eine grundlegende emotionale Dimension retten und eine neue Qualität von möglicher Interaktion einspeisen oder anbieten – in allem zugespitzten Risiko. Hier wird – an einem extremen Beispiel[721] – deutlich, daß Selbstkontrolle – gerade als Modus des Selbstbewußtseins – keineswegs nur autonomieminimierend, sondern geradezu autonomie(re)generativ wirken kann.[722] Die Souveränität, die Respekt als Disponierung zu formaler Höflichkeit und als Synonym zu habitueller Höflichkeit bedeutet, eröffnet Handlungsspielräume, die gerade eben nicht einem Automatismus und durchschnittlichen Erwartungen entspricht.[723] Die Würde und Stärke, sich nicht mit den «tit-for-tats» oder dem «lauda ut lauderis»[724] des «Wie du mir so ich dir» einzulassen, setzt Souveränität und Langsicht voraus und frei.[725]

---

[720] *STEFFENSKY*, Respekt vor dem anderen 16f. – Zu Bedeutung und Grenze des Moralprinzips der «Goldenen Regel», die hochformal und doch «minimal» ist, also ethisch material überbietbar vgl. *E. SCHOCKENHOFF*, Das Liebesgebot Jesu und die Goldene Regel im Verständnis der christlichen Ethik, in: *A. BELLEBAUM/H. NIEDERSCHLAG* (Hrsg.), «Was Du nicht willst, daß man Dir tu'...». Die Goldene Regel – ein Weg zum Glück?, Konstanz 1999, 55-85, vgl. auch *DEMMER*, Fundamentale Theologie des Ethischen 151-153, *A. SAND/G.W. HUNOLD*, Art. Goldene Regel, 1. Biblisch-theologisch, 2. Theologisch-ethisch, in: LChE I 745-748 (Lit.).

[721] Extrembeispiele sind in der ethischen Argumentation in allen Bereichen hochfrequent, aber eben auch strukturell problematisch. Was für die Medizinerlüge oder den «pursuing murderer» gilt, gilt auch hier. Das Beispiel hat «Disclosurefunktion», verdeckt in der Zuspitzung gerade viele andere handlungsrelevante Bereiche, die weder so voraussetzungs- wie folgenreich sein müssen.

[722] Als Freiheit gegen die herrschenden Umstände, gegen die vorherrschenden Strukturen zu handeln – aus einem guten Grund und einer guten Intention heraus, zu einer wie immer lokalen Meliorisierung von Situation und Relation. Um in den Termini der Moralitätsquellen und den Prämissen einer Strukturanthropologie zu formulieren.

[723] Nur soll das keineswegs auf Kosten «durchschnittlicher», mittlerer Erwartungen gehen.

[724] In Erinnerung an *ADORNO*, Minima Moralia 38, und seinen Verweis auf den möglichen dialektischen Umschlag, die Devianz von Wiedergutmachung in Revanche.

[725] Der Überschuß, der sich hier anmeldet, verweist geradezu von sich aus auf eine spezifische Nähe zur «Entfeindung», wie sie das biblische Fundament der Achtung des einen und des anderen narrativ inszeniert und ethisch-paränetisch postuliert als Charakteristik eines jesuanischen Handlungsweges.

Eine dritte Facette der Höflichkeit – zwischen Vertrautheit und Konflikt anzusiedeln – schließt diese Triade von Beziehungsmöglichkeit ab. Die Höflichkeit in unspezifischen Beziehungen und Begegnungen unter Fremden und Passanten. In der Regel zieht dieser «neutrale» Bereich in seiner Vielfalt möglicher Konstellationen, Implikationen oder Verpflichtungen die Aufmerksamkeit der Höflichkeitsliteratur und -analyse auf sich. Abgegrenzt von intensiven Beziehungen und Kommunikationen (im Sinn der Abgrenzung der Höflichkeit von Liebe oder Freundschaft), aber auch in der Konzentration auf Punktualität und Aktualität vor dem Hintergrund der Unbestimmtheit dessen, was sich wird ergeben können, eröffnet sich ein weites Feld.

Dieser neutrale Bereich ist aber deswegen ethisch noch keineswegs irrelevant. In der biographischen Entfaltung der Lebens- und Handlungsgeschichte spielen eben keineswegs nur Beziehungen zu Personen eine Rolle, die in der Hochladung und Idealität von Liebes- oder Freundschaftsbeziehungen anzusiedeln wären. Mag die ethisch-existentielle Bedeutung auch die punktuellen oder unterschiedlich zeitlich ausgedehnten Relationen oder Interaktionen sachlich, emotional und personal überlagern, so ist doch nicht zu übersehen, daß Beziehungen und Interaktionsketten an einer bestimmten Stelle immer eine Initiale haben, dann über Neutralität und Punktualität hinauswachsen. Wie immer sich diese Anfänge gestaltet haben, sie wachsen und öffnen sich aus diesen kontingenten, unbestimmten, rahmen- oder situationsdominierten Begegnungen. Auch wenn sich derartige Initialbegegnungen nicht verdichten und vertiefen, wenn sie kurzfristig («sans lendemain», also ohne vorgeblich reale Aussicht auf Wiederkehr und damit Notwendigkeit der Langsicht) bleiben oder wenn sie dauerhafter auf einem tangentialen oder funktionalen Level situiert sind[726], so werfen Alltäglichkeit, Allgemeinheit, Ubiquität und Frequenz dieser Beziehungsarten doch ein grundsätzliches Licht auf die Thematik, die Wert und Bedeutung an sich haben, auch wenn die denkbaren Übergänge nie mehr als den nächsten Schritt entfernt sein können. Es geht in Summe ja nicht allein um die Relationsgestaltung mit einer immer begrenzten Zahl von intensiveren Partnern, sondern auch um den Rückstoß, das Echo und den Effekt von Interaktionen in der Summe der vielen Unbestimmten oder nur begrenzt für je mich als je jetzt Bedeutsamen.

Der Bereich dieser Neutralität, der sich aus der Abhebung von den Extremen ergibt, ist eben nicht ethisch neutral, sondern wird sich immer auch auf die Kategorisierungen des guten und richtigen Handelns beziehen lassen. Die fortgesetzte Mißachtung und unhöfliche Behandlung eines einzelnen durch viele voneinander Unabhängige wegen eines bestimmten Faktors oder Parameters (personal oder situativ) zeigt eben Wirkung. Wie groß diese ist, hängt von vielen weiteren Faktoren ab. Zu leugnen ist sie jedoch nicht. Und allein damit begründet sich eine ethisch-handlungstheoretische Reflexion durchaus auf einer allgemein-neutralen Ebene. Hier gilt zunächst der Eintrag, Übertrag und Wahrnehmungsvorschuß, den jede/r «verdient», weil jede/r bedeutet (wenn auch nicht immer für «mich», so doch immer «aus sich»!). Von dieser Prämisse und diesem Prinzip aus sortiert sich der Höflichkeitsdiskurs, der – auch wenn er sich, wie gesehen, wiederum darin nicht erschöpft – die entlastende Sicht und Handlungsmodulation formuliert, daß man zwar keineswegs zu al-

[726] Man denke hier z.B. an Arbeitsbeziehungen, die keine Brückenschläge in privatere oder vertieftere Kontakte nach sich ziehen.

len Menschen immer und lückenlos Freundschafts- oder gar Liebesbeziehungen wird aufbauen können, daß aber die Artikulation eines Grundrespekts in den Facetten der Höflichkeit angezeigt und ethisch angemessen bleibt.

Im Sinne einer offenen Beziehungszukunft lassen sich Freundlichkeit und Umgänglichkeit als Vorschuß denken, im Sinne der Aktualität als Realisierung eines (Mindest-)Maßes an Face-Bewahrung und Anerkennung, die zugleich als «debitum» gegenüber der Archäologie des anderen, seiner Nichtverzweckung, Unableitbarkeit und Unverfügbarkeit repräsentativ einstehen in der Pluriformität der Skalierungen von Höflichkeitsfunktionen, -intentionen und -motivationen. Aktualisierungen formen und markieren – in und trotz aller bleibenden Ambivalenzen, die den komplexen Vorgängen der Kodierung und Dekodierung geschuldet sind – zusammen mit den durativ-habituellen Momenten der Höflichkeit das sittliche Subjekt in Interaktion, Relation und Kommunikation.

Intime, konfliktive und *«neutrale» Höflichkeit* – entlang dieser Bilder kategorisiert – erweisen sich also als Ausfaltungen der Thematik nach dem Charakter der Beziehung zum Gegenüber, flankiert von Situationen, Standardsituationen, elementaren, kodifizierten und reflektierten wie kreativ-innovativen Höflichkeitsformen in der En- und Decodierung auf Sender- und Empfängerseite[727], in der Generierung von Interaktionssequenzen und -räumen unter Rückgriff auf Erfahrung, Konvention und Tradition vor den mitbestimmenden Kontext- und Rahmenfaktoren im Überstieg auf eine werthaltige Grundoption und -optik. Diese Grundierung liegt in einer Haltung, die je und je unterschiedlich in nicht-invasiv schonender und gesichtswahrender oder face-förderlicher Weise auf und mit dem anderen deutet, agiert und reagiert.[728] Motivation ist im Kern eine «caritas affectiva» als habituelle Disposition der gesuchten Wahrnehmung des anderen als anderen und als Geschöpf in je eigener und uniker Relation zum Schöpfer selbst. Ausdruck und Realisationen führen hier zu einer keineswegs nur akzidentiell, sondern «peripherisch» aufzufassenden «caritas effectiva», die über Form und Expression dieser Disposition Dauer und je neuen Einsatz verleiht und dabei allgegenwärtige Grenzen der Handlungsfreiheit respektiert und darin ein Moment der Entlastung von hypertrophierten Ansprüchen einer jeweils immer in Vollform und absoluter Gesinnung zu aktuierenden Kommunikationsperfektion bewahrt und speichert.

Der aktuale Aufbau von Achtung bleibt gefordert und «in the making». Nicht nur Propädeutik, sondern Kontinuierung angesichts der unzähligen anderen, die je und je begegnen und «passieren», bilden dabei nicht nur ein Einübungsfeld, sondern ein Praxisfeld eigener Qualität und Wertigkeit. In der Höflichkeit der verbalen und symbolischen Interaktion zeigt und zeitigt sich eine Höflichkeit des Denkens, Urteilens und Handelns.

---

727 Beides markiert aufeinander bezogene *Handlungen* aufeinander bezogener *Handelnder*.

728 Vgl. die Intention von NÜRNBERGER, Verdammte Scheisse 6: «Widerstand gegen die Brutalisierung des Alltags beginnt mit dem Widerstand gegen die Brutalisierung der Sprache.» Individuelle und strukturelle Rücksichtslosigkeiten stehen im Hintergrund.

14.2.4. Höflichkeit: Kommunikation von und in Beachtung, Achtung und Anerkennung

Nach der Lokalisierung der Höflichkeit und ihrer ethischen Valenz in der Offenheit des Alltags, in seinen Komponenten lokaler Kreativität mit Linien von Konventionserfahrungen, nach der materialethischen Konturierung der Höflichkeit, soll im Anschluß – summarisch und ohne eine eigens elaborierte Kommunikations- oder Diskurstheorie – jetzt der Schwerpunkt einer exemplarischen Medialität angeschnitten werden. Im Kern geht es um das sittliche Handeln im Medium der Sprache, im Modus des Blicks.[729] Nicht ethische Metareflexion[730] ist angezielt, sondern die fortwährende Auseinandersetzung mit der Tatsache, daß – egal um welches Thema es sich in einem Kommunikationsprozeß und in noch so minimalen Interaktionen handelt – beständig Wertungen begegnen und transportiert werden. Diese Urteile sind von der Sache abzuheben, begleiten sie aber gleichwohl immer mit und tangieren und konstruieren Beziehungen.

Im Kern heißt dies: Sprechen thematisiert nicht nur Handlungen, Sprechen[731] ist selbst eine Handlung: Ausdruckshandlung und Eindruckshandlung zugleich, auf Sender- wie Empfängerseite, auf Beziehungsebenen und Sachebene, ist Äußerung und Selbstoffenbarung, Selbsttranszendenz und Selbstmitteilung.[732] Ein Wort, ein Symbol, eine Geste tangieren und berühren sachlich-informativ, berühren den Sender als «Äußernden» und berühren den fundamental gleichwertigen, gleichursprünglichen, also nie *ganz* vom Sender abzuleitenden Adressaten. Hier eingespannt als grundlegende ethische Kategorie ist die Frage nach der Antwort und Verantwortung des Sich-mitteilens.

Unter der eher unstrittigen Prämisse, daß Kommunikation ein Grundlagenbegriff und Grunddatum menschlichen Lebens und Zusammenlebens, zugleich aber auch – dies schon eher umstritten – ein Leitbegriff theologischer Theoriebildung[733]

---

729 Vgl. dazu R. *SPAEMANN*, Einzelhandlungen, in: *ders.*, Grenzen, 49-64, 53f. Zu Verbalität, Expressivität und Moralität als Zusammenhang vgl. *R. GINTERS*, Die Ausdruckshandlung. Eine Untersuchung ihrer sittlichen Bedeutsamkeit, Düsseldorf 1976, *DEMMER*, Fundamentale Theologie des Ethischen, bes. 141-160, 237-291, *BRANTL*, Verbindende Moral 196-226.

730 Etwa im Schüllerschen Zugriff (vgl. etwa *B. SCHÜLLER*, Der menschliche Mensch. Aufsätze zur Metaethik und zur Sprache der Moral, Düsseldorf 1982) oder dem der analytischen Ethik.

731 Hier in einem umfassenden Sinn als symbolische, gestische und verbale, aber auch non- und paraverbale Interaktion in Körperlichkeit verstanden. Sprache ist *ein* privilegierter Ort von Form, Expression und Kommunikation. Vgl. *F. FURGER*, Art. Wahrhaftigkeit, in: NLChM 846-852, 849: «Das menschliche Kommunikationsspektrum ist viel breiter als die sprachliche Vermittlung in exakten Begriffen, die in einer festen Grammatik und nach logischen Schlußregeln vermittelt werden.»

732 Vgl. *DEMMER*, Sittlich Handeln aus Verstehen 15-17, 20-25, *ders.*, Die Wahrheit leben. Theorie des Handelns, Freiburg i.Br. 1991, *ders.*, Fundamentale Theologie des Ethischen, passim. Der Konnex und die Perichorese von Denken und Handeln, Haltung und Äußerung darf nicht auf die Bewertungslinearität im Sinn einer einfachen Eins-zu-eins-Abbildung reduziert, aber eben auch nicht ausgeblendet werden.

733 *J. WERBICK*, Art. Kommunikation, II. fundamentaltheologisch in: LThK³ VI 214-215, 214, *A. PELLEGRINI*, Comunicazione e teologia: dieci tesi, in: Vivens homo 7 (1996) 219-252. Vgl. zum Zauberwort «Kommunikation» zudem *M. SCHARER/B.J. HILBERATH*, Kommunikative Theologie. Eine Grundlegung, Mainz 2002. Zudem schon *P. HÜNERMANN/R. SCHAEFFLER* (Hrsg.), Therorie der Sprechhandlungen und heutige Ekklesiologie (QD 109), Freiburg i.Br.-Freiburg i.Ue. 1987, *B.J. HILBERATH*, Communio – Ideal oder Zerrbild von Kommunikation (QD 175) Freiburg i.Br.-Freiburg i.Ue. 1999. Vgl. bes. die Werkstrecke von *E. ARENS*, Kommunikative Handlungen. Die paradigmatische Bedeutung der Gleichnisse Jesu für eine Handlungstheorie, Düsseldorf 1982, *ders.*, Bezeugen und Bekennen. Elementare Hand-

oder fundamentaltheologische Leitkategorie[734] ist, faßt E. Arens unter der Frage nach Leistungen und Möglichkeit der Kommunikation, die theologisch zu bedenken sind, fünf Grundeinsichten zusammen:

> *«... eine intersubjektive, eine inhaltliche, eine kontextuelle, eine mediale sowie eine intentionale. Es geht also darum, jeweils folgendes zu differenzieren und zu analysieren:* Wer *(welche Subjekte) tut* was *(welche Inhalte)* wo *(an welchen Orten und in welchen Kontexten)* wie *(mittels welcher Medien und Modi)* wozu *(mit welchen Intentionen und Zielen)?»*[735]

Der Fragekatalog spiegelt im Kern über die nötige Deskription hinaus eine Variante des klassischen ethischen Werkstücks der «fontes moralitatis». Kommunikation – und in ihr Höflichkeit – sind folglich ethisch zu bedenken. Die möglichen Ambivalenzen und die ethische Diakritik liegt in der Frage nach der sittlichen Qualität von Intention, Umständen und Folgen eines jeden Sprechaktes – nicht nur auf der material-thematischen Ebene, sondern schon auf der Expressionsebene selbst, die ethisch zu denken gibt, auch wenn sie beständig anwesend und selbst unthematisiert im Kern als selbstverständlich vorausgesetzt wird. Dies ist der grundlegende Ansatz, der freilich dann – was hier nicht nochmals dargelegt werden muß – nach seinen ethischen Implikationen ausgefaltet und bewertet werden muß. Dies markiert immer eine spezifische Doppelwirkung des Sprechens als Handlung mit Folgen nicht nur im «Was», sondern auch im «Wie» auf der Sach- und Beziehungsebene von Kommunikationen. Sittlich verantwortetes Sprechen und Kommunizieren[736] liegt initial und im Detail noch unterhalb der Unterscheidung von verständigungs- und erfolgsorientierter Kommunikation, einer Unterscheidung, die realiter

---

lungen des Glaubens, Düsseldorf 1989, *ders.*, Christopraxis. Grundzüge theologischer Handlungstheorie (QD 139), Freiburg i.Br.-Basel-Wien 1992, *ders.* (Hrsg.), Gottesrede – Glaubenspraxis. Perspektiven theologischer Handlungstheorie, Darmstadt 1994, *ders.* (Hrsg.), Anerkennung der Anderen. Eine theologische Grunddimension interkultureller Kommunikation (QD 156), Freiburg i.Br.-Basel-Wien ²1995, *ders.* (Hrsg.), Kommunikatives Handeln und christlicher Glaube. Ein theologischer Diskurs mit Jürgen Habermas, Paderborn-München-Wien-Zürich 1997. Der metatheoretische Ansatz der meisten Beiträge bleibt zu konstatieren. Nicht nur Implementierungsfragen, auch Alltagsdimensionen bleiben spärlich explizit reflektiert.

[734] Vgl. *B. FRESACHER*, Kommunikation – Leitbegriff theologischer Theoriebildung, in: ZKTh 123 (2001) 269-283. Die Kommunikationsthematik begegnet theologisch-ethisch meist als Bereichsethik (Medien und Kommunikationsmittel). Fundamentalethisch fließt die Thematik vorrangig über die Modelle und Theorien kommunikativen Handelns und diskursethischer Konzepte ein. Die Anfrage bleibt, ob diese Versuche eine kommunikationspraktische «tabula rasa» annehmen und dann erst begründen, was sie notwendig voraussetzen. Diese Voraussetzung ist aber keineswegs so selbstverständlich, wie Zivilisationspostulate suggerieren, sondern selbst dauernd neu zu schaffen. In diesem Kontext ist der präzisierende Diskurs über die Höflichkeit (und die alltäglich-ubiquitären Leistungen ihrer Realisation) eine notwendige, aber nicht ausreichende Grundierung und Konkretisierung abstrakter Reflexionen.

[735] *E. ARENS*, Was kann Kommunikation: in: StZ 220 (2002) 410-420. E. Arens hat sich in einer Fülle von Publikationen gerade mit der habermasschen Kommunikationstheorie auseinandergesetzt und sie theologisch zu bedenken gesucht.

[736] *I. DALFERTH/E. EBERHARD*, Sprache als Träger von Sittlichkeit, in: HCE II 454-473, *H.-J. GÖPPNER*, Art. Sprache, in: *J. BLATTNER* (Hrsg.), Handbuch der Psychologie für die Seelsorge I. Psychologische Grundlagen, Düsseldorf 1992, 197-211, *G.W. HUNOLD*, Identität, in: *WILS/MIETH*, Grundbegriffe 31-44, *A. HUTER*, Art. Kommunikation, in: NLChM 376-381, *J.G. HAHN/J. WERBICK/R. FUNIOK/R. ZERFASS*, Art. Kommunikation, in: LThK³ VI 213-217. – Zu diesem Problemkreis aus ethischer Sicht: *A. LOB-HÜDEPOHL*, Kommunikative Vernunft und theologische Ethik (SThE 47), Freiburg i.Ue./Freiburg i.Br. 1993.

nicht immer sehr leicht zu treffen sein wird[737], auch wenn in den Ansprüchen der jeweiligen Situation ein Aspekt stark dominieren kann. Verständigungstelos und der instrumentell-zweckrationale Telos des Erfolgs schreiben sich auch in die Höflichkeitstheorie ein. Beide Momente, verständigungsorientierte und erfolgsorientierte Höflichkeit, sind ethisch wieder in Relation zu setzen und dann zu bewerten. Liegt der Erfolg in der Strategie der Selbst- oder Fremdachtung, der Face-Schonung (und wie trägt dies aus für den Telos der Verständigung und ihre Bedingungsmöglichkeiten)? Liegt er in der fundamentalen Grundachtung voreinander? Der Katalog läßt sich verlängern – im Kern wird in diesem Perspektivenwechsel zwischen Erfolg und Verständigung wieder die Frage nach den kommunikationsethischen Voraussetzungen und Intentionen virulent. Bezug und Verwiesenheit lösen sich nicht einfach auf die eine oder andere Seite hin auf, sondern öffnen ethisch bemeßbare Konstruktions- und Kommunikationsleistungen, wenn die innere, äußere und soziale Welt konstituiert, erschlossen, in Frage gestellt oder verändert wird. Der Möglichkeiten sind hierbei unendliche viele und Sprache dabei mehr als nur bloßes Mittel zur Informationsübertragung, sondern multidimensionales Geschehen – und zudem selbst eines von vielen, denn Verbalität ist ein Moment der vielschichtigen Mitteilung des Seins und der Selbsttranszendenz.[738]

Handlungen des Bittens und Dankens, des Grüßens und Verabschiedens, des Einbezugs und der Distanz[739], der Annäherung und Trennung, auf der Ebene des Prozesses und des Inhalts, Handlungen der Direktheit und Indirektheit[740], sprich: die weite Palette der Höflichkeitshandlungen als Initialisierungen, Kontinuierungen und Finalisierungen auf Beziehungs- und Sachebene, sind hier inkludiert, aber zugleich auch nur «stellvertretend» zu nennen als besonders höflichkeitsmarkierte Kontexte. Im Grund ergibt sich die Fragestellung in jeder Expressions- oder Interaktionssituation, insofern Höflichkeit in und als Kommunikation in Thematik und Beziehung Akte begleitet und unterfängt.

Grundlegend bleibt dabei immer wieder: «Anerkennung ist sowohl eine transzendentale Voraussetzung als auch ein zentraler Topos ethischer Kommunikation.»[741] In dieser doppelten Hinsicht ist Höflichkeit ethisch zu beleuchten. Anerkennung und Wahrnehmung als fundamentales Realprinzip[742] vor und unter jeder

---

[737] Dies mit Habermas formuliert bei *ARENS*, Was kann Kommunikation 413-417, bes. 413.

[738] Die horizontal-anthropologische Dimension und die vertikal-theologische Dimension sind unterscheidbar, aber nicht letztlich trennbar. Man verzeihe dieses holzschnittartige Koordinatensystem.

[739] Vgl. etwa *V. CIROUL/A.-C. SIMON*, L'«ex-communication» interactionelle comme stratégie de dévalorisation de l'idéologie, in: *WAUTHION/SIMON*, Politesse et idéologie 185-196. Individual- oder dualethisch, sozial- wie politik- und gesellschaftsethisch ist die Unterscheidung von «stabil-strukturellen» politischer, sozialer Ausgrenzung und Despektierung (etwa als Exkommunikation und Apartheid) und lokaler wie persönlicher oder situativer Distanzwahrung von Intim- und Privaträumen der Begegnung von Bedeutung.

[740] Vgl. *K. DEMMER*, Art. Akt II. theologisch-ethisch, in: LThK³ I 299-303, 303, kommt auf die Unterscheidung von direkt und indirekt zu sprechen. Diese ethische Unterscheidung ist abzugrenzen von der Indirektheit als Moment der Höflichkeit. Dieser geht es um direkte Druckminderung auf den anderen (und seine Face-Schonung) bei gleichem Handlungsziel in gleicher Handlung. Die handlungstheoretische Unterscheidung zielt auf Folgeüberlegungen und Intentionalitätsdifferenz.

[741] *WILS*, Autonomie und Anerkennung 30 (im Original kursiv). Vgl. *JUNKER-KENNY*, Das Risiko der Vorgabe 60-72.

[742] Vgl. *FRANCK*, Ökonomie der Aufmerksamkeit 19ff.

auf den anderen bezogenen Handlung gilt es einerseits zu situieren und selbst wahrzunehmen, andererseits sind die aktualen Vollzüge zu sichten, inwieweit sie dieses Grunddatum sichern. Dabei ist wiederum selbst zu beachten, daß die Wahrnehmung nicht «misplaced» oder invasiv wird. Es geht vorrangig um den «Kreis der Sichtigkeiten» wie Rücksicht, Vorsicht, Nachsicht, Umsicht, Einsicht[743], und nicht der Decouvrierung und des ungefilterten Zugriffs und der Bloßstellung oder Bloßlegung des anderen als Dekonstruktion seiner Intimität und Privatheit. «Invasion» und Eintritt in den Bedeutungshof des anderen ist zustimmungspflichtig vom anderen her.

Höflichkeit ist so doppelt bestimmt als Achtung *und* Achtungskommunikation, damit als Wertschätzung und Wertexpression, nicht zuerst als Achtungsbegründung[744]. Anerkennungs- oder Achtungsverhältnisse etablieren einen Gehalt moralischer Kommunikation in wechselseitiger Achtung und Respektierung personaler Individualität und Identität in Intersubjektivität[745] Der «Kampf um Anerkennung» konstruiert und etabliert nicht nur Anerkennung, sondern auch die an diesem Prozeß Beteiligten.[746] Überstieg auf Höflichkeit in diesem formalen, dispositionellen

---

[743] Vgl. konzise *SCHMÖLDERS*, Höflichkeitsforschung 536, 539, zu diesen «Sichtigkeiten» und zu aktuellen Tendenzen übertriebener Sichtbarmachung und Bloßstellung, vgl. dazu auch *WILS*, Autonomie und Anerkennung 27-51, *DESMOND*, On the betrayals of reverence 229.
Dies läßt sich für eine spezifische Situation ethischer Kommunikation korrelieren. Zur Tugend des Rates und Beratens, die die Handlungsfreiheit des anderen in allen Asymmetrien aufrechthält oder wiederzugewinnen sucht, gehören spezifische Komponenten: Thomas v. Aquin, S.Th. II-II 49-52, zeichnet ein komplexes und differenziertes Bild des Rates, wenn er eine Reihe integraler Momente des Rates selbst unterscheidet und korreliert: Die «memoria» als Erinnerung im Umgang mit sittlicher Erfahrung, «intelligentia» als Einsicht in den jetzigen Problemstand, «docilitas» als Offenheit für fremde Belehrung, «sollertia» als Scharfsinn zur Zielsetzung, «ratio» als Vernünftigkeit und Abschätzung, «providentia» als Vorsicht in der Anordnung des für die Zwecke oder Ziele Nötigen, «circumspectio» als Umsicht, «cautio» als Vorsicht.

[744] Vgl. – ex negativo sozusagen – den dreifachen «kommunikativen Mord» bei F. v. Sales (vgl. oben Abs. 13.3.). Pointiert und drastisch sind hier Sprechakt-Folgen. Sprechen ist also keineswegs harmlos. Ethisch ist immer wieder nach der Konstruktivität oder Destruktivität des Handelns im Medium der Sprache aufmerksam zu machen. Daß es ethisch neutrale Sprechhandlungen gibt, steht dabei außer Frage. Aber wo immer die Integrität der Kommunikationspartner oder thematisierter Dritter auf dem Spiel steht, wird diese Neutralität verlassen. Achtungskommunikation ist somit essentieller Bestandteil dessen, worum es der Moral geht. Dies tangiert nicht nur Situationen und Konstellation, sondern schon mikrologisch und mikroethisch Personen selbst in ihrem Sein und Werden. Qualität und Quantität noch so minimaler Achtungen und Mißachtungen bilden eine Summe mit Wirkung, selbst wenn der Einzelfall als Miniatur ethisch vernachlässigbar und marginal erscheinen mag.

[745] Vgl. etwa schon *E. CORETH*, Lebensvollzug in Kommunikation und Interaktion, in: *HÜNERMANN/SCHAEFFLER*, Theorie der Sprechhandlungen und heutige Ekklesiologie 11-26, *H. RINGELING*, «Postmoderne» Identitätsprobleme – ein Nachtrag von 1993, in: HCE II 518-526. Spricht man differenzierend vom Zusammenhang endogener, interaktioneller und pluralistischer Identität, wird zumindest in der zweiten Beschreibung jene Perspektive und Bedeutung markiert, die nicht egologisch reduziert oder plural diffus oder diffundierend bleibt. Vgl. *G.W. HUNOLD*, Identität, in: *WILS/MIETH*, Grundbegriffe 31-44 (Lit.), *H. KEUPP*, Ambivalenzen postmoderner Identität, in: *U. BECK/E. BECK-GERNSHEIM* (Hrsg.), Riskante Freiheiten. Individualisierung in modernen Gesellschaften, Frankfurt/M. 1994, 336-350, *H. HAKER*, Art. Identität, in: HbEth 394-399, knapp (aber mit weiteren Literaturhinweisen) *A. MAURER*, Art. Identität, in: LChE I 844-847 – zudem: *B. SCHÄFER/B. SCHLÖDER*, Identität und Fremdheit. Sozialpsychologische Aspekte der Eingliederung und Ausgliederung des Fremden, in: JCSW 35 (1994) 69-87, *M. SINGER*, Fremd.Bestimmung – Zur kulturellen Verortung von Identität, Perspektiven (Forschungsbeiträge zu Geschichtswissenschaft, Pädagogik, Philosophie, Psychologie, Psychotherapie und Soziologie VI), Tübingen 1997.

[746] Vgl. *WILS*, Autonomie und Anerkennung 39. Zur theologischen Rezeption und Diskussion der Anerkennung als Basiskategorie von Interpersonalität und freiheitlicher Vergesellschaftung vgl. die Beiträge

und dann habituell auch zu verantwortenden Prozeß. Damit Rekonstruktion des einen und des anderen nicht eine eigentliche Dekonstruktion wird, braucht sie eine Idee des Guten, eine Güterlehre, die den Prozeß transzendiert.

(Moralische) Aufmerksamkeit und Anerkennung existieren natürlich nicht unabhängig von soziokulturellen Wahrnehmungsstilen, symbolischen Feldern, von Habitualisierungen der Sinne, die nicht zuletzt auch wertende Einstellungen enthalten. Weltverhältnis ist «interpretationsimprägniert»[747] – aber auch Interpretationen und Handlungsmöglichkeiten imprägnierend. Das Gegenüber von Anerkennungs- und Achtungsrelationen und -kommunikationen wird rekonstruiert. Vor der eigentlichen und geäußerten Anerkennung und Achtung liegt eine implizite Dimension, die ein Wahlverfahren des potentiellen Partners einschließt und ermöglicht. Insofern liegt vor und immer unter dem egalitären Diskurs als schon formales Zielgebot eine habituelle und praktische Dimension der Höflichkeit als Räumlichkeit, die ein Apriori zum Diskurs darstellt: Raum und Zeit geben oder nehmen, um überhaupt zu Wort und Handlung kommen zu lassen, markiert den Kern dieser fundamentalen Höflichkeit. Worum immer gebeten, was immer zu besprechen, zu bedenken, wozu eingeladen, aufgefordert und abgezielt wird – wenn Raum und Zeit dafür vorleistend nicht zugestanden und gewährt wird, ist Interaktion bereits gefährlich tangiert. Dies beginnt «en détail» und fortwährend, «vor» und mit jedem Diskurs, jeder Interaktion und begleitet diese beständig. Mit anderen Worten:

> «*Höflichkeit beruht auf dem kommunikativen* Ausdruck von Achtung *und* Anerkennung *der Ansprüche und des Wertes der Person des anderen.*»[748]

Umgangssprache und Umgangsformen in ihrer Vielfalt haben sich als Sprache und Form des Umgangs immer wieder auf diese Grundlage beziehen zu lassen. Der Befund vorrangig negativ-despektierender Moralisierungen in der Alltagskommunikation von Moral[749] weist deutlich darauf hin, daß eine ethische Reflexion auf diesen Tatbestand nicht ohne Anlaß und Sinn ist, auch wenn der erste Impetus hierorts der einer Sensibilisierung ist, ohne hier exakte, punktgenaue Normierungen vornehmen zu wollen: Von der größeren Beachtung der Thematik und einschlägigen Funktionsweisen und Folgen hängt dann aber doch auch die Formulierung von mittleren Maximen ab, die wiederum selbst in Relation stehen zu ethischen Prinzipi-

---

in: *E. ARENS* (Hrsg.), Anerkennung der Anderen (QD 156), Freiburg i.Br. 1995, *K. HILPERT/J. WERBICK* (Hrsg.), Mit den Anderen leben. Wege zur Toleranz, Düsseldorf 1995.

747 So *H. LENK*, Philosophie und Interpretation. Vorlesungen zur Entwicklung konstruktionistischer Interpretationsansätze, Frankfurt/M. 1993, 264.

748 *VALTL*, Höflichkeit 242.

749 *R. AYASS*, Versachlicht oder veraltet: Positive Moralisierungen in alltäglichen und institutionellen Kontexten, in: *BERGMANN/LUCKMANN*, Kommunikative Konstruktion von Moral II 289-327. Unter diesen Despektionsrealisierungen, die eine Negativfolie bilden für die Frage nach der persongerechten Höflichkeit als Face-Bewahrung und -schonung oder -aufbau liegt die fundamentalanthropologische Zuspitzung der Höflichkeit als «conditio sine qua non» der Kommunikabilität (Pernot).
ARENS, Was kann Kommunikation 414, stellt mit Habermas und Apel die Frage nach der möglichen Vermachtung, Verzerrung und Verblendung von Kommunikation, die das Verständigungstelos der Kommunikation manifest gefährden. Es beginnt aber schon früher – vor derartigen strukturellen oder institutionellen Deviationen – und beileibe nicht derart manifest oder spektakulär: Hauptfeind von Höflichkeit im Alltag sind Gedankenlosigkeit und Bequemlichkeit, so schon *WEILNER*, Höflichkeit 601. Beide Perspektiven sind im Blick zu behalten.

en. Wenn Räume und Höfe nicht anerkannt werden, verschwindet Autonomie des physisch wie moralisch Anwesenden. Abstand und Loslassen als interaktionelle Generierung von subjektiven Handlungsräumen und -zeiten. «Rücksicht auf den Lebensspielraum des anderen»[750], Anerkennung als *Person* mit Selbstwert, als *Interaktionspartner*, als in seinen Bedürfnissen geachteter, wenn schon nicht als geliebter *Nächster* und als *Subjekt* unveräußerlicher Rechte.[751] «Moral» als «Achtungskommunikation»[752] kommt immer dann besonders, aber eben nicht erst dann ins Spiel, wenn in einzelnen Kommunikationsmomenten Achtung oder Mißachtung signalisiert werden und dabei ein situativer Bezug auf trans- und übersituative Vorstellungen von «gut»/«böse», «richtig»/«falsch»[753] oder – erheblich weiter gefaßt – gelingendes, glückendes Leben hergestellt wird oder sich einstellt.

Kommunikation *in* wechselseitiger Achtung und Kommunikation *von* Achtung in sensuellem Beginn und trotz aller selektiven Wahrnehmungen stehen in dieser doppelten Hinsicht auf dem Plan. Die innere Achtung vor dem Mitmenschen drängt zum Ehrenerweis (vgl. Röm 12,10). Sie ist verwiesen und gebunden an eine Praxis des Ausdrucks (was auch von Fall zu Fall ein spezifischer Nicht-Ausdruck oder Nicht-Sprech-Akt der Vermeidung sein kann[754]). Grundsätzlich gilt zunächst: Wer gewisse Umgangsformen einhält, die gegenseitige Achtung zum Ausdruck bringen (oder im Fall des Nichtausdrucks in diesem Sinn decodiert werden können), ist höflich und respektierend. Im äußeren und geäußerten Reverenz- oder Ehrenerweis versagt, wer gegen den Mitmenschen unhöflich oder grob ist, am deutlichsten, wer den Mitmenschen beschimpft, brüskiert oder despektiert. Grobheit versucht sich manchmal als Geradheit oder Authentizität zu rechtfertigen. Man müßte jedoch bedenken, daß der Grobe sich nicht nur im Äußeren, sondern auch im Inne-

---

[750] Vgl. *BOLLNOW*, Einfache Sittlichkeit 9, 13.

[751] Vgl. *WERBICK*, Anerkennung 6f. – Die Perspektiven sind ebenso bezeichnet wie die Unterscheidung zwischen «geachtet» und «geliebt». *Sachlich* verläuft hier eine Unterscheidungslinie zwischen der «caritas affectiva» und einer Höflichkeit, die eine «caritas effectiva» markiert. *Personal* verläuft die Linie natürlich nicht identisch. Zeichen der Achtung können einer geliebten Person gelten (freilich erschöpft die Affektivität sich nicht darin, sondern schöpft auch daraus), Zeichen einer fundamentalen Anerkennungsachtung müssen allen gelten. Anders und im Sinne der Identifikation dessen und derer formuliert, die «angeht» und zudem die Problematik des Nächsterseins auf die Handlungs- und Konflikt- wie Kooperationsebene bringend: «Nachbar(in) sein ist somit ein Zustand des Vorbereitetseins, der permanenten und stabilen *awareness*, ein Horchen auf den anderen, eine Situation der Ver-Antwortung, der Notwendigkeit einer moralischen Antwort. Der Nachbar verwickelt mich in eine moralische Existenz», so *BRENNER/ZIRFAS*, Lexikon der Lebenskunst 280f. Der Nachbar – Zaun an Zaun, Tür an Tür, Schalter an Schalter, Sitz an Sitz – ist die Initiale der unausweichlichen Intrige des Ethischen (E. Levinas), der Supra- oder Subtext der Verantwortung, die Initiation der ethischen Praxis – ohne daß hier schon Urteile gesprochen oder Handlungsoptionen eruiert wären. Hier ist die Höflichkeit der Anfang der praktischen ethischen Vernunft, aber lange nicht das Ende. *ARENS*, Was kann Kommunikation 413, urgiert dabei vorrangig den schmalen, aber bedeutungsvollen normativen Kern der Kommunikationsethik (also: Wahrheit, Gerechtigkeit und Wahrhaftigkeit), doch schon im Begriff der Wahrhaftigkeit meldet sich das unverzichtbare Haltungselement an. Ähnlich fokussieren *MIETH*, Die Grundnorm der Wahrhaftigkeit 15-40, und – so knapp wie Hegel-zentriert – *C. HALBIG*, Art. Anerkennung, in: HbEth 297-301.

[752] Vgl. *BERGMANN*, Alltagsmoral 107f.

[753] Vgl. etwa *W. LESCH*, Ethik und Moral/Gut und Böse/Richtig und Falsch, in: *WILS/MIETH*, Grundbegriffe 64-83.

[754] Welche *Angemessenheit* diesen kommunikativ konstruierten und transportierten Urteilen zugrunde liegt und zukommt, bleibt die beständige Frage. Wie direkt (also Grobheit, Diffamierung, als Beleidigung oder Bloßstellung) oder indirekt (als verweigerter Gruß oder verweigerter Dank, als Befehl statt als Bitte, in Formen der Ignorierung, etc.) dies «einschlägt», ist ein fortwährender Motor dieser Untersuchung.

ren gehen läßt und gerade durch Wahrung äußerer Formen auch zu einer inneren Zügelung kommen könnte.[755] Gutes wünschen kann zuwenig sein, wenn nicht nur verbale Handlung gefordert wäre.[756] Wahrnehmbar sind vorrangig die Facetten der Geäußertheit oder vermißter Zeichengabe. Sie sind multipel und mehrkanalig genug, um die Frage nach all den einschlägigen Koordinaten des Ethischen für eine Handlung im Medium von Sprache, Symbolik und Gestik zu stellen. «Harte» Terminologie ist nicht einfachhin identisch mit Härte, Brüsk- oder Krudheit selbst – sondern hängt durchaus von gruppenspezifischer Semantik und gruppeninternen Höflichkeitsstilen und -sets ab. Fremdinterpretationen und -bewertungen müssen sich daher zunächst des Kontextes und der Konnotationen versichern. Damit stellt sich aber andererseits gerade an den Übergängen zwischen Gruppen, Kulturen oder Sprachen besonders die Notwendigkeit von Achtung und Wahrnehmung als Retardierung von Urteil und vorschnellem Handeln gerade angesichts der Begegnung mit immer Fremderem und vielfältigen Fremden im Alltag einer differenzierten und komplexen Gesellschaft der Moderne. Hier wiederum stellt sich die Grundlagendimension ein, die unterhalb jeder konkreten Interaktion festhält: Jede/r *bedeutet*, und weil jede/r bedeutet. Dies holt eine Höflichkeit als Raum- und Zeitgabe für eigenes und anderes Handeln und Interagieren eine Ratifikation der «caritas implicata, explicita et effectiva» ein. Höflichkeit ist in diesem Sinn und Konnex als Modus, Modalität und je neue Initiale der Anerkennung und Würdigung der Würde zu begreifen.[757]

Sprechen als Handlung mit Folge und Wirkung steht somit unter ethischen Parametern, sofern sie freie, intendierende und wirksam-folgenreiche Handlung ist.[758] In der Praxis sucht dies genau das Dominium der Höflichkeit zu verifizieren und zu aktuieren. Sie ist Transmissionsriemen der Transformationen von abstrakten zu konkreten Ebenen in nicht *einfacher* Applikation.

Eine theologisch-ethische Höflichkeitstheorie ist Teil einer «Humanökologie», die sich in der Achtung des human-interhumanen Umraums bewährt und konkretisiert, gerade weil sie weiß, daß ihre Bedingungsmöglichkeiten sie selbst nicht nur anthropologisch transzendieren. Eine Theorie und Praxis der Anrede[759] beginnt, konturiert und konkretiert sich nicht erst – und nicht ausschließlich – «zwischen Menschen» (auch und gerade, wenn sich der ethische Reflexionsfokus darauf richten darf, theologisch-ethische Reflexion sichtet diese begründete «anthropologische Wendung und Zuwendung» in einem eigenen Horizont[760]).

---

[755] Vgl. *HÖRMANN*, Ehre 307.

[756] Vgl. *PESCHKE*, Christliche Ethik. Spezielle Moraltheologie 213.

[757] Ihre tiefste und zugleich unabschließbare Begründung jenseits und vor allen materialen, individuellen, sozialen Ausfaltungen und Daten (Position, Wissen, Macht etc., die aktuell durchaus anerkennungs- oder höflichkeitsauslösend sind) bleibt das theologische Grunddatum der Anerkennung des Menschen durch Gott. Das «Würde-Argument» wird in der Tiefenhöflichkeit der Anker für ihre eigenen Realisationsformen und jene Haltungen, die sie tragen. Dies wiederum läßt eine ethische Kritik aller anderen Anerkennungsauslöser zu, wobei hier nicht auf eine einseitige Abwertung gezielt werden darf.

[758] Zu Merkmalen des Handelns und der Handlung vgl. *BRANTL*, Verbindende Moral 199ff., *DEMMER*, Fundamentale Theologie des Ethischen 237-291.

[759] Vgl. knapp *DALFERTH/JÜNGEL*, Sprache als Träger von Sittlichkeit 466ff.

[760] Vgl. etwa *E. GUGGENBERGER*, Karl Rahners Christologie und heutige Fundamentalmoral, Innsbruck-Wien 1990, bes. 150-185.

14.3. «Sensible Tiefe»: Theologische Momente eines «Ethos der Cortesia» – Spuren, Fragmente, Anknüpfungen

Drei thematische Leitlinien und Perspektiven, die hier mehr eröffnend als abschließend und abgerundet und schon gar nicht umfassend dargestellt werden können, wollen Verbindungslinien herstellen. Diese Linien bleiben «locker» und diskret, insofern sie – so wie sie hier eingespeist werden – sich im Grund als Abschluß eines Weges präsentieren, der theologisch-ethisch kaum beschritten, sich nicht auf deutliche Vorgängerspuren berufen kann. Die Anknüpfungen, die anschließend erfolgen, wollen einer Spur folgen, die dennoch mehr ist als bloße Intuition. Der Vorlauf, die Vorstellungen (in des Wortes doppelter Bedeutung) dienen der Verknüpfung und der Ernsthaftigkeit der Frage nach der Höflichkeit selbst in handlungstheoretischen und deutungspraktischen Absichten.

Einzuräumen ist vorab: Es geht um Hinweise, um Rekurse und Verknüpfungen, um mehr nicht. Jeder einzelne der folgenden drei thematischen Abschnitte hätte eine weit ausholende Reflexion auf Hermeneutiken, Methodologien und eine Fülle von Einzeldiskussionen zu verweisen, sie zu verarbeiten. Dies zu leisten ist hier nicht möglich und auch gar nicht Absicht. Die Absicht ist bescheidener – ein kleiner Durchblick von einem scheinbar marginalen Thema, der «cortesia», aus auf zentrale theologische Topoi. Dies soll nicht zu Überfrachtungen führen oder ihnen Vorschub leisten, sondern – in aller Diskretion – einer Würdigung der Tradition und der Transformation dienen.

Die drei Perspektiven lassen sich biblisch benennen; dies aber keineswegs nur im Modus eines Stichwortanschlusses, wie sich zeigen soll:

- «... τῇ τιμῇ ἀλλήλους προηγούμενοι ...» (Röm 12,10),
- «... ἡ φιλανθρωπία ἐπεφάνη τοῦ σωτῆρος ἡμῶν θεοῦ ...» (Tit 3,4),
- «... ὁ δὲ καρπὸς τοῦ πνεύματός ... μακροθυμία χρηστότης ἀγαθωσύνη ...» (Gal 5,22).

Diese systematisch, pneumatologisch, aber auch spirituell hoch aufgeladenen Begriffe theologischer Provenienz und Tradition sollen hier nicht zu einer vorgeblichen Systematik zusammengeschlossen werden. Diese läßt sich nicht *direkt* aus dem biblischen Befund ableiten. Gleichwohl rühren Topoi wie Ehre und Achtung, Menschfreundlichkeit Gottes in seiner Epiphanie und Soteriologie an Bereiche, wie sie ein Ethos der Cortesia bedenkt. Auch diese Begriffe und die mit ihnen angedachten Phänomene haben ihre Bedeutungshöfe. Wenn sie auch nur an den Rändern Platz bieten für den Diskurs der Höflichkeit, ist genug gewonnen, sie theologisch in einer unabschließbaren Dynamik und Teleologie durchsichtig zu machen, ohne vorzugeben, sie wären hier gänzlich erfaßt oder ausgeschöpft, ohne vorzugeben, Analogien und differenzierbare Bedeutungsschichten wären verwischt oder gar aufgehoben.

Bondolfi formuliert mit Recht einen bedenkenswerten Einwand, der bei aller analoger Rede im Blick auf den Wert der Alltagsrede und -kommunikation als Interaktionalität und Inter- oder Transdisziplinarität zu beachten, aber auch zu übersteigen bleibt:

«Das intuitiv vorgenommene Verhältnis zwischen Basisregeln des menschlichen Interagierens und der theologischen Symbolsprache wird nicht genügend vertieft, und damit entsteht die Gefahr, daß mögliche Differenzen zwischen theologischen Chiffren und der kommunikativen Grundstruktur übersehen werden.»[761]

Anstelle einer abzuwehrenden Kategorienverwechslung als blanker Identifikation geht es hier um eine Betonung der Kategorienverwiesenheit und -kommunikation. Wie mehrkanalig, vielschichtig Kommunizieren über Gott und den Menschen, aber auch mit Gott und dem Menschen als Sprechhandlung (oder auch als Nicht-Sprechakt) ist und bleibt, die jeweils gleichen Repertoires in ihren Stufungen und Steigerungen bleiben hier zu bedenken, die gleichen Termini in der Vielfalt ihrer Bedeutungshöfe, die sich unterscheiden und vernetzen lassen. Analyse als Trennung ist letztlich ein Mythos getrennter Welten, Vernetzung in Unterscheidung (mit bisweilen extremen Spannungen) rekonstruiert Welt und Überschuß eben nicht als Stockwerktheologie und Stockwerkethik![762] In dieser Ausspannung und Spannung sucht sich verweisend und als Hinweis das Folgende zu situieren.

14.3.1. Aufmerksamkeit für Achtungsüberbietung – der Gruß und die größere Höflichkeit (biblische Facette)

«... τῇ τιμῇ ἀλλήλους προηγούμενοι ...»: Die paulinische Aufforderung zur wechselseitigen Achtungsüberbietung in Röm 12,10 richtet den Blick auf die Nächsten, wie seine Forderung, «den Dank zu vervielfachen» (2Kor 4,15) den Blick auf die Gottesbeziehung richtet. Beide Perspektiven und Dimensionen konspirieren theologisch – und nicht zuletzt mit dem Thementableau der Höflichkeit.

Die Dynamik des immer gesteigerten, unabschließbaren, wechselseitigen Ehrerweises – avant la lettre «Höflichkeit» trifft hier die Ethik des Umgangs auf die «conversatio christiana ad intra» (*und* «ad extra»?) – bildet ein Verbindungsglied zwischen Höflichkeitsdiskursen und biblischen Ethosformen.

Dieser Spur soll nachfolgend nachgegangen werde. Auch hier gilt zunächst: Eine umgreifende und vollständige Darstellung ist nicht angezielt. Sie würde den Rahmen sprengen. Doch zumindest eine «zarte Vernetzung» bleibt anzustreben. Der Rekurs auf die inspirierende und normierende Text- und Offenbarungsstrecke bleibt unverzichtbar für das Unterfangen theologischer Ethik, die hier ihren Grund und Horizont schöpft – in aller hermeneutischen Vorsicht und Behutsamkeit, also einer spezifischen «Höflichkeit dem Text» gegenüber.[763] Hier erwächst für die theologische Ethik eine doppelte Aufgabe: Sie ist aus der Perspektive der Schrift zu begründen *und* in einer wissenschaftlichen Form darzubieten. Dabei sind einzelne biblische Aussagen nicht nur zu rekapitulieren, sondern auch in einen adäquaten, ethisch begründeten Rahmen zu stellen. Die Kern- und Erstabsicht der Schriften ist

---

761 *BONDOLFI*, Alltag in ethisch-theologischer Sicht 23.

762 Unterscheidung bleibt zu unterscheiden von Trennung (vgl. *SCHÜLLER*, Begründung sittlicher Urteile 51). Vermittelnd *ARENS*, Was kann Kommunikation 410, 414-419, *K. DEMMER*, Moraltheologie in der Polarität von Glaube und Vernunft 14: «Die Sprache wird zum Träger des Gottesgedankens, so offenbart sie ihren Reichtum wie ihre unübersteigbaren Grenzen.»

763 Hier sei nur an das Dekret über die Ausbildung der Priester des II. Vaticanums, OT 16, erinnert.

nicht, einzelne ethische Normen zu begründen. Im Zentrum steht die Heilszusage Gottes als Anrede, die jeder menschlichen Antwort vorausgeht. Die Schrift handelt zwar von moralischen Fragen, aber in einer anderen Weise als die systematische Ethik von den Konsequenzen des Glaubens für das Handeln. Es geht den biblischen Schriftstellern nicht um eine systematisch abgeschlossene Darlegung der Ethik, sondern zumeist um situationsbedingte Mahnungen und Erzählungen, die einem konkreten Anlaß folgen. Zu fragen bleibt, wie unter gegenwärtigen Bedingungen die Botschaft der Bibel angemessen eingebracht werden kann. So stellt sich eine doppelte hermeneutische Aufgabe: Grundhaltungen und ethische Leitlinien, die an der Wurzel einzelner biblischer Erzählungen stehen, müssen herausgestellt und «übersetzt» werden.[764] Eine eigene Hermeneutik biblischen Ethos und biblischer Ethik kann hier allerdings nicht entwickelt werden. Dazu liegt eine Vielzahl von Versuchen vor.[765] Einige Grundlinien lassen sich erheben:

- normativ-paränetische Züge: Normen und Haltungs- wie Praxispostulate (wie Röm 12,10);
- narrative Züge: Begegnungserzählungen oder -gleichnisse, Sentenzen, Spruchweisheit, «moralistische» Maximen, den Umgang miteinander betreffend;
- praktisch-praktizierte Züge: Lk-Proömien, Briefanfänge und -abschlüsse als eingeholte skripturale Höflichkeitspraxis («Sitz im Leben» und darüber hinaus).

Dies rundet sich freilich nicht zu einem systematischen Bild. Biblische Nichtsystematik gilt es auch im Blick auf unser Thema festzuhalten. Ein Traktat über die Höflichkeit «avant la lettre» ist nicht erhebbar und auch nicht sekundär einzulesen.[766] Dennoch gilt: Die kommunikative Anlage der Schrift über Erzähler- und Erzählebene hinaus öffnet in der unabgeschlossenen Kommunikation mit den LeserInnen immer neu auch eine Möglichkeit für höflichkeitstheoretische Analysen. Face-Schutz und -bedrohung, Nähe und Distanz modellieren sich in allen Textkorpora und -wirkungen.

---

764 Die Reich-Gottes-Botschaft, die Idee der Nachfolge Jesu oder die Rede vom Willen Gottes enthalten so etwas wie ein oberstes Handlungsprinzip (H. Merklein). Hier ist das Tripelgebot der Gottes-, Nächsten- und Selbstliebe von bleibender Gültigkeit. Von daher ist die Heilige Schrift primäre Glaubensquelle der Kirche und eine primäre Erkenntnisquelle der theologischen Ethik. Was aber diese Handlungsprinzipien in wechselnden geschichtlichen Situationen und vor neuen Herausforderungen konkret besagen, muß Moraltheologie wie jede Ethik durch einen kreativen Übertragungsprozeß jeweils neu vermitteln.

765 Vgl. in dieser Hinsicht die Ansätze und Werkstattberichte bei *B. FRALING*, Vom Ethos der Bibel zur biblischen Ethik. Versuche zur biblischen Grundlegung der Moraltheologie, Thaur 1999, *W. LESCH*, Bibelhermeneutik und theologische Ethik. Philosophische Anfragen, in: *A. BONDOLFI/H.J. MÜNK* (Hrsg.), Theologische Ethik heute. Antworten für eine humane Zukunft (FS H. Halter), Zürich 1999, 11-33, *F. NOICHL*, Ethische Schriftauslegung. Biblische Weisung und moraltheologische Argumentation, Freiburg i.Br. 2002 (Noichl diskutiert eine Reihe weiterer Ansätze), *H. HALTER*, «Die Bibel sagt ...» Kritische Fragen, Beobachtungen und Thesen zum Thema Bibel und Moral/Ethik, in: *W. GUGGENBERGER/G. LADNER* (Hrsg.), Christlicher Glaube, Theologie und Ethik (StdM 27), Münster 2002, 129-140, *W. WOLBERT*, Von der Bedeutung der Bibel für den Moraltheologen, in: ebd. 141-154, lexikalisch knapp *R. OBERFORCHER*, Art. Alttestamentliche Ethik, in: NLChM 24-37, *J. KREMER*, Art. Neutestamentliche Ethik, in: NLChM 549-557, *L. SCHWIENHORST-SCHÖNBERGER/T. SÖDING*, Art. Ethik C. Theologisch. I. Biblisch, in: $LThK^3$ III 908-911.

766 Dieser exegetischen Ursorge ist Rechnung zu tragen. Sie ist immer wieder geäußert worden, um Willkürauslegungen zu kritisieren. Vgl. nur die pointierten Bemerkungen von *J.H. ELLIOTT*, Jesus was not an egalitarian. A critique of an anachronistic and idealistic theory, in: BTB 32 (2002) 75-91.

Folglich kann es hier also nur um eine kleine Auswahl gehen, die erste Fenster öffnet. Drei Achsenstellen sollen diese Bezüge andeuten: zunächst als *normativer* Schwerpunkte der Reflex auf den Gruß in Mt 5,47, sodann ein Zugriff auf Lk 19,1-10 als *narrativ-modellhafter* Umgangsskizze und schließlich der eher summarische Verweis auf weitere Texte (etwa Briefanfänge, -abschlüsse und Beobachtungen alttestamentlicher Weisheit), die praktisch und thematisch Höflichkeitsterrain berühren.

Wie erwähnt begegnet der Verweis auf Röm 12,10 öfter, wenn in den spärlichen theologischen Kontexten von Höflichkeitsphänomenen die Rede ist. Ein Verweis auf Mt 5,47 hingegen findet sich nicht. Das mag erstaunen angesichts der zentralen Bedeutung der Bergpredigt für biblische und theologische Ethik (die hier nicht zu rekonstruieren ist[767]). Auch die exegetische Behandlung dieses Verses ist schmal im Vergleich zu den Interpretationsbemühungen von Themen, Texten und Kontexten des unmittelbaren Umfeldes.[768] In der Bergpredigt findet sich in Mt 5,43-48 ein Reflex auf den Gruß (dies immerhin ein prominentes Höflichkeitsfeld), so marginal auch immer rezipiert, so doch in prominenter Umgebung.

> *«(43) Ihr habt gehört, daß gesagt worden ist: Du sollst deinen Nächsten lieben und deinen Feind hassen. (44) Ich aber sage euch: Liebt eure Feinde und betet für die, die euch verfolgen, (45) damit ihr Söhne eures Vaters im Himmel werdet; denn er läßt seine Sonne aufgehen über Bösen und Guten, und er läßt regnen über Gerechte und Ungerechte. (46) Wenn ihr nämlich nur die liebt, die euch lieben, welchen Lohn könnt ihr dafür erwarten? Tun das nicht auch die Zöllner? (47) Und wenn ihr nur eure Brüder grüßt, was tut ihr damit Besonderes? Tun das nicht auch die Heiden? (48) Ihr sollt also vollkommen sein, wie es auch euer himmlischer Vater ist.»*

---

767 Im Blick auf das versöhnende und neuschöpferische Basileia-Handeln Gottes kann Jesus die unbegrenzte, zur Gewaltlosigkeit entschlossene Feindesliebe als Radikalisierung der Nächstenliebe verkünden. «Das Gebot der Feindesliebe darf trotz einiger Parallelen im AT, im Frühjudentum und im außerbiblischen Raum als Spezifikum der Ethik Jesu gelten», so *T. SÖDING*, Art. Ethik, C. Theologisch. I. Biblisch, 2. Im Neuen Testament, in: LThK³ III 909-911, 910f. *SÖDING*, Bergpredigt 910, unterstreicht: «Das Proprium der ntl. Ethik liegt in der von Jesus selbst inspirierten Konzentration unter Radikalisierung der Ethik im Liebesgebot. Dadurch soll die spirituelle Integrität der Ethik ebenso gefördert werden, wie ihre Angemessenheit gegenüber dem Heilshandeln Gottes, das Jesus als eschatologischen Herrschaftsantritt verkündet hat und das die Christen in Jesus Christus als Agape erfahren.» *DEMMER*, Fundamentale Theologie des Ethischen 50ff., *V. EID*, Art. Bergpredigt, III. Theologisch-ethisch, in: LThK³ II 256f.
Die Bergpredigt, so *H. MERKLEIN*, Art. Bergpredigt. I. Biblisch, in: LThK³ II 253-255, 255, «erlaubt (...) keine Unterscheidung von privat zu lebender Liebe und amtlich zu praktizierender Gerechtigkeit. Sie fordert vielmehr für beide Bereiche ‹Gerechtigkeit›, die ihr Maß und ihren Inhalt in unbedingter Liebe findet. Der von der Bergpredigt gebotene Widerstandsverzicht muss Ausdruck der Liebe sein, genauso wie es umgekehrt ein Akt der Liebe sein kann, im konkreten Fall – gegen den Wortlaut von Mt 5,39a – dem Übeltäter Widerstand zu leisten, etwa um Schaden von Dritten abzuwehren bzw. um dem Übeltäter selbst die Grenzen seines Handelns aufzuweisen. Die Spannung zwischen Wortlaut und Interpretation ist aufrechtzuerhalten und als kritisches Regulativ gegen eine Verwässerung des radikalen Anspruchs stets mitzubedenken.» Ähnlich früher schon *R. SCHNACKENBURG*, Die sittliche Botschaft des Neuen Testaments I, Freiburg i.Br.-Basel-Wien 1986, 124-125.

768 Selbst umfassende Kommentare zu Mt nehmen – signifikanterweise? – diesen Vers kaum eigens wahr: Vgl. etwa *U. LUZ*, Das Evangelium nach Matthäus (Mt 1-7) (EKK I/1) Zürich-Einsiedeln-Düsseldorf/Neukirchen-Vluyn ⁴1997, 305-318, ähnlich *J. GNILKA*, Das Matthäusevangelium I (HThKNT I.1), Freiburg i.Br.-Basel-Wien ³1993, 187-199. Vgl. insgesamt *J. LAMPRECHT*, Ich aber sage euch. Die Bergpredigt als programmatische Rede Jesu (Mt 5-7; Lk 6,20-49), Stuttgart 1984, *H. WEDER*, Die «Rede der Reden». Eine Auslegung der Bergpredigt heute, Zürich 1985 (³1994), *H.-D. BETZ*, The Sermon on the Mount (A Critical and Historical Commentary on the Bible), Minneapolis 1995, *H. FRANKEMÖLLE*, Matthäus-Kommentar, 2 Bde., Düsseldorf ²1999 (Bd. 1), 1997 (Bd. 2), *W. WIEFEL*, Das Evangelium nach Matthäus (ThHk 1 – Neubearbeitung), Leipzig 1998.

Text und Kontext[769] handeln von der Feindesliebe in der Dynamik der größeren Gerechtigkeit und des Vollkommenheitspostulates. Biblisch-ethisch ist dies ohne Zweifel eine Achsenstelle, deren Bedeutung hier nicht weiter unterstrichen zu werden braucht. Die steilen Topoi einer «Überbietungsethik» wie Feindesliebe und Gebet für Verfolger, Gewaltverzicht (V. 39) und überschießende Forderungskompensation (V. 40) sind signifikant für den hohen Anspruch des jesuanischen Ethos, wie sie hier unmittelbar in der matthäischen Gemeinde erinnert und transportiert wird. Dies verwundert nicht. Frappant und überraschend ist jedoch die illustrierende Koppelung mit einem Höflichkeitstopos. Zeilinger bemerkt an der Stelle:

> *«Das Übermaß der geforderten Liebe wird in einem ersten Beispiel anhand des menschlichen Normalverhaltens von Zöllnern und Heiden verdeutlicht. Das Normalverhalten wird dabei nicht abgelehnt, es wird aber ein Verhalten gefordert, das weit über das Übliche hinausgeht.»*[770]

Exegetische und ethische Aufmerksamkeit richten sich zumeist auf die Implikationen des Übermaßes der Liebe, weniger auf das Normalverhalten. Ausgerechnet am Beispiel der «Zöllner» und «Heiden» und deren «Nächstenliebe» (als Liebe der eigenen Angehörigen, Freunde – in der «In-group» also) und deren «Höflichkeit» wird in Anknüpfung, aber eben nicht in Widerspruch oder Verwerfung dieser Verhaltens- und Umgangsweisen sichtbar, wohin die jesuanische Forderung nämlich auch zielt: Auf ein Grußverhalten, auf eine Höflichkeit, die – integriert in das umfangreichere Gesamt des Ethos der Bergpredigt – auch dieses Alltagsverhalten integriert und in seiner Entgrenzung wiederum transponiert, ihm damit einen neuen Index und eine neue Wertigkeit verleiht.

Auffällig an dieser Stelle, dem «Höhepunkt der Texte zum rechten Verhalten im Umgang mit den Mitmenschen»[771], ist die sorgfältige schriftstellerische Ausgestaltung der Argumentation zur Begründung von Feindesliebe und Gewaltverzicht[772] (V. 43-47, als Ausschluß maximaler Bedrohungen, nicht allein von «face» und «Hof»), nur formal als «Antithesen» gehalten, zielt in der Indirektheit der Frageform auf die Direktheit der Überbietung «üblich-konventionellen Verhaltens» aus dem Impuls der Jesus-Botschaft. Formal und syntaktisch wird jeweils die «Liebe zu den

---

[769] Folgendes v.a. mit *F. ZEILINGER*, Zwischen Himmel und Erde. Ein Kommentar zur «Bergpredigt» Matthäus 5-7, Stuttgart 2002, bes. 99-112, 117ff. (Lit.) – Auch Zeilinger konzentriert den Blick auf die argumentative Funktion von V. 47.

[770] *ZEILINGER*, Zwischen Himmel und Erde 110.

[771] *ZEILINGER*, Zwischen Himmel und Erde 106ff.

[772] Vgl. *M. WOLTER*, Art. ἐχθσός/ἐχθσα, in: EWNT II 233-237 (Lit.), *H. FRANKEMÖLLE/W. KORFF*, Art. Feindesliebe. I. Biblisch, II. Theologisch-ethisch, in: LThK^3 III 1212f. (Lit.). Vgl. *H.-P. MATHYS*, Liebe deinen Nächsten wie dich selbst. Untersuchungen zum alttestamentlichen Gebot der Nächstenliebe (Lev 19,18) (OBO 17), Freiburg i.Ue./Göttingen 1986, *D. KINET/T. SÖDING*, Art. Liebe, in: NBLex II 637-644, *K. KERTELGE*, Das Doppelgebot der Liebe im Markusevangelium, in: TThZ 103 (1994) 38-55, *B. LANG/R. KAMPLING*, Art. Fremder, in: NBLex I, 701-703, *J. SCHARBERT*, Art. Nächster, in: NBLex II 883f. Weitere biblische Grundspuren bei *R. KAMPLING/J. SCHREINER*, Der Nächste – der Fremde – der Feind. Perspektiven des Alten und Neuen Testaments (NEB Themen 3) Würzburg 2000, zudem lexikalisch etwa *S. ERLANDSSON*, Art. אחר, in: ThWAT I 218-220, *E. JENNI*, Art. אחר, in: THAT I 110-118, *H.B. BEYER*, Art. ἕτερος, in: ThWNT II 699-702, *K. HAACKER*, Art. ἕτερος, in: EWNT II 165-167, *B. JOHNSON*, Art. צדק, in: ThWAT VI 898-924, *K. KOCH*, Art. צדק, in: THAT II 507-530, *R. MARTIN-ACHARD*, Art. גור, in: THAT I 410-412, *ders.*, Art. זר, in: THAT I 520-522, *K. WEISS*, Art. ἄλλος, in: EWNT I 152f.

Eigenen» und das entsprechende Gruß-, also Höflichkeitsverhalten, parallelisiert und überboten durch die Forderung, die «anderen» einzubeziehen – also entgrenzt. Elementare Alltagserfahrungen eines säkularen Umgangsethos bilden und bieten Anschauung, Anknüpfung und Ausgang für ein spezifisch jesuanisches Umgangsethos.[773] Der ethische Wert und die Bedeutung des Allgemein-Selbstverständlichen wird dabei nicht negiert, aber das «Mehr» in diesem neuen Horizont pointiert.

Der Duktus der Argumentation bringt also neben einer *theologischen* Begründung (V. 45) eine zweifache *anthropologische* (V. 46.47) in Anschlag[774]: Die theologische Linie verläuft an der Thematik des Gottesbezugs aller Menschen entlang, die sich unter dem Dach der Großzügigkeit Gottes (V. 45b/c) vorfinden.[775] Dem schließen sich die beiden genannten anthropologischen, konventionell umgangsethischen Momente an. Gerade das zweite Moment, der Gruß (V. 47), ist für unseren Zusammenhang der einschlägige Verbindungsfaden. Grüßen ist im orientalischen Sinn nicht nur ein flüchtiges Wort, sondern antizipierte Einkehr und Realisation des Gastseins im Sinne des Raum- und «Hofbekommens».[776] Die Indirektheit der Frageform suggeriert und öffnet zugleich die Antwortrichtung, die auf ein spezifisches «Mehr» in einem biblisch-christlichen Ethos des Umgangs in der Praxis zielt.[777] Die Forderung, Feinde zu lieben, für Verfolger zu beten[778], wird komplettiert und spezifisch konkretisiert in Gruß und Segen, der niemandem vorenthalten werden darf. Dies ist die praktische Kehrseite des grundlegenden Angesehen-, Angesprochen- und Gegrüßt- und Gesegnetseins aller durch Gott selbst.

Dies tangiert eine Dimension, die über das «do-ut-des» einer Kommuntativhöflichkeit hinausreicht (ohne dies desavouieren zu wollen – gerade dies dient ja als Ausgang; der Lohngedanke ist auch hier nicht ausgeblendet, sondern «verschoben»[779]). Die «größere Gerechtigkeit» und das Übermaß der Agape drängt über die Gemeinde hinaus in eine Welt, die von anderen Maßgaben und Konventionen des

---

[773] Die spezifische «Weltfremdheit» und ethische Steilheit der Forderung von Feindesliebe und Gewaltverzicht (so *ZEILINGER*, Zwischen Himmel und Erde 107) ist aber gekoppelt an eine durchaus alltägliche Erfahrung und Handlung (hier den Gruß) – ein formales Verfahren, das ethisch auch inhaltlich zu denken gibt angesichts der Folgen von Gruß oder Grußverweigerung als Moment der Face-Stabilisierung oder -Bedrohung. Hier liegt ein Zug zur Konkretisierung nahe, nicht zur Spiritualisierung der ethischen Relevanz der Bergpredigt.

[774] Vgl. *ZEILINGER*, Zwischen Himmel und Erde 109-112.

[775] Vgl. *ZEILINGER*, Zwischen Himmel und Erde 108 (mit Verweisen auf Phil 2,6-11 und 2Kor 8,9). – Franziskus v. Assisi und die Franziskustradition rekurriert genau auf diese Stelle. Die «cortesia» wird für Franziskus ein Charakteristikum Gottes, ein Gottesepitheton: «Dio è cortese.» Einen Reflex darauf bieten die «Fioretti»: «Sappi, frate carissimo, che la cortesia è una delle proprietà di Dio, il quale dà il suo sole e la sua pioggia ai giusti e agli ingiusti per cortesia; e la cortesia è sirocchia della carità, la quale spegne l'odio e conserva l'amore.» (Fior 37). Vgl. 2Cel 180, zudem *BOUGEROL*, «cortesia» 269. Jenseits des sozialen oder moralischen Status des Einzelnen berührt ihn/sie zuerst die «larghezza Gottes».

[776] Vgl. zum biblischen Gruß (auch als Segenswunsch, als Zusage der Heil und Leben schaffenden Gegenwart Gottes und als Friedensgruß) *H. ZILLIACUS*, Art. Gruß, in: RAC XII 1204-1232, *R. KAMPLING*, Art. Gruß. I. In der Bibel, in: LThK³ IV 1083f., *GNILKA*, Mt I 187-200, 194.

[777] Hier wird einmal mehr deutlich: Jesus will weniger belehren als Zuhörer und Adressaten zum *Handeln* bewegen. Dabei durchbricht er legalistische oder konventionalistische Engführungen. Vgl. nach wie vor *H. MERKLEIN*, Die Gottesherrschaft als Handlungsprinzip. Untersuchungen zur Ethik Jesu (FzB 34), Würzburg ²1981, *ders.*, Jesu Botschaft von der Gottesherrschaft. Eine Skizze (SBS 111), Stuttgart ³1989, 114ff., 119ff., 124-129.

[778] Vgl. *ZEILINGER*, Zwischen Himmel und Erde 107.

[779] Der Lohngedanke ist für Jesus dabei kein Tabu. Vgl. *ZEILINGER*, Zwischen Himmel und Erde 111.

Verhaltens dominiert ist.[780] Ziel des Handelns ist eine universale Geschwisterlichkeit[781], die einen Ansatz und Anfang braucht, aber zugleich entgrenzt wird und bleibt. Dies spiegelt sich in einer Reihe von weiteren Notizen und Postulaten der Bergpredigt, die sowohl ethische Initialität und Erdung als auch die überschießende Dynamik verknüpfen – dabei eine kleine Agende höflichkeitsrelevanter Momente abstecken.[782]

Ein zweites Anknüpfungsmoment ist zu benennen. Wie schon erwähnt, ließe sich eine Fülle von Perikopen (bestätigenden und gegenläufigen[783], nebenbei be-

---

[780] Vgl. *ZEILINGER*, Zwischen Himmel und Erde 111.

[781] Mit *FRANKEMÖLLE*, Mt I 233.

[782] Der Rekurs auf das «kleinste Gebot (5,19) wie die Frage nach der face-bedrohenden «Narr-» oder «Dummkopf-Titulatur» (5,22) oder der «invasive», «düsterne» Blick (5,27) lassen sich auch in diesem Kontext lesen. Sie markieren – in Ausschnitten – Praxisfelder alltäglichen Umgangs, sind keineswegs nur Ausdrücke eines (folgenlosen?) gesinnungsethischen Zuschnitts. Die Direktheit unzweideutiger Rede wird im begrenzten Zusammenhang des Eides unterstrichen. Auch die unaufgesetzte Art von Almosengabe, Fasten und Gebet (6,1-4.5-15.6-18) gehören hier ebenso herein wie die Thematik der Bitte (7,7-11) und der Urteilsreservation (7,1-5, vgl. Lk 6,37-42), die gerade unter den Bedingungen kommunikativer Konstruktion von Moralität *oder* Moralisierung im alltäglichen Umgang von erheblicher Bedeutung hinsichtlich adäquater Face-Schonung oder Face-Bedrohung bleiben. Vgl. die Auslegungen zu den einschlägigen Stellen bei *ZEILINGER*, Zwischen Himmel und Erde, passim.

[783] Aus der Fülle der hier benenn- und bedenkbaren Jesusstoffe, die man als Anerkennungserzählungen bezeichnen könnte, seien hier nur genannt: Lk 7,36-50 (Jesus erwirkt via Gleichnis eine beiderseitige Face-Wahrung im Haus des Pharisäers angesichts der despektierten Frau; Standardsituationen werden adaptiert und transformiert wie das Verhalten bei der Begrüßung und bei Tisch, dabei werden Freiräume geschaffen und Einsichten angebahnt; vgl. *K. SCHÄFER*, Zu Gast bei Simon, Düsseldorf 1973, 32-34.) und Joh 7,53-8,11 (Jesus und die Ehebrecherin; seine «sprechende» Geste, die Lebensraum- und Anerkennungsgabe anzielt und zudem unterschiedliche Distanzen wie Annäherungen als *Vermittlung* in einer triadisch-konfliktiven Situation ermöglicht, dies mit deutlicher Minderheitenoption, jedoch ohne Exkulpation *und* ohne direktes Urteil). Vgl. etwa *S. DEMEL*, Jesu Umgang mit Frauen nach dem Lukasevangelium, in: BN 57 (1991) 41-95, *N. BAUMERT*, Frau und Mann bei Paulus. Überwindung eines Mißverständnisses, Würzburg 1992, *R. RICHTER REIMER*, Die Stellung der Frau in der Apostelgeschichte. Eine feministisch-theologische Exegese, Gütersloh 1992, *M. FANDER*, Die Stellung der Frau im Markus-Evangelium. Unter besonderer Berücksichtigung kultur- und religionsgeschichtlicher Hintergründe, Altenberge ³1992, *L. SCHOTTROFF*, Lydias ungeduldige Schwestern. Feministische Sozialgeschichte des frühen Christentums, Gütersloh ³2001.

Reine Konfliktfreiheit oder schnelle Harmonisierungen sind dabei in diesen Traditionen nicht erschwinglich – vgl. etwa Perikopen wie Tempelreinigung oder Mt 15,21-28 (die Schroffheit Jesu gegenüber der kanaanäischen Frau), Mk 7,24-30 (Syrophönizierin und Jesu Brüskheit), Mt 18,1-5 (der Rangstreit der Jünger). – Vgl. dazu *J.M.C. SCOTT*, Matthew 15,21-28: A test-case for Jesus's manners, in: JSNT 63 (1996) 21-44 (Lit.), bes. 38f., 41-44, *D. RHOADS*, Jesus and the syrophoenician woman in Mark, in: Journal of the American Academy of Religion 62 (1994) 343-376, *D. NEUFELD*, Jesus's transgressions and social impropriety in the Gospel of Mark: A social scientific approach, in: BTB 30 (2000) 15-26 (Lit.). Die Sorge Jesu gilt der Sammlung des Gottesvolkes, insbesondere der Menschen am Rande. Tabubrüche wie die Tischgemeinschaft mit Zöllnern, der Umgang mit Aussätzigen oder Frauen werden dabei Markenzeichen. Ein Bogen zur Höflichkeitsthematik spannt sich etwa bei der deutlichen Prestige- oder Titelkritik des Matthäus-Evangeliums (Mt 23,1-12: Zurückweisung der Titel Lehrer, Meister oder Vater).

Diese Konfliktivität hat Gründe und Wurzeln, die theologisch weiter und tiefer reichen. Vgl. exemplarisch zur Spannung zwischen Gottes Gerechtigkeit und Güte: *R. SCORALICK* (Hrsg.), Das Drama der Barmherzigkeit Gottes. Studien zur biblischen Gottesrede und ihrer Wirkungsgeschichte in Judentum und Christentum (SBS 183), Stuttgart 2000, *dies.*, Gottes Güte und Gottes Zorn. Die Gottesprädikationen in Exodus 34,6f. und ihre intertextuellen Beziehungen zum Zwölfprophetenbuch (HBS 33), Freiburg 2002, vgl. weiterführend: *V.A. LEHNERT*, Wenn der liebe Gott «böse» wird – Überlegungen zum Zorn Gottes im Neuen Testament, in: ZNT 5 (2002) 15-25 (Lit.), vgl. auch *R. MIGGELBRINK*, Der Zorn Gottes. Geschichte und Aktualität einer ungeliebten biblischen Tradition, Frankfurt 2000 (Lit.), *ders.*, Der zornige Gott. Die Bedeutung einer anstößigen biblischen Tradition, Darmstadt 2002, *M. THEOBALD*, merkt), die Jesus selbst als Erzähler von Umgangs- und Kommunikationssituationen vorstellen, aber auch solche, die über ihn erzählen, unter den Parametern der Umgangsanalyse und der Höflichkeitstheorie beleuchten und deuten. – Signifikant, aber natürlich nicht erschöpfend, ist jene, auf die wir hier paradigmatisch mit Lk 19,1-10 (Jesus im Haus des Zöllners Zachäus) zu sprechen kommen:

«(1) Dann kam er nach Jericho und ging durch die Stadt. (2) Dort wohnte ein Mann namens Zachäus; er war der oberste Zollpächter und war sehr reich. (3) Er wollte gern sehen, wer dieser Jesus sei, doch die Menschenmenge versperrte ihm die Sicht; denn er war klein. (4) Darum lief er voraus und stieg auf einen Maulbeerfeigenbaum, um Jesus zu sehen, der dort vorbeikommen mußte. (5) Als Jesus an die Stelle kam, schaute er hinauf und sagte zu ihm: Zachäus, komm schnell herunter! Denn ich muß heute in deinem Haus zu Gast sein. (6) Da stieg er schnell herunter und nahm Jesus freudig bei sich auf. (7) Als die Leute das sahen, empörten sie sich und sagten: Er ist bei einem Sünder eingekehrt. (8) Zachäus aber wandte sich an den Herrn und sagte: Herr, die Hälfte meines Vermögens will ich den Armen geben, und wenn ich von jemand zu viel gefordert habe, gebe ich ihm das Vierfache zurück. (9) Da sagte Jesus zu ihm: Heute ist diesem Haus das Heil geschenkt worden, weil auch dieser Mann ein Sohn Abrahams ist. (10) Denn der Menschensohn ist gekommen, um zu suchen und zu retten, was verloren ist.»

Ob man diese Szene zum Ausgang für Reflexionen auf Jesu Umgang als Maß für die Seelsorge[784] nimmt oder weiter dimensioniert auf einen förderlichen Umgang von und zwischen Menschen abhebt, kann dahingestellt bleiben, zu offenkundig sind Zusammenhänge und mögliche kritische Nachfragen.

Ein Paar und neugierige Passanten, Öffentlichkeit jedenfalls und Umstehende wie Umstände: Eine Passage, ein Vorbeigang deutet sich an, hält man sich die Situierung der Perikope unmittelbar vor dem Einzug Jesu in Jerusalem vor Augen, der in der Passion kulminieren wird. Unter erschwerten Bedingungen also steht die überraschende Begegnung, die hier erinnert wird. Passage, Vorübergehen, Nicht-Notiznahme und Nicht-Aufmerksamkeit wäre zu erwarten (und alltäglich verständlich).[785] Situation und Topologie zeigen den einen Protagonisten, Zachäus, als sozial ausgegrenzt und despektiert als Kollaborateur, klein, unansehnlich (!), also ohne Ansehen, versteckt auf einem Baum, isoliert, also «ex-kommuniziert» (die Schuldfrage wird hier nicht gestellt, aber Kausalität und Konsequenz benannt), beschämt (so die Selbsterkenntnis des Zachäus). An dieser Marginalie führt ein absichts- und bedeutungsvoller Weg, eine Passage, vorbei: Der andere Protagonist, Jesus Christus selbst,

---

Zorn Gottes. Ein nicht zu vernachlässigender Aspekt der Theologie des Römerbriefs, in: *ders.*, Studien zum Römerbrief (WUNT 136), Tübingen 2001, 68-100. Gegenbilder gibt es viele. Sie lassen sich nicht einfach harmonisieren: Spott, Hohn, Fluch in der Bibel, «unhöfliche» Religionspolemik (im AT, bei Jesus und seinen «Ausfällen» oder massiven Unhöflichkeiten gegen Scheinheiligkeit, bei Paulus und seinen scharfen Verdikten gegen Juden und Fehlverhalten in den Gemeinden). Fast immer steht im Hintergrund die Auseinandersetzung um Essentielles, Existenzielles, nicht um eine grundlegende Ablehnung. Ob dies in Alltagskategorien fällt, kann dahingestellt bleiben. Immer wieder geht es auch in drastischen prophetischen Zeichenhandlungen und Kritiken nicht zuerst um die Legitimation von Unhöflichkeiten, sondern um die Wiedergewinnung von Handlungsräumen und Bedeutungshöfen für Exkludierte. Dies verbindet inhaltlich diese Stränge mit den Perikopen, die unmittelbarer als Anerkennungs- und Achtungserzählungen zu lesen sind.

[784] Vgl. die inspirierende Deutung der Perikope von *R. ZERFASS*, Jesu Umgangsstil als Maßstab für die Seelsorge, in: Diak. 14 (1983) 230-243 (vgl. zur Perikope auch die einschlägigen Kommentare), zudem *P. SCHALLENBERG*, Zum Problem dissozialer Persönlichkeiten, in: NOrd 54 (2000) 202-211.

[785] Vgl. *ZERFASS*, Jesu Umgangsstil 231.

wird gezeichnet als auf dem Weg nach Jerusalem. Sein unverwechselbarer Auftrag wird sich dort erfüllen.

Und doch kommt es zu einer Peripetie, einem Umschlag – in einem «Augenblick», einem Blick der intensiv, aber nicht invasiv ist. Entgegengesetzt zum Bedeutungs- und Reputationsgehalt beider Protagonisten geht Jesu Blick (als Bittsteller) von unten nach oben, von der plan-platten Erde in Richtung des «erhöhten» Zachäus. Anfrage, Anrede und Bitte um Gewährung von Gastfreundschaft sind die Folge. All dies unschwer in den Kontext einer weiten und vertieften Höflichkeitsthematik zu verorten. Dieses Wahrgenommen-werden setzt Kräfte frei und lockt den «Angesehenen», Zachäus also aus seinem Versteck. Scheu und Scham, Distanzen werden überwunden. Aus dem «Muß, nach Jerusalem zu gehen» wird – zwischenzeitlich – ein markantes «δεῖ» (19,5), ein «Muß, Gast zu sein und sein zu dürfen». Freiheits- und Freigebigkeitsmöglichkeiten des so Angeredeten, Angesehenen (man erinnere überschießende Restituierungsversprechung mit der nachfolgenden indikativischen Heilszusage Jesu) sind die Folge dieses Augenblicks, dieses Moments.

Von Bedeutung ist hierbei auch der Hinweis, daß diese Perikope eine Alltags-, Begegnungs- und Kommunikations-Passage spiegelt, zumindest wenn man den Vergleich mit steilen Heilungs- oder Exorzismus-Erzählungen oder verdichteten Gleichnisreden anlegt, eine Kommunikationssituation, ein Dialog, der unter Hindernisvorzeichen steht und gar nicht erst zustandekommen muß. Menschwerdung, so Zerfaß zusammenfassend, *geschieht* und *wird* hier durch Zuwendung, wechselseitige Annahme und Ansehen trotz aller Asymmetrien und Hindernisse: Wandlung *durch* den Augenblick *im* Augenblick.[786] Dies deutet sich als eine Kairologie, die neue Handlungsmöglichkeiten über soziale und moralische Grenzen hinweg eröffnet (Zachäus bleibt ja «Sohn Abrahams», ist in den Augen Jesu nicht «ex-kommuniziert»). Dies setzt über Einwehr Umkehr und sittliche Veränderung in Bewegung. Bezeichnend für Jesu Umgangsstil mit den Menschen, denen er sich zuwendet ist also, daß er

> *«Gott als jene Wirklichkeit vermittelt, die diese Menschen zu sich selber bringt, zu ihren eigentlichen Möglichkeiten, sodaß sie es nicht mehr nötig haben, sich auf Kosten anderer groß zu machen.»*[787]

Die Praxis dieser Veränderung ist unter den gegebenen Bedingungen als eine Praxis kleiner Schritte zu bezeichnen.[788] Ein Ethos der Höflichkeit fügt und füllt sich in eben jener Praxis kleiner Schritte und Zeichen, Gesten, Symbolen kommunikativ «hergestellten» Schonung und Öffnung als Vorgabe und antizipativer Freiheitszusage, wie sie hier in der Mittler- und Vermittlerrolle Jesu selbst sichtbar wird – als Praxis der Respektierung.

---

[786] Vgl. *ZERFASS*, Jesu Umgangsstil 232. Zerfaß bringt hier, der Intention des Beitrags gemäß, den engen Zusammenhang von Weltdienst und Heilsdienst in Anschlag. Jesu Umgangsstil als Leitbild und Handlungsorientierung für seelsorgliches Handeln ist Thema. Dies schneidet aber eine umfassendere Relevanz nicht ab.

[787] *ZERFASS*, Jesu Umgangsstil 233.

[788] Vgl. *ZERFASS*, Jesu Umgangsstil 240, *DEMMER*, Fundamentale Theologie des Ethischen 61.

Hier lassen sich sodann eine Fülle weiterer biblischer Befunde anschließen. Ein für Höflichkeitstheorie und -themen sensibilisierter Blick wird in NT[789] und auch in AT[790] (hier vorab im Ethos des Gesetzes und im Ethos der Weisheit) eine Reihe von Konspirationen formaler und materialer Art aufspüren, ohne die Thematik künstlich «hinein-» oder «herantragen» zu müssen.

Folgendes schließlich ist eher summarisch zu lesen. Ohne hier vertiefte Exegesen zu den in Frage kommenden Partien durchführen zu können, sei doch auf einige markante Bereiche verwiesen, die eine biblische Verortung der Höflichkeitsthematik (unter den genannten hermeneutischen und exegetischen Kautelen freilich) nahelegen.

Augenfällig nahe und einschlägig für den Kontext skripturaler Höflichkeit sind seit jeher Briefanfänge und -abschlüsse.[791] Auch wenn es sich bei den sehr unterschiedlichen Briefen des NT selbstredend nicht um «Face-to-face-Kommunikationen» handelt, wenn Kontexte, Gestaltungen, Themen, Adressatenkreise etc. vielfältig sind, so markieren Anreden, Titulaturen, Grüsse, Wünsche etc. doch einen – dann natürlich weiter und vertieft analysierbaren – Kern neutestamentlicher Höflichkeitspraxis. Dies gilt unter formaler Hinsicht – welche Briefkonventionen werden wo und wie eingesetzt? – ebenso wie unter thematischer und materialer Hinsicht – wie wird eine briefliche Kommunikation eingespurt, wieder aufgenommen und schließlich abgeschlossen? Zudem ließe sich aber der Frage nachgehen, wie diese Konventionen angereichert und transponiert sind durch die Tatsachen, daß «Theologumena» einfließen – also unter der Perspektive, daß Sender wie Adressat(en) im Horizont des Christusglaubens «kommunizieren» und von diesem Hintergrund aus Sprachkonventionen (wie sie besonders – aber nicht ausschließlich – sichtbar werden an Briefbeginn und -abschluß) spezifisch anreichern und kreativ verändern.

[789] Vgl. *PROCOPÉ*, Höflichkeit 978f. – Vgl. 1Kor 9,19-22 (die paulinische Missionsakkomodation); 1Kor 10,32f.; Kol 4,6; Mt 12,19f.; Mk 10,13-16; Lk 7,13; 15,2; Joh 7,47-49. Rücksichtsmomente thematisierbar in Röm 15,2; 1Kor 10,28 ; Apg 16,3; Mk 12,14; Mt 22,16. Jak 1,20 thematisiert Selbstkontrolle, verbale Höflichkeit und gottesdienstliche Zusammenhänge. Jak 2,1-5 übt aus christologischen Gründen Kritik an Vorzugsbehandlung von Statussymbolträgern.

[790] Vgl. *PROCOPÉ*, Höflichkeit 939-941. Hier wird eine knappe Reihe einschlägiger Belegstellen aus dem AT genannt. Allerdings verharren sie bei Gruß-, Bitt- oder Dank-, Gast-, Tisch- oder Mahl-, Unterwerfungsszenen. – Auch im Blick auf das AT wären die ethischen Traditionen von Gesetz, Propheten und Weisheit mit einer erweiterten Höflichkeitsanalytik noch sehr viel ertragreicher zu analysieren, als dies hier möglich ist. Nur ein einziger Hinweis sei hier eingeschaltet: Ps 28,3 etwa thematisiert den Hiatus von freundlichem Gruß und böser Absicht. Das immerhin ist ein klassischer (und zugleich kritischer) Höflichkeitstopos.

[791] *A. WILSON*, The Pragmatics of politeness and Pauline Epistolography: A case Study of the letter to Philemon, in: JSNT 58 (1992) 107-119, *J.A. WEIMA*, The Pauline Letter Closings: Analysis and Hermeneutical Significance, in: Bulletin for biblical research 5 (1995) 177-198, *J.T. REED*, Are Paul‘s Thanksgivings «epistolary»?, in: JSNT 61 (1996) 87-99, *G. SCHMUTTERMAYR*, ἀδελφοί – ἀγαπητοί. Exegetische und kommunikationstheoretische Beobachtungen zur apostolischen Anrede, in: *H. PETRI* u.a. (Hrsg.), Glaubensvermittlung im Umbruch (FS M. Müller), Regensburg 1996, 13-46, *S. BYRSKOG*, Epistolography, rhetoric and letter prescript: Romans 1.1-7 as a test case, in: JNST 62 (1997) 27-46, knapp auch *NOICHL*, Ethische Schriftauslegung 234ff. Vgl. auch *H.-J. KLAUCK*, Kirche als Freundesgemeinschaft, in: MThZ 42 (1991) 1-14 (u.a. zu Grußstandards und unvermuteter christologischer Tiefendimension bei Standardvokabeln, vgl. z.B. 3Joh 12). Weitere Literatur und Detailauslegungen bieten natürlich die einschlägigen Kommentare zu den biblischen Einzelschriften. Zu verweisen wäre aber auch auf die Proömien Lk 1,1-9 und Apg 1,1-3.

Auch Tugend- und Lasterkataloge des NT[792] sowie Haus- und Gemeindetafelethiken[793] wären unter diesen höflichkeitstheoretischen und -ethischen Prämissen sowohl normativ als auch in ihrem Haltungsanspruch zu befragen – und dies durchaus auch im Sinn einer «kleinen» Rehabilitation oder Neuwertung angesichts weiterer Parusieverzögerungen: Wer fortwährend aufscheint und aufkreuzt, ist – der andere (innerhalb wie außerhalb der konkreten oder gedachten eigenen Gemeinde).[794] Er fordert zu einem Ethos des Umgangs heraus, das sich in seiner Alltäglichkeit und Ubiquität zeigt und zeitigt.

Blenden wir von hier aus exemplarisch in das AT: Ein ganzer Themenkatalog wird beispielsweise im Buch Jesus Sirach aufgeblättert: Dieser Bogen schreitet Topoi ab, wie sie klassisch werden in der späteren Tradition. Er problematisiert den Blickkontakt (7,11), das Zusammenspiel von Klugheit und «Takt» (8,1-19), ebenso wie den Umgang der Geschlechter (9,1-9; 25,1-26,27) und den Bereich der «table etiquette» (31,12-32,13). Sir 41,16-42,8 fokussiert Tisch-, Gruß-, Blickverhalten ebenso wie die Respektierung von «Intimbereichen» und die Frage der Nachrede.[795]

---

792 Vgl. knapp *SCHOCKENHOFF*, Tugenden und Laster 800f., *M. GIELEN*, Art. Lasterkataloge, in: LThK³ VI 658f., *dies.*, Art. Tugendkataloge, in: LThK³ X 302f., vgl. auch *M. MACHINEK*, Tugendethik – ein unbiblischer Begriff?, in: *BREUER*, Ethik der Tugenden 3-12. (Lit.).

793 *M. GIELEN*, Tradition und Theologie neutestamentlicher Haustafelethik. Ein Beitrag zur Frage einer christlichen Auseinandersetzung mit gesellschaftlichen Normen, Frankfurt/M. 1990, *dies.*, Art. Haustafel, in: LThK³ IV 1219f., *J. WOYKE*, Die neutestamentlichen Haustafeln. Ein kritischer und konstruktiver Forschungsüberblick, Stuttgart 2000, *M. THEOBALD*, Mit den Augen des Herzens sehen. Der Epheserbrief als Leitfaden für Spiritualität und Kirche, Würzburg 2000, 164-169 (dort auch zu grundlegenden Daten zu dieser ekklesialen Ethosform und zu den Konventionen biblischer Briefformalia). Briefstellerei und ihre geprägten Formen sind feste Topoi auch der Anstandsliteratur. Vgl. zur Text-, Form- und Gattungskritik aus dem exegetischen Bereich *W. STENGER*, Biblische Methodenlehre, Düsseldorf 1987, 254-266, *H.-J. KLAUCK*, Die antike Briefliteratur und das Neue Testament, Paderborn 1998 (dort vor allem die brieftheoretischen Informationen), zudem *S. ETTL*, Anleitung zu schriftlicher Kommunikation. Briefsteller von 1880 bis 1980, Tübingen 1984, *M.-C. GRASSI*, Art. Lettre, in: DRPSV 543-566, *K.-H. EHLERS*, Zur Rhetorik der großen Bitte. Am Beispiel Berliner U-Bahn-Bettler, in: *HAFERLAND/PAUL*, Höflichkeit 124-168, 137-158 (vgl. dort die Analyse und den Vergleich einer brieflichen und einer Face-to-face-Bitte – beides nicht einfach in Kombination, aber eben auch nicht uninteressant gerade für hiesigen Kontext), vgl. auch den systematisch-theologischen Ansatz von *C. SEIDL*, Der erste Weg der Kirche ist der Mensch. Anthropologische Dimensionen der Ekklesiologie (Regensburger Studien zur Theologie 58), Frankfurt/M. u.a. 2001, 212ff. Auch Seidl «problematisiert» die Befunde. Mir scheint die weitgehende Unterschätzung und gar Abwertung der Haustafeln (z.B. im Vergleich zum steilen Ethos der Bergpredigt oder der Feindesliebe) auch damit zu tun zu haben, daß ethisch zwar im Sinn der entlastenden Gradualität von *Ziel*geboten geredet werden kann, aber etwa eine Reflexion auf so etwas wie ein «*Start*gebot» (damit eine «*Start*haltung») schlicht marginalisiert oder reflexiv unterentwickelt ist.

794 Vgl. etwa Tit 3,1-8, wo die Pflichten der Getauften im sozialen Bereich gebündelt werden: Sie, die Christen und Christinnen, sollen immer bereit sein, Gutes zu tun, sollen niemand schmähen, nicht streitsüchtig sein, sondern freundlich und gütig mit allen Menschen umgehen. Vgl. Röm 13,1-7; 1Petr 2,13-17, vgl. dazu vorrangig Miniaturisierungen von Mt 25, zudem 2Tim 2,22ff. (Ermahnung zur Freundlichkeit), 1Tim 2,9 etwa streift den «dress-code».

795 Damit nicht genug: Sir reflektiert auf Großzügigkeit und Mildtätigkeit (4,1-10; 5,1-8), verantwortliches Sprechen (5,9-6,4) und «getimtes Reden» (20,1-26; 23,7-15), Freundschaft und Umgang (6,5-17; 9,10-18), die ambivalente Thematik der Ehre (10,19-11,9), Vorsicht und Klugheit (11,29-13,23), maßvollen Genuß (13,24-14,19). Dieser Katalog ist gerahmt und gehalten von Reflexionen auf Weisheit und Gottesbezug, von Gebeten und Erinnerungen an modellhafte Weise der Geschichte Israels. Vgl. *B. LANG*, Anweisungen gegen die Torheit: Sprichwörter – Jesus Sirach (SKK.AT 19) Stuttgart ²1994, 55-93, *J. MARBÖCK*, Das Buch Jesus Sirach, in: *E. ZENGER* u.a. (Hrsg.), Einleitung in das Alte Testament, Stuttgart ³1998, 363-370, *J. SCHREINER*, Jesus Sirach 1 – 24 (NEB 38), Würzburg 2002.

Auffällig ist gerade bei Sir, wie stark Rede, Gespräch und Kommunikationssituationen Aufmerksamkeit auf sich ziehen.[796]

Bei diesem Hinweis geht es zunächst weniger um die umgangsethischen Einzelpositionen, die von Fall zu Fall, von «Spruchweisheit» zu «Spruchweisheit» bezogen und transportiert werden, sondern darum, daß eine Heuristik weisheitlichen Alltagsethos in ihrer Beobachtung und Deutung dieser Handlungs- und Erfahrungsfelder in ihrer Reflexion nicht ausblenden oder übergehen kann.[797]

Normative, paränetische und narrative Faszikel der Höflichkeit sind «avant la lettre» aufzufinden. Also nicht dem Begriff, aber der Sache nach sind die unterschiedlichen Ebenen und Themenkomplexe der Höflichkeit in biblische Textstrecken eingewoben und vorweggenommen. Sie sind zudem zu lesen vor der Option für und aus der Optik der Kleinen, Unterdrückten und Despektierten oder Brüskierten. Die Integration, Umkehrmöglichkeit und empathische Gesichtsherstellung von Sündern, Verirrten und anderen, denen neu Raum geschaffen wird durch Gesten, Worte, in Begegnung und Kommunikation wird deutlich als Handlungsfundament, -ziel und -intention. Die «Self-subordination and other-directedness»[798] als gemeinsames Anliegen neutestamentlicher Autoren – bei allen theologischen Differenzen – wird in den Schriftspuren und Spurenelementen als Avance und Pointe einer biblischen «cortesia» sichtbar. Dies bleibt ein kritisches und kreatives, prosoziales Projekt, kritisch, weil nicht die Formen für sich zählen, sondern die Intention der Gesichtsschonung oder -restituierung, kreativ, weil gerade hier in schon kleinen Interaktionsschritten Integration in der subtilen Spannung von Nähe und Distanz «hergestellt» wird, prosozial, weil es das Praxisziel bleibt, Sozialität, Zivilität und Handlungs- wie Freiheitsräume zu sichern.

«Charity begins at home – courtesy as well.» Aber beide – «charity» und «courtesy» – enden nicht dort und dürfen es nicht. Die gemeindlich-ekklesiologische Dimension der «caritas effectiva» und «curialitas effectiva» ist die eine Seite. Diese ist aber immer wieder eingebunden und durchbrochen und geöffnet auf die größere Gerechtigkeit, die auch eine weitere Höflichkeit und größere Aufmerksamkeit inkludiert. In Anverwandlung von Mt 25 darf man durchaus sagen, daß zu dem «Was Ihr dem Geringsten/der Geringsten getan habt, ...» auch ein «Was Ihr ihnen schon Geringes getan habt, ...» gehören darf. Hierbei geht es nicht um latente Moralisierungen geringer Handlungsbestände, sondern um das Heilsversprechen, das marginal und bescheiden seinen konkreten Anfang und Ausgang nimmt.

Aufmerksamkeit und Achtung gerade (wenn auch nicht exklusiv!) für die Marginalisierten, für die Nicht-Geachteten (vgl. 1Kor 1,26-31) schon im Kleinsten

---

[796] Im Vergleich dazu legen Weish und Spr etwas weniger Augenmerk darauf. Vgl. summarisch die einschlägigen Kommentare wie *H. ENGEL*, Das Buch der Weisheit (NSK.AT 16) Stuttgart 1998, *H.F. FUHS*, Das Buch der Sprichwörter. Ein Kommentar (FzB 95), Würzburg 2001.

[797] Daß dies in nachgerade «moralistischer» Manier geschieht, sei nebenher vermerkt: die Einzel- und Alltagsbeobachtung gibt den Ausgang für Einzelreflexionen und -sentenzen; ein Moment ethischer Disclosure wird angestrebt, eine umfassende Systematik vor Ort jedoch nicht. In diesem Verzicht liegt ein Moment der Stärke – die Kraft, Ambivalenzen und Kontrasterfahrungen aufzunehmen, ohne sie in eine stringente, letztbegründete Form zu gießen. Das bleibt eine argumentative Schwäche, die allerdings in der «weisheitlich-biblischen Moralistik» (so man sie derart bezeichnen mag) immer auch mit einem – keineswegs unproblematisierten – kanonischen Rahmen mitgegeben ist.

[798] Vgl. insgesamt *P. CARTER*, The Servant-Ethic in the New Testament, New York-Bern-Berlin ^{2}1999.

sind Quintessenzen eines theologischen Ethos der Cortesia. Freundlichkeit[799] und Aufmerksamkeit lassen sich neutestamentlich im Zusammenspiel von Geistesgegenwärtigkeit und Gegenwart des Geistes deuten.[800] Wir hatten eingangs gerade auf Gal 5,22 abgehoben. Dieser Tugendkatalog der «Früchte des Geistes» bringt eine pneumatologisch-spirituelle Spur in Erinnerung und zum Tragen. Einige Elemente sollen in den folgenden beiden Abschnitten angeschnitten werden.

14.3.2. Aufmerksamkeit für Gnade und Verdanktheit (systematisch-theologische Facette)

«... ἡ φιλανθρωπία ἐπεφάνη τοῦ σωτῆρος ἡμῶν θεοῦ ...»: Diese Formulierung in Tit 3,4 bringt die «philanthropia» in auffallende und beziehungsreiche Nähe zu Grunddaten theologischer Systematik. Deren Spuren werden hier wiederum nur angetippt. Brücke und systematischer Ort im Kern fundamentaltheologischer und fundamentalethischer Überlegungen sind hier relevante Ausschnitte, ihre Stichworte, Leitfäden und Eckpunkte: das Gebot der Gottes- und Nächstenliebe, die Gnade und Dank, von «gratia» und «grazie».

Die «Philanthropia» – dies zur Erinnerung – meint als Menschenfreundlichkeit[801], als menschenfreundliches Verhalten ursprünglich das asymmetrisch-benevolente Verhalten einer Gottheit dem Menschen gegenüber. Schon in der Graezität ist damit auch eine Herrschertugend bezeichnet, der ein gewisses Moment der Herablassung innewohnt. Schließlich wird der Terminus dann zur Charakterisierung eines spezifischen zwischenmenschlichen Verhaltens verwendet. Er markiert die gnädige, noble oder einfach freundliche Zuwendung (vorrangig) urbaner Menschen zueinander sowie ‹freundliches Verhalten› überhaupt.[802] In der «Philanthropia» – hier biblisch[803] eingeführt und verwoben – scheint die Nähe auf, die schöpferische und soteriologische Qualität der Gottesliebe (im doppelten Modus des Genitivus subiectivus und obiectivus) als Ursprung und Ziel aller Liebe. Ob nun induktiv oder deduktiv, ob aufsteigend oder absteigend in der Perspektive von Reflexion und Praxis – prinzipiell bleibt Trias und Tripelgebot von Gottesliebe[804], Nächstenliebe (in der Aufspannung zwischen «Eigenen»- und Feindesliebe) und Selbstliebe der theolo-

---

799 Vgl. 1Thess 2,7: Paulus korreliert seine Freundlichkeit der Gemeinde gegenüber mit Mütterlichkeit. Tit 3,4 benennt in einer dichten, theologisch geladenen Passage Christus selbst als Verkörperung der Menschenfreundlichkeit. Dazu nachfolgend mehr.

800 Vgl. Jak 3,13-18 zur «Weisheit von oben». Diese ist – unter anderem – auch «ἐπιεικής» (V. 17; «freundlich, so die Einheitsübersetzung, oder «mild» und «gütig», vgl. *H. GIESEN*, Art. ἐπιείκεια/ἐπιεικής, in: EWNT II 64-67). Die Passage selbst – unmittelbar im Anschluß an eine steile Metaphorik zur «Macht der Zunge», also der pragmatischen und ethisch relevanten Wucht der Verbalität! – liest sich wie eine theologische «Präformation» der Höflichkeit.

801 Zu Bedeutungen und biblischen Befunden vgl. *U. LUCK*, Art. φιλανθρωπία, in: ThWNT IX 107-111, *E. PLÜMACHER*, Art. φιλανθρωπία, in: EWNT III 1015f., *C. SPICQ*, Art. φιλανθρωπία, in: Lexique 1582-1587, *ders.*, La Philanthropie hellénistique, vertu divine et royal, in: StTh 12 (1958) 169-191, *L. OBERLINNER*, Der Titusbrief (HThKNT XI.3), Freiburg i.Br. 1996, 168f.

802 *PLÜMACHER*, φιλανθρωπία 1016 (Belege dort).

803 Ansonsten noch Apg 27,3; 28,2.

804 Von der Liebe zu Gott hat Jesus außerhalb des Hauptgebotes nirgends ausdrücklich gesprochen, diese jedoch überall vorausgesetzt.

gisch-ethischen Reflexion unauflöslich.[805] Vor diesem umspannenden Hintergrund ist Nächstenliebe als ein ganzmenschlicher Vollzug in Freiheit und Geschichtlichkeit zu bezeichnen. Sie realisiert sich in Spannungen von Selbstliebe und Nächstenliebe, von «amor concupiscentiae» und «amor benevolentiae»[806], von Personalität und Sozialität, in Spannung zu Gerechtigkeit und Solidarität. Der Rahmen ist weit genug für eine theologische Traverse, Transversale und Verankerung des Höflichkeitsdiskurses. Immer bleibt zu bedenken, nicht vollständige Realisation oder Ausschöpfung des Rahmens ist angezielt, sondern die Initiale und Initialisierung einer geprägten und prägenden Praxis.

In der Verbindung zu Tit 3,4 läßt sich im Modus der Zuvorkommen- und Zuvor*an*gekommenheit des Retters soteriologisch und theologisch ein inkarnatorischer Vorschuß und ebenso eine kreative, weil als Bedingungsmöglichkeit auf Raum-, Zeit- und Geschichtsgabe verwiesene Anknüpfung an die φιλανθρωπία vermerken. Diese «Herablassung» ist ein Nichtfesthalten an Überlegenheit (vgl. Phil 2) und als Inkarnation Eintritt in den konkreten Interaktions- und Kommunikationsraum von Menschen. Systematischer Fokus im Blick auf die Höflichkeit Gottes und die Menschenfreundlichkeit des «Retters» ist Gekommenheit und Zuvorkommenheit, ist «gratia praeveniens». Natürlich übersteigen theologische, christologisch-soteriologische Momente in ihrer Gesamtheit und Dichte weit die Thematik hiesiger Debatten und Überlegungen zur Höflichkeit. Doch auch für sie gilt: Ein Faden, eine Brücke stellt eine Beziehung her zu einer transponierten Sicht. Freundlichkeit der Menschen und Menschenfreundlichkeit Gottes stehen in einem Bezug.[807] Raum- und Zeitgabe Gottes für den Menschen markieren den Gestaltraum einer schöpfungstheologisch grundierbaren und grundierten «Höflichkeit vor aller Höflichkeit». Sie mündet und bezieht sich in die Menschenfreundlichkeit und Höflichkeit der Inkarnation, was sich – abgesehen von aller theologischen Fülle – auch in der freien Möglichkeit, sich zu ihr zu verhalten, spiegelt.[808]

Die Erfüllung der Freundlichkeit ist die Liebe[809] – *auch* in einer praxis-, kommunikations- und expressionsgebundenen Modalität, nicht in solitärer Reflexions-

---

[805] Dazu *HOFFMANN*, Selbstliebe, passim.

[806] Hier legt sich der Gedanke nahe, Höflichkeitsdimensionen zu korrelieren, die dem strategisch-taktischen Moment des Nutzenbegehrens und dem des nachlaufend-antizipatorischen (und emanzipatorischen) Aspekts von Respekt und Achtung des anderen um seiner selbst willen Rechnung tragen.

[807] Hier wird nicht in Inklusiv- oder Exklusivkategorien gedacht. Die Rede von der Menschenfreundlichkeit Gottes (sie hat homiletisch und pastoral ja Konjunktur) ist abzutasten auf eine theologale Höflichkeit in einer weiten und tiefen Sicht.

[808] Anders gesagt: Die Liebe Christi – seine zu uns und jene zu ihm – drängt *uns*, aber sie zwingt *andere* nicht. Sie ist «bezwingend». Zur Freundlichkeit und ihrem Zeugnischarakter vgl. *A. MATTES*, Art. Freundlichkeit, in: PLSp 411-413.

[809] Vgl. die chronologische Bibliographie bei *A. TAFFERNER*, Gottes- und Nächstenliebe in der deutschsprachigen Theologie des 20. Jahrhunderts (ITS 37), Innsbruck 1992, 313-336. Aus der Fülle der Literatur vgl. etwa *H.U. V. BALTHASAR*, Glaubhaft ist nur Liebe, Einsiedeln ^{4}1975, *N. LOHFINK*, Liebe, in: *ders.*, Unsere großen Wörter. Das Alte Testament zu Themen dieser Jahre, Freiburg i.Br.-Basel-Wien 1977, 225-240, *B. HÄRING*, Frei in Christus. Moraltheologie für die Praxis des christlichen Lebens II, Freiburg i.Br. 1989, 399-463, *J. PIEPER*, Lieben – hoffen – glauben, München 1986, 15-188, *K. RAHNER*, Über die Einheit der Nächsten- und Gottesliebe, in: *ders.*, Schriften zur Theologie VI, Einsiedeln ^{3}1968, 277-298, *O.H. PESCH*, Art. Liebe, in: NHThG III 220-239, *P. RICŒUR*, Liebe und Gerechtigkeit, hrsg. v. *O. BAYER*, Tübingen 1990, *H. ROTTER*, Grundgebot Liebe. Mitmenschliche Begegnung als Grundansatz der Moral, Innsbruck 1983, *ders.*, Art. Liebe, in: NLChM 439-446, *ders.*, Person und Ethik, passim, Art.

distanz.[810] Die Verflochtenheit mit der Liebe zum Nächsten, die Auswirkung der Gottesliebe in der Menschenliebe ist in der Verkündigung der Gottesherrschaft begründet: Gott will so, wie er barmherzig ist und liebt, geliebt werden – auch in der Liebe zu den Menschen. Hier ist alles zu rekapitulieren. Festzuhalten hingegen bleiben Einheit und Differenz von Gottes- und Nächstenliebe (Dtn 6,4f. und Lev 19,19) und ihre Grunddynamik der Entgrenzung und Universalisierung.[811]

Wegweisend waren hier z.B. Überlegungen von Karl Rahner über die Einheit von Gottes- und Nächstenliebe.[812] Rahner geht von der Überlegung aus, daß die Einheit von Gottes- und Nächstenliebe aus der Eigenart intentionaler menschlicher Vollzüge (erkennen, wollen) verstanden wird. In diesen Vollzügen wird zugleich mit dem gegenständlichen Objekt immer auch der transzendentale Horizont des jeweiligen Objektes miterfaßt. In dieser Sicht sind Gottes- und Nächstenliebe innerlich

---

Liebe, in: TRE XXI 121-191, dort. bes. *H. RINGELING*, Art. Liebe IX. Ethisch/Praktisch-theologisch 177-187 (Lit.), *T. SÖDING*, Das Liebesgebot bei Paulus. Die Mahnung zur Agape im Rahmen der paulinischen Ethik (NTA NF 26), Münster 1995, *U. LUZ*, Überlegungen zum Verhältnis zwischen Liebe zu Gott und Liebe zum Nächsten (Mt 22,34-40), in: *T. SÖDING* (Hrsg.), Der lebendige Gott. Studien zur Theologie des Neuen Testaments (FS W. Thüsing) (NTA. NF 31), Münster 1996, 135-148. Zudem *K. HILPERT*, Art. Liebe, in: LChE II 1089-1098 (Lit.).
Die nachbiblische Begriffsgeschichte zeigt verschiedene Versuche, den heilsgeschichtlich orientierten biblischen Liebesbegriff und die abstraktere philosophische Liebesauffassung der Antike zu verbinden. Signifikant ist dabei die Unterscheidung der Liebe in «Eros» (als begehrende Liebe), «Philia» (als Freundschaftsliebe) und «Agape» (als selbstlose Liebe). Als «geprägte Nächstenliebe» wäre Höflichkeit differenziert hier einzulesen. Es gibt unterschiedliche Wege, nach dem Spezifikum christlicher Liebe Ausschau zu halten. Vgl. die unterschiedlichen Argumentationen und Positionen, die *TAFFERNER*, Gottes- und Nächstenliebe 273-276, untersucht.

810 Die Vielschichtigkeit der Sprache und der gleiche Logos des Umgangs bleiben formal und material aufschließend und nicht abschließend, auch wenn die unterschiedlichen Kategorien nicht unterschiedslos in eins fallen: Analogie dominiert und grundiert Univozität als *weitere* und *offenere* Grundform. Die Organisation von Übergängen ist im Kern auch hier selbst ein Höflichkeitsthema für Sprache und Agierende.

811 Allerdings kann Gott auch ausdrücklich Ziel der Liebe sein. Es gibt Vollzüge der Gottesliebe, die nicht zugleich auf Menschen gerichtet sind. Diese ausdrückliche Gottesliebe ist jedoch erst «nachträglich» möglich. Die erste und ursprüngliche ist jene, in der Gott unthematisch geliebt wird in einem ausdrücklichen Akt der Nächstenliebe. Ausdrückliche Gottesliebe kann ohne aktuelle Nächstenliebe sein, aber nicht ohne vorausgehende. Gott kann erst dann zum Thema der Liebe gemacht werden, wenn er vorher bereits unthematisch ergriffen wurde in einem Akt der Hinwendung zum Menschen. Analog kann Gott selbst und ausdrücklich Ziel und Richtung von «Höflichkeit» sein. In den (Sprech-)Akten von Anbetung, Lob, Dank und Bitte, von Klage, in der ekklesialen Liturgie wie im privaten Gebet, in praktizierter Spiritualität und in den Modi theologischen Denkens selbst, das in der Erkenntnis seiner Vorläufigkeit der größeren Größe Gottes Raum läßt. Vgl. etwa *G. STEINS* (Hrsg.), Schweigen wäre gotteslästerlich. Die heilende Kraft der Klage, Würzburg 2000 (darin bes. *G. BEIRER*, Die heilende Kraft der Klage 16-41), *B. JANOWSKI*, Konfliktgespräche mit Gott. Eine Anthropologie der Psalmen, Neukirchen-Vluyn 2003.
ASSERATE, Manieren 111, weist en passant auf den französischen Moralisten Joubert hin, für den die Liturgie die «eigentliche Schule der Manieren» wäre.

812 Etwa in *K. RAHNER*, Über die Einheit von Nächsten- und Gottesliebe, in: *ders.*, Schriften zur Theologie VI, Einsiedeln ²1968, 277-298, dazu *TAFFERNER*, Gottes- und Nächstenliebe 200-229. Zur jüngeren Rahner-Rezeption vgl. *B.J. HILBERATH*, Karl Rahner, Gottgeheimnis Mensch, Mainz 1995, *A. RAFFELT/H. VERWEYEN*, Karl Rahner, München 1997, *M. SCHULZ*, Karl Rahner begegnen, Augsburg 1999, *R.A. SIEBENROCK* (Hrsg.), Karl Rahner in der Diskussion (ITS 56), Innsbruck 2001, *H. VORGRIMLER*, Karl Rahner verstehen, Mainz 2002 (Neuausgabe), *A.R. BATLOGG* u.a. (Hrsg.), Der Denkweg Karl Rahners. Quellen – Entwicklungen – Perspektiven, Mainz 2003; *H. VORGRIMLER*, Karl Rahner. Gotteserfahrung in Leben und Denken, Darmstadt 2004, wichtig auch *WENZEL*, Sakramentales Selbst 297-360 (zu K. Rahner).

konstitutiv miteinander verbunden. Es gibt die eine nicht ohne die andere.[813] Sie realisiert und initialisiert sich in einer Praxis, in der der Nächste gemeint ist, im gleichen Vollzug, so daß der Nächste um seiner selbst willen geliebt werden kann und diese Liebe doch nicht ohne Gottesliebe ist. Für die direkte Liebe zu Gott bleibt gewahrt, was biblisch deutlich akzentuiert wird: «Wer den Bruder nicht liebt, kann Gott nicht lieben» (1Joh 4,20).[814] In jeden Akt der Nächstenliebe ist aber auch Selbstliebe als Prinzip eingeschlossen.[815]

Bezogen auf den intentionalen Vorgang der Liebe verhalten sich Gott und der Nächste wie transzendentaler Horizont und thematisch-gegenständliches Objekt. Somit wird überall dort, wo es echte Liebe schon in den Spuren der Aufmerksamkeit, der Respektwahrung und -schaffung zu Menschen gibt, in ein und demselben Akt zugleich auch Gott geliebt als jener übergreifende Horizont, in dem der Mensch in Erscheinung tritt und von dem er getragen wird. Genuine Nächstenliebe ist immer auch schon Gottesliebe, wenngleich zunächst nur ungewußt und noch nicht thematisiert.

Vor dem alle denkbaren Situationen umfassenden Liebesgebot Jesu Christi, seiner Handlungsräume stiftenden und eröffnenden Entfeindungsliebe wird in der «menschenfreundlichen» Zuwendung Gottes und Jesu Christ in Freiheitsversprechen und Schonungsdimension, in den nötigen, damit auch soteriologisch unterfangenen «Vorleistungen» eine Struktur- und Sachparallele sichtbar, die die «cortesia» vor diesem Hintergrund als alltägliche Brücke, Initale und Kontinuante zum Tripelgebot der Liebe aufscheinen läßt (ohne freilich selbst die Vollform darzustellen, immerhin aber selbst als Antizipation in ersten Handlungsschritten)[816]:

> *«Die Zuwendung zum andern gründet in seinem und meinem Gerettetsein, sie soll diese Freiheit nicht (wieder) zerstören, sondern sie durch zuvorkommendes Wohlwollen bejahen.»*[817]

Wichtig sind diese Überlegungen, die in genau diesem Zusammenhang das Gebot der Nächstenliebe genauer charakterisieren. Es fordert die «Vorleistungen erbringende Zuwendung zu anderen».[818] Dies schließt zwei Grundmomente ein:

---

[813] Auch wenn im Rahmen vorliegender Untersuchung der Akzent auf die zwischenmenschliche Bedeutung der Höflichkeit als «geprägte» und prägende, als «geformte» und formende Realisation der Nächstenliebe gelegt wird – die «Höflichkeit Gottes» und die «Höflichkeit auf Gott zu» korrespondieren analog. Die Korrelation von «lex, modus und habitus vivendi/agendi und credendi/orandi» käme hier zum Zug und böte Ansatzpunkte weiterer Überlegungen.

[814] Das freilich darf nicht als «In-group-Verkürzung» oder als Konventikelhöflichkeit aus einem Konventikelethos gelesen werden. Vgl. *H.-J. KLAUCK*, Der erste Johannesbrief (EKK XXIII/I) Neukirchen-Vluyn 1991, 280: «Unter diesen Voraussetzungen scheint es historisch und hermeneutisch nicht illegitim, die johanneische Geschwisterliebe von diesem Moment der erfolgten Integration an mit der synoptischen Nächsten- und Feindesliebe zusammenzusehen. Im gleichen Augenblick erledigen sich weithin die Probleme, die wir mit der isolierten Geschwisterliebe zugestandenermaßen haben.»

[815] Man gewärtige sich der Selbstschutzfunktionen der Höflichkeit (vgl. oben Abs. 10.3.). Auch hier bleiben Maß und Korrelation bedeutend!

[816] Vgl. die Perspektiven bei *TAFFERNER*, Gottes- und Nächstenliebe 277-280.

[817] *TAFFERNER*, Gottes- und Nächstenliebe 280.

[818] Vgl. *TAFFERNER*, Gottes- und Nächstenliebe 283-289, mit Bezug auf *H. PEUKERT*, Praxis universaler Solidarität. Grenzprobleme im Verhältnis von Erziehungswissenschaft und Theologie, in: *E. SCHILLEBEECKX* (Hrsg.), Mystik und Politik. Theologie im Ringen um Geschichte und Gesellschaft (FS J.-B. Metz), Mainz 1988, 172-185. Peukert verweist auf den jüdischen Entwicklungspsychologen Lawrence

Erstens ist dem anderen der Freiheitsraum zu ermöglichen und gerade darin seine Würde zu achten. *Zweitens* ist mitzuhelfen, gesellschaftliche Bedingungen zu schaffen, «die die Realisierung von Freiheit als intersubjektive Freiheit nicht verhindern, sondern fördern. Die Verantwortung für die Freiheit und Würde des anderen wird zur Verantwortung für die Veränderung und Entwicklung der Gesellschaft»[819].

Theologisch gedeutet wäre «Nächstenliebe (...) dann die freie Zuwendung zu anderen, die ihnen kreativ Vorleistungen entgegenbringt».[820] Dieses Gebot der Nächstenliebe, das das Erbringen von Vorleistungen beinhaltet, bedarf der Ergänzung durch die Barmherzigkeit. «Sich anderen barmherzig erweisen heißt, an der Not anderer, Fremder nicht freiwillig vorbeigehen, sondern die Not beheben.» Tafferner unterscheidet zwischen Liebe und Barmherzigkeit einerseits und Recht und Gerechtigkeit andererseits. Mit Recht und Gerechtigkeit ist das Verhalten gemeint, daß sich daran orientiert, worauf jeder Anspruch hat. Sie faßt zusammen:

> *«Die drei eben beschriebenen Kommunikationsformen: Nächstenliebe als die Vorleistungen erbringende Zuwendung zu anderen, Barmherzigkeit gegenüber Notleidenden und die Handlung, andere in ihr Recht zu setzen, können und müssen voneinander unterschieden werden, aber doch sind sie nicht voneinander zu trennen. Allen drei gemeinsam ist die unbedingte Bejahung der anderen, die unbedingte Anerkennung ihrer Würde. Und diese unbedingte Bejahung ist mit dem Wort ‹Liebe› richtig bezeichnet, vor allem dort, wo diese Liebe ‹kreativ› ins Unerschöpfliche ausgreift.»*[821]

Wird hier der Bogen bewußt ins Weite und Extreme gespannt, so darf auch der andere Pol und Ansatz nicht aus dem Blick geraten, den die Höflichkeit als Freundlichkeit und alltäglich-benevolente Kreativität oder zumindest andere Kreatürlichkeit schonenden Haltung und Praxis markiert. Schon minimalen und initiale Spuren cortesialer Formalität und Habitualität firmieren als Angeld und Vorschuß einer Realisation der Liebe zum Nächsten und Anderen. Der Vorzug liegt in der Miniaturisierung und Konkretisierung des Anspruchs der Höflichkeit als Vermittlungshaltung und -form von Liebe *und* Klugheit, Eigen- und Fremdschutz. Zuvorkommenheit, Antizipation und Prästation in angemessener Wahrnehmung und Aufmerksamkeit grundiert Freisetzung und Bestimmung von Handlungsräumen, -zeiten und -optionen. Die Nähe zu ästhetischen, sozialen und ethischen Höflichkeitsbegründungen ist frappant. Die wechselseitige und komplementäre, sich «komplimentierende»

Kohlberg. Vom Holocaust geprägt, bewegte Kohlberg die Frage, wie die Entwicklung moralischen Bewußtseins gedacht und gefördert werden könne. Er war zuletzt zu der Meinung gelangt, das Prinzip der Gerechtigkeit, «das durchgängig alle Entwicklung strukturiert und zugleich ihr Ziel darstellt, müsse, um es gegen Mißverständnisse abzusichern, ergänzt, zumindest präzisiert werden durch die Prinzipien ‹benevolence and care›, also die Vorleistungen erbringende Zuwendung zum anderen in seiner konkreten Situation», so *PEUKERT*, Praxis universaler Solidarität 176. Für unseren Zusammenhang liegt der Akzent auf der Nähe der Vorleistung in Wahrnehmung, Aufmerksamkeit als Sorge und Umsicht – all dies und weiteres berührt den Höflichkeitsdiskurs sowohl als Asymmetrie- als auch als Gerechtigkeitsdiskurs (ohne diesen auf einen Gesetzesdiskurs zu reduzieren!).

[819] Vgl. *TAFFERNER*, Gottes- und Nächstenliebe 284 mit *PEUKERT*, Praxis universaler Solidarität 176f. Weder Bevormundung noch Dressur oder «p/maternalistic overprotection» sind im Blick auf «care», «awareness» und «benevolence» gemeint.

[820] *TAFFERNER*, Gottes- und Nächstenliebe 285.

[821] *TAFFERNER*, Gottes- und Nächstenliebe 288f.

Achtung vor der Freiheit des anderen, damit Toleranz sind Grundforderungen der Liebe wie – aus ihr heraus und sie bereitend und initiierend – der Höflichkeit.[822]

Voll- und Zielformen personaler Liebe, aber auch die «cortesia» beziehen sich auf die gegenwärtige Erscheinung des anderen, doch sie umgreifen mehr: Vergangenheit und Zukunft. Der Liebende denkt also an die Vergangenheit in Dankbarkeit für das gemeinsam Erfahrene und gewinnt aus diesem Gedächtnis eine Vertiefung seiner Verbundenheit. Liebe setzt die Fähigkeit zur Vergebung und Verzeihung voraus, wenn Unrecht geschehen ist. Die Bewältigung der Vergangenheit und der in ihr erlittenen Verwundungen ist eine wichtige Voraussetzung für die Fähigkeit zu einer offenen Interaktion als Initiale, Realisation und Antizipation von Liebe. Respekt, Takt, Freundlichkeit, Höflichkeit sind diese initialen und responsorialen Verleiblichungen, Versprachlichungen und auch als Symbolisierungen Ausdrucksformen dieser Dimensionen einer horizontoffenen und -öffnenden Liebe.[823]

Der Aufforderung Gottes zum Handeln geht seine Zusage, sein Zuspruch voraus. Bei den Haltungen kommt eine gnadentheologische Grundstruktur zum Aufschein, die für das sittliche Handeln aus christlicher Sicht bestimmend ist: Zuerst handelt Gott am Menschen, er ruft in seine Nachfolge, er geht auf die Menschen zu. In Kreuz und Auferstehung schenkt er einen neuen Anfang. Initialität der Anrede und Responsorik. Höflichkeit Gottes als Anspruch und Ansprechen, als Zuspruch vor Anspruch, als Indikativ vor Imperativ.[824] Insofern sind die Haltungen, von denen hier die Rede ist, nicht einfach Anforderungen an den Menschen, sondern in ihnen kommt zuerst die Zuwendung Gottes zum Ausdruck. Moraltheologisch in eine Kurzformel gebracht, markiert dies: Sollen setzt Können voraus. In diesem Können ist immer beides enthalten: die Gnade, die Gott schenkt und die immer dem menschlichen Handeln vorausgeht, und die Übung des Menschen, sich diese Fähigkeit, dieses Können zu erwerben.[825]

Im Anschluß an seine Überlegungen zur «affabilitas» und zur «veritas» führte, wie bereits zitiert, K. White Beobachtungen an, die von der ethischen und theologischen Relevanz dieser Haltungen zeugen. Beide sind indispensabel und universell relevant. Beide sind – trotz des Körnchens an Wahrheit, das in der zynischen Feststellung steckt, sie seien inkompatibel, aufeinander bezogen, ergänzen und vollenden sich, in einer Haltung, die White «frankness» nennt. Zudem sichern beide in ihrer sapientialen Dimension (bei Thomas mindestens) eine Perspektive der Freude.

---

[822] Damit ist auch die Achtung der Grenzen des anderen geboten, die sich im Versagen und im Schuldigwerden zeigen. Darin werden auch Barmherzigkeit und Vergebung zu Grundformen der Liebe. Annahme des Andersseins des Mitmenschen ist aber eine der diffizilsten, anspruchsvollsten, zugleich aber auch wichtigsten Aufgaben einer reifen Liebe. Dabei kann auch Kritik, Dissens oder Zurechtweisung eine Hilfe für den anderen, ein Erfordernis des Gemeinwohls und insofern auch Verwirklichung von Liebe sein.

[823] Manche Menschen können sich nach erlittenen Verletzungen und Negativerfahrungen nicht mehr neu für andere Menschen öffnen. Gerade hier wird kommunikationspraktisch die präventive Bedeutung der «cortesia» als regulativer Idee greifbar.

[824] Als formale Struktur biblischer Ethik ist dies gegenwärtig und Konsens. Ist dies jedoch *bloß* und *bloße* Formalität? Und als solche schon verdächtig?

[825] Auf diesen gegenseitigen Prozeß hat besonders Thomas von Aquin aufmerksam gemacht. Vgl. dazu *PESCH*, Thomas von Aquin 231-245, *SCHOCKENHOFF*, Bonum hominis, passim; *ders.*, Tugenden und Laster 798-805; *SCHUSTER*, Moralisches Können 43-51, 122-131, 196-205, *K. DEMMER*, Art. Tugenden, in: PLSp 135-138 (Sonderausgabe 1992).

Schließlich rekurriert er auf eine christologische Dimension: Christus selbst bleibt kein Solitär, sondern taucht inkarnatorisch in die Lebens- und Umgangsbedingungen des animal sociale ein – «familiariter cum hominibus conversando».[826] Gott ist Umgang in sich – trinitarische Dimension[827] – und wird Umgang mit den Menschen – zentrale christologische Dimension. Die Rede von der Menschenfreundlichkeit Gottes gewinnt nicht zuletzt hierbei sehr konkrete Züge, die nicht allein motivational von erheblicher ethischer Bedeutung sind, sondern auch eine Tiefenhermeneutik der «cortesia» auf den Weg bringen.

Damit erreichen wir einen weiteren zentralen Verbindungsbogen, den der Bedeutung des Dankes und der Dankbarkeit als Komponente der Höflichkeit wie als grundlegende schöpfungstheologische, fundamentalanthropologische und -ethische Kategorie und Dimension.

Auf der einen Seite steht eine kleine, *alltägliche* Beobachtung: «(...) often a simple thank you is enough response at least for the moment»[828], auf der anderen die weit weniger schlichte Feststellung, daß – Dankbarkeit, Danksagung und Dankgesinnung klingen im Begriff zusammen – «εὐχαριστία» der zentrale Vollzug[829] gläubigen und gemeindlichen Handelns ist: erinnernde, vergegenwärtigende, Gegenwart und Zukunft öffnende Responsorialität auf die «Vorleistungen» Gottes und Jesu Christi in der Eucharistie als Zentralisation und Fokus ekklesialer, communionaler und sakramentaler Vollzüge und Verdichtungen von Glaube und Handeln im Horizont des Christseins.[830] Nicht umsonst ist es eine *Dankesfeier*, die Heilsgeschehen repräsentiert und präsentiert. Dank gehört zentral in den Höflichkeitsdiskurs, der sich

---

826 Vgl. *WHITE*, The virtues of man 652f. (mit S.Th. III 40 1). Vgl. auch *B.G. GUERNEY*, Jesus as a Modell of behaviour, in: Journal of psychology and christianity 17 (1998) 55-60. Hier und in allen weiteren Zusammenhängen bleibt aber wichtig und zu beachten, was *SCHOCKENHOFF*, Zur Lüge verdammt 510f., anmerkt: Es geht nicht darum, normativ einen «Jesus communicator optimus» zu konstruieren. Die Grenzen und Chancen der Analogiebildungen sind auch hinsichtlich innertrinitarischer Spekulationen oder im Blick auf eine Theologie der Kommunikation zu bedenken, was aber andersherum nicht bedeuten kann, daß diese Facette menschlicher Wirklichkeit nicht mit dem Inspirationshorizont des Theologischen in Verbindung gebracht werden dürfte – in aller Diskretion als Einsicht in die Grenzen des Sagbaren vor dem Geheimnis Gottes wie des Menschen.

827 Vgl. das Panorama bei *E. SIREGAR*, Sittlich handeln in Beziehung. Geschichtliches und personales Denken im Gespräch mit trinitarischer Ontologie (SThE 64) Freiburg i.Ue.-Freiburg i.Br. 1995, *J.R. FLECHA*, Trinidad y vida moral. Un proyecto de vida cristiana, in: EstTrin 36 (2002) 467-494, die Modelle und Problemanzeigen bei *A. KELLY*, A trinitarian moral theology, in: StMor 39 (2001) 245-289, zudem *K. DEMMER*, Der dreifaltige Gott und die Moral. Eine immer neue und niemals abgeschlossene Frage, in: *GUGGENBERGER/LADNER*, Christlicher Glaube 111-127. Vgl. die Überlegungen bei *J. SPLETT*, Leben als Mit-Sein. Vom trinitarisch Menschlichen, Frankfurt/M. 1990, *G. GRESHAKE*, Der dreieine Gott. Eine trinitarische Theologie, Freiburg i.Br.-Basel-Wien 1997, jüngst die umfangreiche Studie von *T. SCHÄRTL*, Theo-Grammatik. Zur Logik der Rede vom trinitarischen Gott (ratio fidei 18), Regensburg 2003, vgl. die Spuren der Beiträge in: *B.J. HILBERATH/M. KRAML/M. SCHARER* (Hrsg.), Wahrheit in Beziehung. Der dreieine Gott als Quelle und Orientierung menschlicher Kommunikation, Mainz 2003. Zur Übersicht vgl. bes. *T. SÖDING*, Art. Trinität, I. Biblisch-theologisch, in: LThK^3 X 239-242, und *J. WERBICK*, Art. Trinität, II. Theologie- und dogmengeschichtlich, III. Systematisch-theologisch, in: ebd. 242-251.

828 *E.C. VACEK*, Gifts, God, Generosity, and Gratitude, in: *J. KEATING* (Hrsg.), Spirituality and moral theology. Essays from a pastoral perspective, Mahwah 2000, 81-125, 104.

829 Vgl. die Linien der Liturgiekonstitution des II. Vaticanums in SC 10 (mit der Charakterisierung der *Liturgie* als «fons et culmen» christlichen Handelns) und des Bischofsdekretes in CD 30 (mit der Charakterisierung der *Eucharistie* als «Mitte und Höhepunkt des ganzen Lebens der christlichen Gemeinde»).

830 Dies ließe sich an einer Reihe weiterführender Überlegungen formal und sachlich durchdeklinieren.

hier verantwortet theologisch ausweisen, verorten und rückbinden kann.[831] Nicht allein dieser Hinweis ist eine Brücke und ein Verweis darauf, daß Dankbarkeit im Zentrum der christlichen Theologie, gerade von Gnadenlehre und theologischer Anthropologie steht. Verdankte und begnadete Existenz dankt – subjektiv und intersubjektiv[832], zwischenmenschlich und, biblisch vorrangig, zwischen Menschen und Gott. Die Offenbarung zeigt die Liebe, die Gott den Menschen schenkt, vorab die erlösende göttliche Liebe in Christus.[833] Antwort auf diese Liebe ist der Dank der Menschen.[834] Verwirklichungsbereiche dieser Dankbarkeit sind dabei innere Dankesgesinnung als Anerkennung und Hochschätzung empfangener Liebe oder Wohltat, die Aktuierung und Expression in den Modi der Danksagung (Gott gegenüber das Gebet des Dankes), -handlung und -haltung.[835] Auch die Liebe, die der Mensch vom anderen erfährt und empfängt, mündet in Dankerweise.[836]

Im Zusammenhang von Denken und Danken, in der Konspiration von Selbstauslegung, Selbstbewußtsein, im Bewußtsein für das Dasein des Ich und des anderen[837] liegt ein Spannungs- und Reflexionsbogen zwischen Schöpfungstheologie und Fundamentalanthropologie und -ethik, der hinter dem Dank *an* eine Person den Dank *für* einen Menschen schlechthin speist. Nicht nur höflichkeitsimprägnierte Dankbarkeit für einzelne Wohltaten meldet sich an, sondern zudem grundlegend und grundierend die Perspektive empfangenen Lebens, das auf sein Gelingen hin ausgespannt ist. Hier unterscheidet sich – bei bleibender Konspiration – *kontemplati-*

---

[831] Gestaltelemente und Inhalte der Liturgie wie Dank, Lob, Bitte, wie Anrede und Anredeformen, wie Ehrerweis und Antwort auf Raum- und Zeitgabe in kommunikativ-liturgischen Vollzügen (zwischen «communio» und «Kommunikation», ohne dabei wiederum einschlägige Unterschiede zu verwischen) wären hier einzubringen.

[832] Vgl. bes. *K. ARNTZ*, Melancholie und Ethik. Eine philosophisch-theologische Auseinandersetzung mit den Grenzen sittlichen Subjektseins im 20. Jahrhundert (ratio fidei 11), Regensburg 2003, bes. 209-219 (zur Dankbarkeit), dabei mit beständigem Rückgriff auf *D. HENRICH*, Gedanken zur Dankbarkeit, in: *ders.*, Bewußtes Leben. Untersuchungen zum Verhältnis von Subjektivität und Metaphysik, Stuttgart 1999, 152-193. Zudem *H. REINER*, Art. Dankbarkeit, in: HWP II 9-11, *A. AUER*, Art. Dankbarkeit, in: LThK² III 156-157, *W. WOLBERT*, Von der Dankbarkeit des Christen. Zur Deutung christlicher Moralität als Dankbarkeit, in: ThGl 77 (1987) 1-13, *W. WINGER*, Art. Dankbarkeit, in: LThK³ III 18, *M. THÜRIG*, Was *ich* tun will, muss *ich* auch tun können. Menschliche Reife und Dankbarkeit, in: *ARNTZ/SCHALLENBERG*, Ethik zwischen Anspruch und Zuspruch 226-250, *J. MARTIN/G.S. STENT*, I think; therefore I thank. A Philosophy of Etiquette, in: The American Scholar 59 (1990) 237-254, wichtig die Differenzierungen bei *VACEK*, Gifts, God, Generosity, and Gratitude 81-125 (Lit.), *G. HAEFFNER*, Geben, Nehmen, Danken, in: StZ 213 (1995) 467-478, *DEMMER*, Fundamentale Theologie des Ethischen 261, *G. HAEFFNER*, Donner, recevoir, remercier. Dieu au cœur de la reconnaissance anonyme, in: LTP 58 (2002) 489-501.

[833] Vgl. nur Joh 3,16; 1Joh 3,16; 4,9f; Röm 5,8.

[834] Vgl. etwa Lk 17,16.18; Apg 27,35; 28,15; Röm 1,8; 6,17; 7,25; 14,6; 1Kor 1,4.14; 10,30; 15,57; 2Kor 1,11; 2,14; 4,15; 8,16; 9,11f.15; Eph 1,16; 5,4; Phil 1,13; 4,6; Kol 1,3.12; 1Thess 1,2; 2,13; 3,9; 2Thess 1,3; Phlm 4; Hebr 12,28). Christlicher Dank schließt auch an das Danken Jesu selbst an (vgl. Mt 11,25; Mk 8,6; 14,23; Lk 22,17.19; Joh 6,11; 11,41; 1Kor 11,24). «Sagt allezeit dem Gott und Vater Dank für alles im Namen unseres Herrn Jesus Christus» (Eph 5,20; vgl. Kol 3,15-17; 1Thess 5,18f; 1Tim 2,1).

[835] Vgl. *K. HÖRMANN*, Art. Dankbarkeit, in: LChM² 237-240.

[836] Paulus etwa erkennt seine Dankverpflichtung gegenüber seinen Mitarbeitern Prisca und Aquila, da sie für sein Leben ihren eigenen Nacken dargeboten haben (Röm 16,3f.). Undank wird als sittlicher Mangel empfunden (Röm 1,21; 2Tim 3,2).

[837] Vgl. *ARNTZ*, Melancholie 215f.

ver Dank als vollständige Selbstdistanz von *kommunalem* Dank als Dank für mich und andere.[838]

In diesem Duktus geht es also nicht mehr allein um eine Kommutativdankbarkeit und in ihr um eine Kommutativhöflichkeit.[839] Ohne deren Sinn und Bedeutung zu negieren, legt die biblische Dynamik einer «größeren Gerechtigkeit» eine tiefere Dimension frei, die sich in der dankend-denkenden Selbstdistanz und -auslegung als je neue Asymmetrie zeigt. Die Gratuität des Seienden und in ihr die Gradualität der entdeckten Responsorik[840] ist Reaktion und Handlungshorizont im Blick auf die Zuvorgekommenheit und Zuvorkommenheit Gottes. «Grazie» und «Gratia» bleibend in einem Bedingungs- und Entdeckungszusammenhang, der Deuten, Urteilen und Handeln formt. Formale, formelle und informelle Höflichkeit haben dabei Anteil an normativen («lex») und habituellen Dimensionen (Entdeckung der Verdanktheit und die handlungsorientierende Disposition wie Praxis, die daraus entspringt). Eine Grundhöflichkeit des Respekts vor der Würde des anderen reagiert exakt darauf und initiiert eine adäquate Praxis, die sich pluriforme Fassungen dieser Expression gibt. In der Sicht des Glaubens und seiner Handlungstheorie ist Höflichkeit eine freie Folge und Ableitung der «gratia semper praeveniens»[841] und aktuiert in Antwort und Verantwortung die Einsicht, daß begegnendes (personales) Seiendes die Begnadung des Geschöpfseins trägt. An dieser Stelle gewinnt die «ethische Kleinigkeit» Höflichkeit in Durchsicht ihr spezifisches Gewicht.[842] Ohne Dankbarkeit in den angesprochenen Richtungen, den Dimensionen und dem dynamischen Überschuß, der über eine Distributiv- oder Kommutativdankbarkeit und -höflichkeit hinausreicht, kann der Mensch seiner sittlichen Aufgabe nicht gerecht werden,

---

838 Vgl. *ARNTZ*, Melancholie 216ff., der dabei die Unterscheidung von *HENRICH*, Gedanken zur Dankbarkeit 172-184, aufnimmt.

839 Vgl. *ARNTZ*, Melancholie 209-219. Auch und gerade weil biblisch Dank und Dankbarkeit vorrangig, zentral und essentiell als Dank an Gott theologisch konturiert ist, geht Dankbarkeit über rein Kommutativdankbarkeit als Wechselspiel von Geben und Nehmen hinaus. Höflichkeit komplettiert und «komplimentiert» dieses Feld «horizontal». Vgl. auch *B. WANNENWETSCH*, Art. Dank, in: RGG^4 II 562-563.

840 *WANNENWETSCH*, Dank 562, markiert «gratitudo» als «excellens gratia», vgl. *ARNTZ*, Melancholie 211. Auch Thomas pointiert Nähe und Überschneidung von Dankbarkeit und Gnade («gratia vel gratitudo»), vgl. S.Th. II-II 106 1 (dazu *PESCH*, Thomas von Aquin 252).

841 Vgl. *DÖRNEMANN*, Freundschaft 65. Wie immer man das Bezugsverhältnis vorgegebener Gnade Gottes und antwortendem sittlichen Tun des Menschen näher beschreiben und deuten mag, eins bleibt festzuhalten: eine Gleichgewichtigkeit und gegenseitige Zuordnung von Geschenk und Forderung, Heilserlangung und sittlicher Verpflichtung. Letztlich ergibt sich für Paulus etwa die unleugbare Spannung zwischen dem, was wir durch Gottes Gnade sind, und dem, was wir sein sollen, aus unserer heilsgeschichtlichen Lage in dieser noch bestehenden Welt mit ihren Bedrängnissen und Verführungen. Mit der Verbindung von Indikativ und Imperativ ist aber auch eine eschatologische Dimension angesprochen.

842 *Geschenktes* Können bleibt auch ethisch Bedingungsmöglichkeit des *gekonnten* Könnens. Besonders Momente der «gratia praeveniens», «gratia operans» und der «gratia cooperans» geben hier An- und Aufschlüsse für eine theologische Fundierung der Höflichkeit als gnädiger und begnadigender Umgang, in Antizipation, Vor- und Überschuß, als Frei- und Belassung von Lebensraum und Bedeutungshof.
Da hier keine eigene Gnadenlehre entwickelt werden kann, vgl. weiterführend *M. THEOBALD*, Art. Gnade, IV. Neues Testament, in: LThK^3 IV 766-772 (Lit.), *G. GRESHAKE/E.-M. FABER*, Art. Gnade, V. Theologie- u. dogmengeschichtlich, in: ebd. 772-779, *E.-M. FABER*, Art. Gnade, VI. Systematisch-theologisch, in: ebd. 779-785 (Lit.), *G. KRAUS*, Art. Gnade/Gnadenlehre/Gnadensysteme, in: LKDog^5 (1997) 201-209, 209-211, 212-214, *K.-H. MENKE*, Das Kriterium des Christseins. Grundriss der Gnadenlehre, Regensburg 2003.

gestaltet sich in ihr doch jene Liebe aus, zu der er von Gott berufen ist.[843] Höflichkeit ist als Part «realistischer Nächstenliebe» im Alltag zu kennzeichnen – dies jedoch ohne Hypertrophierungen des Anspruchs (angesichts der Grenzen des Menschen) und ohne die Aufgabe des Anspruchs einer entgrenzten Nächstenliebe (im biblisch-jesuanischen Duktus). Höflichkeit ist in diesem Sinne geformte und «geprägte Nächstenliebe», nicht frei flottierend und abstrakt, sondern konkret und miniaturisiert. Es gibt komplementär die Großtaten der Liebe. Sie sind spektakulärer oder dramatischer, doch es bleibt ein Fließzusammenhang auch im Blick auf die alltäglichen kleinen Zeichen im Grenzverkehr der Menschen untereinander, die in den zahlreichen Formen, Gesten und Symbolen cortesialen Verhaltens über Takt, Diskretion, Distanzwahrung und schonender Annäherung Respekt und Würde des einen wie des anderen sichern und aufbauen helfen. Höflichkeit ist nicht alles, aber manches ist ohne sie auch nichts. Sie ist in diesem Sinne vor dem Horizont des Glaubens ein Beitrag zu einer umfassenden «christlichen Lebenskunst», die die Kunst des Umgangs einschließt.[844]

Vor der dialogisch-kommunikativen Verfaßtheit des Glaubens, von Kirche und Theologie[845] findet die Reflexion auch auf die Höflichkeit ihre eigentliche Tiefendimension angesichts des «Deus socius homini». Im Zusammenspiel von Glaube und Ethos ist der dreieine Gott nicht «nur» Horizont ethischer Motivation und Deutung. In der Beziehung zu einem personalen Gott[846] gründet und spiegelt sich der Umgang des Menschen unter seinesgleichen und in der gesamten Schöpfung. Epiphanie der Menschenfreundlichkeit und Personalität Gottes, aber auch die Rede mit Gott «auf Augenhöhe»[847] initiieren und insinuieren Umgang in der Fülle denkbarer und praktizierter Modalitäten angesichts des Gottes, der sich anreden läßt, der sich vorstellt und zuspricht, der als personaler Gott aber auch Distanzen und Geheimnis wahrt in Dialogik und Responsorik.[848] Als Scharnier zwischen Systematik und Sprache einerseits und andererseits Handlung und Haltung aus dem Glauben und in dessen Horizont, und weil Handlungen als «sprechende Akte» in der Dimension des Zeugnisses gelten können, gilt es eine letzte Facette einzuspuren:

---

843 Vgl. etwa Dtn 4,9; 8,11-18; Kol 2,6f.; 1Thess 5,18.

844 Vgl. *R.M. GULA*, The Good Life. Where Morality and Spirituality converge, New York-Mahwah 1999, 97-118 (bes. die Bemerkungen zur «reverence», 98f., und seine Transformationen der Seligpreisungen, z.B. «Blessed are the *gentle*», 103 – Hervorhebung: APA), vgl. *J.W. CROSSIN*, Walking in Virtue. Moral decisions and spiritual growth in daily life, New York-Mahwah 1998, 19-33, bes. 22. Hier wäre wiederum zu verweisen auf die Traditionen, die bei Thomas und Guardini auf theologischer Ebene, bei Franz v. Sales im Sinne einer christlichen Lebenskunst, die Alltag und Spiritualität vermittelt, beobachtet wurden. Franziskus v. Assisi integriert dies auf spiritueller Ebene (vgl. den folgenden Abschnitt).

845 Vgl. *ARENS*, Was kann Kommunikation 410, 417-419: Das Wort ist initial für den Glauben ist (vgl. Joh 1), ist theologische Aussage und zugleich elementar für jede Kommunikation. Die Bibel ist von der erste bis letzten Seite kommunikativ-responsorisch strukturiert – wie Glaube und Theologie.

846 Vgl. *J. RÖMELT*, Personales Gottesverständnis in heutiger Moraltheologie auf dem Hintergrund der Theologien von K. Rahner und H.U. v. Balthasar, Innsbruck 1988.

847 Vgl. Ex 33,11: «Der Herr und Mose redeten miteinander Auge in Auge, wie Menschen miteinander reden.» – Das Singuläre dieser «Kommunikationssituation» ist zu bewahren, doch die Dynamik der Inkarnation und – etwa – der christologischen Deutung des Philipper-Hymnus radikalisieren dieses theologische «Face-to-face» noch weiter.

848 Momente einer analogen Höflichkeit der Annäherung in Distanzwahrung schimmern durch etwa in so unterschiedlichen Stellen wie 1Kön 19,12 (Epiphanie im Säuseln des Windes), Offb 3,20 («türklopfende Ankunftsbitte», aber eben nicht mit der Tür ins Haus fallend).

«Darum bedarf es einer weiteren Perichorese, nämlich jener zwischen Sprache und Lebenszeugnis. Beide legen sich gegenseitig in ihrem Wechselbezug aus. Sprache ist hier keine von den fundamentalen Lebensvollzügen losgelöste, gleichsam hypostasierte Wirklichkeit. Sie drückt, ganz ursprünglich, ein Lebensverhältnis aus, Lebenshaltungen gerinnen in ihr zu einer primären Lebenswelt, die sich nachfolgend in die vielen Teilbereiche des Lebens aufschließt. Und das hat in gleicher Ursprünglichkeit etwas mit der Weise des Denkens zu tun. Eine Lebensform gebiert eine Denkform. So muß es gar nicht mißverständlich sein zu sagen, in diesem Ursprungsverhältnis sei humane Identität auf ihren letzten Einheitspunkt gebracht.»[849]

Ein Zeugnis und Zeuge wird aufgerufen, eine Gedächtnis- und Orientierungsspur: «Nel vangelo vissuto da Giovanni ‹Dio è amore›. In quello vissuto da Francesco ‹Dio è cortesia›.»[850] – es geht um einen Vertrauensvorschuß in der Höflichkeit und aus der Höflichkeit Gottes, die das Antlitz der Welt verändert.[851]

14.3.3. Aufmerksamkeit für Durchsicht: Ethos der Höflichkeit als «Frucht des Geistes» (spirituelle Facette)

«... ὁ δὲ καρπὸς τοῦ πνεύματός ... μακροθυμία χρηστότης ἀγαθωσύνη ...»: Mit dieser paulinischen Synopse in gnadentheologischer, pneumatologischer und über einen Haltungskatalog tugendethischer Korrespondenz in Gal 5,22[852] meldet sich eine letzte Suchbewegung an, die die Höflichkeitsthematik in ihren Facetten und Schichten mit einer theologisch essentiellen Wahrnehmungs-, Deutungs- und Handlungs- wie Verhaltensdimension in Konspiration zu bringen sucht. Langmut, Freundlichkeit (!), Güte, Geduld, Großzügigkeit und anderes mehr in den unterschiedlichsten Tugendkatalogen werden als «Früchte des Geistes» bezeichnet. Biblisch ist dabei – wie gesehen – von der Höflichkeit expressis verbis natürlich nicht die Rede, thematisch aber durchaus.

Dem folgenden Abschnitt geht es darum, eine Transversale anzudeuten, die sich in der spirituellen Tradition der Kirche inkorporiert, tradiert und in sie eingeschrieben hat – und mit dem Namen Franziskus von Assisi verbunden ist.[853] Bevor wir dahingelangen, sind einige – und zwar wiederum nur fragmentarische – vorbereitende Überlegungen einzubringen, die das keineswegs einfache oder unproblematische Verhältnis von Moraltheologie und Spiritualität kennzeichnen. Die Hal-

---

849 *DEMMER*, Moraltheologie in der Polarität von Glaube und Vernunft 15. Vgl. auch *K. DEMMER*, Sittlich handeln als Zeugnis geben, in: Gr. 64 (1983) 453-486.

850 *J.G. JEUSSET*, Dio è cortesia. Francesco d'Assisi, il suo ordine e l'Islam, Padua 1988, 170f.

851 *BARTOLI*, L'ideale medioevale della cortesia 10f.

852 Die hier natürlich nur repräsentativ genommen werden kann. Vgl. die Überlegungen – konzentriert auf das Feld der «geistlichen Begleitung» – bei *D.J. BILLY*, Growing in the virtues and the gifts: Spiritual direction as a practical theological locus for the convergence of spirituality and morality, in: StMor 39 (2001) 433-459.

853 Natürlich trägt sie nicht nur seinen Namen. Im Verlauf unserer Untersuchungen und Vorstellungen sind andere Ref/verenznamen gefallen. Vorrangig zu erinnern ist Franz von Sales, aber auch die Überlegungen zur Höflichkeit bei R. Guardini atmen eine Tiefendimension und Durchsicht, die ohne Zweifel von hoher spiritueller Dichte gekennzeichnet ist.

tungs- und Handlungsrelevanz steht dabei im Vordergrund.[854] Sodann ist die Verbindung von Spiritualität und Höflichkeit anzudeuten, bevor sie in einem paradigmatischen und nach wie vor attraktiven Lebensmodell vorgestellt wird.

Zur Erinnerung sei gesagt: Auszugehen ist von einem dreifachen – systematischen, kasuistischen und spirituellen – Selbstverständnis von Moraltheologie.[855] Die spirituelle Dimension – systematisch also ein Grundstrang der Moraltheologie und ein Grundvollzug des Christseins[856] –, die keine voreilige Spiritualisierung meint, ist norm- wie tugendethisch essentiell für das gesamte Projekt theologischer Ethik – und zwar perichoretisch motivational, formal und material. Sie eröffnet zuletzt die teleologische Dimension, öffnet die Transparenz des «Ensembles aller Prämissen» (K. Demmer) und Ziele auf sie horizontal und vertikal und über sie hinaus.[857] In diesem Sinn ist das integrierende und integrale Moment von Spiritualität für die Praxis eingelesen, wenn B. Fraling skizziert:

> *«Die christliche Spiritualität ist die geistgewirkte Weise ganzheitlicher gläubiger Existenz, in der sich das Leben des Geistes Christi in uns in geschichtlich bedingter Konkretion ausprägt.»*[858]

Spiritualität in diesem Sinn und Kontext ist Geisteshaltung in Geistesgegenwart.[859] – H. Schlögel[860] verweist in diesem Zusammenhang auf W.C. Spohn. Dieser differenziert Ethik und Spiritualität auf eine doppelte Weise: Während sich Moralität auf die gelebte Erfahrung menschlicher Werte und Pflichten bezieht, stellt

---

[854] Nicht jedoch eine Propriumsdiskussion als solche. Spiritualität ist kein christliches Eigengut. Es geht nicht um Aus- oder Abgrenzungen, aber doch um Bestimmungen, die sowohl für die Innen- als auch die Außenseite geistgewirkten Handelns in aller Freiheit nicht einfach nur frei flottierende Größen sein können. Offenbarung, Schrift und Tradition rahmen und öffnen zugleich.

[855] Vgl. die systematisch-historischen Grundlinien, die *W. KORFF*, Art. Ethik II. Geschichte, in: LThK³ III 911-923, kennzeichnet.

[856] *J. WEISMAYER*, Christliche Spiritualität als ganzheitlicher Lebensvollzug, in: *J. FIGL/E. WALDSCHÜTZ* (Hrsg.), Ganzheitliches Denken (FS K.A. Wucherer-Huldenfeld), Wien 1989, 183-196. Des weiteren *G. GRESHAKE*, Spiritualität, in: *U. RUH* u. a. (Hrsg.), Handwörterbuch religiöser Gegenwartsfragen, Freiburg i.Br. 1986, 443, *B. FRALING*, Überlegungen zum Thema Spiritualität, in: *ders.*, Vermittlung und Unmittelbarkeit. Beiträge zu einer existentialen Ethik (SThE 59), Freiburg i.Ue-Freiburg i.Br. 1994, 33-51, *C. SCHÜTZ*, Christliche Spiritualität, in: PLSp 1174-1178, *ders.*, Christliche Spiritualität – Kairos und Aufgabe, in: LebZeug 54 (1999) 165-175, *J. SUDBRACK*, Spiritualität – Modewort oder Zeichen der Zeit, in: GuL 71 (1998) 198-211, *M. SCHNEIDER*, Leben aus der Fülle des Heiligen Geistes. Standortbestimmung Spiritualität heute, St. Ottilien 1997, *ders.*, Theologie und Spiritualität, in: LebZeug 54 (1999) 229-237, *SUDBRACK*, Gottes Geist ist konkret, passim.

[857] Gemeinschaft mit Gott eröffnet eine Perspektive nicht nur für dieses Leben, sondern über es hinaus. Sittliches Handeln aus dem Glauben ist ohne diese Gottesbeziehung nicht zu verstehen. Sittlich ist in dieser Sicht christlichen Verständnisses ein Verhalten, das Ausdruck der Anerkennung Gottes (in Glaube), Ausdruck der Zukünftigkeit menschlicher Sinnerfüllung (in Hoffnung) und Ausdruck des Sich-Verschenkens an das Du Gottes (in Liebe) ist. Glaube, Hoffnung und Liebe prägen das sittliche Handeln des Christen im Horizont des Glaubens.

[858] *FRALING*, Überlegungen zum Thema Spiritualität 41.

[859] Eine Anschlußfähigkeit bleibt erhalten. Christliche Spiritualität ist kritisierbar und eben *nicht* irrational. Sie flieht weder Diskurs noch Welt. Gerade hier wird aber auch deutlich, daß theologische Ethik nicht nur eine Verdoppelung der Diskurse praktischer Vernunft oder philosophischer Ethik sein kann. Die Differenzierung und die je eigene Rechenschaftslegung hätten – ein Postulat der Höflichkeit übrigens – stattzufinden, ohne sich vorschnell auf Kosten des je anderen Parts zu positionieren.

[860] Vgl. *H. SCHLÖGEL*, Moraltheologie und Spiritualität – Eindrücke aus der Diskussion in den USA, in: *ders.*, Kirche – Moral – Spiritualität (StdM 18), Münster 2001, 93-106.

Ethik die Reflexion dieser Erfahrungen dar in der Begründung und systematischen Ordnung von Werten und Normen und bringt sie in einen systematischen Zusammenhang. *Gelebte* Spiritualität hingegen bezieht sich dann analog auf die Praxis menschlicher Lebensgestaltung in Bezug auf eine letzte Sinngebung. *Reflektierte* Spiritualität auf der zweiten Ebene sucht diese Erfahrungen zu deuten. Moraltheologie und Spiritualität sind aufeinander angewiesen. Schlögel verweist mit M. O'Keefe auf fünf spezielle Bereiche, in denen die Zusammenarbeit in der Zukunft wachsen muß:

> *«(1) Die katholische Moraltheologie muß durch ihre Beziehung zur Spiritualität ihren breiten und transzendenten Horizont wiedergewinnen. Moraltheologie darf nicht eingegrenzt werden, weder auf Normen und Entscheidungen noch auf Tugenden und Charakter. Moraltheologie dient dem christlichen Leben, indem sie das Leben des dreieinigen Gottes mit anderen teilt. Das authentische Leben des Christen, gegründet in der Gottesebenbildlichkeit, kann die Nöte der anderen Personen in der menschlichen Gesellschaft nicht übersehen.*
> *(2) Die gegenwärtige Moraltheologie muß aufzeigen, daß der Christ zum sittlichen Handeln durch die Gnade Gottes befähigt wird. Dies gilt nicht nur für ihn allein, sondern auch für die christliche Gemeinschaft. Unter dieser Voraussetzung hat dann auch die Tugendlehre wie auch andere Themen der Moraltheologie ihren Platz. Durch diesen Gnadenaspekt erhält die Ethik erst ihre Kennzeichnung als christliche Ethik. Nach den beiden Aufgaben für die Moraltheologie benennt O'Keefe zwei Herausforderungen, denen sich die Spiritualität zu stellen hat:*
> *(3) Gegenwärtige Spiritualität darf sich nicht von den Wurzeln aszetischer Theologie lösen. Jedes authentische Wachstum in Gebet, Kontemplation und Mystik erfordert eine Überwindung der Sünde und Reifung im sittlich guten Handeln. Jede Spiritualität, die einen «schnellen Weg» zu den Höhen des Gebetes verspricht, ohne auf den Weg der Bekehrung zu achten, ist nicht authentisch zur eigenen Tradition und zu eigenen Erfahrungen.*
> *(4) Erfahrung ist heute ein zentraler Begriff in verschiedensten Bereichen. Die tiefste menschliche Erfahrung, die den Grund für Moraltheologie und Spiritualität bildet, ist die Hinwendung zu authentischer Selbsttranszendenz durch Gebet und im Handeln. Diese Selbsttranszendenz durch geistliches Leben und sittliches Handeln gründet in Tod und Auferstehung Jesu Christi.*
> *(5) Die gemeinsamen Erfahrungen lassen Moraltheologie und Spiritualität eine gemeinsame Sprache entwickeln, um die authentische Entwicklung eines reifen, menschlichen und christlichen Lebens zu fördern, aber auch die Hindernisse dazu wahrzunehmen.»*[861]

Der Postulatscharakter dieser Ausführungen läßt weiterfragen nach Haftpunkten und Bestimmungen, die Moraltheologie und Spiritualität in aller Differenz und Konvergenz[862] – auch jenseits aller Inflationierungen des Begriffs – handlungstheoretisch situieren.

---

861 Dies mit *SCHLÖGEL*, Moraltheologie und Spiritualität 99f., im Anschluß an *M. O'KEEFE*, Becoming Good, Becoming Holy. On the Relationship of Christian Ethics and Spirituality, New York/Mahwah 1995, 21-24.

862 Vgl. *D.J. BILLY/D.L. ORSUTO* (Hrsg.), Spirituality and Morality. Integrating Prayer and Action. New York-Mahwah 1996, *W.C. SPOHN*, Spirituality and Ethics. Exploring the Connections, in: TS 58 (1997) 109-123, bes. 111-112, *M. VIDAL*, Morale e spiritualità. Dalla separazione alla convergenza, Assisi 1998, *R.M. GULA*, The Good Life. Where Morality and Spirituality converge, New York-Mahwah 1999, die Beiträge in: *J. KEATING* (Hrsg.), Spirituality and Moral Theology. Essays from a pastoral Perspektive, New York-Mahwah 2000.
Zum Konnex von Alltag und Spiritualität vgl. *BETTINGER*, Leben im Alltag der Wirklichkeit 173-220, *J.W. CROSSIN*, Walking in Virtue. Moral decisions and spiritual growth in daily life, New York-Mahwah 1998, *G. PIANA*, Sapienzia e vita quotidiana. Itinerario etico spirituale, Brescia 1998.
Dezidiert systematische Modelle der Zuordnung von Moraltheologie und Spiritualität entwickelt *D.J. BILLY*, Models and Multivalence: On the interaction between spirituality and moral theology, in: StMor

B. Fraling hat einen Beitrag vorgelegt, der Vorarbeiten aufnimmt und den Ort der Theologie der Spiritualität im Bezug zur Moraltheologie belichtet.[863] Spiritualität bezeichnet er als «Ferment der Moraltheologie»[864] – prozeßanstoßend und -ermöglichend. Aus der Perspektive der Moraltheologie muß es gehen um die Herstellung von Beziehungen, vor allem der «Beziehung von der ethischen Grundorientierung zu den konkreten Situationen. Ethik, auch theologische Ethik sieht sich von Neuheit herausgefordert, für die nicht sogleich Antworten abgerufen werden können. Hier fließt auch in der faktischen Urteilsbildung Intuition und Abwägung ein. Eine vollkommen diskursive Rationalisierung und Objektivierung läßt sich dabei kaum erreichen. Voreinstellungen spielen hier ihren Part und haben hier ihren Ort – Momente der Konkretion, der Verantwortung als Antwort in horizontaler und vertikaler Responsorik und Nichtneutralität, die dann auch eine entscheidende Rolle spielen, wenn nicht zuerst ein objektives Sachproblem im Zentrum des Interesses steht, sondern die Relationalität als Handlungs-, Deutungs- und Gestaltungsterrain:

> «*Solche Intuition ist aber kaum von* Haltungen *und* Einstellungen *zu trennen, die sie tragen. Sie bestimmt die ethische Urteilsfindung mit. Und so sind sie Ferment ethischer Wahr-nehmung* (sic - APA).»[865]

In diesen weiten Rahmen, der auch die Höflichkeitsthematik einfassen kann, wird eine von grundlegenden Intuitionen, Haltungen und Einstellungen geformte Wahrnehmung des anderen in Kommunikation und Interaktion von einer Perspektive aus gesehen, die in einer nachholenden Vorleitung besteht, nämlich in der Aufmerksamkeit und Justierung einer Optik der Höflichkeit als Bedeutungsraum des anderen, der auf ihn und über ihn in der konkreten Situation hinausweist. Diese Doppelbelichtung des anderen in einem anderen Blick (der selbst Frucht des Geistes ist, Geschenk und Gnade, die aktuiert und vertieft werden kann, Haltungs- und Sichtweise, aber eben auch Umgangsweise mitprägt) wird eine Tiefensicht und Bedeutung aufscheinen, die ihren Grund in der Mitgeschöpflichkeit des anderen hat. Dies umfaßt thematisch freilich mehr als jeden engen oder weiten Höflichkeitsdiskurs, trägt ihn aber auch – wie die gesamte Handlungstheorie aus dem Glauben und vor dem Hintergrund genuin theologischer Disposition. Ganz dezidiert im Blick auf die Moraltheologie hält Fraling fest:

> «Ethisches Erkennen selbst, *das zeigt sich, ist nicht* ohne spirituell einzuübende Haltungen *zu haben. Was hier gilt, das hat auch Bedeutung für die wissenschaftliche Reflexion auf ethische Erkenntnisprozesse. Sie muss selbst von jener Sensibilität getragen sein, die positiv zu bewertendem Ethos immanent ist. Hellhörigkeit für die Zeichen der Zeit, Offenheit für die Probleme,*

---

38 (2000) 45-66 (Lit.!). Er unterscheidet das «hierarchical», das «integrative», das «collaborative», das «contextual» und das «absorption model».

863 Es geht als zunächst um einen reflektiert-systematischen Bezug. Vgl. *B. FRALING*, Der Ort der Theologie der Spiritualität im Gesamt der Theologie, in: *T. DIENBERG/M. PLATTIG* (Hrsg.), «Leben in Fülle». Skizzen zur christlichen Spiritualität (FS J. Weismayer), Münster 2001, 96-114. Ähnlich *B. FRALING*, Theologie der Spiritualität. Das Verhältnis zweier theologischer Disziplinen, in: *S. HAERING/J. KANDLER/R. SAGMEISTER* (Hrsg.), Gnade und Recht. Beiträge aus Ethik, Moraltheologie und Kirchenrecht (FS G. Holotik), Frankfurt/M.-Berlin-Bern-New York-Wien 1999, 17-26.

864 Vgl. *FRALING*, Der Ort der Theologie der Spiritualität 101f.

865 *FRALING*, Der Ort der Theologie der Spiritualität 103.

> *denen sich heute Menschen gegenübersehen, Kompetenz in der Handhabung der wissenschaftlichen Hilfsmittel, ohne die die Zeit nicht zu verstehen ist, sind für eine aufgeschlossene, ‹heutige› Moraltheologie gefordert. Sie lebt von Impulsen, die selber nicht eigentlich wissenschaftlich verobjektivierbar sind. Sie wurzelt in Grundentscheidungen, die nicht im einzelnen artikulierbar sind, weil sie an das Geheimnis des Menschen selbst rühren, der in der Dimension der Glaubensentscheidung vor Gott steht. Das Nachdenken über die in Erkenntnisprozessen investierte Spiritualität und über die Bedingungen von deren Entstehen und Wachsen wäre so etwas wie eine beständig den sachlich wissenschaftlichen Prozess vorausliegende Propädeutik.»*[866]

Graduierung und Skalierung einer Praxis deuten sich an. Erkennen, Urteilen, Deuten (als Handlungen selbst) finden nicht nur auf einer reflexiv-thematischen und abstrakten Ebene statt, sondern erscheinen auch in «Alltagsformen», also nicht reserviert für die Reflexionshandlung. Spiritualität wird hier umfassender gesehen. Es geht schon dispositionell um eine «vorwissenschaftliche» Sensibilität für Dynamik und Implikationen der Interaktion und Offenheit für den Überschuß, das Unableitbare und Verdankte, das in jeder Interaktion – wie indirekt auch immer – gesichtet werden kann.[867]

Spiritualität – im Singular, also bevor sie sich ausdifferenziert in verschiedene Formen, Bereiche, Gesten – bezeichnet ein bewußtes Leben aus dem Geist und der Gnade, sie entfaltet und bewährt sich im *Umgang mit der Wirklichkeit, mit der begegnenden Welt – und den Begegnenden.* Ihr wohnt keine eskapistische oder dualistische Welt- oder Wirklichkeitsverachtung inne, sondern sie sucht in der «sequela Christi» Weltdeutung, -wahrnehmung und -transparenz. Spiritualität ist eine bestimmte Form der Wahrnehmung. Sie durchwirkt und formt eine existentielle Grundhaltung[868] und ihre je und je in Geschichte sich formende Ausdrücklichkeit.[869] Damit formt sie den Lebens-, Handlungs- und Umgangsstil mit. Unter diesem umfassenden Dach ist Spiritualität als geistverdankte und -gewirkte Geistes*haltung* eine Brücke zur tugendethischen Thematik.

Für das Leben als Deuten und Handeln aus dem Glauben ist es auch im Blick auf die Höflichkeit als regulative Idee und Haltung wichtig, wie der Mensch zu einer Sinnerfahrung kommt, aus der er sein Leben mit sich und anderen gestalten kann. Hier ist ein Ort markiert, an dem Spiritualität für die Moraltheologie grundlegend wird. Denn das geistliche Leben als bestimmte und handlungsprägende Haltung, als gelebter und reflektierter Glaube ist zentraler Ort, wo der Christ die Erfahrung Gottes macht und reflektiert – und ebenso die Erfahrung der Konjunktion des anderen mit Gott. Der Christ braucht, um den Sinn seines Lebens zu erfassen, nicht nur eigene Erfahrungen, sondern auch das Zeugnis anderer und vor allem das Zeugnis des Lebens, Sterbens und der Auferstehung Jesu Christi. Dadurch klärt sich der Sinn eigenen Lebens und es ermöglicht sich die volle Tiefe christlicher Lebensdeutung.[870] Wenngleich zuzugestehen ist, daß von diesen zentralen Momenten, die

---

866 *FRALING*, Der Ort der Theologie der Spiritualität 105.

867 Vgl. *DEMMER*, Fundamentale Theologie des Ethischen 26.

868 Vgl. *B. FRALING*, Existentialethik – spirituelle Mitte der Moraltheologie, in: GuL 70 (1997) 12-27.

869 Vgl. die knappe Zusammenfassung bei *M. ROSENBERGER*, Im Zeichen des Lebensbaumes. Ein theologisches Lexikon der christlichen Schöpfungsspiritualität, Würzburg 2001, 135-138. Vgl. auch *B. FRALING*, Überlegungen zum Begriff der Spiritualität, in: *AGTS*, «Laßt euch vom Geist erfüllen!» 6-30 (Lit.).

870 In diesem Zusammenhang ist die treffende Formulierung von *F. BÖCKLE*, Normen und Gewissen, in: StZ 111 (1986) 291-302, 294, zu erinnern: «Wenn jemand fragt, welches denn die wichtigsten Grundla-

christlichen Glauben, christliches Leben und Handeln prägen, zur Thematik der Höflichkeit ein Sprung bleibt, der nach Vermittlung ruft, um Kurzschlüsse und (ethische) Überfrachtungen zu vermeiden, so muß doch darauf hingewiesen werden, daß vorab schöpfungs- und inkarnationstheologisch (und -spirituell) aber eben auch kein Bereich menschlicher Erfahrung und Handlung eo ipso aus dieser Betrachtungsweise ausgeschlossen werden kann. Dabei geht es nicht um einen rabiaten Integralismus, sondern selbst um eine diskrete und taktvolle (also höfliche und hofwahrende Theologie (und Anthropologie), die dem Geheimnis und der Bedeutung Gottes auf der Spur bleibt und das Geheimnis, den Wert und die Würde des anderen mitspürt und diesem gerecht zu werden sucht. In eine Praxistheorie der Höflichkeit ist dies vor diesem Hintergrund durchaus eingetragen.

Systematisch gehört «Höflichkeit» zum Bereich des Ethos, wobei der Aspekt von «Höflichkeit» als Überzeugungsmedium und -strategie geprägt ist von der «actio»-Lehre und ihrem Ideal der Angemessenheit.[871] Dabei scheint aber nur ein Teil der inhärenten ethischen Valenz auf. Ohne Frage haben Ethosformen der Liebenswürdigkeit, Sanftheit, Freundlichkeit, der Zuvorkommenheit und Diskretion auch einen gewinnenden Zug – aber ob dieser allein unter strategischem Blickwinkel betrachtet werden muß und sich ihr ethisches Potential dadurch erschöpft, sei hier in Frage gestellt.[872] Vielmehr wird hier eine Korrelation im Modus einer «contemplatio»-Lehre der Höflichkeit nötig[873], personal verankert in den «Leitbildern», die erwähnt wurden, systematisch grundiert von trinitätstheologischen Überlegungen zur Kommunikativität, «Interaktivität» und Personalität Gottes, von gnadentheologischen Akzenten (die vorlaufende Gnade als zuvorkommend-raumschaffende Gnade) und soteriologisch (angesichts der offenen «conditio imperfecta» des Menschen und seiner Kommunikationsmöglichkeiten), wie sie sich biblisch und systematisch zuspitzen lassen für das theologisch-spirituelle Projekt, das selbst gar nicht anders kann als die Würde eines jeden Menschen begründet und gehalten zu wissen von dem Ansehen, das er vor Gott genießt.

«Kontemplation als Andacht zur Wirklichkeit» (so J. Sudbrack[874]) markiert als Außenseite der Innenseite christlicher Spiritualität einen Realitätsbezug, somit also auch Alteritätsbezug. Paradigmatisch für Kontemplation als Aufmerksamkeit für begegnende Schöpfung in beständiger Durchsicht auf Relation und Differenz zum Schöpfer, als Sensibilität *für* Raumgabe und Sensibilität *in* der Raumnahme zwischen

---

gen einer christlichen Ethik seien, so pflege ich zu antworten, dies seien nicht die charakteristischen Forderungen (Antithesen) der Bergpredigt oder die Mahnungen und Weisungen der Apostel. Der entscheidende Ausgangspunkt liege vielmehr im Ereignis von Karfreitag und Ostern. Die Grundlage einer christlichen Ethik seien Tod und Auferweckung Jesu.»

871 Vgl. *BEETZ*, Art. Höflichkeit 1477. Dieser Begriff ist dann freilich nochmals genauer zu fassen: Geht es einer jeweiligen Angemessenheit allein um «Sachgerechtigkeit» oder auch um «Persongerechtigkeit»? Bei aller Konspiration sind Verwechslungen hierbei außerordentlich folgenreich (und dies in das in vielen Handlungsfeldern!).

872 Es wird immer wieder neu zu zeigen sein, inwiefern die Ethosformen der Höflichkeit wertexpressiv und tugendrealisierend einzuschätzen sind. Jedenfalls braucht Haltung Handlung und Ausdruck.

873 Vgl. *BÄUMER/PLATTIG*: Aufmerksamkeit ist das natürliche Gebet der Seele, passim.

874 So *J. SUDBRACK*, Kontemplation – Andacht zur Wirklichkeit. Zu einer aktuellen Thematik, in: GuL 72 (2000) 431-441. Vgl. auch *M. SCHEUER*, Aufmerksamkeit und Hoffnung. Koordinaten christlicher Spiritualität, in: ThPQ 148 (2000) 114-121.

den Geschöpfen ist hier Franziskus von Assisi zu erinnern.[875] Hier – natürlich nicht nur hier und nicht nur bei ihm – konvergieren in einer Praxis der Wahrnehmung An- und Beschauung, Kontemplation, in Anstand und Abstand als eine vertikale, anabatische Grundausrichtung. Sie ist in der «contemplatio Dei» verwurzelt. Doch diese ist biblisch, theologisch *und* ethisch zuletzt nicht zu trennen von einer Grundwahrnehmung, -anschauung des anderen, der nicht der «ganz Andere» ist.[876] – Höflichkeit ist in diesem Sinn die «actio der contemplatio». Ihre Aufmerksamkeit steht gegen Gleichgültigkeit, Unachtsamkeit (Weilner) und Verzweckung.

Franziskus von Assisi[877] nun ist in seiner gelebten, praktischen biblisch-christlichen Spiritualität selbst ein Inspiration, ist Vorbild[878] und Modell einer «sequela

---

[875] Vgl. *T. DIENBERG*, Christliche Spiritualität oder: von der «heiligen Muße» des Franz von Assisi, in: *ders./PLATTIG*, «Leben in Fülle» 39-63, bes. 46-57.

[876] *DIENBERG*, Christliche Spiritualität 55, hält im Blick auf Franziskus fest, aber es wird auch hinsichtlich einer Tiefensicht der «Cortesia» bleibend gültig: «Jedoch vermag eine *liebende* Aufmerksamkeit in der Haltung heiliger Muße in allem Negativen noch Spuren von Glück, von Leben, von Hoffnung und Liebe zu entdecken, da sie sich von Gott geschaffen und getragen weiß. Zweifelsohne ist das Erlernen einer solchen Grundhaltung und Grundeinstellung des Lebens eine lebenslange Aufgabe und ein lebenslanges, zum Teil sehr schweres Einüben.» – Selbstredend ist damit ein spezifisches franziskanisches Pathos angeklungen. Es ist ein Modus des Sym-Pathos, das sich in den franziskanischen Quellen niederschlägt, seien sie nun narrativ akzentuiert (in Erzählungen von Begegnungen und Interaktionen), seinen sie normativ orientiert (in Regeln und «Admonitiones»). Vgl. *KOFFLER*, Mit-Leid, passim, 255 266 (zu Franziskus), *A.-P. ALKOFER*, «Sonder-Gut» oder «Proph-Ethik»? Franziskus «regelt» den Umgang mit Anderen, in: *P. FONK/U. ZELINKA* (Hrsg.), Orientierung in pluraler Gesellschaft (FS B. Fraling) (SThE 81), Freiburg i.Ue.-Freiburg i.Br. 1999, 202-221.

[877] Hilfreiche Hinweise zu Franziskus und seiner gelebten, geglaubten «cortesia» als «virtù francescana» gaben Prof. Dr. Oktavian Schmucki OFMCap, Luzern, und Prof. Dr. Leonhard Lehmann OFMCap, Rom. Ich danke ihnen herzlich auch deshalb, weil das betreffende Material noch auf eine eigene umfassendere Veröffentlichung warten muß.
Die aktuelle bio- wie hagiographische Literatur zu Franziskus ist kaum zu überblicken. Vgl. aus der Fülle der Literatur nur so unterschiedliche Reminiszenzen (allerdings weitgehend ohne explizite Thematisierung der «cortesia») wie die bei *F. OLGIATI*, Spiritualità della vita francescana, Mailand 1990, *J.A. MERINO*, Vision franciscana de la vida cotidiana, Madrid 1991, *J.M. TALBOT/S. RABEY*, The lessons of St. Francis. How to bring simplicity and spirituality into your daily life, New York-London 1998, *R. MYERS*, A Saint for today, in: HPR 99 (1999) 62-64, *M. HOFER*, Francesco. Der Mann des Jahrtausends, Innsbruck 2000, instruktiv und aufschließend vor allem *A. ROTZETTER*, Mit Gott im Heute leben. Grundkurs franziskanischen Lebens, Freiburg i.Br. 2000, eigenwillig *S. WYSS*, Der heilige Franziskus von Assisi. Vom Durchschauen der Dinge, Luzern 2000.
Zur biographisch-spirituellen und historischen Grundorientierung grundlegend v.a. *R. MANSELLI*, Franziskus. Der solidarische Bruder, Zürich-Einsiedeln-Köln 1984 (Freiburg i.Br. ²1989). R. Mansellis Studie zu Franziskus, Konzentrat einer langen Reihe von Einzelarbeiten, gilt als ein Meilenstein der Franziskusforschung und ist nach wie vor ein beeindruckender Versuch, die Figur des Heiligen (* 1181/82 in Assisi, † 3.10.1226 in Portiunkula bei Assisi) vor dem konkreten Hintergrund seiner Zeit und Kultur, in historischer Perspektive ohne hagiographisches Pathos zu zeichnen, ohne dabei die Singularität des Franziskus zu reduzieren, ja sie sogar vor diesem Kontext genauer zu skizzieren. Vgl. die Studien von *R. ZAVALLONI*, La personalità di Francesco d'Assisi. Studio psicologico, Padua 1991, *J.-M. CHARRON*, Da Narciso a Gesù. La ricerca dell'identità in Francesco d'Assisi, Padua 1995, die die Konversionsdimensionen der Vita des Franziskus beleuchten, zudem *I.W. FRANK*, Franz von Assisi. Frage auf eine Antwort, Düsseldorf 1982, *C. FRUGONI*, Franz von Assisi, Die Lebensgeschichte eines Menschen, Zürich-Düsseldorf 1997, *N. KUSTER*, Franz von Assisi, Meister der Spiritualität, Freiburg i.Br. 2002, *F. PRINZ*, Das wahre Leben der Heiligen. Zwölf historische Portraits von Kaiserin Helena bis Franz von Assisi, München 2003, 258-296 (mit Verweis auf den «neuen Habitus» der «cortesia», vgl. 261).

[878] Vgl. *D.L. ORSUTO*, The Saint as Moral Paradigm, in: *BILLY/ORSUTO*, Spirituality and Morality 127-140. Wichtig zudem um Kurzschlüsse zwischen Heiligkeit und Sittlichkeit zu vermeiden *J. SCHUSTER*, Sind Heilige moralische Helden? Anmerkungen zu einer Kontroverse, in: ThPh 70 (1995) 383-398.

vestigia trinitatis», die sich gerade dadurch auszeichnet, daß sie historische und thematische Brücken zwischen «cortesia» und «contemplatio» bietet. – Mit ihm eröffnet sich eine letzte Rückfrage, um dieses Haltungsbild plastisch werden zu lassen in einer Person, die diese Dimensionen repräsentiert, dabei in die soziokulturellen Vorgaben ihrer Zeit eingebunden ist, diese entscheidend transformiert[879] und in einen Bereich vordringt, der eine spirituelle Dimension faßlich macht. Gerade in Transformation und Repräsentation liegt eine Quintessenz.

Einige hermeneutische Vorbemerkungen sind für die nachfolgenden Überlegungen angezeigt, spielen sie doch, auch wenn sie wiederum Quellentexte vorstellen, eine andere Qualität «ethischer Rede» ein. Ausgewählte, exemplarische Szenen einer Hagiographie werden bedacht. Es sind «kleine» Erzählfragmente. Kein geringerer als Jean-François Lyotard[880], einer der Protagonisten des Begriffs der Postmoderne, sah sich veranlaßt festzustellen, daß die «großen Legitimierungserzählungen der Moderne» ihre Kraft verloren haben.[881] Wissenskonzepte, Technikkonzepte, aber auch Menschenbilder, Autonomie- und Ethikkonzepte, die in *einem* Zugriff, in *einem* Begriff, Welt und Mensch ordnen, organisieren, erklären und gestaltbar werden lassen, sind einer Fülle von divergenten, zentrifugalen, differenzierten, «widerstreitenden» Vorstellungen gewichen. Alle Versuche, das *eine* Deutemodell (unter welchem Vorzeichen auch immer) wiederzubeleben, müssen in der Konsequenz mit Skepsis betrachtet werden, stehen sie doch als schreckliche Vereinfachungen unter Totalitarismus- oder Ideologieverdacht.[882] Die *eine* «große Erzählung» ist, so der starke Eindruck, dahin – dies nicht nur in der Welt der theoretisch-abstrakten Spekulation, sondern auch – und das in alle der Ambivalenz der Vielfalt von Gestaltungsmöglichkeiten wie Verunsicherungen – in den konkreten Lebenswelten und in praktizierten Lebensvollzügen. Nun bleibt aber beileibe nicht einfach ein Vakuum. An die

---

879 Vgl. *PROCOPÉ*, Höflichkeit 984f.

880 Vgl. zu J.-F. Lyotard als Einstieg *W. REESE-SCHÄFER*, Lyotard zur Einführung, Hamburg ^{3}1995.

881 Lyotard hat dabei zunächst weniger die biblischen Erzählungen und ihre Traditionen im Blick als die «grands récits» der Aufklärung und des 19. Jahrhunderts.

882 Angesichts der Traumata des 20. Jahrhunderts wird man nicht so leicht zur Tagesordnung eines Ordo-Gedankens zurückkehren können (dürfen), der zwar so faszinierend wie erschreckend sein kann: Einheit ist Aufgabe und Sehnsucht, kann aber praktisch sehr schnell Differenz über den Vereinheitlichungsleisten schlagen – über den einen Kamm, über die eine Klinge. Hier gilt es etwa wiederzugewinnen jenseits aller Beliebigkeit die Pluralität, die die biblische Offenbarungsstrecke wach und realistisch aufrecht erhält. Es ist ein wenig mehr als nur eine Fußnote, muß hier aber als solche verhandelt werden, weil sie ein weites Feld eröffnet gerade für die theologische Arbeit. Es ist tatsächlich die Frage, ob man das Christentum und seine biblische und historische, seine spirituelle und theologische Tradition als eine jener «großen Legitimierungserzählungen» auffassen *muß*. Historisch gesehen war das sicher über lange Zeiten so (mit Berechtigung, aber auch mit hohen Kosten an Glaubwürdigkeit, sobald der Machtfaktor für den Einheitsfaktor aktiviert wurde). Dieses Interpretationsmonopol der Kirche und der Kirchen ist zerbrochen. Aber bei genauerem Hinsehen gibt es Anhaltspunkte dafür, daß Differenz, Pluriformität, daß Vielfalt in Erfahrung- und Sprachgestus z.B. wenn nicht zum Kern, so doch zum Bestand der jüdisch-christlichen Tradition gehören. Angetippt, keineswegs entfaltet seien hier nur: das trinitarische Denken der Theologie, das einem totalitären monistischen Gottesgedanken entgegensteht, die Vielfalt der Theologien, Christologien, Ekklesiologien, die in den verschiedenen Textfamilien des NT aufbewahrt wurden (und die nicht alle gleichermaßen entwickelt und konkretisiert wurden), das Faktum, daß die gesamte biblische Offenbarungsstrecke eine «Bibliothek» vieler «kleiner Erzählungen», aber kein linearer systematischer Traktat ist (unterschiedlichste Redeweisen, Sprachstile, Sprachspiele und Erfahrungs- wie Denkhorizonte sind hier aufgehoben). Dies freilich bedeutet keineswegs Beliebigkeit, sondern Oszillation, Rotation und Umkreisung wie Annäherung an die letzte und tiefste Frage, nämlich wer Gott sei (und vor ihm der Mensch).

Stelle dieser großen Erzählungen treten verstärkt die vielen kleinen. Partikel gedeuteter Lebensrealität spiegeln sich auch hier – nicht jedoch im Sinn, selbst Legitimationserzählungen zu sein, sondern vorschnelle Relativierungen aufhebend, *in* einem Sinnhorizont, der auch und gerade ethisch den Kontext verleiht und auf Anamnese wie Entschlüsselung des (sittlich) Guten und Richtigen zielt und dies voraussetzt.[883] Zur Begründung gehört das Bezeugen. Die andere, die essentiellere, existentiellere Redeweise, vor allem Lebensweise – die eine so begrenzt wie die andere. In den Grenzen des Anamnetischen eine kleine Reminiszenz, von theologischer, vor allem spiritueller – und ethischer Valenz. Sittlich gut und sittlich richtig sind *keine* Synonyme für «sanctitas». Das sollte eigentlich nicht wiederholt werden müssen. Vorbilder sind Medien, Medien sind ambivalent. *Tradierte* Medien sind aber nicht einfach nur ambivalent, aber immerhin erprobt.

Weder Vorbild-, Leitbild- und Modellethik noch narrative Ethiken erschöpfen das Projekt des Ethischen. Doch Charakter und Bedeutung von Narrativität und Leitbild im Kontext einer Handlungs- und Haltungstheorie bleiben auf verschiedenen Ebenen unverzichtbar. Diese Ebenen werden im Blick auf Franziskus (als *einer* möglichen, allerdings prominenten Inspirationsfigur) und die Höflichkeit griffig. Als «*Kulturethik*» transportiert und transponiert nicht nur Dichtung und literarische Erzählung, sondern auch Hagiographie (in aller hermeneutischen Vorsicht vor Ort) sittliche Einsichten in Form von Modellen[884] und eröffnet hier je neu den Konnex

---

[883] Selbst wenn in diesen Zusammenhang massiv Erzählkonventionen durchschlagen, selbst wenn der Instrumentalisierungs- und Moralisierungsverdacht gerade hier besonders einschlägig sein mag, so ist doch auf einen Lektüreansatz gerade auch von Heiligenlegenden zu verweisen, der der Unverfügbarkeit und Unverrechenbarkeit einer *anderen* Biographie Rechnung trägt. Die moralphilosophischen Überlegungen von *E. WYSCHOGROD*, Saints and Postmodernism. Revisioning Moral Philosophy, Chicago-London 1990, weisen gerade in diese Richtung. Auch wenn Wyschogrod in ihren Überlegungen die Gottesbeziehung unterschätzt oder weitgehend unterschlägt, so verteidigt sie gerade die größere Angemessenheit der Narration (also auch der Heiligenlegende) an die Nichteinholbarkeit der Moralität durch die philosophisch-ethische *Theorie* – bei aller Differenz ein erstaunliches Bündnis *einer* postmodernen Denkart mit einer Traditionsstrecke, die nicht gerade von Hause aus hier einschlägig erscheint. Vgl. *S. ANDERSEN*, Postmoderne und theologische Ethik, in: NZSTh 41 (1999) 283-296.

[884] Und dies zuerst als Erinnerung an den Indikativ des Heilsethos – vor aller pädagogischen Instrumentalisierung oder moralisierenden Hypertrophierung des Anspruchs in den Variationen des Imperativs. Zu unterschiedlichen Reichweiten, Auffassungen und Implikationen von Vorbild-, Modell- oder Leitbildethiken vgl. davor schon *D. MIETH*, Die Bedeutung der menschlichen Lebenserfahrung. Plädoyer für eine Theorie des ethischen Modells, in: Conc. 12 (1976) 623-633, wo *komplementär* zum Normethos das ethische Modell im Sinne einer Kompetenz der Entschlüsselung von Wahrnehmung und Erfahrung bedacht wird. Vgl. zuletzt auch *D. MIETH*, Moral und Erfahrung II. Entfaltung einer theologisch-ethischen Hermeneutik (SThE 76), Freiburg i.Ue.-Freiburg i.Br. 1998. Modell eher als *Paraphrase* und *Implement* der Norm sehen *J. BLANK*, Zum Problem «Ethischer Normen» im Neuen Testament, in: Conc. 3 (1967) 356-362, *P. SCHMITZ*, Die Wirklichkeit fassen. Zur «induktiven» Normenfindung einer «Neuen Moral», Frankfurt/M. 1972, 102-116. Vgl. summarisch *W. LESCH*, Art. Modell, IV. Theologisch-ethisch, in: LThK³ VII 360 (Lit.), *A. BIESINGER*, Art. Vorbild, in: LThK³ X 889f. (Lit.), *DEMMER*, Fundamentale Theologie des Ethischen 199-201 (zur Hilfe durch Traditionen *und* Modelle).
Vgl. aber auch die (nicht auf Franziskus gemünzten) kritischen Überlegungen von *E. HURTH*, Das Ende der Vorbilder? Von Vorbildern, Stars und Idolen, in: IKaZ (1999) 255-276, vgl. systematisch-ethisch *K. HILPERT*, Modell – Norm – Beispiel. Zum Verhältnis von Situation und normativer Tradition als Grundproblem moraltheologischer Hermeneutik, in: ZKTh 108 (1986) 266-281, auch *A.A. BUCHER/S. MONTAG*, Vorbilder: Peinliche Überbautypen oder nach wie vor notwendig? Bericht über zwei aktuelle empirische Untersuchungen, in: RPäB 30 (1997) 61-81, *M. ROSENBERGER*, Von Heiligen und neuronalen Netzen. Der Stellenwert von Vorbildern für die Ethik, in: ZKTh 123 (2001) 56-68. – Vgl. *CLEMENS V. ALEXANDRIEN*, Paed. III.41-45, wo er die Funktion von Beispiel und Vorbild als «von keiner geringen

von Glaube und Ethos in der konstituierenden, motivierenden sowie vermittelnden Bedeutung des Erzählens und der Erzählung für ethisch angeleitete Praxis des Angebots, der Entwicklung und der Mediation einer Strebens-, Lebenskunst- oder Tugendethik.[885] So öffnet sich hier die Brücke zur ethischen Funktion des Erzählens als intersubjektive, interdisziplinäre und interkulturelle Vermittlung, Entstehung und Entdeckung sittlicher Einsichten.[886]

Narration ist – auch – ein prominenter ethischer Erfahrungsspeicher[887], Hagiographie dann zudem ein Sonder- und Testfall, der Heilige *mitunter* moralisches Paradigma.[888] – Ein narratives Ethos ist selbst ein höfliches Ethos (immer mit Grenzen). Zu nicht wenigen Aspekten dieser Umschreibung erweist sich die Narrativität der Tradition und Hagiographie[889], also die Erzählung *von* und *über* Franziskus als einschlägig und aufschlußreich.[890] Sie illustriert und hält im erzählgemeinschaftlichen Gedächtnis[891] auch Spuren der Höflichkeit wach. In diesem Blickwinkel zeichnet Franziskus aus, was ein Interpret pointiert festhält:

> *«Dialogo, valori (...) sono parole del nostro tempo. Francesco diceva le stesse cose con termini più poetici: la cortesia è la sorella della caritas; la cortesia è un attributo di Dio. Nel vangelo vissuto da Giovanni ‹Dio è amore›. In quello vissuto da Francesco ‹Dio è cortesia›.»*[892]

Bedeutung für die Rettung» (Paed. III.41,4) bezeichnet – und dies ja in einem höflichkeitspädagogischen Kontext.

[885] Vgl. die Beiträge in: *D. MIETH* (Hrsg.), Erzählen und Moral. Narrativität im Spannungsfeld von Ethik und Ästhetik, Tübingen 2000, schon vorher *D. MIETH*, Narrative Ethik, in: FZPhTh 22 (1975) 297-326, *ders.*, Dichtung, Glaube und Moral, passim, *I. MIETH/D. MIETH*, Vorbild oder Modell? Geschichten und Überlegungen zur narrativen Ethik, in: *G. STACHEL/D. MIETH*, Ethisch handeln lernen. Zu Konzeption und Inhalt ethischer Erziehung, Zürich 1978, 625-631. Vgl. die Reflexionen darauf von *S. LÜCKING*, Verbindlichkeit ohne System. Dietmar Mieths Konzept einer »Modellethik«, in: *F. HENGSBACH/B. EMUNDS/M. MÖRING-HESSE* (Hrsg.), Jenseits Katholischer Soziallehre. Neue Entwürfe christlicher Gesellschaftsethik, Düsseldorf 1993, 129-148.

[886] Von hier aus richtet sich dann der Blick wieder auf die Erzählung als Handlung selbst, auf das «sittliche Handeln im Medium der Sprache».

[887] Im Blick auf die «Kanonbildung» dieser doppelte «canonical approach» (wie eine Gemeinschaft ihren Kanon schafft und wie sie auf diesen Kanon als ganzes in ihrer Tradition zurückgreift und ihn interpretierend verlängert und belichtet, wobei die Interpretationsstrecke sich selbst im und als Traditionsstrom anlagert). Dies gilt auch für die ethische und spirituelle Tradition.

[888] Vgl. etwa *SCHUSTER*, Sind Heilige moralische Helden? 383-398.

[889] Vgl. den Aufriß von *G. GATTI*, Agiographia e teologia morale, in: Sal. 63 (2001) 97-125. Neben einem historischen Überblick bietet Gatti auch systematische Überlegungen, die Grenzen sichtbar und Kautelen notwendig machen. Neben der hermeneutischen Vorsicht und Diskretion im Umgang mit den Texten gilt es in der Verständigung der Kommunikation über Ethos die Singularität des erzählten Lebens nicht zu instrumentalisieren. Die «radicalità christiana» hat auch den «cammino graduale» zu eröffnen (vgl. 113f.).

[890] Zu Franziskus als Vorbild und Modell vgl. u.a. *H. KRAHL*, Der sozialerzieherische Aspekt franziskanischer Geistlichkeit, Werl 1974, *E. WEBER*, Francesco d'Assisi – Leitbild neuer Frömmigkeit?, in: EvErz 48 (1996) 352-361.

[891] Vgl. dazu die Beiträge in: *R. ZERFASS* (Hrsg.), Erzählter Glaube – erzählende Kirche (QD 116), Freiburg i.Br. 1988, insgesamt in systematisch-theologischer Perspektive *K. WENZEL*, Zur Narrativität des Theologischen, Frankfurt/M. u.a. 1997, *ders.*, Art. Narrative Theologie, in: LThK^3 VII 640-643 (Lit.).

[892] *JEUSSET*, Dio è cortesia 170f. Wichtig zu vermerken ist die «starke» theologische Akzentuierung. Eine Bemerkung zur Zitation: Nachfolgend werden franziskanischen Quellenschriften (die Opuscula des Franziskus selbst, die Lebensberichte etc.) mit den in der Literatur gängigen deutschen Abkürzungen zitiert. Deren Auflösung findet sich in der abschließenden Bibliographie. Die kritische Edition der Franziskusschriften besorgte *K. ESSER*, Die Opuscula des hl. Franziskus von Assisi. Neue textkritische Edi-

Die Hochschätzung der «curialitas» des Franziskus ist nicht neu. Eine frühe Quelle, die «Legenda trium sociorum», deren besonderer Wert in den letzten Jahrzehnten durch die franziskanische Quellenforschung hervorgehoben wurde[893], erinnert Hinweise, die besonders die «curialitas» wie «nobilitas» des Franziskus herausstreichen. Sie faßt knapp und pointiert zusammen:

> *«Erat naturaliter curialis in moribus et in verbis, iuxta cordis sui propositum nemini dicens verbum iniuriorum vel turpe; immo, cum sic esset iuvenis iocosus et lascivus, proposuit turpia sibi dicentibus minime respondere. (...) A quibus virtutum naturalium gradibus ad hanc provectus est gratiam ut diceret ad seipsum conversus: ‹Ex quo largus et curialis es apud homines a quibus nihil recipis nisi favorem transitorium et inanem, iustum est ut propter Deum qui largissimus est in retribuendo, pauperibus sis curialis et largus.›»*[894]

Im Fortlauf seiner Darstellungen kommt Manselli[895] auch auf das Phänomen der «cortesia» zu sprechen.[896] Bei der Schilderung des gesellschaftlichen, kirchlichen,

---

tion, zweite, erweiterte und verbesserte Auflage, besorgt von E. Grau, Grottaferrata 1989 (zitiert: Opuscula), deutsche Editionen liegen vor von *L. HARDICK/E. GRAU*, Die Schriften des hl. Franziskus von Assisi, Werl ⁸1984 (zitiert: HG), *L. LEHMANN*, Das Testament eines Armen. Die Schriften des Franz von Assisi, Werl 1999 (Lit.). Gesamtausgaben liegen u.a. auf italienisch vor: *F. OLGIATI* u.a. (Hrsg.), Fonti Francescane, Padua ⁴1990 (zitiert: FF). Einführend zu den Einzelschriften *L. SANGERMANO*, Francesco attraverso i suoi scritti, Rom 1995.

893 Vgl. die Editionen von *T. DESBONNETS*, Legenda trium sociorum. Edition critique, in: AFH 67 (1974) 38-144 (Text: 89-144), und die deutsche Ausgabe, übersetzt und eingeleitet von *E. GRAU*, Die Dreigefährtenlegende des heiligen Franziskus von Assisi und der «Anonymus Perusinus» (Franziskanische Quellenschriften 8), Werl 1993 (Text: 83-166), vgl. *M. CAUSSE*, Les sources primitives de la legende des trois compagnons, in: CFr 68 (1998) 469-491. – Zum Wert der 3Gef als Quelle vgl. *MANSELLI*, Franziskus 52. Vgl. insgesamt zu prägnanten Einschätzungen der Quellen *S. BRUFANI* u.a. (Hrsg.), Fontes Francescani. Introduzioni critiche, Portiunkula 1997.

894 3Gef 3. Das hier tradierte Zitat des Franziskus bringt die Grundbewegung auf den Punkt. Es umschließt auch die Kehre in der Höflichkeitsmotivation unter «Mitnahme» vieler Bestandteile dieses zumal zu dieser Zeit weiten Begriffs der «curialitas». Vgl. *MANSELLI*, Franziskus 51. Franziskus ist der Wesenszug der «cortesia» sozusagen angeboren, resümiert die Quelle. Gerade diese Quelle ist es nun, die den Unterschied des Franziskus zur Mentalität der alten Kaufmannschaft auf den Punkt bringt: Die «largitas» wandelt sich. So 3Gef 2: «(...) hilarior et liberalior, deditus iocis et cantibus, civitatem Assisii die noctuque circuiens sibi similibus sociatus, in expendendo largissimus adeo ut omnia quae habere poterat et lucrari in comestionibus aliisque rebus consumeret.» Schon in der ersten Franziskus-Biographie des Thomas v. Celano heißt es, als Franziskus sich in den Dienst eines Ritters stellen will im Vergleich zu diesem: «Gli era inferiore per nobiltà di natali, ma superiore per grandezza d'animo; meno rico, ma più generoso.» (1Cel 4). Für *CHERIYAPATTAPARAMBIL*, Francesco d'Assisi e i trovatori 183, gehört die «cortesia» zu den «attitudini naturali e spirituali» des Franziskus, wobei natürlich die Koppelung der beiden Attribute von Bedeutung ist. *CHERIYAPATTAPARAMBIL*, Francesco d'Assisi e i trovatori 159, unterstreicht zudem die «generosità» als prominenten Charakterzug der «cortesia».

895 Vgl. *MANSELLI*, Franziskus, passim (vgl. u.), zudem *M. BARTOLI*, L'ideale medioevale della cortesia in Francesco e Chiara d'Assisi, in: Forma Sororum 37 (2000) 2-14 (diesen Hinweis und den Text selbst verdanke ich P. Dr. L. Lehmann OFMCap, Rom). *CHERIYAPATTAPARAMBIL*, Francesco d'Assisi e i trovatori 12-14, verweist auf eine weitere Reihe von Interpreten, die mit J. v. Görres beginnt. Vgl. auch die Grundzüge bei *N. VIAN*, Francesco. La gentilezza della santità, in: Studium 65 (1969) 15-26, *E. LECLERC*, La tenerezza del Padre (Presenza di San Francesco 15), Mailand 1970, *M. V. GALLI*, Gelebte Zukunft: Franz von Assisi, Luzern-Frankfurt/M. 1970, 206-232. Er bezieht sich auf *E. ROHR*, Der Herr und Franziskus, Werl 1966, zudem auf R. Guardini, O. Karrer, J. Bernhart. Zudem präzise und knapp *A. ROTZETTER*, Die Fairness des Franz von Assisi. Mit allen Kreaturen «höflich» umgehen, in: Ite (Heft 1/1997) 4-7, *F. CARDINI*, Francesco e il fuoco. Dalla «creatura ignis» al serafino fiammeggiante, in: SF 80 (1983) 297-308.

geistigen, politischen Tableaus im Europa des ausgehenden 12. Jahrhunderts verweist auch Manselli auf die bedeutende Rolle des «höfischen Lebensstils», der vorab in Südfrankreich und Italien seine Faszination über den engen Rahmen der adelig-feudalen Schicht auf die an Einfluß und Bedeutung gewinnende Kaufmannschaft der ökonomisch wie politisch aufblühenden Städte ausübt. Der Kaufmannsberuf erfordert ein Mindestmaß an berufsspezifischer Bildung (wie rudimentäre Kenntnisse des Lesens, Schreibens und Rechnens[897]). Von hier aus ist es nur ein kleiner Schritt bis zu einem elaborierten Kodex des Lebensstils, der sich vorrangig (auch sozial) verbreitet und anbietet: Es ist – wie bereits vorgestellt – der «ritterlich-höfische» Stil. Da dieser Lebensstil als adaptierbares Ideal von den gesellschaftlichen Eliten «zur Verfügung» gestellt wird, nimmt es nicht Wunder, daß dieser für den jungen Franziskus als Sohn eines aufstrebenden Textilhändlers mit Geschäftsverbindung nach Südfrankreich naheliegt. Dies gilt zunächst für eine erste Lebensperiode, die Kindheit und Adoleszenz umgreift, aber nach einer längeren (und schwierigen) Phase des Suchens in wichtigen, dann signifikant transponierten Formen und Elementen zeitlebens eine erhebliche Rolle spielen. Ohne hier entwicklungspsychologische Ferndiagnostik betreiben zu wollen, darf man durchaus davon ausgehen, daß bis zum Ende dieser ersten Phase, die man mit der kritischen Situation nach der Gefangennahme bei Collestrada 1202[898], der anschließenden Gefangenschaft in Perugia und der – nach der Auslösung und Freikauf der für einen «Edlen» gehaltenen Geisel[899] – durch Krankheit ausgelösten Lebenskrise, die Leitvorstellungen seiner Zeit und Umgebung (unter dem besonderen Einfluß der konkreten Situation seiner Familie) einen prägenden Charakter gehabt haben wird.[900]

Manselli weist darüber hinaus auf ein Moment hin, das von nicht zu unterschätzender Bedeutung auch für Franziskus sein wird.[901] Ist die «cortesia» des Feudaladels an den Hintergrund und die Bühne der Burg ebenso gebunden wie an die materiellen Möglichkeiten der Verwirklichung der «larghezza», so sucht sich die «cortesia» der Kaufleute – der Übernahmeprozeß der höfischen Kultur beginnt in

---

[896] Wir konzentrieren uns auf diese Informationen und verbinden sie mit einigen biographischen Hinweisen und verzichten auf detaillierte biographische Notizen, da dies den Rahmen sprengen würde. Zu fundierten biographischen Informationen vgl. neben der erwähnten Schrift von Manselli *HELD*, Franziskus und seine Bewegung, *WYSS*, Der heilige Franziskus von Assisi, *KUSTER*, Franz von Assisi.

[897] *MANSELLI*, Franziskus 27, weist auf die signifikante Figur des «magister puerorum» hin, der in den Städten in dieser Zeit als Berufsbild entsteht und die einschlägigen Kenntnisse vermittelt. Franziskus selbst hat eine mindestens rudimentäre Ausbildung durchlaufen.

[898] Zur Auseinandersetzung und Situation zwischen den konkurrierenden Städten Assisi und Perugia, vgl. die Beiträge in: *AAVV* (Hrsg.), Atti dell'V. Convegno della Società internazionale di studi francescani: Assisi al tempo di San Francesco, Assisi 1978.

[899] Vgl. *MANSELLI*, Franziskus 55. Vgl. 3Gef 4: «Quodam tempore, guerra inter Perusinum et Assisium existente, captus est Franciscus cum multis suis concivibus et Perusii captivatus, tamen, quia nobilis erat moribus, cum militibus captivus est positus.»

[900] Vgl. *MANSELLI*, Franziskus 27ff., deutet zunächst auf das Leitbild der «hohen Minne» als radikale Hingabe an eine Dame, die Forderung einer nicht ausschließlich vom Lebensalter abhängigen «Juvenilität», einer geistigen Beweglichkeit, die Vornehmheit, Mut, Natürlichkeit, die «larghezza», also Generosität und Freigebigkeit, vor allem der Dame gegenüber, aber lange nicht auf sie beschränkt – eine Haltung der Großzügigkeit ohne Ansehen der Person, die «poetische» Fähigkeit und Fertigkeit, sich in Gesang, Lied und Gedicht auszudrücken, gebündelt in der Forderung nach «mezzura», die als Synthese diese Eigenschaften zusammenhält. Vgl. *LE GOFF*, Franscisanisme et modèles culturels 169f.

[901] Vgl. *MANSELLI*, Franziskus 28f.

Italien im ausgehenden 12. Jahrhundert, hat seine Höhepunkte allerdings erst später[902] – eine neue und eigene Plattform ihrer Realisierung und Inszenierung.[903] Nicht der geschlossene Raum des Hofes, sondern die öffentlichen Plätze und Straßen der jungen Städte werden der Resonanzraum dieser Form der «cortesia».[904] Auch hier deutet sich eine Entwicklung und Transformation an. Die strenge Trennung der «ordines» wird zumindest ansatzweise durchbrochen. Neue Schauplätze, damit verbunden neue relevante Verkehrsplätze und -formen konstituieren sich. In dieser Dynamik der Durchbrechungen fixierter Ständeordnungen steht Franziskus selbst schon allein durch die Tatsache, daß er diesen Lebensstil adaptiert, ohne selbst zum Adel zu gehören. Seine ursprüngliche Jugendintention, dem Leitbild des Ritters mit all seinen Implikationen zu folgen, bewegt sich auf einem ähnlich gewagten gesellschaftlichen Grad wie die spätere Absicht, als Laie ein «Leben der Buße» (wie die «viri poenitentiales») zu führen – ohne (zunächst) Kleriker[905] zu sein. Schon über diesen frühen, jungen Franziskus läßt sich mit Manselli sagen:

> *«Diese ‹cortesia› verpflichtete zu einem Benehmen, das jeder ordinären Pöbelhaftigkeit auswich und sogar eine echte Strenge und Feinheit erforderte. Über Franziskus lesen wir in der Legende, daß er jedes beleidigende oder grobe Wort vermied. Und trotz seiner Jugend und seiner Neigung zu Späßen hatte er beschlossen, jede an ihn gerichtete Äußerung zu überhören, die etwas Pöbelhaftiges an sich hatte. Doch kam bei ihm – wir sprechen immer noch von einer natürlichen Haltung – etwas zwar nicht Zusätzliches, aber gewiß Typisches und Bezeichnendes dazu: Die Großherzigkeit gegenüber jedem Bedürftigen, die zur ‹cortesia› gehörte, war ihm zutiefst eigen und hatte für ihn eine tiefe geistliche Motivation.»*[906]

Für diese – nebenbei – lange Phase des Übergangs stellt Manselli fest:

> *«Allen verfügbaren Angaben nach scheint der unterscheidende und neue Zug der Übergang zu sein von der Großherzigkeit und Freigebigkeit der* cortesia, *die den eigenen Edelmut demonstrieren sollte, zur Großherzigkeit des* Erbarmens *mit dem Ziel, den Armen und Bedürftigen zu helfen.»*[907]

---

902 Vgl. *MANSELLI*, Franziskus 52.

903 Zu Bedeutung und Gewicht öffentlicher Gesten vgl. *MANSELLI*, Franziskus 67, auch *FELD*, Franziskus von Assisi und seine Bewegung, passim, betont diesen Aspekt immer wieder. Auch an dieser Stelle dürfen mehrere Konnotationen angeführt werden. Zum einen eignet Franziskus ein außerordentliches, aber sicher auch im Klima seiner Zeit gefördertes Talent, sich und entscheidende Wandlungen seines Lebens in Szene zu setzen, zu «inszenieren». Nicht nur *HELD*, Franziskus von Assisi und seine Bewegung, weist in jüngster Zeit darauf hin, vgl. auch die Beobachtungen bei *R. MANSELLI*, Il gesto come predicazione per San Francesco, in: CFr 51 (1981) 5-16. Zum anderen ist diese Metaphorik und ihr Gehalt hinsichtlich der Höflichkeit keineswegs zufällig. Man denke an den Begriff der «Rolle» bei Goffman und dessen Gefolge.

904 Zum sich daran anschließenden Phänomen der «fama publica» als sozialer Kontrolle und sozialer Resonanz, die sich dabei entwickelt, vgl. *MANSELLI*, Franziskus 36f.

905 Zur Frage der Diakonatsweihe des Franziskus vgl. *B. HOLTER*, «Zum besonderen Dienst bestellt». Die Sicht des Priesteramtes bei Franz von Assisi und die Spuren seines Diakonats in den «Opuscula» (Franziskanische Forschungen 36) Werl 1992.

906 *MANSELLI*, Franziskus 51.

907 *MANSELLI*, Franziskus 59 (dort eine Reihe von Beispielen, die diese Wandlung sichtbar werden lassen!). Vgl. *R. PACIOCCO*, Una coscienza tra scelta di vita e fama di santità: Francesco d'Assisi frater e sanctus, in: Hagiographica 1 (1994) 207-226.

Der große biographische Bogen dabei liegt in der Konversion und Transformation, die Franziskus selbst durchlebt. Von den «Kavaliersidealen» der «jeunesse dorée» bis hin zum «Christusrittertum»[908] spannt sich dieser Bogen mit signifikanten Verschiebungen.[909] Des weiteren ist es gerade für die ethische Betrachtung von Wichtigkeit, daß diese Transformation bei Franziskus keine wie auch immer geartete theoretische Leistung darstellt, sondern sich als Amalgam aus Erziehung, Persönlichkeitsstruktur und spiritueller Reifung praktisch und konkret ergibt. Wir haben hier eine Persönlichkeit vor uns, bei der – allen Quellen zufolge – die «cortesia» kein theoretisch-formaler oder gar starr struktural-formalistischer Überbau ist oder sich in der Einhaltung eines übernommenen konventionellen Kodex von Gesten und Haltungen erschöpft, sondern sich sowohl «natürlich» als auch spontan und alltäglich formt *und* entwickelt, dabei eine spezifische Tiefe und Weite gewinnt, die ein ausgefächertes mundanes Höflichkeitskonzept um eine basale Dimension erweitert:

> *«Francesco è tutto qui: in quest' atmosfera cortese della sua gioventù, ma recuperata attraverso la meditazione e le penitenzia, nella purezza di cuore della santità, che trasforma l'amore umano cortese in amore divino, in cortesia di Dio.* (...) *Possiamo dare una conclusione provissoria: per Francesco la cortesia è un insieme di qualità e di condotte che danno alla carità* (...) *un profumo di gentilezza squisito.»*[910]

Diese theologisch-spirituelle Aneignung und Transformation verleiht der «cortesia» bei Franziskus das besondere «Flair», die eigene Note, die – geprägt von einer theologischen Tugendtradition ebenso wie von einem zeitgenössischen Kulturkonzept – diese gängigerweise als «klein» betrachtete Tugend zu der franziskanischen Tugend selbst macht[911], zu einer spezifischen Grundhaltung, die sich auf vielen Ebenen realisiert und doch von gemeinsamen Quellen gespeist wird. Von hier aus wird unsere These greifbarer, die sich in Verkörperung, Stilisierung, Prägnanz und christologischer Tiefendimension auch ethisch wachhalten läßt. Doch weder bei Franziskus selbst noch in der Hagiographie wird eine Systematik der «curialitas» gegeben. Diese «cortesia francescana» entfaltet sich entlang – so die Quellen – einer Reihe von Stichwörtern, die Haltungselemente bezeichnen. J.G. Bougerol ent-

---

[908] Vgl. die Arbeit von *H. FELDER*, Der Christusritter aus Assisi, Zürich 1941, die allerdings vorrangig den «*miles* Christi» nachzeichnet. Zu Rolle und Funktion der Troubadoure und Spielleute (die soziale Differenz zwischen ihnen, ihre Motive) vgl. *CHERIYAPATTAPARAMBIL*, Francesco d'Assisi e i trovatori 23-77 (Lit.), bes. 133. Dort pointiert er den Zusammenhang und die Transformation: «visione della vita da trovatore, ma incentrata in Cristo».

[909] 2Cel 84; ähnlich 2Cel 93; vgl. *BOUGEROL*, «cortesia» 270. So z.B. in der Verschiebung des Minnedienstes weg von einer irdischen Frau hin zur «donna povertà» oder des «joculator/trouvère» (als die höchst relevanten Propagandisten und Multiplikatoren des ritterlichen Ideals) zum «joculator Domini», des «Hofnarren» und seine Inszenierungen zum «novissimus pazzus» in der Spur paulinischer Torheit.

[910] *BOUGEROL*, «cortesia» 270f., auch 268: «Le regole della cortesia, fatte per l'uomo di guerra, vengono così trasferite dal signore alla sua donna e, a poco a poco, fiorisce l'amore cortese. (...) E i trovatori nelle corti d'amore, inventano le nuove regole della cortesia, ordinate secondo nove qualità: l'accoglienza, la lealtà, la compassione, la dolcezza, la liberalità, la letizia, la discrezione, l'onore, l'amore.»

[911] Dies ist nun gerade nicht in einem exklusiven Sinn zu sehen oder im Sinne eines Vorrangs. Hier ist damit gemeint, daß es um ein «signum specificum», von dem aus ein klassisches Set von göttlichen und kardinalen Tugenden gelesen werden kann. Vgl. *CHERIYAPATTAPARAMBIL*, Francesco d'Assisi e i trovatori 138, der die «santa umanità» des Franziskus aus der Trias «simpatia, amore, cortesia» gefügt sieht.

wickelt in seinem Beitrag über die «cortesia» als *die* «virtù francescana»[912] eine knappe Systematik dieses Habitus. Er referiert vor allem Anknüpfungspunkte aus den Schriften des Franziskus selbst und aus frühen franziskanischen Quellen. Die Gesamtheit von Qualitäten, die einen ethischen, sozialen und ästhetischen Index haben, sind in einer Bündelung durch die «cortesia» unter folgenden Komponenten und Aspekten zu beschreiben: «accoglienza» (Gastfreundschaft), «lealtà» (Redlichkeit, Aufrichtigkeit), «compassione» (Mitleid), «mitezza» (Milde), «liberalità» (Freigebigkeit), «letizia» (Freude), «discrezione» (Verschwiegenheit, Diskretion), zudem «onore» (Ehre) und «amore».[913] Mit diesen Begriffen wird ein weit gefaßter, offener und vertiefter Höflichkeitsbegriff *umschrieben* (nicht definiert!), der in Franziskus praktisch-exemplarisch eine Realisierung im Horizont von zeitgenössischer Kultur und im Horizont des Glaubens gefunden hat:

> «*La cortesia del medioevo è molto complessa e sottile. Francesco, nel l'ambiente del suo tempo, fu un uomo perfettamente cortese. Il mistero della cortesia francescana si svela quando ci rendiamo conto che ha trasformato la cortesia mondana in cortesia evangelica, che fiorisce nella sua anima. Francesco la vive come partecipazione alla cortesia di Dio, abbandonando l'amore terreno per dedicarsi pienamente all' imitazione di Gesu Cristo. Cosi la sua carità si fa sollecitudine, la sua liberalità si fa elemosina, la sua accoglienza si allarge a tutti gli uomini, la sua bontà diviene mitezza e discrezione e conquista il mondo.*»[914]

Die einzelnen Züge lassen sich bio- und hagiographisch konturieren. Sie wären um einen für Franziskus durchaus in mancherlei Hinsicht nicht unproblematisches Moment zu ergänzen: dem des richtigen Maßes.[915]

Schon Guardini (und nicht allein er) rückt ihn in den «Cortesia»-Zusammenhang: Franziskus von Assisi. Er – weder Theoretiker noch Systematiker – spiegelt in seinem Lebensprojekt als Inkorporation der «forma minorum» das, was hier zur Debatte steht. In Intuition, Inspiration, Praxis wie «normativem» Postulat eines theologisch grundierten christozentrischen «Ethos der Cortesia» bündelt sich biographisch eine geistliche «Handlungstheorie» und «Theoriehandlung». Sie ist nach wie vor faszinierend, aber auch befremdlich, modelliert Ingredienzen wie Postulate eines «Ethos raumstiftender, -sichernder wie -organisierender Kommunikation und Begegnung», dessen historischer Wurzelboden so eindeutig wie seine biblisch-spirituelle Dimension unabmeßbar ist. Es geht um ein geistliches wie praktisches

---

912 *BOUGEROL*, «cortesia» 267.

913 Vgl. *BOUGEROL*, «cortesia» 271-276. Vgl. *BARTOLI*, L'ideale medioevale della cortesia 7: «La cortesia è dunque un sistema di valori elaborato per un gruppo sociale ben definito, nel XII. secolo, ma, come tutto ciò che è profondamente umano, essa possiede un tratto che trascende l'epoca in cui è sorta, ed ha un riflesso evangelico. Certo essa resta una virtù laica: si puo essere cortesi anche senza essere cristiani. E d'altra parte, si potrebbe dire che la carità è un sentimento più propriamente evangelico che la cortesia. Ma Francesco preferisce dire che ‹la cortesia è sirocchia della carità›.» Vgl. auch *CHERIYAPATTAPARAMBIL*, Francesco d'Assisi e i trovatori 25f., der dieses Begriffspanorama ebenfalls aufmacht.

914 Vgl. *BOUGEROL*, «cortesia» 277.

915 Vgl. *CHERIYAPATTAPARAMBIL*, Francesco d'Assisi e i trovatori 52f. *WYSS*, Franziskus 264-324, hingegen markiert die Maßhaltung des Franziskus kritischer (gerade im Blick auf den eigenen Leib, die eigene Gesundheit). Aber ist dies nicht durch die ‹larghezza› aufgehoben (im berühmten dreifachen Wortsinn) und mündet zudem auch bei Franziskus selbst in Lernprozesse?

Haltungskonzept von Bestand.[916] Damit wird eine entscheidende Brücke geschlagen für eine aktualisierte theologisch-ethische Verortung der Höflichkeit in einem integrativen, ganzheitlichen Sinn. Eine historische Rückbesinnung kann dies wieder in Erinnerung rufen und zugleich findet sie im Blick auf eine paradigmatische Vita eine Stütze für den vorbild- und tugendethischen Versuch, die «cortesia» als humanisierenden Habitus zu reaktivieren. – Einige Erinnerungsspuren, ausgewählte nur, lassen sich legen und nachzeichnen.

Gruß und Begrüßung gehören – neben anderen Momenten und Facetten[917] – fraglos in das Höflichkeitsrepertoire, haben dort eine Fülle von Funktionen. Nähern wir uns dem schmalen Schriftencorpus des Franziskus, das natürlich nur einen kleinen Ausschnitt aus dessen Umgangsweise mit Kommunikationspartnern repräsentieren kann, dann treffen wir – vorab in den als Briefen verfaßten Schriften – auf ein schmales, aber dichtes Feld, das eine Reihe von Beobachtungen freigibt, die einerseits zu einem klassischen Feld der Höflichkeitsthematik gehören und vielerlei formale Bindungen und transformale Bedeutungen aufweisen, zum anderen aber verdeutlichen, wie bei Franziskus diese Formen spezifisch konnotiert und aufgeladen werden und so in einen weiteren Kontext der «cortesia» weisen. Anknüpfungs- und Ausgangspunkt ist eine durch ihren Kontext besonders markierte Stelle. Sie findet sich im Testament des Franziskus[918]:

---

[916] Darüber hinaus prädestiniert noch eine andere «Breitenwirkung» des Franziskus für seine Wahl in unserem Kontext. Es ist unbestritten, daß Franziskus eine Attraktivität und Strahlkraft entwickelt hat, die ihn bis in die jüngste Zeit hinein zu einer spirituellen Leitfigur hat werden lassen, wenn man ihn als Symbolfigur gelebter Solidarität, als Inbegriff für Geschwisterlichkeit im Umgang zwischen den Menschen und mit der Schöpfung und als Leitbild eines universalen Friedens ansieht – und zwar lange nicht ausschließlich in binnenkirchlichen oder binnenchristlichen Kontexten. Hier steht nicht zur Diskussion, inwieweit diese Züge im Detail mit Idealisierungen oder Überzeichnungen behaftet, insofern korrigierbar oder besser: graduell präzisierungsbedürftig sind. Das sind andere Debatten, die an dieser Stelle nicht geführt werden müssen. Franziskus symbolisiert ohne Zweifel berechtigt und mit einem «fundamentum in re» eine Reihe von Idealhaltungen, die in ihm die Figur der Realisation gefunden – und zwar sowohl in der historischen Person selbst als auch in den Bildern von ihm, die verschiedene Zeiten mit ihren Farben narrativ gemalt haben (teils auch unter Ausblendung und Glättung sperriger Verhalte, die sich nicht ohne weiteres auflösen lassen). Man denke an sein Gehorsamsverständnis, seine radikale Kirchlichkeit (vgl. nur NbReg, Prologus 3: «Frater Franciscus et quicumque erit caput istius religionis promittat obedientiam domino Innocentio papae et reverentiam et suis successoribus» – mit dem Höflichkeitsmarker «reverentia»!), aber auch den mühsamen Lernprozeß, der die Rücksicht auf seine eigene Leiblichkeit angeht, und andere Spannungen und Ambivalenzen, die auch in unserem Kontext aufscheinen (wie die selbstverständliche Selbstreduzierung der «minoritas» und das keineswegs unterentwickelte Selbst- und Sendungsbewußtsein). All das legt es nahe, diesen «Vorsprung», diese Schubkraft zu nutzen, die mit Franziskus unlöslich verbunden sind. Natürlich ist dies auch im Blick auf mögliche moralpädagogische Chancen formuliert – ohne allerdings Franziskus schlicht «pädagogisieren» zu wollen. Er ist ein «symbolisches und personales Angebot» als Korrelat, die über rein didaktisches «Kalkül» hinausreicht – aber dieses hat natürlich auch in der Systematik von Ethos und Ethik eine unverzichtbare Funktion.

[917] Neben der Bitt- und Danksituation und weiteren cortesiologischen Themen (wie Kleidung, Gesten, Statussymbole, Prosodik oder Proxemik, Titulaturen, Reverenzerweisen, Direkt- oder Indirektheit von Thematisierung, der Koordination von «Face-Sphären» in Annäherung oder Distanzierung). Auf sie wird teils unmittelbar übergeblendet werden können.

[918] Opuscula 431-447/HG 216-220; vgl. *MANSELLI*, Franziskus 355ff., detailliert *G.P. FREEMAN/H. SEVENHOVEN*, Der Nachlaß eines Armen. Kommentar zum Testament des heiligen Franziskus von Assisi, Werl 1988. Das Testament als geistliches Vermächtnis des Heiligen ist von nicht zu unterschätzender Bedeutung – und hatte (und hat) eine enorme Wirkungsgeschichte.

«Salutationem mihi Dominus revelavit, ut diceremus: Dominus det tibi pacem.»[919]

Es ist zunächst einmal bemerkenswert, daß dieser Reflex auf einen *Gruß* überhaupt in diesen knappen, aber inhaltlich hoch verdichteten Text einfließt. Wenn man im Auge behält, was an Ereignissen, Begebenheit und Erfahrungen aus der Vita des Heiligen hier keine Erwähnung findet, dann muß es – aus unterschiedlichsten Gründen und Perspektiven freilich – um so mehr auffallen, daß diese Erinnerung aufgegriffen wird. Ebenso signifikant ist die unmittelbare persönliche und theologische Grundierung hierfür. Der Gruß, ein Friedenswunsch, ist nichts weniger als eine göttliche Offenbarung. In ihm verdichten sich in der Rückschau biographische Wende[920] und programmatische Absicht für das franziskanische Lebensprojekt der «legatio pacis seu curialitatis» in einem konkreten soziokulturellen und historischen Umfeld. Dieser Gruß – als alltäglicher Auftrag für Franziskus selbst wie für seine Gefährten – hat also in der einschlägigen Verwendung sowohl konkrete Funktionen der Annäherungshöflichkeit als auch die Aufgabe der Unterscheidung, insofern es ein *besonderer* Gruß ist, der die Zugehörigkeit des Grüßenden zu einem bestimmten geistlichen Projekt, damit zu einer Gruppe signalisiert, aber diesen Kontext transzendiert. In der knappen, auf biblisch-liturgische Traditionen verweisenden Formulierung wird aber inhaltlich eine konzentrierte Reminiszenz an das tragende geistliche Fundament, das «evangelium pacis», mittransportiert und angeboten.

Grußsituationen und Grüße sind höflichkeitstheoretisch von hoher Bedeutung, nicht nur epistolar. Briefformulare und ihre Gattungselemente verleihen dem Ausdruck. Die Verwendung von standardisierten und konventionalisierten (hier: schriftlichen) Höflichkeitsformeln sucht die begleitenden Risiken zu mindern, kann aber darüber hinaus eine situationsübergreifende Programmatik mitschwingen lassen. Das ist bei den als Briefen verfaßten Schriften des Franziskus (mit sehr unterschiedlichen Adressaten und auch deshalb aufschlußreich[921]) nicht anders. Von hier aus liegt es nahe, weitere Briefanfänge bei Franziskus zu analysieren und die formalen und inhaltlichen Ebenen, die sich hier verschränken, zu erfassen. Besonders auffällige Texturen sollen hier in den Blick kommen.[922] Sie entsprechen gleichermaßen

---

919 Test 23.

920 Gerade Grüße markieren besondere Stellen und Absichten als Signifikate für die Befindlichkeit, die Absicht und das Programm des Franziskus und seiner Bewegung: etwa der Gruß von Poggio Bustone («Buon giorno, buona gente!»), mit dem Franziskus auf ein inneres Erleben der Gottesnähe und -barmherzigkeit reagiert (vgl. dazu *A. KRAUS/G. RUF*, Auf der Suche nach Franziskus, Münsterschwarzach 1997, 77-81, verweisen auf eine Lokallegende zu diesem Gruß, der mit einer veränderten Selbstwahrnehmung des Franziskus im Blick auf sein «Vorleben» verknüpft ist, vgl. 1Cel 26), vgl. BReg 3,13f., den parallelen Text der NbReg 14,1-6 («pax huic domui» als obligatorischer Gruß), BrLenk 1 (mit seinem «salutem et pacem» als dem Vorläufer des «pax et bonum»).

921 Schon aus den redaktionellen Benennungen, aber ursprünglicher noch aus den «salutationes» geht der angezielte unterschiedliche Öffentlichkeitsgrad hervor: von der «weltweiten» Enzyklika, über die Gesamtbruderschaft, spezifische Gruppen von Aufgabenträgern in ihr, bis hin zum intimen Privatschreiben (z.B. an einen Generalminister oder, deutlicher noch, an Br. Leo) reicht die Palette.

922 Es sind dies: der «Brief an die Gläubigen II» (Entstehungszeit nicht genau zu datieren, vgl. Opuscula 183-215/HG 59-67, die «Briefe an die Kleriker I/II» (1219 und 1220, vgl. Opuscula 155-166/HG 68-72, allerdings ohne «salutatio»), der «Brief an einen Minister» (1219 o. 1220, vgl. Opuscula 225-236/HG 83-86), der «Brief an den gesamten Orden» (1220, vgl. Opuscula 237-269/HG 87-94), der «Brief an die Lenker der Völker» (ca. 1220, vgl. Opuscula 270-276/HG 78-80), der «Brief an die Kustoden I» (ca. 1220,

Norm, Form und Tradition der Briefstellerei, geben aber zugleich Auskunft über Selbstverständnis und Selbstbild des Franziskus und seines «cortesial-spirituellen» Lebensprojektes.[923]

Ein erstes signifikantes Beispiel findet sich im «*Brief an die Gläubigen II*». Entstanden aus Vorformen, überarbeitet und erweitert von Franziskus, ist er das umfangreichste Schreiben seiner Autorschaft und gewährt «tiefe Einblicke in die geistliche Gestalt des Heiligen»[924] selbst. Dies ist zwar im Blick auf das Gesamtkorpus des Briefes gesagt, gilt aber nicht weniger für die Einleitungs- und Abschlußpassage. Der Brief beginnt mit den klassischen epistolaren Elementen, die für eine skripturalen Annäherungssituation gefordert sind. Der Briefanfang umfaßt ein Proömium mit 1) Präskript aus «adscriptio» (Empfängerangabe), «intitulationes» der Empfänger und der «superscriptio» (Absenderangabe) und 2) «salutationes». Aber es wird hier wie im auffallend konvergierenden Schluß[925] unmittelbar deutlich, daß mit Formalität des Reverentialstils nicht nur das formal Geforderte abgegolten wird, sondern sich hier eine Programmatik verdichtet, die spezifische Spuren und Intentionen des Franziskus transportiert. Von «leerer Formalität» kann also keineswegs gesprochen werden, wenn Franziskus ansetzt:

> *«Universis christianis religiosis, clericis et laicis, masculis et feminis, omnibus qui habitant in universo mundo, frater Franciscus, eorum servus et subditus, obsequium cum reverentia, pacem veram de caelo et sinceram in Domino caritatem.»*[926]

Schon der weite Adressatenkreis – der «Brief an die Gläubigen II» ist eine Art Grundcharta der franziskanischen Laien- und Weltbewegung – signalisiert einerseits, daß Franziskus nicht an einem stände- oder gruppenspezifischen Ethos geleitet ist. Bedeutsamer aber noch ist die Tatsache, daß sich hier auf charakteristische Weise

---

vgl. Opuscula 167-171/HG 73-75), der «Brief an die Kustoden II» (anschließend, ca. 1220, vgl. Opuscula 172-175/HG 76f.), der «Brief an Bruder Leo» (nicht genau datiert, vgl. Opuscula 216-224/HG 81-82), der «Brief an den hl. Antonius» (ca. 1223/4, vgl. Opuscula 147/HG 52).
Anzumerken ist, daß diese Briefe in eine biographische Phase des Franziskus fallen, in der er längst eine markante Figur der Öffentlichkeit ist: «Gründer» und spirituell-charismatisches Herz einer rasant wachsenden Gemeinschaft, die in einer problematischen Phase erster Konsolidierung steht, aber auch erste Verwerfungen, die sich in Haarrissen andeuten, auszuhalten hat. Vgl. zu den Briefen insgesamt (neben den editorischen Einleitungen) *L. LEHMANN*, Der Mensch Franziskus im Licht seiner Briefe, in: WiWei 46 (1983) 108-138.

[923] Es mag dabei im Detail auch Übergänge zu Stilisierungen geben, die nicht «ad verbum» auf Franziskus (er diktiert zumeist) zurückgehen, stimmig bleiben sie dennoch.

[924] HG 59. Hier ist eine Anmerkung anzubringen: Wir überspringen in unserer Darstellung den sog. «Brief an die Gläubigen I» (vgl. Opuscula 176ff./HG 53ff.). Er stellt eine Vorform oder Kernfassung des hier angesprochenen Schreibens dar. Zum Verhältnis beider Schriften vgl. *K. ESSER*, Ein Vorläufer der «Epistola ad fideles» des hl. Franziskus von Assisi, in: CollFranc 45 (1975) 5-37.

[925] BrGl II, 87f.: «In nomine Patris et Filii et Spiritui Sancti. Amen. Ego Frater Franciscus, minor servus vester, rogo et obsecro vos in caritate, quae Deus est, et cum voluntate osculandi vestros pedes, quod heac verba et alia Domini nostri Jesu Christi cum humilitate et caritate debeatis recipere et operari et observare. Et omnes illi et illae, qui ea benigne recipient, intelligent et mittent aliis in exemplum, et si in ea perseveraverint usque in finem, benedicat eis Pater et Filius et Spiritus Sanctus. Amen.» Vgl. den Schlußsegen in BrLenk 9, zudem BrKl 15, BrKust I,9f., BrOrd 47-49 (bes. BrOrd 47: «Ego frater Franciscus, homo inutilis et indigna creatura Domini Dei dico per Dominum Jesum Christum ...»), vgl. BrOrd 38f., Test 34, Test 41.

[926] BrGl II,1.

der Grundgestus der Universalität wie der Minoritas und Fraternitas in der kompakten Form eines Grußes verbinden und in der Situation einer Kontaktaufnahme zu Gehör bringen. Globaler Anspruch wie globale Anrede exkludieren nicht, sondern integrieren die Stände der Kirche, besonders auffallend natürlich die Geschlechter. Der ausgiebige Gruß deutet aber zudem eine Grundspannung an, die nicht nur der «formalen Inhaltsleere» eines Grußes widerspricht, sondern zudem ein bezeichnendes Licht wirft auf die öffentliche Rolle wie das Selbstbewußtsein des Franziskus selbst: Er wendet sich unbefangen und sicher mit Ansprüchen an die ganze Welt, was wörtlich zu nehmen ist. Er formuliert im gleichen Atemzug eine Submissionstitulatur der Selbstverkleinerung, die ihre unmittelbaren Höflichkeitsfunktionen hat, aber eben doch auch das Grundprogramm eines geistlichen Lebensprojekts auf Form und Formel bringt: der «frater et servus subditus», der «servus parvulus ac despectus».[927] Titulatur wie Gestus der Verkleinerung ineins mit dem der «Verbrüderung» markieren, daß die «cortesia francescana», ablesbar schon an diesen Miniaturen, keineswegs servil agiert. Der «Knecht der Salutatio» ist zugleich der «servus» aller als Diener des Wortes Gottes, was von einem starken Selbst- oder Sendungsbewußtsein spricht – und dagegen, daß eine Haltung der Höflichkeit nur Selbstaufgabe zu tun hat. Freilich spitzt sich dann die Frage zu, was aus welchen Gründen aufgegeben wird, um Haltung, Auftrag und Selbstbild in den Anredeformen und Titulaturen als in sich höflichkeitsrelevant geprägte Formen, die also formell und programmatisch funktionieren[928], dazu zu bringen, daß sie hier zugleich wesentlich Grundhaltungen und Auffassungen des Franziskus spiegeln. Charakteristische Erweise der «reverentia» und des Friedensgrußes kann Franziskus aber auch im Schlußgruß dieses Briefes mit einer eindringlichen Bitte[929] kombinieren, mit dem

---

[927] So deutlich unterstrichen im «Brief an die Lenker der Völker» (Opuscula 270-276/HG 78-80), wo sich mit Freimut in gleicher Geste, mit ähnlicher Unbefangenheit und selbstbewußt Franziskus an die politischen Führungsschichten seiner Zeit wendet (Szenen bei 1Cel 43, 2Cel 200 unterstreichen dies als reale Möglichkeit). Dies spiegelt eine klassische Situation der Höflichkeitsreflexion und -praxis: die prekäre Annäherung über soziale Distanzen hinweg: der epistulare Niederschlag in der spezifischen «salutatio» in: BrLenk 1: «Universis potestatibus et consulibus, iudicibus atque rectoribus ubique terrarum et omnibus aliis, ad quos litterae istae pervenerint, frater Franciscus, vester in Domino Deo servus parvulus ac despectus, salutem et pacem omnibus vobis optans.»

[928] Zu programmatischen (Selbst-)Titulaturen vgl. BrLenk 1, BrKust I,1, BrOrd 5, Vermächtnis für die heilige Klara (vgl. Opuscula 448-450/HG 221): «Ego frater Franciscus parvulus volo sequi vitam et paupertatem altissimi Domini nostri Jesu Christi et eius sanctissimae matris et perseverare in ea usque in finem; et rogo vos, dominas meas, et consiliium do vobis, ut in ista sanctissima vita et paupertare semper vivatis. Et custodite vos multum, ne doctrina vel consilio alicuius ab ipsa in perpetuum ullatenus recedatis», Brief an Herrin Jakoba! (Opuscula 455-456/HG 223-224), vgl. auch BrOrd 5: «Audite, domino filii...». Die Anrede der Brüder als «Söhne des Herrn» ist auch als «Herren Söhne» übersetzbar, vgl. Opuscula 246, HG 98, Anm. 14. Grundlegend natürlich NbReg 6,3f.: «Et nullus vocetur prior, sed generaliter omnes vocetur fratres minores. Et alter alterius lavet pedes.» Die Anspielung auf die Fußwaschung ist keineswegs zufällig, symbolisiert sie doch Jesu Grundhaltung. Zudem hat diese Titulatur dann auch strukturelle Konsequenzen: Leitungsaufgaben in der Bruderschaft sind nicht festgeschrieben. Hinter der Brudertitulatur steht eine Dynamik, die «Priorität» und «Superiorität» in eine konkrete prädemokratische Grundstruktur ummünzt (vgl. NbReg 17,4: nicht nur Häuser, auch Ämter sind interimistisch. Es gibt einen Zusammenhang zwischen einem Höflichkeitsethos und dem Ethos der Demokratie).

[929] Zur spezifischen Ausgestaltung von Bitten vgl. BrKust I,2ff., BrKust II,4 (vgl. Opuscula 172), BrOrd 12, BrLenk 3, die Kombination von Mahnung und pragmatischer Druckminderung in NbReg 7,5ff., NbReg 24,1 (Verbindung von dringlicher Bitte mit der verbal symbolisierten Geste des «osculum pedum»), vgl. zudem NbReg, Prolog 1f. (Franziskus *erbittet* die Regel vom Papst).

Segenswunsch und einem Gestusangebot, dem «osculum pedis»[930], was wiederum mehrere Funktionen in sich vereint. Der Fußkuß als markierte Höflichkeitsgeste entstammt dem höfischen Zeremoniell, ist zugleich biblisch konnotiert, unterstreicht und *inszeniert* die profunde Minoritas und fängt den Druck der Auf- und Anforderungen, die Franziskus formuliert, auf. Was hier für und vor einer breiten Öffentlichkeit gilt, findet seine Entsprechungen im Umgang mit den eigenen Mitbrüdern, dem Orden insgesamt[931] wie einzelnen.

In seinem «*Brief an einen Minister*»[932] steuert Franziskus unmittelbar und persönlich Adressat und Thematik an, konzentriert, lenkt und signalisiert Aufmerksamkeit für eine diskret und taktvoll zu behandelnde spirituelle Problematik. «Umraum-», Gesichtswahrung und Augenmerk für die Bedürfnisse des anderen sind supportive Beziehungsaspekte, die von Franziskus gewährt wie gefordert werden als Aufgabe des geistlichen Leiters oder verantwortlichen Ministers, der explizit «Bruder», nicht «Prior» ist:

> «*Fratri N., ministro, Domino te benedicat. Dico tibi, sicut possum, de facto animae tuae, quod ea quae te impediunt amare Dominum Deum, et quicumque tibi impedimentum fecerit sive fratres sive alii, etiam si te verberarent, omnia debes habere pro gratia.*»[933]

---

[930] So BrGl II,87, vgl. ebenso BrOrd 12 mit der Koppelung von Bitte, dem doppelt symbolischen (weil auch brieflichen) Fußkuß und den Signaltermini der Reverenz- und Ehrerweisung und der Eucharistiethematik: «Deprecor itaque omnes vos fratres cum osculo pedum et ea caritate, qua possum, ut omnem reverentiam et omnem honorem, quantumcumque poteritis, exhibeatis sanctissimo corpori et sanguini Domini nostri Jesu Christi ...», vgl. zudem NbReg 6,4.

Kondensierungen dieser Art – die Analogisierung der Reverenz des Anderen und der Eucharistie sind bei Franziskus häufig anzutreffen und geben den Blick frei auf einen Grundzusammenhang: auf die «Höflichkeit Gott gegenüber».

Der «Brief an die Kustoden I» (Opuscula 167-171/HG 73-75) nimmt dieses Thema wieder auf und verschränkt es sogleich in den Briefeingang, BrKust I,1: «Universis custodibus Fratrum Minorum, ad quos litterae istae pervenerint, frater Franciscus in Domino Deo vester servus et parvulus, salutem cum novis signis caeli et terrae, quae magna et excellentissima sunt apud Deum et multis religiosis et aliis hominibus minima reputantur.»

[931] So beispielsweise im «Brief an den gesamten Orden» (Opuscula 237-269/HG 87-94), der den Gesamtorden als Adressatenkreis hat und eine gehobene bis feierliche Sprache führt, einen ausladenden «Höflichkeits-» und «Reverential-Stil» schon in der Salutatio – der Situation und ihrer Bedeutung angemessen Rechnung tragend – anschlägt, vgl. BrOrd 1-4.

[932] Opuscula 225-236/HG 83-86. Vgl. BrLeo, ein kleines Freundschaftsschreiben mit knappem Gruß (Adressatennamen, Absendername, Grußformel: «salutem et pacem») und dem Anliegen: Franziskus erinnert an das Grundanliegen von Minoritas und Armut und schließt – das ist hier der springende Punkt – mit der Einladung, BrLeo 4: «Et si tibi necessarium animam tuam propter aliam consolationem, et vis, Leo, venire ad me, veni.» Deutlich wird die Sorge um die «consolatio» des anderen, eines ständigen Begleiters und Vertrauten, Wachsamkeit für seine Bedürfnisse und dringliche, aber offene «invitatio» schließen sich zusammen. Diese Beziehung wird noch unterstrichen durch die Tatsache, daß eben dieser Br. Leo ein anderes Schriftstück, die Chartula des Franziskus mit Segen und Gebet als Zeichen der besonderen Beziehung ständig mit sich führte.

[933] BrMin 1f., vgl. NbReg 6,1-4 mit dem direkten Konnex des Handlungsraumgewährens und -schaffens, der Sorge für den Sünder und die Frage der Amtstitulatur; dazu auch NbReg 4,1-6, wo der Dienst der Minister näherhin biblisch-jesuanisch grundiert und skizziert wird in der Sorge und in der Aufmerksamkeit als «cura animarum fratrum». Vor dem Hintergrund der «Goldenen Regel» zeigt sich diese Sorge in den Schritten: die Brüder besuchen, ermahnen und bestärken. Zugespitzt für die heikle Situation der «correctio fraterna» vgl. NbReg 5,1ff. mit der Aufforderung zur wechselseitigen Achtsamkeit («diligenter, humiliter, rationabiliter»), Erm 12,3, Erm 17,1f.: «Beatus ille servus, qui non magis se exaltat de bono, quod Dominus dicit et operatur per ipsum, quam quod dicit et operatus per alim. Peccat homo, qui magis vult recipere a proximo suo, quam non vult dare de se Domino Deo», Erm 23,1: «Beatus servus,

Sofort nach dem Gruß mit der für Franziskus essentiellen doppelten Titulatur des Angesprochenen als Bruder und mit der signifikanten «Amtsbezeichnung», als Segen nach der Anrede formuliert, wird der Anlaß des Schreibens sichtbar. Zugleich eine theologisch präzise und für Franziskus nicht untypische Weisung und «Admonitio» für einen Umgang mit dem Andrang und dem Vielerlei an Anliegen, die auf diesen Mitbruder, der namentlich nicht genannt wird[934], Tag für Tag einstürmen. Insofern diese gesteigerte Beanspruchung durch andere ein Problem auch für die Konsistenz des geistlichen Lebens darstellt, wird hier ein Grundhaltung sichtbar, die diese Bedrohungen (die in der Konsequenz tiefer reichen als ein «face-threatening-act») oder diesen pragmatischen Druck, den andere ausüben und in dessen Summe innere geistliche und existentielle Fragen aufgeworfen werden, abfedert. Die diskret so genannte «Angelegenheit der Seele», um die es geht, hat auch mit einer Vielzahl von Interaktionen zu tun, die Druck ausüben. Mit ihnen umzugehen, darüber aber auch den Umgang mit den anderen zu gestalten – darauf zielt die spirituelle Weisung des Franziskus.[935] Diskretheit, Takt und «compassio» gehören zu den charakteristischen Bestandteilen der «curialitas» wie die beständig akzentuierte Haltung der «gratia», des Dankes und der Dankbarkeit. Fluchtlinie bleibt für Franziskus beständig Analogie zu und Transparenz auf die «passio Christi» und die Dimension der «praevenienten» Gnade.

Ein weiteres, sehr knapp gehaltenes Schreiben des Franziskus richtet sich an einen einzelnen Empfänger. Freilich hat der Brief letztlich enorme historische Wirkungen (um die es in unserem Zusammenhang nicht zuerst geht). Im Wortlaut heißt der «*Brief an den hl. Antonius*»:

> *«Fratri Antonio episcopo meo frater Franciscus salutem. Placet mihi quod sacram theologiam legas fratribus, dummodo inter huius studium orationis et devotionis spiritum non extinguas, sicut regula continetur.»*

Abgesehen von der Inhaltsseite, der Frage, ob Franziskus auf eine Öffnung zur Wissenschaft in der Gemeinschaft reagiert oder sie initiiert (beides mit weitreichenden Folgen), ob und wie er seine ursprüngliche Skepsis[936] in dieser Frage ändert, wie die Bezüge der Bedingungen, die Franziskus aufstellt, im Kontext der Regelfassungen und des fundamentalen Positionswechsels zu den Privilegienlosen (also auch im Verzicht auf «Herrschaftswissen», wenn dieser Terminus an dieser Stelle erlaubt ist), um den Kontrastentwurf des Franziskus zu verdeutlichen[937], ist hier für unse-

---

qui ita inventus est humilis inter subditos suos, sicuti quando esset inter domino suos.» Hier spiegelt sich ein handlungsleitender Realismus, der Asymmetrie z.B. der Verantwortungsbereiche wahr- und aufnimmt.

934 Manche haben vermutet, es könnte sich bei dem Adressaten um den Generalminister Br. Elias v. Cortona gehandelt haben.

935 Man bemerke die Vergleichbarkeit auch heutigen Alltagserlebens: Überforderungssyndrome wirken sich nicht selten auf den konkreten Umgang, auf Aufmerksamkeit und Rücksichtnahme aus – hier besteht ein höflichkeitsethisch wichtiger Zusammenhang, der ins Bewußtsein gerückt werden muß.

936 Vgl. knapp *MANSELLI*, Franziskus 129, *K. ESSER*, Studium und Wissenschaft im Geist des hl. Franziskus von Assisi, in: WiWei 39 (1976) 26-41.

937 Vgl. Test 7f.: «Et si haberem tantam sapientiam, quantam Salomon habuit, et invenirem pauperculos sacerdotes huius saeculi, in parochiis, quibus morantur, nolo praedicare ultra voluntatem ipsorum. Et

ren Zusammenhang vor allem auf die doppelte Anrede des Antonius als «frater» und «episcopus» zu verweisen. Bereitet die erste keinerlei Schwierigkeit in der Auslegung, so ist der zweiten deutlich eine cortesiologische Funktion eingeschrieben. Antonius von Padua[938], als ausgebildeter Theologe und Priester von den Augustiner-Chorherren im portugiesischen Coimbra wenige Jahre vor Abfassung der Zeilen (Ende 1223/Anfang 1224) zur franziskanischen Brüderbewegung gestoßen, wird «unsachgemäß» als Bischof bezeichnet. «Persongemäß» aber verdeutlicht die fiktive Titulatur in der «realen» Rangsteigerung des Angesprochenen ein traditionelles Höflichkeitsmoment in einer innovativ-kreativen Ausformung, die sowohl der Beziehungsebene beider entspricht und dem menschlich-brüderlichen Respekt, als auch der Tatsache Rechnung trägt, daß Franziskus die Lehr- und geistliche Autorität des Antonius anerkennt und unterstreicht. Er stellt sich als derjenige, der Bewertungen («placet mihi»), Anweisung und Bedingung formuliert, also einen «pragmatischen Druck» auf den anderen ausübt, sozial und «hierarchisch» unter «seinen» Bischof.

Eine Vielzahl dieser Signale aus dem Fundus der Höflichkeit, die in den Schriften nur äußerst verdichtet und knapp aufscheinen, werden in der Hagiographie[939] des Franziskus in Szenen erinnert – und in ihrer Gestaltung verdeutlicht. Bevor wir den Blick dahin lenken und ausgewählte Episoden in dieser Perspektive befragen, gilt eine zweite Annäherung, die sich aus der ersten ableitet, nochmals dem schmalen Korpus der Schriften. In ihnen wird das von Franziskus praktizierte Ethos der «cortesia» zur normativen Leitgröße erhoben – zunächst für seine Mitbrüder. Aber die Konsequenzen reichen weiter. «Et eramus idiotae et subditi omnibus.» (Test 19): Dieses Grundprogramm der «Minoritas» und «Fraternitas» räumt anderen Vorrang und Vortritt ein – und das beileibe nicht nur in epistolaren Annäherungsbewegungen, wie dieser erste Ausschnitt verdeutlicht, und beileibe auf keineswegs «idiotische» Weise.

Es liegt nun nahe, in «regulativen» Texten des Franziskus nach Spurenelementen zu suchen, die im Sinne einer weiträumig gefaßten «cortesia» zu lesen sind, zum spirituellen und ethischen Projekt des Franziskus gehören und in seinem Gefolge verwirklicht werden sollen.[940] Wir wählen die nach unserem Dafürhalten signifi-

---

ipsos et omnes alios volo timere, amare et honorare, sicut meos dominos. Et nolo in ipsis considerare peccatum, quia Filium Dei discerno in ipsis, et domini mei sunt.» Der sorgsame Umgang mit dem Altarsakrament wird flankiert von der Ehrfurcht für jedes geschriebene Wort, konkret vor jedem Schriftstück: Es steht für Franziskus in möglicher Verbindung zum Wort Gottes. Vgl. Auch Test 13: «Et omnes theologos et qui ministrant sanctissima verba divina, debemus honorare et venerari, sicut qui ministrant nobis spiritum et vitam.», BReg 10,8, vgl. auch Erm 26 und die keineswegs kritiklose Achtung der Kleriker (dies hat sicher etwas zu tun mit dem Stand, wird aber von Franziskus aus der Würde und dem Wert der Eucharistie abgeleitet, jedoch ist es wichtig, daß er andererseits auch die Achtung und das Nichturteil über sündige Kleriker einfordert!).

938 Zu Antonius v. Padua vgl. jüngst *M. WAGNER*, Da berühren sich Himmel und Erde. Symbol und Sakrament in den Sermones des Antonius von Padua (Franziskanische Forschungen 44) Kevelaer 2002, zudem biographisch etwa *A.-P. ALKOFER*, Antonius von Padua. Franziskaner auf Umwegen (Auf der Suche nach der eigenen Lebensspur 1), Würzburg 1994.

939 Es braucht kaum eigens erwähnt, soll aber doch unterstrichen werden: Natürlich stehen auch die frühen Berichterstatter und Hagiographen des Franziskus in einem kulturhistorischen Kontext, der ihnen die Topoi der «curialitas» nahelegt und vertraut macht.

940 Allen voran sind hier die beiden Regeln, das Corpus der «Admonitiones» (Ermahnungen) und das Testament zu nennen. Vgl. *O. SCHMUCKI*, Gli scritti legislativi di San Francesco, in: *AAVV* (Hrsg.),

kantesten Passagen, die zudem spezifische Bereiche verbaler, symbolisch-gestischer Themen berühren als auch einschlägige Situationen aufrufen, die aus der allgemeinen Höflichkeitsdiskussion schon vertraut sind.

Von zentraler Bedeutung erweist sich ein Abschnitt aus der «Bullierten Regel (*BReg 3,10-14*, unter dem Titel *«Quomodo fratres debeant ire per mundum»*)[941], der den Grundtenor sowohl eines raumschaffenden als auch eines face-schonenden Umgangs angibt und damit im Kern ein Ethos der verbalen und symbolgestützen «cortesia» vorstellt. Franziskus beschreibt einen Modus des alltäglichen, ubiquitären Umgangs mit je und je anderen. In und hinter den Einzelbestimmungen öffnet sich die Fülle der Perspektiven und Funktionen, die für Form und Intention verbaler Höflichkeit eruiert worden sind. Untereinander und in der Begegnung mit allen denkbaren Kommunikationspartnern soll gelten:

> *«Consulo vero, moneo et exhortor fratres meos in Domino Jesu Christo, ut quando vadunt per mundum, non litigent neque contendant verbis, nec alios iudicent; sed sint mites, pacifici et modesti, mansueti et humiles, honeste loquentes omnibus, sicut decet.»*[942]

Nicht streiten, kein Wortgezänk, nicht urteilen, sondern milde, friedfertig und bescheiden, sanftmütig, anständig handeln – und all dies mit dem formal-konventionellen Höflichkeitssignal «wie es sich gehört» («sicut decet»)[943] versehen, das den höflichkeitsrelevanten Inhalt noch verstärkt. Vom alltäglichen Umgang und dem Verzicht auf harsche, brüskierende Worte in der engeren Perspektive, aber eben auch alltäglicher und leichter faßlich, ist das, was von der Alltagsgestaltung der Brüder gesagt wird. Rat, Warnung und Ermahnung (so die Eingangsklimax der Dringlichkeit) zielt auf Alltagsgestaltung und Haltung der Brüder im Umgang mit anderen, der charakterisiert sein soll von den Konventionen («decet») und den Modi einer Schonung des anderen. Konfliktminderung oder -vermeidung, Retardierung von Urteilen, also Affektkontrolle («non irascuntur») gegenüber überschießenden und unangemessenen Reaktionen und Interaktionen zeichnen hier *einen* beständigen Topos der «Minoritas» schon für alltäglichen Umgang miteinander ein. Dieser gesichtswahrende verbale Gewaltverzicht beginnt für Franziskus offenkundig im schlichten Umgang, beginnt mit der Sprache, die geführt wird oder nicht, mit den Urteilen, die wir von Tag zu Tag über andere fällen und fällen müssen. Hiermit ist nicht nur der Umgang mit den Mitbrüdern gemeint, sondern – das «ut quando vadunt per mundum» zeigt dies an – auch die jeweilige Umwelt, in der die Brüder unterwegs sind.[944]

Approcio storico-critico delle Fonti Francescane, Rom 1979, 73-98. Daß im Corpus der Briefe ebenfalls normative Passagen zu finden sind, braucht nicht mehr betont zu werden.

941 Zur BReg insgesamt vgl. *GARRIDO*, Die Lebensregel des Franz von Assisi (als profunde handlungstheoretische und spirituelle Aktualisierung).

942 BReg 3,10-11.

943 BReg 5,1-4 nimmt unter dem Thema «De modo laborandi» dieses «decet» signifikanterweise wieder auf: «Fratres illi, quibus gratiam dedit Dominus laborandi, laborent fideliter et devote, ita quod, excluso otio animae inimico, sanctae orationis et devotionis spiritum non extinguant, cui debent cetera temporalia deservire. De mercede vero laboris pro se et suis fratribus corporis necessaria recipiant praeter denarios vel pecuniam et hoc humiliter, sicut decet servos Dei et paupertatis sanctissimae sectatores.»

944 NbReg 5,7f. «Et caveant omnes fratres tam ministri et servi quam alii, quod propter peccatum alterius vel malum non turbenter vel irascantur, quia diabolus propter delictum unis multos vult corrumpere; sed spiritualiter, sicut melius possunt, adivent illum qui peccavit, quia non est sanis opus medicus,

Man könnte diese Passage, ein Tugendkatalog einmal mehr, Wort für Wort als eine Art Kriterienliste verwenden, um von hier aus je eigenes Friedens- oder Unfriedensverhalten einzusortieren. Freilich ist diese nicht die einzige Stelle (besonders die *Ermahnungen* sind im Grunde eine Agenda für den Frieden, der «zu Hause» beginnt, dann weitere Kreise einbezieht). Die Ansprüche sind nicht gering. Aber zugleich bekommt in der Reflexion, in der «révison de vie» der Friedensbegriff des Franziskus eine immer deutlichere Füllung. Er ist nicht bloß so «ungefähr» – und von ganz erstaunlicher Menschenkenntnis. Hier wird aber auch ein Moment greifbar, daß als bedeutend herauszustreichen ist. Der knappe Katalog der Anforderungen liest sich isoliert eher traditionell, fast wie eine moralistische Haustafel oder als Passage und Auszug einer Standeszucht (was eben an sich keine Abwertung sein sollte). Dennoch findet die Liste durch ihre Plazierung im an vielen Punkten vergleichsweise elastischen Regulativ eines spirituellen Projektes eine darüber hinausreichende Aufladung und unverwechselbare Kontur. Die «Minoritas» als eine unverwechselbare Sequela oder Imitatio Christi[945], als Lebensform in der intuitiv erfaßten Spur des Evangeliums sieht sich verwiesen an die konkreten Umgangsweisen. Hier wird kein Hypertext oder eine Hypertheorie vorgelegt, sondern der Bogen geschlagen zwischen einer Haltung «vor Ort» und ihren Ausdrucksformen. Diese wiederum bewiesen einen hohen Grad an Aufmerksamkeit für die Details des Alltags – freilich ohne sie bis in das letzte Detail zu regulieren. Diese Öffnung selbst ist als Offenheit eine Signatur und eine Geste der cortesialen Weite. Diese Offenheit und Aufmerksamkeit für die Gegebenheiten wie die Symbolik des historisch-konkreten Kontextes manifestiert sich in einer weiteren, unmittelbar angeschlossenen Forderung, die ebenso unmittelbar vor dem Kontext der «curialitas» und der «ritterlich-höfischen Kultur» zu entschlüsseln ist.

---

sed male habentibus.» Vgl. NbReg 5,13 «Nec aliquis frater malum faciat vel malum *dicat* alteri» (Hervorhebung – APA), NbReg 11,1-4: «Et omnes fratres caveant sibi, ut non calumnientur neque contendant verbis, immo studeant retinere silentium, quandocumque eis Deus gratiam largietur. Neque litigent inter se neque cum aliis, sed procurent humiliter respondere dicentes: Inutilis servus sum. Et non irascantur, quia omnis qui irascitur fratri suo, reus erit iudicio; qui dixerit fratri suo ...», NbReg 11,8ff.: «Et neminem blasphement; non murmurent, non detrahant aliis, quia scriptum est: Susurrones et detractores Deo sunt odibilis. Et sint modesti omnem ostendentes mansuetudinem ad omnes homines; non iudicent, non condemnent. Et, sicut dicit Dominus, non considerent minima peccata aliorum, immo magis sua recogitent in amaritudine animae suae.» – BReg 7,3: «Et cavere debent, ne irascuntur et conturbentur propter peccatum alicuius, quia ira et conturbatio in se et in aliis impediunt caritatem.», BrGl II 42: «Cui autem oboedientia commissa est et qui habetur maior, sit sicut minor et aliorum fratrum servus. Et in singulos fratres suos misericordiam faciat et habeat, quem vellet sibi fieri, si in consimili casu esset. Nec ex delicto fratris irascatur infratrem, sed cum omni patientia et humilitate ipsum benigne moneat et sustineat», NbReg 7f. «Et caveant omnes fratres tam ministri et servi quam alii, quod propter peccatum alterius vel malum non turbenter vel irascantur, quia diabolus propter delictum unis multos vult corrumpere; sed spiritualiter, sicut melius possunt, adivent illum qui peccavit, quia non est sanis opus medicus, sed male habentibus.», Erm 11,3: «Ille servus Dei, qui non irascitur neque conturbat se pro aliquo recte vivit sine proprio.» Dies spiegelt sich auch in einer wichtigen Feststellung zur Geduld. Vgl. dazu Erm 13: «Beati pacifici, quoniam filii Dei vocabunter. Non potest cognoscere servus Dei, quantam habeat patientiam et humilitatem in se, dum satisfactum est sibi. Cum autem venerit tempus, quod illi qui deberent sibi satisfacere, faciunt sibi contrarium, quantam ibi patientiam et humilitatem tantam habet et non plus.» Prüfung an den kritischen Stellen in der Interaktion. Vgl. *T. ZWEERMAN*, Jesus' word «Blessed are the peacemakers ...» in the interpretation of Francis of Assisi, in: Studies in spirituality 3 (1993) 101-120.

945 Vgl. zu dieser Differenz *A. MARINI*, «Vestigia Christi sequi» o «imitatio Christi». Due differenti modi di intendere la vita evangelica di Francesco d'Assisi, in: CFr 64 (1994) 89-120.

«Et non debeant equitare, nisi manifesta necessitate vel infirmitate cogantur.»[946]

Natürlich kann man diese Aufforderung zunächst schlicht im Kontext der Armutsfrage lesen. Die Wahl der Transport*mittel* hat der franziskanischen *Mittellosig*keit zu entsprechen. Aber das erschöpft dieses explizite Reitverbot auf keinen Fall. Ob Ritter, Caballero oder Chevalier, sie alle definieren sich schon allein im Begriff über das Pferd.[947] Welche Rolle dieses Ideal in der Vita des Franziskus spielt, ist bereits erwähnt worden. Im Beritt des Rittertums (und all den Accessoires, die damit einhergehen) verkörpert sich unauflöslich sozialer Status, optische Position, räumliche Disposition.[948] Signifikant im Kontext einer achtsamen «curialitas der compassio» ist natürlich auch die Ausnahme, die sofort gewährt wird, gemäß des Grundsatzes «necessitas non habet legem»[949], den Franziskus ebenso integriert. Die «infirmitas» eines Bruders, die mehr und anderes umfassen kann als körperliche Gebrechen, wird immer wieder der Auslöser einer nicht-rigiden, konkret Lebensraum schaffenden Maßnahme und Maßgabe.[950] Hier wird aber auch deutlich, daß die grundle-

---

[946] BReg 3,12, vgl. NbReg 15,1-2: «Iniungo omnibus fratribus meis tam clericis quam laicis euntibus per mundum vel morantibus in locis, quod nullo modo apud se nec apud alium nec alio aliquo modo bestiam aliquam habeant. Nec eis liceat equitare, nisi infirmitate vel magna necessitate cogantur.»

[947] Hier sei nur an die Informationen und Kontexte weiterverwiesen, an die oben (vgl. Abs. 4) erinnert worden ist.

[948] Das Herabgleiten vom sprichwörtlichen «hohen Roß», das Verlassen des «Von oben herab», spielt gerade in der von Franziskus selbst als ausschlaggebend für seine «conversio» erinnerte Begegnung mit dem Aussätzigen nicht zufällig eine Rolle: Vgl. Test 1ff., 2Cel 9, 3Gef 11. Die Begegnung mit dem/n Aussätzigen ist eine Szene von entscheidender Tragweite, so entscheidend, daß sie die einzige sein wird, die Franziskus in seiner «révision de vie», seinem Testament (Test 1-3), aus den anderen möglichen (Traum von dem Haus mit den Rüstungen, Traum bei Spoleto, das San-Damiano-Erlebnis) erinnert. In der Fassung der 3Gef 11 lautet sie: «Und während er sonst gewohnt war, vor Aussätzigen großen Abscheu zu haben, tat er sich jetzt Gewalt an, stieg vom Pferd, reichte dem Aussätzigen ein Geldstück und küßte ihm die Hand. Dann empfing er von ihm den Friedenskuß, stieg wieder zu Pferd und setzte seinen Ritt fort.» Der aus dem höfisch-ritterlichen Zeremoniell abgeschaute Handkuß des Franziskus wird durch den quasi-liturgischen *Friedens*kuß – so pointiert die 3Gef – des Aussätzigen (wohlgemerkt – Franziskus ist der Empfänger!!) überboten. Die Person des Aussätzigen, mit ihm und seit ihm die vielen anderen Randständigen werden für Franziskus der herausragende Ort der Begegnung mit dem Frieden Gottes (vgl. Mt 25,40), diese Begegnung selbst zum Vorspiel und Auftakt für den Auszug aus dem feudalen Assisi (als Symbolort für Gewalt und einschlägige Modelle der Unterdrückung).

[949] NbReg 9,16.

[950] Zur «Infirmitas», ihren Bedeutungen und Implikationen bei Franziskus und in seinem Gefolge vgl. den Überblick bei *O. SCHMUCKI*, Art. Infermità, in: DF 725-770, *B. LORENZ*, Begegnung mit dem Kranken als Hilfe zur Erkenntnis: Buddha und Franziskus, in: WiWei 55 (1992) 157-161. «Infirmitas», «fragilitas» und «necessitas» als Anruf in konkreten Begegnungen (nicht nur mit Mitbrüdern) tangieren Flexibilität und Aufmerksamkeit der «cortesia» des Franziskus: Vgl. NbReg 10,1-4 (De infirmis fratribus): «Si quis fratrum in infirmitate ceciderit, ubicumque fuerit, alii fratres non dimittant eum, nisi constituatur unus de fratribus vel plures, si necesse fuerit, qui serviant ei, sicut vellent sibi serviri; sed in maxima necessitate possunt ipsum dimittere alicui personae quae suae debeat satisfacere infirmitati. Et rogo fratrem infirmum, ut referat de omnibus gratias Creatori; et quod qualem vult eum Dominus talem se esse desideret sive sanum sive infirmum, quia omnes, quos Deus ad vitam praeordinavit aeternam, flagellorum atque infirmitatum stimulis et compuctionis spiritu erudit, sicut Dominus dicit: ‹Ego quos amo corrigo et castigo›. Et si quis turbabitur vel irascetur sive contra Deum sive contra fratres, vel si forte sollicite postulaverit medicinas nimis desiderans liberare carnem cito morituram, quae est animae inimicia, a malo sibi evenit et carnalis est, et non videtur esse de fratribus, quia plus diligit corpus quam animam.» Vgl. NbReg 9,10-12: «Et secure manifestet unus alteri necessitatem suam, ut sibi necessaria inveniat et ministret. Et quilibet diligat et nutriat fratrem suum, sicut mater diligit et nutrit filium suum, in quibus ei Deus gratiam largietur. Et ‹qui manducat, manducantem non iudicet›», des weiteren Erm 18,1, Erm 24.

gende Transformation der kulturhistorisch bereitliegenden Höflichkeitssets nicht einfach ein «Ethos der Fairneß gleicher unter gleichen», die sich Interaktionsregeln geben, sondern – ohne dessen Bedeutung zu schmälern – ein «cortesiales Ethos der Solidarität» ist, das sein Maß aus der kritischen und diskreten (als unterscheidenden) Option und Optik der Leidenden und Armen in der stellvertretenden Handlungsermöglichung für diese bezieht, ohne freilich sogleich im Gegenzug andere Gruppen abzustrafen.[951] Dies wird in der folgenden Beobachtung unterstrichen.

Sprach-, Symbol- und Dress-Code sind eng verzahnt mit dem und im Kanon der Höflichkeitsthematik. Im Blick ist hier nicht nur das Pferd und sein statusexpressiver Wert, sondern auch die Funktion der Kleidung und der Mode kommen im Fächer cortesialer Überlegungen in den Blick. Gilt dies schon generell, so bekommt es doch bei Franziskus im Sinne eines dezenten und diskreten, vor allem aber «schonenden» Umgangs mit anderen in BReg 2,16 eine besondere Wendung:

> *«Et fratres omnes vestimentis vilibus induantur et possint ea repeciare de saccis et alliis peciis cum benedictione Dei. Quos moneo et exhortor, ne despiciant neque iudicent homines, quos vident mollibus vestimentis et coloratis indutos, uti cibis et potibus delicatis, sed magis unusquisque iudicent et despiciat semetipsum.»*[952]

Die Ärmlichkeit der Kleidung erklärt sich wiederum nicht allein aus dem bewußt gewählten Status- und Sozialwechsel und dem materialen Mangel in der Folge. So zutreffend dies bleibt, schon die Koppelung mit einer Benediktionsformel sprengt diesen Erklärungsrahmen.[953] Die Differenzsymbolik der eigenen Kleidung wird in der Folge verdeutlicht: nämlich durch die Maßgabe des Umgangs mit jenen, denen andere Garderobemöglichkeiten zur symbolischen und realen Sozialdistinktion zu Gebote stehen. Hier drehen und kreuzen sich die Perspektiven: Die durch ihre Kleidung als sozial «mehrwertig» ausgewiesen sind, dürfen von denen nicht «desavouiert» und in ihrem Gesicht bedroht werden, die sich durch ihren geistlichen Statuswechsel mutmaßlich einer «perfectio evangelica» angenähert haben. Gleichgültig ob eine mutmaßliche, psychologisch nicht von der Hand zu weisende «geistliche

---

«Fragilitas» bedeutet die Vielfalt der «Menschlichkeiten»: Unvollkommenheit, Gebrechlichkeit, Unbeständigkeit, Unzulänglichkeit, Fragwürdigkeit (so HG 107, Anm. 17). Eingefangen ist diese responsorische Großzügigkeit, die auch Grenzen und Abgrenzungen kennt, in der Bemerkung von *I.W. FRANK*, Franz von Assisi. Frage auf eine Antwort, Düsseldorf 1982, 74, wenn er schreibt: «Es scheint so, daß er *(i.e. Franziskus – APA)* es nicht mehr nötig hatte, das Ethos seiner Nachfolge Jesu mit festen Normen und Verboten abzusichern. Daß solche ‹Sicherungen› angemessen sein und den noch Ungefestigten zur Hilfe werden können, wußte auch Franziskus.» Zu Reziprozitätsgedanken vgl. dazu *T. ZWEERMAN*, «Reddere» und «sustinere». Sokratische Gedanken zur Freiheitsauffassung des hl. Franziskus von Assisi, in: FS 63 (1981) 70-98.

[951] Was nun im Gegenzug wiederum nicht bedeutet, daß Franziskus *alle* Härten und Zumutungen völlig ausblendet, kaschiert oder voreilig harmonisiert.

[952] BReg 2,16-17, vgl. NbReg 2,1-15 «De receptione et vestimentis fratrum» stellt den Zusammenhang zwischen einer Integrationssituation und der Kleiderfrage her. Aufnahme als Kontaktaufnahme und die Modalitäten einer Standardsituation des (erweiterten und existentiellen) Anfangs stehen hier zur Debatte.

[953] Zur «Kleiderordnung» vgl. *MANSELLI*, Franziskus 125f. Dennoch bleibt der Zusammenhang auf der anderen Seite durchaus erhalten: Die Konvergenz von «Habit» und «Habitus» hat nicht nur etymologische Gründe. Die symbolische Rückgabe der Kleider an den Vater setzt eine Kehre in Szene. Der Habit als Kleidung der Brüder verzichtet auf einen breiten Ledergürtel, an dem üblicherweise Waffen befestigt sind und die Geldbörse eingenäht ist. Ein Stück «dresscode» als praktische wie symbolisch-programmatische Äußerung!

Hypokrisie» von Neubekehrten ein so dringliches Problem war, gleichgültig auch, ob sich diejenigen in den «mollibus vestimentis et coloratis» von einem Minderbruder tatsächlich in so hohem Maße verachtet oder sanktioniert fühlen werden, das Gespür des Franziskus für die Interferenzen von Symbol, Status, psychischer Situation und dem Druck, der sich in dieser Konstellation kommunikativ aufbauen kann, ist beträchtlich. Die Kleidungsfrage funktioniert distinktiv und expressiv, darf aber nicht ethisch vorurteilsgenerierend wirken. Das ist die cortesiale Pointe.[954]

Das Thema Tischgebaren, das im gleichen Duktus unmittelbar anklingt, bringt uns wieder zurück zu BReg 3, zu Annäherungsphänomenen und Umgangsinitialen wie -modi, zu konkreten «Schwellen-» und Tischsituationen, die Franziskus regulativ verkoppelt:

> *«In quamcumque domum intraverint, primum dicant: Pax huic domui. Et secundum sanctum Evangelium de omnibus cibis, qui apponuntur eis, liceat manducare.»*[955]

Es überrascht kaum mehr, daß sich wiederum eine spezifische Grußformel unmittelbar und zentral anschließt.[956] Elementare, vor allem aber kodifizierte und reflektierte Höflichkeitsmomente (im Sinne der Unterscheidungen von Haferland/Paul) schießen hier zusammen. Es zeigt sich bei Franziskus ein sensibel-kreativer Umgang mit Standardsituationen und -formeln, der sich auch in dieser Fortführung spiegelt, die das Reitverbot findet. Hier ist freilich noch ein weiteres zu erwähnen. Natürlich klingt bei der Erlaubnis, die Brüder dürften in den Häusern derer, die sie aufnehmen, von allen Speisen nehmen, die ihnen vorgesetzt werden, die biblische Wurzel (hier die der Aussendungsrede Lk 10,8) und damit ein besonderes Gewicht an. Aber man wird – gerade wenn man die höflichkeitspraktische Bedeutung des Grußes im Auge hat, auch zu dieser Bestimmung des Franziskus eine weitere Überlegung anstellen dürfen. Die Fastenfrage[957] spielt eine nicht unerhebliche Rolle in der Gemeinschaft. Wie radikal diese auch im persönlichen und gemeinschaftlichen Bereich gestaltet wird, (*ad intra* sozusagen), ad extra stellt sich die Frage, ob Verzichten-können nicht schon ein Verstoß gegen die radikale Privilegienlosigkeit ist, die der radikale Positionswechsel des Franziskus anzielt.[958] Um verzichten zu können, muß man vorher Verfügungsmöglichkeiten und -material haben.[959] Nimmt

---

[954] Erm 26,2: «Et vae illis qui ipsos despiciunt; lice enim sint peccatores, tamen nullus debet eos iudicare, quia ipse solus Dominus reservat sibi ipsos ad iudicandum.» Zurückhaltung im Urteil, theologischer Vorbehalt, Respekt vor der Aufgabe, aber auch vor dem möglicherweise gebrochenen ethischen Status einer Person (nicht nur hinsichtlich der Kleriker zu beobachten!).

[955] BReg 3,13f., vgl. den parallelen Text der NbReg 14,1-6, zudem NbReg 3,1ff.

[956] Auf die Bedeutung des Grußes – speziell für Franziskus – ist oben schon hingewiesen worden.

[957] Zum Komplex der rigiden Fastenpraxis von Franziskus wie Klara vgl. R. *PAZZELLI*, Art. Digiunio, astinenza, cibo, in: DF 351-364.

[958] Dies gilt auch für den eigentlichen apostolischen Arbeitsauftrag: vgl. etwa BReg 9,3-4, NbReg 21,1-9.

[959] *MANSELLI*, Franziskus, weist gerade auf diesen Punkt hin: Der Vorrang des anderen und, als Kehrseite der Medaille, die eigene Minoritas haben selbst Vorrang vor einer souverän gewählten Armut, die selbst eine *Verfügung* über Ressourcen, Kapazitäten und Kompetenzen ist. So gesehen ist die franziskanische Armut in ihrer Radikalität Folge und nicht erstes Ziel, genauer: Folge der Privilegienlosigkeit, die auf dem Feld der Höflichkeiten sich äußert als Nichtbesetzung von «Räumen». Diese Nichtinvasivität spiegelt sich auch im Vorrang der eigenen Arbeit vor dem Bettel, der nur letzte Zuflucht ist (aber als solche von Franziskus zugestanden). Dies hat durchaus soziale und letztlich kommunikativ-relationale Bedeutung, denkt man nur an die rasant wachsende Zahl von Mitbrüdern in kürzester Zeit. Die

man den Ernst dieser Thematik wahr, versucht sie zu konkretisieren, dann stellt die Erlaubnis des Franziskus auch in höflichkeitsrelevanter Hinsicht – Tischgebaren und -gepflogenheit sind immer ein Thema! – Bedenkenswertes dar: Die Brüder haben sich in den Häusern ihrer Gastgeber an deren Möglichkeiten und Gepflogenheit zu orientieren, nicht Forderungen nach besonderer – privilegierter – Behandlung zu stellen. Das – so die Erfahrung – stört durchaus das gemeinschaftliche Klima am Tisch.[960] Es geht also nicht zuerst um einen Askesetopos, sondern um die Dispositionen, mit denen die Brüder den (Lebens-)Raum, die Sphäre anderer betreten sollen, nämlich nicht-invasiv und nicht-dominant.

Erheblich über den Umgang mit Statussymbolen und Standardsituationen in vertrauten, wenn auch hochkomplexen Zusammenhängen hinaus weitet den Blick eine andere Textpassage, die signifikanterweise in der «Nicht bullierten Regel»[961] zu finden ist, aber nur verändert und «entschärft» Eingang findet in die approbierte Version. In NbReg 16,1-21 *(De euntibus inter saracenos et alios infideles)* kommt ein transkultureller Zug der franziskanischen Höflichkeit zum Tragen, der die Grundanliegen der BReg 3,10-14 in einen neuen Kontext wendet:

> *«Dicit Dominus: ‹Ecce ego mitto vos sicut oves in medio luporum. Estote ergo prudentes sicut serpentes et simplices sicut columbae›. Unde quicumque frater voluerit ire inter saracenos et alios infideles, vadat de licentia sui ministri et servi. Et minister det eis licentiam et non contradicat, si viderit eos idoneos ad mittendum; nam tenebitur Domino reddere rationem, si in hoc vel in aliis processerit indiscrete. Fratres vero, qui vadunt, duobus modis inter eos possunt spiritualiter conversari. Unus modus est, quod non faciant lites neque contentiones, sed sint subditi omni humanae creaturae propter Deum et confiteantur se esse christianos. Alius modus est, quod, cum viderint placere Domino, annuntient verbum Dei, ut credant Deum omnipotentem, Patrem et Filium et Spiritum Sanctum, creatorem omnium, redemptorem et salvatorem Filium, et ut baptizentur et efficiantur christiani, quia quis renatus non fuerit ex aqua et Spiritu Sancto, non potest intrare in regnum Dei.»*[962]

Der Übergang von der *intrakulturellen* zur *interkulturellen* Höflichkeit ist alles andere als selbstverständlich – und gleichwohl eine Nagelprobe, inwieweit gruppen- oder kulturspezifische Umgangsweisen und Formen hier ihre Entsprechungen und

---

Probleme sind nicht nur logistischer Art, sondern haben eben auch Auswirkung auf den Umgang mit der Bevölkerung. Vgl. NbReg 9,1-16, BReg 6.

960 Vgl. *F. V. SALES*, Philothea III,23, der dieses Thema ähnlich situiert.

961 Opuscula 373-404/HG 174-204. Allgemeines siehe auch *D.E. FLOOD*, Die Regula non bullata der Minderbrüder, Werl 1967, *K. ESSER*, Textkritische Untersuchungen zur Regula non bullata der Minderbrüder, Grottaferrata 1974, *F. OSSANNA*, La minorità proposta da San Francesco ai suoi frati, in: MF 93 (1993) 64-95, *F. ACCROCCA/A. CICERI* (Hrsg.), Francesco e suoi frati. La Regola non bollata: una regola in cammino, Mailand 1998, *D. BLOWEY*, The paternity of God in the «Writings» of Francis of Assisi: an approach to the economy of salvation in the light of «Regula non bullata», in: MF 98 (1998) 289-347.

962 NbReg 16,1-7; vgl. aber auch BReg 12,1-4. Genau dieser Passus findet in die «Regula bullata» keinen Eingang mehr! Der Missionsabschnitt dort ist signifikant blaß im Vergleich zur Version der NbReg; dort wird eine spezifische Art von Höflichkeit, Respekt, Rücksicht und Aufmerksamkeit erheblich deutlicher, die mit dem Nicht-Streiten etc. auch unter den Bedingungen der Begegnung mit einer anderen Religion, Kultur etc. einschlägig und wichtig wird. Vgl. *L. LEHMANN*, Grundzüge franziskanischen Missionsverständnisses nach der Regula non bullata 16, in: FS 66 (1984) 68-81, *H. V.D. BEY*, «Der Herr gebe dir Frieden!» Eine franziskanische Friedenstheologie, Werl 1990, 98-103, *P. SUESS*, Die Missionsidee des Franz von Assisi, in: MThZ 46 (1995) 281-294, *H. V.D. BEY*, Vom kolonialen Gottesexport zur befreienden Mission. Eine franziskanisch orientierte Theologie einer inkulturierten Evangelisation, Bonn 1996.

Ansätze der Übersetzung finden, auch ohne einem missionarischen Impetus wie hier zu folgen. Nicht dieser selbst, wohl aber der Modus, der hier zugeschnitten wird, markiert ein historisches Differenzmoment, das auch abstrahlt auf den konkreten Umgang zwischen kulturell, weltanschaulich und religiös unterschiedlich geprägten Protagonisten in zudem hoch konfliktiven Situationen, in die Franziskus hier hineinformuliert. Die Text- und Redaktionsgeschichte des franziskanischen Regelwerks wirft ein bezeichnendes Licht auf diesen avantgardistischen Entwurf. In der approbierten Fassung wird dieser Abschnitt nur deutlich abgeschwächt aufgenommen. Freilich ist sich Franziskus selbst der Risiken schon von vorneherein bewußt. Die biblischen Reminiszenzen eingangs sprechen eine deutliche Sprache. Vor- und Weitsicht wie sie wiederum in biblischer Assonanz unter der Klugheits- *und* Einfachheitsthematik aufscheinen, schlägt sich schon im Prozeß der Petition und der Zulassung der Kandidaten nieder. Die «licentia» darf nicht «indiscrete», also nicht ohne Unterscheidung gegeben werden, also person- und sachgerecht. Mag die Höflichkeitsverknüpfung der Diskretion zunächst erst schwach anklingen, so wird der doppelte Modus des Lebensstils, unter anderen «geistlich zu wandeln», mit der Kennzeichnung des «*spiritualiter conversari*» charakteristisch und nahtlos übereinstimmend mit dem vorher Gesagten beschrieben: Der geistliche Weg der Begegnung, der «Konversation», des Umgangs ist zunächst ein gewalt-, sogar streitloser, formuliert in Anlehnung an die Umgangsformen, die Franziskus für vertrauteres Terrain fordert – und die mit konventioneller und verbaler Höflichkeit richtig, aber nicht erschöpfend erfaßt sind.

Ein weiteres Moment kommt hinzu: Diese Form der Mission ist zugleich ein kritisches Projekt: Kritik am dominierenden Kreuzzugsdenken.[963] Die Kritik ist implizit und *indirekt* über eine *nicht-invasive* Alternative formuliert – beides gibt höflichkeitstheoretisch zu denken, gerade in einem Kontext, in dem man nicht sofort an Höflichkeit denken würde! Aber das markiert gerade ein symptomatisch cortesiales Vorgehen des Franziskus in verschiedenen konfliktträchtigen Situationen innerhalb der Kirche, aber z.B. auch im Umgang mit den Katharern. Immer wieder formuliert Franziskus die *Alternativen*, ohne die durch diese Formulierungen betroffenen anderen zu beschädigen oder anzugreifen. Das «subditus» wird auch an dieser spezifischen Stelle nicht aufgehoben. Das «Timing» für den zweiten Modus des Missionsapostolates ist dann eine theologische Kairologie. Offenheit für die anderen, ihre Situation und Lernbereitschaft sind dabei nicht abgelöst.[964] Nicht-Invasivität und Respekt werden hier geboten als auch angeboten. Norm und Haltung bleiben in flexibler Korrespondenz. Tagtägliches Zeugnis vermittels eines konkreten, vorranglosen Umgangs genießt den Vorzug vor einem expliziten, aber nicht-«aggressi-

---

[963] Auch hier bleibt es bei Franziskus ja nicht bei der Theorie. Vgl. *A. ROTZETTER*, Kreuzzugskritik und Ablehnung der Feudalordnung in der Gefolgschaft des Franziskus von Assisi, in: WiWei 35 (1972) 121-137, *J.M. POWELL*, Francesco d'Assisi e la Quinta Crociata, in: Una Missione di Pace: Schede Medievali 4 (1983) 68-77, *A. ROTZETTER*, Franz von Assisi – eine Brücke zum Islam, in: Conc 35 (1999) 242-250, *J. HOEBERICHTS*, Franziskus und der Islam, Werl 2000.

[964] Als Ausdruck des Respekts und der Lernfähigkeit über kulturelle und religiöse Grenzen hinweg. Vgl. etwa BrKust I,8, mit einer Besonderheit, der Aufforderung nämlich, zu bestimmten Zeiten am Tag die Glocken zum Gebet läuten zu lassen, was einen Reflex auf die Begegnung des Franziskus bei seiner Orientreise 1219/1220 mit dem Islam und dessen Gewohnheit des «salat» des Muezzins darstellt. Vgl. *L. LEHMANN*, Ansätze für eine christlich-islamische Ökumene im Loben Gottes: Die beiden Briefe des hl. Franziskus an die Kustoden, in: FS 69 (1987) 3-33.

ven» Apostolat. Frappant wiederum bleibt, daß die Zielperspektive des gestuften Missionsmodus und -auftrags keineswegs aus den Augen gerät, auch dies ein exemplarischer Zug, der nicht allein unter Taktik- und Strategiekalkül gelesen werden kann, sondern die Grundhaltung des Franziskus in einen prekären Zusammenhang transponiert. Der Vorrang des gelebten «exemplum» schließt eine Höflichkeitsüberzeugung mit einer tugendethischen Grundkomponente zusammen.

«La bellezza della santità di Francesco consiste nella sua umanità, nel suo esser capace di essere pienamente umano.»[965] Dieses Resümee bringt im Blick auf Franziskus einen tiefgreifenden Zusammenhang zum Ausdruck, der einerseits hagiographisch *erinnert*[966], andererseits aber auch ethisch motiviert. Die sich in der «cortesia» mit ihren Facetten bei Franziskus äußernde *Schönheit der Heiligkeit* ist eine Humanität. Diese ist nicht mit einem ethischem Perfektionismus einer ungebrochenen Realisation des sittlich Guten und Richtigen zu verwechseln, sondern gerade in der Annahme der «conditio humana», die ohne einen Vorschuß an Zuwendung, Achtung wie Raumgabe weder anthropologisch noch theologisch zu denken, wichtiger aber noch zu leben und zu gestalten ist. Die «Kapazität», menschlich zu sein (in einem völlig untechnischen Begriff des Wortes) ist zutiefst verdankt. Weil sie sich Gott verdankt, atmet sie Grenzenlosigkeit, so begrenzt sie immer aktuiert werden kann. Das legt die Antwort auf die Rückfragen an Franziskus offen und nahe. Diese Überschritte sollen abschließend unter zwei Perspektiven gebündelt werden: «horizontal» in der erstaunlich «egalitären» Höflichkeit des Franziskus in streng inegalitären historischen Kontexten und in diskreten Anmerkungen zur «horizontalen» Dimension der Höflichkeit Gottes, die selbst wiederum zwei Aspekte eint. In der Realisierung bei Franziskus wird die Erinnerung als ethische Inspiration wachgehalten, das «Surplus» eines ethischen wie geistlichen Horizontes, der sich mit jedem anderen Geschöpf neu offenbart, situativ entzündet und handlungsprägend wird, dabei in der Ansicht des anderen und der Einsicht in die «conditio humana» nie die theologische und christologische «conditio sine qua non» in ihrer inspirierenden Dimension untergehen läßt.

Grunddimensionen eines universalen[967], letztlich theologalen Höflichkeitszuges (mit allen Geschöpfen und Schöpfungen, mit dem Schöpfer) lassen sich nachzeichnen und in Korrelation bringen, der «höfliche» Umgang mit der Umwelt, den Mitmenschen (und ihren Schöpfungen) und – dem Schöpfer selbst (wobei Signaltermini und -gesten beständig die Bereiche verknüpfen).[968]

«Freiwillige» (dies zu betonen, ist essentiell) Armut und Höflichkeit spiegeln hier einen Zusammenhang: Der Verzicht auf die völlige Okkupation von Handlungs*höfen* und Zeit*räumen* anderer ist ein Rücktritt, der Vortritt läßt, ist Zurücknahme seiner selbst als Raumgabe für andere. Die Kehrseite liegt im Glauben und in der Erfahrung der je schon empfangenen Raum- und Zeitgabe durch Gott und der

---

[965] *CHERIYAPATTAPARAMBIL*, Francesco d'Assisi e i trovatori 133.

[966] Zur Anamnese des Begründens gehört die Anamnese des Bezeugens als korrespondierende Redeweise des Ethischen.

[967] Vgl. den Reflex und Widerschein dieses Zuges in: NbReg 23,7.

[968] Auf den Punkt bringt dies eine von vielen Erinnerungen, hier in Adm 5,1: «Attende, o homo, in quanta excellentia posuerit te Dominus Deus quia creavit et formavit te ad imaginem dilecti Filii sui secundum corpus et similitudinem secundum spiritum. Et omnes creaturae, quae sub caelo sunt, secundum se serviunt, cognoscunt et obediunt Creatori suo melis quam tu.»

Zusicherung eines «Schon» der Erlösung und des Angesehen-Seins durch Gott in beständiger trinitarischer Vermittlung.[969]

Mit dieser Verdichtung wird deutlich, was in zweierlei Hinsicht von Bedeutung *bleibt*. Die sich abzeichnende, dann stabilisierende Veränderung ist zuinnerst ein Perspektiven-, Motivations- und Wertewechsel. Aus der «larghezza» des Höfischen und dann des Bürgerlichen – die freilich nicht frei sind von religiösen Motiven und bei Franziskus auch im Naturell ein Pendant – wird eine spirituell-biblisch getragene Freigebigkeit, die mit den Motiven des Los-, des Freilassen und des Raumgebens grundiert.[970] Die Haltungen der Armut und Demut finden ihre Entsprechung in ei-

---

[969] Ein poetischer Text, ein Gebet des Franziskus bringt dies (nicht zufällig!) in Zusammenhang und in seiner Abundanz zum Ausdruck: der Lobpreis Gottes (LobGott). Der lateinische Titel lautet: «Laudes Dei altissimi» (Abkürzung: LaudDei, lateinischer Text: in: *ESSER*, Opuscula 139-142; dt. in: HG 208-211). Der Text dieses Lobliedes ist auf dem Original an verschiedenen Stellen unleserlich geworden. Doch ließ sich der ursprüngliche Text fast lückenlos wiederherstellen. Hier schwingt die «Theopoesie» franziskanischer «cortesia» ein (vgl. dazu nach wie vor *L. LEHMANN*, Tiefe und Weite. Der universale Grundzug in den Gebeten des Franziskus von Assisi [Franziskanische Forschungen 29], Werl 1984), nicht nur weil von der «Minne» die Rede geht. Die Übersetzung «paßt», auch wenn der Urtext in V. 4 «amor» und «caritas» liest.

Du bist der heilige Herr, der alleinige Gott, «der du Wunderwerke vollbringst» (Ps 76,15).
Du bist der Starke.
Du bist der Große (vgl. Ps 85, 10).
Du bist der Erhabenste.
Du bist der allmächtige König, du «heiliger Vater» (Joh 17,11), «König des Himmels und der Erde» (vgl. Mt 11,25).
Du bist der dreifaltige und eine Herr, der Gott aller Götter (vgl. Ps 135,2).
Du bist das Gute, jegliches Gut, das höchste Gut, der Herr, der lebendige und wahre Gott (vgl. 1Thess 1,9).
Du bist die Liebe, die Minne.
Du bist die Weisheit.
Du bist die Demut.
«Du bist die Geduld» (Ps 70,5).
Du bist die Schönheit.
Du bist die Milde
Du bist die Sicherheit.
Du bist die Ruhe.
Du bist die Freude.
Du bist unsere Hoffnung und Fröhlichkeit.
Du bist die Gerechtigkeit.
Du bist das Maßhalten.
Du bist all unser Reichtum zur Genüge.
Du bist die Schönheit.
Du bist die Milde.
«Du bist der Beschützer» (Ps 30,5).
Du bist unser Wächter und Verteidiger.
Du bist die Stärke (vgl. Ps 42,2).
Du bist die Erquickung.
Du bist unsere Hoffnung.
Du bist unser Glaube.
Du bist unsere Liebe.
Du bist unsere ganze Wonne.
Du bist unser ewiges Leben: Großer und wunderbarer Herr, allmächtiger Gott, barmherziger Retter.

[970] *BARTOLI*, L'ideale medioevale della cortesia 7, Anm. 3, bringt diese tugendethische Dynamik und Korrespondenz mit Blick auf Franziskus und Klara v. Assisi auf den Punkt: «La stessa cosa succede di tutte le virtù umane, che sono in qualche modo un riflesso delle virtù evangeliche. Pensiamo ad esempio

ner Gelöstheit, die in der forcierten Privilegienlosigkeit wurzelt. Armut ist also Folge dieses Statuswechsels, nicht ihr genuines Ziel.[971] Hier wird der «Vortritt», der Vorrang des anderen konkret.[972] Manselli porträtiert das Verhalten des Franziskus für die Folge:

> *«Ein Mann am Rand der Gesellschaft, ein Armer unter Armen, ein Aussätziger unter Aussätzigen, als der sich Franziskus verstand, konnte niemanden und nichts kritisieren. Wer gar wie er als höchstes Bedürfnis und Ziel den Frieden Christi empfand, mußte einsehen, wie angebracht, ja notwendig das Schweigen war, der Verzicht auf jedwede Kritik und die Demut, jeden höher als sich selbst einzuschätzen. Nicht einmal gegen den lieblosen und hartherzigen Reichen erhob er je seine Stimme.»*[973]

Motiv und Wurzel für seine eigene «cortesia» wie für «larghezza», «grandezza» und «mezzura» liegen in der «Großherzigkeit Gottes»[974] selbst. Hier ist ein Topos erreicht, der Dimensionen und Perspektiven weitet und in Franziskus einen eigenständigen Charakter bekommt. Dennoch – dies ist festzuhalten, ohne daß literarische Abhängigkeiten oder Ableitungshypothesen aufgestellt werden müssen – liegt

---

alla tolleranza, altra virtù laica. Certo, se si pesa all'amore del nemico, può apparire comme un sentimento più alto della tolleranza, ma anche quest'ultima è molto bella: saper tollerare l'altro vuol dire saperlo vedere, accogliere, capire ... Il fatto che il Vangelo parli di amore al nemico non impedisce di capire il valore della tolleranza, ma anzi fa capire che la tolleranza, alla luce del Vangelo, acquista un valore, un'importanza ancora più grande.»

971 Vgl. *MANSELLI*, Franziskus 182. Daher rührt auch die Forderung, den eigenen Lebensunterhalt unaufdringlich *zuerst* durch Arbeit zu sichern und erst im Notfall um Almosen zu bitten. Vgl. NbReg 7,7ff., weniger deutlich in BReg 5f.

972 So sehr dieser Wechsel frappant ist, von einem völligen Abbruch und einer Unvermittelbarkeit kann schwerlich die Rede sein. Nicht nur weil die Phase des Übergangs langwierig und kein blitzartiges Damaskus-Erlebnis ist, sondern auch weil auf der anderen Seite die «larghezza» (nur als ein Beispiel) eine Brücke bildet für einen *Prozeß* der Transformation. Motive und Werte verändern sich in der persönlichen Hierarchie, die Haltung bleibt – und sie bleibt auch in einer Vielzahl von Formen, in einem Gestus, der sich ähnelt, auch wenn sich Inventar, Material, materielle Mittel und – allem voran – die bevorzugten Adressaten, mithin der personale Bezug verändern. So zum Beispiel der Wechsel der «Minne»: (3Gef 7): Aus der Dame der «höfischen Liebe» wird in der spirituellen Biographie des Franziskus dann die «Dame Armut». Der bevorzugte soziale Umgang entspricht dann ebenso der Wahl des Franziskus, der nicht weiter reicher Händler, sondern Marginalisierter unter Marginalisierten sein will (vgl. *MANSELLI*, Franziskus 61). Dabei kann man nicht sagen, daß er den Umgang mit Bürgerlichen, Adeligen und – vorab – kirchlichen Würdenträgern gemieden hätte. Ganz im Gegenteil – aber die Umgangsformen des Franziskus stehen auch und gerade hier immer wieder unter dem Aspekt einer Entspanntheit, die aus einer großen inneren Freiheit stammt, die deutlich werden kann (also nichts mit bloßer Unterwürfigkeit zu tun hat!), aber unpolemisch und sorgsam bleibt. Das wird auch in einem anderen Bereich sichtbar, der gerade für die neu um Franziskus entstehende Bruderschaft und ihre Lebensweise von Bedeutung ist: die Auseinandersetzung mit den Katharern (und vergleichbaren Gruppierungen, von denen sich die Bruderschaft als «katholische» abgrenzen muß und will). Deren kirchenkritische und theologische Positionen bilden immer wieder *indirekt* und *diskret* in den Schriften des Franziskus eine Folie für eine Vielzahl von Äußerungen. Franziskus ist kein Polemiker (wie Petrus Venerabilis, Bernhard v. Clairvaux etwa), greift nicht frontal an, sondern entwirft intuitiv *und* dezidiert die eigene Position.
Ähnlich verhält es sich bei Franziskus binnenkirchlich. Er will dezidiert eine andere, neue Lebensform entwickeln, hat es aber dazu nicht nötig, gegen die tradierten zu polemisieren, um auf deren Kosten das eigene Projekt zu profilieren. Auch hier ist eher das Gegenteil wahr. Vgl. dazu *MANSELLI*, Franziskus 72. Franziskus sucht Kontakt z.B. zu den Benediktinern bei Assisi – damit synchronisiert Franziskus die Höflichkeitsgrundbewegungen von Absetzung *und* Annäherung.

973 *MANSELLI*, Franziskus 72.

974 *MANSELLI*, Franziskus 51f.

es innerhalb der Denkmöglichkeiten dessen, was die geistige Welt der höfischen Kultur zur Verfügung stellt (zumindest an bestimmten markanten Stellen).[975]

Eine Verjüngung auf Konkretion muß aber keineswegs erkauft werden mit diesem reduzierten Höflichkeitsbegriff, vielmehr wird an Franziskus sichtbar gespiegelt und ablesbar, daß der Ausgang von der Aufmerksamkeit für den anderen «hic et nunc» weitere Perspektiven freigibt. Dies faßt genau die «capacità di scoprire in ogni uomo il meglio, di trovare nell'altro, anche nel nemico, un motivo di stima».[976] Sensibilität für die anderen, ihre Situation, Befindlichkeiten und Bedürfnisse prägen dieses Ethos – und seinen praktizierten *Ausdruck* wie *Eindruck*. – Hier verkörpert sich jene Praxis, die Franziskus markiert:

> *«Numquam debemus desiderare esse super alios, sed magis debemus esse servi et subditi omni humanae creaturae propter Deum.»*[977]

Eben nicht servile Unterwürfigkeit, sondern eine responsoriale Haltung angesichts des Mitgeschöpfs, das sich ebenso Gott verdankt, liegt im Kernbereich dieser Handlungsweisheit. Sie sucht den Wert- und Würdehof des je und je (jetzt) Begegnenden zu wahren.

Diese spirtuell, biblisch und theologisch markierbare Höflichkeit verankert und verlangt eine erste Antizipation, jene nämlich, sich nicht über den anderen zu erheben, ihn wahrzunehmen und – soweit als möglich – die Räume und «Höfe» zu beachten, die sich um jeden legen.

---

[975] *MANSELLI*, Franziskus 147f., resümiert: «Als Franziskus noch jung war, zwar schon unruhig, aber immer noch den Freunden und den fröhlichen gemeinsamen Umzügen durch die Stadt verbunden, antwortete er auf die Frage, ob er ans Heiraten denke, er werde die schönste Dame der Welt zur Frau nehmen. In dieser schlagfertigen Antwort – unseres Erachtens ist sie nur das, und nicht von schwerwiegender Symbolik, wie die Biographen es darstellen – sehen wir eine scherzhafte Erwiderung auf eine freche Frage. Doch ist darin gleichzeitig eine ‹höfische› Lebensanschauung zu finden, die sich nicht unbedingt in nichts aufgelöst haben muß durch den schon erwähnten Willen zum Wechsel des gesellschaftlichen Standes, der Wahl der Randexistenz. Es ging nur darum, dies einzufügen und dem seinen Platz zu geben, was aus dieser Welt in den neuen Stand des Lebens gerettet werden konnte. (...) Auf diese Weise erklärt sich, wie Franziskus die Aufmerksamkeit auf sich ziehen wollte, gerade indem er einige Aspekte der *cortesia* aufgriff und nutzte, die er doch als umfassenden Lebensstil hatte aufgeben müssen. Diese *cortesia* wollte er auch am Rand der Gesellschaft leben, und er fand sie auf halbem Weg zwischen den höfischen Herren und dem Leben des Volkes, in den *ioculatores*, den Gauklern oder, besser noch, den Hofnarren.»

[976] *BARTOLI*, L'ideale medioevale della cortesia 9, vgl. das «sentire con e per gli altri» bei *CHERIYAPATTAPARAMBIL*, Francesco d'Assisi e i trovatori 138, 185.

[977] BrGl II,47. Vgl. zu dieser Grundhaltung und -forderung und ihren biblischen Referenzpunkten: *M. Á LAVILLA MARTIN*, La sumisión a toda criatura por Dios. Propuesta por Francisco de Asis. Un pasaje de la historia exegeticá de 1Pt 2,13, in: Antonianum 74 (1999) 463-499.

F. SCHLUSSBETRACHTUNGEN, AUSBLICKE ...

Es ist eine langer Weg zu beschreiten, der von der Auffassung der Höflichkeit als «minimum moralium», der «politesse» als «petitesse»[1], bis zu einem Statement wie dem folgenden führt:

> *«Höflichkeit ist heute eine Überlebensbedingung kultureller Vielfalt: ein gemeinsames Überleben wird von der Entwicklung, Bewahrung und Kultivierung differenzierter Verständigungstechniken abhängen, die sich auch in konkreten Spannungssituationen bewähren. Höflichkeit ist in diesem Sinne ein Grundwort, kein leichthin operationalisierbarer Begriff, sondern vielmehr ein Topos zivilisatorischer Kreativität.»*[2]

Den «unökonomischen Kleinigkeiten der Zuwendung» (Matthias Drobinski) kommt dabei eben nicht nur ein instrumenteller Sinn entlang praktischer Vernunft zu. Die Bedeutung verzweigt sich in weitere Ebenen. Auch wenn es zeitgenössisch – so Claudia Schmölders[3] – eine Art Hemmung oder Scheu vor diesen Bedeutungsebenen gibt. Es erscheint unaktuell oder unzeitgemäß, der Höflichkeit Sinnspitzen über das konventionell-funktionale oder gar sedierende Moment hinaus zuzubilligen oder zuzuschreiben.

Dennoch – Verschwindensvermutungen und Verlustanzeigen, wie M. Schneider sie etwa beschreibt, erweisen sich an nicht wenigen Stellen als voreilig. Doch auch Hypertrophierungen – das eben zitierte Beispiel neigt in diese Richtung – bleiben fragwürdig, solange nicht eine Vermittlung und Situierung stattfindet, die den «alltäglichen kleinen Grenzverkehr» (so C. Stephan) und die (prä-)ethische Initialität einer kommunikativen und relationalen Praxis im Blick hat (A. Comte-Sponville erinnernd).

Mit den Wegmarken der Untersuchung von der Sichtung historischer Spurenelemente, der Genese der Begriffe, der Sichtung paradigmatischer Phänomenfelder, mit den Hinweisen philosophisch-anthropologischer, aber auch ethischer und theologisch-ethischer Provenienz sind Elementarteilchen benannt worden, die eine vertiefte Theoriebildung ermöglichen.

Absicht war nicht – wie eingangs gesagt – eine exakte und kantenscharfe Begriffsdefinition für Höflichkeit zu eruieren, sondern vielmehr Zusammenhänge zu beleuchten, die den Grundwert und Mehrwert dessen erheben, was im üblichen Sprachgebrauch vom Begriff der «Höflichkeit» eher verdeckt als aufgedeckt wird. Dieser Sprachgebrauch ist zwar hinderlich, aber er bedeutet nicht, daß das Praxisfeld unbedeutend wäre. Schon allein der Hinweis darauf, daß «curialitas», «cortesia» und Höflichkeit so etwas beschrieben haben wie ein komplettes Kultur- und Interaktionskonzept – wenn auch an einem bestimmten historischen Ort und mit spezifischen Grenzen –, weist über die Verkürzungen und Verflachungen des Begriffs wieder hinaus. Das eröffnet Nach- und Weiterfrage.

---

[1] Überall, wo von Kommunikation, Diskurs und gar von «communio» geredet wird – einen Anfang und Grundstock davon bildet ein Habitus, Haltung und Handlung, also eine Praxis der Höflichkeit und wird so als Anspruch und Aufgabe bezeichnet. Gerade hier weist Höflichkeit immer über sich hinaus.

[2] So die Herausgeber in ihrer Vorbemerkung, in: *FELDERER/MACHO*, Höflichkeit 7-8, 7.

[3] Vgl. *SCHMÖLDERS*, Höflichkeitsforschung 537.

Freizulegen wären und waren «Selbstverständlichkeiten» – die, genauer besehen, alles andere als selbstverständlich sind oder in ihrer ethischen Relevanz übersehen werden, weil sie den Handelnden so unmittelbar nahe sind.

Immer wieder (und überall, möchte man hinzufügen) wird der Anspruch *an* und *auf* Höflichkeiten aber eben nicht einfachhin automatisch eingelöst. Der Praxis- und Regulierungsanspruch, die Leistungen der Höflichkeit sind erheblicher, als der erste Blick vermeinen läßt. Anspruch und Leistung sind so vielfältig und -schichtig, daß es hier gar nicht um Einzelfragen gehen konnte und sollte, sondern zuerst um die Aufdeckung ethischer und schließlich theologisch-ethischer Relevanz. Erst von hier aus ist eine Praxis und eine «Strategie der kleinen Schritte, die die Welt des Gegebenen transformiert»[4], zu bedenken und praktisch wie theoretisch fortzuführen.

In aller zu schützenden und zu fördernden Autonomie der Sach- und Themenbereiche gilt aber auch hier: Die transformierende und stimulierende Perspektive des Glaubens darf auch hier – im Kontext der Reflexion auf das, was Höflichkeit «eigentlich» bedeutet – einen Gottesbezug herstellen dürfen, solange dieser sich bewußt ist, daß er ein «nach-laufender» ist. Es geht um einen Entdeckungszusammenhang einerseits und andererseits um kreative Fortschreibungen. Diese theologische Unbefangenheit im Umgang mit einem Themenbereich steht unter verschiedenen Vorbehalten – deren letzter wäre der eschatologische – und hat mit Grenzen zu rechnen. Aber die Situierung an Grenzen und der Umgang mit Grenzen ist ja gerade ein fundamentales Thema der Höflichkeit selbst.

Vor diesem Hintergrund ist ein Fazit zu ziehen, das selbst so unaufdringlich wie möglich bleiben möchte, aber einige Perspektiven zusammenführt und zuletzt Spannungsbögen offen zu halten sucht.

15. Zwischen «Cortesia» und «Theocortesia»: Versuch einer Zusammenfassung

Der Spannungsbogen zwischen «Cortesia» und «Theocortesia»[5] deutet sich in zwei Überlegungen an, die hier angeführt werden können. Zum einen formuliert K. Demmer in weiter gefaßten fundamentalethischen Zusammenhängen:

> *«Wahre Kommunikation ist unverdient, man kann sie weder durch Leistung noch durch Wohlverhalten herbeiführen.»*[6]

C. Schmölders notiert in ihrem Forschungsbericht zur Höflichkeit eine aufschlußreiche Beobachtung:

> *«Jeder gesellschaftliche Teilbereich hantiert heute mit dem ‹riskanten Neinsagen›, das die großen Teilbereiche Ökonomie und Wissenschaft in den konversationellen Verkehr eingezogen haben; das heißt mit gnadenlos sachlicher Abfuhr oder Korrektur, wenn nicht Bloßstellung des Gegen-*

---

[4] Mit einer Formulierung von DEMMER, Fundamentale Theologie des Ethischen 61.

[5] Dieser Begriff markiert zweierlei – einerseits die Einrückung der Höflichkeitsthematik in einen theologisch-ethischen Deutungskontext, andererseits die «Höflichkeit Gottes», wie sie sich gedeutet und bedacht findet bei Franziskus von Assisi und R. Guardini.

[6] DEMMER, Fundamentale Theologie des Ethischen 40.

übers im allgemeinen Umgang und Gespräch. Nicht zufällig sind ‹schonungslos› und ‹gnadenlos› seit Jahren Renner im Ambitionsjargon, übrigens vorwiegend in den Medien, deren gesellschaftlicher Auftrag in vielerlei Hinsicht das Gegenteil dessen ist, was Weinrich und andere Höflichkeitsautoren sich vorstellen.»[7]

Mit diesen beiden Hinweisen, die aus sehr unterschiedlichen Zusammenhängen stammen, wird über einen freilich notwendig analog verwendeten Begriff von Gnade ein Bogen beschrieben und eine Brücke gebaut.

Der geweitete Horizont theologischer Betrachtung sieht gelingendes Leben, das Scheitern, Härten und Leid zu integrieren vermag, sieht gelingende Kommunikation und Relationalität, die wiederum nicht mit platter Harmonie zu verwechseln sind, von Grund auf als von der Gnade ermöglicht, umfaßt und gehalten. Leistung und Vorleistung, Wohlverhalten und Wohlwollen haben ihre erste und letzte Begründung in der «Höflichkeit Gottes», die zu Raum-, Zeit- und Bedeutungshofgabe wird und damit Bedingungsmöglichkeit für Leistung und Vorleistung, Wohlverhalten und Wohlwollen von Menschen und zwischen Menschen. Das Axiom «natura supponit et perficit gratiam» und seine Spiegelung «gratia supponit et perficit naturam» spielen hier zusammen.

Anthropologisch gewendet (und «sprechsprachlich» gespeichert) ist die Erfahrung von «Gnadenlosigkeit» bis hinein in die Verzweigungen alltäglicher Kommunikation und sozialer Praxis zumindest ein Fingerzeig dafür, wie bedeutungsvoll Reflexion und Praxis dessen sind, was hier unter den Begriffen Höflichkeit oder «cortesia» gesichtet werden kann.

Die Insinuationen dieser speziellen und ambitionierten «Gnadenlosigkeit» treffen sehr direkt die Zusammenhänge von «Face-Schonung», haben sehr leicht zur Folge Bedrohungen des «vulnerable being», des Menschen, seien es individuelle, strukturelle oder institutionelle Rücksichtslosigkeiten.

Auch Momente eines «neuesten Darwinismus»[8] haben ihre Initialität – gerade in einer Sprache oder Redeweise, in Ansichts- oder Handlungsweisen, die den Bedeutungshof des anderen eindrückt. Haben Getroffene, Unterlegene eine Chance zu gewärtigen – oder dominiert die strukturelle «Unhöflichkeit des Siegers» (mit W. Benjamin gerade mit dessen Blick auf die Bedeutung der Höflichkeit) auch schon alltäglichste und minimalste Interaktionssequenzen? Hier liegt ohne Frage eine ethische Relevanz, die selbst eine Einrede gegen die Unterschätzung der Höflichkeit darstellt.

Daß dabei theologische Horizonte und anthropologische Phänomenologie in bleibender und befruchtender Spannung stehen, in ihren Unterschieden nicht verwischt werden dürfen, sich aber wechselseitig stimulieren, kritisieren und eröffnen, ist zwar ein theologischer Gemeinplatz. Doch dieser bekommt gerade hier ein eigenes Gewicht, wenn mit den Phänomenfeldern der Höflichkeit im «Kleinen», von «unten», von den «Initialen» her angesetzt wird.

Die «kleine» ethische Grundthese, daß Höflichkeit eng verwoben ist mit dem «Bedeutungshof» jeder Person in jeglicher Handlungssituation, öffnet sich von hier ausgehend auf das «große» Thema der Menschenwürde. Auch wenn Höflichkeit

---

[7] *SCHMÖLDERS*, Höflichkeitsforschung 535.

[8] Vgl. *SCHMÖLDERS*, Höflichkeitsforschung 535.

diesen Bereich nicht vollständig abdeckt und ausfüllt, Praxis und Praxiserprobung dafür ist sie allemal – schon in singulären und punktuellen Begegnungen.

In diesem Blickwinkel und vor diesem Hintergrund und nach dem Abschreiten ganz unterschiedlicher Höflichkeitskonzepte kristallisiert sich heraus: Tendenziell neigen Höflichkeitstheorien – seien sie kultur-, geistesgeschichtlich, sprachwissenschaftlich, psychologisch, anthropologisch oder in Grundzügen theologisch-ethisch geprägt – zu erheblichen Differenzierungen.

Eine allein formale oder gar formalistische Bestimmung reicht nicht aus. Höflichkeit ist nicht Etikette und geht lange nicht in ihr oder in «Dressuren» auf. Die zu sichtenden Differenzierungen von Genese, Funktion und Bedeutung der Höflichkeit öffnet aber immer wieder auch den Blick für einen Überstieg (auch wenn dieser in einzelnen Entwürfen und Theorien selbst nicht untersucht, angezielt oder gar expressis verbis ausgeschlossen wird), einen Überstieg zwischen Norm und Haltung (in der Praxis) und einen weiteren Überstieg zwischen dieser Praxis und einer Bedeutungs- und Sinndimension (im Sinne der Transzendentalität) – bei aller Vorsicht gegenüber kategorialen Verwechslungen. Diese Vorsicht ist selbst ein Moment der Höflichkeit des Denkens, des theologischen zumal.

Nicht nur Begriffe wie jene der «Höflichkeit des Denkens», der «Höflichkeit des Geistes» oder der «Höflichkeit des Herzens» verweisen auf diese Spur und laden ein, sie weiterzuverfolgen. Schon die Bedeutungshöfe der ursprünglichen Signaltermini markieren ein umfassendes Kultur- und Interaktionskonzept (in allen historisch konstatierbaren Begrenzungen), wenn soziale, ästhetische und ethische Komponenten («höfisch, hübsch, höflich») greifbar werden.

Ob nun «funktional-formelle Höflichkeit» bei punktuell-tangentialen Begegnungen und Interaktionen (im Sinne Pernots)[9] in den Blick kommt oder aber eine durative, «intime Höflichkeit» und ihre Funktionen wie Motivationen im Sinne der Pflege und Kultur enger und dauerhafter Beziehung – der Rekurs auf reine Formalität greift zu kurz. Schon hier sind Funktionen und Bedeutungen der Höflichkeit differenziert zu betrachten, die von der Art der Relation bestimmt werden, auch wenn Formel- und Zeichenvorrat sich überschneiden, auch wenn Intentionen von Nähe und Distanzregelungen ebenso parallel laufen – sie bekommen ein je eigenes Gesicht, eine eigene Kreativität und korrelieren mit Grundhaltungen.

Nicht nur diese Differenzierungen des Beziehungsrahmens, sondern auch des Bezugsrahmens zeichnen Variablen ein, die Formen, Haltungen und Handlungen betreffen. «Binnenhöflichkeiten» und ihre Funktionen wie Motive im Sinne der Kommunikation im Kontext einer «In-group», sei sie sprachlich, sozial, kulturell oder noch anders konturiert, greift auf ein gruppenintern gültiges, anerkanntes und erkennbares Inventar für ihre Standardsituationen und Face-Schonungen zurück, «politische Höflichkeit» und ihre Funktionen wie Motive im Sinne des Verhaltens an den Grenzen zwischen sozialen Gruppen einer «Polis» oder «Vergesellschaftungsform» hat hier schon größere Transformations- und Übersetzungsarbeiten zu leisten, will sie den Grundintentionen der Schonung und Integrität des Bedeutungshofes des anderen gerecht werden. Vor einem gesteigerten Anspruch steht – im

---

9 Mancherorts reicht formale Höflichkeit ja vollständig aus (in der Empfängerperspektive allemal). Dennoch bewahrt sie den Charakter eines Versprechens und einer Zusage: das Versprechen von Zukunftsmöglichkeiten und die aktuelle Zusage der Realisierung von Schonung.

Kontext der pluralisierten und multikulturellen Moderne[10] zweifellos hoch akut – eine «zwischen-» oder «transkulturelle» Höflichkeit (als «cross-cultural politeness») und ihre Funktionen wie Motive im Sinne des zwischenkulturellen und -ethnischen Umgangs.[11] Gerade wenn *prima vista* gar keine gemeinsamen oder nur spärliche Codes[12] für die Bewältigung von Annäherung und Distanz, für die Initialisierung von Kommunikation zur Verfügung stehen, wird dies einschlägig. Schon Standardsituationen lassen sich unter diesen Vorzeichen nicht völlig umgehen. Regulations- und Handlungsbedarf melden sich und verlangen nach Kreativität und Einfühlung «vor Ort».

Von dieser spezifischen Situativität aus, die nicht mit einem «Situationismus» der Informalisierung und der Unverbindlichkeit[13] jeweiliger Beliebigkeiten zu verwechseln ist, differenziert sich mit Haferland/Paul Höflichkeit in elementare und situationsbezogene, in kodifizierte und statusbezogene und schließlich in reflektierte und personbezogene Höflichkeit.[14] Wichtiger als Einzeldetails und Einzeleinordnungen sind hierbei die Spuren einer Genese, die auch qualitative Dynamiken einbezieht. Über Form, Technik und Instrumentalität hinaus richtet sich der Blick auf Personalität und Relationalität, sei diese intim, neutral oder konfliktiv[15], formell oder informell, punktuell oder durativ – was wiederum Situierungen spezifischer Formen der Höflichkeit abgibt.

Zentrales Moment bleibt eine Differenzierung, die Intentionalität und Haltungsdimension besonders angeht. Nochmals mit C. Schmölders formuliert und zugleich in wissenschaftsgeschichtlicher Einordnung gesprochen:

> *«Seit den sechziger Jahren springt das Thema* (i.e: Höflichkeit – APA) *zwischen Soziologie und Linguistik hin und her; Soziologie verstanden als deskriptive Wissenschaft mit präskriptiven Hoffnungen; in diesem Fall nun mit Norbert Elias als Historiker und Erwin Goffman als Empiriker, beide mit Theorie-Anspruch. Höflichkeit oszillierte zwischen den beweglichen Rahmen der beiden Autoren, also zwischen rücksichtsvoller ‹Zivilisation› und taktischem ‹Face Work›».*[16]

Das Thema aber springt nicht nur zwischen Fächern, Theorien und repräsentativen Protagonisten hin und her, sondern gewinnt an dieser Sprung- und Schnittstelle auch eine ethische Dimension, die sich nicht auf «präskriptive Hoffnungen»

---

[10] Vgl. aus der Fülle der Literatur die Perspektiven bei *H. ESSER*, Multikulturelle Gesellschaft als Alternative zu Isolation und Assimilation, in: *ders.* (Hrsg.), Die fremden Mitbürger. Möglichkeiten und Grenzen der Integration von Ausländern, Düsseldorf 1983, 25-38, *C. LEGGEWIE*, Multi Kulti. Spielregeln für die Vielvölkerrepublik, Nördlingen 1990, *E. APELTAUER*, Lernziel: Interkulturelle Kommunikation, in: *A. WIERLACHER/G. STÖTZEL* (Hrsg.), Blickwinkel. Kulturelle Optik und interkulturelle Gegenstandskonstitution, Akten des III. Internationalen Kongresses der Gesellschaft für Interkulturelle Germanistik Düsseldorf 1994, München 1996, 773-786, *W. LESCH*, Kulturelle Vielfalt und die Dialektik des Multikulturalismus: Sozialethische Markierungen, in: *H.-J. HÖHN* (Hrsg.), Christliche Sozialethik interdisziplinär, Paderborn 1997, 145-159, *H. BRAUN*, «Multikulturalismus» als Normalfall?, in: NOrd 51 (1997) 178-187.

[11] Franziskus von Assisi wäre ein frühes Beispiel. Er reagiert genau darauf (vgl. NbReg 16).

[12] Vgl. etwa *WEINRICH*, Ehrensache Höflichkeit 15-17.

[13] Vgl. *SCHMÖLDERS*, Höflichkeitsforschung 537.

[14] Parallel (und in Assonanzen an L. Kohlberg) könnte man auch von präkonventioneller, konventioneller, trans- oder postkonventioneller Höflichkeit sprechen oder, gerechtigkeitstheoretisch, von «degaler», distributiver, kommutativer und kontributiver Höflichkeit.

[15] Höflichkeit und Streitkultur – in der Demokratie wie im Privaten.

[16] *SCHMÖLDERS*, Höflichkeitsforschung 534.

reduzieren läßt. Ist Höflichkeit allein Produkt und Konstruktion instrumenteller Klugheit, Taktik, Strategie, die ein bestimmtes Haltungs-, Norm- und Formreservoir abruft und über dessen Verzweckung den anderen verzweckt? Oder ist Höflichkeit eher anzusiedeln – was wiederum das gleiche Form- und Normreservoir abrufen oder schaffen kann, aber durchaus von anderen Haltungsmomenten bestimmt sein wird – im Zusammenhang von Zivilität, «rücksichtsvoller Zivilisation» und anderem mehr? Ist sie verständnisorientiert oder erfolgsorientiert? Dabei gilt es dann zu fragen, um wessen Erfolg es sich dabei alleine dreht? Oder gilt es auch hier ein «mixtum compositum» wahrzunehmen, das legitime Erfolge der Konvention, Konversation, Kommunikation einrückt in eine erweiterte Betrachtung? Ist dies in der basalen Regulierungsnotwendigkeit ebenso eingerechnet wie die fragile Schutz- und Anerkennungsbedürftigkeit der Interaktanden selbst?

Die Antwort in der Anknüpfung an die hier vertretene Grundthese von der Bedeutung des «Hofes der Person» umfängt tendenziell und fundamental diese Perspektive. Taktik und Erfolgsorientierung sind schlechterdings nicht ethisch abzulehnen, Formalität und Normalität der Höflichkeit ebenso wenig. Doch ein integrales Modell, das die Höflichkeit als «Initialtugend», nicht allein als Sub- oder Prätugend sichtet, wird in einer eigenen Sensibilität eben diese Haltungsperspektive grundlegender an die Praxis vermitteln – und zuletzt verschiedene Wege einer vertieften theologisch-ethischen Bewertung anbieten.

Momente der Nähe- und Distanzregulierung, der Organisation von Wechsel- und Partizipationsgestaltung, der Entgröberung und Humanisierung der Umgangsgestaltung sind die essentiellen Schaltstellen eines Ethos der Höflichkeit. Sie beziehen sich immer wieder auf:

– die ubiquitäre Notwendigkeit, dies alltäglich über bestimmte plausible, stabilisierende Konventionen zu sichern (höfliches Rahmenethos, Normhöflichkeit);
– ein höfliches Individual- und Maximenethos (Haltungshöflichkeit) in und über die Konvention hinaus (aktual und transaktuell);
– zutiefst und zuletzt auf ein prinzipielles Ethos der Höflichkeit.

Ein Ethos der Cortesia hat systematisch-ethisch paradigmatischen Charakter und siedelt sich als ein besonderer Wahrnehmungswinkel an. Es formuliert Interaktionsregularien, zielt auf Haltungen, setzt aber Prinzipien und Fundamentalwerte voraus. Es verknüpft Lebens- und Interaktionsstilfragen mit basalen ethischen Prinzipien und personalen Freiraumgestaltungen, die aber selbst wiederum nicht ohne ethische Bedeutung sind (so sehr sie auch in einem Ableitungsverhältnis stehen).

Höflichkeit und ihre ethischen Implikationen sollen hier nicht als «Hyperthema» oder – gewendet gemäß der haltungsethischen Grundintention vorliegender Darstellungen – als «Hypertugend» installiert werde. Ethos wie Ethik der Cortesia dürfen sich als Ethos und Ethik *zweiter* Ordnung bescheiden. Aber die Praxisrelevanz als *erste* und *initiale* Aktualisierung, als «Zwischentugend», als vermittelndes Maximenethos weit über einen reinen Formalismus hinaus signalisiert Bedeutungsräume der Höflichkeit selbst, die nicht zu unterschätzen sind. Sie fußt auf, hat Anteil an und realisiert zu einem «Gutteil» die «Prima-facies-Prinzipien» der Ethik als vorrangig und präzise als Face-to-face-Prinzipien der Praxis: Nicht-Verletzen, Wohltun, Autonomiestiftung und -wahrung und Gerechtigkeit werden hier einschlägig.[17]

Ein Ethos der Cortesia ist zu kennzeichnen als ein Ethos der Transitorik und Provisorik, das Elemente eines Ethos der Konvention oder Prävention einschließt. In der Drehung dieser Begriffe zielt dies auf ein Ethos der Übergänge von einem zum anderen. Vorschau und Langsicht auf die betreffenden Handlungen fordern transitorisch und pro-visorisch Vermeidungs- und Vorzugsregularien, fordern Dispositionen, Haltungen, die auf ihre Weise die Intentionen und Inklinationen der Höflichkeit als wechselseitige Angemessenheit von Situation, Sache und Person zu schützen und zu fördern suchen.

Höflichkeitsregeln und Klugheitsregeln, Vorzugsregeln und Minimalregeln spiegeln eine Langsicht, Folgenabschätzung und Empathie der Humanökologie. Höflichkeit hat in ihrer Schonungs- und Distanzfunktion auch ein Moment der Nachhaltigkeit. Hinter der erwartbaren Abgleichung von individuellem Verhalten und sozialen Erwartungen und einem regelverbundenen Kreativbereich der Regeladaption und der Regelmodulation liegt zuletzt ein habitueller Bereich.[18]

In dieser Grundachtung und -anerkennung des Daseins – die die Höflichkeit meint und dabei «alltäglich ein Gutteil des sittlichen Lebens verwirklicht» – ist zu denken an die Betonung der Menschenwürde. Sie ist eine fundamentale Dimension für theologische Ethik und in ihr eng mit der Gottesbildlichkeit des Menschen verbunden. Die prinzipielle Unantastbarkeit des menschlichen Lebens ist sicher von dieser Menschenwürde her näher zu begründen. Sie erhält ihre Dringlichkeit und letzte Begründung – für den Christen – aus der Glaubensperspektive. Gerade hier scheint sie sich dann doch auch von anderen Begründungen in unserer Gesellschaft zu unterscheiden. Das Christliche, dessen Bedeutung für das sittliche Leben die theologische Ethik zu entschlüsseln hat, geht also nicht in seiner Funktion als Kontext eines von ihm unabhängigen, autonom gültigen Ethos auf.

Von der Offenbarung her fällt nicht nachträglich zusätzliches Licht auf ein in sich selbst und notfalls auch ohne dieses Licht ganz verstehbares Ethos, vielmehr taucht Offenbarung alle Zusammenhänge in ein neues Licht. Deshalb bedarf es einer eigenen Sehweise, um die Gestalt des christlichen Ethos und seiner spezifischen Struktur aufzuweisen. Die Frage nach der theologischen Struktur des christlichen Lebens unterscheidet sich dabei von der nach dem inhaltlichen Spezifikum der christlichen Ethik.

Der Inhalt der Moral ist nicht erst durch die christliche Offenbarung bestimmt, sondern wird durch die profane Vernunft, durch das profane Ethos der jeweiligen Zeit mitgeprägt. Darauf verweist schon die Maxime des Paulus: «Prüft alles, und behaltet das Gute!» (1Thess 5,21). Paulus geht es *nicht* um eine ängstliche Abgrenzung zum profanen Ethos seiner Zeit, sondern um eine Begegnung, eine Prüfung, um das Gute zu erkennen, denn auch darin ist eine Spur für das Wirken Gottes zu sehen. Diese Säkularität ist ja gerade ein Herkunftsmarker der «curialitas».

---

[17] Vgl. *A. LEIST*, Mitleid und universelle Ethik, in: *FINK-EITEL/LOHMANN*, Zur Philosophie der Gefühle 157-187, vgl. *KOFFLER*, Mit-Leid, passim.

[18] Konvention und Konsens sind nicht einfachhin deckungsgleich mit ethischer Wahrheit, ist ein Indiz für Wahrheit, Gutheit und Richtigkeit, aber kein Beweis dafür («consensus non facit veritatem»), aber beide, Konvention und Konsens, stehen in einem bestimmten ethischen Bemessungsbezug dazu und gewinnen ihren Wert, insofern sie Akteure und Werthorizont rahmen, schützen und entlasten.

In der Verschränkung von Heils- und Weltethos oder säkularem Ethos sucht theologische Ethik selbst einen kommunikativ vermittelbaren Reflexionsweg, der *beides* nicht aufgibt. Als handlungstheoretischer Part der *Theologie* handelt auch sie von Überschuß *und* Vorschuß, von Transparenz *und* Transzendenz, die in alltäglichen Begegnungen aufscheint. Übt man den *anderen* Blick, der nicht vereinnahmt, sondern öffnet, der Prinzipialität der Menschenwürde in alltäglichen Kontexten sichtet, der dabei die Initialität der Höflichkeit einspielt, wird auch die Theologiefähigkeit des Diskurses über die Höflichkeit (in Konspiration, Komplementarität und Kritik) er- und vermittelbar.

All diese Unterscheidungen tendieren – wie gesagt – in die Richtung zu unterstreichen, daß die bloße Formalität, Norm- und Konventionserfüllung nicht genügt, sondern über Haltungs- und Wertdimension auch eine Tiefendimension in den Blick zu nehmen ist, die haltungs- und motivationsethisch zu beschreiben bleibt. Hinsichtlich einer kommunikativen Konstruktion von Moral, Identität und Sozialität umgreift Höflichkeit soziale Intelligenz und Kompetenz sowie moralische Eleganz und moralische Sensibilität.

Jenseits einer «*vorsittlichen*», primär ästhetischen Dimension, aber auch über eine vielschichtige «*ethische*» Dimension (etwa in der alltäglichen Übernahme grundlegender ethischer Funktionen, so etwa Guardini) weitet sich der Blick auch auf eine «*theologische*» Tiefenschicht. Sie ist einerseits konturiert durch sachliche und thematische Anschlüsse in der biblischen, aber auch theologisch-ethischen wie spirituellen Tradition der Kirche, andererseits durch Reflexionen, die etwa die Schöpfungs- und Gnadenthematik vorsichtig in eine Rede von der «Höflichkeit Gottes» münden lassen. Wie analog und anthropomorph auch immer – hier erfährt Höflichkeit eine letzte Qualifikation, rückt in einen grundlegenden Deutungs-, Sinn- und Motivationszusammenhang.[19]

Mit der umfassenden jesuanischen Forderung nach der «größeren Gerechtigkeit», die den Status quo immer dynamisiert im Sinne des dreifachen Gebotes der Gottes-, Nächsten- und Selbstliebe wird auch eine spezifische Dynamik in die Höflichkeit eingetragen, die sowohl ihre regulativen und habituellen wie objektiven wie subjektiven Anteile formt. Dies markiert das «letzte Telos»[20] einer christlichen Ethik der Liebe, die prinzipiell und final das «Wohl der Personen»[21] im Auge hat. Nun ist die Höflichkeit sicher nicht die absolute Erfüllung der Liebe. Doch sie hält mikrologisch und mikroethisch fortwährend Möglichkeiten der interpersonalen, kommunikativen Realisierung dafür bereit und fungiert als geprägte und prägende Nächstenliebe in Elementarteilchen eines seriellen und generativen Ethos der Liebe und des Respekts in einer humanisierenden Praxis. Es geht der Höflichkeit dabei zunächst nicht um Freundschaft und «Vollformen» der Liebe, sondern um alltäglich «gewinnendes Verhalten». Doch die Retinität des Ethischen und seine Finalität der Güte und Liebe lassen einen Zusammenhang aufscheinen. Es ist der Konnex von «caritas affectiva» (als Gesinnung und Haltung) und «caritas effectiva» (als Handlung) mit einer analogen Unterscheidung hinsichtlich der Höflichkeit. Sie ist «*curiali-*

---

19 Gerade von R. Guardini wird dies in einen expliziten theologischen Betrachtungszusammenhang gerückt und mit einer eigenen theologischen Qualifizierung versehen. Dies geschieht nicht im Modus des «Anhängsels», sondern als vorsichtiger Ausblick auf einen Gipfel.

20 *F. FURGER*, Einführung in die Moraltheologie, Darmstadt ²1998, 27.

21 Vgl. *WEBER*, Allgemeine Moraltheologie 148-169.

tas affectiva» und «*curialitas effectiva*» als Haltung und Praxis, als «geprägte Nächstenliebe» oder «kleine Nächstenliebe». Sie ist affektiv, weil sie affiziert ist von der Begegnung mit dem Mitgeschöpf. Sie ist effektiv als Praxis der Schonung. Sie ist je neu punktuelle Realisation des Wohlwollens, beruft sich auf geprägte Formen *und* erfindet, entdeckt sie aus einer Haltung, die anfanghaft und gewinnend einlösen will, daß Liebe heißt, jemandem etwas Gutes wollen.[22]

Höflichkeit als Zuvorkommenheit kommt der Zuvorgekommenheit Gottes nach. Hier genau trägt sich die Signatur eines christlichen Ethos der Höflichkeit ein. Die eigentliche Anregung einer Höflichkeit in einer Perspektive des Glaubens besteht also nicht in der exakten formalen und habituellen Einpassung in gesellschaftliche Konventionen – ohne deren Wert und Wertrepräsentanz aktual unterschätzen zu wollen oder dies einfachhin zu desavouieren (sie bleibt ethisch befragbar, ob sie bloß konventionell, bloß affirmativ und strukturkonservativ auf Kosten der Ausgeschlossenen ist). Vielmehr werden in der biblischen, jesuanischen Entgrenzung Höflichkeitsnorm und -haltung daran zu messen sein, inwieweit Höflichkeit – schon formell – denen vorrangig gilt und entgegengebracht wird , die dem Kodex, Konnex, dem Kontext und der Konvention nicht einfachhin entsprechen. Höflichkeit als biblisch-christliche Höflichkeit realisiert sich dann, auch wenn sie formal völlig identisch sein mag, genau an der Stelle besonders, an der sie Aktions-, Mitsprache-, Mithandlungsrechte jenen ermöglicht, denen ansonsten genau dies nicht gewährt wird. Dabei geht es schon um Alltagshandlungen wie Mitsprache, Anmeldung je eigener Erfahrungen und Erwartungen und Bedürfnisse.

Der Mensch vollzieht Personalität seines Daseins in einer grundlegenden sozialen Verbundenheit und Solidarität mit den anderen, die Höflichkeit achtend umspielt. Dieser Gemeinschaftsbezug ist für das Menschsein konstitutiv, wir erleben uns selbst nur im Mit-Sein mit den anderen. Dazu gehört nicht nur die unmittelbare Ich-Du-Beziehung, sondern auch die gemeinsame Welt, die politische Öffentlichkeit des Lebens im weitesten Sinn. Sie konstituiert sich durch die gemeinsame Anerkennung von Freiheit und Menschenwürde als Raum des «homo homini socius» (so Pernot in Abgrenzung zum Modell des urtümlich agonalen «homo homini lupus»).

Vieles ist im Verlauf der Untersuchungen angeschnitten worden. Weitere Ausfaltungen, Zuspitzungen und Präzisierungen dieser Grundeinsicht lassen sich deshalb auch für die Höflichkeit entwickeln. Die Frage nach der Höflichkeit in den Medien mit ihrer «Aufmerksamkeits- und Erregungsarbeit»[23] gehört hierher wie die nach dem Zusammenhang von Höflichkeit, Zivilität und Zivilcourage.[24] Damit kommen Höflichkeit in Institutionen, also Institutionen- und Berufsethiken in den Blick: Aber auch die Problematik, wie in Zeiten und Gegenden mit hochdifferenziertem Recht Höflichkeit durch die weitgehende Verrechtlichung von Sachverhal-

---

[22] Vgl. S.Th. I-II 26 4.

[23] Vgl. etwa *C. TÜRCKE*, Erregte Gesellschaft. Philosophie der Sensation, München 2002.

[24] Man denke etwa an die Überlegungen zur «decent society» (Margalit), an die «demokratische Tugend» Höflichkeit (im Gefolge von Guardini oder Plessner). Wichtig in diesem Zusammenhang auch *H. SCHLEICHERT*, Wie man mit Fundamentalisten diskutiert, ohne den Verstand zu verlieren. Anleitung zum subversiven Denken, München ²2001. Vgl. knapp auch *K. HILPERT*, Art. Zivilcourage, in: LThK³ X 1472f.

ten berührt wird, die Ansprüche festschreibt[25], bleibt zu erwähnen. Schließlich stellt sich die Frage nach dem Zusammenhang von Höflichkeit und Dienstleistung: «Profit with delight?»[26] für alle Beteiligten – nur eine Kundenbindungsstrategie?

Ein weiterer Brennpunkt müßte die Frage nach der «curialitas der Kurien» selbst sein. Umgangsformen und -stil in den Kirchen und in ihren ureigenen Handlungs- und Kommunikationsfeldern haben sich den ethischen Fragen zu stellen, die eine vertiefte Diskussion der Höflichkeit aufwirft.[27]

Nicht zuletzt drängt sich – durchaus damit zusammenhängend – die Frage nach dem Höflichkeitshandeln unter Zeit-[28] und Raumdruck[29] der Moderne auf. Höflichkeit – diese Indizien weisen darauf hin – hat ihre Grenzen[30] – nicht nur sachlich, sondern auch in der Praxis ihrer Realisierung.

Auf eine Grunddimension unterhalb der Einzelbereiche weist nochmals G. Franck hin, wenn er sagt, die Aufmerksamkeit anderer Menschen sei die unwiderstehlichste aller «Drogen».[31] Franck hat – trotz aller fragwürdiger Terminologie und

---

[25] Vgl. *PERNOT*, La politesse et sa philosophie 364-366, zur «Bedrohung» der Höflichkeit durch eine «idéologie des droits», also eine mögliche (oder tatsächliche) Ideologisierung von Rechtsansprüchen, die schon Ermittlungsprozessen subjuridischer Anspruchsausgleiche einen Stempel aufdrückt.

[26] «Kundenpflege» und Servicegesellschaft geben Stichworte – die einschlägige Literatur dazu ist unübersehbar. Die Forderung, daß Dienstleister einen angemessen höflichen, freundlichen und damit gewinnenden Umgang mit ihren Kunden pflegen, nimmt immer breiteren Raum ein (möglicherweise gerade, weil die Ressourcen der Höflichkeit hier besonders leicht erschöpfbar sind, vgl. *SCHMÖLDERS*, Höflichkeitsforschung 535). Natürlich ist die Intention hierbei bestimmt von der Absicht, Kunden zu gewinnen und zu halten. Aber dieses legitime (also auch ethisch vertret- und verantwortbare) Interesse fördert und fordert eine Verhaltensweise, die in diesen einschlägigen Bereichen von paradigmatischer Bedeutung ist. Vgl. dazu *PERATHONER*, Gastfreundschaft im Tourismus 140-234.

[27] Dies ist «pro domo» zu sagen. Wenn Kirche sich als Gnaden-, Erinnerungs- *und* Kommunikationsgemeinschaft von Heil verstehen darf (vgl. *DEMMER*, Fundamentale Theologie des Ethischen 39f.), dann bleiben die Anfragen, die eine Reflexion der Höflichkeit anbieten, auch hier nicht auszublenden. Vgl. die Überlegungen zu Umgang in der Kirche bei *H. SCHMITT*, Ekklesiale Streitkultur, in: StZ 216 (1998) 118-132, und in den Beiträgen in: *G. KRAUS/H. SCHMITT* (Hrsg.), Wider das Verdrängen und Verschweigen. Für eine offene Streitkultur in Theologie und Kirche (Bamberger Theologische Studien 7), Frankfurt/M.-Berlin-Bern u.a. 1998. – Befragen lassen sich alle Handlungsfelder: amtliche Verlautbarungs- und Umgangsstile, kirchliche Sondersprachen, Liturgie und Pastoral (um nur einige zu nennen).

[28] Hier könnte man u.a. hinweisen auf eine Studie wie die von *F. REHEIS*, Die Kreativität der Langsamkeit. Neuer Wohlstand durch Entschleunigung. Darmstadt ²1998. Hier liegt der Schwerpunkt des Interesses auf den ökologischen und ökonomischen Wertschöpfungspotentialen durch Retardierung und «Deakzelerierung». Aber gerade weil immer wieder sowohl in klassischen wie neueren Höflichkeitsdiskursen darauf verwiesen wird, daß «cortesia» ein Plus an Zeitaufwand bedeutet, also eine Abbremsung des zu schnellen Über-den-anderen-Hinweggehens, ist es nicht unnütz, dieses Desiderat auch für unseren Kontext in Erinnerung zu rufen als «Entdeckung der Langsamkeit» (S. Nadolny) und als «virtus» und Virtuosität der Entschleunigung gegen den «Terror der Rasanz».

[29] Im Hintergrund stehen Überlegungen wie sie *P. BOURDIEU*, Sozialer Raum und «Klassen», in: *ders.*, Sozialer Raum und «Klassen». Leçon sur la leçon. Frankfurt/M. ³1995, 7-46, vorgelegt und in weiteren Studien unterfüttert hat. Raum- und feldtheoretische Überlegungen, wie sie P. Bourdieu zum «sozialen Raum», aber auch zur Markierung immer feinerer Unterschiede der Partizipanden vorgelegt und entwickelt hat, sowie zeittheoretische Reflexionen bilden dabei einen unaufgebbaren hermeneutischen und heuristischen Hintergrund, ohne diese Vorgaben dabei zu verabsolutieren.

[30] Vgl. etwa *R. LAKOFF*, The limits of politeness. Therapeutic and courtroom discourse, in: Multilingua 8 (1989) 101-131.

[31] Vgl. dazu *FRANCK*, Ökonomie der Aufmerksamkeit 10. Aufmerksamkeit ist kein Zusatzreiz, sondern *Überlebensmittel* schlechthin. Die erste Tat von Neugeborenen ist es, durch intensives Schreien Aufmerksamkeit auf das grundstürzende Faktum ihres Vorhandenseins und ihrer extremen Zuwendungsbedürftigkeit zu lenken. Heranwachsende Kinder gieren nach Aufmerksamkeit. Und erst für den älter Gewor-

in aller Ökonomiefixierung – doch immerhin eine Definition des Wortes «Aufmerksamkeit» anzubieten, die darauf hinweist, daß es mit der Spezifik oder eben der Indifferenz bei Aufmerksamkeit eigenartig bestellt ist:

> *«Das Aufmerksamsein sei, ganz im Sinne des umgangssprachlichen Wortgebrauchs, als die zugewandte und zugleich wach daseiende Geistesgegenwart verstanden. Mit Aufmerksamkeit wird immer sowohl die Kapazität zu selektiver Informationsverarbeitung als auch der Zustand der Geistesgegenwart angesprochen sein. Und mit dem Zustand der Geistesgegenwart wird, um auch dies zu betonen, nie nur die Bereitschaft zur Informationsverarbeitung und das Aktiviertsein von Hintergrundwissen gemeint sein, sondern immer auch die bewußte Präsenz.»*[32]

Aufmerksamkeit, Höflichkeit und Geistesgegenwart klingen zusammen. Wie analog dieser Dreiklang auch aufgefaßt werden kann und muß, die Bewußheit der Präsenz des anderen ist in der Perspektive des Glaubens gekoppelt mit der Bewußtheit der Präsenz des «ganz Anderen». Eine doppelte Geistesgegenwart ist damit berührt.

Höflichkeit in Zeiten des Klonens, der Massenmedien oder des Internet? Wenn einlinige, eindimensionale, radikale und völlige Durchsichtigkeit der Körper und Personen die gemeinsame Utopie von Bio- und Bildtechnik ist[33], wie behauptet wird, dann verläßt eine Ästhetik der Blöße und der entschämten Indiskretion nur zu leicht den schützenden Kreis der Sichtigkeiten (aus Vorsicht, Umsicht, Nachsicht, Rücksicht und Einsicht)[34]. Der Preis für diese radikalisierte analytische Aufmerksamkeit, die einer «misplaced attention» nahe kommt, ist hoch – gerade hier ist Höflichkeit mehr als nur ein «Trostpflästerchen», sondern ein kritisches Korrektiv.

16. «Au Revoir!» – Angetippt: Langwirkung, Mehrwert und Macht eines Grusses

Drei Schlußsteine, darunter ein – im eigentlichen Sinn des Wortes – Fingerzeig, sollen diesen Untersuchungsweg abschließen, aber keineswegs abrunden.

---

denen, der so viel Aufmerksamkeit anderer erhalten hat, daß er gewissermaßen eine Rücklage gebildet und Aufmerksamkeitskapital angelegt hat, wodurch er Kränkungen und Nichtbeachtung eine Weile zu überstehen vermag, kann es so scheinen, als sei die Aufmerksamkeit anderer für das eigene Tun und Lassen eine angenehme Dreingabe.

32 *Franck*, Ökonomie der Aufmerksamkeit 30.

33 *Schmölders*, Höflichkeitsforschung 539f. – Vgl. auch die Reflexionen bei *M. Tomka*, Die Fragmentierung der Erfahrungswelt in der Moderne, in: Conc. 33 (1997) 292-303, *E. Kaeser*, Der Körper im Zeitalter seiner Entbehrlichkeit, in: StZ 216 (1998) 89-102.

34 Vgl. *Schmölders*, Höflichkeitsforschung 539. Aber auch Thomas, S.Th. II-II 49-52, zeichnet ein komplexes und differenziertes Bild (des Rates allerdings), wenn er eine Reihe integraler Momente unterscheidet und korreliert: Die «memoria» als Erinnerung im Umgang mit sittlicher Erfahrung, «intelligentia» als Einsicht in den jetzigen Problemstand, «docilitas» als Offenheit für fremde Belehrung, «sollertia» als Scharfsinn zur Zielsetzung, «ratio» als Vernünftigkeit und Abschätzung, «providentia» als Vorsicht in der Anordnung des für die Zwecke oder Ziele Nötigen, «circumspectio» als Umsicht, «cautio» als Vorsicht.

«Härte erzeugt Härte.» Und: «Humanität ist schon als Tugend nicht durch äußerliche Imperative erreichbar.»[35] Selbstredend gibt es ein hartes Ethos (etwa der Ehre, wie H. Weinrich pointiert, was wiederum auch die Frage nach dem Bedeutungs- und Verletzlichkeitshof des einzelnen tangiert), aber auch eine harte Ethik der Prinzipien. Beides ist nicht nur nach Bedeutung und Härtegrad zu unterscheiden, sondern auch nach Funktion.

Ein Ethos und eine Ethik der «Cortesia», gruppiert um den «harten» biblischen Agape-Kern in seiner Dreidimensionalität, siedelt sich nicht als schlichter Gegen- oder Kontrastentwurf an. Es dreht sich auch nicht nur um Applikationen und Modifikationen des «fortiter in re, suaviter in modo». Vielmehr sucht es durchaus prinzipiell und initial eine Spur einzuzeichnen, die ihre eigene systematische und praktische Bedeutung hat.

Ins Bild gebracht spiegelt sich dies im «Gott der Sixtina» und seiner spezifischen «Taktilität».[36] Es markiert ein «Pathos der Distanz» (so der verstorbene Essayist K.M. Michel in anderem Zusammenhang) und zugleich ein «Empathos der Nähe». In dieser Andeutung, die Bedeutung ermöglicht und be-deutet, zeigt sich ein «gebremster», indirekter und Zwischenraum schaffender «Zugriff»:

In diesem Bild steckt *ein* Gottesbild (und korrespondierend *ein* Menschenbild).[37] «Fingerspitzengefühl» wird vermittelt via «Hand-lung». Taktilität und Takt vermitteln zugleich Schöpfer und Schöpfung in einer Geste, die gleichermaßen lässig-zärtlich, generös wie schöpfungsmächtig ist. Bewahrt bleibt dabei eine Urdistanz in aller Urnähe.

Gottesbeziehung als Zentrum christlicher Ethik ist in doppelter Richtung zu denken: als Gottes Beziehung zu den Menschen, der Menschen Beziehung zu Gott.

In den verschiedenen Anschlüssen – biblisch, systematisch, spirituell – «offenbart» sich eine Weichheit, Sensiblität und Flexibilität, die ein personales Ethos der Achtung im Horizont des biblischen Gottesglaubens auch auszeichnet.

Die Elastizität der Höflichkeit steht gegen jede Starr- und Steifheit der Etikette (inkorporiert bis in den Gestus beides beobachtbar in diesem Fresko). Es ist ein letztes und großes Paradoxon eines humanen und theologalen «soft ethos», einer taktvoll-respektierenden Haltung und eines flexiblen Ethos der «cortesia», das sich

[35] Vgl. *KLEINKNECHT*, Voraussetzungen moralischen Sollens 195 (im Kontext von Überlegungen zur paulinischen Überwindung des Gesetzes als Überwindung des Moralismus).

[36] Vgl. *WYSS*, Der heilige Franziskus von Assisi 214.

[37] Und hier geht es selbstredend nicht zuerst um die geistes-, kultur- und kunstgeschichtlichen Prämissen dieses Opus.

an «passio» und «com-passio» Gottes in Jesus Christus anlehnt, von ihm (aus-)gehalten und getragen wird. Dies ist nicht als «weichgespült-billig» mißzuverstehen, sondern grundiert in und dynamisiert aus der ganzen Geduld, die mit Menschen und *zwischen* Mitmenschen gebraucht wird.

Ein zweites Schlaglicht, ein zweiter Fingerzeig findet sich – einmal mehr – bei K. Rahner. Ob man nun in folgendem Fragment die «anthropologische Wende» aufspüren will oder nicht, sei dahingestellt. Von ihr bleibt dialektisch zu reden. Karl Rahner hat es stets strikt zurückgewiesen, daß er ein anthropozentrischer Theologe sei. Seiner Meinung nach kann die Theologie nicht theozentrisch genug sein. Dies gilt auch für den Angang theologischer Ethik. Von der Selbstmitteilung Gottes in Jesus Christus her betrachtet ist der Mensch aber für Gott das Wichtigste, was es gibt. Von Gott sprechen heißt deshalb immer auch vom Menschen sprechen. Deshalb kann man wiederum nicht genug anthropologische Theologie betreiben. Heruntergebrochen auf die hier thematisierten Fragen bleibt diese Implikatur unverzichtbar. K. Rahner überlegt also:

> *«Und doch ist dieses Wort auch wieder eine Selbstverständlichkeit. Denn wo soll man, wenn nicht im Alltag, Pünktlichkeit, Rücksicht auf die andern, Zuverlässigkeit, eine gewisse Ausgeglichenheit, das Bemühen, die andern nicht unter seinen Launen und Stimmungen leiden zu lassen, Toleranz, Bereitschaft, ruhig und sachlich miteinander Meinungsverschiedenheiten auszutragen, einen Humor, in dem man sich selbst nicht ernst nimmt, gute Manieren, Höflichkeit und vieles andere mehr üben, ohne das alles gerade der Alltag unerträglich würde? Ob man das alles ‹Tugend› nennen soll, ist schließlich gleichgültig. Niemand aber wird im Ernst behaupten können, daß all das, was so zu einem erträglichen Alltag gehört, einfach allein schon durch die ‹Erbmasse› und durch eine gewisse Dressur im Kindesalter gegeben sei. Der Mensch muß vielmehr sich diese Dinge immer wieder in Selbstkritik, in einem ernsthaften Bemühen und in Selbstkontrolle erwerben, also in diesem Sinne, ‹altmodisch› gesagt, ‹Tugend üben›.»*[38]

Auch wenn «Alltagstugenden» einen verdächtigen Klang haben, so Rahner einleitend, die anhebende Liste spricht für sich: Rücksicht, Zuverlässigkeit, Ausgeglichenheit, Bemühungen, andere nicht unter Launen und Stimmungen leiden zu lassen, Toleranz, Bereitschaft, ruhig und sachlich miteinander Meinungsverschiedenheiten auszutragen, Humor bleiben Faktoren, die den Interaktionsalltag grundlegend erst erträglich gestalten. Die Einholung ist nicht einfach determiniert («Erbmasse») oder dressiert. Sie umschreiben Aufgabe und Ziel. Selbstkritik, Selbstkontrolle sind Momente von Selbstaufklärung – ohne andere übeschreiten sie das Niveau des Selbstgesprächs nicht.

Ein weiterer, zugleich weiter und gefährlicher Sprung, ein drittes und letztes Schlaglicht, bewußt abgehoben durch eine Leerzeile.

Erträglicher Alltag in unerträglichen Zeiten? Aufmerksamkeit in Kontexten der Elimination? – In diesen ganz anderen, bedrückenden Horizont rückt unser Thema schließlich und abschließend die folgende Erzählung, von Y. Eliach unter dem Titel «Guten Morgen, Herr Müller» aufgezeichnet:

> *«Nicht weit von Danzig entfernt lebte ein wohlhabender chassidischer Rabbi, Nachfahre einer berühmten Dynastie von Chassidim. Bekleidet mit einem schwarzen Maßanzug, ein Zylinder auf*

[38] RAHNER, Alltagstugenden 125.

dem Kopf, ein silbernes Spazierstöckchen in der Hand, pflegte der Rabbi seinen täglichen Morgenspaziergang zu unternehmen, begleitet von seinem hochgewachsenen, gutaussehenden Schwiegersohn. Während seines morgendlichen Bummels grüßte der Rabbi alle Männer, Frauen und Kinder, die ihm unterwegs begegneten, mit einem warmen Lächeln und einem herzlichen ‹Guten Morgen!› Im Laufe der Jahre macht der Rabbi auf diese Weise mit vielen seiner Landsleute Bekanntschaft. Er grüßt sie immer mit ihren ordnungsgemäßen Titeln und Namen.
Am Stadtrand in den Feldern tauschte er den Morgengruß mit Herrn Müller, einem polnischen Volksdeutschen. ‹Guten Morgen, Herr Müller!› beeilte sich der Rabbi, den Mann zu begrüßen, der auf dem Feld arbeitete. ‹Guten Morgen, Herr Rabbiner!› erwiderte dann dieser mit einem gutmütigen Lächeln.
Dann brach der Krieg aus. Die Spaziergänge des Rabbi fanden ein jähes Ende. Herr Müller legte eine SS-Uniform an und verschwand von den Feldern. Das Schicksal des Rabbi war das vieler polnischer Juden. Er verlor seine Familie in den Todeslagern von Treblinka und wurde nach langem Leidensweg nach Auschwitz deportiert.
Eines Tages, während einer Selektion in Auschwitz, stand der Rabbi in einer Reihe mit Hunderten anderer Juden, den Augenblick erwartend, da ihr Schicksal besiegelt werden würde, zum Leben oder zum Tod. In der gestreiften Lageruniform, Haare und Bart geschoren, die Augen fiebernd vor Hunger und Krankheit, sah der Rabbi aus wie ein wandelndes Skelett. ‹Rechts! Links, links, links!› näherte sich die Stimme. Plötzlich fühlte der Rabbi das dringende Bedürfnis, das Gesicht des Mannes mit den schneeweißen Handschuhen, dem Stöckchen und der stählernen Stimme zu sehen, der da Herrgott spielte und über Leben und Tod entschied. Er hob die Augen und hörte sich sagen: ‹Guten Morgen, Herr Müller!›
‹Guten Morgen, Herr Rabbiner!› erklang eine menschliche Stimme unter der mit dem Totenkopf verzierten SS-Mütze. ‹Was machen Sie denn hier?› Ein mattes Lächeln huschte über das Gesicht des Rabbi. Da wies der kleine Stock nach rechts – zum Leben. Am nächsten Tag wurde der Rabbi in ein anderes Lager verlegt.
Der Rabbi, heute in den Achtzigern, erklärte mir mit seiner sanften Stimme: ‹Dies ist die Macht eines Guten-Morgen-Grußes. Der Mensch sollte immer seinen Mitmenschen grüßen.›»[39]

Eine eminente Spannung zeichnet sich in diese Erzählung ein: Es geht im Angesicht und vor dem Abgrund der Katastrophe im Drama des letzten Jahrhunderts um das existentielle Thema des Überlebens – und genau dies wird korreliert mit undramatischen Gesten und ihrer möglichen Wirkung in langer Perspektive.

Steile Anfänge, zu steil vielleicht auch der Schluß für das, was angezielt war. Kleine Tugend mit mitunter großer Wirkung und Reichweite. Aber das «Kleine» sollte man schätzen – nicht nur mitunter.

Deshalb doch noch eine Wiederaufnahme: «*Erst wenn man sich in die Gefahr begibt, andere zu verletzen und von andern verletzt zu werden, erst wenn man diese Schwierigkeiten zu meistern versteht, fühlt man die Frage*», so Helmuth Plessner.

Oder genauer – erst wenn man die Schwierigkeiten zu verstehen versteht ... – wird man übersetzen können, was R. Guardini, wie eingangs zitiert, vermerkt: «Fu affetuosa, pia, cortese» – die «Innenseite der Außenseite der Innenseite» ...

---

[39] Y. ELIACH, Träume vom Überleben. Chassidische Geschichten aus dem 20. Jahrhundert, Freiburg i.Br. 1997, 100f., vgl. 15 (auch in: CGG XXXIII.3 67f.). – Diese Erzählung ist extrem situiert, aber eben auch indikatorisch.

Abkürzungsverzeichnis

Abkürzungen richten sich nach: *S.M. Schwertner*, Internationales Abkürzungsverzeichnis für Theologie und Grenzgebiete, Berlin [2]1994, außer:

DF = *Caroli, E.* u.a. (Hrsg.), Dizionario francescano, Padua 1983.
DRPSV = *Montandon, A.* (Hrsg.), Dictionnaire raisonné de la politesse et du savoir-vivre, Paris 1995.
HG = *Hardick, L./Grau, E.*, Die Schriften des hl. Franziskus von Assisi, Werl [8]1984.
HbEth = *Düwell, M./Hübenthal, C./Werner, M. H (Hrsg.)*, Handbuch Ethik, Stuttgart-Weimar 2002.
LACL = *Döpp, S./Geerlings, W.* (Hrsg.), Lexikon der antiken christlichen Literatur, Freiburg i.Br.-Basel-Wien 1998.
LBE = *Korff, W./Beck, L./Mikat, P.* (Hrsg.), Lexikon der Bioethik, 3 Bde., Gütersloh 1998.
LChE = *Hunold, G. W.* (Hrsg.), Lexikon der christlichen Ethik, 2 Bde., Freiburg i.Br.-Basel-Wien 2003.
LGL² = *Althaus, H. P.* u.a. (Hrsg.), Lexikon der germanistischen Linguistik, (überarbeitete Neuausgabe) Tübingen [2]1980.
LKDog⁵ (1997) = *Beinert, W.* (Hrsg.), Lexikon der katholischen Dogmatik, (Neuausgabe) Freiburg i.Br.-Basel-Wien [5]1997.
NLChM = *Rotter, H./Virt, G.* (Hrsg.), Neues Lexikon der christlichen Moral, Innsbruck/Wien 1990.
Opuscula = *Esser, K.*, Die Opuscula des hl. Franziskus von Assisi. Neue textkritische Edition, zweite, erweiterte und verbesserte Auflage, besorgt von E. Grau, Grottaferrata 1989.
ZFSL = *Zeitschrift für französische Sprache und Literatur*

Die Siglen für die Schriften des Franziskus von Assisi richten sich nach den eingeführten Formen in den oben erwähnten Texteditionen lateinisch in: *Opuscula*, deutsch in: *HG* (Kapitels- und Verszählungen sind in beiden Ausgaben identisch).

Bibliographie

AAVV (Hrsg.), Atti dell' V. Convegno della Società internazionale di studi francescani: Assisi al tempo di San Francesco, Assisi 1978.
AAVV (Hrsg.), Approcio storico-critico delle Fonti Francescane, Rom 1979.
AAVV. (Hrsg.), Etica e politica. Le teorie dei frati mendicanti nel Due- e Trecento, Spoleto 1999.
Abeldt, S./Bauer, W. u.a. (Hrsg.), «... was es bedeutet, verletzbarer Mensch zu sein». Erziehungswissenschaft im Gespräch mit Theologie, Philosophie und Gesellschaftstheorie (FS H. Peukert), Mainz 2000.
Abeldt, S., Ökonomische und sozialpolitische Kontexte der Anerkennung, in: *ders./Bauer*, «... was es bedeutet, verletzbarer Mensch zu sein» 246-255.
Accrocca, F./Ciceri, A. (Hrsg.), Francesco e suoi frati. La Regola non bollata: una regola in cammino, Mailand 1998.
Ackerman, F., A man by nothing is so well betrayed as by his manners? Politeness as a virtue, in: Midwest Studies in Philosophy 13 (1988) 250-258.
Adamzik, K., Sprachliches Handeln und sozialer Kontakt, Tübingen 1984.
Adorno, T. W., Minima Moralia. Reflexionen aus dem beschädigten Leben, in: *ders.*, Gesammelte Schriften IV, Darmstadt 1998.
AG Bielefelder Soziologen (Hrsg.), Alltagswissen, Interaktion und gesellschaftliche Wirklichkeit, Bd. 1 (Symbolischer Interaktionismus und Ethnomethodologie), Reinbek 1973.
Ahlheim, K./Heger, B., Der unbequeme Fremde. Fremdenfeindlichkeit in Deutschland – empirische Befunde, Schwalbach/Ts. 1999.
Alba-Juez, L., Irony and other off record strategies within politeness theory, in: Miscellanea. A Journal of English and American Studies 16 (1995) 13-23.
Alberti, L. B., Über das Hauswesen, hrsg. v. *W. Kraus*, Zürich 1962.
Alinei, M., Il sistema allocutivo dei saluti in italiano, inglese e olandese, in: Lingua e Stile 12 (1977) 199-213.
Alkofer, A.-P., Antonius von Padua. Franziskaner auf Umwegen (Auf der Suche nach der eigenen Lebensspur 1), Würzburg 1994.

Alkofer, A.-P., Ethik als Optik und Angesichtssache. E. Levinas und Spuren einer theologischen Fundamentalkasuistik (StdM 3), Münster 1997.
Alkofer, A.-P., «Sonder-Gut» oder «Proph-Ethik»? Franziskus «regelt» den Umgang mit Anderen, in: *P. Fonk/U. Zelinka* (Hrsg.), Orientierung in pluraler Gesellschaft (FS B. Fraling) (SThE 81), Freiburg i.Ue./Freiburg i.Br. 1999, 202-221.
Alkofer, A.-P., Freundschaft – eine Tugend für den interreligiösen Dialog?, in: *E. Möde/T. Schieder* (Hrsg.), Den Glauben verantworten. Bleibende und neue Herausforderungen für die Theologie zur Jahrtausendwende (FS H. Petri), Paderborn 2000, 69-81.
Alkofer, A.-P., Dominikanische Gestalten: «... de rebus vel physicis humanis instructus ...» Dominikus M. Prümmer, in: WuA(M) 42 (2001) 182-185.
Alkofer, A.-P., «In ihr leben wir, bewegen wir uns und sind wir ...». Anstöße und Gaben einer an- und aufregenden Welt, in: *Entrich, M./Wanke, J.* (Hrsg.), In fremder Welt zuhause. Anstöße für eine neue Pastoral, Stuttgart 2001, 129-147, 170-172.
Alkofer, A.-P., «Erklär' mir Lüge, verklär' sie nicht ...» – Die «Quellen der Moralität» und die Lüge. Ein ethisch-theologischer Zwischenruf, in: *M. Mayer* (Hrsg.), Kulturen der Lüge, Köln-Weimar 2003, 32-67.
Alkofer, A.-P. (Hrsg.), Suche Glück! – Aber jage ihm nach? Philosophische und theologische Spuren eines grundlegenden Handlungsmotivs (Schriftenreihe der Theologischen Hochschule Chur Bd. 5), Freiburg i.Ue. 2004.
Allen, D. E./Guy, R., Conversation analysis. The sociology of talk, Den Haag-Paris 1974.
Altenburg, D./Jarnut, J./Steinhoff, H.-H. (Hrsg.), Feste und Feiern im Mittelalter, Sigmaringen 1991.
Althaus, H. P./ Henne, H./Wiegand, H. E. (Hrsg.), Lexikon der germanistischen Linguistik, Tübingen [2]1980.
Althoff, G., «Nunc fiant Christi milites, qui dudum extiterunt raptores». Zur Entstehung von Rittertum und Ritterethos, in: Saec. 32 (1981) 317-333.
Althoff, G., Fest und Bündnis, in: *Altenburg/Jarnut/Steinhoff*, Feste und Feiern im Mittelalter 29-38.
Althoff, G., Spielregeln der Politik im Mittelalter. Kommunikation in Frieden und Fehde, Darmstadt 1997.
Amendt, G., Du oder Sie. 1945 – 1968 – 1995, Bremen 1995.
Ammicht-Quinn, R., Würde als Verletzlichkeit. Eine theologisch-ethische Grundkategorie im Kontext zeitgenössischer Kultur in: ThQ 184 (2004) 37-48.
Ammon, U., Zur sozialen Funktion der pronominalen Anrede im Deutschen, in: Zeitschrift für Literaturwissenschaft und Linguistik 2 (1972) 72-88.
Ammon, U./Dittmar, N./Mattheier, K. (Hrsg.), Sociolinguistics/Soziolinguistik, 2 Bde., Berlin-New York 1987.
Andermann, K., ere – güete – minne: die Burgen des Wimpfener Reichsforstes, in: DA 54 (1998) 97-117.
Andersen, S., Postmoderne und theologische Ethik, in: NZSTh 41 (1999) 283-296.
Anscombe, E., Modern Moral Philosophy, wiederveröffentlicht in: *Crisp, R.* (Hrsg.), How should one live? Essays on the Virtues, Oxford 1996, 26-44.
Annen, F., Nicht über andere, sondern mit ihnen reden. Ein paar Gedanken zur «correctio fraterna», in: Theologie und Seelsorge. Internet-Zeitschrift der Theologischen Hochschule Chur (2002) (www.TH-Chur.ch/Theologie_und_Seelsorge/Archiv_Gelebter_Glaube/archiv_gelebter_glaube.html).
Ansmann, L., Die «Maximen» des La Rochefoucauld, München 1972.
Anton, A. C., Authentizität als Fiktion. Briefkultur im 18. und 19. Jahrhundert, Stuttgart-Weimar 1995.
Anzenbacher, A., Kooperation, Konflikt und Anerkennung. Zur Systematik des Gerechtigkeitsbegriffs, in: ZEE 45 (2001) 168-180.
Apel, K.-O., Idee der Sprache in der Tradition des Humanismus von Dante bis Vico, Bonn 1963.
Apeltauer, E., Lernziel: Interkulturelle Kommunikation, in: *Wierlacher, A./Stötzel, G.* (Hrsg.), Blickwinkel. Kulturelle Optik und interkulturelle Gegenstandskonstitution, Akten des III. Internationalen Kongresses der Gesellschaft für Interkulturelle Germanistik Düsseldorf 1994, München 1996, 773-786.
Arens, E., Kommunikative Handlungen. Die paradigmatische Bedeutung der Gleichnisse Jesu für eine Handlungstheorie, Düsseldorf 1982.
Arens, E., Bezeugen und Bekennen. Elementare Handlungen des Glaubens, Düsseldorf 1989.
Arens, E., Christopraxis. Grundzüge theologischer Handlungstheorie (QD 139), Freiburg i.Br.-Basel-Wien 1992.
Arens, E. (Hrsg.), Gottesrede – Glaubenspraxis. Perspektiven theologischer Handlungstheorie, Darmstadt 1994.
Arens, E., Religion und Ritual, in: ThRev 91 (1995) 105-114.
Arens, E. (Hrsg.), Anerkennung der Anderen. Eine theologische Grunddimension interkultureller Kommunikation (QD 156), Freiburg i.Br.-Basel-Wien [2]1995.

Arens, E. (Hrsg.), Kommunikatives Handeln und christlicher Glaube. Ein theologischer Diskurs mit Jürgen Habermas, Paderborn-München-Wien-Zürich 1997.

Arens, E., Was kann Kommunikation: in: StZ 220 (2002) 410-420.

Arendt, H., Denktagebuch 1950 – 1973, 2 Bde., New York-München 2002.

Ariès, P., Einleitung: Zur Geschichte des privaten Lebens, in: *ders./Chartier, R.* (Hrsg.), Geschichte des privaten Lebens, Bd. 3: Von der Renaissance zur Aufklärung, Frankfurt/M. 1991, 7-19.

Argyle, M., Körpersprache und Kommunikation, Paderborn 1979.

Argyle, M./Trower, P., Signale von Mensch zu Mensch. Die Wege der Verständigung, Weinheim 1981.

Aries, P., Geschichte des Todes, München [9]1999.

Arndt, H./Janney, R. W., Politeness revisited. Cross-modal supportive strategies, in: International Review of Applied Linguistics 23 (1985) 281-300.

Arndt, H./Janney, R .W., InterGrammar. Towards an integrative model of verbal, prosodic and kinesic choices in Speech, Berlin-New York 1987.

Arndt, H./Janney, R .W., Intracultural tact versus intercultural tact, in: *Watts, R. J./Ide, S./Ehlich, K.* (Hrsg.), Politeness in Language. Studies in its History, Theory and Practice, Berlin-New York 1992, 21-43.

Aristoteles, Eudemische Ethik, übersetzt und kommentiert v. *F. Dirlmeier*, Berlin [2]1969.

Aristoteles, Magna Moralia, übersetzt und kommentiert v. *F. Dirlmeier*, Berlin [4]1979.

Aristoteles, Nikomachische Ethik, übersetzt und kommentiert v. *F. Dirlmeier*, Stuttgart [3]1964.

Aristoteles, Die Nikomachische Ethik, übersetzt und hrsg. v. *O. Gigon*, München [5]1984.

Aristoteles, Politik, übersetzt und hrsg. v. *E. Rolfes*, Hamburg 1990.

Arundale, R. B., An alternative model and ideology of communication for an alternative politeness theory, in: Pragmatics 9 (1999) 119-153.

Arntz, K./Schallenberg, P. (Hrsg.), Ethik zwischen Anspruch und Zuspruch. Gottesfrage und Menschenbild in der katholischen Moraltheologie (FS K. Demmer) (SThE 71), Freiburg i.Ue.-Freiburg i.Br. 1996.

Arntz, K., «Der Widerspenstigen Zähmung». Moraltheologie als kritische Zeitgenossenschaft (1902-2002), in: StMor 40 (2002) 291-319.

Arntz, K., Melancholie und Ethik. Eine philosophisch-theologische Auseinandersetzung mit den Grenzen sittlichen Subjektseins im 20. Jahrhundert (ratio fidei 11), Regensburg 2003.

Asserate, A.-W., Manieren, Frankfurt/M. 2003.

Assmann, A./Assmann, J. (Hrsg.), Aufmerksamkeiten. Archäologie der literarischen Kommunikation VII, München 2001.

Assmann, J., Die Aufmerksamkeit Gottes. Die religiöse Dimension der Aufmerksamkeit in Israel und Ägypten, in: *Assmann/Assmann*, Aufmerksamkeiten 69-89

Assmann A., Höflichkeit zwischen Geselligkeit und Gesellschaft, in: *Felderer/Macho*, Höflichkeit 194-204.

Astrom, J., Introductory greeting behaviour: A laboratory investigation of approaching and closing salutation phases, in: Perceptual and Motor Skills 79 (1994) 863-897.

Atkinson, M./Heritage, J. (Hrsg.), Structures of social actions. Studies in conversation analysis, Cambridge 1984.

Atzwanger, K., Verhaltensbiologische Aspekte der Aufmerksamkeit, in: *Assmann/Assmann*, Aufmerksamkeiten 57-67.

Auer, A., Art. Dankbarkeit, in: $LThK^2$ III 156-157.

Auer, A., Autonome Moral und christlicher Glaube, Düsseldorf [2]1984.

Auernheimer, R., Gemeinschaft und Gespräch. Stefano Guazzos Begriff der «Civile Conversazione», München 1973.

Augst, G., Zur Syntax der Höflichkeit. Duzen – Ihrzen – Siezen als sozio- und pragmalinguistisches Phänomen, in: *ders.* (Hrsg.), Sprachnorm und Sprachwandel. Vier Projekte zu diachroner Sprachbetrachtung, Wiesbaden 1977, 13-60.

Aumann, J., St. Francis de Sales. Theologian for the laity, in: Listening 26 (1991) 246-259.

Austin, J. L., How do Things with Words, London 1962.

Austin, J. L., Ein Plädoyer für Entschuldigungen, in: *ders.*, Wort und Bedeutung. Philosophische Aufsätze, München 1975, 177-212.

Auwärter, M./Kirsch, E./Schröter, K. (Hrsg.), Seminar: Kommunikation, Interaktion, Identität, Frankfurt/M. 1976.

Axia, G., Elogio della cortesia, Bologna 1996.

Ayaß, R., Versachlicht oder veraltet: Positive Moralisierungen in alltäglichen und institutionellen Kontexten, in: *Bergmann/Luckmann*, Kommunikative Konstruktion von Moral II 289-327.

Bachinger, A., Gott lieben in der Welt – wie geht das? Exerzitiengedanken zu einigen Kapiteln der «Philothea» im ersten und zweiten Teil, in: JbSalSt 29 (1996) 119-151.
Bacon, F., Essays, hrsg. v. *L. L. Schücking*, Stuttgart 1970.
Badawi, M./Thireau-Decourmont, I., Höflichkeitsbegriffe im Arabischen und Französischen. Ein diachroner Vergleich, in: *Lüger*, Höflichkeitsstile 73-90.
Baethge, M./Eßbach, W. (Hrsg.), Soziologie. Entdeckungen im Alltäglichen, Frankfurt-New York 1983.
Bäumer, R./Plattig, M., Aufmerksamkeit ist das natürliche Gebet der Seele. Geistliche Begleitung in der Zeit der Wüstenväter und der personzentrierte Ansatz nach Carl R. Rogers – eine Seelenverwandtschaft?!, Würzburg 1998.
Bahne, T., Die Klugheit als Handlungsprinzip der praktischen Vernunft, in: *Breuer*, Ethik der Tugenden 121-134.
Bahrdt, H. P., Grundformen sozialer Situationen. Eine kleine Grammatik des Alltagslebens. München 1996.
Baier, K., The moral point of view: A rational basis of ethics, New York 1958.
Balint, M., Die Urformen der Liebe und die Technik der Psychoanalyse, Bern-Stuttgart 1966.
Bally, C., Le langage et la vie, Genf-Heidelberg 1913.
Balmer, H. P., Philosophie der menschlichen Dinge. Die europäische Moralistik, München-Bern 1981.
Balmer, H. P., Moralistische Ethik, in: *Pieper, A.* (Hrsg.), Geschichte der neueren Ethik I, Tübingen-Basel 1992, 1-25.
Baltes, P., Lebenstechnik. Eine kritische Theorie des Alltags, Darmstadt 1993.
Balthasar, H. U. v., Glaubhaft ist nur Liebe, Einsiedeln [4]1975.
Barbazza, M.-C./Roussel, C., Art. Dame, in: DRPSV 197-222.
Barbazza, M.-C./Grassi, M.-C./Lazard, S., Art. Femme, in: DRPSV 393-415.
Barbiellini Amidei, G., La grammatica della vita. Come trovare l'equilibrio con se stessi tra le piccole e le grande cose della realtà quotidiana, Mailand 1993.
Barnard, F. M., Rightful decorum and rational accountability. A forgotten theory of civil life, in: *Schneiders, W.* (Hrsg.), C. Thomasius (1655-1728). Interpretationen zu Werk und Wirkung, Hamburg 1989, 187-198.
Barner, W., Barockrhetorik. Untersuchungen zu ihren geschichtlichen Grundlagen, Tübingen, 1970.
Bartoli, M., L'ideale medioevale della cortesia in Francesco e Chiara d'Assisi, in: Forma Sororum 37 (2000) 2-14.
Barthes, R., Im Reich der Zeichen, Frankfurt/M. 1981.
Barthes, R., Die Sprache der Mode, Frankfurt/M. 1985.
Batlogg, A. R. u.a. (Hrsg.), Der Denkweg Karl Rahners. Quellen – Entwicklungen – Perspektiven, Mainz 2003.
Baudler, G., Riten und Rituale. Religionspädagogisch-pastorale Überlegungen, in: Lebendige Katechese 17 (1995) 77-81.
Bauman, R./Sherzer, J. (Hrsg.), Explorations in the Ethnography of Speaking, Cambridge 1974.
Bauman, Z., Vom Nutzen der Soziologie, Frankfurt/M. 2000.
Baumann, K., Zum Glück gibt es Gott. Zum christlichen Verständnis guten und rechten Lebens, in: ThGl 92 (2002) 1-13.
Baumert, N., Frau und Mann bei Paulus. Überwindung eines Mißverständnisses, Würzburg 1992.
Baumann, M., Freiheit und Tugend. Moralische Bedarfsdeckung durch die unsichtbare Hand?, in: *Prisching*, Postmoderne Tugenden 109-141.
Bayer, K., Die Anredepronomina Du und Sie, in: Deutsche Sprache 7 (1979) 212-219.
Bayraktaroglu, A./Sifianou, M. (Hrsg.), Lingustic politeness across boundaries. The case of Greek and Turkish, Amsterdam-Philadelphia 2001.
Beaunier, A. (Hrsg.), Les Carnets de Joseph Joubert, Paris 1938.
Bebermeyer, G., Art. Hofzucht, in: RDL I 689-691.
Beck, U., Risikogesellschaft. Auf dem Weg in eine andere Moderne, Frankfurt/M. 1986.
Becker, M., Die Kardinaltugenden bei Cicero und Ambrosius: De officiis (CHRÊSIS 4), Basel 1994.
Becker, M. B., Civility and society in Western Europe, Bloomington 1988.
Beetz, M., Ein neuentdeckter Lehrer der Conduite. Thomasius in der Geschichte der Gesellschaftsethik, in: *Schneiders, W.* (Hrsg.), C. Thomasius (1655-1728). Interpretationen zu Werk und Wirkung, Hamburg 1989, 199-222.
Beetz, M., Frühmoderne Höflichkeit. Komplimentierkunst und Gesellschaftsideale im altdeutschen Sprachraum, Stuttgart 1990.
Beetz, M., Soziale Kontaktaufnahme, in: Rhetorik 10 (1991) 30-44.
Beetz, M., Negative Kontinuität, in: *Garber*, Europäische Barockrezeption 281-301.

Beetz, M., Art. Höflichkeit, in: HWR III 1476-1486.
Beetz, M., Die höfliche Antwort in der vormodernen Konversationskultur, in: *Felderer/Macho*, Höflichkeit 70-91.
Beierwaltes, W., Art. Gegensatz, in: HWP III 106-117.
Beirer, G., Wert, Tugend und Identität: zur Gestaltung und Vermittlung sittlicher Kompetenz. Ein Beitrag zur Revitalisierung der Tugendethik, in: *Eid/Elsässer/Hunold*, Moralische Kompetenz 76-116.
Beirer, G., Die heilende Kraft der Klage, in: *Steins*, Schweigen wäre gotteslästerlich 16-41.
Bell, R. T., Sociolinguistics. Goals, approaches and problems, London 1976.
Bellebaum, A., Langeweile, Überdruß und Lebenssinn, Opladen 1990.
Bellebaum, A., Schweigen und Verschweigen. Bedeutungen und Erscheinungsvielfalt einer Kommunikationsform, Opladen 1992.
Bellegarde, J. B. Morvan de, Réflexions sur le ridicule, Amsterdam 1696 (dt.: Betrachtungen über die Auslachenswürdigkeit und über die Mittel, selbige zu vermeiden, Leipzig 1710).
Bellegarde, J. B. Morvan de, Réflexions sur la politesse des mœurs, Amsterdam 1703.
Benevolo, L., Die Stadt in der europäischen Geschichte, München 1993.
Benjamin, J., Ein Entwurf zur Intersubjektivität: Anerkennung und Zerstörung, in: *dies.*, Phantasie und Geschlecht, Frankfurt/M. 1996, 39-58.
Benjamin, W., Höflichkeit, in: *ders.*, Illuminationen, Frankfurt/M. 1977, 317f.
Bensoussan, D., Art. Plaire, in: DRPSV 689-710.
Benz, H., Eudaimonia als implikative und dauerhafte Vollendung ethischen Handelns. Zur aristotelischen Lehre vom Lebensglück, in: FZPhTh 46 (1999) 5-34.
Bergeron, A., Transmettre des consignes à l'oral. L'influence du contenu sur la gestion de l'interaction, in: Langues et Linguistique 27 (2001) 1-28.
Berges, W., Die Fürstenspiegel im hohen und späten Mittelalter, Stuttgart 1952.
Bergmann, J. R., Ethnomethodologische Konversationsanalyse, in: *Schröder/Steger*, Dialogforschung 9-51.
Bergmann, J./Luckmann, T. (Hrsg.), Kommunikative Konstruktion von Moral, 2 Bde., Opladen-Wiesbaden 1999.
Bergmann, J./Luckmann, T., Moral und Kommunikation, in: *dies.*, Kommunikative Konstruktion von Moral I, 13-36.
Bergmann, J., Alltagsmoral. Eine Erkundung, in: Kursbuch Nr. 136 (1999) 105-120.
Bergson, H., La Politesse, in: *ders.*, Mélanges, Paris 1972, 318-332.
Bertelli, S./Grifo, G. (Hrsg.), Rituale, ceremoniale, etichetta, Mailand 1985.
Bertrand, D., Art. Grossier, in: DRPSV 451-468.
Berrier, A., Refus et politesse, in: *Wauthion/Simon*, Politesse et idéologie 145-155.
Besch, W., Duzen, Siezen, Titulieren im Deutschen, Göttingen 1995.
Bettinger, A., Leben im Alltag der Gegenwart: Herausforderungen an die christliche Spiritualität. Grundlegungen und Kriterien gegenwartsbezogener Alltags-Spiritualität, Würzburg 1994.
Bettinger, A., Alltagsforschung, in: LS 49 (1998) 17-19.
Betz, H.-D., The Sermon on the Mount (A Critical and Historical Commentary on the Bible), Minneapolis 1995.
Bey, H. v.d., «Der Herr gebe dir Frieden!» Eine franziskanische Friedenstheologie, Werl 1990.
Bey, H. v.d., Vom kolonialen Gottesexport zur befreienden Mission. Eine franziskanisch orientierte Theologie einer inkulturierten Evangelisation, Bonn 1996.
Beyer, H. B., Art. ἕτερος, in: ThWNT II 699-702.
Bhaba, H. K., Die Verortung der Kultur, Tübingen 2000.
Blank, J., Zum Problem «Ethischer Normen» im Neuen Testament, in: Conc. 3 (1967) 356-362
Blehl, V. F., John Henry Newman and Orestes A. Brownson as educational philosophers, in: ReH 23 (1997) 408-417.
Biagioli, M., Galilei, der Höfling. Entdeckungen und Etikette. Vom Aufstieg der neuen Wissenschaft, Frankfurt/M. 1999.
Bielefeldt, H., Kampf und Entscheidung. Politischer Existentialismus bei Carl Schmitt, Helmuth Plessner und Karl Jaspers, Würzburg 1994.
Bien, G., Die Grundlegung der politischen Philosophie bei Aristoteles, München [3]1985.
Bien, G., Art. Praxis. I. Antike, in: HWP VII 1277-1287.
Bien, G., Art. Praxis. I. Philosophisch, in: LThK[3] VIII 521.
Bien, G., Über das Glück, in: *Schummer, J.* (Hrsg.), Glück und Ethik, Würzburg 1998, 23-45.
Bieri, P., Das Handwerk der Freiheit. Über die Entdeckung des eigenen Willens, München 2001.
Biesinger, A., Art. Vorbild, in: LThK[3] X 889f.

Billy, D. J./Orsuto, D. L. (Hrsg.), Spirituality and Morality. Integrating Prayer and Action. New York-Mahwah 1996.
Billy, D. J., Models and Multivalence: On the interaction between spirituality and moral theology, in: StMor 38 (2000) 45-66.
Billy, D. J., Growing in the virtues and the gifts: Spiritual direction as a practical theological locus for the convergence of spirituality and morality, in: StMor 39 (2001) 433-459.
Bippus, H.-P., In der Theologie nicht bewandert? Montaigne und die Theologie, Tübingen 2000.
Bischoff, B, Mittelalterliche Studien. Stuttgart 1967.
Biser, E., Sich selbst annehmen. Die Tugend der Zustimmung, in: *Kutschki, N.* (Hrsg.), Kardinaltugenden. Alte Lebensmaximen neu gesehen, Würzburg 1993, 85-95.
Biser, E., Nietzsche – Zerstörer oder Erneuerer des Christentums?, Darmstadt 2002.
Blanchard, M., École des mœurs ou réflexion morales et historiques sur les maximes de la sagesse III, Lyon 1828.
Blanco, M., Art. Cérémonie, in: DRPSV 47-72.
Blanco, M., Art. Esprit, in: DRPSV 329-358.
Bloch, R. H., Medieval Misogyny and the Invention of Western Romantic Love, Chicago 1992.
Blomberg, A. v., Der Höflichkeitsfaktor: Etikette heute, von der Liebe bis zum Geld, Reinbek 2002.
Blomert, R., Psyche und Zivilisation. Zur theoretischen Konstruktion bei N. Elias, Münster 1989.
Blumenberg, H., Auffallen und Aufmerken, in: *ders.*, Zu den Sachen und zurück, Frankfurt/M. 2002, 182-206.
Blumer, H., Symbolic interactionism. Perspective and method, Berkeley 1986.
Blowey, D., The paternity of God in the «Writings» of Francis of Assisi: an approach to the economy of salvation in the light of «Regula non bullata», in: MF 98 (1998) 289-347.
Bobbert, M., Art. Moralpsychologie/Moralentwicklung, in: HbEth 428-431.
Bock, I., Sprachfähigkeit und Sozialität. Die anthropologische Fundierung des Gesprächs, in: *Frost*, Sprachfähigkeit und Sozialität, 19-27.
Böckle, F., Normen und Gewissen, in: StZ 111 (1986) 291-302.
Boer, M.-G. de, Riflessioni intorno a un saluto: la storia di «ciao», in: Lingua e Stile 34 (1999) 431-448.
Böhme, G., Urbanität. Ein Essay über die Bildung des Menschen und die Stadt, Frankfurt/M.-Bern 1982.
Böhme, G., Ethik im Kontext, Frankfurt/M. 1997.
Bömer, A., Anstand und Etikette nach den Theorien der Humanisten, in: Neues Jahrbuch für Pädagogik 7 (1904) 223-242, 249-285, 330-355, 361-390.
Börsig-Hover, L., Das personale Antlitz des Menschen. Eine Untersuchung zum Personbegriff bei Romano Guardini, Mainz 1987.
Bogner, A., Zivilisation und Rationalisierung. Die Zivilisationstheorien M. Webers, N. Elias' und der Frankfurter Schule im Vergleich, Opladen 1989.
Bogner, R. G., Die Bezähmung der Zunge. Literatur und Disziplinierung der Alltagskommunikation in der frühen Neuzeit, Tübingen 1997.
Bollnow, O. F., Wesen und Wandel der Tugenden, Frankfurt/M. 1958.
Bollnow, O. F., Die Ehrfurcht, Frankfurt/M. ²1958.
Bollnow, O. F., Einfache Sittlichkeit. Kleine philosophische Aufsätze, Göttingen ³1962.
Bollnow, O. F., Ehre und guter Ruf, in: *ders.*, Einfache Sittlichkeit 47-61.
Bonandi, A., Modelli di teologia morale nel 20. secolo, in: Teol(T) 24 (1999) 89-139.
Bondolfi, A., Alltag in ethisch-theologischer Sicht. Glossen zu einem ungenügend erforschten Thema, in: *ders./Heierle, W./Mieth, D.* (Hrsg.), Ethos des Alltags (FS S. H. Pfürtner), Zürich-Einsiedeln-Köln 1983, 13-25.
Bondolfi, A., Art. Gleichheit, in: NLChM 295-300.
Bondolfi, A., L'utilitarisme dans la tradition catholique. Quelques repères historiques et systématiques, in: RThPh 130 (1998) 413-429.
Bondolfi, A./Münk, H. J. (Hrsg.), Theologische Ethik heute. Antworten für eine humane Zukunft (FS H. Halter), Zürich 1999.
Bonfatti, E., La «Civil Conversazione» in Germania, Udine 1979.
Bonfatti, E., Verhaltenslehrbücher und Verhaltensideale, in: *Glaser, H. A.* (Hrsg.), Deutsche Literatur. Eine Sozialgeschichte III, Reinbek 1985, 77-80.
Bongardt, M., Unverwechselbares Christsein? Zum Stand der Diskussion über die Religionskritik Thomas Rusters, in: HerKorr 55 (2001) 316-319.
Bonneau, E., Erfolgreich durch gutes Benehmen, München 2000.
Bormann, F.-J., Was von der Fairneß übrig blieb. Zur Bedeutung von John Rawls' Theorie der Gerechtigkeit für die katholische Soziallehre, in: ThPh 78 (2003) 384-405.

Botton, A. de, Trost der Philosophie, Frankfurt/M. 2001.

Bougerol, J. G., Art. cortesia, in: DF 267-278.

Boulton, D'A. J. D., The Knights of the Crown. The monarchical orders of Knighthood in later medieval Europe, Woodbridge 1987.

Bourdieu, P., Zur Soziologie der symbolischen Formen, Frankfurt/M. 1974.

Bourdieu, P., Die feinen Unterschiede. Kritik der gesellschaftlichen Urteilskraft, Frankfurt/M. 1983.

Bourdieu, P., Was heißt sprechen? Die Ökonomie des sprachlichen Tausches, Wien 1990.

Bourdieu, P., Sozialer Raum und «Klassen», in: *ders.*, Sozialer Raum und «Klassen». Leçon sur la leçon. Frankfurt/M. [3]1995, 7-46.

Bowlin, J., Aquinas on virtue and the goods of fortune, in: The Thomist 60 (1996) 537-570.

Bovenschen, S., Über-Empfindlichkeiten. Spielformen der Idiosynkrasie, Frankfurt/M. 2000.

Brandes, H., Art. Wochenschriften, moralische, in: *Schneiders*, Lexikon der Aufklärung 443-445.

Brandom, R. B., Expressive Vernunft. Begründung, Repräsentation und diskursive Festlegung, Frankfurt/M. 2000.

Brandt, R., D'Artagnan und die Urteilstafel. Über ein Ordnungsprinzip der europäischen Kulturgeschichte 1, 2, 3/4, München [2]1998.

Brantl, J., Art. A. Lehmkuhl, in: LThK[3] VI 749.

Brantl, J., Art. B. Merkelbach, in: LThK[3] VII 145.

Brantl, J., Verbindende Moral. Theologische Ethik und kulturenvergleichende Humanethologie (SThE 94), Freiburg i.Ue.-Freiburg i.Br. 2001.

Braun, H., «Multikulturalismus» als Normalfall?, in: NOrd 51 (1997) 178-187.

Braungart, G., Hofberedsamkeit. Studien zur Praxis höfisch-politischer Rede im deutschen Territorialabsolutismus, Tübingen 1988.

Braungart, G., Rhetorik als Strategie politischer Klugheit: z.B. Baltasar Gracián, in: *Kopperschmidt, J.* (Hrsg.), Politik und Rhetorik. Funktionsmodelle politischer Rede, Opladen 1995, 146-160.

Braungart, G., Le ridicule: Sozialästhetische Normierung und moralische Sanktionierung zwischen höfischer und bürgerlicher Gesellschaft – Kontinuitäten und Umwertungen, in: *Fietz, L./Fichte, J. O./Ludwig, H. W.* (Hrsg.), Semiotik, Rhetorik und Soziologie des Lachens. Vergleichende Studien zum Funktionswandel des Lachens vom Mittelalter zur Gegenwart, Tübingen 1996, 228-238.

Braungart, G., Sprache und Verhalten. Zur Affektenlehre im Werk von C. Thomasius, in: *Vollhardt, F.* (Hrsg.), Christian Thomasius (1655-1728). Neue Forschungen im Kontext der Frühaufklärung, Tübingen 1997, 365-375.

Braungart, G./Harzer, F., Art. Höfische Rhetorik, in: HWR III 1454-1476.

Breitsameter, C., Identität und Moral in der modernen Gesellschaft. Theologische Ethik und Sozialwissenschaften im interdisziplinären Gespräch, Paderborn 2003.

Brenner, A./Zirfas, J., Lexikon der Lebenskunst, Leipzig 2002.

Breuer, C. (Hrsg.), Ethik der Tugenden: Menschliche Grundhaltungen als unverzichtbarer Bestandteil moralischen Handelns (FS J. Piegsa), St. Ottilien 2000.

Breuer, C., Können wir auf die Tugenden verzichten? Kontinuität und Wandlung eines Begriffs, in: *ders.*, Ethik der Tugenden 21-47.

Breuer, C., Ethik der Tugenden. Eine Untersuchung moraltheologischer und sozialethischer Schriften im deutschsprachigen Raum des 20. Jahrhunderts, in: *ders.*, Ethik der Tugenden 409-433.

Breuer, S., Die Gesellschaft des Verschwindens. Von der Selbstzerstörung der technischen Zivilisation, Berlin 1995.

Brezina, F. F., Die Achtung. Ethik und Moral der Achtung und Unterwerfung bei I. Kant, E. Tugendhat, U. Wolf und P. Singer, Frankfurt/M.-Berlin-Bern 1999.

Braudel, F., Der Alltag. Sozialgeschichte des 15.-18. Jahrhunderts, München 1985.

Brotti, G., Bergson. La coscienza e il tempo, Padua 1994.

Brouchara, A., Höflichkeitsformen in der Interaktion zwischen Deutschen und Arabern, Tübingen 2002.

Brown, P./Levinson, S., A theory of prosodic semantics, Berkeley 1974.

Brown, P./Levinson, S., Universals in language usage: Politeness phenomena, in: *Goody*, Questions and politeness 56-289.

Brown, P./Levinson, S., Politeness. Some universals in language usage, Cambridge 1987.

Brown, R./Gilman, A., The pronouns of power and solidarity, in: *Sebeok, T. A.* (Hrsg.), Style in language, Cambridge (Mass.) 1960, 253-276.

Bruckner, P., Verdammt zum Glück. Der Fluch der Moderne, Berlin 2001.

Brufani, S. u.a. (Hrsg.), Fontes Francescani. Introduzioni critiche, Portiunkula 1997.

Brüske, G., Wahrnehmungslehre des Guten. Zu Guardinis Münchener Ethik-Vorlesungen, in: MThZ 47 (1996) 83-87.

Brüske, G., Anruf der Freiheit. Anthropologie bei Romano Guardini, Paderborn 1998.
Brugère,F. (Hrsg.), Shaftesbury: Philosophie et politesse, Paris 2000.
Brumlik, M., Advokatorische Ethik. Zur Legitimation pädagogischer Eingriffe, Bielefeld 1992.
Brunkhorst, H., Theodor W. Adorno. Dialektik der Moderne, München 1990.
Brunner, H. (Hrsg.), Neidhart (WdF 556), Darmstadt 1986.
Brunner, H., Art. Höflichkeit und Etikette, in: Lexikon der Ägyptologie I 1229-1230.
Brunner, O., Adeliges Landleben und europäischer Geist, Salzburg 1949.
Bruyère, J. de La, Charaktere oder die Sitten im Zeitalter Ludwigs XIV., in einem Band hrsg. v. *O. Flake*, Wiesbaden 1979.
Bryson, A., From courtesy to civility. Changing codes of conduct in early modern England, Oxford 1998.
Bublitz, W., Höflichkeit im Englischen, in: Linguistik und Didaktik 11 (1980) 46-70.
Bucher, A. A./Montag, S., Vorbilder: Peinliche Überbautypen oder nach wie vor notwendig? Bericht über zwei aktuelle empirische Untersuchungen, in: RPäB 30 (1997) 61-81.
Buchkremer, H. J., Ehrgeiz, Stuttgart 1972.
Buck, A., Humanismus. Seine europäische Entwicklung in Dokumenten und Darstellungen, Freiburg i.Br.-München 1987.
Buck, A., «Arma et litterae». Waffen und Bildung. Zur Geschichte eines Topos, Stuttgart 1992.
Büchle, K., Probleme sprachlicher Höflichkeit in der Briefkommunikation (deutsch-spanisch), in: *Lüger*, Höflichkeitsstile 249-262.
Büsch, J. G., Erfahrungen I, Hamburg 1790.
Bumke, J., Mäzene im Mittelalter. Die Gönner und Auftraggeber der höfischen Literatur in Deutschland 1150 - 1300, München 1979.
Bumke, J., Art. Kultur und Gesellschaft, höfische, in: LMA 5 1565-1568.
Bumke, J., Höfische Kultur. Literatur und Gesellschaft im hohen Mittelalter, München 1986.
Burke, P., Montaigne zur Einführung, Hamburg 1993.
Burke, P., Die Geschichte vom «Hofmann». Zur Wirkung eines Renaissance-Breviers über angemessenes Verhalten, Berlin 1996.
Burke, P., Die Sprache der Gestik im Italien der frühen Neuzeit, in: *ders.*, Eleganz und Haltung, Berlin 1998, 85-106.
Burkhart, D., Ehre. Das symbolische Kapital, München 2002.
Bury, E., Art. Galanterie, in: DRPSV 417-424.
Bury, E., Art. Monde, in: DRPSV 637-653.
Butler, J., Kritik der ethischen Gewalt, Frankfurt/M. 2003.
Byrskog, S., Epistolography, rhetoric and letter prescript: Romans 1.1-7 as a test case, in: JNST 62 (1997) 27-46.

Cai, D. A./Wilson, S. R., Identity implications of influence goals. A cross-cultural comparison of interaction goals and facework, in: Communication Studies 51 (2000) 307-328.
Carl, M., Law, virtue and happiness in Aquinas's moral theory, in: The Thomist 61 (1997) 425-447.
Claessens, D., Das Konkrete und das Abstrakte. Soziologische Skizzen zur Anthropologie, Frankfurt/M 1980.
Clark, H. H./Schunk, D. H., Polite responses to polite requests, in: Cognition 8 (1980) 111-143.
Cameron, D., Verbal hygiene, London [2]1996.
Cameron, D., Small incivilities, in: Critical Quarterly 42 (2000) 127-131.
Campanini, G., Mondi vitali e valori, in: Rivista teologica di Lugano 4 (1999) 103-114.
Campe, J. H., Theophron, München 1786.
Campe, J. H., Väterlicher Rat für meine Tochter. Ein Gegenstück zum Theophron, Braunschweig 1796 (Nachdruck: Paderborn 1988).
Campenhausen, H. v., Griechische Kirchenväter, Stuttgart-Berlin-Köln-Mainz [7]1986.
Capucho, M.F., Politesse et pouvoir, in: *Wauthion/Simon*, Politesse et idéologie 207-218.
Cardini, F., Francesco e il fuoco. Dalla «creatura ignis» al serafino fiammeggiante, in: SF 80 (1983) 297-308.
Carré, J., Art. Gentleman, in: DRPSV 425-438.
Carré, J., Art. Réception (lieux de), in: DRPSV 751-762.
Carré, J., Art. Représentation (lieux de), in: DRPSV 763-779.
Carrell, P.-L./Konnekker, B. H., Politeness. Comparing native and nonnative judgements, in: Language Learning 3 (1981) 17-30.
Carter, P., Men and the emergence of polite society, Britain 1660-1800, Harlow 2001.

Casa, G. della, Galateus. Das Büchlein von erbarn/höflichen und holdseligen Sitten. Verdeutscht v. N. Chytraeus, 1597, hrsg. v. *K. Ley*, Tübingen 1984.

Castiglione, B., Das Buch vom Hofmann, hrsg. v. *F. Baumgart*, Bremen 1960.

Causse, M., Les sources primitives de la legende des trois compagnons, in: CFr 68 (1998) 469-491.

Cesanelli, L./Marciano, A., L'interazione conversationale, Urbino 1984.

Chadwick, H., Art. Enkrateia, in: RAC V 343-365.

Carter, P., The Servant-Ethic in the New Testament, New York-Bern-Berlin ²1999.

Charron, J.-M., Da Narciso a Gesù. La ricerca dell'identità in Francesco d'Assisi, Padua 1995.

Chartier, R., Art. Civilité, in: *Reichardt, R./Schmitt, E.* (Hrsg.), Handbuch politisch-sozialer Grundbegriffe in Frankreich 1680-1820 IV, München 1986, 7-50.

Chen, R., Responding to compliments. A contrastive study of politeness strategies between American english and Chinese speakers, in: Journal of Pragmatics 20 (1993) 49-75.

Chen, R., Self-Politeness. A Proposal, in: Journal of Pragmatics 33 (2001) 87-106.

Cheriyapattaparambil, F. R., Francesco d'Assisi e i trovatori, Perugia 1985.

Chiavacci, E., Teologia morale, III/2: Morale della vita economica, politica, di comunicazione, Assisi 1990.

Christie, C., Gender and language. Towards a feminist pragmatics, Edinburgh 2000.

Claus, M., Lessing und die Franzosen: Höflichkeit – Laster – Witz, Rheinfelden ²1986.

Clemens v. Alexandrien, Ausgewählte Schriften, hrsg. v. *O. Stählin* (BKV, 2. Reihe, Bde. 7,1 + 2), München 1934.

Cicero, T. M., Laelius. De amicitia, dt.-lat. hrsg. v. *M. Faltner*, München ²1993.

Cicero, T. M., De officiis, hrsg. u. kommentiert v. *H. Gunermann*, Stuttgart 1995.

Cicero, T. M., De finibus bonorum et malorum, hrsg. v. *H. Merklin*, Stuttgart 1996.

Cicero, T. M., De Inventione/Über die Auffindung des Stoffes, hrsg. u. übers. v. *T. Nüsslein*, Darmstadt 1998.

Cicourel, A. V., Sprache in der sozialen Interaktion, München ²1975.

Cicourel, A. V., Basisregeln und normative Regeln im Prozeß des Aushandelns von Status und Rolle, in: *AG Bielefelder Soziologen*, Alltagswissen, Interaktion und gesellschaftliche Wirklichkeit 147-188.

Ciroul, V./Simon, A.-C., L'«ex-communication» interactionelle comme stratégie de dévalorisation de l'idéologie, in: *Wauthion/Simon*, Politesse et idéologie 185-196.

Cohn, E., Gesellschaftsideale und Gesellschaftsroman des 17. Jahrhunderts. Studien zur deutschen Bildungsgeschichte, Berlin 1921.

Collange, C., La politesse du cœur, Paris 1993.

Comte-Sponville, A., Die minimale Tugend: Höflichkeit, in: *Stäblein*, Höflichkeit 23-34.

Comte-Sponville, A., Ermutigung zum unzeitgemäßen Leben. Ein kleines Brevier der Tugenden und Werte, Reinbek 1996.

Conradi, E., Take care. Grundlagen einer Ethik der Achtsamkeit, Frankfurt/M. 2001.

Cordero, R. A., Moral judgements: cognitive, objective and relative, in: Philosophy in context 16 (1986) 50-55.

Coreth, E., Lebensvollzug in Kommunikation und Interaktion, in: *Hünermann/Schaeffler*, Theorie der Sprechhandlungen und heutige Ekklesiologie 11-26.

Corrignan, F., La Spiritualité de François de Sales. Un chemin de vie, Paris 1989.

Covey, S. R., The 7 habits of highly effective people, New York 1989.

Coulmas, F. (Hrsg.), Conversational routine. Explorations in standardized communication situations and prepatterned speech, Den Haag-Paris-New York 1981.

Coulmas, F., Poison to your soul. Thanks and apologies contrastively viewed, in: *ders.*, Conversational routine 69-92.

Coulon, A., L'Ethnométhodologie, Paris ⁴1996.

Cox, H. L./Vanacker, V. F./Verhofstadt, E. (Hrsg.), Wortes anst Verbi gratia (FS G. A. R. de Smet), Leuven 1986.

Crary, J., Aufmerksamkeit. Wahrnehmung und moderne Kultur, Frankfurt/M. 2002.

Crossin, J. W., Walking in Virtue. Moral decisions and spiritual growth in daily life, New York-Mahwah 1998.

Crouzel, H., Culture et foi. Clément d'Alexandrie, in: StMiss 42 (1993) 97-122.

Crouzel, H., Art. Bild Gottes – II. Alte Kirche, in: TRE VI 499-502.

Csepregi, G., Du tact, in: ScEs 47 (1995) 329-333.

Curtin, M., A question of manners: Status and gender in etiquette and courtesy, in: Journal of Modern History 75 (1985) 395-423.

Dalferth, I. U./Jüngel, E., Person und Gottebenbildlichkeit, in: *Böckle, F.* u.a. (Hrsg.), Christlicher Glaube in moderner Gesellschaft XXIV, Freiburg i.Br.-Basel-Wien 1981, 57-99.

Dalferth, I./Jüngel, E., Sprache als Träger der Sittlichkeit, in: HCE II 454-473.

D'Arminio, B, Comunicare è un'arte, in: *De Rosa, M.* (Hrsg.), Dives in misericordia (FS G. Pierro), Salerno 1997, 213-226.

Dancy, J. (Hrsg.), Normativity, Oxford 2000.

Darge, R., «Wie einer beschaffen ist, so erscheint ihm das Ziel.» Die Rolle des moralischen Habitus bei der Beurteilung des Handlungsziels nach Thomas von Aquin, in: ThPh 72 (1997) 53-76.

Dascal, M., Speech acts theory and the analysis of conversation: differences in detail that make a difference, in: *TSOHATZIDIS*, Foundation of speech act theory 323-334.

Dassmann, E., Klemens von Alexandrien und eine christliche Familienkultur in nichtchristlicher Welt, in: *Englert, R./Frost, U./Lutz, B.* (Hrsg.), Christlicher Glaube als Lebensstil (FS G. Bitter) Stuttgart-Berlin-Köln 1996, 145-158.

Davidson, D., Inquiries into truth and interpretation, Oxford 1984.

Davis, M., City of Quartz. Ausgrabungen der Zukunft in Los Angeles, Berlin [3]1999.

Davis, N. Z., The Gift in the sixteenth-century France, Wisconsin 2000.

Dausendschön-Gay, U./Gülich, E./Krafft, U. (Hrsg.), Linguistische Interaktionsanalysen. Beiträge zum 20. Romanistentag 1987, Tübingen 1991.

Dausendschön-Gay, U./Krafft, U., Tâche conversationnelle et organisation du discours, in: *Dausendschön-Gay/Gülich/Krafft*, Linguistische Interaktionsanalysen 131-154.

Desbonnets, T., Legenda trium sociorum. Edition critique, in: AFH 67 (1974) 38-144.

Deleuze, G., Henri Bergson zur Einführung, Hamburg [2]1997.

Della Casa, Giovanni, Galateus. Das Büchlein von erbarn/höflichen und holdseligen Sitten. Verdeutscht v. N. Chytraeus, 1597, hrsg. v. *K. Ley*, Tübingen 1984.

Dell'Olio, A. J., God, the self, and the ethics of virtue, in: Philosophy and theology 11 (1998) 47-70.

Demel, S., Jesu Umgang mit Frauen nach dem Lukasevangelium, in: BN 57 (1991) 41-95.

Demmer, K., Art. Moraltheologie. 2. Systematik, in: TRE XXIII 295-302.

Demmer, K., Sittlich handeln als Zeugnis geben, in: Gr. 64 (1983) 453-486.

Demmer, K., Deuten und handeln. Grundlagen und Grundfragen der Fundamentalmoral (SThE 15), Freiburg i.Ue.-Freiburg i.Br. 1985.

Demmer, K., Moraltheologische Methodenlehre (SThE 27), Freiburg i.Ue.-Freiburg i.Br. 1989.

Demmer, K., Art. Sünde, in: NLChM 752-759.

Demmer, K., Das vergeistigte Glück. Gedanken zum christlichen Eudämonieverständnis, in: Greg. 72 (1991) 99-115.

Demmer, K., Die Wahrheit leben. Theorie des Handelns, Freiburg i.Br. 1991.

Demmer, K., Art. Tugenden, in: PLSp 135-138 (Sonderausgabe 1992).

Demmer, K., Gottes Anspruch denken. Die Gottesfrage in der Moraltheologie (SThE 50), Freiburg i.Ue.-Freiburg i.Br. 1992.

Demmer, K., Art. Akt II. theologisch-ethisch, in: LThK[3] I 299-303.

Demmer, K., Fundamentale Theologie des Ethischen (SThE 82), Freiburg i.Ue./Freiburg i.Br. 1999.

Demmer, K., Moraltheologie in der Polarität von Glaube und Vernunft, in: FZThPh 47 (2000) 5-26.

Demmer, K., Der dreifaltige Gott und die Moral. Eine immer neue und niemals abgeschlossene Frage, in: *Guggenberger/Ladner*, Christlicher Glaube 111-127.

Demmer, K., Gott in der Moral. Überlegungen zur Identität der Moraltheologie, in: Gr. 84 (2003) 81-101.

Demmer, K., Angewandte Theologie des Ethischen (SThE 100), Freiburg i.Ue./Freiburg i.Br. 2003.

De Mourgues, O., Two french Moralists: La Rochefoucauld and La Bruyère, Cambridge 1978.

Denz, H. (Hrsg.), Die europäische Seele. Leben und Glauben in Europa, Wien 2002.

De Oliveira, J. A., Polidez. A virtude do simulacro, in: Uniletras 21 (1999) 85-96.

Desmond, W., On the betrayals of reverence, in: ITQ 65 (2000) 211-230.

Dewan, L., St. Thomas and creation: Does God create «reality»?, in: ScEs 51 (1999) 5-25.

Dhoquois, R. (Hrsg.), La politesse. Vertu des apparences, Paris 1991.

Dhoquois, R., Sous contrat, in: *dies.*, La politesse 108-117.

Diderot, D., Philosophische Schriften, Bd. 1, hrsg. v. *T. Lücke*, Berlin 1984.

Diestelkamp, B., Art. Lehenswesen, in: LMA V 1807-1825.

Dietz, S., Die Kunst des Lügens. Eine sprachliche Fähigkeit und ihr moralischer Wert, Reinbek 2003.

Dihle, A., Antike Höflichkeit und christliche Demut, in: Studi Italiani di Filologia Classica 26 (1952) 169-190.

Dijk, T. A. v., Macrostructures, An interdisciplinary study of global structures in discourse, interaction and cognition, Hillsdale 1980.

Dienberg, T./Plattig, M. (Hrsg.), «Leben in Fülle». Skizzen zur christlichen Spiritualität (FS J. Weismayer), Münster 2001.

Dienberg, T., Christliche Spiritualität oder: von der «heiligen Muße» des Franz von Assisi, in: *ders./Plattig*, «Leben in Fülle» 39-63.

Dirscherl, E., Die Rätselhaftigkeit des Menschen, in: rhs 46 (2003) 245-250.

Dittmar, N., Grundlagen der Soziolinguistik, Tübingen 1997.

D'Luze, H., Ethnométhodologie morale et grammaires génératives des mœurs. Itinéraire d'une réflexion, Paris 1996.

Dörnemann, H., Freundschaft als Paradigma der Erlösung, Würzburg 1997.

Dohmen, C., Ebenbild Gottes oder Hilfe des Mannes? Die Frau im Kontext der anthropologischen Aussagen von Gen 1-3, in: JCSW 34 (1993) 152-164.

Douglas, M., Ritual, Tabu und Körpersymbolik. Sozialanthropologische Studien in Industriegesellschaft und Stammeskultur, Frankfurt/M. 1974.

Dreitzel, H. P., Die gesellschaftlichen Leiden und das Leiden an der Gesellschaft. Vorstudien zur Pathologie des Rollenverhaltens, Stuttgart 1968.

Dreitzel, H. P., Peinliche Situationen, in: *Baethge/Eßbach*, Soziologie. Entdeckungen im Alltäglichen 148-173.

Dreitzel, H. P., Rollentheorie, in: *Ammon/Dittmar/Mattheier*, Sociolinguistics/Soziolinguistik II 114-119.

Duby, G., Les trois ordres ou l'imaginaire du féodalisme, Paris 1979.

Duby, G., Le chevalier, la femme et le prêtre. Le mariage dans la France féodale, Paris 1981.

Duby, G., Guillaume le Maréchal oder der beste aller Ritter, Frankfurt/M. 1997.

Duby, G., Die Ritter, München-Wien 1999.

Duchhardt, H. (Hrsg.), European Monarchy, Stuttgart 1992.

Duerr, H. P., Der Mythos vom Zivilisationsprozeß, 5 Bde., Frankfurt/M. 1988-2002.

Düwell, M./Hübenthal, C./Werner, M. H. (Hrsg.), Handbuch Ethik, Stuttgart-Weimar 2002.

Duhm, D., Angst im Kapitalismus, Lampertheim 1972.

Duhm, D., Warenstruktur und zerstörte Zwischenmenschlichkeit, Lampertheim [3]1975.

Dupin, H., La courtoisie au moyen âge, Genf 1973.

Dupuis, M., La vertu d'attention, in: La Foi et le Temps 24 (1994-5) 389-401.

Durckheim, E., Les formes élémentaires de la vie religieuse, Paris 1912.

Dyck, A. R., A Commentary on Cicero: De officiis, Ann Arbor [2]1999.

Ebert, H., Höflichkeit und Respekt in der Unternehmenskommunikation. Wege zu einem professionellen Beziehungsmanagement, München-Unterschleißheim 2003.

Ebert, K. (Hrsg.), Alltagswelt und Ethik. Beiträge zu einem sozial-ethischen Problemfeld (FS A. Weyer) Wuppertal 1988.

Ebert, T., Phronesis – Anmerkungen zu einem Begriff der Aristotelischen Ethik (VI 5 und 8-13), in: *Höffe*, Die Nikomachische Ethik 165-185.

Ebertz, M. N., Art. Alltag, in: LThK[3] I 417-419.

Eder, K., Die Vergesellschaftung der Natur. Studien zur sozialen Evolution der praktischen Vernunft, Frankfurt/M. 1988.

Edmondson, W. J./House, J., Höflichkeit als Lernziel im Englischunterricht, in: Neusprachliche Mitteilungen 35 (1982) 218-227.

Eelen, G., A critique of politeness theories (Encounters 1), Manchester 2001.

Egenter, R., Das Edle und der Christ, Westheim [2]1949.

Egenter, R., Die Aszese des Christen in der Welt, Ettal 1956.

Eggebrecht, H., Knigge im Nordost-Passat, in: «Süddeutsche Zeitung» vom 23.05.2000, 17.

Eggensperger, T./Engel, U. (Hrsg.), Wahrheit. Recherchen zwischen Hochscholastik und Postmoderne, Mainz 1995.

Egidi, M. u.a. (Hrsg.), Gestik. Figuren des Körpers in Text und Bild, Tübingen 2000.

Eibl-Eibesfeldt, I., Zur Ethologie des menschlichen Grußverhaltens, in: Zeitschrift für Tierpsychologie 25 (1968) 727-744, 29 (1971) 196-213.

Eibl-Eibesfeldt, I., Der vorprogrammierte Mensch. Das Ererbte als bestimmender Faktor im menschlichen Verhalten, Wien 1973.

Eibl-Eibesfeldt, I., Die Biologie des menschlichen Verhaltens. Grundriß der Humanethologie, München-Zürich 1984.

Eid, V., Tugend als Werthaltung, in: *Gründel, J./Rauh, F./ders.* (Hrsg.), Humanum. Moraltheologie im Dienst am Menschen (FS R. Egenter), Düsseldorf 1972, 66-83.

Eid, V., Art. Bergpredigt, III. Theologisch-ethisch, in: LThK[3] II 256f.

Eid, V./Elsässer, A./Hunold, G. W. (Hrsg.), Moralische Kompetenz. Chancen der Moralpädagogik in einer pluralen Lebenswelt, Mainz 1995.
Eifler, G. (Hrsg.), Ritterliches Tugendsystem (WdF 56), Darmstadt 1970.
Ehlers, K.-H., Zur Rhetorik der großen Bitte. Am Beispiel Berliner U-Bahn-Bettler, in: *Haferland/Paul*, Höflichkeit 124-168.
Ehlers, M./Meyring, C., Ich bin so frei. Ein Versuch über die neue Unverschämtheit, in: «DIE ZEIT», Nr. 48 (1997) 58.
Ehlich, K., On the historicity of politeness, in: *Watts/Ide/Ehlich*, Politeness in language 71-107.
Ehlich, K./Rehbein, J., Augenkommunikation. Methodenreflexion und Beispielanalyse, Amsterdam 1982.
Ehlich, K., Vorurteile, Vor-Urteile, Wissenstypen, mentale und diskursive Strukturen, in: *Heinemann, M.* (Hrsg.), Sprachliche und soziale Stereotype (Forum Angewandte Linguistik 33), Frankfurt/M.-Berlin-Bern u.a. 1998, 11-24.
Ehrhardt, C., Beziehungsgestaltung und Rationalität. Eine linguistische Theorie der Höflichkeit, Triest 2002.
Ehrismann, O., Ehre und Mut, Aventuire und Minne. Höfische Wortgeschichten aus dem Mittelalter, München 1995.
Ehrismann, O., êre: Die Norm des Adels, in: *ders.*, Ehre und Mut 65-71.
Ehrismann, O., mâze: Die höfische Mitte, in: *ders.*, Ehre und Mut 128-136.
Ehrismann, O., minne und liebe: Das Fluidum zur Interaktion, in: *ders.*, Ehre und Mut 136-148.
Ehrismann, O., muot: Von den inneren Kräften, in: *ders.*, Ehre und Mut 148-151.
Ehrismann, O., ritter: Der höfische Krieger, in: *ders.*, Ehre und Mut 169-181.
Ehrismann, O., staete: Der feste Charakter, in: *ders.*, Ehre und Mut 209-211.
Ehrismann, O., triuwe: Zur ethischen Identität, in: *ders.*, Ehre und Mut 211-216.
Ehrismann, O., wünne, vröude, hôher mout: Des Hofes Freude, in: *ders.*, Ehre und Mut 245-248.
Ehrismann, O., zuht und tugent: Die Höfische Bildung, in: *ders.*, Ehre und Mut 248-253.
Elders, L. J., «Bonum humanae animae est secundum rationem esse», in: Rivista teologica di Lugano 4 (1999) 75-90.
Eliach, Y., Träume vom Überleben. Chassidische Geschichten aus dem 20. Jahrhundert, Freiburg i. Br. 1997.
Elias, N., Über die Einsamkeit der Sterbenden in unseren Tagen, Frankfurt/M. 1982.
Elias, N., Zivilisation und Informalisierung, in: *ders.*, Studien über die Deutschen, Frankfurt/M. [3]1990, 31-158.
Elias, N., Über den Prozeß der Zivilisation. Soziogenetische und psychogenetische Untersuchungen, 2 Bde., Frankfurt/M. [20]1997.
Elias, N., Die höfische Gesellschaft, Untersuchungen zur Soziologie des Königtums und der höfischen Aristokratie. Frankfurt/M. [8]1997.
Elias, N., Zivilisation und Informalisierung, in: *ders.*, Studien über die Deutschen 31-158.
Elias, N.., Studien über die Deutschen, Frankfurt/M. [3]1990.
Elliott, J. H., Jesus was not an egalitarian. A critique of an anachronistic and idealistic theory, in: BTB 32 (2002) 75-91.
Elwert, T.W., Höflichkeitsformeln im Italienischen, in: *Holtus, G./ Radtke, E.* (Hrsg.), Umgangssprache in der Iberoromania (FS H. Kröll), Tübingen 1984, 405-415.
Elwitz, S., Civil und civility. Eine wortgeschichtliche Untersuchung zweier Höflichkeitsbezeichnungen, Bonn 1973.
Emerson, R. W., Manners, in: *ders.*, Works. I: Essays, London-New York-Toronto 1906, 279-301.
Endres, J., Kommentar, in: DThA XX 327-497.
Engel, H., Das Buch der Weisheit (NSK.AT 16) Stuttgart 1998.
Engels, O., Art. Gottesfrieden, in: LThK[3] IV 911f.
Epiktet, Handbüchlein der Ethik, hrsg. v. *E. Neitzke*, Stuttgart 1990.
Epikur, Handbüchlein der Moral, übersetzt u. hrsg. v. *K. Steinmann*, Stuttgart 1994.
Erasmus v. Rotterdam, Über die Umgangserziehung der Kinder, in: *ders.*, Ausgewählte pädagogische Schriften, hrsg. v. *A. J. Gail*, Paderborn 1963, 89-106.
Erasmus v. Rotterdam, Familiarium colloquiorum formulae, hrsg. v. *L. Poelchau*, Stuttgart 1996.
Erasmus v. Rotterdam, Colloquia familiaria, hrsg. v. *H. Rädle*, Stuttgart 1997.
Erasmus v. Rotterdam, Das Lob der Torheit, hrsg. v. *A. J. Gail*, Stuttgart 1999.
Erdmann, C., Die Entstehung des Kreuzzugsgedankens, Darmstadt 1974 (Erstausgabe: Stuttgart 1935).
Erlandsson, S., Art. אחר, in: ThWAT I 218-220.
Ernst, U./Sowinski, B. (Hrsg.), Architectura poetica. Köln-Wien 1990.

Essbach, W./Fischer, J./Lethen, H. (Hrsg.), Plessners «Grenzen der Gemeinschaft». Eine Debatte, Frankfurt/M. 2002.
Esser, H., Multikulturelle Gesellschaft als Alternative zu Isolation und Assimilation, in: *ders.* (Hrsg.), Die fremden Mitbürger. Möglichkeiten und Grenzen der Integration von Ausländern, Düsseldorf 1983, 25-38.
Esser, K., Textkritische Untersuchungen zur Regula non bullata der Minderbrüder, Grottaferrata 1974.
Esser, K., Ein Vorläufer der «Epistola ad fideles» des hl. Franziskus von Assisi, in: CollFranc 45 (1975) 5-37.
Esser, K., Studium und Wissenschaft im Geist des hl. Franziskus von Assisi, in: WiWei 39 (1976) 26-41.
Esser, K., Die Opuscula des hl. Franziskus von Assisi. Neue textkritische Edition, zweite, erweiterte und verbesserte Auflage, besorgt von E. Grau, Grottaferrata 1989.
Euchner, W., John Locke zur Einführung, Hamburg 1996.
Ette, O., Roland Barthes. Eine intellektuelle Biographie, Frankfurt/M. 1998.
Ettl, S., Anleitung zu schriftlicher Kommunikation. Briefsteller von 1880 bis 1980, Tübingen 1984.
Eyb, A. v., Spiegel der Sitten, hrsg. v. *G. Klecha*, Berlin 1989.

Faber, E.-M., Art. Gnade, VI. Systematisch-theologisch, in: LThK[3] IV 779-785.
Fairbairn, W. R. D., An Object-Relations Theory of the Personality, New York 1952.
Fander, M., Die Stellung der Frau im Markus-Evangelium. Unter besonderer Berücksichtigung kultur- und religionsgeschichtlicher Hintergründe, Altenberge [3]1992.
Farin, K./Seidel-Pielen, E., Skinheads. «Lieber mal eine Prügelei als ständig Schleimerei», in: *Stäblein,* Höflichkeit 124-142.
Fasching, M., Eudaimonia – Arete – Philia. Zur Systematik der Nikomachischen Ethik, in: WJP 20 (1988) 115-129.
Fauser, M., Das Gespräch im 18. Jahrhundert. Rhetorik und Geselligkeit in Deutschland, Stuttgart 1991.
Feiereis, K., Humanismus: eine Brücke zwischen Christen und Nichtchristen? Gedanken über die Grundlagen für ein Zusammenleben in säkularer Gesellschaft, in: *Pittner, B.* (Hrsg.), Zeiten des Übergangs (FS F. G. Friemel), Leipzig 2000, 106-118.
Feld, H., Franziskus von Assisi und seine Bewegung, Darmstadt 1994.
Felder, H., Der Christusritter aus Assisi, Zürich 1941.
Felderer, B./Macho, T. (Hrsg.), Höflichkeit. Aktualität und Genese von Umgangsformen, München 2002.
Feldhaus, S., Art. F.X. Linsenmann, in: LThK[3] VI 945f.
Feldhaus, S., Art. J. Mausbach, in: LThK[3] VI 1504f.
Fenner, W., «Bürgerfreund, Aufklärer, Völkerlehrer». Knigge in Deutschland von 1769-1996, in: Text + Kritik H. 130 (1996) 84-90.
Ferguson, C. A., The structure and use of politeness formulas, in: Language in Society 5 (1976) 137-151.
Fillmore, C. J., Pragmatics and the description of discourse, in: Berkeley Studies in Syntax and Semantics 1 (1974) 1-21.
Fillmore, C. J., Santa Cruz lectures on deixis. Bloomington 1975.
Fillmore, C. J., Lectures on deixis, Cambridge 1996.
Fink-Eitel, H./Lohmann, G. (Hrsg.), Zur Philosophie der Gefühle, Frankfurt/M. 1993.
Finkenstaedt, T., Duzen ohne Du. Zur Anrede, vornehmlich im Deutschen, in: Zeitschrift für Volkskunde. NF 4 (1981) 7-30.
Finkenstaedt, T., «I like kissing people», in: *Stagl, J.* (Hrsg.), Aspekte der Kultursoziologie. Aufsätze zur Soziologie, Philosophie, Anthropologie und Geschichte der Kultur (FS M. Rassem), Berlin 1982, 31-38.
Finkielkraut, A., Die Undankbarkeit. Gedanken über unsere Zeit, Berlin 1999.
Fiorato, A. C., Art. Simulation/Dissimulation, in: DRPSV 801-845.
Firth, R., Verbal and bodily rituals of greeting and parting, in: *La Fontaine, J. S.* (Hrsg.), The interpretation of ritual, London 1972, 1-38.
Fischer, J., Die Begründungsfalle. Plädoyer für eine hermeneutische Ethik, in: ZEE 45 (2001) 163-168.
Fischer, K., «Verwilderte Selbsterhaltung». Zivilisationstheoretische Kulturkritik bei Nietzsche, Freud, Weber und Adorno, Berlin 1999.
Fischer-Lichte, E./Horn, C./Umathum, S./Warstat, M. (Hrsg.), Performativität und Ereignis, Tübingen 2002.
Fiske, J./Hartley, J., Reading television, London 1978.
Fiske, J., Introduction to communication studies, London 1990.
Flanagan, K., Re-directions in the sociology of religion. The issue of virtue ethics, in: Informationes Theologiae Europae 7 (1998) 283-293.
Flecha, J. R., Trinidad y vida moral. Un proyecto de vida cristiana, in: EstTrin 36 (2002) 467-494.
Fleckenstein, J./Hellmann, M. (Hrsg.), Die geistlichen Ritterorden Europas, Sigmaringen 1980.

Fleckenstein, J. (Hrsg.), Curialitas. Studien zu Grundfragen der höfisch-ritterlichen Kultur, Göttingen 1990.

Fleckenstein, J./Cardini, F./Schreiner, P., Art. Ritter, -tum, -stand, in: LMA VII 865-876.

Fleckenstein, J., Miles und clericus am Königs- und Fürstenhof. Bemerkungen zu den Voraussetzungen, zur Entstehung und zur Trägerschaft der höfisch-ritterlichen Kultur, in: *Fleckenstein*, Curialitas 302-325.

Fleckenstein, J., Rittertum und ritterliche Welt, Berlin 2002.

Fleming, J. C., The Helpful Lie. The Moral Reasoning of Augustine and John Cassian, Washington 1993.

Fleming, J. C., The Ethics of Lying in contemporary Moral Theology: Strategies for Stimulating the Discussion, in: Louvain Studies 24 (1999) 57-71.

Fleming, J. C., Reputation reconsidered. The contemporary Relevance of Casuist/Manualist Legacies concerning Detraction, in. StMor 39 (2001) 159-174.

Flood, D. E., Die Regula non bullata der Minderbrüder, Werl 1967.

Foitzik, A., Kleine Tugend Höflichkeit, in: HerKorr 48 (1994) 109-111.

Fonk, P., Transformation der Dialektik. Grundzüge der Philosophie Arnold Gehlens, Würzburg 1983.

Fonk, P., Das Ende der Neuzeit. Überlegungen zum gleichnamigen Werk Romano Guardinis, in: *Baumgartner, H. M./Irrgang, B.*, Am Ende der Neuzeit? Die Forderung eines fundamentalen Wertwandels und ihre Probleme, Würzburg 1985, 69-93.

Fonk, P., Die Annahme seiner selbst als Thema der Moraltheologie, in: GuL 68 (1995) 179-195.

Fonk, P., Gegen-Finalitäten – die Ethik des gelingenden Lebens vor der Frage nach dem Leiden, in: *Höver, G.* (Hrsg.), Leiden (StdM 1) Münster 1997, 73-93.

Fonk, P./Zelinka, U. (Hrsg.), Orientierung in pluraler Gesellschaft. Ethische Perspektiven an der Zeitenschwelle (SThE 81), Freiburg i.Ue.-Freiburg i.Br. 1999.

Fonk, P., Wider-Stände – Oder: Christliche Tugenden für die Gesellschaft von morgen, in: *ders./Schlemmer, K./Schwienhorst-Schönberger, L.* (Hrsg.), Zum Aufbruch ermutigt. Kirche und Theologie in einer sich wandelnden Zeit (FS F. X. Eder), Freiburg i.Br.-Basel-Wien 2000, 223-248.

Foster, K., Courtly Love and Christianity, London 1963.

Forgas, J. P., Feeling and speaking: Mood effects on verbal communication strategies, in: Personality and Social Psychology Bulletin 25 (1999) 850-863.

Forgas, J. P., On feeling good and being rude: Affective influences on language use and request formulations, in: Journal of Personality and Social Psychology 76 (1999) 928-939.

Forster, K. W./Locher, H. (Hrsg.), Theorie der Praxis. L. B. Alberti als Humanist und Theoretiker der bildenden Künste, Berlin 1999.

Foster, S. E., Virtues and material goods. Aristotle on justice and liberality, in: American catholic philosophical quarterly 71 (1997) 607-619.

Fowler, R., Linguistic criticism, Oxford [2]1990.

Fraling, B., Methoden im Vergleich. Theologische Ethik in Deutschland und Lateinamerika, in: *Mertens, G.* (Hrsg.), Markierungen der Humanität. Sozialethische Herausforderungen auf dem Weg in ein neues Jahrtausend, Paderborn 1992, 59-78.

Fraling, B., Überlegungen zum Thema Spiritualität, in: *ders.*, Vermittlung und Unmittelbarkeit. Beiträge zu einer existentialen Ethik (SThE 59), Freiburg i.Ue-Freiburg i.Br. 1994, 33-51.

Fraling, B., Existentialethik – spirituelle Mitte der Moraltheologie, in: GuL 70 (1997) 12-27.

Fraling, B., Vom Ethos der Bibel zur biblischen Ethik. Versuche zur biblischen Grundlegung der Moraltheologie, Thaur 1999.

Fraling, B., Theologie der Spiritualität. Das Verhältnis zweier theologischer Disziplinen, in: *Haering/Kandler/Sagmeister*, Gnade und Recht 17-26.

Fraling, B., Der Ort der Theologie der Spiritualität im Gesamt der Theologie, in: *Dienberg/Plattig*, «Leben in Fülle» 96-114.

France, P., Politeness and its discontents. Problems in French classical culture, Cambridge 1992.

Francesconi, D., Politeness. Una parola-chiave del vocabulario di Hume, in: Pensiero politico 30 (1997) 551-559.

Franck, D., Grammatik und Konversation, Kronberg 1980.

Franck, D., Stil und Interaktion, in: *Spillner, B.* (Hrsg.), Methoden der Stilanalyse, Tübingen 1984, 121-135.

Franck, G., Ökonomie der Aufmerksamkeit. Ein Entwurf, München 1998.

Frank, I. W., Franz von Assisi. Frage auf eine Antwort, Düsseldorf 1982.

Frankemölle, H./Korff, W., Art. Feindesliebe. I. Biblisch, II. Theologisch-ethisch, in: LThK[3] III 1212f.

Frankemölle, H., Matthäus. Kommentar, 2 Bde., Düsseldorf [2]1999 (Bd. 1), 1997 (Bd. 2).

Franken, N., La politesse, un phénomène pragmatique entre locution, illocution, perlocution et communication?, in: *Wauthion/Simon*, Politesse et idéologie 37-44.

Frankena, W., Analytische Ethik, München [3]1981.

Fraser, B., Conversational mitigation, in: Journal of Pragmatics 4 (1980) 341-350.
Fraser, B./Nolen, W., The association of deference with linguistic form, in: International Journal of the Sociology of Language 27 (1981) 93-111.
Fraser, B., Perspectives on politeness, in: Journal of Pragmatics 14 (1990) 219-236.
Freeman, G. P./Sevenhoven, H., Der Nachlaß eines Armen. Kommentar zum Testament des heiligen Franziskus von Assisi, Werl 1988.
Fresacher, B., Kommunikation – Leitbegriff theologischer Theoriebildung, in: ZKTh 123 (2001) 269-283.
Frevert, U., Ehrenmänner. Das Duell in der bürgerlichen Gesellschaft, München 1991.
Frey, D./Greif, S. (Hrsg.), Sozialpsychologie. Ein Handbuch in Schlüsselbegriffen, München-Wien-Baltimore 1983.
Freyer, J.-B., Rez. zu: *H. Feld*, Franziskus und seine Bewegung, in: WissWeis 58 (1995) 330-338.
Fried, J., Die Aktualität des Mittelalters. Gegen die Überheblichkeit unserer Wissensgesellschaft, Stuttgart 2002.
Frielingsdorf, K., Aggression stiftet Beziehung, Mainz 1999.
Frisch, M., Manieren, in: *ders.*, Stichworte. Ausgesucht von *U. Johnson*, Frankfurt/M. 1975, 224-227.
Fritzsche, Y., Wie höflich sind Japaner wirklich? Höflichkeitserwartungen in der japanischen Alltagskommunikation, München 1998.
Forst, R., Toleranz im Konflikt. Geschichte, Gehalt und Gegenwart eines umstrittenen Begriffs, Frankfurt/M. 2003.
Frost, U. (Hrsg.), Das Ende der Gesprächskultur? Zur Bedeutung des Gesprächs für den Bildungsprozeß, Münster 1999.
Früchtel, E., Art. Klemens v. Alexandrien, in: LThK[3] VI 126f.
Frugoni, C., Franz von Assisi, Die Lebensgeschichte eines Menschen, Zürich-Düsseldorf 1997.
Frugoni, C., Das Mittelalter auf der Nase. Brillen, Bücher, Bankgeschäfte und andere Erfindungen des Mittelalters, München [2]2004.
Fuchs, O. (Hrsg.), Im Brennpunkt: Stigma. Gezeichnete brauchen Beistand, Frankfurt/M. 1993.
Fuchs, O., Nur verletzbare Menschen verletzen Systeme. Doch unverletzbare Systeme verletzen verletzbare Menschen, manchmal tödlich, in: *Abeldt/Bauer*, «... was es bedeutet, verletzbarer Mensch zu sein» 205-220.
Fuhrmann, H., Pour le mérite. Über die Sichtbarmachung von Verdiensten, Sigmaringen 1992.
Fuhrmann, H., Überall ist Mittelalter. Von der Gegenwart einer vergangenen Zeit, München 1996.
Fuhrmann, M., Cicero und die römische Republik, München-Zürich 1989.
Fuhs, H. F., Das Buch der Sprichwörter. Ein Kommentar (FzB 95), Würzburg 2001.
Fukushima, S., Requests and culture. Politeness in British English and Japanese, Bern u.a. 2000.
Furger, F., Art. Wahrhaftigkeit, in: NLChM 846-852.
Furger, F., Einführung in die Moraltheologie, Darmstadt [2]1998.

Gabelentz, G. v., Die Sprachwissenschaft, ihre Aufgabe, Methoden und bisherigen Ergebnisse, Tübingen 1969 (Nachdruck der 2. Auflage 1901).
Gaier, U., Satire. Studien zu Neidhart, Wittenwiler, Brant und zur satirischen Schreibart, Tübingen 1967.
Gaillot, J./Zulehner, P., «Wer Menschen demütigt, spuckt in das Antlitz Gottes», Moderation des Gesprächs *M. Albus* (Publik-Forum Dossier), Oberursel 1998.
Galli, M. v., Gelebte Zukunft: Franz von Assisi, Luzern-Frankfurt/M. 1970.
Galura, B., Lehrbuch der christlichen Wohlerzogenheit, Wien 1824.
Gamm, G./Hetzel, A./Lilienthal, M., Hauptwerke der Sozialphilosophie, Stuttgart 2001, 225-248.
Gamm, G., Pierre Bourdieu: Sozialer Sinn. Kritik der theoretischen Vernunft, in: *ders./Hetzel/Lilienthal*, Hauptwerke der Sozialphilosophie 225-248.
Gantke, W., Religion, Wissenschaft und Leben. Zur Bedeutung der Hermeneutik O.F. Bollnows für die heutige Religionswissenschaft, Cuxhaven 1998.
Ganz, P., curialis/hövesch, in: *Kaiser/Müller*, Höfische Literatur, Hofgesellschaft, höfische Lebensformen 39-56.
Garber, K. (Hrsg.), Europäische Barockrezeption, Bd. 1, Wiesbaden 1991.
Gardner, A., Art. Civilty, Courtesy, in: Encyclopaedia of Religion and Ethics III 683.
Garfinkel, H., Studies of the Routine Grounds of Everyday Activities, in: Social Problems 11 (1964) 225-250.
Garfinkel, H., Studies in Ethnomethodology, Englewood Cliffs 1967.
Garfinkel, H., Das Alltagswissen über soziale und innerhalb sozialer Strukturen, in: *AG Bielefelder Soziologen*, Alltagswissen, Bd. 1, 189-262.

Garve, C., Über die Moden, in: *ders.*, Versuch über verschiedene Gegenstände aus der Moral, der Litteratur und dem gesellschaftlichen Leben, 1. Teil, Breslau 1792, 117-294.
Garve, C., Über Gesellschaft und Einsamkeit, in: *ders.*, Versuch über verschiedene Gegenstände 3./4. Teil, Breslau 1797/1800.
Garve, C., Popularphilosophische Schriften über literarische, ästhetische und gesellschaftliche Gegenstände, im Faksimile hrsg. v. *K. Wölfel*, Stuttgart 1974.
Gatti, G., Agiographia e teologia morale, in: Sal. 63 (2001) 97-125.
Gauthier, R.-A./Jolif, J. Y., L'Éthique à Nicomaque II.1, Louvain ²1970.
Gay, P., Kult der Gewalt. Aggression im bürgerlichen Zeitalter, München 1996.
Geertz, C., The Religion of Java, Chicago-London 1960.
Gehlen, A., Urmensch und Spätkultur. Philosophische Ergebnisse und Aussagen, Frankfurt/M.-Bonn ²1964.
Gehring, P., Innen des Außen – Außen des Innen: Foucault, Derrida, Lyotard, Paderborn 1994.
Geier, M., Fake. Leben in künstlichen Welten. Mythos – Literatur – Wissenschaft, Reinbek 1999.
Geitner, U., Die Sprache der Verstellung. Studien zum rhetorischen und anthropologischen Wissen im 17. und 18. Jahrhundert, Tübingen 1992.
Geldsetzer, L., Zur Frage des Beginns der deutschen Soziologie, in: KZSS 15 (1963) 529-541.
Gelobter, H., «Le Spectateur» von Pierre Marivaux und die englischen Wochenschriften, Limburg 1936.
Gennep, A. v., Les rites des passages. Études systématiques des rites, Paris 1909.
Gerl, H.-B., Romano Guardini 1885-1968. Leben und Werk, Mainz 1985.
Gerl, H.-B., Romano Guardini und die Kulturkritik Mitte des Jahrhunderts, in: Katholische Bildung 100 (1999) 17-26.
Gesang, B., Eine Verteidigung des Utilitarismus, Stuttgart 2003.
Giddens, A., Konsequenzen der Moderne, Frankfurt/M. 1995.
Gielen, M., Tradition und Theologie neutestamentlicher Haustafelethik. Ein Beitrag zur Frage einer christlichen Auseinandersetzung mit gesellschaftlichen Normen, Frankfurt/M. 1990.
Gielen, M., Art. Haustafel, in: LThK³ IV 1219f.
Gielen, M., Art. Lasterkataloge, in: LThK³ VI 658f.
Gielen, M., Art. Tugendkataloge, in: LThK³ X 302f.
Giesen, H., Art. ἐπιείκεια/ἐπιεικής, in: EWNT II 64-67.
Giesz, L., Philosophische Spaziergänge, Zwölf vorsichtige Antworten auf die Frage, wie man sich denn im Leben einzurichten hätte, Stuttgart 1990.
Gillen, E., Wie Christen ethisch handeln und denken. Zur Debatte um die Autonomie der Sittlichkeit im Kontext katholischer Theologie, Würzburg 1989.
Gilson, É., Le Thomisme. Introduction à la Philosophie de Saint Thomas d'Aquin, Paris ⁵1947.
Ginters, R., Die Ausdruckshandlung. Eine Untersuchung ihrer sittlichen Bedeutsamkeit, Düsseldorf 1976.
Girtler, R., Die feinen Leute. Von der vornehmen Art, durchs Leben zu gehen, Berlin 1994.
Girtler, R., Randkulturen. Theorie der Unanständigkeit, Wien-Köln-Weimar ²1996.
Giroux, A., Aux confins des éthiques, la vertu d'intégrité, in: LTP 55 (1999) 245-265.
Givens, D. B., Greeting a Stranger: Some Commonly Used Nonverbal Signals of Aversiveness, in: Semiotica 22 (1978) 351-367.
Gleixner, H., Sittliche Erkenntnis im Horizont des Gottesglaubens, in: ThGl 85 (1995) 161-180.
Gnilka, J., Das Matthäusevangelium I (HThKNT I,1), Freiburg i.Br.-Basel-Wien ³1993.
Godelier, M., L'enigme du don, Paris 1996.
Göbel, W., Das fragliche Glück des Guten. Überlegungen zur Realität einer ethischen Welt, in: TThZ 108 (1999) 184-199.
Goertz, S., Die Moral des fremden Gottes. Theologisch-ethische Anmerkungen zu Thomas Rusters Programm der «Entflechtung von Christentum und Religion», in: StZ 128 (2003) 751-761.
Göppner, H.-J., Art. Sprache, in: *Blattner, J.* (Hrsg.), Handbuch der Psychologie für die Seelsorge I. Psychologische Grundlagen, Düsseldorf 1992, 197-211.
Göttert, K.-H., Kommunikationsideale. Untersuchungen zur europäischen Konversationstheorie, München 1988.
Göttert, K.-H., Über den Umgang mit Menschen. Kritische Anmerkungen zu Knigge, in: Merkur 42 (1988) 903-906.
Göttert, K.-H., Knigge oder von den Illusionen des anständigen Lebens, München 1995.
Göttert, K.-H., Art. Anstandsliteratur, in: HWR I 661-667.
Göttert, K.-H., Thomasin von Zerclaere und die Tradition der Moralität, in: *Ernst/Sowinski*, Architectura poetica 179-188.
Goetz, H.-W., Leben im Mittelalter, München ⁶1996.

Goffman, E., The Nature of deference and demeanor, in: AmA 58 (1956) 473-502.
Goffman, E., On face-work. An analysis of ritual elements in social interaction, in: *Laver, J./Hutcheson, S.* (Hrsg.), Communication in face to face interaction, Harmondsworth 1972, 319-346, 319 (zuerst in: Psychiatry 18 [1955] 213-231).
Goffman, E., The presentation of Self in Everyday Life, New York 1959 (dt.: Wir alle spielen Theater. Die Selbstdarstellung im Alltag, München 1969).
Goffman, E., Interaction Rituals. Essays on Face-to-Face Behavior, New York 1967 (dt.: Interaktionsrituale. Über Verhalten in direkter Kommunikation, Frankfurt/M. 1971).
Goffman, E., Behavior in public places. Notes on the social organisation of gatherings, New York 1963 (dt.: Verhalten in sozialen Situationen. Strukturen und Regeln im öffentlichen Raum, Gütersloh 1971).
Goffman, E., Relations in Public. Microstudies of the Public Order, New York 1971 (dt.: Das Individuum im öffentlichen Austausch, Frankfurt/M. 1974.
Goffman, E., Frame Analysis. An Essay on the Organisation of Experience, New York 1974 (dt.: Rahmen-Analyse. Ein Versuch über die Organisation von Alltagserfahrungen, Frankfurt/M. 1977).
Goffman, E., Felicity's condition, in: American Journal of Sociology 89 (1983) 1-53.
Goldsmith, D. J., Soliciting advice: The role of sequential placement in mitigating face threat, in: Communication Monographs 67 (2000) 1-19.
Golser,K., Art. Ehre, in: NLChM 116-118.
Gombrich, E. H., Art and Illusion. A study in the psychology of pictoral representation, London 1960.
Gosepath, S., Aufgeklärtes Eigeninteresse. Eine Theorie theoretischer und praktischer Rationalität, Frankfurt/M. 1992.
Gosling, J. C. B., Pleasure and desire. The case for hedonism reviewed, Oxford 1969.
Gosling, J. C. B./Taylor, C. C. W., The Greeks on pleasure, Oxford 1982.
Goody, E. N. (Hrsg.), Questions and politeness. Strategies in social interaction, Cambridge 1978.
Goody, E. N., «Greeting», «begging» and the presentation of respect, in: *La Fontaine*, The interpretation of ritual 39-72.
Gough, R. W., Character is destiny. The value of personal ethics in everyday life, Rocklin (CA) 1997.
Gouldner, A. W., Die Norm der Reziprozität. Eine vorläufige Formulierung, in: *ders.*, Reziprozität und Autonomie. Ausgewählte Aufsätze, Frankfurt/M. 1984, 79-117.
Gracián, B., Handorakel und Kunst der Weltklugheit, übersetzt v. A. Schopenhauer, hrsg. v. *K. Voßler*, Stuttgart 1967.
Graeber, W., Moralistik und Zeitschriftenliteratur im frühen 18. Jahrhundert, Frankfurt/M.-Bern 1986.
Grassi, M.-C., Art. Compliment, in: DRPSV 111-123.
Grassi, M.-C., Art. Lettre, in: DRPSV 543-566.
Graudenz, K./Papritz, E., Etikette neu, München [12]1971.
Grawert-May, E., Von der Sucht, mit sich identisch zu sein, Berlin 1992.
Greshake, G., Gottes Heil – Glück des Menschen. Theologische Perspektiven, Freiburg i.Br. 1981.
Greshake, G., Spiritualität, in: *Ruh, U.* u. a. (Hrsg.), Handwörterbuch religiöser Gegenwartsfragen, Freiburg i.Br. 1986, 443
Greshake, G./Faber, E.-M., Art. Gnade, V. Theologie- u. dogmengeschichtlich, in: LThK³ IV 772-779.
Greshake, G., Der dreieine Gott. Eine trinitarische Theologie, Freiburg i.Br.-Basel-Wien 1997.
Grewendorf, G., Art. Sprechakttheorie, in: LGL² 287-293.
Grice, P., Logic and Conversation, in: *Cole, P./Morgan, J. L.* (Hrsg.), Syntax and Semantics III, New York 1975, 41-58.
Grice, P., Studies in the way of words, Cambridge (Mass.) 1989.
Grimal, P., Cicero. Philosoph, Politiker, Rhetor, München 1988.
Gross, S., Intentionality and the markedness model in literary codeswitching in: Journal of Pragmatics 32 (2000) 1283-1303.
Gross, W., Die Gottebenbildlichkeit des Menschen nach Gen 1,26.27 in der Diskussion des letzten Jahrzehnts, in: BN 68 (1993) 33-48.
Gross, W./Ernst, J./Scheffczyk, L./Merks, K.-W./Figura, M., Art. Gottesebenbildlichkeit I-VI, in: LThK³ IV 871-878.
Gruber, H., Questions and strategic orientation in verbal conflict sequences, in: Journal of Pragmatics 33 (2001) 1815-1857.
Grubmüller, K., höfisch – höflich – hübsch im Spätmittelalter. Beobachtungen an Vokabularien I., in: *Cox/Vanacker/Verhofstadt*, Wortes anst Verbi gratia 169-181.
Grünberger, H., Wir und die Anderen oder: Barbaren unter sich. Zur Xenographie im deutschen Humanismus des späten 15. und 16. Jahrhunderts, in: *Felderer/Macho*, Höflichkeit 40-69.

Guardini, R., Der Gegensatz. Versuche zu einer Philosophie des Lebendig-Konkreten, Mainz ³1985 (¹1925).
Guardini, R., Die Glaubwürdigkeit des Erziehers, in: Schildgenossen 9 (1929) 240-246.
Guardini, R., Der Herr. Betrachtungen über die Person und das Leben Jesu Christi (TB-Ausgabe), Freiburg i.Br 1980 (¹1937)
Guardini, R., Welt und Person. Versuche zur christlichen Lehre vom Menschen, Mainz ⁶1988 (¹1939).
Guardini, R., Das Ende der Neuzeit. Ein Versuch zur Orientierung, Mainz ¹⁰1986 (¹1950).
Guardini, R., Die Macht. Versuch einer Wegweisung, Mainz ⁷1986 (¹1951).
Guardini, R., Wer ist ein Gentleman? Ein Brief, in: *ders./Spranger, E.*, Vom stilleren Leben, Würzburg ³1960, 49-56.
Guardini, R., Der Anfang aller Dinge. Meditationen über Genesis, Kapitel 1-3, Mainz ³1978 (¹1961).
Guardini, R., Unterscheidung des Christlichen. Gesammelte Studien 1923-1963, Mainz ²1963.
Guardini, R., Die Sorge um den Menschen, 2 Bde., Mainz, Bd. I: ⁴1988 (¹1962), Bd. II: ²1989 (¹1966)
Guardini, R., Tugenden. Meditationen über Gestalten sittlichen Lebens, Mainz-Paderborn ⁴1992 (Würzburg ¹1963).
Guardini, R., Die Existenz des Christen, aus dem Nachlaß hrsg. v. *J. Spörl*, Paderborn ²1977.
Guardini, R., Die Annahme seiner selbst, in: *ders.*, Die Annahme seiner selbst/Den Menschen erkennt nur, wer von Gott weiß, Mainz ²1990, 7-35.
Guardini, R., Ethik. Vorlesungen an der Universität München, Bd. 2, Mainz-Paderborn ³1997.
Guardini, R., Italienische Reisen. Meditationen zu Landschaften, Mainz 2000.
Guardini, R./Bollnow, O. F., Begegnung und Bildung, Würzburg 1956.
Guazzo, S., La Civile Conversazione, Brescia 1574.
Guggenberger, E., Karl Rahners Christologie und heutige Fundamentalmoral, Innsbruck-Wien 1990.
Guggenberger, W./Ladner, G. (Hrsg.), Christlicher Glaube, Theologie und Ethik (StdM 27), Münster 2002.
Gülich, E., Pour une ethnométhologie linguistique: Description de séquences conversationnelles explicatives, in: *Dausendschön-Gay/Gülich/Kraft*, Linguistische Interaktionsanalysen 325-365.
Guibert, J., On Kindness, New York 1947.
Gula, R. M., The Good Life. Where Morality and Spirituality converge, New York-Mahwah 1999.
Gülich, E., «Soûl c'est pas un mot très français». Procédés d'évaluation et de commentaires métadiscursifs dans un corpus de conversation en situation de contact, in: Cahiers de Linguistique Français 7 (1986) 231-258.
Günther, K., Der Sinn für Angemessenheit. Anwendungsdiskurse in Moral und Recht, Frankfurt/M. 1988.
Günthör, A., Anruf und Antwort, 3 Bde., Schönstatt 1993f.
Guerney, B. G., Jesus as a Modell of behaviour, in: Journal of psychology and christianity 17 (1998) 55-60.
Gumperz, J. J., Verbal strategies in multilingual communication, Washington 1970.
Gumperz, J. J./Hymes, D. (Hrsg.), Directions in Sociolinguistics. The Ethnography of communications, New York 1972.
Gumperz, J. J./Blom, J.-P., Social meaning in linguistic structures, in: *Gumperz/Hymes*, Directions in sociolinguistics 407-437.
Gumperz, J. J., Code-switching in conversation, Cambridge 1975.
Gurewitsch, A., Zur Geschichte des Achtungsbegriffs und zur Theorie der sittlichen Gefühle, Würzburg 1897.
Gurjewitsch, A. J., Stumme Zeugen des Mittelalters. Weltbild und Kultur der einfachen Menschen, Wiemar-Köln-Wien 1997.
Guy, M. E., Ethical decision making in everyday work situations, New York u.a. 1990.

Haacker, K., Art. ἕτερος, in: EWNT II 165-167.
Haas, J., «Wir verlangen manchmal so sehr gute Engel zu sein, daß wir darüber vergessen, gute Menschen zu sein.» Ein Brief vom Himmel – für Menschen, die mehr Mensch werden wollen, in: JbSalSt 31 (1998) 109-114.
Habermas, J., Strukturwandel der Öffentlichkeit. Untersuchungen zu einer Kategorie der bürgerlichen Gesellschaft, Neuwied 1962.
Habermas, R., Frauen und Männer des Bürgertums. Eine Familiengeschichte (1750-1850), Göttingen 2000.
Hadot, P., Art. Selbstbeherrschung, in: HWP IX 324-330.
Hadot, P., Wege zur Weisheit – oder: Was lehrt uns die antike Philosophie?, Frankfurt/M. 1999.
Haeffner, G., Geben, Nehmen, Danken, in: StZ 213 (1995) 467-478.
Haeffner, G., Donner, recevoir, remercier. Dieu au cœur de la reconnaissance anonyme, in: LTP 58 (2002) 489-501.

Haehling, R. v. (Hrsg.), Rom und das himmlische Jerusalem. Die frühen Christen zwischen Anpassung und Ablehnung (FS P. Mikat), Darmstadt 2000.

Häring, B., Das Gesetz Christi III, Freiburg i.Br. [8]1961 ([1]1951).

Häring, B., Frei in Christus. Moraltheologie für die Praxis des christlichen Lebens III, Freiburg i.Br. 1981.

Haering, S./Kandler, J./Sagmeister, R. (Hrsg.), Gnade und Recht. Beiträge aus Ethik, Moraltheologie und Kirchenrecht (FS G. Holotik), Frankfurt/M.-Berlin-Bern-New York-Wien 1999.

Häntzschel, G. (Hrsg.), Bildung und Kultur bürgerlicher Frauen 1850-1918, Tübingen, 1986.

Haferland, H./Paul, I. (Hrsg.), Höflichkeit (Osnabrücker Beiträge zur Sprachtheorie 21), Oldenburg 1996.

Haferland, H./Paul, I., Eine Theorie der Höflichkeit, in: *dies.*, Höflichkeit 7-69.

Hagemann, K., «Mannlicher Muth und teutsche Ehre». Nation, Militär und Geschlecht zur Zeit der antinapoleonischen Kriege Preußens, Paderborn-München 2002.

Hahn, A., Aufmerksamkeit, in: *ASSMANN/ASSMANN*, Aufmerksamkeiten 25-56.

Hahn, J .G./Werbick, J./Funiok, R./Zerfaß, R., Art. Kommunikation, in: LThK[3] VI 213-217.

Haider, F., Die Ehre als menschliches Problem. Versuch einer pädagogischen Orientierung, München 1972.

Haker, H., Art. Identität, in: HbEth 394-399.

Halberstam, J., Everyday ethics. Inspired solutions to real-life dilemmas, New York 1993.

Halbig, C., Art. Anerkennung, in: HbEth 297-301.

Hallemann, M., Peinlichkeit. Ein Ansatz zur Operationalisierung von Isolationsfurcht im sozialpsychologischen Konzept öffentlicher Meinung, Hamburg 1990.

Halter, H., «Die Bibel sagt ...» Kritische Fragen, Beobachtungen und Thesen zum Thema Bibel und Moral/Ethik, in: *Guggenberger/Ladner*, Christlicher Glaube, Theologie und Ethik 129-140.

Hardick, L./Grau, E., Die Schriften des hl. Franziskus von Assisi, Werl [8]1984.

Hargie, O./Saunders, C./Dickson, D., Social skills in interpersonal communication, London [3]1994.

Haroche-Bouzinac, G., Plaire par sa conversation. La pratique d'un moraliste: François Paradis de Moncrif dans ses *Essais sur la necessité et sur le moyens de plaire*, in: *Wauthion/Simon*, Politesse et idéologie 279-291.

Hartmann, D., Begrüßung und Begrüßungsrituale. Überlegungen zur Verwendungsweise sprachlicher Symbole in kommunikativen Handlungsmustern, in: Zeitschrift für germanistische Linguistik 1 (1973) 133-162.

Hartmann, D., Thesen zum Gebrauch von Anredeformen und Bezeichnungen dritter Personen in der direkten Kommunikation, in: Zeitschrift für Linguistik und Literaturwissenschaft 3 (1975) 111-142.

Hartmann, N., Ethik, Berlin-Leipzig [2]1935.

Haubenthaler, R., Askese und Freiheit bei Romano Guardini, Paderborn 1995.

Hauke, K., Plessner zur Einführung, Hamburg 2000.

Hauser, A., Grüezi und Adieu. Gruss- und Umgangsformen vom 17. Jahrhundert bis zur Gegenwart, Zürich 1998.

Hauskeller, M., Geschichte der Ethik I. Antike, München 1997.

Hausmann, F.-R., Humanismus und Renaissance in Italien und Frankreich, in: *Schwarz*, Der neue Mensch 7-35.

Hausmanninger, T., Art. Brauch III. Ethisch und rechtlich, in: LThK[3] II 657.

Hausmanninger, T., Art. Ehre. I. Theologisch-ethisch, in: LThK[3] III 505f.

Haverkate, H., La cortesía verbal. Estudio pragmalinguístico, Madrid 1994.

Haverkate, H., Estrategias de cortesia. Analisis intercultural, in: Forma y Funcion, 13 (2000) 17-30.

Heckendorn, H., Wandel des Anstands im französischen und im deutschen Sprachraum, Bern 1970.

Heckmann, R., Intentionalität, Kommunikation, Sprache – in welcher Reihenfolge?, in: PhJ 107 (2000) 482-497.

Hegel, G. F. W., Rechts-, Pflichten- und Religionslehre, in: *ders.*, Werke IV, hrsg. v. *E. Moldenhauer/K. M. Michel*, Frankfurt/M. 1970, 204-274.

Hieke, T., Staub vom Ackerboden oder wenig geringer als Gott? Menschenbilder des Alten Testaments in spannungsvoller Beziehung, in: LebZeug 53 (1998) 245-261.

Heidegger, M., Sein und Zeit, Tübingen [9]1960.

Heimbach-Steins, M., Einmischung und Anwaltschaft. Für eine diakonische und prophetische Kirche, Ostfildern 2001.

Heisch, P., Mit einem fröhlichen Gruss auf den Lippen: Über das Grüssen, in: Sprachspiegel 55 (1999) 232-234.

Heitmeyer, W. (Hrsg.), Was treibt die Gesellschaft auseinander? Bundesrepublik Deutschland: Auf dem Weg von der Konsens- zur Konfliktgesellschaft, Frankfurt/M. 1997.

Heitmeyer, W. (Hrsg.), Was hält die Gesellschaft zusammen? Bundesrepublik Deutschland: Auf dem Weg von der Konsens- zur Konfliktgesellschaft, Frankfurt/M. 1997.

Heitmeyer, W. (Hrsg.), Deutsche Zustände. Folge 2, Frankfurt/M. 2003.
Heitmeyer, W., Feindselige Normalität, in: DIE ZEIT, Nr. 51 (2003) 19.
Heitmeyer, W./Soeffner, G. (Hrsg.), Gewalt. Entwicklungen, Strukturen, Analyseprobleme, Frankfurt/M. 2003.
Held, G., Sprechen als Ethnomethode, in: *Dausendschön-Gay/Gülich/Krafft*, Linguistische Interaktionsanalysen 155-169.
Held, G., Verbale Höflichkeit. Studien zur linguistischen Theoriebildung und empirische Untersuchung zum Sprachverhalten französischer und italienischer Jugendlicher in Bitt- und Dankessituationen, Tübingen 1995.
Held, G., Submission strategies as an expression of the ideology of politeness: Reflections on verbalisation of social power relations, in: Pragmatics 9 (1999) 21-36.
Held, G., Richtig kritisieren – eine Frage des höflichen Stils? Überlegungen anhand italienischer, französischer und österreichischer Beispiele, in: *Lüger*, Höflichkeitsstile 113-128.
Held, G. (Hrsg.), Partikeln und Höflichkeit (Cross cultural communication 10), Frankfurt/M. u.a. 2003.
Helle, H. J., Verstehende Soziologie und Theorie der Symbolischen Interaktion, Stuttgart 1977.
Heller, D., Art. Idiomatik, in: LGL^2 180-186.
Helwig, P., Charakterologie, Freiburg i. Br. 1967.
Henn-Schmölders, C., Ars conversationis, in: Arcadia 10 (1975) 16-23.
Henrich, D., Gedanken zur Dankbarkeit, in: *ders.*, Bewußtes Leben. Untersuchungen zum Verhältnis von Subjektivität und Metaphysik, Stuttgart 1999, 152-193.
Henrich, F. (Hrsg.), Romano Guardini. Christliche Weltanschauung und menschliche Existenz, Regensburg 1999.
Heringer, J. T., Some grammatical correlates of felicity conditions and presuppositions, in: Ohio State University Working Papers in Linguistics 11 (1972) 1-110.
Herms, E., A neglected concept in protestant ethics, in: SJTh 35 (1983) 481-495.
Hertz, A./Korff, W./Rendtorff, T./Ringeling, H. (Hrsg.), Handbuch der christlichen Ethik, aktualisierte Neuauflage, Freiburg i.Br./Basel/Wien 1993.
Hess, R./Weiland, A., Art. Danse, in: DRPSV 223-248.
Hettlage, R./Lenz, K., Erving Goffman – ein soziologischer Klassiker der zweiten Generation, Bern-Stuttgart 1991.
Heyd, D., Tact. Sense, sensitivity and virtue, in: Inquiry 38 (1995) 217-231.
Hilberath, B. J., Communio – Ideal oder Zerrbild von Kommunikation (QD 175) Freiburg i.Br.-Freiburg i.Ue. 1999.
Hildebrand, D. v., Sittliche Grundhaltungen, Mainz 1933.
Hilberath, B. J., Karl Rahner, Gottgeheimnis Mensch, Mainz 1995.
Hilberath, B. J./Kraml, M./Scharer, M. (Hrsg.), Wahrheit in Beziehung. Der dreieine Gott als Quelle und Orientierung menschlicher Kommunikation, Mainz 2003.
Hillmann, K. H., Wertwandel. Zur Frage soziokultureller Voraussetzungen alternativer Lebensformen, Darmstadt ^{2}1989.
Hilpert, K., Modell – Norm – Beispiel. Zum Verhältnis von Situation und normativer Tradition als Grundproblem moraltheologischer Hermeneutik, in: ZKTh 108 (1986) 266-281.
Hilpert, K., Art. Gut/das Gute II: Theologisch-ethisch, in: $LThK^3$ IV 1114-1116.
Hilpert, K., Art. Güterethik, in: $LThK^3$ IV 1120.
Hilpert, K., Art. Kardinaltugenden, in: $LThK^3$ V 1232-1234.
Hilpert, K., Art. Liebe, V. Theologisch-ethisch, in: $LThK^3$ VI 915-920.
Hilpert, K., Art. Menschenrechte, I. Theologisch-ethisch, II. Systematisch-theologisch in: $LThK^3$ VII 120-125, 125-127.
Hilpert, K., Art. Menschenwürde, in: $LThK^3$ VII 132-137.
Hilpert, K., Art. Spott, in: $LThK^3$ IX 871f.
Hilpert, K., Art. Toleranz, in: $LThK^3$ X 95-101.
Hilpert, K., Art. Tugend/Tugendlehre III. Theologisch-ethisch, in: $LThK^3$ X 297-300.
Hilpert, K., Art. Grundwerte, in: $LThK^3$ IV 1078-1079.
Hilpert, K., Art. Zivilcourage, in: $LThK^3$ X 1472f.
Hilpert, K., Art. Anwaltschaft, in: $LThK^3$ XI 8f.
Hilpert, K./Werbick, J. (Hrsg.), Mit den Anderen leben. Wege zur Toleranz, Düsseldorf 1995.
Hilpert, K (Hrsg.), Die ganz alltägliche Gewalt, Leverkusen 1996.
Hilpert, K., Prinzip Anwaltschaft, in: Neue Caritas 100 (1999) 8-15.
Hilpert, K./Winterhoff-Spurk P. (Hrsg.), Der Traum vom Glück. Orte der Imagination, St. Ingbert 2001.

Hilpert, K., Angesicht und Würde. Die Dialektik von Sichoffenbaren und Verbergen, in: rhs 46 (2003) 268-274.
Hilpert, K., Art. Liebe, in: LChE II 1089-1098.
Hindelang, G., Auffordern. Die Untertypen des Aufforderns und ihre sprachlichen Realisierungsformen, Göppingen 1978.
Hindelang, G., Einführung in die Sprechakttheorie, Tübingen 1983.
Hinkel, E., Pragmatics of Interaction: Expressing Thanks in a Second Language, in: Applied Language Learning 5 (1994) 73-91.
Hirsch, H., H. P. F. Klencke, Zwischen Romantik und Experimentalpathologie, Zürich 1964.
Hirschbiegel, J., Der Hof als soziales System, in: Mitteilungen der Residenzen-Kommission 3 (1993) 11-25.
Hirschi, H., Moralbegründung und christlicher Sinnhorizont. Eine Auseinandersetzung mit Alfons Auers moraltheologischem Konzept (SThE 45) Freiburg i. Br.-Freiburg i.Ue. 1992.
Hoeberichts, J., Franziskus und der Islam, Werl 2000.
Hoek, A. v.d., The «Catechetical» School of early Christian Alexandria and its Philonic heritage, in: HThR 90 (1997) 59-87.
Höffe, O., Art. Ethik, in: *ders.*, Lexikon der Ethik, München [3]1986, 54.
Höffe, O., Moral als Preis der Moderne. Ein Versuch über Wissenschaft, Technik und Umwelt, Frankfurt/M. 1993.
Höffe, O. (Hrsg.), Grundlegung zur Metaphysik der Sitten. Ein kooperativer Kommentar, Frankfurt/M. [2]1993.
Höffe, O. (Hrsg.), Aristoteles. Die Nikomachische Ethik (Klassiker Auslegen 2), Berlin 1995.
Höffe, O., Aristoteles, München 1996.
Höffe, O., Aristoteles' universalistische Tugendethik, in: *Rippe/Schaber*, Tugendethik 42-68.
Hoff, G. M., Wir Barbaren! Zu einer neuen christentumskritischen Eröffnung, in: ThG 41 (1998) 31-47.
Hoffmann, H., Gottesfriede und Treuga Dei (Schriften der MGH XX), Stuttgart 1964.
Hoffmann, M., Selbstliebe. Ein grundlegendes Prinzip von Ethos, Paderborn 2002.
Hofer, M., Francesco. Der Mann des Jahrtausends, Innsbruck 2000.
Hofmann, P., Romano Guardinis «katholische Weltanschauung». Der schmale Grat zwischen philosophischer Begründungsrationalität und Glaubensvernunft, in: ThQ 181 (2001) 50-71.
Holderegger, A./Imbach, R./Suarez de Miguel, R. (Hrsg.), De Dignitate Hominis (SThE 22) Freiburg i.Ue.-Freiburg i.Br. 1987.
Holderegger, A., Art: Prinzip der Doppelwirkung, in: NLChM 95-98.
Holderegger, A./Wils, J.-P. (Hrsg.), Interdisziplinäre Ethik. Grundlagen. Methoden. Bereiche (FS D. Mieth) (SThE 89), Freiburg i.Ue-Freiburg i.Br. 2001.
Holly, W., Imagearbeit in Gesprächen. Zur linguistischen Beschreibung des Beziehungsaspektes, Tübingen 1979.
Holmes, J., Women, men and politeness, New York-London [2]1996.
Holmes, J., Politeness, power and provocation: How humour functions in the workplace, in: Discourse Studies 2 (2000) 159-185.
Holter, B., «Zum besonderen Dienst bestellt». Die Sicht des Priesteramtes bei Franz von Assisi und die Spuren seines Diakonats in den «Opuscula» (Franziskanische Forschungen 36) Werl 1992.
Holtgraves, T., «Yes, but ...» – Positive politeness in conversation arguments, in: Journal of Language and Social-Psychology 16 (1997) 222-239.
Homolka, A., Die Tischzuchten von Sebastian Brant, Thomas Murner und Hans Sachs und ihr realer Hintergrund in Basel, Straßburg und Nürnberg, München 1983.
Honecker, M., Schwierigkeiten mit dem Begriff Tugend. Die Zweideutigkeit der Tugend, in: *Rippe/Schaber*, Tugendethik 166-184.
Honneth, A., Kampf um Anerkennung. Zur Grammatik sozialer Konflikte, Frankfurt/M. [2]1998.
Honsak, T., Ethik der Achtsamkeit. Der Abschied vom Anthropozentrismus und vom normativen Sollen, Frankfurt/M.-Berlin-Bern 2000.
Honneth, A., Kampf um Anerkennung. Zur Grammatik sozialer Konflikte, Frankfurt/M. [2]1998.
Hörmann, K., Art. Dankbarkeit, in: LChM[2] 237-240.
Hörmann, K., Art. Ehre, in: LChM[2] 304-309.
Hörmann, K., Art. Höflichkeit, in: LChM[2] 814-816.
Horn, C., Antike Lebenskunst. Glück und Moral von Sokrates bis zu den Neuplatonikern, München 1998.
Horn, C., Art. Glück/Wohlergehen, in: HbEth 375-380.
Hörning, K. H., Experten des Alltags. Die Wiederentdeckung des praktischen Wissens, Weilerswist 2001.
Horx, M., Megatrend Individualisierung, in: ZdZ/LM 3 (2000) 21-23.

Huber, C./Wachinger, B./Ziegeler, H.-J. (Hrsg.), Geistliches in weltlicher und Weltliches in geistlicher Literatur des Mittelalters, Tübingen 2000.
Huber, C./Lähnemann, H. (Hrsg.), Höfische Literatur und Klerikerkultur, Tübingen 2002.
Huber, C./Lähnemann, H. (Hrsg.), Courtly literature and clerical culture, Tübingen 2002.
Huber, W., Die tägliche Gewalt. Gegen den Ausverkauf der Menschenwürde, Freiburg i.Br. 1993.
Hübel, T., Der erlaubte und der geforderte Schein. Aporien der Höflichkeitskonzepte bei Immanuel Kant und Rudolph von Jhering, in: *Felderer/Macho*, Höflichkeit 143-154.
Hübenthal, C., Art. Eudaimonismus, in: HbEth 82-94.
Hünermann, P./Schaeffler, R. (Hrsg.), Therorie der Sprechhandlungen und heutige Ekklesiologie (QD 109), Freiburg i.Br.-Freiburg i.Ue. 1987.
Hüttenhoff, M., Tugend und Handlung. Ein Beitrag zur ethischen Grundlagendiskussion, in: ZThK 97 (2000) 463-487.
Hude, H., Bergson, 2 Bde., Paris 1989f.
Huizinga, J., Herbst des Mittelalters, Stuttgart [11]1975.
Humboldt, W. v., Über das Studium des Altertums, in: *ders.*, Werke in fünf Bänden I, hrsg. v. *A. Flitner/K. Giel*, Stuttgart [3]1980.
Humboldt, W. v., Über die männliche und weibliche Form, in: *ders.*, Werke in fünf Bänden I, hrsg. v. *A. Flitner/K. Giel*, Stuttgart [3]1980.
Humboldt, W. v., Plan einer vergleichenden Anthropologie, in: *ders.*, Werke in fünf Bänden I, hrsg. v. *A. Flitner/K. Giel*, Stuttgart [3]1980.
Humboldt, W. v., Das Achtzehnte Jahrhundert, in: *ders.*, Werke in fünf Bänden I, hrsg. v. *A. Flitner/K. Giel*, Stuttgart [3]1980.
Hundsnurscher, F./Weigand, E. (Hrsg.), Future perspectives of dialogue analysis, Tübingen 1995.
Hunold, G. W., Ethik in einer sich verändernden Welt, in: ThQ 166 (1986) 1-7.
Hunold, G. W., Identität, in: *Wils/Mieth*, Grundbegriffe 31-44.
Hunold, G. W./Laubach, T./Greis, A. (Hrsg.), Theologische Ethik. Ein Werkbuch, Tübingen-Basel 2000.
Hurth, E., Das Ende der Vorbilder? Von Vorbildern, Stars und Idolen, in: IKaZ (1999) 255-276.
Huter, A., Art. Kommunikation, in: NLChM 376-381.
Hutter, O., Zur Pragmatik der Höflichkeit in wissenschaftlichen Aufsätzen, Erlangen 1990.
Hymes, D., Die Ethnographie des Sprechens, in: *AG Bielefelder Soziologen* (Hrsg.), Alltagswissen, Interaktion und gesellschaftliche Wirklichkeit II (Ethnotheorie und Ethnographie des Sprechens), Reinbek 1973, 338-432.
Hymes, D., Soziolinguistik. Zur Ethnographie der Kommunikation, Frankfurt/M. 1979.

Illies, F., Generation Golf. Eine Inspektion, Berlin 2000.
Ilting, K.-H., Sittlichkeit und Höflichkeit oder: Von der Würde der Persönlichkeit und der Verletzlichkeit des *amour propre*, in: *Stagl*, Aspekte der Kultursoziologie 99-123 (wiederveröffentlicht in: *Ilting, K.-H.*, Grundfragen der praktischen Philosophie, Frankfurt/M. 1994, 103-137).
Ingham, N., The Rectitude of Inclination, in: The Thomist 60 (1996) 417-437.
Inglis, J., Aquinas's replication of the acquired moral virtues. Rethinking the standard philosophical interpretation of moral virtue in Aquinas, in: JRE 27 (1999) 3-27.
Irvine, J., Strategies of status manipulation in the Wolof greeting, in: *Bauman, R./Sherzer, J.* (Hrsg.), Explorations in the ethnography of speaking, Cambridge (Mass.) 1974, 167-191.
Isensee, J., Grundrecht auf Ehre, in: *Ziemske, B.* (Hrsg.), Staatsphilosophie und Rechtspolitik (FS M. Kriele), München 1997, 5-48.

Jacobs, H., Rez. zu: C. Pernot, La politesse et sa philosophie, Paris 1996, in: NRTh 121 (1999) 677-678.
Jaffro, L., Éthiques de la communication et art d'écrire. Shaftesbury et les Lumières anglaises, Paris 1998.
Jäger, H., Huben, Lehen, Güter und verwandte Einheiten in Franken, Frankfurt/M. 1974.
Jäger, L., Adorno. Eine politische Biographie, München 2003.
Jaeger, C. S., The Origins of Courtliness. Civilizing Trends and the Formation of Courtly Ideals 939-1210, Philadelphia 1985.
Jaki, S. L., A Gentleman and Original Sin, in: DR 114 (1996) 192-215.
Jakubowska, E., Greetings and farewells contrastively viewed, in: Linguistica Silesiana 19 (1998) 87-98.
Jam, J.-L., Art. Sprezzatura, in: DRPSV 847-854.
Janke, W., Das Glück der Sterblichen. Eudämonie und Ethos, Liebe und Tod, Darmstadt 2002.
Jankélévitch, V., Henri Bergson, Paris [2]1989.
Jankélévitch, V., Das Verzeihen. Essays zur Moral und Kulturphilosophie, Frankfurt/M. 2003.
Janowski, B., Konfliktgespräche mit Gott. Eine Anthropologie der Psalmen, Neukirchen-Vluyn 2003.

Jenni, E., Art. אחר, in: THAT I 110-118.
Jervell, J., Art. Bild Gottes – I. Biblische, frühjüdische und gnostische Auffassungen, in: TRE VI 491-498.
Jessen, J., Deutsche Lebenslügen. Erkundungen in einer bewußtlosen Gesellschaft, Stuttgart-Leizig 2000.
Jeusset, J. G., Dio è cortesia. Francesco d'Assisi, il suo ordine e l'Islam, Padua 1988.
Jhering, G. A., Zum Begriffe der Höflichkeit, hrsg. v. *C. Helfer*, in: Jahrbuch der Gesellschaft für bildende Kunst und vaterländische Altertümer zu Emden 48 (1968) 82-101.
Jhering, R. v., Der Zweck im Recht II, Leipzig 1883.
Jhering, R. v., Der Takt, hrsg. v. *C. Helfer*, in: Nachrichten der Akademie der Wissenschaften in Göttingen 1 (1968) Nr. 4, 75-97.
Joachim, H. H., The Nicomachean Ethics, Oxford [4]1970.
Joas, H., Die Entstehung der Werte, Frankfurt/M. 1997.
Joas, H., Praktische Intersubjektivität. Die Entwicklung des Werkes von George Herbert Mead, Frankfurt/M. [2]2000.
Johnson, B., Art. צדק, in: ThWAT VI 898-924.
Jonas, H., Das Prinzip Hoffnung. Versuch einer Ethik für die technologische Zivilisation, Frankfurt/M. 1979.
Jünger, E., Rivarol, Frankfurt/M. 1962.
Jung, C. G., Die Beziehung zwischen dem Ich und dem Unbewußten, in: *ders.*, Gesammelte Werke VII, hrsg. v. *M. Niehus-Jung* u.a., Olten-Freiburg i.Br. 1971, 131-264.
Junker-Kenny, M., Das Risiko der Vorgabe. Zur Verletzbarkeit innovatorisch und advokatorisch handelnder Subjekte, in: *Abeldt/Bauer*, «... was es bedeutet, verletzbarer Mensch zu sein» 60-72.

Kablitz, A., Die Minnedame, in: *Neumeyer*, Mittelalterliche Menschenbilder 79-118.
Kaeser, E., Der Körper im Zeitalter seiner Entbehrlichkeit, in: StZ 216 (1998) 89-102.
Kagan, S., Normativ Ethics, Boulder-Oxford 1998.
Kaiser, G./Müller, J.-D. (Hrsg.), Höfische Literatur, Hofgesellschaft, höfische Lebensformen um 1200, Düsseldorf 1986.
Kaiser, R., Art. Gottesfrieden, in: LMA IV 1587-1592.
Kainz, H. P., Politically incorrect dialogues. Topics not discussed in polite circles, Amsterdam 1999.
Kallmeyer, W./Schütze, F., Konversationsanalyse, in: Studium Linguistik 1 (1976) 1-28.
Kaltenbach, F., I. Kants «Grundlegung zur Metaphysik der Sitten», Darmstadt 1988.
Kamp, H., Friedensstifter und Vermittler im Mittelalter, Darmstadt 2001.
Kampling, R., Art. Gruß. I. In der Bibel, in: LThK[3] IV 1083f.
Kampling, R./Schreiner, J., Der Nächste – der Fremde – der Feind. Perspektiven des Alten und Neuen Testaments (NEB Themen 3) Würzburg 2000.
Kamptz-Borken, W. v., Der gute Ton in allen Lebenslagen, Wien-Hadersdorf [3]1953.
Kant, I., Grundlegung zur Metaphysik der Sitten (Akademie-Ausgabe IV), Berlin 1911, 385-463.
Kant, I., Die Metaphysik der Sitten (Akademie-Ausgabe VI), Berlin 1914, 203-493.
Kant, I., Kritik der Urtheilskraft (Akademie-Ausgabe V), Berlin 1913, 165-485.
Kant, I., Anthropologie in pragmatischer Absicht (Akademie-Ausgabe VIII); Berlin 1917, 117-331.
Karwath, S. B., Jüdin von Geburt – Christin aus Überzeugung. Eine Grundkategorie der Religion bei Simone Weil: Die Schwelle, Frankfurt/M.-Berlin-Bern 2001.
Kasper, G., Linguistic politeness. Current research issues, in: Journal of Pragmatics 14 (1990) 193-218.
Kather, R., Gelebte Zeit und schöpferisches Werden. Henri Bergson (1859-1941), in: GuL 69 (1996) 20-36.
Keating, J. (Hrsg.), Spirituality and moral theology. Essays from a pastoral perspective, Mahwah 2000.
Keaty, A. W., Thomas's authority for identifying charity as friendship: Aristotle or John 15? in: The Thomist 62 (1998) 581-601.
Keen, M., Chivalry, New Haven-London 1984.
Keenan, J. F., Goodness and rightness in Thomas Aquinas's «Summa Theologiae», Washington 1992.
Keenan, J. F., Die erworbenen Tugenden als richtige (nicht gute) Lebensführung. Ein genauerer Ausdruck ethischer Beschreibung, in: *Furger, F.* (Hrsg.), Ethische Theorie praktisch. Der fundamental-moraltheologische Ansatz in sozialethischer Entfaltung (FS K. Demmer), Münster 1991, 19-35.
Keenan, J. F., Tugend und Identität, in: Conc. 36 (2000) 188-197.
Keim, I./Schwitalla, J., Formen der Höflichkeit – Merkmale sozialen Stils, in: *Janota, J.* (Hrsg.), Vielfalt der kulturellen Systeme und Stile, Tübingen 1992, 129-145.
Keim, I., Der Umgang mit territorialen Ansprüchen als Merkmal sozialen Stils. Am Beispiel von Interaktionen aus zwei Frauengruppen in Mannheim, in: *Lüger*, Höflichkeitsstile 187-212.
Kelly, A., A trinitarian moral theology, in: StMor 39 (2001) 245-289.

Kelly, K. D., Proximal and Distal Deixis in Negotiation Talk, in: Journal of Pragmatics 32 (2000) 915-926.
Kempf, W./Korff, W./Bammerlin, R., Art. Konflikt, Konfliktbewältigung, in: LBE II 419-424.
Kendon, A./Ferber, A., A description of some human greetings, in: *Michael, P./Crook, H. J.* (Hrsg.), Comparative ecology and behaviour of primates, London-New York 1973, 591-668.
Kendon, A./Harris, R. M./Key, M. R. (Hrsg.), Organisation of behaviour in face-to-face interaction, Den Haag-Paris 1975.
Kennedy, T., Elyot, Castiglione and the Problem of Style, New York 1996.
Kenny, A., The Aristotelian Ethics, Oxford 1978.
Kenny, A., Aristotle on the perfect Life, Oxford 1992.
Ker, I., The idea of a Catholic university, in: LouvSt 21 (1996) 203-215.
Kerbrat-Orecchioni, C., La description des échanges en analyse conversationelle: L'exemple du compliment, in: DRLAV 36/37 (1987) 1-53.
Kerbrat-Orecchioni, C., Les interactions verbales, 3 Bde., Paris 1992-1994.
Kerbrat-Orecchioni, C., Est il bon, est il méchant: quelle représentation de l'homme-en-société dans les théories contemporaines de la politesse linguistique?, in: *WAUTHION/SIMON*, Politesse et idéologie 21-35.
Kerbs, D./Müller, C. W. (Hrsg.), Das Ende der Höflichkeit. Für eine Revision der Anstandserziehung, München 1970 (²1972).
Kerbs, D., Erziehung zum Anstand in einer unanständigen Gesellschaft, in: *ders./Müller*, Das Ende der Höflichkeit 11-34.
Kersting, W., Art. Sitte, in: HWP IX 897-907.
Kersting, W., Kritik der Gleichheit. Über Grenzen der Gerechtigkeit und der Moral, Weilerswist 2002.
Kertelge, K., Das Doppelgebot der Liebe im Markusevangelium, in: TThZ 103 (1994) 38-55.
Kettner, M., Art. Moral, in: HbEth 410-414.
Keupp, H., Ambivalenzen postmoderner Identität, in: *Beck, U./Beck-Gernsheim, E.* (Hrsg.), Riskante Freiheiten. Individualisierung in modernen Gesellschaften, Frankfurt/M. 1994, 336-350.
Kiesel, H., «Bei Hof, bei Höll». Untersuchungen zur literarischen Hofkritik von Sebastian Brant bis Friedrich Schiller, Tübingen 1979.
Kieserling, A., Kommunikation unter Anwesenden. Studien über Interaktionssysteme, Frankfurt/M. 1999.
Killen, M./Hart, D. (Hrsg.), Morality in everday life. Developmental perspectives, Cambridge ²1999.
Kim, T.-W., G. Simmel, G. H. Mead und der symbolische Interaktionismus. Geistesgeschichtliche Zusammenhänge, soziologische Systematik, Würzburg 1999.
Kinet, D./Söding, T., Art. Liebe, in: NBLex II 637-644.
Kingwell, M., Is it rational to be polite?, in: JPh 90 (1993) 387-404.
Klauck, H.-J., Der erste Johannesbrief (EKK XXIII/I) Neukirchen-Vluyn 1991.
Klauck, H.-J., Kirche als Freundesgemeinschaft, in: MThZ 42 (1991) 1-14.
Klauck, H.-J., Die antike Briefliteratur und das Neue Testament, Paderborn 1998.
Kleber, H., Einführung in die Geschichte der Moraltheologie, Passau 1985.
Klein, L. E., Shaftesbury and the culture of politeness. Moral discourse and cultural politics in early eighteenth-century England, Cambridge 1994.
Klein, O. G., Ihr könnt uns nicht verstehen! Warum Ost- und Westdeutsche aneinander vorbeireden, Frankfurt/M. 2001.
Kleiner, B., Class Ethos and Politeness, in: Journal of Language and Social Psychology 15 (1996) 155-175.
Kleinknecht, R., Formale und materiale Voraussetzungen moralischen Sollens, in: *Löffler, W.* (Hrsg.), Dialog und System (FS O. Muck), Sankt Augustin 1997, 171-196.
Klencke, H., Die menschlichen Leidenschaften, Leipzig 1862.
Klencke, H., Die physische Lebenskunst oder praktische Anwendung der Naturwissenschaften auf Förderung des persönlichen Daseins Physische Lebenskunst, Leipzig 1864.
Klinger, E., Das absolute Geheimnis im Alltag entdecken. Zur spirituellen Theologie K. Rahners, Würzburg 1995.
Klinger, E./Böhm, S./Seidl, T. (Hrsg.), Der Körper und die Religion. Das Problem der Konstruktion von Geschlechterrollen, Würzburg 2000.
Klopstock, F. G., Moralische und gesellschaftskritische Schriften, in: *ders.*, Ausgewählte Werke II, hrsg. v. *K. A. Schleiden*, München 1981, 930-967.
Klotz, P., Politeness and political correctness. Ideological implications, in: Pragmatics 9 (1999) 155-161.
Kluxen, W., Philosophische Ethik bei Thomas v. Aquin, Mainz 1964 (erweiterte Neuauflage: Hamburg 1980).
Kluxen, W., Ethik des Ethos, Freiburg i.Br.-München 1974.

Knapp, M., Die Anderen – Der blinde Fleck der Moderne? Überlegungen zum Verhältnis der Theologie zur Theorie des kommunikativen Handelns, in: *Arens, E.* (Hrsg.), Kommunikatives Handeln und christlicher Glaube. Ein theologischer Diskurs mit Jürgen Habermas, Paderborn 1997, 71-96.

Knauer, P., Handlungsnetze. Über das Grundprinzip der Ethik, Frankfurt/M. 2002.

Knigge, A. v., Über den Umgang mit Menschen, hrsg. v. *K.-H. Göttert*, Stuttgart 1991.

Knoche, U., Der römische Ruhmesgedanke, in: Philologus 89 (1934) 102-124.

Knoll, A., Glaube und Kultur bei Romano Guardini, Paderborn 1993.

Knuf, J./Schmitz, H. W., Ritualisierte Kommunikation und Sozialstruktur, Hamburg 1980.

Knuf, J., Where cultures meet: Ritual code and organizational boundary management, in: Research on Language and Social Interaction 23 (1989/1990) 109-138.

Knuf, J., Greeting and leave-talking: A bibliography of resources for the study of ritualized communication, in: Research on Language and Social Interaction 24 (1990/1991) 405-448.

Koch, K., Art. צדק, in: THAT II 507-530.

König, K., Tschador, Ehre und Kulturkonflikt. Veränderungsprozesse türkischer Frauen und Mädchen durch die Emigration und ihre soziokulturellen Folgen, Frankfurt/M. [3]1994.

Könneker, B., Der «verkehrte» Mensch. Narren, *dörper*, Schwankhelden in mittelalterlichen Texten, in: *Neumeyer*, Mittelalterliche Menschenbilder 147-172.

Körtner, U. H. J. (Hrsg.), Angst. Theologische Zugänge zu einem ambivalenten Thema, Neukirchen-Vluyn 2001.

Kohlberg, L., Die Psychologie der Moralentwicklung, Frankfurt/M. 1995.

Kolakowski, L., Henri Bergson. Ein Dichterphilosoph, München 1985.

Kolb, S. H., Der Hof und die Höfischen. Bemerkungen zu Gottfried von Strassburg, in: ZfdA 106 (1977) 236-252.

Koller, P., Die Tugenden, die Moral und das Recht, in: *PRISCHING*, Postmoderne Tugenden 163-191.

Konrad, M., Werte versus Normen als Handlungsgründe, Bern u.a. 2000.

Konz, A., Linguistische Aspekte des Anredeverhaltens. Untersuchungen am Deutschen und Schwedischen, Tübingen 1982.

Korff, W., Ehre, Prestige, Gewissen, Köln 1966.

Korff, W., Wie kann der Mensch glücken. Perspektiven der Ethik, München u.a. 1985.

Korff, W., Wege empirischer Argumentation, in: HCE I 83-107.

Korff, W., Normtheorie. Die Verbindlichkeitsstruktur des Sittlichen, in: HCE I 114-125.

Korff, W., Art. Ethik, C. Theologisch II. Geschichte, in: LThK[3] III 911-923.

Korff, W., Art. Norm, in: LThK[3] VII 907-909.

Korff, W./Alexy, R., Art. Norm/Normen, in: LBE II 770-778.

Kortmann, B., Linguistik: Essentials, Berlin 1999.

Koselleck, R., Kritik und Krise. Eine Studie zur Pathogenese der bürgerlichen Welt, Freiburg i.Br. 1959.

Koster, D., Franz von Sales, Eichstätt 2002.

Krappmann, L., Identität, in: *Ammon, U./Dittmar, N./Mattheier, K.* (Hrsg.), Sociolinguistics/Soziolinguistik I, Berlin-New York 1987, 132-140.

Krämer, H., Integrative Ethik, Frankfurt/M. 1992.

Krämer, S., Sprache, Sprechakt, Kommunikation. Sprachtheoretische Positionen des 20. Jahrhunderts, Frankfurt/M. 2001.

Krahl, H., Der sozialerzieherische Aspekt franziskanischer Geistlichkeit, Werl 1974.

Kranemann, B./Paus, A./Berger, R./Lederhilger, S./Gabriel, K., Art. Ritus, Ritual, I. Begriff, II. Religionsgeschichtlich, III. Liturgisch, IV. Kirchenrechtlich, V. Praktisch-theologisch, in: LThK[3] VIII 1210-1214.

Kraus, A./Ruf, G., Auf der Suche nach Franziskus, Münsterschwarzach 1997.

Kraus, G., Art. Gnade/Gnadenlehre/Gnadensysteme, in: LKDog[5] (1997) 201-209, 209-211, 212-214.

Kraus, G./Schmitt, H. (Hrsg.), Wider das Verdrängen und Verschweigen. Für eine offene Streitkultur in Theologie und Kirche (Bamberger Theologische Studien 7), Frankfurt/M.-Berlin-Bern u.a. 1998.

Kreidler-Kos, M., Individuelle Handlungsorientierungen. Zum subjektiven Moralbewußtsein, in: *Hunold/Laubach/Greis*, Theologische Ethik 111-128.

Kreiml, J., «Christus lebt in mir.» Ein zentrales Motiv in der theologischen Anthropologie Romano Guardinis, in: LebZeug 53 (1998) 181-190.

Kremer, J., Art. Neutestamentliche Ethik, in: NLChM 549-557.

Kremer, L., Duzen und Siezen: Zur Verwendung der Anredepronomina im Deutschen und Niederländischen, in: Germanistische Mitteilungen 52 (2000) 13-31.

Kretzenbacher, H. L./Segebrecht, W., Vom Sie zum Du – mehr als eine neue Konvention?, Hamburg 1991.

Krieg, R. A., Romano Guardini's theology of the human person, in: TS 59 (1998) 457-474.

Krijnen, C., Art. Wert, in: HbEth 527-533.

Krings, H., Die Geschichte des Wortschatzes der Höflichkeit im Französischen, Bonn 1961.
Kristeva, J., Fremde sind wir uns selbst, Frankfurt/M. 1990.
Kristeva, J., Le rituel galant, in: *Dhoquois*, La politesse 76-90.
Krone, W., Art. Takt, pädagogischer/pastoraler T., in: LThK[3] XI 249.
Krumrey, H.-V., Entwicklungsstrukturen von Verhaltensstandarden. Eine soziologische Prozeßanalyse auf der Grundlage deutscher Anstands- und Manierenbücher von 1870-1970, Frankfurt/M. 1984.
Kühne-Bertram, G., Aus dem Leben – zum Leben. Entstehung, Wesen und Bedeutung populärer Lebensphilosophien im 19. Jahrhundert, Frankfurt/M. 1987.
Kümmel, F. (Hrsg.), O. F. Bollnow: Hermeneutische Philosophie und Pädagogik, Freiburg i.Br.-München 1997.
Kullmann, W., Theoretische und politische Lebensform (X 6-9), in: *Höffe*, Die Nikomachische Ethik 253-276.
Kurth, B., Das ethische Denken Romano Guardinis. «Gehorsam gegenüber Gott und Freiheit des Geistes». Eine moraltheologische Studie, Paderborn 1998.
Kuster, N., Franz von Assisi, Meister der Spiritualität, Freiburg i.Br. 2002.
Kutschera, F. v., Grundlagen der Ethik, Berlin-New York [2]1999.

La Bruyère, J. de, Charaktere oder die Sitten im Zeitalter Ludwigs XIV., hrsg. v. *O. Flake*, Wiesbaden 1979.
Ladenthin, V., Gespräch und Sprache, in: *Frost*, Das Ende der Gesprächskultur? 28-72.
Lakoff, G., Women, fire, and dangerous things. What categories reveal about the mind, Chicago 1987.
Lakoff, R. T., The Logic of politeness or minding your P's and Q's, in: CLS 9 (1973) 292-304.
Lakoff, R. T., What You can do with words. Politeness, Pragmatics and Performance, in: *Rogers, P.* (Hrsg.), Proceedings of the Texas Conference on performatives, Arlington 1977, 79-105.
Lakoff, R., The limits of politeness. Therapeutic and courtroom discourse, in: Multilingua 8 (1989) 101-131.
Lamprecht, J., Ich aber sage euch. Die Bergpredigt als programmatische Rede Jesu (Mt 5-7; Lk 6,20-49), Stuttgart 1984.
Lang, B., Anweisungen gegen die Torheit: Sprichwörter – Jesus Sirach (SKK.AT 19) Stuttgart [2]1994.
Lang, B./Kampling, R., Art. Fremder, in: NBLex I, 701-703.
Lange, D., Ethik in evangelischer Perspektive, Göttingen 1992.
Lange, W., Aspekte der Höflichkeit. Überlegungen am Beispiel der Entschuldigungen im Deutschen, Frankfurt/M. 1984.
Langelaan, J. S., Die Reformatoren, Montaigne und der hl. Franz von Sales, in: JbSalSt 24 (1991) 76-102.
Langemeyer, G., Art. Gottesebenbildlichkeit, in: LKDog[5] (1997) 220f.
Langer, M., Zur kommunikativen Funktion von Abschwächungen. Pragma- und soziolinguistische Untersuchungen (SSB 32), Münster 1994.
Landweer, H., Mikrophysik der Scham? Elias und Foucault im Vergleich, in: *G. Klein/K. Liebsch* (Hrsg.), Zivilisierung des weiblichen Ich, Frankfurt/M. 1997, 35-49.
Landweer, H., Scham und Macht. Phänomenologische Untersuchungen zur Sozialität eines Gefühls, Tübingen 1999.
Landweer, H., Art. Gefühl/moral sense, in: HbEth 360-365.
Lanza, A./Palazzini, P., Theologia Moralis Specialis II, Turin 1955.
Lascoumes, P., Le protocole, ou comment s'épargner la politesse, in: *Dhoquois*, La politesse 118-129.
Lasinger, W., Aphoristischer Stil und intertextueller Verweis bei Baltasar Gracián. Eine Strukturanalyse mit subjektgeschichtlichem Ausblick, Tübingen 2000.
Laubach, T. (Hrsg.), Ethik und Identität (FS G. W. Hunold), Tübingen-Basel 1998.
Laun, A., Art. Franz v. Sales, in: PLSp 394-396.
Laux, B., Wert der Werte, in: StZ 220 (2002) 507-518.
Lavandera, B., The social pragmatics of politeness forms, in: *Ammon/Dittmar/Mattheier*, Sociolinguistics/Soziolinguistik II 1196-1205.
Laver, J. D., Communicative functions of phatic communion, in: *Kendon/Harris/Key*, Organisation of behaviour in face-to-face interaction 215-238.
Laver, J. D., Linguistic routines, in: *Coulmas*, Conversational routine, 289-304.
Lavilla Martin, M. á, La sumisión a toda criatura por Dios. Propuesta por Francisco de Asis. Un pasaje de la historia exegeticá de 1Pt 2,13, in: Antonianum 74 (1999) 463-499.
Lechner, M., Die Theologie des Maßes. Studien zur kulturgeschichtlichen Bedeutung der Askese bei Romano Guardini, St. Ottilien 1991.
Leclerc, E., La tenerezza del Padre (Presenza di San Francesco 15), Mailand 1970.
Leclercq, J., Monks and Love in Twelfth-Century France. Psycho-historical essays, Oxford 1979.

Leech, G. N., Language and tact, Trier 1977.

Leech, G. N., Explorations in semantics and pragmatics, Amsterdam 1980.

Leech, G. N., Principles of pragmatics, London 1983.

Lee-Wong, S. M., Politeness and face in Chinese culture, Frankfurt/M. 2000.

Lefèvre, E., Plautus' Aulularia, Tübingen 2000.

Leggewie, C., Multi Kulti. Spielregeln für die Vielvölkerrepublik, Nördlingen 1990.

Leggewie, C., Regelwerk für einen zivilisierten Umgang, in: *Stäblein*, Höflichkeit 12-22.

Le Goff, J., Das alte Europa und die Welt der Moderne, München 1996.

Le Goff, J., Franciscanisme et modèles culturels du XIIIe siecle, in: *ders.*, Saint François d'Assise, Paris 1999.

Leinsle, U. G., Einführung in die scholastische Theologie, Paderborn 1995.

Leinsle, U. G., «Deo militans clericus» – Rittertum und Krieg im Werk Phillips von Harvengt, in: APraem 77 (2001) 95-120.

Leist, A., Mitleid und universelle Ethik, in: *Fink-Eitel/Lohmann*, Zur Philosophie der Gefühle 157-187.

Lehmann, L., Der Mensch Franziskus im Licht seiner Briefe, in: WiWei 46 (1983) 108-138.

Lehmann, L., Tiefe und Weite. Der universale Grundzug in den Gebeten des Franziskus von Assisi (Franziskanische Forschungen 29), Werl 1984.

Lehmann, L., Grundzüge franziskanischen Missionsverständnisses nach der Regula non bullata 16, in: FS 66 (1984) 68-81.

Lehmann, L., Ansätze für eine christlich-islamische Ökumene im Loben Gottes: Die beiden Briefe des hl. Franziskus an die Kustoden, in: FS 69 (1987) 3-33.

Lehmann, L., Das Testament eines Armen. Die Schriften des Franz von Assisi, Werl 1999

Lehmann-Dronke, R., Die Herrlichkeit Gottes auf dem Antlitz des Menschen. Ein Beitrag zur theologischen Deutung des menschlichen Antlitzes, St. Ottilien 1997.

Lehmkuhl, A., Theologia Moralis I, Freiburg i.Br. [12]1914 ([1]1883).

Lehnert, V. A., Wenn der liebe Gott «böse» wird – Überlegungen zum Zorn Gottes im Neuen Testament, in: ZNT 5 (2002) 15-25.

Lemieux, R., Rite et sécularité: La mise en scène des défis du sens, in: Théologiques 4 (1996) 9-31.

Lemke, H., Freundschaft. Ein philosophischer Essay, Darmstadt 2000.

Lenk, H. (Hrsg.), Handlungstheorien – interdisziplinär, Bd. 4, München 1981.

Lenk, H./Pilz, G. A. (Hrsg.), Das Prinzip Fairness, Zürich 1989.

Lenk, H., Philosophie und Interpretation. Vorlesungen zur Entwicklung konstruktionistischer Interpretationsansätze, Frankfurt/M. 1993.

Lesch, W., Ethik und Moral/Gut und Böse/Richtig und Falsch, in: *Wils/Mieth*, Grundbegriffe 64-83.

Lesch, W., Art. Modell, IV. Theologisch-ethisch, in: LThK[3] VII 360.

Lesch, W., Kulturelle Vielfalt und die Dialektik des Multikulturalismus: Sozialethische Markierungen, in: *Höhn, H.-J.* (Hrsg.), Christliche Sozialethik interdisziplinär, Paderborn 1997, 145-159.

Lesch, W., Bibelhermeneutik und theologische Ethik. Philosophische Anfragen, in: *Bondolfi/Münk*, Theologische Ethik heute 11-33.

Lessay, J., Rivarol, Paris 1989.

Lester, G. A., The literary activity of medieval English heralds, in: English Studies 71 (1990) 222-229.

Lepenies, W., Probleme einer historischen Anthropologie, in: *Rürup, R.* (Hrsg.), Historische Sozialwissenschaft. Beiträge zur Einführung in die Forschungspraxis, Göttingen 1977, 126-159.

Lepenies, W., Benimm und Erkenntnis. Über die notwendige Rückkehr der Werte in die Wissenschaften, in: *ders.*, Benimm und Erkenntnis, Frankfurt/M. 1997.

Lerner, G. H., Finding «face» in the preference structures of talk-in-interaction, in: Social Psychology Quarterly 59 (1996) 303-321.

Lethen, H./Sommerfeld, C., Schein zivilisiert, in: *Felderer/Macho*, Höflichkeit 155-173.

Lever, M., Zepter und Schellenkappe. Zur Geschichte des Hofnarren, Stuttgart 1992.

Levi, A., Renaissance and Reformation. The intellectual genesis, New Haven-London 2002.

Levinas, E., Philosophie, Gerechtigkeit und Liebe, in: *ders.*, Zwischen uns. Versuch über das Denken an den Anderen, München 1995, 132-153.

Ley, K., Die «Scienzia civile» des G. della Casa. Literatur als Gesellschaftskunst in der Gegenreformation, Heidelberg 1984.

Ley, K., Giovanni della Casa (1503-1566) in der Kritik. Ein Beitrag zur Erforschung von Manierismus und Gegenreformation, Heidelberg 1984.

Leyerle, B., Clement of Alexandria on the Importance of Table Etiquette, in: Journal of early Christian Studies 3 (1995) 123-141.

Lichtenberger, E., Die Stadt. Von der Polis zur Metropolis, Darmstadt 2002.

Lilienthal, M., Norbert Elias: Über den Prozeß der Zivilisation (1937-39), in: *Gamm/Hetzel/ders.*, Hauptwerke der Sozialphilosophie 134-147.
Lim, T.-S./Bowers, J. W., Facework: Solidarity, approbation and tact, in: Human Communication Research 17 (1991) 415-450.
Link, J., Versuch über den Normalismus. Wie Normalität produziert wird, Opladen-Wiesbaden [2]1999.
Linke, A., Die Kunst der «guten Unterhaltung»: Bürgertum und Gesprächskultur im 19. Jahrhundert, in: ZGL 16 (1988) 123-144.
Linke, A., Höflichkeit und soziale Selbstdarstellung. Höflichkeitskonzepte in Anstandsbüchern des 18. und 19. Jahrhunderts, in: *Haferland/Paul*, Höflichkeit 70-104.
Linke, A./Nussbaumer, M./Portmann, P. R., Studienbuch Linguistik, Tübingen [3]1996.
Linke, A., Informalisierung? Ent-Distanzierung? Familiarisierung? Sprach(gebrauchs)wandel als Indikator soziokultureller Entwicklungen, in: Der Deutschunterricht 52 (2000) 66-77.
Linsenmann, F. X., Lehrbuch der Moraltheologie, Freiburg i.Br. 1878.
Lipp, W., Stigma und Charisma. Über soziales Grenzverhalten, Berlin 1985.
Lippe, R. zur, Naturbeherrschung am Menschen, Frankfurt/M. 1974.
Lippert, P., Spiritualität des Alltags, Freiburg i.Br.-Basel-Wien 1985.
Listen, P., The emergence of german polite «Sie». Cognitive and sociolinguistic parameters, New York 1999.
Livi Bacci, M., Europa und seine Menschen. Eine Bevölkerungsgeschichte, München 1999.
Lob-Hüdepohl, A., Kommunikative Vernunft und theologische Ethik (SThE 47), Freiburg i.Ue./Freiburg i.Br. 1993.
Locke, J., Gedanken über Erziehung, hrsg. v. *H. Wohlers*, Bad Heilbrunn [2]1966.
Lodge, R. A., Etienne de Fougères: Le livre des manières, Genf 1979.
Löning, K./Zenger, E., Als Anfang schuf Gott. Biblische Schöpfungstheorien, Düsseldorf 1997.
Lohfink, N., Liebe, in: *ders.*, Unsere großen Wörter. Das Alte Testament zu Themen dieser Jahre, Freiburg i.Br.-Basel-Wien 1977, 225-240.
Loos, E., Baldassare Castigliones Libro del Cortegiano. Studien zur Tugendauffassung des Cinquecento, Frankfurt/M. 1955.
Long, D. S., Making theology moral, in: SJTh 52 (1999) 306-327.
Lorenz, B., Begegnung mit dem Kranken als Hilfe zur Erkenntnis: Buddha und Franziskus, in: WiWei 55 (1992) 157-161.
Lorenzoni, B./Bernhard, W., Professional Politeness. Die Anti-Ellenbogen-Strategie, Regensburg 1999.
Lories, D., Enthousiasme, bonne humeur et sens commun: Lord Shaftesbury, in: *Wauthion/Simon*, Politesse et idéologie 293-302.
Loretz, O., Die Gottebenbildlichkeit des Menschen, München 1967.
Lucchesi-Belzane, M., Un vide essentiel, in: *Dhoquois*, La politesse 28-44.
Luck, U., Art. φιλανθρωπία, in: ThWNT IX 107-111.
Luckmann, T. (Hrsg.), Moral im Alltag: Sinnvermittlung und moralische Kommunikation in intermediären Institutionen, Gütersloh 1998.
Luckner, A., Art. Klugheitsethik, in: HbEth 206-217.
Lücking, S., Verbindlichkeit ohne System. Dietmar Mieths Konzept einer »Modellethik«, in: *Hengsbach, F./Emunds, B./Möring-Hesse, M.* (Hrsg.), Jenseits Katholischer Soziallehre. Neue Entwürfe christlicher Gesellschaftsethik, Düsseldorf 1993, 129-148.
Lüger, H.-H., Sprachliche Routinen und Rituale, Frankfurt/M. 1992.
Lüger, H.-H., Routinen und Rituale in der Alltagskommunikation, Berlin 1993.
Lüger, H.-H. (Hrsg.), Höflichkeitsstile, Frankfurt/M.-Berlin-Bern 2001.
Lüger, H.-H., Höflichkeit und Höflichkeitsstile, in: *ders.*, Höflichkeitsstile 3-23.
Luhmann, N., Gesellschaftsstruktur und Semantik. Studien zur Wissenssoziologie der modernen Gesellschaft, 2 Bde., Frankfurt/M., 1980.
Luhmann, N., Liebe als Passion. Zur Codierung von Intimität, Frankfurt/M. [4]1984.
Luhmann, N., Soziale Systeme, Frankfurt/M., [2]1985.
Luther, H., Religion und Alltag. Bausteine zu einer Praktischen Theologie des Subjekts, Stuttgart 1992.
Luz, U., Überlegungen zum Verhältnis zwischen Liebe zu Gott und Liebe zum Nächsten (Mt 22,34-40), in: *Söding, T.* (Hrsg.), Der lebendige Gott. Studien zur Theologie des Neuen Testaments (FS W. Thüsing) (NTA. NF 31), Münster 1996, 135-148.
Luz, U., Das Evangelium nach Matthäus (Mt 1-7) (EKK I/1) Zürich-Einsiedeln-Düsseldorf/Neukirchen-Vluyn [4]1997.
Lyons, J., Einführung in die moderne Linguistik, München [8]1995.

Maaser, W., Tugendethik: Erwägungen aus evangelischer Sicht, in: GlLern 12 (1997) 148-159.

MacDermott, T., Beginnings and ends. Some thoughts on Thomas Aquinas, virtue and emotions, in: Studies in christian ethics 12 (1999) 35-47.

Machwirth, E., Höflichkeit. Geschichte, Inhalt, Bedeutung, Saarbrücken 1970.

MacIntyre, A., After Virtue. A Study in Moral Theory, Notre Dame 1981.

MacIntyre, A., Der Verlust der Tugend. Zur moralischen Krise der Gegenwart, Darmstadt 1988.

MacIntyre, A., Die Anerkennung der Abhängigkeit. Über menschliche Tugenden, Hamburg 2001.

MacKinnon, N. J., Symbolic interactionism as affect control, Albany 1994.

Machinek, M., Tugendethik – ein unbiblischer Begriff?, in: *Breuer*, Ethik der Tugenden 3-12.

Macho, T, Höflichkeit als Sprache einer Weltgesellschaft? in: *Felderer/ders.*, Höflichkeit. Aktualität und Genese von Umgangsformen 9-21.

Mackenroth, G., Sinn und Ausdruck in der sozialen Formenwelt, Meisenheim/Gl. 1952.

Maggi de Gandolfi, M. C. D., Providencia y prudencia, in: DoC 50 (1997) 247-257.

Magill, G., Newman on liberal education and moral pluralism, in: SJTh 45 (1992) 45-64.

Mahler, M. S./Pine, F./Bergman, A., Die psychische Geburt des Menschen. Symbiose und Individuation, Frankfurt/M. 1978.

Maier, B./Schlögel, H., Art. Sitte, in: LChE II 1605-1608.

Maier, H., Zeitdeutungen in Romano Guardinis Werk, in: *Henrich*, Guardini 95-114.

Mailaender, G., Friendship. A Study in theological ethics, Notre Dame (Ind.)-London 1981.

Mandry, C., Ethische Identität und christlicher Glaube. Theologische Ethik im Spannungsfeld von Theologie und Philosophie, Mainz 2002.

Mandry, C., Art. Theologie und Ethik (kath. Sicht), in: HbEth 504-508.

Manes, J./Wolfson, N., The compliment formula, in: *Coulmas*, Conversational routine 115-132.

Mann, P./Amesbury, J., Regel und Regelverstoß. Die Kleiderordnung des Herzogs von Windsor. Ein Bildessay, in: *Felderer/Macho*, Höflichkeit 92-106.

Manno, G., Le rémerciement rélève-t-il de la politesse positive? Pour une conception plus séquentielle de la théorie de la politesse, in: Studi italiani di linguistica teoretica e applicata 29 (2000) 451-469.

Manselli, R., Il gesto come predicazione per San Francesco, in: CFr 51 (1981) 5-16.

Manselli, R., Franziskus. Der solidarische Bruder, Zürich-Einsiedeln-Köln, 1984 (Freiburg i.Br. ^{2}1989).

Mansini, G., Aristotle on needing friends, in: American catholic philosophical quarterly 72 (1998) 405-417.

Mao, L. M., Beyond politeness theory: «Face» revisited and renewed, in: Journal of Pragmatics 21 (1994) 451-486.

Margalit, A., The Decent Society, Cambridge (Mass.) 1996.

Margalit, A., Politik der Würde. Über Achtung und Verachtung, Frankfurt/M. 1999.

Marefka, M., Vorurteile – Minderheiten – Diskriminierung. Ein Beitrag zum Verständnis sozialer Gegensätze, Neuwied-Kriftel-Berlin ^{7}1995.

Maroccia, M., La politesse et le «savoir communiquer» sur l'internet, in: *Wauthion/Simon*, Politesse et idéologie 157-167.

Marra, B. (Hrsg.), Verità e vericità. «La norma morale assoluta. È sempre vietato dire il falso», Neapel 1995.

Marschütz, G., Art. Ehrfurcht, in: NLChM 118-121.

Marschütz, G., Die verlorene Ehrfurcht. Über das Wesen der Ehrfurcht und die Bedeutung für unsere Zeit, Würzburg 1992.

Marschütz, G., Art. Ehrfurcht, in: LThK^{3} III 512f.

Marschütz, G., Familie humanökologisch. Theologisch-ethische Perspektiven (StdM 13), Münster 2000.

Marshner, W. H., Aquinas on the Evaluation of Human Actions, in: The Thomist 59 (1995) 347-370.

Marten, R., Lebenskunst, München 1993.

Märtin, D./Boeck. K., Small talk, Die hohe Kunst des kleinen Gesprächs, München ^{2}1999.

Martin-Achard, R., Art. גור, in: THAT I 410-412.

Martin-Achard, R., Art. זר, in: THAT I 520-522.

Marc Aurel, Selbstbetrachtungen, hrsg. v. *A. Wittstock*, Stuttgart 1988.

Marceau, W., L'Optimisme dans l'œuvre de Saint François de Sales, Paris 1973.

Marböck, J., Das Buch Jesus Sirach, in: *Zenger, E.* u.a. (Hrsg.), Einleitung in das Alte Testament, Stuttgart ^{3}1998, 363-370.

Marini, A., «Vestigia Christi sequi» o «imitatio Christi». Due differenti modi di intendere la vita evangelica di Francesco d'Assisi, in: CFr 64 (1994) 89-120.

Martens, W., Die Botschaft der Tugend. Die Aufklärung im Spiegel der deutschen Moralischen Wochenschriften, Stuttgart 1971.

Martin, A./Drees, V., Vertrackte Beziehungen. Die versteckte Logik sozialen Verhaltens, Darmstadt 1999.

Martin, J./Stent, G. S., I think; therefore I thank. A Philosophy of Etiquette, in: The American Scholar 59 (1990) 237-254.
Martin, M. W., Everyday morality, Belmont (CA) 1989.
Märtin, D./Boeck, K., Small talk. Die hohe Kunst des kleinen Gesprächs, München ²1999.
Marx, C., Staat und Zivilisation. Zu Hans Peter Duerrs Kritik an Norbert Elias, in: Saec. 47 (1996) 282-299.
Marx, B., Die Frau als Mensch, in: *Schwarz*, Der neue Mensch 79-115.
Masser, A., Art. Tischzucht, in: RDL 4, 436-439.
Masson, P., Anthropologische Dimensionen interkultureller Verstehensbemühungen, in: *Weiland, R.* (Hrsg.), Philosophische Anthropologie der Moderne, Weinheim 1995, 234-245.
Mathys, H.-P., Liebe deinen Nächsten wie dich selbst. Untersuchungen zum alttestamentlichen Gebot der Nächstenliebe (Lev 19,18) (OBO 17), Freiburg i.Ue./Göttingen 1986.
Matt, P. v., Attentio est quaedam sollicitudo. Die religiöse, ethische und politische Aufmerksamkeit im Mittelalter, in: *Assmann/Assmann*, Aufmerksamkeiten 91-127.
Mattes, A., Art. Freundlichkeit, in: PLSp 411-413.
Maurer, A., Alltägliche Moral – Moral des Alltäglichen. Sinnerschließung und Orientierung im Horizont des Alltags, in: *Laubach*, Ethik und Identität 29-40.
Maurer, A., Art. Identität, in: LChE I 844-847.
Mausbach, J./Ermecke, G., Katholische Moraltheologie III, Münster ¹⁰1961.
Mauss, M., Die Gabe. Form und Funktion des Austauschs in archaischen Gesellschaften, Frankfurt/M. 1968.
Mayer, H. E., Geschichte der Kreuzzüge, Stuttgart ⁹2000.
McCall, G./Simmons, J.L., Identität und Interaktion. Untersuchungen über zwischenmenschliche Beziehungen im Alltagsleben, Düsseldorf 1974.
McClellan, A., Beyond courtesy: redefining civility, in: *Rouner*, Civility 78-93.
Mead, G. H., Mind, Self and Society. From the Standpoint of a Social Behaviorist, Chicago 1934.
Méhat, A., Art. Clemens v. Alexandrien, in: TRE VIII 101-113.
Meier, A. J., Defining politeness: Universality in appropriateness, in: Language Sciences 17 (1995) 345-356.
Meier, R., Richtig kritisieren. Erfolgsmerkmale – Praxis – Maßnahmen, Düsseldorf 1997.
Meissner, H. O., Man benimmt sich wieder, Gießen ¹1952 (¹⁰1954).
Melville, G., Hérauts et héros, in: *Duchhardt*, European Monarchy 81-97.
Menke, K.-H., Das Kriterium des Christseins. Grundriss der Gnadenlehre, Regensburg 2003.
Mension-Rigau, É., Distinction chez les élites, in: *Dhoquois*, La politesse 171-180.
Mercker, H., Christliche Weltanschauung bei Romano Guardini, in: *Henrich*, Guardini 45-68.
Merino, J. A., Vision franciscana de la vida cotidiana, Madrid 1991.
Merkelbach, J., Summa theologiae moralis II, Paris 1932.
Merklein, H., Die Gottesherrschaft als Handlungsprinzip. Untersuchungen zur Ethik Jesu (FzB 34), Würzburg ²1981.
Merklein, H., Jesu Botschaft von der Gottesherrschaft. Eine Skizze (SBS 111), Stuttgart ³1989.
Merklein, H., Art. Bergpredigt. I. Biblisch, in: LThK³ II 253-255.
Merks, K.-W., Theologische Grundlegung der sittlichen Autonomie. Strukturmomente eines ‹autonomen› Normbegründungsverständnisses im Lex-Traktat der Summa theologiae des Thomas v. Aquin, Düsseldorf 1978.
Merks, K.-W., Tradition und moralische Wahrheit, in: StMor 38 (2000) 265-278.
Mertens. W., Symbolischer Interaktionismus, in: *Frey/Greif*, Sozialpsychologie 81-88.
Metz, J.-B., Christliche Anthropozentrik. Über die Denkform des Thomas von Aquin, München 1962.
Metz, J. B., Im Eingedenken fremden Leids. Zu einer Brückenkategorie zwischen Theologie und Ethik, zwischen Religion und Moral, in: KatBl 122 (1997) 78-87.
Metz, W., «Aufgehobene» Mündlichkeit. Artikel-Struktur und «ordo disciplinae» der thomasischen «Summa Theologiae», in: PhJ 103 (1996) 48-61.
Metz, W., Die Architektonik der Summa Theologiae, Hamburg 1998.
Meyer, H., Thomas v. Aquin. Sein System und seine geistesgeschichtliche Stellung, Paderborn ²1961.
Meyer, J. R., Effect of Request. Type and Situational Features on Negative Politeness in Requests, in: Communication Research Reports 18 (2001) 158-165.
Meyer-Hermann, R., Vers une définition (non-fonctionelle) de la métacommunication, in: Langage et Société 24 (1983) 4-35.
Mezger, W., Hofnarren im Mittelalter, Konstanz 1981.
Mezger, W., Narrenidee und Fastnachtsbrauch, Konstanz 1991.

Mieth, D., Narrative Ethik, in: FZPhTh 22 (1975) 297-326.
Mieth, D., Die Bedeutung der menschlichen Lebenserfahrung. Plädoyer für eine Theorie des ethischen Modells, in: Conc. 12 (1976) 623-633.
Mieth, D., Dichtung, Glaube und Moral. Studien zur Begründung einer narrativen Ethik, Mainz 1976.
Mieth, D., Die neuen Tugenden. Ein ethischer Entwurf, Düsseldorf 1984.
Mieth, D., Die Spannungseinheit von Theorie und Praxis (SThE 17), Freiburg i.Ue.-Freiburg i.Br. 1986.
Mieth, D., Theologie und Ethik/Das unterscheidend Christliche, in: *Wils/Mieth*, Grundbegriffe der christlichen Ethik 209-224.
Mieth, D., Die Grundnorm der Wahrhaftigkeit, ihre ethische Begründbarkeit und ihre Universalität, in: *Funiok, R.* (Hrsg.), Grundfragen der Kommunikationsethik, Konstanz 1996, 15-40.
Mieth, D., Moral und Erfahrung II. Entfaltung einer theologisch-ethischen Hermeneutik (SThE 76), Freiburg i. Ue.-Freiburg i. Br. 1998.
Mieth, D., Medien und Alltagskultur, in: *Holderegger, A.* (Hrsg.), Kommunikations- und Medienethik. Interdisziplinäre Perspektiven (SThE 84), Freiburg i.Ue.-Freiburg i.Br. [2]1999, 135-150.
Mieth, D. (Hrsg.), Erzählen und Moral. Narrativität im Spannungsfeld von Ethik und Ästhetik, Tübingen 2000.
Mieth, I./Mieth, D., Vorbild oder Modell? Geschichten und Überlegungen zur narrativen Ethik, in: *Stachel, G./Mieth, D.*, Ethisch handeln lernen. Zu Konzeption und Inhalt ethischer Erziehung, Zürich 1978, 625-631.
Miggelbrink, R., Der Zorn Gottes. Geschichte und Aktualität einer ungeliebten biblischen Tradition, Frankfurt 2000.
Miggelbrink, R., Der zornige Gott. Die Bedeutung einer anstössigen biblischen Tradition, Darmstadt 2002.
Miho, M., Die Ästhetik des Kamikaze, in: *Stäblein*, Höflichkeit 186-197.
Miller, R., «Du dumme Sau!» Von der Beschimpfung zum fairen Gespräch, Lichtenau 2003.
Mirkes, R., Aquinas on the unity of perfect moral virtue, in: American catholic philosophical quarterly 71 (1997) 589-605.
Mitchell, M. M., Reading to virtue, in: *Collins, A. Y.* (Hrsg.), Ancient and modern perspectives on the Bible and culture (FS H. D. Betz), Atlanta 1999, 110-121.
Molinski, W., Umgang mit Konflikten, in: *Gründel, J.* (Hrsg.), Leben aus christlicher Verantwortung. Ein Grundkurs der Moral II (Schriften der Katholischen Akademie in Bayern 142), Düsseldorf 1992, 134-149.
Mölk, U., Curia und curialitas. Wort und Bedeutung im Spiegel der romanischen Dichtung: zu fr. *cortois(ie)*/pr. *cortes(ia)* im 12. Jahrhundert, in: *Fleckenstein*, Curialitas 27-38.
Molcho, S., Körpersprache, München 1998.
Mollenhauer, K., Vergessene Zusammenhänge. Über Kultur und Erziehung, München 1983.
Moltmann, J., Neuer Lebensstil, München 1977.
Moncrif, F.A. de, Essais sur la necessité et sur le moyens de plaire, Paris 1738 (Nachdruck: St. Etienne 1998).
Montandon, A. (Hrsg.) Über deutsche Höflichkeit. Entwicklung der Kommunikationsvorstellungen in den Schriften über Umgangsformen in den deutschsprachigen Ländern, Bern-Berlin-Frankfurt/M.-New York 1991.
Montandon, A. (Hrsg.), Etiquette et politesse, Clermont-Ferrand 1992.
Montandon, A. (Hrsg.), Convivialité et politesse. Du gigot, des mots et autres savoir-vivre, Clermont-Ferrand 1993.
Montandon, A. (Hrsg.), L'honnête homme et le dandy, Tübingen 1993.
Montandon, A. (Hrsg.), Les espaces de la civilité, Mont-de-Marsa 1995.
Montandon, A. (Hrsg.), Dictionnaire raisonné de la politesse et du savoir-vivre, Paris 1995.
Montandon, A., Art. Conversation, in: DRPSV 125-153.
Montandon, A., Art. Étiquette, in: DRPSV 359-376.
Montandon, A., Art. Manières, in: DRPSV 567-586.
Montandon, A., Art. Politesse, in: DRPSV 711-729.
Montandon, A., Le discours de l'hôte, in: *Wauthion/Simon*, Politesse et idéologie 265-278.
Montaigne, M. de, Essais, hrsg. v. *M. Lüthy*, Zürich 1953.
Montanari, M., Der Hunger und der Überfluß. Kulturgeschichte der Ernährung in Europa, München 1993.
Monzon i Arazo, A., Universidad i teologia segons John Henry Newman, in: *Busquets, J.* (Hrsg.), Fe i teologia en la història. Montserrat 1997, 355-359.
Moore, R. I., Die erste europäische Revolution. Gesellschaft und Kultur im Hochmittelalter, München 2001.

Moraw, P. (Hrsg.), Deutscher Königshof, Hoftag und Reichstag im späteren Mittelalter, Stuttgart 2002.
Mors, H., Sehen, wo der andere mich braucht. Die Fähigkeit, «Danke» zu sagen, in: Klerusblatt 75 (1995) 241-242.
Mozetic, G., Verborgene Tugenden? Soziologische Beobachtungen über Moral, Wertwandel und Gesellschaftsdiagnosen, in: *Prisching*, Postmoderne Tugenden 209-233.
Muchembled, R., Kultur des Volkes – Kultur der Eliten. Die Geschichte einer erfolgreichen Verdrängung, Stuttgart 1982.
Mühlenweg, F., Kleine mongolische Heimlichkeiten, Lengwil 1992.
Müller, A. W., Einheit der Tugend oder Einheit der Tugenden? Eine aristotelische Alternative zu Nicolai Hartmanns Position, in: ThPh 73 (1998) 173-195.
Müller A. W., Was taugt die Tugend, Elemente einer Ethik des guten Lebens, Stuttgart-Berlin-Köln 1998.
Müller, C., Zur Unhöflichkeit von Zeigegesten, in: *Haferland/Paul*, Höflichkeit 196-222.
Müller, H., Das Zusammenleben der Kulturen. Ein Gegenentwurf zu Huntington, Frankfurt/M. 1998.
Müller, K., Interaktionssemantik, in: Deutsche Sprache 9 (1980) 289-305.
Müller, K. L. M., Anleitung zur Bildung für Gesellschaft und Umgang, Leipzig 1812.
Müller, J.-D. (Hrsg.), Wissen für den Hof, München 1993.
Müller, M., Investigativer Journalismus. Seine Begründung und Begrenzung aus der Sicht der christlichen Ethik (StdM 6), Münster 1997.
Müller, R. A., Der Hofmann, in: *Schwarz*, Der neue Mensch 181-207.
Müller, S., Gesellschaftliche Handlungsorientierungen. Zum objektiven Moralbewußtsein, in: *Hunold/ Laubach/Greis*, Theologische Ethik 94-110.
Müller, S., Normen. Zum Verhältnis von gesellschaftlichen Ansprüchen und sittlicher Autonomie, in: *Hunold/Laubach/Greis*, Theologische Ethik 188-206.
Müller, S. E., Zustimmung zum eigenen Dasein. Moraltheologische und moralpsychologische Aspekte der «Annahme seiner selbst» (Guardini), in: ThG 40 (1997) 94-106.
Müller, S. E., Zur Anthropologie und Theologie der Tugend. Prolegomena zur Grundlegung einer erneuerten Haltungsethik, in: *Fonk/Zelinka*, Orientierung in pluraler Gesellschaft 51-79.
Müller, V., Rudolf v. Jherings Untersuchung der Umgangsformen. Saarbrücken 1985.
Müller, W.-E., Evangelische Ethik, Darmstadt 2001.
Müller, W., Menschsein heißt In-Beziehung-Sein. Entwicklungspsychologische Voraussetzungen der Beziehungsfähigkeit, in: ThPQ 151 (2003) 359-367.
Münk, H.-J., Glück und Erfolg – christliche Lebensinhalte, in: ThG 37 (1994) 82-96.
Murphy, R., Saint François de Sales et la civilité chrétienne, Paris 1964.
Myers,G., The pragmatics of politeness in scientific articles, Duisburg 1988.
Myers, R., A Saint for today, in: HPR 99 (1999) 62-64.
Myers-Scotton, C., Social motivations for codeswitching, Oxford 1993.

Nattan, M.-C., Art. Distinction, in: DRPSV 271-303.
Nattan, M.-C., Art. Mode, in: DRPSV 607-635.
Nazarkiewicz, K., Moralisieren über Ethnien. Die Reflexivität der Stereotypenkommunikation, in: Zeitschrift für Soziologie 12 (1997) 181-201.
Neckel, S., Achtungsverlust und Scham. Die soziale Gestalt eines existentiellen Gefühls, in: *Fink-Eitel/Lohmann*, Zur Philosophie der Gefühle 244-265.
Nehamas, A., Die Kunst zu Leben. Sokratische Reflexionen von Platon bis Foucault, Hamburg 2000.
Nestle, K., Die neue Höflichkeit. Gutes Benehmen ist wieder gefragt, Genf [2]1987.
Neuberger, O., Mobbing. Übel mitspielen in Organisationen, München 1998.
Neufeld, D., Jesus's transgressions and social impropriety in the Gospel of Mark: A social scientific approach, in: BTB 30 (2000) 15-26.
Neumann, F., Vorwort in: *H. Rückert*, (Hrsg.), Thomasin v. Zerclaere, Der Welsche Gast, Berlin 1965, V-LI.
Neumeyer, M. (Hrsg.), Mittelalterliche Menschenbilder, Regensburg 2000.
Neustupny, J. V., Politeness patterns in the system of communication, in: Proceedings of the eighth International Congress of Anthropological and Ethnological Sciences, Tokio-Kyoto 1968, 412-419.
Newman, J. H., On the Scope and Nature of university education, (Everman's Library Bd. 723) London-Toronto-New York 1915.
Newman, J. H., Vom Wesen der Universität. Ihr Bildungsziel in Gehalt und Gestalt, in *ders.*, Ausgewählte Werke V, hrsg. v. *M. Laros/W. Becker*, Mainz 1960.

Nida-Rümelin, J., Theoretische und angewandte Ethik: Paradigmen, Begründungen, Bereiche, in: *ders.* (Hrsg.), Angewandte Ethik. Die Bereichsethiken und ihre theoretische Fundierung. Ein Handbuch, Stuttgart 1996, 2-85.

Nicole, P., De la charité et de l'amour propre, Paris 1675.

Nicole, P., Les moyens de conserver la paix avec les hommes, Paris 1675.

Nicolson, H., Good behaviour. Being a study of certain types of civility, London 1955.

Nicolson, H., Vom Mandarin zum Gentleman. Formen der Lebensart in drei Jahrtausenden, München 1957.

Nietzsche, F., Werke in drei Bänden, hrsg. v. *K. Schlechta*, Darmstadt 1997.

Nixdorf, N., Höflichkeit im Englischen, Deutschen, Russischen. Ein interkultureller Vergleich am Beispiel von Ablehnungen und Komplimentiererwiderungen, Marburg 2002.

Noichl, F., Ethische Schriftauslegung. Biblische Weisung und moraltheologische Argumentation, Freiburg i.Br. 2002.

Noldin, H., Summa Theologiae Moralis, 3 Bde., Innsbruck 1901f.

Norman, R., Wir sind, was wir tun. Großherzigkeit ist eine politische Tugend, in: EK 30 (1997) 157-160.

Nowak, Z. H. (Hrsg.), Ordines militares, Thorn 1983ff.

Nürnberger, C., Verdammte Scheisse, ... wer hat unseren Kindern eigentlich das Fluchen beigebracht? in: Süddeutsche Zeitung. Magazin Nr. 28, vom 12.7.2002, 5-6.

Nussbaum, M., Nicht-relative Tugenden: Ein aristotelischer Ansatz, in: *Rippe/Schaber*, Tugendethik 114-165.

Obenauer, K., Zum Laster bei Thomas von Aquin, in: WuA(M) 42 (2001) 162-167.

Oberforcher, R., Art. Alttestamentliche Ethik, in: NLChM 24-37.

Oberlinner, L., Der Titusbrief (HThKNT XI/2.3), Freiburg/Br. 1996.

Oesterdiekhoff, G. W./Jegelka, N. (Hrsg.), Werte und Wertwandel in westlichen Gesellschaften, Opladen 2001.

Olgiati, F., Spiritualità della vita francescana, Mailand 1990.

Östmann, J.-O., «You know». A discourse functional approach, Amsterdam 1981.

Oexle, O. G., Die funktionale Dreiteilung als Deutungsschema der sozialen Wirklichkeit in der ständischen Gesellschaft des Mittelalters, in: *Schulze*, Ständische Gesellschaft und soziale Mobilität 19-51.

Oexle, O. G./Paravicini, W. (Hrsg.), Nobilitas. Funktion und Repräsentation des Adels in Alteuropa, Göttingen 1997.

O'Keefe, M., Becoming Good, Becoming Holy. On the Relationship of Christian Ethics and Spirituality, New York/Mahwah 1995.

Olgiati, F. u.a. (Hrsg.), Fonti Francescane, Padua ^{4}1990.

O'Meara, T. F., Virtues in the theology of Thomas Aquinas, in: TS 58 (1997) 254-285

O'Meara, T. F., Thomas Aquinas and today's theology, in: ThTo 55 (1998) 46-58.

Orsuto, D. L., The Saint as Moral Paradigm, in: *Billy/Orsuto*, Spirituality and Morality 127-140.

Orth, E., Formen und Funktionen der höfischen Rittererhebung, in: *Fleckenstein*, Curialitas 128-170.

Orth, S., Gott und das Glück, in: HerKorr 57 (2003) 271-274.

Osborn, E. F., Ethical Patterns in early Christian Thought, Cambridge 1976.

Oser, F./Althof, W. (Hrsg.), Moralische Selbstbestimmung. Modelle der Entwicklung und Erziehung im Wertebereich. Stuttgart 1992.

Ossanna, F., La minorità proposta da San Francesco ai suoi frati, in: MF 93 (1993) 64-95.

Ossola, C., Dal «Cortegiano» all' «Uomo di monde», Turin 1987.

Ott, K., Art. Prinzip/Norm/Maxime/Regel, in: HbEth 457-463.

Otterstedt, C., Abschied im Alltag. Grußformen und Abschiedsgestaltung im interkulturellen Vergleich, München 1993.

Paciocco, R., Una coscienza tra scelta di vita e fama di santità: Francesco d'Assisi frater e sanctus, in: Hagiographica 1 (1994) 207-226.

Paravicini, W., Die ritterlich-höfische Kultur des Mittelalters (Enzyklopädie deutscher Geschichte Bd. 32), München 1994.

Paravicini, W. (Hrsg.), Alltag bei Hofe, Sigmaringen 1994.

Paravicini, W., Fahrende Ritter. Literarisches Bild und gelebte Wirklichkeit im Spätmittelalter, in: *Neumeyer*, Mittelalterliche Menschenbilder 205-254.

Paravicini, W./Wettlaufer, J. (Hrsg.), Erziehung und Bildung bei Hofe, Stuttgart 2002.

Parr, P./Thiele, M. (Hrsg.), Gottschalk, Kerner & Co. Funktion der Telefigur «Spielleiter» zwischen Exzeptionalität und Normalität, Frankfurt/M. 2001.

Pastoureau, M., Traité d'Héraldique, Paris ²1992.
Paternoster, A., Art. Discrétion, in: DRPSV 249-270.
Paternoster, A., Art. Mesure, in: DRPSV 587-605.
Paternoster, A., La politesse positive dans le dialogue de la Renaissance italienne (XVe-XVIe siècle) ou l'art de doser les compliments, in: *Wauthion/Simon*, Politesse et idéologie 303-311.
Patzelt, W. J., Ein alltagsanalytisches Paradigma? Bericht über das ethnomethodologische Schrifttum und den Forschungsstand, in: Neue politische Literatur 9 (1984) 3-71, 187-204.
Patzelt, W. J., Grundlagen der Ethnomethodologie. Theorie, Empirie und politikwissenschaftlicher Nutzen einer Soziologie des Alltags, München 1987.
Pazzelli, R., Art. Digiunio, astinenza, cibo, in: DF 351-364.
Pedrini, A., Franz von Sales – italienische Kultur: Kenntnis – Kontakte – Einflüsse, in: JbSalSt 31 (1998) 37-66.
Pellegrini, A., Comunicazione e teologia: dieci tesi, in: Vivens homo 7 (1996) 219-252.
Pelz, H., Linguistik. Eine Einführung, Hamburg ⁵2000.
Pelz, M., Wege des Lebens. Eine Untersuchung zum personalen Grundansatz der Ethik Romano Guardinis, Frankfurt/M. 1998.
Perathoner, G., Gastfreundschaft im Tourismus. Eine Tugendethik aus der Sicht des Gastgebers (StdM 16), Münster 2000.
Pernot, C., La politesse et sa philosophie , Paris 1996.
Pensky, M. (Hrsg.), The actuality of Adorno. Critical essays on Adorno and the postmodern, Albany (NY) 1997.
Pesch, O. H., Art. Liebe, in: NHThG III 220-239.
Pesch, O. H., Die Theologie der Rechtfertigung bei Martin Luther und Thomas v. Aquin, Mainz ²1985.
Pesch, O. H., Die Theologie der Tugend und die theologischen Tugenden, in: Conc 23 (1987) 233-245.
Pesch, O. H., Thomas v. Aquin. Grenze und Größe mittelalterlicher Theologie. Eine Einführung, Mainz ²1989.
Pesch, O. H., Christliche Lebenspraxis hier und heute, Würzburg 1994.
Pesch, O. H., Sünde und Menschsein bei Thomas von Aquin. Eine theologiegeschichtliche Meditation, in: *Thurner*, Die Einheit der Person 85-98.
Peschke, K.-H., Art. Quellen der Moralität, in: NLChM 621-626.
Peschke, K.-H., Christliche Ethik. Spezielle Moraltheologie, Trier 1995.
Peukert, H., Praxis universaler Solidarität. Grenzprobleme im Verhältnis von Erziehungswissenschaft und Theologie, in: *Schillebeeckx*, Mystik und Politik 172-185.
Peters, A., Art. Bild Gottes – IV. Dogmatisch, in: TRE VI 506-515.
Peterson, J., The interdependence of intellectual and moral virtue in Aquinas, in: The Thomist 61 (1997) 449-454.
Pfaller, R., Das Undenkbare, die Höflichkeit und das Glück. Über die symbolische Wirksamkeit höflicher Gesten in den Philosophien von Kant und Alain, in: *Felderer/Macho*, Höflichkeit 119-141.
Pfürtner, S., Triebleben und sittliche Vollendung, Freiburg i.Ue. 1958.
Piaget, J., Nachahmung, Spiel und Traum. Die Entwicklung der Symbolfunktion beim Kinde, Stuttgart 1969.
Piana, G., Sapienzia e vita quotidiana. Itinerario etico spirituale, Brescia 1998.
Picard, D., Les «Rituels d'accès» dans le savoir-vivre, in: Ethnologie française 26 (1996) 239-247.
Picard, D., Art. Corps, in: DRPSV 155-174.
Piegsa, J., Der Mensch – das moralische Lebewesen, 3 Bde., St. Ottilien 1996-1998.
Pieper, A., Einführung in die Ethik, Tübingen ²1991.
Pieper, A./Römelt, J./Nutzinger, H. G./Simon, W., Art. Wert, in: LThK³ X 1105-1109.
Pieper, A., Glückssache. Die Kunst, gut zu leben, Hamburg 2001.
Pieper, J., Art. Tugend, in: HThG IV 282-286.
Pieper, J., Lieben – hoffen – glauben, München 1986.
Pietrowicz, S., Helmuth Plessner. Genese und System seines philosophisch-anthropologischen Denkens, Freiburg i.Br.-München 1992.
Pinckaers, S., Rediscovering Virtue, in: The Thomist 60 (1996) 361-378.
Pinckaers, S., Le petit Traité des grandes vertus d'André Comte-Sponville, in: Nova et Vetera 72 (1997) 105-115.
Pindl, M., Glaube. Leitperspektive theologisch-ethischer Reflexion, in: *Hunold/Laubach/Greis*, Theologische Ethik 51-72.
Piper, W. B., Common courtesy in eighteenth century English literature, Newark 1997.
Pittrof, T., Knigges Aufklärung über den Umgang mit Menschen, München 1989.

Pittrof, T., Die Entwicklung von Kommunikationsvorstellungen in Knigges Buch «Über den Umgang mit Menschen»: Drei Bemerkungen zum Thema, in: *Montandon*, Über die deutsche Höflichkeit 159-174.
Pittrof, T., Umgangsliteratur in neuerer Sicht, in: IASL, 3. Sonderheft (1993) 63-112.
Plattig, M., Die «Früchte» des geistlichen Lebens, in: *Arbeitsgemeinschaft Theologie der Spiritualität AGTS* (Hrsg.), «Laßt euch vom Geist erfüllen!» (Eph 5,18) – Beiträge zur Theologie der Spiritualität, Münster 2001, 242-288.
Plessner, H., Die verspätete Nation. Über die Verführbarkeit bürgerlichen Geistes, Stuttgart 1959.
Plessner, H., Grenzen der Gemeinschaft. Eine Kritik des sozialen Radikalismus, in: *ders.*, Gesammelte Schriften V, hrsg. v. *G. Dux/O. Marquard/E. Ströker*, Frankfurt/M. 1981, 7-133.
Plessner, H., Mit anderen Augen. Aspekte einer philosophischen Anthropologie, Stuttgart 1982.
Plümacher, E., Art. φιλανθρωπία, in: EWNT III 1015f.
Plutarch, Moralphilosophische Schriften, ausgewählt, übersetzt und hrsg. v. *H.-J. Klauck*, Stuttgart 1997.
Pockels, C. F., Ueber Gesellschaft, Geselligkeit und Umgang I, Hannover 1813.
Pokatzky, K., Rumms, klirr, schlürf. Tonkunst der neuen Art: In Konzertsälen machen sich lockere Fernsehkonsumsitten breit, in: DIE ZEIT, Nr. 40, 27.9.1985, 73.
Pörtner, P., Pastiche über die Gewalt der Höflichkeit und die Höflichkeit der Gewalt, in: *Stäblein*, Höflichkeit 174-185.
Pomerantz, A., Compliment responses. Notes on the co-operation of multiple constraints, in: *Schenkein, J.* (Hrsg.), Studies in the organisation of conversational interaction, New York 1978, 79-112.
Pontanus, J.J., De sermone liber sex, hrsg. v. *S. Lupi/A. Risicato*, Lucani 1954.
Pope, S. (Hrsg.), The Ethics of Aquinas, Washington 2002.
Porter, J., Moral language and the language of grace. The fundamental option and the virtue of charity, in: Philosophy and theology 10 (1997) 169-198.
Porter, J., Recent studies in Aquina's virtue ethics. A review essay, in: JRE 26 (1998) 191-215.
Porter, J., What the wise person knows. Natural law and virtue in Aquinas' «Summa theologiae», in: Studies in Christian ethics 12 (1999) 57-69.
Porter, J., Art. Tugend, in: TRE XXXIV 184-197.
Pons, A., Art. Civilité – urbanité, in: DRPSV 91-109.
Posch, W., Körper machen Leute. Der Kult um die Schönheit, Frankfurt 1999.
Pontara, G., Breviario per un'etica quotidiana. Bene individuale, utilità colletiva, Mailand 1998.
Poschardt, U., Kleider lügen nicht: Mode ist die Kommunikationsform der Postmoderne, in: EK 31 (1998) 387-390.
Powell, J. M., Francesco d'Assisi e la Quinta Crociata, in: Una Missione di Pace: Schede Medievali 4 (1983) 68-77.
Price, A. W., Love and friendship in Plato and Aristotle, Oxford 1989.
Price, A. W., Friendship, in: *Höffe*, Die Nikomachische Ethik 229-251.
Prinz, F., Das wahre Leben der Heiligen. Zwölf historische Portraits von Kaiserin Helena bis Franz von Assisi, München 2003.
Prisching, M. (Hrsg.), Postmoderne Tugenden? Ihre Verortung im kulturellen Leben der Gegenwart, Wien 2001.
Prisching, M., Postmoderne Tugenden? Aspekte einer unmodernen Problemstellung, in: *ders.*, Postmoderne Tugenden 15-37.
Prisching, M., Psychologie der Tugend, in: *ders.*, Postmoderne Tugenden 143-161.
Preussner, A., Die Komplexität der Tugend. Eine historisch-systematische Untersuchung, Würzburg 1997.
Probst, P., Art. Alltäglichkeit, in: HWP I 194-195.
Probst, P., Art. Man, in: HWP V 706f.
Procopé, J., Art., Höflichkeit, in: RAC XV 930-986.
Procopé, F. J., Morality and manners in Clemens's Paidagogos, in: StP 26 (1993) 313-317.
Prümmer, D. M., Manuale Theologiae Moralis II, Freiburg i.Br. [10]1945.
Prunet, O., La morale de Clément d'Alexandrie, Paris 1966.
Psathas, G., Ethnotheorie. Ethnomethodologie und Phänomenologie, in: *Arbeitsgruppe Bielefelder Soziologen* (Hrsg.), Alltagswissen. Interaktion und gesellschaftliche Wirklichkeit, Opladen [3]1981, 263-284.
Pschaid, P., Language and Power in the Office, Tübingen 1992.
Puntel, L. B., Der Wahrheitsbegriff in Philosophie und Theologie, in: ZThK Beiheft 9 (1995) 16-45.

Quintilian, M. F., Institutiones oratoriae libri XII, hrsg. u. übersetzt von *H. Rahn*, Darmstadt 1972.

Raffelt, A./Verweyen, H., Karl Rahner, München 1997.
Raffelt, A., Art. Nicole, P., in: LThK[3] VII 816f.

Raffini, C. T., M. Ficino, P. Bembo, B. Castiglione. Philosophical, Aesthetic and Political Approaches in Renaissance Platonism, New York 1996.
Ragotzky, H./Wenzel, H. (Hrsg.), Höfische Repräsentation. Das Zeremoniell und die Zeichen, Tübingen 1990.
Rahner, K., Über die Einheit der Nächsten- und Gottesliebe, in: *ders.*, Schriften zur Theologie VI, Einsiedeln [3]1968, 277-298.
Rahner, K., Alltagstugenden, in: *ders.*, Chancen des Glaubens. Fragmente einer modernen Spiritualität, Freiburg i.Br. 1971, 125-138.
Raible, W., Sprachliche Höflichkeit. Realisierungsformen im Deutschen und im Französischen, in: Zeitschrift für französische Sprache und Literatur 97 (1987) 145-168.
Raible, W., Alterität und Identität, in: Zeitschrift für Literaturwissenschaft und Linguistik 110 (1998) 7-22.
Rak, R., Demokratie und Tugenden, in: *Breuer*, Ethik der Tugenden 453-463.
Rassem, M., Der Sinn der Höflichkeit, in: *ders.*, Stiftung und Leistung. Essais zur Kultursoziologie, Mittenwald 1979, 115-135.
Ramminger, M., Mitleid und Heimatlosigkeit. Zwei Basiskategorien einer Anerkennungshermeneutik (Theologie in Geschichte und Gesellschaft V), Luzern 1998.
Ramirez, F., Lobster or sop. Clement of Alexandria, the love feast, the local and the translocal church, in: BLT 43 (1998) 19-34.
Ranft, A., Adelsgesellschaften. Gruppenbildung und Genossenschaften im spätmittelalterlichen Reich, Sigmaringen 1994.
Ravier, A., Introduction, in: *F. de Sales*, Œuvres, 2-15.
Ravier, A., Woran Franz v. Sales glaubte, Eichstätt 1992.
Ravier, A., Humilité et générosité d'après S. François de Sales, in: RevSR 68 (1994) 39-47.
Rawls, J., Eine Theorie der Gerechtigkeit, Frankfurt/M. 1975.
Rawls, J., Gerechtigkeit als Fairneß. Ein Neuentwurf, Frankfurt/M. 2003.
Reed, J. T., Are Paul's Thanksgivings «epistolary»?, in: JSNT 61 (1996) 87-99.
Reese-Schäfer, W., Lyotard zur Einführung, Hamburg [3]1995.
Rees-Miller, J., Power, Severity and Context in Disagreement, in: Journal of Pragmatics 32 (2000) 1087-1111.
Rehbein, J., Entschuldigungen und Rechtfertigungen. Zur Sequenzierung von kommunikativen Handlungen, in: *Wunderlich*, Linguistische Pragmatik 288-317.
Rehberg, K.-S. (Hrsg.), Norbert Elias und die Menschenwissenschaft. Studien zur Entstehung und Wirkungsgeschichte seines Werkes, Frankfurt/M. 1996.
Rehberg, K.-S., Positionalität und Figuration gegen jede Gemeinschafts-Verschmelzung. Soziologisch-anthropologische Theorieverschränkungen bei Helmuth Plessner und Norbert Elias: in: *Eßbach/Fischer/Lethen*, Plessners «Grenzen der Gemeinschaft» 213-247.
Reheis, F., Die Kreativität der Langsamkeit. Neuer Wohlstand durch Entschleunigung. Darmstadt [2]1998.
Rehrauer, S. T., The injustice of justice and the justice of injustice. Part two: Moral rules, in: StMor 39 (2001) 5-60.
Reichenbach, A., «Mit süßer Zunge». Höflichkeit und Nachbarschaft im Damaszener Christenviertel Bâb Tûmâ, Gehren 2001.
Reifenberg, P., Art. Situationsethik, in: LThK[3] IX 641-643.
Reiner, H., Die Ehre. Kritische Sicht einer abendländischen Lebensform, Dortmund 1956.
Reiner, H., Art. Dankbarkeit, in: HWP II 9-11.
Reiter, J., Modelle christozentrischer Ethik, Mainz 1979.
Reiter, J., Die katholische Moraltheologie zwischen den beiden Vatikanischen Konzilien, in: *Wolf, H.* (Hrsg.), Die katholisch-theologischen Disziplinen in Deutschland 1870-1962, Paderborn 1999, 231-242.
Reiter, J., Tugend als Lebenskunst, in: *Breuer*, Ethik der Tugenden 383-399.
Reiter, J., Art. Moraltheologie, katholische, in: RGG[4] V 1495-1498.
Reiter, J., Über die Ethik der Menschenwürde, in: *Raffelt, A.* (Hrsg.), Weg und Weite (FS K. Kardinal Lehmann), Freiburg i.Br. 2003, 443-454.
Reijen, W. v., Adorno zur Einführung, Hamburg [3]1987.
Rendtorff, T., Kleider machen Leute? Der Kopftuchstreit oder: Sind wir auf dem Weg in eine laizistische Republik?, in: ZEE 43 (1999) 212-220.
Renoldner, S., Art. Maxime, in: NLChM 465.
Revel, J., Vom Nutzen der Höflichkeit, in: *Ariès, P./Chartier, R.* (Hrsg.), Geschichte des privaten Lebens III: Von der Renaissance zur Aufklärung. Frankfurt/M. 1991, 173-212.

Rhoads, D., Jesus and the syrophoenician woman in Mark, in: Journal of the American Academy of Religion 62 (1994) 343-376.

Ricard, M. A, La dialectique de T. W. Adorno, in: LTP 55 (1999) 267-283.

Richter Reimer, R., Die Stellung der Frau in der Apostelgeschichte. Eine feministisch-theologische Exegese, Gütersloh 1992.

Ricken, F., Gemeinschaft als Grundwert aristotelischer Ethik, in: ThPh 46 (1991) 530-546.

Ricken, F., Art. Hedonismus, in: LThK[3] IV 1236f.

Ricken, F., Aristoteles und die moderne Tugendethik, in: ThPh 74 (1999) 391-404.

Ricken, F., Ist Freundschaft eine Tugend? Die Einheit des Freundschaftsbegriffs der Nikomachischen Ethik, in: ThPh 75 (2000) 481-492.

Ricœur, P., Liebe und Gerechtigkeit, hrsg. v. *O. Bayer*, Tübingen 1990.

Ricœur, P., Per una ontologia indiretta: L'essere, il vero, il giusto (e/o il buono), in: Aquinas 38 (1995) 483-494.

Ridley, M., The Origins of virtue, Harmondsworth 1996.

Riedel, W., «Die unsichtbare Hand». Ökonomie, Sittlichkeit und Kultur der englischen Mittelklasse (1650 - 1850), Tübingen 1990.

Riedl, A., Art. Höflichkeit, LThK[3] V 208.

Rieks, R., Art. Humanitas, in: HWP III 1231-1232.

Riley-Smith, J. (Hrsg.), Die Kreuzzüge. Kriege im Namen Gottes, Freiburg i. Br. 1999.

Rippe, K. P./Schaber, P. (Hrsg.), Tugendethik, Stuttgart 1998.

Ringeling, H., Art. Liebe IX. Ethisch/Praktisch-theologisch, in: TRE XXI 177-187.

Ringeling, H., «Postmoderne» Identitätsprobleme – ein Nachtrag von 1993, in: HCE II 518-526.

Ripperger, C., The morality of the exterior act, in: Angelicum 76 (1999) 183-219, 367-410.

Römelt, J., Personales Gottesverständnis in heutiger Moraltheologie auf dem Hintergrund der Theologien von K. Rahner und H. U. v. Balthasar, Innsbruck 1988.

Römelt, J., Theologie der Verantwortung, Innsbruck 1991.

Römelt, J., Realistische Freiheit. Gedanken zur Theologie der Verantwortung, Frankfurt/M. 1995.

Römelt, J., Handbuch der Moraltheologie, 3 Bde., Regensburg 1996-1999.

Römelt, J., Art. Wert II. Theologisch-ethisch, in: LThK[3] X 1107.

Römelt, J., Ethik für das dritte Jahrtausend? Problemfelder und Methodenfragen einer wissenschaftlichen Disziplin in der Jahrtausendwende, in: Ethica 8 (2000) 5-21.

Römelt, J., Christliche Ethik im pluralistischen Kontext. Eine Diskussion der Methode ethischer Reflexion in der Theologie (StdM Beihefte 4) Münster 2000.

Rohmann, K., Der An-Spruch. Zur Begründung der absoluten Würde der menschlichen Person, in: LebZeug 54 (1999) 134-154.

Rohr, E., Der Herr und Franziskus, Werl 1966.

Rombach, H., Strukturanthropologie. Der «menschliche» Mensch, Freiburg i.Br. 1987.

Romero, M., Reduced conditionals and focus, in: Proceedings from Semantics and Linguistic Theory 10 (2000) 149-166.

Rösener, W., Hofämter an mittelalterlichen Fürstenhöfen, in: DA 45 (1989) 485-550.

Rösener, W., Adelsherrschaft als kulturhistorisches Phänomen. Paternalismus, Herrschaftssymbolik und Adelskritik, in: HZ 268 (1999) 1-33.

Rösener, W., Die höfische Frau im Hochmittelalter, in: *Fleckenstein*, Curialitas 171-230.

Rösler, W., Bilden und Anerkennen. Kritik einer Konstruktion. Studien zur praktischen Philosophie Fichtes, Herbarts und Schleiermachers, Essen 1988.

Rosenberger, M., Im Zeichen des Lebensbaumes. Ein theologisches Lexikon der christlichen Schöpfungsspiritualität, Würzburg 2001.

Rosenberger, M., Von Heiligen und neuronalen Netzen. Der Stellenwert von Vorbildern für die Ethik, in: ZKTh 123 (2001) 56-68.

Rosengren, I. (Hrsg.), Sprache und Pragmatik, Lund 1983.

Röttger-Denker, G., Roland Barthes zur Einführung, Hamburg [2]1997.

Rohls, P./Liebisch, D., Art. Schein, in: HWP VIII 1230-1243.

Rohr, R., Zur Skala der ritterlichen Tugenden in der altprovenzalischen und altfranzösischen Dichtung, in: ZRP 78 (1962) 292-326.

Roth, O., Die Gesellschaft der Honnêtes Gens, Heidelberg 1981.

Rotter, H., Grundgebot Liebe. Mitmenschliche Begegnung als Grundansatz der Moral, Innsbruck 1983.

Rotter, H., Art. Liebe, in: NLChM 439-446.

Rotter, H./Virt, G. (Hrsg.), Neues Lexikon der christlichen Moral, Innsbruck/Wien 1990.

Rotter, H., Person und Ethik. Zur Grundlegung der Moraltheologie, Innsbruck 1993.

Rotzetter, A., Kreuzzugskritik und Ablehnung der Feudalordnung in der Gefolgschaft des Franziskus von Assisi, in: WiWei 35 (1972) 121-137.
Rotzetter, A., Die Fairness des Franz von Assisi. Mit allen Kreaturen «höflich» umgehen, in: Ite (Heft 1/1997) 4-7.
Rotzetter, A., Franz von Assisi – eine Brücke zum Islam, in: Conc 35 (1999) 242-250.
Rotzetter, A., Mit Gott im Heute leben. Grundkurs franziskanischen Lebens, Freiburg i.Br. 2000.
Rouner, L.R. (Hrsg.), Civility, Notre Dame/Ind. 2000.
Rousseau, J.-J., Abhandlung über die Frage, ob die Wiederherstellung der Wissenschaften und Künste zur Läuterung der Sitten beigetragen hat?, in: *ders.*, Schriften I, hrsg. v. *H. Ritter*, München 1978, 27-65.
Rousseau, J.-J., Abhandlung über den Ursprung und die Grundlagen der Ungleichheit, in: Schriften I 165-302.
Rousseau, J.-J, Julie oder die neue Héloïse, hrsg. v. *R. Wolff*, München 1998.
Rousseau, J.-J., Emile oder Über die Erziehung, hrsg. v. *L. Schmidts*, Paderborn [13]1998.
Roussel, C., Art. Courtoisie, in: DRPSV 175-196.
Ruff, E. J. F., Der wälsche Gast des Thomasin von Zerklaere. Untersuchungen zu Gehalt und Bedeutung einer mittelhochdeutschen Morallehre. Erlangen 1982.
Ruhnau, J., Art. Hedonismus, in: HWP III 1023-1026.
Ruster, T., Der verwechselbare Gott. Theologie nach der Entflechtung von Christentum und Religion (QD 181), Freiburg i.Br.-Basel-Wien 2000.

Sacks, H., Lecture notes. Summer Institute of Linguistics, Ann Arbor 1973.
Sacks, H./Schegloff, E. A./Jefferson, G., A Simplest Systematics for the Organization of Turn-Taking in Conversation, in: Language 50 (1974) 696-735.
Sacks, H., Lectures on conversation II, hrsg. v. *G. Jefferson*, Oxford-Cambridge 1992.
Sabini, J., Moralities of everyday life, Oxford u.a. 1982.
Sales, F. de, Introduction à la vie dévote (Œuvres de St. François de Sales III) Annecy 1893.
Sales, F. de, Œuvres (Bibliothèque de la Pléiade), hrsg. v. *A. Ravier*, Paris 1969.
Sales, F. v., Philothea. Anleitung zum frommen Leben (Werke des hl. Franz v. Sales I), hrsg. u. übersetzt von *F. Reisinger*, Eichstätt-Wien 1959.
Sand, A./Hunold, G. W., Art. Goldene Regel, 1. Biblisch-theologisch, 2. Theologisch-ethisch, in: LChE I 745-748.
Sanders, D., Der natürliche Knigge. Die sanfte Revolution der Ellenbogengesellschaft, München 2001.
Sandu, D., Routine, Ritual, Höflichkeit, in: Zeitschrift für Angewandte Linguistik. GAL Bulletin 25 (1996) 19-29.
Sandu, D., Höflichkeit versus Routine? Gesprächsverhalten in deutsch- und rumänischsprachigen Kommunikationsräumen, in: *Lüger*, Höflichkeitsstile 263-276.
Sangermano, L., Francesco attraverso i suoi scritti, Rom 1995.
Sauer, H./Riedl, A., Die Menschenrechte als Ort der Theologie. Ein fundamental- und moraltheologischer Diskurs, Frankfurt/M.-Berlin-Bern u.a. 2003.
Saussure, F. de, Cours de linguistique générale, Paris [3]1965 (urspr. Lausanne 1916).
Schäfer, A., Scham: Das Problem moralischer Subjektivierung, in: *Abeldt/Bauer*, «... was es bedeutet, verletzbarer Mensch zu sein» 221-233.
Schäfer, B./Schlöder, B., Identität und Fremdheit. Sozialpsychologische Aspekte der Eingliederung und Ausgliederung des Fremden, in: JCSW 35 (1994) 69-87.
Schäfer, K., Jesu «indirekte» und «praktische» Rede von Gott, in: Conc 8 (1972) 424-428.
Schäfer, K., Zu Gast bei Simon, Düsseldorf 1973.
Schärtl, T., Theo-Grammatik. Zur Logik der Rede vom trinitarischen Gott (ratio fidei 18), Regensburg 2003.
Schaff, A., Sprache und Erkenntnis und Essays über die Philosophie der Sprache, Reinbek 1974.
Schaffer, H. R., The child's entry in the social world, London 1984.
Schalk, F. (Hrsg.), Französische Moralisten. La Rochefoucauld, Vauvenargues, Montesquieu, Chamfort, Zürich 1995.
Schallenberg, P., Mystik – Moral – Mission. Innere Bekehrung und äußere Mission bei Franz von Sales, in: *Schäfers, T.* (Hrsg.), Zur Mission herausgefordert. Evangelisierung als kirchlicher Auftrag (FS B. Kresing), Paderborn 1999, 137-149.
Schallenberg, P., Zum Problem dissozialer Persönlichkeiten, in: NOrd 54 (2000) 202-211.
Schank, G./Schwitalla, A. J. (Hrsg.), Konflikte in Gesprächen, Tübingen 1987.
Schank, G., Linguistische Konfliktanalyse. Ein Beitrag zur Gesprächsanalyse, in: *Schank/Schwittalla*, Konflikte in Gesprächen 18-99.

Scharbert, J., Art. Nächster, in: NBLex II 883f.

Scharer, M./Hilberath, B. J., Kommunikative Theologie. Eine Grundlegung, Mainz 2002.

Scharnowski, S., Rhetorik des Herzens. Zu einem Dilemma der Empfindsamkeit, in: *Haferland/Paul*, Höflichkeit 105-123.

Scheflen, A. E., The significance of posture in communication systems, in: Psychiatry 27 (1964) 346-380.

Scheflen, A., Körpersprache und Kommunikation. Kommunikation als Verhaltenskontrolle, Stuttgart 1976.

Scheler, M., Vom Umsturz der Werte. Abhandlungen und Aufsätze, in: *ders.*, Gesammelte Werke III, hrsg. v. *Maria Scheler*, Bern 1955, 13-31.

Schenk, C., Muss Literatur moralisch sein? Friedrich Schiller und der Streit um Ethik und Ästhetik heute (Religion und Ästhetik 11) Mainz 2000.

Schenk-Ziegler, A., Correctio fraterna im Neuen Testament. Die «brüderliche Zurechtweisung» in biblischen, frühjüdischen und hellenistischen Schriften (FzB 84), Würzburg 1997.

Scherer, G./Bürkle, H./Haag. E./Maier, J./Greshake, G./Schuster, J./Wirth, P./Fonk, P./Koch, L., Art. Tod, in: $LThK^3$ X 66-80.

Scherer, M., Der Gentleman. Plädoyer für eine Lebenskunst, München 2003.

Scheuer, M., Aufmerksamkeit und Hoffnung. Koordinaten christlicher Spiritualität, in: ThPQ 148 (2000) 114-121.

Schieder, T, Weltabenteuer Gottes. Die Gottesfrage bei Hans Jonas, Paderborn u.a. 1998.

Schillebeeckx, E. (Hrsg.), Mystik und Politik. Theologie im Ringen um Geschichte und Gesellschaft (FS J.-B. Metz), Mainz 1988.

Schiller, F., Kallias oder Über die Schönheit. Briefe an Gottfried Körner, in: *ders.*, Sämtliche Werke V, hrsg. v. *G. Fricke/H. G. Göpfert*, München ^{9}1993, 394-432.

Schiller, F., Über Anmut und Würde, in: *ders.*, Sämtliche Werke V, hrsg. v. *G. Fricke/H. G. Göpfert*, München ^{9}1993, 433-488.

Schiller, F., Über die ästhetische Erziehung des Menschen in einer Reihe von Briefen, in: *ders.*, Sämtliche Werke V, hrsg. v. *G. Fricke/H. G. Göpfert*, München ^{9}1993, 570-669.

Schiller, F., Über den moralischen Nutzen ästhetischer Sitten, in: *ders.*, Sämtliche Werke V, hrsg. v. *G. Fricke/H. G. Göpfert*, München ^{9}1993, 781-789.

Schilson, A., «Gottes Hoheit in die Welt hineintragen». Über Romano Guardinis posthum veröffentlichte «Ethik», in: HerKorr 49 (1995) 94-99.

Schilson, A., Mitte und Mittler. Gestalt und Bedeutung Jesu Christi bei Romano Guardini, in: *Henrich*, Guardini 69-94.

Schirrmacher, F., Der natürlichere Mensch. Die religionsanthropologische Systematik Helmuth Plessners in ihrer Bedeutung für die theologisch-anthropologische Urteilsbildung, Tübingen 1997.

Schlegel, F., Athenäums-Fragmente, in: *ders.*, Kritische Ausgabe II, hrsg. v. *H. Eichner*, Darmstadt 1967, 165-255.

Schleichert, H., Wie man mit Fundamentalisten diskutiert, ohne den Verstand zu verlieren. Anleitung zum subversiven Denken, München ^{2}2001.

Schleiermacher, F., Versuch einer Theorie des geselligen Betragens, in: *ders.*, Werke. Auswahl in 4 Bänden II, hrsg. v. *O. Braun/J. Bauer*, Aalen 1967, 1-31.

Schlögel, H., Ekklesiologie und Sozialethik in ökumenischer Perspektive. Wegstrecken und Werkstücke, in: *Heimbach-Steins, M./Lienkamp, A./Wiemeyer, J.* (Hrsg.), Brennpunkt Sozialethik (FS F. Furger), Freiburg i.Br. 1995, 261-277.

Schlögel, H., Art. Sitte II. Theologisch-ethisch, in: $LThK^3$ IX 637.

Schlögel, H., Profi und Profil. Zum Ethos pastoraler Berufe, Regensburg 2000.

Schlögel, H., Kirche – Moral – Spiritualität (StdM 18), Münster 2001.

Schlögel, H., Moraltheologie und Spiritualität – Eindrücke aus der Diskussion in den USA, in: *ders.*, Kirche – Moral – Spiritualität 93-106.

Schlögel, H., Zum Menschenwürdeargument in der Theologischen Ethik, in: Ethica 10 (2002) 407-414.

Schlögel, H., «Strapazierte Menschenwürde». Bedeutung und Problematik eines zentralen Begriffs in der biopolitischen Auseinandersetzung, in: rhs 46 (2003) 251-258.

Schmelz, M. P., Psychologie der Höflichkeit, Frankfurt/M.-Berlin-Bern 1994.

Schmid, P. G., Curia und curialitas. Wort und Bedeutung im Spiegel der lateinischen Quellen, in: *Fleckenstein*, Curialitas 15-26.

Schmid, W., Philosophie der Lebenskunst. Eine Grundlegung. Frankfurt/M. 1998.

Schmidinger, H. (Hrsg.), Geist – Erfahrung – Leben. Spiritualität heute, Innsbruck-Wien 2002.

Schmidtke, D., Mittelalterliche Liebeslyrik in der Kritik mittelalterlicher Moraltheologen, in: ZfdPh 95 (1976) 21-45.

Schmitt, H., Ekklesiale Streitkultur, in: StZ 216 (1998) 118-132.
Schmitt, H., Empathie und Wertkommunikation. Theorie des Einfühlungsvermögens in theologisch-ethischer Perspektive (SThE 93), Freiburg i.Ue-Freiburg i.Br. 2003.
Schmitt, R., Die Schwellensteher. Sprachliche Präsenz und sozialer Austausch in einem Kiosk, Tübingen 1992.
Schmitz, P., Die Wirklichkeit fassen. Zur «induktiven» Normenfindung einer «Neuen Moral», Frankfurt/M. 1972.
Schmitz, P., Tugend, in: *ders.*, Menschsein und sittliches Handeln. Vernachlässigte Begriffe in der Moraltheologie, Würzburg 1980, 107-132.
Schmölders, C. (Hrsg.), Die Kunst des Gesprächs. Texte zur Geschichte der europäischen Konversationstheorie, München 1979.
Schmölders, C., Das Gesicht der Würde, Helmuth Plessners Physiognomik zweiten Grades, in: *Eßbach/Fischer/Lethen*, Plessners «Grenzen der Gemeinschaft» 195-212.
Schmölders, C., Höflichkeitsforschung, in: Merkur 56 (2002) 534-540.
Schmücker, R. (Hrsg.), Zwischen «Minima Moralia» und «Ästhetischer Theorie». Theodor W. Adorno im Kontext von Ethik, Ästhetik und Utopie, Iserlohn 1994.
Schmucker-von Koch, J. F., Autonomie und Transzendenz. Untersuchungen zur Religionsphilosophie Romano Guardinis, Mainz 1985.
Schmucki, O., Gli scritti legislativi di San Francesco, in: *AAVV*, Approcio storico-critico delle Fonti Francescane 73-98.
Schmucki, O., Art. Infermità, in: DF 725-770.
Schmuttermayr, G., ἀδελφοί – ἀγαπητοί. Exegetische und kommunikationstheoretische Beobachtungen zur apostolischen Anrede, in: *Petri, H.* u.a. (Hrsg.), Glaubensvermittlung im Umbruch (FS M. Müller), Regensburg 1996, 13-46.
Schnackenburg, R., Die sittliche Botschaft des Neuen Testaments I, Freiburg i.Br.-Basel-Wien 1986.
Schneider,H., Takt, Stil und Halt im Ordensleben, in: OK 38 (1997) 175-178.
Schneider, M., Der Betrug der guten Sitten, in: *Stäblein*, Höflichkeit 44-65.
Schneider, M., Der Barbar. Endzeitstimmung und Kulturrecycling, München 1997.
Schneider, M., Ouups! Über die Entüblung der Welt durch eine neue Höflichkeit, in: «Frankfurter Rundschau» vom 05.01.2001, 21f.
Schneider, M., Leben aus der Fülle des Heiligen Geistes. Standortbestimmung Spiritualität heute, St. Ottilien 1997.
Schneider, M., Theologie und Spiritualität, in: LebZeug 54 (1999) 229-237.
Schneider, U., Theologie als christliche Philosophie. Zur Bedeutung der biblischen Botschaft im Denken des Clemens von Alexandrien, Berlin-New York 1999.
Schneiders, W., Naturrecht und Liebesethik. Zur Geschichte der praktischen Philosophie im Hinblick auf C. Thomasius, Hildesheim 1971.
Schneiders, W., Der Verlust der guten Sitten. Ein Beitrag zur Geschichtlichkeit der Moral, in: Studia Philosophica 44 (1985) 61-77.
Schneiders, W. (Hrsg.), Lexikon der Aufklärung, München 1995.
Schnell, R., Die ‹höfische› Liebe als ‹höfischer Diskurs› über die Liebe, in: *Fleckenstein*, Curialitas 231-301.
Schnell, R., Hofkritik in Deutschland, in: *Moraw*, Deutscher Königshof, Hoftag und Reichstag im späteren Mittelalter 185-225.
Schockenhoff, E., Bonum hominis. Die anthropologischen und theologischen Grundlagen der Tugendethik des Thomas von Aquin, Mainz 1987.
Schockenhoff, E., Art. Tugenden und Laster, in: NLChM 798-805.
Schockenhoff, E., Wozu gut sein? Eine historisch-systematische Studie zum Ursprung des moralischen Sollens (I. Thomas und Kant, II. Fichte und die gegenwärtige Ethik), in: StMor 33 (1995) 87-120 (I.), 265-287 (II.).
Schockenhoff, E., Naturrecht und Menschenwürde, Mainz 1996.
Schockenhoff, E., Art. Klugheit. I. theologisch-ethisch, in: $LThK^3$ VI 151-152.
Schockenhoff, E., Normative Ethik. Eine Problemskizze, in: StMor 35 (1997) 445-473.
Schockenhoff, E., List und Lüge in der theologischen Tradition, in: *Schmidt, M./Reboiras F. D.* (Hrsg.), Von der Suche nach Gott (FS H. Riedlinger), Stuttgart-Bad Cannstatt 1998, 489-507.
Schockenhoff, E., Ethik des Lebens. Ein theologischer Grundriß, Mainz ^{2}1998, 177-181.
Schockenhoff, E., Das Liebesgebot Jesu und die Goldene Regel im Verständnis der christlichen Ethik, in: *Bellebaum, A./Niederschlag, H.* (Hrsg.), «Was Du nicht willst, daß man Dir tu'...». Die Goldene Regel – ein Weg zum Glück?, Konstanz 1999, 55-85.

Schockenhoff, E., Glück und Leidenschaft. Das Gefüge menschlicher Antriebe in der Tugendethik des Thomas von Aquin, in: *Thurner*, Die Einheit der Person 99-123.

Schockenhoff, E., Zur Lüge verdammt? Politik, Medien, Medizin, Justiz, Wissenschaft und die Ethik der Wahrheit, Freiburg i.Br. 2000.

Scholz, M. G., Der *hövesche got* und der Sælden wec. Zwei «Erec»-Konjekturen und ihre Folgen, in: *Huber/Wachinger/Ziegeler*, Geistliches in weltlicher und Weltliches in geistlicher Literatur des Mittelalters 135-151.

Schönfeldt, S. Gräfin, 1 x 1 des guten Tons. Das neue Benimmbuch, München 1987.

Schönfeldt, S. Gräfin, Gutes Benehmen gefragt. Lebensart von A-Z, München 1997.

Schönherr-Mann, H.-M., Postmoderne Perspektiven des Ethischen. Politische Streitkultur – Gelassenheit – Existentialismus, München 1997.

Schottroff, L., Unsichtbarer Alltag und Gottes Offenbarung. Die Öffentlichkeit des «Privaten» in Gleichnissen Jesu, in: JBTh 11 (1996) 123-133.

Schottroff, L., Lydias ungeduldige Schwestern. Feministische Sozialgeschichte des frühen Christentums, Gütersloh [3]2001.

Schopenhauer, A., Werke in fünf Bänden, hrsg. v. *L. Lütkehaus*, Zürich 1988.

Schrader, W., Studien über das Wort «höfisch» in der mittelhochdeutschen Dichtung, Würzburg 1935.

Schramm, M., Aisthetische Mystik der Natur. Schöpfungsethische Perspektiven, in: *ders./U. Zelinka* (Hrsg.), Um des Menschen willen. Moral und Spiritualität, Würzburg 1994, 208-229.

Schramm, M., Der Geldwert der Schöpfung. Theologie – Ökologie – Ökonomie, Paderborn 1994.

Schramm, T., Was für ein Mensch will ich sein? Zu einer Ethik für den Alltag, in: *Abeldt/Bauer*, «... was es bedeutet, verletzbarer Mensch zu sein» 298-310.

Schreijäck, T., Bildung als Inexistenz. Elemente einer theologisch-anthropologischen Propädeutik zu einer religionspädagogischen Bildungstheorie im Denken Romano Guardinis, Freiburg i.Br. 1989.

Schreiner, J., Jesus Sirach 1 – 24 (NEB 38), Würzburg 2002.

Schreiner, K./Schwerhoff, G. (Hrsg.), Verletzte Ehre. Ehrkonflikte in Gesellschaften des Mittelalters und der Frühen Neuzeit, Köln, 1995.

Schreiner, K., «Hof» (curia) und «höfische Lebensführung» (vita curialis) als Herausforderung an die christliche Theologie und Frömmigkeit, in: *Kaiser/Müller*, Höfische Literatur, Hofgesellschaft, Höfische Lebensformen 67-140.

Schroer, C., Art. Maximen, in: LChE II 1127f.

Schröder, G., Baltasar Graciáns «Criticon», Eine Untersuchung zur Beziehung zwischen Manierismus und Moralistik, München 1966.

Schröder, P./Steger, H. (Hrsg.), Dialogforschung, Düsseldorf 1982.

Schröder, P., C. Thomasius zur Einführung, Hamburg 1999.

Schröter, M., Erfahrungen mit N. Elias, Frankfurt/M. 1997.

Schubert, E., Alltag im Mittelalter. Natürliches Lebensumfeld und menschliches Miteinander, Darmstadt 2002.

Schüller, B., Die Begründung sittlicher Urteile. Typen ethischer Argumentation in der Moraltheologie, Düsseldorf [2]1980.

Schüller, B., Der menschliche Mensch. Aufsätze zur Metaethik und zur Sprache der Moral, Düsseldorf 1982.

Schüller, B., Zu den Schwierigkeiten, die Tugend zu rehabilitieren, in: *ders.*, Pluralismus in der Ethik. Zum Stil wissenschaftlicher Kontroversen, Münster 1988, 83-104.

Schüngel-Straumann, H., Art. Gottebenbildlichkeit – I. In der biblischen Überlieferung, in: *Gössmann, E./Moltmann-Wendel, E./Pissarek-Hudelist, H.* u.a. (Hrsg.), Wörterbuch der Feministischen Theologie, Gütersloh 1991, 173-177.

Schürmann, T., Tisch- und Grußsitten im Zivilisationsprozeß, Münster-New York 1994.

Schüßler, K., H. Plessner. Eine intellektuelle Biographie, Berlin-Wien 2000.

Schütz, C., Christliche Spiritualität, in: PLSp 1174-1178.

Schütz, C., Christliche Spiritualität – Kairos und Aufgabe, in: LebZeug 54 (1999) 165-175.

Schütze, E., Situation, in: *Ammon/Dittmar/Mattheier*, Sociolinguistics/Soziolinguistik I 157-164.

Schulte, H. (Hrsg.), El Desengaño. Wort und Thema in der spanischen Literatur, München 1969.

Schulz, M., Karl Rahner begegnen, Augsburg 1999.

Schulze, G., Die Erlebnisgesellschaft. Kultursoziologie der Gegenwart, Frankfurt/M. [8]2000.

Schulz v. Thun, F., Psychologische Vorgänge in der zwischenmenschlichen Kommunikation, in: *B. Fittkau/H. M. Müller-Wolff/ders.*, Kommunizieren lernen (und umlernen), Braunschweig 1977, 9-100.

Schulz v. Thun, F., Miteinander reden I (Störungen und Klärungen: Allgemeine Psychologie der Kommunikation), Reinbek 1981.

Schulz v. Thun, F., Miteinander reden II (Stile, Werte und Persönlichkeitsentwicklungen: Differentielle Psychologie der Kommunikation), Reinbek 1989.
Schulz v. Thun, F., Miteinander reden III (Das «innere Team» und die situationsgerechte Kommunikation: Kommunikation, Person, Situation), Reinbek 1998.
Schulz v. Thun, F./J. Ruppel/R. Stratmann, Miteinander reden. Kommunikationspsychologie für Führungskräfte, Reinbek 2000.
Schulz, W., Grundprobleme der Ethik, Stuttgart ^{2}1993.
Schulze, R., Strategische Unbestimmtheit. Linguistische Beschreibung der Höflichkeit im gesprochenen Englisch, Essen 1983.
Schulze, R., Höflichkeit im Englischen, Tübingen 1985.
Schulze, R., Persuasive strategies and face-work in impromptu speech, Duisburg 1987.
Schulze, W. (Hrsg.), Ständische Gesellschaft und soziale Mobilität, München 1988.
Schuster, J., Sind Heilige moralische Helden? Anmerkungen zu einer Kontroverse, in: ThPh 70 (1995) 383-398.
Schuster, J., Moralisches Können. Studien zur Tugendethik, Würzburg 1997.
Schwabe, G. H., Ehrfurcht als Lebensbedingung, in: *Sudbrack, J.* (Hrsg.), Heilkraft des Heiligen, Freiburg i.Br. 1975, 140-176.
Schwaetzer, H./Stahl-Schwaetzer, H. (Hrsg.), L'homme machine. Anthropologie im Umbruch, Hildesheim-Zürich-New York 1998.
Schwaetzer, H. (Hrsg.), Explicatio mundi. Aspekte theologischer Hermeneutik, Regensburg 2000.
Schwanitz, D., Bildung. Alles, was man wissen muß, Frankfurt/M. ^{2}2000.
Schwarz, M. (Hrsg.), Der neue Mensch. Perspektiven der Renaissance, Regensburg 2000.
Schwarze, A., Die Magie der schönen Worte. Alles über Komplimente, Frankfurt/M. 1994.
Schweppenhäuser, G., Adorno zur Einführung, Hamburg 1996.
Schwerhoff, G., Zivilisationsprozeß und Geschichtswissenschaft. Norbert Elias' Forschungsparadigma in historischer Sicht, in: HZ 266 (1998) 561-605.
Schwienhorst-Schönberger, L./Söding, T., Art. Ethik C. Theologisch. I. Biblisch, in: LThK^{3} III 908-911.
Scoralick, R. (Hrsg.), Das Drama der Barmherzigkeit Gottes. Studien zur biblischen Gottesrede und ihrer Wirkungsgeschichte in Judentum und Christentum (SBS 183), Stuttgart 2000.
Scoralick, R., Gottes Güte und Gottes Zorn. Die Gottesprädikationen in Exodus 34,6f. und ihre intertextuellen Beziehungen zum Zwölfprophetenbuch (HBS 33), Freiburg 2002.
Scott, J. M. C., Matthew 15,21-28: A test-case for Jesus's manners, in: JSNT 63 (1996) 21-44.
Scott, M. B. /Lyman, S., Praktische Erklärungen, in: *Auwärter/Kirsch/Schröter*, Seminar: Kommunikation 73-115.
Searle, J. R., Speech Acts. An Essay in the Philosophy of Language, Cambridge 1969.
Searle, J. R., Sprechakte, Frankfurt/M. 1982.
Searle, J. R., Ausdruck und Bedeutung. Untersuchungen zur Sprechakttheorie, Frankfurt/M. 1982.
Seel, M., Adornos kontemplative Ethik, in: Merkur 56 (2002) 512-518.
Seel, O., Cicero. Wort, Staat, Welt, Stuttgart 1953.
Seel, O., Quintilian oder die Kunst des Redens und Schweigens, Stuttgart 1977.
Seidl, C., Der erste Weg der Kirche ist der Mensch. Anthropologische Dimensionen der Ekklesiologie (Regensburger Studien zur Theologie 58), Frankfurt/M. u.a. 2001.
Serouet, P., Art. François de Sales, in: DSp V 1057-1097.
Seneca, L. A., An Lucilius, in: *ders.*, Philosophische Schriften, Bde. 3 + 4, hrsg. v. *M. Rosenbach*, Darmstadt ^{4}1999 (Bd. 3: Briefe 1-69), ^{2}1999 (Bd. 4: 70-124).
Sennett, R., Verfall und Ende des öffentlichen Lebens. Die Tyrannei der Intimität. Frankfurt/M. 1983.
Sennett, R., Civitas. Die Großstadt und die Kultur des Unterschieds, Frankfurt/M. 1991.
Sennett, R., Fleisch und Stein. Der Körper und die Stadt in der westlichen Zivilisation, Frankfurt/M. 1997.
Sennett, R., Respekt im Zeitalter der Ungleichheit, Berlin 2002.
Seubert, H., Die Aktualität des Guten. Über ein neues Paradigma in der Ethik, in: Ethica 7 (1999) 69-76.
Shaftesbury, A. A., The Moralists/The sociable Enthusiast, in: *Benda, W./Hemmerich, G./Schödelbauer, U.* (Hrsg.), A. A. Cooper Earl of Shaftesbury. Standard Edition II.1, Stuttgart-Bad Cannstatt 1987.
Shanley, B. J., Aquinas on pagan virtue, in: The Thomist 63 (1999) 553-577.
Sherman, H., The fabric of character. Aristotle's theory of virtue, Oxford 1989.
Shimanoff, S. B., Investigating politeness, in: *Keenan, E. O./Bennett, T. L.* (Hrsg.), Discourses across time and space, Los Angeles 1977, 213-241.
Siebenrock, R. A. (Hrsg.), Karl Rahner in der Diskussion (ITS 56), Innsbruck 2001.
Sievernich, M., Homo jesuiticus, in: *Schwarz*, Der neue Mensch 53-78.
Sifianou, M., Off-record indirectness and the notion of imposition, in: Multilingua 12 (1993) 69-79.

Sifianou, M., Do we need to be silent to be extremely polite? Silence and FTAs, in: International Journal of Applied Linguistics 5 (1995) 95-110.

Sifianou, M., Politeness and off-record indirectness, in: International Journal of the Sociology of Language 126 (1997) 163-179.

Silbermann, A., Von der Kunst der Arschkriecherei, Berlin 1997.

Simmel, G., Soziologie, Berlin 1968 ([1]1908).

Singer, B., Die Fürstenspiegel in Deutschland im Zeitalter des Humanismus und der Reformation, Tübingen 1990.

Singer, B., Fürstenspiegel der frühen Neuzeit, Frankfurt/M. 1997.

Singer, M., Fremd.Bestimmung – Zur kulturellen Verortung von Identität, Perspektiven (Forschungsbeiträge zu Geschichtswissenschaft, Pädagogik, Philosophie, Psychologie, Psychotherapie und Soziologie VI), Tübingen 1997.

Siregar, E., Sittlich handeln in Beziehung. Geschichtliches und personales Denken im Gespräch mit trinitarischer Ontologie (SThE 64) Freiburg i. Ue.-Freiburg i.Br. 1995.

Slama-Cazacu, T. (Hrsg.), «Grazie» – «Prego». Le formule di cortesia in alcune regioni d'Italia, Bari 1989.

Söding, T., Art. Ethik, C. Theologisch. I. Biblisch, 2. Im Neuen Testament, in: LThK[3] III 909-911.

Söding, T., Das Liebesgebot bei Paulus. Die Mahnung zur Agape im Rahmen der paulinischen Ethik (NTA NF 26), Münster 1995.

Söding, T., Art. Trinität, I. Biblisch-theologisch, in: LThK[3] X 239-242.

Sökeland, W., Indirektheit von Sprechhandlungen. Eine linguistische Untersuchung. Tübingen 1980.

Sokal, A./Bricmont, J., Eleganter Unsinn. Wie die Denker der Postmoderne die Wissenschaften mißbrauchen, München 1999.

Somme, L. T., La magnanimité chez Aristote. Magnanimité, vie pratique et politique, in: RThom 99 (1999) 700-735, 100 (2000) 62-78.

Sommer, A., Die Benimm-Bibel. Ultimatives für moderne Menschen, Berlin 2001.

Sommers, C. H./Sommers, F. (Hrsg.), Vice and virtue in everyday life. Introductory readings in ethics, San Diego u.a. [2]1989.

Son, L. v., Christophe Dechavanne ou la politesse de l'animateur dans le talk show, in: *Wauthion/Simon*, Politesse et idéologie 197-205.

Sosna, W., Vom Mehrwert des Menschen. Eine Auseinandersetzung mit Peter Singers Anthropologie aus theologischer Sicht, in: LebZeug 53 (1998) 287-297.

Spaemann, R., Personen. Versuch über den Unterschied zwischen «etwas» und «jemand», Stuttgart 1996.

Spaemann, R., Disziplin und das Problem der sekundären Tugenden, in: *ders.*, Grenzen. Zur ethischen Dimension des Handelns, Stuttgart 2001, 249-260.

Spaemann, R., Einzelhandlungen, in: *ders.*, Grenzen, 49-64.

Spicq, C., La Philanthropie hellénistique, vertu divine et royal, in: StTh 12 (1958) 169-191.

Spicq, C., Art. φιλανθρωπία, in: Lexique théologique du Nouveau Testament. Réédition en un volume des notes de lexicographie néo-testamentaire Freiburg i.Ue. 1991, 1582-1587.

Spiegel, E., Konflikt, Konfliktforschung, in: LChE I 987-989.

Splett, J., Lernziel Menschlichkeit, Frankfurt/M. 1976.

Splett, J., Leben als Mit-Sein. Vom trinitarisch Menschlichen, Frankfurt/M. 1990.

Spohn, W. C., Spirituality and Ethics. Exploring the Connections, in: TS 58 (1997) 109-123.

Spranger, E., Menschenleben und Menschheitsfragen, München 1963.

Spranger, E., Über die Höflichkeit in: *ders.*, Menschenleben und Menschheitsfragen. Gesammelte Rundfunkreden, München 1963, 124-139

Sprenger, V., Despoten auf der Bühne – Regulation und Kontrollverlust in der Inszenierung von Macht, in: *Parr/Thiele*, Gottschalk, Kerner & Co. 189-208.

Stackelberg, J. v., Tacitus in der Romania. Studien zur literarischen Rezeption des Tacitus in Italien und Frankreich, Tübingen 1960.

Stäblein, R. (Hrsg.), Höflichkeit. Tugend oder schöner Schein, Bühl-Moos 1993.

Stäblein, R., Vorwort, in: *ders.*, Höflichkeit 7-11.

Stählin, O., Allgemeine Einleitung über Leben und Schriften des Clemens, in: BKV, 2. Reihe, Bd. 7, 9-67.

Stagl, J. (Hrsg.), Aspekte der Kultursoziologie (FS M. Rassem), Berlin 1982.

Stakemeier, E., Höflichkeit als Tugend, in: ThGl 34 (1942) 289-292.

Stanitzek, G., Blödigkeit. Beschreibung des Individuums im 18. Jahrhundert, Tübingen 1989.

Stanke, G., Die Lehre von den «Quellen der Moralität». Darstellung und Diskussion der neuscholastischen Aussagen und neuerer Ansätze, Regensburg 1984.

Starobinski, J., Montaigne en mouvement, Paris 1982.

Starobinski, J., Denken und Existenz, Darmstadt 1986.

Starobinski, J., Largesse, Paris 1994.
Starobinski, J., Gute Gaben, schlimme Gaben. Die Ambivalenz sozialer Gesten, Frankfurt/M. 1994.
Steffensky, F., Respekt vor dem anderen, in: *Möllering, K./Behlau, U.* (Hrsg.), Lebenswerte, Leipzig 2001, 12-19.
Stehr, J., Sagenhafter Alltag. Über die private Aneignung herrschender Moral, Frankfurt/M.-New York 1998.
Steigleder, K., Die Begründung der normativen Ethik, in: *Wils/Mieth*, Grundbegriffe der christlichen Ethik 84-109.
Steigleder, K., Art. Sollen, in: HbEth 496-500.
Steinbüchel, T., Christliche Lebenshaltungen in der Krisis der Zeit und des Menschen, Frankfurt/M. 1949.
Steiner, G., Von realer Gegenwart. Hat unser Sprechen Inhalt?, München 1990.
Steinert, H., Das Handlungsmodell des Symbolischen Interaktionismus, in: *Lenk*, Handlungstheorien – interdisziplinär 79-101.
Steinkamp, H., «Leiten heißt Beziehung stiften.» Ja – aber ..., in: ThPQ 151 (2003) 339-347.
Steins, G. (Hrsg.), Schweigen wäre gotteslästerlich. Die heilende Kraft der Klage, Würzburg 2000.
Stelzenberger, J., Die Ehrfurcht, in: ThQ 131 (1951) 1-16.
Stelzenberger, J., Lehrbuch der Moraltheologie, Paderborn 1953.
Stenger, W., Biblische Methodenlehre, Düsseldorf 1987.
Stephan, C., Gesinnung und Form. Wider die Dialektik des Herzens, in: *Stäblein*, Höflichkeit 35-43.
Stephan, C., Der Betroffenheitskult. Eine politische Sittengeschichte, Reinbek 1994.
Stephan, C., Neue deutsche Etikette, Reinbek 1996.
Stephan, C., Knigges Aktualität, in: Text + Kritik, H. 3 (1996) 91-94.
Stern-Gillet, B., Aristotle's Philosophy of Friendship, New York 1995.
Stierle, K., Cortoisie. Die literarische Erfindung eines höfischen Ideals, in: Poetica 26 (1994) 256-283.
Stich, H., Kernstrukturen menschlicher Begegnung. Ethische Implikationen der Kommunikationspsychologie, München 1977.
Stock, K., Grundlegung einer protestantischen Tugendlehre, Gütersloh 1995.
Stoeckel, P., Kommune und Ritual, Frankfurt-New York 1994.
Stoll, C., LogOut. Warum Computer nichts im Klassenzimmer zu suchen haben und andere High-Tech-Ketzereien, Frankfurt/M. 2001.
Strassner, H., Prestige – Stigma, in: *Ammon/Dittmar/Mattheier*, Sociolinguistics/Soziolinguistik I 140-145.
Strecker, I., Cultural variations in the concept of «face», in: Multilingua 12 (1993) 119-141.
Streeck, J., Konversationsanalyse. Ein Reparaturversuch, in: Zeitschrift für Sprachwissenschaft 2 (1983) 72-104.
Striet, M., Nietzsche – und kein Ende! Tendenzen der gegenwärtigen Forschung und Diskussion, in: ThRv 95 (1999) 3-18.
Stryker, S., Die Theorie des Symbolischen Interaktionismus, in: *Auwärter/Kirsch/Schröter*, Seminar: Kommunikation 257-275.
Sturn, R., Tugend und moderne Ökonomie. Vom Nützlichen und Anständigen, in: *Prisching*, Postmoderne Tugenden 75-107.
Sucharowski, W., «Ich wollte dich noch etwas fragen, aber du wirst es bestimmt nicht wissen» (Sohn zum Vater). Formen und Funktionen sog. Imagepflege im Gespräch und ihre Behandlung im Unterricht, in: Diskussion Deutsch 13 (1982), 213-232.
Sucher, C. B., Hummer, Handkuß, Höflichkeit, München [2]1997.
Sudbrack, J., Spiritualität – Modewort oder Zeichen der Zeit, in: GuL 71 (1998) 198-211.
Sudbrack, J., Gottes Geist ist konkret. Spiritualität im christlichen Kontext, Würzburg 1999.
Sudbrack, J., Kontemplation – Andacht zur Wirklichkeit. Zu einer aktuellen Thematik, in: GuL 72 (2000) 431-441.
Suess, P., Die Missionsidee des Franz von Assisi, in: MThZ 46 (1995) 281-294.
Svennevig, J., Getting acquainted in conversation. A study of initial interactions, Amsterdam-Philadelphia 1999.
Szabó, T., Der mittelalterliche Hof zwischen Kritik und Idealisierung, in: *Fleckenstein*, Curialitas 350-391.

Talbot, J. M./Rabey, S., The lessons of St. Francis. How to bring simplicity and spirituality into your daily life, New York-London 1998.
Tarr Krüger, I., Von der Unmöglichkeit ohne Lüge zu leben, Zürich 1997.
Tarr Krüger, I., Die magischen Kraft der Beachtung. Sehen und gesehen werden, Freiburg i.Br. 2001.
Tasch, J., In kleinen Dingen Zeichen setzen. Wenn Tugenden wieder entdeckt werden, Paderborn-Hamm 1988.

Taylor, C., Multiculturalism and the «politics of recognition», Princeton 1992.

Terkourafi, M., Frames for politeness. A case study, in: Pragmatics 9 (1999) 97-117.

Testa, M. A., John Henry Newman on the Human Person and the Gift of Faith, in: The Churchman 109 (1995) 361-373.

Theisen, J., Des Helden bester Freund. Zur Rolle Gottes bei Hartmann, Wolfram und Gottfried, in: *Huber/Wachinger/Ziegeler*, Geistliches in weltlicher und Weltliches in geistlicher Literatur des Mittelalters 153-169.

Theobald, M., Art. Gnade, IV. Neues Testament, in: LThK³ IV 766-772.

Theobald, M., Mit den Augen des Herzens sehen. Der Epheserbrief als Leitfaden für Spiritualität und Kirche, Würzburg 2000.

Theobald, M., Zorn Gottes. Ein nicht zu vernachlässigender Aspekt der Theologie des Römerbriefs, in: *ders.*, Studien zum Römerbrief (WUNT 136), Tübingen 2001, 68-100.

Theophrast, Charaktere, gr.-dt. Ausgabe, hrsg. v. *D. Klose*, Stuttgart 1970.

Theron, S., The «Bonum honestum» and the lack of moral motive in Aquinas's ethical theory, in: DR 118 (2000) 85-110.

Thielicke, H., Theologische Ethik II.1, Tübingen (¹1955) ⁵1986.

Thomä, D., Vom Glück in der Moderne, Frankfurt/M. 2003.

Thomas, G., Umkämpfte Aufmerksamkeit. Medienethische Erwägungen zu einer knappen Ressource, in: ZEE 47 (2003) 89-104.

Thomas v. Aquin, Die Deutsche Thomasausgabe. Vollständige, ungekürzte deutsch-lateinische Ausgabe der Summa theologiae. Übersetzt und kommentiert von den Dominikanern und Benediktinern Deutschlands und Österreichs, hrsg. v. der Albertus-Magnus-Akademie, Walberberg-Bonn-Salzburg 1933ff., seit 1950: Heidelberg-Graz.

Thomas v. Aquin, Opera omnia, Ed. Marinetti, Turin-Rom 1948ff.

Thomasius, C., Kurtzer Entwurff der Politischen Klugheit / sich selbst und andern in allen menschlichen Gesellschafften wohl zu rathen und zu einer gescheiden Conduite zu gelangen, Frankfurt/M.-Leipzig ²1710, 16 (Reprint: Frankfurt/M. 1971).

Thomsen, C., Stratégies d'argumentation et de politesse dans les conversations d'affaires. La séquence de requête, Bern 2000.

Thornton, T. P. (Hrsg.), Grobianische Tischzuchten, Berlin 1957.

Thürig, M., Was *ich* tun will, muss *ich* auch tun können. Menschliche Reife und Dankbarkeit, in: *Arntz/Schallenberg*, Ethik zwischen Anspruch und Zuspruch 226-250.

Thurner, M. (Hrsg.), Die Einheit der Person. Beiträge zur Anthropologie des Mittealters (FS R. Heinzmann), Stuttgart 1998.

Thurn und Taxis, G. v./Borghese, A., Unsere Umgangsformen. Die Welt der guten Sitten von A-Z, Gütersloh 2001.

Tijmes, P., Asymmetrie als erstes Wort in der Ethik, in: *Fornet-Betancourt, R.* (Hrsg.), Für Enrique Dussel, Aachen 1995, 195-201.

Tillman, K., La idea de una Universidad segun Newman, in: DiEc 27 (1992) 125-136.

Tillmann, F., Handbuch der katholischen Sittenlehre IV.2. Die Verwirklichung der Nachfolge Christi. Die Pflichten gegen sich selbst und gegen den Nächsten, Düsseldorf ⁴1950.

Todorov, T., La vie commune, Paris 1995.

Todorov, T., Abenteuer des Zusammenlebens. Versuch einer allgemeinen Anthropologie, Berlin 1996.

Tomka, M., Die Fragmentierung der Erfahrungswelt in der Moderne, in: Conc. 33 (1997) 292-303.

Tracy, K./Tracy, S. J., Rudeness at 911: Reconceptualizing face and face attack, in: Human Communication Research 25 (1998) 225-251.

Treml, H., Spiritualität und Rockmusik. Spurensuche nach einer Spiritualität der Subjekte, Ostfildern 1997.

Trümpy, H., Das Duzen im Vormarsch, in: Schweizer Volkskunde 67 (1977) 18-21, 61-62.

Tsohatzidis, S. L. (Hrsg.), Foundation of speech act theory, London 1994.

Türcke, C., Erregte Gesellschaft. Philosophie der Sensation, München 2002.

Türk, H.-J., Die Wiederentdeckung der Tugend, in: NOrd 53 (1999) 15-24.

Turner, V., Das Ritual. Struktur und Anti-Struktur, Frankfurt/M. u.a. 2000 (Studienausgabe; urspr. London 1969).

Tyrell, H., Vergesellschaftung und Subjektivität. Studien zum subjektiven Erfahrungszusammenhang, Münster 1972.

Ueding, G., Schillers Rhetorik, Tübingen 1971.

Ueding, G., Rhetorische Konstellationen im Umgang mit Menschen, in: Jahrbuch für internationale Germanistik 9 (1977) 27-52.

Ulrich, B., Der moralisierende Egoismus. Oder die Schwachen, das sind die Stummen, in: Kursbuch Nr. 136 (1999) 143-153.

Uhant, J. J., Zwischenmenschliche Beziehungen. Oder vom Hören- und Redenkönnen, in: LebZeug 51 (1996) 245-256.

Uhl, F., Das Verschwinden der Lust im Prozeß der Zivilisation. Kulturkritische Prolegomena zum Diskurs über «Lust und Religion», in: ThPQ 146 (1998) 3-15.

Uhlig, C., Hofkritik im England des Mittelalters und der Renaissance, Berlin 1973.

Uslaner, E. M., The Decline of Comity in Congress, Ann Arbor 1993.

Vacek, E. C., Gifts, God, Generosity, and Gratitude, in: *Keating*, Spirituality and moral theology 81-125.

Vian, N., Francesco. La gentilezza della santità, in: Studium 65 (1969) 15-26.

Valadier, P., Wie aktuell ist Nietzsche?, in: StZ 125 (2000) 841-851.

Valdambrini, A., Il corraggio di mediare, in: RTM 36 (2002) 123-130.

Valkenberg, P., How to talk to strangers. Aquinas and interreligious dialogue in the Middle Ages, in: Thomas Instituut Utrecht (Hrsg.), Jaarboek 1997, 9-47.

Valtin, R./Walper, S., Ehrlich oder rücksichtsvoll? Höflichkeitslügen aus der Sicht von Kindern, in: Zeitschrift für Entwicklungspsychologie und Pädagogische Psychologie 27 (1995) 354-373.

Valtl, K., Erziehung zur Höflichkeit. Höflichkeit als Wertkonzept der Alltagsinteraktion, als Gegenstand empirischer Forschung in den Humanwissenschaften und als Aufgabe der Erziehung, Regensburg 1986.

Vaubel, E., Pudor, verecundia, reverentia. Untersuchungen zur Psychologie von Scham und Ehrfurcht bei den Römern bis Augustin, Münster 1969.

Veith, W. H., Soziolinguistik, Tübingen 2002.

Vermeersch, A., Theologiae Moralis Principia, Responsa, Consilia II. De Virtutum Exercitatione, Rom [3]1945 ([1]1922).

Vidal, M., Moral des actitudes II, Madrid [4]1979.

Vidal, M., Morale e spiritualità. Dalla separazione alla convergenza, Assisi 1998.

Vigarello, G., Le propre et le sale – L'hygiène du corps depuis le Moyen Age, Paris 1985.

Violante, C., Motivi e carattere della Cronica di Salimbene, in: ASNSP 22 (1953) 108-154.

Virilio, P., Der negative Horizont. Bewegung/Geschwindigkeit/Beschleunigung, München-Wien 1989.

Virt, G., Epikie – verantwortlicher Umgang mit Normen. Eine historisch-systematische Untersuchung, Mainz 1983.

Virt, G., Die vergessene Tugend der Epikie, in: *Ernst, W.* (Hrsg.), Grundlagen und Probleme der heutigen Moraltheologie, Würzburg 1989, 138-151.

Virt, G., Art. Epikie, in: NLChM 147-149.

Virt, G., Art. Moraltheologie, in: NLChM 522-535.

Virt, G., Art. Epikie, in: LThK[3] III 715.

Vitale Brovarone, A., Art. Ensenhamen, in: LMA III 2022-2023.

Volk, S., Cortesia – Ethik der Rezeption (unveröffentlichte Magisterarbeit), Würzburg 1995.

Vorderwülbecke, K., Höflichkeit und Höflichkeitsformen, in: *Zifonun, G.* (Hrsg.), Vor-Sätze zu einer neuen deutschen Grammatik, Düsseldorf 1986, 247-279.

Vorderwülbecke, K., Höflichkeit in Linguistik, Grammatik und DaF-Lehrwerk, in: *Lüger*, Höflichkeitsstile 27-45.

Vorgrimler, H., Karl Rahner verstehen, (Neuausgabe) Mainz 2002.

Vorgrimler, H., Karl Rahner. Gotteserfahrung in Leben und Denken, Darmstadt 2004.

Vosloo, R., Back to virtue? Some remarks on the reappraisal of virtue in ethics, in: Scriptura 62 (1997) 299-310.

Vossler, K., Leopardi, München 1923.

Waach, H., Heilige Menschlichkeit. Ein Beitrag zur Frage des «christlichen Humanismus» bei Franz von Sales, in: JbSalSt 25 (1992) 95-112.

Wacht, M., Erläuterungen zum Autor und zum Text, in: Klemens von Alexandrien, Welcher Reiche wird gerettet werden? (Schriften der Kirchenväter I), hrsg. v. *N. Brox*, München 1982, 65-92.

Wachtel, J., Gutes Benehmen – kein Problem! Moderne Umgangsformen heute – von A bis Z, München 1981.

Wagner, F., Implizite sprachliche Diskriminierung als Sprechakt. Lexikalische Indikatoren impliziter Diskriminierung in Medientexten, Tübingen 2001.

Wagner, M., Similitudo und Participatio als Konstitutiva der Analogiebeziehung zwischen Gott und Geschöpf bei Thomas von Aquin, in: *Schwaetzer*, Explicatio mundi 65-86.

Wagner, M., Da berühren sich Himmel und Erde. Symbol und Sakrament in den Sermones des Antonius von Padua (Franziskanische Forschungen 44) Kevelaer 2002.

Wagner, N., Höflichkeit und gutes Benehmen, Respekt, Respekt. Eine Lern-, Diskussions- und Arbeitsmappe, Mülheim/Ruhr 2002.

Wald, B., Moralische Verbindlichkeit und menschliches Richtigsein. Zur Rehabilitierung der Tugend, in: ThPh 72 (1997) 553-564.

Waldenfels, B., Ordnung im Zwielicht, Frankfurt/M. 1987.

Waldenfels, B., Das leibliche Selbst. Vorlesungen zur Phänomenologie des Leibes, Frankfurt/M. 2000.

Wallroth, M., Moral ohne Reife? Ein Plädoyer für ein tugendethisches Moralverständnis, Freiburg i.Br.-München 2000.

Walker, R. C. S., Achtung in the Grundlegung, in: *Höffe*, Grundlegung zur Metaphysik der Sitten 97-116.

Walter, P., Zum Verhältnis von Rhetorik und Ethik im Humanismus. Die Einschätzung der «vafrities» bei Erasmus von Rotterdam, in: *Arntz, K./Schallenberg, P.* (Hrsg.), Ethik zwischen Anspruch und Zuspruch. Gottesfrage und Menschenbild in der katholischen Moraltheologie (FS K. Demmer) (SThE 71), Freiburg i.Ue.-Freiburg i.Br. 1996, 301-316.

Walz, V., Art. F. Tillmann, in: LThK[3] X 39.

Wannenwetsch, B., Art. Dank, in: RGG[4] II 562-563.

Watts, R. J./Ide, S./Ehlich, K. (Hrsg.), Politeness in language. Studies in its history, theory and practice, Berlin-New York 1992.

Watzal, L., Das Politische bei Romano Guardini, Percha 1987.

Watzlawik, P., Menschliche Kommunikation. Formen, Störungen, Paradoxien, Bern [8]1991.

Watzlawick, P./Beavin, J./Jackson, D. D. (Hrsg.), Pragmatics of Human Communication. A Study of Interactional Patterns, Pathologies and Paradoxes. New York 1967 (dt.: Menschliche Kommunikation. Formen, Störungen, Paradoxien, Stuttgart-Wien [9]1996).

Wauthion, M./Simon, A. C. (Hrsg.), Politesse et idéologie. Rencontres de pragmatique et de rhétorique conversationelles, Leuven 2000.

Weber, E., Francesco d'Assisi – Leitbild neuer Frömmigkeit?, in: EvErz 48 (1996) 352-361.

Weber, H., Allgemeine Moraltheologie. Ruf und Antwort, Graz-Wien-Köln 1991.

Weber, H., Spezielle Moraltheologie, Graz-Wien-Köln 1999.

Weder, H., Die «Rede der Reden». Eine Auslegung der Bergpredigt heute, Zürich 1985 ([3]1994).

Wehrl, F., Schwerpunkte salesianischer Seelenführung in: JbSalSt 29 (1996) 7-37.

Wehrl, F., Franz von Sales zwischen den Fronten. Der politische und kirchengeschichtliche Hintergrund des hl. Franz von Sales im Zeitalter von Reformation und Gegenreformation, Eichstätt 2000.

Weier, W., Gott als Sinngrund des Mensch- und Weltseins nach Thomas von Aquin, in: Edith-Stein-Jahrbuch 4 (1998) 177-191.

Weigand, E., Emotions in dialogue, in: *S. Cmejrková* (Hrsg.), Dialoganalyse VI.1, Tübingen 1998, 35-48.

Weigand, E., The vocabulary of emotion. A contrastive analysis of ANGER in German, Italian, English, in: *dies.* (Hrsg.), Contrastive lexical semantics, Amsterdam-Philadelphia 1998, 45-66.

Weilenmann, G., Gutes Benehmen heute, Zürich 2001.

Weilner, I., Art. Anstand, in: LThK[2] I 600f.

Weilner, I., Art. Höflichkeit, in: LThK[2] V 425.

Weima, J. A., The Pauline Letter Closings: Analysis and Hermeneutical Significance, in: Bulletin for biblical research 5 (1995) 177-198.

Weinrich, H., Lügt man im Deutschen, wenn man höflich ist?, Mannhein-Wien-Zürich 1986.

Weinrich, H., Ehrensache Höflichkeit. Vortrag anläßlich der Verleihung der Ehrendoktorwürde der Philosophischen Fakultät II der Universität Augsburg am 11. Mai 1995, Augsburg 1996.

Weinrich, H., Linguistik der Lüge, München [6]2000.

Weiß, K., Art. ἄλλος, in: EWNT I 152f.

Weiß, O., Deutsche oder römische Moral? Oder: der Streit um Alfons von Liguori. Ein Beitrag zur Auseinandersetzung zwischen Romanismus und Germanismus im 19. Jahrhundert, Regensburg 2001.

Weise, C., Politischer Redner, Leipzig 1679.

Weisheipl, J. A., Thomas v. Aquin. Sein Leben und seine Theologie. Graz-Wien-Köln 1980.

Weismayer, J., Christliche Spiritualität als ganzheitlicher Lebensvollzug, in: *Figl, J./Waldschütz, E.* (Hrsg.), Ganzheitliches Denken (FS K. A. Wucherer-Huldenfeld), Wien 1989, 183-196.

Weismayer, J., Art. Franz v. Sales, in: LThK[3] IV 52-54.

Weiss, A. M., Sittlicher Wert und nichtsittliche Werte. Zur Relevanz der Unterscheidung in der moraltheologischen Diskussion um deontologische Normen (SThE 73), Freiburg i.Ue-Freiburg i.Br. 1996.

Wendel, S., Von der Postmoderne zurück zur Moderne. Adornos Kritische Theorie als Anknüpfungspunkt für eine Theologie der späten Moderne, in: Orien. 63 (1999) 151-157.
Wenzel, H., Spiegelungen. Zum schönen Schein des öffentlichen Herrschaftshandelns, in: *Felderer/Macho*, Höflichkeit 25-39.
Wenzel, H., *zuht* und *êre*. Höfische Erziehung im «Welschen Gast des Thomasin von Zerclaere» (1215), in: *Montandon*, Über deutsche Höflichkeit 21-42.
Wenzel, K., Art. Narrative Theologie, in: LThK³ VII 640-643.
Wenzel, K., Zur Narrativität des Theologischen, Frankfurt/M. u.a. 1997.
Wenzel, K., Sakramentales Selbst. Der Mensch als Zeichen des Heils, Freiburg i.Br.-Basel-Wien 2003.
Wenzler-Stöckel, I., Spalten und Abwehren. Grundmuster der Gemeinschaftsentwürfe bei Ferdinand Tönnies und Helmuth Plessner, Frankfurt/M. 1998.
Werbick, J., Art. Person, in: NHThG III 193-204.
Werbick, J., Art. Kommunikation, II. fundamentaltheologisch in: LThK³ VI 214-215.
Werbick, J., Art. Anerkennung, in: LThK³ XI 6f.
Werbick, J., Art. Trinität, II. Theologie- und dogmengeschichtlich, III. Systematisch-theologisch, in: LThK³ X 242-251.
Werle, P., El Héroe. Zur Ethik des Baltasar Gracián, Tübingen 1992.
Werlen, I., Eine interaktive Funktion der schweizerdeutschen Partikeln *jetzt, gerade, denn/dann*, in: *Weydt*, Partikeln und Interaktion 132-147.
Werlen, I., Vermeidungsrituale und Höflichkeit. Zu einigen Formen konventionalisierter indirekter Sprechakte im Deutschen, in: Deutsche Sprache 11 (1983) 193-218.
Werlen, I., Ritual und Sprache. Zum Verhältnis von Sprechen und Handeln in Ritualen, Tübingen 1984.
Werner, K. F., Du nouveau sur un vieux thème. Les origines de la «noblesse» et de la «chevalerie», in: Académie des Inscriptions et Belles-Lettres, Comptes rendues des Séances, Paris 1985, 186-200.
Wessels, U., Die gute Samariterin. Zur Struktur der Supererogation, Berlin-New York 2002.
Wetz, F. J., Die Würde des Menschen ist antastbar. Eine Provokation, Stuttgart 1998.
Wetzel, M. (Hrsg.), Ethik der Gabe. Denken nach Jacques Derrida, Berlin 1993.
Weydt, H. (Hrsg.), Die Partikeln der deutschen Sprache, Berlin-New York 1979.
Weydt, H. (Hrsg.), Partikeln und Interaktion, Tübingen 1983.
Weydt, H., Überlegungen zum Bitten, in: *Rosengren*, Sprache und Pragmatik 269-281.
White, H., The value of narrativity in the representation of reality, in: Critical Inquiry 7 (1980) 5-27.
White, K., The virtues of man the animal sociale. Affabilitas and Veritas in Aquinas, in: The Thomist 57 (1993) 641-653.
Wiefel, W., Das Evangelium nach Matthäus (ThHk 1 – Neubearbeitung), Leipzig 1998.
Wiegand, J./Kohlschmidt, W., Moralische Wochenschriften, in: RDL II 421-427.
Wiese, L. v., Die Philosophie der persönlichen Fürwörter, Tübingen 1965.
Wiesemann, K. H., Zerspringender Akkord. Das Zusammenspiel von Theologie und Mystik bei K. Adam, R. Guardini, E. Przywara als theologische Fuge, Würzburg 2000.
Wildfeuer, A. G./Greshake, G./Hilpert, K., Art. Person, Personalität – I. Philosophisch, II. Theologiegeschichtlich u. systematisch-theologisch, III. Theologisch-ethisch, in: LThK³ VIII 42-46, 46-50, 50-52.
Wildfeuer, A. G., Art. Person, in: LBE III 5-9.
Willems, H., Rahmen und Habitus. Zum theoretischen und methodischen Ansatz E. Goffmans: Vergleiche, Anschlüsse und Anwendungen, Frankfurt/M. 1997.
Will, M., Höflichkeit und Anrede im Deutschen (unveröffentlichte Magisterarbeit), Erlangen 1991.
Williams, B., Scham, Schuld und Notwendigkeit. Eine Wiederbelebung antiker Begriffe der Moral, Berlin 2000.
Wils, J.-P., Tugend und Strukturveränderung, in: JCWS 30 (1989) 35-60.
Wils, J.-P./Mieth, D. (Hrsg.), Grundbegriffe der christlichen Ethik, Paderborn 1992.
Wils, J.-P., Die Moral der Sinne. Essays, Tübingen 1999.
Wils, J.-P., «Lieben» und «Sterben» im Zeitalter ihrer technischen Reproduzierbarkeit, in: *ders.*, Die Moral der Sinne 121-145.
Wils, J.-P., Autonomie und Anerkennung, in: FZPhTh 47 (2000) 27-51.
Wils, J.-P., Hermeneutische Ethik. Zur Theorie moralischen Verstehens im kulturellen Kontext, in: *Holderegger, A./ders.* (Hrsg.), Interdisziplinäre Ethik. Grundlagen. Methoden. Bereiche (FS D. Mieth) (SThE 89), Freiburg i.Ue-Freiburg i.Br. 2001, 11-31.
Wils, J.-P., Handlungen und Bedeutungen. Reflexionen über eine hermeneutische Ethik (SThE 92), Freiburg i.Ue.-Freiburg i.Br. 2001.
Wils, J.-P., Art. Tugend, in: HbEth 513-516.
Wils, J.-P., Art. Würde, in: HbETh 537-542.

Wilson, A., The Pragmatics of Politeness and Pauline Epistolography. A Case Study of the Letter to Philemon, in: JSNT 48 (1992) 107-119.

Wilson, S. R./Kunkel, A. W., Identity Implications of Influence Goals: Similarities in perceived face threats and facework across sex and close Relationships, in: Journal of Language and Social Psychology 19 (2000) 195-221.

Wilson, W. D., Vom internalisierten «Despotismus» zur Mündigkeit. Knigge und die Selbstorganisation der aufgeklärten Intelligenz, in: Text + Kritik H. 130 (1996) 35-46.

Winger, W., Art. Dankbarkeit, in: $LThK^3$ III 18.

Winger, W., Art. Etikette, in: $LThK^3$ III 940.

Winnicott, D. W., Reifungsprozesse und fördernde Umwelt, Frankfurt/M. ^{3}1993.

Winter-Uedelhofen, H., Zur Bedeutung der Etikette, Frankfurt/M. 1991.

Witschen, D., Konsiliatorische Ethik als spezifische Weise, normativ-ethische Fragen zu behandeln, in: ThPh 76 (2001) 47-62.

Wittgenstein, L., Philosophische Untersuchungen, Frankfurt/M. 1967.

White, K., The virtues of man the animal sociale. Affabilitas and Veritas in Aquinas, in: The Thomist 57 (1993) 641-653.

Wolbert, W., Wozu eine Tugendethik?, in: ThGl 77 (1987) 249-254.

Wolbert, W., Von der Dankbarkeit des Christen. Zur Deutung christlicher Moralität als Dankbarkeit, in: ThGl 77 (1987) 1-13.

Wolbert, W., Der Mensch als Mittel und Zweck. Die Idee der Menschenwürde in normativer Ethik und Metaethik, Münster 1987, bes. 115-117.

Wolbert, W., Art. Menschenwürde, in: NLChM 488-493.

Wolbert, W., Art. Norm, in: NLChM 563-567.

Wolbert, W., Art. Wert, in: NLChM 857-860.

Wolbert, W., «Co(n)nexio virtutum», in: $LThK^3$ II 1297.

Wolbert, W., Art. Eudämonismus, in: $LThK^3$ III 977.

Wolbert, W., Von der Bedeutung der Bibel für den Moraltheologen, in: *Guggenberger/Ladner*, Christlicher Glaube, Theologie und Ethik 141-154.

Wolf, J.-C., Utilitarismus, Pragmatismus und kollektive Verantwortung (SThE 52), Freiburg i.Ue./Freiburg i.Br. 1993.

Wolf, J.-C., Zur moralischen Bedeutung von Selbstachtung, in: FZPhTh 44 (1997) 368-395.

Wolf, U., Über den Sinn der Aristotelischen Mesoteslehre, in: *Höffe*, Die Nikomachische Ethik 83-108.

Wolf, U., Aristoteles' «Nikomachische Ethik», Darmstadt 2002.

Wolfers, M., Theologische Ethik als handlungsleitende Sinnwissenschaft. Der fundamentalethische Entwurf von Klaus Demmer (SThE 99), Freiburg i.Ue.-Freiburg i.Br. 2003.

Wolff, C., Vernünfftige Gedancken von der Menschen Thun und Lassen zur Beförderung ihrer Glückseeligkeit, 1720 (die sog. «Deutsche Ethik», in: *ders.*, Gesammelte Werke, Abtl. 1, Bd. 4, hrsg. v. *H. W. Arndt*, Hildesheim-New York 1976).

Wolff, C., Vernünfftige Gedancken von dem gesellschaftlichen Leben der Menschen und Insonderheit dem gemeinen Wesen, 1721 (die sog. «Deutsche Politik», in: *ders.*, Gesammelte Werk, Abtl. 1, Bd. 5, hrsg. v. *H. W. Arndt*, Hildesheim-New York 1975).

Wolkinger, A., Art. Konflikt, in: NLChM 385-388.

Wolter, M., Art. ἐχθσός/ἔχθσα, in: EWNT II 233-237.

Wouters, C., Duerr und Elias. Scham und Gewalt in Zivilisationsprozessen, in: Zeitschrift für Sexualforschung 7 (1994) 203-216.

Woyke, J., Die neutestamentlichen Haustafeln. Ein kritischer und konstruktiver Forschungsüberblick, Stuttgart 2000.

Wulf, C./Göhlich, M./Zirfas, J. (Hrsg.), Grundlagen des Performativen. Eine Einführung in die Zusammenhänge von Sprache, Macht und Handeln, Weinheim 2001.

Wunderlich, D. (Hrsg.), Linguistische Pragmatik, Frankfurt/M. 1972.

Wunderlich, D., Sprechakte, in: Funkkolleg Sprache, Frankfurt/M. 1973, 113-124.

Wunderlich, D., Grundlagen der Linguistik, Reinbek 1974.

Wunderlich, D., (Hrsg.), Studien zur Sprechakttheorie, Frankfurt/M. 1976.

Wust, P., Der Doppelaffekt von Staunen und Ehrfurcht, in: Hochland 20 (1924) 388-402, 515-521.

Wuthenow, R.-R., Der Wahn und die Würde: Giacomo Leopardi, Nachwort in: *Leopardi, G.*, Gedichte und Prosa, Frankfurt/M. 1979, 275-299.

Wyrwa, D., Art. Clemens v. Alexandrien, in: LACL 128-131.

Wyschogrod, E., Saints and Postmodernism. Revisioning Moral Philosophy, Chicago-London 1990.

Wyss, S., Der heilige Franziskus von Assisi. Vom Durchschauen der Dinge, Luzern 2000.

Youssouf, I. A./Grimshaw, A. D./Bird, C. S., Greetings in the desert, in: American Ethnologist 3 (1976) 797-824.

Zavalloni, R., La personalità di Francesco d'Assisi. Studio psicologico, Padua 1991.
Zeilinger, F., Zwischen Himmel und Erde. Ein Kommentar zur «Bergpredigt» Matthäus 5-7, Stuttgart 2002.
Zeldin, T., Der Rede Wert. Wie ein gutes Gespräch Ihr Leben bereichert. München 1999.
Zelinka, U., Moraltheologie im interdisziplinären Dialog. Zur Rezeption natur- und humanwissenschaftlicher Ergebnisse, in *ders./M. Schramm* (Hrsg,), Um des Menschen Willen. Moral und Spiritualität, Würzburg 1994, 81-101.
Zelinka. U., Normativität der Natur – Natur der Normativität (SThE 57), Freiburg i.Ue.-Freiburg i.Br. 1994.
Zerfaß, R., Jesu Umgangsstil als Maßstab für die Seelsorge, in: Diak 14 (1983) 230-243.
Zerfaß, R. (Hrsg.), Erzählter Glaube – erzählende Kirche (QD 116), Freiburg i.Br. 1988.
Zichy, M., Neostrukturalismus und Theologie. Zwischenbericht einer Bestandsaufnahme, in: SaThZ 5 (2001) 193-205.
Zillessen, D., Ritual oder Theater im Spiel des Lebens, in: International Journal of Practical Theology 3 (1999) 229-250.
Zilliacus, H., Art. Anredeformen, in: RAC Supl. I 465-496.
Zilliacus, H., Art. Grußformen, in: RAC XII 1204-1232.
Zillig, W., «Höflichkeit» und «Takt» seit Knigges «Über den Umgang mit Menschen», in: *Lüger*, Höflichkeitsstile 47-72.
Zimmer, R., Die europäischen Moralisten zur Einführung, Hamburg 1999.
Zimmermann, K., Die Antizipation möglicher Rezipientenreaktionen als Prinzip der Kommunikation, in: *Rosengren, I.* (Hrsg.), Sprache und Pragmatik, Lund 1984, 131-159.
Zimmermann, K., Bemerkungen zur Beschreibung der interaktiven Funktion höflichkeitsmarkierender Elemente, in: *Gülich, E./Kotschi, T.* (Hrsg.), Grammatik, Konversation, Interaktion. Beiträge zum Romanistentag 1983, Tübingen 1985, 67-81.
Zweerman, T., «Reddere» und «sustinere». Sokratische Gedanken zur Freiheitsauffassung des hl. Franziskus von Assisi, in: FS 63 (1981) 70-98.
Zweerman, T., Jesus' word «Blessed are the peacemakers ...» in the interpretation of Francis of Assisi, in: Studies in spirituality 3 (1993) 101-120.